Citim. Stim.

Despre carte

Dicționarul spaniol-român / român-spaniol pentru toți cuprinde aproximativ *50 000 de cuvinte-titlu și expresii* din vocabularul de bază al limbii spaniole și române și se adresează elevilor, studenților, turiștilor și tuturor celor care intră în contact cu limba spaniolă, fiind un instrument de lucru util, practic și eficient. În selectarea cuvintelor-titlu și a expresiilor din acest dicționar s-a ținut cont atât de cerințele comunicării directe, cât și de solicitările impuse de traducerea în spaniolă și din spaniolă a unor texte de dificultate medie.

Despre autor

VALERIA NEAGU, absolventă a Universității din București (Facultatea de Limba și Literatura Spaniolă, promoția 1971), este cercetător științific la Institutul de Lingvistică „Iorgu Iordan" din București din 1971. Printre temele studiate se numără: spaniola peninsulară și spaniola din America Latină, lexicologia și lexicografia spaniolă, lingvistica romanică etc.

A publicat numeroase articole și lucrări de specialitate și este coautoarea următoarelor cărți: *El léxico indígeno del español americano. Apreciaciones sobre su vitalidad* (Ed. Academiei Române – Academia Mexicană, 1977) – lucrare distinsă cu Premiul de Lingvistică al Academiei Mexicane cu ocazia sărbătoririi centenarului acesteia; *El Español de América. Lexico* (Publicaciones del Instituto Caro y Cuervo, Bogotà, 1982); *Vocabularul minimal al limbii române pentru studenții străini* (Ed. Didactică și Pedagogică, 1981). De asemenea, este autoarea unor dicționare bilingve: *Mic dicționar spaniol-român* (Ed. Sport-Turism, 1983, 1985), *Mic dicționar român-spaniol* (Ed. Sport-Turism, 1983, 1985), *Dicționar spaniol-român. Cuvinte de bază* (Ed. Coresi, 1991), *Dicționar spaniol-român* și *Dicționar român-spaniol* (Ed. 100-1 Gramar, 1995), *Dicționar spaniol-român/român-spaniol de buzunar* (Ed. NICULESCU, 2008).

Valeria Neagu

DICŢIONAR
SPANIOL-ROMÂN
ROMÂN-SPANIOL
pentru toţi

NICULESCU

Descrierea CIP este disponibilă
la Biblioteca Națională a României

© Editura NICULESCU, 2017
    Bd. Regiei 6D, 060204 – București, România
    Telefon: 021 312 97 82; Fax: 021 312 97 83
    E-mail: editura@niculescu.ro
    Internet: www.niculescu.ro

Comenzi online: www.niculescu.ro
Comenzi e-mail: vanzari@niculescu.ro
Comenzi telefonice: 0724 505 385, 021 312 97 82

Coperta: Carmen Lucaci

Tipărit la ARTPRINT

ISBN 978-973-748-577-9

Editura NICULESCU este partener și distribuitor oficial **OXFORD UNIVERSITY PRESS** în România.
E-mail: oxford@niculescu.ro; Internet: www.oxford-niculescu.ro

DICŢIONAR
SPANIOL-ROMÂN

CUVÂNT ÎNAINTE

Dicționarul spaniol-român și român-spaniol se adresează, în principal, vorbitorilor români dornici să se inițieze sau să se perfecționeze în studiul limbii spaniole. De aceea, dicționarul a fost conceput ca un instrument de lucru simplu, eficient și practic. Cele aproximativ 50 000 de cuvinte-titlu și expresii au fost selectate pe baza unor dicționare importante ale limbii spaniole (Real Academia Española, *Diccionario de la lengua española*, ed. a 20-a, Madrid, 1992; id., *Diccionario manual e ilustrado de la lengua española*, Espasa Calpe S.A. Madrid, 1989), avându-se în vedere termeni de largă circulație aparținând normei standard a limbii spaniole.

Dicționarul își propune să prezinte cititorului și aspectele cele mai noi ale limbii spaniole și, pentru aceasta, include cuvinte, sensuri și expresii noi, actuale, aparținând limbajului colocvial. În lucrare sunt prezentate și cele mai frecvente americanisme.

Datorită scopului și structurii sale, prezentul dicționar conține un număr relativ redus de indicații gramaticale și stilistice. În cazul cuvintelor spaniole/românești polisemantice ne-am limitat doar la traducerea sensurilor celor mai frecvente; tot din aceleași motive nu am indicat, în general, mai mult de 2-3 corespondente românești/spaniole (sinonime) pentru cele mai frecvente cuvinte sau sensuri din spaniolă/română.

Dimensiunile restrânse ale acestui dicționar ne-au determinat, în unele cazuri, să omitem unele derivate atunci când familia cuvântului respectiv era deosebit de bogată, unele substantive abstracte derivate din verbe, participiile (cu excepția participiilor verbelor neregulate), adverbele formate cu -*mente*.

În cazul cuvintelor polisemantice, în delimitarea sensurilor termenilor spanioli am avut în vedere, de obicei, ordinea stabilită de dicționarele spaniole consultate. Am marcat sensurile principale ale cuvintelor-titlu cu cifre arabe.

Pentru precizarea sensului spaniol am folosit, între paranteze, cu litere cursive, fie indicații ale domeniului lexical căruia îi aparține, fie diverse adnotări cu privire la sfera de activitate, la obiectul sau realitatea la care se aplică, fie sinonime pentru dezambiguizare (ex.: **alto** *adj.* **1.** înalt. **2.** (*d. voce*) tare, sonor. **3.** (*d. râuri*) superior...).

La acele traduceri care acoperă mai multe sensuri, din mai multe domenii, în cazul suprapunerii dintre română şi spaniolă nu s-a mai făcut nici o menţiune specială.

Cuvintele care apar în expresii sau care intră în diverse combinaţii de cuvinte foarte frecvente sunt înregistrate în dicţionarul de faţă după semnul //. Pentru economie de spaţiu am folosit semnul ~ în locul cuvântului-titlu.

În cazul cuvintelor omonime nu am ţinut seama de criteriul etimologic şi am optat pentru soluţia grupării lor sub un singur cuvânt-titlu, iar echivalentele româneşti au fost separate prin cifre romane. În cadrul aceluiaşi cuvânt am separat cu cifre romane, de asemenea, diferitele categorii gramaticale (ex.: **alrededor I.** *adv.* împrejur .... **II.** ~**es** *m. pl.* împrejurimi).

La fel am procedat şi în cazul verbelor. Astfel, dacă există coincidenţe de categorie gramaticală (tranzitivitate, intranzitivitate etc.) între cele două limbi am grupat indicaţiile: **abrir(se)** *vt.*, *vr.* a (se) deschide. Dacă între cele două limbi există diferenţe în ceea ce priveşte echivalenţele lexicale am separat corespondenţii româneşti prin cifre romane. Astfel: **albergar I.** *vt.* a găzdui. **II.** ~**(se)** *vi.*, *vr.* a trage în gazdă.

În ceea ce priveşte structura dicţionarului român-spaniol, iată câteva explicaţii necesare.

În cazul cuvintelor polisemantice, în delimitarea sensurilor cuvântului românesc s-au avut în vedere sensurile cele mai uzuale, care s-au dat în ordinea frecvenţei.

Sensurile principale ale cuvântului-titlu sunt marcate cu cifre arabe.

De asemenea, pentru precizarea sensului, unde a fost necesar s-a dat între paranteze, cu litere cursive, fie indicaţia domeniului lexical căruia aparţine, fie un sinonim românesc.

La unele traduceri care acoperă mai multe sensuri, din mai multe domenii, în cazul suprapunerii dintre română şi spaniolă nu s-a mai făcut nici o menţiune specială.

Cuvintele care apar în expresii sau care intră în diverse combinaţii de cuvinte sunt înregistrate în dicţionar după semnul //. Pentru economie de spaţiu s-a folosit semnul ~ în locul cuvântului-titlu.

În cazul cuvintelor omonime nu s-a ţinut seama de criteriul etimologic şi s-a optat pentru soluţia grupării lor sub un singur cuvânt-titlu, iar echivalentele spaniole au fost separate prin cifre romane (ex.: **cap I.** *m.* jefe *m.* **II.** *n.* **1.** (*anat.*) cabeza... **2.** (*minte*) seso, mente *f....*

La fel s-a procedat şi în cazul verbelor. Astfel, dacă există coincidenţe de categorie gramaticală (tranzitivitate, intranzitivitate etc.) între cele două limbi s-au grupat indicaţiile: **spăla** *vt.*, *vr.* lavar(se). Dacă între cele două limbi există diferenţe în ceea ce priveşte echivalentele lexicale, s-au separat corespondenţii spanioli prin cifre romane. Astfel: **uita I.** *vt.*, *vi.* olvidar *vt.*... **II.** *vr.* mirar *vt.*

Pentru termenii spanioli s-au folosit următoarele indicaţii gramaticale:

● S-a indicat genul substantivelor numai în cazul excepţiilor de la regulile spaniole. În acest fel, se ştie că substantivele spaniole terminate în *-a*, *-ción*, *-sión*, *-dad* sunt, în mod normal, de genul feminin. La fel, în limba spaniolă, substantivele terminate în *-o*, *-or*, *-tor*, *-dor*, *-al* sunt, în majoritate, de genul masculin. Aceste cuvinte nu vor mai fi însoţite de indicaţia de feminin, respectiv de masculin, ci numai excepţiile de la aceste reguli (ex.: **día** *m.*, **mano** *f.*, **problema** *m.*, **profeta** *m.* etc.).

● Se marchează genul la substantivele cu alte terminaţii şi cu terminaţii rare (ex.: **sed** *f.*, **alhelí** *m.*, **azahar** *m.*, **revés** *m.* **pulmón** *m.* **tribu** *f.* etc.), la substantivele cu o singură terminaţie (de tipul *-ista*: **izquierdista** *m.* şi *f.*; **atleta** *m.* şi *f.*).

● Pentru cuvintele care apar, atât ca substantive, cât şi ca adjective în ambele limbi, nu s-au mai repetat aceste indicaţii după corespondentele spaniole şi s-au completat cu indicaţii de gen numai în cazul substantivelor invariabile sau a excepţiilor.

● În cadrul verbelor s-au dat indicaţii de categorie gramaticală ori de câte ori acestea nu coincid cu româna (ex.: **gândi** *vr.* pensar *vi.*).

Sperăm ca dicţionarul de faţă să fie un instrument util şi uşor de consultat, stimulând interesul celor care îl folosesc în scopul însuşirii unui număr considerabil de cuvinte ale limbii şi culturii spaniole.

AUTOAREA

ABREVIERI

ac. acuzativ
adj. adjectiv, adjectival
adm. administraţie
adv. adverb
agr. agricultură
am. americanism
Am. America
anat. anatomie
arg. argou
arhit. arhitectură
art. articol
astr., astron. astronomie
aux. auxiliar
av. aviaţie
bis. bisericesc
biol. biologie
bot. botanică
card. cardinal
chim. chimie
com. comerţ; comercial

conj. conjuncţie
constr. construcţii
cul. culinar
d. despre
dat. dativ
dem. demonstrativ
dipl. diplomaţie
ec. economie
electr. electricitate
exclam. exclamativ
expr. expresie
f. (subst.) feminin
fam. familiar
ferov. feroviar
fig. figurat
filos. filosofie
fin. termen financiar
fiz. fizică
fiziol. fiziologie
geogr. geografie

geol. geologie
geom. geometrie
gerunz. gerunziu
gram. gramatică
hidrol. hidrologie
hot. hotărât
iht. ihtiologic
imp. imperativ
imper. impersonal
inf. infinitiv
interj. interjecţie
interog. interogativ
ist. istorie
înv. termen învechit
învăţ. învăţământ
jur. juridic
lingv. lingvistică
lit. literatură
loc. locuţiune
m. (subst.) masculin
mar. marină
mat. matematică
med. medicină
metal. metalurgie
mil. termen militar
min. minerit
muz. muzică
n. neutru
neh, nehot. nehotărât

num. numeral
ord. ordinal
peior. peiorativ
pers. personal
pict. pictură
pl. plural
pol. termen politic
pop. termen popular
pos. posesiv
prep. prepoziţie
pron. pronume
refl. reflexiv
reg. regional
rel. religie
relat. relativ
s. substantiv
sg. singular
şcol. termen şcolar
taur. tauromahie
tehn. tehnică
text. textile
tip. tipografie
v. vezi
vi. verb intranzitiv
vr. verb reflexiv
vt. verb tranzitiv
zool. zoologie
~ înlocuieşte cuvântul-titlu

A

a *prep.* **1.** la, spre // ~ *la puerta* la uşă; ~ *las cinco* la ora cinci; *voy* ~ *la escuela* merg la şcoală. **2.** cu, în, pe, de // ~ *caballo* pe cal; ~ *diez pesetas* cu zece pesete; ~ *mano* de mână; ~ *pie* pe jos; *paso* ~ *paso* pas cu pas. **3.** pe // *vio* ~ *su padre* l-a văzut pe tatăl său. **4.** în expr.: ~ *decir verdad* ca să spun drept; ~ *la española* după moda spaniolă; ~ *mi entender* după părerea mea; ~ *nado* înot; ~ *oscuras* pe întuneric; ¡ ~ *trabajar!* la muncă!; *doy flores* ~ *mi madre* dau flori mamei mele.

abacería *f.* băcănie.

abacero *m.* băcan.

abad *m.* abate, stareţ.

abadejo *m* cod (*peşte*).

abadesa *f.* stareţă.

abadía *f.* abaţie, mănăstire.

abajo I. *adv.* jos; dedesubt // *de arriba* ~ de sus în jos; *río* ~ în josul apei; *venirse* ~ a se dărâma. **II.** *interj.* jos!

abalanzar I. *vt.* **1.** a cumpăni; a echilibra. **2.** a zvârli. **II.** ~se *vr.* (a) a se năpusti (asupra).

abalorio *m.* mărgele de sticlă.

abanderado *m.* stegar, port-drapel.

abandonar I. *vt.* **1.** a părăsi, a lăsa. **2.** a renunţa. **3.** a neglija. **II.** ~se *vr.* (a) a se lăsa cuprins (de).

abandono *m.* părăsire; renunţare; abandon.

abanico *m.* evantai.

abaratar(se) *vt.*, *vr.* a (se) ieftini.

abarca *f.* opincă.

abarcar *vt.* a cuprinde, a conţine.

abastecer(se) *vt.*, *vr.* a (se) aproviziona.

abastecimiento *m.* aprovizionare.

abasto *m.* provizii.

abatimiento *m.* descurajare, deprimare.

abatir I. *vt.* **1.** a doborî. **2.** (*fig.*) a descuraja, a deprima. **3.** (*fig.*) a umili, a jigni. **II.** ~se *vr.* a se descuraja.

abdicación *f.* abdicare.

abdicar *vi.* **1.** a abdica // ~ *el trono* a abdica la tron. **2.** a renunţa.

abdomen *m.* abdomen.

abecé *m.* **1.** alfabet. **2.** (*fig.*) noţiuni elementare.

abecedario *m.* **1.** abecedar. **2.** alfabet.

abedul *m.* mesteacăn.

abeja *f.* albină.

abejorro *m.* **1.** bondar. **2.** cărăbuş.

aberración *f.* aberaţie.

abertura *f.* deschizătură.

abeto *m.* brad.

abiertamente *adv.* deschis, pe faţă, sincer.

abierto *adj.* (*şi fig.*) deschis.

abigarrado *adj.* pestriţ.

abismarse *vr.* **1.** a cădea în prăpastie. **2.** (*fig.*) a se cufunda.

abismo *m.* abis, prăpastie.

abjurar *vt.* a abjura, a renega, a se lepăda de.

ablandar(se) *vt., vr.* **1.** a (se) înmuia. **2.** a (se) îmblânzi.

abnegación *f.* abnegaţie.

abocado *adj.* (*d. vin*) cu buchet.

abocar **I.** *vt.* **1.** a apuca cu gura. **2.** a apropia. **II.** *vi.* (*mar.*) a se apropia (de rada unui port). **III.** ~se *vr.* (*a*) a se apropia (de).

abochornar **I.** *vt.* a pârjoli, a usca. **II.** ~(se) *vt., vr.* a (se) ruşina.

abofetear *vt.* a pălmui.

abogacía *f.* avocatură.

abogado *m.* avocat.

abogar *vi.* a pleda.

abolición *f.* abolire.

abolir *vt.* a aboli.

abombar *vt.* a bomba.

abominable *adj.* abominabil.

abominación *f.* **1.** dezgust, scârbă. **2.** mârşăvie.

abominar *vt.* a detesta, a urî.

abonado **I.** *adj.* vrednic de crezare. **II.** *m.* abonat.

abonar **I.** *vt.* **1.** a acredita, a da ca sigur. **2.** a achita, a plăti. **3.** (*com.*) a garanta, a credita. **4.** (*agr.*) a îngrăşa. **II.** ~se *vr.* a se abona.

abono *m.* **1.** acreditare. **2.** (*com.*) garanţie; creditare. **3.** (*agr.*) îngrăşământ. **4.** abonament.

abordar *vt., vi.* **1.** a aborda //~ *una cuestión* a aborda o problemă. **2.** (*mar.*) a acosta.

aborrecer *vt.* **1.** a urî, a detesta. **2.** a plictisi.

abortar *vi.* a avorta.

abotonar(se) **I.** *vt., vr.* a(-şi) încheia (nasturii). **II.** *vi.* a înmuguri.

abrasar(se) *vt., vr.* (*şi fig.*) a arde.

abrazar(se) *vt., vr.* (*şi fig.*) a (se) îmbrăţişa.

abrazo *m.* îmbrăţişare.

abrelatas *m.* deschizător de conserve.

abrevadero *m.* adăpătoare.

abrevar *vt.* a adăpa.

abreviar *vt.* a prescurta; a reduce.

abreviatura *f.* abreviere, prescurtare.

abrigar **I.** *vt.* **1.** a adăposti, a pune la adăpost. **2.** (*fig.*) a ocroti. **3.** (*fig.*) a nutri (un sentiment, o speranţă). **II.** ~se *vr.* a se îmbrăca gros. **III.** *vi.* (*d. haine*) a ţine cald.

abrigo *m.* **1.** adăpost // *al ~ la* adăpost. **2.** ocrotire. **3.** palton, haină // *~ de entretiempo* pardesiu; *~ de piel* haină de piele.

abril *m.* aprilie.

abrir(se) *vt.*, *vr.* a (se) deschide.

abrochar *vt.* a încheia (nasturii).

abrogación *f.* abrogare.

abrogar *vt.* a abroga.

abrumador *adj.* copleşitor, apăsător.

abrumar *vt.* **1.** a copleşi, a apăsa. **2.** a împovăra.

abrupto *adj.* abrupt.

absceso *m.* *(med.)* abces.

absentismo *m.* absenteism.

absolución *f.* **1.** *(rel.)* iertare (a păcatelor). **2.** *(jur.)* achitare.

absoluto *adj.* absolut.

absolver *vt.* **1.** a ierta (de păcate). **2.** *(jur.)* a achita.

absorber *vt.* a absorbi.

absorción *f.* absorbţie.

absorto *adj.* *(fig.)* absorbit, cufundat.

abstenerse *vr.* *(de)* a se abţine (de la).

abstinencia *f.* abstinenţă.

abstracción *f.* abstracţie.

abstracto *adj.* abstract.

abstraer **I.** *vt.* a abstrage. **II.** *vi.* a face abstracţie. **III.** *~se vr.* a se cufunda în meditaţie.

absurdo **I.** *adj.* absurd. **II.** *m.* absurditate, prostie.

abuchear *vt.* a huidui.

abuela *f.* bunică.

abuelo *m.* bunic.

abultar **I.** *vt.* **1.** a mări, a îngroşa. **2.** *(fig.)* a umfla, a

exagera. **II.** *vi.* a fi gros; a fi umflat.

abundante *adj.* abundent, îmbelşugat, bogat.

abundar *vi.* a abunda, a fi din belşug.

aburguesar(se) *vt.*, *vr.* a (se) îmburghezi; a (se) căpătui.

aburrido *adj.* plictisitor.

aburrimiento *m.* plictiseală.

aburrir(se) *vt.*, *vr.* a (se) plictisi.

abusar *vi.* *(de)* **1.** a abuza (de), a profita (de). **2.** a viola (o femeie).

abusivo *adj.* abuziv.

abuso *m.* abuz.

abyección *f.* abjecţie, josnicie.

abyecto *adj.* abject, josnic.

acá *adv.* aici // *ven ~* vino încoace; *más ~* mai încoace, dincoace de.

acabado *adj.* **1.** gata, terminat. **2.** desăvârşit, perfect.

acabar(se) *vt.*, *vi.*, *vr.* a (se) termina, a (se) sfârşi, a (se) isprăvi.

acacia *f.* *(bot.)* salcâm.

academia *f.* academie.

académico **I.** *adj.* academic. **II.** *m.* academician.

acaecer *vi.* a se întâmpla.

acaecimiento *m.* întâmplare, eveniment.

acalorar(se) *vt.*, *vr.* a (se) încălzi.

acallar *vt.* **1.** a face să tacă. **2.** a potoli.

acampar *vi.* a-şi instala tabăra.

acantilado *m.* faleză, ţărm abrupt.

acaparar *vt.* a acapara.

acariciar *vt*. 1. a mângâia, a dezmierda. 2. a nutri (o speranţă).

acarrear *vt*. 1. a căra, a transporta. 2. (*fig*.) a pricinui.

acaso I. *m*. întâmplare. II. *adv*. poate; cumva // *al* ~ la întâmplare; *por* ~ din întâmplare; *por si* ~ pentru orice eventualitate.

acatar *vt*. a respecta; a cinsti.

acaudalado *adj*. bogat, avut, înstărit.

acaudalar *vt*. (*şi fig*.) a acumula.

acaudillar *vt*. a comanda, a conduce.

acceder *vi*. (*a*) 1. a consimţi (la), a admite, a îngădui, a accepta, a permite. 2. a avea acces, a intra. 3. (*fig*.) a atinge.

accesible *adj*. accesibil.

accésit *m*. (*la un concurs*) menţiune.

acceso *m*. 1. acces, intrare. 2. (*med., fig*.) acces.

accesorio *adj*. accesoriu.

accidentado *adj*. 1. rănit, accidentat. 2. (*d. un teren*) accidentat.

accidentar *vt*. a accidenta.

accidente *m*. accident.

acción *f*. acţiune.

accionar I. *vi*. a gesticula. II. *vt*. a pune în mişcare, a acţiona (un mecanism).

accionista *m*. şi *f*. (*com*.) acţionar(ă).

acechar *vt*. a pândi.

acecho *m*. pândă // *estar al* ~ a sta la pândă.

acedar(se) *vt., vr*. a (se) acri.

acedía *f*. acreală, acrime.

acedo *adj*. acru.

aceite *m*. ulei.

aceitoso *adj*. uleios.

aceituna *f*. măslină.

aceitunado *adj*. măsliniu.

aceituno *m*. măslin.

aceleración *f*. accelerare, acceleraţie.

acelerador *m*. (*auto*) accelerator.

acelerar *vt*. a accelera.

acelga *f*. sfeclă.

acento *m*. accent.

acentuación *f*. accentuare.

acentuar(se) *vt., vr*. a (se) accentua.

acepción *f*. accepţie, sens.

acepillar *vt*. 1. a peria. 2. a da la rindea.

aceptable *adj*. acceptabil.

aceptación *f*. acceptare.

aceptar *vt*. 1. a accepta. 2. a admite, a încuviinţa.

acequia *f*. canal de irigaţie, şanţ.

acera *f*. trotuar.

acerar *vt*. (*şi fig*.) a oţeli.

acerbo *adj*. 1. aspru, astringent. 2. (*fig*.) necruţător.

acerca de *prep*. cu privire la, despre.

acercamiento *m*. apropiere.

acercar(se) *vt., vi*. (*a*) a (se) apropia (de).

acerista *m*. oţelar.

acero *m*. oţel.

acérrimo *adj*. tare, puternic, dârz.

acertado *adj*. 1. îndemânatic, dibaci. 2. potrivit, nimerit.

acertar I. *vt*. 1. a nimeri. 2. a ghici, a dezlega. II. *vi*. 1. a nimeri. 2. a izbuti.

acertijo *m.* ghicitoare.

acervo *m.* 1. grămadă, morman. 2. bunuri posedate în comun.

acetileno *m.* acetilenă.

aciago *adj.* nenorocit, nefericit.

acicalar I. *vt.* a curăţa, a lustrui. II. ~(se) *vt., vr.* a (se) dichisi.

acicate *m.* 1. pinten. 2. (*fig.*) imbold.

acidez *f.* aciditate.

ácido *adj., m.* acid.

acidular *vt.* a acidula.

acierto *m.* 1. succes, reuşită. 2. (*fig.*) îndemânare.

aclamación *f.* aclamaţie; aclamare.

aclamar *vt.* 1. a aclama. 2. a proclama.

aclaración *f.* clarificare, lămurire.

aclarar I. *vt.* 1. a clarifica. 2. a clăti, a limpezi. II. *vi.* a se însenina. III. ~se *vr.* a se clarifica, a se lămuri.

aclimatación *f.* aclimatizare.

aclimatar(se) *vt., vr.* a (se) aclimatiza, a (se) adapta.

acobardar(se) *vt., vr.* a (se) înfricoşa; a (se) intimida; a (se) descuraja.

acodarse *vr.* a se sprijini în coate.

acodo *m.* butaş.

acogedor *adj.* primitor, ospitalier.

acoger I. *vt.* 1. a primi, a întâmpina. 2. a găzdui. 3. (*fig.*) a ocroti. II. ~se *vr.* a se adăposti.

acogida *f.* 1. primire, găzduire; ospitalitate // *centro de ~* centru de primire. 2. protecţie, ocrotire.

acogimiento *m.* primire // *equipo de ~* grup, comitet de primire.

acolchar *vt.* 1. a capitona. 2. a căptuşi.

acólito *m.* acolit.

acometer *vt.* 1. a ataca. 2. a se apuca de.

acomodación *f.* acomodare, adaptare.

acomodadizo *adj.* adaptabil.

acomodado *adj.* 1. convenabil, potrivit. 2. avut, înstărit.

acomodador *m.* (*teatru*) plasator.

acomodar I. *vt.* 1. a aranja, a rândui; a potrivi; a orândui. 2. a instala (ceva, pe cineva). 3. (*fig.*) a împăca, a aplana. II. *vi.* a-i conveni ceva. III. ~se *vr.* (*a*) a se adapta (la); a se acomoda, a se deprinde.

acompañamiento *m.* 1. însoţire, tovărăşie, companie. 2. (*muz.*) acompaniament. 3. (*teatru*) figuraţie.

acompañar *vt.* 1. a însoţi, a conduce. 2. (*muz.*) a acompania.

acomplejar I. *vt.* a crea complexe. II. ~se *vr.* a căpăta complexe, a se complexa.

acondicionado *adj.* în *expr.*: *aire ~* aer condiţionat; *bien (mal) ~* de bună (proastă) calitate; *hombre bien ~* om cumsecade.

acondicionamiento *m.* condiţionare, pregătire.

acondicionar *vt.* 1. a amenaja, a pregăti, a aranja. 2. (*tehn.*) a condiţiona; a determina.

acongojarse *vr.* a se zbuciuma.

aconsejado *adj.* în *expr.*: *mal* ~ nechibzuit, nesocotit.

aconsejar(se) *vt.*, *vr.* a (se) sfătui.

acontecer *vi.* a se întâmpla.

acontecimiento *m.* întâmplare, eveniment.

acopiar *vt.* a aduna, a strânge.

acopio *m.* 1. acumulare, îngrămădire // *hacer* ~ a-şi face provizii. 2. (*fig.*) abundenţă, belşug.

acoplar I. *vt.* 1. a împerechea. 2. a înjuga. 3. (*tehn.*) a cupla. II. ~se *vr.* (*fig.*) a se împrieteni.

acorazado *m.* cuirasat.

acordar I. *vt.* 1. a hotărî, a decide. 2. a stabili, a conveni, a cădea de acord. 3. (*muz.*) a acorda. II. *vi.* a se potrivi; a coincide. III. ~se *vr.* 1. (*de*) a-şi aminti (de), a-şi aduce aminte (de). 2. (*con*) a cădea de acord (cu).

acorde I. *adj.* de aceeaşi părere. II. *m.* (*muz.*) acord.

acordeón *m.* acordeon.

acorralar *vt.* 1. a închide în ţarc; a îngrădi. 2. a închide (pe cineva).

acortar(se) *vt.*, *vr.* a (se) scurta, a (se) reduce.

acosar *vt.* a încolţi, a hăitui.

acostar(se) I. *vt.*, *vr.* a (se) culca. II. *vi.* (*mar.*) a acosta.

acostumbrar(se) I. *vt.*, *vr.* (*a*) a (se) obişnui (cu). II. *vi.* a obişnui.

acotar *vt.* a hotărnici.

acre I. *adj.* înţepător, aspru. II. *m.* acru (= 40,47 ari).

acrecentar (se) I. *vt.*, *vr.* a creşte, a (se) mări, a (se) dezvolta II. *vt.* 1. a îmbunătăţi. 2. (*fig.*) a înălţa. 3. (*fig.*) a exagera.

acrecer *vt.* a creşte, a spori.

acreditar I. *vt.* 1. a face celebru. 2. a acredita. 3. (*com.*) a credita. II. ~se *vr.* (*de*) a se face cunoscut (ca), a-şi crea faima (de).

acreedor *m.* creditor.

acribar *vt.* a cerne.

acribillar *vt.* 1. a ciurui. 2. (*fig.*) a sâcâi.

acrisolar *vt.* (*metal.*, *fig.*) a purifica.

acrimonia, acritud *f.* (*şi fig.*) acreală.

acróbata *m.* şi *f.* acrobat(ă).

acta *f.* act, document.

actitud *f.* atitudine.

activar *vt.* a activa, a intensifica.

actividad *f.* activitate.

activo *adj.* activ.

acto *m.* 1. act, faptă, fapt. 2. (*teatru*) act. 3. ceremonie; festivitate; şedinţă festivă // *en el* ~ *pe dată*, îndată, numaidecât; ~ *continuo* imediat, îndată; *salón de* ~*s* sală de festivităţi.

actor *m.* actor.

actriz *f.* actriţă.

actuación *f.* 1. (*jur.*) procedură. 2. (*teatru*) rol, interpretare.

actual *adj.* actual.

actualidad *f*. actualitate // *de ~ de* actualitate; *en la ~* în prezent.

actualización *f*. actualizare, aducere la zi.

actualizar *vt*. a actualiza, a aduce la zi.

actuar I. *vt*. a acţiona, a pune în mişcare. II. *vi*. 1. a acţiona, a proceda, a activa; a lucra; a face. 2. *(de)* a lucra (ca), a exercita profesia de. 3. a juca, a interpreta.

acuarela *f*. acuarelă.

acuario *m*. 1. acvariu. 2. *(astr.)* Vărsătorul.

acuartelamiento *m*. cazarmă.

acuartelar *vt*. a încartirui.

acuático *adj*. acvatic.

acuchillar *vt*. a înjunghia.

acudir *vi*. 1. a veni în grabă, a da fuga. 2. *(a)* a recurge (la), a apela (la). 3. a frecventa un loc.

acueducto *m*. apeduct.

acuerdo *m*. acord, înţelegere, hotărâre // *de ~ con* conform cu, potrivit, în concordanţă cu; *estar de ~ con* a fi de aceeaşi părere cu; *ponerse de ~ con* a se pune de acord cu.

acullá *adv*. în *expr.: acá y ~* ici colo.

acumulación *f*. acumulare.

acumulador *m*. *(electr.)* acumulator.

acumular *vt*. a acumula, a strânge.

acuñar *vt*. a bate monedă.

acuoso *adj*. apos.

acurrucarse *vr*. a se ghemui.

acusación *f*. acuzare, învinuire.

acusar *vt*. 1. a acuza, a învinui. 2. a denunţa. 3. a confirma // *~ recibo* a confirma primirea.

acusativo *m*. *(gram.)* acuzativ.

acuse *m*. confirmare de primire.

acústico *adj*. acustic.

achacar *vt*. a imputa.

achacoso *adj*. 1. bolnăvicios, plăpând. 2. cu defecte, cu lipsuri.

achaque *m*. 1. infirmitate, beteşug. 2. *(fig.)* pretext. 3. *(fig.)* cusur.

achatar *vt*. a turti.

achicar(se) *vt., vr*. 1. a (se) micşora. 2. *(fig.)* a (se) umili.

achicoria *f*. *(bot.)* cicoare.

achicharrar(se) *vt., vr. (d. mâncăruri)* a (se) arde.

achisparse *vr*. a se chercheli.

achuchar *vt*. 1. a strivi. 2. a atâţa.

achulado *adj*. nostim, mucalit.

adalid *m*. 1. *(mil.)* comandant. 2. *(fig.)* căpetenie, conducător, lider.

adaptación *f*. adaptare.

adaptar(se) *vt., vr. (a)* a (se) adapta (la).

adecuación *f*. adecvare; adaptare.

adecuado *adj*. adecvat, potrivit, corespunzător.

adecuar(se) *vt., vr. (a)* a (se) potrivi (cu), a (se) adapta (la).

adelantado *adj*. 1. înaintat. 2. precoce. 3. anticipat, prealabil.

adelantar I. *vt*. 1. a împinge înainte. 2. a grăbi. 3. a depăşi. 4. a anticipa. II. *vi*. a

progresa, a avansa, a înainta.
III. ~se *vr.* *(a)* a întrece, a o
lua înaintea (cuiva).

adelante I. *adv.* înainte // *en* ~
de acum înainte; *más* ~ mai
târziu , mai încolo. **II.** *interj.*
înainte!, intră!

adelanto *m.* **1.** avans de plată.
2. progres.

adelgazar(se) I. *vt., vr.* a (se)
subția. **II.** *vi.* a slăbi.

ademán *m.* **1.** gest, atitudine.
2. ~es *pl.* maniere.

además *adv.* afară de aceasta,
pe lângă aceasta // ~ *de* în
afară de, pe deasupra.

adentro I. *adv.* înăuntru. **II.** *interj.*
intră!, intrați! // *mar* ~ în
largul mării; *tierra* ~ în
interiorul țării; *para sus* ~s
în sinea sa.

adepto *m.* adept.

aderezar *vt.* **1.** împodobi. **2.** a
condimenta. **3.** a apreta.

aderezo *m.* **1.** podoabă, găteală.
2. mirodenii. **3.** scrobeală.

adeudar I. *vt.* a datora, a fi
dator. **II.** ~se *vr.* a se îndatora.

adherencia *f.* **1.** aderență. **2.** a-
derare.

adherente *adj.* aderent.

adherir(se) *vi., vr.* *(a)* a adera (la).

adhesión *f.* *(a)* adeziune, ade-
rare (la).

adición *f.* **1.** adăugare, adău-
gire. **2.** *(mat.)* adunare.

adicto I. *adj.* devotat, credin-
cios, atașat // ~ *a la droga*
dependent de droguri. **II.** *m.*
adept, partizan.

adiestrar I. *vt.* **1.** a antrena. **2.** a
dresa. **II.** ~se *vr.* a se antrena.

adinerado *adj.* înstărit.

adiós *interj.* adio!, la revedere.

adivina *f.* ghicitoare, prezicătoare.

adivinanza *f.* ghicitoare; enigmă.

adivinar *vt.* a ghici.

adivino *m.* ghicitor, prezicător.

adjetivo *m.* adjectiv.

adjudicación *f.* adjudecare.

adjudicar *vt.* a adjudeca; a
atribui, a decerna.

adjuntar *vt.* a anexa, a alătura,
a atașa.

adjunto *adj.* anexat, alăturat.

administración *f.* administrare;
administrație.

administrador *m.* administrator.

administrar *vt.* a administra.

administrativo *adj.* administrativ.

admirable *adj.* admirabil.

admiración *adj.* **1.** admirație.
2. uimire.

admirador *m.* admirator.

admirar I. *vt.* a admira. **II.** ~(se)
vt., vr. *(de)* a (se) mira (de).

admisión *f.* admitere, primire;
acceptare.

admitir *vt.* a admite; a permite;
a primi; a accepta.

adobar *vt.* **1.** a (pre)găti; a
drege, a condimenta. **2.** a
marina. **3.** a tăbăci.

adobe *m.* chirpici.

adobo *m.* **1.** (pre)gătire. **2.** sos;
marinată. **3.** tăbăcire.

adolecer *vi.* *(de)* a suferi (de).

adolescencia *f.* adolescență.

adolescente *m.* și *f.* adolescent(ă).

adonde *adv.* încotro, unde.

adondequiera *adv.* oriîncotro, oriunde.

adopción *f.* adoptare; înfiere.

adoptar *vt.* a adopta; a înfia.

adoquinar *vt.* a pava.

adorable *adj.* adorabil.

adoración *f.* adoraţie; adorare.

adorar *vt.* a adora.

adormecer I. *vt.* 1. a adormi. 2. *(fig.)* a domoli, a calma, a linişti. II. ~se *vr.* 1. a adormi. 2. *(d. mâini, picioare)* a amorţi.

adormidera *f. (bot.)* mac.

adormilarse *vr.* a aţipi.

adornar(se) *vt., vr.* a (se) împodobi, a (se) găti.

adorno *m.* ornament, podoabă.

adquirir *vt.* 1. a dobândi, a obţine, a procura. 2. a achiziţiona.

adquisición *f.* 1. dobândire, obţinere, procurare. 2. achiziţie.

adrede *adv.* înadins, anume.

aduana *f.* vamă.

aduanero I. *adj.* vamal. II. *m.* vameş.

aducir *vt.* a aduce (un argument etc.)

adueñarse *vr. (de)* a pune stăpânire (pe).

adular *vt.* a linguşi.

adulterar I. *vt.* a falsifica. II. *vi.* a trăi în adulter.

adulterio *m.* adulter.

adúltero *adj.* adulter.

adulto *adj.* adult.

adusto *adj.* 1. torid. 2. *(fig.)* auster, sever.

advenedizo *adj.* 1. venetic. 2. parvenit.

advenimiento *m.* urcare pe tron.

adverbio *m.* adverb.

adversario *m.* adversar.

adverso *adj.* opus, potrivnic.

advertencia *f.* 1. avertisment. 2. *(lit.)* cuvânt înainte.

advertir *vt.* 1. a avertiza. 2. a remarca.

adyacente *adj.* adiacent.

aeración *f.* aerisire.

aéreo *adj.* aerian.

aeródromo *m.* aerodrom.

aeronauta *m.* aeronaut.

aeronave *f.* aeronavă.

aeroplano *m.* aeroplan.

aeropuerto *m.* aeroport.

afable *adj.* afabil, binevoitor, plăcut, blând, cordial, curtenitor.

afamado *adj.* renumit, vestit.

afán *m.* 1. trudă. 2. dorinţă vie.

afanar(se) *vi., vr.* 1. a se trudi, a munci din greu. 2. *(por)* a se strădui (să).

afanoso *adj.* 1. anevoios. 2. sârguincios.

afear(se) *vt., vr.* a (se) urâţi.

afección *f.* afecţiune.

afectar *vt.* a afecta.

afectivo *adj.* afectiv.

afecto I. *adj.* 1. ataşat, devotat. 2. suferind. II. *m.* 1. afect. 2. a fecţiune.

afectuoso *adj.* afectuos, iubitor.

afeitar(se) *vt., vr.* 1. a (se) bărbieri, a (se) rade. 2. a (se) farda.

afeite *m.* fard.

afelpado *adj.* pluşat, catifelat.

afeminado *adj.* efeminat.

aferrar I. *vt.* a înşfăca. II. ~se *vr.* 1. a se agăţa. 2. *(fig.)* a se încăpăţâna.

afianzar *vt.* **1.** a fixa, a propti. **2.** a garanta.

afición *f.* **1.** (a) înclinare, slăbiciune (pentru) **2.** afecţiune, simpatie.

aficionado *adj., m.* *(a)* pasionat, amator, îndrăgostit (de).

afijo *m.* *(gram.)* afix.

afilador *m.* tocilar, ascuţitor.

afilar(se) *vt., vr.* a (se) ascuţi.

afiliar(se) *vt., vr.* *(a)* a (se) afilia (la), a (se) înscrie (în); a adera (la).

afín **I.** *adj.* învecinat. **II.** *m.* rudă prin alianţă.

afinar *vt.* **1.** a desăvârşi. **2.** *(fig.)* a cizela. **3.** *(muz.)* a acorda.

afinidad *f.* afinitate.

afirmación *f.* **1.** afirmaţie. **2.** consolidare.

afirmar **I.** *vt.* **1.** a întări, a consolida, a asigura, a fixa. **2.** a afirma, a declara. **II.** ~se *vr.* **1.** a se propti. **2.** *(en)* a susţine (ceva).

afirmativo *adj.* afirmativ.

aflicción *f.* mâhnire, întristare, durere.

afligir(se) *vt., vr.* a (se) mâhni, a (se) întrista.

aflojar(se) **I.** *vt., vr.* a (se) destinde, a (se) slăbi. **II.** *vi.* a slăbi.

afluencia *f.* afluenţă, aglomeraţie.

afluente *m.* afluent.

afluir *vi.* **1.** a se scurge. **2.** *(geogr.)* a se vărsa.

aflujo *m.* aflux.

afónico, áfono *adj.* afon, fără voce, lipsit de voce *(sau* glas).

aforrar **I.** *vt.* a căptuşi. **II.** ~ se *vr.* **1.** a se înfofoli. **2.** *(fam.)* a mânca şi a bea bine.

afortunadamente *adv.* din fericire.

afortunado *adj.* norocos, fericit.

afrancesado **I.** *adj., m.* franţuzit. **II.** *m.* *(ist.)* spaniol partizan al lui Napoleon (în timpul războiului pentru independenţă); trădător.

afrecho *m.* tărâţe.

afrenta *f.* jignire, afront.

afrentar *vt.* a jigni, a insulta.

afrentoso *adj.* **1.** ruşinos. **2.** jignitor.

africano *adj., m.* african.

afrontar *vt.* **1.** a înfrunta. **2.** a confrunta.

afta *f.* *(med.)* aftă.

afuera **I.** *adv.* afară. **II.** ~s *f. pl.* împrejurimi. **III.** *interj.* afară!

agacharse *vr.* a se ghemui.

agalla *f.* **1.** branhie. **2.** amigdală **3.** ~s *pl.* gâlci. **4.** ~s *pl.* *(fig.)* curaj, bărbăţie.

ágape *m.* agapă.

agarradero *m.* **1.** toartă. **2.** mâner. **3.** *(fig.)* protecţie.

agarrar **I.** *vt.* a apuca, a înşfăca. **II.** ~se *vr.* a se agăţa.

agarrotar *vt.* **1.** a lega strâns, a strânge. **2.** *(fig.)* a asupri.

agasajar *vt.* a cinsti, a copleşi cu atenţii.

agasajo *m.* **1.** ospătare, consideraţie. **2.** dar, cadou.

ágata *f.* agat.

agencia *f.* agenţie.

agenda *f.* agendă; carnet.

agente *m.* agent.

agigantar *vt.* *(fig.)* a exagera.

ágil *adj.* 1. agil, sprinten. 2. *(la minte)* ager, isteţ, deştept.

agilidad *f.* 1. agilitate, iuţeală. 2. agerime, isteţime. 3. îndemânare.

agitación *f.* agitaţie.

agitador *m.* agitator.

agitar(se) *vt., vr.* a (se) agita.

aglomeración *f.* aglomeraţie, aglomerare.

aglomerar(se) *vt., vr.* a (se) aglomera, a (se) îngrămădi.

agobiar *vt.* 1. a împovăra. 2. *(fig.)* a copleşi.

agobio *m.* *(şi fig.)* apăsare.

agolpamiento *m.* îmbulzeală.

agolparse *vr.* a năvăli, a se îmbulzi.

agonía *f.* agonie.

agonizar I. *vi.* a fi în agonie, a fi pe moarte. II. *vt.* 1. *(fam.)* a chinui, a sâcâi. 2. *(fig.)*, *(por)* a muri (după).

agorar *vt.* a prevesti, a prezice.

agorero *adj.*, *m.* prezicător, prevestitor.

agostar(se) I. *vt., vr. (d. plante)* a se usca. II. *vi. (d. vite)* a paşte.

agosto *m.* 1. august. 2. vremea secerişului.

agotar(se) *vt., vr.* a (se) epuiza.

agraciado *adj.* graţios.

agradable *adj.* agreabil, plăcut.

agradar *vi.* a plăcea.

agradecer *vt.* a mulţumi; a fi recunoscător.

agradecido *adj.* recunoscător.

agradecimiento *m.* recunoştinţă, mulţumiri.

agrado *m.* 1. plăcere. 2. amabilitate.

agrandar(se) *vt., vr.* a (se) mări.

agrario *adj.* agrar.

agravación *f.*, **agravamiento** *m.* agravare, înrăutăţire.

agravar(se) *vt., vr.* a (se) agrava, a (se) înrăutăţi.

agraviador *adj.* ofensator, jignitor.

agraviar I. *vt.* 1. a jigni, a ofensa, 2. *(jur.)* a prejudicia. II. ~se *vr.* a se ofensa.

agravio *m.* 1. jignire, ofensă. 2. *(jur.)* prejudiciu.

agraz *m.* 1. aguridă. 2. *(fig.)* amărăciune.

agredir *vt.* a ataca.

agregación *f.* unire; ataşare; alăturare.

agregado *m.* 1. *(tehn.)* agregat. 2. *(în diplomaţie)* ataşat.

agregar I. *vt.* 1. a uni, a alătura. 2. *(adm.)* a numi. 3. a adăuga. II. ~se *vr.* a se alătura.

agresión *f.* agresiune.

agresividad *f.* agresivitate.

agresivo *adj.* agresiv.

agresor *m.* agresor.

agreste *adj.* 1. de ţară, rustic. 2. *(fig.)* necioplit.

agriar(se) *vt., vr.* a (se) acri.

agrícola *adj.* agricol.

agricultor *m.* agricultor.

agricultura *f.* agricultură.

agrio *adj.* 1. acru. 2. *(fig.)* aspru. 3. *(fig.)* abrupt.

agronomía *f.* agronomie.

agrónomo *m.* agronom.

agrupar(se) *vt., vr.* a (se) grupa.

agropecuario *adj.* agrozootehnic.

agua *f.* apă // ~ *abajo/arriba* în josul/susul apei; ~ *blanca* apă de plumb; ~ *fuerte* apă tare; ~ *mineral* apă minerală; ~ *pesada* apă grea; ~ *sal* saramură; ~*s llenas* flux; ~ *s del menguante* reflux; ~*s termales* ape termale; *a flor de* ~ la suprafaţa apei.

aguacero *m.* aversă, răpăială.

aguachirle *f.* poşircă.

aguada *f.* loc cu apă de băut.

aguador *m.* sacagiu.

aguafuerte *m.* sau *f.* acvaforte.

aguaje *m.* maree.

aguamanil *m.* cană (*sau* ibric) de apă (pentru spălat).

aguamanos *m.* apă de spălat.

aguamiel *m.* hidromel.

aguanieve *f.* lapoviţă.

aguantar **I.** *vt.* a îndura, a răbda, a suporta. **II.** ~**se** *vr.* a se stăpâni.

aguante *m.* **1.** răbdare, calm. **2.** rezistenţă; *(tehn.)* anduranţă. **3.** *(fig.)* tărie, putere.

aguar *vt.* **1.** a dilua, a pune apă în. **2.** *(fig.)* a strica (o petrecere).

aguardar *vt., vi.* a aştepta.

aguardiente *m.* ţuică, rachiu.

aguazal *m.* mocirlă.

agudeza *f.* **1.** ascuţime. **2.** *(fig.)* agerime. **3.** vorbă de duh.

agudo *adj.* **1.** ascuţit. **2.** *(fig.)* ager, spiritual, plin de duh. **3.** *(fig., med.)* acut.

agüero *m.* prezicere, semn // de *mal* ~ de rău augur; *mal* ~ semn rău.

aguijar **I.** *vt. (şi fig.)* a îmboldi. **II.** *vi.* a se grăbi.

aguijón *m.* **1.** ac (de insectă). **2.** ghimpe. **3.** *(fig.)* imbold.

aguijonear *vt.* **1.** *(d. insecte)* a înţepa. **2.** *(fig.)* a îmboldi.

águila *f.* vultur, acvilă.

aguileño *adj.* **1.** prelung (la faţă). **2.** *(d. nas)* acvilin.

aguinaldo *m.* dar (de Crăciun sau Anul Nou).

aguja *f.* **1.** ac // ~ *de coser* ac de cusut; ~ *de gancho* croşetă; ~ *del reloj* limbă de ceas. **2.** vârf (de clopotniţă). **3.** macaz.

agujerear(se) *vt., vr.* a (se) găuri.

agujero *m.* **1.** gaură. **2.** acar, macagiu. **3.** negustor de ace. **4.** cutie de ace.

agujeta *f.* **1.** şiret. **2.** ~s *pl.* febră musculară.

agusanado *adj.* viermănos, plin de viermi.

aguzanieves *f.* codobatură.

aguzar *vt.* **1.** a ascuţi, a face vârf. **2.** *(fig.)* a aţâţa, a stimula.

aherrojar *vt.* **1.** *(şi fig.)* a încătuşa. **2.** *(fig.)* a împila.

ahí *adv.* aici, aci; *(aproape de interlocutor)* acolo // *por* ~ pe aici.

ahijado *m.* fin.

ahijar **I.** *vt.* a înfia, a adopta. **2.** *(fig.)* a învinui pe nedrept. **II.** *vi.* a procrea.

ahilar I. *vi.* a merge în şir.
II. ~se *vr.* **1.** a se deşira, a se lungi. **2.** a slăbi. **3.** a leşina de foame.

ahincar I. *vi. (en)* a stărui (în).
II. ~se *vr.* a se grăbi.

ahínco *m.* înverşunare, zel.

ahitarse *vr.* a i se apleca.

ahíto I. *adj. (fig.)* sătul, scârbit.
II. *m.* indigestie.

ahogar(se) *vt., vr.* **1.** *(şi fig.)* a (se) sufoca; a (se) înăbuşi. **2.** a (se) îneca.

ahogo *m.* **1.** sufocare, înăbuşire. **2.** *(fig.)* nelinişte. **3.** *(fig.)* strâmtorare.

ahondamiento *m.* adâncire.

ahondar *vt., vi.* a adânci.

ahora *adv.* acum, adineaori; numaidecât // ¡ ~ bien! ei, bine!; ~ mismo chiar acum; desde ~ en adelante de acum înainte; por ~ deocamdată.

ahorcar(se) *vt., vr.* a (se) spânzura.

ahorrar *vt.* **1.** a economisi. **2.** *(fig.)* a cruţa.

ahorro *m.* economie; economisire // caja de ~s casă de economii.

ahuecar I. *vt.* **1.** a scobi. **2.** a afâna. **II.** ~se *vr.* a se umfla în pene.

ahumar(se) I. *vt., vr.* a (se) afuma. **II.** ~se *vr. (fig.)* a se chercheli. **III.** *vi.* a scoate fum.

ahuyentar I. *vt.* a alunga. **II.** ~se *vr.* a fugi.

airado *adj.* înfuriat, mâniat.

aire *m.* **1.** aer, văzduh // ~ acondicionado aer con-

diţionat; al ~ libre în aer liber. **2.** vânt // hablar al ~ a vorbi în vânt. **3.** aer, înfăţişare. **4.** cântec. **5.** *(fig.)* chef, plăcere.

airear(se) *vt., vr.* a (se) aerisi.

airoso *adj.* **1.** cu mult aer. **2.** *(fig.)* graţios.

aislador I. *adj.* izolant. **II.** *m.* izolator.

aislamiento *m.* izolare.

aislar(se) *vt., vr.* a (se) izola.

ajar(se) *vt., vr.* a (se) mototoli; a (se) uza; a (se) strica.

ajedrecista *m.* şi *f.* şahist(ă).

ajedrez *m.* (joc de) şah.

ajenjo *m.* **1.** *(bot.)* pelin. **2.** absint.

ajeno *adj.* **1.** străin. **2.** *(fig.) (de)* ferit (de) **3.** *(fig.) (a)* străin (de).

ajetrearse *vr.* a se speti.

ajetreo *m.* **1.** istovire. **2.** forfoteală.

ají *m.* ardei iute.

ajo *m.* **1.** usturoi // cabeza de ~ căpăţână de usturoi; diente de ~ căţel de usturoi. **2.** mujdei.

ajonjolí *m. (bot.)* susan.

ajuar *m.* **1.** mobilier. **2.** zestre.

ajuiciado *adj.* chibzuit, întelept.

ajustador *m.* jiletcă, vestă.

ajustar I. *vt.* **1.** a ajusta. **2.** a aranja, a monta. **3.** a împăca. **4.** a se învoi. **5.** *(fin.)* a lichida (o datorie). **II.** *vi.* a i se potrivi. **III.** ~se *vr.* **1.** a se învoi. **2.** a se potrivi.

ajuste *m.* **1.** ajustare; potrivire, ajustaj; reglaj. **2.** învoială; împăcare; înţelegere. **3.** *(fin.)*

lichidare a datoriei // ~ *de cuentas* **a.** încheiere a socotelilor; **b.** răfuială.

ajusticiar *vt.* a executa (un condamnat la moarte).

ala *f.* **1.** *(și fig.)* aripă. **2.** *(mil.)* flanc. **3.** bor (de pălărie). **4.** ~s *pl. (fig.)* îndrăzneală, aripi.

alabanza *f.* laudă.

alabar(se) *vt., vr.* a (se) lăuda.

alabastro *m.* alabastru.

alacena *f.* dulap (în perete).

alacrán *m.* scorpion.

alada *f.* fâlfâit de aripi.

alado *adj.* înaripat.

alambicar *vt.* a distila.

alambique *m.* alambic.

alambre *m.* sârmă // ~ *carril* teleferic; ~ *de púas* sârmă ghimpată.

alameda *f.* **1.** pădurice de plopi. **2.** alee (cu plopi).

álamo *m.* plop.

alarde *m.* **1.** *(mil.)* trecere în revistă. **2.** ostentație; mândrie; fală // *hacer* ~ *de* a face paradă de. **3.** inspecție.

alargar *vt.* **1.** a (pre)lungi, a alungi, **2.** a mări. **3.** a da, a întinde.

alarido *m.* strigăt, urlet (de durere).

alarife *m.* arhitect; șef de șantier.

alarma *f.* alarmă.

alarmar(se) *vt., vr.* a (se) alarma.

alazán *adj., m.* roib.

alba *f.* zori // *al* ~ în zori.

albahaca *f.* busuioc.

albanés *adj., m.* albanez.

albañil *m.* zidar.

albañilería *f.* zidărie.

albarda *f.* **1.** samar. **2.** *(Am.)* șa.

albaricoque *m.* caisă.

albaricoquero *m.* cais.

albear *vi.* a (se) albi.

albedrío *m.* **1.** arbitru // *libre* ~ liber-arbitru. **2.** capriciu, toană // *a su* ~ după placul său.

albérchigo *m.* piersică albă.

albergar **I.** *vt.* **1.** a găzdui, a adăposti. **2.** *(fig.)* a nutri. **II.** ~(se) *vi., vr.* a trage în gazdă.

albergue *m.* **1.** adăpost. **2.** han; hotel. **3.** vizuină.

albóndiga *f.* **1.** perișoară. **2.** chiftea.

albor *m.* **1.** albeață. **2.** zori (de zi).

alborada *f.* **1.** zori, faptul zilei. **2.** *(mil.)* deșteptarea.

alborear *vi.* a se crăpa de ziuă.

albornoz *m.* halat de baie.

alborotado *adj.* pripit, repezit.

alborotar **I.** *vt.* **1.** a tulbura (liniștea). **2.** a ațâța, a răzvrăti. **II.** *vi.* a face scandal.

alboroto *m.* **1.** scandal; larmă; agitație. **2.** răzmeriță.

alborozar(se) *vt., vr.* a (se) entuziasma.

alborozo *m.* veselie zgomotoasă.

álbum *m.* album.

albúmina *f.* albumină.

alcabala *f.* impozit (pe vânzări).

alcachofa *f. (bot.)* anghinare.

alcahueta *f.* codoașă, mijlocitoare.

alcahuete *m.* codoș, mijlocitor.

alcalde *m.* **1.** primar. **2.** pretor.

alcaldía *f.* primărie.

alcance *m.* 1. apropiere, accesibilitate // *al* (sau *a mi/tu*) ~ la îndemână. 2. bătaie de armă. 3. aptitudine; talent. 4. *(fig.)* importanţă; semnificaţie. 5. ~s *pl.* ştiri de ultimă oră.

alcancía *f.* puşculiţă.

alcanfor *m.* camfor.

alcantarilla *f.* 1. punte, podeţ. 2. canal (de scurgere).

alcantarillar *vt.* a canaliza.

alcanzadizo *adj.* accesibil, la îndemână.

alcanzado *adj.* înglodat în datorii.

alcanzar I. *vt.* 1. a ajunge din urmă. 2. a ajunge (la), a atinge. 3. *(fig.)* a înţelege, a pricepe. 4. a realiza. 5. *(a)* a izbuti (să). 6. a ajunge, a egala. II. *vi.* 1. *(d. arme)* a bate. 2. *(fig.)* a fi de ajuns.

alcaparra *f. (bot.)* 1. caper. 2. caperă.

alcaravea *f. (bot.)* chimen.

alcarria *f.* podiş (plat şi arid).

alcázar *m.* fortăreaţă, castel.

alce *m.* 1. *(zool.)* elan. 2. ridicare.

alcoba *f.* iatac; alcov.

alcohol *m.* alcool, spirt // ~ *desnaturalizado* spirt denaturat.

alcohólico *adj.* alcoolic.

alcoholismo *m.* alcoolism.

alcor *m.* colină, deal.

alcorán *m.* coran.

alcornoque *m.* 1. arbore de plută. 2. *(fam.)* prost.

alcorza *f.* glazură.

alcurnia *f.* neam, viţă, seminţie.

alcuzcuz *m.* cuşcuş.

aldaba *f.* 1. ciocan (de bătut în poartă). 2. zăvor.

aldabilla *f.* zăvor, încuietoare.

aldea *f.* sat.

aldeano I. *adj.* sătesc, ţărănesc. II. *m.* ţăran, sătean.

aleación *f.* aliaj.

alear I. *vi.* a bate din aripi. II. *vt. (metal.)* a alia.

aleccionador *adj.* pilduitor.

aleccionar *vt.* 1. a instrui. 2. *(fig.)* a servi o lecţie, a cuminţi.

aledaño I. *adj.* învecinat. II. ~s *m. pl.* graniţe, limite.

alegar I. *vt.* a aduce (un argument *etc.*). II. *vi.* a pleda.

alegoría *f.* alegorie.

alegórico *adj.* alegoric.

alegrar(se) *vt., vr.* a (se) înveseli, a (se) bucura.

alegre *adj.* 1. vesel, bucuros, voios. 2. îmbucurător. 3. *(fam.)* cu chef.

alegría *f.* bucurie, veselie.

alegrón *m.* 1. izbucnire de bucurie. 2. *(fam.)* vâlvătaie.

alejamiento *m.* 1. îndepărtare. 2. distanţă.

alejar(se) I. *vt., vr.* a (se) îndepărta. II. *vt.* a alunga.

alelado *adj.* zăpăcit, năucit.

alemán I. *adj.* german, nemţesc. II. *m.* 1. german, neamţ. 2. (limba) germană.

alentado *adj.* 1. inimos; avântat. 2. trufaş.

alentar I. *vi.* a respira, a răsufla. II. *vt.* a însufleţi. III. ~se *vr.* a prinde curaj.

alero *m.* 1. streaşină. 2. *(auto)* aripă (de roată).

alerta I. *adv.* cu băgare de seamă, cu atenţie. II. *interj.*

atenție!, alarmă! **III.** *f.* aler-
tă, alarmă.

alerto *adj.* vigilent, foarte atent,
grijuliu.

aleta *f.* **1.** aripioară de pește.
2. *(tehn.)* aripă.

aletargarse *vr.* a cădea în le-
targie.

aletear *vi.* a bate din aripi, a
fâlfâi.

aleteo *m.* **1.** fâlfâit. **2.** zvâcnire
a inimii.

alevosía *f.* **1.** trădare. **2.** viclenie,
perfidie.

alevoso *adj.* **1.** trădător. **2.** vi-
clean, perfid.

alfabeto *m.* alfabet.

alfalfa *f.* *(bot.)* lucernă.

alfanje *m.* iatagan.

alfarería *f.* olărie, olărit.

alfarero *m.* olar.

alférez *m.* **1.** stegar. **2.** subloco-
tenent.

alfil *m.* *(șah)* nebun.

alfiler *m.* **1.** ac de gămălie.
2. broșă.

alfilerazo *m.* **1.** înțepătură de
ac. **2.** *(fig.)* înțepătură.

alfombra *f.* covor.

alfóncigo *m.* (arbore de) fistic.

alforfón *m.* hrișcă.

alforja *f.* **1.** desagă. **2.** merinde.

alga *f.* algă.

algalia *f.* mosc.

algara *f.* ceată de călăreți.

algarabia *f.* **1.** (limbă) arabă.
2. limba "păsărească". **3.** *(fig.)*
larmă, gălăgie.

algarroba *f.* roșcovă.

algarrobo *m.* roșcov.

álgebra *f.* algebră.

algo I. *pron. nehot.* ceva. **II.** *adv.*
puțin, cam // ~ *sordo* cam
surd.

algodón *m.* **1.** bumbac. **2.** vată.

algodonero *adj.* de bumbac //
industria algodonera industria
bumbacului.

alguacil *m.* **1.** portărel, polițai.
2. șperaclu.

alguien *pron. nehot.* cineva.

algún *adj. nehot.* *(înaintea m.)*
vreun.

**alguno, alguna, algunos, algu-
nas I.** *adj. nehot.* **1.** vreun,
vreo, niște, unii // *alguna
cosa* ceva; *alguno que otro*
vreo câțiva. **2.** câtva, câțiva.
3. *(postpus)* nici un, nici o.
II. *pron. nehot.* cineva; vreu-
nul, vreuna, vreunii, vreunele.

alhaja *f.* **1.** giuvaer, bijuterie.
2. *(fig.)* comoară, odor // ¡ *bue-
na* ~! *(iron.)* ce bună poamă!

alhelí *m.* micsandră.

alianza *f.* **1.** alianță, pact. **2.** a-
liere, asociere. **3.** verighetă.

aliar(se) *vt., vr.* a (se) alia.

alicaído *adj.* **1.** cu aripile lăsate.
2. *(fig.)* vlăguit. **3.** *(fam.)*
abătut.

alicates *m. pl.* clește mic.

aliciente *m.* **1.** imbold, stimu-
lent, impuls. **2.** atracție, farmec.

alienar(se) *vt., vr.* a (se) înstrăina.

aliento *m.* **1.** răsuflare, suflu //
cobrar ~ a-și veni în fire; *de
un* ~ pe nerăsuflate. **2.** *(fig.)*
curaj, suflet, inimă.

aligerar *vt.* **1.** a uşura. **2.** a grăbi, a accelera. **3.** (*fig.*) a alina.

alimaña *f.* lighioană.

alimentación *f.* alimentare, hrănire.

alimentar(se) *vt., vr.* a (se) alimenta, a (se) hrăni.

alimenticio *adj.* **1.** alimentar // *pastas alimenticias* paste făinoase. **2.** hrănitor, nutritiv.

alimento *m.* **1.** aliment, hrană. **2.** ~s *pl.* pensie alimentară.

alindar **I.** *vt.* **1.** a înfrumuseţa. **2.** a delimita. **II.** *vi.* a se învecina.

alineación *f.* aliniere.

alinear(se) *vt., vr.* a (se) alinia.

aliñar *vt.* **1.** a împodobi. **2.** a drege (o mâncare).

aliño *m.* găteală, podoabă.

alisar *vt.* **1.** a netezi. **2.** (*tehn.*) a poliza.

alisios *m. pl.* (vânturi) alizee.

aliso *m.* arin.

alistar(se) *vt., vr.* **1.** a (se) înscrie (pe listă). **2.** (*mil.*) a (se) înrola. **3.** a (se) pregăti.

aliviar(se) *vt., vr.* **1.** a (se) uşura. **2.** a (se) alina.

alivio *m.* **1.** uşurare. **2.** alinare.

aljaba **f.** tolbă de săgeţi.

aljamía *f.* **1.** (limbă) spaniolă. **2.** text spaniol scris cu caractere arabe.

aljibe *m.* cisternă.

alma *f.* **1.** suflet; cuget. **2.** spirit, duh. **3.** făptură, persoană.

almacén *m.* **1.** depozit, magazie. **2.** magazin (mare).

almacenar *vt.* a înmagazina, a depozita.

almáciga *f.* **1.** pepinieră. **2.** sacâz.

almadía *f.* plută.

almadreña *f.* sabot, galent.

almanaque *m.* almanah.

almeja *f.* (*zool.*) midie.

almena *f.* crenel, meterez.

almendra *f.* migdală.

almendrado **I.** *adj.* migdalat. **II.** *m.* prăjitură cu migdale.

almendro *m.* migdal.

almiar *m.* căpiţă, claie.

almíbar *m.* sirop.

almidón *m.* amidon.

almidonar *vt.* a scrobi.

alminar *m.* minaret.

almirantazgo *m.* amiralitate.

almirante *m.* amiral // *buque* ~ vas amiral.

almirez *m.* piuliţă (de pisat).

almizcle *m.* mosc (*parfum*).

almohada *f.* **1.** pernă. **2.** faţă de pernă.

almohaza *f.* ţesală.

almohazar *vt.* a ţesăla.

almoneda *f.* vânzare la licitaţie sau la solduri.

almorzar *vi.* a lua masa de prânz.

almuerzo *m.* (masă de) prânz.

alocado *adj.* smintit.

alocución *f.* alocuţiune.

alojamiento *m.* **1.** găzduire. **2.** locuinţă. **3.** (*mil.*) încartiruire.

alojar **I.** *vt.* **1.** a găzdui. **2.** (*mil.*) a încartirui **II.** ~se *vr.* a trage (la un hotel), a se instala.

alondra *f.* ciocârlie.

alpaca *f.* alpaca.

alpargata *f.*, **alpargate** *m.* espadrilă.

alpinismo *m.* alpinism.

alpinista *m.* şi *f.* alpinist(ă).

alpino *adj.* alpin.

alquería *f.* fermă.

alquilar I. *vt.* a închiria. II. ~se *vr.* *(como, de)* a se angaja (ca).

alquiler *m.* 1. închiriere. 2. chirie.

alquimia *f.* alchimie.

alquitrán *m.* catran, gudron.

alrededor I. *adv.* împrejur // ~ de **a.** în jurul; **b.** pe la; **c.** cam. II. ~es *m. pl.* împrejurimi.

alta *f.* 1. înscriere, aderare. 2. angajare. 3. *(mil.)* încadrare. 4. *(med.)* foaie de ieşire (din spital) // dar de ~ **a.** a angaja, a încadra; **b.** *(într-un spital)* a externa // darse de ~ a ieşi din spital.

altamente *adv.* în cel mai înalt grad; foarte; extrem de.

altanería *f.* 1. vânătoare cu şoimi. 2. *(fig.)* trufie.

altanero *adj.* *(fig.)* trufaş, semeţ.

altar *m.* altar.

altavoz *m.* difuzor, megafon.

alteración *f.* 1. modificare, alterare. 2. nelinişte.

alterar(se) *vt., vr.* 1. a (se) modifica, a (se) altera. 2. a (se) nelinişti, a (se) tulbura.

altercación *f.*, **altercado** *m.* ceartă.

alternación *f.* alternare.

alternar I. *vt., vi.* a alterna. II. *vi.* a întreţine relaţii (cu), a frecventa.

alternativa *f.* alternativă.

alternativo *adj.* alternativ.

alteza *f.* 1. nobleţe. 2. alteţă.

altibajos *m. pl.* 1. accidente de teren, denivelări. 2. *(fig.)* vicisitudini; fluctuaţii; salturi; schimbări succesive.

altillo *m.* deluşor, dâmb.

altiplanicie *f.* podiş.

altitud *f.* altitudine.

altivez *f.* trufie, mândrie.

altivo *adj.* trufaş, mândru.

alto I. *adj.* 1. înalt. 2. *(d. voce)* tare, sonor. 3. *(d. râuri)* superior; *(d. ţări)* de sus. 4. *(d. preţ)* ridicat. 5. *(fig.)* înalt; de seamă; distins, ales; marcant; superior; măreţ. II. *m.* 1. înălţime // un metro de ~ înalt de un metru. 2. etaj. 3. *(muz.)* alto. 4. popas, oprire // hacer ~ a face popas, a se opri; pasar por ~ a trece sub tăcere. III. *adv.* 1. sus // poner una cosa muy ~ a pune un lucru sus. 2. tare // hablar ~ a vorbi tare. IV. *interj.* stai!

altruismo *m.* altruism.

altruista *adj., m.* şi *f.* altruist(ă).

altura *f.* înălţime // a la ~ de la nivelul; a estas ~s în acest moment, la această oră.

alubia *f.* fasole.

alucinación *f.* halucinaţie, nălucire.

alucinar *vt.* *(fig.)* a amăgi.

alud *m.* avalanşă.

aludir *vi.* *(a)* a face aluzie (la).

alumbrado *m.* iluminat, iluminare.

alumbrar I. *vt.* a (i)lumina. **II.** ~se *vr.* *(fam.)* a se chercheli.

aluminio *m.* aluminiu.

alumno *m.* elev, şcolar.

alusión *f.* aluzie.

alusivo *adj.* *(a)* care face aluzie (la), referitor (la).

aluvión *m.* 1. inundaţie. 2. aluviune. 3. *(fam.)* potop.

alvéolo *m.* *(anat.)* alveolă.

alza *f.* urcare, creştere, ridicare (a preţurilor).

alzamiento *m.* 1. ridicare, înălţare, urcare. 2. răzvrătire, răscoală.

alzar I. *vt.* a ridica, a înălţa, a urca. **II.** ~se *vr.* 1. a se ridica. 2 . *(con)* a o şterge (cu). 3. *(com.)* a da faliment. 4. a se răscula.

allá *adv.* acolo; încolo // *más* ~ mai încolo; *más* ~ *de* dincolo de; *el más* ~ lumea cealaltă.

allanar I. *vt.* 1. a netezi, a nivela. 2. *(fig.)* a învinge (un obstacol). 3. a percheziţiona. **II.** ~se *vr.* *(a)* a se supune (la).

allegado I. *adj.* apropiat. **II.** *m.* 1. rudă. 2. partizan.

allegar I. *vt.* a aduna, a strânge. **II.** ~(se) *vt.*, *vr.* *(a)* a (se) apropia (de).

allende *adv.* dincolo // *de* ~ de peste.

allí *adv.* acolo; într-acolo.

ama *f.* stăpână (a casei) // ~ *de casa* gospodină; ~ *de cría* doică; ~ *de llaves* femeie care administrează.

amabilidad *f.* amabilitate.

amable *adj.* *(con, para con)* amabil (cu); drăguţ.

amador *adj.* îndrăgostit; iubitor.

amadrinar *ví.* a boteza (ca naşă); a fi naşă, a năşi.

amaestrar *vt.* a dresa.

amagar I. *vt.* 1. a ameninţa. 2. a simula (o lovitură). **II.** a fi pe punctul de a. **III.** ~(se)*vt.*, *vr.* *(fam.)* a (se) ascunde.

amago *m.* 1. ameninţare. 2. semn, indiciu. 3. simulare.

amainar I. *vt.* *(mar.)* a strânge velele. **II.** *vi.* 1. *(fig.)* a slăbi, a se domoli. 2. *(en)* a mai ceda (din).

amalgama *f.* amalgam.

amalgamarse *vr.* *(fig.)* a se uni.

amamantar *vt.* a alăpta.

amancebarse *vr.* a trăi în concubinaj.

amanecer I. *vt.* 1. a se lumina de ziuă. 2. a sosi dis-de-dimineaţă. **II.** *m.* zori // *al* ~ în zori.

amanerado *adj.* afectat.

amaneramiento *m.* afectare; manierism.

amanerarse *vr.* a-şi pierde naturaleţea; a cădea în manierism.

amansar(se) *vt.*, *vr.* 1. a (se) îmblânzi, a (se) domestici. 2. *(fig.)* a (se) domoli.

amante I. *m.* 1. amant, iubit. 2. amator. **II.** *adj.* iubitor.

amanuense *m.* copist.

amañar I. *vt.* 1. a urzi, a ticlui. 2. a falsifica; a măslui. **II.** ~se *vr.* *(con)* a fi dibaci (în);

amaño *m.* iscusinţ

amapola *f. (bot)* mac.

amar *vt.* a iubi.

amargar(se) **I.** *vt., vr.* a (se) amărî. **II.** *vi.* a fi amar.

amargo *adj. (şi fig.)* amar.

amargor *m.* gust amar.

amargura *f. (fig.)* amărăciune.

amarillento *adj.* gălbui.

amarillo *adj., m.* galben.

amarra *f.* **1.** *(mar.)* parâmă, odgon. **2.** ~s *pl. (fig.)* proptele.

amarrar *vt.* **1.** a lega. **2.** *(mar.)* a amara.

amartelar **I.** *vt.* a chinui cu scene de gelozie. **II.** ~se *vr.* a se îndrăgosti.

amasadora *f. (tehn.)* malaxor.

amasamiento *m.* **1.** frământat. **2.** *(med.)* masaj.

amasar *vt.* **1.** a frământa, a amesteca. **2.** *(med.)* a masa.

amasijo *m.* **1.** aluat. **2.** tencuială. **3.** *(fam.)* amestecătură.

amatista *f.* ametist.

amatorio *adj.* de dragoste.

ambages *m. pl.* în *expr.: hablar sin* ~ a vorbi fără ocolişuri.

ámbar *m.* chihlimbar.

ambición *f.* ambiţie.

ambicionar *vt.* a ambiţiona.

ambicioso *adj.* ambiţios.

ambiente **I.** *adj.* ambiant, înconjurător. **II.** *m.* **1.** ambianţă, mediu. **2.** atmosferă.

ambigú *m.* **1.** masă rece, bufet. **2.** bufet.

ambiguo *adj.* ambiguu.

ámbito *m.* incintă; spaţiu *(şi fig.)* mediu // *en el* ~ *de* în cadrul.

ambos *adj.* amândoi, ambii.

ambrosía *f.* ambrozie.

ambulancia *f.* ambulanţă.

ambulante *adj.* ambulant.

amedrentar(se) *vt., vr.* a (se) înfricoşa.

amenaza *f.* ameninţare.

amenazar *vt.* a ameninţa.

amenguar *vt.* **1.** a micşora. **2.** *(fig.)* a ponegri.

amenidad *f.* farmec, gingăşie.

amenizar *vt.* a face plăcut.

ameno *adj.* plăcut; agreabil; simpatic.

americana *f.* sacou.

americano *adj., m.* american.

ametralladora *f.* mitralieră.

ametrallar *vt.* a mitralia.

amigable *adj.* prietenos.

amígdala *f. (med.)* amigdală.

amigdalitis *f. (med.)* amigdalită.

amigo *m.* prieten.

amilanarse *vt.* a se descuraja.

amistad *f.* **1.** prietenie. **2.** ~es *pl.* relaţii, cunoştinţe.

amistar(se) *vt., vr.* a (se) împrieteni.

amistoso *adj.* prietenos; prietenesc.

amnesia *f.* amnezie.

amnistía *f.* amnistie.

amnistiar *vt.* a amnistia.

amo *m.* stăpân.

amodorrarse *vr.* a adormi; a piroti.

amohinar(se) *vt., vr.* a (se) întrista.

amoladera *f.* piatră de ascuţit, tocilă.

amolar *vt.* **1.** a ascuţi, a da la tocilă. **2.** *(fam.)* a sâcâi.

amoldar I. *vt.* a mula, a turna în tipar. **II. ~se** *vr. (a)* a se adapta (la).

amonestación *f.* admonestare, dojană.

amonestar *vt.* a admonesta, a dojeni.

amoníaco [amoniaco] *m.* amoniac.

amontonar(se) I. *vt., vr.* a (se) îngrămădi. **II. ~se** *vr. (fig.)* a se înfuria.

amor *m.* **1.** iubire, dragoste // *a su ~ în voie; con mil ~es* cu cea mai mare plăcere; *por ~ de* de dragul; *~ propio* amor-propriu. **2. ~es** *pl.* curte // *tratar ~es con* a face curte.

amoratarse *vr.* a se învineți.

amorío *m. (fam.)* flirt, aventură.

amoroso *adj.* iubitor, drăgăstos.

amorrar *vi. (fam.)* a lăsa capul în jos.

amortiguador *m.* amortizor.

amortiguar(se) *vt.* **1.** a (se) amortiza. **2.** a (se) potoli, a (se) domoli.

amortizar *vt. (com.)* a amortiza.

amoscarse *vr. (fam.)* a se supăra.

amostazarse *vr.* a-i sări muştarul.

amotinar(se) *vt., vr.* a (se) răzvrăti, a (se) răscula.

amparar I. *vt.* a ocroti, a proteja. **II. ~se** *vr.* **1.** *(a)* a se pune sub ocrotirea (cuiva). **2.** *(de, contra)* a se adăposti (de).

amparo *m.* **1.** ocrotire, protecție. **2.** adăpost, refugiu.

ampliación *f. (şi foto)* mărire.

ampliar *vt.* a mări; a amplifica; a extinde; a dezvolta.

amplificación *f.* mărire, amplificare.

amplificador *m. (tehn.)* amplificator.

amplio *adj.* amplu, cuprinzător, vast, spațios.

amplitud *f.* amplitudine.

ampolla *f.* **1.** băşică (pe corp). **2.** *(med.)* fiolă.

ampollarse *vr.* a se băşica.

ampuloso *adj. (fig.)* umflat, bombastic, emfatic.

amputación *f.* amputare.

amputar *vt.* a amputa.

amueblar *vt.* a mobila // *cuarto sin ~* cameră nemobilată.

amuleto *m.* amuletă.

amurallar *vt.* a înconjura cu ziduri.

anacoreta *m.* anahoret, pustnic.

anacrónico *adj.* anacronic.

ánade *m.* şi *f.* raţă.

anagrama *m.* anagramă.

anales *m. pl.* anale.

analfabeto *adj., m.* analfabet.

análisis *m.* analiză.

analítico *adj.* analitic.

analizar *vt.* a analiza.

analogía *f.* analogie.

análogo *adj.* analog.

ananás *m. (bot.)* ananas.

anaquel *m.* raft, poliţă.

anaranjado *adj., m.* portocaliu.

anarquía *f.* anarhie.

anatema *m.* sau *f.* afurisenie, blestem.

anatomía *f.* anatomie.

ancianidad *f.* bătrâneţe.

anciano *adj., m.* bătrân.

ancla *f.* ancoră // *echar* ~*s* a ancora; *levar* ~*s* a ridica ancora.

anclar *vi.* a arunca ancora, a ancora.

ancho I. *adj.* larg, lat // *a mis anchas* în largul meu. **II.** *m.* lărgime, lățime.

anchoa *f.* (*zool.*) hamsie.

anchura *f.* lărgime, lățime.

andado *adj.* **1.** (*d. un drum*) umblat. **2.** comun, de rând. **3.** purtat, uzat.

andadura *f.* mers, umblet.

andaluz *adj., m.* andaluz.

andamio *m.* schelă.

andante *adj.* (*d. cavaleri*) rătăcitor.

andanza *f.* **1.** întâmplare, hazard. **2.** ~*s pl.* isprăvi.

andar I. *vi.* **1.** a merge, a umbla. **2.** a funcționa. **3.** a circula. **4.** a-i sta bine (rău) cu. **5.** (*en*) a se ocupa (cu). **6.** (*d. vârstă*) a merge pe. **II.** *m.* mers, umblet // *a más* ~ cu toată iuțeala; *a todo* ~ repede.

andariego *adj.* **1.** iute de picior. **2.** pribeag, rătăcitor.

andarín *adj., m.* (om) umblăreț.

andas *f. pl.* targă, brancardă.

andén *m.* **1.** peron. **2.** dig. **3.** (*Am.*) trotuar.

andrajo *m.* zdreanță.

andrajoso *adj.* zdrențăros.

andurriales *m. pl.* coclauri.

anécdota *f.* anecdotă.

anea *f.* papură.

aneas *f. pl.* crupă.

anegadizo *adj.* inundabil.

anegar(se) I. *vt., vr.* a (se) îneca. **II.** *vt.* a inunda, a îneca.

anejar *vt.* a anexa.

anejo I. *adj.* anex(at). **II.** *m.* anexă.

anemia *f.* anemie.

anémico *adj.* anemic.

anestesia *f.* anestezie.

anestesiar *vt.* a anestezia.

anestésico *adj., m.* anestezic.

anexión *f.* anexiune; anexare.

anex(ion)ar *vt.* a anexa.

anexo *adj.* anex(at).

anfibio *adj., m.* amfibiu.

anfiteatro *m.* amfiteatru.

anfitrión *m.* amfitrion, gazdă.

ánfora *f.* amforă.

angarillas *f. pl.* **1.** targă. **2.** samar cu coșuri.

ángel *m.* înger // *tener* ~ a avea farmec, a avea pe vino-ncoace.

angelical, angélico *adj.* îngeresc, angelic.

angina *f.* (*med.*) anghină.

angostar(se) *vt., vr.* a (se) îngusta, a (se) strâmta.

angosto *adj.* îngust, strâmt.

anguila *f.* (*zool.*) țipar.

ángulo *m.* unghi.

anguloso *adj.* colțuros.

angustia *f.* neliniște; grijă; zbucium.

angustiar(se) *vt., vr.* a (se) neliniști, a (se) îngrijora.

angustioso *adj.* zbuciumat; neliniștit.

anhelar I. *vi.* a gâfâi. **II.** *vt., vi.* a jindui, a aspira.

anhelo *m*. dorinţă arzătoare; năzuinţă; jind.

anheloso *adj*. 1. gâfâitor. 2. doritor, râvnitor.

anidar I. *vi*. 1. a-şi face cuibul. 2. *(fig.)* a locui. II. *vt*. *(fig.)* a adăposti.

anillas *f. pl*. *(sport)* inele.

anillo *m*. inel // *como ~ al dedo* ca turnat.

ánima *f*. duh, spirit.

animación *f*. *(fig.)* animaţie, însufleţire.

animador *m*. animator.

animadversión *f*. ură înverşunată.

animal I. *adj*. animalic. II. *m*. animal, dobitoc.

animalada *f*. *(fam.)* nerozie.

animar(se) *vt., vr*. a (se) însufleţi, a (se) anima, a da *(sau* a prinde) curaj.

anímico *adj*. sufletesc.

ánimo *m*. 1. suflet. 2. *(fig.)* curaj // *caer(se) de ~* a se pierde cu firea.

animoso *adj*. curajos, inimos.

aniñado *adj*. copilăros, copilăresc.

aniquilar *vt*. 1. a anihila. 2. *(fig.)* a nimici.

anís *m*. 1. *(bot.)* anason. 2. v. **anisado**.

anisado *m*. (rachiu de) anason.

aniversario *m*. aniversare, zi de naştere.

ano *m*. *(anat.)* anus.

anoche *adv*. aseară; astă-noapte.

anochecer I. *vi*. 1. a se însera, a se înnopta. 2. a înnopta. II. *m*.

înserare, amurg // *al ~ pe* înserat.

anonadar *vt*. 1. a nimici. 2. *(fig.)* a mâhni.

anónimo I. *adj*. anonim. II. *m*. 1. scrisoare anonimă. 2. anonimat.

anotación *f*. adnotare, însemnare, notă, notiţă.

anotar *vt*. 1. a adnota. 2. a nota, a însemna.

anquilosis *f*. *(med.)* anchiloză.

ánsar *m*. gâscă; gâscan.

ansia *f*. 1. nelinişte, grijă. 2. dorinţă, ardoare.

ansiar *vt*. *(por)* a jindui (la, după).

ansiedad *f*. 1. nelinişte. 2. râvnire, jinduire.

ansioso *adj*. 1. neliniştit, îngrijorat. 2. dornic, avid.

antagonismo *m*. antagonism.

antagonista *m*. şi *f*. rival(ă), adversar(ă).

antaño *adv*. odinioară, altădată.

antártico *adj*. antarctic.

ante I. *prep*. înainte, în faţa // *~ la casa* în faţa casei; *~ todo* înainte de toate. II. *m*. elan.

ante(a)noche *adv*. alaltăseară.

anteayer *adv*. alaltăieri.

antebrazo *m*. antebraţ.

antecámara *f*. anticameră.

antecedente *adj., m*. antedecent.

antedicho *adj*. menţionat mai sus.

antemano *adv*. în *expr.: de ~* anticipat, în prealabil, dinainte.

antena *f*. antenă.

anteojo *m*. 1. ochean, lunetă. 2. *~s pl*. ochelari.

antepasados *m. pl.* strămoşi.

anteponer *vt.* **1.** a pune înainte. **2.** *(fig.)* a prefera.

anterior *adj.* anterior.

anterioridad *f.* anterioritate // *con* ~ anterior; *con* ~ *a* înainte de.

antes I. *adv.* **1.** înainte // *cuanto* ~ cât mai curând; *lo* ~ *posible* cât mai repede, cât se poate de repede. **2.** mai degrabă, mai curând. **II.** *conj.* **1.** ~ *(bien)* mai curând, ci, dimpotrivă. **2.** ~ *(de) que* înainte ca să. **III.** *prep.* ~ *de* înainte de // ~ *de salir* înainte de a pleca.

antesala *f.* anticameră.

antibiótico *m.* antibiotic.

anticipación *f.* anticipare, anticipaţie.

anticipar I. *vt.* **1.** a anticipa. **2.** a avansa (bani). **II.** ~ **se** *vr.* **1.** *(a)* a o lua înainte. **2.** a veni înainte de vreme.

anticipo *m.* avans.

anticuado *adj.* ieşit din uz, învechit.

anticuario *m.* **1.** colecţionar (*sau* negustor) de antichităţi. **2.** anticar.

antideslizante *adj. (tehn.)* antiderapant.

antídoto *m.* antidot.

antifaz *m.* mască.

antiguallas *f. pl.* vechituri.

antigüedad *f.* **1.** antichitate. **2.** vechime în serviciu. **3.** ~es *pl.* antichităţi.

antiguo *adj.* antic, vechi, străvechi.

antiinflamatorio *adj.* antiinflamator.

antílope *m.* *(zool.)* antilopă.

antipatía *f.* antipatie.

antipático *adj.* antipatic.

antípoda *m.* antipod.

antisarro *n.* antitartru.

antítesis *f.* antiteză.

antojadizo *adj.* capricios, cu toane, năzuros.

antojarse *vr. impers.* a i se năzări, a avea chef // *se le antojó ir al cine* i-a venit chef să meargă la cinema.

antojo *m.* chef, toană, capriciu.

antología *f.* antologie.

antorcha *f.* torţă, făclie.

antracita *f.* antracit.

antro *m.* peşteră, cavernă.

antropófago *adj., m.* antropofag.

anual *adj.* anual.

anuario *m.* anuar.

anublar(se) *vt., vr. (şi fig.)* a (se) întuneca.

anudar I. *vt.* a înnoda. **II.** ~ **se** *vr.* a rămâne pipernicit.

anuencia *f.* consimţământ.

anulación *f.* anulare.

anular I. *vt.* a anula, a desfiinţa. **II.** ~ **se** *vr.* a se retrage, a da înapoi. **III.** *adj.* inelar. **IV.** *m.* (deget) inelar.

anunciación *f.* anunţare, vestire.

anunciar *vt.* **1.** a anunţa; a vesti. **2.** a prevesti.

anuncio *m.* **1.** anunţ. **2.** pronostic. **3.** prevestire.

anverso *m.* avers, faţă, cap (de monedă).

anzuelo *m*. 1. cârlig (de undiţă); undiţă. 2. *(fig.)* cursă; momeală. 3. *(fam)* farmec, lipici.

añadidura *f*. adaos, supliment.

añadir *vt*. 1. a adăuga. 2. a mări, a spori.

añejo *adj. (d. vin etc.)* vechi.

añicos *m. pl*. bucăţele, fărâme.

añil *m*. 1. *(bot.)* indigotier. 2. indigo.

año *m*. 1. an // ~ *de luz* an lumină; ~ *nuevo* Anul Nou; ~ *tras* ~ an de an. 2. ~ s *pl*. zi de naştere.

añoranza *f*. dor, nostalgie.

añorar *vt*. a-i fi dor de.

añoso *adj*. bătrân.

aojar *vt*. a deochea.

aojo *m*. deochi.

aovado *adj*. oval.

aovar *vi*. a oua.

apabullante *adj*. zdrobitor, covârşitor.

apabullar *vt. (fam.)* a strivi, a zdrobi.

apacentar *vt*. 1. a duce la păscut. 2. *(fig.)* a învăţa.

apacible *adj*. liniştit, domol, calm.

apaciguar(se) *vt., vr*. a (se) linişti, a (se) domoli.

apadrinar *vt*. 1. a fi naş; a boteza; a cununa. 2. *(fig.)* a patrona; a ocroti.

apagar(se) *vt., vr*. a (se) stinge // ~ *la luz* a stinge lumina.

apagón *m*. pană de curent; stingere.

apalabrarse *vr*. a se înţelege, a conveni.

apalear *vt*. a bate cu băţul, a ciomăgi.

apantanar I. *vt*. a inunda. **II.** ~ **se** *vr*. a se înnămoli.

apañado *adj*. 1. ca postavul. 2. *(fig.)* dibaci.

apañar *vt*. 1. a apuca, a înhăţa. 2. a (pre)găti, a aranja. 3. *(fam.)* a cârpi.

aparador *m*. 1. bufet, dulap. 2. vitrină, galantar.

aparato *m*. 1. *(tehn., anat.)* aparat. 2. pompă, fast.

aparatoso *adj*. pompos, fastuos.

aparcamiento *m*. parcare.

aparcar *vt., vi*. a parca.

aparcería *f*. arendare.

aparcero *m*. arendaş.

aparear *vt*. 1. a potrivi. 2. a împerechea.

aparecer *vi*. a apărea, a se ivi, a se arăta.

aparecido *m*. stafie, strigoi.

aparejar *vt*. 1. a pregăti, a prepara. 2. a înhăma, a înşeua.

aparejo *m*. 1. pregătire. 2. hamuri, harnaşament. 3. *(mar.)* tachelaj. 4. scripete. 5. ~s *pl*. scule.

aparentar *vt*. a simula.

aparente *adj*. aparent.

aparición *f*. 1. apariţie. 2. arătare, vedenie.

apariencia *f*. 1. aparenţă, înfăţişare // en ~ în aparenţă. 2. probabilitate. 3. ~s *pl*. *(teatru)* decoruri.

apartadero *m*. 1. linie de garaj. 2. loc de păscut (pe marginea drumului).

apartado I. *adj.* îndepărtat, izolat. **II.** *m.* **1.** separeu. **2.** căsuţă poştală. **3.** *(jur.)* alineat.

apartamiento *m.* **1.** triere, separare. **2.** îndepărtare, despărţire. **3.** loc retras. **4.** apartament.

apartar(se) *vt., vr.* **1.** a (se) separa, a (se) despărţi. **2.** a (se) îndepărta // ~se a un lado a se da la o parte.

aparte I. *adj.* aparte, deosebit, special. **II.** *adv.* la o parte, deoparte; pe lângă; aparte, separat; *(la dictări)* de la capăt. **III.** *m.* paragraf, alineat.

apasionado *adj. (a, por)* pasionat (după); amator (de).

apasionamiento *m.* pasiune.

apasionante *adj.* pasionant.

apasionar(se) *vt., vr. (por)* a (se) pasiona (după).

apeadero *m.* haltă.

apearse *vr.* **1.** a se da jos; a coborî. **2.** a descăleca.

apechugar I. *vt.* **1.** a împinge cu pieptul. **2.** a îndura, a suferi. **II.** *vi. (con)* a consimţi (la).

apedrear I. *vt.* a lapida. **II.** *vi.* a cădea grindina.

apegarse *vr. (a)* a se ataşa (de), a îndrăgi.

apego *m.* ataşament, dragoste.

apelación *f. (jur.)* apel, recurs.

apelar *vi.* **1.** *(jur.)* a face recurs. **2.** *(fig.) (a)* a apela (la), a recurge (la).

apellidar I. *vt.* a striga pe nume(le de familie). **II.** ~se *vr.* a se numi.

apellido *m.* nume (de familie).

apenar(se) *vt., vr.* a (se) mâhni.

apenas *adv.* abia.

apéndice *m. (anat.,fig.)* apendice.

apendicitis *f. (med.)* apendicită.

apeo *m.* **1.** descălecare. **2.** coborâre (dintr-un vehicul).

apercibir(se) I. *vt., vr. (para)* a (se) pregăti (de). **II.** *vt.* **1.** a avertiza. **2.** a observa.

aperitivo *adj., m.* aperitiv.

apero *m.* sculă, unealtă.

aperrear *vt.* a asmuţi câinii asupra.

apertura *f.* deschidere; inaugurare.

apesadumbrar(se) *vt., vr.* a (se) întrista.

apestar I. *vt.* **1.** a molipsi de ciumă. **2.** *(fam., fig.)* a plictisi. **II.** *vi.* a duhni; a mirosi urât.

apestoso *adj.* **1.** urât mirositor. **2.** plictisitor.

apetecer *vt.* **1.** a pofti, a dori, a râvni. **2.** a plăcea.

apetecible *adj.* îmbietor, ispititor.

apetencia *f.* **apetito** *m.* apetit, poftă (de mâncare).

apiadar(se) *vt., vr.* a (se) înduioşa, a (se) îndupleca.

ápice *m.* **1.** vârf. **2.** *(fig.)* miez, fond (al unei probleme).

apicultor *m.* apicultor.

apicultura *f.* apicultură.

apiñar(se) *vt., vr.* a (se) îndesa; a (se) înghesui.

apio *m.* ţelină.

apisonar *vt.* a bătători.

aplacar(se) *vt., vr.* a (se) îmblânzi, a (se) potoli, a (se) domoli.

aplanar I. *vt.* 1. a netezi, a nivela. 2. *(fig.)* a ului. II. ~se *vr.* 1. *(d. clădiri)* a se nărui. 2. *(fig.)* a se descuraja.

aplastar *vt.* 1. a turti, a strivi, a zdrobi. 2. *(fam.)* a pune în încurcătură.

aplaudir *vt.* a aplauda.

aplauso *m.* aplauze; aplaudare // *dar un* ~ a aplauda.

aplazamiento *m.* amânare.

aplazar *vt.* a amâna.

aplicable *adj.* aplicabil.

aplicación *f.* 1. aplicare. 2. *(fig.)* sârguinţă, silinţă.

aplicado *adj. (fig.)* sârguincios, silitor, harnic.

aplicar I. *vt.* a aplica. II. ~se *vr.* a se strădui, a-şi da silinţa.

aplomado *adj.* 1. plumburiu. 2. *(fig.)* serios.

aplomo *m.* 1. seriozitate, gravitate. 2. poziţie verticală.

apocado *adj.* 1. timid, sfios. 2. *(fig.)* josnic, mârşav.

apocalipsis *m.* apocalips.

apocamiento *m. (fig.)* timiditate, sfială.

apocar(se) *vt., vr.* 1. a (se) împuţina, a (se) micşora, a (se) reduce. 2. *(fig.)* a (se) intimida. 3. a (se) umili, a (se) înjosi.

apodar *vt.* a porecli.

apoderar I. *vt.* a împuternici. II. ~se *vr. (de)* a pune stăpânire (pe).

apodo *m.* poreclă.

apogeo *m.* apogeu.

apolillarse *vr.* a fi ros de molii.

apología *f.* apologie.

apoltronarse *vr.* a se lenevi.

aporrear(se) I. *vt., vr.* a (se) ciomăgi. II. *vr.* a se speti muncind.

aporreo *m.* 1. ciomăgeală. 2. trudă.

aportación *f.* aport, contribuţie.

aportar I. *vi. (mar.)* a intra în port. II. *vt.* 1. a duce; a conduce. 2. a aduce; a pune la dispoziţie, a contribui. 3. *(com.)* a contribui (cu capital).

aporte *m.* aport, contribuţie.

aposentar *vt.* a găzdui.

aposento *m.* 1. încăpere, odaie. 2. găzduire.

apósito *m.* pansament, bandaj.

aposta, apostadamente *adv.* în(tr-a)adins.

apostar I. *vt.* a paria // *apostárselas con uno* a se lua la întrecere. II. ~(se) *vt., vr.* a (se) posta.

apóstol *m.* apostol.

apostólico *adj.* 1. apostolic. 2. papal.

apostrofar *vt.* a apostrofa.

apóstrofo *m. (gram.)* apostrof.

apostura *f.* afabilitate, bunăvoinţă.

apoteosis *f. (şi fig.)* apoteoză.

apoyar(se) *vt., vr. (en) (şi fig.)* a (se) sprijini (de, pe), a (se) rezema (de).

apoyo *m. (şi fig.)* sprijin.

apreciable *adj.* apreciabil.

apreciación *f.* preţuire, evaluare.

apreciar *vt.* 1. a evalua. 2. *(fig.)* a aprecia.

aprecio *m.* 1. v. **apreciación.** 2. (*fig.*) apreciere, consideraţie.

aprehender *vt.* a prinde, a apuca.

aprehensión *f.* prindere, apucare.

apremiar *vt.* 1. a presa, a zori. 2. a oprima, a constrânge. 3. (*jur.*) a soma.

apremio *m.* 1. presare, silire. 2. (*jur.*) somare.

aprender *vt.* a învăţa, a studia // ~ *de memoria* a învăţa pe de rost.

aprendiz *m.* ucenic.

aprendizaje *m.* 1. ucenicie. 2. învăţare.

aprensión *f.* teamă, frică, nelinişte.

aprensivo *adj.* temător.

apresar *vt.* 1. a înhăţa. 2. a lua prizonier.

aprestar(se) I. *vt., vr.* a (se) pregăti. II. *vt.* a scrobi.

apresto *m.* 1. pregătire. 2. scrobeală.

apresuración *f.,* **apresuramiento** *m.* grabă, zor.

apresurar(se) *vt., vr.* a (se) grăbi, a (se) zori.

apretado *adj.* 1. (*şi fig.*) anevoios, dificil. 2. (*fam., fig.*) zgârcit.

apretador *m.* 1. presă, teasc. 2. faşă.

apretar I. *vt.* 1. a strânge. 2. a apăsa. 3. (*fig.*) a presa. a forţa, a hărţui. 4. (*fig.*) a necăji. II. *vi.* a spori; a se înteţi.

apretón *m.* 1. strângere; strânsoare // ~ *de mano* strângere de mână. 2. (*fam.*) fugă, goană. 3. (*fam.*) strâmtorare.

apretura *f.* 1. îmbulzeală. 2. loc strâmt. 3. (*fam., fig.*) strâmtorare.

aprieto *m.* 1. strângere, apăsare. 2. (*fig.*) dificultate.

aprisa *adv.* repede, iute.

aprisionar *vt.* 1. a băga la închisoare. 2. (*fig.*) a captiva.

aprobación *f.* aprobare; aviz.

aprobar *vt.* a aproba, a încuviinţa, a admite // ~ *un examen* a lua un examen.

apropiado *adj.* potrivit, corespunzător, indicat.

apropiar I. *vt.* a adapta. II. ~*se* *vr.* (*de*) a-şi însuşi (ceva).

aprovechable *adj.* folositor; (re)folosibil.

aprovechado *adj.* 1. (*fig.*) sârguincios, harnic. 2. econom. 3. profitor.

aprovechamiento *m.* 1. folosire, utilizare. 2. exploatare. 3. valorificare. 4. profitare. 5. însuşire (a materiei etc.).

aprovechar I. *vt.* 1. (*algo*) a profita, a se folosi (de). 2. a folosi, a utiliza, a întrebuinţa. II. *vi.* 1. a aduce folos //¡ *que* (*le*) *aproveche!* a. poftă bună!; b. să vă fie de bine! 2. (*en*) a progresa (la). III. ~*se* *vr.* (*de*) a profita (de).

aproximación *f.* 1. apropiere. 2. aproximaţie, evaluare. 3. (*fig.*) abordare. 4. ~*es* *pl.* căi (*sau* rampe) de acces.

aproximadamente *adv.* în jur de, cam, aproximativ, circa.

aproximado, aproximativo *adj.* aproximativ.

aproximar(se) *vt., vr. (a)* a (se) apropia (de).

aptitud *f.* aptitudine, însuşire.

apto *adj.* apt.

apuesta *f.* pariu, prinsoare, rămăşag.

apuesto *adj.* dichisit, elegant.

apuntación *f.* notă, însemnare.

apuntador *m.* sufleor.

apuntamiento *m.* ţintire, ochire.

apuntar I. *vt.* 1. a ochi, a ţinti. 2. a arăta. 3. a însemna, a nota. 4. a ascuţi. 5. a sufla (unui elev, actor). II. *vi.* 1. a se ivi // ~ *el alba* a se ivi zorile. 2. *(d. plante)* a încolţi.

apunte *m.* 1. ochire. 2. notă, însemnare. 3. schiţă.

apuñalar *vt.* a înjunghia.

apuñar *vt.* a apuca.

apuñear *vt. (fam.)* a înghionti.

apurado *adj.* 1. strâmtorat; nevoiaş. 2. *(fig.)* greu, dificil.

apurar I. *vt.* 1. a curăţa, a purifica. 2. a epuiza. 3. a clarifica. 4. *(fig.)* a îngrijora. 5. a grăbi, a zori. II. ~**se** *vr.* 1. *(por)* a se frământa. 2. *(Am.)* a se grăbi.

apuro *m.* 1. sărăcie. lipsă materială. 2. *(fig.)* necaz, supărare; încurcătură // *salir de* ~ a se descurca. 3. grabă, zor.

aquejar *vt.* a necăji, a amărî.

aquel, aquella, aquellos, aquellas *adj. dem.* acel, acea, acei, acele.

aquél, aquélla, aquéllos, aquéllas *pron. dem.* acela, aceea, aceia, acelea.

aquello *pron. dem. n.* acel lucru.

aquende *adv.* dincoace.

aquí *adv.* 1. aici, aci // ~ *y allí* ici şi colo; *¡he* ~*!* iată! 2. acum // *de* ~ *allá* de acum înainte.

aquietar(se) *vt., vr.* a (se) linişti.

aquilatar *vt.* 1. a calcula caratele. 2. *(fig.)* a aprecia.

ara *f.* altar (pentru sacrificii) // *en* ~*s* în cinstea.

árabe *adj., m.* arab.

arábico, arábigo *adj.* arab // *hablar en* ~ a vorbi păsăreşte.

arácnidos *m. pl. (zool.)* arahnide.

arada *f.* 1. arat. 2. arătură.

arado *m.* plug.

arador *m.* plugar.

aragonés *adj., m.* aragonez.

arancel *m.* tarif.

arancelario *adj.* tarifar.

araña *f.* 1. păianjen // *tela de* ~ pânză de păianjen. 2. policandru de cristal. 3. *(fam.)* hrăpăreţ.

arañar(se) *vt., vr.* a (se) zgâria.

arañazo *m.* zgârietură.

arar *vt.* a ara.

arbitraje *m.* arbitraj.

arbitrar *vt.* 1. a face ceva după bunul său plac. 2. *(jur., sport)* a arbitra.

arbitrario *adj.* arbitrar.

arbitrio *m.* liber-arbitru // *estar al* ~ *de alguien* a fi la cheremul cuiva.

árbitro *m.* arbitru.

árbol *m.* 1. arbore, copac, pom // ~ *frutal* pom (fructifer). 2. *(mar.)* catarg. 3. *(tehn.)* arbore.

arbolar *vt.* a arbora, a înălţa.

arboleda *d.* pădurice, crâng.

arbusto *m.* arbust.

arca *f.* 1. ladă, sipet, cufăr. 2. arcă // ~ *de agua* castel de apă. 3. ~s *pl.* casă de bani.

arcabuz *m.* archebuză.

arcaico *adj.* arhaic.

arcaísmo *m.* arhaism.

arcángel *m.* arhanghel.

arcano *m.* secret, taină.

arce *m.* arţar.

arcilla *f.* argilă, humă, lut.

arcilloso *adj.* argilos, lutos.

arcipreste *m.* protoiereu, protopop.

arco *m.* 1. arc // ~ *de círculo* arc de cerc; ~ *iris* curcubeu; ~ *triunfal* arc de triumf. 2. *(muz.)* arcuş.

archiduque *m.* arhiduce.

archipiélago *m.* arhipelag.

archivero, archivista *m.* arhivar.

archivo *m.* arhivă.

arder I. *vt., vi.* (şi *fig.*) a arde. II. ~se *vr.* a se pârli.

ardid *m.* vicleşug, şiretenie.

ardiente *adj.* arzător, înfocat.

ardilla *f.* veveriţă.

ardimiento *m.* 1. ardere. 2. *(fig.)* ardoare. 3. cutezanţă.

ardor *m.* 1. arşiţă. 2. *(fig.)* înfocare.

ardoroso *adj.* arzător, înfocat.

arduo *adj.* greu, anevoios.

área *f.* 1. suprafaţă, arie. 2. *(agr.)* ar. 3. *(sport)* careu. 4. domeniu, sferă, sector, departament. 5. zonă // ~ *geográfica* zonă geografică.

arena *f.* 1. nisip. 2. arenă; stadion.

arenal *m.* teren nisipos.

arenga *f.* discurs, cuvântare.

arengar *vi.* a ţine o cuvântare.

arenisco, arenoso *adj.* nisipos.

arenque *m.* scrumbie.

arete *m.* 1. inel. 2. cercel.

argamasa *f.* mortar.

argelino *adj., m.* algerian.

argénteo *adj.* de argint, argintat, argintiu.

argentino *adj., m.* argentinian.

argolla *f.* 1. verigă, cerc; belciug. 2. *(Am.)* inel.

argüir I. *vi.* a argumenta. II. *vt.* a vădi, a trăda.

argumentar *vi.* a argumenta.

argumento *m.* 1. argument. 2. subiect (al unei cărţi *etc.*)

aria *f.* *(muz.)* arie.

aridez *f.* ariditate.

árido *adj.* arid.

arisco *adj.* ursuz, sălbatic.

aristocracia *f.* aristocraţie.

aristócrata *m.* şi *f.* aristrocrat(ă).

aritmética *f.* aritmetică.

arma *f.* 1. armă // ~ *blanca* armă albă; ~ *de fuego* armă de foc; *alzarse en* ~s a se răscula; *pasar por las* ~s a împuşca, a executa; *rendir las* ~s a depune armele. 2. ~s *pl.* armată. 3. ~s *pl.* blazon, stemă.

armada *f.* 1. flotă. 2. escadră.

armadía *f.* plută de lemne.

armador *m.* armator.

armadura *f.* 1. armătură. 2. armură. 3. ramă de ochelari.

armamento *m.* armament.

armar I. *vt.* **1.** a înarma. **2.** *(arhit., mar.)* a arma. **3.** *(tehn.)* a monta. **4.** *(mil.)* a arma (o armă). **5.** a organiza, a pregăti. **6.** a pricinui, a provoca. **II.** ~se *vr.* **1.** a se înarma. **2.** a se isca, a se porni.

armario *m.* dulap.

armazón I. *f.* armătură. **II.** *m.* sau *f.* *(fig.)* schelet.

armería *f.* armurărie, magazin de arme.

armero *m.* **1.** armurier. **2.** rastel de arme.

armiño *m.* *(zool.)* hermină.

armisticio *m.* armistițiu.

armonía *f.* armonie.

armónica *f.* armonică // ~ *de boca* muzicuță.

armónico, armonioso *adj.* armonios.

armonizar I. *vt.* a armoniza. **II.** *vi.* a se armoniza, a se potrivi, a se asorta.

arnés *m.* **1.** armură, platoşă. **2.** ~es *pl.* hamaşament. **3.** ~es *pl.* scule.

aro *m.* **1.** cerc. **2.** *(Am.)* inel.

aroma *f.* aromă

aromático *adj.* aromatic.

aromar, aromatizar *vt.* a aromatiza.

arpa *f.* harpă.

arpón *m.* harpon.

arquear *vt.* a arcui, a îndoi, a curba.

arquero *m.* arcuire, curbare, îndoire.

arqueología *f.* arheologie.

arqueólogo *m.* arheolog.

arquero *m.* **1.** arcaş. **2.** *(com.)* casier.

arquitecto *m.* arhitect.

arquitectura *f.* arhitectură.

arrabal *m.* mahala, periferie.

arrabalero I. *adj.* de mahala. **II.** *m.* locuitor de la periferie.

arraigar I. *vi.* *(şi fig.)* a prinde rădăcini. **II.** ~se *vr.* *(fig.)* a se stabili.

arraigo *m.* **1.** înrădăcinare. **2.** *(fig.)* statornicie.

arrancar I. *vt.* a smulge; a scoate. **II.** *vi.* *(d. o maşină)* a se pune în mişcare.

arranque *m.* **1.** smulgere. **2.** pornire, punere în mişcare. **3.** *(fig.)* acces; izbucnire // ~ *de cólera* acces de mânie; *punto de* ~ punct de plecare.

arras *f. pl.* arvună.

arrasar *vt.* a nivela, a netezi.

arrastrado I. *adj.* amărât, nenorocit. **II.** *m.* *(fam.)* secătură, haimana.

arrastrar(se) *vt.*, *vr.* *(şi fig.)* a (se) târî.

arrastre *m.* târâre.

arrayán *m.* *(bot.)* mirt.

¡arre! *interj.* *(pentru a îndemna vitele)* dii!

arrear *vt.* **1.** a mâna. **2.** *(fam.)* a zori, a îmboldi.

arrebatado *adj.* **1.** năvalnic, impetuos, violent. **2.** aprins (la faţă).

arrebatar I. *vt.* **1.** a smulge, a înşfăca. **2.** *(fig.)* a extazia, a exalta. **II.** ~se *vr.* a izbucni, a-şi ieşi din fire.

arrebatador *adj.* răpitor.

arrebatamiento *m.* 1. izbucnire, acces. 2. extaz.

arrebato *m.* 1. izbucnire, acces. 2. *(fig.)* extaz, exaltare.

arrebujarse *vr.* a se încotoşmăna.

arreciar I. *vi.* a spori, a creşte, a se înteţi. II. ~se *vr.* a se înţepeni.

arrecife *m.* 1. drum pietruit. 2. recif.

arrecirse *vr.* a înţepeni (de frig).

arreglar I. *vt.* 1. a aranja; a pune în ordine. 2. a repara. 3. a determina, a stabili, a fixa. 4. a lămuri. II. ~se *vr.* 1. *(con)* a se înţelege (cu). 2. *(a)* a se conforma. 3. a se găti; a se aranja // *arreglárselas (fam.)* a se descurca.

arreglo *m.* 1. aranjare, rânduire, ordonare, dispunere. 2. ordine, rânduială. 3. reparare. 4. aranjare, decorare; împodobire. 5. acord, contract, învoială // *con ~ a* după, potrivit.

arremangar I. *vt.* a sufleca. II. ~se *vr. (a, para)* a se hotărî brusc (să).

arremeter *vt. vi.* a se năpusti asupra, a ataca.

arremetida *f.* atac, asalt.

arrendamiento *m.* arendare; arendă.

arrendar *vt.* 1. a arenda, a da (*sau* a lua) în arendă. 2. a închiria, a da (*sau* a lua) cu chirie.

arrendatario *m.* 1. arendaş. 2. locatar.

arreo *m.* 1. podoabă, găteală. 2. ~s *pl.* hamuri.

arrepentimiento *m.* căinţă.

arrepentirse *vr.* 1. a se căi, a regreta. 2. a se răzgândi.

arrestado *adj.* 1. neînfricat, curajos. 2. arestat.

arrestar I. *vt.* a aresta. II. ~se *vr.* *(a)* a înfrunta; a se încumeta (să).

arresto *m.* 1. arestare; arest. 2. îndrăzneală, cutezanţă.

arriata *f.*, **arriate** *m.* rond, răzor (de flori).

arriba I. *adv.* sus // *calle ~* în susul străzii; *cuesta ~* la deal; *de ~ abajo* de sus în jos. II. *interj.* 1. sus!, curaj! 2. trăiască!

arribar *vi. (mar.)* a intra (în port).

arribista *m.* şi *f.* arivist(ă).

arriendo *m.* arendă.

arriero *m.* cărăuş.

arriesgado *adj.* 1. primejdios, riscant. 2. cutezător.

arriesgar(se) *vt., vr.* a risca.

arrimar(se) I. *vt., vr.* 1. a (se) apropia. 2. a (se) sprijini, a (se) rezema. II. *vi.* a se rezema.

arrimo *m.* sprijin, reazem.

arrinconar I. *vt.* 1. a pune într-un colţ. 2. *(fig.)* a încolţi, a hărţui. II. ~se *vr.* a se retrage într-un ungher.

arriscado *adj.* 1. inimos, curajos. 2. vioi, ager. 3. stâncos.

arroba *f.* arroba (*măsură spaniolă = 11,5 kg*).

arrobar(se) *vt., vr.* a (se) extazia.

arrobo *m.* extaz.

arrodillar(se) *vt., vr.* a îngenunchea.

arrogancia *f.* aroganţă, trufie.

arrogante *adj.* arogant, trufaş.

arrogarse *vr.* a-şi aroga.

arrojadizo *adj.* de aruncat // *arma arrojadiza* armă de aruncat.

arrojado *adj. (fig.)* hotărât, curajos.

arrojar I. *vt.* 1. a arunca, a azvârli. 2. *(fam.)* a vărsa, a vomita. II. *vi.* a erupe. III. ~se *vr.* 1. a se arunca. 2. *(fig.)* a se încumeta.

arrojo *m. (fig.)* îndrăzneală, cutezanţă.

arrollar *vt.* 1. a înfăşura, a face sul. 2. a rostogoli. 3. *(fig.)* a răpune.

arropar(se) *vt., vr.* a (se) îmbrăca.

arrostrar *vt.* a înfrunta, a ţine piept.

arroyo *m.* pârâu, râuleţ.

arroz *m.* orez.

arrozal *m.* orezărie.

arruga *f.* 1. rid, zbârcitură. 2. cută.

arrugar *vt.* 1. a încreţi, a mototoli. 2. a zbârci.

arruinar(se) *vt. vr.* a (se) ruina.

arrullar I. *vi. (d. porumbei)* a gânguri. II. *vt. (fig.)* a adormi un copil cu cântece de leagăn.

arrullo *m.* 1. gângureală. 2. *(fig.)* cântec de leagăn.

arsenal *m.* arsenal.

arsénico *m.* arsenic.

arte *m. (sg.)*, **artes** *f. (pl.)* 1. artă // *bellas ~s* arte frumoase. 2. meşteşug, dibăcie. 3. vicleşug // *malas ~s* vicleşuguri.

artefacto *m.* maşină, maşinărie, aparat; mecanism; dispozitiv, instalaţie.

arteria *f.* arteră.

artesa *f.* copaie.

artesanía *f.* artizanat.

artesano *m.* meseriaş, meşteşugar.

ártico *adj.* arctic.

articulación *f.* 1. *(anat.)* articulaţie. 2. *(tehn.)* angrenare. 3. *(lingv.)* articulare.

articular I. *adj.* articular. II. *vt.* 1. *(tehn.)* a angrena. 2. a articula, a rosti.

artículo *m.* articol // *~ de fondo* articol de fond.

artífice *m.* meşter, maestru.

artificial *adj.* artificial.

artificio *m.* 1. mecanism, dispozitiv. 2. artificiu, meşteşug, dibăcie, iscusinţă; *(fam.)* şiretlic. 3. ~s *pl.* artificii.

artillería *f.* artilerie.

artillero *m.* artilerist, tunar.

artimaña *f.* capcană, cursă.

artista *m.* şi *f.* artist(ă).

artístico *adj.* artistic.

arzobispo *m.* arhiepiscop.

as *m. (şi fig.)* as.

asa *f.* toartă, mâner.

asado *m.* friptură.

asador *m.* frigare, grătar.

asaduras *f. pl.* măruntaie, potroace.

asaetear *vt.* 1. a săgeta. 2. *(fig.)* a sâcâi.

asalariado *adj., m.* salariat.

asalariar *vt.* a salariza.

asaltar *vt.* a asalta, a ataca.

asalto *m.* asalt, atac.

asamblea *f. (şi pol.)* adunare.

asar *vt.* a frige.

asbesto *m.* azbest.

ascendencia *f.* ascendenţă.

ascender *vt., vi.* 1. a sui, a urca. 2. *(fig.)* a avansa; a promova. 3. *(d. o. sumă) (a)* a atinge, a ajunge la, a se ridica la.

ascendiente *adj., m.* ascendent.

ascensión *f.* urcare; ascensiune.

ascenso *m.* avansare (în grad). promovare.

ascensor *m.* ascensor, lift.

asceta *m.* ascet, pustnic.

asco *m.* greaţă, scârbă // *tener ~ a-i* fi greaţă; *tenerle ~ a* a-i fi scârbă de.

ascua *f.* jar, jăratic // *estar en* (sau *sobre) ~s (fig.)* a sta ca pe jăratic.

asear *vt.* 1. a curăţa. 2. a găti.

asechanza *f.* capcană, cursă; pândă.

asechar *vt.* a întinde o cursă; a pândi.

asediar *vt.* a asedia.

asedio *m.* asediu.

asegurar(se) *vt., vr.* a (se) asigura.

asemejarse *vr. (a, con)* a se asemăna (cu).

asenso *m.* asentiment, consimţământ.

asentaderas *f. pl.* buci, fese.

asentado *adj.* 1. aşezat, situat. 2. chibzuit, cumpătat.

asentamiento *m.* 1. aşezare, punere. 2. *(localitate)* aşezare (umană). 3. aşezare, colonizare. 4. cumpătare.

asentar I. *vt.* 1. a aşeza. 2. a întemeia, a fonda. II. ~(se) *vi., vr.* a se aşeza, a se statornici.

asentimiento *m.* asentiment; consimţământ.

asentir *vi.* a consimţi.

aseo *m.* 1. curăţenie. 2. toaletă // *cuarto de ~* cameră de toaletă; *objetos de ~* obiecte de toaletă.

asequible *adj.* accesibil, realizabil.

aserción *f.* afirmaţie, aserţiune.

aserrar *vt.* a tăia cu ferăstrăul.

aserrín *m.* rumeguş.

asesinar *vt.* a asasina.

asesinato *m.* asasinat.

asesino *adj., m.* asasin, ucigaş.

asesor *adj., m.* consultant, consilier, specialist.

asesorar(se) *vt., vr.* a (se) sfătui, a (se) consulta.

asestar I. *vt.* 1. *(contra)* a îndrepta o armă *(asupra).* 2. a trage. 3. a da (o lovitură) // *~ un golpe* a da o lovitură. II. *vi.* a ochi.

aseverar *vt.* a afirma.

asfalto *m.* asfalt.

asfixiar(se) *vt., vr.* a (se) asfixia.

así I. *adv.* aşa, astfel // *~ como* aşa cum, după cum. II. *conj. ~ pues* aşadar; *~ que* aşa că, astfel că.

asiático *adj., m.* asiatic.

asidero *m.* 1. toartă, mâner. 2. *(fig.)* prilej, pretext.

asiduidad *f.* asiduitate.

asiduo *adj.* asiduu, stăruitor, sârguincios.

asiento *m.* 1. loc // *tomar* ~ a lua loc. 2. temelie, aşezare. 3. drojdie, sedimentare.

asignación *f.* 1. alocare. 2. salariu.

asignar *vt.* 1. a afecta, a aloca, a destina. 2. a atribui; a acorda; a da // ~ *importancia* a da importanţă. 3. a desemna, a numi.

asignatura *f.* materie, disciplină.

asimilación *f.* 1. asimilare. 2. *(lingv.)* asimilaţie. 3. asemuire.

asimilar I. *vt.* 1. a asemui. 2. *(şi fig.)* a asimila. 3. *(fig.)* a adopta. II. ~se *vr.* a se asimila. III. *vi.* a se asemăna.

asimismo *adv.* de asemenea.

asir(se) *vt., vr.* a (se) prinde, a (se) apuca.

asistencia *f.* 1. asistenţă, prezenţă, participare. 2. public. 3. *(fig.)* sprijin, ajutor.

asistenta *f.* menajeră, femeie de serviciu.

asistente *m.* 1. asistent. 2. *(mil.)* ordonanţă.

asistir *vt., vi. (a)* a asista (la).

asma *f.* astmă.

asnada *f. (fam.)* nerozie.

asno *m.* 1. măgar. 2. *(fig.)* dobitoc.

asociación *f.* 1. asociere. 2. asociaţie.

asociado *m.* asociat.

asociar(se) *vt., vr.* a (se) asocia.

asolación *f.,* **asolamiento** *m.* pustiire, devastare.

asolar *vt.* 1. *(d. soare, secetă)* a pârjoli, a usca. 2. a pustii, a devasta, a nimici.

asolear I. *vt.* a expune la soare. II. ~se *vr.* 1. a se încălzi la soare. 2. a se bronza.

asomar(se) I. *vt., vr. (a, por)* a scoate capul (pe), a se arăta (la), II. *vi.* a se ivi.

asombrar I. *vt.* a umbri, a întuneca. II. ~(se) *vt., vr.* a (se) uimi, a (se) mira.

asombro *m.* uimire, mirare.

asombroso *adj.* uimitor, uluitor.

asomo *m.* semn, urmă, indiciu.

asonancia *f.* asonanţă.

aspa *f.* 1. cruce. 2. vârtelniţă. 3. aripă de moară.

aspar *vt.* 1. a răstigni. 2. *(fam.)* a chinui. 3. a depăna.

aspavientos *m. pl.* 1. tapaj, larmă. 2. *(fig.)* aere; exagerări // *hacer muchos* ~ a face pe miratul.

aspecto *m.* aspect, înfăţişare.

aspereza *f.* 1. asprime. 2. neregularitate, asperitate.

áspero *adj.* 1. aspru. 2. neregulat.

asperón *m.* gresie.

aspiración *f.* aspiraţie.

aspirante *adj., m.* 1. aspirant. 2. candidat.

aspirar I. *vt.* a aspira, a trage. II. *vi.* a năzui.

asqueroso *adj.* dezgustător, scârbos.

asta *f.* 1. lance. 2. coadă de lemn // *a media* ~ în bernă. 3. corn (de animal).

astenia *f*. astenie.
astil *m*. coadă de lemn.
astilla *f*. aşchie, ţandără.
astillar *vt*. a face ţăndări.
astillero *m*. 1. şantier naval.
2. rastel.
astracán *m*. astrahan.
astringir *vt*. 1. a strânge, a contracta. 2. *(fig.)* a constrânge.
astro *m*. astru.
astrología *f*. astrologie.
astrólogo *m*. astrolog.
astronomia *f*. astronomie.
astrónomo *m*. astronom.
astroso *adj*. murdar.
astucia *f*. viclenie, şiretenie.
astuto *adj*. şiret, viclean.
asueto *m*. concediu scurt, repaus // *día de* ~ zi de repaus.
asumir *vt*. a asuma, a-şi lua asupra sa, a se angaja (să).
asunción *f*. asumare.
asunto *m*. 1. subiect, temă; obiect, materie // *en* ~ *de* in materie de. 2. chestiune, problemă. 3. afacere, treabă // ~*s de negocio* afaceri comerciale. 4. *(fam.)* aventură amoroasă.
asustadizo *adj*. sperios, fricos.
asustar(se) *vt., vr*. a (se) speria.
atacado *adj*. şovăielnic.
atacar *vt*. 1. a ataca. 2. *(d. somn)* a cuprinde; *(d. boli)* a lovi.
atadijo *m*. *(fam.)* bocceluţă.
atado *m*. legătură, boccea.
atadura *f*. 1. legare, legat. 2. legătură.

atajar I. *vi*. a scurta drumul. II. *vt*. 1. a tăia drumul (cuiva). 2. a tăia, a bara (ceva scris). III. ~*se* *vr*. a se fâstâci.
atajo *m*. scurtătură.
atalaya I. *f*. turn, foişor (de pază). II. *m*. 1. paznic (de turn). 2. *(fig.)* criteriu, punct de vedere.
atañer *vi*. *(a)* a se referi (la).
ataque *m*. atac.
atar I. *vt*. a lega. II. ~*se* *vr*. a se speria, a se pierde.
atardecer I. *vi*. a se însera. II. *m*. înserare // *al* ~ pe înserate.
atareado *adj*. foarte ocupat.
atarear I. *vt*. a da de lucru. II. ~*se* *vr*. a fi ocupat până peste cap.
atascar I. *vt*. 1. a călăfătui. 2. a astupa, a înfunda. II. ~*se* *vr*. a se împotmoli.
atasco *m*. 1. piedică, obstacol. 2. astupare, înfundare; blocare. 3. ambuteiaj.
ataúd *m*. sicriu, coşciug.
ateísmo *m*. ateism.
atemorizar(se) *vt., vr*. a (se) înfricoşa.
atemperar *vt*. 1. a tempera, a modera, a potoli. 2. a ţine un echilibru.
atenacear *vt*. 1. a tortura smulgând carnea cu cleştele. 2. *(fig.)* a chinui (un gând etc.).
atenazar *vt*. 1. a strânge în cleşte. 2. *(fig.)* a chinui (un gând etc.).

atención *f.* **1.** atenţie, băgare de seamă, luare-aminte // *a la ~ de* în atenţia; *llamar la ~ (a uno) sobre* a atrage cuiva atenţia (asupra); *¡ ~ !* atenţie! **2.** atenţie, gest amabil.

atender *vt.* **1.** a da atenţie, a ţine seamă de. **2.** a soluţiona, a satisaface (o cerere, o rugăminte). **3.** a servi (clienţii). **4.** a îngriji, a trata.

ateneo *m.* ateneu.

atenerse *vr. (a)* **1.** a se bizui (pe). **2.** a rămâne (la). **3.** a se ţine (de).

ateniense *adj., m.* atenian.

atentado **I.** *adj.* prevăzător; chibzuit. **II.** *m.* atentat.

atentar **I.** *vi.* a atenta. **II.** *~se vr.* a se stăpâni.

atento *adj. (şi fig.)* atent.

atenuación *f.* atenuare.

atenuante *adj.* atenuant, uşurător.

atenuar *vt.* **1.** a subţia. **2.** *(fig.)* a atenua.

ateo *adj., m.* ateu.

aterciopelado *adj.* catifelat.

aterido *adj.* îngheţat, înţepenit.

aterrar **I.** *vt.* **1.** a înspăimânta, a îngrozi. **2.** a doborî. **II.** *vi.* a ateriza.

aterrizar *vt.* a ateriza.

atestado **I.** *m.* certificat. **II.** *adj.* **1.** plin, ticsit. **2.** încăpăţânat.

atestar *vt.* **1.** a ticsi. **2.** a certifica; a atesta.

atestiguar *vt.* a depune mărturie.

atiesar(se) *vt., vr.* a (se) înţepeni.

atildado *adj.* fercheş, spilcuit.

atildar **I.** *vt.* **1.** a pune tilda pe. **2.** *(fig.)* a critica. **II.** *~se vr.* a se găti, a se dichisi.

atinado *adj.* cuminte, înţelept.

atinar *vt., vi.* a nimeri.

atisbar *vt.* a pândi, a iscodi.

atizar *vt.* a aţâţa.

atlas *m.* atlas.

atleta *m. şi f.* atlet(ă), sportiv(ă).

atletismo *m.* atletism.

atmósfera *f.* atmosferă.

atolondrar(se) *vt., vr.* a (se) zăpăci.

atómico *adj.* atomic.

átomo *m.* atom.

atónito *adj.* uimit, uluit.

atontamiento *m.* tâmpeală, tâmpenie.

atontar(se) *vt., vr.* a (se) prosti, a (se) zăpăci.

atormentar **I.** *vt.* a chinui, a tortura. **II** *~(se) vt., vr. (fig.)* a (se) frământa.

atornillar *vt.* a înşuruba.

atracar **I.** *vt. (mar.)* a acosta, a trage la cheu. **II.** *~(se) vt., vr. (de)* a (se) îndopa (cu), a (se) ghiftui.

atracción *f.* atragere; atracţie.

atraco *m.* atac, jaf (pe stradă, la drumul mare).

atractivo **I.** *adj.* atractiv. **II.** *m.* farmec, atracţie, vino-ncoace.

atraer *vt.* a atrage.

atragantarse *vr.* a se înneca, a i se pune un nod în gât.

atrancar **I.** *vt.* a bara, a închide cu un drug. **II.** *vi.* **1.** a merge cu paşi mari. **2.** a citi pe sărite.

atrapar *vt.* **1.** a prinde, a apuca. **2.** a obține. **3.** a păcăli.

atrás I. *adv.* înapoi, în urmă, îndărăt // *hacerse* ~ a se da înapoi. **II.** *prep.* acum, de // *días* ~ acum câteva zile.

atrasado *adj.***1.** înapoiat; neevoluat. **2.** întârziat; în întârziere. **3.** *(fig.)* vechi.

atrasar I. *vt.* a întârzia, a tărăgăna. **II.** *vi.* *(d. ceas)* a rămâne în urmă. **III.** **~se** *vr.* *(şi fig.)* a întârzia; a rămâne în urmă.

atraso *m.* **1.** rămânere în urmă. **2.** *(fig.)* înapoiere, neevoluare. **3.** întârziere. **4.** **~s** *pl.* restanțe.

atravesar I. *vt.* **1.** *(şi fig.)* a traversa; a străbate. **2.** a pune de-a curmezişul. **II.** **~se** *vr.* **1.** a se pune de-a curmezişul. **2.** a se amesteca.

atreverse *vr.* *(a)* a îndrăzni (să), a cuteza (să).

atrevido *adj.* **1.** îndrăzneț. **2.** obraznic.

atrevimiento *m.* **1.** îndrăzneală, cutezanță. **2.** obrăznicie.

atribución *f.* **1.** atribuire. **2.** atribuție.

atribuir *vt.* a atribui.

atribular(se) *vt.*, *vr.* a (se) necăji, a (se) mâhni, a (se) chinui.

atributo *m.* atribut.

atril *m.* pupitru.

atrincherar I. *vt.* a fortifica. **II.** **~se** *vr.* **1.** a sta în tranşee. **2.** *(fig.)* a se încăpățâna.

atrio *m.* tindă (de biserică).

atrocidad *f.* **1.** atrocitate, cruzime. **2.** *(fam.)* enormitate.

atrofiarse *vr.* a se atrofia.

atronar *vt.* **1.** a asurzi. **2.** *(fig.)* a zăpăci.

atropelladamente *adv.* în grabă, buzna.

atropellado *adj.* pripit, nesocotit.

atropellar I. *vt.* **1.** a călca, a strivi. **2.** a trânti, a răsturna. **3.** *(por)* a nu ține seamă (de). **4.** a încălca, a viola. **5.** *(fig.)* a ofensa. **II.** **~se** *vr.* a se pripi.

atropello *m.* **1.** călcare, strivire. **2.** bruscare; brânci. **3.** încălcare. **4.** *(fig.)* ofensă.

atroz *adj.* **1.** atroce, crud. **2.** *(fam.)* foarte grav; cumplit.

aturdir I. *vt.* *1.* a ameți, a zăpăci. **2.** *(fig.)* a ului. **II.** **~se** *vr.* a se zăpăci.

atusar I. *vt.* **1.** a scurta (părul). **2.** a netezi (părul). **II.** **~se** *vr.* a se ferchezui.

audacia *f.* îndrăzneală.

audaz *adj.* îndrăzneț.

audición *f.* audiție.

audiencia *f.* **1.** audiență // *dar* ~ *a uno* a primi pe cineva în audiență. **2.** tribunal; instanță; judecătorie.

auditivo *adj.* auditiv.

auditor *m.* cenzor.

auditoría *f.* control (financiar); auditare.

auditorio *m.* auditoriu.

auge *m.* apogeu, culme.

augurar *vt.* a prezice, a prevesti.

augurio *m.* augur.

augusto *adj.* august.

aula *f.* aulă, sală de curs.

aullar *vi.* a urla.

aullido *m.* urlet.

aumentar I. *vt.* a mări, a spori.
II. ~(se) *vi., vr.* a creşte, a spo-
ri, a se mări // ~ *en* a creşte cu.

aumento *m.* mărire, creştere,
spor.

aun *adv.* chiar // ~ *cuando* deşi;
~ si chiar dacă; **ni** ~ nici
măcar.

aún *adv.* încă.

aunar(se) *vt., vr.* a (se) aduna, a
(se) strânge, a (se) reuni, a (se)
uni.

aunque *conj.* deşi.

aura *f.* adiere.

áureo *adj.* de aur; auriu; aurit.

aureola *f.* aureolă, nimb.

auricular I. *adj.* auricular. **II.** *m.*
1. receptor (de telefon). **2.** de-
get mic.

aurífero *adj.* aurifer.

aurora *f.* auroră, zori.

ausencia *f.* absenţă, lipsă.

ausentarse *vr.* a lipsi, a absenta,
a fi absent.

ausente *adj.* absent.

auspiciar *vt.* a patrona.

auspicio *m.* **1.** semn, prevestire.
2. ~s *pl.* auspicii.

austeridad *f.* austeritate.

austero *adj.* auster.

austríaco [austriaco] *adj., m.*
austriac.

autenti(fi)car *vt.* a autentifica.

auténtico *adj.* autentic.

auto *m.* **1.** hotărâre judecăto-
rească; sentinţă // ~ *de fe*

autodafeu; ~ *(sacramental)*
dramă scurtă cu subiect reli-
gios. **2.** *(fam.)* automobil.

autobús *m.* autobuz.

autócrata *m.* autocrat.

autóctono *adj.* autohton, băştinaş.

autoescuela *f.* şcoală de şoferi.

autógrafo *m.* autograf.

autómata *m.* automat.

automático *adj.* automat.

automóvil *adj., m.* automobil.

autonomía *f.* autonomie.

autónomo *adj.* autonom.

autopista *f.* autostradă.

autopsia *f.* autopsie.

autor *m.* autor.

autoridad *f.* autoritate.

autoritario *adj.* autoritar.

autorización *f.* autorizare; auto-
rizaţie.

autorizado *adj.* vrednic de
crezare.

autorizar *vt.* *(para)* a autoriza
(să).

autovía *f.* autostradă.

auxiliar I. *adj.* auxiliar, ajută-
tor. **II.** *m.* **1.** subaltern. **2.** (pro-
fesor) suplinitor // ~ *de clínica*
asistent medical. **III.** *vt.* a
ajuta.

auxilio *m.* ajutor.

avalancha *f.* *(şi fig.)* avalanşă.

avalar *vt.* a garanta, a gira.

avalorar *vt.* **1.** a conferi va-
loare, a pune preţ. **2.** *(fig.)* a
da curaj.

avaluar *vt.* a evalua.

avalúo *m.* evaluare.

avance *m.* **1.** înaintare, progres.
2. avans (de bani).

avanzada *f.* *(mil.)* avanpost.

avanzar *vt.* a avansa, a înainta.

avaricia *f.* avariţie, zgârcenie.

avaricioso, avariciento *adj.* avar, zgârcit.

avaro *adj., m.* avar, zgârcit.

avasallar *vt.* a supune, a subjuga.

ave *f.* pasăre // ~ *de corral* pasăre de curte; ~ *de rapiña* pasăre răpitoare.

avecindarse *vr.* a se stabili (într-o localitate).

avejentarse *vr.* a îmbătrâni.

avellana *f.* alună.

avellano *m.* alun.

avena *f.* ovăz.

avenencia *f.* acord, învoială.

avenida *f.* 1. bulevard. 2. viitură. 3. *(fig.)* afluenţă.

avenir(se) *vt., vr.* a (se) împăca.

aventajar I. *vt.* a întrece, a depăşi. II. ~se *vr.* a se remarca.

aventar I. *vt.* 1. a aerisi. 2. *(fam.)* a-i face vânt. 3. *(agr.)* a vântura. II. ~se *vr.* a se aerisi.

aventura *f.* aventură.

aventurar(se) *vt., vr.* a risca.

aventurero *m.* aventurier.

avergonzar(se) *vt., vr.* a (se) ruşina.

avería *f.* avarie; pană.

averiar(se) *vt., vr.* a se strica.

averiguar *vt.* a cerceta, a verifica; a căuta; a examina; a ancheta; a afla; a investiga; a controla.

aversión *f.* aversiune.

avestruz *m.* struţ.

avezar(se) *vt., vr. (a)* a (se) deprinde (cu).

aviación *f.* aviaţie.

aviador *m.* aviator.

aviar *vt.* a utila, a echipa.

avidez *f.* aviditate, lăcomie.

ávido *adj.* avid, lacom.

avinagrar(se) *vt., vr. (şi fig.)* a (se) acri.

avío *m.* 1. preparative; merinde. 2. ~s *pl.* unelte.

avión *m.* avion.

avisado *adj.* prudent, înţelept // *mal* ~ imprudent.

avisar *vt.* 1. a înştiinţa, a aviza. 2. a avertiza.

aviso *m.* 1. anunţ, ştire. 2. prevenire, avertizare. 3. înştiinţare. 4. *(Am.)* anunţ // *estar sobre* ~ a fi prevenit; *sin previo* ~ fără anunţ prealabil.

avispa *f.* viespe.

avispado *adj. (fam.)* vioi, dezgheţat.

avistar I. *vt.* a zări. II. ~se *vr. (con)* a se întâlni (cu).

avivar I. *vt.* 1. a însufleţi, a înviora. 2. *(fig.)* a aţâţa (focul); 3. a grăbi (pasul). II. ~se *vi., vr.* a se întrema; a se înviora, a se însufleţi.

avutarda *f.* dropie.

axioma *m.* axiomă.

ay I. *interj.* vai! // ¡~ *de mí!* vai de mine! II. *m.* oftat, vaiet // *dar* ~es a ofta.

aya *f.* dădacă; guvernantă.

ayer *adv.* ieri // *de* ~ a *hoy* peste noapte, de curând.

ayo *m.* preceptor, meditator.

ayuda I. *f.* ajutor, asistenţă. II. *m.* 1. asistent. 2. servitor.

ayudante *m.* subaltern, asistent.

ayudar *vt.* a ajuta.
ayunar *vi.* **1.** a ajuna. **2.** a posti.
ayuno I. *m.* **1.** ajunare. **2.** post.
II. *adj.* nemâncat // *en ayunas* pe nemâncate, cu *(sau* pe) stomacul gol.
ayuntamiento *m.* **1.** primărie. **2.** consiliu municipal.
azada *f.* săpăligă.
azadón *m.* cazma, sapă.
azafata *f.* stewardesă.
azafrán *m.* *(bot.)* şofran.
azahar *m.* floare de portocal *(sau* de lămâi).
azar *m.* **1.** întâmplare, hazard // *al ~* la întâmplare; *juego de ~* joc de noroc. **2.** belea.
azaroso *adj.* **1.** riscant. **2.** nefast, funest.
ázoe *m.* azot.
azófar *m.* alamă.
azogue *m.* mercur, argint viu.
azorarse *vr.* a se speria.
azotaina *f.* *(fam.)* bătaie, chelfăneală.

azotar *vt.* a biciui // *~ calles* a bate drumurile.
azotazo *m.* (lovitură) de bici.
azote *m.* **1.** bici. **2.** *(fig.)* flagel, calamitate.
azotea *f.* terasă (pe acoperiş).
azteca *adj.*, *m.* aztec.
azúcar *m.* (sau *f.*) zahăr // *~ cande /molido/ en terrones* zahăr candel /tos/ cubic.
azucarero I. *adj.* de zahăr, (al) zahărului // *industria azucarera* industria zahărului. **II.** *m.* zaharniţă.
azucena *f.* *(bot.)* crin alb.
azufre *m.* sulf, pucioasă.
azul *adj.*, *m.* albastru.
azulado *adj.* albăstriu.
azulejo I. *adj.* albăstriu. **II.** *m.* **1.** *(zool.)* prigorie. **2.** placă de faianţă (colorată). **3.** *(bot.)* albăstrea.
azuzar *vt.* **1.** a asmuţi. **2.** a instiga, a aţâţa.

B

baba *f.* bale.

babador, babero *m.* babeţică.

babear *vi.* a-i curge bale.

bable *m.* dialect asturian.

babor *m. (mar.)* babord.

baboso *adj.* 1. bălos. 2. *(fam.)* exagerat de curtenitor.

babucha *f.* papuc.

bacalao *m. (zool.)* cod.

bacilo *m.* bacil.

bacín *m.* 1. oală de noapte. 2. taler de cerşit.

bacteria *f.* bacterie.

báculo *m.* 1. toiag, cârjă. 2. *(fig.)* sprijin.

bache *m.* hârtop, hop // ~ de aire *(av.)* gol de aer.

bachiller *m.* 1. bacalaureat; licenţiat. 2. *(fig.)* flecar.

bachillerato *m.* bacalaureat.

bachillerear *vi. (fam.)* a flecări.

badulaque *m. (fam.)* nătărău.

bagaje *m.* 1. *(mil.)* tren de luptă. 2. animal de povară.

bahía *f.* golf (mic.)

bailador *m.* dansator.

bailar *vi., vt.* a dansa; a juca.

bailarín *m.* dansator, balerin.

baile *m.* 1. dans; joc. 2. bal.

bailotear *vi.* a ţopăi.

baja *f.* 1. scădere, descreştere, reducere, micşorare. 2. ieftinire, scădere a preţurilor. 3. *(mil.)* pierdere. 4. concediere; dare afară; lichidare. 5. excludere. 6. anulare, radiere // dar de ~ a. a scoate din evidenţă, a radia; b. a concedia; a elimina, a exclude.

bajá *m.* paşă.

bajada *f.* 1. coborâre, scădere, descreştere. 2. coborâş.

bajamar *f.* reflux.

bajar I. *vi.* 1. a coborî, a se reduce. 2. *(d. preţuri, temperatură)* a scădea. II. *vt.* 1. a coborî, a da jos. 2. a apleca, a lăsa în jos // ~ la cabeza a lăsa capul în jos. III. ~se *vr.* 1. a coborî. 2. *(fig.)* a se înjosi, a se umili.

bajeza *f.* josnicie, mârşăvie.

bajo I. *adj.* 1. jos, de jos, 2. scund, mic. 3. plecat, lăsat în jos. 4. *(fig.)* josnic, mârşav. 5. *(fig.)* umil; neînsemnat.

II. *m.*1. partea de jos. 2. banc de nisip. 3. *(muz.)* bas. 4. ~s *pl.* parter. **III.** *adv.* 1. jos. 2. încet // *hablar* ~ a vorbi încet; *por lo* ~ pe furiş. **IV.** *prep.* sub // ~ *llave* sub cheie.

bajorrelieve *m.* basorelief.

bala *f.* 1. proiectil; glonte; ghiulea. 2. balot.

baladí *adj.* neînsemnat.

baladro *m.* răcnet, urlet.

baladrón *adj., m.* fanfaron.

balance *m.* 1. balans, legănat. 2. *(com.)* bilanţ.

balancear(se) **I.** *vt., vi., vr.* a (se) legăna, a (se) balansa. **II.** *vi.* 1. a face bilanţul. 2. *(fig.)* a şovăi.

balanceo *m.* balans, legănare.

balanza *f.* 1. balanţă, cântar. 2. *(com.)* balanţă. 3. *(fig.)* bilanţ.

balar *vi.* a behăi.

balasto *m.* balast.

balazo *m.* împuşcătură, lovitură de glonte.

balcón *m.* balcon.

balbubear, balbucir *vi.* a bâigui, a îngăima.

balcón *m.* balcon.

baldadura *f.* schilodeală; ologire; ciuntire.

baldar *vt.* a schilodi; a ologi; a ciunti.

balde **I.** *m.* găleată. căldare. **II.** *adv.* în *expr.: de* ~ degeaba, gratuit; *en* ~ în zadar, zadarnic.

baldío **I.** *adj.* 1. viran, părăginit. 2. *(fig.)* hoinar. **II.** *m.* maidan.

baldón *m.* ocară, insultă.

baldon(e)ar *vt.* a ocărî.

baldosa *f.* dală, lespede.

balido *m.* behăit.

baliza *f. (mar.)* baliză.

balneario **I.** *adj.* balnear. // *estación balnearia* staţiune balneară, stabiliment de băi, casă de sănătate.

balón *m.* 1. balot. 2. minge, balon.

baloncesto *m.* baschet.

balonmano *m.* handbal.

balonpié *m.* fotbal.

balonvolea *m.* volei.

balsa *f.* 1. baltă; băltoacă. 2. plută.

balsero *m.* plutaş.

bálsamo *m.* balsam.

baluarte *m.* bastion.

ballena *f. (zool.)* balenă.

ballet *m.* balet.

ballesta *f.* arbaletă.

bambalear(se), bambolear(se) *vi., vr.* a se bălăbăni.

bamboleo *m.* bălăbănit.

bambú *m.* bambus.

banana *f.* banană.

banano *m.* banan(ier).

banca *f.* bancă (fără speteaază); laviţă // ~ *de hielo* banchiză.

bancal *m.* strat, răzor.

bancario *adj.* bancar.

bancarrota *f. (com.)* faliment.

banco *m.* 1. bancă, canapea. 2. banc (de meseriaş). 3. *(fin.)* bancă. 4. banc (de nisip, de peşti).

banda *f.* 1. bandă, fâşie, dungă, panglică, cordon. 2. latură, parte. 3. *(mar.)* bord. 4. bandă, ceată. 5. *(muz.)* fanfară.

bandada *f.* stol, cârd.

bandeja *f.* tavă, platou.

bandera *f.* steag, drapel.

banderilla *f.* 1. steguleţ, fanion. 2. *(taur.)* banderilă.

banderillero *m.* toreador (care aţâţă taurul cu banderile).

bandido *m.* bandit, tâlhar.

bando *m.* 1. decret; ordonanţă. 2. grupare, facţiune.

bandola *f.* mandolină.

bandolera *f.* *(mil.)* banduliera.

bandolero *m.* tâlhar.

banquero *m.* bancher.

banqueta *f.* banchetă.

banquete *m.* banchet, ospăţ.

banquillo *m.* băncuţă, banchetă.

bañador *m.* costum de baie.

bañar(se) *vt.*, *vr.* a (se) scălda; a face baie.

bañera *f.* cadă de baie.

bañista *m.* vilegiaturist.

baño *m.* 1. baie, scăldat. 2. cameră de baie. 3. glazură. 4. bain-marie. 5. ~s *pl.* staţiune balneară, băi. 6. closet, W.C.

baqueta *f.* beţişor, nuia.

baraja *f.* (pereche de) cărţi de joc.

barajar *vt.* 1. a amesteca, a face (cărţile). 2. *(fig.)* a amesteca.

barandilla *f.* balustradă, parapet.

baratería *f.* 1. *(jur.)* înşelăciune, fraudă. 2. luare de mită.

baratija *f.* bagatelă, fleac, mărunţiş, flecuşteţ.

baratillo *m.* 1. prăvălie de mărunţişuri. 2. vânzare de solduri.

barato I. *adj., adv.* ieftin // *dar de ~* a da pe nimic. **II.** *m.* vânzare de solduri.

baraúnda *f.* vacarm, larmă.

barba I. *f.* 1. barbă. 2. bărbie // *en las ~s* în faţă. **II.** *m.* actor care joacă roluri de bătrâni.

barbacoa *f.* 1. *(Am.)* grătar în aer liber. 2. *(Am.)* colibă construită pe stâlpi 3. pătul, foişor de pândă. 4. *(Am.)* pat sărăcăcios susţinut de pari.

barbado I. *adj.* bărbos. **II.** *m.* 1. răsad. 2. lăstar.

barbaridad *f.* 1. barbarie. 2. *(fig.)* nerozie, prostie. 3. *(fam.)* cantitate mare, grozăvie.

barbarie *f.* *(şi fig.)* 1. primitivism. 2. barbarie, cruzime.

barbarismo *m.* barbarism.

bárbaro *adj., m.* barbar.

barbechar *vt.* a lăsa ogor, a lăsa de pârloagă.

barbecho *m.* 1. ogor negru, pârloagă. 2. ţarină, arătură.

barbería *f.* frizerie.

barbero *m.* frizer, bărbier.

barbilla *f.* bărbie.

barbicano *adj.* cu barbă căruntă.

barbirrubio *adj.* cu barbă roşie.

barbihecho *adj.* proaspăt ras.

barbiquejo *m.* curelușă sub bărbie.

barbo m. *(zool.)* mreană.

barbotar vi. a mormăi, a bolborosi.

barbudo adj. bărbos.

barca f. barcă.

barcelonés adj., m. (locuitor) din Barcelona,

barco m. vas, navă, vapor // ~ de carga cargobot: ~ de vela corabie cu pânze; ~ mercante vas comercial.

barítono m. bariton.

barniz m. lac, lustru.

barnizar vt. a lăcui, a da cu lac.

barómetro m. barometru.

barón m. baron.

barquear vi. a merge cu barca.

barquero m. barcagiu, luntraş.

barquilla f. 1. formă de prăjitură. 2. *(av.)* nacelă. 3. bărcuţă.

barquinazo m. *(fam.)* hurducătură.

barra f. 1. bucată; baton; calup; bară; drug // ~ de hierro un drug de fier; ~ de jabón un calup de săpun; ~ de pan o franzelă. 2. pârghie. 3. lingou. 4. *(jur.)* bară. 5. *(sport)* bară // ~ fija bară fixă.

barraca f. 1. baracă. 2. *(Am.)* depozit, magazie. 3. *(reg., Valencia)* casă de chirpici.

barranca f., **barranco** m. râpă, prăpastie.

barredura f. 1. măturat. 2. ~s pl. gunoi.

barrena f. burghiu, sfredel.

barrenar vt. 1. a sfredeli, a găuri. 2. *(fig.)* a zădărnici. 3. *(fig.)* a viola (o lege).

barrendero m. măturător.

barreno m. burghiu mare.

barrer vt. a mătura.

barrera f. 1. *(şi fig.)* barieră. 2. *(sport)* zid. 3. *(fig.)* piedică.

barrero m. olar.

barriada f. cartier.

barrica f. butoi, bute.

barricada f. baricadă.

barriga f. pântece, burtă // echar ~ a face burtă.

barrigón, barrigudo adj. burtos, pântecos.

barril m. butoi.

barrilero m. dogar.

barrio m. cartier; mahala; suburbie.

barro m. 1. noroi, glod. 2. argilă, lut. 3. nămol // baños de ~ băi de nămol. 4. coş (pe faţă).

barroco adj., m. baroc.

barroso adj. 1. noroios. 2. de culoarea argilei. 3. bubos; cu bube; plin cu coşuri.

barruntar vt. a presimţi, a bănui.

barrunto m. presimţire, bănuială.

bártulos m. pl. *(fam.)* catrafuse, calabalâc.

basalto m. bazalt.

basamento m. *(arhit.)* soclu, postament.

basar I. vt. *(sobre)* a clădi (pe). II. ~se vr. *(fig.)* *(en)* a se baza (pe).

báscula f. 1. basculă, cântar. 2. cântar de persoane. 3. *(tehn.)* pârghie.

base *f.* **1.** bază // ~ *aérea* bază aeriană; *a ~ de* pe baza; *en ~ a (Am.)* pe baza. **2.** ~s *pl. (la un concurs)* condiţii, regulament, principii.

básico *adj.* de bază.

basquiña *f.* fustă.

basta I. *f.* tighel. **II.** *interj.* destul!

bastante *adj., adv.* destul, suficient.

bastar *vi.* a ajunge, a fi destul.

bastardo I. *adj.* **1.** degenerat, decăzut. **2.** corcit. **3.** nelegitim, bastard. **II.** *m.* bastard.

bastidor *m.* **1.** cadru; cercevea; ramă. **2.** ~es *pl. (teatru)* culise. **3.** *(auto)* şasiu.

bastilla *f.* tiv.

bastión *m.* bastion.

basto I. *m.* **1.** samar. **2.** treflă, spatie. **II.** *adj.* grosolan.

bastón *m.* baston; băţ.

bastonear *vt.* a ciomăgi.

basura *f.* gunoi.

basurero *m.* **1.** gunoier. **2.** maidan de gunoaie.

bata *f.* **1.** halat, capot. **2.** halat *(de medic, de lucru).*

batacazo *m.* bufnitură.

batalla *f.* bătălie, luptă.

batallador *adj., m.* luptător.

batallar *vi.* **1.** a (se) lupta, a se bate. **2.** *(fig.)* a se certa.

batallón *m.* batalion.

batán *m.* piuă.

batata *f.* cartof dulce, patată.

batea *f.* **1.** tavă. **2.** vagon-platformă. **3.** *(Am.)* albie de spălat. **4.** bărcuţă.

batería I. *f.* baterie. **II.** *m.* baterist.

batida *f.* **1.** razie. **2.** hăituială.

batidor *m.* **1.** bătător, mai. **2.** *(mil.)* cercetaş. **3.** hăitaş.

batidora *f.* mixer.

batir(se) *vt., vi., vr.* a (se) bate.

batista *f. (text.)* batist.

batracio *m.* batracian.

batuta *f. (muz.)* baghetă.

baúl *m.* cufăr, ladă, sipet.

bautizar *vt.* a boteza.

bautizo *m.* botez.

bayeta *f. (text.)* flanelă.

bayo *adj.* (cal) şarg, bălan.

bayoneta *f.* baionetă.

bazar *m.* bazar.

bazo I. *adj.* smead. **II.** *m.* splină.

beatería *f.* bigotism.

beatitud *f.* beatitudine, fericire.

beato *adj.* **1.** fericit. **2.** evlavios, cucernic. **3.** *(fig.)* ipocrit.

bebé *m.* bebeluş.

bebedero I. *adj.* bun de băut. **II.** *m.* adăpătoare.

bebedizo *adj.* potabil.

bebedor *adj., m.* **1.** băutor. **2.** *(fig.)* beţiv(an).

beber(se) *vt., vi., vr.* a bea.

bebida *f.* băutură.

beca *f.* bursă (de studii).

becada *f.* sitar, becaţă.

becario *m.* bursier.

becerro *m.* tăurean, juncan.

becuadro *m. (muz.)* becar.

beduino *m.* beduin.

befa *f.* batjocură, bătaie de joc.

befar *vt.* a-şi bate joc de, a batjocori.

bejuco *m. (bot.)* liană.

beldad *f.* frumuseţe.

belén *m.* 1. *(rel.)* vicleim. 2. *(fig.)* harababură.

belfo I. *adj.* buzat. II. *m.* buză răsfrântă.

belga *adj., m.* belgian.

belicoso *adj.* 1. belicos, războinic. 2. *(fig.)* certăreţ.

beligerante *adj., m.* beligerant.

bellaco *adj.* 1. ticălos, nemernic. 2. şiret, şmecher.

belladona *f.* *(bot.)* beladonă, mătrăgună.

bellaquería *f.* 1. ticăloşie, nemernicie. 2. şiretenie.

belleza *f.* frumuseţe.

bello *adj.* frumos.

bellota *f.* 1. ghindă. 2. *(fig.)* ciucure.

bemol *m.* *(muz.)* bemol.

bencina *f.* 1. neofalină. 2. *(Am.)* benzină.

bendecir *vt.* a binecuvânta.

bendición *f.* 1. binecuvântare. 2. *(formulă de salut) (Am.)* sarut mâna.

bendito I. *adj.* binecuvântat: sfânt; preafericit // *agua bendita* agheasmă. II. *m.* *(rel.)* rugăciune.

beneficencia *f.* 1. binefacere. 2. institut de binefacere.

beneficiado *m.* beneficiar.

beneficiar I. *vt.* 1. a face bine. 2. a cultiva, a exploata. 3. a înnobila (minerale) II. ~se *vr.* *(de)* a beneficia (de); a se bucura (de).

beneficio *m.* 1. binefacere. 2. beneficiu. 3. cultivare, exploatare. 4. spectacol de binefacere.

5. înnobilare (a unui mineral) // *a ~ de* în folosul.

beneficioso *adj.* 1. folositor; avantajos, util. 2. binefăcător. 3. profitabil.

benéfico *adj.* binefăcător.

benemérito *adj.* merituos, demn de cinste // *La Benemérita Garda Civilă* spaniolă.

beneplácito *m.* încuviinţare, aprobare.

benevolencia *f.* bunăvoinţă.

benévolo *adj.* 1. binevoitor. 2. benevol.

benigno *adj.* 1. blând, blajin. 2. dulce, temperat. 3. *(med.)* benign.

benjamín *m.* prâslea.

berbiquí *m.* *(tehn.)* burghiu.

berenjena *f.* (pătlăgică) vânătă.

bergante *m.* *(fam.)* pungaş.

bermejo *adj.* roşu-aprins.

berrear *vi.* a mugi, a rage.

berrido *m.* muget, răget.

berrinche *m.* *(fam.)* mânie, furie.

berza *f.* varză.

besalamano *m.* scrisoare scurtă anonimă scrisă la persoana a III-a.

besamanos *m.* sărutare de mână.

besar(se) *vt., vr.* a (se) săruta.

beso *m.* sărut, sărutare.

bestia *f.* *(şi fig.)* animal, dobitoc // *~ de carga* animal de povară.

bestial *adj.* 1. bestial, animalic. 2. *(fam.)* nemaipomenit.

bestialidad *f.* bestialitate.

besuquear *vt. (fam.)* a săruta des, a ţocăi.

besuqueo *m. (fam.)* pupat.

betún *m.* 1. cremă de ghete. 2. bitum.

bezo *m.* buză groasă.

bezudo *adj.* buzat.

biberón *m.* biberon.

biblia *f.* biblie.

bíblico *adj.* biblic.

bibliografía *f.* bibliografie.

bibliógrafo *m.* bibliograf.

biblioteca *f.* bibliotecă.

bibliotecario *m.* bibliotecar.

bicarbonato *m.* bicarbonat.

bíceps *m. (anat.)* biceps.

bicicleta *f.* bicicletă // *ir en ~* a merge cu bicicleta.

biciclista *m.* şi *f.* biciclist(ă).

bicho *m.* vietate, animal mic; gânganie, gâză.

biela *f. (tehn.)* bielă.

bien I. *m.* 1. bine. 2. ~es *pl.* bunuri, avere. II. *adv.* 1. bine. 2. cu plăcere, bucuros. 3. uşor, lesne. 4. de ajuns, prea; foarte // ~ *grande* de ajuns de mare; ~ *que* deşi, cu toate că; ~ *que mal* de bine de rău; ~ *tarde* prea târziu; *está ~* foarte bine.

bienandanza *f.* fericire, noroc.

bienaventurado *adj.* 1. fericit. 2. *(fam.)* sărac cu duhul.

bienaventuranza *f.* fericire, beatitudine.

bienestar *m.* bunăstare.

bienhadado *adj.* norocos.

bienhechor *adj., m.* binefăcător.

bienquerencia *f.* bună-voinţă; afecţiune.

bienquerer *vt.* a iubi.

bienvenida *f.* bun venit // *dar la (a uno)* ~ a ura (cuiva) bun venit.

bienvenido *interj.* bine ai venit!

bienvenidos *interj.* bine aţi venit!

bifurcación *f.* bifurcaţie.

bifurcar(se) *vt., vr.* a (se) bifurca.

bigamia *f.* bigamie.

bígamo *m.* bigam.

bigote *m.* mustaţă.

bigotudo *adj.* mustăcios.

bilingüe *adj.* bilingv.

bilis *f. (anat.)* bilă, fiere.

billar *m.* billiard.

billete *m.* bilet // ~ *de banco* bancnotă; ~ *de tren* bilet de tren.

billón *m.* bilion, miliard.

binar *vt. (agr.)* a prăşi.

binóculo *m.* binoclu.

biografía *f.* biografie.

biógrafo *m.* biograf.

biología *f.* biologie.

biombo *m.* paravan.

bióxido *m.* bioxid.

birlibirloque *m.* în *expr.: por arte de* ~ *(fam.)* ca prin farmec.

bis *adv.* bis.

bisabuelo *m.* străbunic.

bisagra *f.* balama, ţâţână.

bisiesto *adj.* în *expr.: año* ~ an bisect.

bismuto *m.* bismut.

bisnieto *m.* strănepot.

bisojo *adj.* saşiu.

bisonte *m. (zool.)* bizon.

bisoño I. *adj.* ageamiu, novice.
II. *m.* 1. novice. 2. recrut.

bistec *m.* biftec.

bisturí *m.* bisturiu.

bizarría *f.* 1. vitejie, bărbăţie.
2. mărinimie, generozitate.

bizarro *adj.* 1. viteaz, curajos.
2. mărinimos, generos.

bizco *m. adj.* saşiu.

bizcocho *m.* 1. pesmet. 2. biscuit.

bizma *f.* plasture.

blanca *f. în expr.: estar sin ~ a*
nu avea o leţcaie, a fi lefter.

blanco I. *adj.* alb. II. *m.* 1. alb;
culoare albă. 2. (om) alb. 3. (şi
fig.) ţintă. 4. spaţiu gol.

blancor *m.*, **blancura** *f.* albeaţă.

blandear I. *vi.* a se muia; a
ceda. II. *vt.* a face pe cineva
să cedeze.

blandir *vt.* a agita (o sabie, un
steag *etc.*).

blando *adj.* 1. moale; fraged.
2. *(fig.)* blând, blajin.

blanquear I. *vt.* 1. a albi; a
înălbi. 2. a vărui. II. *vi.* a
(se) albi.

blanquecino *adj.* albicios.

blanqueo *m.* 1. albit, înălbire.
2. văruit.

blasfemar *vi.* a huli.

blasfemia *f.* blasfemie, hulă.

blasón *m.* blazon, stemă.

bledo *m. în expr.: no vale un ~*
nu face două parale.

blindaje *m. (mil.)* blindaj.

blindar *vt.* a blinda.

blondo *adj.* blond, bălai.

bloque *m.* 1. bloc, bucată mare
de piatră. 2. *(pol.)* bloc.
3. bloc, clădire

bloquear *vt.* 1. a asedia. 2. *(com.,
mar.)* a bloca.

bloqueo *m.* 1. blocadă. 2. blo-
care.

blusa *f.* bluză.

boa I. *f.* (şarpe) boa. II. *m.* boa
(blană).

boato *m.* fast, pompă.

bobalicón *adj., m. (fam.)* neghiob.

bobear *vi.* a spune *sau* a face
prostii.

bobería *f.* prostie, nerozie,
copilărie.

bobo *adj.* prost, nerod, neghiob.

boca *f.* 1. gură // ~ *abajo (arri-
ba)* pe burtă (spate). 2. *(fig.)*
gură, deschizătură. 3. *(fig.)*
intrare. 4. buchet, aromă. 5. ~s
pl. gură (de râu), vărsare.

bocacalle *f.* capăt de stradă.

bocadillo *m.* 1. gustare. 2. sand-
viş.

bocado *m.* 1. bucată, îmbucă-
tură. 2. muşcătură.

bocamanga *f.* manşetă.

bocanada *f.* 1. înghiţitură, duşcă,
gură. 2. fum (tras din ţigară).

boceto *m.* schiţă, crochiu.

bocina *f.* 1. *(muz.)* corn. 2. me-
gafon. 3. *(auto)* claxon //
tocar la ~ a claxona.

bocio *m.* guşă.

bochorno *m.* 1. zăpuşeală, zăduf.
2. (fig.) sufocare. 3. *(fig.)* ruşi-
ne. 4. *(fig.)* roşeaţă (în obraji).

boda *f.* nuntă, cununie.

bodega *f.* pivniţă de vinuri;
depozit de vin.

bodegón *m.* 1. birt, cârciumă,
crâşmă. 2. natură moartă
(reprezentând alimente).

bodeguero *m.* **1.** cârciumar. **2.** pivnicier.

bofes *m. pl. (fam.)* bojoci.

bofetada *f.* **bofetón** *m.* palmă (*lovitură*) // *pegar una* ~ *a* trage o palmă.

boga *f.* **1.** vâslit. **2.** *(fig.)* modă, vogă // *estar en* ~ a fi la modă.

bogar *vi.* a vâsli.

bohemio *adj.*, *m.* **1.** (locuitor) din Boemia. **2.** *(fig.)* boem. **3.** ţigan.

bohío *m. (Am.)* colibă.

boicotear *vt.* a boicota.

boicoteo *m.* boicot.

boina *f.* bască; beretă.

bola *f.* **1.** glob; bilă; minge; bulgăre; cocoloş. **2.** cremă de ghete. **3.** *(fam.)* minciună.

bolear *vt. (fam.)* a arunca, a azvârli.

bolero *m.* **1.** bolero. **2.** dansator. **3.** *(fam.)* şarlatan.

boleta *f.* **1.** bilet de intrare. **2.** *(Am.)* buletin de vot.

boletín *m.* **1.** *(publicaţie)* buletin. **2.** buletin, formular, chestionar.

boleto *m. (Am.)* bilet (de teatru *sau* de tren).

boli *m. (fam.)* pix cu pastă.

boliche *m.* **1.** bilă mică. **2.** popice. **3.** *(Am.)* dugheană.

bólido *m. (astr.)* bolid.

bolígrafo *m.* pix cu pastă.

boliviano *adj.*, *m.* bolivian.

bolo *m.* **1.** popic // *jugar a los* ~*s* a juca popice. **2.** bulin, caşetă. **3.** *(fig.)* gogoman.

bolsa *f.* **1.** pungă, sacoşă. **2.** *(com.)* bursă. **3.** *(Am.)* buzunar.

bolsillo *m.* buzunar.

bolsista *m. (com.)* agent de bursă; speculant la bursă.

bolso *m.* geantă, poşetă.

bollo *m.* chiflă, pâinişoară.

bomba *f.* **1.** *(tehn.)* pompă. **2.** bombă. **3.** glob (de iluminat).

bombardear *vt.* a bombarda.

bombardeo *m.* bombardament, bombardare.

bombero *m.* pompier.

bombilla *f.* bec (electric).

bombillo *m.* **1.** sifon (de closet). **2.** pipetă.

bombo **I.** *adj. (fam.)* zăpăcit, uluit. **II.** *m.* **1.** tobă mare. **2.** urnă de bilete.

bombón *m.* bomboană (de ciocolată).

bombona *f.* butelie (de aragaz)

bonachón *adj.* blajin, bun.

bonaerense *adj.*, *m.* (locuitor) din Buenos Aires.

bonanza *f.* **1.** acalmie (pe mare). **2.** *(fig.)* prosperitate.

bondad *f.* bunătate.

bondadoso *adj.* blajin, blând.

bonificar *vt.* **1.** a ameliora, a îmbunătăţi. **2.** *(com.)* a bonifica.

bonito *adj.* drăguţ, frumos.

bono *m. (com.)* bon.

boñiga *f.* balegă.

boquear *vi.* **1.** a căsca gura. **2.** *(fig.)* a fi în agonie. **3.** *(fig.)* a fi pe sfârşite.

boquera *f.* **1.** gură de canal de irigaţie. **2.** spuzeală la colţul gurii.

boquerón *m.* **1.** gaură (*sau* deschizătură) mare. **2.** (*zool.*) hamsie.

boquiabierto *adj.* cu gura căscată.

boquilla *f.* **1.** gură, gaură, orificiu. **2.** (*la instrumente de suflat*) gură. **3.** portţigaret.

borbollón *m.* clocot // *a ~es* în grabă.

borbollonear *vi.* a fierbe în clocot.

borceguí *m.* bocanc.

borda *f.* **1.** colibă. **2.** (*mar.*) bord.

bordado *m.* **1.** brodat. **2.** broderie.

bordar *vt.* a broda.

borde *m.* **1.** margine. **2.** ţărm, mal.

bordo *m.* (*mar., av.*) bord // *subir a ~* a urca la bord.

bordón *m.* **1.** toiag, cârjă. **2.** refren.

borla *f.* ciucure, moţ.

borne *m.* **1.** vârf de suliţă. **2.** (*electr.*) bornă.

boro *m.* (*chim.*) bor.

borona *f.* (*bot.*) **1.** mei. **2.** porumb.

borrachera *f.* beţie.

borracho I. *adj.* beat, băut. **II.** *m.* beţiv(an).

borrador *m.* **1.** ciornă; maculator. **2.** (*com.*) registru comercial. **3.** gumă, radieră.

borradura *f.* **1.** ştergere. **2.** ştersătură.

borrasca *f.* furtună, vijelie.

borrascoso *adj.* furtunos, vijelios.

borricada *f.* **1.** turmă de măgari. **2.** (*fig.*) prostie.

borrico *m.* **1.** măgar. **2.** capră (de tăiat lemne).

borrón *m.* **1.** pată de cerneală. **2.** ciornă. **3.** schiţă.

borronear *vt.* a mâzgăli.

borroso *adj.* **1.** (*d. lichide*) tulbure. **2.** neclar; necliteţ.

boscaje *m.* crâng, dumbravă.

bosque *m.* pădure.

bosquejar *vt.* a schiţa.

bosquejo *m.* schiţă.

bosta *f.* baligă.

bostezar *vi.* a căsca.

bostezo *m.* căscat.

bota *f.* **1.** cizmă; gheată. **2.** burduf de vin.

botadura *f.* (*mar.*) lansare la apă.

botánica *f.* botanică.

botánico I. *adj.* botanic. **II.** *m.* botanist.

botar *vt.* **1.** a azvârli, a arunca. **2.** (*mar.*) a lansa la apă. **3.** (*Am.*) a toca, a cheltui.

bote *m.* **1.** lovitură de suliţă. **2.** săritură. **3.** cutie, borcan (de conserve *etc.*). **4.** barcă, luntre // *~ salvavidas* barcă de salvare; *de ~ en ~* plin ochi, cu vârf.

botella *f.* **1.** sticlă; carafă. **2.** (*fig., tehn.*) butelie.

botero *m.* barcagiu, luntraş.

botica *f.* farmacie, spiţerie.

boticario *m.* farmacist, spiţer.

botija *f.* urcior.

botillería *f.* chioşc de răcoritoare.

botín *m.* **1.** pradă (de război). **2.** jambieră.

botiquín *m.* trusă sanitară.

botón *m.* **1.** mugure; boboc. **2.** nasture. **3.** (*tehn.*) buton.

botones *m.* comisionar, liftier, băiat de serviciu (în hoteluri).

bóveda *f. (arhit.)* boltă.

bovino *adj.* bovin.

boxeador *m.* boxer.

boxear *vi.* a boxa.

boxeo *m.* box.

boya *f.* geamandură.

boyada *f.* cireadă de boi.

boyardo *m.* boier.

bozal I. *adj.* 1. *(fig.)* novice. 2. nerod, netot. 3. sălbatic, nărăvaş. II. *m.* 1. botniţă. 2. zurgălău. 3. *(Am.)* căpăstru.

bozo *m.* 1. puf, tulei. 2. căpăstru.

bracear *vi.* 1. a da din mâini. 2. a înota bras.

bracero *m.* salahor.

bragas *f. pl.* chiloţi.

bramar *vi.* a mugi, a urla, a rage.

bramido *m.* muget, urlet, răget.

branquia *f.* branhie.

brasa *f.* jar, jăratic // *estar en ~ (fig.)* a sta ca pe jăratic.

brasero *m.* vas cu jar.

brasileño *adj., m.* brazilian.

bravear *vi. (fam.)* a se grozăvi.

braveza *f.* vijelie, dezlănţuire (a naturii).

bravío *adj.* 1. *(d. plante, animale)* sălbatic. 2. *(d. oameni)* grosolan, necioplit.

bravo I. *adj.* 1. viteaz, brav. 2. bun, excelent. 3. sălbatic. 4. crud, fioros. 5. ursuz. 6. furios, dezlănţuit. 7. *(fam.)* arogant, fanfaron. 8. *(fam.)* măreţ, somptuos. II. *interj.* bravo!

bravucón *m. (fam.)* fanfaron.

bravura *f.* 1. vitejie. 2. cruzime, ferocitate. 3. fanfaronadă.

braza *f.* 1. *(mar.)* braţ *(măsură de lungime = 1,6718 m).* 2. *(sport)* bras.

brazal *m.* banderolă.

brazalete *m.* brăţară.

brazo *m.* 1. braţ. 2. *(fig.)* forţă, putere. 3. *pl.* braţe de muncă.

brea *f.* 1. răşină. 2. catran.

brecha *f.* breşă, spărtură.

brega *f.* 1. luptă. 2. ceartă.

bregar *vi.* 1. a lupta. 2. a se certa.

brete *m.* 1. fiare, lanţuri (la picioare). 2. *(fig.)* strâmtorare.

breva *f.* 1. smochină timpurie. 2. *(fig.)* chilipir.

breve *adj.* scurt // *en ~ (tiempo)* în scurt timp.

brevedad *f.* scurtime; durată scurtă.

breviario *m.* breviar.

bribón *adj., m.* leneş, trântor, haimana.

brida *f.* dârlogi.

brigada *f.* brigadă.

brigadier *m. (mil., înv.)* sergent major, de brigadă.

brillante I. *adj.* strălucitor. II. *m.* briliant.

brillar *vi.* a străluci.

brillo *m.* strălucire.

brincar *vi.* 1. a sări, a sălta. 2. *(fig.)* a omite.

brinco *m.* săritură, salt.

brindar I. *vi.* a toasta, a închina paharul. II. *~se vr.* a se oferi.

brindis *m.* toast.

brío *m.* 1. vioiciune; forţă, putere. 2. *(fig.)* hotărâre, curaj. 3. *(fig.)* graţie, farmec.

brioso *adj.* **1.** curajos, hotărât. **2.** vioi.

brisa *f.* briză; boare, adiere.

británico *adj.* britanic.

brizna *f.* fir; fibră; ață (de păstaie) // ~ *de lino* (*de hierba* etc.) fir de in (de iarbă *etc.*).

broca *f.* mosor; bobină.

brocado *m.* brocart.

brocha *f.* **1.** pensulă, penel // *pintor de ~ gorda* zugrav. **2.** pămătuf.

broche *m.* **1.** copcă (de încheiat). **2.** broșă.

broma *f.* glumă.

bromear *vi* a glumi.

bromista *adj., m.* glumeț.

bromo *m.* (*chim.*) brom.

bromuro *m.* (*chim.*) bromură.

bronca *f.* (*fam.*) ceartă, scandal.

bronce *m.* bronz.

broncear(se) *vt., vr.* a (se) bronza.

bronco *adj.* **1.** (*d. metal*) brut, nelucrat. **2.** (*d. glas*) aspru.

bronquio *m.* (*anat.*) bronhie.

bronquitis *f.* bronșită.

broquel *m.* (*mil., fig.*) scut, pavăză.

brotar *vi.* **1.** a răsări; a încolți; a înmuguri. **2.** a izvorî, a țâșni. **3.** (*fig.*) a apărea, a se ivi.

brote *m.* **1.** mugur; boboc; lăstar. **2.** încolțire; înmugurire; îmbobocire.

bruces în *expr.: de* ~ pe brânci, pe burtă.

brujería *f.* vrăjitorie.

brujo *m.* vrăjitor.

brújula *f.* busolă.

brumoso *adj.* cețos.

bruñir *vt.* a lustrui.

brusco *adj.* **1.** brusc. **2.** aspru, neplăcut.

brusquedad *f.* bruschețe; asprime.

brutal *adj.* brutal.

brutalidad *f.* brutalitate.

bruto **I.** *adj.* **1.** brut, nelucrat. **2.** nerod. **II.** *m.* **1.** dobitoc, animal. **2.** (*fig.*) brută, bestie.

bucarestino *adj., m.* bucureștean.

bucear *vi.* a se scufunda.

bucle *m.* buclă, cârlionț.

budín *m.* budincă.

buenaventura *f.* noroc.

bueno **I.** *adj.* bun // *a la buena* sincer, cinstit; *de buenas* bucuros; *por las buenas* deo- dată. **II.** *adv., m.* bine // *lo ~ y lo malo* binele și răul.

buey *m.* bou.

búfalo *m.* bivol.

bufanda *f.* fular, șal.

bufo **I.** *adj.* buf. **II.** *m.* (*teatru*) bufon.

bufón **I.** *adj.* caraghios. **II.** *m.* măscărici.

bufonada *f.* bufonerie, cara- ghioslâc.

buhardilla *f.* **1.** mansardă. **2.** fe- reastră în acoperiș.

búho *m.* bufniță.

buhonero *m.* negustor de mă- runțișuri.

buitre *m.* (*zool.*) vultur.

bujía *f.* **1.** lumânare. **2.** (*tehn.*) bujie.

bulbo *m.* (*bot.*) bulb, ceapă.

bulevar *m.* bulevard.

bulto *m*. 1. volum. 2. siluetă nedesluşită. 3. umflătură, cucui. 4. balot, boccea, bagaj // *a ~ în* mare; *de ~* considerabil.

bulla *f*. 1. gălăgie, larmă. 2. aglomeraţie.

bullanga *f*. hărmălaie.

bullanguero *m*. scandalagiu.

bullicio *m*. zarvă, tumult.

bullicioso *adj*. gălăgios, zgomotos.

bullir *vi*. 1. a fierbe; a clocoti. 2. *(fig.)* a se agita.

buque *m*. vas, navă, vapor.

burbuja *f*. bulă de aer.

burdel *m*. bordel.

burgués *adj*., *m*. burghez.

burguesía *f*. burghezie.

burilar *vt*. a grava.

burla *f*. 1. glumă. 2. bătaie de joc. 3. păcăleală.

burlador *m*. 1. zeflemist, poznaş. 2. seducător.

burlar(se) *vt*., *vr*. a-şi bate joc de.

burlesco *adj*. burlesc.

burlón *adj*. 1. zeflemitor. 2. mucalit.

buró *m*. *(pol.)* birou.

burocracia *f*. birocraţie.

burócrata *m*. şi *f*. birocrat(ă).

burro *m*. 1. măgar. 2. capră de tăiat lemne.

busca *f*. căutare.

buscar *vt*. a căuta.

buscavidas *m*. şi *f*. persoană iscoditoare.

buscón *m*. hoţ.

buscona *f*. femeie de stradă.

busilis *m*. *(fam.)* bubă, dificultate // *ahí astá el ~* aici e buba.

búsqueda *f*. căutare.

busto *m*. bust.

butaca *f*. fotoliu // *~ de platea* fotoliu de orchestră; *patio de ~s* stal.

buzo *m*. scafandru.

buzón *m*. cutie de scrisori.

C

cabal *adj.* **1.** exact. **2.** *(fig.)* întreg, desăvârşit // *no estar en sus ~es* a nu fi întreg la minte; *por sus ~es* exact.
cabalgar *vi., vt.* a călări.
cabalgata *f.* cavalcadă.
caballar *adj.* cabalin, de cal.
caballeresco *adj.* cavaleresc.
caballería *f.* **1.** animal de călărie. **2.** cavalerie.
caballeriza *f.* grajd.
caballero *m.* **1.** cavaler. **2.** nobil. **3.** bărbat, domn.
caballerosidad *f.* cavalerism.
caballete *m.* **1.** coamă de acoperiş. **2.** şevalet. **3.** capră de tăiat lemne. **4.** coamă a nasului.
caballito *m.* **1.** căluţ // *~ del diablo* libelulă. **2.** *~s pl.* căluşei.
caballo *m.* cal // *~ blanco* ţap ispăşitor; *~ de carreras* cal de curse; *~ de silla* cal de călărie; *~ de tiro* cal de povară; *~ (de vapor)* cal putere; *a ~* călare; *a mata ~* în graba mare.

cabaña *f.* colibă; cabană.
cabaré *m.* cabaret.
cabecear **I.** *vi.* **1.** a clătina din cap. **2.** a moţăi. **3.** *(mar.)* a avea tangaj. **II.** *vt.* a tivi (un covor).
cabeceo *m.* **1.** legănare a capului. **2.** moţăit. **3.** *(mar.)* tangaj.
cabecera *f.* **1.** parte principală; cap; loc de onoare // *~ de la mesa* capul mesei. **2.** căpătâi // *libro de ~* carte de căpătâi; *médico de ~* medic curant. **3.** izvor. **4.** capitală. **5.** titlu de pagină.
cabellera *f.* **1.** păr, chică. **2.** coadă de cometă.
cabello *m.* (fir de) păr // *ponérsele los ~s de punta* a i se face părul măciucă.
cabelludo *adj.* păros.
caber *vi.* **1.** a încăpea // *no cabe duda* nu încape îndoială. **2.** a-i reveni. **3.** a se putea, a fi posibil. **4.** a se cuveni, a cădea, a fi cazul // *cabe decir* se poate spune.

cabestro *m.* căpăstru // *llevar del* ~ a duce de căpăstru.

cabeza *f.* 1. cap // ~ *redonda* prostănac; *quebrarle a uno la* ~ *(fig.)* a bate pe cineva la cap; *romperse la* ~ *(fam.)* a-şi bate capul. 2. capăt, extremitate ; frunte // *estar a la* ~ a fi în frunte. 3. *(fig.)* cap, căpetenie. 4. capitală.

cabezada *f.* lovitură de cap, semn făcut cu capul // *dar* ~*s* a moţăi.

cabezal *m.* 1. puişor de pernă. 2. pansament. 3. *(tehn.)* cap.

cabezo *m.* vârf, pisc.

cabezón I. *adj.* *(fam.)* încăpăţânat. II. *m.* 1. cap mare. 2. întăritură (la guler).

cabezudo *adj.* căpăţânos.

cabida *f.* capacitate, volum, conţinut // *tener* ~ a încăpea.

cabildo *m.* consiliu municipal.

cabina *f.* cabină.

cabizbajo *adj.* cu capul plecat, abătut.

cable *m.* 1. cablu. 2. cablogramă.

cablegrama *m.* cablogramă.

cabo *m.* 1. cap(ăt), extremitate. 2. *(fig.)* capăt, sfârşit // *al* ~ *de algún tiempo* după câtva timp; *de* ~ *a rabo* de la cap la coadă; *llevar al* ~ a duce la capăt. 3. capăt, bucată. 4. mâner, coadă. 5. *(geogr.)* cap. 6. *(mar.)* parâmă. 7. *(mil.)* caporal.

cabra *f.* *(zool.)* capră // ~ *montés* capră neagră.

cabrero *m.* păstor de capre.

cabrestante *m.* cabestan.

cabrio *m.* *(arhit.)* căprior.

cabrío I. *adj.* de capră // *macho* ~ ţap. II. *m.* turmă de capre.

cabritilla *f.* şevro.

cabrito *m.* ied.

cabrón *m.* 1. *(zool.)* ţap. 2. *(fam.)* soţ încornorat.

cacahuete *m.* 1. alun american. 2. alună de pământ, arahidă.

cacao *m.* 1. arbore de cacao. 2. cacao. 3. *(Am.)* ciocolată.

cacaotal *m.* plantaţie de cacao.

cacarear I. *vi.* a cotcodăci. II. *vt.* a se lăuda cu.

cacareo *m.* cârâit, cotcodăcit.

cacería *f.* (partidă de) vânătoare.

cacerola *f.* cratiţă.

cacique *m.* 1. şef de trib indian. 2. *(fam.)* persoană de vază, grangur.

cacto *m.* cactus.

cacha *f.* plăsea (de cuţit) // *hasta las* ~*s* *(fam.)* până peste urechi.

cachalote *m.* *(zool.)* caşalot.

cacharpas *f. pl.* *(Am.)* boarfe.

cacharro *m.* oală de lut.

cachaza *f.* *(fam.)* calm, sânge rece.

cachear *vt.* *(fam.)* a percheziţiona (corporal).

cachemira *f.* caşmir.

cachetudo *adj.* bucălat.

cachimba *f.* *(Am.)* pipă, lulea.

cachiporra *f.* măciucă, ghioagă.

cachivaches *m. pl.* boarfe.

cacho *m.* bucată, felie.

cachorro *m.* 1. căţeluş. 2. pui (de animal).

cachucha *f.* şapcă.

cada *adj. nehot.* fiecare, orice, oricare // ~ *cual* (sau *uno*) fiecare, oricare, oricine; ~ *día/semana* în fiecare zi/săptămână; ~ *tres días* o dată la trei zile; ~ *vez* de fiecare dată; ~ *vez más* din ce în ce mai mult; ~ *vez que* ori de câte ori.

cadalso *m.* **1.** tribună. **2.** eşafod.

cadáver *m.* cadavru.

cadena *f.* lanţ // ~ *de montañas* lanţ de munţi; ~ *móvil* bandă rulantă; ~ *perpetua* muncă silnică pe viaţă.

cadencia *f.* cadenţă.

cadera *f.* şold.

cadete *m.* cadet.

caducar *vi.* **1.** a se ramoli. **2.** a se perima.

caduco *adj.* **1.** ramolit. **2.** caduc; pieritor.

caer I. *vi.* **1.** a cădea // ~ *al suelo* a cădea la pământ; ~ *bien (mal)* (*d. haine*) a cădea bine (rău); ~ *enfermo* a cădea (bolnav) la pat; *no caigo en ello* nu izbutesc să înţeleg. **2.** a se domoli; a lâncezi. **II.** ~*se vr.* a cădea, a pica, a se prăbuşi // ~*se de sueño* a pica de somn.

café I. *m.* **1.** cafea. **2.** cafenea. **II.** *adj.* cafeniu.

cafetal *m.* plantaţie de cafea.

cafetería *f.* braserie.

cafetero *m.* proprietar de cafenea.

cafre *m.* (*fig.*) sălbatic, barbar.

cagatinta(s) *m.* (*fam.*) conţopist.

caída *f.* cădere, decădere.

caimiento *m.* **1.** cădere. **2.** leşin.

caimán *m.* (*zool.*) caiman.

cairel *m.* **1.** perucă. **2.** ciucure.

caja *f.* **1.** ladă, cutie // ~ *de velocidades* cutie de viteze. **2.** casă (de bani) // ~ *de ahorros* casă de economii; ~ *de caudales* casă de fier.

cajero *m.* casier.

cajetilla *f.* pachet de ţigări.

cajista *m.* (*tip.*) zeţar.

cajón *m.* **1.** ladă, cufăr. **2.** sertar // *de* ~ obişnuit, banal.

cal *f.* var // ~ *viva* var nestins; *de* ~ *y canto* solid, tare.

cala *f.* **1.** tăiat (al unui fruct). **2.** dop de pepene // *a* ~ *y a cata* pe încercate, pe gustate. **3.** (*mar. şi bot.*) calá. **4.** golfuleţ.

calabacín *m.* dovlecel.

calabaza *f.* **1.** dovleac, bostan. **2.** (*fig.*) dovleac, cap sec // *dar* ~*s* **a.** a trânti la examen; **b.** a da cuiva papuci.

calabobos *m. pl.* bur(niţ)ă.

calabozo *m.* **1.** temniţă. **2.** carceră.

calado *m.* **1.** ajur. **2.** (*mar.*) pescaj.

calafatear *vt.* (*mar.*) a călăfătui.

calamar *m.* (*zool.*) calmar.

calambre *m.* cârcel, crampă.

calamidad *f.* calamitate.

calamitoso *adj.* nenorocit, nefericit.

calandria *f.* **1.** ciocârlie. **2.** (*tehn.*) calandru.

calaña *f.* fire, caracter; soi, teapă // *de mala* ~ de soi rău.

calar I. *vt.* **1.** a muia, a îmbiba. **2.** a străpunge. **3.** *(fig.)* a ghici // ~ *la intención* a ghici intenţia. **4.** a îndesa pe cap (pălăria). **5.** a încerca prin tăiere (un fruct). **II.** *vi. (mar.)* a sta cufundat (în apă). **III.** ~se *vr.* a se uda, a se înmuia // ~se *hasta los huesos* a se uda până la piele.

calavera I. *f.* ţeastă, tigvă. **II.** *m. (fam.)* descreierat.

calaverada *f.* nesăbuinţă.

calcáneo, calcañar *m.* călcâi.

calcar *vt.* a calchia.

calcáreo *adj.* calcaros.

calce *m.* şină de roată.

calceta *f.* ciorap scurt.

calcetín *m.* şosetă.

calcificar(se) *vt., vr.* a (se) calcifica.

calcinar *vt.* **1.** *(şi fig.)* a calcina. **2.** *(şi fig.)* a arde.

calcio *m.* calciu.

calculadora *f.* maşină de calculat, calculator.

calcular *vt.* a calcula, a socoti.

cálculo *m.* **1.** calcul, socoteală. **2.** *(med.)* calcul, piatră (la rinichi).

caldas *f. pl.* băi termale.

caldear *vt.* a încinge, a înfierbânta.

caldeo *m.* încingere, înfierbântare.

caldera *f.* căldare, cazan // ~ *de vapor* cazan cu aburi.

calderero *m.* cazangiu.

calderilla *f.* **1.** căldăruşă. **2.** bani mărunţi.

caldero *m.* găleată.

caldo *m.* **1.** supă. **2.** sos.

calefacción *f.* încălzire // ~ *central* încălzire centrală.

cal(e)idoscopio *m.* caleidoscop.

calendario *m.* calendar.

calentador *m.* **1.** încălzitor. **2.** cazan de baie.

calentamiento *m.* încălzire.

calentar(se) *vt., vr. (şi fig.)* a (se) încălzi.

calentura *f.* fierbinţeală, febră // *estar con* ~ a avea febră.

calenturiento *adj.* **1.** cu febră. **2.** *(fig.)* exaltat.

calera *f.* carieră de piatră de var.

calesa *f.* caleaşcă.

calibre *m.* calibru.

calicanto *m.* zidărie.

calidad *f.* calitate.

cálido *adj.* cald, călduros.

caliente *adj.* cald; fierbinte.

califa *m.* calif.

califato *m.* califat.

calificación *f.* **1.** calificare. **2.** calificativ, notă.

calificar(se) *vt., vr.* a (se) califica.

calificativo *adj.* calificativ.

caligrafía *f.* caligrafie.

cáliz *m.* **1.** potir. **2.** *(bot.)* caliciu.

caliza *f.* piatră de var.

calma *f.* calm; linişte; acalmie.

calmante *adj., m.* calmant.

calmar(se) *vt., vi., vr.* a (se) calma, a (se) linişti.

calmoso *adj.* calm, liniştit, molcom.

caló *m.* argou ţigănesc.

calor *m.* căldură // *hace* ~ e cald; *tengo* ~ mi-e cald.

caloría f. calorie.

calorífero m. calorifer.

calumnia f. calomnie, defăimare.

calumniador adj., m. calomniator, defăimător.

calumniar vt. a calomnia, a defăima.

caluroso adj. (şi fig.) călduros.

calva f. 1. chelie. 2. poiană.

calvario m. calvar.

calvero m. luminiş, poiană.

calvicie f. chelie, pleşuvie.

calvo adj. 1. chel. 2. sterp, arid.

calzada f. drum pavat.

calzado m. încălţăminte.

calzador m. încălţător.

calzar(se) vt., vr. a (se) încălţa.

calzoncillos m. pl. indispensabili, izmene.

calzones m. pl. pantaloni scurţi.

callado adj. tăcut.

callar(se) I. vi., vr. a tăcea. II. vt. 1. a tăinui. 2. a trece sub tăcere.

calle f. stradă.

calleja, callejuela f. ulicioară; stradelă.

callejear vi. a bate drumurile.

callejero adj. de pe stradă.

callejón m. stradelă // ~ sin salida fundătură.

callista m. şi f. pedichiurist(ă).

callo m. 1. (med.) bătătură. 2. ~s pl. tuslama.

calloso adj. cu bătături; bătătorit.

cama f. pat; aşternut // guardar ~ a sta la pat; ropa de ~ aşternut de pat.

camafeo m. camee.

camaleón m. (zool.) (şi fig.) cameleon.

cámara f. 1. cameră, odaie. 2. hambar. 3. (pol., com., TV, cinema) cameră // ~ de aire cameră (de automobil etc.); ~ de comercio cameră de comerţ; ~ fotográfica aparat de fotografiat; ~ o(b)scura cameră obscură.

camarada m. şi f. camarad(ă), tovarăş(ă).

camarera f. cameristă; femeie de serviciu; îngrijitoare.

camarero m. ospătar, chelner.

camarilla f. camarilă.

camarín m. (teatru) cabină.

camarón m. (zool.) crevete.

camarote m. (mar.) cabină.

cambalachear vt. (fam.) a face schimb (în natură).

cambiable adj. care se poate schimba.

cambiante I. adj. schimbător. II. m. om care schimbă bani.

cambiar(se) vt., vi., vr. a (se) schimba // ~ de opinión a-şi schimba părerea.

cambio m. 1. schimbare. 2. schimb 3. (fin.) curs 4. rest (la o plată). 5. mărunt, bani mărunţi // ~ de velocidades schimbător de viteze; en ~ în schimb, dimpotrivă; libre ~ liber schimb.

cambista m. 1. persoană care schimbă bani. 2. bancher.

camelar vt. (fam.) a face curte cuiva.

camelia f. (bot.) camelie.

camello *m.* cămilă.

camellón *m.* 1. brazdă. 2. troacă.

camerino *m. (teatru)* cabină.

camilla *f.* targă, brancardă.

camillero *m.* brancardier.

caminante *m.* drumeţ.

caminar I. *vi.* a merge; a umbla; a călători. II. *vt.* a străbate; a colinda.

caminata *f. (fam.)* plimbare.

camino *m.* 1. drum, cale // ~ *carretero* drum rutier; ~ *de hierro* cale ferată; ~ *real* şosea. 2. drum, călătorie // ~ *de* în drum spre; *abrirse* ~ a-şi croi drum; *de* ~ în trecere; *ponerse en* ~ a porni la drum.

camión *m.* camion.

camisa *f.* cămaşă // ~ *de dormir* cămaşă de noapte; *en mangas de* ~ în cămaşă.

camiseta *f.* maiou, tricou.

camisón *m.* cămaşă lungă.

camorra *f. (fam.)* ceartă.

camote *m. (Am.)* (un soi de) cartof.

campamento *m.* 1. campament, tabără. 2. cantonament.

campana *f.* clopot.

campanada *f.* 1. (dangăt de) clopot. 2. *(fig.)* scandal.

campanario *m.* clopotniţă.

campanear *vi.* a trage clopotele.

campanero *m.* clopotar.

campanilla *f.* 1. *(şi bot.)* clopoţel. 2. băşică de apă. 3. *(anat.)* omuşor.

campante *adj.* 1. remarcabil. 2. *(fam.)* mulţumit.

campaña *f.* 1. câmpie, şes. 2. *(mil., pol.)* campanie.

campar *vi.* 1. a face tabără. 2. a se remarca.

campeador *adj. (ist., lit.)* neîntrecut, viteaz // *El Cid* ~ Cidul.

campear *vi.* 1. *(d. vite)* a ieşi la câmp. 2. *(d. plante)* a înverzi.

campeón *m.* campion.

campeonato *m.* campionat.

campesino I. *adj.* câmpenesc, ţărănesc. II. *m.* ţăran.

campestre *adj.* câmpenesc, rural.

campiña *f.* ţarină, ogor.

campo *m.* 1. câmp, şes // *a* ~ *raso* în câmp deschis; *en el* ~ (sau *al* ~) la ţară. 2. *(fig.)* câmp, domeniu. 3. lagăr // ~ *de concentración* lagăr de concentrare. 4. teren de sport.

camposanto *m.* cimitir.

camuflar *vt.* a camufla.

cana *f.* (fir de) păr alb // *echar* ~*s* a-i ieşi peri albi.

canadiense *adj., m.* canadian.

canal *m.* canal.

canalete *m.* vâslă.

canalización *f.* canalizare.

canalizar *vt.* a canaliza.

canalla I. *f.* gloată. II. *m.* canalie.

canallada *f.* ticăloşie.

canapé *m.* 1. canapea. 2. tartină, sandvici.

canario I. *adj.* locuitor din Insulele Canare. II. *m.* canar.

canasta *f.* 1. coş cu toartă. 2. *(joc de cărţi)* canasta.

canastilla *f.* 1. coşuleţ. 2. trusou. 3. scutec.

canasto *m.* coş (de răchită).

cancel *m.* paravan (la uşă).

cancela *f.* grilaj.

cancelar *vt.* a anula.

cáncer *m. (med.)* cancer.

canciller *m.* cancelar.

cancillería *f.* cancelarie.

canción *f.* cântec.

cancionero *m.* culegere de cântece.

cancha *f.* teren de sport.

candado *m.* lacăt.

cande *adj.* în expr.: *azúcar* ~ (zahăr) candel.

candeal *adj.* în *expr.: pan* ~ pâine albă.

candela *f.* lumânare.

candelabro *m.* candelabru.

candelero *m.* sfeşnic.

candelilla *f. (bot.)* mâţişor.

candencia *f.* incandescenţă.

candente *adj.* 1. incandescent. 2. *(fig.)* arzător.

candidato *m.* candidat.

candidatura *f.* candidatură.

candidez *f.* candoare.

cándido *adj.* candid.

candil *m.* candelă.

candonga *f. (fam.)* 1. linguşeală. 2. glumă, bătaie de joc.

candongo *adj., m. (fam.)* 1. linguşitor. 2. chiulangiu.

candor *m.* candoare.

candoroso *adj.* candid.

canela *f.* scorţişoară.

canelón *m.* 1. burlan de scurgere. 2. ţurţur de gheaţă. 3. firet, găitan. 4. ~es *pl.* (un fel de) paste făinoase.

canesú *m.* 1. corsaj. 2. platcă (de cămaşă).

cangilón *m.* urcior; amforă.

cangrejo *m.* rac.

canguro *m.* cangur.

caníbal *adj., m.* canibal.

canicie *f.* păr cărunt.

canícula *f.* caniculă.

canijo *adj.* bolnăvicios, debil.

canilla *f.* 1. fluier al piciorului. 2. canea. 3. suveică.

canino *adj., m.* canin.

canje *m.* schimb.

canjear *vt.* a face schimb.

canoa *f.* canoe.

canónico *adj.* canonic.

canónigo *m.* canonic.

canoro *adj.* 1. *(d. păsări)* cântător. 2. *(fig.)* melodios.

cano(so) *adj.* cărunt, alb.

cansancio *m.* oboseală.

cansar(se) *vt., vr.* 1. a (se) obosi, a (se) osteni. 2. *(fig.)* a (se) plictisi.

cantador *m.* cântăreţ.

cantante I. *adj.* care cântă. II. *m.* şi *f.* cântăre(a)ţ(ă).

cantar I. *m.* cânt(ec). II. *vi., vt.* a cânta // ~ *las claras* a vorbi pe şleau.

cantarín I. *adj.* care cântă mereu. II. *m. (fam.)* cântăreţ.

cántaro *m.* urcior // *llover a* ~s a ploua cu găleata.

cantatriz *f.* cântăreaţă.

cante *m.* cântec (popular).

cantera *f.* carieră de piatră.

cantero *m.* 1. pietrar, cioplitor de piatră. 2. capăt tare // ~ *de pan* coltuc de pâine.

cántico *m.* cântec, cântare, imn.

cantidad *f.* 1. cantitate. 2. sumă (de bani).

cantil *m.* faleză.

cantina *f.* 1. cantină; bufet. 2. pivniţă de vinuri. 3. *(Am.)* cârciumă.

canto *m.* **1.** cântec; cânt. **2.** *(muz.)* canto. **3.** muchie, cant // *de ~ pe muchie.* **4.** colţ de pâine, coltuc.

cantón *m.* colţ de stradă.

cantor *m.* cântăreţ.

canturrear, canturriar *vi.* a fredona.

caña *f.* **1.** pai. **2.** trestie; papură; stuf // *~ de pescar* undiţă. **3.** *(Am.)* trestie de zahăr. **4.** carâmb. **5.** fluier al piciorului. **6.** *(anat.)* măduvă. **7.** pahar înalt, sondă // *~ de cerveza* o sondă de bere. **8.** *(Am.)* rachiu.

cañada *f.* **1.** strungă, trecătoare. **2.** vâlcea.

cáñamo *m.* cânepă.

cañaveral *m.* plantaţie de trestie de zahăr.

cañería *f.* conductă.

cañí I. *adj.* ţigănesc. II. *m.* ţigan.

caño *m.* ţeavă.

cañón *m.* **1.** ţeavă. **2.** tun.

cañonazo *m.* bubuitură de tun.

cañonear *vt.* a trage cu tunul.

cañuto *m.* tulpină de trestie (între două noduri).

caoba *f.* mahon.

caos *m.* haos.

caótico *adj.* haotic.

capa *f.* **1.** pelerină, mantie // *~ aguadera* manta de ploaie; *andar de ~ caída (fam.)* **a.** a scăpăta; **b.** a-şi ruina sănătatea; *bajo* (sau *so*) *~ de* sub pretext că. **2.** *(şi fig.)* strat, pătură.

capacidad *f.* capacitate.

capacitación *f.* **1.** calificare. **2.** pregătire (profesională).

capacitado calificat, pregătit, apt.

capacitar I. *vt.* *(para)* a face apt (pentru). II. *~se vr.* a se califica.

capar *vt.* **1.** a castra; a scopi. **2.** *(fam.)* a micşora.

caparazón *m.* **1.** armură de cal. **2.** coviltir; prelată. **3.** carapace, cochilie.

capataz *m.* şef de echipă.

capaz *adj.* *(para)* capabil (de).

capcioso *adj.* perfid, amăgitor.

capear *vt.* **1.** *(taur.)* a întărâta taurul cu pelerina. **2.** *(fam.)* a înşela.

capellán *m.* capelan.

Caperucita *f.* *în expr.:* *la ~ Roja* Scufiţa Roşie.

caperuza *f.* capişon; scufie.

capilar *adj.* capilar.

capilla *f.* **1.** glugă. **2.** *(rel.)* capelă. **3.** *(fam.)* călugăr // *estar en ~* **a.** *(d. condamnaţii la moarte)* a fi în aşteptarea execuţiei; **b.** *(fig.)* a sta ca pe jăratic.

capirotazo *m.* bobârnac.

capirote *m.* **1.** bonetă, scufie; glugă peste ochi. **2.** tocă de doctor (la universităţi). **3.** *(rel.)* scufie de carton purtată la procesiuni. **4.** bobârnac // *tonto de ~ (fam.)* prost de dă în gropi.

capital I. *adj.*, *m.* capital. II. *f.* capitală.

capitalista *adj.*, *m.* capitalist.

capitalizar *vt.* a capitaliza.

capitán *m.* căpitan.

capitanear *vt.* a comanda.

capitanía *f.* în expr.: ~ del puerto căpitănie a portului.

capitel *m. (arhit.)* capitel.

capitulación *f.* 1. capitulare. 2. ~es *pl.* contract de căsătorie.

capitular *vi.* a capitula.

capítulo *m.* capitol // ~ de culpas cap de acuzare.

capó *m.* capotă.

capón *m.* clapon.

caponera *f.* cuşcă de păsări.

caporal *m.* caporal.

capote *m.* manta // ~ de monte pelerină; para su ~ în sinea sa.

capricho *m.* capriciu, toană.

caprichoso *adj.* năzuros.

cápsula *f.* 1. capsulă. 2. capsă, amorsă.

captación *f.* captaţie.

captar *vt.* a capta.

captura *f.* capturare; captură.

capturar *vt.* a captura.

capucha *f.* capişon, glugă.

capullo *m.* 1. *(zool.)* gogoaşă. 2. *(bot.)* boboc.

cara *f.* 1. faţă, chip, figură. 2. înfăţişare, aspect // ~ a ~ faţă în faţă; ~ o cruz cap sau pajură; ~ de pascua(s) faţă veselă; ~ de pocos amigos, ~ larga (sau de viernes) mutră acră; de ~ a spre, pentru, în direcţia; dar la ~ a. a da socoteală; b. a înfrunta (un pericol); echar en ~ a reproşa; hacer ~ a face faţă; tener buena (mala) ~ a arăta bine (rău).

carabela *f. (mar.)* caravelă.

carabina *f.* carabină.

caracol *m.* 1. *(zool.)* melc. 2. scară în spirală. 3. zuluf. 4. voltă, mişcare în spirală.

carácter *m.* caracter.

característica *f.* caracteristică.

característico *adj.* caracteristic.

caracterizar(se) *vt., vr.* a (se) caracteriza.

¡caramba! *interj.* drace!, la naiba!

carámbano *m.* ţurţur de gheaţă.

carambola *f.* carambol(aj) // por ~ din întâmplare.

caramelo *m.* bomboană.

caramillo *m.* fluier de trestie.

carantoñas *f. pl.* linguşeli.

carapacho *m.* carapace.

carátula *f.* mască.

caravana *f.* caravană.

¡caray! *interj.* la naiba!

carbón *m.* cărbune.

carbonato *m.* carbonat.

carboncillo *m.* cărbune de desen.

carbonería *f.* cărbunărie.

carbonero I. *adj.* de cărbune, al cărbunelui. II. *m.* cărbunar.

carbonizar(se) *vt., vr.* a (se) carboniza, a (se) face scrum.

carbono *m.* carbon.

carburador *m.* carburator.

carburante *m.* carburant.

carcajada *f.* hohot (de râs) // reír a ~s a râde în hohote.

cárcel *f.* închisoare, temniţă.

carcelería *f.* domiciliu obligatoriu.

carcelero *m.* temnicer.

carcoma *f.* 1. *(zool.)* car. 2. *(fam.)* zbucium.

carcomer *vt.* **1.** *(d. cari)* a roade, a mânca. **2.** *(fig.)* a toca, a ruina.

carda *f.* darac // *dar una ~ a uno (fam.)* a săpuni pe cineva.

cardar *vt.* a dărăci, a scărmăna.

cardenal *m.* **1.** cardinal. **2.** *(fam.)* vânătaie.

cardenillo *m.* cocleală.

cárdeno *adj.* vânăt, violet.

cardíaco [cardiaco] *adj.* cardiac.

cardinal *adj.* cardinal.

cardo *m.* ciulin, scaiete.

carear(se) *vt., vr. a (se)* confrunta.

carecer *vi. (de)* a fi lipsit (de).

carencia *f.* lipsă, carenţă.

careo *m.* confruntare.

carero *adj. (fam.)* (care vinde) scump.

carestía *f.* **1.** lipsă. **2.** foamete. **3.** scumpete.

careta *f.* mască.

carga *f.* **1.** încărcare. **2.** încărcătură, povară. **3.** *(fig.)* sarcină. **4.** *(mil.)* şarjă, atac // ~ *de caballería* atac de cavalerie; *a ~ cerrada* cu toptanul; *bestia de ~* animal de povară; *volver a la ~* a stărui.

cargado *adj. (d. ceai, cafea)* tare; *(d. culori)* viu, aprins; *(d. timp)* înăbuşitor // ~ *de espaldas* adus de spate.

cargador *m.* încărcător, docher.

cargante *adj.* **1.** împovărător. **2.** *(fig.)* supărător.

cargar I. *vt.* **1.** a încărca. **2.** *(fig.)* a imputa. **3.** *(fin.)* a trece în cont. **II.** *vi.* **1.** *(con)* a lua (asupra). **2.** *(en)* a se sprijini (pe). **III.** ~se *vr.* **1.** *(con)* a se încărca (cu). **2.** a se înnora.

cargo *m.* **1.** încărcare. **2.** încărcătură, povară. **3.** misiune, sarcină. **4.** funcţie, post. **5.** acuzaţie // ~ *de conciencia* mustrare de cuget; *a ~ de* în sarcina; *hacerse ~ de* a-şi lua asupră-şi, a-şi asuma; *testigo de ~* martorul acuzării.

cariancho *adj.* cu faţa lătăreaţă.

cariarse *vr.* a se caria.

caribe *adj., m.* **1.** caraib. **2.** *(fig.)* sălbatic.

caricatura *f.* caricatură.

caricia *f.* mângâiere, dezmierdare.

caridad *f.* caritate, milă.

caries *f. (med.)* carie.

cariño *m.* **1.** dragoste, afecţiune. **2.** ~s *pl.* complimente, salutări. **3.** ~s *pl.* dezmierdări.

cariñoso *adj.* drăgăstos.

caritativo *adj.* milostiv.

cariz *m.* **1.** vreme, timp. **2.** *(fig.)* aspect.

carlinga *f. (av.)* carlingă.

carmesí *adj., m.* roşu-aprins, stacojiu.

carnada *f.* momeală (de carne).

carnal *adj.* carnal, trupesc // *pariente* ~ rudă de sânge.

carnaval *m.* carnaval.

carne *f.* **1.** carne // ~ *de gallina* *(fig.)* piele de găină; ~ *de pluma* carne de pasăre; ~ *picada* carne tocată; *echar* ~s a se îngrăşa; *en* ~s *vivas* în pielea goală; *no ser* ~ *ni pescado* nici cal, nici măgar.

2. *(bot.)* miez, pulpă (de fructe) // ~ *de membrillo* peltea de gutui.

carnero *m.* berbec.

carnicería *f.* **1.** măcelărie. **2.** *(fig.)* măcel.

carnicero I. *adj.* de pradă. **II.** *m.* măcelar.

carnívoro *adj.* carnivor.

carnoso, carnudo *adj.* cărnos.

caro *adj., adv.* scump.

carótida *f. (anat.)* carotidă.

carpa *f.* **1.** crap. **2.** *(Am.)* cort.

carpático *adj.* carpatic, carpatin.

carpeta *f.* **1.** dosar. **2.** mapă, servietă.

carpetazo *m.* în *expr.: dar ~ a (fig.)* **a.** a arunca la coș (o cerere); **b.** a pune la dosar.

carpintería *f.* tâmplărie, dulgherie.

carpintero *m.* tâmplar, dulgher.

carraspear *vi.* a răguși.

carrera *f.* **1.** cursă, alergare // ~ *de caballos* cursă de cai; ~ *de relevo* ștafetă. **2.** traseu, parcurs. **3.** șosea; drum. **4.** carieră, profesiune. **5.** șir(ag).

carrero *m.* căruțaș.

carreta *f.* căruță.

carrete *m.* **1.** mosor. **2.** *(electr.)* bobină. **3.** *(foto)* rolfilm.

carretera *f.* șosea.

carretero I. *m.* **1.** rotar. **2.** căruțaș // *jurar como un ~ a* înjura ca un birjar. **II.** *adj.* carosabil.

carretilla *f.* **1.** roabă. **2.** cărucior.

carretón *m.* cărucior.

carril *m.* **1.** urmă de roată, făgaș. **2.** șină. **3.** bandă de circulație.

carrillera *f.* **1.** falcă. **2.** curelușă pe sub bărbie.

carrillo *m.* **1.** obraz. **2.** *(tehn.)* scripete.

carrizo *m.* rogoz.

carro *m.* **1.** car; căruță // ~ *Mayor (Menor) (astr.)* Carul mare (mic). **2.** car (de mașină de scris). **3.** *(Am.)* automobil.

carrocería *f.* **1.** rotărie. **2.** caroserie.

carroña *f.* stârv, hoit.

carroza f. **1.** caleașcă. **2.** car alegoric. **3.** car funebru, dric.

carruaje *m.* vehicul, trăsură.

carruajero *m.* vizitiu.

carta *f.* **1.** scrisoare // ~ *blanca* mână liberă; ~ *de crédito* scrisoare de credit; ~ *de porte* scrisoare de trăsură. **2.** carte (de joc) // *echar las ~s* a da în cărți. **3.** *(pol.)* cartă. **4.** *(geogr.)* hartă // *a ~ cabal* cu totul, în întregime.

cartapacio *m.* ghiozdan.

cartearse *vr.* a corresponda.

cartel *m.* **1.** afiș, reclamă. **2.** planșă didactică. **3.** *(fig.)* faimă, renume // *de ~* renumit; *tener ~* a fi cunoscut.

cartelera *f.* afișier.

cartera *f.* **1.** mapă, servietă. **2.** portofel, portvizit. **3.** ghiozdan. **4.** clapă de buzunar. **5.** *(fig.)* portofoliu.

carterista *m.* hoţ de buzunare.

cartero *m.* poştaş.

cartílago *m.* cartilaj.

cartilla *f.* **1.** abecedar // *no saber la* ~ a nu şti o iotă. **2.** carnet; livret // ~ *de la caja de ahorros* livret de economii; ~ *de trabajo* carte de muncă; ~ *militar* livret militar.

cartón *m.* carton.

cartuchera *f.* cartuşieră.

cartucho *m.* cartuş.

cartuj(an)o *adj., m.* (călugăr) şartrez.

casa *f.* casă // ~ *consistorial* primărie; ~ *cuna* creşă; ~ *de campo* vilă la ţară; ~ *de huéspedes* pensiune (de familie); ~ *de la Moneda* Monetărie; *en* ~, *a* ~ acasă; *en* ~ *de, a* ~ *de* (acasă) la; *levantar* ~ a se muta (din); *poner* ~ a se instala.

casaca *f.* veston.

casadero *adj.* de însurat; de măritat.

casamata *f.* cazemată.

casamiento *m.* căsătorie.

casar **I.** *vt.* **1.** a căsători, a cununa. **2.** *(fig.)* a asorta (culorile *etc.*). **3.** *(jur.)* a casa. **II.** ~(se) *vi., vr.* a se căsători. **III.** *vi.* a se potrivi, a se asorta. **IV.** *m.* cătun, sătuc.

casca *f.* tescovină.

cascabel *m.* clopoţel, zurgălău.

cascabillo *m.* pleavă.

cascada *f.* cascadă.

cascajo *m.* **1.** pietriş. **2.** fruct cu coajă tare. **3.** ciob, hârb.

cascanueces *m.* spărgător de nuci.

cascar **I.** *vt.* **1.** a sparge. **2.** *(fam.)* a lovi, a bate. **II.** *vi.* a trăncăni. **III.** ~**se** *vr.* a-şi ruina sănătatea.

cáscara *f.* **1.** coajă (de ou, fructe *etc.*). **2.** scoarţă (de copac).

cascarón *m.* coajă de ou, găoace.

casco *m.* **1.** cască. **2.** ciob. **3.** butoi (de vin). **4.** sticlă goală. **5.** copită (nedespicată). **6.** *(mar.)* cocă. **7.** perimetrul (unei localităţi). **8.** ~s *pl.* *(fam.)* cap, minte. **9.** ~s *pl.* căpăţână de vacă (*sau* de berbec).

caserío *m.* cătun, sătuc.

casero **I.** *adj.* **1.** de casă, casnic. **2.** *(sport)* favorabil gazdelor. **II.** *m.* stăpân al casei.

caserón *m.* hardughie.

caseta *f.* **1.** căsuţă. **2.** cabină (de plajă). **3.** baracă.

casete *m.* *(fam.)* casetă.

casi *adv.* aproape

casilla *f.* **1.** căsuţă, căscioară. **2.** ghişeu; casă de bilete. **3.** *(la desen, în formulare)* pătrăţel, căsuţă. **4.** *(la şah)* pătrăţel // ~ *postal* căsuţă poştală.

casillero *m.* fişier; cartotecă.

casimir *m.* caşmir.

casino *m.* cazinou.

caso *m.* caz, întâmplare, împrejurare // ~ *que, en* ~ *de que* în caz că; *en su* ~ după caz; *hacer(la) caso (a)* a lua în consideraţie, a băga în seamă, a asculta (pe); *ir al* ~ a reveni la subiect.

caspa *f.* mătreaţă.

!cáspita! *interj.* la naiba!

casquete *m.* **1.** bonetă, scufie. **2.** *(mat., tehn.)* calotă // ~ *glacial* calotă glaciară.

casquijo *m.* pietriş.

casta *f.* castă; neam.

castaña *f.* castană.

castañetas, castañuelas *f. pl.* castaniete.

castañetazo *m.* trosnitură de deget, pocnitură de castaniete.

castañetear *vi.* **1.** a suna din castaniete. **2.** a clănţăni din dinţi.

castaño I. *adj.* castaniu, maron. **II.** *m.* castan.

castellano I. *adj., m.* castilian. **II.** *m.* **1.** limba spaniolă *(sau* castiliană). **2.** castelan.

castidad *f.* castitate.

castigar *vt.* a pedepsi.

castigo *m.* pedeapsă.

castillo *m.* castel.

castizo *adj.* pur, curat, neaoş.

casto *adj.* cast, neprihănit.

castor *m.* *(zool.)* castor.

castrar *vt.* a castra, a scopi.

castrense *adj.* militar.

casual *adj.* întâmplător.

casualidad *f.* întâmplare // *por* ~ din întâmplare.

casucha *f.* colibă.

cata *f.* degustare (a vinului).

cataclismo *m.* cataclism.

catacumbas *f. pl.* catacombe.

catador *m.* degustător (de vinuri).

catafalco *m.* catafalc.

catalán *adj., m.* catalan.

catalejo *m.* lunetă, ochean.

catalogar *vt.* a cataloga.

catálogo *m.* catalog.

cataplasma *f.* cataplasmă.

catar *vt.* **1.** a degusta (vinul). **2.** a cerceta, a examina.

catarata *f.* *(şi med.)* cataractă.

catarro *m.* guturai.

catastro *m.* cadastru, cadastrare.

catástrofe *f.* catastrofă.

catavinos *m.* **1.** degustător de vinuri. **2.** *(fam.)* beţivan.

cátedra *f.* catedră.

catedral *f.* catedrală.

catedrático *m.* profesor universitar; titularul unei catedre.

categoría *f.* categorie.

categórico *adj.* categoric.

católico *adj., m.* catolic.

catorce *num. card.* paisprezece.

catre *m.* pat pliant.

cauce *m.* **1.** albie, matcă, făgaş, curs. **2.** canal (de irigaţie). **3.** *(fig.)* făgaş, filieră; mijloc.

caución *f.* cauţiune.

caucho *m.* cauciuc.

caudal *m.* **1.** avere, bogăţie. **2.** debit de apă. **3.** *(fig.)* abundenţă.

caudaloso *adj.* **1.** cu debit mare. **2.** avut, înstărit.

caudillo *m.* conducător, căpetenie.

causa *f.* cauză.

causal I. *adj.* cauzal. **II.** *f.* cauză, motiv.

causalidad *f.* cauzalitate.

causante *adj.* cauzator.

causar *vt.* a cauza, a pricinui, a produce; a da naştere *(sau*

ocazie); a atrage; a da; a face
// ~ *miedo* a inspira teamă;
~ *una impresión* a face (*sau*
a produce) impresie.

cáustico *adj.* caustic.

cautela *f.* 1. prudenţă. 2. şire-
tenie.

cauteloso *adj.* 1. prudent, pre-
caut. 2. şiret.

cautivar *vt.* 1. a captura. 2. (*fig.*)
a captiva.

cautiverio *m.* captivitate, robie.

cautivo I. *adj.* captiv. **II.** *m.* pri-
zonier.

cauto *adj.* prevăzător.

cavar I. *vt.* a săpa. **II.** *vi.* a cu-
geta adânc.

caverna *f.* cavernă.

caviar *m.* caviar, icre negre // ~
rojo icre de Manciuria.

cavidad *f.* cavitate.

cavilar *vi.* a medita, a cugeta.

caviloso *adj.* neîncrezător.

cayado *m.* bâtă.

caza I. *f.* vânătoare; vânat. **II.** *m.*
avion de vânătoare.

cazador *m.* vânător // ~ *furtivo*
braconier.

cazadora *f.* scurtă.

cazar *vt.* a vâna; a prinde; a
captura // ~ *en vedado* a
bracona.

cazcarria *f.* noroi.

cazo *m.* tigaie.

cazuela *f.* cratiţă.

cazurro *adj.* posac.

cebada *f.* orz.

cebar I. *vt.* a îngrăşa. a îndopa;
(*şi fig.*) a alimenta. **II.** ~**se** *vr.*
(*en*) a se înverşuna (împotriva).

cebo *m.* 1. hrană, nutreţ. 2. com-
bustibil. 3. praf de puşcă.
4. (*fig.*) alimentare (a unei
pasiuni *etc.*).

cebolla *f.* ceapă.

cebollino *m.* arpagic.

cebra *f.* zebră.

ceceo *m.* rostirea lui *s* ca *z*.

cecina *f.* pastramă.

cedazo *m.* sită.

ceder *vt.*, *vi.* (*şi fig.*) a ceda.

cedro *m.* (*bot.*) cedru.

cédula *f.* bilet; ţidulă.

céfiro *m.* zefir.

cegar *vt.*, *vi.* (*şi fig.*) a orbi.

ceguedad, ceguera *f.* orbire.

ceja *f.* 1. sprânceană. 2. culme;
protuberanţă.

cejar *vi.* (*şi fig.*) a da înapoi.

cejudo *adj.* sprâncenat.

celada *f.* 1. coif. 2. (*fig.*) capcană.

celador I. *adj.* vigilent. **II.** *m.*
supraveghetor.

celar *vt.* 1. a ascunde. 2. a su-
praveghea, a observa.

celda *f.* 1. chilie. 2. celulă.

celebración *f.* sărbătorire.

celebrar I. *vt.* 1. a sărbători. 2. a
proslăvi, a cinsti. **II.** ~**se** *vr.* a
se ţine; a avea loc.

celebre *adj.* 1. vestit. 2. (*fam.*)
glumeţ.

celeridad *f.* iuţeală.

celeste *adj.* ceresc, celest.

celibato *m.* celibat.

célibe *adj.*, *m.* celibatar.

celo *m.* 1. zel, râvnă. 2. pizmă.
3. (*la animale*) călduri. 4. ~s *pl.*
gelozie. 5. hârtie adezivă,
scotch.

celosía *f.* jaluzele.
celoso *adj.* 1. zelos. 2. invidios.
3. gelos.
celta *adj., m.* şi *f.* celt(ă).
céltico *adj.* celtic.
célula *f.* celulă.
celular *adj.* celular.
celulosa *f.* celuloză.
cellisca *f.* lapoviţă.
cementerio *m.* cimitir.
cemento *m.* ciment.
cena *f.* cină.
cenáculo *m.* cenaclu.
cenagal *m.* mocirlă.
cenagoso *adj.* mocirlos.
cenar *vt.* a cina.
cencerro *m.* talangă.
cenicero *m.* 1. cenuşar. 2. scru-
mieră.
Cenicienta *f.* Cenuşăreasa.
ceniciento *adj.* cenuşiu.
cenit *m.* zenit.
ceniza *f.* cenuşă, scrum.
cenizo(so) *adj.* cenuşiu.
censo *m.* 1. recensământ. 2. im-
pozit. 3. rentă.
censor *m.* cenzor.
censura *f.* cenzură; critică.
censurar *vt.* a cenzura; a critica.
centavo *m.* 1. sutime. 2. *(Am.)*
centimă.
centella *f.* scânteie.
centell(e)ar *vi.* a scânteia.
centelleo *m.* scânteiere.
centenal, centenar *m.* grup de
o sută.
centenario *adj., m.* centenar.
centeno *m.* secară.
centésimo I. *adj.* al o sutălea.
II. *m.* sutime.

centímetro *m.* centimetru.
céntimo *m.* centimă.
centinela 1. *m. (mil.)* santinelă
// *estar de* ~ a fi de santine-
lă. II. *m.* şi *f. (fig.)* santine-
lă, paznic.
central I. *adj.* central. II. *f.*
centrală // ~ *de correos*
poştă centrală.
centralizar *vt.* a centraliza.
centrar *vt.* a centra.
céntrico *adj.* central.
centrífugo *adj.* centrifug.
centrípeto *adj.* centripet.
centro *m. (şi sport)* centru.
centroamericano *adj., m.* (lo-
cuitor) din America Centrală.
centuplicar *vt.* a însuti.
céntuplo *adj.* însutit.
centuria *f.* secol, veac.
ceñido *adj. (fig.)* strângător.
ceñidor *m.* cingătoare.
ceñir I. *vt.* a încinge; a încon-
jura II. ~*se vr.* 1. a se încin-
ge. 2. a se restrânge, a se limita.
ceño *m.* frunte încruntată.
ceñudo *adj.* încruntat.
cepa *f.* 1. butuc, buştean. 2. butuc
de vie. 3. *(fig.)* viţă, neam.
cepillar *vt.* a peria.
cepillo *m.* 1. perie, periuţă. 2. rin-
dea.
cepo *m.* 1. cracă. 2. butuc,
trunchi. 3. butuc de ocnaş.
4. capcană, cursă.
cera *f.* ceară.
cerámica *f.* ceramică.
cerca I. *f.* îngrăditură. II. *adv.*
aproape // ~ *de* **a.** aproape
de, lângă; **b.** cam, vreo.

cercado *m.* ocol, îngrăditură.

cercanía *f.* 1. apropiere, vecinătate. 2. ~s *pl.* împrejurimi.

cercano *adj.* apropiat.

cercar *vt.* 1. a îngrădi, a împrejmui. 2. a ocoli. 3. a asedia.

cercén *loc. adv.* în *expr.: a ~* cu totul, de tot.

cercenar *vt.* 1. a tăia pe margine. 2. *(fig.)* a reduce.

cerciorar(se) *vt., vr.* a (se) încredinţa.

cerco *m.* 1. cerc; brâu. 2. cerc de butoi. 3. *(fig.)* asediu; încercuire; blocadă.

cerda *f.* 1. păr (de cal *sau* de porc). 2. scroafă.

cerdo *m.* porc.

cereales *m. sau f. pl.* cereale.

cerebro *m.* creier.

ceremonia *f.* ceremonie.

ceremonial I. *adj.* de ceremonie. II. *m.* ceremonial.

cereza *f.* cireaşă.

cerezo *f.* cireş.

cerilla *f.* 1. chibrit. 2. lumânare.

cerner I. *vt.* 1. a cerne. 2. a examina. II. *vi.* a burniţa. III. ~se *vr.* 1. a merge legănat. 2. *(d. păsări)* a plana.

cernidillo *m.* burniţă.

cerniduras *f. pl.* tărâţe.

cero *m.* zero // *ser un ~ a la izquierda* a fi o nulitate, a fi un om de nimic.

cerradero *m.* 1. zăvor, belciug. 2. baieră.

cerrado *adj.* 1. de neînţeles. 2. înno(u)rat, acoperit (de nori). 3. închis, ursuz.

cerradura *f.* 1. încuiere. 2. broască, încuietoare.

cerraja *f.* 1. încuietoare. 2. *(bot.)* susai.

cerrajero *m.* lăcătuş.

cerrar I. *vt.* a închide, a încuia. II. ~(se) *vr., vi.* 1. a se închide. 2. a se înno(u)ra. 3. *(d. un termen)* a expira. 4. *(com.)* a închide, a lichida. 5. *(a)* a refuza, a nu accepta.

cerrero *adj.* 1. slobod, liber. 2. sălbatic.

cerril *adj.* 1. accidentat. 2. sălbatic. 3. *(fig.)* grosolan.

cerro *m.* deal, dâmb.

cerrojo *m.* zăvor.

certamen *m.* concurs (literar, artistic).

certero *adj.* care nimereşte la ţintă; sigur.

certeza, certidumbre *f.* certitudine, siguranţă.

certificado *m.* certificat.

certificar *vt.* 1. a certifica, a confirma. 2. a trimite recomandat.

cervecería *f.* 1. fabrică de bere. 2. berărie.

cerveza *f.* bere // ~ *clara (oscura)* bere blondă (neagră).

cerviz *f.* ceafă.

cesación *f.,* **cesamiento** *m.* încetare.

cesantía *f.* disponibilitate; concediere.

cesar *vi.* 1. *(de)* a înceta (să) // *sin ~* necontenit. 2. a fi eliberat; a-şi da demisia.

cese *m.* încetare.

cesión f. cesiune.

césped m. gazon.

cesta f. coş, paner.

cesto m. coş (mare).

cetrería f. creştere a şoimilor.

cetrino adj. verde-gălbui.

cetro m. sceptru.

ciática f. (med.) sciatică.

cicatear vi. (fam.) a se calici.

cicatero adj. calic, zgârcit.

cicatriz f. cicatrice.

cicatrizar(se) vt., vr. a (se) cicatriza.

ciclista m. şi f. (bi)ciclist(ă).

ciclo m. ciclu.

ciclón m. ciclon.

cíclope m. ciclop.

cicuta f. cucută.

cid m. (ist., lit.) 1. stăpân, domn. 2. viteaz, om deosebit de curajos.

cidro m. (bot.) chitru.

ciego adj. (şi fig.) orb // a ciegas orbeşte; jugar a la gallina ciega a se juca de-a baba-oarba.

cielo m. cer // ~ raso tavan; a ~ raso (sau abierto) sub cerul liber.

ciempiés m. (zool.) urechelniţă.

cien num. card. (înaintea substantivelor) o sută.

ciénaga f. mlaştină, smârc.

ciencia f. 1. cunoaştere // a ~ cierta în mod sigur. 2. ştiinţă; disciplină.

cieno m. mâl.

científico I. adj. ştiinţific. II. m. om de ştiinţă.

ciento num. card. o sută.

cierre m. 1. închidere. 2. încuietoare.

cierto adj. 1. sigur, cert. 2. anumit // por ~ desigur.

ciervo m. cerb.

cierzo m. crivăţ.

cifra f. cifră.

cifrar vt. 1. a cifra. 2. a rezuma.

cigarra f. greier.

cigarrillo m. ţigară.

cigarro m. ţigară de foi.

cigüeña f. barză.

cigüeñal m. 1. manivelă. 2. arbore cotit.

cilindro m. 1. cilindru. 2. compresor. 3. (fam.) joben.

cima f. culme, vârf // dar ~ a a termina, a sfârşi.

cimarrón adj. (Am.) (d. animale) sălbatic.

címbalos m. pl. (muz.) chimvale.

cimbr(e)ar vt. 1. a face să vibreze. 2. (fam.) a bate rău, a cocoşa.

cimentar vt. a întemeia, a fonda.

cimiento(s) m. sg. sau pl. temelie; fundament.

cinc m. zinc.

cincel m. daltă.

cincelar vt. a dăltui; a cizela.

cinco num. card. cinci.

cincuenta num. card. cincizeci.

cincha f. chingă.

cinchar vt. a strânge în chingi.

cincho m. cingătoare, brâu.

cine m. cinema(tograf).

cineasta m. şi f. cineast(ă).

cinemascope m. cinemascop.

cinematógrafo m. cinematograf.

cíngaro I. *adj.* ţigănesc. II. *m.* ţigan.

cínico *adj.* cinic.

cinismo *m.* cinism.

cinta 1. panglică. 2. bandă // ~ *magnetofónica* bandă de magnetofon. 3. peliculă; film.

cinto *m.* cingătoare; centură.

cintura *f.* 1. talie, mijloc. 2. curea; cordon, cingătoare.

cinturón *m.* 1. curea, centură; cingătoare. 2. *(mil.)* centură, centiron.

ciprés *m.* chiparos.

circo *m.* circ.

circuito *m.* 1. perimetru, circumferinţă. 2. circuit.

circulación *f.* circulaţie.

circular I. *vi.* a circula. II. *adj.* circular. III. *f.* circulară.

círculo *m.* *(şi fig.)* cerc // ~ *literario* cerc literar; ~ *polar* cerc polar.

circundar *vt.* a înconjura.

circundante *adj.* înconjurător.

circunferencia *f.* circumferinţă.

circunloquio *m.* vorbărie.

circunscribir *vt.* 1. a circumscrie. 2. a delimita.

circunscripción *f.* 1. circumscriere. 2. circumscripţie.

circunspecto *adj.* prudent.

circunstancia *f.* circumstanţă, împrejurare.

circunstanciado *adj.* amănunţit.

circunstante *adj.* înconjurător.

circunvolución *f.* circumvoluţiune.

cirio *m.* lumânare mare.

cirrosis *f.* *(med.)* ciroză.

ciruela *f.* prună.

ciruelo *m.* prun.

cirugía *f.* chirurgie.

cirujano *m.* chirurg.

ciscar *vt.* a murdări.

cisco *m.* 1. praf de cărbuni. 2. *(fam.)* gâlceavă.

cisión *f.* incizie, tăietură.

cisne *m.* lebădă.

cisterna *f.* cisternă.

cistitis *f.* *(med.)* cistită.

cita *f.* 1. întâlnire. 2. citat.

citación *f.* *(jur.)* citare.

citar *vt.* 1. a da o întâlnire. 2. a cita, a reproduce. 3. *(jur.)* a cita. 4. a menţiona, a pomeni.

cítara *f.* *(muz.)* ţiteră.

cítrico *adj.* citric.

ciudad *f.* oraş.

ciudadanía *f.* cetăţenie.

ciudadano I. *adj.* cetăţenesc. II. *m.* cetăţean.

ciudadela *f.* citadelă.

cívico *adj.* civic, cetăţenesc.

civil I. *adj.* civil. II. *m.* jandarm.

civilización *f.* civilizaţie.

civilidad *f.* politeţe.

civilizar(se) *vt., vr.* a (se) civiliza.

cizaña *f.* 1. zâzanie, vrajbă. 2. *(bot.)* (un soi de) neghină.

clamar *vt.* a cere cu disperare; a implora.

clamor *m.* strigăt; tânguire.

clamorear *vt.* a striga, a jeli.

clandestino *adj.* clandestin.

clara *f.* albuş.

clarear(se) I. *vt., vr.* a (se) limpezi, a (se) face mai luminos. II. *vi.* 1. a se lumina de ziuă. 2. a se însenina.

clarete *m.* vin roze.

claridad *f.* 1. lumină; transparență; limpezime. 2. *(fig.)* claritate.

clarificar *vt.* a limpezi, a clarifica.

clarín *m.* trompetă, goarnă.

clarinete *m.* 1. clarinet. 2. clarinetist.

clarividencia *f.* clarviziune.

clarividente *adj.* clarvăzător.

claro I. *adj.* 1. clar; luminos; limpede. 2. *(d. culori)* deschis. II. *m.* 1. deschizătură. 2. spațiu gol; interval. III. *adv.* clar, limpede, deslușit // ~ *(está)* desigur; *tener* ~ a fi sigur, a nu avea îndoieli.

claror *m.* lumină, strălucire.

clase *f.* 1. clasă; categorie; fel // *la* ~ *media* clasă mijlocie; *¿qué* ~ *de?* ce fel de? 2. lecție, curs // *dar* ~*s* a preda. 3. clasă, grup de elevi.

clasicismo *m.* clasicism.

clásico *adj., m.* clasic.

clasificación *f.* clasificare.

clasificar *vt.* a clasifica.

claudicar *vi.* 1. a abdica (de la un principiu), a se preda. 2. a ceda. 3. *(înv.)* a șchiopăta.

claustro *m.* 1. galerie interioară. 2. consiliu (profesoral). 3. totalitatea profesorilor unui centru de învățământ. 4. *(fig.)* călugărie // ~ *de profesores* senat universitar.

cláusula *f.* *(jur.)* clauză.

clausura *f.* închidere, încheiere.

clausurar *vt.* a închide, a încheia.

clavar *vt.* 1. a bate în cuie. 2. *(și fig.)* a înfige; a țintui, a pironi. 3. *(fam.)* a înșela.

clave *f.* *(fig., muz.)* cheie.

clavel *m.* garoafă.

clavicordio *m.* clavecin.

clavícula *f.* claviculă.

clavija *f.* 1. cui de lemn, cep. 2. *(muz.)* cui (la instrumente de coarde).

clavo *m.* 1. cui // *dar en el* ~ a nimeri la țintă. 2. *(bot.)* cuișoare.

clemencia *f.* îndurare.

clemente *adj.* îndurător, iertător.

cleptómano *adj.* cleptoman.

clerecía *f.* cler // *mester de* ~ școală de literatură medievală.

clérigo *m.* cleric.

clero *m.* cler.

cliente *m.* și *f.* client(ă).

clientela *f.* clientelă.

clima *m.* climă. climat.

climático *adj.* climatic.

clínica *f.* clinică.

clínico I. *adj.* clinic. II. *m.* clinician.

clip *m.* 1. cercel. 2. agrafă (pentru hârtii).

clisé *m.* clișeu.

clistel *m.* clismă.

cloaca *f.* canal de scurgere.

cloquear *vi.* a cotcodăci.

cloro *m.* *(chim.)* clor.

clorofila *f.* clorifilă.

cloroformo *m.* cloroform.

cloruro *m.* *(chim.)* clorură.

club *m.* club.

clueca *f.* cloșcă.

coacción *f.* constrângere.

coadyuvar *vt.* a contribui, a colabora.

coagulación *f.* coagulare.

coagular(se) *vt., vr.* a (se) coagula, a (se) închega.

coágulo *m.* cheag.

coalición *f.* coaliție.

coartada *f.* alibi // *probar la ~* a dovedi un alibi.

cobarde *adj.* laș.

cobardía *f.* lașitate.

cobayo *m.* cobai.

cobertizo *m.* șopron.

cobertor *m.* pătură.

cobijar(se) *vt., vr.* a (se) înveli, a (se) acoperi.

cobrador *m.* 1. perceptor. 2. taxator.

cobrar I. *vt.* 1. a încasa. 2. a percepe (impozit, taxă). 3. *(fig.)* a prinde; a dobândi. 4. a trage de (o sfoară). II. *~se vr.* a-și veni în fire.

cobre *m.* 1. aramă, cupru. 2. *~s pl. (muz.)* alămuri.

cobrizo *adj.* 1. care conține aramă. 2. arămiu.

cobro *m.* încasare; primire; percepere // *~ revertido* taxă inversă.

coca *f. (bot.)* coca.

cocaína *f.* cocaină.

cocción *f.* coacere, copt.

cocear *vt.* a azvârli din copite.

cocer *vt.* a coace; a fierbe; a găti.

cocido *m.* rasol cu zarzavat.

cociente *m. (mat.)* cât.

cocimiento *m.* 1. coacere. 2. *(med.)* decoct.

cocina *f.* 1. bucătărie. 2. mașină de gătit // *cocina de gas* aragaz.

cocinar *vt., vi.* a (pre)găti (mâncarea).

cocinero *m.* bucătar.

cocinilla *f.* spirtieră.

coco *m.* 1. cocotier. 2. nucă de cocos. 3. *(fam.)* bau-bau, căpcăun.

cocodrilo *m.* crocodil.

cocotero *m.* cocotier.

coche *m.* 1. trăsură. 2. automobil. 3. vagon // *~ cama (comedor)* vagon de dormit (restaurant). 4. *(Am.)* porc.

cochera *f.* garaj.

cochero I. *m.* vizitiu, surugiu. II. *adj.* în *expr.: puerta cochera* poartă pentru vehicule.

cochinada, cochinería *f. (fam.)* porcărie.

cochino I. *m.* 1. porc. 2. *(fig.)* mizerabil. II. *adj. (fig.)* fără valoare.

codazo *m.* lovitură de cot.

codear I. *vi.* a da din coate. II. *~se vr. (con)* a se bate pe burtă (cu).

códice *m.* codice.

codicia *f.* lăcomie; poftă.

codiciar *vt.* a jindui după.

codicioso *adj.* lacom.

codificar *vt.* a codifica.

código *m.* cod; cifru.

codo *m.* cot.

codorniz *f.* prepeliță.

coedición *f.* coeditare.

coeficiente I. *m.* coeficient. II. *adj.* care acționează în comun.

coetáneo *adj. (de)* contemporan (cu).

coercer *vt.* a constrânge.

coerción *f.* constrângere.

coexistencia *f.* coexistenţă.

coexistir *vt.* a coexista.

cofia *f.* 1. fileu de păr. 2. bonetă.

cofín *m.* coşuleţ.

cofre *m.* cufăr, sipet.

cogedero *m.* mâner.

cogedor *m.* 1. culegător. 2. ladă de gunoi.

coger I. *vt.* 1. a apuca; a lua. 2. a culege, a aduna. 3. a prinde. 4. a cuprinde; a ocupa. 5. a apuca, a surprinde. II. ~(se) *vt., vr. (d. boli)* a (se) lua; a (se) îmbolnăvi (de). III. ~se *vr. (a, de)* a se apuca, a se prinde (de).

cogida *f.* cules.

cogido *m.* cută; fals.

cogitabundo *adj.* gânditor.

cogollo *m.* 1. miez (de varză *etc.*). 2. lăstar.

cogote *m.* ceafă.

cohabitar *vt.* a coabita.

cohechar *vt.* a mitui.

cohecho *m.* mituire.

coherente *adj.* coerent.

cohesión *f.* coeziune.

cohete *m.* rachetă.

cohibir *vt.* 1. a constrânge; a înfrâna. 2. a stânjeni.

cohombro *m.* castravete.

cohorte *f.* cohortă.

coincidencia *f.* coincidenţă.

coincidir *vi.* a coincide.

cojear *vi.* a şchiopăta.

cojera *f.* şchiopătat.

cojín *m.* pernă.

cojinete *m. (tehn.)* cuzinet // ~ de (sau a) *bolas* rulment cu bile.

cojo *adj.* şchiop.

col *f.* varză.

cola *f.* 1. coadă; rând // *hacer* ~ a sta la rând. 2. clei, lipici.

colaboración *f.* colaborare.

colaborador *m.* colaborator.

colaborar *vi.* a colabora.

colación *f.* 1. acordare, conferire. 2. colaţionare.

colacionar *vt.* a colaţiona.

colada *f.* 1. strecurare, filtrare. 2. spălat (cu leşie). 3. rufe spălate cu leşie.

coladero, colador *m.* strecurătoare.

coladora *f.* 1. spălătoreasă. 2. maşină de spălat rufe.

colapsar *vt.* 1. *(med.)* a produce un colaps. 2. *(fig.)* a paraliza.

colar I. *vt.* 1. a strecura; a filtra. 2. a spăla rufele cu leşie. 3. a conferi un titlu. II. *vi.* a se strecura. III. ~se *vr.* a se băga.

colcha *f.* cuvertură de pat; pătură.

colchón *m.* saltea.

colección *f.* colecţie; culegere.

coleccionar *vt.* a colecţiona.

coleccionista *m.* şi *f.* colecţionar(ă).

colecta *f.* chetă.

colectar *vt.* a colecta.

colectividad *f.* colectivitate.

colectivo *adj.* colectiv.

colega *m.* şi *f.* coleg(ă).

colegiado *adj. (d. avocaţi, medici)* înscris într-un colegiu.

colegial I. *adj.* care ţine de un colegiu. II. *m.* licean.

colegio *m.* 1. şcoală; liceu. 2. *(asociaţie)* colegiu.

colegir *vt.* **1.** a aduna. **2.** a deduce.

cólera I. *f.* mânie, furie. **II.** *m.* *(med.)* holeră.

colérico *adj.* **1.** coleric. **2.** holeric.

coleta *f.* coadă (de păr).

colgadero *m.* cârlig.

colgadizo *m.* şopron.

colgadura *f.* draperie.

colgante I. *adj.* atârnat, agăţat. **II.** *m.* pandantiv.

colgar I. *vt.* **1.** a agăţa, a atârna. **2.** *(fig., fam.)* a spânzura. **3.** a dărui (de ziua cuiva). **II.** *vi.* a atârna.

colibrí *m.* *(zool.)* colibri.

coliflor *f.* conopidă.

coligarse *vr.* a se alia.

colina *f.* colină.

colindante *adj.* învecinat, vecin, alăturat.

colisión *f.* ciocnire, coliziune.

colmar *vt.* **1.** a umple cu vârf. **2.** *(fig.)* a copleşi.

colmena *f.* stup.

colmenar *m.* prisacă.

colmenero *m.* prisăcar.

colmillo *m.* **1.** canin. **2.** colţ.

colmo I. *adj.* cu vârf, plin ochi. **II.** *m.* *(fig.)* culme, apogeu.

colocación *f.* **1.** plasare, aşezare. **2.** serviciu.

colocar(se) *vt., vr.* **1.** a (se) aşeza. **2.** a (se) plasa în serviciu.

colofón *m.* *(tip.)* casetă tehnică.

colofonia *f.* sacâz.

colombiano *adj., m.* columbian.

colonia *f.* **1.** *(şi pol.)* colonie. **2.** apă de colonie.

colonial *adj.* colonial // *géneros ~es* coloniale.

colonización *f.* colonizare.

colonizar *vt.* a coloniza.

colono *m.* **1.** colonist. **2.** arendaş.

coloquio *m.* colocviu; convorbire.

color *m.* culoare, vopsea // *gente de ~* oameni de culoare; *tomar ~* a da în pârg.

coloración *f.* colorare; vopsit.

colorado *adj.* **1.** colorat. **2.** roşu. **3.** *(fig.)* obscen.

colorante *adj., m.* colorant.

colorar *vt.* *(de)* a colora (cu); a vopsi (în).

colorear I. *vt.* **1.** a acoperi cu o culoare. **2.** *(fig.)* a prezenta ca real. **3.** a muşamaliza. **II.** *vi.* *(d. fructe)* a da în pârg.

colorete *m.* roşu de obraz.

colorido *m.* *(şi fig.)* colorit.

colorín *m.* **1.** culoare ţipătoare. **2.** sticlete.

colosal *adj.* colosal.

coloso *m.* colos.

cólquico *m.* brânduşă.

columbrar *vt.* **1.** a (între)zări. **2.** *(fig.)* a presupune.

columna *f.* coloană.

columpiar(se) *vt., vr.* a (se) da în leagăn; a (se) legăna.

columpio *m.* leagăn, scrânciob.

colza *f.* rapiţă.

collar *m.* **1.** colier; colan. **2.** zgardă.

coma I. *f.* virgulă. **II.** *m.* *(med.)* comă.

comadre *f.* **1.** cumătră; ţaţă. **2.** moaşă.

comadrear *vi.* *(fam.)* a pălăvrăgi.

comadreja *f.* *(zool.)* nevăstuică.

comadrona *f.* moaşă.

comandancia *f.* *(mil.)* **1.** comandă. **2.** comandament.

comandante *m.* comandant.

comandar *vt.* *(mil.)* a comanda.

comarca *f.* ţinut, regiune.

comba *f.* **1.** curbură, arcuire. bombare. **2.** coardă de sărit // *jugar* (sau *saltar*) a la ~ a sări coarda.

combar(se) *vt.*, *vr.* a (se) curba.

combate *m.* luptă, bătălie.

combatiente *adj.* combatant, luptător.

combatir I. *vi.* a lupta. **II.** *vt.* a combate.

combatividad *f.* combativitate.

combinación *f.* **1.** combinaţie. **2.** combinezon.

combinar *vt.* a combina.

combustible *adj.*, *m.* combustibil.

combustión *f.* combustie, ardere.

comedero I. *adj.* comestibil. **II.** *m.* iesle, troacă.

comedia *f.* **1.** comedie. **2.** *(fig.)* teatru.

comediante *m.* comediant.

comedido *adj.* **1.** cumpătat, măsurat. **2.** politicos.

comedimiento *m.* **1.** cumpătare, măsură. **2.** politeţe.

comedirse *vr.* a fi cumpătat.

comedor I. *adj.* mâncăcios. **II.** *m.* sufragerie.

comendador *m.* *(mil.)* comandor.

comensal *m.* şi *f.* comesean(ă).

comentar *vt.* a comenta.

comentador, comentarista *m.* comentator.

comentario *m.* comentariu.

comenzar *vt.*, *vi.* *(a, por)* a începe (să, prin).

comer I. *vt.*, *vi.* *(şi fig.)* a mânca // ~ *de carne* *(vigilia)* a mânca de dulce (post); ~ *las palabras* a înghiţi cuvintele; *sin ~lo ni beberlo* fără a şti cum. **II.** ~*se* *vr.* *(fam.)* a mânca. **III.** *m.* mâncare, mâncat // *ser de buen* ~ a mânca cu poftă.

comercial *adj.* comercial.

comerciante *m.* comerciant, negustor.

comerciar *vi.* *(con, en)* a face comerţ (cu); a comercializa.

comercio *m.* **1.** comerţ, negoţ. **2.** relaţii, legături. **3.** magazin.

comestible I. *adj.* comestibil. **II.** ~s *m.* *pl.* alimente.

cometa I. *m.* cometă. **II.** *f.* zmeu (de hârtie).

cometer *vt.* **1.** a comite, a făptui. **2.** a însărcina.

cometido *m.* însărcinare, misiune, rol, mandat.

comezón *f.* mâncărime.

cómico I. *adj.* comic. **II.** *m.* **1.** (actor) comic. **2.** actor.

comida *f.* **1.** mâncare, bucate. **2.** masă. **3.** (masă de) prânz.

comidilla *f.* *(fam.)* **1.** slăbiciune. **2.** subiect de discuţie.

comienzo *m.* început.

comilón *adj.* mâncăcios, lacom.

comilona *f.* *(fam.)* masă îmbelşugată.

comillas *f.* *pl.* ghilimele.

comino *m.* *(bot.)* chimion // *no vale un* ~ nu face două parale.

comisaría, comisariato *m.* comisariat.

comisario *m.* comisar.

comisión *f.* **1.** comitere. **2.** mandat. **3.** comision. **4.** comisie.

comisionar *vt.* a împuternici.

comisionista *m.* comisionar.

comité *m.* comitet.

comitiva *f.* suită, alai.

como I. *adv.* **1.** ca (şi); (pre)-cum, după cum **2.** ca, în calitate de, drept // *tanto...* ~ atât... cât. **II.** *conj.* cum; întrucât; deoarece // ~ *si* ca şi cum; ~*quiera* oricum.

cómo *adv. interog., interj.* cum.

cómoda *f.* comodă, scrin.

comodidad *f.* **1.** comoditate. **2.** profit, interes. **3.** ~es *pl.* confort.

cómodo *adj.* comod.

compacto *adj.* compact.

compadecer(se) *vt., vr.* a (se) înduioşa; a compătimi.

compadre *m.* cumătru.

compaginar I. *vt. (fig.)* a rândui; a potrivi; a ajusta. **II.** ~*se vr.* **1.** *(con)* a se pune de acord (cu). **2.** a se potrivi, a corespunde, a merge.

compañero *m.* coleg; tovarăş; partener.

compañía *f.* **1.** grup; tovărăşie; *(şi com.)* societate; companie. **2.** *(mil.)* companie. **3.** *(teatru)* trupă.

comparable *adj.* comparabil.

comparación *f.* comparare; comparaţie.

comparar *vt. (con, a)* a compara (cu).

comparecencia *f. (jur.)* înfăţişare, prezentare.

comparecer *vi. (jur.) (ante)* a compărea (în faţa), a se prezenta.

comparsa I. *f.* **1.** alai, suită. **2.** ceată de oameni mascaţi. **II.** *m.* şi *f. (teatru)* figurant(ă).

compartimiento *m.* **1.** împărţire. **2.** compartiment.

compartir *vt.* **1.** a împărţi. **2.** *(fig.)* a împărtăşi.

compás *m.* **1.** *(geom.)* compas. **2.** *(muz.* şi *fig.)* măsură // *llevar el* ~ a bate măsura; *salir(se) de(l)* ~ a întrece măsura. **3.** *(mar.)* busolă.

compasión *f.* compătimire, milă.

compasivo *adj.* **1.** milos, caritabil. **2.** compătimitor.

compatibilidad *f.* compatibilitate.

compatible *adj.* compatibil.

compatriota *m.* şi *f.* compatriot(ă).

compeler *vt.* a sili, a constrânge.

compendiar *vt.* a rezuma.

compendio *m.* compendiu // *en* ~ pe scurt.

compensación *f.* compensare; compensaţie.

compensar *vt.* a compensa.

competencia *f.* **1.** întrecere; competiţie; concurenţă. **2.** competenţă.

competente *adj.* competent, priceput.

competer *vt.* a-i reveni, a incumba, a intra în competenţa.

competidor *m.* concurent, rival.

competir *vt.* a concura.

compilación *f.* compilaţie.

compilar *vt.* a compila.

compinche *m.* şi *f. (fam.)* prieten(ă).

complacencia *f.* 1. mulţumire; plăcere; satisfacţie. 2. complezenţă.

complacer I. *vi. (a)* a fi *(sau* a face) pe placul, a mulţumi (pe). II. ~se *vr. (en)* a se complăcea (în).

complaciente *adj.* îndatoritor, amabil, complezent.

complejidad *f.* complexitate.

complejo *adj., m.* complex.

complementario *adj.* complementar.

complemento *m.* 1. completare. 2. *(gram.)* complement.

completar *vt.* a completa, a întregi.

completo *adj.* complet, deplin // *por* ~ în întregime.

complexión *f.* constituţie (fizică).

complicación *f.* complicare; complicaţie.

complicar(se) *vt., vr.* a (se) complica.

cómplice *m.* şi *f.* complice.

complicidad *f.* complicitate.

complot *m.* complot.

complotar *vi.* a complota.

componedor *m.* 1. alcătuitor. 2. arbitru. 3. *(tip.)* culegător.

componente *adj.* component.

componer I. *vt.* 1. a compune, a crea. 2. *(tip.)* a culege. 3. a repara, a pune în ordine. II. ~se *vr.* 1. *(de)* a se compune (din). 2. *(con)* a se împăca (cu). 3. a se găti // *componérselas (fam.)* a se descurca.

comportamiento *m.* comportare, comportament, purtare.

comportar I. *vt.* 1. a suporta, a tolera. 2. a implica; a necesita, a aduce cu sine. II. ~se *vr.* a se comporta, a se purta.

composición *f.* 1. *(şi lit.)* compunere; alcătuire. 2. compoziţie.

compositor *m.* compozitor.

compostura *f.* 1. compunere. 2. reparare. 3. găteală. 4. învoială.

compota *f.* compot.

compra *f.* cumpărătură, cumpărare // *ir de* ~s a merge după cumpărături.

comprador *m.* cumpărător.

comprar *vt.* a cumpăra.

compraventa *f.* vânzare-cumpărare.

comprender *vt.* 1. a cuprinde; a conţine. 2. a înţelege, a pricepe.

comprensible *adj.* inteligibil.

comprensión *f.* înţelegere.

comprensivo *adj.* 1. înţelegător. 2. inteligent.

compresa *f. (med.)* compresă.

compresión *f.* comprimare.

compresor *m.* compresor.

comprimido *m.* comprimat, pastilă.

comprimir *vt.* 1. a comprima; a strânge. 2. *(fig.)* a înnăbuşi.

comprobante I. *adj.* doveditor. II. *m.* dovadă; chitanţă; bon; recipisă.

comprobar *vt.* 1. a dovedi, a aproba. 2. a verifica, a controla.

comprometedor *adj.* compromiţător.

comprometer(se) *vt., vr.* 1. a (se) compromite. 2. *(a)* a (se) obliga (să); a (se) angaja; a promite.

compromiso *m.* 1. compromis; înţelegere. 2. angajament; obligaţie. 3. încurcatură.

compuesto *adj.* 1. compus. 2. gătit.

compulsar *vt. (jur.)* a confrunta (documente).

compunción *f.* 1. căinţă. 2. *(fig.)* mâhnire.

compungirse *vr.* 1. a se căi. 2. *(fig.)* a se mâhni.

computación *f.* v. cómputo.

computar *vt.* a calcula, a socoti.

cómputo *m.* calcul, socoteală.

comulgar *vi.* 1. *(rel.)* a se împărtăşi. 2. *(fig.)* a împărtăşi.

común *adj.* comun, obştesc // *en ~* în comun; *fuera de lo ~* neobişnuit, nemaipomenit; *por lo ~* de obicei.

comunal *adj.* comun, obştesc.

comunicable *adj.* 1. comunicabil. 2. *(fam.)* comunicativ.

comunicación *f.* 1. comunicare. 2. comunicaţie // *medios de ~ en masas* mass media; *vías de ~* căi de comunicaţie. 3. convorbire (telefonică).

comunicado *m.* comunicat.

comunicar *vt., vi.* a comunica.

comunicativo *adj.* comunicativ.

comunidad *f.* comunitate, colectivitate, societate // *~ de vecinos* asociaţie de locatari; *en ~* în comun.

comunión *f.* 1. *(rel.)* împărtăşanie. 2. comuniune.

comunismo *m.* comunism.

comunista *adj., m.* şi *f.* comunist(ă).

con *prep.* 1. cu // *~ el tiempo* cu timpul; *~ todo es(t)o* cu toate acestea; *café ~ leche* cafea cu lapte. 2. odată cu // *~ la salida del sol* odată cu răsăritul soarelui. 3. *(para)* ~ faţă de, cu // *amable (para) ~ sus amigos* amabil faţă de prietenii lui. 4. *(cu valoare de conj.)* deşi, cu toate că // *~ ser tan viejo* deşi e atât de bătrân; *~ (tal) que* cu condiţia ca (să).

conato *m.* 1. râvnă. 2. tentativă.

concavidad *f.* concavitate.

cóncavo *adj.* concav.

concebir *vt.* a concepe.

conceder *vt.* a acorda, a da // *~ atención a* a da atenţie; *~ entrevistas* a acorda interviuri.

concejal *m.* consilier comunal (*sau* municipal).

concejo *m.* consiliu comunal (*sau* municipal); primărie.

concentración *f.* 1. concentrare. 2. concentraţie.

concentrar(se) *vt., vr.* a (se) concentra.

concéntrico *adj.* concentric.

concepción *f.* concepţie.

concepto *m.* 1. concept, noţiune. 2. vorbă de duh. 3. părere, opinie.

conceptuar *vt.* a considera.

conceptuoso *adj.* ingenios, spiritual.

concerniente *adj. (a)* privitor (la).

concernir *vt.* a privi, a se referi la.

concertar I. *vt.* 1. a încheia o tranzacţie. 2. a pune de acord. II. *vi.* a concorda, a se potrivi.

concesión *f.* 1. concesiune. 2. concesie, cedare. 3. admitere, acceptare, permitere.

conciencia *f.* 1. conştiinţă. 2. cunoştinţă.

concienzudo *adj.* conştiincios.

concierto *m.* 1. înţelegere, acord. 2. ordine, rânduială. 3. *(muz.)* concert.

conciliación *f.* împăcare.

conciliar I. *vt.* a concilia, a împăca. II. ~se *vr.* a dobândi.

concilio *m.* conciliu, sinod.

concisión *f.* concizie.

conciso *adj.* concis.

conciudadano *m.* concetăţean.

concluir I. *vt.* a încheia, a termina. II. *vi.* a conchide, a trage o concluzie. III. ~(se) *vi., vr.* a se termina, a se sfârşi.

conclusión *f.* 1. încheiere. 2. concluzie.

concluyente *adj.* concludent.

concomitancia *f.* concomitenţă.

concomitante *adj.* concomitent.

concordancia *f.* concordanţă; acord. // en ~ con în concordanţă cu, în conformitate cu.

concordar I. *vt.* a pune de acord. II. *vi.* a concorda; a se acorda.

concorde *adj.* care concordă.

concordia *f.* armonie.

concreción *f.* sediment.

concretar I. *vt.* 1. a concretiza. 2. a rezuma. II. ~se *vr. (a)* a se limita (la).

concreto I. *adj.* concret. II. *m.* *(Am.)* beton.

concurrencia *f.* 1. asistenţă, afluenţă. 2. concurenţă.

concurrente I. *adj., m.* participant, asistent; vizitator. II. *adj.* concurent.

concurrido *adj.* 1. frecventat, vizitat. 2. aglomerat, cu mare afluenţă de public.

concurrir *vi.* 1. a se aduna. 2. a fi de aceeaşi părere. 3. a concura.

concursante *m.* concurent, candidat.

concursar *vi.* a da concurs, a candida.

concurso *m.* 1. afluenţă. 2. adunare; concurs. 3. concurs, examen.

concha *f.* 1. scoică, cochilie, carapace. 2. baga. 3. cuşcă de sufleor. 4. golf închis.

conchabar(se) *vt., vr.* a (se) uni.

condado *m.* comitat.

conde *m.* conte.

condecoración *f.* 1. decorare. 2. decoraţie.

condecorar *vt.* a decora.

condena, condenación *f.* condamnare, sentinţă, pedeapsă.

condenar I. *vt. (şi fig.)* a condamna, a osândi. II. ~se *vr.* a merge în iad.

condensación *f*. condensare.

condensar *vt*. a condensa.

condesa *f*. contesă.

condescendencia *f*. condescendenţă.

condescender *vi*. *(a, en)* a consimţi (la); a binevoi (să).

condescendiente *adj*. condescendent.

condestable *m*. conetabil.

condición *f*. condiţie // *con* (sau *a, bajo*) *la ~ de que* cu condiţia (ca) să.

condicional *adj*. condiţional; condiţonat.

condimentar *vt*. a condimenta.

condimento *m*. condiment.

condiscípulo *m*. coleg de şcoală.

condolencia *f*. condoleanţă.

condolerse *vr*. *(de)* a-i fi milă (de).

condonar *vt*. a scuti.

cóndor *m*. *(zool.)* condor.

conducción *f*. 1. conducere; dirijare. 2. transportare, ducere.

conducir I. *vt*. 1. a conduce. 2. a transporta. II. *vi*. a aduce. III. ~se *vr*. a se purta.

conducta *f*. 1. conduită, purtare. 2. conducere.

conducto *m*. conductă, canal // *por ~ de* prin mijlocirea.

conductor *adj*. conducător; călăuzitor.

conectar(se) *vt., vr*. a (se) conecta; a (se) cupla; a (se) lega; a (se) face legătura.

conejera *f*. 1. crescătorie de iepuri. 2. *(fam.)* speluncă.

conejillo de Indias *m*. cobai.

conejo *m*. iepure de casă.

conexión *f*. conexiune, legătură.

conexo *adj*. conex, legat.

confabulación *f*. înţelegere secretă.

confabular I. *vi*. a trata o afacere. II. ~se *vr*. 1. a se înţelege în taină, a unelti. 2. a se uni, a se înhăita.

confección *f*. 1. confecţionare; executare; fabricare; întocmire; alcătuire. 2. confecţie, îmbrăcăminte.

confeccionar *vt*. a confecţiona.

confederación *f*. confederaţie.

conferencia *f*. 1. conferinţă; consfătuire. 2. convorbire telefonică.

conferenciante *m*. conferenţiar.

conferenciar *vi*. a discuta.

conferir I. *vt*. 1. a conferi. 2. a compara. II. *vi*. a discuta.

confesar I. *vt*. 1. a mărturisi, a recunoaşte. II. ~se *vr*. 1. a se destăinui, a se confesa. 2. *(bis.)* *(con)* a se spovedi (cuiva) // *~se culpable* a se recunoaşte vinovat.

confesión *f*. 1. mărturisire. 2. spovedanie.

confeso *adj*. 1. *(d. inculpaţi)* care a recunoscut. 2. *(d. evrei)* convertit la creştinism, botezat.

confesor *m*. duhovnic.

confiado *adj*. 1. încrezut. 2. credul, naiv.

confianzudo *adj*. *(fam.)* credul.

confianza *f*. încredere.

confiar I. *vi*. *(de, en)*, a se încrede (în). II. *vt*. a încredinţa.

confidencia *f.* confidenţă.

confidencial *adj.* confidenţial.

confidente *m.* confident.

configuración *f.* configuraţie.

configurar *vt.* a da formă unui obiect.

confín *m.* hotar, limită.

confinar I. *vi. (con)* a se învecina (cu). **II.** *vt.* a deporta.

confirmación *f.* confirmare.

confirmar *vt.* a confirma.

confiscar *vt.* a confisca.

confite *m.* bomboană.

confitera *f.* bombonieră.

confitería *f.* bombonerie; cofetărie.

confitero *m.* cofetar.

confitura *f.* dulceaţă.

conflagración *f.* **1.** incendiu. **2.** *(fig.)* conflagraţie.

conflagrar *vt.* a incendia.

conflicto *m.* **1.** conflict. **2.** *(fig.)* ananghie.

confluencia *f.* confluenţă.

confluir *vi. (d. râuri, drumuri)* a se uni, a se întâlni.

conformación *f.* conformare.

conformar I. *vt.* a pune de acord. **II.** *vi.* a fi de acord. **III.** ~se *vr.* **1.** a se mulţumi. **2.** a se resemna, a se împăca.

conforme I. *adj.* **1.** asemănător ca formă. **2.** *(a, con)* conform (cu). **3.** de aceeaşi părere. **II.** *adv. (a)* conform (cu). **III.** *conj.* de îndată ce. **IV.** *m.* confirmare de primire.

conformidad *f.* **1.** conformitate. **2.** consimţământ, acord, asentiment. **3.** *(fig.)* resemnare.

confortable *adj.* confortabil.

confortar *vt.* **1.** a întări, a reconforta. **2.** *(fig.)* a încuraja.

conforte *m.* **1.** reconfortare. **2.** încurajare.

confraternidad *f.* înfrăţire.

confraternizar *vi.* a fraterniza.

confrontación *f.* confruntare.

confrontar *vt.* a confrunta; a compara; a examina; a verifica.

confundir I. *vt.* **1.** a amesteca, a contopi. **2.** a confunda. **II.** ~se *vr.* **1.** a se confunda. **2.** a se înşela.

confusión *f.* **1.** confuzie, neclaritate. **2.** confundare.

confuso *adj.* **1.** confuz, neclar. **2.** *(fig.)* fâstâcit.

congelación *f.* congelare.

congelar(se) *vt., vr.* a (se) congela, a (se) îngheţa.

congénito *adj.* congenital.

congestión *f.* congestie.

congestionar(se) *vt., vr.* a (se) congestiona.

conglomerado *m.* conglomerat.

conglomerarse *vr.* a se îngrămădi.

congoja *f.* **1.** nelinişte, zbucium, frământare. **2.** supărare, necaz.

congraciarse *vr. (con)* a intra în graţiile (cuiva).

congratulación *f.* felicitare.

congratular(se) I. *vt., vr.* a (se) felicita. **II.** *vr.* a se bucura.

congregación *f.* congregaţie.

congregar(se) *vt., vr.* a (se) reuni.

congreso *m.* congres.

congruente *adj.* corespunzător, oportun.

cónico *adj.* conic.

coníferas *f. pl.* conifere.

conjeturar *vt.* a presupune.

conjetura *f.* ipoteză, presupunere.

conjugación *f.* conjugare.

conjugar(se) *vt., vr.* a (se) conjuga.

conjunción *f.* conjuncţie.

conjuntivitis *f. (med.)* conjunctivită.

conjunto I. *adj.* unit. II. *m.* 1. întreg, ansamblu // *en ~* în ansamblu. 2. *(d. haine)* complet, ansamblu.

conjuración *f.* conjuraţie, conspiraţie.

conjurado *m.* conspirator.

conjurar I. *vi.* a conspira, a complota. II. *vi.* 1. a conjura. 2. *(fig.)* a îndepărta prin vrăji.

conjuro *m.* 1. descântec. 2. implorare.

conmemoración *f.* comemorare.

conmemorar *vt.* a comemora.

conmemorativo *adj.* comemorativ.

conmiseración *f.* compătimire.

conmoción *f.* 1. zguduire, cutremurare. 2. *(med.)* comoţie.

conmovedor *adj.* mişcător, emoţionant.

conmover *vt.* 1. a zgudui. 2. *(fig.)* a mişca, a emoţiona.

conmutador *m. (electr.)* comutator.

conmutar *vt. (jur.)* a comuta.

connivencia *f.* 1. indulgenţă. 2. coniventă, complicitate.

cono *m.* con // *~ truncado* trunchi de con.

conocedor *adj., m.* cunoscător.

conocer I. *vt.* a cunoaşte // *~ de oídas (vista)* a cunoaşte din auzite (vedere); *dar a ~* a face cunoscut. II. *vi. (de, en)* a se pricepe (la).

conocido *m.* cunoscut.

conocimiento *m.* 1. cunoaştere. 2. cunoştinţă. // *poner en conocimiento de* a aduce la cunoştinţa.

conque *conj.* aşadar, deci.

conquista *f.* cucerire.

conquistador *adj., m.* cuceritor.

conquistar *vt.* a cuceri.

consabido *adj.* 1. ştiut, menţionat. 2. *(fam.)* răsuflat, fumat.

consagración *f.* consacrare.

consagrar *vt.* 1. a consacra, a închina. 2. a consfinţi.

consciente *adj.* conştient.

consecución *f.* obţinere, dobândire.

consecuencia *f.* consecinţă, urmare // *a ~ de* ca urmare a; *en ~* în consecinţă.

consecuentar *vt. (en)* a asculta; a nu ieşi din vorbă.

consecuente *adj.* 1. următor, consecutiv. 2. consecvent.

consecutivo *adj.* consecutiv.

conseguir *vt.* 1. a obţine, a procura. 2. a reuşi, a izbuti.

conseja *f.* poveste, basm.

consejero *m.* consilier; sfetnic.

consejo *m.* 1. sfat. 2. consiliu.

consenso *m.* consens // *por ~* prin consens.

consentimiento *m.* consimţământ.

consentir I. *vt., vi.* a consimţi, a permite, a îngădui. II. *vt.* a răsfăţa.

conserje *m*. portar.

conserva *f*. conservă.

conservación *f*. conservare, păstrare.

conservador *adj*. conservator.

conservar(se) *vt., vr.* a (se) conserva, a (se) păstra.

conservatorio *m. (muz.)* conservator.

considerable *adj*. considerabil.

consideración *f*. considerație // *tomar en* ~ a lua în considerație.

considerado *adj*. chibzuit, prudent.

considerar *vt*. 1. a considera, a socoti, a crede, a aprecia. 2. a analiza, a examina, a judeca. 3. a stima, a respecta, a prețui.

consigna *f*. 1. consemn, parolă. 2. *(pol.)* lozincă. 3. cameră de bagaje (în gări).

consignación *f. (com.)* depozit.

consignar *vt*. 1. a depozita. 2. a consemna, a nota, a însemna. 3. a arăta, a menționa.

consiguiente *adj*. *(a)* care rezultă (din) // *por* ~ prin urmare.

consistencia *f*. consistență.

consistir *vi*. *(en)* a consta (în, din).

consolación *f*. consolare.

consolar(se) *vt., vr.* a (se) consola, a (se) mângâia.

consolidar *vt*. a consolida, a întări.

consonancia *f*. 1. *(muz. și fig.)* consonanță, armonie. 2. rimă.

consonante I. *adj*. 1. *(muz.)* consonant, armonios. 2. care rimează. 3. *(fig.)* asemănător. II. *f*. consoană. III. *m*. rimă.

consonar *vi*. 1. *(muz.)* a fi consonant. 2. a rima. 3. *(fig.)* a se armoniza, a se acorda.

consorcio *m*. 1. *(com.)* consorțiu. 2. înțelegere.

consorte *m*. și *f*. 1. soț(ie). 2. tovarăș(ă).

conspiración *f*. conspirație.

conspirador *m*. conspirator.

conspirar *vi*. a conspira.

constancia *f*. 1. constanță, statornicie. 2. certitudine. 3. dovadă, probă.

constante *adj*. constant, statornic.

constar *vi*. 1. a fi evident, a fi clar; a se ști. 2. *(de)* a consta (din); a consista (din); a cuprinde, a conține; // *hacer* ~ a constata; a aduce la cunoștință; a consemna. 3. *(en)* a figura, a se afla, a fi menționat.

constatar *vt*. a constata, a observa, a nota.

constelación *f*. constelație.

consternación *f*. consternare.

consternar *vt*. a consterna, a ului.

constipado *m*. răceală; guturai.

constiparse *vr*. a răci.

constitución *f*. 1. compunere. 2. constituire. 3. constituție.

constitucional *adj*. constituțional.

constituir(se) *vt., vr.* a (se) constitui, a (se) forma, a (se) crea, a (se) înființa.

constitutivo *adj*. constitutiv.

constreñir *vt*. a constrânge.

constricción *f*. constrângere.

construcción *f*. 1. construire. 2. construcție.

construir *vt*. a construi.

consuegro *m.* cuscru.

consuelo *m.* consolare, mângâiere.

cónsul *m.* consul.

consulado *m.* consulat.

consulta *f.* 1. consultaţie. 2. *(med.)* consult. 3. cabinet medical, sală de consultaţii.

consultar *vt., vi. (con)* a (se) consulta (cu) // ~ *al médico* a consulta un medic.

consultivo *adj.* consultativ.

consultor *m.* consultant.

consultorio *m.* cabinet, sală de consultaţie.

consumación *f.* consumare (a unui fapt); terminare; desăvârşire.

consumado *adj.* perfect, desăvârşit.

consumar *vt.* a îndeplini, a desăvârşi.

consumible *adj., m.* consumabil.

consumición *f.* 1. consum. 2. consumaţie.

consumido *adj. (fam.)* istovit.

consumidor *m.* consumator.

consumir(se) *vt., vr.* 1. *(şi fig.)* a (se) consuma. 2. a (se) istovi.

consumo *m.* consum(are), consumaţie.

consunción *f.* 1. consumare. 2. epuizare, sfârşeală.

contabilidad *f.* contabilitate.

contable I. *adj.* calculabil. II. *m.* contabil.

contactar *vt.* a lua legătura (cu).

contacto *m.* contact // *al ~ de* în contact cu.

contado *adj.* numărat // *al ~ cu bani gheaţă; de ~ numaidecât, pe dată.*

contador *m.* 1. contabil. 2. tejghea. 3. contor.

contaduría *f.* contabilitate.

contagiar(se) *vt., vr.* a (se) contamina, a (se) molipsi.

contagio *m.* contagiune, molipsire.

contagioso *adj.* contagios, molipsitor.

contaminación *f.* 1. contaminare, molipsire. 2. poluare.

contaminante *adj.* 1. molipsitor. 2. poluant.

contaminar (se) *vt. vr.* 1. a (se) păta, a (se) mânji. 2. a (se) contamina, a (se) molipsi, a (se) infecta. 3. *(fig.)* a corupe; a (se) strica. 4. a (se) polua.

contante *adj.* numerar.

contar I. *vt.* 1. a număra. 2. a considera. 3. a povesti, a vorbi, a spune. II. *vi.* 1. a socoti, a număra. 2. *(con uno)* a se bizui (pe cineva). 3. *(con algo)* a dispune (de ceva).

contemplación *f.* contemplare, contemplaţie.

contemplar *vt.* 1. a contempla, a privi. 2. a lua în considerare. 3. a prezenta, a reflecta.

contemporáneo *adj., m.* contemporan.

contención *f.* 1. dispută; litigiu. 2. cumpătare, reţinere.

contender *vi.* 1. a lupta, a se bate. 2. *(fig.)* a discuta, a polemiza.

contendiente *m.* şi *f.* adversar(ă).

contenedor *m.* container.

contener I. *vt.* 1. a conţine, a cuprinde. 2. a înfrâna. II. *~se vr.* a se stăpâni.

contenido *m.* conţinut, cuprins.

contentar(se) *vt., vr.* a (se) mulţumi.

contento I. *adj.* mulţumit. II. *m.* mulţumire, bucurie.

contertuli(an)o *m.* tovarăş de petrecere.

contesta *f. (Am.)* răspuns.

contestable *adj.* contestabil.

contestación *f.* 1. răspuns. 2. dispută, ceartă.

contestar I. *vt., vi. (a)* a răspunde. II. *vi. (con)* a corespunde (cu).

contexto *m.* 1. înlănţuire, legătură. 2. *(fig.)* context.

contextura *f.* îmbinare, înlănţuire, contextură.

contienda *f.* 1. luptă. 2. dispută, ceartă.

contigüidad *f.* vecinătate.

contiguo *adj.* alăturat.

continencia *f.* cumpătare, înfrânare.

continental *adj.* continental.

continente I. *adj.* cumpătat, stăpânit. II. *m.* 1. vas, recipient. 2. înfăţişare. 3. *(geogr.)* continent.

contingencia *f.* întâmplare, fapt posibil, contingenţă.

contingente I. *adj.* probabil, eventual. II. *m.* cotă(-parte).

continuación *f.* continuare.

continuar *vt., vi.* a continua.

continuidad *f.* continuitate.

continuo *adj.* continuu, neîncetat.

contonearse *vr.* a merge legănat.

contoneo *m.* mers legănat.

contorn(e)ar *vt.* 1. a înconjura, a ocoli. 2. a contura.

contorno *m.* 1. contur. 2. ~s *pl.* împrejurimi.

contorsión *f.* contorsiune, răsucire.

contra I. *prep.* 1. contra; împotriva. 2. în faţa, către, (în)spre. II. *m.* contrariul // *sostener el ~* a susţine contrariul. III. *f. (fam.)* piedică, dificultate.

contraataque *m. (mil.)* contraatac.

contrabajo *m.* 1. contrabas. 2. contrabas(ist).

contrabalancear *vt.* a contrabalansa.

contrabandista *m.* contrabandist.

contrabando *m.* contrabandă.

contracción *f.* 1. contracţie, contractare, încordare. 2. *(anat. şi lingv.)* contracţie. 3. *(fiz.)* contractare.

contradanza *f.* contradans.

contradecir(se) *vt., vr.* a (se) contrazice.

contradicción *f.* contrazicere; contradicţie.

contradictorio *adj.* contradictoriu.

contraer(se) *vt., vr.* a (se) contracta.

contrafuerte *m.* contrafort.

contrahacer I. *vt.* a contraface, a falsifica. II. ~se *vr.* a se preface.

contrahecho *adj.* 1. fals, contrafăcut. 2. diform, pocit.

contraluz *f.* contralumină, contre-jour // *a ~* în contra luminii.

contramaestre *m.* (contra)maistru; şef de atelier.

contrapelo *m.* în *expr.: a ~ a.* în răspăr. **b.** cu forţa.

contrapeso *m.* contragreutate.

contraponer *vt.* a opune; a confrunta.

contraposición *f.* contrapunere; opoziţie; contrast.

contraproducente *(fig.)* cu efect contrar celui dorit.

contrapunt(e)arse *vr.* a se certa.

contrapunto *m. (muz.)* contrapunct.

contrariar *vt.* **1.** a se opune la. **2.** a contraria; a contrazice.

contrariedad *f.* contrarietate.

contrario I. *adj.* **1.** contrar; ostil; opus // *al (sau por lo)* ~ din contră; *llevar la contraria* a contrazice. **2.** *(fig.)* vătămător. **II.** *m.* adversar.

contrarrestar *vt.* a contracara.

contrarrevolución *f.* contrarevoluţie.

contrasentido *m.* nonsens, absurditate.

contraseña *f.* **1.** *(teatru)* contramarcă. **2.** *(mil.)* parolă.

contrastar I. *vt.* **1.** a rezista. **2.** a verifica. **II.** *vi.* a contrasta.

contraste *m.* contrast // *en ~ con* în contrast cu; *hacer ~ a* contrasta, a fi în contrast.

contrata *f.* contract; angajament.

contratar *vt.* **1.** a contracta, a negocia. **2.** a angaja.

contratiempo *m.* **1.** *(muz.)* contratimp. **2.** *(fig.)* încurcătură, necaz, neplăcere; complicaţie; inconvenient.

contratista *m.* **1.** furnizor. **2.** antreprenor.

contrato *m.* contract, acord, înţelegere // *concertar (sau firmar) un ~* a încheia *(sau a semna)* un contract.

contravención *f.* contravenţie.

contraveneno *m.* antidot.

contravenir *vi.* contraveni.

contrayente *adj., m.* contractant.

contribución *f.* contribuţie.

contribuir *vi.* a contribui.

contribuyente *m.* contribuabil.

contrición *f. (rel.)* pocăinţă.

contrincante *m.* concurent, rival.

contristar(se) *vt., vr.* a (se) întrista.

contrito *adj.* **1.** pocăit. **2.** *(fig.)* melancolic.

control *m.* control.

controlar *vt.* a controla.

controversia *f.* controversă.

controvertir *vi.* a discuta în contradictoriu.

contumacia *f.* **1.** îndărătnicie, încăpăţânare. **2.** *(jur.)* contumacie // *en ~* în lipsă, în contumacie.

contumaz *m.* **1.** încăpăţânat. **2.** *(jur.)* judecat în lipsă.

contundente *adj.* **1.** contondent. **2.** *(fig.)* zdrobitor, hotărâtor.

contundir *vt.* a contuziona; a lovi.

conturbar *vt.* a tulbura; a nelinişti.

contusión *f.* contuziune, lovire.

contuso *adj.* contuzionat.

convalecencia *f.* convalescenţă.

convalecer *vi.* a fi în convalescenţă.

convaleciente *adj., m.* convalescent.

convalidación *f.* echivalare; recunoaştere a valabilităţii.

convalidar *vt.* a confirma; a echivala (studiile *etc.*).

convecino I. *adj.* învecinat. **II.** *m.* consătean.

convencer(se) *vt., vr.* a (se) convinge.

convencimiento *m.* convingere.

convención *f.* convenţie.

convencional *adj.* convenţional.

conveniencia *f.* **1.** potrivire, asemănare. **2.** interes, profit.

conveniente *adj.* **1.** convenabil. **2.** cuviincios.

convenio *m.* convenţie, acord.

convenir I. *vi., vt. (con, en)* a conveni, a cădea de acord. **II.** *vi. (a)* a-i conveni, a-i plăcea, a-l aranja. **III.** *v. impers.* a se cădea, a se cuveni, a fi cazul // *conviene que* e bine să; *no conviene* nu se face, nu e indicat; *según conviene* după cum se cuvine.

convento *m.* mănăstire.

convergencia *f.* convergenţă.

converger, convergir *vi.* a converge.

conversación *f.* conversaţie, convorbire.

conversar *vi.* a conversa.

conversión *f.* **1.** convertire. **2.** transformare.

convertir(se) *vt., vr.* a (se) converti.

convexo *adj.* convex.

convicción *f.* convingere.

convidado *m.* oaspete, invitat.

convidar I. *vt.* a invita, a pofti. **II.** ~se *vr.* a se oferi.

convincente *adj.* convingător.

convite *m.* **1.** invitaţie. **2.** banchet.

convivencia *f.* convieţuire.

convivir *vi.* a convieţui.

convocación *f.* convocare.

convocar *vt.* a convoca.

convocatoria *f.* **1.** *(şi sport)* convocare. **2.** convocator.

convoy *m.* **1.** convoi; escortă. **2.** tren.

convoyar *vt.* a escorta.

convulsión *f.* convulsie.

convulso *adj.* convulsionat.

conyugal *adj.* conjugal.

cónyuge *m.* şi *f.* soţ(ie), consoartă.

coñac *m.* coniac.

cooperación *f.* cooperare.

cooperar *vi.* a coopera.

cooperativa *f.* cooperativă.

cooperativista *adj., m.* şi *f.* cooperativist(ă).

cooperativización *f.* colectivizare, cooperativizare.

coordenada *f.* coordonată.

coordinación *f.* coordonare.

coordinar *vt.* a coordona.

copa *f.* **1.** cupă, pocal, potir. **2.** *(bot.)* coroană. **3.** calotă (de pălărie). **4.** ~s *pl. (la jocul de cărţi)* cupă.

copero *m. (ist.)* paharnic.

copete *m.* moţ (de păr).

copia *f.* **1.** copie. **2.** abundenţă.

copiar *vt.* a copia.

copioso *adj.* copios.

copista *m.* copist.

copla *f.* **1.** cuplet, strofă. **2.** cântec popular.

copo *m.* **1.** fulg de zăpadă. **2.** *(cul.)* fulg (de porumb *etc.*). **3.** fuior.

coposo *adj.* stufos.

cópula *f.* **1.** unire, împreunare. **2.** *(gram.)* copulă.

coque *m.* cocs.

coqueta *f.* cochetă.

coquetear *vi.* a cocheta.

coqueteo *m.*, **coquetería** *f.* cochetărie.

coquetón *adj.* *(fam.)* plăcut, simpatic.

coraje *m.* mânie, furie.

corajudo *adj.* *(fam.)* mânios, furios.

coral I. *adj.* *(muz.)* coral. **II.** *m.* *(zool.)* coral, mărgean.

coraza *f.* **1.** platoşă. **2.** cuirasă, blindaj. **3.** carapace.

corazón *m.* **1.** inimă // *de buen ~* cu dragă inimă; *de todo ~* din toată inima; *duro de ~* rău de suflet; *hombre sin ~* om fără suflet. **2.** *(fig.)* curaj. **3.** *(fig.)* miez.

corazonada *f.* **1.** pornire a inimii; impuls. **2.** presimţire.

corbata *f.* cravată.

corcel *m.* armăsar.

corcova *f.* cocoaşă, gheb.

corcovado *adj.* cocoşat.

corcovo *m.* săritură, cabrare.

corchea *f.* *(muz.)* optime.

corchete *m.* **1.** copcă. **2.** *(fam.)* poliţai. **3.** paranteză dreaptă.

corcho *m.* **1.** *(bot.)* plută. **2.** dop (de plută).

cordel *m.* sfoară subţire.

cordero *m.* miel.

cordial *adj.* **1.** cordial. **2.** *(med.)* întăritor.

cordialidad *f.* cordialitate.

cordillera *f.* lanţ muntos.

cordobán *m.* marochin, saftian.

cordobés *adj., m.* cordovez.

cordón *m.* **1.** şiret, şnur. **2.** cordon.

cordonería *f.* ceaprăzărie.

cordura *f.* înţelepciune, chibzuinţă.

corifeo *m.* corifeu.

corista *m.* şi *f.* corist(ă).

cornada *f.* împunsătură cu coarnele.

cornamenta *f.* coarne (de animal).

cornamusa *f.* cimpoi.

cornear *vt.* a împunge, a lua în coarne.

corneja *f.* cioară.

corneta I. *f.* trompetă; goarnă. **II.** *m.* trompet(ist), gornist.

cornisa *f.* *(arhit.)* corniş.

cornucopia *f.* corn al abundenţei.

cornudo I. *adj.* cornut, cu coarne. **II.** *m.* *(fig.)* bărbat încornorat.

coro *m.* *(muz.)* cor // *a ~* în cor; *de ~* pe de rost; *hablar a ~s* a vorbi pe rând.

corona *f.* **1.** coroană; cunună. **2.** creştet. **3.** tonsură. **4.** *(astr.)* halou. **5.** *(monedă)* coroană.

coronación *f.* **1.** încoronare. **2.** încununare.

coronam(i)ento *m.* *(fig.)* încununare, desăvârşire, încoronare.

coronar *vt.* **1.** a încorona. **2.** a încununa, a desăvârşi.

coronel *m. (mil.)* colonel.

coronilla *f.* creştetul capului // *estar hasta la ~* a fi sătul până peste cap.

carpiño *m.* corsaj.

corporación *f.* corporaţie, breaslă.

corporal, corpóreo *adj.* corporal, trupesc.

corpulencia *f.* corpolenţă.

corpulento *adj.* corpolent, trupeş.

corral *m.* curte, ogradă.

corralito *m.* ţarc (de copii).

correa *f.* curea // *~ sin fin* bandă rulantă.

correaje *m.* curele.

corrección *f.* 1. corectare. 2. corecţie, pedeapsă. 3. corectitudine. 4. corectură.

correccional I. *adj.* corecţional. II. *m.* casă de corecţie.

correcto *adj.* corect.

corredizo *adj.* alunecător, glisant.

corredor I. *adj.* care aleargă. II. *m.* 1. *(sport)* alergător. 2. misit, samsar. 3. coridor, galerie.

corregir(se) I. *vt., vr.* a (se) îndrepta, a (se) corecta. II. *vt.* 1. a pedepsi. 2. a atenua.

correlación *f.* corelaţie.

correlativo *adj.* corelativ.

correntón *adj.* hoinar.

correo *m.* 1. curier, mesager, 2. poştă, serviciu poştal. 3. complice.

correr I. *vi.* 1. a alerga, a fugi // *a todo ~* în goana mare. 2. *(şi fig.)* a curge. 3. *(d. timp)* a se scurge. 4. *(d. un zvon)* a umbla. 5. *(con)* a se însărcina (să); a

suporta // *~ con los gastos* a suporta cheltuielile. II. *vt.* 1. a goni, a alerga. 2. a fugări, a urmări. 3. a colinda. 4. a trage (un zăvor, o perdea). 5. a trece prin, a fi expus // *~ peligro* a fi expus unei primejdii. III. *~se vr.* 1. a se topi. 2. *(fam.)* a întrece măsura. 3. a se da mai încolo.

correría *f.* incursiune.

correspondencia *f.* 1. corespondenţă. 2. legătură; comunicaţie.

corresponder I. *vi.* 1. a corespunde, a comunica. 2. *(a, con)* a răsplăti. 3. *(en)* a se revanşa. 4. a reveni. II. *~se vr.* 1. a coresponda. 2. a împărtăşi dragostea // *a quien corresponda* celor în drept; *me corresponde a mí* îmi revine mie; *por lo que corresponde* cu privire la.

correspondiente *adj.* corespunzător // *académico ~* membru corespondent al Academiei.

corresponsal *m.* corespondent de presă.

corretear *vi.* a hoinări.

correveidile *m.* şi *f. (fam.)* intrigant, bârfitor.

corrida *f.* cursă, alergare // *~ de toros* coridă; *de ~* în grabă.

corrido *adj.* 1. excedentar. 2. *(tip.)* cursiv. 3. ruşinat. 4. *(fig.)* versat.

corriente I. *adj.* 1. curgător // *agua ~* apă curgătoare. 2. curent // *en año ~* anul curent; *estar al ~ de* a fi la curent cu. **II.** *f.* curent // ~ *de aire (eléctrica)* curent de aer (electric); ~ *literaria* curent literar.

corrimiento *m.* **1.** (s)curgere. **2.** alunecare (de teren).

corro *m.* grup, adunare.

corroborar *vt.* a corobora, a întări, a confirma.

corroer *vt.* a roade.

corromper(se) *vt., vr. (şi fig.)* a (se) strica.

corrosión *f.* coroziune.

corrosivo *adj.* corosiv.

corrupción *f.* **1.** stricare. **2.** *(fig.)* corupere; corupţie.

corruptela *f.* corupere, corupţie.

corruptor *adj., m.* corupător.

corsario *m.* pirat.

corsé *m.* corset.

corso **I.** *adj., m.* corsican. **II.** *m.* piraterie.

cortacircuitos *m. (electr.)* siguranţă.

cortacorriente *m. (electr.)* întrerupător.

cortado *adj.* **1.** măsurat, potrivit. **2.** *(d. stil)* sacadat.

cortadura *f.* tăietură.

cortante **I.** *adj.* tăios. **II.** *m.* satâr.

cortapisa *f. (fig.)* **1.** haz, spirit. **2.** piedică.

cortaplumas *m.* briceag.

cortar **I.** *vt., vi.* **1.** a tăia; a reteza. **2.** *(d. un drum etc.)* a întrerupe; a bara; a bloca; a opri. **II.** ~se *vr.* **1.** a se tăia. **2.** *(fig.)* a se fâstâci. **3.** *(d. piele)* a se crăpa. **4.** *(d. lapte)* a se tăia.

corte **I.** *m.* **1.** tăiş. **2.** tăiere; tăietură. **3.** croială. **II.** *f.* **1.** curte regală. **2.** *(Am.)* tribunal. **3.** ~s *pl.* Parlamentul spaniol // *hacer la* ~ *(fig.)* a face curte.

cortedad *f.* **1.** scurtime. **2.** *(fig.)* mărginire. **3.** sfială.

cortejar *vt.* a curta; a fi curtenitor cu.

cortejo *m.* **1.** curtare. **2.** alai, suită. **3.** *(fam.)* curtezan.

cortés *adj.* politicos, amabil.

cortesano **I.** *adj.* de curte. **II.** *m.* curtean.

cortesía *f.* **1.** politeţe, curtoazie, amabilitate. **2.** ~s *pl.* fraze de politeţe.

corteza *f.* scoarţă, coajă.

cortina *f.* perdea // *correr las* ~s a trage perdelele.

corto *adj.* **1.** scurt; scund. **2.** *(fig.)* sfios, timid.

cortocircuito *m. (electr.)* scurtcircuit.

corvo *adj.* curb, încovoiat.

corza *f. (zool.)* căprioară.

corzo *m.* **1.** căprioară *(specie).* **2.** căprior *(mascul).*

cosa *f.* lucru; obiect; fapt // ~ *de poca monta* lucru neînsemnat; *a* ~ *hecha* într-adins; *alguna* ~ ceva; *como si tal* ~ ca şi cum n-ar fi nimic; *no hay* ~ *de ver* nu ai ce vedea; *no ser gran* ~ a nu fi cine ştie ce.

cosaco *m.* cazac.

cosecha *f.* recoltă, cules.

cosechadora *f.* secerătoare.

cosechar *vi., vt.* a recolta, a culege.

coser *vt.* a coase // *máquina de ~* maşină de cusut.

cosido *m.* 1. cusut. 2. cusătură.

cosmético *adj., m.* cosmetic.

cósmico *adj.* cosmic.

cosmonauta *m.* şi *f.* cosmonaut(ă).

cosmopolita *adj., m.* cosmopolit.

cosmos *m.* cosmos.

coso *m.* (*taur.*) arenă.

cosquillas *f. pl.* gâdilitură // *hacer ~ a uno* **a.** a gâdila; **b.** a stârni curiozitatea cuiva.

cosquilleo *m.* gâdilat.

cosquillear *vt.* a gâdila.

cosquilloso *adj.* 1. gâdilicios. 2. (*fig.*) susceptibil.

costa *f.* 1. coastă, ţărm. 2. cost, preţ // *a ~ de* cu preţul; *a toda ~* cu orice preţ. 3. *~s pl.* (*jur.*) cheltuieli de judecată.

costado *m.* 1. (*anat.*) rână, latură, parte. 2. (*mil.*) flanc. 3. (*mar.*) bord. 4. *~s pl.* strămoşi.

costal *m.* sac.

costanera *f.* 1. coastă, povârniş. 2. *~s pl.* căpriori.

costanero *adj.* înclinat în pantă.

costar *vi.* a costa.

costarricense *adj., m.* costarican.

coste *m.* cost, preţ // *a ~ y costas* la preţul de cost; *precio de ~* preţ de cost.

costear **I.** *vt.* a plăti, a suporta (cheltuielile). **II.** *vi.* (*mar.*) a naviga pe lângă ţărm.

costeño, costero *adj.* de (pe) coastă.

costilla *f.* 1. (*anat.*) coastă. 2. (*fam.*) soţie. 3. *~s pl.* (*fam.*) spate.

costo *m.* cost, cheltuială.

costoso *adj.* costisitor.

costra *f.* crustă, coajă.

costumbre *f.* 1. obicei, datină; deprindere // *de ~* de obicei. 2. *~s pl.* moravuri.

costura *f.* 1. cusut. 2. cusătură.

costurera *f.* croitoreasă.

cota *f.* 1. zale. 2. (*geogr.*) cota.

cotejar *vt.* a confrunta, a compara.

cotejo *m.* confruntare, comparare.

cotidiano **I.** *adj.* cotidian, zilnic. **II.** *m.* ziar.

cotización *f.* (*com.*) 1. cotare, apreciere. 2. cotaţie, curs (la bursă).

cotizar(se) *vt., vr.* a (se) cota (la bursă).

coto *m.* 1. loc îngrădit. 2. piatră de hotar. 3. (*Am.*) guşă.

cotorra *f.* 1. coţofană. 2. (*fig.*) gaiţă.

cotorrear *vi.* a trăncăni.

coyote *m.* (*Am.*) lup (de prerie).

coyunda *f.* funie de înjugat boii.

coyuntura *f.* 1. (*anat.*) articulaţie. 2. (*fig.*) conjunctură.

coz *f.* 1. zvârlitură de copită. 2. recul.

craneal, craneano, craniano *adj.* cranian.

cráneo *m.* craniu.

crápula *f.* 1. beţie. 2. desfrâu.

crasitud *f.* obezitate.

craso *adj.* **1.** gras. **2.** *(fig.)* cras.

cráter *m.* crater.

creación *f.* **1.** creare. **2.** creație.

creador *adj., m.* creator.

crear *vt.* **1.** a crea. **2.** *(fig.)* a
înființa, a întemeia.

crecer *vi.* a crește.

creces *f. pl.* spor, adaos, dobândă.

crecida *f.* creștere (a apelor),
viitură.

crecido *adj.* important, mare.

creciente I. *adj.* în creștere. **II.** *m.*
semilună. **III.** *f.* flux.

crecimiento *m.* creștere, mărire.

credencial I. *f.* ordin de numire.
2. ~es *pl.* scrisori de acredi-
tare. **II.** *adj.* care acreditează
// *cartas* ~es scrisori de acre-
ditare.

crédito *m.* **1.** credit // *a* ~ pe
credit. **2.** ~s *pl.* (cinema)
generic // *dar* ~ a da crezare,
a crede.

credo *m.* crez.

credulidad *f.* credulitate.

crédulo *adj.* credul, încrezător.

creedero *adj.* verosimil.

creencia *f.* credință.

creer I. *vt., vi.* a crede. **II.** ~se
vr. a se (în)crede.

creíble *adj.* credibil.

crema *f.* **1.** smântână; frișcă;
cremă. **2.** tremă.

cremación *f.* incinerare.

cremallera *f.* **1.** cremalieră.
2. fermoar // *cierre de* ~ fer-
moar.

creosota *f.* creozot.

crepitación *f.* trosnitură, pârâitură.

crepitar *vi.* a trosni, a pârâi.

crepúsculo *m. (și fig.)* crepus-
cul, amurg.

crespo *adj.* **1.** creț. **2.** *(fig.)*
enervat.

crespón *m.* crepon // *papel* ~
hârtie creponată.

cresta *f.* creastă.

crestudo *adj.* țanțoș.

cretino *adj.* cretin.

cretona *f.* creton.

creyente *adj., m.* credincios.

cría *f.* **1.** creștere. **2.** copil de
țâță. **3.** pui (de animal).

criada *f.* slujnică.

criadero *m.* **1.** filon, vână. **2.** pe-
pinieră; crescătorie.

criado I. *adj.* educat. **II.** *m.*
servitor.

criador *adj., m.* **1.** *(agr.)* cres-
cător. **2.** *(rel.)* creator.

criar *vt.* **1.** a produce, a da. **2.** a
alăpta. **3.** a crește.

criatura *f.* **1.** făptură, crea-
tură. **2.** copil mic.

criba *f.* ciur.

cribar *vt.* a cerne.

crimen *m.* crimă.

criminal *adj., m.* criminal.

criminalidad *f.* criminalitate.

crines *f. pl.* coamă (de cal).

crío *m.* **1.** *(fam.)* sugaci. **2.** *(fam.)*
copil.

criollo I. *adj., m.* creol. **II.** *adj.*
(Am.) indigen.

cripta *f.* criptă.

criptograma *m.* criptogramă.

crisálida *f. (zool.)* crisalidă.

crisantemo *m.* crizantemă.

crisis *f.* criză.

crisol *m*. creuzet.

crispar(se) *vt.*, *vr.* a (se) crispa.

cristal *m*. 1. cristal. 2. sticlă. 3. geam.

cristalino *adj.*, *m*. cristalin.

cristalizar(se) *vt.*, *vr.*, *vi.* a (se) cristaliza.

cristiandad *f*. creştinătate.

cristianismo *m*. creştinism.

cristianizar(se) *vt.*, *vr.* a (se) creştina.

cristiano *adj.*, *m*. creştin // *hablar en ~* a vorbi desluşit.

cristo *m*. crucifix.

criterio *m*. 1. criteriu, principiu. 2. judecată, punct de vedere, părere // *en mi ~* după părerea mea, după opinia mea.

crítica *f*. critică.

criticar *vt.* a critica.

crítico *adj.*, *m*. critic.

criticón *adj.* care găseşte cusur la orice.

croar *vi.* a orăcăi.

cromático *adj.* cromatic.

cromo *m*. crom.

crónica *f*. cronică.

crónico *adj.* cronic.

cronista *m*. cronicar.

cronología *f*. cronologie.

cronómetro *m*. cronometru.

croquetas *f. pl.* crochete (de carne).

croquis *m*. crochiu, schiţă.

cruce *m*. încrucişare.

crucero *m*. 1. răspântie. 2. *(mar.)* crucişător. 3. croazieră.

crucificar *vt.* 1. a crucifica. 2. *(fig.)* a chinui.

crucifijo *m*. crucifix.

crucifixión *f*. crucificare, răstignire.

crudeza *f*. 1. cruditate (a fructelor). 2. *(fig.)* cruzime. 3. *~s pl*. alimente greu de mistuit.

crudo *adj.* 1. crud, necopt. 2. *(fig.)* crud, neîndurător. 3. *(d. timp)* aspru.

cruel *adj.* crud, nemilos.

crueldad *f*. cruzime.

cruento *adj.* sângeros.

crujido *m*. pârâitură; trosnitură; foşnet; scârţâit; scrâşnet.

crujir *vi.* a pârâi; a trosni; a foşni; a scrâşni.

crustáceos *m. pl.* crustacee.

cruz *f*. 1. cruce. 2. *(fig.)* cruce, pătimire // *llevar su ~* a-şi duce crucea. 3. revers (de monedă) // *jugar a cara o ~* a juca rişca.

cruzada *f*. cruciadă.

cruzado *m*. cruciat.

cruzamiento *m*. încrucişare.

cruzar *vt.* 1. a încrucişa. 2. a tăia, a traversa.

cuaderno *m*. caiet.

cuadra *f*. 1. grajd de cai. 2. salon (de spital). 3. *(Am.)* grup de case.

cuadrado *adj.*, *m*. pătrat // *de ~* perfect; *elevar al ~* a ridica la pătrat; *raíz cuadrada* rădăcină pătrată.

cuadrángulo *m*. patrulater.

cuadrante *m*. cadran solar.

cuadrar I. *vt.* 1. a da formă pătrată. 2. *(mat.)* a ridica la pătrat. **II.** *vi.* a cadra. **III.** **~se** *vr.* **1.** *(mil.)* a lua poziție de drepți. **2.** *(fam.)* a deveni grav pe neașteptate.

cuadrícula *f.* desen în pătrățele.

cuadricular *vt.* a linia în pătrățele.

cuadrílátero I. *adj.* cu patru laturi. **II.** *m.* **1.** patrulater. **2.** *(box)* ring.

cuadrilongo I. *adj.* dreptunghiular. **II.** *m.* dreptunghi.

cuadrilla *f.* **1.** ceată; grup; echipă; bandă. **2.** cadril.

cuadro *m.* **1.** pătrat. **2.** tablou. **3.** ramă. **4.** strat de flori. **5.** *(fig., teatru, tehn.)* tablou // **~ de mando** tablou de comandă; **~ fijo** *(cinema)* stop cadru. **6.** *(mil.)* careu. **7.** carou // **tela de ~s** pânză în carouri. **8.** **~s** *pl.* cadre.

cuadrúpedo *adj.*, *m.* patruped.

cuádruple, cuádruplo *adj.* împătrit.

cuadruplicar *vt.* a înmulți cu patru.

cuajada *f.* lapte covăsit.

cuajado *adj.* *(fam.)* **1.** uluit, înmărmurit. **2.** adormit.

cuajar(se) I. *vt.*, *vi.*, *vr.* a (se) închega, a (se) coagula. **II.** *vi.* **1.** *(fam.)* a reuși, a prinde. **2.** *(fam.)* a plăcea, a conveni. **III.** *vr.* **1.** a se umple, a se încărca. **2.** a adormi profund.

cuajarón *m.* cheag.

cuajo *m.* cheag // **tener mucho ~** *(fam.)* a fi flegmatic.

cual, cuales I. *pron. relat.* el /la cual, los /las cuales care // **a cual más** care mai de care; **a cual mejor** care mai de care mai bine; **cada cual** fiecare; **lo cual** ceea ce; **tal o cual** cutare sau cutare. **II.** *adv.* (așa) cum; cât // **cual... tal cum... așa; cual si** ca și cum.

cuál, cuáles I. *pron. relat.-interog.* care, cine // *¿cuál te gusta más?* care îți place mai mult? **II.** *adv.* cât de // ; *¡cuál infeliz se sentiría si...!* cât de nefericit s-ar simți, dacă...!

cualidad *f.* calitate, însușire.

cualificar *vt.* a califica (drept).

cualitativo *adj.* calitativ.

cualquier *adj.* *nehot.* oricare, orice.

cualquiera, cualesquiera I. *adj. nehot.* oarecare. **II.** *pron. nehot.* oricine, orice.

cuán *adv.* cât de // *¡~ difícil es!* cât de greu este!

cuando I. *adv.* când // **de ~** (sau *vez*) **en ~** din când în când. **II.** *conj.* când; dacă // **~ más/menos** cel mult/puțin; **~ no** dacă nu, în caz contrar; **aun ~** chiar dacă.

cuándo *adv. relat.-interog.* când // *¿~ viene?* când vine?

cuantía *f.* **1.** cantitate, sumă. **2.** importanță // **de mayor ~** important.

cuantioso *adj.* considerabil, numeros.

cuantitativo *adj.* cantitativ.

cuanto *adj.* cât // ~ *antes* cât de curând; *en* ~ de îndată ce; *en* ~ *a* cât despre; *por* ~ deoarece, întrucât.

cuanto, cuanta, cuantos, cuantas *adj.* cât, câtă, câți, câte.

cuánto *adv.* cât.

cuánto, cuánta, cuántos, cuántas *pron. și adj. relat.-interog.* cât, câtă, câți, câte.

cuarenta *num. card.* patruzeci.

cuarentena *f.* 1. (grup de) patruzeci. 2. *(med.)* carantină.

cuarentón *m.* bărbat care are în jur de patruzeci de ani.

cuaresma *f.* postul mare.

cuarta *f.* 1. pătrime, sfert. 2. palmă *(măsură)*. 3. *(la jocul de cărți și muz.)* cvartă.

cuartear I. *vt.* 1. a împărți în patru. 2. a împărți. II. *vi.* (taur). a sări în lături. III. ~se *vr.* a se crăpa, a se fisura.

cuartel *m.* 1. cazarmă. 2. pătrime. 3. cartier. 4. strat (de flori) // ~ *general (mil.)* cartier general; *sin* ~ fără cruțare.

cuarterón *adj.* metis.

cuarteto *m.* 1. *(lit.)* catren. 2. *(muz.)* cvartet.

cuarto I. *num. ord.* al patrulea. II. *m.* 1. sfert. 2. apartament. 3. cameră // ~ *individual* cameră single. 4. ban, lețcaie // *hombre de muchos* ~s om cu bani; *no tener un* ~ a nu avea o lețcaie. 5. *(mil.)* cart. 6. pătrar (de lună). 7. ~s *pl.* *(sport.)* sferturi.

cuarzo *m.* cuarț.

cuaternario *adj.* cuaternar.

cuatro *num. card.* patru.

cuba *f.* butoi, poloboc // *hecho una* ~ beat mort.

cubano *adj., m.* cubanez.

cubero *m.* dogar.

cubeta *f.* 1. căldare, hârdău. 2. chiuvetă.

cúbico *adj.* cubic.

cubierta *f.* 1. învelitoare. 2. copertă. 3. anvelopă. 4. plic. 5. *(mar.)* covertă, punte. 6. *(fig.)* pretext.

cubierto I. *m.* 1. tacâm. 2. adăpost // *estar al* ~ a fi la adăpost. II. *adj.* acoperit.

cubil *m.* bârlog, vizuină.

cubo *m.* 1. căldare, găleată. 2. butuc (al roții). 3. *(mat.)* cub.

cubrir(se) I. *vt., vr.* a (se) acoperi. II. *vr.* 1. *(d. cer)* a se înnoura. 2. a-și pune pălăria pe cap.

cucaracha *f.* libarcă.

cuclillas *f. pl. în expr.: en* ~ pe vine.

cuclillo *m.* *(zool.)* cuc.

cuco I. *adj.* 1. *(fam.)* drăguț, nostim. 2. *(fig.)* prefăcut, viclean. II. 1. omidă de fluture. 2. *(zool.)* cuc // *reloj de* ~ ceas cu cuc.

cucurucho *m.* cornet (de hârtie).

cuchara *f.* lingură.

cucharada *f.* lingură *(conținutul)*.

cucharadita *f.* linguriță *(conținutul)*.

cucharón *m.* polonic.

cuchichear *vi.* a şuşoti.

cuchicheo *m.* şuşoteală.

cuchilla *f.* 1. satâr. 2. lamă (de armă albă). 3. *(Am.)* lanţ de munţi.

cuchillada *f.* 1. lovitură de cuţit. 2. rană de cuţit.

cuchillo *m.* 1. cuţit // *pasar a ~* a trece prin sabie. 2. clin.

cuellicorto *adj.* cu gâtul scurt.

cuellilargo *adj.* cu gâtul lung.

cuello *m.* 1. gât // *gritar a voz en ~* a striga în gura mare. 2. guler // *~ blando/duro* guler moale/tare.

cuenca *f.* 1. strachină de lemn. 2. *(anat.)* orbită. 3. *(geogr.)* căldare. 4. *(geogr.)* bazin.

cuenco *m.* strachină de lut.

cuenta *f.* 1. *(şi fig.)* socoteală, calcul // *a fin de ~s* în cele din urmă; *ajustar sus ~s* a. a-şi face socotelile; b. *(fam.)* (con) a se răfui (cu); *dar ~ a uno* a da socoteală cuiva; *llevar la ~* a ţine socoteala; *pedir ~* a cere socoteală; *por ~ ajena* pe socoteala altuia; *vivir a ~ de uno* a trăi pe spinarea altuia. 2. *(com.)* cont // *~ corriente* cont curent; *a ~* în cont, pe datorie. 3. notă de plată // *pagar la ~* a plăti nota de plată. 4. seamă // *darse ~ de* a-şi da seama; *tener* (sau *tomar*) *en ~* a ţine seamă, a lua în seamă 5. mărgea.

cuentagotas *m.* pipetă.

cuentero *m.* bârfitor.

cuentista *m.* şi *f.* 1. povestito(a)r(e). 2. *(fam.)* bârfitor.

cuento *m.* 1. poveste; basm // *sin ~* fără număr; *venir a ~* a veni la ţanc. 2. *(fam.)* bârfă, intrigă. 3. *(fam.)* braşoavă.

cuerda *f.* 1. frânghie, funie. 2. coardă; strună. 3. arc de ceas // *dar ~ al reloj* a întoarce ceasul. 4. tendon, vână. 5. *(muz.)* voce, registru // *apretar la ~ (fig.)* a strânge şurubul; *mozo de ~* hamal; *por debajo de ~* pe ascuns.

cuerdo *adj.* înţelept, cuminte.

cuerna *f.* 1. corn de băut. 2. coarne (de animal).

cuerno *m.* corn // *~ de caza* corn de vânătoare; *los ~s del toro* coarnele taurului.

cuero *m.* 1. piele // *en ~s (vivos)* în pielea goală; *vestido de ~* haină de piele. 2. burduf // *borracho como un ~* beat turtă.

cuerpo *m.* corp, trup // *a ~* în talie; *en ~ y alma* cu trup şi suflet; *tomar ~* a creşte, a se mări, a lua proporţii.

cuervo *m.* corb // *~ marino* cormoran.

cuesco *m.* sâmbure.

cuesta *f.* coastă, povârniş // *~ abajo* la vale; *~ arriba* la deal; *a ~s* în spinare, pe spate.

cuestación *f.* chetă, colectă.

cuestión *f.* 1. chestiune; problemă; temă, subiect. 2. discuţie, controversă, dispută; *(fam.)* ceartă.

cuestionable *adj.* discutabil, controversat.

cuestionar *vt.* 1. a discuta, a dezbate. 2. a pune la îndoială.

cuestionario *m.* chestionar.

cuestor *m.* 1. *(fin.)* chestor. 2. cel ce umblă cu cheta, colector.

cueva *f.* 1. peşteră, grotă. 2. pivniţă.

cuidado *m.* 1. grijă; atenţie; preocupare; interes. 2. nelinişte. 3. îngrijire, grijă // ~ *con el tren* atenţie la tren; *estar con* ~ a fi îngrijorat; *estar de* ~ a fi grav bolnav; *perder* ~ a fi fără grijă; *tener* ~ a avea grijă.

cuidadoso *adj.* grijuliu, atent.

cuidar(se) I. *vt.*, *vr.* a (se) îngriji (de). II. *vi.* a îngriji, a avea grijă.

cuita *f.* păs, necaz.

cuitado *adj.* 1. necăjit. 2. *(fig.)* fricos.

culata *f.* 1. crupă (la cal). 2. pat de puşcă. 3. chiulasă.

culebra *f.* şarpe // ~ *de cascabel* şarpe-cu-clopoţei.

culebrear *vi.* a şerpui.

culinario *adj.* culinar.

culminación *f.* culminare.

culminante *adj.* culminant.

culminar *vi.* a culmina.

culo *m.* şezut.

culpa *f.* culpă, vină // *echar la* ~ *a uno* a arunca vina pe cineva.

culpabilidad *f.* vinovăţie.

culpable *adj.* culpabil, vinovat.

culpar *vt.* a învinui.

culterano *adj.* gongorist, preţios.

cultivado *adj.* 1. cultivat. 2. *(fig.)* cultivat, cult, instruit.

cultivador *m.* cultivator.

cultivar *vt.* a cultiva.

cultivo *m.* 1. *(agr.)* cultură, cultivare, lucrare. 2. cultură, îngrijire, creştere (a plantelor). 3. cultură (de bacterii). 4. *(fig.)* cultivare, dezvoltare.

culto I. *adj.* cultivat; cult; instruit. II. *m. (rel.)* cult.

cultura *f.* cultură.

cultural *adj.* cultural.

cumbre *f.* 1. *(şi fig.)* culme. 2. conferinţă la nivel înalt.

cumpleaños *m.* zi de naştere, aniversare.

cumplido *adj.* 1. desăvârşit; complet; integral. 2. *(d. anumite lucruri)* amplu; mare; bogat; larg; lung. 3. politicos, manierat. II. *m.* compliment; amabilitate, politeţe // *por* ~ din politeţe.

cumplimentar *vt.* 1. a felicita. 2. *(jur.)* a executa.

cumplimiento *m.* 1. îndeplinire. 2. compliment. 3. urare.

cumplir I. *vt.* 1. a îndeplini. 2. a împlini o vârstă. II. *vi.* 1. *(con)* a-şi îndeplini // ~ *con su deber* a-şi face datoria. 2. a satisface serviciul militar. 3. a expira un termen. III. *~se vr.* a se împlini, a se realiza.

cúmulo *m.* 1. grămadă, teanc, maldăr. 2. *(fig.)* mulţime, multitudine, grămadă.

cuna *f.* 1. *(şi fig.)* leagăn. 2. *(fig.)* neam.

cundir *vi.* a se întinde; a se răspândi; a spori.

cunear(se) *vi., vr.* a (se) legăna.

cuneta *f.* şanţ de scurgere.

cuña *f.* 1. pană. 2. (*fig.*) sprijin.

cuñado *m.* cumnat.

cuño *m.* 1. matriţă. 2. (*fig.*) semn.

cuota *f.* 1. cotă (-parte). 2. cotizaţie. 3. taxă. 4. (*ec.*) rată.

cupón *m.* (*com.*) cupon.

cúpula *f.* cupolă.

cura 1. *m.* preot. II. *f.* 1. cură, tratament. 2. vindecare.

curable *adj.* vindecabil.

curación *f.* vindecare.

curandero *m.* vraci.

curar I. *vi.* 1. a se lecui, a se vindeca. 2. (*de*) a-i păsa (de). II. *vt.* 1. a trata, a vindeca. 2. a săra şi a afuma (carnea). 3. a tăbăci.

curativo *adj.* curativ.

curato *m.* 1. preoţie. 2. parohie.

curiosear *vi.* (*fam.*) a iscodi, a fi curios.

curiosidad *f.* 1. curiozitate. 2. îngrijire, acurateţe.

curioso *adj.* 1. curios. 2. curat, îngrijit.

curruca *f.* pitulice.

cursado *adj.* versat.

cursante *m.* cursant.

cursar *vt.* 1. a frecventa. 2. a urma (un curs). 3. a da curs.

cursi *adj.* (*fam.*) 1. de prost gust, vulgar. 2. ridicol.

curs(il)ería *f.* prost gust, vulgaritate.

cursivo *adj.* cursiv.

curso *m.* 1. curs (de apă). 2. curs (la universitate); clasă. 3. (*fig.*) scurgere (a timpului). 4. ~s *pl.* an şcolar.

curtidos *m. pl.* piei tăbăcite.

curtidor *m.* tăbăcar.

curtiduría *f.* tăbăcărie.

curtir *vt.* 1. a tăbăci. 2. (*fig.*) a pârli; a bronza. 3. (*fig.*) a căli.

curva *f.* curbă.

curvo *adj.* curb.

cuscurro *m.* bucată de pâine uscată.

cúspide *f.* pisc, vârf.

custodia *f.* custodie, pază.

custodiar *vt.* a păzi, a păstra.

custodio I. *adj.* păzitor. II. *m.* custode, paznic.

cutáneo *adj.* cutaneu, cutanat.

cutis *m.* (sau *f.*) piele, ten.

cuyo, cuya, cuyos, cuyas *pron. relat.* al, a, ai, ale, cărui, cărei, căror.

CH

cha *m.* şah (al Persiei).

chabacanería *f.* lipsă de gust, vulgaritate; mitocănie.

chabacano *adj.* vulgar, grosolan.

chacal *m.* şacal.

chaco *m.* *(Am.)* ţinut păduros.

chacotear *vi.* 1. a face gălăgie. 2. a-şi bate joc.

chacra *f.* *(Am.)* gospodărie, fermă.

chacha *f.* *(fam.)* dădacă.

cháchara *f.* *(fam.)* pălăvrăgeală.

chacharear *vi.* *(fam).* a pălăvrăgi.

chafallar *vt.* *(fam.)* a cârpăci.

chafar *vt.* 1. a strivi, a zdrobi. 2. a boţi.

chafarote *m.* (un fel de) hanger.

chal *m.* şal.

chalán *adj.* priceput în afaceri.

chalana *f.* *(mar.)* şaland; şlep.

chaleco *m.* vestă.

chalina *f.* lavalieră.

chalupa *f.* şalupă.

chámara, chamarasca *f.* 1. vreascuri. 2. vâlvătaie.

chambelán *m.* şambelan.

chamizo *m.* 1. tăciune. 2. bordei. 3. *(pop.)* speluncă.

champán *m.*, champaña *f.* şampanie.

champiñón *m.* ciupercă comestibilă.

champú *m.* şampon.

chamuscar *vt.* a pârli.

chamusquina *f.* 1. pârlit. 2. *(fam.)* gâlceavă.

chancear *vi.* a glumi.

chancero *adj.* glumeţ, mucalit.

chancleta I. *f.* papuc de casă. II. *m.* şi *f.* nătăfle(a)ţ(ă).

chanclo *m.* 1. galoş. 2. galent.

chanchullo *m.* *(fam.)* şarlatanie.

chándal *m.* *(sport)* trening.

chantaje *m.* şantaj.

chanza *f.* glumă // ~ pesada glumă proastă.

chapa *f.* 1. placă; planşă; foaie. 2. (foaie de) tablă. 3. insignă de poliţist.

chapalear *vi.* a plescăi (în apă).

chaparrón *m.* răpăială, aversă.

chap(e)ar *vt.* a acoperi cu plăci.

chapitel *m.* 1. vârf (de turn). 2. capitel.

chapotear I. *vt.* a muia, a umezi. II. *vi.* a se bălăci.

chapucear *vt.* a lucra de mântuială.

chapucería *f.* lucru de mântuială.

chapucero I. *adj.* grosolan. II. *m.* cârpaci.

chapurr(e)ar *vt.* a stâlci (o limbă).

chapuzar(se) *vt., vi., vr. (en)* a (se) scufunda (în).

chaqué, chaquet *m.* jachetă (bărbătească).

chaqueta *f.* vestă (cu mâneci); haină (scurtă).

chaquetón *m.* scurtă; pardesiu scurt.

charada *f.* şaradă.

charanga *f. (mil.)* fanfară.

charca *f.* baltă, mlaştină.

charco *m.* băltoacă.

charla *f.* 1. taifas, flecăreală. 2. conferinţă (ţinută într-un cadru mai intim).

charlador *m.* flecar, palavragiu.

charlar *vi.* a flecări, a sporovăi.

charlatán *adj., m.* 1. flecar. 2. clevetitor. 3. şarlatan.

charlatanería *f.* 1. limbuţie. 2. şarlatanerie.

charol *m.* 1. *(substanţă)* lac. 2. piele lăcuită, lac // *botas de ~* ghete de lac.

charrada *f.* 1. grosolănie, mojicie. 2. lucru de prost gust.

charrán *adj., m.* pungaş, haimana.

charranada *f.* pungăşie.

charretera *f. (mil.)* epolet, tresă.

charro *adj.* 1. ţărănesc. 2. *(fig.)* grosolan. 3. *(fam.)* de prost gust.

chascar *vi.* a pârâi; a trosni.

chasco *m.* 1. păcăleală, festă, renghi // *dar un ~* a juca un renghi. 2. eşec // *llevarse un ~* a se păcăli.

chasis *m. (auto)* şasiu.

chasquear I. *vt.* 1. a păcăli. 2. a pocni (din bici). II. *vi.* a trosni. III. *~se vr.* a se păcăli.

chasquido *m.* pocnitură; pârâitură; trosnet; plescăit.

chato *adj.* 1. cârn. 2. plat, turtit.

chaval *m. (pop.)* băiat, tânăr.

checo *adj., m.* ceh.

checoslovaco *adj., m.* cehoslovac.

chelín *m.* şiling.

cheque *m.* cec // *~ bancario* cec bancar

chequear *vt.* a controla, a verifica.

chequeo *m.* control // *~ médico* control medical.

chicle *m. (Am.)* gumă de mestecat.

chico I. *adj.* mic. II. *m.* 1. copil, băiat. 2. *(fam.)* tânăr.

chicolear *vi.* a flirta.

chicoleo *m. (fam.)* compliment.

chicha *f. (Am.)* băutură (din porumb).

chicharra *f.* 1. greier. 2. *(fig.)* flecar.

chicharrón *m.* jumări (de slănină).

chichón *m.* cucui.

chifla *f.* fluierătură, şuierat.

chiflado *adj.* 1. ţicnit. 2. *(fig.)* îndrăgostit lulea.

chiflar I. *vi.* a fluiera, a şuiera. II. *~(se) vt., vr.* a-şi bate joc. III. *~se vr. (fam.)* a se prăpădi (după), a înnebuni (după).

chile *m. (Am.)* ardei iute.

chileno *adj., m.* chilian.

chillar *vt.* 1. a ţipa. 2. a scârţâi.

chillido *m.* 1. ţipăt. 2. scârţăit.

chillón *adj.* ţipător, strident.

chimenea *f.* 1. coş (de fabrică, de sobă). 2. cămin, şemineu.

chimpancé *m.* cimpanzeu.

china *f.* 1. pietricică. 2. porţelan chinezesc. 3. *(Am.)* femeie frumoasă, metisă.

chinche *f.* 1. ploşniţă. 2. piuneză. 3. *(fam.)* pisălog.

chinchoso *adj.* *(fam.)* sâcâitor, pisălog.

chinela *f.* papuc.

chinero *m.* vitrină de cristaluri.

chinesco *adj.* chinezesc.

chino I. *adj.* chinez(esc). II. *m.* chinez.

chipriota, chipriote *adj., m.* cipriot.

chiquillada *f.* copilărie, purtare copilăréască.

chiquillería *f.* *(fam.)* droaie de copii.

chiquillo, chiquitín *m.* băieţel, puşti.

chiquito *adj.* micuţ // *andarse en* (sau *con*) *chiquitas* a umbla cu fofârlica.

chiribita *f.* 1. scânteie. 2. ~s *pl.* stele verzi.

chiribitil *m.* pod, mansardă.

chirimbolos *m. pl.* *(fam.)* boarfe.

chiripa *f.* baftă, noroc.

chirivía *f.* 1. *(bot.)* păstârnac. 2. *(zool.)* codobatură.

chirlar *vi.* *(fam.)* a ţipa, a zbiera.

chirle *adj.* *(fam.)* searbăd, fad.

chirlo *m.* tăietură (pe faţă); cicatrice.

chirriar *vi.* 1. a sfârâi. 2. a scârţâi, a trosni. 3. *(d. greier)* a ţârâi. 4. *(fam.)* a cânta fals.

chirrido *m.* 1. sfârâit. 2. scârţâit. 3. ţârâit.

¡ **chis** ! *interj.* pst !

chisguete *m.* *(fam.)* înghiţitură, duşcă.

chisme *m.* 1. bârf(eal)ă, intrigă. 2. fleac, moft.

chismear *vi.* a cleveti, a umbla cu vorbe.

chismoso *adj., m.* bârfitor, clevetitor, intrigant.

chispa *f.* 1. scânteie; scânteie electrică. 2. *(şi fig.)* strop, pic. 3. *(fig.)* sclipire (de spirit).

chispazo *m.* 1. *(şi fig.)* scânteiere. 2. *(fam.)* bârf(eal)ă.

chispeante *adj.* scânteietor.

chispear *vi.* 1. a scânteia, a scoate scântei. 2. *(fig.)* a străluci. 3. a ploua mărunt.

chispero *m.* fierar, faur.

chisporrotear *vi.* *(fam.)* a scoate scântei; a sfârâi.

chisporroteo *m.* trosnet, sfârâit.

chistar *vi.* a crâcni // *sin ~ ni mistar* fără să crâcnească.

chiste *m.* glumă, anecdotă.

chistoso *adj.* glumeţ, spiritual.

chita *f.* arşice *(joc)* // *a la ~ callando* *(fam.)* tiptil, pe tăcute.

chivato *m.* 1. ied. 2. *(fam.)* turnător.

chivo *m.* *(zool.)* ţap.

chocante *adj.* izbitor; şocant.

chocar I. *vi. (con)* a se ciocni (cu), a se izbi (de). **II.** *vt. (fig.)* a şoca, a contraria.

choclo *m.* **1.** v. **chanclo. 2.** *(Am.)* ştiulete verde.

chocolate *m.* ciocolată.

chocolatera *f.* ibric de ciocolată.

chocha(perdiz) *f.* sitar, becaţă.

chochear *vi.* a se ramoli.

chochera, chochez *f.* ramoleală, ramolire.

chocho *adj.* ramolit, senil.

chófer *m.* şofer,

cholo *adj., m. (Am.)* metis.

cholla *f. (fam.)* cap, dovleac.

chopo *m.* plop negru.

choque *m.* **1.** ciocnire, şoc. **2.** conflict.

choquezuela *f. (fam.)* rotulă.

chorizo *m.* cârnat.

chorrear I. *vi.* a şiroi, a ţâşni. **II.** *vt.* a vărsa, a lăsa să curgă.

chorreo *m.,* **chorreadura** *f.* şiroire, ţâşnire.

chorrera *f.* repeziş (de râu).

chorro *m.* **1.** ţâşnitură, şiroi, şuvoi. **2.** *(fig.)* afluenţă, belşug // *a ~s* din belşug; *avión a ~* avion cu reacţie.

choza *f.* colibă.

chubasco *m.* răpăială, ploaie cu băşici.

chuchear *vi.* a şuşoti, a şopti.

chucherías *f. pl.* **1.** nimicuri, fleacuri. **2.** zaharicale.

chucho *m.* câine, căţel.

chueca *f.* **1.** ciot, buturugă. **2.** *(anat.)* apofiză; mont. **3.** (un fel de) oină. **4.** *(fig.)* festă, renghi.

chufar *vi.* a-şi bate joc.

chufleta *f.* zeflemea.

chulada *f.* **1.** obscenitate, faptă urâtă. **2.** voioşie, voie bună.

chulear *vt.* a zeflemisi, a face spirite (pe seama cuiva).

chulería *f.(fam.)* **1.** graţie; vioiciune; spontaneitate. **2.** ştrengărie.

chuleta *f.* antricot // *~ empanada* şniţel.

chulo I. *adj.* ştrengar, poznaş. **II.** *m.* **1.** ajutor de toreador. **2.** golan din Madrid. **3.** *(fig.)* peşte.

chumbera *f. (bot.)* nopal.

chunga *f. (fam.)* glumă, zeflemea.

chunguearse *vr. (fam.)* a-şi bate joc.

chupadero *m.* suzetă.

chupado *adj.* **1.** slab; supt. **2.** strâns pe corp.

chupar I. *vt.* **1.** a suge. **2.** a absorbi. **3.** a trage (din ţigară). **4.** *(fig.)* astoarce. **II.** *~se vr.* a slăbi.

chupatintas *m. (fam.)* conţopist.

chupetear *vt., vi.* a sorbi.

chupón *m.* **1.** vlăstar neroditor. **2.** piston. **3.** *(Am.)* biberon.

churro *m.* **1.** gogoaşă. **2.** *(fig.)* cârpăceală.

churumbela *f.* **1.** (un fel de) fluier. **2.** *(Am.)* ţeavă de sorbit ceaiul mate.

chuscada *f.* ştrengărie, nostimadă.

chusco *adj.* nostim, hazliu, plăcut.

chusma *f.* **1.** ocnaşi. **2.** *(fam.)* gloată, adunătură.

chut *m. (sport)* şut.

chutar *vt. (sport)* a şuta.

chuzo *m.* **1.** suliţă. **2.** *(Am.)* cravaşă // *llover a ~s* a ploua cu găleata.

D

dable *adj.* posibil.

dacio *adj., m.* dac.

dactilografía *f.* dactilografie.

dactilógrafa *f.* dactilografă.

dádiva *f.* dar.

dadivoso *adj.* darnic.

dado I. *m.* zar. II. *conj.* ~ *que* dat fiind; admiţând că.

daga *f.* stilet, pumnal.

dalia *f.* dalie.

dallador *m.* cosaş.

dallar *vt.* a cosi.

dalle *m.* coasă.

dama *f.* 1. doamnă, damă // ~ *de honor* damă de onoare; *primera* ~ primadonă; *juego de* ~*s* joc de dame. 2. *(şah)* regină.

damajuana *f.* damigeană.

damasco *m.* damasc.

damisela *f.* fetişcană.

danés *adj., m.* danez.

danubiano *adj.* dunărean.

danza *f.* 1. dans, joc. 2. *(fig.)* afacere dubioasă.

danzante *m.* şi *f.*, dansato(a)r(e).

danzar *vi.* 1. a dansa. 2. *(fig.) (en)* a se băga (în).

danzarín *m.* dansator.

dañar I. *vt.* 1. a produce daune. 2. a strica. II. ~*se vr.* 1. a suferi daune. 2. a se strica.

dañino *adj. (d. animale)* dăunător.

daño *m.* daună; pagubă; pierdere; prejudiciu; rău.

dañoso *adj.* dăunător; păgubitor; nociv.

dar I. *vt.* a da; a dărui // ~ *gusto* a face plăcere; ~ *la razón* a da dreptate; ~ *lástima* a regreta; ~ *miedo* a speria; ~ *pena* a îndurera; ~ *por sabido* a socoti cunoscut; ~ *saltos* a sări; ~ *un beso* a săruta. II. *vi.* 1. *(d. ceas)* a bate // ~ *las cinco* a bate ora cinci. 2. *(a)* a da (spre) // *la ventana da a la calle* fereastra dă în stradă. 3. *(con)* a da (peste) // ~ *con* a. a da peste, a afla; b. a întâlni din întâmplare, a nimeri. 4. *(contra)* a se izbi (de) // ~ *contra la pared* a se izbi de perete. 5. *(de)* a da (cu) // ~ *de narices en el suelo* a da cu nasul de pământ. **III.** ~se vr. **1.** a se preda. **2.** *(a)* a se dedica, a se deda // ~se al *estudio* a se dedica studiului; ~se a la bebida a se deda băuturii; ~se prisa a se grăbi.

dársena *f. (mar.)* dană.

data *f.* **1.** dată. **2.** *(com.)* credit // *cargo y* ~ debit şi credit.

datar I. *vt., vi.* a data. **II.** *vt.* a credita.

dátil *m.* curmală.

datilera *f.* curmal.

dativo *m. (gram.)* dativ.

dato *m.* dată; element; fapt.

de I. *prep.* **1.** de // *una copa* ~ *cristal* un pahar de cristal; *un vaso* ~ *agua* un pahar cu apă. **2.** de la; din // *vengo* ~ *Madrid* vin de la Madrid; *vengo* ~ *mi cuarto* vin din camera mea. **3.** cu // *el hombre* ~ *camisa azul* omul cu cămaşa albastră. **4.** în timpul // ~ *noche/día* în timpul nopţii/zilei. **5.** în *expr.:* ~ *por sí* el singur, de la sine; *la ciudad* ~ *Bucarest* oraşul Bucureşti; *la pícara* ~ *la niña* ştrengăriţa de fată; *¡pobre* ~ *mi padre!* sărmanul tatăl meu! **II.** *conj.* dacă, de // ~ *miedo* de frică; ~ *no ser así* dacă n-ar fi aşa.

deambular *vi.* a hoinări.

debajo I. *adv.* dedesubt. **II.** *prep.* ~ *de* sub // ~ *de la mesa* sub masă; *por* ~ *(de)* pe dedesub-t(ul), sub; *por* ~ *del nivel del mar* sub nivelul mării.

debate *m.* **1.** dezbatere, discutare. **2.** controversă, dispută, discuţie.

debatir *vt.* a dezbate, a discuta.

debe *m. (com.)* debit // ~ *y haber* debit şi credit.

deber I. *vt.* a datora, a fi dator. **II.** *vi.* a trebui // *los hijos deben respetar a sus padres* copiii trebuie să-şi respecte părinţii; *deben de ser las dos* trebuie să fie ora două. **III.** ~se *vr.* a se datora; a se cuveni. **IV.** *m.* **1.** datorie; obligaţie. **2.** temă, exerciţiu.

debidamente *adv.* cum trebuie; cum se cuvine.

debido *adj.* în *expr.: como es* ~ cum se cuvine.

debido a *loc. prep.* datorită // ~ *ello* datorită acestui fapt; ~ *que* datorită faptului că.

débil *adj.* debil, slab.

debilidad *f.* debilitate, slăbiciune.

debilitar(se) *vt., vr.* a slăbi.

década *f.* decadă.

decadencia *f.* decadenţă.

decadente *adj.* decadent.

decaer *vi.* a decădea.

decaimiento *m.* decădere.

decampar *vi. (mil.)* a ridica tabăra.

decanato *m.* decanat.

decano *m.* decan.

decantar *vt.* **1.** a proslăvi. **2.** a decanta.

decapitar *vt.* a decapita.

decena *f.* (grup de) zece.

decencia *f.* **1.** decenţă, bună-cuviinţă. **2.** cinste, demnitate.

decenio *m.* deceniu.

decente *adj.* 1. decent, cuviincios. 2. cinstit, demn.

decepción *f.* decepţie, dezamăgire.

decidido *adj.* hotărât, energic.

decidir(se) *vt., vr. (a)* a (se) hotărî (să).

decimal *adj. (mat.)* zecimal.

décimo I. *adj.* al zecelea. II. *m.* zecime.

decir *vt.* a zice, a spune // *dicen que* se spune că; *¡diga! (la telefon)* alo, vă ascult; *a ~ verdad* la drept vorbind; *es ~* adică; *no hay más que ~* nu mai e nimic de zis.

decisión *f.* decizie, hotărâre.

decisivo *adj.* decisiv, hotărâtor.

declamación *f.* declamaţie; declamare.

declamar I. *vt.* a declama. II. *vi. (contra)* a perora (împotriva).

declaración *f.* 1. declaraţie. 2. declarare.

declarar(se) *vt., vi., vr.* a (se) declara.

declinación *f.* 1. declin, decădere. 2. *(gram.)* declinare.

declinar I. *vi.* 1. a se înclina. 2. a scădea; a decădea; a se micşora. II. *vt. (gram., jur.)* a declina.

declive *m.* povârniş, coastă.

decoración *f.* 1. decorare, ornare. 2. decor.

decorado *m.* decor.

decorador *m.* decorator.

decorar *vt.* a decora, a orna.

decorativo *adj.* decorativ.

decoro *m.* 1. respect, consideraţie. 2. prevedere. 3. onestitate.

decoroso *adj.* cuviincios, respectuos.

decrecer *vi.* a descreşte.

decrépito *adj.* decrepit, ramolit.

decrepitud *f.* decrepitudine, ramolire.

decretar *vt.* a decreta.

decreto *m.* decret.

dechado *m. (şi fig.)* model, pildă.

dedal *m.* degetar.

dedicación *f.* 1. dedicaţie, consacrare, închinare. 2. devotament, dăruire.

dedicar(se) *vt., vr.* a (se) dedica.

dedicatoria *f.* dedicaţie (pe o carte).

dedillo *m.* în *expr.*: *saber al ~ (fam.)* a şti ca pe apă.

dedo *m.* deget // *el ~ pulgar/ índice/ del corazón/ anular/ meñique* degetul mare/ arătător/ mijlociu/ inelar/ mic.

deducción *f.* 1. deducţie. 2. scădere. 3. reţinere, plată.

deducir I. *vt.* 1. a deduce, a trage concluzia. 2. a scădea. II. *~se vr.* a se deduce, a reieşi, a rezulta.

defecto *m.* defect, cusur, meteahnă.

defectuoso *adj.* defectuos, greşit.

defender(se) I. *vt., vr.* a (se) apăra. II. *vt.* a susţine (o teză, o opinie, o cauză).

defendible *adj.* care poate fi apărat.

defensa I. *f*. 1. apărare. 2. *(fig.)* susținere, protecție. 3. colți (de elefant *etc*.). 4. ~s *pl*. fortificații. II. *m*. *(sport)* fundaș.

defensiva *f*. *(mil.)* defensivă.

defensivo *adj*. defensiv.

defensor *m*. apărător.

deferente *adj*. respectuos.

deferir *vt*. 1. *(jur.)* a deferi. 2. a transmite (puterea).

deficiencia *f*. deficiență.

deficiente *adj*. deficient.

déficit *m*. deficit.

definición *f*. 1. definiție. 2. definire.

definir I. *vt*. a defini; a stabili; a preciza. II. ~se *vr*. a se defini; a se caracteriza.

definitivo *adj*. definitiv // *en definitiva* în definitiv.

deformación *f*. deformare.

deformar(se) *vt*., *vr*. a (se) deforma.

deforme *adj*. diform; desfigurat; strâmb.

defraudación *f*. delapidare, fraudă.

defraudar *vt*. 1. a delapida. 2. *(fig.)* a deceptiona, a dezamăgi, a înșela (așteptările). 3. *(fig.)* a tulbura.

defuera *adv*. (pe) afară.

defunción *f*. deces // *certificado* (sau *partida*) *de* ~ certificat de deces.

degenerar *vi*. a degenera.

deglución *f*. *(med.)* înghițire.

deglutir *vt*., *vi*. a înghiți.

degollación *f*. 1. decapitare. 2. măcel.

degolladero *m*. 1. abator. 2. decolteu. 3. eșafod.

degollar *vt*. 1. a decapita, a omorî. 2. a decolta.

degradación *f*. degradare; înjosire.

degradar *vt*. a degrada; a înjosi.

degüello *m*. 1. decapitare. 2. măcel.

degustación *f*. degustare.

dehesa *f*. islaz, imaș.

deidad *f*. zeitate.

deificar *vt*. a zeifica.

dejación *f*. părăsire, abandonare.

dejado *adj*. delăsător, leneș.

dejar I. *vt*. 1. a lăsa. 2. a părăsi. II. *vi*. *(de)* a înceta (să). III. ~se *vr*. 1. *(de)* a se lăsa (de). 2. a se neglija.

dejo *m*. 1. părăsire. 2. accent. 3. iz, gust rău.

delación *f*. denunțare.

delantal *m*. șorț.

delante I. *adv*. înainte, în față // *por* ~ prin față. II. *prep*. ~ *de* înaintea, în fața.

delantera *f*. partea din față // *tomar la* ~ *a uno* a o lua cuiva înainte.

delantero I. *adj*. din față. II. *m*. *(sport)* înaintaș.

delatar *vt*. a denunța.

delator *m*. denunțător.

delegación *f*. 1. delegare. 2. delegație.

delegado *m*. delegat.

delegar *vt*. a delega.

deleitar(se) *vt*., *vr*. a (se) delecta, a (se) desfăta.

deleite *m*. delectare, desfătare.

deletrear *vi*. 1. a silabisi. 2. a descifra.

deleznable *adj*. 1. sfărâmicios. 2. alunecos. 3. *(fig.)* trecător.

delgadez *f*. slăbiciune; subțirime.

delgado *adj*. subțire.

deliberación *f*. deliberare, chibzuire.

deliberar I. *vi*. a delibera. II. *vt*. a hotărî.

delicadeza *f*. delicatețe, gingășie.

delicado *adj*. 1. delicat, gingaș. 2. plăpând; fragil; șubred // *estar* ~ a avea o sănătate șubredă. 3. susceptibil.

delicia *f*. desfătare.

delicioso *adj*. delicios.

delimitar *vt*. a delimita.

delincuencia *f*. delincvență.

delincuente *adj*., *m*. delincvent.

delinear *vt*. a contura, a schiţa.

delirar *vi*. a delira, a aiura.

delirio *m*. 1. delir, aiureală. 2. *(fig.)* nerozie.

delito *m*. delict.

delta *m*. *(geogr.)* deltă.

demacrar(se) *vt*., *vr*. a (se) trage la faţă; *(fig.)* a (se) ofili; a (se) veşteji; a slăbi.

demagogia *f*. demagogie.

demagogo *m*. demagog.

demanda *f*. 1. cerere // *oferta y* ~ cerere și ofertă. 2. căutare // *en* ~ *de* în căutare de. 3. *(jur.)* acțiune.

demandante *m*. *(jur.)* reclamant.

demandar *vt*. 1. a cere, a ruga. 2. *(jur.)* a reclama.

demarcar *vt*. a demarca, a delimita.

demás *adj*. alţi, alte // *las* ~ celelalte: *lo* ~ restul; *los* ~ ceilalţi; *por* ~ zadarnic, degeaba; *por lo* ~ dealtminteri.

demasía *f*. exces // *en* ~ excesiv.

demasiado *adj*., *adv*. prea mult.

demencia *f*. demenţă.

demente *adj*. dement.

democracia *f*. democraţie.

demócrata *adj*., *m*. democrat.

democrático *adj*. democratic.

demoler *vt*. a dărâma.

demolición *f*. demolare, dărâmare.

demoníaco *adj*. demoniac, demonic.

demonio *m*. diavol.

demora *f*. întârziere.

demorar I. *vt*. a tărăgăna. II. *vi*. a întârzia, a zăbovi.

demostración *f*. demonstraţie.

demostrar *vt*. 1. *(și mat.)* a demonstra; a dovedi. 2. a indica, a arăta.

demostrativo *adj*. demonstrativ.

demudar I. *vt*. a schimba. II. ~se *vr*. 1. a se schimba la faţă. 2. a se altera.

denegar *vt*. a refuza, a nega.

dengue *m*. fasoane, mofturi.

denguero *adj*. mofturos.

denigrar *vt*. a denigra, a ponegri.

denodadamente *adv*. cu curaj.

denodado *adj*. curajos, neînfricat, îndrăzneţ.

denominación *f*. denumire.

denominar *vt*. a denumi.

denostar *vt.* a insulta.

denotar *vt.* a denota, a vădi.

densidad *f.* densitate.

denso *adj.* 1. dens; des. 2. *(fig.)* încâlcit, confuz.

dentadura *f.* dantură // ~ *postiza* dantură falsă.

dental *adj.* dental; dentar.

dentar *vt.* a dinţa.

dentellada *f.* muşcătură.

dentellar *vi.* a-i clănţăni dinţii.

dentera *f.* strepezire (a dinţilor).

dentífrico *adj.* în *expr.*: *agua dentífrica* apă de gură; *pasta dentífrica* pastă de dinţi.

dentista *m.* şi *f.* dentist(ă).

dentro *adv.* înăuntru // ~ *de dos días* peste două zile; ~ *de poco* în curând; *hacia* ~ spre interior; *por* ~ pe dinăuntru, înăuntru.

denuedo *m.* îndrăzneală.

denuesto *m.* insultă.

denuncia(ción) *f.* denunţ; denunţare; informare, anunţare.

denunciante *adj., m.* denunţător, reclamant.

denunciar *vt.* a denunţa, a reclama; a informa; a semnala.

deparar *vt.* 1. a procura, a furniza. 2. a scoate în cale.

departamento *m.* 1. departament. 2. compartiment. 3. *(Am.)* apartament.

departir *vi.* a sta la taifas.

dependencia *f.* 1. dependenţă, subordonare. 2. *(com.)* sucursală. 3. ~s *pl.* dependinţe.

depender *vi.* a depinde.

dependiente I. *adj.* dependent. II. *m.* 1. vânzător. 2. subaltern.

deplorar *vt.* a deplânge.

deponer *vt.* a depune, a destitui.

deportación *f.* deportare.

deportar *vt.* a deporta.

deporte *m.* sport.

deportista *m.* şi *f.* sportiv(ă).

deportivo I. *adj.* sportiv. II. ~s *m. pl.* pantofi de sport, adidaşi.

deposición *f.* 1. depunere, destituire. 2. depoziţie.

depositar *vt.* 1. a depune; a preda, a încredinţa. 2. a depozita; a înmagazina. 3. a depune; a sedimenta. 4. *(fig.)* a-şi pune (în).

depósito *m.* 1. depozit; rezervor. 2. depunere; sediment.

depravación *f.* depravare, destrăbălare.

depravar(se) *vt., vr.* a (se) deprava, a (se) destrăbăla.

deprecación *f.* implorare.

deprecar *vt.* a implora.

depreciación *f.* depreciere.

depreciar(se) *vt., vr.* a (se) deprecia.

depredar *vt.* a jefui.

depresión *f.* depresiune.

depresivo *adj.* depresiv.

deprimir *vt.* 1. a apăsa, a turti. 2. *(fig.)* a umili. 3. a deprima.

depuración *f.* purificare.

depurar *vt.* a purifica.

derecha *f.* 1. partea *sau* mâna dreaptă // *a* ~s cum se cuvine; *a la* ~ la dreapta; *hacia la* ~ spre dreapta. 2. *(pol.)* aripă de dreapta.

derechista *m. (pol.)* de dreapta.

derecho I. *adj.* drept, just.
II. *adv.* drept (înainte). III. *m.*
1. drept // ~ *civil* drept civil; ~
de autor drept de autor.
2. II. ~s *pl.* taxe // ~*s adua-*
neros taxe vamale; *libre de*
~*s* scutit de vamă.

deriva *f.* derivă // *ir a la* ~ a
merge în derivă.

derivación *f.* derivare; derivaţie.

derivar *vt., vi.* a deriva.

derogación *f.* 1. derogare. 2. re-
ducere.

derogar *vi.* a deroga.

derramar(se) *vt., vr.* 1. a (se)
vărsa; a (se) împrăştia. 2. a
(se) răspândi.

derrame *m.* împrăştiere; risipire.

derredor *m.* jur // *al* (sau *en*) ~
de în jurul.

derrengar(se) *vt., vr.* a (se)
deşela.

derretir(se) *vt., vr.* a (se) topi.

derribar I. *vt.* a dărâma; a
doborî; a trânti la pământ; a
răsturna. II. ~*se vr.* a se
trânti la pământ.

derrocar *vt.* 1. a prăvăli. 2. a
dărâma. 3. *(fig.)* a răsturna.

derrochar *vt.* a risipi, a irosi.

derroche *m.* risipă, irosire.

derrota *f.* 1. derută. 2. *(mar.)*
rută, cale, înfrângere.

derrotar *vt.* 1. a distruge; a
sfâşia; a ruina. 2. *(mil.)* a
pune pe fugă. 3. *(mar.)* a
abate din drum, a birui, a
înfrânge.

derruir *vt.* a dărâma, a distruge.

derrumbadero *m.* prăpastie.

derrumbar(se) *vt., vr.* a (se)
prăvăli, a (se) prăbuşi.

desabono *m.* discreditare.

desaborido *adj.* fără gust, fad.

desabotonar I. *vt.* a descheia.
II. *vi.* a îmboboci.

desabrido *adj.* 1. fără gust,
fad. 2. *(fig.)* aspru, sever.

desabrigado *adj. (fig.)* părăsit.

desabrochar *vt.* a descheia.

desacertar *vi.* a greşi, a rata.

desacierto *m.* greşeală, nereu-
şită, ratare.

desaconsejado *adj.* nechibzuit.

desacordar I. *vt. (muz.)* a deza-
corda. II. ~*se vr.* a uita.

desacorde *adj. (muz.)* dezacordat.

desacostumbrado *adj.* neobişnuit,
ciudat.

desacostumbrar(se) *vt., vr.* a
(se) dezobişnui.

desacreditar *vt.* a discredita.

desacuerdo *m.* dezacord, nepo-
trivire.

desafiar *vt.* a sfida; a provoca //
~ *a la muerte* a dispreţui
moartea

desafinar *vi. (muz.)* a se deza-
corda.

desafío *m.* 1. sfidare; provocare.
2. duel.

desaforado *adj.* 1. imens, enorm,
excesiv. 2. nelegiuit.

desafortunado *adj.* nenorocit,
nefericit.

desafuero *m.* nelegiuire, fără-
delege.

desagradable *adj.* neplăcut.

desagradecido *adj.* nerecunos-
cător.

desagrado *m.* nemulţumire,
neplăcere.

desagravio *m.* reparaţie; satis-
facţie.

desagregación *f.* dezagregare.

desagregar(se) *vt., vr.* a (se)
dezagrega.

desaguadero *m.* canal de scur-
gere.

desaguar I. *vt.* a drena. **II.** *vi.*
(d. râuri) a se vărsa.

desagüe *m.* 1. drenare. 2. v.
desaguadero.

desaguisado I. *adj.* nedrept,
nelegiuit. **II.** *m.* ofensă.

desahogado *adj.* 1. neruşinat.
2. necongestionat. 3. *(fig.)*
tihnit.

desahogar I. *vt.* a uşura; a
alina. **II.** ~se *vr.* 1. a răsufla
(în voie). 2. a scăpa (de
datorii). 3. *(con)* a-şi deschide
inima (faţă de).

desahogo *m.* 1. uşurare, alinare.
2. răgaz, tihnă.

desahuciar *vt.* 1. a lua (orice
speranţă, nădejde). 2. a eva-
cua, a da afară (un chiriaş).

desairado *adj.* dizgraţios, urât.

desairar *vt.* a desconsidera.

desaire *m.* 1. lipsă de graţie.
2. ruşine, afront.

desalado *adj. (fig.)* grăbit, zelos.

desalar I. *vt.* a desăra. **II.** ~se
vr. a-şi da silinţa.

desalentar *vt.* 1. a tăia răsu-
flarea. 2. *(fig.)* a descuraja.

desaliento *m.* descurajare.

desaliño *m.* neîngrijire, negli-
jenţă.

desalmado *adj.* neomenos.

desalojar I. *vt. (de)* a alunga
(din). **II.** *vi.* a pleca, a se muta.

desamor *m.* 1. nepăsare. 2. ură,
duşmănie.

desamparar *vt.* a lăsa fără
ocrotire.

desamparo *m.* părăsire, izolare.

desamueblar *vt.* a scoate mo-
bila din.

desandar *vt.* în *expr.*: ~ *el
camino* a face cale întoarsă.

desangrar I. *vt.* 1. a lua prea
mult sânge. 2. *(fig.)* a seca.
II. ~se *vr.* a pierde mult sânge.

desanimar(se) *vt., vr.* a (se)
descuraja.

desanudar *vt.* a deznoda.

desapacible *adj.* neplăcut.

desaparecer *vi.* a dispărea.

desaparición *f.* dispariţie.

desapego *m. (fig.)* răceală,
înstrăinare.

desapercibido *adj.* 1. nepregă-
tit; neprevenit. 2. neobservat.

desaplicado *adj.* leneş.

desapoderado *adj.* 1. nestă-
pânit. 2. năprasnic.

desapoderar *vt.* a deposeda.

desaprobación *f.* dezaprobare.

desaprobar *vt.* a dezaproba.

desapropiarse *vr. (de)* a re-
nunţa la o proprietate.

desaprovechado *adj.* 1. leneş.
2. nefolositor.

desaprovechar I. *vt.* a irosi; a rata. II. *vi.* a da înapoi.

desarmar *vt.* 1. a dezarma. 2. a demonta, a desface. 3. *(fig.)* a potoli.

desarme *m.* dezarmare.

desarraigar *vt.* a dezrădăcina, a smulge din rădăcini.

desarraigo *m.* dezrădăcinare.

desarreglado *adj.* dezordonat, în dezordine.

desarreglar *vt.* 1. a strica ordinea. 2. a deregla.

desarreglo *m.* 1. dezordine. 2. defectare; dereglare.

desarrollar(se) *vt., vr.* 1. a (se) desfăşura. 2. a (se) dezvolta.

desarrollo *m.* 1. desfăşurare. 2. dezvoltare.

desarticular(se) *vt., vr.* a (se) dezarticula.

desaseo *m.* neorânduială.

desasir I. *vt.* a da drumul. II. ~se *vr.* (de) a renunţa (la).

desasosegar(se) *vt., vr.* a (se) nelinişti, a (se) tulbura.

desasosiego *m.* nelinişte, tulburare.

desastre *m.* dezastru.

desastroso *adj.* dezastruos.

desatar I. *vt. (şi fig.)* a dezlega. II. ~se *vr.* 1. a se dezlega. 2. *(fig.)* a sporovăi. 3. *(fig.)* a se dezlănţui.

desatascar(se) *vt., vr.* 1. a (se) despotmoli. 2. *(fig.)* a scoate *(sau* a ieşi) din încurcătură.

desatención *f.* 1. neatenţie. 2. nepoliteţe, mojicie.

desatender *vt.* 1. a nu băga de seamă. 2. a nesocoti.

desatentado *adj.* nesocotit.

desatentar(se) *vt., vr.* a (se) zăpăci.

desatento *adj.* 1. neatent, distrat. 2. nepoliticos.

desatinado *adj.* nesocotit, nechibzuit.

desatinar I. *vt.* a scoate din minţi. II. *vi.* a bate câmpii.

desatino *m.·* 1. lipsă de tact. 2. nebunie, aiureală.

desatrancar *vt.* 1. a deszăvorî. 2. a desfunda.

desautorizar I. *vt.* 1. a face să piardă autoritate. 2. a discredita. II. ~se *vr.* a-şi pierde autoritatea.

desavenencia *f.* discordie, neînţelegere.

desavenir(se) *vt., vr.* a (se) dezbina, a (se) învrăjbi.

desaventajado *adj.* dezavantajos, neprielnic.

desavisar *vt.* a contramanda.

desayunar(se) *vt., vr., vi.* a lua micul dejun.

desayuno *m.* micul dejun.

desazón *f.* 1. sărbezeală, lipsă de gust. 2. *(fig.)* neplăcere. 3. *(fig.)* indispoziţie.

desazonado *adj.* 1. searbăd, fad. 2. indispus, fără chef.

desazonar I. *vt.* 1. *(fig.)* a supăra, a indispune. 2. a strica gustul (unei mâncări). II. ~se *vr.* a nu se simţi în largul său.

desbandada *f.* debandadă, dezordine.

desbandarse *vr.* a fugi în dezordine, a se împrăştia.

desbarajuste *m.* dezordine.

desbaratar **I.** *vt.* **1.** a distruge. **2.** a risipi. **3.** *(fig.)* a zădărnici. **4.** *(mil.)* a înfrânge. **II.** *vi.* a bate câmpii.

desbarbado *adj.* imberb, spân.

desbarrar *vi.* **1.** a aluneca. **2.** *(fig.)* a bate câmpii.

desbastar(se) *vt., vr.* a (se) ciopli.

desbocar **I.** a ştirbi (un vas). **II.** *vi.* *(d. străzi)* a da în. **III.** ~se *vr.* **1.** *(d. cai)* a o lua razna. **2.** *(fig.)* a spune vorbe de ocară.

desbordamiento *m.* revărsare.

desbordar *vi.* a se revărsa.

desbravar(se) *vt., vr.* a (se) domestici; a (se) potoli.

descabalgar *vi.* a descăleca.

descabellado *adj.* *(fig.)* încurcat; absurd.

descabellar *vt.* a ciufuli, a zbârli.

descabezar **I.** *vt.* **1.** a decapita. **2.** a reteza vârful (unui copac). **3.** *(fam.)* a da de capăt. **II.** ~se *vr.* *(fam.)* a-şi bate capul.

descalabro *m.* insucces, eşec.

descalificar *vt.* a descalifica.

descalzar(se) *vt., vr.* a (se) descălţa.

descalzo *adj.* descult.

descaminar *vt.* *(şi fig.)* a abate din drum.

descamino *m.* **1.** rătăcire. **2.** aiureală.

descamisado *adj.* **1.** fără cămaşă. **2.** *(fam.)* coate-goale.

descampado *adj.* *(d. câmp)* deschis, liber // *en* ~ în câmp deschis.

descansar *vi.* **1.** a se odihni. **2.** *(en)* a se bizui (pe). **3.** *(en)* a se rezema (de).

descansillo *m.* palier.

descanso *m.* **1.** odihnă, repaus. **2.** *(şi şcol.)* pauză, recreaţie. **3.** palier. **4.** suport.

descarado *adj., m.* neobrăzat, neruşinat.

descararse *vr.* **1.** a se obrăznici. **2.** a îngroşa obrazul.

descarga *f.* descărcare.

descargador *m.* hamal.

descargar(se) *vt., vr.* a (se) descărca.

descargo *m.* descărcare.

descariño *m.* indiferenţă, răceală.

descarnar *vt.* a descărna, a scoate carnea de pe.

descaro *m.* neobrăzare, neruşinare.

descarriar(se) *vt., vr.* a (se) rătăci.

descarrilar *vi.* a deraia.

descartar **I.** *vt.* **1.** a înlătura; a elimina, a exclude; a îndepărta. **2.** a respinge, a refuza, a nu admite. **II.** ~se *vr.* **1.** a decarta. **2.** *(de)* a se eschiva (de la).

descasar(se) *vt., vr.* a divorţa; a se despărţi.

descascarar *vt.* a curăţa de coajă.

descendencia *f.* descendenţă.

descender *vi.* a coborî; a descinde.

descendiente *adj., m.* coborâtor, descendent.

descendimiento *m.* coborâre.

descenso *m.* 1. coborâre. 2. *(fig.)* decădere.

descentralizar *vt.* a descentraliza.

descentrar *vt.* a descentra.

descerrajar *vt.* a sparge, a forţa.

descifrar *vt.* a descifra.

desclavar *vt.* a desprinde din cuie.

descocado *adj. (fam.)* neruşinat.

descoco *m. (fam.)* neruşinare, neobrăzare.

descolgar I. *vt.* a desprinde, a lua din cui // ~ *el auricular* a ridica receptorul. II. ~se *vr.* 1. a se lăsa în jos. 2. a coborî la vale.

descolorante *adj., m. (chim.)* decolorant.

descolorar(se) *vt., vr.* a (se) decolora.

descolorido *adj.* palid, firav.

descolorir(se) *vt., vr.* v. **descolorar(se)**.

descollar(se) *vi., vr.* a se evidenţia.

descomedido *adj.* 1. exagerat, excesiv. 2. obraznic.

descomedirse *vr.* a se obrăznici.

descompasado *adj.* exagerat, excesiv.

descomponer I. *vt.* 1. a deranja. 2. a descompune. 3. *(fig.)* a dezbina. II. ~se *vr.* 1. a se descompune. 2. a se şubrezi. 3. *(fig.)* a-şi pierde cumpătul.

descomposición *f.* descompunere.

descompostura *f.* 1. neorânduială, dezordine. 2. neglijenţă. 3. *(fig.)* neruşinare.

descompuesto *adj.* 1. descompus. 2. tulburat. 3. *(fig.)* neruşinat, obraznic.

descomulgar *vt.* a excomunica.

descomunal *adj.* enorm, extraordinar, nemaipomenit, uimitor, neobişnuit.

desconceptuar *vt.* a discredita.

desconcertar I. *vt.* 1. a strica, a deregla. 2. *(fig.)* a tulbura; a încurca; a descumpăni; a zăpăci. II. ~se *vr.* 1. a se tulbura; a se zăpăci; a se descumpăni. 2. a se certa.

desconcierto *m.* 1. dereglare. 2. dezordine, deranjare, deranj. 3. zăpăceală, tulburare, nedumerire; *(fam.)* fâstâceală.

desconfianza *f.* neîncredere.

desconfiar *vi. (de)* a nu avea încredere (în).

desconforme *adj.* discordant.

desconformidad *f.* discordanţă, dezacord.

desconocer *vt.* 1. a nu cunoaşte, a ignora. 2. a nu recunoaşte. 3. a tăgădui.

desconocido *adj., m.* necunoscut, străin.

desconocimiento *m.* 1. necunoaştere. 2. nerecunoştinţă.

desconsiderado *adj.* nesocotit, nechibzuit, nepoliticos.

desconsolar *vt.* a dezola, a întrista profund.

desconsuelo *m.* dezolare, mâhnire.

descontar *vt.* a scădea; a deconta; a sconta.

descontentar *vt.* a nemulţumi.

descontento I. *adj.* nemulţumit. II. *m.* nemulţumire.

desconveniencia *f.* **1.** nepotrivire. **2.** dezavantaj. **3.** prejudiciu.

descorazonar(se) *vt., vr.* a (se) descuraja.

descorchar *vt.* **1.** a coji. **2.** a destupa.

descortés *adj.* nepoliticos.

descortesía *f.* impoliteţe.

descortezar(se) *vt., vr.* **1.** a (se) coji. **2.** (*fig.*) a (se) ciopli.

descoser(se) **I.** *vt., vr.* a (se) descoase. **II.** *vr.* a trăncăni fără rost.

descosido **I.** *adj.* **1.** flecar. **2.** dezordonat. **II.** *m.* descusătură.

descoyuntar *vt.* **1.** a scrânti, a luxa. **2.** (*fig.*) a necăji.

descrédito *m.* discreditare.

descreído *adj.* neîncrezător, sceptic.

descreimiento *m.* **1.** neîncredere. **2.** necredinţă.

describir *vt.* a descrie.

descripción *f.* descriere.

descriptivo *adj.* descriptiv.

descuajar *vt.* **1.** a decoagula. **2.** (*fig.*) a descuraja. **3.** a scoate cu rădăcină.

descuaje, descuajo *m.* dezrădăcinare.

descuartizar *vt.* a sfârteca.

descubierta *f.* (*mil.*) recunoaştere.

descubierto *adj.* descoperit.

descubridor *m.* **1.** descoperitor. **2.** (*mil.*) cercetaş, iscoadă.

descubrimiento *m.* descoperire.

descubrir(se) *vt., vr.* a (se) descoperi.

descuento *m.* **1.** (*com.*) rabat, reducere. **2.** reţinere, oprire (din salariu).

descuidado *adj.* neglijent, delăsător, nepăsător.

descuidar **I.** *vt.* **1.** a scăpa pe cineva de o grijă. **2.** a neglija. **II.** ~(se) *vi., vr.* (*de*) a nu avea grijă (de). **III.** *vr.* a se neglija, a nu se îngriji.

descuido *m.* neglijenţă, neatenţie // *por* ~ din nebăgare de seamă.

desde *prep.* **1.** de // ~ *ahora/entonces* de acum/atunci; ~ *que* de când. **2.** de la // ~ *el principio* de la început; ~ *Madrid* de la Madrid. **3.** din // ~ *España* din Spania; ~ *este momento* din acest moment. **4.** *în expr.*: ~ *luego* **a.** imediat; **b.** (*Am.*) bineînţeles.

desdecir **I.** *vt.* a dezice. **II.** *vi.* **1.** a degenera; a decădea. **2.** a nu se potrivi. **III.** ~se *vr.* a se dezice.

desdén *m.* dispreţ.

desdentado *adj.* ştirb.

desdeñar *vt.* a dispreţui.

desdeñoso *adj.* dispreţuitor.

desdicha *f.* **1.** nenorocire. **2.** sărăcie, mizerie.

desdichado *adj., m.* nefericit, nenorocit, amărât.

desdoblar(se) *vt., vr.* a (se) despături, a (se) dezdoi.

desdorar *vt.* (*fig.*) a păta, a strica.

deseable *adj.* de dorit.

desear *vt.* a dori.

desecación *f.* uscare; secare.

desecar(se) *vt., vr.* a (se) usca; a seca; a (se) asana.

desechar *vt.* **1.** a arunca, a da la o parte. **2.** a nesocoti, a dispreţui. **3.** a risipi (o bănuială *etc.*).

desecho *m.* **1.** *(şi pl.)* rămăşiţe; deşeuri, resturi, reziduuri. **2.** *(fig.)* dispreţ.

desembalar *vt.* a despacheta.

desembarazado *adj.* nesilit, nestingherit.

desembarazar(se) *vt., vr.* **1.** a (se) elibera, a (se) degaja, a (se) debloca. **2.** a (se) descotorosi; a (se) debarasa.

desembarazo *m.* dezinvoltură, degajare.

desembarcar **I.** *vt.* a descărca. **II.** *vi.* a debarca.

desembarco *m.* debarcare.

desembargar *vt.* a ridica embargoul.

desembarque *m.* *(mar.)* descărcare (de mărfuri).

desembocadura *f.* vărsare, gură (de râu).

desembocar *vi.* *(en)* *(d. un drum)* a da (în); *(d. un râu)* a se vărsa (în).

desembolsar *vt.* *(fig.)* a plăti.

desembragar *vt.* *(auto)* a debreia.

desembrollar *vt.* *(fam.)* a descurca, a lămuri.

desemejar **I.** *vi.* *(de)* a nu semăna (cu). **II.** *vt.* a desfigura.

desempacar *vt.* a despacheta.

desempeñar *vt.* **1.** a scoate de la amanet. **2.** a plăti datoria cuiva. **3.** a îndeplini (o funcţie). **4.** a interpreta (un rol).

desempeño *m.* **1.** scoatere de la amanet. **2.** achitare a unei datorii. **3.** îndeplinire. **4.** interpretare (a unui rol).

desempleo *m.* şomaj.

desencadenar **I.** *vt.* a scoate lanţurile. **II.** ~(se) *vt. vr.* a (se) dezlănţui.

desencajar **I.** *vt.* a desprinde, a desface. **II.** ~se *vr.* a se schimba la faţă.

desencantar *vt.* **1.** a descânta. **2.** *(fig.)* a dezamăgi.

desencanto *m.* **1.** descântare. **2.** descântec. **3.** *(fig.)* dezamăgire.

desencolar(se) *vt., vr.* a (se) dezlipi.

desenfadado *adj.* **1.** degajat, nestingherit. **2.** voios, vesel. **3.** spaţios, încăpător.

desenfado *m.* **1.** dezinvoltură, degajare. **2.** voioşie.

desenfrenar **I.** *vt.* a scoate frâul. **II.** ~se *vr.* *(fig.)* **1.** a se destrăbăla. **2.** a se dezlănţui.

desenfreno *m.* *(fig.)* **1.** desfrâu, destrăbălare. **2.** dezlănţuire.

desenganchar *vt.* **1.** a desprinde din cârlig; a decroşa. **2.** a deshăma.

desenganche *m.* **1.** decroşare. **2.** deshămare. **3.** dezangajare // ~ *militar* dezangajare militară.

desengañar *vt.* a dezamăgi, a deziluziona.

desengaño *m.* dezamăgire, deziluzie.

desenlace *m.* deznodământ.

desenlazar(se) *vt., vr.* a (se) dezlega; a (se) deznoda.

desenmarañar(se) *vt., vr.* a (se) descurca.

desenmascarar(se) I. *vt., vr.* a (se) demasca. **II.** *vt.* a scoate masca.

desenojar I. *vt.* a împăca, a îmbuna. **II.** ~**se** *vr.* a-i trece supărarea.

desenredar(se) *vt., vr.* a (se) descurca.

desenredo *m.* deznodământ.

desentenderse *vr.* a se dezinteresa.

desenterrar *vt.* a dezgropa.

desentonar I. *vt.* a umili. **II.** *vi.* (*muz.*) a suna fals. **III.** ~**se** *vr.* a se obrăznici.

desentorpecer(se) *vt., vr.* **1.** a (se) dezmorți. **2.** (*fig.*) a (se) dezgheța.

desentrañar *vt.* a scoate măruntaiele.

desentumecer(se) *vt., vr.* a (se) dezmorți.

desenvoltura *f.* dezinvoltură, degajare.

desenvolver(se) *vt., vr.* **1.** a (se) desfășura. **2.** (*fig.*) a (se) descurca, a (se) lămuri. **3.** a (se) dezvolta.

desenvuelto *adj.* (*fig.*) dezinvolt; îndrăzneț.

deseo *m.* dorință.

deseoso *adj.* dornic, doritor.

desequilibrado *adj., m.* dezechilibrat.

desequilibrio *m.* dezechilibru.

deserción *f.* dezertare.

desertar *vi.* (*mil.*) a dezerta.

desertor *m.* dezertor.

deservicio *m.* deserviciu.

deservir *vt.* a face un deserviciu.

desesperación *f.* disperare, deznădejde.

desesperanzar I. *vt.* a lua cuiva speranța. **II.** ~**se** *vr.* a deznădăjdui.

desesperar I. *vt.* a exaspera, a face să dispere. **II.** ~**se** *vr.* a deznădăjdui, a dispera.

desfachatez *f.* (*fam.*) nerușinare, cinism.

desfalcar *vt.* a defalca.

desfallecer I. *vt.* a slăbi. **II.** *vi.* a leșina.

desfallecimiento *m.* sfârșeală, leșin.

desfamar *vt.* a defăima.

desfavorable *adj.* nefavorabil, neprielnic.

desfavorecer *vt.* a nu mai favoriza.

desfigurar *vt.* a desfigura, a poci.

desfiladero *m.* defileu, trecătoare.

desfilar *vi.* a defila.

desfile *vt.* a desfunda.

desfondar *vt.* a desfunda.

desgaire *m.* în *expr.*: al ~ **a.** neglijent; **b.** disprețuitor.

desgajarse *vr.* a se desface, a se desprinde.

desgana *f.* **1.** lipsă de poftă de mâncare. **2.** (*fig.*) dezgust.

desganar I. *vt.* a lua pofta. **II.** ~**se** *vr.* **1.** a-i trece pofta de mâncare. **2.** (*fig.*) a se scârbi.

desgarbado *adj.* lipsit de grație.

desgarrador *adj.* sfâșietor.

desgarrar *vt.* a rupe, a sfâșia.

desgarro *m.* **1.** rupere, sfâșiere. **2.** (*fig.*) nerușinare.

desgarrón *m.* **1.** ruptură. **2.** petic.

desgastar *vt.* a strica, a uza, a deteriora.

desgaste *m.* deteriorare, uzură.

desgobierno *m.* dezordine; neorânduială.

desgracia *f.* 1. nenorocire. 2. nenoroc. 3. dizgrație.

desgraciado *adj.* nenorocit, nefericit.

desgranar I. *vt.* a culege boabe. II. *-se vr.* a se deșira.

desgreñar *vt.* a ciufuli, a zbârli.

deshabitado *adj.* nelocuit.

deshacer(se) I. *vt., vr.* 1. a (se) desface, a se dezlega. 2. a (se) distruge, a (se) nimici. II. *vr.* 1. a se speti. 2. *(de)* *(fam.)* a scăpa (de), a se descotorosi (de). 3. a se da în vânt (după), *(de)* a renunța (la), a ceda.

desharrapado *adj.* jerpelit.

deshecha *f.* prefăcătorie, simulare.

deshecho *adj.* *(d. vânt)* violent, cumplit, năprasnic.

deshelar(se) *vt., vr.* a (se) dezgheța.

desheredar *vt.* a dezmoșteni.

deshidratar(se) *vt., vr.* a (se) deshidrata.

deshielo *m.* dezgheț.

deshilachar(se) *vt., vr.* a (se) scămoșa, a (se) destrăma.

deshilar(se) *vt., vr.* a (se) destrăma.

deshincar *vt.* a smulge.

deshinchar(se) *vt., vr.* a (se) dezumfla.

deshojar(se) *vt., vr.* a (se) desfrunzi.

deshollinador *m.* coșar.

deshollinar *vt.* 1. a curăța (de funingine). 2. *(fig.)* a iscodi.

deshonestidad *f.* 1. necinste. 2. necuviință.

deshonesto *adj.* 1. necinstit. 2. necuviincios.

deshonor *m.*, **deshonra** *f.* dezonoare, necinste.

deshonrar(se) *vt., vr.* a (se) dezonora.

deshonroso *adj.* dezonorant, rușinos.

deshora *f.* în *expr.*: *a ~* **a.** într-un moment nepotrivit, la oră nepotrivită; **b.** dintr-odată, pe neașteptate.

desidia *f.* lenevie, trândăvie.

desidioso *adj.* leneș, trândav.

desierto *adj., m.* deșert, pustiu.

designación *f.* desemnare.

designar *vt.* 1. a intenționa. 2. a desemna. 3. a fixa.

designio *m.* proiect, intenție, plan; țel, scop.

desigual *adj.* inegal.

desigualdad *f.* inegalitate.

desilusión *f.* deziluzie, dezamăgire.

desinfección *f.* dezinfectare.

desinfectar *vt.* a dezinfecta.

desinflar(se) *vt.* a (se) dezumfla.

desintegrar(se) *vt., vr.* a (se) dezintegra.

desinterés *m.* dezinteres.

desinteresarse *vr.* a se dezinteresa.

desistir *vi. (de)* a renunţa (la).

desjuntar(se) *vt., vr.* a (se) separa.

deslavado *adj.* 1. spălăcit. 2. *(fig.)* neruşinat.

desleal *adj.* neloial, neleal.

deslealtad *f.* neloialitate, necinste.

desleír(se) *vt., vr.* a (se) dizolva, a (se) topi.

deslenguado *adj.* 1. obraznic. 2. *(fig.)* spurcat la vorbă.

desliar(se); desligar(se) *vt., vr.* a (se) dezlega.

deslindar *vt.* a delimita, a hotărnici.

deslinde *m.* delimitare, demarcare.

deslizado *adj.* alunecos.

deslizar(se) I. *vi. vr.* a aluneca. II. *vr. (fig.)* a scăpa.

deslomar(se) *vt., vr.* a (se) deşela.

deslucido *adj. (fig.)* şters, mediocru, inexpresiv.

deslucir I. *vt.* 1. a întuneca, a umbri. 2. a lipsi de farmec. 3. *(fig.)* a defăima. II. ~se *vr.* a-şi pierde strălucirea.

deslumbrador *adj.* orbitor.

deslumbramiento *m. (şi fig.)* orbire; strălucire puternică; *(fig.)* uluire, năucire.

deslumbrar *vt. (d. lumină)* a orbi; *(fig.)* a năuci, a buimăci.

desmadejar(se) *vt., vr.* a (se) moleşi, a (se) istovi.

desmamar *vt.* a înţărca.

desmandar I. *vt.* a contramanda, a anula. II. ~se *vr.* a se obrăznici.

desmanotado *adj. (fig.)* stângaci.

desmantelamiento *m.* demontare, desfacere; dărâmare; desfiinţare // ~ *de las bases militares* desfiinţarea bazelor militare.

desmantelar *vt.* 1. a dărâma. 2. *(fig.)* a goli o casă. 3. a demonta, a desface; a desfiinţa // ~ *los bloques militares* a desfiinţa blocurile militare.

desmañado *adj.* neîndemânare, stângăcie.

desmayar I. *vt.* a face să leşine. II. *vi.* a-şi pierde firea, a se înfricoşa. III. ~se *vr.* a leşina.

desmayo *m.* 1. leşin, sfârşeală. 2. *(fig.)* descurajare.

desmedido *adj.* nemăsurat.

desmedirse *vr.* a întrece măsura.

desmedrar(se) I. *vt. vr.* a (se) deteriora. II. *vi.* a descreşte.

desmejorar(se) *vt., vr.* a (se) strica.

desmelenar(se) *vt., vr.* a (se) ciufuli.

desmembrar(se) *vt., vr.* a (se) dezmembra.

desmemoriado *adj.* uituc.

desmemoriarse *vr.* a-şi pierde memoria, a deveni uituc.

desmentida *f.* dezminţire.

desmentir *vt.* a dezminţi.

desmenuzar(se) *vt., vr.* a (se) fărâmiţa.

desmerecer *vt.* a nu fi demn de, a nu merita.

desmesurado *adj.* 1. nemăsurat, nemărginit. 2. *(fig.)* neruşinat.

desmigajar(se) *vt., vr.* a (se) fărâmiţa.

desmirriado *adj.* *(fam.)* slab, plăpând.

desmontar I. *vt.* 1. a despăduri, a defrişa. 2. a demonta. II. ~(se) *vi., vr.* a descăleca.

desmonte *m.* despădurire, defrişare.

desmoralizar(se) *vt., vr.* 1. a (se) corupe. 2. a (se) demoraliza.

desmoronamiento *m.* năruire, surpare.

desmoronar(se) *vt., vr.* a (se) nărui, a (se) surpa.

desnaturalizar *vt.* 1. a denaturaliza. 2. a denatura.

desnivel *m.* diferenţă de nivel.

desnivelar(se) *vt., vr.* a (se) denivela.

desnudar(se) *vt., vr.* a (se) despuia, a (se) dezgoli.

desnudez *f.* goliciune, nuditate.

desnudo I. *adj.* gol, despuiat. II. *m.* nud.

desnutrirse *vr.* a se subalimenta.

desobedecer *vt.* a nu da ascultare, a nu se supune.

desobediencia *f.* neascultare.

desobediente *adj.* neascultător.

desobligar *vt.* a scăpa de o obligaţie.

desocupación *f.* şomaj.

desocupado *m.* şomer.

desocupar(se) I. *vt., vr.* a (se) goli. II. *vr.* a se dezinteresa.

desoír *vt.* a nu lua în seamă.

desolación *f.* 1. pustiire. 2. *(fig.)* dezolare.

desolar I. *vt.* 1. a pustii. 2. *(fig.)* a dezola. II. ~se *vr.* a se mâhni.

desolladura *f.* 1. jupuire. 2. jecmăneală.

desollar *vt.* 1. a jupui. 2. *(fig.)* a jecmăni.

desorden *m.* dezordine, neorânduială.

desordenar *vt.* a deranja, a răvăşi.

desorganización *f.* dezorganizare.

desorganizar(se) *vt., vr.* a (se) dezorganiza.

desorientar(se) *vt., vr.* a (se) dezorienta.

desovar *vi.* 1. *(d. insecte)* a depune ouăle. 2. *(d. peşti)* a depune icre.

despabilado *adj.* 1. treaz. 2. *(fig.)* ager, vioi, dezgheţat.

despabilar I. *vt.* 1. a mucări. 2. *(fig.)* a isprăvi repede ceva. 3. *(fig.)* a dezmorţi, a înviora. 4. *(fig.)* a şterpeli. II. ~se *vr.* 1. a se trezi, a se înviora. 2. *(fig.)* a alunga somnul.

despacio *adv.* încet, domol.

despachar I. *vt.* 1. a încheia (o afacere *etc.*). 2. a expedia. 3. a vinde. 4. a da afară, a concedia, a alunga. II. *vt., vi.* 1. a rezolva (o afacere). 2. *(fam.)* a servi (clienţii). III. *vi.* 1. a se zori. 2. *(fam.)* a naşte. IV. ~se *vr.* 1. a se descotorosi (de). 2. *(fam.)* a spune ce-i vine la gură.

despacho *m.* 1. expediere, trimitere. 2. vânzare. 3. birou, cabinet (de lucru). 4. comunicare, informaţie; telegramă; telefon; mesaj. 5. rezolvare (a corespondenţei). 6. magazin, prăvălie.

despachurrar *vt*. *(fam.)* a strivi.

desparejar(se) *vt*., *vr*. a (se) desperechea.

desparpajo *m*. *(fam.)* vioiciune, isteţime.

desparramar(se) *vt*., *vr*. 1. a (se) împrăştia. 2. *(fig.)* a (se) irosi.

despavorir *vi*. a se îngrozi.

despectivo *adj*. depreciativ, dispreţuitor.

despechar *vt*. 1. a umple de ciudă. 2. *(fam.)* a înţărca.

despecho *m*. 1. ciudă, necaz // a ~ *de* în ciuda. 2. disperare.

despedazar *vt*. a desface în bucăţi.

despedida *f*. 1. concediere. 2. rămas bun, despărţire.

despedir I. *vt*. 1. a arunca. 2. a da afară, a concedia. 3. a însoţi. 4. a emana, a răspândi. 5. a conduce pe cineva (la plecare). II. ~se *vr*. a-şi lua rămas bun, a se despărţi.

despegado *adj*. acru, ursuz.

despegar(se) I. *vt*., *vr*. a (se) deslipi, a (se) desprinde. II. *vi*. a decola.

despegue *m*. decolare.

despeinar *vt*. a ciufuli.

despejado *adj*. 1. ager, vioi, isteţ. 2. *(d. cer)* senin.

despejar I. *vt*. 1. a degaja, a e- libera. 2. *(fig.)* a lămuri. II. ~se *vr*. a se însenina.

despejo *m*. 1. degajare, elibe- rare. 2. agerime, vioiciune.

despeluz(n)ar *vt*. a ciufuli, a zbârli.

despellejar *vt*. a jupui.

despenalizar *vt*. a dezincrimina.

despenar *vt*. a consola.

despensa *f*. 1. cămară. 2. me- rinde, provizii.

despeñadero *m*. 1. prăpastie. 2. *(fig.)* primejdie.

despeñar(se) *vt*., *vr*. a (se) arunca într-o prăpastie.

desperdiciar *vt*. a irosi, a pierde.

desperdicio *m*. 1. irosire, pier- dere. 2. deşeu.

desperdigar(se) *vt*., *vr*. a (se) împrăştia.

desperezarse *vr*. a se întinde.

desperfecto *m*. 1. defect. 2. stri- căciune. 3. deficienţă, lipsă.

despertador *m*. (ceas) deş- teptător.

despertar(se) *vt*., *vi*., *vr*. a (se) deştepta.

despiadado *adj*. nemilos, crud.

despierto *adj*. 1. deştept, treaz. 2. *(fig.)* vioi.

despilfarrar *vt*. a risipi, a toca.

despilfarro *m*. risipă.

despintar(se) *vt*., *vr*. a (se) şterge, a (se) decolora.

despistar(se) I. *vt*., *vr*. a (se) deruta; a (se) zăpăci; a (se) dezorienta. II. *vr*. a pierde drumul cel bun.

despiste *m*. derută, zăpăceală, dezorientare.

desplante *m*. *(fig.)* ieşire, mani- festare necontrolată.

desplazar I. *vt*. 1. a deplasa, a muta, a mişca. 2. *(fig.)* a înlo- cui, a da la o parte. II. ~se *vr*. a se deplasa, a merge.

desplegar *vt.* **1.** a dezdoi, a despături. **2.** *(fig.)* a lămuri. **3.** *(mil.)* a desfășura.

despliegue *m. (mil.)* desfășurare.

desplomarse *vr.* a se prăbuși.

desplome *m.* prăbușire.

desplumar *vt.* a jumuli.

despoblación *f.* depopulare.

despoblar(se) *vt., vr.* a (se) depopula.

despojar I. *vt.* a jefui, a prăda. II. ~se *vr.* a se dezbrăca.

despojo *m.* **1.** jefuire, prădare. **2.** pradă. **3.** ~s *pl.* potroace.

desposar I. *vt. (rel.)* a cununa. II. ~se *vr.* **1.** a se logodi. **2.** a se căsători.

desposeer *vt.* a deposeda.

desposorios *m. pl.* **1.** logodnă. **2.** cununie.

déspota *m.* despot.

despótico *adj.* despotic.

despreciable *adj.* vrednic de dispreț.

despreciar *vt.* **1.** a disprețui. **2.** a discredita.

despreciativo *adj.* depreciativ, disprețuitor.

desprecio *m.* dispreț.

desprender(se) I. *vt., vr.* a (se) desprinde. II. *vr. (fig.)* a se deduce, a reieși, a rezulta.

desprendimiento *m.* **1.** desprindere. **2.** *(fig.)* dezinteres. **3.** *(fig.)* dărnicie, generozitate.

despreocupación *f.* **1.** liniște sufletească. **2.** nepăsare.

despreocupado *adj.* **1.** fără griji, nepreocupat. **2.** indiferent, nepăsător.

despreocuparse *vr.* **1.** a nu-și face griji; a-și lua grija; a se liniști. **2.** a neglija, a nu se mai ocupa.

desprevenido *adj.* nepregătit, neprevenit.

desproporción *f.* disproporție.

despropósito *m.* prostie, absurditate.

desproveer *vt.* a lipsi de.

desprovisto *adj. (de)* lipsit (de).

después *adv.* apoi, pe urmă // ~ *de* după; ~ *de que* după ce.

despuntar I. *vt.* a toci. II. *vi.* **1.** a înmuguri. **2.** a se crăpa de ziuă // *al* ~ *el alba* în zorii zilei.

desquiciar(se) *vt., vr.* **1.** a scoate din țâțâni. **2.** *(fig.)* a (se) tulbura.

desquitarse *vr.* **1.** a se despăgubi, a-și scoate paguba. **2.** *(fig.)* a se răzbuna, a se revanșa.

desquite *m.* **1.** revanșă; răzbunare. **2.** despăgubire.

destacamento *m.* detașament.

destacar(se) I. *vt., vr.* **1.** *(mil.)* a (se) detașa. **2.** a (se) evidenția meritele sau calitățile. II. *vi., vr. (fig.)* a ieși în relief, a se remarca, a se evidenția.

destajo *m.* muncă în acord // *a* ~ în acord.

destapar *vt.* **1.** a descoperi; a desfunda; a destupa. **2.** *(fig.)* a dezvălui.

destellar *vi.* a licări, a scânteia.

destello *m.* sclipire, scânteiere.

desterrar *vt.* **1.** a exila. **2.** *(fig.)* a alunga, a îndepărta.

destetar *vt.* a înţărca.

destete *m.* înţărcare.

destiempo *m. în expr.: a ~ la* vreme nepotrivită.

destierro *m.* exil.

destilación *f.* distilare.

destilar I. *vt.* 1. a distila. 2. a filtra. II. *vi.* a picura.

destinación *f.* destinaţie.

destinar *vt.* 1. a destina, a hotărî, a stabili. 2. (o sumă de bani) a destina, a afecta, a repartiza. 3. *(d. un funcţionar)* a detaşa, a numi.

destinatario *m.* destinatar.

destino *m.* 1. destin, soartă. 2. destinaţie; adresă. 3. destinaţie, scop. 4. slujbă, post.

destitución *f.* destituire.

destituir *vt. (de)* a destitui (din).

destornillador *m.* şurubelniţă.

destornillar(se) I. *vt., vr.* a (se) deşuruba. II. *vr. (fig.)* a se ţicni, a-şi pierde minţile.

destrabar *vt.* a dezlega, a desface.

destreza *f.* dibăcie, îndemânare.

destripar *vt.* a spinteca, a scoate maţele.

destronar *vt.* a detrona.

destrozar(se) *vt., vr.* 1. a (se) distruge; a (se) rupe; a (se) sparge; a (se) strica; a (se) nimici. 2. *(fig.)* a (se) distruge, a (se) consuma. II. *vt., (mil.)* a înfrânge.

destrozo *m.* 1. rupere, spargere. 2. *(mil.)* înfrângere.

destrucción *f.* distrugere.

destruir *vt.* a distruge.

desubicado *adj. (fam.)* cu capul în nori; bizar, ciudat.

desuello *m.* 1. jupuire. 2. *(fig.)* jecmăneală.

desuetud *f.* desuetudine.

desunión *f.* 1. despărţire. 2. *(fig.)* dezbinare.

desunir(se) *vt., vr.* 1. a (se) despărţi. 2. *(fig.)* a (se) dezbina.

desusado *adj.* ieşit din uz.

desuso *m.* desuetudine // *caer en ~* a ieşi din uz, a se demoda.

desvalido *adj.* părăsit, fără ocrotire.

desvalijar *vt.* a jefui.

desvalimiento *m.* părăsire, abandonare.

desvalorizar *vt.* a devaloriza.

desván *m.* pod (de casă).

desvanecer(se) I. *vt., vr.* a (se) pierde; a (se) risipi; a (se) împrăştia. II. *vr.* a leşina.

desvanecimiento *m.* 1. leşin. 2. vanitate, trufie.

desvariar *vi.* a delira; a aiura.

desvarío *m.* delir; aiureală.

desvelado *adj.* fără somn, treaz.

desvelar I. *vt.* 1. a alunga somnul, a ţine treaz. 2. a scoate la iveală; a dezvălui. II. *~se vr.* a nu putea dormi.

desvelo *m.* 1. insomnie, nesomn, veghe. 2. *~s pl.* griji, zbucium.

desventaja *f.* dezavantaj.

desventajoso *adj.* dezavantajos.

desventura *f.* nenorocire.

desventurado *adj.* nenorocit, nefericit.

desvergonzado *adj.* neruşinat.

desvergüenza *f.* neruşinare.

desvestir(se) *vt., vr.* a (se) dezbrăca.

desviación *f.* deviere; deviaţie; abatere.

desviar(se) *vt., vr.* a devia, a (se) abate.

desvío *m.* 1. deviere, deviaţie, abatere. 2. *(fig.)* neplăcere. 3. *(fig.)* răceală, indiferenţă.

desvirgar *vt.* a dezvirgina.

desvivirse *vr. (por)* a tânji (după).

detalle *m.* detaliu, amănunt.

detectar *vt.* a detecta, a descoperi, a depista.

detención *f.* 1. arestare. 2. întârziere.

detener I. *vt.* 1. a opri. 2. a aresta. II. ~se *vr.* a se opri, a zăbovi.

detenidamente *adv.* pe îndelete, cu atenţie.

deteriorar(se) *vt., vr.* a (se) deteriora.

deterioro *m.* deteriorare.

determinación *f.* 1. determinare. 2. hotărâre.

determinante *adj.* determinant.

determinar I. *vt.* a determina. II. ~se *vr.* a se hotărî.

detestable *adj.* detestabil.

detestar *vt.* a detesta.

detonar *vi.* a detuna.

detracción *f.* defăimare.

detractor *m.* detractor.

detrás *adv.* înapoi, îndărăt // ~ de înapoia, în urma.

detrimento *m.* detriment, pagubă.

deuda *f.* datorie.

deudor *adj., m.* debitor.

devanar *vt.* a depăna.

devanear *vi.* a bate câmpii.

devaneo *m.* aiureală.

devastación *f.* devastare, pustiire.

devastar *vt.* a devasta, a pustii.

desvirtuar *vt.* a contracara, a neutraliza.

devengar *vt.* a încasa.

devoción *f.* 1. *(rel.)* devoţiune, cucernicie. 2. *(fig.)* devotament.

devolución *f.* restituire, înapoiere, returnare.

devolver I. *vt.* a înapoia, a restitui. II. ~se *vr. (Am.)* a se întoarce.

devorar *vt.* a devora.

devoto *adj.* 1. evlavios, cucernic, pios. 2. *(fig.) (de)* devotat, credincios, fidel.

día *m.* zi(uă) // ~ *laborable/ feriado/de descanso/* zi lucrătoare/de odihnă; ~ *tras* ~ zi după zi; *al* ~ la zi; *algún* ~ într-o bună zi, cândva (în viitor); *dar los buenos* ~s a da bună ziua; *el otro* ~ deunăzi; *es de* ~ e ziuă; *hoy en* ~ în ziua de azi; *otro* ~ altădată; *un buen* ~ într-o bună zi.

diabetes *f.* diabet.

diablo *m.* diavol, drac.

diablura *f.* drăcie.

diabólico *adj.* diabolic, drăcesc.

diácono *m.* diacon.

diadema *f.* diademă.

diáfano *adj.* diafan.

diafragma *m.* diafragmă.

diagnóstico *m.* diagnostic.

diagonal I. *adj.* diagonal. II. *f.* *(geom.)* diagonală.

dialéctica *f.* dialectică.

dialecto *m.* dialect.

dialogar I. *vi.* a dialoga. II. *vt.* a transpune în dialog.

diálogo *m*. dialog.

diamante *m*. diamant.

diámetro *m*. diametru.

diana *f*. *(mil.)* deşteptarea.

diapasón *m*. diapazon.

diario I. *adj*. zilnic // *a* ~ zilnic; *de* ~ de fiecare zi. II. *m*. ziar, jurnal.

diarrea *f*. diaree.

dibujar *vt*. a desena.

dibujo *m*. desen // ~*s animados* desene animate.

dicción *f*. dicţiune.

diccionario *m*. dicţionar.

diciembre *m*. decembrie.

dictado *m*. 1. titlu. 2. dictare // *escribir al* ~ a scrie după dictare. 3. dictat.

dictador *m*. dictator.

dictadura *f*. dictatură.

dictamen *m*. părere; sfat; aviz; apreciere.

dictaminar *vi*. a aviza, a-şi da avizul; a aprecia.

dictar *vt*. 1. a dicta. 2. *(jur.)* *(d. o sentinţă)* a da, a dicta // ~ *una sentencia* a da o sentinţă. 3. *(Am.)* a ţine (o conferinţă, un curs).

dicha *f*. 1. fericire // *por* ~ din fericire. 2. noroc.

dicho I. *m*. zicală, maximă. II. *adj*. numit, zis.

dichoso *adj*. 1. fericit. 2. norocos. 3. *(fam.)* plictisitor.

didáctico *adj*. didactic.

diente *m*. dinte.

diestro I. *adj*. 1. drept // *a* ~ *y siniestro* la nimereală. 2. dibaci, îndemânatic. II. *m*. matador.

dieta *f*. *(med., pol.)* dietă // *estar a* ~ regim.

diez *num. card*. zece.

diezmar *vt*. 1. a decima. 2. a plăti zeciuială.

diezmo *m*. zeciuială, dijmă.

difamación *f*. defăimare.

difamador *adj*., *m*. defăimător.

difamar *vt*. a defăima.

diferencia *f*. 1. deosebire // *a* ~ *de* spre deosebire de. 2. *(mat.)* rest, diferenţă.

diferenciar(se) *vt*., *vr*. a (se) diferenţia, a (se) deosebi.

diferente *adj*. diferit, deosebit // *ser* ~ a se deosebi.

diferir I. *vt*. *(a, para)* a amâna (la, pentru). II. *vi*. *(de)* a se deosebi (de).

difícil *adj*. dificil, greu.

dificultad *f*. dificultate, greutate.

dificultar *vt*. a îngreuna.

dificultoso *adj*. anevoios.

difteria *f*. difterie.

difundir(se) *vt*., *vr*. a (se) împrăştia, a (se) răspândi.

difunto *adj*., *m*. defunct, răposat.

difusión *f*. 1. răspândire, împrăştiere. 2. *(fig.)* difuzare.

difuso *adj*. 1. difuz. 2. *(fig.)* prolix.

digerir *vt*. a digera, a mistui.

digestión *f*. digestie, mistuire.

digestivo *adj*. digestiv.

dignarse *vr*. *(de)* a binevoi (să).

dignatario *m*. demnitar.

dignidad *f*. demnitate.

digno *adj*. demn, vrednic.

digresión *f*. digresiune.

dije *m*. 1. breloc. 2. bijuterie.

dilación *f.* amânare.

dilapidar *vt.* **1.** a delapida. **2.** a risipi.

dilatación *f.* dilatare.

dilatado *adj.* **1.** întins, vast, amplu, bogat. **2.** *(d. stil)* neconcis, prolix.

dilatar(se) I. *vt., vr.* **1.** a (se) dilata; a (se) lungi; a (se) umfla. **2.** *(fig.)* a (se) întinde, a (se) prelungi. **3.** *(fig.)* a (se) răspândi. II. *vt.* a amâna; a tărăgăna.

dilema *m.* dilemă.

diletante *m.* diletant.

diligencia *f.* **1.** sârguinţă, străduinţă, hărnicie, silinţă. **2.** diligenţă; demers // *hacer ~s* a întreprinde demersuri. **3.** apostilă; viză.

diligente *adj.* harnic, sârguincios, silitor.

dilucidar *vt.* a elucida, a lămuri.

diluir *vt.* **1.** a dizolva. **2.** a dilua.

diluvio *m.* potop.

dimanar *vi.* a emana.

dimensión *f.* dimensiune, întindere.

diminuto *adj.* micuţ, mărunt.

dimisión *f.* demisie.

dimitir *vt.* a-şi da demisia.

dinámico *adj.* dinamic.

dinamismo *m.* dinamism.

dinamita *f.* dinamită.

dinamo *f.* dinam.

dinastía *f.* dinastie.

dineral *m.* bani mulţi, bănet.

dinerario *adj.* bănesc.

dinero *m.* bani.

diócesis *f. (rel.)* dioceză, eparhie.

Dios *m.* **1.** Dumnezeu. **2.** zeu.

diosa *f.* **1.** zeiţă. **2.** zână.

diploma *m.* diplomă.

diplomacia *f.* diplomaţie.

diplomático I. *adj.* diplomatic. II. *m.* diplomat.

diptongo *m.* diftong.

diputación *f.* delegaţie, solie.

diputado *m. (pol.)* deputat.

dique *m.* dig.

dirección *f.* **1.** direcţie. **2.** conducere. **3.** adresă.

directo *adj.* direct.

director *m.* director // *~ de escena* regizor; *~ de orquesta* dirijor.

directorio *m.* conducere.

directriz *f. (pol.)* directivă.

dirigente *m.* conducător.

dirigir I. *vt.* a conduce. II. *~(se) vt., vr.* **1.** a (se) îndrepta. **2.** a (se) adresa.

discernimiento *m.* discernământ.

discernir *vt.* a distinge, a deosebi.

disciplina *f.* disciplină.

disciplinar(se) *vt., vr.* a (se) disciplina.

discípulo *m.* **1.** discipol. **2.** elev.

disco *m.* disc.

disconforme *adj.* discordant; deosebit; nepotrivit, neadecvat, impropriu.

disconformidad *f.* discordanţă; nepotrivire; neconcordanţă; dezacord; neînţelegere.

discontinuo *adj.* discontinuu.

discordancia *f.* discordanţă.

discordante *adj.* discordant.

discordar *vi.* **1.** a nu se potrivi; a nu concorda; a fi în dezacord. **2.** *(muz.)* a discorda, a fi lipsit de armonie.

discorde *adj.* discordant; disonant.

discordia *f.* discordie, dezbinare, neînţelegere.

discreción *f.* **1.** discreţie. **2.** tact. **3.** isteţime. **4.** judecată, înţelepciune // *rendirse a ~* a se preda fără condiţii.

discrepar *vi.* **1.** a se deosebi. **2.** a fi de altă părere.

discreto *adj.* **1.** discret. **2.** pătrunzător, fin. **3.** înţelept.

disculpa *f.* scuză.

disculpar(se) *vt., vr.* **1.** a (se) dezvinovăţi. **2.** a (se) scuza.

discurrir **I.** *vi.* **1.** a umbla, a colinda. **2.** *(fig.) (en)* a medita (asupra). **II.** *vt.* a născoci.

discurso *m.* discurs.

discusión *f.* **1.** discuţie, conversaţie. **2.** ceartă.

discutir **I.** *vt., vi.* a discuta, a dezbate; a examina. **II.** *vi.* a discuta în contradictoriu; a se certa.

disección *f. (anat.)* disecţie.

diseminar(se) *vt., vr.* a (se) împrăştia, a (se) răspândi.

disensión *f.* disensiune.

disentir *vi. (a)* a nu simţi (*sau* a nu gândi) la fel (cu); a fi în dezacord (cu).

diseñar *vt.* a desena.

diseño *m.* desen.

disertación *f.* disertaţie.

disertar *vt.* a ţine o disertaţie.

disforme *adj.* **1.** diform. **2.** hâd, urât.

disfraz *m.* **1.** deghizare; travestire. **2.** costum de bal mascat. **3.** *(fig.)* prefăcătorie.

disfrazar(se) *vt., vr. (de)* a (se) deghiza (în).

disfrutar *vt., vi. (de)* a se bucura (de).

disgustado *adj.* **1.** supărat, necăjit, mâhnit. **2.** nemulţumit.

disgustar **I.** *vt.* **1.** a dezgusta. **2.** a nemulţumi. **II.** *~se (con)* a se certa (cu).

disgusto *m.* **1.** lipsă de gust. **2.** ceartă. **3.** neplăcere, supărare. **4.** scârbă // *a ~* în silă, fără plăcere.

disimulación *f.* disimulare.

disimular *vt.* a disimula, a ascunde.

disimulo *m.* **1.** prefăcătorie. **2.** indulgenţă.

disipación *f.* **1.** risipire, împrăştiere. **2.** desfrâu.

disipar(se) *vt., vr.* a (se) risipi, a (se) împrăştia.

dislate *m.* nerozie.

dislocar(se) *vt., vr.* a (se) disloca; a (se) scrânti.

disminución *f.* diminuare, micşorare.

disminuir(se) *vt., vi., vr.* a (se) diminua, a (se) micşora, a (se) reduce, a scădea // *~ en* a se micşora cu, a se reduce cu.

disociar(se) *vt., vr.* a (se) disocia.

disolución *f.* dizolvare; descompunere; desfacere // *~ del matrimonio* desfacerea căsătoriei.

disoluto *adj.* desfrânat.

disolvente *adj., m.* dizolvant.

disolver(se) *vt., vr.* 1. a (se) dizolva. 2. a (se) desface // ~ el matrimonio a desface căsătoria.

disparar I. *vt.* 1. a arunca, a zvârli. 2. a trage cu (o armă). II. *vi.* a vorbi prostii.

disparatado *adj.* absurd.

disparatar *vi.* a bate câmpii.

disparate *m.* nerozie, tâmpenie.

disparo *m.* descărcare, foc (de armă), împuşcătură.

dispensa *f.* dispensă, scutire.

dispensar *vt.* 1. a dispensa, a scuti. 2. a scuza, a ierta.

dispensario *m.* dispensar.

dispersar(se) *vt., vr.* a (se) împrăştia.

dispersión *f.* împrăştiere.

disperso *adj.* dispersat, împrăştiat.

displicente *adj.* 1. neplăcut. 2. nemulţumit.

disponer I. *vt.* 1. a orândui, a aranja. 2. a pregăti. II. *vi.* (de) a dispune (de). III. ~se *vr.* (a, para) a se pregăti (de).

disponible *adj.* disponibil.

disposición *f.* 1. orânduire, aranjare, dispoziţie. 2. aptitudine.

dispositivo *m.* dispozitiv.

dispuesto *adj.* 1. pregătit, gata. 2. (a) dispus să, gata să; pregătit // estar bien/mal ~ a fi bine/prost dispus.

disputa *f.* dispută; ceartă.

disputar I. *vt.* a dezbate, a discuta. II. *vi.* a se certa.

disquisición *f.* investigaţie.

distancia *f.* distanţă.

distanciar(se) *vt., vr.* a (se) distanţa.

distante *adj.* îndepărtat.

distar *vi.* (de) 1. a fi depărtat (de). 2. (fig.) a diferi (de).

distender *vt.* 1. a slăbi. 2. (med.) (d. ţesuturi) a încorda.

distensión *f.* 1. destindere. 2. (med.) încordare.

distinción *f.* distincţie; deosebire.

distinguido *adj.* distins, ales.

distinguir(se) *vt., vr.* a (se) distinge.

distintivo *adj.* distinctiv.

distinto *adj.* distinct.

distracción *f.* distracţie, neatenţie.

distraer(se) *vt., vr.* 1. a (se) distra, a (se) amuza. 2. a(-şi) abate atenţia.

distraído *adj.* distrat.

distribución *f.* 1. distribuire, repartizare. 2. distribuţie.

distribuir(se) *vt., vr.* a (se) distribui.

distrito *m.* district.

disturbar *vt.* a tulbura.

disturbio *m.* tulburare.

disuadir *vt.* (de) a nu sfătui (să).

divagación *f.* divagaţie.

divagar *vi.* a divaga, a bate câmpii.

diván *m.* divan.

divergente *adj.* divergent.

divergir *vi.* (fig.) a nu fi de acord.

diversidad *f.* diversitate.

diversificar *vt.* a diversifica.

diversión *f.* **1.** recreare, distrac-
ţie. **2.** *(pol.)* diversiune.

diverso *adj.* divers, diferit.

divertido *adj.* distractiv, amuzant.

divertir(se) *vt., vr.* **1.** *(de)* a (se)
abate (de la). **2.** a (se) distra,
a se amuza.

dividir *vt.* **1.** a divide, a împăr-
ţi. **2.** *(fig.)* a învrăjbi.

divinidad *f.* divinitate, zeitate.

divinizar *vt.* a diviniza.

divino *adj.* divin, dumnezeiesc.

divisa *f.* **1.** emblemă. **2.** ~s *pl.*
devize, valută.

división *f.* **1.** divizare; împăr-
ţire. **2.** *(mil.)* divizie. **3.** *(fig.)*
vrajbă.

divisor *m.* *(mat.)* divizor.

divisorio *adj.* despărţitor.

divorciar(se) *vt., vr.* a divorţa,
a (se) despărţi.

divorcio *m.* divorţ.

divulgación *f.* **1.** divulgare. **2.** po-
pularizare; răspândire.

divulgar *vt.* **1.** a divulga. **2.** a
răspândi, a populariza.

doblaje *m.* *(cinema)* dublaj.

doblar **I.** *vt.* **1.** a dubla. **2.** a
îndoi, a împături. **3.** *(fig.)* a
îndupleca // ~ *la esquina* a da
colţul străzii. **II.** *vi.* a bate
clopotele de îngropăciune.
III. ~se *vr.* **1.** a se îndoi.
2. *(fig.)* a se îndupleca.

doble *(adj.)* dublu, îndoit.

doblegar(se) *vt., vr.* **1.** a (se)
îndoi, a (se) încovoia. **2.** *(fig.)*
a (se) îndupleca.

doblez **I.** *m.* îndoitură, cută.
II. *m.* sau *f.* prefăcătorie,
duplicitate, făţărnicie.

doce *num. card.* doisprezece.

docena *f.* duzină.

docencia *f.* **1.** activitate profeso-
rală. **2.** predare, învăţare.

docente *adj.* didactic // *personal*
~ corp didactic.

dócil *adj.* docil, ascultător.

docilidad *f.* supunere.

docto *adj.* doct, învăţat.

doctor *m.* doctor.

doctorado *m.* doctorat.

doctorarse *vr.* *(en)* a-şi lua
doctoratul (în).

doctrina *f.* doctrină.

doctrinar *vt.* a învăţa, a instrui.

documentación *f.* documentare.

documental *adj.* documentar.

documentar(se) *vt., vr.* a (se)
documenta.

documento *m.* document.

dogma *m.* dogmă.

dogmático *adj.* dogmatic.

dólar *m.* dolar.

dolencia *f.* boală; beteşug.

doler **I.** *vi.* **1.** a durea. **2.** *(fig.)*
a-i părea rău. **II.** ~se *vr.* **1.** a
se căi. **2.** a se plânge.

doliente *adj.* **1.** dureros. **2.** bolnav.

dolor *m.* durere.

dolorido *adj.* **1.** îndurerat. **2.** su-
ferind.

doloroso *adj.* dureros.

doma, domadura *f.* domesticire.

domador *m.* îmblânzitor.

domar *vt.* a îmblânzi, a domestici.

domesticar(se) *vt., vr.* a (se)
domestici.

doméstico *adj.* domestic, menajer.

domiciliarse *vr.* a-şi stabili
domiciliul.

domicilio *m.* domiciliu; locuinţă // *a* ~ **a.** la domiciliu; **b.** *(sport)* acasă, pe teren propriu.

dominación *f.* **1.** dominare. **2.** dominaţie, stăpânire.

dominante *adj.* dominant, stăpânitor.

dominar(se) *vt., vi., vr.* a (se) stăpâni.

domingo *m.* duminică.

dominicano *adj., m.* dominican.

dominico *adj., m. (rel.)* dominican.

dominio *m.* **1.** dominare, dominaţie; stăpânire; posesie. **2.** autoritate, putere. **3.** domeniu, teritoriu. **4.** *(fig.)* domeniu, sferă, sector.

don *m.* **1.** cadou. **2.** dar, har. **3.** don *(titlu folosit înaintea numelui de botez).*

donación *f.* donaţie.

donador *m.* donator.

donaire *m.* **1.** graţie, farmec. **2.** *(fam.)* glumă.

donar *vt.* a dona, a dărui.

donatario *m.* donator.

donativo *m.* donaţie, dar.

doncel I. *adj.* dulce. **II.** *m.* paj regal.

doncella *f.* **1.** fecioară. **2.** subretă, fată în casă.

donde *adv. relat.* unde.

dónde *adv. interog.* unde.

dondequiera *adv.* oriunde.

dondiego *m.* în *expr.:* ~ *de día* zorele.

donoso *adj.* **1.** graţios, atrăgător. **2.** *(ironic)* nostim.

doña *f.* doña *(titlu folosit înaintea numelui de botez).*

doquier(a) *adv.* **v. dondequiera.**

dorado *adj.* auriu, aurit.

dorar *vt.* a auri.

dormilón *adj.* somnoros.

dormilona *f.* dormeză.

dormir I. *vi.* a dormi. **II.** ~(se) *vt., vr.* a adormi.

dormitar *vi.* a moţăi.

dormitorio *m.* dormitor.

dorsal *adj.* dorsal.

dorso *m.* **1.** dos, spate. **2.** *(de filă)* dos, verso, spate. **3.** *(de monedă)* revers. **4.** *(de palmă)* dos.

dos *num. card.* doi, două.

dosificación *f.* dozare, dozaj.

dosificar *vt.* a doza.

dosis *f.* doză.

dotación *f.* **1.** dotare. **2.** *(mar.)* echipaj. **3.** *(adm.)* personal.

dotar *vt.* a dota, a înzestra.

dote I. *m.* sau *f.* dotă, zestre. **II.** ~s *f.pl.* talent.

dragar *vt. (mar.)* a draga.

dragón *m.* **1.** dragon, balaur. **2.** *(bot.)* gura-leului.

drama *m.* dramă.

dramático I. *adj.* dramatic. **II.** *m.* autor *(sau* actor) dramatic.

dramatizar *vt.* a dramatiza.

dramaturgo *m.* dramaturg.

droga *f.* **1.** drog; doctorie. **2.** *(fig.)* înşelăciune.

droguería *f.* drogherie.

dualidad *f.* dualitate.

dubitativo *adj.* dubitativ.

ducado *m.* ducat.

dúctil *adj.* ductil.

ductilidad *f.* ductilitate.

ducha *f.* duş // *tomar una* ~ a face un duş.

ducho *adj*. priceput, dibaci; abil; versat.

duda *f*. îndoială, dubiu // *salir de ~s* a nu avea îndoială, a se lămuri; *sin ~* fără îndoială.

dudar I. *vi. (de)* a se îndoi (de). **II.** *vt*. a pune la îndoială.

dudoso *adj*. îndoielnic, nesigur.

duelo *m*. **1.** doliu // *estar de ~* a fi în doliu. **2.** mâhnire. **3.** convoi funebru. **4.** duel.

duende *m*. spiriduş.

dueño *m*. stăpân.

dulce I. *adj*. dulce. **II.** ~s *m. pl.* dulciuri.

dulcificar *vt*. **1.** a îndulci. **2.** *(fig.)* a îmblânzi.

dulz(arr)ón *adj. (fam.)* prea dulce, dulceag.

dulzura *f*. **1.** dulceaţă. **2.** *(fig.)* blândeţe.

dúo *m. (muz.)* duet, duo // *cantar a ~* a cânta în duet.

duodécimo *num. ord*. al doisprezecelea.

duplicado *m*. duplicat.

duplicar *vt*. a dubla.

duplicidad *f*. duplicitate, falsitate.

duque *m*. duce.

duración *f*. durată.

duradero *adj*. durabil, trainic.

durante *prep*. în timpul.

durar *vi*. a dura, a dăinui.

dureza *f*. duritate, tărie.

durmiente I. *adj*. adormit. **II.** *m*. *(Am.)* traversă (de cale ferată).

duro I. *adj*. dur, tare, aspru. **II.** *m*. duro *(monedă de cinci pesete)*.

E

e *conj. (numai înaintea lui* i *sau* hi) şi.

ebanista *m.* ebenist, tâmplar de lux.

ébano *m.* abanos.

ebriedad *f.* beţie, ebrietate.

ebrio *adj.* beat.

ebullición *f.* 1. fierbere // *punto de* ~ punct de fierbere. 2. *(fig.)* efervescenţă.

eccema *m.* eczemă.

ecléctico *adj.* eclectic.

eclesiástico I. *adj.* bisericesc. II. *m.* cleric.

eclipsar(se) *vt., vr.* a (se) eclipsa.

eclipse *m.* eclipsă.

eco *m.* ecou.

ecología *f.* ecologie.

economía *f.* economie.

económico *adj.* 1. economic. 2. material // *situación económica* situaţie materială.

economista *m.* şi *f.* economist(ă).

economizar *vt.* a economisi.

ecónomo *m.* administrator.

ecuación *f.* ecuaţie.

ecuador *m.* ecuator.

ecuatorial *adj.* ecuatorial.

ecuatoriano *adj., m.* ecuadorian.

ecuestre *adv.* ecvestru.

eczema *m.* eczemă.

echadura *f.* clocit.

echar I. *vt.* 1. a arunca, a azvârli. 2. a da afară, a concedia. 3. a ţâşni // ~ *barriga* a face burtă; ~ *de menos* a duce dorul; ~ *la llave* a închide cu cheia; ~ *las cartas* a da în cărţi; ~ *los dientes* a creşte dinţii; ~ *mano a* (sau *de*) a pune mâna pe; ~ *raíces* a prinde rădăcini; ~ *una carta al buzón* a pune o scrisoare la cutie; ~ *un bocado* a lua o îmbucătură; ~ *un trago* a trage o duşcă. II. *vi. (a)* a începe (să) // ~ *a reír* a începe să râdă. III. ~*se vr.* 1. a se arunca. 2. a se întinde, a se culca. 3. *(d. vânt)* a se potoli. 4. a cloci // *echárselas de* a face pe.

edad *f.* 1. etate, vârstă // *mayor/menor de* ~ major/minor. 2. epocă // ~ *media* evul mediu; *la* ~ *moderna* epoca modernă.

edén *m.* paradis, rai.

edición *f.* 1. ediție. 2. editare.

edicto *m.* edict, ordonanță.

edificación *f.* edificare, construire // ~ *del socialismo* construirea socialismului.

edificar *vt.* *(și fig.)* a construi, a zidi.

edificio *m.* clădire.

edil *m.* edil.

edilicio *adj.* edilitar.

editar *vt.* a edita, a publica.

editor *m.* editor.

editorial I. *adj.* editorial. II. *m.* articol de fond. III. *f.* editură.

educación *f.* educare; educație.

educador *adj., m.* educator.

educar *vt.* a educa, a crește.

educativo *adj.* educativ.

edulcorar *vt.* a îndulci.

efectivo I. *adj.* efectiv, real. II. *m.* 1. efectiv. 2. (bani) numerar // *en* ~ în numerar.

efecto *m.* 1. efect // *a* ~*s de* în vederea, pentru; *al* ~ pentru aceasta; *en* ~ într-adevăr. 2. scop // *a otros* ~*s* în alte scopuri. 3. *(com.)* articol. 4. ~*s pl.* bunuri; lucruri; efecte.

efectuar *vt.* a efectua, a înfăptui.

efervescencia *f.* *(și fig.)* efervescență.

efervescente *adj.* efervescent.

eficacia *f.* eficacitate.

eficaz *adj.* eficace.

eficiencia *f.* eficiență.

eficiente *adj.* eficient.

efigie *f.* efigie.

efímero *adj.* efemer.

efusión *f.* efuziune.

égida *f.* egidă.

egipcio *adj., m.* egiptean.

egoísmo *m.* egoism.

egoísta *adj., m.* și *f.* egoist(ă).

egregio *adj.* ilustru.

eje *m.* axă; ax; osie.

ejecución *f.* executare; execuție.

ejecutante *m.* executant.

ejecutar *vt.* 1. a executa. 2. *(muz.)* a interpreta.

ejecutivo *adj.* 1. *(pol.)* executiv. 2. *(fig.)* grăbit.

ejecutor *adj., m.* executor.

ejecutoria *f.* 1. titlu de noblețe. 2. *(jur.)* ordin de executare.

ejemplar I. *adj.* pilduitor. II. *m.* exemplar.

ejemplo *m.* exemplu, pildă // *a* ~ *de* după exemplul; *por* ~ de exemplu.

ejercer *vt.* a exercita.

ejercicio *m.* *(și sport)* 1. exercițiu. 2. exercitare. 3. exersare // ¡ *haz* ~ ! fă mișcare !

ejercitar I. *vt.* a exercita. II. ~*se* *vr.* *(en)* a exersa (în).

ejército *m.* armată.

el *art. hot. m. sg.* *(precedă și substantivele feminine care încep cu* (h)a *accentuat)* // ~ *hombre* omul; ~ *arma* arma; ~ *hambre* foamea.

él, ella, ellos, ellas *pron. pers.* el, ea, ei, ele.

elaboración *f.* elaborare; prelucrare.

elaborar *vt.* a elabora; a prelucra.

elasticidad *f.* elasticitate.

elástico *adj., m.* elastic.

elección *f.* 1. alegere. 2. ~es *pl.*
(*şi pol.*) alegeri // *a* ~ la ale-
gere; după voie.

electo *adj.* ales.

elector *m.* alegător.

electoral *adj.* electoral.

electricidad *f.* electricitate.

electricista *m.* electrician.

eléctrico *adj.* electric.

electrificar *vt.* a electrifica.

electrizar *vt.* (*şi fig.*) a electriza.

electrólisis *f.* electroliză.

elefante *m.* elefant.

elegancia *f.* eleganţă.

elegante *adj.* elegant.

elegía *f.* elegie.

elegible *adj.* eligibil.

elegir *vt.* a alege.

elemental *adj.* elementar.

elemento *m.* element.

elenco *m.* 1. listă, catalog.
2. (*teatru*) ansamblu.

elevación *f.* 1. ridicare; înăl-
ţare; urcare, suire // ~ *a la*
potencia ridicare la putere.
2. înălţare, înălţime. 3. (*d.*
preţuri) mărire, creştere.

elevador *m.* 1. (*tehn.*) elevator.
2. (*Am.*) ascensor.

elevar(se) *vt., vr.* a (se) ridica, a
(se) înălţa.

eliminación *f.* eliminare.

eliminar *vt.* a elimina.

elipse *f.* (*geom.*) elipsă.

elipsis *f.* (*lingv.*) elipsă.

elocución *f.* elocuţiune.

elocuencia *f.* elocvenţă.

elocuente *adj.* elocvent.

elogiar *vt.* a elogia.

elogio *m.* elogiu.

elucidar *vt.* a elucida.

eludir *vt.* a evita; a ocoli.

ello *pron. pers.* aceasta, asta //
para ~ pentru aceasta; *por* ~
de aceea.

emanación *f.* emanare; emanaţie.

emanar *vt.* a emana.

emancipación *f.* emancipare.

emancipar(se) *vt., vr.* a (se)
emancipa.

embadurnar *vt.* a mânji.

embaír *vt.* a înşela.

embajada *f.* 1. ambasadă. 2. so-
lie.

embajador *m.* 1. ambasador.
2. sol.

embalaje *m.* 1. ambalare. 2. am-
balaj.

embalar *vt.* a ambala.

embaldosar *vt.* a pardosi cu dale.

embalsamar *vt.* a îmbălsăma.

embalsar I. *vt.* 1. a încărca pe
plută. 2. a stăvili (apa). II. ~se
vr. (*d. ape*) a forma bălţi.

embalse *m.* lac de acumulare.

embarazar(se) I. *vt., vr.* a (se)
încurca, a (se) stânjeni. II. *vt.*
a lăsa gravidă o femeie.

embarazo *m.* 1. piedică. 2. (*med.*)
sarcină.

embarazoso *adj.* stânjenitor.

embarcación *f.* 1. îmbarcare.
2. ambarcaţie.

embarcadero *m.* debarcader, chei.

embarcar(se) *vt., vr.* 1. a (se)
îmbarca. 2. (*fig.*) a (se) băga.

embarco *m.* îmbarcare a pasa-
gerilor.

embargar *vt.* 1. a încurca, a
stânjeni. 2. (*jur.*) a sechestra.

embargo *m*. **1.** *(jur.)* sechestrare. **2.** *(mar., pol.)* embargo // *sin* ~ totuşi.

embarque *m*. încărcare a mărfurilor.

embarrancarse *vr*. a se înnămoli; a se împotmoli.

embarullar *vt*. *(fam.)* **1.** a încurca. **2.** a da rasol.

embate *m*. izbitură, lovitură.

embaucar *vt*. a amăgi; a ademeni.

embebecer I. *vt*. a distra. **II.** ~se *vr*. a rămâne uimit.

embeber I. *vt*. a absorbi, a suge. **II.** *vi*. *(d. ţesături)* a intra la apă. **III.** ~se *vr*. a rămâne uluit *(sau* extaziat).

embelecar *vt*. a înşela, a amăgi.

embeleco *m*. înşelăciune, amăgire.

embelesar *vt*. a încânta, a extazia.

embeleso *m*. încântare.

embellecer *vt*. a înfrumuseţa.

embellecimiento *m*. înfrumuseţare.

embestida *f*. atac, asalt.

embestir *vt*. a ataca, a se năpusti.

embetunar *vt*. a da cu cremă, a văcsui.

emblema *m*. emblemă, simbol.

emblemático *adj*. emblematic.

embobar I. *vt*. a prosti. **II.** ~se *vr*. a rămâne uimit.

embocadura *f*. deschizătură.

embocar *vt*. **1.** a îmbuca, a băga în gură. **2.** *(fig.)* a face să creadă. **3.** *(fam.)* a înghiţi.

émbolo *m*. *(tehn.)* piston.

embolsar I. *vt*. a băga în pungă. **II.** *vt., vr*. a câştiga, a încasa.

emborrachar(se) *vt., vr*. a (se) îmbăta.

emborronar *vt*. **1.** a păta cu cerneală. **2.** *(fig.)* a mâzgăli.

emboscada *f*. *(mil.)* ambuscadă.

emboscar I. *vt*. *(mil.)* a pune (pe cineva) la pândă; a pregăti o ambuscadă. **II.** ~se *vr*. **1.** a sta la pândă. **2.** a se ascunde.

embotar I. *vt*. **1.** a toci. **2.** *(fig.)* a amorţi. **II.** ~se *vr*. a se încălţa cu cizmele.

embotellar *vt*. a îmbutelia.

embozar(se) I. *vt., vr*. a(-şi) acoperi faţa. **II.** *vt*. *(fig.)* a-şi ascunde (un gând).

embozo *m*. **1.** rever. **2.** capăt de cearşaf. **3.** *(fig.)* prefăcătorie.

embragar *vt*. *(auto)* a ambreia.

embrague *m*. *(auto)* ambreiaj.

embravecer I. *vt*. a întărâta. **II.** ~se *vr*. a se înfuria.

embriagar(se) *vt., vr*. a (se) îmbăta.

embriaguez *f*. beţie.

embrión *m*. embrion.

embrocar *vt*. a pritoci.

embrollar(se) *vt., vr*. a (se) încurca.

embrollo *m*. încurcătură, confuzie.

embrollón *m*. **1.** încurcă-lume. **2.** intrigant.

embromar *vt*. **1.** a zeflemisi. **2.** a înşela, a păcăli. **3.** *(Am.)* a plictisi.

embrujar *vt.* a vrăji, a fermeca.

embrutecer(se) *vt., vr.* a (se) abrutiza, a (se) îndobitoci.

embrutecimiento *m.* abrutizare.

embuchado *m.* cârnat.

embuchar *vt.* 1. a umple cu carne. 2. *(fam.)* a îmbuca, a înghiți.

embudo *m.* 1. pâlnie. 2. *(fig.)* păcăleală.

embuste *m.* 1. minciună. 2. ~s *pl.* bijuterii ieftine.

embustero *adj., m.* mincinos.

embutido *m.* 1. marchetărie. 2. cârnat, salam.

embutir *vt.* 1. a marcheta. 2. a băga, a vârî. 3. *(fig.)* a înfuleca.

emergencia *f.* 1. *(fiz.)* emergență. 2. *(Am.)* accident, întâmplare.

emerger *vi.* a ieși la suprafața apei.

emérito *adj.* cu pensie de merit.

emigración *f.* emigrare.

emigrante *adj., m.* emigrant.

emigrar *vi.* a emigra.

eminencia *f.* 1. ridicătură, dâmb. 2. eminență.

emisario *m.* emisar, trimis.

emisión *f.* 1. emitere. 2. emisiune.

emisor *m.* emițător.

emisora *f.* post de emisie.

emitir *vt.* a emite.

emoción *f.* emoție.

emolumentos *m. pl.* drepturi bănești suplimentare, primă.

emotivo *adj.* emotiv.

empacar *vt.* a împacheta, a ambala.

empachar I. *vt.* a ghiftui, a îndopa. II. ~se *vr.* a se rușina.

empacho *m.* 1. sfială, timiditate. 2. indigestie.

empadronamiento *m.* recensământ.

empadronar *vt.* a face recensământ.

empajar *vt.* a împăia.

empalagar(se) *vt., vr.* a (se) dezgusta, a (se) scârbi.

empalago *m.* scârbă, greață.

empalagoso *adj.* 1. grețos, leșinat (de dulce). 2. *(fig.)* plicticos.

empalizada *f.* palisadă.

empalmar I. *vt.* a îmbina, a îmbuca, a cupla. II. *vi.* a avea legătură (de tren).

empalme *m.* 1. îmbinare, cuplare. 2. nod (de cale ferată).

empanada *f.* pateu, plăcintă.

empanar *vt.* 1. a tăvăli în pesmet. 2. *(agr.)* a semăna cu grâu.

empantanar(se) *vt., vr.* 1. a (se) inunda, a (se) face mocirlă. 2. *(și fig.)* a (se) împotmoli.

empañar *vt.* 1. a înfăşa (un copil). 2. a aburi, a patina. 3. *(fig.)* a păta.

empapar(se) *vt., vr.* a (se) îmbiba, a (se) impregna.

empapelar *vt.* a împacheta în hârtie.

empaque *m.* 1. împachetare. 2. *(fig.)* ținută, înfățișare. 3. seriozitate.

empaquetar *vt.* a împacheta, a ambala.

emparedado *m.* sandviș.

emparejar I. *vt.* a împerechea. II. *vi.* a fi la fel (cu).

emparentar *vi.* a se înrudi.

emparrado *m.* boltă de viță.

emparrillar *vt.* a frige la grătar.

empastar *vt.* 1. a umple cu cocă. 2. *(med.)* a plomba.

empaste *m. (med.)* plombă.

empastelar *vt. (fam.)* a aranja (o afacere).

empatar *vi.* 1. a face meci egal, a egala. 2. ~(se) *vi., vr. (d. alegeri)* a fi în balotaj.

empate *m.* 1. *(pol.)* balotaj. 2. scor egal.

empavesar *vt. (mar.)* a pavoaza.

empecer *vt.* a prejudicia.

empecinado *adj.* încăpățânat.

empedernido *adj.* crud, neîndurător.

empedernir(se) *vt., vr. (și fig.)* a (se) întări; a (se) împietri.

empedrado *m.* caldarâm.

empedrar *vt.* a pava; a pietrui.

empegar *vt.* a smoli.

empellón *m.* brânci, ghiont // a ~*es* pe brânci.

empeñar I. *vt.* 1. a amaneta. 2. a sili. II. ~**se** *vr.* 1. a se îndatora, a se obliga. 2. *(en)* a se încăpățâna (să).

empeño *m.* 1. amanetare. 2. angajament, obligație. 3. dorință arzătoare. 4. stăruință, zel. 5. încăpățânare. 6. *(Andalucia, Mexic)* munte de pietate.

empeoramiento *m.* înrăutățire.

empeorar(se) *vt., vi., vr.* a (se) înrăutăți.

empequeñecer(se) *vt., vr.* a (se) micșora.

emperador *m.* împădurit.

emperatriz *f.* împărăteasă.

empero *conj.* dar, însă.

emperrarse *vr. (fam.)* a se încăpățâna.

empezar *vt., vi.* a începe // ~ a leer a începe să citească.

empinar I. *vt.* a înălța, a ridica // ~ el codo a trage la măsea. II. ~**se** *vr.* 1. a se ridica pe vârful picioarelor. 2. *(d. cai)* a se cabra.

empírico *adj.* empiric.

emplastar *vt.* 1. a pune un plasture. 2. *(fig.)* a sulemeni. 3. *(fam.)* a încurca (o afacere).

emplasto *m.* plasture, cataplasmă.

emplazamiento *m.* 1. amplasament. 2. *(jur.)* citare.

emplazar *vt.* 1. a amplasa, a așeza. 2. *(jur.)* a cita.

empleada *f.* funcționară, angajată // ~ de hogar femeie care face menajul, femeie în casă.

empleado *m.* funcționar.

emplear(se) I. *vt., vr.* a (se) întrebuința, a (se) folosi. II. *vt.* a angaja, a plasa. III. *vr. (en)* a se angaja, a se băga în slujbă (la).

empleo *m.* 1. întrebuințare, folosire. 2. serviciu, slujbă; funcție.

emplomar *vt.* a plumbui.

empobrecer *vt., vi.* a sărăci.

empobrecimiento *m.* sărăcie.

empolvar(se) *vt., vr.* 1. a (se) prăfui. 2. a (se) pudra.

empollar *vt.* 1. a cloci. 2. *(fam.)* a gândi adânc (la). 3. *(fam.)* a toci.

empollón *m.* *(fig.)* tocilar.

emponzoñar(se) *vt., vr.* a (se) otrăvi.

emporcar(se) *vt., vr.* a (se) murdări.

emporio *m.* 1. centru comercial. 2. centru, loc celebru. 3. *(Am.)* magazin mare.

emprendedor *adj.* întreprinzător.

emprender *vt.* a întreprinde; a începe.

empresa *f.* 1. întreprindere. 2. deviză, emblemă.

empresario *m.* impresar.

empréstito *m.* împrumut.

empujar *vt.* 1. a împinge. 2. *(fig.)* a concedia.

empujo *m.* 1. împingere, îmbrâncitură. 2. *(fig.)* curaj.

empujón *m.* îmbrâncitură; ghiont // *a ~es* în brânci.

empuñadura *f.* mâner (de sabie *etc.*).

empuñar *vt.* a apuca cu mâna.

emulación *f.* emulație, întrecere.

emular(se) *vt., vr.* a se întrece cu, a se lua la întrecere.

émulo *adj., m.* concurent, rival.

emulsión *f.* emulsie.

en *prep.* 1. în // *~ España* în Spania; *~ nuestros días* în zilele noastre. 2. la // *~ el campo* la țară; *vive ~ París* locuiește la Paris. 3. pe // *~ la calle* pe stradă; *~ la mesa* pe masă. 4. cu // *~ alta voz* cu voce tare; *ir ~ coche* a merge cu mașina.

enaguas *f. pl.* jupon.

enajenación *f.* 1. înstrăinare; alienare. 2. *(fig.)* încântare, extaz.

enajenar I. *vt.* 1. a înstrăina; a aliena. 2. *(fig.)* a scoate din minți. II. *~se vr.* a-și pierde mințile.

enaltecer *vt.* a proslăvi.

enamoradizo *adj.* care se îndrăgostește ușor.

enamoramiento *m.* îndrăgostire.

enamorarse *vr.* a se îndrăgosti, a se amoreza.

enamori(s)carse *vr. (fam.)* a se îndrăgosti.

enano *adj., m.* pitic.

enarbolar I. *vt.* a arbora, a înălța. II. *~se vr.* *(d. cai)* a se cabra.

enardecer(se) *vt., vr.* a (se) înflăcăra.

enardecimiento *m.* înflăcărare.

encabalgar *vi.* a se sprijini.

encabezamiento *m.* 1. *(adm.)* înscriere în rol. 2. registru. 3. preambul, cuvânt-înainte.

encabezar *vt.* 1. *(adm.)* a înscrie. 2. a scrie un cuvânt-înainte. 3. *(fig.)* a fi în frunte.

encabritarse *vr. (d. cai)* a se cabra.

encadenamiento *m.* înlănțuire.

encadenar(se) *vt., vr.* a (se) înlănțui.

encajar I. *vt.* 1. a îmbuca, a îmbina. 2. a trage pe sfoară. 3. a îndruga. 4. a obliga să suporte. II. *vi.* 1. a se îmbuca. 2. a se potrivi; a merge.

III. ~se *vr.* **1.** a se băga, a se strecura. **2.** *(fam.)* a se îmbrăca cu.

encaje *m.* **1.** dantelă. **2.** îmbinare.

encajonar *vt.* a pune în lăzi.

encalabrinar I. *vt.* a zăpăci; a ameţi. **II. ~se** *vr.* **1.** *(fam.)* a se îndrăgosti. **2.** *(fam.)* a se încăpăţâna.

encalar *vt.* a vărui.

encalmarse *vr. (d. vânt)* a se potoli; *(d. vreme)* a se linişti.

encallar *vi.* *(mar. şi fig.)* a se împotmoli.

encallecer(se) I. *vi., vr. (d. piele)* a se bătători. **II.** *vr. (fig.)* a se căli.

encamarse *vr. (d. bolnavi)* a cădea la pat; *(d. animale)* a se băga (în culcuş); *(d. grâne)* a se culca.

encaminar I. *vt.* a îndruma, a îndrepta, a adresa. **II. ~se** *vr. (a)* a se îndrepta (spre).

encanallarse *vr.* a se ticăloşi.

encandilar *vt.* a orbi (cu lumina).

encanecer *vi.* a încărunţi.

encanijarse *vr.* a slăbi.

encantación *f.* descântec, vrajă.

encantador *adj.* încântător.

encantamiento *m.* **1.** vrajă. **2.** încântare.

encantar *vt.* **1.** a vrăji, a fermeca. **2.** *(fig.)* a încânta.

encanto *m.* **1.** încântare. **2.** farmec.

encañado *m.* conductă (de apă).

encañar *vt.* **1.** a canaliza. **2.** a conduce (apa) prin ţevi.

encañonar *vt.* **1.** a canaliza. **2.** a ochi cu (o armă).

encapotarse *vr.* **1.** a se înveli cu mantia. **2.** *(fig.)* a se încrunta. **3.** a se înnora.

encapricharse *vr. (con, de)* a avea un capriciu.

encaramar(se) *vt., vr.* a (se) cocoţa.

encarar I. *vi.* a sta faţă în faţă. **II.** *vt.* **1.** a ochi (cu o armă). **2.** *(fig.)* a face faţă.

encarcelamiento *m.* întemniţare.

encarcelar *vt.* a întemniţa.

encarecer I. *vt.* **1.** a scumpi. **2.** a recomanda. **II.** *vi.* a se scumpi.

encarecidamente *adv.* stăruitor, insistent.

encarecimiento *m.* **1.** scumpire, creştere, mărire. **2.** insistenţă. **3.** recomandare.

encargado *m.* administrator // ~ *de negocios* însărcinat cu afaceri.

encargar I. *vt.* **1.** a însărcina. **2.** *(com.)* a comanda. **II. ~se** *vr. (de)* a lua asupra sa, a se însărcina (cu), a-şi lua obligaţia (de).

encargo *m.* **1.** însărcinare. **2.** *(com.)* comandă.

encariñarse *vr. (con)* a îndrăgi, a prinde drag (de).

encarnado *adj.* roşu, stacojiu.

encarnadura *f.* carnaţie.

encarnar I. *vi. (d. răni)* a se vindeca, a se cicatriza. **II. ~se** *vr.* a se contopi.

encarnizado *adj.* **1.** *(d. ochi)* roşu, injectat. **2.** înverşunat, îndârjit.

ecarnizamiento *m.* înverşunare.

encarnizar(se) *vt., vr.* a (se) înverşuna.

encarrilar *vt.* a îndruma, a îndrepta.

encarrujado *adj.* creţ, răsucit.

encartonar *vt.* a cartona.

encasillar *vt.* **1.** a distribui, a repartiza în căsuţe; a clas(ific)a. **2.** *(fig.)* a cataloga.

encasquetar(se) *vt., vr.* a înfunda pe cap (o pălărie).

encauchar *vt.* a cauciuca.

encausado *m.* acuzat, inculpat, pârât.

encausar *vt.* a da în judecată.

encausto *m.* în *expr.*: *pintura al ~* pirogravură.

encauzar *vt.* *(şi fig.)* a canaliza.

encéfalo *m.* encefal.

encelar(se) *vt., vr.* a face (*sau* a fi) gelos.

encenagarse *vr.* **1.** a se tăvăli în noroi. **2.** *(fig.)* a trăi în desfrâu.

encendedor *m.* brichetă.

encender **I.** *vt.* **1.** a aprinde. **2.** *(fig.)* a aţâţa. **II.** *~se vr.* **1.** *(şi fig.)* a se aprinde. **2.** a se înroşi.

encendido **I.** *adj.* roşu ca focul, aprins. **II.** *m.* *(auto)* aprindere.

encendimiento *m.* **1.** aprindere. **2.** *(fig.)* înfocare.

encerado *m.* **1.** muşama. **2.** tablă de şcoală.

encerar *vt.* a cerui.

encerradero *m.* ţarc, ocol.

encerrar(se) *vt., vr.* a (se) închide.

encía *f.* gingie.

enciclopedia *f.* enciclopedie.

encierro *m.* **1.** închidere. **2.** împrejmuire. **3.** izolare. **4.** carceră.

encima *adv.* **1.** sus, deasupra. **2.** în plus // *por ~ de* pe deasupra.

encimar *vt.* a pune deasupra; a adăuga.

encina *f.* stejar.

encinta *adj.* gravidă.

encintado *m.* bordură (de trotuar).

encintar *vt.* a garnisi cu panglici.

enclavar *vt.* a bate în cuie.

enclenque *adj.* plăpând, bolnăvicios.

enclocar *vi.* a cădea cloşcă.

encofrado *m.* cofraj.

encoger **I.** *vt.* **1.** a strânge, a contracta. **2.** *(fig.)* a intimida, a paraliza. **II.** *vi.* *(d. ţesături)* a intra la apă. **III.** *~se vr.* *(şi fig.)* a se strânge.

encogido *adj.* timid, sfios.

encogimiento *m.* **1.** strângere, contractare. **2.** *(fig.)* sfială.

encojar **I.** *vt.* a ologi. **II.** *~se vr.* **1.** *(fam.)* a cădea bolnav. **2.** *(fam.)* a se preface bolnav.

encolar *vt.* a încleia.

encolerizar(se) *vt., vr.* a (se) mânia.

encomendar **I.** *vt.* **1.** a recomanda. **2.** a însărcina. **II.** *~se vr.* a se încredinţa.

encomiar *vt.* a elogia.

encomiástico *adj.* elogios.

encomienda *f.* 1. însărcinare, comision. 2. cruce de cavaler. 3. recomandare. 4. *(Am.)* colet poştal.

enconar(se) *vt., vr.* 1. a (se) inflama. 2. *(fig.)* a (se) necăji.

encono *m.* ură, ciudă.

encontrar I. *vt.* 1. a întâlni. 2. a găsi. II. *vi. (con)* a da (peste). III. ~se *vr.* 1. a se întâlni. 2. a se simţi // ~se bien/mal de salud a se simţi bine/rău cu sănătatea.

encopetado *adj. (fig.)* mândru, trufaş.

encornadura *f.* coarne (de animal).

encorvar(se) *vt., vr.* a (se) încovoia.

encovar *vt.* 1. a băga în pivniţă. 2. *(fig.)* a dosi.

encrespar(se) I. *vt., vr.* 1. a (se) încreţi. 2. a (se) zbârli. II. ~se *vr.* 1. *(d. valuri)* a se umfla. 2. *(fig.)* a se înflăcăra. 3. a se încurca.

encrudecer(se) I. *vt., vi. vr.* a deveni crud. II. *vt.* 1. *(fig.)* a exaspera, a irita. 2. *(fig.)* a înrăutăţi.

encrucijada *f.* răscruce, răspântie.

encuadernar *vt.* a lega o carte.

encuadrar *vt.* 1. a încadra. 2. a îmbuca.

encubrimiento *m.* tăinuire.

encubrir *vt.* a tăinui, a ascunde.

encuentro *m.* întâlnire // salir al ~ de uno a ieşi în întâmpinarea cuiva.

encuesta *m.* anchetă.

encumbramiento *m.* 1. înălţare. 2. preamărire.

encumbrar I. *vr.* 1. a înălţa. 2. *(fig.)* a preamări. II. *vi.* a se sui pe. III. ~se *vr. (fig.)* a se umfla în pene.

encurtidos *m. pl.* murături în oţet.

enchapado *m.* placaj.

encharcar *vt.* a inunda.

enchufar *vt.* 1. a racorda. 2. *(electr.)* a băga în priză.

enchufe *m.* 1. racordare. 2. priză. 3. *(fig.)* pilă.

endeble *adj.* debil, slab.

endecha *f.* cântec de jale.

endemoniado *adj.* îndrăcit.

enderezar(se) *vt., vi.* a (se) îndrepta.

endeudarse *vr.* a se îngloda în datorii.

endiablado *adj.* 1. îndrăcit. 2. *(fam.)* urât, groaznic.

endiosar I. *vt.* a zeifica. II. ~se *vr. (fig.)* 1. a deveni trufaş. 2. a se extazia.

endosar *vt.* 1. *(fin.)* a andosa. 2. *(fig.)* a-i pune în cârcă // ~ 5 goles a băga 5 goluri.

endriago *m.* monstru, balaur.

endulzar *vt. (şi fig.)* a îndulci.

endurar *vt.* 1. a întări. 2. a răbda.

endurecer(se) *vt.* 1. a (se) întări. 2. *(fig.)* a (se) căli. 3. *(fig.)* a (se) împietri.

endurecimiento *m.* 1. întărire. 2. *(fig.)* înăsprire, îndărătnicie.

enebro *m.* ienupăr.

enemigo *adj., m.* duşman, inamic.

enemistad *f.* duşmănie, vrăşmăşie, ură.

enemistar(se) *vt., vr.* a (se) duşmăni.

energía *f.* energie.

enérgico *adj.* energic.

enero *m.* ianuarie.

enervación *f.* slăbire; moleşire.

enervar *vt.* a slăbi, a moleşi.

enfadadizo *adj.* supărăcios.

enfadar(se) *vt., vr. (con)* a se supăra (pe).

enfado *m.* supărare.

enfadoso *adj.* supărăcios.

énfasis *f.* emfază.

enfático *adj.* emfatic.

enfermar *vt., vi.* a (se) îmbolnăvi.

enfermedad *f.* boală.

enfermero *m.* infirmier.

enfermizo *adj.* bolnăvicios.

enfermo *adj., m.* 1. bolnav. 2. infirm.

enfilar *vt.* a înşira, a înşirui.

enflaquecer *vt., vi.* a slăbi.

enflaquecimiento *m.* slăbire.

enfocar *vt.* 1. a prinde (în vizor). 2. *(fig.)* a aborda, a examina.

enfoscarse *vr.* 1. a se întuneca. 2. *(fig.) (en)* a fi cufundat (în).

enfrascarse *vr.* 1. a se înfunda. 2. *(fig.)* a se cufunda.

enfrenar *vt.* a înfrâna.

enfrentamiento *m.* înfruntare, confruntare.

enfrentar(se) *vt., vr.* a (se) înfrunta, a (se) confrunta.

enfrente *adv.* în faţă // ~ de în faţa.

enfriamiento *m.* răcire; răceală.

enfriar I. *vt.* a răci. II. ~se *vr.* a răci, a face gripă.

enfurecer(se) *vt., vr.* a (se) înfuria.

enfurruñarse *vr.* a se bosumfla.

engaitar *vt.* a păcăli.

engalanar(se) *vt., vr.* a (se) găti.

engallarse *vr. (fig.)* a se îngâmfa.

enganchar *vt.* 1. a prinde cu un cârlig. 2. a înhăma. 3. a cupla (o locomotivă).

enganche *m.* 1. agăţare. 2. înhămare. 3. cuplare.

engañar(se) *vt., vr.* a (se) înşela, a (se) amăgi.

engaño *m.* amăgire; înşelăciune; vicleşug.

engañoso *adj.* înşelător, amăgitor.

engarzar *vt.* 1. a înşira, a face şirag. 2. *(fig.)* a înlănţui, a înşirui.

engastar *vt.* a monta (o piatră preţioasă).

engaste *m.* montare (a unei pietre preţioase).

engatusar *vt. (fam.)* a ademeni.

engendrar *vt.* a da naştere, a zămisli.

engendro *m.* 1. făt, fetus. 2. *(fam.)* avorton. 3. *(fam.)* plăsmuire, creaţie // mal ~ *(fam.)* secătură.

engolosinar I. *vt.* a deschide apetitul. II. ~se *vr. (con)* a prinde gust (de).

engomar *vt.* a lipi.

engordar *vt., vi.* a (se) îngrăşa.

engorde *m.* îngrăşare (a vitelor).

engorro *m.* *(fam.)* necaz, încurcătură.

engorroso *adj.* stânjenitor.

engranaje *m.* *(tehn.)* angrenaj.

engranar *vt.* *(tehn.)* a angrena.

engrandecer *vt.* 1. a mări. 2. *(fig.)* a preamări.

engrandecimiento *m.* 1. mărire. 2. *(fig.)* preamărire.

engrasar *vt.* *(tehn.)* a unge, a gresa.

engrase *m.* *(tehn.)* gresare.

engreír I. *vt.* a face să se îngâmfe. II. ~se *vr.* a se îngâmfa.

enguantarse *vr.* a-şi pune mănuşile.

engullir *vt.* a înghiţi.

enhebrar *vt.* 1. a băga aţa în ac. 2. *(fig.)* a îndruga.

enhestar *vt.* a ridica.

enhilar *vt.* a băga aţa în ac.

enhorabuena I. *f.* felicitare || *dar la ~ a uno* a felicita pe cineva. II. *interj.* într-un ceas bun.

enhoramala *adv.* în *expr.*: ¡ *vaya ~ !* du-te la dracu.

enigma *m.* enigmă.

enigmático *adj.* enigmatic.

enjabonar *vt.* a săpuni.

enjaezar *vt.* a înhăma.

enjalbegar *vt.* a vărui, a spoi.

enjambrar *vi.* *(d. albine)* a roi.

enjambre *m.* roi.

enjaretar *vt.* *(fig.)* a băga pe gât.

enjaular *vt.* a băga în colivie.

enjuagar *vt.* a clăti.

enjuague *m.* 1. clătire, clătit. 2. apă de gură. 3. *(fam.)* afacere necurată.

enjugar(se) *vt.*, *vr.* a (se) usca; a (se) şterge.

enjuiciar *vt.* *(jur.)* 1. a instrui, a face instrucţie (unui proces). 2. *(şi fig.)* a judeca. 3. a trimite *(sau* a chema) în judecată.

enjuto I. *adj.* 1. uscat. 2. *(fig.)* uscăţiv, slab. II. ~s *m. pl.* 1. vreascuri. 2. uscături, gustări uscate.

enlabiar *vt.* a amăgi (cu vorbe).

enlace *m.* 1. legătură. 2. legare, unire, conectare. 3. *(fig.)* legătură, relaţie, raport. 4. *(fig.)* căsătorie. 5. *(tehn.)* racord; branşament. 6. *(chim.)* legătură.

enlazar I. *vt.* 1. a lega, a uni. 2. *(Am.)* a prinde cu laţul. II. ~se *vr.* 1. a se lega. 2. *(fig.)* a se căsători. 3. a se înrudi prin căsătorie.

enlodar(se) *vt.*, *vr.* a (se) înnămoli.

enloquecer *vt.*, *vi.* a înnebuni.

enlosar *vt.* a pava cu dale de piatră.

enlucir *vi.* a tencui.

enlutar *vt.* a îndolia.

enmarañar(se) *vt.*, *vr.* a (se) încurca.

enmascarar(se) *vt.*, *vr.* a (se) masca.

enmendar I. *vt.* 1. a corecta, a îndrepta, a corija. 2. a repara, a despăgubi. 3. *(jur.)* a revizui. II. ~se *vr.* 1. a se corecta. 2. a se îmbunătăţi.

enmienda *f.* 1. îndreptare, corijare. 2. amendament. 3. despăgubire.

enmohecer *vi*. a mucegăi.

enmudecer *vi*. a amuţi.

ennegrecer(se) *vt., vr.* a (se) înnegri.

ennoblecer *vt.* a înnobila.

enojadizo *adj.* supărăcios.

enojar(se) *vt., vr.* a (se) supăra.

enojo *m.* supărare.

enojoso *adj.* supărător.

enorgullecerse *vr.* a se mândri.

enorgullecimiento *m.* îngâmfare.

enorme *adj.* enorm.

enormidad *f.* enormitate.

enquistarse *m.* a se închista.

enrabiar(se) *vt., vr.* a (se) înfuria.

enranciarse *vr.* a râncezi.

enrarecer(se) *vt., vr.* a (se) rări.

enredadera I. *adj. în expr.*: *planta* ~ plantă agăţătoare. **II.** *f.* rochiţa rândunicii.

enredado *adj.* **1.** (*şi fig.*) încurcat. **2.** (*şi fig.*) complicat, dificil, anevoios.

enredador *adj.* (*fig.*) intrigant.

enredar I. *vt.* **1.** a prinde în plasă. **2.** a încurca, a încâlci. **II.** *vi.* (*fig.*) a zburda. **III.** ~se *vr.* (*şi fig.*) a se încurca, a se încâlci.

enredo *m.* **1.** (*şi fig.*) încurcătură. **2.** (*fig.*) intrigă, uneltire, înşelăciune. **3.** (*fig.*) zburdălnicie. **4.** intrigă (de roman).

enrejar *vt.* a pune zăbrele.

enriquecer(se) *vt., vr.* a (se) îmbogăţi.

enriquecimiento *m.* îmbogăţire.

enriscado *adj.* stâncos.

enriscar I. *vt.* (*fig.*) a înălţa, a ridica. **II.** ~se *vr.* a se ascunde între stânci.

enrojecer(se) *vt., vr.* a (se) înroşi; a roşi.

enrollar *vt.* a înfăşura, a face sul, a încolăci.

enronquecer(se) *vi., vr.* a răguşi.

enronquecimiento *m.* răguşeală.

enroque *m.* rocadă (*la şah*).

enroscar(se) *vt., vr.* a (se) încolăci, a (se) înfăşura, a (se) răsuci.

ensalada *f.* salată // ~ *rusa* salată à la russe.

ensaladera *f.* salatieră.

ensaladilla *f.* salată à la russe.

ensalzar *vt.* a proslăvi.

ensambladura *f.*, **ensamblaje** *m.* (*tehn.*) asamblare.

ensamblar *vt.* (*tehn.*) a asambla.

ensanchar(se) *vt., vr.* a (se) lărgi, a (se) întinde.

ensanche *m.* **1.** lărgire, lăţire, întindere, dilatare. **2.** cartier nou în afara unui oraş; perimetru (pentru noi construcţii).

ensangrentar I. *vt.* a însângera. **II.** ~se *vr.* a se înfuria.

ensañar(se) *vt., vr.* a (se) înfuria.

ensartar *vt.* (*şi fig.*) a înşira; a lega, a reuni; (*fig.*) a îndruga.

ensayar I. *vt.* **1.** a încerca, a proba. **2.** (*teatru*) a repeta, a face repetiţie. **3.** a verifica (un metal preţios). **II.** ~se *vr.* a exersa.

ensayista *m.* eseist.

ensayo *m.* **1.** încercare, probă. **2.** (*teatru*) repetiţie. **3.** (*lit.*) eseu.

ensenada *f.* (*mar.*) golf.

enseña *f.* steag, drapel, stindard.

enseñanza *f.* învăţământ, instrucţie // *primera/segunda* ~ învăţământ elementar/mediu.

enseñar *vt.* 1. a învăţa, a instrui. 2. a arăta.

enseres *m. pl.* scule, unelte.

ensilar *vt.* a însiloza.

ensillar *vt.* a înşeua.

ensimismarse *vr.* 1. a cădea pe gânduri. 2. a se înfumura.

ensombrecer(se) I. *vt., vr.* a (se) întuneca. II. *vr. (fig.)* a se întrista, a se posomorî.

ensoñador *adj., m.* visător.

ensoñar *vi.* a-şi face iluzii.

ensordecer *vt., vi.* a asurzi.

ensortijar *vt.* a bucla, a cârlionţa.

ensuciar(se) *vt., vr.* 1. a (se) murdări. 2. *(fig.)* a (se) păta.

ensueño *m.* vis, visare.

entablado *m.* duşumea.

entablar 1. *vt.* a pardosi cu scânduri. 2. a începe, a stabili. 3. a pregăti.

entallar I. *vt.* a dăltui, a sculpta. II. *vi. (d. haine)* a cădea, bine sau rău, pe talie.

entapizar *vt.* 1. a acoperi cu covoare. 2. a tapisa.

entarimado *m.* parchet.

entarimar *vt.* a parcheta.

ente *m.* 1. fiinţă. 2. instituţie publică. 3. *(fam.)* individ.

enteco *adj.* firav.

entendederas *f. pl. (fam.)* judecată // *tener malas* ~ a fi greu de cap.

entender I. *vt.* a înţelege, a pricepe // *a mi* ~ după mine, după părerea mea; *hacerse*

~ a se face înţeles. II. *vi. (en)* a se pricepe (la). III. *~se vr. (con)* a se înţelege (cu).

entendido *adj.* cunoscător, priceput.

entendimiento *m.* 1. înţelegere, pricepere. 2. minte, judecată.

enterar I. *vt.* a informa. II. *~se vr.* a afla.

entereza *f.* 1. integritate, cinste. 2. desăvârşire. 3. fermitate, energie.

enterizo *adj.* întreg, dintr-o bucată.

enternecedor *adj.* înduioşător, mişcător.

enternecer(se) *vt., vr.* 1. a (se) înmuia. 2. *(fig.)* a (se) înduioşa.

entero I. *adj.* 1. întreg. 2. *(fig.)* integru. 3. *(fig.)* drept, hotărât, ferm. II. *m. (mat.)* întreg // *por* ~ în întregime.

enterramiento *m.* îngropare, înmormântare.

enterrar *vt.* a îngropa, a înmormânta.

entibiar *vt.* a încropi.

entidad *f.* 1. entitate. 2. fiinţă.

entierro *m.* înmormântare.

entoldar I. *vt.* a acoperi cu o prelată. II. *~se vr. (d. cer).* a se acoperi.

entonación *f.* 1. *(muz., lingv.)* intonare; intonaţie. 2. *(fig.)* trufie.

entonar I. *vt.* 1. *(muz.)* a intona. 2. *(med.)* a fortifica. 3. *(pict.)* a armoniza culorile. II. *~se vr. (fam.)* a-şi da aere.

entonces *adv.* atunci // *en* (sau *por*) *aquel* ~ pe atunci.

entono *m.* v. **entonación.**

entontecer *vt., vi.* a (se) prosti.

entorchado *m. (mil.)* galon.

entornar I. *vt.* a întredeschide (uşa sau fereastra). II. ~se *vt., vr.* a (se) înclina.

entorno *m.* 1. mediu; împrejurimi. 2. ambianţă; anturaj.

entorpecer *vt.* 1. a amorţi. 2. *(fig.)* a tulbura, a ameţi. 3. *(fig.)* a tărăgăna.

entrada *f.* 1. intrare. 2. bilet de intrare. 3. public, asistenţă, spectatori. 4. început. 5. *(cul.)* antreu, gustări. 6. primire favorabilă.

entrambos *adj.* amândoi, ambii.

entrampar(se) *vt., vr.* a prinde (sau a cădea) în cursă.

entrañable *adj.* intim, drag.

entrañar I. *vt. (fig.)* a ascunde în sine. II. ~se *vr.* 1. a pătrunde în locul cel mai adânc. 2. *(con)* a îndrăgi (pe).

entrañas *f. pl.* 1. măruntaie. 2. *(fig.)* miez // *hijo de mis* ~ copilul meu drag.

entrar I. *vi.* 1. a intra. 2. *(a)* a începe (să) // ~ *en razón* a se cuminţi; ~ *en religión* a se călugări; ~ *en sospechas* a intra la bănuială. II. *vt.* a băga, a introduce.

entre *prep.* între // ~ *año* în cursul anului; ~ *tú y yo* noi amândoi; *por* ~ printre.

entreabrir *vt.* a întredeschide.

entreacto *m.* antract.

entreancho *adj.* nici lat, nici îngust.

entrecejo *m.* 1. spaţiu între sprâncene. 2. *(fig.)* încurcătură.

entreclaro *adj.* nu prea limpede.

entrecortado *adj. (d. glas)* întretăiat.

entrecruzar(se) *vt., vr.* a (se) încrucişa.

entredecir *vt.* a interzice.

entredicho *m.* interzicere, interdicţie // *poner* ~ a interzice.

entrega *f.* 1. predare; remitere; livrare // *hacer* ~ *(de)* a livra. 2. dăruire. 3. fasciculă // *novela por* ~s roman în fascicule.

entregar I. *vt.* a înmâna, a remite. II. ~se *vr.* 1. a se preda. 2. *(fig.) (a)* a se dedica // ~se *en brazos de la suerte* a se lăsa în voia soartei. 3. *(de)* a se ocupa (cu).

entrelazar *vt.* a împleti.

entrelucir *vi.* a licări.

entremedias *adv.* între timp.

entremés *m.* 1. piesă scurtă. 2. gustare, aperitiv.

entremeter(se), entrometer(se) *vt., vr.* a (se) amesteca.

entremetido *adj.* indiscret.

entrenador *m.* antrenor.

entrenar(se) *vt., vr.* a (se) antrena.

entreoír *vt.* a auzi nedesluşit.

entrepaño *m.* 1. spaţiu plin între două coloane. 2. panou. 3. raft.

entresacar *vt.* a rări.

entresuelo *m.* mezanin.

entretanto I. *adv.* între timp. II. *m.* răstimp.

entretejer *vt*. a întreţese.

entretela *f*. pânză vatir.

entretener(se) I. *vt.*, *vr*. a (se) distra. II. *vt*. 1. a întreţine. 2. a tărăgăna.

entretenido *adj*. amuzant, vesel.

entretenimiento *m*. distracţie, amuzament.

entretiempo *m*. anotimp de tranziţie (primăvară, toamnă) // *abrigo de* ~ demipalton.

entrever(se) *vt.*, *vr*. a (se) întrevedea, a (se) întrezări.

entreverar *vt*. a amesteca.

entrevista *f*. 1. întrevedere. 2. interviu.

entrevistar I. *vt*. a lua un interviu. II. ~se *vr*. a avea o întrevedere.

entristecer(se) *vt.*, *vr*. a (se) întrista.

entroncar *vi*. *(con)* a fi înrudit prin alianţă (cu).

entronque *m*. înrudire, încuscrire.

entuerto *m*. 1. nedreptate. 2. ~s *pl*. dureri de naştere.

entumecer *vt*. *(d. membre)* a amorţi.

enturbiar(se) *vt.*, *vr*. *(şi fig.)* a (se) tulbura.

entusiasmar(se) *vt.*, *vr*. *(con)* a (se) entuziasma (de), a (se) înflăcăra, a (se) însufleţi.

entusiasmo *m*. entuziasm.

entusiasta *adj*. entuziast.

enumeración *f*. enumerare.

enumerar *vt*. a enumera.

enunciar *vt*. a enunţa.

envanecer I. *vt*. a face să se îngâmfe. II. ~se *vr*. a se înfumura.

envanecimiento *m*. trufie.

envararse *vr*. a amorţi.

envasar *vt*. a pune în vase; a îmbutelia.

envase *m*. 1. umplere; îmbuteliere. 2. vas. 3. *(com.)* ambalaj.

envejecer *vt.*, *vi*. a îmbătrâni.

envenenar(se) *vt.*, *vr*. a (se) otrăvi.

envergadura *f*. anvergură.

envés *m*. revers, verso, dos.

enviado *m*. trimis, sol.

enviar *vt*. a trimite.

enviciar(se) *vt.*, *vr*. a (se) corupe.

envidia *f*. invidie, pizmă.

envidiar *vt*. a invidia.

envidioso *adj*. invidios.

envilecer(se) *vt.*, *vr*. a (se) înjosi.

envilecimiento *m*. înjosire.

envío *m*. trimitere; expediere.

enviudar *vi*. a rămâne văduv(ă).

envoltorio *m*. boccea.

envoltura *f*. 1. învelitoare, husă. 2. scutece.

envolver(se) I. *vt.*, *vr*. 1. a (se) înveli, a (se) înfăşura. 2. a (se) împacheta, a (se) ambala. 3. *(fig.)* a (se) amesteca, a (se) băga. II. *vt*. *(mil.)* a învălui.

épico *adj*. epic.

epidemia *f*. epidemie.

epidémico *adj*. epidemic.

epidermis *f*. epidermă.

epigrama *m*. epigramă.

epilepsia *f*. *(med.)* epilepsie.

epiléptico *adj*. epileptic.

epilogar *vt*. a rezuma.

epílogo *m*. epilog.

episodio *m.* episod.

epístola *f.* epistolă.

epitafio *m.* epitaf.

epíteto *m.* epitet.

época *f.* 1. epocă; perioadă; timpuri. 2. sezon, anotimp // ~ *de recolección* perioada culesului; *hacer* ~ a face epocă.

epopeya *f.* epopee.

equidad *f.* 1. echitate. 2. moderaţie (a preţurilor).

equilibrar(se) *vt., vr.* a (se) echilibra.

equilibrio *m.* echilibru.

equilibrista *m.* şi *f.* echilibrist(ă).

equinoccio *m.* echinocţiu.

equipaje *m.* bagaj.

equipamiento *m.* dotare, înzestrare, echipare, utilare.

equipar(se) *vt., vr.* a (se) echipa; a (se) aproviziona.

equiparar *vt.* a compara, a confrunta.

equipo *m.* 1. echipare. 2. echipament. 3. echipă.

equitación *f.* echitaţie.

equitativo *adj.* echitabil.

equivalencia *f.* echivalenţă.

equivalente *adj., m.* echivalent.

equivaler *vi.* a echivala.

equivocación *f.* eroare, greşeală.

equivocadamente *adv.* din greşeală.

equivocar I. *vt.* a confunda. II. ~se *vr.* a se înşela, a greşi.

equívoco *adj., m.* echivoc.

era *f.* 1. eră. 2. *(agr.)* arie. 3. strat de zarzavat.

erario *m.* tezaur public.

erección *f.* 1. ridicare; înălţare. 2. înfiinţare. 3. erecţie.

eremita *m.* sihastru, schimnic.

erguir(se) I. *vt., vr.* a (se) ridica, a (se) înălţa. II. ~se *vr.* *(fig.)* a se făli.

erial I. *adj.* părăginit. II. *m.* teren lăsat în paragină.

erigir I. *vt.* a ridica, a înălţa. II. ~se *vr.* *(en)* a se erija (în).

erizar(se) *vt., vr.* a (se) zbârli.

erizo *m.* arici.

ermita *f.* schit.

ermitaño *m.* sihastru, pustnic.

erogar *vt.* a distribui, a împărţi.

erosión *f.* eroziune.

erótico *adj.* erotic.

errabundo, errante *adj.* rătăcitor, pribeag.

errar I. *vt.* a greşi. II. *vi.* a rătăci.

errata *f.* *(tip.)* greşeală de tipar // *fe de* ~s erată.

erróneo *adj.* eronat, greşit.

error *m.* eroare, greşeală // *por* ~ din greşeală.

erudición *f.* erudiţie.

erudito *adj., m.* erudit.

erupción *f.* erupţie.

esbeltez(a) *f.* zvelteţe.

esbelto *adj.* zvelt.

esbirro *m.* zbir.

esbozar *vt.* a schiţa.

esbozo *m.* schiţă.

escabeche *m.* marinată.

escabroso *adj.* 1. neregulat, accidentat. 2. *(fig.)* aspru, dur. 3. *(fig.)* scabros.

escabullirse *vr.* *(fig.)* a scăpa, a se face nevăzut.

escafandra *f.*, **escafandro** *m.* costum de scafandru.

escala *f.* 1. *(geom., muz.)* scară. 2. *(av., mar.)* escală.

escalada *f.* escaladare.

escalar *vt.* a escalada.

escaldar(se) *vt.*, *vr.* a (se) opări.

escalera *f.* scară // ~ *de caracol* scară în spirală; ~ *de mano* scară portativă; ~ *de tijera* scară dublă; ~ *mecánica* scară mobilă.

escalofrío *m.* fior, frison.

escalón *m.* treaptă; eşalon.

escalonar *vt.* a eşalona.

escama *f.* solz.

escamar *vt.* 1. a curăţa de solzi. 2. *(fam.)* a băga la bănuială.

escamoso *adj.* solzos, acoperit cu solzi.

escamoteador *m.* scamator.

escamotear *vt.* 1. a face scamatorii. 2. *(fig.)* a şterpeli.

escamoteo *m.* scamatorie.

escampar I. *vt.* a curăţa (un loc). II. *vi. (d. ploaie)* a sta.

escandalizar(se) *vt.*, *vr.* a (se) scandaliza.

escándalo *m.* scandal // *armar un ~* a provoca un scandal.

escandir *vt. (lit.)* a scanda.

escansión *f. (lit.)* scandare.

escantillón *m.* model, şablon.

escapada *f.* escapadă.

escapar(se) *vi.*, *vr.* a scăpa, a fugi.

escaparate *m.* vitrină, galantar.

escapatoria *f.* 1. scăpare 2.*(fam.)* pretext.

escape *m.* 1. fugă, scăpare. 2. *(auto)* eşapament.

escaqueado *adj.* în pătrăţele.

escarabajear *vi.* 1. a merge clătinându-se. 2. a mâzgăli.

escarabajo *m.* 1. *(zool.)* scarabeu. 2. *(fam.)* stârpitură. 3. ~s *pl.* mâzgălituri, mâzgăleli.

escaramujo *m.* măceş.

escaramuza *f.* 1. hărţuială. 2. *(fig.)* gâlceavă.

escarbar *vt.* 1. a scurma (pământul). 2. *(fig.)* a scotoci, a cerceta.

escarcela *f.* tolbă.

escarcha *f.* brumă, promoroacă.

escarchar I. *vi.* a cădea brumă. II. *vt.* a zaharisi (fructele).

escarda *f.* 1. săpăligă. 2. plivit.

escardar *vt.* a plivi.

escarlata *f.* stacojiu.

escarlatina *f.* scarlatină.

escarmenar *vt.* 1. a scărmăna. 2. a descâlci (părul). 3. *(fig.)* a pedepsi.

escarmentar *vt.*, *vi.* a (se) învăţa minte.

escarmiento *m.* învăţare de minte.

escarnecer *vt.* a-şi bate joc de.

escarnio *m.* bătaie de joc, zeflemea.

escarola *f. (bot.)* andivă.

escarpa *f.* pantă, povârniş.

escarpia *f.* cârlig.

escarpín *m.* pantof uşor.

escasear I. *vt.* a drămui, a precupeţi, a economisi. II. *vi.* a lipsi, a nu se prea găsi.

escasez *f.* **1.** lipsă, penurie. **2.** zgârcenie.

escaso *adj.* **1.** rar, puţin. **2.** zgârcit. **3.** strâmtorat.

escatimar *vt.* a drămui, a precupeţi.

escayola *f.* **1.** ghips. **2.** stuc.

escena *f.* scenă // *poner en* ~ a pune în scenă.

escenario *m.* scenă (de teatru).

escepticismo *m.* scepticism.

escéptico *adj.* sceptic.

escindir *vt.* a scinda.

escisión *f.* scindare; sciziune.

esclarecer **I.** *vt.* **1.** a lumina. **2.** *(fig.)* a clarifica, a lămuri. **II.** *vi.* a se lumina de ziuă.

esclarecido *adj.* *(fig.)* ilustru.

esclarecimiento *m.* clarificare.

esclavina *f.* pelerină.

esclavitud *f.* **1.** sclavaj, sclavie. **2.** *(fig.)* patimă.

esclavizar *vt.* a (în)robi, a subjuga.

esclavo *adj., m.* sclav.

esclerosis *f.* *(med.)* scleroză.

esclusa *f.* ecluză.

escoba *f.* mătură.

escobar *vt.* a mătura.

escobilla *f.* **1.** periuţă. **2.** *(electr.)* perie (de dinam).

escocer **I.** *vi.* a ustura. **II.** ~se *vr.* a se inflama.

escocés **I.** *adj., m.* scoţian. **II.** *adj.* ecosez.

escofina *f.* raşpel.

escoger *vt.* a alege.

escogido *adj.* ales, select // *obras escogidas* opere alese.

escolar *adj., m.* şcolar.

escolta *f.* escortă.

escoltar *vt.* a escorta.

escollo *m.* stâncă, recif.

escombrar *vt.* a curăţa de moloz.

escombro *m.* **1.** dărâmătură, moloz. **2.** *(zool.)* scrumbie.

esconder(se) *vt., vr.* a (se) ascunde.

escondidas *f. pl.* în *expr.:* *a* ~ pe ascuns; *a* ~ *de* fără ştirea.

escondite *m.* ascunzătoare // *jugar al* ~ a se juca de-a (v-aţi) ascunselea.

escondrijo *m.* ascunzătoare.

escopeta *f.* puşcă de vânătoare.

escopetazo *m.* împuşcătură.

escopeteo *m.* împuşcături.

escoplo *m.* daltă.

escorbuto *m.* *(med.)* scorbut.

escoria *f.* zgură.

escorpión *m.* scorpion.

escotadura *f.* decolteu, răscroială.

escotar **I.** *vt.* a răscroi, a decolta. **II.** *vi.* a-şi plăti partea.

escote *m.* **1.** decolteu. **2.** parte de plată // *pagar a* ~ a plăti nemţeşte.

escotillón *m.* *(teatru)* trapă.

escozor *m.* **1.** usturime. **2.** *(fig.)* mâhnire.

escribanía *f.* notariat.

escribano *m.* notar.

escribir **I.** *vt.* a scrie // ~ *a mano/máquina* a scrie de mână/la maşină. **II.** ~se *vr.* a purta corespondenţă.

escrito *m.* **1.** înscris. **2.** scriere, scris; lucrare // *por* ~ în scris.

escritor *m.* scriitor.

escritorio *m.* birou (*mobilă şi cameră*).

escritura *f.* scriere; scris; act // *Sagrada* ~ Biblia.

escrúpulo *m.* scrupul.

escrupulosidad *f.* scrupulozitate.

escrupuloso *adj.* scrupulos.

escrutador 1. *adj.* scrutător. II. *m.* *(pol.)* delegat care numără voturile.

escrutar *vt.* 1. a scruta. 2. *(pol.)* a număra (voturile).

escrutinio *m.* 1. *(pol.)* scrutin. 2. cercetare, verificare.

escuadra *f.* 1. echer. 2. *(mar.)* escadră.

escuadrar *vt.* a ciopli, a da formă pătrată.

escuadrilla *f.* *(av., mar.)* escadrilă, flotilă.

escuadrón *m.* *(mil.)* escadron.

escualidez *f.* 1. murdărie. 2. slăbiciune.

escuálido *adj.* 1. murdar. 2. slăbănog.

escucha I. *f.* 1. ascultare. 2. cercetaş. II. *m.* 1. aparat de ascultare. 2. (radio) ascultător // ~*s telefónicas* ascultarea telefoanelor; *a la* ~ atent.

escuchar *vt., vi.* a asculta.

escudero *m.* 1. scutier. 2. valet.

escudilla *f.* strachină.

escudo *m.* 1. scut. 2. *(monedă)* scud.

escudriñar *vt.* a cerceta; a scruta.

escuela *f.* şcoală.

escueto *adj.* gol; simplu; fără podoabe.

esculpir *vt.* a sculpta.

escultor *m.* sculptor.

escultura *f.* sculptură.

escupidera *f.* scuipătoare.

escupir *vt., vi.* a scuipa.

escurridizo *adj.* alunecos.

escurrir I. *vt.* 1. a scurge. 2. a stoarce // ~ *el bulto* a o şterge. II. *vi.* 1. a picura. 2. a aluneca. III. ~*se* *vr.* 1. a se scurge. 2. a aluneca. 3. *(fam.)* a o şterge.

esdrújulo *adj.* *(lingv.)* proparoxiton.

ese, esa, esos, esas *adj. dem.* acest, această, aceşti, aceste.

ése, ésa, ésos, ésas *pron. dem.* acesta, aceasta, aceia, acelea.

esencia *f.* esenţă.

esencial *adj.* esenţial.

esfera *f.* sferă.

esférico *adj.* sferic.

esfinge *m.* sau *f.* sfinx.

esforzado *adj.* viteaz; curajos.

esforzarse *vr.* a se forţa, a se sili.

esfuerzo *m.* 1. sforţare, efort. 2. vitejie.

esfumar(se) I. *vt., vr.* a (se) estompa. II. *vr.* 1. a se risipi. 2. *(d. nori)* a se destrăma, a se împrăştia.

esfumino *m.* estompă.

esgrima *f.* scrimă.

esgrimidor *m.* scrimer.

esgrimir *vt.* a mânui spada (sau floreta).

esguince *m.* 1. mişcare a corpului. 2. gest de dispreţ. 3. scrântire, luxare.

eslabón *m.* 1. verigă. 2. amnar.

eslabonar(se) *vt., vr.* a (se) înlănţui.

eslavo *adj., m.* slav.

eslovaco *adj., m.* slovac.

esloveno *adj., m.* sloven.

esmaltar *vt.* a smălţui, a emaila.

esmalte *m.* smalţ, email.

esmerado *adj.* îngrijit, făcut cu grijă.

esmeralda *f.* smarald.

esmerarse I. *vr.* a se îngriji. II. *vt.* a lustrui.

esmeril *m.* şmirghel.

esmero *m.* grijă.

eso *pron. dem. n.* acesta, lucrul acesta // ~ *mismo* întocmai; *en ~ de* cât despre; *por ~ de* aceea.

esófago *m.* esofag.

espaciar I. *vt.* a spaţia; a rări. II. ~se *vr.* a se întinde; a se răspândi.

espacio *m.* spaţiu; interval.

espacioso *adj.* spaţios, încăpător.

espada *f.* 1. spadă // *ser una buena ~* a fi un bun spadasin. 2. *(la cărţile de joc)* pică.

espadachín *m.* spadasin.

espadaña *f.* papură.

espalda *f.* spate // *a ~s de uno* în spatele cuiva; *caer de ~s* a cădea pe spate; *cargado de ~s* adus de spate; *volver las ~s* a întoarce spatele.

espaldar *m.* spătar, spetează.

espaldera *f.* spalier.

espaldilla *f.* omoplat.

espantable *adj.* înspăimântător.

espantadizo *adj.* sperios.

espantajo *m.* sperietoare; *(fig.)* gogoriţă.

espantapájaros *m.* sperietoare de ciori.

espantar(se) *vt., vr.* a (se) înspăimânta.

espanto *m.* spaimă, groază.

espantoso *adj.* înspăimântător, îngrozitor.

español *adj., m.* spaniol.

esparadrapo *m.* plasture.

esparcimiento *m.* 1. împrăştiere. 2. distracţie.

esparcir(se) I. *vt., vr.* a (se) împrăştia. II. *vr.* a se desfăta.

espárrago *m.* sparanghel.

esparto *m. (bot.)* spart, bucsău.

espasmo *m.* spasm.

espátula *f.* spatulă.

especia *f.* mirodenie.

especial *adj.* special.

especialidad *f.* specialitate.

especialista *adj., m.* şi *f.* specialist(ă).

especie *f.* 1. specie, spiţă. 2. gen, fel, soi.

especiería *f.* băcănie.

especificar *vt.* a specifica, a preciza.

específico I. *adj.* specific. II. *m.* medicament, remediu.

espécimen *m.* specimen.

especioso *adj.* aparent; înşelător.

espectáculo *m.* 1. spectacol, reprezentaţie. 2. *(fig.)* spectacol, privelişte // *~ de final de cursos* serbare şcolară.

espectador *m.* spectator.

espectro *m.* 1. spectru. 2. fantomă.

especulación *f.* speculaţie.

especular *vt., vi.* a specula.

especulativo *adj.* speculativ.

espejismo *m*. 1. miraj. 2. *(fig.)* iluzie, amăgire.

espejo *m*. oglindă.

espejuelo *m*. 1. ipsos cristalizat. 2. ~s *pl*. ochelari.

espeluznante *adj*. înfiorător înspăimântător, înfricoşător.

espera *f*. aşteptare // *sala de* ~ sală de aşteptare.

esperanza *f*. speranţă.

esperanzar *vt*. a da speranţă.

esperar *vt*. 1. a spera, a nădăjdui. 2. a aştepta.

esperma *m*. sau *f*. spermă.

esperpento *m*. 1. pocitanie, hidoşenie. 2. caraghios; măscărici. 3. *(fig.)* nerozie.

espesar(se) *vt.*, *vr.* a (se) îngroşa.

espeso *adj*. dens; gros; des.

espesor *m.*, **espesura** *f*. grosime; desime.

espía I. *m*. spion. II. *f*. *(mar.)* edec.

espiar *vt*. a spiona, a pândi.

espiga *f*. spic.

espigar I. *vt*. a spicui. II. *vi*. a da în spic. III. ~se *vr*. a creşte, a se înălţa.

espigón *m*. 1. ac (de insectă). 2. vârf (de cuţit *etc.*).

espina *f*. 1. spin, ghimpe. 2. şira a spinării. 3. os de peşte.

espinaca *f*. spanac.

espinazo *m*. *(pop.)* şira spinării.

espinoso *adj*. spinos.

espionaje *m*. spionaj.

espiral I. *adj*. spiral, în spirală. II. *f*. spirală.

espirar I. *vi*. 1. a expira; a respira, a răsufla. 2. *(d. vânt)* a adia. II. *vt*. a exala.

espiritismo *m*. spiritism.

espiritoso *adj*. 1. vioi, ager. 2. spirtos.

espíritu *m*. 1. spirit, duh. 2. suflet. 3. vioiciune; curaj.

espiritual *adj*. spiritual, sufletesc.

esplendidez *f*. splendoare, măreţie.

espléndido *adj*. splendid, măreţ.

esplendor *m*. splendoare, strălucire.

esplendoroso *adj*. splendid, strălucitor.

espliego *m*. *(bot.)* levănţică.

espolear *vt*. *(şi fig.)* a îmboldi.

espolón *m*. 1. pinten. 2. *(mar.)* cioc de proră. 3. stăvilar, dig.

esponja *f*. *(şi zool.)* burete.

esponjar(se) *vt.*, *vr.* a (se) umfla; a (se) face spongios.

esponjoso *adj*. spongios, buretos.

esponsales *m. pl.* logodnă.

espontaneidad *f*. spontaneitate.

espontáneo *adj*. spontan.

espora *f*. *(bot.)* spor.

esporádico *adj*. sporadic.

esposa *f*. 1. soţie, nevastă. 2. ~s *pl*. cătuşe.

esposo *m*. soţ.

espuela *f*. 1. pinten. 2. *(fig.)* imbold.

espuerta *f*. coş // *a* ~s cu grămada.

espuma *f*. spumă.

espumadera *f*. lingură de spumă.

espumante *adj.* spumos.

espumar I. *vt.* a lua spuma (de la). **II.** *vi.* a spumega.

espumarajo *m.* bale.

espumoso *adj.* spumos.

esputo *m.* sputǎ, scuipat.

esqueje *m. (agr.)* butaş.

esquela *f.* bilet, rǎvaş.

esqueleto *m.* 1. schelet. 2. *(Am.)* formular.

esquema *m.* schemǎ.

esquí *m.* schi.

esquiador *m.* schior.

esquiar *vi.* a schia.

esquila *f.* 1. talangǎ. 2. tunsoare. 3. *(zool.)* crevetǎ.

esquilar *vt.* a tunde (oile).

esquimal *adj., m.* eschimos.

esquina *f.* colţ (de stradǎ, de clǎdire).

esquinado *adj.* colţuros.

esquinazo *m. (fam.)* colţ // *dar ~ a.* a dispǎrea dupǎ colţul strǎzii; **b.** a da plasǎ.

esquirol *m. (peior.)* spǎrgǎtor de grevǎ.

esquivar(se) *vt., vr.* a (se) eschiva; a (se) feri; a (se) evita.

esquivez *f.* dispreţ; asprime; rǎcealǎ.

esquivo *adj.* dispreţuitor; aspru; rece.

estabilidad *f.* stabilitate.

estable *adj.* stabil.

establecer(se) *vt., vr.* a (se) stabili, a (se) statornici.

establecimiento *m.* 1. stabilire, statornicie. 2. stabiliment.

establo *m.* staul, grajd.

estaca *f.* 1. par, ţǎruş. 2. *(agr.)* butaş.

estacar *vt.* 1. a priponi. 2. a jalona.

estación *f.* 1. anotimp, sezon. 2. garǎ, staţie. 3. staţiune.

estacionamiento *m.* 1. staţionare, oprire. 2. parcare.

estacionar(se) I. *vt., vr.* a (se) aşeza, a (se) pune. **II.** *vr.* a staţiona.

estadio *m.* 1. stadion. 2. stadiu.

estadista *m.* om de stat.

estadística *f.* statisticǎ.

estado *m.* 1. stare // *~ civil* stare civilǎ; *~ de sitio* stare de asediu. 2. *(pol.)* stat // *~ mayor (mil.)* stat major; *razón de ~* raţiune de stat. 3. stat, listǎ.

estadounidense *adj., m.* (locuitor) din S.U.A.

estafa *f.* escrocherie.

estafar *vt.* a escroca, a înşela.

estafeta *f.* 1. curier. 2. oficiu poştal.

estalactita *f.* stalactitǎ.

estalagmita *f.* stalagmitǎ.

estallar *vi.* 1. a pocni, a exploda. 2. *(fig.)* a izbucni.

estallido *m.* 1. pocniturǎ, explozie. 2. izbucnire.

estampa *f.* 1. ilustraţie, planşǎ; stampǎ. 2. *(fig.)* înfǎţişare. 3. *(fig.)* tipar.

estampar *vt.* 1. a imprima, a stampa, a grava. 2. *(fig.)* a tipǎri.

estampido *m.* pocniturǎ.

estampilla *f.* 1. parafă. 2. *(Am.)* timbru (poştal *sau* fiscal).

estancación *f.*, **estancamiento** *m.* 1. zăgăzuire. 2. monopolizare. 3. stagnare.

estancar I. *vt.* 1. a opri, a zăgăzui. 2. a monopoliza. 3. a paraliza. II. ~se *vr.* a stagna, a se opri.

estancia *f.* 1. şedere. 2. cameră, odaie. 3. *(Am.)* fermă, moşie.

estanciero *m.* *(Am.)* fermier, moşier.

estanco I. *adj.* etanş. II. *m.* 1. monopol. 2. debit, tutungerie.

estándar *adj., m.* standard.

estandar(d)izar *vt.* a standardiza.

estandarte *m.* stindard, drapel.

estanque *m.* bazin, heleşteu.

estanquero *m.* tutungiu.

estante I. *adj.* fix, stabil. II. *m.* etajeră.

estantería *f.* etajeră, rafturi.

estaño *m.* staniu, cositor.

estar I. *vi.* 1. a fi // ~ *cansado* a fi obosit. 2. a se afla // ~ *en Madrid* a se afla la Madrid. 3. a veni; a sta // ~ *bien/mal un vestido* a veni bine/rău o haină. II. ~se *vr.* a sta, a şedea, a rămâne // ~se *quieto* a sta liniştit. III. *v. aux.* (+ *gerunziu*) *(exprimă o acţiune în curs de realizare)*: *estoy leyendo un libro* citesc (acum) o carte // ~ *con cuidado* a fi îngrijorat; ~ *de aprendiz* a fi ucenic; ~ *de más* a prisosi; ~ *de pie* a sta

în picioare; ~ *de prisa* a se grăbi; ~ *de viaje* a călători; ~ *en una cosa* a şti rostul unui lucru; ~ *mal con uno* a se avea rău cu cineva; ~ *para bromas* a avea chef de glume; ~ *para salir* a fi pe punctul de a pleca; ~ *por escribir* a avea de gând să scrie; ¿*a cuántos estamos hoy?* în câte suntem astăzi?; *cuarto de* ~ cameră de zi; ¿*estás?* înţelegi?; ¡*estamos frescos!* ne-am ars!

estatal *adj.* de stat.

estático *adj.* static.

estatua *f.* statuie.

estatuario I. *adj.* statuar. II. *m.* sculptor de statui.

estatura *f.* statură.

estatuto *m.* statut.

este[1] *m.* est, răsărit.

este[2], **esta, estos, estas** *adj. dem.* acest, această, aceşti, aceste.

éste, ésta, éstos, éstas *pron. dem.* acesta, aceasta, aceştia, acestea.

estenografía *f.* stenografie.

estepa *f.* stepă.

estera *f.* rogojină.

estercolar I. *vt.* a îngrăşa pământul cu bălegar. II. *vi.* a se bălega.

estercolero *m.* 1. gunoier. 2. groapă cu bălegar.

estereofónico *adj.* stereofonic.

estéril *adj.* steril, neroditor.

esterilidad *f.* sterilitate.

esterilizar *vt.* a steriliza.

esterlina *adj.* în *expr.*: *libra ~* liră sterlină.

estero *m.* estuar, lagună.

estertor *m.* horcăit.

estético I. *adj.* estetic. II. *m.* estetician.

estiércol *m.* bălegar.

estigma *m.* stigmat.

estigmatizar *vt.* a stigmatiza, a înfiera.

estilar I. *vt.* a stiliza, a redacta. II. ~(se) *vi.*, *vr.* a se purta, a fi la modă.

estilo *m.* 1. stil. 2. obicei; uz // *al ~ del país* după obiceiul pământului. 3. fel // *por el ~* la fel, de același fel; *por el ~ de* în felul.

estilográfica *f.* stilou.

estima *f.* stimă.

estimable *adj.* apreciabil, demn de stimă, respectabil.

estimación *f.* 1. evaluare. 2. a-preciere, stimă.

estimar I. *vt.* 1. a estima, a evalua. 2. a aprecia, a stima. II. *vi.* a considera.

estimulante I. *adj.* stimulant. II. *m.* stimulent.

estimular *vt.* a stimula, a îmboldi.

estímulo *m.* stimulent.

estío *m.* (*poetic*) vară.

estipendio *m.* stipendiu, subvenție.

estipulación *f.* stipulare; stipulație.

estipular *vt.* a stipula.

estirado *adj.* 1. (*fam.*) spilcuit, dichisit, gătit. 2. (*fig.*) înțepat, trufaș, care-și dă aere.

estirar I. *vt.* 1. a întinde, a lungi. 2. (*fig.*) a lărgi, a mări. 3. a netezi, a călca. II. ~se *vr.* a se întinde, a-și întinde mădularele.

estirón *m.* smucitură, zguduitură.

estirpe *f.* neam, viță.

estival *adj.* estival.

esto *pron. dem. n.* aceasta, acest lucru, lucrul acesta.

estofa *f.* (*fig.*) țeapă, soi.

estofado *m.* (*cul.*) stufat.

estoicismo *m.* stoicism.

estoico *adj.*, *m.* stoic.

estómago *m.* stomac.

estopa *f.* câlți.

estoque *m.* 1. spadă îngustă și fără tăiș. 2. sabia toreadorului. 3. (*bot.*) gladiolă, săbiuță.

estoquear *vt.* a împlânta sabia.

estorbar *vt.* 1. a împiedica. 2. a deranja, a tulbura.

estorbo *m.* piedică, obstacol.

estornino *m.* graur.

estornudar *vi.* a strănuta.

estornudo *m.* strănut.

estrada *f.* drum, șosea.

estrado *m.* 1. estradă. 2. ~s *pl.* sală de tribunal.

estrafalario *adj.* (*fam.*) extravagant.

estragar(se) *vt.*, *vr.* a (se) strica, a (se) corupe.

estrago *m.* ravagiu, stricăciune // *hacer ~s* a face ravagii.

estragón *m.* tarhon.

estrambótico *adj.* (*fam.*) extra-vagant, excentric.

estrangulación *f.* strangulare, sugrumare.

estrangular(se) *vt., vr.* a (se) strangula, a (se) sugruma.

estratagema *f.* stratagemă.

estratega, estratego *m.* strateg.

estrategia *f.* strategie.

estratificar(se) *vt., vr.* a (se) stratifica.

estrato *m.* strat.

estrechamiento *m.* (*şi fig.*) strângere, strâmtare, îngustare.

estrechar I. *vt.* **1.** a îngusta, a strâmta.. **2.** (*fig.*) a strânge // ~ *entre los brazos* a strânge în braţe. **II.** ~se *vr.* **1.** a se îngusta, a se strâmta. **2.** a se restrânge, a-şi reduce cheltuielile.

estrechez *f.* **1.** îngustime. **2.** (*fig.*) strâmtoare, nevoie. **3.** (*fig.*) prietenie strânsă.

estrecho I. *adj.* **1.** îngust; strâmt. **2.** (*fig.*) mărginit, limitat. **3.** (*fig.*) strâns, apropiat, intim. **II.** *m.* (*geogr. şi fig.*) strâmtoare.

estregar(se) *vt., vr.* a (se) freca.

estrella *f.* stea // ~ *fugaz* stea căzătoare; *nacer con* ~ a avea noroc; *ver las* ~*s* a vedea stele verzi.

estrellado *adj.* **1.** înstelat. **2.** spart, zdrobit // *huevos* ~*s* ochiuri la capac.

estrellamar *f.* (*zool.*) stea de mare.

estrellar I. *adj.* stelar. **II.** *vt.* **1.** (*fam.*) a sparge, a face ţăndări. **2.** a face ochiuri la capac. **III.** ~se *vr.* a se zdrobi, a se sparge.

estremecer I. *vt.* a clătina, a zgudui, a zdruncina. **II.** ~se *vr.* a se cutremura, a se înfiora.

estremecimiento *m.* **1.** zguduire. **2.** tresărire, înfiorare.

estrenar I. *vt.* **1.** a face saftea (unui lucru); a inaugura. **2.** (*teatru*) a prezenta în premieră. **II.** ~se *vr.* a debuta.

estreno *m.* **1.** înnoire. **2.** inaugurare. **3.** premieră. **4.** debut.

estreñimiento *m.* constipaţie.

estreñir(se) *vt., vr.* a (se) constipa.

estrépito *m.* zgomot, gălăgie.

estrepitoso *adj.* zgomotos.

estría *f.* (*geol.*) striaţiune.

estriar *vt.* a stria.

estribar *vi.* (*en*) **1.** a se sprijini (pe). **2.** (*fig.*) a se baza (pe).

estribillo *m.* refren.

estribo *m.* **1.** scară de şa (*sau* de trăsură). **2.** (*fig.*) sprijin.

estribor *m.* (*mar.*) tribord.

estricto *adj.* strict, riguros.

estridente *adj.* strident.

estrofa *f.* strofă.

estropajo *m.* cârpă, otreapă.

estropear *vt.* **1.** a strica, a distruge. **2.** a schilodi.

estructura *f.* structură.

estruendo *m.* zgomot, bubuitură.

estrujar *vt.* (*şi fig.*) a stoarce.

estuario *m.* estuar.

estucado *m.* stucatură.

estuco *m.* stuc.

estuche *m.* cutie, toc, trusă, casetă // ~ *de viaje* trusă de voiaj.

estudiante *m. şi f.* student(ă).

estudiantil *adj.* studenţesc.

estudiantina *f.* orchestră studenţească.

estudiar *vt.* a studia, a cerceta.

estudio *m.* 1. studiu, învăţătură. 2. cabinet; birou; atelier. 3. studio (de film, de radio).

estudioso *adj.* studios.

estufa *f.* 1. sobă. 2. etuvă. 3. seră.

estupefacción *f.* stupefacţie, uluire.

estupefaciente I. *adj.* uimitor, uluitor. II. *m.* stupefiant, drog.

estupefacto *adj.* stupefiat, uluit.

estupendo *adj.* extraordinar, minunat.

estupidez *f.* neghiobie.

estúpido *adj.* nătâng, neghiob.

estupor *m.* stupoare, uluire.

esturión *m.* nisetru.

etapa *f.* etapă.

éter *m.* eter.

etéreo *adj.* eteric.

eternidad *f.* veşnicie.

eternizar *vt.* a eterniza.

eterno *adj.* etern, veşnic.

ético *adj.* etic.

etimología *f.* etimologie.

etíope *adj., m.* etiopian.

etiqueta *f.* etichetă, ceremonie.

étnico *adj.* etnic.

etnografía *f.* etnografie.

eucalipto *m. (bot.)* eucalipt.

europeo *adj., m.* european.

evacuación *f.* evacuare.

evacuar *vt.* 1. a evacua. 2. a îndeplini; a rezolva.

evadir I. *vt.* a evita. II. ~se *vr.* a evada, a fugi.

evaluación *f.* evaluare, apreciere.

evaluar *vt.* a evalua, a aprecia.

evangelio *m. (rel.)* evanghelie.

evaporación *f.* evaporare.

evaporar(se) *vt., vr.* a (se) evapora.

evasión *f.* evadare, fugă.

evasivo *adj.* evaziv.

evento *m.* eveniment, întâmplare.

eventual *adj.* eventual.

eventualidad *f.* eventualitate.

evidencia *f.* evidentă.

evidenciar *vt.* a evidenţia.

evidente *adj.* evident, vădit.

evitar *vt.* a evita, a ocoli.

evocación *f.* evocare.

evocar *vt.* a evoca.

evolución *f.* evoluţie.

evolucionar *vi.* a evolua, a se dezvolta.

exacerbar(se) *vt., vr.* 1. a exacerba; a (se) irita; a (se) exaspera. 2. a (se) agrava.

exactitud *f.* exactitate.

exacto *adj.* exact.

exageración *f.* exagerare.

exagerar *vt.* a exagera.

exaltación *f.* exaltare; proslăvire.

exaltar I. *vt.* a proslăvi; a înălţa; a exalta. II. ~se *vr.* a se entuziasma.

examen *m.* examen.

examinando *m.* candidat la un examen.

examinar I. *vt.* 1. a examina; a cerceta. 2. *(jur.)* a audia. II. ~se *vr.* a da examen.

exangüe *adj.* 1. fără sânge. 2. *(fig.)* fără vlagă.

exánime *adj.* 1. neînsufleţit. 2. *(fig.)* istovit.

exasperación *f.* exasperare.

exasperar *vt.* a exaspera.

excarcelar I. *vt.* a scoate din închisoare. **II.** ~(**se**) *vt., vr.* a (se) elibera.

excavación *f.* excavare; săpătură.

excavar *vt.* a excava; a săpa.

excedencia *f.* **1.** întrerupere temporară a serviciului. **2.** ajutor pentru întrerupere temporară a activității. **3.** ~**s** *pl.* concediu fără plată.

excedente I. *adj.* **1.** de prisos, în plus. **2.** în concediul fără plată. **II.** *m.* excedent, surplus.

exceder I. *vt.* **1.** a depăşi, a întrece. **2.** *(de)* a depăşi, a trece peste/de. **II.** ~**se** *vr.* a face exces, a întrece măsura.

excelencia *f.* excelență // *por* ~ prin excelență.

excelente *adj.* excelent.

excelso *adj.* înalt, măreţ.

excentricidad *f.* excentricitate, ciudăţenie.

excéntrico *adj.* excentric; extravagant.

excepción *f.* excepţie.

excepcional *adj.* excepţional.

excepto *prep.* afară de.

exceptuar *vt.* a excepta.

excesivo *adj.* excesiv.

exceso *m.* prisos, exces // *en* ~ excesiv.

excitación *f.* excitare; excitaţie.

excitante *adj., m.* excitant.

excitar(se) *vt., vr.* a (se) excita.

exclamación *f.* exclamaţie.

exclamar *vt., vi.* a exclama.

excluir(se) *vt., vr.* a (se) exclude.

exclusión *f.* excludere.

exclusiva *f. (com.)* exclusivitate.

exclusivo *adj.* exclusiv.

excluyente *adj.* *(d. preţuri)* imposibil.

excomulgar *vt.* a excomunica.

excomunión *f.* excomunicare.

excremento *m.* excrement.

excursión *f.* excursie.

excusa *f.* scuză.

excusado I. *adj.* **1.** scutit. **2.** inutil. **3.** privat, rezervat. **II.** *m.* closet.

excusar *vt.* **1.** a scuza, a ierta. **2.** a evita. **3.** *(de)* a scuti (de).

execrable *adj.* execrabil.

execrar *vt.* a blestema.

exención *f.* scutire, dispensă.

exentar *vt.* a scuti, a dispensa.

exento *adj.* *(de)* scutit (de), lipsit (de).

exequias *f. pl.* funeralii.

exhalación *f.* **1.** exalare, exalaţie. **2.** fulger.

exhalar *vt.* **1.** a degaja; a exala. **2.** *(fig.)* a scoate (un suspin).

exhausto *adj.* epuizat, secat.

exhibición *f.* exhibiţie.

exhibir *vt.* a exhiba.

exhortar *vt.* a îndemna, a încuraja.

exhumar *vt.* a deshuma, a dezgropa.

exigencia *f.* exigenţă.

exigente *adj.* exigent.

exigir *vt.* a pretinde, a cere.

exiguo *adj.* mărunt, neînsemnat.

exilar *vt.* a exila.

exilio *m.* exil.

eximio *adj.* excelent; ilustru.

eximir *vt.* a scuti.

existencia *f.* 1. existenţă. 2. ~s *pl.* stoc (de mărfuri).

existente *adj.* existent.

existir *vi.* a exista.

éxito *m.* 1. rezultat, sfârşit. 2. succes, reuşită.

éxodo *m.* exod.

exonerar *vt.* 1. a scuti, a dispensa. 2. a elibera, a destitui.

exorbitante *adj.* exorbitant, excesiv.

exótico *adj.* exotic.

expansión *f.* expansiune.

expansionarse *vr.* a se destăinui.

expansivo *adj.* expansiv.

expatriarse *vr.* a se expatria.

expectación *f.* 1. aşteptare, expectativă. 2. interes, curiozitate.

expectativa *f.* 1. expectativă. 2. speranţă.

expectorar *vi.* a expectora.

expedición *f.* 1. expediere, trimitere. 2. expediţie.

expedidor *m.* expeditor.

expediente *m.* 1. expedient, tertip. 2. dosar. 3. cazier.

expedir *vt.* 1. a trimite, a expedia. 2. a rezolva. 3. a elibera (un document).

expeler *vt.* a alunga; a izgoni; a elimina.

expendedor I. *adj.* cheltuitor. II. *m.* vânzător, plasator.

expendeduría *f.* debit, tutungerie.

expender *vt.* 1. a cheltui, a risipi. 2. a vinde cu amănuntul.

expensas *f. pl.* cheltuieli // *a ~ de uno* pe spezele cuiva.

experiencia *f.* experienţă.

experimentar *vt.* 1. a experimenta. 2. a simţi. 3. a încerca, a suferi.

experimento *m.* experiment.

experto *m.* priceput.

expiación *f.* ispăşire.

expiar *vt.* a ispăşi.

expirar *vi.* a expira, a muri.

explanada *f.* esplanadă.

explanar *vt.* 1. a nivela. 2. *(fig.)* a lămuri.

explayar(se) *vt., vr.* a (se) întinde, a (se) lărgi.

explicación *f.* explicare, explicaţie.

explicar(se) *vt., vr.* a (se) explica.

explicativo *adj.* explicativ.

explícito *adj.* explicit.

exploración *f.* explorare.

explorador *m.* 1. explorator. 2. cercetaş.

explorar *vt.* a explora.

explosión *f.* 1. explozie. 2. *(fig.)* izbucnire.

explosivo I. *adj.* explozibil, exploziv. II. *m.* exploziv.

explotación *f.* exploatare.

explotador *adj., m.* exploatator.

explotar I. *vt.* a exploata. II. *vi.* a exploda.

exponente *m.* exponent.

exponer(se) *vt., vr.* a (se) expune.

exportación *f.* exportare, export.

exportador *adj., m.* exportator.

exportar *vt.* a exporta.

exposición *f.* 1. expunere; expozeu. 2. expoziţie. 3. *(foto)* expunere.

expresar(se) *vt., vr.* a (se) exprima.

expresión *f.* exprimare, expresie.

expresivo *adj.* expresiv.

expreso I. *adj.* clar, expres // *tren* ~ expres. **II.** *m.* recomandată expres.

exprimir *vt.* a stoarce.

expropiar *vt.* a expropria.

expuesto *adj.* expus; riscat.

expulsar *vt.* **1.** a expulza, a (iz)-goni, a alunga. **2.** *(dintr-o grupare)* a exclude. **3.** *(şcol.)* a exmatricula.

expulsión *f.* expulzare.

expurgar *vt.* a curăţa.

exquisito *adj.* delicios; minunat; distins.

éxtasis *m.* extaz.

extender(se) I. *vt., vr.* **1.** a (se) extinde; a (se) întinde; a (se) mări. **2.** a (se) răspândi. **II.** *vt.* a elibera (un act).

extensión *f.* întindere; lungime; durată.

extensivo *adj.* extensiv; extensibil.

extenso *adj.* întins, vast // *por* ~ pe larg.

extenuar(se) *vt., vr.* a (se) extenua, a (se) istovi.

exterior *adj., m.* exterior.

exteriorizar *vt.* a exterioriza.

exterminar *vt.* a extermina.

exterminio *m.* exterminare.

externo *adj.* extern.

extinción *f.* **1.** stingere. **2.** dispariţie.

extinguir(se) I. *vt., vr.* a (se) stinge. **II.** *vt.* a înăbuşi. **III.** *vr.* a dispărea.

extinto *adj.* stins.

extirpar *vt.* **1.** a smulge din rădăcini. **2.** a stârpi, a nimici.

extorsión *f.* extorsiune, extorcare, stoarcere.

extorsionar *vt.* a extorca, a stoarce.

extra I. *adj.* deosebit; excelent; extraordinar. **II.** *adv.* *(de)* *(fam.)* în plus, pe deasupra // *horas* ~ ore suplimentare. **III.** *m.* **1.** gratificaţie, plus, venit suplimentar. **2.** *(cinema)* figurant.

extracción *f.* **1.** extragere, extracţie. **2.** *(fig.)* origine, obârşie. **3.** *(med.)* recoltare (pentru analize).

extractar *vt.* a rezuma, a conspecta.

extracto *m.* extras; rezumat; extract.

extradición *f.* *(jur.)* extrădare.

extraer *vt.* a extrage, a scoate.

extramuros *adv.* dincolo de zidurile oraşului.

extranjería *f.* statut al străinilor.

extranjero I. *adj., m.* străin (de ţară). **II.** *m.* străinătate.

extrañar I. *vt.* **1.** a exila. **2.** a uimi, a surprinde. **3.** a nu fi obişnuit. **II.** ~se *vr.* a se mira.

extrañeza *f.* **1.** ciudăţenie, raritate. **2.** mirare, uimire.

extraño *adj.* **1.** straniu, ciudat. **2.** străin.

extraordinario *adj.* extraordinar.

extravagancia *f.* extravaganţă.

extravagante *adj.* extravagant.

extraviar(se) *vt., vr.* a (se) rătăci.

extravío *m.* rătăcire.

extremado *adj*. extrem, excesiv.

extremar I. *vt*. a exagera. II. ~se *vr. (en)* a-şi da silinţa (să).

extremeño *adj., m.* (locuitor) din Extremadura.

extremidad *f.* 1. extremitate, capăt. 2. ~es *pl. (pop.)* mădulare.

extremo I. *adj.* extrem. II. *m.* extremitate, capăt.

extremoso *adj.* excesiv.

exuberancia *f.* exuberanţă.

exuberante *adj.* exuberant.

exudar *vi.* a asuda.

eyacular *vt.* a ejacula.

F

fa *m. (muz.)* fa.

fábrica *f.* 1. fabrică. 2. clădire. 3. zidărie.

fabricación *f.* fabricare, fabricaţie.

fabricador *m.* născocitor.

fabricante *m.* fabricant.

fabricar *vt.* 1. a fabrica. 2. a construi, a zidi. 3. *(fig.)* a născoci, a făuri.

fabril *adj.* de fabrică; muncitoresc.

fábula *f.* 1. fabulă. 2. mitologie. 3. *(fig.)* născocire, poveste.

fabulista *m.* fabulist.

fabuloso *adj.* 1. fabulos; imaginar. 2. nemaipomenit, extraordinar, formidabil.

faca *f.* cuţit cu lamă curbă.

facción *f.* 1. facţiune. 2. *(mil.)* faptă de arme. 3. ~es *pl.* trăsături ale feţei.

faceta *f.* faţetă.

facial *adj.* facial.

fácil *adj.* uşor, facil.

facilidad *f.* 1. uşurinţă, facilitate. 2. ~es *pl.* înlesniri.

facilitar *vt.* 1. a înlesni, a uşura. 2. a procura, a furniza, a pune

la dispoziţie. 3. a mijloci // ~ una entrevista a mijloci o întrevedere.

facineroso *adj.* nelegiuit, bandit.

facistol *m.* strană.

facsímile *m.* facsimil.

factible *adj.* care se poate face, posibil.

facticio *adj.* artificial.

factor *m.* 1. *(şi mat.)* factor. 2. *(com.)* comisionar, agent de comerţ. 3. şef de expediţie (în gări).

factoría *f.* 1. agenţie comercială. 2. fabrică.

factura *f. (com.)* factură.

facturar *vt.* 1. *(com.)* a factura. 2. a înregistra mărfurile, bagajele (în gări).

facultad *f.* 1. facultate, capacitate. 2. proprietate, însuşire, calitate. 3. facultate (*universitară*). 4. autorizaţie.

facultar *vt.* a autoriza, a împuternici, a da dreptul, a permite.

facultativo I. *adj.* facultativ. II. *m.* medic.

facundia *f.* limbuţie, locvacitate.

facundo *adj.* limbut, locvace.

facha *f.* *(fam.)* mutră, față.

fachada *f.* 1. fațadă. 2. *(fam.)* înfățișare.

fachenda I. *f.* înfumurare. II. *m.* om înfumurat.

fachendear *vi.* a-și da ifose.

fachendoso *adj., m.* înfumurat.

faena *f.* 1. treabă, muncă // ~s *caseras* treburi casnice; ~s *del campo* muncile câmpului. 2. *(fig.)* figură urâtă, afront.

faisán *m.* fazan.

faja *f.* 1. brâu. 2. fâșie, bandă. 3. eșarfă. 4. centură; portjartier.

fajar *vt.* 1. a încinge. 2. a înfășura. 3. a înfășa. 4. *(Am.)* a lovi (pe cineva) // ~ *con uno* a ataca pe cineva.

fajero *m.* scutec, fașă.

fajo *m.* 1. mănunchi, legătură. 2. ~s *pl.* scutece.

falacia *f.* înșelăciune.

falange *f.* *(mil., anat.)* falangă.

falangista *m.* *(pol.)* falangist.

falaz *adj.* înșelător.

falda *f.* 1. fustă. 2. *(fig.)* poală a unui munte. 3. bor de pălărie. 4. fleică. 5. ~s *pl.* *(fam.)* fuste, femei.

faldear *vi.* a merge pe sub poalele muntelui.

faldero *adj.* 1. în *expr.*: *perro* ~ (specie de) cățel foarte mic. 2. *(fig.)* bărbat căruia îi place compania femeilor.

faldón *m.* 1. pulpană, poală. 2. pantă de acoperiș.

falencia *f.* 1. greșeală. 2. *(Am.)* faliment.

falibilidad *f.* failibilitate.

falible *adj.* failibil, supus greșelii.

falsario *m.* 1. falsificator. 2. mincinos.

falseador *m.* falsificator.

falsear I. *vt.* 1. a falsifica. 2. a sparge o broască de ușă, a deschide cu o cheie falsă. II. *vi.* *(muz.)* a suna fals.

falsedad *f.* 1. falsitate; fals; neadevăr. 2. prefăcătorie, ipocrizie // ~ *en documento público* fals în acte publice.

falsete *m.* 1. ușă secretă. 2. *(muz.)* falset.

falsía *f.* falsitate.

falsificación *f.* 1. falsificare. 2. fals.

falsificar *vt.* a falsifica.

falsilla *f.* transparent (de scris).

falso I. *adj.* 1. fals. 2. mincinos. II. *m.* întăritură (la haină).

falta *f.* 1. defect, greșeală. 2. absență. 3. lipsă // *a* (sau *por*) ~ *de* în lipsă de; *hacer* ~ a face trebuință, a(-i) trebui; *no me hace* ~ nu-mi trebuie; *sin* ~ negreșit.

faltar *vi.* 1. a lipsi, a absenta. 2. a greși // ~ *a la cita* a nu veni la întâlnire; ~ *a la palabra* a nu se ține de cuvânt; *¡no faltaba más!* asta mai lipsea!

falto *adj.* 1. *(de)* lipsit (de) // ~ *de recursos* lipsit de mijloace. 2. defectuos. 3. nevoiaș.

falla *f.* 1. *(la țesături)* defect. 2. *(geol.)* falie. 3. *(Am.)* lipsă, absență.

fallar I. *vt.* **1.** *(jur.)* a hotărî, a pronunţa (o hotărâre). **2.** a tăia cu atu. **II.** *vi.* **1.** a da greş, a nu izbuti, a se irosi. **2.** a slăbi, a ceda, a nu rezista. **3.** *(sport.)* a rata, a lufta. **4.** *(d. motor)* a da rateuri. **5.** *(fig.)* a dezamăgi.

fallecer *vi.* a muri.

fallecimiento *m.* moarte.

fallido *adj.* **1.** ratat, nereuşit. **2.** *(com.)* falit.

fallo *m.* **1.** *(jur.)* sentinţă, hotărâre, verdict. **2.** greşeală. **3.** lipsă de cărţi de joc de aceeaşi culoare. **4.** nereuşită, eşec.

fama *f.* **1.** faimă, renume, reputaţie // *cobrar* ~ a căpăta renume. **2.** opinie publică. **3.** zvon // *corre* ~ *que* umblă zvonul că.

familia *f.* **1.** familie. **2.** *(fig.)* neam. **3.** copii, fii, urmaşi. **4.** *(fam.)* grup numeros.

familiar I. *adj.* **1.** familial. **2.** familiar. **II.** *m.* **1.** rudă. **2.** om al casei.

familiaridad *f.* familiaritate.

familiarizar(se) *vt., vr.* a (se) familiariza.

famoso *adj.* **1.** renumit. **2.** *(fam.)* bun, excelent.

fanal *m.* **1.** felinar. **2.** clopot de sticlă. **3.** sticlă de lampă.

fanático *adj.* fanatic.

fanatismo *m.* fanatism.

fandango *m.* **1.** fandango *(dans popular spaniol)*. **2.** *(fam.)* gâlceavă.

fanega *f.* fanega *(măsură de capacitate = 55,5 l; măsură agrară = 64,5 ari)* // *a* ~*s* din belşug.

fanfarrón *adj.* fanfaron, lăudăros.

fanfarronada, fanfarronería *f.* fanfaronadă.

fango *m.* noroi.

fangoso *adj.* noroios.

fantasear *vi.* a visa, a-şi imagina.

fantasía *f.* **1.** fantezie // *de* ~ fantezist. **2.** ficţiune. **3.** colier de perle.

fantasma I. *m.* **1.** fantomă, nălucă. **2.** himeră. **II.** *f.* sperietoare.

fantasmagoría *f.* fantasmagorie.

fantástico *adj.* fantastic.

fantoche *m.* marionetă, fantoşă.

faralá *m.* **1.** volan (de rochie). **2.** zorzoane.

faramalla *f.* *(fam.)* păcăleală, flecăreală.

farándula *f.* **1.** profesiune de comediant. **2.** *(fam.)* flecăreală.

farandulero *m.* **1.** comediant. **2.** şarlatan.

fardo *m.* balot; povară.

farfante *m.* *(fam.)* lăudăros, fanfaron.

fárfara *f.* **1.** *(bot.)* podbal. **2.** pieliţă (de ou) // *en* ~ *(fig.)* (lucru) abia început.

farfulla *f.* bâlbâială.

farfullar *(fam.)* **I.** *vi.* a se bâlbâi. **II.** *vt.* a rasoli.

farináceo *adj.* făinos.

faringe *f.* faringe.

faringitis *f. (med.)* faringită.

farisaico *adj.* fariseic, fățarnic.

fariseo *m.* fariseu.

farmacéutico I. *adj.* farmaceutic. **II.** *m.* farmacist.

fármaco *m.* medicament; doctorie.

farmacia *f.* farmacie.

faro *m. (mar., auto)* far.

farol *m.* **1.** felinar, lanternă. **2.** *(fig.)* neghiob. **3.** *(fam.)* lăudăroșenie.

farola *f.* felinar (de stradă).

farolear *vi.* a-și da aere.

faroleo *m.* ifose.

farolero I. *m.* lampagiu. **II.** *adj.* înfumurat.

fárrago *m.* morman; harababură.

farruco I. *adj.* curajos. **II.** *m.* *(fam.)* provincial.

farsa *f.* farsă.

farsante *m.* **1.** comediant. **2.** *(fig.)* farsor.

fascículo *m.* fascicul.

fascinación *f.* fascinare; fascinație.

fascinador, fascinante *adj.* fascinant.

fascinar *vt.* a fascina.

fascismo *m.* fascism.

fascista *adj., m.* și *f.* fascist(ă).

fase *f.* fază.

fastidiar(se) *vt., vr.* **1.** a (se) plictisi; a (se) scârbi. **2.** *(fig.)* a (se) necăji.

fastidio *m.* **1.** plictiseală, scârbă, dezgust. **2.** *(fig.)* supărare, necaz.

fastidioso *adj.* plictisitor, supărător.

fasto I. *adj.* fericit. **II.** *m.* **1.** fast. **2.** ~s *pl.* cronică, anale.

fast(u)oso *adj.* fastuos.

fatal *adj.* **1.** fatal. **2.** *(fam.)* cumplit, groaznic.

fatalidad *f.* fatalitate.

fatídico *adj.* fatidic.

fatiga *f.* **1.** oboseală, osteneală. **2.** muncă grea. **3.** gâfâit.

fatigar(se) I. *vt., vr.* a (se) obosi, a (se) osteni. **II.** *vt.* *(fam.)* a plictisi, a sâcâi.

fatigoso *adj.* obositor.

fatuidad *f.* înfumurare; nerozie.

fatuo *adj.* nerod, înfumurat // *fuego* ~ flăcăraie.

fauces *f. pl.* gâtlej, beregată.

fauna *f.* faună.

fausto I. *adj.* fericit, prielnic. **II.** *m.* fast, pompă.

favor *m.* favoare, hatâr // *a* ~ *de* **a.** în folosul, în favoarea, în beneficiul; **b.** datorită, ca urmare a; *en* ~ *de* în favoarea, în folosul, spre binele; *haga el* ~ *de* fiți amabil să; *por* ~ te *(sau* vă*)* rog; *por* ~ *de* prin amabilitatea.

favorable *adj.* favorabil.

favorecer *vt.* **1.** a favoriza. **2.** a înlesni.

favorito *adj.* favorit.

faz *f.* față, chip.

fe *f.* **1.** credință. **2.** crezare. **3.** act, certificat // ~ *de erratas* erată; *a* ~ *într-adevăr*; *a* ~ *mía* pe cuvântul meu; *de buena/mala* ~ de bună/rea-credință.

fealdad *f.* urâțenie.

febrero *m.* februarie.

febril *adj.* febril; cu febră.

fecundar *vt.* a fecund(iz)a.

fecundidad *f.* fecunditate; rodnicie.

fecundizar *vt.* a fecunda, a fertiliza.

fecundo *adj.* fecund; mănos.

fecha *f.* dată // *de larga* ~ de multă vreme; *hasta la* ~ până acum, până în prezent; *poner* ~ *a* a data.

fechar *vt.* a data.

fechoría *f.* fărădelege, nelegiuire.

federación *f.* federaţie.

federal *adj.* federal.

fehaciente *adj. (jur.)* doveditor.

felicidad *f.* fericire // *¡~es!* felicitări!

felicitación *f.* felicitare, urare.

felicitar *vt.* a felicita.

feligrés *m.* 1. enoriaş. 2. client.

feliz *adj.* fericit.

felonía *f.* perfidie, trădare.

felpa *f.* 1. pluş. 2. *(fam.)* chelfăneală.

femenil *adj.* femeiesc.

femenino *adj.* feminin.

fementido *adj.* fals, perfid.

feminidad *f.* 1. feminitate. 2. efeminare.

fenecer I. *vt.* a isprăvi. II. *vi.* a pieri, a muri.

fenómeno *m.* fenomen.

feo I. *adj.* urât. II. *m. (fam.)* mojicie.

feraz *adj.* fertil, mănos.

féretro *m.* coşciug.

feria *f.* 1. târg, bâlci. 2. *(com.)* târg // ~ *de muestras* târg de mostre. 3. zi de lucru (afară de sâmbătă şi duminică). 4. pauză, odihnă.

feriado *adj.* de sărbătoare.

feriar I. *vt.* a târgui la bâlci. II. *vi.* a nu lucra, a avea liber.

ferina *adj.* sălbatic // *tos* ~ tuse măgărească.

fermentación *f.* fermentaţie.

fermentar I. *vi.* a fermenta. II. *vt.* a lăsa la dospit.

fermento *m.* ferment.

ferocidad *f.* cruzime.

feroz *adj.* feroce, fioros.

férreo *adj.* de fier // *via férrea* cale ferată.

ferrería *f.* fierărie.

ferrocarril *m.* cale ferată.

ferroviario *adj., m.* feroviar.

fértil *adj.* fertil, rodnic.

fertilidad *f.* fertilitate, rodnicie.

fertilizar *vt.* a fertiliza.

ferviente *adj.* impetuos, pasionat.

fervor *m. (fig.)* fervoare, înflăcărare.

fervoroso *adj.* impetuos, înflăcărat.

festejar I. *vt.* 1. a sărbători. 2. a face curte. II. ~**se** *vr.* a se distra.

festejo *m.* 1. sărbătoare. 2. curt(ar)e. 3. ~**s** *pl.* serbări publice.

festín *m.* ospăţ.

festival *m.* festival.

festividad *f.* 1. festivitate. 2. spirit, haz.

festivo *adj.* 1. sărbătoresc, festiv. 2. vesel; glumeţ; umoristic.

festón *m.* feston.

fetiche *m.* fetiş.

fetidez *f.* miros urât.

feto *m. (anat.)* făt.

feudal *adj.* feudal.

feudalismo *m.* feudalism.

feudo *m.* feudă.

fez *m.* fes.

fiable *adj.* de încredere.

fiado *adj.* în *expr.*: *al ~* pe credit.

fiador *m.* 1. garant. 2. agrafă (de pelerină). 3. piedică (la armă).

fiambre I. *adj.* 1. (*d. mâncăruri*) rece. 2. (*fam.*) vechi. II. *m.* 1. mâncare rece. 2. mezeluri // *~ con gelatina* piftie.

fiambrera *f.* sufertaş.

fianza *f.* garanţie, chezăşie; cauţiune.

fiar I. *vt.* 1. a garanta. 2. a vinde pe credit. 3. a încredinţa. II. *vi. (en)* a se crede (în). III. *~se vr. (de)* a avea încredere (în).

fibra *f.* 1. fibră. 2. (*fig.*) vigoare.

ficción *f.* ficţiune.

ficticio *adj.* fictiv.

ficha *f.* 1. fisă; jeton. 2. fişă.

fichar *vt.* a fişa.

fichero *m.* fişier, cartotecă.

fidedigno *adj.* demn de crezare.

fidelidad *f.* fidelitate; devotament.

fideo *m.* fidea.

fiebre *f.* febră, friguri.

fiel I. *adj.* credincios, devotat, leal. II. *m.* (*rel.*) credincios.

fieltro *m.* fetru; pâslă.

fiera *f.* fiară.

fiereza *f.* 1. (*fig.*) cruzime, neomenie. 2. sălbăticie.

fiero *adj.* sălbatic, crud.

fiesta *f.* 1. sărbătoare. 2. petrecere. 3. bucurie, veselie // *aguar la ~ a uno* a strica cheful cuiva; *hacer ~s a uno* a dezmierda pe cineva; *no estar para ~s* a fi în toane rele.

figón *m.* birt, cârciumă.

figura *f.* 1. figură. 2. chip, faţă. 3. (*teatru*) actor. 4. (*fam.*) om afectat. 5. (*fam.*) caraghios. 6. bibelou, figurină.

figuración *f.* închipuire, reprezentare.

figurado *adj.* figurat.

figurante *m.* figurant.

figurar I. *vt.* 1. a înfăţişa. 2. a simula. II. *vi. (entre)* a figura (printre). III. *~se vr.* a-şi imagina, a presupune.

figurilla *f.* bibelou.

figurín *m.* 1. model (de rochie). 2. *~es pl.* revistă de modă. 3. fante, filfizon.

figurón *m.* om afectat.

fijación *f.* fixare.

fijador 1. (*şi foto*) fixator. 2. fixativ.

fijar(se) I. *vt., vr.* 1. a fixa // *~ los ojos en* a pironi ochii pe. 2. a (se) stabili, a (se) hotărî. II. *vr. (en)* a fi atent (la); a lua în seamă.

fijeza *f.* tărie; fermitate; statornicie.

fijo *adj.* 1. fix(at); nemişcat; rigid; înţepenit. 2. sigur; permanent, neschimbat, stabil; hotărât // *estar ~* a avea slujbă stabilă; *idea fija* idee fixă; *a la hora fija* la ora hotărâtă.

fila *f.* rând, şir // ~ *india* şir indian; *estar en* ~*s* a face serviciul militar.

filamento *m.* filament.

filantropía *f.* filantropie.

filántropo *m.* filantrop.

filatelia *f.* filatelie.

filatelista *m.* şi *f.* filatelist(ă).

filete *m.* **1.** *(arhit.)* brâu. **2.** file, biftec, muşchi // ~ *empanado* şniţel. **3.** *(tehn.)* filet.

filiación *f.* **1.** filiaţie. **2.** semnalmente.

filial I. *adj.* filial. **II.** *f.* filială.

filiar *vt.* **1.** a lua semnalmentele. **2.** a face dovada originii.

filibustero *m.* pirat.

filigrana *f.* filigran.

filipino *adj.*, *m.* filipinez.

filmar *vt.* a filma.

filme *m.* film.

filología *f.* filologie.

filólogo *m.* filolog.

filón *m.* filon, vână.

filosofía *f.* filozofie.

filósofo *m.* filozof.

filtración *f.* filtrare.

filtrar(se) *vt.*, *vr.* **1.** a (se) filtra. **2.** a (se) infiltra.

filtro *m.* filtru.

fin *m.* **1.** sfârşit // *al* (sau *en, por*) ~ în sfârşit; *al* ~ *y al cabo* în cele din urmă; *a* ~*es del mes* la sfârşitul lunii; *un sin* ~ *de* nenumăraţi; *poner* ~ *a una cosa* a pune capăt unui lucru. **2.** scop // *a* ~ *de* cu scopul; *a* ~ *de que* ca să.

finado *m.* defunct.

final I. *adj.* final, ultim. **II.** *m.* sfârşit, capăt // *al* ~ *de* la sfârşitul; *hasta el* ~ până la capăt. **III.** *f.* *(sport)* finală.

finalidad *f.* finalitate.

finalista *m.* şi *f.* finalist(ă).

finalizar *vt.* **1.** a isprăvi, a termina. **2.** *(tehn.)* a finisa.

finalmente *adv.* în cele din urmă.

financiación *f.* finanţare.

financiar *vi.* a finanţa.

financiero *adj.* financiar.

finanzas *f. pl.* finanţe.

finar *vi.* a deceda.

finca *f.* **1.** proprietate, imobil, casă. **2.** *(Am.)* fermă, moşie.

fineza *f.* **1.** fineţe. **2.** gingăşie, politeţe.

fingido *adj.* ipocrit; prefăcut; fals.

fingimiento *m.* prefăcătorie, simulare.

fingir I. *vt.* a simula. **II.** ~(se) *vt.*, *vr.* a face pe; a se preface.

finiquitar *vt.* *(com.)* a lichida.

finlandés *adj.*, *m.* finlandez.

fino *adj.* **1.** fin; subţire; zvelt. **2.** amabil.

finura *f.* **1.** fineţe; delicateţe. **2.** amabilitate.

firma *f.* **1.** semnătură // ~ *en blanco* semnătură în alb. **2.** *(com.)* firmă.

firmamento *m.* firmament.

firmante *m.* semnatar // *el abajo* ~ subsemnatul.

firmar *vt.* a semna, a iscăli.

firme *adj.* **1.** fix, stabil, nemişcat, neclintit, solid, ţeapăn. **2.** *(fig.)* ferm, neclintit, neabătut,

hotărât. **3.** *(jur.)* definitiv //
¡~s! (mil.) drepţi!; *en ~*
ferm; *estar en lo ~* a se situa
pe o poziţie justă; *ir en ~* a
merge la sigur; *sentencia ~*
sentinţă definitivă.

firmeza *f.* **1.** soliditate. **2.** *(fig.)*
fermitate, hotărâre.

fiscal I. *adj.* fiscal. **II.** *m.* pro-
curor.

fiscalía *f.* procuratură.

fiscalizar *vt. (fig.)* a controla, a
cenzura.

fisco *m.* fisc.

fisgón *adj., m. (fam.)* **1.** isco-
ditor. **2.** zeflemitor.

fisgonear *vt. (fam.)* a iscodi.

física *f.* fizică.

físico I. *adj.* fizic. **II.** *m.* fizician.

fisiología *f.* fiziologie.

fis(i)onomía *f.* fizionomie.

fisura *f.* fisură.

fláccido *adj.* flasc, moale, fleşcăit.

flaco I. *adj. (şi fig.)* slab. **II.** *m.*
(fig.) punct slab; slăbiciune.

flacura *f.* slăbiciune.

flagelación *f.* flagelare.

flagelar *vt.* a flagela.

flagelo *m.* **1.** bici. **2.** *(fig.)* flagel.

flagrante *adj.* flagrant // *en ~*
în flagrant delict.

flamante *adj.* **1.** strălucitor. **2.** ară-
tos, aspectuos. **3.** nou, recent.

flamear *vi.* **1.** a scoate scântei.
2. a fâlfâi.

flamenco I. *adj.* **1.** flamand. **2.** ţi-
gănesc. **II.** *m.* **1.** flamand.
2. cântec popular andaluz.
3. *(zool.)* flamingo.

flanco *m. (mil.)* flanc, aripă.

flanquear *vt. (mil.)* a flanca.

flaquear *vi.* **1.** a slăbi. **2.** *(fig.)*
a se descuraja.

flaqueza *f. (fig.)* slăbiciune,
punct slab.

flauta *f.* flaut // *~ de Pan* nai.

flautista *m.* şi *f.* flautist(ă).

flebitis *f. (med.)* flebită.

fleco *m.* **1.** ciucure, franj. **2.** zuluf.

flecha *f.* săgeată.

flechar *vt.* a trage cu arcul.

flechador, flechero *m.* arcaş.

flema *f.* flegmă.

flemático *adj.* flegmatic.

flemón *m. (med.)* flegmon.

flequillo *m.* breton.

flexibilidad *f.* flexibilitate.

flexible I. *adj.* flexibil, mlă-
dios. **II.** *m. (electr.)* cablu.

flexión *f.* flexiune; mlădiere.

flirt, flirteo *m.* flirt.

flirtear *vi.* a flirta.

flojear *vi.* **1.** a se muia, a slăbi.
2. a lâncezi.

flojedad *f.* **1.** moleşeală, slăbi-
ciune. **2.** delăsare, lene.

flojera *f.* lene.

flojo *adj.* **1.** moale; destins;
slab. **2.** *(fig.)* delăsător,
indolent, slab.

flor *f.* **1.** floare. **2.** puf (pe fructe).
3. floare (a vinului). **4.** înfloritu-
ră (de stil). **5.** *(fig.)* noutate.
6. complement // *a ~ del agua*
la suprafaţa apei; *como mil ~es*
de minune; *dar en la ~ de* a
cădea în darul; *la ~ y nata*
(fig.) floarea, crema, elita.

flora *f.* floră.

floración *f.* înflorire; vremea
înfloririi.

floral *adj.* floral.

florear I. *vt.* a împodobi cu flori. **II.** *vi.* **1.** a cânta uşor (la chitară). **2.** *(fam.)* a spune vorbe dulci.

florecer I. *vi. (şi fig.)* a înflori. **II.** ~**se** *vr.* a prinde floare, a mucegăi.

floreciente *adj. (fig.)* înfloritor.

florecimiento *m.* **1.** înflorire. **2.** *(fig.)* prosperitate.

florera, florista *f.* florăreasă.

florero *m.* **1.** florar. **2.** vază de flori.

florescencia *f.* înflorire.

floresta *f.* **1.** pădure; crâng. **2.** *(fig.)* colecţie.

florete *m.* floretă.

floretista *m.* şi *f.* scrimer(ă).

florido *adj.* **1.** înflorit. **2.** *(fig.)* ales, distins.

flota *f.* **1.** *(mar.)* flotă // ~ *de guerra/mercante* flotă de război/comercială. **2.** *(av.)* escadrilă.

flotación *f.* plutire.

flotador *m. (tehn., av.)* flotor.

flotante *adj.* plutitor.

flotar *vi.* **1.** a pluti. **2.** a fâlfâi.

flote *m.* plutire // *a* ~ *pe linia de plutire; ponerse a* ~ *(fig.)* a ieşi la liman.

flotilla *f.* flotilă.

fluctuación *f.* **1.** fluctuaţie. **2.** şováire, ezitare.

fluctuar *vi.* **1.** a se legăna pe valuri. **2.** a fluctua, a oscila. **3.** a şovăi, a ezita.

fluidez *f.* fluiditate.

fluido *adj.* **1.** *(fiz.)* fluid. **2.** *(d. stil)* curgător, cursiv.

fluir *vi.* a curge.

flujo *m.* flux.

fluvial *adj.* fluvial.

fobia *f.* fobie.

foca *f.* focă.

focal *adj. (fiz.)* focal.

foco *m. (fiz.* şi *fig.)* focar.

fofo *adj.* spongios; moale.

fogata *f.* vâlvătaie.

fogón *m.* **1.** vatră. **2.** gură (de tun).

fogonero *m.* fochist.

fogosidad *f.* ardoare; avânt.

fogoso *adj.* înfocat; impetuos.

foja *f. (zool.)* lişiţă.

folclor(e) *m.* folclor.

folclórico *adj.* folcloric.

foliar *vt.* a pagina; a numerota (foile).

folio *m.* folio // ~ *español* in-cvarto; ~ *francés* in-octavo; *en* ~ in-folio.

follaje *m.* frunziş.

folletín *m.* (roman) foileton.

folleto *m.* **1.** broşură. **2.** pamflet.

follón I. *adj.* leneş; laş; poltron. **II.** *m.* **1.** rachetă (fără zgomot). **2.** *(fam.)* zarvă, tămbălău.

fomentar *vt.* **1.** a încălzi. **2.** *(fig.)* a stimula; a sprijini; a încuraja; a dezvolta. **3.** *(med.)* a obloji.

fomento *m.* **1.** alimentare, întreţinere. **2.** *(fig.)* sprijinire, ocrotire, favorizare, încurajare // *Ministerio del* ~ *(în Spania)* Ministerul Economiei Naţionale. **3.** ~**s** *pl. (med.)* compresă caldă.

fonda *f.* **1.** hotel. **2.** restaurant. **3.** birt.

fondear I. *vt.* **1.** a sonda fundul apei. **2.** *(fig.)* a examina. **II.** *vi.* *(mar.)* a ancora.

fondista *m.* hotelier; birtaş.

fondo *m.* **1.** fund; capăt. **2.** *(şi com.)* fond // *a* ~ **a.** profund, temeinic; **b.** din plin; *al* ~ la capăt, în fund; *en el* ~ în fond; *estar en* ~*s* a dispune de bani.

fonética *f.* fonetică.

fonógrafo *m.* fonograf.

fontanero *m.* instalator de apă.

forastero *adj.*, *m.* străin (de o regiune, de un ţinut *etc.*).

forcej(e)ar *vi.* a se opinti.

forense *adj.* **1.** judiciar // *médico* ~ medic legist. **2.** străin.

forestal *adj.* forestier, silvic.

forja *f.* forjă.

forjar *vt.* **1.** a forja. **2.** *(fig.)* a făuri; a născoci.

forma *f.* **1.** formă. **2.** format. **3.** tipar. **4.** fel, chip // *de* ~ *que* astfel încât; *dar* ~ *a* a pune în ordine; *no hay* ~ *de* nu e chip să.

formación *f.* formare; formaţie; pregătire.

formal *adj.* **1.** formal. **2.** serios, grav.

formalidad *f.* **1.** formalitate. **2.** seriozitate, exactitate.

formalizar I. *vt.* **1.** a da formă definitivă. **2.** a îndeplini formalităţile; a da formă legală. **3.** a preciza, a stabili, a concretiza. **4.** a încheia, a perfecta (un contract). **II.** ~*se* *vr.* a se formaliza; a se supăra, a se ofensa.

formar(se) I. *vt.*, *vr.* **1.** a (se) forma; a (se) constitui; a (se) înfiinţa; a (se) institui. **2.** a (se) educa, a (se) forma. **II.** *vi.* *(mil.)* a se alinia // ~ *parte de* a face parte din.

formidable *adj.* formidabil.

formol *m.* *(chim.)* formol.

fórmula *f.* **1.** formulă. **2.** reţetă.

formular *vt.* **1.** a formula. **2.** a prescrie.

formulario *m.* culegere de formule.

fornido *adj.* robust, zdravăn.

foro *m.* **1.** for. **2.** *(teatru)* fund al scenei.

forraje *m.* furaj, nutreţ.

forrajero *adj.* furajer.

forrar *vt.* a căptuşi.

forro *m.* **1.** căptuşeală. **2.** husă, învelitoare.

fortachón *adj.* *(fam.)* zdravăn.

fortalecer(se) *vt.*, *vr.* a (se) întări, a (se) fortifica.

fortaleza *f.* **1.** *(şi fig.)* vigoare, putere, tărie. **2.** *(mil.)* fortăreaţă.

fortificación *f.* *(mil.)* fortificaţie.

fortificar(se) *vt.*, *vr.* a (se) fortifica.

fortuito *adj.* fortuit, întâmplător.

fortuna *f.* **1.** soartă, noroc. **2.** avere // *por* ~ din fericire; *probar* ~ a-şi încerca norocul.

forzado I. *adj.* **1.** silit, nevoit, forţat. **2.** silnic // *trabajos* ~*s* muncă silnică. **II.** *m.* ocnaş.

forzar *vt.* a forţa; a sili.

forzoso *adj.* forţat, silit, obligatoriu.

forzudo *adj.* zdravăn.

fosa *f.* **1.** groapă, mormânt. **2.** *(anat.)* fosă nazală.

fosforescente *adj.* fosforescent.

fósforo *m.* **1.** fosfor. **2.** chibrit.

foso I. *adj.* fosil. II. *m.* fosilă.

fósil *m.* **1.** groapă. **2.** *(teatru)* fosă. **3.** şanţ (de apărare).

foto(grafía) *f.* fotografie.

fotografiar *vt.* a fotografia.

frac *m.* frac.

fracasar *vi.* a eşua, a nu izbuti.

fotógrafo *m.* fotograf.

fracaso *m.* eşec, insucces, ne-reuşită.

fracción *f.* **1.** fragment, parte. **2.** *(mat.)* fracţie.

fraccionar *vt.* a fracţiona.

fractura *f.* **1.** spargere. **2.** *(med.)* fractură.

fracturar(se) *vt., vr.* **1.** a (se) sparge. **2.** *(med.)* a (se) fractura.

fragancia *f.* parfum, aromă, mireasmă.

fragante *adj.* înmiresmat.

fragata *f.* fregată.

frágil *adj.* **1.** fragil. **2.** *(fig.)* slab.

fragilidad *f.* fragilitate.

fragmento *m.* fragment.

fragor *m.* bubuitură.

fragosidad *f.* **1.** desiş. **2.** drum accidentat.

fragoso *adj.* **1.** *(d. păduri)* des, stufos. **2.** *(d. drum)* accidentat.

fragua *f.* forjă, fierărie.

fraguar I. *vt.* **1.** a forja, a fă-uri. **2.** *(fig.)* a născoci.

fraile *m.* călugăr.

frambuesa *f.* zmeură.

frambueso *m. (bot.)* zmeur.

francés I. *adj.* francez, franţu-zesc. II. *m.* **1.** francez. **2.** limba franceză // *marcharse a la ~a* a o şterge englezeşte.

franco I. *adj.* sincer, deschis, leal. II. *m.* franc *(monedă)*.

franela *f. (text.)* flanelă.

franja *f.* **1.** franj, ciucure. **2.** fă-şie.

franquear *vt.* **1.** a scuti de impo-zite. **2.** a permite. **3.** a elibera. **4.** a franca.

franqueo *m.* **1.** scutire (de impozite). **2.** francare.

franqueza *f.* **1.** sinceritate. **2.** dăr-nicie.

frasco *m.* flacon, sticluţă.

frase *f.* **1.** frază. **2.** expresie, locuţiune.

fraternal, fraterno *adj.* frăţesc.

fraternidad *f.* fraternitate; frăţie.

fraternizar *vi.* a fraterniza, a se înfrăţi.

fraude *m.* fraudă // *~ al fisco* fraudă făcută fiscului.

fraudulento *adj.* fraudulos.

frazada *f.* macat.

frecuencia *f.* frecvenţă // *con ~ des*, adeseori.

frecuentar *vt.* a frecventa.

frecuente *adj.* frecvent.

fregadero *m.* chiuvetă; spălă-tor (de vase).

fregadura *f.*, **fregamiento** *m.* frecat, spălat (al vaselor).

fregar *vt.* **1.** a freca, a spăla (vasele). **2.** *(Am.)* a supăra, a sâcâi.

fregona *f.* servitoare care spală vasele.

freír *vt.* **1.** a frige, a prăji.
2. *(pop.)* a sâcâi.
fréjol *m.* fasole.
frenar *vt.* a frâna; a înfrâna.
frenesí *m.* frenezie.
frenético *adj.* frenetic.
frenillo *m.* *(anat.)* aţă (a limbii) // *no tener ~ en la lengua* a avea limba lungă.
freno *m.* **1.** zăbală. **2.** *(tehn.)* frână // *~ de emergencia* semnal de alarmă.
frente I. *f.* frunte // *~ a* ~ faţă în faţă; *~ por* ~ în faţă, peste drum; *hacer ~ a* a face faţă. **II.** *m.* *(mil.)* front. **III.** *prep.* în faţă // *en ~ de* peste drum.
fresa *f.* **1.** frag. **2.** fragă. **3.** *(tehn.)* freză.
fresca *f.* **1.** răcoare // *tomar la* ~ a lua aer. **2.** *(fam.)* adevăr usturător.
frescachón *adj.* sănătos, robust.
fresco I. *adj.* **1.** răcoros. **2.** proaspăt. **3.** *(fig.)* rumen. **II.** *m.* **1.** răcoare. **2.** frescă.
frescor *m.*, **frescura** *f.* **1.** răcoare. **2.** prospeţime. **3.** rumeneală. **4.** *(fig.)* dezinvoltură. **5.** *(fig.)* nepăsare.
fresno *m.* frasin.
fresón *m.* căpşună.
friable *adj.* friabil, sfărâmicios.
frialdad *f.* **1.** *(fig.)* răceală. **2.** frigiditate.
fricción *f.* frecare, fricţiune.
friccionar *vt.* a freca, a fricţiona.
friega *f.* frecare, fricţiune.
friera *f.* degerătură.

frigidez *f.* **1.** răceală. **2.** frigiditate.
frígido *adj.* frigid.
frigorífico I. *adj.* frigorific. **II.** *m.* fabrică de carne congelată.
fríjol *m.* fasole.
frío I. *adj.* **1.** rece, friguros. **2.** nepăsător. **II.** *m.* frig // *coger* ~ a răci; *tengo ~ mi-e frig.*
friolento, friolero *adj.* friguros.
friolera *f.* fleac.
frisar I. *vt.* a încreţi. **II.** *vi.* *(fig.)* *(en)* *(d. vârstă)* a se apropia (de).
friso *m.* *(arhit.)* friză.
frivolidad *f.* frivolitate.
frívolo *adj.* frivol.
frondosidad *f.* frunziş.
frondoso *adj.* frunzos.
frontal *adj.* frontal.
frontera *f.* frontieră, graniţă.
frontispicio *m.* **1.** *(arhit.)* frontispiciu. **2.** titlu (de carte).
frontón *m.* **1.** *(arhit.)* fronton. **2.** *(la joc)* perete de care se loveşte mingea.
frotación *f.*, **frotamiento** *m.* frecare.
frotar *vt.* a freca.
frote *m.* frecare.
fructífero *adj.* fructifer.
fructificar *vi.* a rodi.
fructuoso *adj.* fructuos.
frugal *adj.* frugal.
fruición *f.* plăcere, încântare.
frunce *m.* cută, pliu.
fruncir *vt.* **1.** a încreţi. **2.** a încrunta.
fruslería *f.* bagatelă.

frustrar *vt.* 1. a frustra. 2. *(jur.)* a zădărnici (un delict).

fruta *f.* 1. fruct(e) // ~ *del tiempo* fructe de sezon; ~ *de sartén* gogoaşă. 2. *(fig.)* fruct, rod.

frutal *adj.* fructifer.

frutero *m.* 1. vânzător de fructe. 2. fructieră.

fruto *m. (şi fig.)* fruct, rod.

fuego *m.* 1. foc // ~ *fatuo* flăcăraie; ~*s artificiales* focuri de artificii. 2. cămin, casă, vatră.

fuelle *m.* 1. foale. 2. cută. 3. burduf (de acordeon, la tren, autobuz *etc.*). 4. *(fig.)* turnător.

fuente *f.* 1. izvor. 2. cişmea. 3. castron. 4. *(fig.)* sursă, origine.

fuera I. *adv.* afară // ~ *de sí* ieşit din minţi, apucat, nebun; *estar ~ de casa* a nu fi acasă; *hacia ~* în afară. II. *loc. prep.* ~ *de* afară de.

fuero *m.* 1. jurisdicţie. 2. lege. 3. privilegiu.

fuerte I. *adj.* puternic, tare, rezistent, solid. II. *adv.* tare. III. *m.* 1. *(mil.)* fort; fortificaţie; fortăreaţă; cetate. 2. *(fig.)* punct tare, punct forte.

fuerza *f.* 1. forţă, putere, tărie. 2. ~*s pl. (mil.)* forţe // *a la ~* în silă; *a ~ de* datorită; *a ~ de dinero* cu mulţi bani.

fuete *m. (Am.)* bici.

fuga *f.* 1. fugă // *poner en ~* a pune pe fugă. 2. *(muz.)* fugă. 3. scurgere (de gaz).

fugarse *vr.* a scăpa, a evada.

fugaz *adj.* 1. *(d. cai)* iute. 2. *(fig.)* trecător.

fugitivo I. *adj.* fugitiv, trecător. II. *m.* fugar.

fulano *m.* cutare.

fulgor *m.* strălucire, sclipire.

fulguración *f.* strălucire.

fulminante I. *adj.* 1. fulgerător, violent. 2. fulminant, exploziv. II. *m.* amorsă.

fulminar I. *vt.* a trăsni. II. *vi.* a exploda.

fullería *f.* 1. trişare. 2. *(fig.)* vicleşug.

fullero *m.* trişor.

fumadero *m.* fumoar.

fumador *m.* fumător.

fumar I. *vt., vi.* a fuma. II. ~*se vr. (fam.)* a păpa (banii *etc.*) // ~*se la clase* a trage chiulul (la şcoală).

fumista *m.* sobar.

funámbulo *m.* dansator pe frânghie.

función *f.* 1. funcţie, funcţiune. 2. spectacol, reprezentaţie.

funcional *adj.* funcţional.

funcionamiento *m.* funcţionare.

funcionar *vi.* a funcţiona.

funcionario *m.* funcţionar, slujbaş.

funda *f.* 1. husă, învelitoare. 2. faţă de pernă.

fundación *f.* 1. întemeiere. 2. fundaţie.

fundador *m.* fondator, întemeietor.

fundamental *adj.* fundamental.

fundamentar *vt.* a fundamenta, a întemeia.

fundamento *m.* **1.** fundament; temelie; temei. **2.** *(fig.)* a stabili.

fundar I. *vt.* a funda, a întemeia. II. ~se *vr.* *(en)* a se baza (pe).

fundería *f.* turnătorie.

fundición *f.* **1.** topire. **2.** *(metal.)* turnare. **3.** turnătorie.

fundidor *m.* *(metal.)* turnător.

fundir I. *vt.* **1.** a topi, a turna. II. ~se *vr.* **1.** a se contopi. **2.** *(Am.)* a se ruina.

fúnebre *adj.* funebru.

funeral I. *adj.* funerar, funebru. II. *m.* **1.** slujbă de înmormântare. **2.** ~es *pl.* funeralii.

funerario *adj.* funerar.

funesto *adj.* funest.

fungoso *adj.* spongios.

funicular *m.* funicular.

furgón *m.* **1.** furgon. **2.** vagon de marfă acoperit.

furia *f.* furie, mânie.

furibundo *adj.* furibund.

furioso *adj.* furios.

furor *m.* **1.** furie, mânie. **2.** inspirație poetică.

furtivo *adj.* furiş, ascuns // *caza furtiva* braconaj; *cazador* ~ braconier.

fuselaje *m.* *(av.)* fuselaj.

fusible I. *adj.* fuzibil. II. *m.* *(electr.)* siguranţă.

fusil *m.* puşcă.

fusilar *vt.* a împuşca.

fusilero *m.* puşcaş.

fusión *f.* **1.** topire. **2.** *(fig.)* fuziune.

fusta *f.* bici; nuia.

fustán *m.* *(text.)* barhet.

fuste *m.* **1.** lemn; băţ; prăjină. **2.** *(poetic)* şa. **3.** *(fig.)* importanţă.

fustigar *vt.* **1.** a biciui. **2.** *(fig.)* a hărţui.

fútbol *m.* fotbal.

fútil *adj.* neînsemnat.

futilidad *f.* fleac; lucru neînsemnat.

futuro I. *adj.*, *m.* viitor. II. *m.* *(fam.)* logodnic.

G

gabán *m*. pardesiu.

gabardina *f*. 1. gabardină. 2. pardesiu de gabardină.

gabela *f*. 1. dare, dajdie. 2. *(fig.)* angara.

gabinete *m*. 1. cabinet. 2. *(pol.)* cabinet; guvern.

gacela *f*. *(zool.)* gazelă.

gaceta *f*. 1. gazetă, ziar. 2. *(în Spania)* buletin oficial.

gacetilla *f*. (rubrică de) fapte diverse.

gachas *f*. *pl*. terci.

gacho *adj*. pleoştit // *orejas gachas* urechi clăpăuge.

gafas *f*. *pl*. ochelari.

gaita *f*. 1. cimpoi. 2. *(fam.)* grumaz. 3. *(fam.)* neplăcere, silă // *estar de ~* a fi cu chef.

gaitero I. *m*. cimpoier. II. *adj*. 1. vesel, cu chef. 2. de prost gust.

gaje *m*. leafă, simbrie.

gajo *m*. 1. ramură, creangă, ram. 2. ciorchine. 3. felie // *~ de naranja* felie de portocală.

gala *f*. 1. *(şi pl.)* ornamentaţie; împodobire. 2. ~s *pl*. haine de gală. 3. petrecere deosebită, serată. 4. ~s *pl*. podoabe, bijuterii, giuvaeruri. 5. graţie. 6. *(fig.)* elită, floare // *(estar) de ~* (a fi în haine) de gală; *hacer ~ de* a se făli cu.

galán *m*. 1. bărbat chipeş. 2. curtezan // *primer ~* juneprim.

galano *adj*. 1. elegant. 2. galant, amabil.

galante *adj*. 1. *(d. bărbaţi)* curtenitor. 2. *(d. femei)* cochetă.

galantear *vt*. a face curte.

galanteo *m*. curt(ar)e.

galantería *f*. 1. galanterie, curtoazie. 2. graţie, eleganţă.

galanura *f*. eleganţă, distincţie.

galápago *m*. broască ţestoasă de mare.

galardón *m*. recompensă.

galardonar *vt*. a recompensa, a răsplăti.

galeón *m*. *(mar.)* galion.

galeote *m*. condamnat la galere.

galera *f*. *(mar.)* galeră.

galería *f*. galerie.

galga *f*. bolovan, pietroi.

galgo *m*. ogar.

gálibo *m*. gabarit.

galicismo *m*. galicism.

galillo *m. (anat.)* omuşor.

galo I. *adj.* galic. **II.** *m.* gal.

galocha *f.* 1. galoş. 2. sabot.

galón *adj.* 1. *(mil.)* galon. 2. galon *(măsură engleză = 4,55 l).*

galop(e)ar *vi.* a galopa.

galope *m.* galop.

galopín *m.* derbedeu, haimana.

galvanizar *vt.* a galvaniza.

galladura *f.* bănuţ de ou.

gallardía *f.* 1. graţie; eleganţă. 2. bărbăţie, voinicie.

gallardo *adj.* 1. elegant, plin de graţie. 2. bărbătos, energic. 3. *(fig.)* minunat.

gallear *vi.* 1. a ridica vocea. 2. *(fig.)* a se remarca.

galleta *f.* pesmet.

gallina *f.* găină.

gallinero *m.* 1. vânzător de păsări. 2. coteţ de păsări. 3. *(teatru)* galerie.

gallipavo *m.* curcan.

gallo *m.* cocoş.

gama *f. (muz.)* gamă.

gamella *f.* 1. (arc de) jug. 2. troacă. 3. cazan; gamelă.

gamo *m.* căprioară *(specia).*

gamuza *f.* 1. capră neagră. 2. piele de căprioară.

gana *f.* poftă; plac; chef // *de buena/mala ~* de plăcere/în silă; *~s de comer* poftă de mâncare.

ganadería *f.* creştere a vitelor.

ganadero I. *m.* crescător de vite. **II.** *adj.* de vite.

ganado *m.* vite // *~ mayor/menor/* vite mari/mici.

ganancia *f.* câştig; folos.

ganapán *m.* 1. comisionar; hamal. 2. *(fig.)* ţopârlan.

ganar *vt.* 1. a câştiga. 2. a dobândi. 3. a ajunge (la); a atinge.

gancho *m.* cârlig.

ganchoso *adj.* încârligat.

gandul *m.* pierde-vară; trândav.

gandulear *vi.* a hoinări; a trândăvi.

ganga *f.* chilipir.

ganglio *m. (anat.)* ganglion.

gangrena *f.* cangrenă.

gangrenarse *vr.* a se cangrena.

ganguear *vi.* a fonfăi, a vorbi pe nas.

ganoso *adj.* dornic, doritor.

ganso *m.* 1. gâscan. 2. *(fig.)* nerod.

ganzúa *f.* 1. şperaclu. 2. *(fig.)* hoţ iscusit.

gañido *m.* chelălăială, scheunat.

gañir *vi.* 1. a chelălăi, a scheuna. 2. a croncăni.

garabatear *vi.* a mâzgăli.

garabateo *m.* mâzgăleală.

garabato *m.* 1. cârlig. 2. *(fam.)* farmec, nuri. 3. *~s pl.* mâzgălitură.

garaje *m.* garaj.

garante *m.* garant, chezaş.

garantía *f.* garanţie, chezăşie.

garantir, garantizar *vt.* a garanta, a chezăşui.

garapiñar *vt.* 1. a îngheţa. 2. a glasa.

garbanzo *m.* năut.

garbillar *vt. (agr.)* a vântura.

garbo *m.* 1. graţie, eleganţă. 2. mărinimie.

garboso *adj.* 1. elegant, graţios. 2. mărinimos.

garduña *f.* dihor.

garfio *m.* cârlig.

gargajear *vi.* a scuipa.

garganta *f.* 1. gâtlej, beregată. 2. trecătoare, chei.

gargantada *f.* gât, duşcă, înghiţitură.

gargantilla *f.* colier.

gárgara *f.* gargară // *hacer ~s* a face gargară.

gargarizar *vi.* a face gargară.

garguero *m.* gâtlej.

garita *f.* *(mil.)* gheretă.

garnacha *f.* 1. robă. 2. vin foarte delicat.

garra *f.* gheară.

garrafa *f.* garafă, clondir.

garrafal *adj.* *(fam.)* colosal, enorm.

garrapata *f.* 1. căpuşă. 2. gloabă, mârţoagă.

garrapatear *vi.* a mâzgăli.

garrido *adj.* elegant, şic.

garrocha *f.* 1. *(taur)* suliţă de picador. 2. *(mar.)* cange, harpon. 3. *(sport)* prăjină // *salto con ~* săritură cu prăjina.

garrón *m.* 1. pinten (de pasăre). 2. ciot.

garrote *m.* 1. bâtă, ciomag. 2. tortură prin gâtuire // *dar ~* a gâtui, a strangula.

garrucha *f.* scripete.

garrulería *f.* flecăreală, limbuţie.

gárrulo *adj.* 1. *(d. păsări)* ciripitor. 2. flecar, limbut.

garúa *f.* *(Am.)* burniţă.

garuar *vi.* *(Am.)* a burniţa.

garulla *f.* 1. boabe de strugure. 2. *(fig.)* gloată.

garza *f.* bâtlan // *~ real* stârc.

garzo *adj.* *(d. ochi)* verde-albastru.

garzota *f.* egretă.

gas *m.* *(fiz., mil., tehn.)* gaz // *~ ciudad* gaz menajer.

gasa *f.* 1. *(text.)* gaz, voal. 2. văl de doliu, zăbranic. 3. faşă. 4. tifon.

gaseosa *f.* limonadă.

gaseoso *adj.* gazos.

gasolina *f.* 1. benzină. 2. carburant.

gastador *adj.* cheltuitor, risipitor.

gastamiento *m.* stricare, uzură.

gastar *vt.* 1. a cheltui. 2. a purta. 3. a irosi. 4. a strica, a uza // *~ bromas* a face glume.

gasto *m.* 1. cheltuială. 2. *(fig.)* debit, consum.

gastoso *adj.* cheltuitor, risipitor.

gastritis *f.* *(med.)* gastrită.

gastronomía *f.* gastronomie.

gastrónomo *adj.*, *m.* gastronom.

gatas *f. pl.* în *expr.*: *a ~* de-a buşilea.

gatear I. *vi.* 1. *(fam.)* a umbla de-a buşilea. 2. a se căţăra. II. *vt.* *(fam.)* a şterpeli.

gatillo *m.* 1. cleşte de dentist. 2. cocoş de puşcă. 3. *(fam.)* borfaş.

gato *m.* 1. pisică // *~ montés* pisică sălbatică. 2. *(fam.)* bani la ciorap. 3. *(tehn.)* cric. 4. scoabă. 5. *(fig.)* borfaş. 6. *(fam.)* madrilen.

gatopardo *m.* ghepard.

gatuno *adj.* pisicesc.

gatuperio *m.* 1. mişmaş, amestecătură. 2. *(fig.)* intrigă.

gaucho *m*. gaucho, locuitor din pampasul argentinian şi uruguayan.

gaveta *f*. sertar (de birou).

gavilán *m*. **1**. uliu, erete. **2**. parafă (a unei semnături). **3**. mâner (al unei spade).

gavilla *f*. **1**. snop. **2**. *(fig.)* ceată, bandă.

gaviota *f*. *(zool.)* pescăruş.

gayo *adj*. vesel, voios.

gazapo *m*. **1**. iepuraş. **2**. *(fig.)* şmecher. **3**. greşeală, prostie.

gazmoñería *f*. făţărnicie, prefăcătorie.

gazmoñ(er)o *adj*. făţarnic, prefăcut.

gaznápiro *adj*., *m*. neghiob, nerod.

gaznate *m*. beregată.

gazpacho *m*. supă rece de usturoi cu ceapă şi alte legume *(tipică pentru bucătăria andaluză)*.

gelatina *f*. gelatină.

gema **I**. *f*. **1**. gemă. **2**. mugur. **II**. *adj*. în *expr.*: *sal ~ sare* gemă.

gemelo I. *adj*., *m*. geamăn. **II**. **~s** *m*. *pl*. **1**. binoclu. **2**. butoni.

gemido *m*. geamăt.

Géminis *m*. *(astr.)* Gemenii.

gemir *vi*. a geme.

gendarme *m*. jandarm.

gendarmería *f*. jandarmerie.

genealogía *f*. genealogie.

generación *f*. generaţie.

generador *adj*., *m*. generator.

general I. *adj*. general. **II**. *m*. *(mil.)* general.

generalidad *f*. generalitate.

generalización *f*. generalizare.

generalizar(se) *vt*., *vr*. a (se) generaliza.

generar *vt*. a produce, a genera.

genérico *adj*. generic.

género *m*. **1**. gen. **2**. fel, soi // *de todo ~* de tot soiul. **3**. **~s** *pl*. *(com.)* mărfuri. **4**. **~s** *pl*. ţesături.

generosidad *f*. generozitate, mărinimie.

generoso *adj*. generos, mărinimos.

génesis *f*. geneză, creaţie.

genial *adj*. **1**. genial. **2**. *(fig.)* vesel, plăcut.

genialidad *f*. ciudăţenie, extravaganţă.

genio *m*. **1**. fire, caracter // *corto de ~* timid, sfios; *tener buen ~* a avea o fire blândă. **2**. geniu, talent.

gente *f*. **1**. oameni // *~ de armas* militari; *~ de trato* negustorime; *~ menuda* puştime; *con su ~* cu ai săi. **2**. gintă, neam. **3**. *(Am.)* om cumsecade.

gentecilla *f*. lume de rând.

gentil *adj*. **1**. păgân. **2**. amabil; drăguţ; plăcut. **3**. mare, important.

gentileza *f*. **1**. graţie, eleganţă. **2**. gentileţe, amabilitate, politeţe.

gentilhombre *m*. gentilom.

gentilicio *m*. nume de familie; nume de popor.

gentío *m*. mulţime, gloată.

gentualla, gentuza *f*. gloată, vulg.

genuino *adj*. adevărat, autentic, natural, pur.

geografía *f.* geografie.

geógrafo *m.* geograf.

geología *f.* geologie.

geólogo *m.* geolog.

geometría *f.* geometrie.

geranio *m. (bot.)* muşcată.

gerencia *f.* administraţie, gestiune.

gerente *m.* administrator, gestionar.

germanía *f.* argou, jargon.

germánico *adj.* germanic.

germano *adj., m.* german.

germen *m.* germen.

germinar *vi.* a germina, a încolţi.

gerundio *m. (gram.)* gerunziu.

gesta *f.* ispravă; faptă eroică // *cantar de* ~ poem eroic.

gestación *f.* gestaţie; sarcină, graviditate.

gestear, gesticular *vi.* a gesticula.

gestión *f.* 1. gestiune, administrare. 2. demers // *hacer una* ~ a face un demers.

gestionar *vt.* 1. a administra. 2. a face demersuri pentru.

gesto *m.* 1. gest. 2. strâmbătură, grimasă. 3. figură, expresie.

giba *f.* 1. gheb, cocoaşă. 2. *(fig.)* necaz.

gibar *vt.* 1. a cocoşa. 2. *(fig.)* a sâcâi, a necăji.

giboso *adj.* cocoşat, ghebos.

gigante *adj., m. (şi fig.)* gigant(ic), uriaş.

gigantesco *adj.* gigantic.

gimnasia *f.* gimnastică.

gimnasio *m.* 1. sală de gimnastică. 2. gimnaziu.

gimnasta *m., f.* gimnast.

gimnástica *f.* gimnastică.

gimotear *vi.* a scânci.

gimoteo *m.* scâncet.

ginebra *f.* gin.

ginecología *f.* ginecologie.

gira *f.* 1. tur; (excursie în) circuit. 2. turneu.

giralda *f.*, **giraldilla** *f.* giruetă.

girar *vi.* 1. a se învârti. 2. a coti. 3. *(com.)* a emite.

girasol *m.* floarea-soarelui.

giratorio *adj.* giratoriu, rotativ, turnant.

giro *m.* 1. învârtire, rotire, răsucire. 2. întorsătură. 3. întorsătură de frază. 4. *(intr-o discuţie)* direcţie, sens, turnură. 5. mandat poştal. 6. *(com.)* transfer(are), virare. 7. *(com.)* trată, cambie, poliţă. 8. *(la sărituri în apă)* şurub // ~ *postal* mandat poştal.

gitanería *f.* 1. ţigănime. 2. *(fig.)* linguşeală.

gitano *m.* 1. ţigan. 2. *(fig.)* linguşitor.

glacial *adj.* glacial, rece.

gladíolo [gladiolo] *m.* gladiolă.

glándula *f. (anat.)* glandă.

gleba *f.* 1. bulgăre de ţărână. 2. glie.

glicerina *f.* glicerină.

global *adj.* global.

globo *m.* glob; sferă; balon // *en* ~ global, în ansamblu.

glóbulo *m. (anat.)* globulă.

gloria *f.* glorie, slavă // *estar en la* ~ a fi fericit; *estar en sus* ~*s* a face ceva cu satisfacţie; *hacer* ~ *de* a se făli.

gloriarse *vr. (de)* a se făli (cu).

glorieta *f.* piaţetă, scuar.

glorificación *f.* glorificare, proslăvire.

glorificar I. *vt.* a glorifica, a proslăvi. **II. ~se** *vr.* a se făli.

glorioso *adj.* **1.** glorios. **2.** înfumurat.

glosa *f.* glosă, adnotare.

glosar *vt.* **1.** a glosa, a adnota. **2.** *(fig.)* a critica.

glosario *m.* glosar.

glotis *f. (anat.)* glotă.

glotón *adj.* lacom.

glotonería *f.* lăcomie.

glucosa *f.* glucoză.

glutinoso *adj.* cleios, lipicios.

gobernación *f.* guvernare; cârmuire.

gobernador I. *adj., m.* cârmuitor. **II.** *m.* guvernator.

gobernante *adj., m.* cârmuitor, care conduce.

gobernar *vt.* a guverna, a cârmui; a conduce.

gobernativo *adj.* guvernamental.

gobernoso *adj. (fam.)* chivernisit.

gobierno *m.* **1.** guvern. **2.** guvernare, conducere, cârmuire. **3.** *(fam.)* gospodărire.

goce *m.* plăcere (în folosirea unui lucru).

godo *adj., m.* got(ic).

gol *m. (sport)* gol.

gola *f.* gâtlej.

golear *vi. (sport)* a da gol.

goleta *f.* goeletă.

golfo *m.* **1.** *(geogr.)* golf. **2.** *(fam.)* haimana.

golondrina *f.* rândunică.

golosina *f.* **1.** delicatesă. **2.** poftă, chef; lăcomie. **3.** lucru plăcut fără utilitate.

goloso *adj.* lacom, pofticios.

golpazo *m.* lovitură zdravănă.

golpe *m.* **1.** lovitură. **2.** mulţime, abundenţă // ~ *de agua* şuvoi de apă; ~ *de gente* puhoi de lume. **3.** *(fig.)* eşec, nenorocire. **4.** surpriză // *de* ~ deodată; *no dar* ~ a lenevi.

golpear *vt., vi.* a (se) lovi, a (se) izbi.

golpeo *m.* lovire, izbire.

gollete *m.* **1.** gâtlej. **2.** gât (de sticlă).

goma *f.* **1.** gumă. **2.** cauciuc.

gomoso I. *adj.* de gumă; ca guma. **II.** *m.* filfizon.

góndola *f.* gondolă.

gondolero *m.* gondolier.

gongorino *adj. (d. stil)* gongoric, bombastic, preţios.

gongorismo *m.* gongorism, preţiozitate.

gordi(n)flón *adj. (fam.)* grăsun, dolofan.

gordo I. *adj.* **1.** gras. **2.** voluminos, mare; gros. **3.** straşnic, grozav // *algo* ~ *(fam.)* ceva răsunător; *armarse la gorda* a se isca o ceartă mare. **II.** *m.* **1.** grăsime, osânză. **2.** *(la loto)* premiul cel mare.

gordura *f.* grăsime.

gorgojo *m.* **1.** gărgăriţă. **2.** *(fig.)* pitic, stârpitură.

gorgoritear *vi.* a face triluri.

gorgoteo *m.* gâlgâit.

gorila *f.* gorilă.

gorjear I. *vi.* **1.** a ciripi, a gânguri. **2.** *(muz.)* a face triluri. **II.–se** *vi., vr. (d. copii)* a gânguri.

gorjeo *m.* **1.** ciripit; gângurit. **2.** tril. **3.** *(fam.) (d. copii)* gângurit.

gorra I. *f.* bonetă, şapcă // *de ~* gratis; pe spezele altuia. **II.** *m. (fig.)* parazit.

gorrión *m.* vrabie.

gorro *m.* bonetă, beretă // *~ de baño* cască de baie.

gorrón *m.* parazit, linge-blide.

gota *f.* **1.** picătură, strop // *~ a ~* câte puţin. **2.** *(med.)* gută.

gotear *vi.* a picura.

gotera *f.* **1.** şiroire. **2.** *~s pl.* beteşuguri.

gótico *adj.* gotic.

gozar *vt., vi. (de)* a se bucura (de).

gozo *m.* bucurie; plăcere // *no caber en sí de ~* a nu încăpea în piele de bucurie.

gozoso *adj.* bucuros, vesel.

grabación *f.* înregistrare.

grabado *m.* gravură.

grabador *m.* gravor.

grabadora *f.* magnetofon.

grabar *vt.* **1.** a grava. **2.** a înregistra (pe disc, bandă). **3.** *(fig.)* a întipări.

gracejo *m.* haz, umor, spirit.

gracia *f.* **1.** graţie. **2.** favoare. **3.** graţie, farmec. **4.** spirit, glumă. **5.** iertare /!(muchas) ~s! mulţumesc; ~s a graţie, mulţumită; *dar las ~s* a mulţumi; *de ~* gratis; *me hace mucha ~* mi se pare amuzant; *¡qué ~!* ce absurditate!; *¡tiene ~ !* are haz!; *y ~s* şi cu asta basta.

gracioso I. *adj.* **1.** graţios, plăcut: **2.** spiritual, glumeţ; simpatic. **3.** gratuit. **II.** *m.* (actor) comic.

grada *f.* treaptă.

gradación *f.* gradare, nuanţare.

gradería *f.* şir de trepte; postament; peron (în faţa casei).

gradíolo [gradiolo] *m.* gladiolă.

grado *m.* **1.** voie, plăcere // *de buen/mal ~* de voie/nevoie. **2.** treaptă. **3.** grad. **4.** clasă (de elevi). **5.** măsură // *en alto ~* într-o măsură foarte mare.

graduación *f.* **1.** gradare; gradaţie. **2.** promovare. **3.** *(mil.)* grad.

graduado *m.* absolvent (al unei facultăţi).

gradual *adj.* treptat.

graduando *m.* candidat (la un titlu universitar).

graduar I. *vt.* **1.** a grada. **2.** *(de)* a conferi titlul (de). **II. ~se** *vr. (de)* a primi titlul (de).

grafía *f.* grafie.

gráfica *f.* grafică.

gráfico *adj.* grafic.

gragea *f.* drajeu.

gramática *f.* gramatică.

gramático *m.* gramatician.

gramíneas *f. pl.* graminee.

gramo *m.* gram.

grana *f.* **1.** rodire, legare a boabelor. **2.** grăunte; sămânţă. **3.** culoare roşie.

granada 1. *(bot.)* rodie. **2.** *(mil.)* grenadă.

granadina *f.* răcoritoare din suc de rodie.

granadino *adj., m.* (locuitor) din Granada.

granar *vi.* a lega, a rodi.

grande I. *adj.* 1. *(după s.)* mare, înalt. 2. *(înainte de s.)* însemnat // *lo más* ~ lucrul cel mai grozav. II. *m.* grande *(rang nobiliar).*

grandemente *adv.* 1. foarte bine. 2. extraordinar.

grandeza *f.* 1. mărime, dimensiune mare. 2. grandoare, măreţie. 3. nobilime.

grandilocuente *adj.* grandilocvent.

grandiosidad *f.* măreţie.

grandioso *adj.* grandios, măreţ.

grandor *m.* mărime (a lucrurilor).

grandote *adj. (fam.)* foarte mare.

granero *m.* grânar.

granit *m.* granit.

granizada *f.* 1. grindină. 2. mulţime (de lucruri). 3. *(Andalucia)* răcoritoare cu bucăţele de gheaţă.

granizado *m.* răcoritoare cu bucăţele de gheaţă.

granizar *vi.* a bate grindina.

granizo *m.* 1. grindină. 2. mulţime (de lucruri).

granja *f.* fermă.

granjear I. *vt.* a agonisi, a strânge. II. *vr.* a-şi atrage (atenţia, bunăvoinţa *etc.*).

granjería *f.* câştig, venit, beneficiu.

granjero *m.* 1. fermier. 2. speculant.

grano *m.* 1. boabă, bob. 2. coş, bubuliţă. 3. ~s *pl.* grâne // *(ir) al* ~ (a intra) în fondul problemei, (a trece) la subiect.

granuja *m. (fam.)* haimana, derbedeu.

granulación *f.* granulare.

gránulo *m.* granulă.

grasa *f.* 1. grăsime; ulei. 2. unsoare. 3. murdărie, jeg *(pe haine).*

grasiento *adj.* 1. unsuros. 2. slinos, jegos.

graso *adj.* gras; unsuros.

gratificación *f.* 1. gratificaţie, recompensă. 2. bacşiş.

gratificante *adj.* răsplătitor, recompensator; satisfăcător.

gratificar *vt.* 1. a gratifica, a recompensa, a răsplăti. 2. a satisface.

gratis *adv.* gratis, gratuit.

gratitud *f.* gratitudine, recunoştinţă.

grato *adj.* plăcut.

gratuito *adj.* gratuit.

gratular I. *vt.* a felicita. II. ~se *vr.* a se bucura.

grava *f.* pietriş mărunt.

gravamen *m.* 1. impozit, contribuţie. 2. povară, sarcină.

gravar *vt.* 1. a împovăra. 2. a greva.

grave *adj.* grav; serios; important.

gravedad *f.* 1. gravitate; importanţă. 2. enormitate. 3. gravitaţie.

gravitación *f.* gravitaţie.

gravitar *vi.* 1. a gravita. 2. *(sobre)* a se sprijini (pe).

gravoso *adj.* greu, apăsător, împovărător.

graznar *vi.* a croncăni.

gremio *m.* breaslă, corporaţie.

greña(s) *f. (pl.)* păr ciufulit, ciuf.

greñudo *adj.* ciufulit, zbârlit.

gres *m.* **1.** gresie. **2.** faianţă.

gresca *f.* **1.** larmă, zarvă. **2.** ceartă, scandal.

grey *f.* turmă.

griego *adj., m.* grec(esc).

grieta *f.* crăpătură.

grifo *m.* **1.** robinet. **2.** grifon.

grillo *m.* **1.** greier. **2.** ~s *pl.* fiare (pentru deţinuţi). **3.** ~s *pl.* piedici.

grima *f.* groază, spaimă.

gringo *adj., m.* **1.** venetic, străin (*în special d. englezi*). **2.** (*Am.*) nord-american.

gripe *f.* (*med.*) gripă.

gris *adj.* cenuşiu, gri, sur.

gritar *vi.* a ţipa, a zbiera, a striga // ~*le a alguien* a ţipa la cineva.

gritería *f.*, **griterío** *m.* gălăgie, zgomot.

grito *m.* ţipăt, strigăt // *a ~ herido* (sau *pelado*) strigând în gura mare; *dar* ~s a striga.

gritón *adj.* (*fam.*) gălăgios.

grosella *f.* coacăză.

grosellero *m.* coacăz.

grosero *adj.* **1.** grosolan, mojic. **2.** lucrat grosolan.

grosor *m.* grosime.

grotesco *adj.* grotesc.

grúa *f.* macara.

grueso I. *adj.* gros, mare, voluminos. II. *m.* **1.** grosime, gros. **2.** majoritate, gros.

grulla *f.* cocor.

grumete *m.* (*mar.*) mus.

gruñido *m.* **1.** grohăit. **2.** mormăit. **3.** mârâit.

gruñir *vi.* **1.** a grohăi. **2.** a mormăi. **3.** a mârâi. **4.** (*fig.*) a bodogăni, a bombăni.

gruñón *adj.* (*fam.*) morocănos, ursuz.

grupa *f.* (*la cal*) crupă.

grupo *m.* grup.

gruta *f.* grotă, peşteră, cavernă.

gruyère *m.* caşcaval.

guadaña *f.* coasă.

guadañar *vt.* a cosi.

guagua *f.* **1.** (*Am.*) sugar. **2.** (*Cuba*) omnibuz.

guano *m.* guano.

guantada *f.*, **guantazo** *m.* palmă (*lovitură*).

guante *m.* **1.** mănuşă. **2.** ~s *pl.* bacşiş // *recoger el* ~ a accepta provocarea.

guapeza *f.* **1.** îndrăzneală, curaj. **2.** eleganţă.

guapo I. *adj.* **1.** frumos, drăguţ. **2.** elegant, şic. **3.** îndrăzneţ, curajos. II. *m.* **1.** (om) certăreţ. **2.** (*argou*) curtezan.

guarda I. *f.* **1.** pază, supraveghere. **2.** respectare (a legii). **3.** păstrare (a obiceiurilor). II. *m.* paznic.

guardabarrera *m.* cantonier.

guardabarros *m.* (*auto*) aripă.

guardabosque *m.* pădurar.

guardabrisas *m.* (*auto*) parbriz.

guardador *adj.* **1.** păstrător. **2.** păzitor (de lege). **3.** zgârcit, calic.

guardaespaldas *m.* (*fig.*) gorilă.

guardafrenos *m.* frânar (de tren).

guardagujas *m.* acar, macagiu.

guardameta *m.* (*sport*) portar.

guardar I. *vt.* **1.** a păzi; a păstra; a ţine. **2.** a păzi, a respecta. **3.** a strânge, a economisi // ~ *cama* a sta la pat; ~ *la palabra* a-şi ţine cuvântul; ¡*guarda!* păzea!; *guardársela a uno* a purta pică. **II. ~se** *vr.* a se feri, a se păzi.

guardarropa I. *f.* **1.** *(teatru)* garderobă. **2.** garderobieră. **II.** *m.* **1.** garderob, şifonier. **2.** *(teatru)* recuzitor. **3.** garderobier.

guardarropía *f.* recuzită.

guardavía *m.* cantonier.

guardería *f.* creşă.

guardia I. *f.* **1.** pază, apărare // ~ *civil* jandarmerie. **2.** gardă // *estar de* ~ a fi de gardă. **II.** *m.* **1.** paznic. **2.** gardian.

guardián *m.* paznic.

guarecer(se) *vt.*, *vr.* a (se) adăposti.

guarida *f.* **1.** bârlog, vizuină. **2.** ascunzătoare.

guarnecer *vt.* **1.** a împodobi, a garnisi. **2.** a echipa, a utila.

guarnición *f.* **1.** garnitură, podoabă. **2.** garnizoană. **3.** ~**es** *pl.* hamuri.

guasa *f.* *(fam.)* **1.** lipsă de graţie. **2.** băşcălie, glumă // *de* ~ în glumă.

guateque *m.* petrecere, chef, ceai.

guayabera *f.* cămaşă de pânză subţire purtată peste pantaloni.

gubernamental *adj.* guvernamental.

gubernativo *adj.* de guvernământ.

guerra *f.* război.

guerrear *vt.*, *vi.* a se război.

guerrero *adj.*, *m.* războinic.

guerrilla *f.* gherilă.

guerrillero *m.* luptător de gherilă; partizan.

guía I. *m.* **1.** călăuză, ghid. **2.** *(mil.)* cap de coloană. **II.** *f.* călăuză, ghid; îndreptar // ~ *de teléfonos* carte de telefon; ~ *de ferrocarriles* mersul trenurilor.

guiar I. *vt.* **1.** a călăuzi, a ghida, a îndruma. **2.** a conduce (un vehicul). **II. ~se** *vr.* *(por)* a se călăuzi (după).

guijo *m.* pietriş.

guillotina *f.* ghilotină.

guinda *f.* vişină.

guindilla *f.* **1.** ardei iute. **2.** *(fam.)* curcan, sticlete.

guindo *m.* vişin.

guindola *f.* colac de salvare.

guiñada *f.* semn cu ochiul.

guiñar *vt.* a face semn cu ochiul.

guión *m.* **1.** scenariu. **2.** *(gram.)* liniuţă. **3.** călăuză; conducător.

guionista *m.* scenarist.

guirnalda *f.* ghirlandă.

guisa *f.* în *expr.*: *a* ~ *de* în chip de; *de tal* ~ în aşa fel.

guisado *m.* mâncare cu sos.

guisante *m.* mazăre.

guisar *vt.* **1.** a găti; a prăji. **2.** *(fig.)* a pregăti, a aranja.

guiso *m.* mâncare gătită.

guitarra *f*. chitară.

guitarrista *m*. chitarist.

gula *f*. lăcomie.

gusano *m*. vierme // ~ *de seda* vierme de mătase.

gustar I. *vt*. a încerca; a gusta. II. *vi*. a plăcea // ~ *de* a-i plăcea să.

gusto *m*. 1. *(şi fig.)* gust. 2. plăcere // *a* ~ bine; după plac; *con mucho* ~ cu multă plăcere; *da* ~ + *inf*. face plăcere să; *por* ~ în glumă; *sentirse a* ~ a se simţi bine; *tanto* ~ mi-a făcut plăcere. 3. plac, chef // *a su* ~ după bunul său plac.

gustosamente *adv*. bucuros, cu plăcere.

gustoso *adj*. 1. gustos. 2. plăcut. 3. bucuros.

H

haba *f. (bot.)* bob.

habanero *adj., m.* (locuitor) din Havana.

haber **I.** *m.* **1.** avere, avut. **2.** leafă. **3.** *(com.)* credit. **4.** ~es *pl.* salariu, leafă. **II.** *v. aux.* a avea // *he dicho* am spus; *había dicho* spusesem. **III.** *v. impers.* **1.** a fi, a exista // *hay mucha gente* e multă lume. **2.** *(que)* a trebui (să) // *hay que trabajar* trebuie să muncim. **IV.** *vi. (de)* a trebui (să), a avea (să, de) // *he de escribir...* am de scris...

habichuela *f.* fasole.

hábil *adj.* **1.** *(para)* capabil să. **2.** *(en)* priceput (la), dibaci (în).

habilidad *f.* **1.** *(jur.)* capacitate. **2.** abilitate, dibăcie.

habilitación *f.* **1.** abilitare. **2.** împuternicire.

habilitar *vt.* **1.** a abilita. **2.** a împuternici. **3.** *(de)* a dota (cu).

habitabilidad *f. în expr.: condiciones de* ~ condiţii de locuit.

habitación *f.* **1.** locuinţă. **2.** încăpere.

habitante *m.* locuitor.

habitar *vt.* a locui (în).

hábitat *m.* habitat.

hábito *m.* **1.** obicei, deprindere. **2.** rasă de călugăr // *tomar el* ~ a se călugări. **3.** ~s *pl.* haine preoţeşti // *colgar los* ~s *(fam.)* a se răspopi.

habitual *adj.* obişnuit.

habituar(se) *vt., vr. (a, en, con)* a (se) obişnui, a (se) deprinde (cu).

habla *f.* **1.** vorbire. **2.** limbă, grai.

hablador *adj., m.* vorbăreţ, flecar.

habladuría *f.* **1.** flecăreală, pălăvrăgeală. **2.** bârf(eal)ă.

hablanchín *adj., m. (fam.)* flecar.

hablante *m.* vorbitor.

hablar *vi., vt.* a vorbi.

hablilla *f.* vorbe, zvon.

hacedero *adj.* uşor de făcut.

hacedor *adj., m.* care face; creator.

hacendado **I.** *adj.* avut, înstărit. **II.** *m.* mare proprietar.

hacendar **I.** *vt.* a împroprietări. **II.** ~se *vr.* a-şi cumpăra pământ, a se stabili.

hacendoso *adj.* harnic, gospodar.

hacer **I.** *vt.* a face // ~ *llegar* a face să ajungă/să parvină; ~ *presente a uno* a-i aminti ceva cuiva; *¡buena la has hecho!* ai încurcat-o!; *¡qué le vamos a ~ !* ce să-i faci ! **II.** *v. impers.* a fi // *hace calor* e cald; *hace mucho/tiempo/ años que* e mult de când; *hace poco* nu de mult. **III.** *vi. (de)* a lucra (ca), a servi (de). **IV.** *~se vr.* **1.** a se face. **2.** a deveni // *~se rico* a se îmbogăţi. **3.** a face (pe) // *~se el tonto* a face pe prostul. **4.** *(con, de)* a face rost (de), a obţine. **5.** a se da // *~se allá* a se da la o parte; *~se atrás* a se da înapoi.

hacia *prep.* către, spre // *~ adelante* înainte; *¿~ dónde?* încotro?; *~ la ciudad* spre oraş; *~ las tres* pe la ora trei.

hacienda *f.* **1.** fermă, moşie. **2.** avere. **3.** *~s pl.* treburi casnice. **4.** *~s pl.* vite // *~ pública* finanţe; *Ministerio de ~* Ministerul de Finanţe.

hacinar *vt.* a îngrămădi.

hacha *f.* **1.** secure. **2.** făclie, torţă // *ser un ~* a fi un as.

hachís *m.* haşiş.

hada *f.* **1.** zână. **2.** ursitoare.

hadado *adj.* magic, vrăjit, fermecat.

hadar *vt.* **1.** a prezice. **2.** a vrăji.

hado *m.* soartă, ursită.

halagar *vt.* **1.** a alinta, a dezmierda. **2.** a face plăcere. **3.** a măguli.

halago *m.* **1.** alintare. **2.** măguleală.

halagueño *adj.* **1.** dezmierdător. **2.** măgulitor. **3.** atrăgător.

halcón *m.* şoim.

hálito *m.* **1.** răsuflare. **2.** *(poetic)* boare.

halo *m.* nimb, aureolă.

hallar(se) *vt., vr.* a (se) găsi, a (se) afla.

hallazgo *m.* **1.** aflare, găsire, descoperire. **2.** lucru găsit; găselniţă.

hamaca *f.* hamac.

hambre *f.* foame // *~ canina* foame de lup; *(fig.)* dorinţă mare; *matar el ~* a potoli foamea; *morirse de ~* a suferi multe lipsuri; *pasar ~* a îndura foame; *tener ~* a-i fi foame.

hambriento *adj.* **1.** flămând. **2.** *(fig.)* dornic, doritor.

hampa *f.* drojdia societăţii.

hampón *adj., m.* vagabond, golan.

haragán *adj.* trândav.

haraganear *vi.* a trândăvi.

haraganería *f.* trândăveală.

harapiento *adj.* zdrenţăros, jerpelit.

harapo *m.* zdreanţă.

haraposo *adj.* zdrenţăros.

harén *m.* harem.

harina *f.* făină.

harinoso *adj.* făinos.

harnero *m.* ciur, sită.

hartar(se) **I.** *vt., vr.* **1.** a (se) sătura; a (se) ghiftui. **2.** *(fig.)* a (se) plictisi.

hartazgo *m.* saţ(ietate), saturare.

harto **I.** *adj. (de) (şi fig.)* sătul (de). **II.** *adv.* destul, suficient // *~ bueno* destul de bun.

hartura *f.* 1. sațietate, saturare.
2. abundență, prisos.

hasta I. *prep.* până // ~ *enton-ces* până atunci; ~ *luego*, ~ *pronto*, ~ *ahora* la revedere, pe curând; ~ *que* până când. II. *adv.* până și, chiar.

hastiar(se) *vt., vr.* a (se) scârbi, a (se) dezgusta.

hastío *m. (și fig.)* scârbă, greață.

hatajo *m.* 1. turmă mică. 2. grămadă, grup.

hato *m.* 1. turmă. 2. *(fam.)* șleahtă. 3. boccea. 4. obiecte de primă necesitate. 5. *(fam.)* grup, cerc (de persoane).

haya *f.* fag.

haz I.*f.* față, chip. II. *m.* 1. snop. 2. mănunchi; fascicul.

hazaña *f.* faptă vitejească, ispravă.

hazmerreír *m. (fam.)* bufon.

he I. *adv.* iată // ~ *aqui/allí* iată aici/acolo; ~*me aquí* iată-mă. II. *interj.* hei !

hebilla *f.* cataramă // *no faltar* ~ a avea tot ce-i trebuie; a fi desăvârșit.

hebra *f.* 1. fir; ață (de cusut). 2. fibră // *pegar la* ~ *con* a intra în vorbă cu.

hebraico *adj.* evreiesc.

hebreo I. *adj.* evreiesc. II. *m.* evreu.

hebroso *adj.* fibros.

hectárea *f.* hectar.

hechicería *f.* vrăjitorie.

hechicero *m.* vrăjitor.

hechizar *vt. (și fig.)* a vrăji, a fermeca.

hechizo *m.* vrajă, farmece.

hecho I. *m.* fapt, faptă // *a* ~ neîntrerupt; *de* ~ *y de derecho* de fapt și de drept. II. *adj.* 1. făcut. 2. dezvoltat; matur // *hombre* ~ *y derecho* om dintr-o bucată; *¡* ~ *!* bine!, în regulă !

hechura *f.* 1. lucrătură; confecționare. 2. făptură, creatură. 3. formă. 4. manoperă. 5. *(fig.)* protejat.

hediondez *f.* putoare, miros urât.

hediondo *adj.* 1. puturos, pestilențial. 2. scârbos, respingător.

hedor *m.* miros urât.

hegemonía *f.* hegemonie.

helada *f.* înghet // ~ *blanca* brumă, chiciură.

helado *m.* înghețată.

helar(se) *vi., vt., vr.* a (se) îngheța.

helecho *m.* ferigă.

helero *m.* ghețar.

hélice *f.* elice.

helicóptero *m.* elicopter.

hembra *f.* 1. femelă. 2. *(fam.)* femeie.

hemisferio *m.* emisferă.

hemorragia *f.* hemoragie.

hemorroides *f. pl.* hemoroizi.

henar *m.* fâneață.

hendedura *f.*, **hendidura** *f.*, crăpătură, despicătură.

hender *vt.* a despica, a crăpa.

heno *m.* fân.

hepatitis *f.* hepatică.

herbáceo *adj.* erbaceu.

herbívoro *adj.* erbivor.

herboristería *f.* plafar.

herboso *adj.* ierbos.

hercúleo *adj.* herculean.

heredad *f.* proprietate, fermă.

heredar *vt.* a moşteni.

heredero *adj., m.* moştenitor.

hereditario *adj.* ereditar.

hereje *m.* eretic.

herejía *f.* erezie.

herencia *f.* moştenire.

herético *adj.* eretic.

herida *f.* 1. rană. 2. *(fig.)* jignire.

herir *vt.* 1. a răni. 2. *(fig.)* a jigni.

hermafrodita *adj.* hermafrodit.

hermanar(se) *vt., vr.* 1. a (se) înfrăţi, a fraterniza. 2. *(fig.)* a (se) uni, a (se) asocia. 3. a (se) asorta.

hermanastro *m.* frate vitreg.

hermandad *f.* 1. frăţie. 2. prietenie strânsă. 3. confrerie.

hermano, -a *m., f.* frate, soră.

hermético *adj.* ermetic.

hermosear(se) *vt., vr.* a (se) înfrumuseţa.

hermoso *adj.* frumos.

hermosura *f.* 1. frumuseţe. 2. femeie frumoasă.

hernia *f.* hernie.

héroe *m.* erou.

heroicidad *f.* 1. eroism. 2. faptă eroică.

heroico *adj.* eroic.

heroína *f.* 1. eroină. 2. heroină.

heroísmo *m.* eroism.

herradura *f.* potcoavă.

herramienta *f.* unealtă, sculă.

herrar *vt.* a potcovi.

herrería *f.* fierărie.

herrero *m.* fierar.

herrumbre *f.* rugină.

hervidero *m.* 1. clocot. 2. izvor termal. 3. *(fig.)* furnicar.

hervir *vi.* 1. a fierbe; *(şi fig.)* a clocoti. 2. *(fig.) (en)* a fi din belşug.

hervor *m.* 1. fierbere, clocot. 2. *(fig.)* ardoare, înfocare.

hervoroso *adj.* înfocat, înflăcărat.

hético *adj.* ftizic.

heterogéneo *adj.* eterogen.

hexágono *m.* hexagon.

hexámetro *m.* hexametru.

hez *f. (şi pl.)* drojdie, sediment (al unui lichid).

híbrido *adj.* hibrid.

hidalgo *m.* hidalgo, nobil spaniol.

hidalguía *f.* nobleţe.

hidráulico *adj.* hidraulic.

hidrocarburo *m.* hidrocarbură.

hidrógeno *m.* hidrogen.

hiedro *f.* iederă.

hielo *m.* 1. gheaţă. 2. ger, înghet. 3. *(fig.)* răceală.

hierba *f.* iarbă // *mala* ~ buruiană; *(fig.)* poamă, soi rău.

hierbabuena *f. (bot.)* mentă.

hierro *m.* fier // ~ *colado* (sau *fundido*) fontă; *quitar* ~ a scădea din importanţă.

hígado *m.* 1. ficat. 2. ~s *pl.* *(fig.)* curaj.

higiene *f.* igienă.

higiénico *adj.* igienic.

higo *m.* smochină // *de* ~s *a brevas* din când în când.

higuera *f.* smochin.

hija *f.* fiică.

hijastro, -a *m., f.* fiu vitreg, fiică vitregă.

hijo *m.* 1. fiu. 2. ~s *pl.* copii, urmaşi.

hijuelo *m.* băieţel, fiu.

hila *f.*, **hilada** *f.* şir, rând.

hilacha *f.* scamă, fire destrămate.

hilado *m.* 1. tors, toarcere. 2. fir tors.

hilandería *f.* filatură.

hilandero *m.* torcător.

hilar *vt.* a fila, a toarce // ~ *delgado* a proceda cu meticulozitate.

hilaridad *f.* ilaritate.

hilera *f.* rând, şir.

hilo *m.* 1. fir // ~ *de coser* aţă de cusut; *a* ~ neîncetat; *seguir el* ~ a continua; *tomar el* ~ a continua conversaţia. 2. sârmă.

hilvanar *vt.* a însăila.

himno *m.* imn.

hincapié *m.* în *expr.*: *hacer* ~ a stărui.

hincar *vt.* a înfige; a implânta // ~*se de rodillas* a îngenunchea.

hincha *m.* suporter.

hinchamiento *m.* umflare.

hinchar(se) I. *vt.*, *vr.* a (se) umfla. II. *vr.* (*fig.*) a se îngâmfa.

hinchazón *f.* 1. umflătură. 2. (*fig.*) înfumurare. 3. (*fig.*) emfază.

hindú *adj.*, *m.* hindus.

hinojo *m.* 1. genunchi. 2. mărar.

hipar *vi.* 1. a sughiţa. 2. (*por*) a jindui (după).

hipérbola *f.* (*geom.*), **hipérbole** *f.* (*stil.*) hiperbolă.

hípico *adj.* hipic.

hipnosis *f.* hipnoză.

hipnotizar *vt.* a hipnotiza.

hipo *m.* 1. sughiţ. 2. (*fig.*) dorinţă arzătoare. 3. (*fig.*) ciudă, necaz; ură.

hipocondría *f.* ipohondrie.

hipocresía *f.* ipocrizie, făţărnicie.

hipócrita *adj.* ipocrit, făţarnic.

hipódromo *m.* hipodrom.

hipoteca *f.* ipotecă.

hipotecar *vt.* a ipoteca.

hipótesis *f.* ipoteză.

hipotético *adj.* ipotetic.

hirviente *adj.* în clocot.

hispánico *adj.* hispanic; spaniol.

hispanoamericano *adj.*, *m.* hispano-american.

hispanohablante *adj.*, *m.* vorbitor de limbă spaniolă.

histérico *adj.* isteric.

histerismo *m.* 1. (*med.*) isterie. 2. isterism.

historia *f.* 1. istorie. 2. (*fig.*) poveste.

historiar *vt.* a povesti.

historiador *m.* istoric.

historial I. *adj.* istoric. II. *m.* istoric (*expunere*).

histórico *adj.* istoric.

hito *m.* 1. piatră de hotar. 2. (*şi fig.*) ţintă // *dar en el* ~ a nimeri la ţintă.

hocico *m.* 1. bot; rât. 2. (*fig.*) îmbufnare.

hocicudo *adj.* botos.

hogar *m.* 1. vatră. 2. (*fig.*) casă, cămin. 3. (*fig.*) viaţă de familie.

hogaza *f.* pâine de casă.

hoguera *f.* rug // *en la* ~ pe rug.

hoja *f.* 1. frunză, foaie; petală. 2. coală; foaie, filă. 3. lamă // ~ *clínica* fişă medicală; ~ *de afeitar* lamă de ras; ~ *de* *estudios* (sau *de matrícula*) foaie matriculă; *de* ~ *caduca* (*d. arbori*) caduc.

hojalata *f.* tablă, tinichea.

hojalatería *f.* tinichigerie.

hojaldre *m.* sau *f.* plăcintă de foi.

hojarasca *f.* 1. frunze uscate. 2. frunziş.

hojear *vt.* a răsfoi, a frunzări.

¡hola! *interj.* ei!, bună!, noroc!

holandés *adj., m.* olandez.

holgado *adj.* 1. fără ocupaţie. 2. comod; larg. 3. (*fig.*) în-stărit.

holganza *f.* 1. tihnă, răgaz. 2. trândăveală.

holgar I. *vi.* 1. a se odihni. 2. a trândăvi. 3. a fi de prisos. II. ~**se** *vr.* a se distra.

holgazán *adj., m.* leneş, puturos.

holgazanear *vi.* a trândăvi, a lenevi.

holgazanería *f.* lene, trândăvie.

holgorio *m.* (*fam.*) chef, tăm-bălău.

holgura *f.* 1. petrecere, veselie. 2. lărgime. 3. tihnă, confort, huzur.

hollín *m.* funingine.

hombradía *f.* bărbăţie; curaj.

hombre I. *m.* 1. om // ~ *de bien* om de omenie. 2. băr-bat. 3. (*fam.*) soţ. II. *interj.* amice!, prietene!

hombro *m.* umăr // *a* ~*s* pe umeri; *echarse al* ~ a-şi asuma o obligaţie; *encogerse de* ~*s* a ridica din umeri.

homenaje *m.* 1. omagiu, prinos. 2. (*fig.*) veneraţie, respect.

homicida *adj., m.* ucigaş.

homicidio *m.* omucidere, omor.

homogéneo *adj.* omogen.

homónimo *adj., m.* omonim.

honda *f.* praştie.

hondo I. *adj.* adânc. II. *m.* fund.

hondonada *f.* zănoagă.

hondura *f.* adâncime, profunzime.

hondureño *adj., m.* (locuitor) din Honduras.

honestidad *f.* 1. cinste. 2. bu-nă-cuviinţă.

honesto *adj.* 1. onest, cinstit. 2. cuviincios.

hongo *m.* 1. ciupercă, burete. 2. melon.

honor *m.* 1. onoare, cinste // *en* ~ *de* în cinstea. 2. ~**es** *pl.* onoruri.

honorable *adj.* onorabil, vrednic de cinste.

honorario I. *adj.* onorific, de onoare. II. ~**s** *m. pl.* onorariu.

honorífico *adj.* onorific.

honra *f.* onoare, cinste.

honradez *f.* cinste, onestitate.

honrado *adj.* cinstit, onest.

honrar *vt.* a onora, a cinsti.

hora *f.* oră, ceas // *a la* ~ la ora hotărâtă; *a la* ~ *de* în momen-tul, în clipa; *dar la* ~ a bate ceasul; *ya es* ~ *de* e vremea.

horadar *vt.* a găuri, a perfora.

horario *adj., m.* orar.

horca *f.* 1. furcă. 2. spân-zurătoare.

horchata *f.* orjad (*băutură*).

horda *f.* hoardă.

horizontal I. *adj.* orizontal. II. *f.* orizontală.

horizonte *m.* orizont, zare.

horma *f.* 1. formă. 2. calapod, şan.

hormiga *f.* furnică.

hormigón *m.* beton // ~ *armado* beton armat.

hormiguear *vi.* 1. a mânca pielea. 2. a furnica, a mişuna.

hormigueo *m.* 1. forfoteală. 2. furnicătură, mâncărime.

hormiguero *m.* furnicar, muşuroi de furnici.

hormona *f.* hormon.

hornear *vi.* a coace pâine.

hornero *m.* brutar.

hornilla *f.* ochi de plită.

hornillo *m.* 1. plită. 2. reşou.

horno *m.* cuptor // *alto* ~ furnal; *en el* ~ la cuptor.

horóscopo *m.* horoscop.

horquilla *f.* 1. furcă. 2. ac de păr, spelcă.

horrendo *adj.* îngrozitor, înspăimântător.

horrible *adj.* oribil, groaznic.

horripilante *adj.* înfiorător.

horripilar *vt.* a înfiora, a îngrozi.

horrorizar(se) *vt., vr.* a (se) îngrozi.

horroroso *adj.* 1. groaznic, oribil. 2. (*fam.*) slut.

hortaliza *f.* verdeţuri, zarzavat.

hortelano *m.* grădinar, zarzavagiu.

hortensia *f.* (*bot.*) hortensie.

horticultor *m.* horticultor.

horticultura *f.* horticultură.

hosanna *m.* osana, imn religios.

hosco *adj.* 1. negricios. 2. posomorât.

hospedaje *m.* găzduire cu pensiune.

hospedar I. *vt.* a găzdui. II. ~se *vr.* a sta în gazdă.

hospedería *f.* han, ospătărie.

hospicio *m.* azil.

hospital *m.* spital.

hospitalario *adj.* ospitalier.

hospitalicio *adj.* spitalicesc.

hospitalidad *f.* ospitalitate.

hospitalizar *vt.* a spitaliza.

hostal *m.*, **hostería** *f.* han; ospătărie.

hostigar *vt.* a hărţui.

hostil *adj.* ostil, duşmănos.

hostilidad *f.* ostilitate, duşmănie.

hotel *m.* 1. hotel. 2. vilă (particulară).

hotelero *m.* hotelier.

hoy *adv.* azi, astăzi // ~ (*en*) *día* în ziua de azi; ~ *por* ~ deocamdată.

hoyo *m.* 1. groapă. 2. ~s *pl.* ciupituri de vărsat.

hoyuelo *m.* gropiţă (*în obraz, în bărbie*).

hoz *f.* 1. seceră. 2. trecătoare.

hucha *f.* 1. cufăr. 2. puşculiţă.

hueco I. *adj.* 1. scobit, găunos. 2. (*d. stil*) bombastic. 3. (*fig.*) îngâmfat. II. *m.* 1. gol; scobitură. 2. interval. 3. (*fam.*) post vacant.

huelga *f.* grevă.

huelguista *m.* şi *f.* grevist(ă).

huella *f.* urmă, semn.

huérfano *adj., m.* orfan.

huerta *f.* 1. grădină mare de zarzavat. 2. *(Murcia, Valencia)* ţinut irigat cultivat cu zarzavat.

huertano *m.* locuitor al unei huerta (2).

huerto *m.* grădină de zarzavat.

hueso *m.* 1. os, ciolan. 2. sâmbure.

huésped *m.* 1. hangiu. 2. oaspete, musafir. 3. gazdă.

hueste *f.* oaste, oştire.

huesudo *adj.* osos, ciolănos.

hueva *f.* icre.

huevo *m.* ou // ~ *duro* ou tare; ~ *pasado por agua* ou moale; ~*s estrellados* (ouă) ochiuri; ~*s fritos* ouă la capac; ~*s revueltos* (ouă) jumări.

huida *f.* fugă.

huir *vi.* a fugi.

hule *m.* muşama.

hulla *f.* huilă.

humanar(se), **humanizar(se)** *vt., vr.* a (se) umaniza.

humanidad *f.* 1. omenire. 2. umanitate, omenie. 3. ~**es** *pl.* umanistică.

humanista *m.* umanist.

humano *adj.* 1. omenesc. 2. omenos.

humear *vi.* a fumega, a scoate fum (*sau* aburi).

humedad *f.* umiditate, umezeală.

humedecer *vt.* a umezi.

húmedo *adj.* umed.

humildad *f.* 1. umilinţă. 2. smerenie. 3. origine umilă.

humilde *adj.* 1. umil. 2. supus; smerit. 3. de origine modestă.

humillación *f.* umilire.

humillante *adj.* umilitor.

humillar(se) *vt., vr.* a (se) umili.

humo *m.* 1. fum. 2. ~**s** *pl.* fumuri, înfumurare.

humor *m.* 1. umoare. 2. dispoziţie, toane // *buen/mal* ~ bună dispoziţie/indispoziţie.

humorada *f.* vorbă cu haz, glumă.

humorista *m.* umorist.

humorístico *adj.* umoristic.

humoso *adj.* plin de fum.

hundimiento *m.* prăbuşire, surpare.

hundir(se) I. *vt., vr.* 1. a (se) (s)cufunda. 2. a (se) prăbuşi. II. *vt. (fam.)* a înfunda (pe cineva).

húngaro I. *adj.* unguresc, maghiar. II. *m.* ungur.

huracán *m.* uragan.

huraño *adj.* retras, ursuz, sălbatic.

hurgar *vt.* 1. a răscoli, a scormoni. 2. *(fig.)* a zgândări.

hurgón *m.* vătrai.

hurón *m.* 1. nevăstuică. 2. *(fam.)* om iscoditor.

huronear *vt. (fam.)* a iscodi.

¡hurra! *interj.* ura!

hurtadillas *f. pl.* în *expr.*: *a* ~ pe furiş.

hurtar I. *vt.* 1. a fura. 2. *(fig.)* a feri. II. ~**se** *vr.* 1. a se sustrage; a evita. 2. a se ascunde // ~ *el cuerpo* a-şi feri corpul, a se da în lături.

hurto *m.* 1. furt. 2. lucru furat.

husma *f.* adulmecare.

husmear *vt.* 1. a adulmeca. 2. *(fam.)* a iscodi.

huso *m.* fus.

I

ibérico *adj.* iberic.

ibero *m.* iber.

íbice *m.* capră neagră.

icono *m.* icoană.

ictericia *f.* icter.

ida *f.* ducere, dus // *billete de* ~ *y vuelta* bilet dus-ntors.

idea *f.* idee.

ideal *adj., m.* ideal.

idealismo *m.* idealism.

idealista *adj., m. şi f.* idealist(ă).

idealizar *vt.* a idealiza.

idear *vt.* a imagina, a închipui; a concepe.

ideario *m.* (ansamblu de) idei.

idéntico *adj.* identic.

identidad *f.* identitate // *carné (tarjeta* sau *cédula) de* ~ buletin de identitate.

identificación *f.* 1. identificare, stabilire a identităţii; recunoaştere. 2. detectare. 3. solidarizare.

identificar(se) *vt., vr.* a (se) identifica.

ideológico *adj.* ideologic.

ideología *f.* ideologie.

idilio *m.* idilă.

idioma *m.* idiom, limbă.

idiota *adj., m. şi f.* idio(a)t(ă).

idiotez *f.* idioţ(en)ie.

idólatra *adj., m.* idolatru.

idolatrar *vt.* a idolatriza.

ídolo *m.* idol.

idóneo *adj.* 1. apt, capabil. 2. nimerit, adecvat, potrivit, convenabil.

iglesia *f.* biserică.

ígneo *adj.* de foc.

ignición *f.* ardere.

ignorancia *f.* ignoranţă, neştiinţă.

ignorante *adj.* 1. ignorant, neînvăţat. 2. neştiutor.

ignorar *vt.* a ignora, a nu şti, a nu cunoaşte.

ignoto *adj.* necunoscut.

igual *adj.* 1. egal. 2. asemănător, la fel // *al* ~ *que* la fel ca, ca şi. 3. neted.

iguala(ción) *f.* 1. egalare. 2. *(fig.)* înţelegere.

igualar I. *vt.* 1. a egala. 2. a nivela. 3. a asemui. II. *vi.* a fi la fel. III. ~*se* *vr.* 1. a conveni. 2. *(con, en)* a fi la fel (cu, în).

igualdad *f.* egalitate.

ilación *f.* înlănţuire de idei; coerenţă.

ilegal *adj.* ilegal.

ilegalidad *f.* ilegalitate.

ilegible *adj.* ilizibil, neciteţ.

ilegítimo *adj.* nelegitim.

ileso *adj.* teafăr.

iletrado *m.* analfabet.

ilícito *adj.* ilicit.

ilimitado *adj.* nelimitat, neţărmurit.

iliterato *adj.* incult.

ilógico *adj.* ilogic.

iluminación *f.* **1.** iluminare. **2.** iluminaţie.

iluminar *vt.* **1.** a lumina. **2.** a ilumina.

iluminismo *m.* *(rel.)* iluminism.

ilusión *f.* **1.** iluzie. **2.** speranţă, bucurie.

ilusionarse *vr.* a-şi face iluzii.

iluso *adj.* amăgit, înşelat.

ilusorio *adj.* iluzoriu.

ilustración *f.* **1.** faimă, renume. **2.** cultură, instrucţie. **3.** ilustraţie. **4.** *(ist., lit.)* Iluminism.

ilustrar *vt.* **1.** a ilustra, a lămuri. **2.** a face celebru. **3.** a instrui.

ilustre *adj.* ilustru.

imagen *f.* imagine.

imaginación *f.* imaginaţie.

imaginar *vt.* **1.** a imagina, a închipui. **2.** a presupune.

imaginario *adj.* imaginar.

imán *m.* **1.** imam. **2.** magnet.

iman(t)ar(se) *vt., vr.* a (se) magnetiza.

imbécil *adj.* imbecil.

imberbe *adj.* imberb.

imbuir *vt.* a impregna, a insufla.

imitación *f.* **1.** imitare. **2.** imitaţie.

imitar *vt.* a imita.

impaciencia *f.* impacienţă, nerăbdare.

impacientar I. *vt.* a face să-şi piardă răbdarea. **II. ~se** *vr.* a-şi pierde răbdarea.

impaciente *adj.* nerăbdător.

impago *m.* neplată, neachitare.

impar *adj.* impar, fără soţ.

imparcial *adj.* imparţial.

imparcialidad *f.* imparţialitate.

impasibilidad *f.* nepăsare.

impasible *adj.* impasibil, nepăsător.

impavidez *f.* curaj, îndrăzneală.

impávido *adj.* neînfricat, îndrăzneţ.

impecable *adj.* impecabil.

impedimento *m.* impediment, piedică.

impedir *vt.* a împiedica.

impeler *vt.* a împinge.

impenetrable *adj.* impenetrabil, de nepătruns.

impenitente *adj.* înveterat, incorigibil.

impensado *adj.* neaşteptat, nesperat.

imperar *vi.* a domni.

imperativo *adj., m.* imperativ.

imperdible I. *adj.* imposibil de pierdut. **II.** *m.* ac de siguranţă.

imperdonable *adj.* de neiertat.

imperecedero *adj.* nepieritor.

imperfección *f.* imperfecţiune.

imperfecto *adj., m.* imperfect.

imperial I. *adj.* imperial, împărătesc. **II.** *f.* imperială *(de autobuz)*.

imperialismo *m.* imperialism.
imperialista *adj., m.* imperialist.
imperio *m.* 1. imperiu; împărăţie. 2. *(fig.)* mândrie.
imperioso *adj.* 1. orgolios. 2. imperios, presant.
impermeable *adj., m.* impermeabil.
impersonal *adj.* impersonal.
impertérrito *adj.* imperturbabil, netulburat; impasibil; neînfricat.
impertinencia *f.* impertinenţă, obrăznicie.
impertinente *adj.* 1. nepotrivit, nelalocul său. 2. impertinent, obraznic.
ímpetu *m.* 1. impetuozitate. 2. elan, avânt. 3. impuls.
impetuoso *adj.* impetuos, năvalnic.
impiedad *f.* impietate, lipsă de pietate; sacrilegiu.
impío *adj.* 1. necredincios, nelegiuit. 2. *(fig.)* nemilos.
implacable *adj.* implacabil.
implicar *vt.* a implica.
implícito *adj.* implicit.
imploración *f.* implorare.
implorar *vt.* a implora.
impolítico *adj.* nepoliticos.
imponderable *adj.* imponderabil.
imponente *adj.* impunător.
imponer(se) *vt., vi., vr.* a (se) impune.
impopular *adj.* nepopular.
importación *f.* import.
importancia *f.* importanţă.
importante *adj.* important.
importar I. *vi.* a conta. II. *vt.* 1. a face, a costa. 2. *(com.)* a importa.

importe *m.* *(com.)* 1. valoare; contravaloare. 2. cuantum; sumă, total.
importunar *vt.* a inoportuna, a deranja; a sâcâi.
importuno *adj.* 1. neoportun, nepotrivit. 2. inoportun; supărător.
imposibilidad *f.* imposibilitate.
imposibilitar *vt.* a face imposibil; a împiedica.
imposible *adj.* imposibil.
imposición *f.* 1. impunere. 2. impozit.
impostor *adj., m.* impostor.
impostura *f.* impostură.
impotencia *f.* 1. neputinţă, slăbiciune. 2. impotenţă.
impotente *adj.* 1. neputincios, slab. 2. impotent.
impracticable *adj.* 1. irealizabil. 2. impracticabil.
imprecación *f.* blestem.
impregnar(se) *vt., vr.* a (se) impregna.
imprenta *f.* 1. tipar. 2. tipografie, imprimerie.
imprescindible *adj.* indispensabil, neapărat trebuincios.
impresión *f.* 1. tipărire. 2. întipărire; amprentă. 3. *(fig.)* impresie; senzaţie.
impresionar *vt.* a impresiona.
impreso *m.* I. *adj.* tipărit. II. *m.* 1. tipăritură. 2. formular, imprimat.
impresor *m.* 1. tipograf. 2. proprietar de tipografie.
impresora *f.* imprimantă (de calculator).

imprevisión f. neprevedere.

imprimir vt. 1. a imprima, a tipări. 2. a întipări. 3. (fig.) a insufla, a inspira. 4. (fig.) a imprima, a transmite.

ímprobo adj. 1. necinstit, incorect. 2. greu, istovitor.

improperio m. ocară, insultă.

impropio adj. impropriu.

improvisación f. 1. improvizare. 2. improvizaţie.

improvisar vt. a improviza.

improviso adj. neprevăzut // al (sau de) ~ pe neaşteptate.

imprudencia f. imprudenţă.

imprudente adj. imprudent, neprevăzător.

impudencia f. neruşinare, necuviinţă.

impudente adj. neruşinat, necuviincios.

impuesto m. impozit.

impugnar vt. a contesta.

impulsar vt. a împinge; a da (un) impuls.

impulsivo adj. impulsiv.

impulso m. 1. (tehn.) mişcare. 2. (fig.) impuls, imbold.

impune adj. nepedepsit.

impunidad f. nesancţionare, nepedepsire.

impureza f. 1. impuritate. 2. (fig.) imoralitate.

impuro adj. impur.

imputación f. 1. imputare. 2. imputaţie, învinovăţire.

imputar vt. a imputa, a reproşa.

inacabable adj. interminabil, care nu are sfârşit.

inaccesible adj. (d. persoane) inaccesibil.

inadmisible adj. inadmisibil.

inadvertencia f. inadvertenţă.

inadvertido adj. neatent, distrat.

inagotable adj. inepuizabil.

inalterable adj. inalterabil.

inanición f. inaniţie.

inanimado adj. neînsufleţit.

inapetente adj. fără poftă de mâncare.

inapreciable adj. nepreţuit.

inasequible adj. (d. lucruri) inaccesibil, neabordabil.

inaudito adj. nemaiauzit, nemaipomenit, nemaiîntâlnit.

inauguración f. inaugurare.

inaugurar vt. a inaugura.

incandescente adj. incandescent.

incansable adj. neobosit, neostenit.

incapacidad f. incapacitate.

incapacitado adj. (jur.) incapabil, fără capacitate legală.

incapaz adj. incapabil.

incautarse vr. (jur.) a sechestra.

incauto adj. imprudent; nechibzuit.

incendiar vt. a incendia.

incendiario I. adj. incendiar. II. m. 1. incendiator. 2. (fig.) instigator.

incendio m. incendiu.

incensar vt. a tămâia.

incensario m. cădelniţă.

incentivo m. stimulent, imbold.

incertidumbre f. incertitudine, îndoială.

incesante adj. neîncetat, necontenit.

incesto *m.* incest.

incidencia *f.* 1. incidenţă. 2. incident, întâmplare // *por* ~ întâmplător.

incidente *m.* incident.

incidir *vi. (fig.)* a cădea în.

incienso *m.* 1. tămâie. 2. *(fig.)* tămâiere.

incierto *adj.* incert, nesigur.

incineración *f.* incinerare.

incinerar *vt.* a incinera.

incipiente *adj.* incipient, aflat la început.

incisión *f.* incizie, tăietură.

incisivo *adj.* incisiv.

incitar *vt.* a incita, a aţâţa.

inclemencia *f.* 1. neîndurare. 2. *(fig.)* asprime, strășnicie.

inclemente *adj.* neîndurător, nemilos.

inclinación *f.* înclinaţie, aplecare.

inclinar(se) *vt., vr.* a (se) înclina.

ínclito *adj.* ilustru, celebru.

incluir *vt.* a include, a insera.

inclusión *f.* includere.

inclusivamente, inclusive *adv.* inclusiv.

incluso *prep.* chiar și, până și.

incoar *vt. (jur.)* a intenta; a deschide.

incógnita *f.* 1. *(mat.)* necunoscută. 2. enigmă.

incógnito *adj.* necunoscut.

incoherencia *f.* incoerenţă.

incoherente *adj.* incoerent.

incoloro *adj.* incolor.

incólume *adj.* teafăr, nevătămat.

incomestible *adj.* necomestibil.

incomible *adj.* de nemâncat.

incomodar *vt.* a incomoda, a stingheri.

incómodo *adj.* incomod.

incomparable *adj.* incomparabil.

incompatibilidad *f.* incompatibilitate, nepotrivire // ~ *de caracteres* nepotrivire de caracter.

incompatible *adj.* incompatibil.

incompetencia *f.* incompetenţă.

incompetente *adj.* incompetent.

incompleto *adj.* incomplet.

incomprensible *adj.* incomprehensibil; greu de înţeles.

incomunicar(se) *vt., vr.* a (se) izola.

inconcebible *adj.* de neconceput.

inconcluso *adj.* neterminat; nefinisat; incomplet.

inconcluyente *adj.* neconcludent.

inconcuso *adj.* incontestabil, ferm, neîndoielnic.

inconexo *adj.* fără legătură (una cu alta), lipsit de legătură, incoerent.

inconfesable *adj.* de nemărturisit.

inconfundible *adj.* clar, distinct, de neconfundat.

incongruente *adj.* 1. nepotrivit. 2. incoerent, fără șir.

inconmensurable *adj.* incomensurabil.

inconsciente *adj., m.* inconştient.

inconsecuencia *f.* inconsecvenţă, lipsă de consecvenţă.

inconsiderado *adj.* nesăbuit.

inconsolable *adj.* nemângâiat.

inconstante *adj.* inconstant, nestatornic, schimbător.

incontable *adj.* **1.** *(şi fig.)* nenumărat, incalculabil; fără număr. **2.** *(fig.)* imposibil de povestit.

incontenible *adj.* de nestăpânit, dezlănţuit, năvalnic.

incontinente *adj.* necumpătat.

incontrastable *adj.* invincibil, de neînvins.

incontrolado *adj.* **1.** necontrolat. **2.** scăpat de sub control.

inconveniente I. *adj.* neconvenabil, nepotrivit. **II.** *m.* inconvenient, neajuns.

incorporación *f.* încorporare.

incorporar I. *vt.* a încorpora, a îngloba. **II.** **~se** *vr.* **1.** a se ridica în capul oaselor. **2.** a se integra.

incorpóreo *adj.* **1.** fără trup. **2.** incorporal, nematerial.

incorrección *f.* incorectitudine.

incorrecto *adj.* incorect.

incorregible *adj.* incorigibil.

incorrupto *adj.* necorupt, neviciat.

incredulidad *f.* neîncredere.

incrédulo *adj.* neîncrezător.

increíble *adj.* de necrezut.

incrementar(se) *vt., vr.* a (se) mări; a creşte; a (se) dezvolta; a (se) extinde.

incremento *m.* creştere, sporire; dezvoltare; extindere.

increpar *vt.* a mustra aspru.

incriminar *vt.* a incrimina.

incrustación *f.* incrustaţie.

incrustar *vt.* a incrusta.

incubación *f.* incubaţie.

incubadora *f.* incubator.

incubar *vt.* a cloci.

inculcación *f.* inculcare, insuflare, băgare în cap.

inculcar I. *vt.* *(fig.)* a inculca, a insufla, a băga în cap. **II.** **~se** *vr.* a se încăpăţâna.

inculpación *f.* inculpare.

inculpar *vt.* a inculpa.

inculto *adj.* **1.** *(d. pământ)* necultivat. **2.** incult.

incumbencia *f.* obligaţie, atribuţie.

incumbir *vi.* a incumba, a reveni.

incurrir *vi.* *(en)* **1.** a se face vinovat (de). **2.** a se expune (la).

incursión *f.* incursiune.

indagación *f.* cercetare, investigaţie.

indagar *vt.* a cerceta, a investiga.

indebido *adj.* nepermis; necorespunzător.

indecencia *f.* indecenţă, necuviinţă.

indecente *adj.* indecent, necuviincios.

indecible *adj.* inexprimabil.

indecisión *f.* nehotărâre.

indeciso *adj.* indecis, nehotărât.

indecoroso *adj.* necuviincios, urât.

indefenso *adj.* fără apărare.

indefinible *adj.* nedefinit.

indefinido *adj.* nedefinit, nehotărât, neprecizat.

indeleble *adj.* de neşters.

indemne *adj.* intact, nevătămat.

indemnización *f.* despăgubire.

indemnizar(se) *vt., vr.* *(de)* a (se) despăgubi (pentru).

independencia *f.* independenţă, neatârnare.

215

independiente *adj.* independent.

indeterminación *f.* nehotărâre, şovăială.

indeterminado *adj.* nedeterminat, indefinit, imprecis.

indiano *adj., m.* 1. indian (din America). 2. (alb) îmbogăţit în America.

indicación *f.* 1. indicare. 2. indicaţie.

indicador *adj., m.* indicator.

indicar *vt.* a indica, a arăta.

indicativo *m.* *(gram.)* indicativ.

índice *m.* 1. index, indice, sumar. 2. *(fiz., mat.)* indice. 3. (deget) arătător. 4. limbă de ceas.

indicio *m.* indiciu.

índico *adj.* indic, indian.

indiferencia *f.* indiferenţă, nepăsare.

indiferente *adj.* indiferent, nepăsător.

indígena *adj., m.* indigen, băştinaş.

indigencia *f.* sărăcie.

indigente *adj., m.* sărac, nevoiaş.

indigestión *f.* indigestie.

indigesto *adj.* 1. indigest. 2. *(fig.)* ursuz.

indignación *f.* indignare.

indignar(se) *vt., vr.* a (se) indigna.

indignidad *f.* 1. lipsă de demnitate. 2. ticăloşie.

indigno *adj.* nedemn, ticălos.

índigo *m.* indigo.

indio *adj., m.* indian (din India sau din America).

indirecta *f.* aluzie, insinuare.

indirecto *adj.* indirect.

indisciplina *f.* indisciplină.

indisciplinado *adj.* nedisciplinat.

indiscreción *f.* indiscreţie.

indiscreto *adj.* indiscret.

indiscutible *adj.* indiscutabil.

indispensable *adj.* indispensabil.

indisponer(se) *vt., vr.* 1. a (se) indispune. 2. *(con)* a (se) pune rău (cu).

indisposición *f.* indispoziţie.

indispuesto *adj.* indispus.

indistinto *adj.* 1. indistinct, nedesluşit; neclar, imprecis. 2. indiferent.

individual *adj.* individual.

individualismo *m.* individualism.

individuo *m.* individ.

indocilidad *f.* nesupunere.

indocto *adj.* incult, ignorant.

índole *f.* 1. caracter, fire. 2. fel, natură.

indolente *adj.* indolent.

indómito *adj.* neîmblânzit.

inducción *f.* inducţie.

inducir *vt.* 1. a induce. 2. a deduce.

indudable *adj.* neîndoios, sigur.

indulgente *adj.* indulgent, îngăduitor.

indultar *vt.* *(jur.)* a graţia.

indulto *m.* *(jur.)* graţiere.

indumentaria *f.* *(fam.)* îmbrăcăminte, veşminte.

industria *f.* 1. îndemânare, dibăcie. 2. industrie.

industrial **I.** *adj.* industrial. **II.** *m.* industriaş.

industrialización *f.* industrializare.

industrializar *vt.* a industrializa.

industriarse *vr*. a se strădui.

industrioso *adj*. 1. iscusit, dibaci. 2. harnic.

inédito *adj*. inedit.

inefable *adj*. inefabil, nespus.

ineficacia *f*. ineficacitate.

ineficaz *adj*. ineficace.

ineludible *adj*. inevitabil.

inepcia *f*. inepţie, nerozie.

inepto *adj*. inept, nerod.

inequívoco *adj*. fără echivoc.

inercia *f*. inerţie.

inerte *adj*. inert.

inesperable *adj*. de nesperat.

inesperado *adj*. neaşteptat, neprevăzut, nebănuit.

inestable *adj*. instabil.

inestimable *adj*. (de) nepreţuit.

inevitable *adj*. inevitabil.

inexactitud *f*. inexactitate.

inexacto *adj*. inexact.

inexistente *adj*. inexistent.

inexorable *adj*. neînduplecat.

inexperto *adj*. 1. lipsit de experienţă. 2. neîndemânatic, nepriceput.

inexplicable *adj*. inexplicabil.

inexpugnable *adj*. de neînvins.

inextinguible *adj*. de nestins.

inextricable *adj*. inextricabil, încâlcit.

infalibilidad *f*. infailibilitate.

infalible *adj*. infailibil.

infamar *vt*. a dezonora.

infamatorio *adj*. infamant, dezonorant.

infame *adj*. infam, mârşav.

infamia *f*. infamie, mârşăvie.

infancia *f*. copilărie.

infante *m*. 1. copil (sub 7 ani). 2. infante. 3. *(mil.)* infanterist.

infantería *f*. *(mil.)* infanterie.

infantil *adj*. infantil.

infarto *m*. infarct.

infatigable *adj*. neobosit.

infatuarse *vr*. *(con)* a se îngâmfa (cu).

infausto *adj*. nenorocit.

infección *f*. 1. infectare. 2. infecţie.

infeccioso *adj*. infecţios.

infectar *vt*. a infecta.

infecto *adj*. infect.

infecundo *adj*. steril, sterp.

infeliz *adj*. nefericit, nenorocit.

inferior *adj*. inferior.

inferioridad *f*. inferioritate.

inferir *vt*. 1. a deduce, a conchide. 2. a aduce (o ofensă).

infernal *adj*. infernal.

infestar *vt*. 1. *(med.)* a infesta. 2. a pustii, a devasta.

infidelidad *f*. infidelitate.

infiel *adj*. 1. infidel, neleal. 2. inexact. 3. *(rel.)* necredincios.

infiernillo *m*. spirtieră.

infierno *m*. infern, iad.

infiltrar(se) *vt*., *vr*. a (se) infiltra.

ínfimo *adj*. infim.

infinidad *f*. infinitate.

infinitivo *m*. *(gram.)* infinitiv.

infinito *adj*. infinit.

infirmar *vt*. *(jur.)* a infirma.

inflación *f*. 1. umflare. 2. *(fig.)* îngâmfare. 3. inflaţie.

inflamable *adj*. inflamabil.

inflamación *f*. 1. aprindere. 2. *(med.)* inflamare, inflamaţie.

inflamar(se) I. *vt.*, *vr.* **1.** *(şi fig.)* a (se) aprinde. **2.** *(fig.)* a (se) dezlănţui, a (se) declanşa. II. *vr.* *(med.)* a se inflama.

inflar(se) *vt.*, *vr.* *(şi fig.)* a (se) umfla.

inflexión *f.* **1.** îndoire, încovoiere. **2.** inflexiune.

infligir *vt.* **1.** a aplica, a da (o pedeapsă). **2.** a pricinui, a cauza.

influencia *f.* influenţă, înrâurire.

influir *vt.*, *vi.* a influenţa.

influjo *m.* influenţă.

influyente *adj.* influent.

información *f.* **1.** informare. **2.** informaţie.

informal *adj.* neprotocolar; intim; neserios.

informar(se) I. *vt.*, *vr.* a (se) informa. II. *vi.* **1.** a prezenta un raport. **2.** *(jur.)* a pleda.

informativo *m.* jurnal de actualităţi.

informe I. *adj.* inform. II. *m.* **1.** raport, dare de seamă. **2.** *(jur.)* pledoarie. **3.** ~s *pl.* referinţe, relaţii.

infortunado *adj.* nenorocit, nefericit.

infortunio *m.* nenorocire.

infracción *f.* infracţiune.

infractor *m.* infractor.

infranqueable *adj.* de nepătruns, de nedepăşit, de nezdruncinat.

infrascrito *adj.*, *m.* subsemnat.

infrecuente *adj.* neobişnuit.

infringir *vt.* a înfrânge, a încălca.

infructuoso *adj.* infructuos.

infundir *vt.* *(fig.)* a inspira, a insufla.

infusión *f.* **1.** inspirare, insuflare. **2.** *(med.)* infuzie.

ingeniarse *vr.* a se strădui.

ingeniería *f.* inginerie.

ingeniero *m.* inginer.

ingenio *m.* **1.** geniu. **2.** talent. **3.** minte. **4.** maşină // ~ *de azúcar* fabrică de zahăr.

ingenioso *adj.* ingenios.

ingénito *adj.* înnăscut, natural.

ingente *adj.* enorm, uriaş.

ingenuidad *f.* ingenuitate.

ingenuo *adj.* ingenuu.

ingerencia *f.* amestec, ingerinţă // *no ~ en asuntos interiores* neamestec în treburile interne.

ingerir I. *vt.* **1.** a introduce. **2.** a ingera. II. ~se *vr.* *(en)* a se amesteca (în).

inglés *adj.*, *m.* englez(esc).

ingratitud *f.* nerecunoştinţă.

ingrato *adj.* ingrat, nerecunoscător.

ingrediente *m.* ingredient.

ingresar I. *vi.* **1.** a intra, a se înscrie. **2.** a lua examenul de admitere. II. *vt.* *(fin.)* a depune.

ingreso *m.* **1.** intrare. **2.** venit. **3.** *(fin.)* depunere.

ingurgitar *vt.* a îngurgita, a înghiţi.

inhábil *adj.* neîndemânatic.

inhabilidad *f.* neîndemânare.

inhabilitación *f.* **1.** destituire. **2.** *(jur.)* incapacitate.

inhabilitar *vt.* **1.** a destitui. **2.** *(jur.)* a declara incapabil.

inhabitable *adj.* nelocuibil, de nelocuit.

inhabitado *adj.* nelocuit, pustiu.

inhalación f. inhalare, inhalaţie.

inherente adj. inerent.

inhibición f. 1. interzicere, oprire. 2. inhibiţie.

inhibir vt. 1. a interzice, a opri. 2. a inhiba.

inhospitalario adj. neospitalier.

inhumano adj. inuman, neomenesc.

inhumar vt. a înhuma.

iniciación f. iniţiere.

inicial I. adj. iniţial. II. f. iniţială.

iniciar vt. 1. a iniţia. 2. a începe.

iniciativa f. iniţiativă.

inicio m. început.

inicuo adj. nedrept.

ininflamable adj. neinflamabil.

iniquidad f. inechitate, nedreptate.

injertar vt. 1. a altoi. 2. (med.) a grefa.

injerto m. 1. altoi. 2. altoire. 3. (med.) grefă.

injuria f. injurie, insultă.

injuriar vt. a insulta.

injurioso adj. insultător.

injusticia f. nedreptate.

injusto adj. nedrept.

inmaculado adj. neprihănit.

inmanencia f. imanenţă.

inmanente adj. imanent.

inmaterial adj. imaterial.

inmediación f. 1. vecinătate. 2. ~es pl. împrejurimi.

inmediato adj. imediat, nemijlocit. // de ~ de îndată.

inmejorable adj. perfect, desăvârşit, excelent, foarte bun.

inmemorial adj. imemorial, străvechi.

inmensidad f. imensitate.

inmenso adj. imens.

inmerecido adj. nemeritat.

inmersión f. imersiune.

inmigración f. imigrare, imigraţie.

inmigrante m. imigrant.

inmigrar vi. a imigra.

inminencia f. iminenţă.

inminente adj. iminent.

inmiscuir(se) vt., vr. a (se) amesteca.

inmolar(se) vt., vr. a (se) jertfi, a (se) sacrifica.

inmoral adj. imoral.

inmoralidad f. imoralitate.

inmortal adj., m. nemuritor.

inmortalidad f. nemurire.

inmortalizar vt. a imortaliza.

inmóvil adj. imobil.

inmovilidad f. imobilitate, nemişcare.

inmundo adj. imund, murdar.

inmune adj. 1. imun. 2. scutit.

inmunidad f. 1. imunitate. 2. scutire.

inmunizar vt. a imuniza.

inmutable adj. imuabil.

inmutar(se) vt., vr. a (se) schimba.

innato adj. înnăscut.

innecesario adj. netrebuincios.

innegable adj. netăgăduit.

innovación f. 1. inovare. 2. inovaţie.

innovador adj., m. inovator.

innovar vt. a inova.

innumerable adj. nenumărat.

inocencia f. inocenţă, nevinovăţie.

inocente adj. nevinovat.

inocular vt. a inocula.

inodoro adj. inodor, fără miros.

inofensivo *adj.* inofensiv.

inolvidable *adj.* de neuitat.

inopia *f.* sărăcie.

inopinado *adj.* inopinat, neaşteptat.

inoportuno *adj.* inoportun.

inorgánico *adj.* anorganic.

inquebrantable *adj. (fig.)* de nezdruncinat; de neclintit.

inquietar *vt.* a nelinişti, a îngrijora.

inquieto *adj.* neliniştit, îngrijorat.

inquietud *f.* nelinişte, îngrijorare.

inquilino *m.* chiriaş.

inquina *f.* ciudă, necaz.

inquirir *vt.* 1. a cerceta, a se informa (despre). 2. a afla. 3. a întreba.

inquisición *f.* 1. cercetare, anchetă. 2. inchiziţie.

inquisidor I. *adj.* cercetător; iscoditor. II. *m.* inchizitor.

inquisitivo *adj.* cercetător, iscoditor, scormonitor.

insaciable *adj.* nesăţios, nesătul.

insalubre *adj.* insalubru.

insania *f.* sminteală.

insano *adj.* smintit.

inscribir *vt.* a înscrie.

inscripción *f.* 1. înscriere. 2. inscripţie.

insecticida *adj., m.* insecticid.

insecto *m.* insectă.

inseguro *adj.* nesigur.

insensatez *f.* nerozie.

insensato *adj.* nerod, tâmp.

insensible *adj.* insensibil.

inseparable *adj.* inseparabil, (de) nedespărţit.

inserción *f.* 1. inserare. 2. inserţie.

insertar *vt.* a insera.

inservible *adj.* inutilizabil.

insidia *f.* 1. uneltire. 2. capcană.

insidioso *adj.* insidios.

insigne *adj.* însemnat, ilustru.

insignia *f.* 1. insignă. 2. *(mil., mar.)* drapel, stindard. 3. ~s *pl.* însemne.

insignificante *adj.* neînsemnat.

insinuación *f.* insinuare.

insinuar(se) *vt., vr.* a (se) insinua.

insípido *adj.* insipid, searbăd.

insistencia *f.* insistenţă, stăruinţă.

insistente *adj.* insistent, stăruitor.

insistir *vi. (en)* a insista (asupra).

insolación *f.* insolaţie.

insolencia *f.* obrăznicie.

insolente *adj.* obraznic.

insólito *adj.* neobişnuit.

insoluble *adj.* insolubil.

insolvencia *f.* insolvabilitate.

insolvente *adj.* insolvabil.

insomnio *m.* insomnie.

insoportable *adj.* insuportabil.

inspección *f.* 1. inspectare, inspecţie. 2. control.

inspeccionar *vt.* a inspecta.

inspector *m.* inspector.

inspiración *f.* inspiraţie.

inspirar(se) *vt., vr.* a (se) inspira.

instalación *f.* 1. instalare. 2. instalaţie.

instalar(se) *vt., vr.* a (se) instala.

instancia *f.* 1. stăruinţă. 2. *(jur.)* instanţă // *a ~ de* la cererea.

instántanea *f. (foto)* instantaneu.

instantáneo *adj.* instantaneu.

instante *m.* clipă, moment // *al ~* pe dată, pe loc.

instar I. *vt.* a cere stăruitor. II. *vi.* a fi urgent.

instauración *f.* instaurare.

instaurar *vi.* a instaura.

instigación *f.* instigare.

instigar *vt.* a instiga.

instintivo *adj.* instinctiv.

instinto *m.* instinct.

institución *f.* 1. instituire. 2. instituţie.

instituir *vt.* a institui.

instituto *m.* institut // ~ *de segunda enseñanza* liceu (de stat).

institutor *m.* institutor.

instrucción *f.* 1. instrucţie. 2. instrucţiune.

instructivo *adj.* instructiv.

instructor *m.* instructor.

instruir(se) *vt., vr.* a (se) instrui.

instrumental *adj.* instrumental.

instrumentista *m.* şi *f.* instrumentist(ă).

instrumento *m.* instrument; unealtă.

insuficiencia *f.* 1. insuficienţă. 2. incapacitate.

insuficiente *adj.* insuficient, nesatisfăcător.

insufrible *adj.* insuportabil.

insular *adj., m.* insular.

insulso *adj.* searbăd, fad.

insultante *adj.* insultător.

insultar I. *vt.* a insulta. II. ~se *vr.* a leşina.

insulto *m.* 1. insultă. 2. leşin.

insuperable *adj.* de neînvins; (de) neîntrecut.

insurgente *adj., m.* insurgent.

insurrección *f.* insurecţie.

insustituible *adj.* de neînlocuit.

intacto *adj.* intact, neatins.

intachable *adj.* ireproşabil.

intangible *adj.* intangibil.

integral *adj.* integral.

integrante I. *adj.* 1. integrant. 2. component // *partes* ~s părţi componente. II. *m.* participant, membru.

integrar *vt.* 1. a întregi, a completa. 2. a integra. 3. a forma, a alcătui.

integridad *f.* integritate; întregime.

íntegro *adj.* 1. întreg. 2. integru.

intelecto *m.* intelect.

intelectual *adj., m.* intelectual.

inteligencia *f.* 1. inteligenţă, deşteptăciune. 2. înţelegere.

inteligente *adj.* inteligent, deştept.

intemperancia *f.* necumpătare.

intemperie *f.* intemperie, vreme rea.

intención *f.* 1. intenţie. 2. *(fig.)* nărav.

intencionado *adj.* 1. intenţionat. 2. premeditat.

intendencia *f.* administraţie.

intendente *m.* intendent; administrator.

intensidad *f.* intensitate.

intensificar *vt.* a intensifica.

intensivo *adj.* intensiv.

intenso *adj.* intens.

intentar *vt.* 1. a încerca (să), a căuta (să). 2. a avea de gând (să). 3. *(jur.)* a intenta.

intento *m.* 1. intenţie // *de* ~ în(tr-)adins. 2. încercare.

intercalar *vt.* a intercala.

intercambiar *vt.* a schimba.

intercambio *m*. schimb (reciproc).

interceder *vi*. a interveni.

interceptar *vt*. a intercepta.

intercesión *f*. intervenţie.

interdecir *vt*. a interzice.

interdicción *f*. interzicere, interdicţie.

interés *m*. **1**. interes. **2**. dobândă.

interesante *adj*. interesant.

interesar(se) *vt*., *vr*. a (se) interesa.

interferir(se) **I**. *vt*., *vr*. a (se) amesteca. **II**. *vt*., *vi*. *(fig.)* a interfera, a produce interferenţă. **III**. *vt*. a bruia.

ínterin **I**. *m*. interimat // *en el* ~ între timp. **II**. *adv*. provizoriu. **III**. *adj*. interimar.

interino *adj*. interimar.

interior **I**. *adj*. interior, intern. **II**. *m*. interior.

interjección *f*. interjecţie.

interlocutor *m*. interlocutor.

intérlope *adj*. interlop.

intermediario *adj*., *m*. intermediar.

intermedio **I**. *adj*. intermediar. **II**. *m*. **1**. interval. **2**. antract // *por* ~ prin intermediul.

interminable *adj*. interminabil.

intermitente *adj*. intermitent.

internacional *adj*. internaţional.

internar **I**. *vt*. a interna. **II**. ~se *vr*. **1**. a pătrunde adânc, a se afunda. **2**. *(fig.)* a pătrunde.

interno **I**. *adj*. intern, interior. **II**. *m*. elev intern.

interpelar *vt*. a interpela.

interpolación *f*. interpolare.

interpolar *vt*. **1**. a interpola. **2**. a suspenda.

interponer(se) *vt*., *vr*. a (se) interpune.

interposición *f*. interpunere, intercalare.

interpretación *f*. **1**. interpretare. **2**. traducere, tălmăcire.

interpretar *vt*. **1**. a interpreta. **2**. a traduce, a tălmăci.

intérprete *m*. interpret.

interrogación *f*. **1**. întrebare. **2**. *(gram.)* semn de întrebare.

interrogante *m*. *(gram.)* semn de întrebare.

interrogar *vt*. a întreba, a interoga.

interrogatorio *m*. interogatoriu.

interrumpir *vt*. a întrerupe.

interrupción *f*. întrerupere.

interruptor *m*. *(electr.)* întrerupător.

intersección *f*. intersecţie.

intervalo *m*. interval.

intervención *f*. intervenţie.

intervenir **I**. *vi*. **1**. *(en, por)* a interveni (la, pentru), a participa (la). **2**. *(en)* a se amesteca (în). **3**. a interveni, a surveni. **4**. a interpreta (un rol). **II**. *vt*. **1**. a verifica, a controla. **2**. *(med.)* a face o operaţie.

interventor *m*. verificator, controlor.

interviniente *m*. şi *f*. partipant.

interviú *m*. interviu.

interviuvar *vt*. a lua un interviu.

intestino **I**. *m*. intestin. **II**. *adj*. intern.

intimar I. *vt.* **1.** *(jur.)* a soma. **2.** *(mil.)* a da ultimatum. II. *vi.* *(con)* a deveni intim (cu). III. ~se *vr.* a pătrunde.

intimidad *f.* intimitate.

intimidar(se) *vt., vr.* a (se) intimida.

íntimo *adj.* intim.

intocable *adj.* intangibil, de neatins.

intolerable *adj.* intolerabil.

intolerancia *f.* intoleranță.

intolerante *adj.* intolerant.

intoxicar(se) *vt., vr.* a (se) intoxica.

intranquilo *adj.* **1.** neliniştit, zbuciumat; agitat. **2.** zburdalnic.

intransferible *adj.* netransferabil, netransmisibil.

intransigente *adj.* intransigent; intolerant.

intransitable *adj.* impracticabil.

intratable *adj.* nesociabil.

intrepidez *f.* îndrăzneală.

intrépido *adj.* îndrăzneț.

intriga *f.* intrigă, uneltire.

intrigante *adj.* intrigant.

intrigar I. *vi.* a unelti. II. *vt.* a neliniști.

intrincado *adj.* încâlcit.

intrínseco *adj.* intrinsec.

introducción *f.* *(a)* introducere (la).

introducir(se) *vt., vr.* a (se) introduce.

intromisión *f.* imixtiune.

intruso *m.* intrus.

intuición *f.* intuiție.

intuir *vt.* a intui.

intuitivo *adj.* intuitiv.

inundación *f.* **1.** inundare. **2.** inundație.

inundar I. *vt.* a inunda. II. ~se *vr.* a fi inundat.

inusitado *adj.* nefolosit, inuzitat; neobişnuit.

inusual *adj.* neobişnuit.

inútil *adj.* nefolositor.

inutilidad *f.* inutilitate.

inutilizar *vt.* a face inutil.

invadir *vt.* a invada, a năvăli.

invalidar *vt.* a anula; a infirma; a invalida.

invalidez *f.* **1.** invaliditate. **2.** nevalabilitate.

inválido *adj.* **1.** invalid. **2.** fără valabilitate.

invariable *adj.* invariabil.

invasión *f.* invazie, năvălire.

invasor *m.* invadator, năvălitor.

invectiva *f.* invectivă.

invencible *adj.* invincibil, de neînvins.

invención *f.* **1.** inventare. **2.** invenție.

inventar *vt.* **1.** a inventa. **2.** *(fig.)* a născoci.

inventario *m.* inventar.

invento *m.* invenție.

inventivo *adj.* inventiv.

inventor *m.* inventator.

invernáculo *m.* seră.

invernal *adj.* de iarnă.

invernar *vi.* a ierna.

inverosímil *adj.* neverosimil.

inversión *f.* **1.** inversare. **2.** inversiune. **3.** investiție.

inverso *adj.* invers.

invertebrado *adj., m.* nevertebrat.

invertir *vt.* 1. a inversa. 2. a investi.

investidura *f.* investitură.

investigación *f.* cercetare.

investigador *m.* cercetător.

investigar *vt.* a cerceta.

investir *vi. (de)* a investi (cu).

inveterado *adj.* inveterat.

invierno *m.* iarnă.

inviolable *adj.* inviolabil.

invisible *adj.* invizibil.

invitación *f.* 1. invitare. 2. invitaţie.

invitar *vt.* a invita.

invocación *f.* invocare, invocaţie.

invocar *vt.* a invoca.

involucrar(se) *vt., vr.* a (se) implica, a (se) amesteca.

involuntario *adj.* involuntar.

invulnerable *adj.* invulnerabil.

inyección *f.* 1. injectare. 2. injecţie.

inyectar *vt.* a injecta.

ir I. *vi.* 1. *(a, hacia)* a merge, a se duce (la). 2. *(a)* a duce (spre). 3. *(fig.)* a-i merge, a o duce. 4. *(d. haine)* a cădea, a-i sta. II. ~se *vr.* a se duce, a pleca.

ira *f.* mânie, furie.

iracundo *adj.* iute la mânie.

iraquí *adj., m.* irakian.

iraní *adj., m.* iranian.

irascible *adj.* irascibil.

iris *m.* 1. *(arco)* ~ curcubeu. 2. *(anat.)* iris.

irlandés *adj., m.* irlandez.

ironía *f.* ironie.

irónico *adj.* ironic.

irracional *adj.* iraţional.

irradiar *vt.* a iradia.

irreal *adj.* ireal, nereal.

irrealizable *adj.* irealizabil.

irreductible *adj.* ireductibil.

irreflexión *f.* nechibzuinţă.

irreflexivo *adj.* nechibzuit.

irregular *adj.* neregulat.

irremisible *adj.* de neiertat.

irreparable *adj.* ireparabil.

irreprensible, irreprochable *adj.* ireproşabil.

irresistible *adj.* irezistibil.

irresoluto *adj.* nehotărât, indecis.

irresponsable *adj.* iresponsabil.

irreverencia *f.* lipsă de respect.

irrevocable *adj.* irevocabil.

irrigación *f.* irigare, irigaţie.

irrigar *vt.* a iriga.

irrisorio *adj.* ridicol, rizibil.

irritable *adj.* iritabil.

irritación *f.* 1. iritare. 2. iritaţie.

irritar(se) *vt., vr.* a (se) irita.

irrupción *f.* năvălire, năvală.

isla *f.* 1. insulă. 2. grup de case.

islandés *adj., m.* islandez.

isleño *adj.* insular.

islote *m.* insulă de stânci.

isótopo *m.* izotop.

israelita *adj., m.* israelit(ean).

istmo *m.* istm.

italiano I. *adj.* italienesc, italian. II. *m.* italian.

itinerario *m.* itinerar, rută.

izar *vt.* a înălţa, a arbora.

izquierda *f.* 1. stângă *(mână, parte etc.)* // *a la* ~ la stânga. 2. *(pol.)* stânga.

izquierdo *adj.* 1. stâng. 2. *(fig.)* strâmb.

izquierdista *m. (pol.)* partizan al stângii, stângist.

J

jabalí *m.* mistreţ.

jabalina *f. (sport)* suliţă.

jabón *m.* **1.** săpun. **2.** *(fig.)* săpuneală.

jabonar *vt.* a săpuni.

jabonero I. *adj. (d. tauri)* alb-gălbui. **II.** *m.* fabricant *(sau* negustor) de săpun.

jaca *f.* căluţ, ponei.

jácara *f.* **1.** romanţă spaniolă. **2.** dans spaniol. **3.** *(fam.)* necaz. **4.** *(fam.)* minciună.

jacinto *m. (bot.)* zambilă.

jactancia *f.* îngâmfare, înfumurare.

jactancioso *adj.* îngâmfat, înfumurat.

jactarse *vi.* a se făli, a se lăuda.

jade *m.* jad.

jadeante *adj.* gâfâitor.

jadear *vi.* a gâfâi.

jaez *m.* .1. ham. **2.** *(fig.)* ţeapă, soi.

jaguar *m.* jaguar.

jalbegar *vt.* **1.** a spoi, a vărui. **2.** *(fig.)* a sulemeni.

jalea *f.* peltea, jeleu.

jalear *vt.* **1.** a asmuţi (câinii). **2.** a aplauda.

jaleo *m.* **1.** asmuţire. **2.** ropote de aplauze. **3.** dans andaluz. **4.** *(fam.)* chef.

jalón *m.* jalon.

jamás *adv.* niciodată.

jamón *m.* jambon, şuncă // ~ de York şuncă de Praga; ~ serrano şuncă afumată.

japonés *adj., m.* japonez.

jaque *m.* **1.** şah // ~ mate şah-mat. **2.** *(fam.)* fanfaron.

jaqueca *f.* migrenă.

jarabe *m.* sirop.

jaral *m. (fig.)* încurcătură.

jarana *f.* **1.** petrecere, chef. **2.** *(fam.)* larmă.

jaranear *vi.* a chefui, a petrece.

jaranero *adj., m.* chefliu, petrecăreţ.

jardín *m.* grădină.

jardinería *f.* grădinărie, grădinărit.

jardinero *m.* grădinar.

jarra *f.* ulcior cu toarte // de ~s cu mâinile în şolduri.

jarretera *f.* jartieră.

jarro *m.* ulcior; cană.

jaspe *m.* jasp, matostat.

jaula *f.* **1.** colivie; cuşcă. **2.** *(fam.)* închisoare. **3.** *(ambalaj)* stelaj.

jauría *f.* haită de câini de vânătoare.

jazmín *m.* iasomie.

jefatura *f.* **1.** şefie, conducere. **2.** comisariat // ~ *de policía* chestură.

jefe *m.* şef.

jengibre *m.* *(bot.)* ghimbir.

jenízaro *m.* ienicer.

jeque *m.* şeic.

jerarquía *f.* ierarhie.

jerárquico *adj.* ierarhic.

jerife *m.* şerif (arab).

jerga *f.* jargon, argou.

jerigonza *f.* jargon, argou.

jeringa *f.* seringă.

jeringar *vt.* **1.** a injecta. **2.** *(fig.)* a plictisi.

jeroglífico **I.** *adj.* hieroglific. **II.** *m.* **1.** hieroglifă. **2.** rebus.

jersey *m.* jerseu.

jesuíta *m.* iezuit.

jeta *f.* **1.** buze groase // *poner ~* a face mutre. **2.** rât. **3.** obraz, faţă.

jibia *f.* *(zool.)* sepie.

jícara *f.* *(Am.)* ceaşcă.

jilguero *m.* *(zool.)* sticlete.

jinete *m.* călăreţ, cavaler.

jira *f.* **1.** petic de stofă. **2.** picnic.

jirafa *f.* girafă.

jirón *m.* petic.

jocosidad *f.* **1.** voioşie. **2.** glumă, spirit.

jocoso *adj.* glumeţ, şăgalnic.

jofaina *f.* lighean.

jolgorio *m.* **v.** holgorio.

jónico *adj.* ionic.

jornada *f.* **1.** zi (de drum; de muncă). **2.** călătorie. **3.** *(fig.)* întâmplare. **4.** *(fig.)* viaţă. **5.** *(sport)* etapă. **6.** act *(în teatrul spaniol mai vechi)*.

jornal *m.* simbrie pe o zi.

jornalero *m.* zilier, salahor.

joroba *f.* **1.** cocoaşă, gheb. **2.** *(fig.)* sâcâială.

jorobado *adj.* cocoşat, ghebos.

jorobar *vt.* *(arg.)* a sâcâi.

jota *f.* **1.** *(litera)* j. **2.** *(fig.)* iotă. **3.** dans popular.

joven *adj., m.* tânăr.

jovial *adj.* jovial.

jovialidad *f.* jovialitate.

joya *f.* bijuterie, giuvaer.

joyería *f.* bijuterie, giuvaergerie.

joyero *m.* **1.** bijutier. **2.** cutie de bijuterii.

jubilación *f.* **1.** pensionare. **2.** pensie.

jubilar **I.** *vt.* **1.** a pensiona. **2.** *(fig.)* a reforma. **II.** *vi.* a jubila. **III.** ~se *vr.* a ieşi la pensie.

jubilero *m.* *(fig.)* forfoteală.

júbilo *m.* jubilare, veselie.

jubón *m.* pieptar.

judería *f.* cartier evreiesc, ghetou.

judía *f.* fasole // ~s *(crudas)* fasole verde.

judicial *adj.* judiciar, judecătoresc.

judío **I.** *adj.* evreiesc. **II.** *m.* evreu.

juego *m.* **1.** joc. **2.** glumă, joacă. **3.** serviciu; garnitură // ~ *de café* serviciu de cafea; ~ *de muebles* garnitură de mobilă. **4.** pereche // ~ *de botones* pereche de butoni; *hacer* ~ a se potrivi, a se asorta.

juerga *f.* chef, zaiafet // *estar de* ~ a chefui.

juerguista *m.* *(fam.)* chefliu, petrecăreţ.

jueves *m.* joi.

juez *m.* judecător.

jugada *f.* **1.** (rând, lovitură la) joc. **2.** *(fig.)* festă.

jugador *m.* jucător.

jugar I. *vt., vi.* a (se) juca // ~ *al tenis* a juca tenis. II. ~*se* *vr.* a-şi risca.

juglar *m.* menestrel.

jugo *m.* **1.** suc, zeamă. **2.** *(fig.)* sevă.

jugoso *adj.* **1.** zemos. **2.** *(fig.)* consistent, important.

juguete *m.* **1.** jucărie. **2.** glumă. **3.** farsă.

juguetear *vi.* a se zbengui.

juguetón *adj.* jucăuş, zburdalnic.

juicio *m.* **1.** judecată, minte // *perder el* ~ a-şi pierde minţile. **2.** judecată, părere // *a mi* ~ după judecata mea. **3.** *(jur.)* judecată // ~ *final* *(rel.)* judecata de apoi; *el día del* ~ niciodată.

juicioso *adj.* **1.** judicios. **2.** cuminte.

julio *m.* iulie.

jumento *m.* măgar.

junco *m.* stuf.

jungla *f.* junglă.

junio *m.* iunie.

junta *f.* **1.** adunare. **2.** şedinţă, consfătuire. **3.** consiliu // ~ *de médicos* consult de medici; ~ *militar* juntă militară.

juntar I. *vt.* **1.** a împreuna, a uni. **2.** a strânge, a aduna. **3.** *(d. uşi)* a închide, a apropia, a lăsa întredeschis. II. ~*se* *vr.* **1.** a se întovărăşi. **2.** a se alătura (cuiva). **3.** a face dragoste.

junto I. *adj.* **1.** apropiat, alăturat; împreunat. II. *adv.* **1.** aproape. **2.** împreună // ~ *a* lângă; ~ *con* împreună cu.

juntura *f.* **1.** îmbinare. **2.** încheietură, articulaţie.

jura *f.* jurământ.

jurado *m.* **1.** *(şi jur.)* juriu. **2.** jurat.

juramentar I. *vt.* a pune să jure. II. ~*se* *vr.* a depune jurământul.

juramento *m.* **1.** jurământ. **2.** înjurătură.

jurar *vi.* **1.** a jura. **2.** a înjura.

jurídico *adj.* juridic.

jurisconsulto *m.* jurisconsult.

jurisdicción *f.* jurisdicţie.

jurisprudencia *f.* jurisprudenţă.

jurista *m.* jurist.

justedad *f.* justeţe.

justicia *f.* justiţie, dreptate // *de* ~ de drept.

justiciero *adj.* neînduplecat, aspru (în aplicarea legii).

justificación *f.* justificare.

justificar *vt.* a justifica.

justo I. *adj.* **1.** just, drept. **2.** exact, complet. **3.** strâmt. II. *adv.* just, bine.

juvenil *adj.* juvenil, tineresc.

juventud *f.* **1.** tinereţe. **2.** tineret.

juzgado *m.* tribunal.

juzgar I. *vt., vi.* a judeca. II. *vt.* a crede, a aprecia, a considera.

K

káiser *m*. kaizer, împărat.
kan *m*. han (al tătarilor).
kárate *m*. karate
kéfir *m*. chefir.
kermés *f*. chermesă.m/
kif *m*. haşiş.
kilo(gramo) *m*. kilogram.
kilohercio *m*. kilohertz.

kilómetro *m*. kilometru.
kilovatio *m*. kilowat.
kirie *m*. litanie // *llorar los ~s* *(fam.)* a vărsa un potop de lacrimi.
kirieleisón *m*. 1. litanie. 2. *(fam.)* prohod // *cantar el ~* *(fam.)* a cere îndurare.

L

la I. *art. hot.* // ~ *mujer* femeia; *Catalina* ~ *Grande* Ecaterina cea Mare. II. *m.* *(muz.)* la.

laberinto *m.* labirint.

labia *f.* *(fam.)* limbuţie, darul vorbirii // *tener mucha* ~ *a* avea papagal.

labial *adj.* labial.

labio *m.* buză.

labor *f.* 1. lucru, muncă // ~*es del campo* munci agricole. 2. lucru de mână // *hacer* ~ a coase, a broda. 3. ~*es pl.* lucrări // *las* ~*es del congreso* lucrările congresului.

laborable *adj.* 1. arabil. 2. lucrător, de lucru // *día* ~ zi lucrătoare.

laborar I. *vt.* a (pre)lucra. II. *vi.* a unelti.

laboratorio *m.* laborator.

laboreo *m.* 1. arat. 2. exploatare (a unei mine).

laboriosidad *f.* hărnicie, sârguinţă.

laborioso *adj.* 1. laborios. 2. anevoios.

labrador *m.* ţăran, plugar.

labranza *f.* 1. plugărit. 2. fermă.

labrar *vt.* 1. a (pre)lucra. 2. a ciopli. 3. a cultiva, a ara. 4. *(fig.)* a făuri.

labriego *m.* plugar.

laca *f.* lac *(vopsea)*.

lacayo *m.* lacheu.

lacio *adj.* 1. ofilit, veşted. 2. *(fig.)* moale. 3. lins, neted.

lacónico *adj.* laconic.

lacra *f.* 1. urmă, semn lăsat de boală. 2. *(fig.)* cusur.

lacrar I. *vt.* a sigila, a pecetlui. II. ~*se vt., vr.* a (se) îmbolnăvi.

lacre *m.* ceară roşie.

lacrimógeno *adj.* lacrimogen.

lactación *f.* alăptare; lactaţie.

lactancia *f.* perioadă de lactaţie.

lactar I. *vt.* a alăpta. II. *vi.* a se hrăni cu lapte.

lácteo *adj.* 1. lăptos. 2. lactat // *vía láctea (astr.)* calea lactee.

lacustre *adj.* lacustru.

ladear I. *vt.* a înclina, a apleca (într-o parte). II. *vi. (fig.)* a se abate din cale. III. ~*se vr.* *(con)* a se înhăita (cu).

ladera *f.* povârniş.

ladino *adj.* *(fig.)* şiret, viclean.

lado *m*. 1. latură, parte // *al ~ de* alături de, lângă; *hacerse a un ~* a se da la o parte. 2. ţinut. 3. *~s pl*. prieteni, sfătuitori.

ladrar *vi*. a lătra.

ladrido *m*. lătrat, lătrătură.

ladrillo *m*. 1. cărămidă. 2. dală, placă // *~ de chocolate* baton de ciocolată.

ladrón *m*. hoţ.

lagar *m*. teasc.

lagarto *m*. 1. şopârlă. 2. *(fig.)* şmecher.

lago *m. (geogr.)* lac.

lagotería *f. (fam.)* linguşeală.

lágrima *f*. lacrimă // *a ~ viva* cu lacrimi fierbinţi; *deshacerse en ~s* a plânge în hohote.

lagrimear *vi*. a lăcrima.

laguna *f*. 1. lagună. 2. lacună, gol.

laico *adj., m*. laic, mirean.

laja *f*. lespede.

lamentable *adj*. lamentabil.

lamentación *f.,* **lamento** *m*. lamentare, tânguire.

lamentar I. *vt*. a (de)plânge. II. *~(se) vi., vr*. a se tângui.

lamer *vt*. a linge.

lámina *f*. 1. lamă (de metal). 2. gravură; planşă.

laminador *m. (tehn.)* laminor.

laminar *vt. (tehn.)* a lamina.

lámpara *f*. lampă.

lamparero *m*. lampagiu.

lamparilla *f*. lămpiţă de noapte.

lampiño *adj*. spân.

lana *f*. lână.

lanado *adj*. lânos.

lanar *adj*. cu lână // *ganado ~* ovine.

lance *m*. 1. aruncare, aruncat. 2. împrejurare // *comprar de ~* a cumpăra de ocazie; *librería de ~* anticariat. 3. *(şah)* mişcare. 4. *(taur.)* fază de joc.

lancero *m*. lăncier.

lancha *f*. 1. şalupă, barcă. 2. lespede, daltă.

langosta *f*. 1. lăcustă. 2. langustă.

langostín, langostino *m*. crevetă.

languidecer *vi*. a lâncezi.

languidez *f*. lâncezeală.

lánguido *adj*. 1. lânced. 2. *(fig.)* abătut.

lanoso *adj*. lânos.

lanudo *adj*. lânos, cu lână.

lanza *f*. 1. lance. 2. oişte.

lanzada *f*. lovitură de lance.

lanzadera *f*. suveică.

lanzamiento *m*. 1. aruncare. 2. lansare. 3. *(jur.)* deposedare; evacuare.

lanzar(se) I. *vt., vr*. a (se) arunca. II. *vt. (şi fig.)* a lansa.

lapicero *m*. portcreion.

lapidar *vt*. a lapida.

lapidario I. *adj*. lapidar. II. *m*. şlefuitor (de nestemate).

lápiz *m*. creion.

lapso *m*. răstimp, interval, perioadă (de timp).

lardo *m*. slănină.

lares *m. pl*. 1. lari, penaţi. 2. *(fig.)* cămin.

larga *f*. întârziere, amânare // *dar ~s (al asunto)* a amâna, a tărăgăna.

largamente *adv.* 1. mult timp, în-
delung. 2. din plin. 3. cu dărni-
cie. 4. comod, fără probleme.

largar I. *vt.* 1. a da drumul. 2. a
slăbi. 3. *(mar.)* a desfăşura
(pânzele). 4. *(fig.)* a slobozi.
II. ~**se** *vr.* *(fam.)* a o şterge,
a se căra.

largo I. *adj.* 1. lung // *a lo ~ de*
de-a lungul. 2. *(fam.)* şiret.
3. *(fam.)* darnic // *¡ ~ (de
aquí)!* şterge-o! II. *m.* lun-
gime // *dos metros de ~* lung
de doi metri.

largueza *f.* 1. lungime. 2. *(fig.)*
larghețe.

larguirucho *adj.* lungan.

laringe *f.* laringe.

laringitis *f.* laringită.

larva *f (zool.)* larvă.

lascivia *f.* lascivitate.

lascivo *adj.* lasciv.

lasitud *f.* oboseală.

laso *adj.* 1. obosit, sleit. 2. moa-
le, fleşcăit.

lástima *f.* 1. milă, compătimire
// *dar ~* a inspira milă; *es ~
que* păcat că. 2. văicăreală.

lastimar I. *vt.* 1. a răni; a vă-
tăma. 2. a deplânge. 3. *(fig.)*
a jigni, a ofensa. II. ~**se** *vr.* a
se văita.

lastimero, lastimoso *adj.* jalnic.

lastre *m.* 1. bolovan. 2. *(mar.)*
lest. 3. *(fig.)* minte.

lata *f.* 1. tablă, tinichea. 2. cu-
tie (de tinichea). 3. *(fam.)*
pisălog; lucru plicticos // *dar
(la) ~* a plictisi, a pisa.

latente *adj.* latent.

lateral *adj.* lateral.

latido *m.* bătaie, zvâcnire.

latifundista *m.* latifundiar.

latigazo *m.* (lovitură de) bici.

látigo *m.* bici.

latín *m.* (limba) latină.

latinidad *f.* latinitate.

latino *adj., m.* latin(esc).

latir *vi.* *(d. inimă)* a bate, a
zvâcni.

latitud *f.* 1. lăţime, lărgime.
2. latitudine.

lato *adj.* întins, larg.

latón *m.* alamă.

latoso *adj.* *(fam.)* obositor,
plictisitor.

latrocinio *m.* furt(işag).

laúd *m.* lăută.

laudable *adj.* lăudabil.

laudatorio *adj.* elogios.

laurear *vt.* *(fig.)* a premia.

laurel *m.* 1. laur. 2. (cunună de)
lauri.

lava *f.* lavă.

lavabo *m.* 1. lavabou. 2. *(fam.)*
W.C., closet.

lavadero *m.* spălătorie.

lavado *m.* spălare, spălat;
spălătură.

lavadura *f.* 1. spălare, spălat.
2. *(med.)* spălătură. 3. ~**s**
pl. zoaie, lături.

lavamanos *m.* lavoar.

lavandera *f.* spălătoreasă.

lavándula *f.* levănţică.

lavar(se) *vt., vr.* a (se) spăla.

lavazas *f. pl.* lături, zoaie.

laxante, laxativo *adj., m.* laxativ.

laxitud *f.* destindere, slăbire.

laxo *adj.* 1. slăbit, destins.
2. *(fig.)* uşuratic.

lazada *f.* fundă.

lazareto *m.* 1. lazaret. 2. leprozerie.

lazarillo *m.* copil care însoţeşte un orb.

lazo *m.* 1. fundă. 2. laţ. 3. cursă, capcană. 4. legătură (de sânge, prietenie *etc.*).

leal *adj.* leal.

lealtad *f.* lealitate.

lección *f.* lecţie.

lector *m.* 1. cititor. 2. lector.

lectura *f.* lectură, citire.

lecha *f.* lapţi.

leche *f.* lapte.

lechería *f.* lăptărie.

lechero I. *adj.* 1. cu lapte // *vaca lechera* vacă cu lapte. 2. (a) laptelui // *industria lechera* industria laptelui. II. *m.* lăptar.

lecho *m.* 1. pat. 2. albie, matcă. 3. fund (de mare). 4. *(geol.)* strat.

lechón *m.* purcel de lapte.

lechuga *f.* lăptucă.

lechuguino *m.* fante, filfizon.

lechuza *f.* cucuvea.

leer *vt.*, *vi.* a citi.

legación *f.* legaţie.

legado *m.* *(jur.)* legat.

legajo *m.* dosar de acte.

legal *adj.* legal.

legalidad *f.* legalitate.

legalizar *vt.* a legaliza.

légamo *m.* noroi, nămol.

legaña *f.* urdoare.

legendario *adj.* legendar.

legible *adj.* citeţ, lizibil.

legión *f.* legiune.

legislación *f.* legislaţie.

legislador *m.* legislator, legiuitor.

legislar *vt.* a legifera.

legislativo *adj.* legislativ.

legislatura *f.* legislatură.

legista *m.* jurist.

legitimación *f.* legitimare.

legitimar *vt.* a legitima.

legitimidad *f.* legitimitate.

legítimo *adj.* legitim.

legua *f.* leghe.

legumbre *f.* legumă; legume, zarzavat.

leguminoso *adj.* leguminos.

lejanía *f.* depărtare.

lejano *adj.* (în)depărtat.

lejía *f.* leşie.

lejos *adv.* departe // *a lo ~* în depărtare.

lelo *adj.* neghiob, nătâng.

lema *m.* deviză; moto; lozincă.

lencería *f.* lenjerie, rufărie.

lengua *f.* limbă // *media ~* peltic; *largo de ~* limbut.

lenguaje *m.* limbaj.

lenguaraz *adj.* 1. cunoscător de limbi străine. 2. *(fig.)* clevetitor.

lenguaz *adj.* flecar, limbut.

lente *m.* sau *f.* 1. lentilă. 2. monoclu. 3. *~s* *pl.* ochelari// *~ de contacto* lentilă de contact; *mirar con ~s de aumento* *(fam.)* a exagera (defectele sau calităţile).

lenteja *f.* linte.

lentejuela *f.* paietă.

lentitud *f.* încetineală.

lento *adj.* lent, încet.

leña *f.* 1. lemne de foc. 2. *(fam.)* chelfăneală.

leñador *m.* tăietor de lemne.

leño *m.* 1. buştean. 2. lemn. 3. *(fig.)* neghiob.

leñoso *adj.* lemnos.

Leo *m. (astr.)* Zodia Leului.

león *m. (zool. fig. şi zodie)* leu.

leonado *adj. (d. piele, păr)* roşcat.

leopardo *m.* leopard.

leporino *adj.* de iepure.

lepra *f.* lepră.

leproso *adj.* lepros.

lerdo *adj.* greoi, stângaci.

lesión *f.* 1. leziune; rană; ră-nire, lovire. 2. *(jur.)* lezare, prejudiciu, vătămare.

lesionar *vt.* 1. a leza, a răni. 2. *(fig.)* a leza, a ofensa, a afecta, a atinge.

leso *adj.* lezat, rănit.

letárgico *adj.* letargic.

letargo *m.* letargie.

letra *f.* 1. literă, slovă. 2. ~s *pl.* litere, filologie.

letrado *adj.* învăţat, instruit.

letrero *m.* 1. etichetă. 2. tăbliţă.

letrina *f.* latrină.

leucocito *m.* leucocită.

levadizo *adj.* în *expr.: puente ~* pod mobil.

levadura *f.* drojdie // ~ *de cerveza* drojdie de bere.

levantamiento *m.* 1. ridicare, înălţare. 2. *(mil.)* înrolare, recrutare. 3. răscoală.

levantar I. *vt.* 1. a ridica // ~ *la mesa* a strânge masa. 2. *(mil.)* a înrola, a recruta. II. ~se *vr.* 1. a se ridica, a se înălţa. 2. a se scula. 3. *(d. vânt)* a se porni. 4. a se răscula.

levante *m.* orient, răsărit.

levar *vt. (mar.)* în *expr.: ~ anclas* a ridica ancora.

leve *adj.* uşor.

levita *f.* redingotă.

léxico I. *m.* vocabular, lexic. II. *adj.* lexical.

lexicografía *f.* lexicografie.

ley *f.* 1. lege. 2. ~es *pl.* dreptul, ştiinţa dreptului.

leyenda *f.* legendă.

lezna *f.* sulă.

liar *vt.* 1. a lega. 2. a împacheta // ~*las* a. a o şterge; b. a muri.

libación *f.* libaţiune.

libelo *m.* 1. pamflet. 2. *(jur.)* plângere.

libélula *f.* libelulă.

liberación *f.* 1. (e)liberare. 2. chitanţă.

liberal I. *adj.* 1. darnic, generos. 2. *(pol.)* liberal. II. *m. (pol.)* liberal // *profesiones ~es* liber-profesionist.

liberalidad *f.* dărnicie, genero-zitate.

libertad *f.* libertate.

libertador *adj., m.* (e)liberator.

libertar *vt.* 1. a (e)libera. 2. a scuti.

libertinaje *m.* libertinaj.

libertino *adj., m.* libertin.

libidinoso *adj.* libidinos.

libra *f.* 1. livră // ~ *esterlina* liră sterlină. 2. *(astr.)* Balanţa.

libramiento *m.* 1. scăpare, sal-vare. 2. *(fin.)* ordonanţă de plată.

libranza *f. (com.)* 1. ordin de plată. 2. trată, cambie.

librar I. *vt.* 1. a scăpa, a salva. 2. a scuti. 3. *(jur.)* a pronunţa (o sentinţă). 4. a da, a emite. II. ~se *vr.* a se elibera, a se salva, a scăpa (de).

libre *adj.* 1. liber, slobod. 2. li-ber, scutit. 3. neocupat, gol. 4. *(fin.)* disponibil.

librea *f.* livrea.

librería *f.* librărie.

librero *m.* librar.

libreta *f.* carnet, libret // ~ *de ahorros* libret de economii.

libreto *m.* *(muz.)* libret.

libro *m.* 1. carte. 2. registru.

licencia *f.* 1. permis; autorizaţie // ~ *de caza* permis de vânătoare. 2. licenţă. 3. *(mil.)* lăsare la vatră.

licenciado *adj., m.* 1. *(mil.)* soldat lăsat la vatră. 2. licenţiat // ~ *en leyes* licenţiat în drept.

licenciamiento *m.* 1. concediere. 2. *(mil.)* lăsare la vatră. 3. eliberare.

licenciar I. *vt.* 1. a concedia. 2. *(mil.)* a lăsa la vatră. 3. *(en)* a conferi licenţa (în). II. ~se *vr.* a-şi lua licenţa.

licenciatura *f.* (diplomă de) licenţă.

licencioso *adj.* licenţios, indecent.

liceo *m.* 1. societate literară. 2. liceu.

licitación *f.* licitare.

licitar *vt.* a licita.

licor *m.* 1. lichior. 2. băutură alcoolică.

licuar *vt.* 1. a lichefia. 2. a topi (un metal).

licuefacción *f.* lichefiere.

licuefacer *vt.* a lichefia.

lid *f.* 1. luptă. 2. *(fig.)* dispută.

líder *m.* lider.

liderato, liderazgo *m.* 1. calitate de lider. 2. *(sport)* şefia clasamentului. 3. supremaţie // *al liderazgo* la conducere.

lidia *f.* luptă // ~ *de toros* luptă de tauri.

lidiar I. *vi.* a (se) lupta. II. *vt.* *(taur.)* a lupta cu taurul.

liebre *f.* iepure.

lienzo *m.* 1. pânză. 2. batistă. 3. tablou, pictură.

liga *f.* 1. jartieră. 2. aliaj. 3. *(pol.)* ligă.

ligadura *f.* legătură.

ligamento *m.* *(anat.)* ligament.

ligar I. *vt.* 1. a lega. 2. *(metal.)* a alia. 3. a uni. 4. a amesteca. II. ~se *vr.* a se uni, a se alia.

ligazón *f.* legătură; unire.

ligereza *f.* 1. uşurinţă. 2. sprinteneală. 3. uşurătate.

ligero *adj.* uşor.

lignito *m.* lignit.

lija *f.* şmirghel.

lila *f.* *(bot.)* liliac.

lima *f.* 1. pilă. 2. *(arhit.)* căprior.

limadura *f.* pilire, pilit.

limar *vt.* 1. a pili. 2. *(fig.)* a şlefui.

limeño *adj., m.* (locuitor) din Lima.

limitación *f.* limitare.

limitar(se) *vt., vr.* a (se) limita.

límite *m.* limită.

limítrofe *adj.* limitrof.

limo *m.* mâl, nămol.

limón *m.* *(fruct)* lămâie.

limonada *f.* limonadă, citronadă.

limonero *m.* 1. *(bot.)* lămâi. 2. negustor de lămâi.

limosna *f.* pomană.

limosnero I. *adj.* milos, caritabil. II. *m.* *(Am.)* cerşetor.

limpiabotas *m.* lustragiu.

limpiachimeneas *m.* coşar.

limpiadura *f.* curăţire, curăţit.

limpiaparabrisas *m.* *(auto)* ştergător de parbriz.

limpiar *vt.* 1. a curăţa, a curăţi. 2. *(fam.)* a şterpeli.

limpidez *f.* limpezime.

limpieza *f.* 1. curăţenie; curăţat // *hacer la* ~ a face curăţenie; ~ *en seco* curăţare chimică. 2. *(fig.)* cinste. 3. *(fig.)* dibăcie.

limpio I. *adj.* 1. curat. 2. neamestecat, sadea. 3. neprihănit. 4. lefter // *quedar/estar/dejar* ~ a rămâne/a fi/a lăsa lefter. II. *adv.* curat; cinstit // *poner en* ~ a trece pe curat; *jugar* ~ a juca cinstit.

linaje *m.* 1. neam, seminţie. 2. *(fig.)* soi.

lince *m.* *(zool.)* linx, râs.

linchar *vt.* a linşa.

lindar *vi.* a se învecina.

linde *m.* sau *f.* hotar; limită.

lindo *adj.* frumos; drăguţ, nostim.

línea *f.* 1. linie. 2. rând.

lineal *adj.* liniar.

lineam(i)ento *m.* contur, trăsătură.

linear *vt.* 1. a linia. 2. a schiţa.

lingote *m.* lingou.

lingüista *m.* şi *f.* lingvist(ă).

lingüística *f.* lingvistică.

lino *m.* *(bot.)* in.

linóleo *m.* linoleum.

linterna *f.* 1. felinar. 2. lanternă.

lío *m.* 1. legătură, boccea. 2. *(fig.)* încurcătură, belea.

liquen *m.* lichen.

liquidación *f.* 1. lichefiere. 2. *(com.)* lichidare. 3. *(fin.)* decont(are). 4. *(com.)* vânzare cu preţ redus.

liquidar *vt.* 1. a lichefia. 2. a lichida.

líquido *adj.*, *m.* lichid.

lira *f.* liră.

lírico *adj.*, *m.* liric.

lirio *m.* stânjenel, iris.

lirismo *m.* lirism.

lirón *m.* hârciog.

lis *f.* crin.

lisiar *vt.* a schilodi.

liso *adj.* 1. neted; plan; întins // ~ *y llano* desluşit; *cien metros* ~*s* *(sport)* o sută metri plat. 2. *(d. ţesături)* uni.

lisonja *f.* linguşire.

lisonjear *vt.* a linguşi.

lisonjero *adj.*, *m.* linguşitor.

lista *f.* 1. fâşie. 2. dungă. 3. listă // ~ *de correos* post-restant; *pasar* ~ a. *(mil.)* a face apelul. b. *(fam.)* a striga catalogul; enumerare; catalog. 4. *(şcol.)* catalog.

listo *adj.* 1. dibaci. 2. vioi, ager la minte. 3. *(para)* gata (de).

litera *f.* 1. litieră, lectică. 2. cuşetă. 3. pat suprapus.

literal *adj.* literal.

literario *adj.* literar.

literato *m.* literat, om de litere.

literatura *f.* literatură.

litigar *vi.* a se judeca.

litigio *m.* litigiu.

litigioso *adj.* litigios.

litoral I. *adj.* de pe ţărm. II. *m.* litoral.

litro *m.* litru.

liturgia *f.* liturghie.

liviandad *f.* uşurătate, nesocotinţă.

liviano *adj.* 1. uşuratic, nesocotit. 2. *(fig.)* lasciv.

lividez *f.* lividitate.

lívido *adj.* livid, vânăt.

lo *art. hot.*: ~ *bueno* binele; ~ *que* ceea ce; ~ *útil* utilul.

loa *f.* laudă.

loar *vt.* a lăuda.

lobo *m.* lup.

lóbrego *adj.* întunecos.

lobreguez *f.* întunecime.

lóbulo *m. (anat., bot.)* lob, lobul.

local *adj., m.* local.

localidad *f.* 1. localitate. 2. *(teatru)* loc, bilet.

localizar *vt.* 1. a localiza. 2. a găsi (o persoană).

loco *adj.* nebun, smintit.

loción *f.* loţiune.

locomoción *f.* locomoţie // *medio de* ~ mijloc de locomoţie.

locomotora *f.* locomotivă.

locuacidad *f.* locvacitate, limbuţie.

locuaz *adj.* locvace, guraliv.

locución *f. (gram.)* locuţiune.

locura *f.* nebunie, sminteală.

locutor *m.* crainic.

locutorio *m.* 1. *(la mănăstiri)* vorbitor. 2. cabină telefonică.

lodazal *m.* mocirlă.

lodo *m.* noroi, glod.

lógica *f.* logică.

lógico *adj.* logic.

lograr I. *vt.* a- obţine, a dobândi; a reuşi. II. ~se *vr.* a ajunge la desăvârşire.

logro *m.* 1. obţinere. 2. reuşită. 3. camătă.

lombarda *f.* varză roşie.

lombriz *f.* râmă // ~ *intestinal* limbric.

lomo *m.* 1. şale. 2. spinare de animal. 3. cotor de carte.

lona *f.* pânză de vele.

londinense *adj., m.* londonez.

longaniza *f. (un fel de)* caltaboş.

longevidad *f.* longevitate.

longitud *f.* 1. lungime. 2. longitudine.

lonja *f.* 1. felie, bucată. 2. *(com.)* bursă. 3. pronaos.

loor *m.* laudă.

loquear *vi. (fig.)* a se zbengui.

lord *m.* lord.

loro *m.* papagal.

losa *f.* 1. lespede. 2. capcană.

lote *m.* lot.

lotería *f.* 1. loterie. 2. loto.

loto *m.* lotus.

loza *f.* faianţă.

lozanía *f.* 1. desiş, abundenţă de vegetaţie. 2. vigoare. 3. exuberanţă. 4. trufie.

lozano *adj.* 1. *(d. arbori)* stufos, des. 2. viguros. 3. exuberant. 4. trufaş.

lubricante *adj., m.* lubrifiant.

lubricar *vt.* a lubrifia.

lúbrico *adj.* 1. alunecos. 2. *(fig.)* lubric.

lucerna *f.* 1. candelabru. 2. luminator.

lucero *m.* luceafăr.

lucidez *f.* luciditate.

lúcido *adj. (fig.)* lucid.

luciente *adj.* strălucitor.

luciérnaga *f.* licurici.

lucio I. *adj.* (stră)lucitor, lucios. **II.** *m.* ştiucă.

lucir I. *vi.* a luci; *(şi fig.)* a străluci. **II.** *vt.* **1.** a face paradă de. **2.** a vărui. **III.** ~se *vr.* **1.** a se îmbrăca bine. **2.** a reuşi.

lucrarse *vr.* a trage folos.

lucrativo *adj.* lucrativ.

lucro *m.* câştig, folos.

luctuoso *adj.* trist, jalnic.

lucha *f.* luptă.

luchar *vi.* a (se) lupta.

luego I. *adv.* **1.** îndată, numaidecât. **2.** apoi, după aceea // *desde* ~ de bună seamă; *¡ hasta* ~ ! la revedere! **II.** *conj.* deci, aşadar // ~ *que* îndată ce.

lugar *m.* loc // *en* ~ *de* în loc de; *en primer* ~ în primul rând; *tener* ~ a avea loc.

lugareño *adj.* sătesc, de ţară.

lugarteniente *m.* locţiitor.

lúgubre *adj.* lugubru.

lujo *m.* lux.

lujoso *m.* luxos.

lujuria *f.* luxură, desfrâu.

lujuriante *adj.* luxuriant.

lumbre *f.* **1.** foc. **2.** *(fig.)* strălucire, splendoare. **3.** ~s *pl.* amnar.

luminosidad *f.* luminozitate.

luminoso *adj.* luminos.

luna *f.* lună.

lunar *m.* aluniţă.

lunes *m.* luni.

luneta *f.* **1.** lentilă. **2.** fotoliu de orchestră.

lunfardo *m.* jargon argentinian.

lúpulo *m (bot.)* hamei.

lustrar *vt.* a lustrui, a da lustru.

lustre *m.* lustru, strălucire.

lustroso *adj.* lucios, strălucitor.

luto *m.* doliu.

luxación *f.* *(med.)* luxaţie.

luz *f.* **1.** lumină // *a todas luces* în toate privinţele; *dar* ~ *a* a desluşi, a lămuri; *dar a* ~ **a.** a naşte; **b.** a publica; *de pocas luces* mărginit, incult; *el Siglo de las Luces* Secolul Luminilor; *entre dos luces* în zori; *media* ~ lumină slabă; *salir a* ~ a se publica; *traje de luces* costum de gală (de toreador). **2. luces** *pl.* ferestre. **3.** *pl. (fig.)* cultură.

LL

llaga *f*. rană, plagă.

llama *f*. 1. flacără. 2. *(zool.)* lamă.

llamada *f*. 1. chemare. 2. trimitere, notă. 3. *(mil.)* adunare. 4. apel telefonic.

llamamiento *m*. chemare.

llamar I. *vt*. 1. a chema. 2. a numi // ~ *la atención* a atrage atenția. II. *vi*. a bate, a suna (la ușă). III. ~se *vr*. a se numi.

llamarada *f*. vâlvătaie, pălălaie.

llamativo *adj*. *(d. culori)* țipător.

llamear *vi*. a arde în flăcări.

llana *f*. mistrie.

llanero *m*. locuitor de la șes.

llano I. *adj*. 1. neted, plan. 2. *(fig.)* simplu, modest. 3. *(fig.)* deslușit. II. *m*. câmpie, șes.

llanta *f*. 1. cerc de roată. 2. *(auto)* jantă.

llanto *m*. plâns(et).

llanura *f*. câmpie, șes.

llave *f*. 1. cheie // ~ *inglesa* cheie franceză; *bajo* ~ sub cheie; *echar la* ~ a închide. 2. robinet. 3. comutator. 4. *(muz. și fig.)* cheie.

llavero *m*. 1. portar. 2. inel de chei, portchei.

llegada *f*. sosire.

llegar I. *vi*. 1. a sosi; a ajunge // ~ *a las manos* a se încăiera;

~ *a ser* a deveni; ~ *a viejo* a îmbătrâni. 2. a se ivi. 3. a izbuti, a reuși. II. ~se *vr. (a)* a se apropia (de).

llenar I. *vt*. 1. a umple. 2. a îndeplini; a executa; a împlini. II. ~se *vr*. a se îndopa, a se ghiftui.

lleno I. *adj*. plin // *de* ~ pe deplin. II. *m*. 1. lună plină. 2. *(teatru)* sală plină.

llevar I. *vt*. 1. a duce, a transporta. 2. a purta. 3. a răbda // ~ *adelante* a îndeplini, a duce la capăt; ~ *a la práctica* a pune în practică; ~ *a cabo* a îndeplini. II. *vi*. 1. a duce. 2. a se afla de câtva timp; a zăcea. III. ~se *vr*. 1. a se purta. 2. a duce cu sine // *llavárselas bien/mal con uno* a se avea bine/rău cu cineva.

llorar *vi*., *vt*. a plânge.

lloriquear *vi*. a scânci.

lloro *m*. plâns(et).

llorón *adj*., *m*. plângăreț.

lloroso *adj*. plâns.

llover *vi*. a ploua.

llovizna *f*. bur(niț)ă.

lloviznar *vi*. a bur(niț)a.

lluvia *f*. ploaie.

lluvioso *adj*. ploios.

M

macana *f. (Am.)* măciucă.

macarrón *m.* **1.** macaroană. **2.** turtă dulce.

macerar *vt.* a macera.

maceta *f.* ghiveci de flori.

macilento *adj.* palid, slab, ofilit.

macizo *adj., m.* masiv.

mácula *f.* pată.

macular *vt.* a păta.

macuto *m.* raniță, rucsac.

machaca *f. (şi fig.)* pisălog.

machacar **I.** *vt.* a pisa. **II.** *vi.* *(fig.)* a pisălogi.

machacón *adj.* sâcâitor, pisălog.

machete *m.* **1.** sabie scurtă. **2.** cuţit.

machismo *m.* **1.** bărbăţie, masculinitate. **2.** cultul masculinităţii.

machista **I.** *adj.* bărbătesc. **II.** *adj., m.* partizan al forţei bărbăteşti.

macho **I.** *m.* bărbat, mascul. **II.** *adj.* **1.** bărbătesc. **2.** puternic, robust.

machucar *vt.* a zdrobi.

machucho *adj.* cu minte, înţelept.

madera *f.* lemn.

madero *m.* bârnă, grindă.

madrastra *f.* mamă vitregă.

madre *f.* **1.** mamă // ~ *política* soacră. **2.** albie, matcă // *salirse de* ~ a se revărsa.

madreperla *f.* scoică cu perlă.

madreselva *f.* caprifoi.

madriguera *f.* **1.** vizuină. **2.** *(fig.)* ascunzătoare.

madrileño *adj., m.* (locuitor) din Madrid.

madrina *f.* **1.** naşă; nună. **2.** *(fig.)* protectoare.

madrugada *f.* zori, fapt al zilei // *de* ~ în zori.

madrugador *adj.* matinal, care se scoală cu noaptea în cap.

madrugar *vi.* a se scula de dimineaţă.

madurar *vt., vi.* **1.** *(d. fructe)* a (se) coace. **2.** *(fig.)* a (se) maturiza.

madurez *f.* **1.** coacere (a fructelor). **2.** *(fig.)* maturitate.

maduro *adj.* **1.** *(d. fructe)* copt. **2.** *(fig.)* copt, matur.

maestra *f.* **1.** învățătoare. **2.** profesoară.

maestría *f.* măiestrie.

maestro **I.** *adj.* iscusit, măiestru // *obra maestra* capodoperă. **II.** *m.* **1.** profesor; pedagog. **2.** maestru // ~ *de ceremonias* maestru de ceremonii. **3.** meșter, maistru.

magdalena *f.* **1.** femeie pocăită. **2.** pișcot.

magia *f.* magie.

mágico **I.** *adj.* magic. **II.** *m.* magician.

magistrado *m.* magistrat.

magistral **I.** *adj.* magistral. **II.** *m.* **1.** medicament preparat după rețetă. **2.** *(rel.)* canonic.

magistratura *f.* magistratură.

magnanimidad *f.* mărinimie.

magnánimo *adj.* mărinimos.

magnate *m.* magnat.

magnesio *m.* magneziu.

magnético *adj.* magnetic.

magnetismo *m.* magnetism.

magnetizar *vt.* a magnetiza.

magnificencia *f.* **1.** lux, pompă. **2.** dărnicie.

magnificente *adj.* măreț, strălucit.

magnífico *adj.* **1.** magnific, măreț. **2.** damic, mărinimos.

magnitud *f.* mărime.

mago *m.* **1.** vrăjitor. **2.** *(rel.)* mag.

magro *adj.* slab.

magullar *vt.* a stâlci în bătaie.

mahonesa *f.* maioneză.

maíz *m.* porumb.

majadería *f.* *(fam.)* nerozie, prostie.

majadero *adj., m.* nătâng, nerod.

majar *vi.* a pisa.

majestad *f.* maiestate

majestuoso *adj.* maiestuos.

majeza *f.* *(fam.)* **1.** eleganță. **2.** fanfaronadă.

majo *adj.* frumos, arătos, elegant.

mal **I.** *adj.* *(înaintea substantivelor masculine)* rău. **II.** *adv.* rău // *de* ~ *en peor* din ce în ce mai rău; ~ *de ojo* deochi; *¡*~ *haya!* naiba să-l ia! **III.** *m.* rău.

malabarista *m.* scamator.

malagueño *adj., m.* (locuitor) din Málaga.

malandanza *f.* nenorocire.

malandrín *adj., m.* ticălos.

malaquita *f.* malahit.

malaria *f.* *(med.)* malarie.

malaventura *f.* nenorocire.

malaventuranza *f.* nenorocire.

malayo *adj., m.* malaiez.

malbaratar *vt.* *(fig.)* a risipi.

malcontento *adj.* nemulțumit.

malcriado *adj.* prost crescut; răsfățat.

maldad *f.* răutate.

maldecir **I.** *vt.* a blestema. **II.** *vi.* *(de)* a vorbi de rău (pe).

maldición *f.* blestem, afurisenie.

maldito *adj.* rău, afurisit.

maleable *adj.* maleabil.

maleante *adj.* rău, pervers.

malear *vt.* a strica, a corupe.

malecón *m.* dig, baraj; chei, țărm amenajat.

maledicencia *f.* clevetire.

maleficencia *f.* înclinare spre rău.

maleficiar *vt.* 1. a face rău (cuiva). 2. a vrăji, a fermeca.

maleficio *m.* 1. farmece, vrăji. 2. rău.

maléfico *adj.* 1. răufăcător. 2. vătămător. 3. vrăjitoresc.

malestar *m.* indispoziţie, nelinişte.

maleta *f.* geamantan, valiză.

maletero *m.* hamal.

malevolencia *f.* rea-voinţă.

malévolo *adj.* răuvoitor.

maleza *f.* bălării, buruieni.

malgastar *vt.* 1. a risipi. 2. a irosi.

malhablado *adj.* rău de gură.

malhadado *adj.* nenorocos.

malhecho I. *adj.* diform, pocit. II. *m.* faptă rea.

malhechor *adj.*, *m.* răufăcător.

malhumorado *adj.* prost dispus.

malicia *f.* 1. răutate. 2. viclenie. 3. *(fam.)* bănuială.

maliciar(se) *vt.*, *vr.* 1. a bănui, a se teme de. 2. a (se) strica, a (se) altera.

malicioso *adj.* răutăcios, maliţios.

maligno *adj.* 1. rău, răutăcios. 2. *(med.)* malign.

malo *adj.* 1. rău. 2. răutăcios. 3. vătămător.

malogrado *adj.* 1. neizbutit, ratat. 2. mort în floarea vârstei.

malograr(se) *vt.*, *vr.* a eşua, a rata (o ocazie).

malogro *m.* nereuşită, eşec, insucces.

malparar *vt.* *(şi fig.)* a distruge.

malparto *m.* avort.

malquerer *vt.* a avea necaz pe (cineva).

malquistar *vt.* a învrăjbi.

malsano *adj.* 1. nesănătos. 2. bolnăvicios.

malta *f.* malţ.

maltratar *vt.* a maltrata.

maltrato *m.* maltratare.

malva *f.* nalbă.

malvado *adj.* răutăcios.

malvender *vt.* a vinde pe preţ de nimic.

malversar *vt.* a delapida.

malla *f.* 1. ochi (de plasă). 2. za. 3. tricot.

mama *f.* ţâţă, piept.

mamá *f.* *(fam.)* mamă.

mamar *vt.* *(d. copii)* a suge.

mamarracho *m.* *(fam.)* figură grotescă, caraghios, paparudă.

mamífero *adj.*, *m.* mamifer.

mampara *f.* paravan.

mampostería *f.* zidărie de piatră.

maná *m.* mană.

manada *f.* 1. turmă; cireadă; haită; cârd. 2. mână, pumn *(conţinutul)*.

manantial *m.* *(şi fig.)* izvor.

mancar *vt.* a ciunti, a schilodi.

manceba *f.* concubină.

mancebía *f.* bordel.

mancebo *m.* 1. flăcău. 2. burlac.

mancilla *f.* *(fig.)* pată, prihană.

manco *adj.*, *m.* schilod, ciung.

mancomún *adj.* în *expr.*: *de ~* de comun acord.

mancomunarse *vr.* a se uni, a se alia.

mancomunidad *f.* **1.** unire. **2.** asociaţie.

mancha *f.* pată.

manchar *vt.* a păta.

mandadero *m.* comisionar.

mandamiento *m.* poruncă, comandament.

mandar I. *vt.* **1.** a ordona, a porunci. **2.** a trimite. **3.** *(jur.)* a lăsa (prin testament). **II.** *vi.* a cârmui.

mandatario *m. (jur.)* mandatar.

mandato *m.* **1.** ordin. **2.** *(jur.)* mandat.

mandíbula *f.* mandibulă.

mando *m.* **1.** autoritate, putere. **2.** *(tehn.)* comandă.

mandón *adj.* autoritar.

manducar *vt., vi. (fam.)* a mânca.

manecilla *f.* **1.** ac, limbă (de ceas). **2.** încuietoare.

manejable *adj.* uşor de mânuit.

manejar *vt.* a conduce.

manejo *m.* **1.** mânuire. **2.** conducere. **3.** *(fig.)* uneltire, intrigă.

manera *f.* **1.** manieră, chip, fel // *a ~ de* în chip de; *de ~ que* aşa încât; *de ninguna ~* în nici un chip; *sobre ~* din cale afară. **2.** *~s pl.* maniere.

manga *f.* **1.** mânecă. **2.** furtun. **3.** *~s pl.* bacşiş.

mango *m.* **1.** mâner; coadă. **2.** fruct de mango.

manguito *m. (şi tehn.)* manşon.

maní *m.* arahidă.

manía *f.* **1.** manie, obsesie. **2.** *(fam.)* ranchiună, pică.

maníaco, maniático *adj., m.* maniac.

maniatar *vt.* a lega de mâini.

manicomio *m.* ospiciu, balamuc.

manifestación *f.* manifestare, manifestaţie.

manifestante *m.* manifestant.

manifestar *vt.* **1.** a manifesta. **2.** a arăta.

manifiesto I. *adj.* manifest, vădit // *poner de ~* a face cunoscut. **II.** *m.* manifest.

manija *f.* mâner.

manilla *f.* **1.** brăţară. **2.** cătuşă.

maniobra *f.* **1.** manevrare, mânuire. **2.** *(mil., mar.)* manevră. **3.** *(fig.)* intrigă.

maniobrar *vt.* a manevra.

manipulación *f.* manipulare.

manipulador *m.* manipulant.

manipular *vt.* a manipula, a mânui.

maniquí *m.* **1.** manechin. **2.** *(fig.)* marionetă.

manivela *f.* manivelă.

manjar *m.* mâncare, bucate.

mano *f.* **1.** mână. **2.** parte, latură. **3.** limbă de ceas. **4.** strat (de vopsea, lac etc.). **5.** *(fig.)* grup, ceată. **6.** *(fig.)* pricepere // *~s a la obra* la treabă!; *dar la última ~* a desăvârşi, a finisa; *de ~s a boca* pe neaşteptate.

manojo *m.* mănunchi.

manómetro *m.* manometru.

manosear *vt.* a pipăi.

manotada *f.,* **manotazo** *m.* palmă *(lovitură).*

manotear *vi.* a da din mâini.

mansalva *f.* în *expr.: a ~* fără nici un risc.

mansedumbre *f.* blândeţe.

mansión *f.* 1. şedere. 2. sălaş, adăpost.

manso *adj.* blând, blajin.

manta *f.* 1. cuvertură; pătură; pled. 2. şal.

manteca *f.* untură.

mantecoso *adj.* gras, cu grăsime.

mantel *m.* faţă de masă.

manteleta *f.* pelerină.

mantener(se) *vt., vr.* 1. a (se) hrăni. 2. a (se) menţine, a (se) păstra.

mantenimiento *m.* 1. hrană. 2. menţinere, păstrare. 3. întreţinere. 4. ~s *pl.* provizii.

mantequilla *f.* unt.

mantilla *f.* 1. şal, mantilă. 2. scutec, faşă.

mantillo *m.* 1. *(geol.)* humus. 2. bălegar descompus.

manto *m.* 1. mantie. 2. *(geol.)* filon orizontal.

mantón *m.* şal, broboadă.

manual *adj., m.* manual.

manualidad, manualización *f.* lucru manual.

manubrio *m.* manivelă.

manufactura *f.* manufactură.

manufacturar *vt.* a fabrica.

manuscrito *adj., m.* manuscris.

manutención *f.* întreţinere, susţinere.

manzana *f.* măr *(fruct)* // ~ *de casas* grup de case.

manzanilla *f.* 1. *(bot.)* muşeţel. 2. ceai de muşeţel.

manzano *m.* măr *(pom).*

maña *f.* 1. dibăcie, îndemânare. 2. viclenie, şiretenie.

mañana I. *f.* dimineaţă. II. *adv.* mâine // *pasado* ~ poimâine;

por la ~ mâine dimineaţă. III. *m.* viitor.

mañoso *adj.* dibaci, iscusit.

mapa I. *m.* hartă. II. *f. (fam.)* floare, elită // *llevarse la* ~ a fi în frunte.

mapamundi *m.* mapamond.

maqueta *f.* machetă.

máquina *f.* maşină // ~ *de afeitar* maşină de ras; ~ *de coser* maşină de cusut; ~ *de escribir* maşină de scris.

maquinación *f.* maşinaţie, uneltire.

maquinal *adj. (fig.)* maşinal, mecanic, automat, neintenţionat.

maquinaria *f.* 1. maşinărie; utilaj. 2. construcţie de maşini.

maquinista *m.* maşinist, mecanic.

mar *m.* (rar *f.*) mare // *en alta* ~ în largul mării; *hacerse a la* ~ a ieşi în larg; *la* ~ *de* o puzderie de; *por* ~ pe mare.

maraña *f.* 1. desiş, hăţiş. 2. încurcătură.

maravedí *m.* maravedi *(veche monedă spaniolă).*

maravilla *f.* minune.

maravillar(se) *vt., vr.* a (se) minuna.

maravilloso *adj.* minunat.

marbete *m.* etichetă (pe sticle, lăzi, bagaje *etc.*).

marca *f.* 1. *(com.)* marcă. 2. marcă, ţinut de frontieră. 3. *(sport)* record.

marcar *vt.* 1. a marca, a însemna. 2. *(fig.)* a remarca. 3. *(fig.)* a destina.

marcial *adj.* marţial.

marco *m.* **1.** ramă, cadru // *en el ~ de* în cadrul. **2.** cercevea. **3.** etalon. **4.** marcă *(monedă)*.

marcha *f.* **1.** mers // *~ atrás (auto)* marşarier; *ponerse en ~* a se pune în mişcare. **2.** *(mil., muz.)* marş.

marchar *vi.* **1.** a merge, a umbla. **2.** *(mil.)* a mărşălui.

marchitar(se) *vt., vr.* a (se) ofili, a (se) veşteji.

marchito *adj.* ofilit, veşted.

marea *f.* maree // *~ alta/baja* flux/reflux.

marear **I.** *vt.* **1.** *(mar.)* a cârmui. **2.** *(fam.)* a plictisi. **II.** *~se* *vr.* **1.** a avea rău de mare. **2.** a avea ameţeală.

marejada *f.* **1.** hulă, tălăzuire. **2.** *(fig.)* fierbere.

mareo *m.* **1.** rău de mare. **2.** ameţeală. **3.** *(fig.)* sâcâială.

marfil *m.* fildeş.

margarina *f.* margarină.

margarita *f.* **1.** *(bot.)* margaretă. **2.** mărgăritar.

margen *m.* sau *f.* **1.** margine. **2.** notă marginală // *dar ~ para* a da prilej de.

marginado *adj.* exclus, izolat; de la marginea societăţii; ignorat.

marginación *f.* excludere, marginalizare, izolare.

marginal *adj.* marginal.

marginar *vt.* a exclude, a marginaliza, a izola, a nu integra în societate.

marica **I.** *f.* coţofană. **II.** *m.* homosexual.

marido *m.* soţ, bărbat.

marina *f.* marină.

marinera *f.* bluză de marinar.

marinero **I.** *adj.* marinăresc. **II.** *m.* marinar.

marino **I.** *adj.* marin. **II.** *m.* marinar.

mariposa *f.* fluture.

mariquita *f.* buburuză.

mariscal *m.* mareşal.

marisco *m.* crustaceu.

marisma *f.* teren mlăştinos.

marítimo *adj.* maritim.

mármol *m.* marmură.

marmota *f.* *(zool.)* marmotă.

maroma *f.* odgon, parâmă.

marqués *m.* marchiz.

marquesina *f.* *(arhit.)* marchiză.

marquetería *f.* marchetărie.

marrano *m.* porc.

marrar *vi.* a greşi, a nu nimeri.

marroquí *adj., m.* marocan.

marrullero *adj.* viclean, şiret.

marsopa *f.* *(zool.)* marsuin.

marta *f.* jder.

martes *m.* marţi.

martill(e)ar *vt.* a bate cu ciocanul.

martilleo *m.* ciocănit.

martillo *m.* ciocan.

mártir *m.* martir, mucenic.

martirio *m.* martiriu.

martirizar *vt.* a martiriza.

marzo *m.* martie.

mas *conj.* dar, însă.

más *adv.* **1.** mai mult // *~ o menos* mai mult sau mai puţin; *a lo ~* cel mult; *por ~ que* oricât. **2.** mai // *~ alto* mai înalt; *~ bien* mai curând.

masa *f.* **1.** masă; grămadă. **2.** aluat.

masada *f.* gospodărie de ţară.

masaje *m.* masaj.

mascar *vt.* a mesteca (în gură).

máscara *f.* mască.

mascarada *f.* 1. mascaradă. 2. bal mascat.

masculino *adj.* masculin.

mascullar *vt.* 1. *(fam.)* a mesteca (în gură). 2. *(fam.)* a bolborosi.

masilla *f.* chit.

masonería *f.* (franc)masonerie.

masticación *f.* masticaţie, mestecare.

masticar *vt.* 1. a mesteca. 2. *(fig.)* a medita.

mástil *m.* *(mar.)* catarg, arbore.

mastín *m.* dulău.

mata *f.* 1. arbust, tufă. 2. plantă; tulpină, lujer. 3. crâng.

matadero *m.* abator.

matador I. *adj.* ucigător. **II.** *m.* matador.

matalahúga *f.* *(bot)* anason.

matalón *m.* mârţoagă, gloabă.

matanza *f.* 1. omor. 2. măcel, masacru.

matar *vt.* 1. a ucide, a omorî // *estar a ~ con* a fi la cuţite cu. 2. a stinge (focul); a potoli (setea, foamea).

matarife *m.* tăietor de vite.

matasellos *m.* ştampilă a poştei.

mate I. *adj.* mat, fără luciu. **II.** *m.* 1. *(şah)* mat. 2. *(bot.)* mate. 3. ceai mate.

matemáticas *f. pl.* matematică.

matemático I. *adj.* matematic. **II.** *m.* matematician.

materia *f.* materie // *~ prima, primera ~* materie primă; *en ~ de* în materie de.

material *adj., m.* material.

materialidad *f.* materialitate.

materialismo *m.* materialism.

materialista *adj., m.* materialist.

materializar(se) *vt., vr.* a (se) materializa.

maternel *adj.* matern.

maternidad *f.* maternitate.

materno *adj.* matern.

matiz *m.* nuanţă.

matizar *vt.* a nuanţa.

matorral *m.* desiş.

matrero *adj.* viclean, şiret.

matrícula *f.* matriculă.

matricular(se) *vt., vr.* a (se) înmatricula, a (se) înscrie.

matrimonial *adj.* matrimonial.

matrimonio *m.* 1. căsătorie // *pedir en ~* a cere în căsătorie. 2. *(fam.)* pereche, soţ şi soţie.

matritense *adj., m.* madrilen, (locuitor) din Madrid.

matriz I. *f.* 1. *(anat.)* matrice, uter. 2. matriţă. **II.** *adj.* principal.

matrona *f.* 1. matroană. 2. moaşă.

matutino *adj.* matinal.

maullar *vi.* a mieuna, a miorlăi.

maullido *m.* mieunat, miorlăit.

mausoleo *m.* mausoleu.

maxilar *adj., m.* maxilar.

máxima *f.* maximă.

máximo *adj.* maxim.

máximum *m.* maxim(um).

mayar *vi.* a miorlăi.

mayo *m.* mai.

mayonesa *f.* maioneză.

mayor **I.** *adj.* **1.** mai mare. **2.** mai în vârstă, mai bătrân. **3.** major; adult. **4.** *(d. străzi)* principal. **5.** *(mil. muz.)* major // ~ *de edad* major; *al por* ~ cu ridicata; *Estado* ~ stat major; *¿qué quieres ser de* ~*?* ce vrei să te faci când vei fi mare?. **II.** *m.* **1.** adult; *pl.* cei mari; cei în vârstă. **3.** *(mil.)* major. **4.** ~**es** *pl.* strămoşi.

mayoral *m.* **1.** baci. **2.** şef de echipă. **3.** vătaf.

mayorazgo *m.* drept de primogenitură.

mayordomo *m.* majordom.

mayoría *f.* majoritate // ~ *de edad* majorat.

mayúscula *f.* majusculă.

maza *f.* **1.** ghioagă, buzdugan. **2.** meliţă.

mazamorra *f.* *(Am.)* terci cu lapte.

mazapán *m.* marţipan.

mazo *m.* **1.** mai, ciocan de lemn. **2.** mănunchi.

mazorca *f.* ştiulete de porumb.

meandro *m.* meandru.

mecánica *f.* **1.** mecanică. **2.** mecanism. **3.** *(fig.)* bagatelă.

mecánico *adj., m.* mecanic.

mecanismo *m.* mecanism.

mecanografiar *vt.* a dactilografia.

mecanógrafa *f.* dactilografă.

mecedor *m.* leagăn.

mecedora *f.* balansoar.

mecer **I.** *vt.* **1.** a legăna. **2.** a amesteca. **II.** ~**se** *vr.* a se da în leagăn.

mecha *f.* fitil.

mechero *m.* **1.** tub cu fitil. **2.** brichetă.

mechón *m.* smoc de păr.

medalla *f.* medalie.

medallón *m.* medalion.

médano *m.* **1.** dună. **2.** banc de nisip.

media *f.* ciorap (lung).

mediación *f.* mediaţie, mijlocire.

mediado *adj.* pe jumătate // *a* ~*s del mes* la jumătatea lunii.

mediador *adj., m.* mediator.

medianero **I.** *adj.* mijlociu, de mijloc. **II.** *m.* intermediar.

mediano *adj.* **1.** mijlociu. **2.** potrivit. **3.** *(fig.)* mediocru.

medianoche *f.* miez de noapte.

mediante *prep.* prin intermediul.

mediar *vi.* **1.** a ajunge la jumătate. **2.** a fi la mijloc. **3.** a interveni. **4.** a media.

medicamento *m.* medicament, doctorie.

medicina *f.* **1.** medicină. **2.** doctorie.

medición *f.* măsurătoare.

médico **I.** *adj.* medical. **II.** *m.* medic, doctor.

medida *f.* măsură // *a* ~ *que* pe măsură ce.

medieval *adj.* medieval.

medio **I.** *adj.* **1.** o jumătate de. **2.** mediu, mijlociu. **II.** *adv.* pe jumătate. **III.** *m.* **1.** jumătate. **2.** mijloc // ~*s de comunicación* mijloace de comunicaţie; *en* ~ *de* în mijlocul. **3.** mediu // ~ *ambiente* mediu înconjurător. *por* ~ *de* prin intermediul, cu ajutorul. **4.** *(sport)* mijlocaş.

mediocre *adj.* mediocru.

mediocridad *f.* mediocritate.

mediodía *f.* 1. amiază // *a ~ la amiază.* 2. miazăzi.

medir I. *vt.* a măsura. II. ~se *vr.* a se stăpâni.

meditabundo *adj.* gânditor, meditativ.

meditación *f.* meditaţie.

mediterráneo *adj.* mediteranean.

medrar *vi.* 1. a creşte. 2. *(fig.)* a prospera.

medroso *adj.* fricos.

médula *f.* măduvă.

medusa *f. (zool.)* meduză.

mejicano *adj., m.* mexican.

mejilla *f.* obraz.

mejillón *m. (zool.)* midie.

mejor I. *adj.* mai bun. II. *adv.* mai bine // *a cual ~* care mai de care; *a lo ~* poate; *tanto ~* cu atât mai bine.

mejora *f.* 1. îmbunătăţire. 2. licitaţie.

mejoramiento *m.* îmbunătăţire, ameliorare.

mejorana *f.* măghiran.

mejorar I. *vt.* 1. a îmbunătăţi, a ameliora. 2. a supralicita. II. *vi.* a se îndrepta.

mejoría *f.* 1. îmbunătăţire, îndreptare. 2. ameliorare. 3. avantaj.

melado *adj.* de culoarea mierii.

melancolía *f.* melancolie.

melancólico *adj.* melancolic.

melaza *f.* melasă.

melena *f.* 1. plete. 2. coamă (de leu).

melenudo *adj.* pletos.

melindre *m.* 1. gogoaşă cu miere. 2. pricomigdală. 3. ~s *(fam.)* mofturi.

melindroso *adj.* mofturos.

melocotón *m.* piersică.

melocotonero *m.* piersic.

melodía *f.* melodie.

melodioso *adj.* melodios.

melodrama *m.* melodramă.

melón *m.* pepene galben.

meloso *adj.* dulce, mieros.

mella *f.* 1. ştirbitură. 2. gol, lacună.

mellado *adj.* ştirb.

mellar *vt.* a ştirbi.

mellizo *adj., m.* geamăn.

membrana *f.* membrană

membrete *m.* 1. notiţă, însemnare. 2. antet.

membrillo *m.* 1. gutui. 2. gutuie.

membrudo *adj.* vânjos.

memo *adj.* nerod.

memorable *adj.* memorabil.

memorándum *m.* 1. carnet de notiţe. 2. memorandum.

memoria *f.* 1. memorie, ţinere de minte // *flaco de ~* uituc; *de ~* pe dinafară; *hacer ~* a-şi aminti. 2. amintire; aducere aminte. 3. dizertaţie. 4. ~s *pl.* memorii.

memorial *m.* 1. memoriu. 2. caiet de însemnări.

menaje *m.* bunuri casnice.

mención *f.* menţiune.

mencionar *vt.* a menţiona.

mendigar *vt.* a cerşi.

mendigo *m.* cerşetor.

mendrugo *m.* codru de pâine.

menear I. *vt.* **1.** a agita, a mişca // ~ *la cola* a da din coadă. **2.** (*fig.*) a conduce, a dirija. **II.** ~se *vr.* **1.** a se mişca. **2.** (*fig.*) a se zori.

meneo *m.* agitare, clătinare.

menester *m.* **1.** trebuinţă, nevoie // *es ~ que* trebuie (să). **2.** ~es *pl.* treburi. **3.** ~es *pl.* (*fam.*) unelte.

menesteroso *adj.* nevoiaş.

menestra *f.* supă.

mengano *m.* cutare.

mengua *f.* **1.** micşorare, scădere. **2.** lipsă, sărăcie.

menguado I. *adj.* **1.** laş, fricos. **2.** tont. **3.** calic. **II.** *m.* ochi care se scade (la ciorap).

menguante I. *adj.* în descreştere, în scădere // *luna ~* ultimul pătrar de lună. **II.** *f.* **1.** descreştere a apei. **2.** reflux. **3.** (*fig.*) decădere, declin.

menguar *vi.* a descreşte, a scădea.

meningitis *f.* (*med.*) meningită.

menor *adj.* mai mic // *~ de edad* minor, nevârstnic; *al por ~* cu amănuntul.

menos I. *adv., adj.* mai puţin. **II.** *m.* minus // *~ mal* cu atât mai bine; *a ~ que* numai dacă; *echar de ~* a regreta, a duce dorul; *por lo ~* cel puţin; *venir a ~* a scăpăta.

menoscabar *vt.* a micşora, a scădea.

menoscabo *m.* micşorare, scădere, pagubă.

menospreciar *vt.* **1.** a subestima. **2.** a dispreţui.

menosprecio *m.* **1.** subestimare, depreciere. **2.** dispreţ.

mensaje *m.* mesaj.

mensajería *f.* mesagerie.

mensajero *m.* mesager.

menstruación *f.,* **menstruo** *m.* menstruaţie.

mensual *adj.* lunar.

mensualidad *f.* câştig lunar.

menta *f.* mentă, izmă.

mental *adj.* mintal.

mentar *vt.* a menţiona, a pomeni, a cita.

mente *f.* minte.

mentecato *adj.* smintit, tâmpit.

mentir *vt., vi.* a minţi.

mentira *f.* minciună.

mentiroso *adj.* mincinos.

mentón *m.* bărbie.

menudencia *f.* **1.** micime. **2.** migală. **3.** ~s *pl.* măruntaie.

menudillos *m. pl.* potroace.

menudo I. *adj.* mărunt // *dinero ~* mărunţiş; *a ~* adeseori; *por ~* amănunţit. **II.** ~s *m. pl.* măruntaie.

meñique *m.* degetul mic.

meollo *m.* **1.** măduvă. **2.** (*fig.*) minte. **3.** (*fig.*) miez.

mercachifle *m.* tarabagiu.

mercader *m.* negustor.

mercadería *f.* marfă.

mercado *m.* **1.** piaţă. **2.** târg.

mercancía *f.* marfă.

mercante *adj.* de comerţ, comercial.

mercantil *adj.* mercantil, comercial.

mercar *vt.* a cumpăra.

merced *f.* **1.** favoare, grație // ~ *a* grație. **2.** cherem, discreție // *estar a la ~ de* a fi la cheremul.

mercenario *adj., m.* mercenar.

mercería *f.* mercerie.

mercurio *m.* mercur.

merecer *vt., vi.* a merita.

merecido *m.* **1.** răsplată. **2.** pedeapsă // *bien ~ lo tiene* așa-i trebuie.

merendar I. *vi.* **1.** a lua o gustare. **2.** a trage cu ochiul. II. ~se *vr. (fam.)* a pune mâna pe.

merendero *m.* birt, bufet.

merengue *m.* bezea.

meretriz *f.* prostituată.

meridiano I. *adj.* de amiază. II. *m.* meridian.

meridional *adj.* meridional.

merienda *f.* gustare.

merino *adj. în expr.: carnero ~* oaie merinos.

mérito *m.* **1.** merit. **2.** valoare // *de (gran) ~* de (mare) valoare.

meritorio *adj.* meritoriu.

merluza *f.* **1.** (specie de) cod. **2.** *(pop.)* beție.

merma *f.* descreștere, scădere.

mermar I. *vi.* a descrește. II. *vt.* a micșora.

mermelada *f.* marmeladă.

mero *adj.* simplu.

merodear *vt.* a jefui, a prăda.

mes *m.* lună *(calendaristică)*.

mesa *f.* **1.** masă // *poner/quitar ~ a* pune/strânge masa. *(pol.)* prezidiu.

mesada *f.* câștig lunar.

meseta *f.* platou, podiș.

mesnada *f. (fig.)* adunătură.

mesón *m.* han, birt.

mesonero *m.* hangiu, birtaș.

mestizo *m.* metis.

mesura *f.* **1.** seriozitate. **2.** bună-creștere, politețe. **3.** cumpătare, măsură.

mesurado *adj.* cumpătat.

mesurar I. *vt.* a modera, a tempera. II. ~se *vr.* a se stăpâni.

meta *f.* scop, țel.

metafísico I. *adj.* metafizic. II. *m.* metafizician.

metáfora *f.* metaforă.

metal *m.* metal.

metálico *adj.* metalic.

metalurgia *f.* metalurgie.

metamorfosis *f.* metamorfoză.

meteorito *m.* meteorit.

meteoro *m.* meteor.

meteorología *f.* meteorologie.

meter I. *vt.* a băga, a pune. II. ~se *vr. (en)* a se băga, a se amesteca (în).

meticuloso *adj.* **1.** fricos. **2.** *(fig.)* meticulos.

metido I. *adj. (en)* bogat (în), îndesat (cu). II. *m.* lovitură, pumn.

metódico *adj.* metodic.

método *m.* metodă.

metro *m.* **1.** metru. **2.** metro.

metrónomo *m. (muz.)* metronom.

metrópoli *f.* **1.** metropolă. **2.** *(rel.)* arhiepiscopie.

metropolitano I. *m.* **1.** metropolitan. **2.** *(rel.)* arhiepiscopal. II. *m.* metro(u).

mezcla *f.* **1.** amestecare. **2.** ames-
   tec. **3.** adunătură (de persoa-
   ne). **4.** mortar.
mezclar(se) *vt., vr.* a (se) ames-
   teca.
mezcolanza *f. (fam.)* talmeş-
   balmeş, amestecătură.
mezquindad *f.* **1.** sărăcie,
   mizerie. **2.** meschinărie, jos-
   nicie.
mezquino *adj.* **1.** sărac, mizer.
   2. calic.
mezquita *f.* moschee.
mi[1] *m. (muz.)* mi.
mi[2], **mis** *adj. pos.* meu, mea,
   mei, mele.
miaja *f.* fărâmă.
mico *m.* maimuţă.
microbio *m.* microb.
micrófono *m.* microfon.
microscopio *m.* microscop.
miedo *m.* frică, teamă // *tener*
   ~ a a-i fi frică de.
miedoso *adj.* fricos.
miel *f.* miere.
miembro *m.* membru.
mientes *f. pl. în expr.: parar ~*
   en a fi cu băgare de seamă la.
mientras *conj.* în timp ce, pe
   când // *~ tanto* între timp.
miércoles *m.* miercuri.
mies *f.* **1.** grâne. **2.** seceriş.
   3. *~es pl.* semănături.
miga *f.* **1.** fărâmă. **2.** miez (de
   pâine). **3.** *(fig.)* miez.
migaja *f.* firimitură.
migración *f.* migraţiune.
migratorio *adj.* migrător.
mijo *m.* mei.
mil *num. card.* o mie.

milagro *m.* miracol, minune.
milagroso *adj.* miraculos.
milenario **I.** *adj.* milenar. **II.** *m.*
   mileniu.
milésimo **I.** *adj.* al o mielea.
   II. *m.* miime.
mili *f. (pop.)* serviciu militar.
milicia *f.* **1.** artă militară.
   2. miliţie.
miliciano *m.* miliţian.
miligramo *m.* miligram.
milímetro *m.* milimetru.
militante *adj., m.* militant.
militar **I.** *adj., m.* militar. **II.** *vi.*
   1. a servi în armată. **2.** *(fig.)*
   a milita.
milla *f.* milă.
millar *m.* mie.
millón *m.* milion.
millonario *adj., m.* milionar.
mimar *vt.* **1.** a mângâia, a dez-
   mierda. **2.** a răsfăţa.
mimbre *m. sau f.* răchită.
mímica *f.* mimică.
mimo *m.* **1.** mim. **2.** *(fam.)* dez-
   mierdare. **3.** răsfăţare, alintare.
mimosa *f. (bot.)* mimoză.
mina *f.* mină.
minar *vt.* **1.** a săpa o galerie în.
   2. *(fig.)* a săpa, a submina. **3.** a
   zdruncina. **4.** *(mil.)* a mina.
mineral *adj., m.* mineral.
mineralogía *f.* mineralogie.
minería *f.* minerit.
minero **I.** *adj.* minier. **II.** *m.*
   miner.
miniatura *f.* miniatură.
mínimo *adj., m.* minim(um).
mínimum *m.* minim(um).
ministerio *m.* minister.

ministro *m.* ministru.

minorar *vt.* a micşora, a diminua.

minoría *f.* 1. minoritate. 2. minorat.

minoridad *f.* minoritate.

minucioso *adj.* minuţios, amănunţit.

minué *m.* menuet.

minuta *f.* 1. ciornă. 2. notiţă, însemnare. 3. meniu.

minuto *m.* minut.

mío, mía, míos, mías *pron, pos.* al meu, a mea, ai mei, ale mele.

miope *adj.* miop.

miopía *f.* miopie.

mira *f.* 1. miră, cătare. 2. *(fig.)* scop, intenţie.

mirada *f.* privire.

mirado *adj.* neîncrezător.

mirador *m.* *(arhit.)* foişor.

miramiento *m.* atenţie, consideraţie.

mirar I. *vt.* 1. a privi, a se uita la. 2. a observa. 3. a aprecia, a stima. 4. *(fig.)* a considera, a socoti. 5. *(fig.)* a avea grijă de, a apăra. II. *vi.* 1. *(d. camere) (a)* a fi aşezat (spre). 2. *(por)* a vedea (de). III. ~se *vr.* 1. a se uita, a se privi. 2. *(fig.) (en uno)* a ţine mult (la cineva).

miriápodo *m.* *(zool.)* miriapod.

mirilla *f.* vizor.

miriñaque *m.* crinolină.

mirlo *m.* mierlă.

mirón *m.* 1. gură-cască. 2. chibiţ.

mirra *f.* smirnă.

mirto *m.* *(bot.)* mirt.

misa *f.* *(rel.)* liturghie.

misántropo *m.* mizantrop.

miserable *adj., m.* mizerabil.

miseria *f.* 1. mizerie, sărăcie. 2. zgârcenie.

misericordia *f.* îndurare.

misericordioso *adj.* îndurător.

mísero *adj.* nenorocit.

misión *f.* misiune.

misionero *m.* misionar.

mismo, misma, mismos, mismas *adj.* 1. *(înaintea substantivelor)* acelaşi, aceeaşi, aceiaşi, aceleaşi // *el mismo hombre* acelaşi om; *eso es lo mismo* sau, *lo mismo da* e totuna; *lo mismo que* la fel ca. 2. *(după substantive, pronume)* înşuşi // *yo mismo* eu însumi.

mismo *adv.* chiar // *ahora ~* chiar acum.

misterio *m.* mister, taină.

misterioso *adj.* misterios.

misticismo *m.* misticism.

místico *adj.* mistic.

mitad *f.* jumătate.

mitigar *vt.* a alina.

mitin *m.* miting, întrunire.

mito *m.* mit.

mitología *f.* mitologie.

mixto I. *adj.* mixt. II. *m.* tren mixt.

mobiliario I. *adj.* mobiliar. II. *m.* mobilier.

mocedad *f.* tinereţe.

mocetón *m.* flăcău.

moción *f.* 1. mişcare, impuls. 2. *(pol.)* moţiune.

moco *m.* 1. muc, muci. 2. muc (de lumânare). 3. zgură.

mocoso *adj.*, *m.* mucos.

mochila *f.* raniţă, rucsac.

mocho *adj.* 1. fără vârf. 2. fără coarne. 3. netuns.

moda *f.* modă // *estar de* ~ a fi la modă; *estar fuera* (sau *pasado*) *de* ~ a nu fi la modă.

modales *m. pl.* apucături, maniere.

modelar I. *vt.* a modela. II. ~se *vr.* (*fig.*) a se modela.

modelo *m.* model.

moderación *f.* cumpătare.

moderado *adj.* moderat.

moderar(se) *vt.*, *vr.* a (se) modera.

modernizar *vt.* a moderniza.

moderno *adj.* modern.

modestia *f.* modestie.

modesto *adj.* modest.

módico *adj.* modic.

modificación *f.* modificare.

modificar(se) *vt.*, *vr.* a (se) modifica.

modismo *m.* expresie frazeologică, idiotism.

modista *f.* croitoreasă.

modo *m.* I. mod, fel, chip // *a* ~ *de* în chip de; *de* ~ *que* astfel că; *de otro* ~ altfel; *de todos* ~s oricum. 2. (*gram.*, *muz.*) mod. 3. (*gram.*) locuţiune. 4. ~s *pl.* maniere.

modorra *f.* somnolenţă, toropeală.

modorro *adj.* buimac, ameţit (de somn).

modulación *f.* modulaţie.

modular *f.* bătaie de joc, zeflemea.

mofarse *vr.* (*de*) a-şi bate joc (de).

mofletudo *adj.* bucălat.

mogote *m.* movilă.

mohín *m.* grimasă.

mohína *f.* supărare, posomoreală.

mohíno I. *adj.* supărat, posomorât. II. *m.* catâr.

moho *m.* 1. mucegai. 2. rugină.

mohoso *adj.* 1. mucegăit. 2. ruginit.

mojar(se) I. *vt.*, *vr.* a (se) uda, a (se) (în)muia. II. *vt.* (*fam.*) a tăia cu cuţitul. III. *vi.* (*en*) a se băga (în).

mojiganga *f.* mascaradă.

mojigato *adj.* 1. prefăcut, făţarnic. 2. bigot.

mojón *m.* 1. piatră de hotar. 2. (stâlp) indicator. 3. grămadă.

molar *adj.* în *expr.: diente* ~ molar, măsea; *piedra* ~ piatră de moară.

moldavo *adj.*, *m.* moldovenesc, moldovean.

molde *m.* 1. tipar, formă. 2. (*fig.*) model.

mold(e)ar *vt.* a turna în formă, a mula.

molécula *f.* moleculă.

molecular *adj.* molecular.

moledor *adj.* 1. care macină. 2. (*fig.*) sâcâitor.

moler *vt.* 1. a măcina. 2. (*fig.*) a stoarce, a slei. 3. (*fig.*) a pisa, a sâcâi. 4. (*fig.*) a stâlci // ~ *a palos* a ciomăgi.

molestar *vt.* a supăra; a plictisi, a sâcâi.

molestia *f.* 1. osteneală. 2. supărare; plictiseală, sâcâială. 3. stânjeneală.

molesto *adj.* 1. stânjenitor, jenant, plictisitor. 2. incomod; insuportabil; agasant // *está ~ con* e supărat pe. 3. neplăcut; nesuferit; stingherit, încurcat

molicie *f.* moliciune, moleşeală.

molienda *f.* 1. măcinat. 2. *(fig.)* sâcâială.

molinero *m.* morar.

molino *m.* moară.

molusco *m. (zool.)* moluscă.

molleja *f.* pipotă.

mollera *f. (anat.)* moalele capului // *duro de ~* a. încăpăţânat; b. tare de cap.

mollete *m.* chiflă, franzeluţă.

momentáneo *adj.* momentan.

momento *m.* moment, clipă // *a cada ~* în orice moment; *al ~* într-o clipă, îndată; *de poco ~* lipsit de importanţă.

momia *f.* mumie.

momificar(se) *vt., vr.* a (se) mumifica.

monada *f.* 1. maimuţăreală. 2. *(fam.)* lucru nostim, drăguţ şi delicat.

monarca *m.* monarh.

monarquía *f.* monarhie.

monárquico *adj.* monarhic.

monasterio *m.* mănăstire.

monástico *adj.* mănăstiresc.

monda *f.* curăţire de coajă.

mondadientes *m.* scobitoare.

mondaduras *f. pl.* coji.

mondar *vt.* 1. a curăţa. 2. a curăţa de coajă. 3. a curăţa de crengi uscate.

mondo *adj.* curăţat de coajă.

moneda *f.* monedă.

monedero *m.* portmoneu.

monería *f.* 1. maimuţăreală. 2. *(fig.)* ştrengărie.

monetario I. *adj.* monetar. II. *m.* colecţie de monede.

moni *m. (fam.)* bani.

monje *m.* călugăr.

mono I. *m.* 1. maimuţă. 2. salopetă. II. *adj. (fam.)* drăguţ, nostim.

monóculo *m.* monoclu.

monografía *f.* monografie.

monólogo *m.* monolog.

monopolio *m.* monopol.

monopolizar *vt.* a monopoliza.

monotonía *f.* monotonie.

monótono *adj.* monoton.

monserga *f. (fam.)* (limbă) păsărească.

monstruo *m.* monstru.

monstruosidad *f.* monstruozitate.

monstruoso *adj.* monstruos.

monta *f.* 1. încălcare. 2. sumă, total // *de poca ~* neînsemnat.

montaje *m.* montaj, montare.

montaña *f.* munte.

montañés *adj., m.* muntean.

montañoso *adj.* muntos.

montar I. *vi.* 1. a încăleca. 2. a călări // *~ a caballo* a călări; *~ en cólera (fig.)* a se înfuria. 3. a importa. II. *vt.* 1. a încăleca pe. 2. *(tehn.)* a monta // *~ la guardia* a face de gardă.

montaraz I. *adj.* sălbatic. II. *m.* pădurar.

monte *m.* 1. munte // *~ de Piedad* munte de pietate. 2. pădure.
montear *vt.* a hăitui.
montera *f.* 1. (un fel de) beretă. 2. beretă (de toreador). 3. acoperiş de sticlă.
montería *f.* vânătoare (de animale mari).
montero *m.* vânător.
montés *adj.* sălbatic.
montón *m.* grămadă, morman // *a ~es* din belşug.
montura *f.* 1. animal de călărie. 2. hamuri.
monumental *adj.* monumental.
monumento *m.* monument.
monzón *m.* sau *f.* muson.
moño *m.* 1. coc. 2. fundă. 3. ~s *pl.* zorzoane.
moquear *vi.* a-i curge nasul.
moquero *m.* batistă.
mora *f.* dudă.
morada *f.* 1. locuinţă, sălaş. 2. şedere.
morado *adj.* vânăt, violet.
morador *m.* locuitor.
moral I. *adj.* moral. II. *f.* morală. III. *m.* dud negru.
moralidad *f.* moralitate.
moralista *m.* moralist.
moralizar *vt.* a moraliza.
morar *vi.* a locui.
morbidez *f.* 1. morbiditate. 2. moliciune. 3. delicateţe, supleţe.
mórbido *adj.* 1. morbid. 2. moale. 3. delicat, suplu.
morbo *m.* morb, boală.
morcilla *f.* tobă în sânge.
mordacidad *f.* causticitate.

mordaz *adj.* 1. corosiv, caustic. 2. aspru (la gust), înţepător. 3. (*fig.*) muşcător.
mordaza *f.* căluş.
mordedor *adj.* muşcător.
mordedura *f.* muşcătură.
morder *vt.* 1. a muşca. 2. (*fig.*) a critica.
mordiscar *vt.* a ronţăi.
mordisco *m.* muşcătură.
moreno *adj.*, *m.* brunet, oacheş.
morfina *f.* morfină.
moribundo *adj.*, *m.* muribund.
morir(se) *vi.*, *vr.* a muri // *~se por* a se prăpădi după.
morisco *adj.*, *m.* maur.
moro *adj.*, *m.* maur.
morosidad *f.* tărăgăneală.
moroso *adj.* încet, greoi.
morra *f.* creştetul capului.
morral *m.* 1. traistă. 2. (*fam.*) ţopârlan.
morralla *f.* 1. plevuşcă, peşte mărunt. 2. gloată.
morriña *f.* (*fam.*) melancolie, tristeţe.
morro *m.* 1. măciulie. 2. movilă.
morrocotudo *adj.* (*fam.*) important, mare.
morsa *f.* (*zool.*) morsă.
mortaja *f.* giulgiu.
mortal I. *adj.* 1. mortal, de moarte. 2. muritor. II. *m.* muritor.
mortalidad *f.* mortalitate.
mortandad *f.* mortalitate mare.
mortero *m.* 1. piuliţă. 2. (*mil.*) mortier. 3. mortar.
mortificación *f.* mortificare.

mortificar I. *vt.* a mortifica.
II. ~ (se) *vt., vr.* **1.** a (se)
chinui. **2.** *(fig.)* a (se) fră-
mânta, a (se) zbuciuma.

mortuorio *adj.* mortuar.

mosaico *m.* mozaic.

mosca *f.* muscă.

moscatel *adj. (d. vin)* muscat,
tămâios.

moscón *m.* **1.** muscoi. **2.** *(fam.)*
om îndărătnic.

mosquete *m.* flintă.

mosquetero *m.* muşchetar.

mosquetón *m.* carabină.

mosquitero *m.* apărătoare de
ţânţari.

mosquito *m.* ţânţar.

mostacho *m.* mustaţă.

mostaza *f.* muştar.

mosto *m.* must (dulce).

mostrador *m.* tejghea.

mostrar(se) *vt., vi.* a (se) arăta.

mote *m.* **1.** deviză. **2.** poreclă.

motejar *vt.* a porecli.

motilón I. *adj. (fam.)* tuns scurt.
II. *m.* călugăr mirean.

motín *m.* răzmeriţă, răscoală.

motivar *vt.* a motiva.

motivo *m.* motiv // *con* ~ *de* cu
prilejul.

moto(cicleta) *f.* motocicletă.

motor *m.* motor.

motriz *adj.* în *expr.: fuerza* ~
forţă motrice.

movedizo *adj.* **1.** mişcător.
2. *(fig.)* nestatornic.

mover(se) *vt., vr.* a (se) mişca.

movible *adj.* mobil.

móvil I. *adj.* **1.** mobil. **2.** *(fig.)*
nestatornic. **II.** *m.* mobil.

movilidad *f.* **1.** mobilitate. **2.** ne-
statornicie.

movilización *f. (mil.)* mobilizare.

movilizar *vt. (mil.)* a mobiliza.

movimiento *m.* mişcare.

moza *f.* **1.** fată. **2.** servitoare,
slujnică.

mozalbete *m. (fam.)* flăcăiandru.

mozárabe *adj. m.* mozarab
*(creştin spaniol aflat sub
stăpânirea arabilor).*

mozo I. *adj.* tânăr. **II.** *m.* **1.** băiat,
flăcău. **2.** servitor. **3.** băiat de
serviciu.

mucosidad *f.* mucozitate.

muchachada *f.* **1.** copilărie,
ştrengărie. **2.** puştime.

muchachería *f.* **1.** copilărie,
ştrengărie. **2.** droaie de copii.

muchacho *m.* **1.** copil. **2.** *(fam.)*
băiat. **3.** servitor.

muchedumbre *f.* mulţime; gloată.

mucho *adj., adv.* mult // ~
antes cu mult înainte; *ni* ~
menos câtuşi de puţin; *por* ~
que oricât; *tener en* ~ a stima.

muda *f.* **1.** schimbare. **2.** prime-
neli. **3.** năpârlire.

mudable *adj.* schimbător,
nestatornic.

mudanza *f.* **1.** schimbare. **2.** mu-
tat, mutare. **3.** nestatornicie.

mudar(se) *vt., vi.* **1.** a (se) schimba.
2. a (se) muta.

mudéjar I. *m.* maur vasal creş-
tinilor. **II.** *adj.* se spune d.
stilul introdus de aceşti mauri.

mudez *f.* muţenie.

mudo *adj.* mut.

mueblaje *m.* mobilier.

mueble I. *adj.* mobil. II. *m.*
mobilă; mobilier.

mueca *f.* strâmbătură.

muela *f.* 1. piatră de moară.
2. tocilă. 3. măsea.

muelle I. *adj.* moale, fraged.
II. *m.* 1. arc, resort. 2. *(mar.)*
chei. 3. rampă (de cale ferată).

muérdago *m.* vâsc.

muerte *f.* moarte // *a ~ o a
vida* pe viaţă şi pe moarte.

muerto *adj.* mort.

muestra *f.* 1. *(com.)* firmă, ins-
cripţie. 2. mostră, eşantion,
probă, specimen. 3. *(fig.)* semn,
indiciu. 4. dovadă, probă.
5. model. 6. *(mil.)* trecere în
revistă.

mugido *m.* muget.

mugir *vi.* a mugi.

mugre *f.* murdărie, jeg, slin.

mugriento *adj.* slinos, jegos.

muguete *m.* *(bot.)* lăcrimioară.

mujer *f.* femeie.

mujeriego *adj.* 1. femeiesc.
2. afemeiat.

mujeril *adj.* femeiesc.

mulato *adj., m.* mulatru.

muleta *f.* 1. cârjă. 2. *(taur.)* mu-
letă (de matador).

muletilla *f.* 1. baston cu mâner.
2. *(fig.)* tic verbal.

mulo *m.* catâr.

multa *f.* amendă.

multar *vt.* a amenda.

múltiple *adj.* multiplu.

multiplicación *f.* înmulţire,
multiplicare.

multiplicar(se) I. *vt., vr.* a (se)
înmulţi. II. *vr.* a munci cu
râvnă.

múltiple *adj., m.* multiplu.

multitud *f.* mulţime.

mullir *vt.* a afâna; a (în)muia.

mundano *adj.* 1. lumesc. 2. mon-
den.

mundial *adj.* mondial.

mundo *m.* lume.

munición *f.* 1. muniţie. 2. pro-
vizii militare. 3. alice.

municipal I. *adj.* municipal.
II. *m.* *(guardia)* ~ gardian
public, sergent de stradă.

municipalidad *f.* 1. municipali-
tate. 2. primărie.

municipio *m.* 1. municipiu.
2. consiliu comunal.

munificencia *f.* generozitate.

muñeca *f.* 1. încheietură a mâi-
nii. 2. păpuşă.

muñeco *m.* *(fam.)* fante, filfizon.

muralla *f.* zid de cetate.

murciélago *m.* *(zool.)* liliac.

murmullo *m.* murmur.

murmuración *f.* bârfeală,
clevetire.

murmurador *adj., m.* bârfitor.

murmurar *vi.* 1. a murmura. 2. a
şuşoti. 3. *(fig.)* a bârfi, a cle-
veti.

muro *m.* zid, perete.

murria *f.* *(fam.)* mâhnire, tristeţe.

musa *f.* muză.

muscular *adj.* muscular.

músculo *m.* *(anat.)* muşchi.

musculoso *adj.* musculos.

muselina *f.* muselină.

museo *m.* muzeu.

musgo *m.* *(bot.)* muşchi.

musical *adj.* muzical.

músico I. *adj.* muzical. II. *m.*
muzician.

musitar *vi.* a şopti, a murmura.
muslo *m.* coapsă.
mustio *adj.* 1. abătut, mohorât.
2. veşted.
musulmán *adj., m.* musulman.
mutabilidad *f.* mutabilitate.
mutilar *vt.* a mutila.

mutismo *m.* muţenie.
mutual *adj.* mutual.
mutualidad *f.* 1. reciprocitate.
2. casă de ajutor reciproc.
mutuo *adj.* mutual, reciproc.
muy *adv.* foarte.

N

naba *f.* gulie.

nabo *m.* nap.

nácar *m.* sidef.

nacer *vi.* 1. a se naşte. 2. *(de)* a se trage (din). 3. *(fig.)* a izvorî. 4. *(d. plante, aştri)* a răsări.

nacido I. *adj.* 1. născut. 2. înnăscut, firesc. II. *m.* om.

naciente *adj.* 1. care se naşte. 2. *(fig.)* nou, recent.

nacimiento *m.* 1. naştere. 2. început. 3. izvor. 4. origine. 5. vicleim.

nación *f.* naţi(un)e.

nacional *adj.* naţional.

nacionalidad *f.* naţionalitate.

nacionalismo *m.* naţionalism.

nacionalizar *vt.* a naţionaliza.

nada I. *f.* 1. nimic. 2. nefiinţă, neant. II. *pron..* nimic // ~ *más (menos)* nimic mai mult (puţin).

nadador *m.* înotător.

nadar *vi.* a înota.

nadería *f.* fleac, moft.

nadie *pron. nehot.* nimeni.

nado *m.* în *expr.: a* ~ înot.

naipe *m.* carte (de joc).

nalga *f.* bucă, fesă.

nana *f.* 1. *(fam.)* bunică. 2. cântec de leagăn.

naranja I. *f.* portocală. II. *interj.* ¡ ~*s!* nici vorbă!

naranjada *f.* oranjadă.

naranjal *m.* livadă de portocali.

naranjo *m.* portocal.

narciso *m.* narcisă.

narcótico *adj., m.* narcotic.

nardo *m.* chiparoasă.

narigudo *adj.* năsos.

nariz I. *f.* 1. (şi *pl.* **narices**) nas. 2. nară. 3. *(fig.)* miros. 4. buchet (de vin). II. ¡*narices! interj.* aiurea!

narración *f.* naraţiune, povestire.

narrador *m.* povestitor.

narrar *vt., vi.* a nara, a povesti.

narrativa *f.* 1. naraţiune. 2. dar de povestitor.

narrativo *adj.* narativ.

nasal I. *adj.* nazal. II. *f. (lingv.)* nazală.

nata *f.* 1. smântână. 2. *(fig.)* cremă.

natación *f.* nataţie, înot.

natal I. *adj.* natal, de naştere.
II. *m.* 1. naştere. 2. zi de
naştere.

natalicio I. *adj.* de naştere.
II. *m.* zi de naştere.

natalidad *f.* natalitate.

Natividad *f. (rel.)* 1. naşterea
lui Isus. 2. Crăciun.

nativo *adj.* 1. firesc, natural.
2. natal. 3. nativ, înnăscut.

nato *adj.* (în)născut.

natural I. *adj.* 1. natural, origi-
nar. 2. natural, veritabil.
3. firesc, normal // ~ *de* născut
la, originar din; *al* ~ natural,
fără artificii; **b.** în realitate; *es*
~ **a.** este natural (*sau* firesc), e
în firea lucrurilor; **b.** fireşte,
desigur. II. *m.* fire, tempera-
ment, natură.

naturaleza *f.* natură.

naturalidad *f.* 1. naturaleţe.
2. cetăţenie.

naturalismo *m.* naturalism.

naturalizar *vt.* 1. a naturaliza.
2. a aclimatiza.

naufragar *vi.* 1. a naufragia.
2. *(fig.)* a eşua.

naufragio *m.* 1. naufragiu.
2. *(fig.)* dezastru.

náufrago *m.* naufragiat.

náusea *f.* 1. greaţă. 2. *(fig.)*
dezgust.

nauseabundo *adj.* greţos.

náutico *adj.* nautic.

navaja *f.* briceag.

naval *adj.* naval.

nave *f.* 1. *(mar.)* navă, vas.
2. *(arhit.)* naos. 3. hală (in-
dustrială).

navegable *adj.* navigabil.

navegación *f.* navigaţie.

navegador, navegante *m.* navi-
gator, corăbier.

navegar *vi.* a naviga.

Navidad *f. (rel.)* Crăciun.

navío *m.* navă, vas.

neblina *f.* pâclă, negură.

nebulosa *f.* nebuloasă.

nebulosidad *f.* nebulozitate.

necedad *f.* prostie, neghiobie.

necesario *adj.* necesar.

neceser *m.* trusă.

necesidad *f.* 1. necesitate. 2. ne-
voie, trebuinţă. 3. ~es *pl.*
nevoi.

necesitado *adj., m.* nevoiaş.

necesitar *vt., vi. (de)* a avea
nevoie (de), a trebui.

necio *adj.* prost.

necrópolis *f.* necropolă.

néctar *m.* nectar.

nefasto *adj.* nefast.

negación *f.* 1. negare. 2. negaţie.

negado *adj.* incapabil.

negar I. *vt.* 1. a nega, a tăgă-
dui. 2. a refuza. II. ~se *vr.*
(a) a refuza (să).

negativa *f.* refuz.

negativo *adj.* negativ.

negligencia *f.* neglijenţă.

negligente *adj.* neglijent.

negociación *f.* 1. negociere.
2. ~es *pl.* tratative.

negociante *m.* negustor.

negociar I. *vi.* a face negoţ. II. *vt.*
a negocia, a tranzacţiona.

negocio *m.* 1. comerţ. 2. ocupa-
ţie. 3. negociere.

negro *adj., m.* negru.

negror *m.*, **negrura** *f.* negreală, negreaţă.

negruzco *adj.* negricios.

nene *m.* *(fam.)* bebeluş.

nenúfar *m.* nufăr.

neófito *m.* neofit.

neologismo *m.* neologism.

neón *m.* *(chim.)* neon.

nervadura *f.* *(bot.)* nervuri.

nervio *m.* 1. *(anat.)* nerv. 2. *(fig.)* vlagă.

nerv(i)osidad *f.* nervozitate.

nervioso *adj.* 1. *(anat., fig.)* nervos. 2. *(fam.)* energic, vioi, activ.

nervudo *adj.* vânos, vânjos.

nesga *f.* clin.

neto *adj.* 1. curat, pur. 2. *(com.)* net.

neumático I. *adj.* pneumatic. II. *m.* cauciuc, pneu.

neuralgia *f.* nevralgie.

neurastenia *f.* neurastenie.

neurología *f.* neurologie.

neurosis *f.* nevroză.

neurótico *adj.*, *m.* nevrotic.

neutral *adj.* *(pol.)* neutru.

neutralidad *f.* neutralitate.

neutralizar *vt.* a neutraliza.

neutro *adj.* *(gram., chim.)* neutru.

nevada *f.* ninsoare.

nevar I. *vi.* a ninge. II. *vt.* *(fig.)* a albi.

nevasca *f.* vifor, viforniţă.

nevera *f.* răcitor; frigider.

neviscar *vi.* a fulgui.

ni *conj.* nici // ~ *que* chiar dacă.

nicaragüense *adj.*, *m.* (locuitor) din Nicaragua.

nicotina *f.* nicotină.

nicho *m.* nişă, firidă.

nidal *m.* cuibar.

nido *m.* cuib.

niebla *f.* ceaţă, negură.

nieto *m.* nepot (din partea bunicilor).

nieve *f.* zăpadă, omăt.

nihilismo *m.* nihilism.

nimiedad *f.* 1. exces. 2. migală, minuţiozitate. 3. meschinărie, micime.

nimio *adj.* 1. excesiv. 2. migălos, minuţios. 3. neînsemnat, meschin.

ninfa *f.* nimfă.

ningún *adj.* *(înaintea substantivelor masculine)* nici un.

ninguno, ninguna *adj.* *nehot.* nici un, nici una.

ninguno, ninguna, ningunos, ningunas *pron.* *nehot.* nimeni; nici unul, nici una, nici unii, nici unele.

niña *f.* 1. fată, copilă. 2. *(anat.)* pupilă.

niñada, niñería *f.* copilărie, faptă copilărească.

niñera *f.* dădacă.

niñez *f.* copilărie *(vârstă)*.

niño *m.* copil // ~ *de teta* copil de ţâţă; *desde* ~ de mic copil.

níquel *m.* nichel.

nítido *adj.* curat, limpede.

nitro *m.* salpetru.

nitrógeno *m.* nitrogen, azot.

nivel *m.* *(şi fig.)* nivel.,

nivelación *f.* nivelare.

nivelar *vt.* a nivela.

no *adv.* nu // ~ *bien* îndată ce, cum; ~ *más* a. nu mai mult; b. atâta tot; ~ *tal* ba nu!

nobiliario *adj.* nobiliar.

noble *adj.*, *m.* nobil.

nobleza *f.* nobilime.

noción *f.* noțiune.

nocivo *adj.* nociv, vătămător.

nocturno *adj.* nocturn.

noche *f.* 1. noapte // ~ *toledana* (*fig.*) noapte albă; ~ *vieja* revelionul; ~ *y día* zi și noapte; ¡*buenas* ~*s!* noapte bună!: *de* ~ noaptea, în timpul nopții; *de la* ~ *a la mañana* deodată, pe neașteptate; *por la* ~ noaptea, seara. 2. seară. 3. întunecime.

nochebuena *f.* ajunul Crăciunului.

nochevieja *f.* revelionul.

nodriza *f.* doică.

nogal *m.* nuc.

nómada *adj., m.* nomad.

nombradía *f.* renume, faimă.

nombramiento *m.* numire.

nombrar *vt.* a numi.

nombre *m.* nume.

nomenclatura *f.* nomenclatură.

nomeolvides *f. (bot.)* nu-mă-uita.

nómina *f.* 1. listă, catalog. 2. stat (de plată). 3. salariu, leafă.

nominación *f.* v. **nombramiento.**

nominal *adj.* nominal.

nominativo *m.* (*gram.*) nominativ.

non *adj.* impar, fără soț // *decir* ~*es* a tăgădui, a nega; *estar de* ~ a nu avea pereche.

nonada *f.* pic // *una* ~ o nimica toată.

nordeste *m.* nord-est.

nórdico *adj.* nordic.

noria *f.* roată (de scos apă de irigat).

norma *f.* 1. (*tehn.*) echer. 2. (*fig.*) normă, regulă.

normal *adj.* normal.

normalidad *f.* în *expr.: volver a la* ~ a reveni la normal.

noroeste *m.* nord-vest.

norte *m.* 1. nord, miazănoapte. 2. vânt de miazănoapte. 3. (*fig.*) călăuză.

norteamericano *adj. m.* nord-american.

norteño *adj.,m.* (locuitor) din nord.

noruego *adj., m.* norvegian.

nosotros, nosotras *pron. pers.* noi.

nostalgia *f.* nostalgie.

nota *f.* (*lit., muz., pol.*) notă.

notabilidad *f.* notabilitate.

notable I. *adj.* remarcabil, însemnat. II. *m.* notabilitate.

notar *vt.* 1. a nota, a însemna. 2. a observa. 3. a adnota.

notaría *f.* (birou de) notariat.

notario *m.* notar.

noticia *f.* știre, veste.

noticiario *m.* 1. buletin de știri. 2. jurnal de actualități.

noticioso *adj.* informat.

notificar *vt.* a notifica, a comunica, a aduce la cunoștință.

notoriedad *f.* 1. notorietate, caracter notoriu. 2. faimă; renume.

notorio *adj.* notoriu, bine cunoscut.

novato *adj., m.* novice.

novedad *f.* noutate.

novela *f.* roman // ~ *corta* nuvelă.

novelesco *adj.* romanesc.

novelista *m.* romancier.

noveno *num. ord.* al nouălea.

noventa *num. card.* nouăzeci.

noviazgo *m.* logodnă.

novicio *m.* novice, începător.

noviembre *m.* noiembrie.

novillo *m.* tăuraş, juncan // *hacer ~s (fam.)* a chiuli.

novio *m.* logodnic.

nuba(rra)da *f.* rupere de nori.

nubarrón *m.* nor de ploaie.

nube *f.* 1. nor. 2. *(med.)* albeaţă (pe ochi).

nublado *m.* nor ameninţător.

nublar I. *vt.* a acoperi cu nori. II. *~se vr.* a se înno(u)ra.

nuca *f.* ceafă.

núcleo *m.* nucleu.

nudo *m.* 1. nod. 2. *(fig.)* legătură (trainică).

nudoso *adj.* noduros.

nuera *f.* noră.

nuestro, nuestra, nuestros, nuestras I. *adj. pos.* nostru, noastră, noştri, noastre. II. *pron. pos.* al nostru, a noastră, ai noştri, ale noastre.

nueva *f.* noutate, veste.

nueve *num. card.* nouă.

nuevo *adj.* nou // *de ~* din nou.

nuez *f.* 1. *(bot.)* nucă. 2. *(anat.)* // *~ de Adám* mărul lui Adam.

nulidad *f.* nulitate.

nulo *adj.* 1. incapabil. 2. nul, fără valoare.

numeración *f.* numărătoare; numărare.

numeral *adj., m.* numeral.

numerar *vt.* 1. a numerota. 2. a număra.

numerario I. *adj.* numeric. II. *m.* bani gheaţă.

numérico *adj.* numeric.

número *m.* 1. număr. 2. cifră. // *hacer ~s (fam.)* a socoti, a-şi face (toate) calculele.

numeroso *adj.* numeros.

numismática *f.* numismatică.

nunca *adv.* niciodată // *~ jamás* în ruptul capului.

nupcial *adj.* nupţial, de nuntă.

nupcias *f. pl.* nuntă.

nutria *f.* vidră; nutrie.

nutricio *adj.* hrănitor, nutritiv.

nutrición *f.* nutriţie, alimentaţie.

nutrir(se) *vt., vr.* a (se) hrăni, a (se) nutri, a (se) alimenta.

nutritivo *adj.* nutritiv.

Ñ

ñandú *m.* struţ american.
ñaña *f. (Am.)* dădacă.
ñaque *m.* morman de vechituri.
ñato *adj. (Am.)* cârn.
ñeque *(Am.)* **I.** *m.* vigoare.
    II. *adj.* robust.

ño *m. (pop.)* domn.
ñoñería, ñoñez *f.* prostie, ne-
    ghiobie.
ñoño *adj. (fam.)* natâng, ne-
    ghiob.

O

o *conj.* sau, ori.

oasis *m.* oază.

obcecar *vt.* a orbi.

obedecer *vi. (a)* a asculta (de), a se supune.

obediencia *f.* ascultare, supunere.

obediente *adj.* ascultător, supus, docil; *(fam.)* cuminte.

obertura *f. (muz.)* uvertură.

obesidad *f.* obezitate.

obeso *adj.* obez.

óbice *m.* obstacol.

obispado *m.* episcopat.

obispo *m.* episcop.

objeción *f.* obiecție.

objetar *vt.* a obiecta.

objetivo *adj., m.* obiectiv // ~ *perseguido* obiectiv urmărit.

objeto *m.* obiect, lucru // *al ~ de* în vederea, pentru, cu scopul; *con ~ de* cu scopul de; *tener por ~* a avea ca scop.

oblación *f. (rel.)* ofrandă.

oblicuidad *f.* oblicitate.

oblicuo *adj.* oblic, pieziş.

obligación *f.* obligație, îndatorire.

obligar(se) *vt., vr.* a (se) obliga.

obligatorio *adj.* obligatoriu.

obliterar *vt.* 1. a ştampila. 2. *(med.)* a obtura.

oblongo *adj.* oblong, lunguieţ.

oboe *m.* oboi.

óbolo *m.* obol.

obra *f.* 1. lucru. 2. lucrare // ~*s públicas* lucrări publice. 3. operă // ~ *maestra* capodoperă. 4. muncă. 5. şantier.

obrador *m.* 1. lucrător. 2. atelier.

obrar *vt.* 1. a lucra, a face. 2. a construi, a zidi. 3. *(fig.)* a acţiona.

obrero I. *adj.* muncitor, muncitoresc. II. *m.* muncitor, lucrător.

obscenidad *f.* obscenitate.

obsceno *adj.* obscen.

obscurantismo v. oscurantismo.

obscurecer(se) v. oscurecer(se).

obscuridad v. oscuridad.

obscuro v. oscuro.

obsequiar *vt.* 1. a primi bine. 2. a dărui, a face un cadou. 3. a curta.

obsequio *m.* 1. atenţie deosebită. 2. dar, cadou.

obsequioso *adj.* atent, îndatoritor.

observación *f.* observaţie.

observador *m.* 1. păstrător (de datini). 2. observator.

observancia *f.* respectare (a unei legi, datini).

observar I. *vt.* **1.** a respecta (o lege); a păstra (o datină). **2.** a observa, a examina, a cerceta, a scruta. **II.** ~(se) *vt., vr.* a (se) observa, a (se) nota, a (se) remarca.

observatorio *m.* observator.

obsesión *f.* obsesie.

obsesionado *adj. (con)* obsedat (de).

obsesivo *adj.* obsedant.

obseso *adj.* obsedat.

obstáculo *m.* obstacol, piedică.

obstante *adj.* care împiedică // *no* ~ totuşi, cu toate acestea.

obstar I. *vi.* a împiedica, a pune piedici. **II.** *v. impers.* a se împotrivi.

obstetricia *f. (med.)* obstetrică.

obstinación *f.* încăpăţânare.

obstinarse *vr. (en)* a se încăpăţâna (să).

obstrucción *f.* obstrucţie.

obstruir *vt.* a astupa, a obtura.

obtención *f.* obţinere.

obtener *vt.* a obţine, a căpăta.

obturación *f.* astupare; obturare.

obturar *vt.* a astupa.

obtuso *adj.* obtuz.

obús *m.* **1.** obuzier. **2.** obuz.

obviar *vt.* a preîntâmpina.

obvio *adv. (fig.)* evident, vădit.

oca *f.* gâscă sălbatică.

ocasión *f.* ocazie, prilej // *en ciertas* ~*es* câteodată; *en* ~ *de* cu ocazia.

ocasionar *vt.* a prilejui, a pricinui, a provoca.

ocaso *m.* amurg, apus, asfinţit.

occidental *adj.* occidental.

occidente *m.* occident, apus.

océano *m.* ocean.

ocio *m.* **1.** odihnă, tihnă. **2.** distracţie, destindere.

ociosidad *f.* trândăvie.

ocioso *adj.* **1.** trândav. **2.** nefolositor, de prisos.

ocre *m.* ocru.

octava *f. (muz.)* octavă.

octavo *num. ord.* al optulea.

octubre *m.* octombrie.

ocular *adj.* ocular.

oculista *m.* oculist.

ocultación *f.* ascundere, tăinuire.

ocultar(se) *vt., vr.* a (se) ascunde.

oculto *adj.* ascuns, neştiut.

ocupación *f.* **1.** *(şi mil.)* ocupare; ocupaţie. **2.** ocupaţie, îndeletnicire, treabă. **3.** slujbă, serviciu.

ocupacional *adj.* **1.** de ocupaţie a locurilor de muncă; profesional // *enfermedades* ~*es* boli profesionale; *índice* ~ indice de încadrare în muncă; *política* ~ politică laborală, a încadrării în muncă.

ocupar I. *vt.* **1.** a ocupa. **2.** a da de lucru. **II.** ~se *vr.* **1.** *(con, de, en)* a se ocupa (cu). **2.** a se ocupa (de), a trata (despre) // *el libro que nos ocupa* cartea de care ne ocupăm.

ocurrencia *f.* **1.** întâmplare, împrejurare. **2.** *(fig.)* vorbă de duh, vorbă inspirată.

ocurrente *adj. (fig.)* spiritual, de spirit.

ocurrir I. *vi.* a se întâmpla, a se petrece. **II.** ~se *vr.: ocurrírsele a uno* a-i trece prin minte.

ochenta *num. card.* optzeci.

ocho *num. card.* opt.

oda *f.* odă.

odiar(se) *vt., vr.* a (se) urî.

odio *m.* ură.

odioso *adj.* odios.

odre *m.* 1. burduf. 2. *(fam.)* be-
ţivan.

oeste *m.* vest, apus.

ofender(se) I. *vt., vr.* a (se)
ofensa. II. *vt.* a jigni, a insul-
ta. III. *vr.* a se simţi jignit.

ofensa *f.* ofensă, jignire.

ofensiva *f. (mil.)* ofensivă.

ofensivo *adj.* 1. ofensiv. 2. jig-
nitor.

ofensor *adj., m.* ofensator.

oferta *f.* 1. ofertă. 2. ofrandă,
danie.

oficial I. *adj.* 1. oficial. 2. pro-
fesional, de meserie. II. *m.*
1. lucrător; funcţionar; sluj-
baş. 2. ofiţer.

oficialidad *f.* ofiţerime, corp
ofiţeresc.

oficiar *vt.* 1. *(rel.)* a oficia. 2. a
face cunoscut oficial.

oficina *f.* birou.

oficinista *m.* funcţionar.

oficio *m.* 1. meserie, profesie.
2. serviciu, slujbă. 3. adresă
oficială. 4. *(rel.)* slujbă.

oficiosidad *f.* 1. hărnicie. 2. aten-
ţie, îndatorire.

oficioso *adj.* 1. harnic, vrednic.
2. îndatoritor. 3. oficios.

ofrecer(se) I. *vt., vr.* a (se)
oferi. II. *vr.* 1. *(a)* se oferi, a
fi dispus (să). 2. a se înfă-
ţişa, a se prezenta // ¿ *qué se
le ofrece?* ce doriţi?

ofrecimiento *m.* ofertă.

ofrenda *f.* 1. *(a)* ofrandă, pri-
nos. 2. pomană // *hacer ~s
(a)* a aduce ofrandă (cuiva).

ofuscación *f.* 1. orbire. 2. *(fig.)*
întunecare a minţii.

ofuscar *vt.* 1. a orbi, a lua vede-
rea. 2. *(fig.)* a întuneca (mintea).

ogro *m.* căpcăun.

oída *f.* auz; auzire // *de ~s* din
auzite.

oído *m.* 1. auz. 2. ureche // *de
~ după* ureche; *llegar a ~s de
(fig.)* a-i ajunge la ureche; *ser
tardo de ~* a fi tare de ureche.

oidor *m.* auditor, ascultător.

oír(se) *vt., vr.* a (se) auzi //
¡*oiga! (la telefon)* alo!

ojal *m.* butonieră.

ojalá I. *interj.* măcar să; fie
ca! II. *conj.* măcar de,
măcar să.

ojeada *f.* ocheadă.

ojear *vt.* 1. a arunca privirea pe.
2. a deochea. 3. a hăitui.

ojeo *m.* hăituială.

ojera *f.* cearcăn.

ojeriza *f.* în *expr.: tener ~ a
uno* a nu putea suferi pe cineva.

ojiva *f. (arhit.)* ogivă.

ojo I. *m.* 1. ochi // *a ~ după*
ochi; *a ~s vistas* văzând cu
ochii; *en un abrir y cerrar de
~s* cât ai clipi din ochi; *saltar
a los ~s* a sări în ochi. 2. ga-
ură, ureche // *el ~ de la
cerradura* gaură de cheie; *el
~ de la aguja* urechea acului.
II. *interj.* atenţie!

ola *f.* val, talaz.

¡**ole!** [¡**olé!**] *interj.* bravo!

oleada *f.* 1. val puternic. 2. *(fig.)* val de lume.

oleaje *m.* tălăzuire.

óleo *m.* ulei // *pintura al ~* pictura de ulei.

oleosidad *f.* caracter uleios, grăsime // *~ de la piel* grăsimea pielii.

oleoso *adj.* uleios.

oler *vi. (a)* a mirosi (a).

olfatear *vt.* a adulmeca.

olfato *m.* míros *(simţ).*

oliente *adj.* mirositor.

olimpíada [olimpiada] *f.* olimpiadă.

olímpico *adj.* olimpic.

oliscar I. *vt.* a adulmeca. II. *vi.* a prinde miros.

oliva *f.* măslină.

olivar *m.* livadă de măslini.

olivo *m.* măslin.

olmeda *f.,* **olmedo** *m.* pădure de ulmi.

olmo *m.* ulm.

olor *m.* 1. miros. 2. *(fig.)* faimă.

oloroso *adj.* mirositor.

olvidadizo *adj.* uituc.

olvidar(se) *vt., vr. (de)* a uita (de).

olvido *m.* uitare.

olla *f.* 1. oală (de gătit), cratiţă. 2. rasol cu zarzavat.

ollero *m.* olar.

ombligo *m.* buric.

omisión *f.* omisiune.

omitir *vt.* a omite.

ómnibus *m.* omnibuz, autobuz.

omnímodo *adj.* atotcuprinzător.

omnipotente *adj.* omnipotent, atotputernic.

omnipresente *adj.* omniprezent.

omnisciencia *f.* atotştiinţă.

omnisciente *adj.* atotştiutor.

omnívoro *adj.* omnivor.

omóplato *m.* omoplat.

once *num. ord.* unsprezece.

onceno *num. card.* al unsprezecelea.

onda *f.* undă.

ondear I. *vi.* 1. a face valuri. 2. a undui; a flutura; a fâlfâi. II. *~se vr.* a se legăna.

ondeo *m.* 1. unduire, ondulare. 2. fluturare, fâlfâit.

ondulación *f.* 1. unduire, ondulare. 2. ondulaţie.

ónice, ónix *f.* onix.

onomástico *adj.* onomastic.

onomatopeya *f.* onomatopee.

onza *f.* 1. ghepard. 2. uncie.

opacidad *f.* opacitate.

opaco *adj.* 1. opac. 2. *(fig.)* posomorât, trist, sumbru.

ópalo *m.* opal.

opción *f.* opţiune.

ópera *f. (muz.)* operă.

operación *f.* operaţie.

operador *adj., m. (med.)* operator, chirurg.

operar I. *vi.* 1. a-şi face efectul, a acţiona. 2. *(com.)* a specula. 3. a opera, a acţiona. II. *vt.* *(şi med.)* a opera.

operario *m.* muncitor.

opereta *f.* operetă.

opimo *adj.* bogat, abundent; fertil.

opinar *vi.* a fi de părere.

opinión *f.* opinie, părere.

opio *m.* opiu.

opíparo *adj.* copios, îmbelşugat.

oponer(se) *vt., vr.* a (se) opune, a (se) împotrivi.

oportunidad *f.* oportunitate, ocazie.

oportunista *adj., m. şi f.* oportunist(ă).

oportuno *adj.* oportun; potrivit.

oposición *f.* 1. opunere, împotrivire. 2. *(pol.)* opoziţie. 3. ~es *pl.* concurs (pentru ocuparea unui post) // *aprobar las ~es* a câştiga concursul.

opositor *m.* 1. oponent, opozant. 2. concurent, candidat.

opresión *f.* 1. apăsare. 2. *(fig.)* oprimare, asuprire.

opresivo *adj.* asupritor, împilator.

opresor *adj., m.* asupritor, opresor.

oprimir *vt.* 1. a apăsa. 2. *(fig.)* a asupri, a oprima.

oprobio *m.* oprobriu, ruşine.

optar *vi. (por)* a opta (pentru).

óptica *f.* optică.

óptico I. *adj.* optic. II. *m.* optician.

optimismo *m.* optimism.

optimista *adj., m. şi f.* optimist(ă).

óptimo *adj.* optim, excelent.

opuesto *adj.* opus, contrariu.

opugnar *vt.* 1. a lupta, a ataca. 2. *(fig.)* a combate.

opulencia *f.* belşug, bogăţie.

opulento *adj.* îmbelşugat, bogat.

opúsculo *m.* opuscul.

óquedad *f.* gol, scobitură // *sonar a ~* a suna a gol.

oquedal *m.* codru.

ora *conj.//* ~... ~ când... când, ba... ba.

oración *f.* 1. discurs, cuvântare. 2. rugăciune. 3. *(gram.)* propoziţie.

oráculo *m.* oracol.

orador *m.* orator.

oral *adj.* oral.

orangután *m.* urangutan.

orar *vi.* 1. a rosti un discurs. 2. a se ruga.

oratorio I. *adj.* oratoric. II. *m.* 1. *(muz.)* oratoriu. 2. paraclis, capelă.

orbe *m.* 1. sferă, glob. 2. lume.

órbita *f.* orbită.

orden I. *m.* 1. ordine // ~ *del día* ordine de zi; ~ *público* ordine publică; *del ~ de* aproximativ; *en ~* în ordine; *en ~ a* în ceea ce priveşte; *poner en ~* a pune în ordine. 2. *(bot., zool.)* ordin. II. *f.* ordin, comandă // *¡a la ~!* *(mil.)* la ordin!; *de ~ de* din ordinul; *la ~ del día (mil.)* ordinul de zi.

ordenación *f.* rânduială.

ordenador *m.* computer, calculator.

ordenanza I. *f.* 1. ordine. 2. ordonanţă. II. *m.* 1. *(mil.)* ordonanţă. 2. *(adm.)* om de serviciu.

ordenar *vt.* 1. a ordona, a rândui. 2. a porunci.

ordeñar *vt.* a mulge.

ordinal *adj.* ordinal.

ordinariez *f. (fam.)* grosolănie.

ordinario *adj.* 1. obişnuit. 2. ordinar.

ordinática *f.* informatică.

orear I. *vt.* a aerisi. II. ~se *vr.* a lua aer.

oreja *f.* ureche.

orejudo *adj.* urecheat.

oreo *m.* adiere, boare.

orfanato *m*. orfelinat.

orfandad *f*. stare de orfan.
2. *(fig.)* stare de părăsire,
abandon.

orfebrería *f*. aurărie, argintărie.

orgánico *adj*. organic.

organillo *m*. flaşnetă.

organismo *m*. organism.

organista *m*. şi *f*. organist(ă).

organización *f*. 1. organizare.
2. organizaţie.

organizador *adj., m*. organizator.

organizar(se) *vt., vr*. a (se)
organiza.

organizativo *adj*. organizator.

órgano *m*. 1. *(muz.)* orgă.
2. *(anat., fig.)* organ.

orgía *f*. orgie.

orgullo *m*. orgoliu.

orgulloso *adj*. orgolios.

orientación *f*. orientare.

oriental *adj., m*. oriental.

orientar(se) *vt., vr*. a (se) orienta.

oriente *m*. orient, răsărit.

orificio *m*. orificiu.

origen *m*. origine, obârşie.

original I. *adj., m*. original. II. *m*.
(tip.) (exemplar) original.

originalidad *f*. originalitate.

originar I. *vt*. a cauza, a da
naştere, a produce. II. *vi*. a se
trage, a proveni, a rezulta; a
izvorî; a izbucni.

originario *adj*. originar, de loc,
de fel din.

orilla *f*. 1. margine. 2. mal,
ţărm // *a ~s de* sau *a la ~
de* pe malul.

orín *m*. rugină.

orina *f*. urină.

orinal *m*. oală de noapte.

orinar(se) *vi., vr*. a urina.

orines *m. pl*. urină.

oriundo *adj*. originar, de loc, de
fel.

orla *f*. 1. chenar. 2. tiv.

ornamentar *vt*. a împodobi.

ornamento *m*. ornament, po-
doabă.

ornar *vt*. a orna, a împodobi.

oro *m*. aur.

orografía *f*. orografie.

oropel *m*. poleială, alamă.

oropéndola *f*. *(zool.)* grangur.

orquesta *f*. orchestră.

orquídea *f*. orhidee.

ortiga *f*. urzică.

ortodoxo *adj*. ortodox.

ortografía *f*. ortografie.

ortopedia *f*. ortopedie.

oruga *f*. *(zool.)* omidă.

orzar *vi*. *(mar.)* a naviga împo-
triva vântului.

orzuelo *m*. urcior (la ochi).

osa *f*. ursoaică // *~ Mayor/Me-
nor (astr.)* Ursa mare/mică.

osadía *f*. îndrăzneală.

osado *adj*. îndrăzneţ.

osamenta *f*. 1. osatură, schelet.
2. oseminte.

osar *vi*. a îndrăzni, a cuteza.

oscilación *f*. oscilaţie.

oscilar *vi*. a oscila.

oscurantismo *m*. obscurantism.

oscurecer(se) *vt., vi., vr*. a (se)
întuneca.

oscuridad *f*. obscuritate, în-
tunecime.

oscuro *adj*. obscur, întunecat,
întunecos // *a oscuras* pe
întuneric, pe dibuite.

óseo *adj.* osos.

osificarse *vr.* a se osifica.

oso *m.* urs // ~ *polar* urs alb.

ostentación *f.* ostentaţie.

ostentar *vt.* 1. a arăta. 2. a afişa, a etala. 3. *(fig.)* a deţine, a avea.

ostentoso *adj.* arătos, măreţ.

ostra *f.* stridie.

otero *m.* colnic, deal.

otitis *f. (med.)* otită.

otomano *adj., m.* otoman.

otoñal *adj.* de toamnă, autumnal.

otoño *m.* toamnă.

otorgamiento *m.* 1. acordare, decernare. 2. conferire (a unui act). 3. autentificare (notarială).

otorgar *vt.* 1. a acorda, a da, a decerna. 2. a stabili, a stipula, a dispune (printr-un act).

otro, otra, otros, otras *adj.* alt, altă, alţi, alte // *el otro* celălalt.

ovación *f.* ovaţie.

oval(ado) *adj.* oval.

óvalo *m.* oval.

ovario *m.* ovar.

oveja *f.* oaie.

ovejero *m.* cioban.

ovejuno *adj.* de oaie, ovin.

overo *adj. (d. cai)* şarg.

ovillar(se) *vt., vr.* a (se) face ghem.

ovillo *m.* 1. ghem. 2. *(fig.)* încurcătură.

óvulo *m.* ovul.

oxidación *f.* oxidare.

oxidar(se) *vt., vr.* a (se) oxida.

óxido *m.* oxid.

oxigenar I. *vt.* a oxigena. II. ~se *vr.* a lua aer.

oxígeno *m.* oxigen.

oyente *m.* ascultător.

ozono *m.* ozon.

P

pabellón *m.* 1. pavilion. 2. baldachin.

pabilo *m.* fitil.

paca *f.* 1. (*zool.*) paca. 2. balot, pachet.

pacer *vt., vi.* a paşte.

paciencia *f.* răbdare.

paciente I. *adj.* răbdător. II. *m.* (*med.*) pacient.

pacienzudo *adj.* îngăduitor.

pacificación *f.* 1. pacificare. 2. pace, tihnă.

pacificar I. *vt.* a pacifica. II. ~se *vr.* a se linişti.

pacífico *adj.* paşnic.

pactar *vt.* 1. a conveni, a cădea de acord, a stabili. 2. a pactiza.

pacto *m.* 1. pact, tratat, convenţie. 2. (*fig.*) pact, înţelegere, învoială // ~ *social* contract de societate.

pachorra *f.* (*fam.*) nepăsare.

padecer *vt., vi.* a suferi, a îndura.

padecimiento *m.* suferinţă.

padrastro *m.* tată vitreg.

padre *m.* 1. tată, părinte. 2. preot. 3. ~s *pl.* părinţi.

padrinazgo *m.* 1. calitate de naş. 2. (*fig.*) protecţie.

padrino *m.* 1. naş, nun. 2. martor (în duel). 3. (*fig.*) protector.

padrón *m.* 1. recensământ. 2. model.

paella *f.* (un fel de) pilaf.

paga *f.* 1. plată. 2. salariu, leafă; soldă. 3. rată.

pagador *adj., m.* plătitor.

pagano *adj., m.* păgân.

pagar I. *vt.* a plăti. II. ~se *vr.* (*de*) a se îndrăgosti (de).

pagaré *m.* (*com.*) poliţă.

página *f.* pagină.

pago *m.* 1. plată // ~ *a plazos* plată în rate; *en* ~ drept plată; *mal* ~ nerecunoştinţă. 2. lot, parcelă.

país *m.* ţară.

paisaje *m.* peisaj.

paisajista *m.* peisagist.

paisano *m.* 1. compatriot. 2. civil. 3. (*Am.*) ţăran.

paja *f.* pai, paie.

pajar *m.* şură de paie.

pajarero I. *adj.* (*fam.*) hazliu, glumeţ. 2. (*fam.*) ţipător. 3. (*Am.*) sperios. II. *m.* păsărar.

pajarita *f.* păsărică, păsărea.

pájaro *m.* pasăre // ~ *mosca* colibri; ~ *bobo* pinguin.

paje *m.* **1.** paj. **2.** *(mar.)* mus.

pajizo *adj.* de culoarea paiului.

pala *f.* **1.** lopată. **2.** rachetă, paletă. **3.** vâslă. **4.** căpută. **5.** *(fig.)* şiretenie.

palabra *f.* cuvânt, vorbă // ~ *(de honor)* cuvânt de onoare; *de* ~ cu cuvântul, prin viu grai; *dirigir la* ~ *a uno* a se adresa cuiva; *pasar (sau ceder) la* ~ a da cuvântul; *pedir la* ~ a cere cuvântul; *tomar la* ~ a lua cuvântul.

palabreo *m.* flecăreală.

palabrero *adj., m.* flecar.

palabrota *f.* cuvânt grosolan.

palaciego I. *adj.* de (la) palat, de (la) curte. II. *m.* curtean.

palacio *m.* palat.

paladar *m.* **1.** cerul-gurii. **2.** *(fig.)* gust.

paladear *vt.* a savura.

paladín, paladino *m.* paladin.

paladino *adj.* cunoscut, notoriu.

palanca *f.* pârghie.

palangana *f.* lighean.

palatino *adj.* **1.** *(anat.)* palatal. **2.** de la palat.

palco *m.* lojă // ~ *de platea* lojă de parter.

palenque *m.* **1.** zăplaz. **2.** arenă.

paleta *f.* **1.** lopăţică. **2.** paletă. **3.** mistrie.

paleto *m.* *(fam.)* mitocan.

paliar *vt.* **1.** a ascunde, a disimula, a tăinui. **2.** a alina, a atenua.

paliativo *adj., m.* paliativ.

palidecer *vi.* a păli.

palidez *f.* paloare.

pálido *adj.* palid.

palillo *m.* **1.** beţişor. **2.** scobitoare. **3.** andrea. **4.** ~s *pl.* castaniete.

palique *m.* *(fam.)* taifas // *estar de* ~ a sta la taifas.

paliza *f.* bătaie, ciomăgeală.

palizada *f.* palisadă.

palma *f.* **1.** palmier. **2.** frunză de palmier. **3.** palmă. **4.** *(fig.)* liniuţă. **5.** ~s *pl.* aplauze.

palmada *f.* palmă *(lovitură)* // *dar* ~s a aplauda.

palmario *adj.* vădit, evident.

palmear *vi.* a bate din palme, a aplauda.

palmera *f.* palmier.

palmípedo *adj.* *(zool.)* palmiped.

palmo *m.* palmă, şchioapă // ~ *a* ~ treptat, încet; ~ *menor* lat de palmă; *un* ~ *de tierra* o palmă de pământ.

palmotear *vi.* a bate din palme, a aplauda.

palmoteo *m.* bătaie din palme, aplauze.

palo *m.* **1.** băţ. **2.** (lovitură de) băţ. **3.** lemn. **4.** *(mar)* catarg. **5.** *(la cărţi de joc)* culoare.

paloma *f.* porumbel // ~ *mensajera* porumbel călător.

palomar *m.* porumbar.

palomilla **1.** *(zool.)* porumbac. **2.** consolă; policioară. **3.** *(tehn.)* cuzinet, lagăr.

palpable *adj.* palpabil.

palpar *vt.* **1.** a pipăi, a palpa. **2.** a dibui.

palpitación *f.* palpitaţie.

palpitante *adj.* palpitant.

palpitar *vi*. **1.** a palpita. **2.** a zvâcni.

palúdico *adj*. paludic.

paludismo *m*. *(med.)* paludism, malarie.

palurdo *adj.*, *m*. bădăran, necioplit.

palustre I. *adj*. palustru. II. *m*. mistrie.

pampa *f*. pampas.

pámpana *f*. frunză de viţă.

pámpano *m*. **1.** lăstar de viţă. **2.** frunză de viţă.

pampero *adj*. din pampas.

pan *m*. pâine // ~ *casero* pâine de casă; ~ *de azúcar* căpăţână de zahăr; ~ *moreno* pâine neagră.

pana *f*. pluş (de bumbac).

panadería *f*. brutărie.

panadero *m*. brutar.

panal *m*. fagure (de miere).

panameño *adj.*, *m*. panamez, (locuitor) din Panama.

pandear *vi*. a se încovoia.

pandereta *f*. tamburină, dairea.

pandilla *f*. ceată, şleahtă.

pando *adj*. **1.** încovoiat, bombat. **2.** nepăsător.

panecillo *m*. chiflă.

panel *m*. *(şi constr.)* panou.

panera *f*. **1.** hambar de grâu. **2.** coş de pâine.

paniaguado *m*. *(fam.)* favorit, protejat.

pánico *m*. panică.

panificación *f*. panificaţie.

panocha, panoja *f*. ştiulete de porumb.

panorama *m*. panoramă.

pantalón *m*. pantalon.

pantalla *f*. **1.** abajur. **2.** paravan (de sobă). **3.** ecran // *llevar a la* ~ a filma. **4.** *(fig.)* paravan.

pantano *m*. mlaştină.

pantanoso *adj*. mlăştinos.

panteón *m*. panteon.

pantera *f*. panteră.

pantomima *f*. pantomimă.

pantorrilla *f*. pulpă.

pantuflo *m*. papuc.

panza *f*. burtă, pântece.

pañal *m*. scutec.

paño *m*. **1.** postav. **2.** stofă.

pañoleta *f*. şal, batic.

pañuelo *m*. **1.** batistă. **2.** basma.

papa I. *m*. papă. II. *f*. **1.** *(Am.)* cartof. **2.** *(fam.)* minciună. **3.** ~s *pl*. *(fam.)* mâncare; terci.

papá *m*. *(fam.)* tată.

papada *f*. guşă.

papado *m*. papalitate.

papagayo *m*. papagal.

papal *adj*. papal.

papanatas *m*. *(fam.)* papă-lapte, găgăuţă.

papar *vt*. *(fam.)* a mânca.

páparo *m*. om simplu, om de ţară.

paparrucha *f*. *(fam.)* braşoavă.

papel *m*. **1.** hârtie. **2.** *(teatru)* rol // *hacer un* ~ a juca un rol.

papelera *f*. **1.** birou. **2.** coş de hârtii.

papelería *f*. **1.** maldăr de hârtii. **2.** papetărie.

papeleta *f*. bilet.

papelón I. *adj*. lăudăros. II. *m*. hârţoagă.

papelote *m*. hârţoagă.

papera *f. (med.)* guşă.

papilla *f.* 1. terci. 2. *(fig.)* vicle-şug.

papiro *m.* papirus.

papirote *m.* bobârnac.

paquebote *m. (mar.)* pachebot.

paquete *m.* 1. pachet // ~ *postal* colet poştal. 2. *(fam.)* fante.

par I. *adj.* par, cu soţ // *de* ~ *en* ~ larg deschis, vraişte. II. *m.* 1. pereche // *sin* ~ fără pereche; *a* ~*es* câte doi. 2. pair. 3. *(arhit.)* căprior.

para *prep.* 1. pentru // ~ *mí* pentru mine; ~ *que* pentru ca, ca să; *¿*~ *qué* pentru ce? 2. către, spre, în // *va* ~ *el pueblo* merge spre sat. 3. la, în // *salir* ~ *Madrid* a pleca la Madrid; *salir* ~ *Méjico* a pleca în Mexic. 4. *în expr.:* ~ *con* faţă de; *estar* ~ a fi pe punctul de a.

parabién *m.* felicitare // *dar el* ~ *a uno* a felicita pe cineva.

parábola *f.* parabolă.

parabrisas *m. (auto)* parbriz.

paracaídas *m.* paraşută.

paracaidista *m.* şi *f.* paraşutist(ă).

parada *f.* 1. oprire. 2. staţie. 3. popas. 4. *(mil.)* paradă. // ~ *cardíaca* stop cardiac.

paradero *m.* 1. locuinţă, sălaş. 2. *(fig.)* capăt, sfârşit. 3. *(Am.)* gară.

parado *adj.* 1. oprit pe loc, ne-mişcat. 2. leneş, moale. 3. şo-mer, fără lucru. 4. *(Am.)* în picioare.

paradoja *f.* paradox.

paradójico *adj.* paradoxal.

parador *m.* han; cabană.

parafina *f.* parafină.

parafrasear *vt.* a parafraza.

paráfrasis *f.* parafrază.

paragolpes *m. (auto)* bară de protecţie.

paraguas *m.* umbrelă (de ploaie).

paraguayo *adj., m.* paraguaian.

paraíso *m.* 1. paradis, rai. 2. *(tea-tru)* galerie.

paraje *m.* 1. loc, meleag. 2. stare, situaţie.

paralela *f. (geom.)* paralelă.

paralelepípedo *m.* paralelipiped.

paralelismo *m.* paralelism.

paralelo I. *adj.* paralel //*en* ~ *a* paralel cu, în acelaşi timp cu. II. *m.* 1. comparaţie. 2. *(geogr.)* paralelă.

paralelogramo *m.* paralelogram.

parálisis *f.* paralizie.

paralítico *adj., m.* paralitic.

paralizar *vt.* a paraliza.

páramo *m.* 1. bărăgan. 2. ţinut friguros.

parangón *m.* comparaţie, paralelă.

parangonar *vt.* a compara.

paraninfo *m.* amfiteatru de festivităţi.

parapeto *m.* parapet.

parar I. *vi.* 1. a se opri // *sin* ~ fără oprire. 2. a ajunge // *venir a* ~ *en* a ajunge la, a avea ca rezultat. II. *vt.* 1. a opri // ~ *la atención en* a fi atent la. 2. a miza. 3. a para. III. ~*se vr.* a se opri.

pararrayos *m.* paratrăsnet.

parásito *adj., m.* parazit.

parasol *m.* umbreluţă de soare.

parcela *f.* parcelă, lot; tarla.

parcial *adj.* 1. parţial. 2. părtinitor. 3. partizan.

parcialidad *f.* 1. parţialitate. 2. facţiune, grupare.

parco *adj.* moderat, cumpătat.

parche *m.* 1. plasture. 2. *(muz.)* piele de tobă; tobă. 3. *(fig.)* cârpitură.

pardo *adj.* 1. cenuşiu. 2. întunecat. 3. *(d. voce)* voalat.

pardusco *adj.* (care bate) în cenuşiu.

parear *vt.* a împerechea.

parecer I. *vi.* 1. a apărea, a se ivi. 2. a părea // *al ~ după* cât se pare; *eso no me parece bueno* nu mi se pare bun; *¿no te parece?* nu crezi?; *¿qué te parece?* cum ţi se pare? II. **~se** *vr. (a)* a semăna (cu), a aduce (cu). III. *m.* 1. părere. 2. înfăţişare.

parecido I. *adj.* asemănător. II. *m.* asemănare.

pared *f.* perete; zid.

pareja *f.* 1. pereche. 2. partener; tovarăş; prieten.

parejo *adj.* asemănător.

parentela *f.* rubedenii.

parentesco *m.* rudenie, înrudire.

paréntesis *m.* paranteză.

pareo *m.* împerechere.

parida *f.* lăuză.

paridad *f.* paritate.

pariente I. *adj.* înrudit. II. *m.* rudă.

parihuela(s) *f. (pl.)* targă.

parir *vt., vi.* 1. a naşte. 2. a făta.

parisiense *adj., m.* parizian.

parlamentar *vi.* a parlamenta.

parlamentario *adj., m.* parlamentar.

parlamento *m.* parlament.

parlanchín *adj., m. (fam.)* limbut.

parlar *vi.* a flecări.

parlería *f.* flecăreală, trăncăneală.

parlero *adj.* flecar, limbut.

parlotear *vi. (fam.)* a pălăvrăgi.

paro *m.* şomaj, lipsă de lucru // *estar en ~* a fi în şomaj.

parodia *f.* parodie.

parodiar *vt.* a parodia.

parola *f. (fam.)* flecăreală.

parpadear *vi.* a clipi din ochi.

párpado *m.* pleoapă.

parque *m.* parc.

parra *f.,* **parral** *m.* boltă *(sau* umbrar) de viţă.

párrafo *m.* paragraf, aliniat.

parranda *f. (fam.)* chef, petrecere // *andar de ~* a se ţine de chefuri.

parricida *m.* şi *f.* paricid(ă).

parricidio *m.* paricid.

parrilla *f.* grătar.

párroco *m.* paroh.

parroquia *f.* 1. parohie. 2.*(com.)* clientelă.

parroquiano *m.* 1. enoriaş. 2. *(com.)* client, muşteriu.

parsimonia *f.* parcimonie, cumpătare.

parte I. *f.* 1. parte // *por mi ~* **a.** din partea mea; **b.** la rândul meu; *por ~ de* de către; *por todas ~s* în toate părţile; *tomar ~ en* a lua parte la. 2. *~s pl.* însuşiri, părţi bune. II. *m.* înştiinţare; aviz; depeşă.

partear *vt*. a moşi.

partera *f*. moaşă.

partero *m*. mamoş.

partición *f*. *(jur.)* împărţire.

participación *f*. 1. *(en)* participare (la). 2. înştiinţare.

participante, partícipe *adj*., *m*. participant.

participar I. *vi*. *(en)* a participa (la). II. *vt*. a face cunoscut.

participio *m*. *(gram.)* participiu.

partícula *f*. particulă.

particular I. *adj*. particular // *en* ~ în mod deosebit, în special. II. *m*. 1. particular, persoană particulară. 2. subiect, chestiune, problemă.

particularidad *f*. particularitate.

particularizar I. *vt*. a specifica, a defini. II. ~*se vr*. a se deosebi, a se distinge.

partida *f*. 1. plecare. 2. act, certificat. 3. *(com.)* partidă. 4. ceată, bandă. 5. partidă.

partidario *m*. partizan.

partido *m*. 1. *(pol.)* partid. 2. *(sport)* partidă. 3. avantaj (la joc). 4. protecţie, sprijin. 5. folos // *sacar* ~ a trage folos.

partir I. *vt*. a împărţi, a divide. II. *vi*. *(para)* a pleca (la). III. ~*se vr*. a se împărţi, a se despărţi.

partitivo *adj*. partitiv.

partitura *f*. partitură.

parto *m*. 1. naştere. 2. fătat.

parturienta *adj*., *f*. (femeie) care naşte.

párvulo *m*. copil mic // *escuela de* ~*s* grădiniţă de copii.

pasa *f*. stafidă.

pasada *f*. 1. trecere // *de* ~ în treacăt. 2. hrana de toate zilele. 3. pasaj // *mala* ~ renghi.

pasadero *adj*. trecător.

pasadizo *m*. 1. gang, coridor. 2. *(fig.)* subterfugiu.

pasado I. *m*. trecut. II. *adj*. trecut, vechi.

pasador I. *adj*. trecător. II. *m*. 1. zăvor. 2. agrafă. 3. strecurătoare. 4. ~*es pl*. butoni.

pasaje *m*. 1. trecere. 2. pasaj (între clădiri). 3. *(mar.)* preţ de călătorie. 4. *(Am.)* bilet (de tren, avion).

pasajero I. *adj*. 1. tranzitoriu. 2. trecător, vremelnic. II. *m*. pasager.

pasamano *m*. 1. ceapraz. 2. balustradă.

pasaporte *m*. paşaport.

pasar I. *vt*. 1. a trece, a traversa. 2. a da, a transmite. 3. a parcurge (un text). 4. *(un program)* a difuza. II. *vi*. 1. a trece // ~ *por alto* a omite. 2. a se întâmpla. III. ~*se vr*. 1. a trece. 2. a se şterge (din memorie). 3. *(d. fructe)* a se trece; *(d. carne)* a se strica.

pasatiempo *m*. distracţie.

Pascua *f*. 1. Paşti // ~ *de Navidad* Crăciun. 2. ~*s pl*. sărbători de Crăciun // *dar las* ~*s* a ura sărbători fericite; *tener cara de* ~*s* a fi vesel.

pase *m*. 1. permis, autorizaţie. 2. *(sport)* pasă.

paseante I. *adj*. care se plimbă. II. *m*. trecător.

pasear(se) *vt., vi., vr.* a (se) plimba.

paseo *m.* **1.** plimbare // *dar un ~* a face o plimbare; *ir de ~* a merge la plimbare. **2.** loc de plimbare, promenadă. **3.** alee.

pasible *adj.* pasibil.

pasillo *m.* coridor, culoar.

pasión *f.* **1.** suferinţă. **2.** pasiune; patimă.

pasividad *f.* pasivitate.

pasivo *adj., m.* pasiv.

pasmar **I.** *vt.* **1.** a îngheţa. **2.** a face să leşine. **3.** *(fig.)* a încremeni; a ului. **II.** *~se vr.* **1.** a îngheţa, a degera. **2.** a rămâne uimit. **3.** a leşina.

pasmo **1.** răceală. **2.** *(med.)* tetanos. **3.** *(fig.)* uimire, uluire.

pasmoso *adj.* uimitor, uluitor.

paso **I.** *m.* **1.** pas // *~ a ~* pas cu pas; *a ~ largo* cu paşi mari; *a cada ~* la tot pasul; *al ~* din mers; *al ~ que* în timp ce, pe când; *apretar el ~* a întinde pasul; *dar un ~* a face un pas; *salir al ~* a ieşi în întâmpinare. **2.** trecere. **3.** pasaj // *~ a nivel* trecere de nivel. **4.** permis. **5.** pas, trecătoare. **6.** strâmtoare. **7.** piesă scurtă. **II.** *adj.* *(d. fructe)* uscat.

pasta *f.* **1.** aluat, pastă. **2.** copertă, legătură (de carte). **3.** *~s pl.* tăiţei. **4.** *~s pl.* prăjituri.

pastar *vt., vi.* a paşte.

pastel *m.* **1.** pateu (de carne). **2.** plăcintă. **3.** prăjitură. **4.** (pictură în) pastel. **5.** *(fig.)* intrigă, uneltire.

pastelería *f.* patiserie, plăcintărie.

paste(u)rizar *vt.* a pasteuriza.

pastilla *f.* **1.** pastilă, tabletă. **2.** bucată; calup.

pasto *m.* **1.** păşune. **2.** nutreţ. **3.** *(fig.)* hrană.

pastor *m.* păstor, cioban.

pastoral **I.** *adj.* pastoral. **II.** *f.* *(lit., rel.)* pastorală.

pastoreo *m.* păstorit.

pastoril *adj.* păstoresc.

pastoso *adj.* păstos, moale.

pata *f.* **1.** picior, labă (de animal). **2.** *(la mobile)* picior. **3.** *(fam.)* picior (de persoană) // *~s arriba* cu burta în sus; *meter la ~ (fam.)* a face o gafă, a călca în străchini; *mesa de ~s flojas* masă şubredă; *tener mala ~* a nu avea noroc.

patada *f.* **1.** (lovitură de) labă. **2.** *(fam.)* pas. **3.** *(fam.)* urmă.

patalear *vi.* a tropăi, a bate din picioare.

pataleo *m.* tropăit.

patán *m.* *(fam.)* **1.** ţăran. **2.** *(fig.)* ţopârlan.

patata *f.* cartof.

patatús *m.* *(fam.)* leşin, ameţeală.

patear *vi.* *(fam.)* **1.** a tropăi. **2.** a fluiera *(la teatru)*.

patente **I.** *adj.* patent, evident, vădit, manifest. **II.** *f.* patentă; brevet.

patentizar *vt.* a învedera, a manifesta.

paternal *adj.* patern, părintesc.

paternidad *f.* paternitate.

paterno *adj.* patern.

patético *adj.* patetic.

patíbulo *m.* eşafod.

patillas *f. pl.* favoriţi.

patín *m.* patină.

pátina *f.* patină (a vremii).

patinadero *m.* patinoar.

patinador *m.* patinator.

patinaje *m.* patinaj.

patinar *vi.* a patina.

patio *m.* 1. curte interioară. 2. *(teatru)* parter.

patitieso *adj.* 1. cu picioarele ţepene. 2. *(fig.)* uluit, cu gura căscată // *quedar* ~ a rămâne uluit.

patizambo *adj.* cu picioarele strâmbe, crăcănat.

pato *m.* raţă.

patochada *f. (fam.)* nerozie, prostie.

patógeno *adj.* patogen.

patraña *f. (fam.)* minciună gogonată.

patria *f.* patrie.

patriarca *m.* patriarh.

patriarcado *m.* patriarhat.

patriarcal I. *adj.* patriarhal. II. *f.* patriarhie.

patricio *adj., m.* patrician.

patrimonio *m.* patrimoniu.

patrio *adj.* 1. (al) patriei // *el suelo* ~ pământul patriei. 2. părintesc.

patriota *m.* şi *f.* patriot(ă).

patriotero *adj., m. (fam.)* patriotard.

patriótico *adj.* patriotic.

patrocinador I. *adj.* ocrotitor, protector. II. *m.* sponsor.

patrocinar *vt.* a patrona; a susţine; a sponsoriza.

patriotismo *m.* patriotism.

patrocinio *m.* 1. patronaj. 2. sponsorizare.

patrón *m.* 1. patron; stăpân. 2. *(mar.)* căpitan de vas. 3. model, tipar. 4. *(agr.)* portaltoi. 5. etalon.

patronato *m.* 1. patronat. 2. patronaj.

patrono *m.* patron.

patrulla *f. (mil.)* patrulă.

patrullar *vi. (mil.)* a patrula.

paulatino *adj.* încet, treptat.

paupérrimo *adj.* foarte sărac.

pausa *f.* pauză, repaus. 2. *(fig.)* încetineală.

pausado *adj.* încet.

pauta *f.* 1. linie. 2. transparent (de scris). 3. *(fig.)* regulă, normă. 4. *(fig.)* model, exemplu.

pavesa *f.* scânteie.

pavimentar *vt.* a pardosi; a pava.

pavimento *m.* pardoseală, duşumea.

pavo *m.* curcan // ~ *real* păun.

pavón *m.* păun.

pavonear(se) *vi., vr.* a se împăuna.

pavor *m.* groază, spaimă.

pavoroso *adj.* înspăimântător.

payasada *f.* maimuţăreală.

payaso *m.* paiaţă, măscărici.

payo I. *m.* ţăran. II. *adj.* 1. ţărănesc. 2. nătâng.

paz *f.* pace.

peatón *m.* pieton.

peca *f.* pistrui.

pecado *m.* păcat.

pecador *adj., m.* păcătos.

pecaminoso *adj.* păcătos, care îndeamnă la păcat.

pecar *vi.* a păcătui.

pecera *f.* acvariu.

pecíolo [peciolo] *m. (bot.)* pețiol.

pécora *f.* oaie.

pecoso *adj.* pistruiat.

pectoral *adj. (anat.)* pectoral.

pecuario *adj.* referitor la creșterea vitelor.

peculiar *adj.* particular, specific.

peculiaridad *f.* particularitate.

pecunia *f. (fam.)* bani.

pecuniario *adj.* pecuniar, bănesc.

pechera *f.* plastron, pieptar.

pecho *m.* 1. piept. 2. sân, mamelă // *a ~ descubierto* neînarmat; *hombre de ~* om viteaz; *niño de ~* copil de țâță; *tomar a ~s* a pune la inimă.

pedagogía *f.* pedagogie.

pedagogo *m.* pedagog.

pedal *m.* pedală.

pedalear *vi.* a pedala.

pedante *adj., m.* pedant.

pedantería *f.* pedanterie.

pedazo *m.* bucată // *a ~s* în bucăți; *hacer ~s* a face bucăți.

pedernal *m.* cremene.

pedestal *m.* piedestal.

pedestre *adj.* 1. pedestru. 2. *(fig.)* vulgar, de rând.

pedicura *f.* pedichiuristă.

pedicuro *m.* pedichiurist.

pedido *m.* 1. *(com.)* comandă. 2. cerere, petiție.

pedigüeño *adj.* milog, cerșetor.

pedimento *m.* cerere, petiție.

pedir *vt.* a cere.

pedregal *m.* teren pietros.

pedregoso *adj.* pietros.

pedrisco *m.* (ploaie cu) grindină.

pedrusco *m. (fam.)* bolovan.

pedúnculo *m. (bot.)* peduncul.

pega *f.* 1. lipire. 2. lipici. 3. smolire. 4. *(fam.)* festă. 5. întrebare încuietoare. 6. *(fam.)* bătaie.

pegadura *f.* lipire, lipitură.

pegajoso *adj.* 1. lipicios. 2. *(med.)* molipsitor.

pegar I. *vt.* 1. a lipi. 2. a coase. 3. a transmite o boală. 4. a bate. 5. a da; a trage // *~ fuego a* a da foc la; *~ un golpe* a da o lovitură. II. *vi.* a-i veni, a-i cădea. III. *~se vr.* a se lipi.

pegote *m.* 1. plasture. 2. cataplasmă. 3. petic; cârpeală. 4. *(fig.)* profitor. 5. *(fam.)* ghiveci, talmeș-balmeș // *ser un ~* a se ține scai.

peinado *m.* pieptănătură.

peinador *m.* 1. coafor. 2. șervet (de frizer). 3. capot.

peinadura *f.* pieptănat.

peinar(se) *vt., vr.* a (se) pieptăna.

peine *m.* 1. pieptene. 2. darac. 3. *(fig.)* șmecher.

peineta *f.* pieptene (de prins părul).

pejiguera *f. (fam.)* necaz.

peladilla *f.* 1. drajeu. 2. pietricică.

pelado *adj.* 1. fără păr; pleșuv; golaș. 2. *(d. fructe)* fără coajă. 3. *(Am.)* nevoiaș.

peladura *f.* 1. tundere. 2. curățire de coajă. 3. jumulire.

pelafustán *m. (fam.)* pierde-vară.

pelagatos *m. (fam.)* coate-goale.

pelaje *m.* blană (de animal).

pelar I. *vt.* **1.** a tunde. **2.** a curăţa de coajă. **3.** a jumuli. **4.** (*fam.*) a curăţa de bani (la joc). **5.** (*fig.*) a jecmăni (pe cineva). **6.** (*fig.*) a critica // *duro de* ~ greu de făcut sau de obţinut. **II.** ~**se** *vr.* **1.** a se tunde. **2.** a rămâne chel.

peldaño *m.* treaptă.

pelea *f.* luptă.

pelear I. *vi.* a (se) lupta, a se certa. **II.** ~**se** *vr.* a se bate.

pelele *m.* **1.** paiaţă. **2.** (*fig.*) nătăfleaţă.

peletería *f.* blănărie, pielărie.

peletero *m.* blănar, pielar.

pelícano [**pelicano**] *m.* pelican.

película *f.* **1.** pieliţă. **2.** peliculă. **3.** film.

peligro *m.* pericol, primejdie.

peligroso *adj.* periculos, primejdios.

pelinegro *adj.* cu părul negru.

pelirrojo *adj.* cu părul roşu.

pelirrubio *adj.* cu părul blond.

pelma *m.* şi *f.*, **pelmazo** *m.* mocăit(ă).

pelo *m.* **1.** (fir de) păr. **2.** puf (de frunze).

pelón *adj.* **1.** chel, pleşuv. **2.** (*fig.*) nevoiaş, sărăntoc.

peloso *adj.* păros.

pelota *f.* **1.** minge. **2.** bulgăre. **3.** (joc de) pelotă // *en* ~(*s*) în pielea goală.

pelotazo *m.* (lovitură de) minge.

pelotera *f.* (*fam.*) ceartă.

pelotón *m.* **1.** smoc, ciuf. **2.** (*mil.*) pluton.

peluca *f.* perucă.

peludo *adj.* păros, lăţos.

peluquería *f.* frizerie.

peluquero *m.* frizer, coafor.

pelusa *f.* **1.** puf (pe faţă, pe fructe). **2.** păr (pe stofe). **3.** scame. **4.** (*fig.*) necaz, pică.

pelusilla *f.* puf (pe faţă, fructe).

pelleja *f.* piele (de animal).

pellejo *m.* **1.** piele (de animal). **2.** pieliţă (de fructe). **3.** burduf. **4.** (*fam.*) om beat.

pellizcar *vt.* a pişca, a ciupi.

pellizco *m.* **1.** pişcătură, ciupitură. **2.** cât se apucă cu degetele, vârf (de...), pic.

pena *f.* **1.** pedeapsă. **2.** suferinţă, chin // *a duras* ~*s* cu chiu cu vai; (*no*) *vale la* ~ (nu) merită osteneala.

penacho *m.* **1.** moţ (de pasăre). **2.** panaş, egretă. **3.** (*fig.*) trufie, aere.

penado I. *adj.* (*fig.*) anevoios, greu. **II.** *m.* condamnat.

penal I. *adj.* penal. **II.** *m.* penitenciar.

penalidad *f.* suferinţă, chin.

penar I. *vt.* a pedepsi. **II.** *vi.* **1.** a suferi, a pătimi. **2.** (*por*) a tânji (după). **III.** ~**se** *vr.* a se întrista.

penates *m. pl.* penaţi.

pendencia *f.* ceartă, gâlceavă.

pendenciero *adj.* certăreţ.

pender *vi.* **1.** a atârna, a sta suspendat. **2.** (*fig.*) a fi în curs; (*jur.*) a fi pendinte, a fi în curs de judecată. **3.** (*d. un pericol*) a pluti, a ameninţa. **4.** (*pop.*) a depinde, a atârna.

pendiente I. *adj*. 1. atârnat, agăţat, suspendat. 2. *(fig.)* pendinte, în curs de rezolvare, în suspensie // *estar ~ de* a urmări cu nelinişte, a aştepta să. II. *m.* cercel. III. *f.* coastă, pantă.

péndola *f.* pendulă (de ceas).

penetración *f.* pătrundere, penetraţie.

penetrante *adj*. pătrunzător.

penetrar(se) *vt.*, *vi.*, *vr.* a (se) pătrunde.

península *f.* peninsulă.

peninsular *adj.*, *m.* peninsular.

penitencia *f.* penitenţă, pocăinţă.

penitenciario *adj.*, *m.* penitenciar.

penitente *adj.*, *m.* penitent, pocăit.

penoso *adj*. 1. anevoios, greu. 2. *(fig.)* întristat. 3. *(fam.)* înfumurat.

pensador *adj.*, *m.* gânditor, cugetător.

pensamiento *m.* 1. gândire. 2. gând. 3. cugetare. 4. *(bot.)* pansea.

pensar I. *vt.* 1. a gândi, a cugeta. 2. a avea de gând (să). 3. a da nutreţ la vite. II. *vi.* *(en)* a se gândi (la).

pensativo *adj.* dus pe gânduri, gânditor.

pensión *f.* 1. pensie. 2. pensiune.

pensionar *vt.* a pensiona.

pensionista *m.* şi *f.* 1. pensionar. 2. persoană în pensiune. 3. elev intern.

pentágono *m.* pentagon.

pentagrama *m.* *(muz.)* portativ.

penúltimo *adj.* penultim.

penumbra *f.* penumbră.

penuria *f.* penurie, lipsă mare.

peña *f.*, **peñasco** *m.* stâncă.

peñascoso *adj.* stâncos.

peón *m.* 1. pieton. 2. *(mil.)* infanterist. 3. salahor. 4. *(Am.)* peon. 5. *(la şah)* pion. 6. sfârlează.

peonía *f.* bujor.

peonza *f.* sfârlează.

peor *adj.*, *adv.* mai rău // *de mal en ~* din ce în ce mai rău; *tanto ~* cu atât mai rău.

pepino *m.* castravete // *me importa un ~* puţin îmi pasă.

pepita *f.* sâmbure, sămânţă.

pequeñez *f.* 1. micime. 2. fleac.

pequeño *adj.* mic.

pera *f.* *(bot.)* pară.

peral *m.* *(bot.)* păr.

perca *f.* biban.

percance *m.* neplăcere, neajuns, necaz.

percatar(se) *vi.*, *vr.* *(de)* a prevedea, a-şi da seama (de).

percepción *f.* 1. percepere, încasare. 2. percepţie.

perceptible *adj.* perceptibil.

percibir *vt.* a percepe, a încasa.

percusión *f.* percuţie.

percusor, percutor *m.* *(mil.)* percutor.

percha *f.* 1. prăjină. 2. cuier.

perder(se) *vt.*, *vr.* a (se) pierde.

perdición *f.* pierdere, pierzanie.

pérdida *f.* 1. pierdere. 2. pagubă.

perdigón *m.* 1. pui de potârniche. 2. *(fam.)* ghinionist (la joc). 3. **~es** *pl.* alice.

perdiguero *adj. în expr.: perro ~ prepelicar.*

perdiz *f.* potârniche.

perdón *m.* 1. iertare. 2. indulgenţă.

perdonar *vt.* a ierta.

perdonavidas *m. (fam.)* fanfaron.

perdulario *adj.* neglijent, şleampăt.

perdurable *adj.* trainic, durabil.

perdurar *vi.* a dăinui, a dura.

perecedero *adj.* pieritor, trecător.

perecer **I.** *vi.* a pieri. **II.** ~se *vr.* (fig.) (por) a fi mort (după).

peregrinación *f.* 1. peregrinare. 2. pelerinaj.

peregrinar *vi.* 1. a peregrina. 2. a merge în pelerinaj.

peregrino **I.** *adj.* 1. (d. păsări) călător. 2. (fig.) straniu, ciudat. **II.** *m.* pelerin.

perejil *m.* pătrunjel.

perengano *m.* cutare.

perenne *adj.* peren.

perennidad *f.* perenitate.

perentorio *adj.* 1. peremptoriu. 2. urgent.

pereza *f.* lene(vie), trândăvie.

perezoso *adj.* leneş, trândav.

perfección *f.* 1. perfecţionare. 2. perfecţiune, desăvârşire.

perfeccionar *vt.* a perfecţiona; a desăvârşi.

perfecto *adj.* perfect, desăvârşit.

perfidia *f.* perfidie.

pérfido *adj.* perfid.

perfil *m.* profil // de ~ în (sau din) profil.

perfilarse *vr.* 1. a se profila. 2. *(fam.)* a se dichisi.

perforación *f.* perforare, găurire.

perforar *vt.* a perfora, a găuri.

perfumar **I.** *vt.* a parfuma. **II.** *vi.* a mirosi frumos.

perfume *m.* mireasmă; parfum.

perfumería *f.* parfumerie.

pergamino *m.* pergament.

pericia *f.* pricepere, experienţă.

periferia *f.* periferie.

perifollo *m.* 1. (bot.) hasmaţuchi. 2. ~s *pl. (fam.)* zorzoane.

perífrasis *f.* perifrază.

perilla *f.* 1. barbişon. 2. ornament în formă de pară.

perímetro *m.* perimetru.

periodicidad *f.* periodicitate.

periódico **I.** *adj.* periodic. **II.** *m.* ziar, periodic.

periodismo *m.* ziaristică, gazetărie.

periodista *m.* şi *f.* ziarist(ă).

período *m.* perioadă.

peripecia *f.* peripeţie.

peripuesto *adj. (fam.)* împopoţonat.

perito *adj., m.* expert.

peritoneo *m.* peritoneu.

peritonitis *f. (med.)* peritonită.

perjudicador, perjudicial *adj.* dăunător.

perjudicar *vt.* a prejudicia, a dăuna.

perjuicio *m.* prejudiciu, daună.

perjurar **I.** *vi.* 1. a jura strâmb. 2. a se jura. **II.** ~se *vr.* a-şi călca jurământul.

perjurio *m.* sperjur, călcare a jurământului.

perjuro *m.* (persoană) sperjur.

perla *f.* perlă, mărgăritar // de ~s de minune.

permanecer *vi.* a rămâne, a dura.

permanencia *f.* 1. permanenţă. 2. şedere.

permanente *adj., f.* permanent.

permeable *adj.* permeabil.

permiso *m.* 1. permisiune, încuviinţare // *con ~ (de Ud.)* cu voia dvstră. 2. permis.

permitir(se) *vt., vr.* a(-şi) permite, a(-şi) îngădui.

permuta(ción) *f.* schimb, schimbare.

permutar *vt.* a schimba.

pernicioso *adj.* primejdios, periculos.

pernoctar *vi.* a mânea, a înnopta.

pero *conj.* dar, însă // *no tener ~ (fam.)* a nu avea cusur.

perogrullada *f. (fam.)* adevăr arhicunoscut.

peroración *f.* peroraţie.

perorar *vi.* a perora.

perorata *f. (fam.)* discurs plicticos.

perpendicular I. *adj.* perpendicular. II. *f.* perpendiculară.

perpetuar(se) *vt., vr.* a (se) perpetua.

perpetuidad *f.* perpetuitate, durată veşnică.

perpetuo *adj.* perpetuu.

perplejidad *f.* perplexitate.

perplejo *adj.* perplex, nedumerit.

perra *f.* 1. căţea. 2. *(fam.)* beţie // *~ chica/gorda* monedă de 5/10 centime.

perrada *f.* haită de câini.

perrera *f.* 1. coteţ de câini. 2. *(fam.)* muncă de câine.

perro I. *m.* câine // *~ lebrel* ogar; *~ lobo* câine lup; *~s calientes* crenvurşti calzi.

II. *adj. (pop.)* foarte rău // *vida perra* viaţă de câine.

perruno *adj.* câinesc, de câine.

persa *adj., m.* persan.

persecución *f.* 1. urmărire. 2. persecuţie.

perseguidor *adj., m.* prigonitor, persecutor.

perseguir *vr.* 1. a urmări, a fugări; a hăitui. 2. a persecuta, a prigoni. 3. *(fig.)* a urmări; a aspira (la), a dori.

perseverancia *f.* perseverenţă, stăruinţă.

perseverante *adj.* stăruitor.

perseverar *vi.* a persevera, a stărui.

persiana *f.* persiană.

persignarse *vr.* 1. a-şi face cruce, a se închina. 2. *(fam.)* a se cruci.

persistencia *f.* persistenţă; stăruinţă.

persistente *adj.* persistent; stăruitor, insistent.

persistir *vi.* 1. a persista, a stărui. 2. a persista, a dura, a rămâne.

persona *f.* persoană, ins.

personaje *m.* personaj.

personal *adj.* personal.

personalidad *f.* personalitate.

personarse *m.* 1. a se prezenta, a se înfăţişa; a se deplasa (la faţa locului). 2. *(jur.)* a se înfăţişa, a compărea.

personificación *f.* personificare.

personificar *vt.* a personifica.

perspectiva *f.* perspectivă.

perspicacia *f.* perspicacitate.

perspicaz *adj.* perspicace.

persuadir(se) *vt., vr.* a (se) con-
vinge.

persuasión *f.* convingere.

persuasivo *adj.* persuasiv, con-
vingător.

pertenecer *vi. (a)* a aparţine.

perteneciente *adj. (a)* care
(apar)ţine (de).

pertenencia *f.* 1. apartenenţă.
2. proprietate. 3. accesoriu.

pértiga *f.* prăjină.

pertinacia *f.* 1. încăpăţânare.
2. persistenţă.

pertinaz *adj.* 1. încăpăţânat.
2. persistent.

pertinente *adj.* convenabil, po-
trivit, oportun, nimerit.

pertrechos *m. pl.* 1. *(mil.)* arme
şi muniţii. 2. unelte.

perturbación *f.* perturbare, tul-
burare.

perturbar *vt.* a perturba, a tul-
bura.

peruano *adj., m.* peruan.

perversidad *f.* perversitate.

perversión *f.* 1. pervertire. 2. per-
versiune.

perverso *adj.* pervers.

pervertir(se) *vt., vr.* a (se) per-
verti.

pesa *f.* greutate (de metal).

pesadez *f.* 1. greutate. 2. *(fig.)*
necaz, supărare.

pesadilla *f.* coşmar.

pesado *adj.* 1. greu, care cântă-
reşte mult // *cuerpo* ~ corp
greu. 2. *(fig.)* greoi, încet;
anevoios, dificil. 3. *(d. somn)*
greu, adânc. 4. *(fig.)* plicti-
sitor, obositor; sâcâitor; plicti-
cos, anost, insuportabil.

pesadumbre *f.* zbucium, nelinişte.

pésame *m.* condoleanţe // *dar el*
~ *a* prezenta condoleanţe.

pesar I. *m.* 1. părere de rău //
a ~ *de* în ciuda. 2. păs, ne-
caz. II. *vt., vi.* a cântări.

pesca *f.* pescuit.

pescadería *f.* magazin de pes-
cărie.

pescado *m.* peşte (pescuit).

pescador *m.* pescar.

pescar *vt.* 1. a pescui. 2. *(fam.)*
a pune mâna pe.

pescuezo *m.* gât; gât de om.

pesebre *m.* iesle.

peseta *f.* pesetă *(monedă spa-
niolă)*.

pesimismo *m.* pesimism.

pesimista *adj., m.* şi *f.* pesimi-
st(ă).

pésimo *adj.* foarte rău.

peso *m.* 1. *(şi fig.)* greutate //
hombre de ~ om cu greutate.
2. *(şi fig.)* greutate; povară,
sarcină. 3. cântar. 4. *(Am.)*
peso *(monedă)*.

pespunte *m.* tighel.

pesquería *f.* pescuit.

pesquisa *f.* cercetare, anchetă.

pesquisar *vt.* a ancheta.

pestaña *f.* geană.

pestañear *vi.* a clipi.

pestañeo *m.* clipire.

peste *f.* 1. ciumă. 2. *(fig.)* putoare,
miros urât.

pestillo *m.* zăvor.

petaca *f.* 1. tabacheră. 2. *(Am.)*
valiză.

pétalo *m.* petală.

petardista *m.* şi *f.* escro(a)c(ă).

petardo *m*. 1. petardă. 2. *(fam.)* escrocherie.

petate *m*. 1. rogojină de palmier. 2. legătură, boccea. 3. bagaj. 4. *(fam.)* pungaş, escroc.

petición *f*. petiţie, cerere.

peticionario *m*. petiţionar.

petimetre *m*. filfizon.

pétreo *adj*. pietros.

petrificación *f*. petrificare.

petrificar(se) *vt., vr.* a (se) împietri.

petróleo *m*. petrol // ~ *crudo* ţiţei.

petrolero I. *adj*. petrolier. **II.** *m*. *(mar.) (buque)* ~ petrolier.

petrolífero *adj*. petrolifer.

petulancia *f*. obrăznicie.

petulante *adj., m.* obraznic, încrezut, îngâmfat.

pez I. *m*. peşte (viu). **II.** *f*. smoală.

pezón *m*. 1. coadă (de fruct). 2. sfârc (de sân).

piadoso *adj*. 1. milos. 2. pios.

pianista *m*. şi *f*. pianist(ă).

piano *m*. pian.

piar *vi*. a piui.

piara *f*. turmă (de porci *etc*.).

pica *f*. suliţă.

picadero *m*. manej.

picadillo *m*. tocătură.

picador *m*. 1. dresor de cai. 2. *(taur.)* picador.

picadura *f*. înţepătură, pişcătură.

picaflor *m*. colibri.

picante *adj*. *(fig.)* înţepător.

picaporte *m*. clanţă.

picar I. *vt*. 1. a înţepa. 2. *(d. păsări, insecte)* a pişca, a

ciupi. 3. *(d. peşte)* a muşca. 4. *(d. păsări)* a ciuguli. 5. a fărâmiţa; a sfărâma; a tăia mărunt; a toca (carnea). 6. a da pinteni. 7. a mânca, a simţi mâncărime. 8. a mânca, a ciuguli. 9. *(fig.)* a stimula, a împinge. **II.** *vi*. 1. a simţi mâncărime; a înţepa; a pişca. 2. a mânca, a ciuguli. 3. *(fig.)* a stimula // ~ *muy alto* a ţinti departe; ~ *en valiente* a ajunge viteaz. **III.** ~*se* *vr*. 1. a fi mâncat de molii. 2. a se oţeţi. 3. *(d. mare)* a se frământa. 4. *(fig.)* a se burzului. 5. *(de)* a se crede.

picardía *f*. 1. ticăloşie, mârşăvie. 2. viclenie, şmecherie; pungăşie.

picaresco *adj*. 1. mişelesc. 2. ştrengăresc. 3. *(lit.)* picaresc.

pícaro I. *adj., m.* 1. ticălos, mişel. 2. şmecher, pungaş. 3. *(fig.)* ştrengar, golan, derbedeu. **II.** *m*. *(lit.)* vântură-lume.

picazón *m*. 1. mâncărime. 2. *(fig.)* necaz, supărare.

pico *m*. 1. cioc, plisc. 2. gură. 3. vârf, pisc. 4. *(fam.)* gură, clonţ, papagal // *¡qué* ~ *tiene!* ce gură are!

picotear I. *vt*. a ciuguli. **II.** *vi*. *(fam.)* a flecări. **III.** ~*se* *vr*. *(d. femei)* a se ciorovăi.

picotero *adj., m.* *(fam.)* flecar.

pictórico *adj*. de pictură, pictural.

pichón *m*. pui de porumbel.

pie *m*. 1. *(anat., fig.)* laba piciorului // ~ *ante* ~ picior peste picior; *a* ~ *juntillas* **a.** cu picioarele lipite; **b.** *(fig.)* cu hotărâre, ferm; *de* (sau *en*) ~ în picioare; *poner* ~*s en polvorosa (fam.)* a o lua la fugă; *sin* ~*s ni cabeza* fără cap și coadă. **2.** *(la animale)* labă (de dinapoi). **3.** bază. **4.** trunchi.

piedad *f.* **1.** cucernicie. **2.** milă, compătimire.

piedra *f.* piatră.

piel *f.* piele.

piélago *m. (fig.)* mulțime, sumedenie, grămadă.

pienso *m.* **1.** nutreț. **2.** *în expr.:* *ni por* ~ nici prin gând.

pierna *f. (anat.)* picior *(membru inferior)* // *dormir a* ~ *suelta (fam.)* a dormi buștean.

pieza *f.* **1.** bucată. **2.** încăpere, cameră. **3.** piesă // ~ *de ajedrez* piesă de șah; ~ *en un acto* piesă într-un act; *buena* ~ *(fam.)* mare șmecher.

pigmento *m.* pigment

pigmeo *m.* pigmeu.

pijama *m.* pijama.

pila *f.* **1.** cazan de apă. **2.** cadă (de baie). **3.** cristelniță // *nombre de* ~ nume de botez. **4.** grămadă. **5.** *(electr.)* pilă, baterie.

pilar *m.* **1.** troacă. **2.** stâlp, pilon.

píldora *f.* pilulă, hap.

pilón *m.* **1.** troacă. **2.** căpățână de zahăr. **3.** *(arhit.)* pilon.

pilotaje *m. (mar.)* pilotaj.

pilot(e)ar *vt.* **1.** *(av., mar.)* a pilota. **2.** *(auto)* a conduce.

piloto *m.* pilot // ~ *automático* pilot automat; ~ *de altura (mar.)* pilot de vas.

pillada *f.* ticăloșie, mișelie.

pillaje *m.* **1.** jaf. **2.** *(mil.)* pradă.

pillar *vt.* **1.** a jefui, a prăda. **2.** a înhăța, a înșfăca, a pune mâna (pe). **3.** a fura. **4.** *(fig., fam.)* a prinde, a surprinde; a lua prin surprindere. **5.** *(și fig.)* a prinde, a cuprinde. **6.** *(fam.)* a face rost (de). **7.** *(d. o boală)* a lua, a căpăta.

pillo *adj., m. (fam.)* **1.** ticălos, nemernic. **2.** șmecher.

pilluelo *adj., m.* ștrengar.

pimienta *f.* piper.

pimiento *m.* ardei // ~ *largo* ardei iute.

pimpollo *m.* **1.** lăstar. **2.** *(fam.)* băiat frumos; bujor de fată.

pinar *m.* pădure de pini.

pincel *m.* pensulă, penel.

pincelada *f.* trăsătură de penel.

pincelar *vt.* a picta.

pinchar *vt.* a înțepa.

pinchazo *m.* înțepătură.

pincho *m.* ghimpe.

pingüe *adj.* gras.

pingüino *m.* pinguin.

pino I. *m.* pin. **II.** *adj.* aplecat, povârnit.

pinta *f.* **1.** pată. **2.** punctuleț. **3.** picătură (de apă *etc.*). **4.** *(fig.)* semn, indiciu, aspect. **5.** măsură de jumătate de litru.

pintado *adj.* pestriț.

pintar I. *vt.* **1.** a picta. **2.** a zugrăvi. **3.** a vopsi // ~ *de verde* a vopsi în verde. **II.** ~*se vr.* a se farda.

pintarraj(e)ar *vt.* a mâzgăli.

pintarrajo *m.* mâzgălitură.

pintiparado *adj.* 1. leit, aidoma, foarte asemănător. 2. *(fam.)* numai bun, potrivit, ca turnat.

pintor *m.* pictor.

pintoresco *adj.* pitoresc.

pintura *f.* pictură // ~ *al óleo* pictură în ulei.

pinza *f.* 1. cleşte (la crab, rac *etc.*). 2. ~s *pl.* pensă.

pinzón *m.* piţigoi.

piña *f.* 1. con de pin. 2. ananas. 3. *(fig.)* clică.

pío **I.** *adj.* 1. pios, evlavios // *obra pía* operă de binefacere. 2. *(d. cai)* bălţat. **II.** *m.* 1. piuit. 2. *(fam.)* dorinţă arzătoare.

piojo *m.* păduche.

piojoso *adj.* 1. păduchios. 2. *(fig.)* calic.

pipa **I.** *f.* 1. pipă. 2. butoi. 3. *(bot.)* sâmbure. **II.** *adj., adv. (fam.)* grozav, mişto // *pasar(lo)* ~ a se distra grozav.

pique *m.* 1. pică, ură. 2. zel // *a* ~ gata să; *irse a* ~ *(mar.)* a se scufunda.

piqué *m. (text.)* pichet.

piquera *f.* 1. urdiniş. 2. vrană. 3. *(metal.)* gură de scurgere.

piqueta *f.* târnăcop.

piquete *m.* 1. înţepătură. 2. gaură (în haină). 3. *(mil.)* pichet.

pira *f.* rug.

piragua *f.* pirogă.

pirámide *f.* piramidă.

pirata *m.* pirat.

piratería *f.* piraterie.

pirenaico *adj.* din Pirinei.

pirograbado *m.* pirogravură.

piropear *vt. (fam.)* a spune vorbe dulci, a complimenta.

piropo *m. (fam.)* compliment, vorbe dulci.

pirotecnia *f.* pirotehnie.

pirrarse *vr. (por)* a se omorî (după), a se da în vânt (după).

pirueta *f.* piruetă.

pisada *f.* 1. călcătură. 2. urmă (de picior).

pisapapeles *m.* prespapier.

pisar *vt.* a călca (în picioare).

pisaverde *m. (fam.)* fante.

piscicultura *f.* piscicultură.

piscina *f.* 1. piscină, bazin. 2. heleşteu.

Piscis *m. (astr.)* Peştii.

piso *m.* 1. duşumea, podea. 2. etaj. 3. pavaj // *en el* ~ pe jos.

pisotear *vt.* a călca în picioare.

pista *f.* 1. urmă; semn, dâră. 2. pistă; *(auto)* bandă. 3. *(sport)* teren // ~ *de aterrisaje/ despegue/ rodatura (av.)* pistă de aterizare/ decolare/ rulaj; ~ *de baile* ring de dans; ~ *de patinaje* patinoar; *en* ~ *cubierta (sport)* pe teren acoperit.

pistacho *m. (bot.)* fistic.

pistilo *m. (bot.)* pistil.

pisto *m.* 1. zeamă de carne. 2. mâncare de roşii şi ardei.

pistola *f.* pistol.

pistón *m.* 1. piston. 2. capsă.

pita *f. (bot.)* agavă.

pitada *f.* fluierătură.

pitar **I.** *vi.* a fluiera. **II.** *vt. (Am.)* a fuma.

pitillo *m.* ţigară.

pito *m*. fluier.

pizarra *f*. 1. ardezie. 2. *(şcol.)* tablă (de scris).

pizca *f*. *(fam.)* pic, fărâmă.

placa *f*. placă.

pláceme *m*. felicitare.

placentero *adj*. vesel, plăcut.

placer I. *vi*. a plăcea. II. *m*. 1. plăcere. 2. plac // *a ~ după plac*.

placidez *f*. placiditate.

plácido *adj*. 1. placid. 2. plăcut.

plaga *f*. 1. plagă; rană deschisă. 2. *(fig.)* plagă, flagel, calamitate, pacoste. 3. parazit; dăunători. 4. *(fig.)* puzderie.

plagar(se) *vt., vr*. a (se) umple, a (se) împânzi.

plagiar *vt*. a plagia.

plagiario *adj., m*. plagiator.

plagio *m*. plagiat.

plan *m*. 1. înălţime, nivel. 2. plan, proiect. 3. *(fig.)* flirt, aventură.

plana *f*. 1. faţă (de hârtie). 2. exerciţiu, temă. 3. câmpie, şes // *~ mayor (mil.)* stat-major; *enmendar la ~* a îndrepta greşelile cuiva; *la primera ~* pagina întâi (la ziare).

plancha *f*. 1. placă. 2. fier de călcat. 3. *(acţiune)* călcat. 4. rufe călcate. 5. *(fam.)* gafă. 6. *(înot)* pluta // *tirarse una ~ (fam.)* a face o gafă, a rămâne de ruşine.

planchado *m*. 1. călcat (de rufe). 2. rufe de călcat.

planchar *vt*. a călca (rufe).

planeamiento *m*. planificare // *~ urbanístico* sistematizare.

planear I. *vt*. a plănui. II. *vi*. *(av.)* a plana.

planeta *m*. planetă.

planetario I. *adj*. planetar. II. *m*. planetariu.

planicie *f*. câmpie, şes.

planificación *f*. planificare.

planificar *vt*. a planifica.

plano I. *adj*. plan, neted, întins. II. *m*. 1. plan (geometric). 2. *(cinema)* plan. 3. suprafaţă plană, plan // *~ inclinado* plan înclinat; *de ~* **a.** din plin; **b.** complet, fără rezerve; **c.** de-a dreptul, clar, desluşit; *en ~ de igualdad* în condiţii de egalitate; *primer ~* prim plan.

planta *f*. 1. plantă. 2. talpă (a piciorului). 3. plan, proiect. 4. etaj // *~ baja* parter. 5. uzină.

plantación *f*. 1. plantare. 2. plantaţie.

plantar I. *vt*. 1. a planta, a sădi. 2. *(fam.)* a lăsa (pe cineva) ca un caraghios. 3. *(fam.)* a înşela. II. *~se vr*. *(fig.)* a se înfiinţa.

plantear *vt*. 1. a proiecta. 2. a întemeia, a înfiinţa. 3. a pune (o problemă).

plantel *m*. 1. *(şi fig.)* pepinieră. 2. *(Am.)* şcoală, unitate şcolară.

plantilla *f*. 1. şablon, tipar. 2. schemă (de angajaţi).

plantío *m*. 1. plantare. 2. plantaţie.

plantón *m*. 1. *(agr.)* răsad. 2. *(mil.)* planton // *dar un ~ (fam.)* a da plasă.

plañir *vi*. a (se) boci, a se jelui.

plasma *m. (anat.)* plasmă.

plasmar *vt.* a plăsmui.

plasta *f.* 1. pastă, masă moale. 2. lucru turtit. 3. *(fam.)* porcărie. 4. *(fig.)* cârpeală. 5. *(arg.)* rahat, excremente.

plasticidad *f.* plasticitate

plástico *adj.* plastic.

plata *f.* 1. argint. 2. *(Am.)* bani.

plataforma *f.* platformă.

plátano *m.* 1. bananier. 2. banană. 3. platan.

platea *f. (teatru)* parter.

plateado *adj.* 1. argintat. 2. argintiu.

platear *vt.* a arginta.

plateresco *adj. (d. stil etc.)* plateresc.

plática *f.* 1. taifas. 2. predică.

platicar *vi.* a sta la taifas.

platillo *m.* 1. disc. 2. ~s *pl. (muz.)* talgere.

platino *m.* platină.

plato *m.* 1. farfurie // ~ *hondo/ llano* farfurie adâncă/ întinsă. 2. fel (de mâncare). 3. *(fig.)* subiect de bârfă.

platónico *adj.* platonic.

plausible *adj.* plauzibil.

playa *f.* plajă.

plaza *f.* piaţă // ~ *de toros* arenă pentru lupte cu tauri; ~ *fuerte* cetate, fortăreaţă.

plazo *m.* 1. termen 2. *(fin.)* scadenţă. 3. rată // *a cort0/ largo* ~ pe termen scurt/lung; *a ~s* în rate.

plazoleta, plazuela *f.* piaţetă.

plebe *f.* plebe, lume de rând.

plebeyo I. *adj.* plebeian. II. *m.* plebeu.

plebiscito *m.* plebiscit.

plegable *adj.* mlădios, flexibil // *mesa* ~ masă pliabilă.

plegar I. *vt.* a împături, a îndoi. II. ~se *vr.* a se pleca.

plegaria *f.* rugă(minte).

pleitear *vt. (con)* a se judeca (cu).

pleito *m.* 1. proces. 2. pricină, litigiu. 3. *(fig.)* gâlceavă.

plenamente *adv.* pe deplin.

plenario *adj.* plenar.

plenilunio *m.* lună plină.

plenipotenciario *adj.* plenipotenţiar.

plenitud *f.* plenitudine, deplinătate.

pleno I. *adj.* deplin, complet. II. *m.* plen; (adunare) plenară.

pleonasmo *m.* pleonasm.

pliego *m.* 1. coală de hârtie (îndoită la mijloc). 2. scrisoare.

pliegue *m.* cută, pliu.

plomería *f.* instalaţii de apă.

plomero *m.* instalator.

plomizo *adj.* 1. de plumb. 2. plumburiu.

plomo *m.* 1. plumb. 2. *(fig.)* glonte. 3. *(fam.)* om greoi.

pluma *f.* 1. pană; fulg. 2. peniţă. 3. toc, pană (de scris) // ~ *fuente* stilou. 4. *(fig.)* condei, îndemânare de a scrie. 5. scriitor, om al condeiului. 6. caligrafie, trăsătură de condei.

plumaje *m.* penaj.

plumero *m.* 1. penar. 2. *(Am.)* toc (de scris).

plumón *m.* 1. puf. 2. saltea de puf.

plural *adj., m.* plural.

pluralidad *f.* pluralitate.

plusvalía *f.* plusvaloare.

población *f.* 1. populare. 2. populație. 3. localitate.

poblado *m.* loc populat; așezare.

poblar *vt.* a popula.

pobre *adj., m.* sărac, sărman.

pobrete *adj., m.* sărman.

pobretón *adj. (fam.)* sărac lipit (pământului).

pobreza *f.* sărăcie.

pocilga *f.* cocină.

poción *f.* 1. poțiune. 2. băutură.

poco *adj., adv.* puțin // *dentro de* ~ în scurtă vreme; *hace* ~ nu de mult; *un* ~ *de vino* puțin vin; *tener en* ~ a disprețui.

podar *vt.* a curăți de ramuri uscate.

podenco *m.* prepelicar.

poder I. *vt., vi.* a putea // *puede que* poate că. II. *m.* 1. putere // *a* ~ *de* în puterea. 2. ~es *pl.* puteri, împutemicire, procură.

poderdante *m.* și *f.* *(jur.)* mandant; delegatar.

poderío *m.* 1. putere, autoritate. 2. avuție, bogăție.

poderoso *adj.* 1. puternic, tare, robust. 2. *(fig.)* puternic; hotărâtor; eficace, influent.

podre *f.* puroi.

podredumbre *f.* 1. putreziciune. 2. puroi.

podrir(se) *vt., vr.* a putrezi.

poema *m.* poem.

poesía *f.* poezie.

poeta *m.* poet.

poetastro *m.* poet netalentat, poet de duzină.

poético *adj.* poetic.

poetisa *f.* poetă.

poetizar *vt.* a poetiza.

polaco *adj., m.* polonez.

polaina *f.* jambieră.

polar *adj.* polar.

polarizar *vt.* a polariza.

polea *f.* scripete.

polémica *f.* polemică.

polémico *adj.* polemic.

polen *m.* polen.

policía I. *f.* 1. poliție. 2. ordine. 3. politețe. 4. curățenie. II. *m.* agent de poliție.

policíaco [policiaco] *adj.* polițienesc // *novela policiaca* roman polițist.

policial *adj.* polițienesc.

polichinela *m.* paiață.

polideportivo *m. (sport)* sală polivalentă.

poligamia *f.* poligamie.

polígamo *adj., m.* poligam.

poligloto [polígloto] *adj., m.* poliglot.

polígono *m.* poligon.

polilla *f.* molie.

pólipo *m.* polip.

politécnico *adj.* politehnic.

politeísmo *m.* politeism.

política *f.* 1. politică. 2. *(fig.)* politică, tact. 3. *(fig.)* politețe, curtoazie.

político I. *adj.* 1. politic // *partido* ~ partid politic; *padre* ~ socru; *hermano* ~ cumnat. 2. *(fig.)* politicos. 3. *(fig.)* abil. 4. *(fig.)* rece, rezervat. II. *m.* politician.

póliza *f.* poliță (de asigurare).

polo *m.* 1. *(geogr., electr.)* pol. 2. *(sport)* polo.

poltrón *adj.* leneş, trândav.

poltrona *f.* **1.** fotoliu. **2.** slujbă fără griji.

poltronería *f.* lenevie, trândăvie.

polución *f.* **1.** poluare. **2.** poluţie. **3.** *(fig.)* corupţie.

polvareda *f.* nor de praf.

polvera *f.* pudrieră.

polvo *m.* **1.** praf, pulbere. **2.** *(fam.)* praf(uri). **3.** ~s *pl.* pudră. **4.** *(arg.)* act sexual // ~ de arroz pudră de orez; ~s de tocador pudră; *echar un ~ (arg.)* a se culca (cu); *hecho ~* frânt de oboseală; *un ~ de sal* un vârf de sare.

pólvora *f.* pulbere, praf de puşcă.

polvorear *vt.* a pudra.

pollo *m.* **1.** pui (de pasăre). **2.** *(fam.)* băieţel.

pomada *f.* pomadă.

pompa *f.* **1.** pompă, fast. **2.** pompă, alai. **3.** băşică // ~ de jabón băşică de săpun.

pomposo *adj.* **1.** pompos, fastuos. **2.** *(fig., d. stil)* încărcat.

pómulo *m.* umărul obrazului.

ponche *m.* punci.

poncho *m.* *(Am.)* poncho.

ponderación *f.* ponderaţie; cântărire; cumpănire.

ponderar *vt.* **1.** a cântări. **2.** a cumpăni, a echilibra.

ponderosidad *f.* greutate, pondere.

ponencia *f.* raport; comunicare.

ponente *m.* raportor; referent.

poner I. *vt.* **1.** a pune, a aşeza. **II.** *vi.* a oua. **III.** ~se *vr.* **1.** *(a)* a se pune (pe), a începe să // ~se a reír a începe să râdă.

2. a deveni // ~se alegre a se înveseli. **3.** a-şi pune, a se îmbrăca cu // ~se el sombrero a-şi pune pălăria; ~se un vestido a se îmbrăca cu o haină. **4.** *(d. soare)* a apune. **5.** a răspunde (la telefon).

poniente *m.* apus, vest.

pontificado *m.* pontificat.

pontifical, pontificio *adj.* pontifical.

pontífice *m.* pontif.

pontón *m.* **1.** ponton. **2.** bac.

ponzoña *f.* otravă.

popa *f.* *(mar.)* pupă.

populacho *m.* vulg, plebe.

popular *adj.* popular.

popularidad *f.* popularitate.

popularizar *vt.* a populariza.

populoso *adj.* populat.

poquedad *f.* **1.** puţinătate. **2.** sfială.

por *prep.* **1.** pentru // ¿~ qué? pentru ce?; *lo hago ~ ti* o fac pentru tine; *luchar ~ la paz* a lupta pentru pace. **2.** prin // ~ abril prin aprilie; ~ fuerza prin forţă; ~ señas prin semne; *pasar ~ el bosque* a trece prin pădure. **3.** pe // ~ hora/año pe oră/an; ¿~ dondé? pe unde?; ~ dos años pe doi ani; *pasar ~ la calle* a trece pe stradă. **4.** de // ~ miedo de frică. **5.** ca, drept // *tomar ~ testigo* a lua ca martor; *tomar una cosa ~ otra* a lua un lucru drept altul. **6.** în *expr.:* ~ difícil que *sea* oricât de greu ar fi; ~ *lo menos* cel puţin; ~ *lo tanto* de aceea; ~ *más que* oricât; ~ *si acaso* pentru orice eventualitate; *de ~ sí* de la sine.

porcelana *f.* porţelan.

porcentaje *m.* procent, procentaj.

porcino *adj.* porcin, porcesc.

porción *f.* 1. poţiune. 2. porţie. 3. *(fam.)* mulţime, grămadă.

porche *m.* portic, colonadă.

pordiosear *vi.* a cerşi.

pordisero *m.* cerşetor.

porfía *f.* încăpăţânare, îndărătnicie.

porfiado *adj.* încăpăţânat.

porfiar *vi. (en, por)* a se încăpăţâna (să).

pórfido *m.* porfir.

pormenor *m.* amănunt, detaliu // *vender al ~* a vinde cu amănuntul.

poro *m.* por.

poroso *adj.* poros.

poroto *m. (Am.)* fasole.

porque *conj.* 1. pentru că. 2. pentru ca.

porqué *m. (fam.)* motiv.

porquería *f. (fam.)* porcărie.

porqueriza *f.* cocină.

porra *f.* 1. bâtă, ciomag. 2. măciucă. 3. baros. 4. *(fig.)* om greoi // *mandar a la ~* a trimite la plimbare.

porrazo *m.* 1. lovitură de bâtă; lovitură. 2. *(fig.)* buşitură.

porrear *vi. (fam.)* a bate la cap, a sâcâi.

portaaviones *m. (mar.)* portavion.

portada *f.* 1. frontispiciu. 2. copertă.

portador *adj., m.* purtător // *al ~ (com.)* la purtător.

portal *m.* uşă de intrare (într-un edificiu).

portamonedas *m.* portmoneu.

portaplumas *m.* toc (de scris).

portarse *vr.* în *expr.:* ~ *bien/ mal* a se purta bine/rău.

portátil *adj.* portabil.

portavoz *m.* 1. megafon. 2. purtător de cuvânt.

porte *m.* 1. transport. 2. taxă de transport. 3. purtare. 4. ţinută, înfăţişare.

portear I. *vt.* a căra, a duce. II. *vi.* a trânti uşa.

portentoso *adj.* minunat, extraordinar.

porteño *adj., m.* (locuitor) din Buenos Aires.

portería *f.* 1. slujbă de portar. 2. cameră de portar. 3. *(sport)* poartă.

portero *m.* portar.

portezuela *f.* portieră.

pórtico *m.* portic.

portorriqueño *adj., m.* portorican.

portugués *adj., m.* portughez.

porvenir *m.* viitor.

pos *adv.* în *expr.:* en ~ îndărăt, înapoi.

posada *f.* 1. han, hotel. 2. găzduire.

posaderas *f. pl.* şezut.

posadero *m.* hangiu.

posar I. *vi.* 1. a trage în gazdă. 2. a se odihni. 3. *(d. păsări)* a se lăsa din zbor. 4. a poza. II. ~se *vr.* 1. a se opri, a se odihni. 2. *(d. drojdie)* a se lăsa la fund.

posdata *f.* post-scriptum.

poseedor *m.* posesor.

poseer I. *vt.* a avea, a poseda. **II.** ~se *vr.* a se stăpâni.

posesión *f.* posesi(un)e, stăpânire // *tomar* ~ *de* a lua în stăpânire.

posesionarse *vr.* *(de)* a intra în posesie, a lua în stăpânire, a-și însuși // ~ *de un cargo* a lua în primire o funcție.

posesivo *adj.* posesiv.

posibilidad *f.* posibilitate.

posibilitar *vt.* a face posibil, a facilita, a înlesni.

posible I. *adj.* posibil. **II.** ~s *m. pl.* resurse, mijloace.

posición *f.* poziție.

positivo *adj.* pozitiv.

poso *m.* **1.** drojdie, depuneri. **2.** drojdie, zaț (de cafea).

posponer *vt.* **1.** a pune la urmă. **2.** a prețui pe cineva mai puțin. **3.** a amâna.

postal I. *adj.* poștal. **II.** *f.* carte poștală.

poste *m.* **1.** stâlp. **2.** *(sport)* bară.

postergar *vt.* a amâna; a tergiversa, a tărăgăna.

posteridad *f.* posteritate.

posterior *adj.* posterior.

pos(t)guerra *f.* perioada de după război.

postigo *m.* **1.** portiță, ușiță. **2.** ușă falsă. **3.** oblon.

postilla *f.* *(med.)* coajă, crustă (la rană).

postizo *adj.* fals, artificial.

postrar I. *vt.* **1.** a înjosi, a umili. **2.** a doborî. **II.** ~se *vr.* **1.** a slăbi. **2.** a se prosterna. **III.** ~ ~(se) *vt., vr.* a (se) vlăgui, a (se) istovi; a (se) epuiza.

postre I. *adj.* ultim, din urmă // *a la* ~ în cele din urmă. **II.** *m.* desert.

postrer(o) *adj.* ultim, din urmă.

postrimerías *f. pl.* **1.** ultimii ani ai vieții. **2.** *(fig.)* ultima perioadă.

postulado *m.* postulat.

postular *vt.* a solicita, a cere.

póstumo *adj.* postum.

postura *f.* **1.** *(și fig.)* poziție, atitudine. **2.** postură; situație; ținută.

potable *adj.* potabil.

potaje *m.* **1.** supă. **2.** mâncare (de zarzavat).

pote *m.* oală (de pământ).

potencia *f.* **1.** putere. **2.** posibilitate. **3.** ~s *pl.* facultăți sufletești.

potencial *adj., m.* potențial.

potente *adj.* puternic.

potestad *f.* putere; autoritate; jurisdicție // *patria* ~ autoritate paternă.

potro *m.* **1.** mânz. **2.** butuc (de tortură). **3.** *(sport)* cal. **4.** *(fig.)* chin, tortură.

pozal *m.* ciutură, găleată.

pozo *m.* puț, fântână // ~ *artesiano* fântână arteziană; ~ *de ciencia* burduf de carte.

práctica *f.* practică.

practicable *adj.* practicabil.

practicante *m.* practicant.

practicar *vt.* a practica.

práctico *adj.* practic.

pradera *f.* islaz, pășune.

prado *m*. islaz, fâneaţă.

preámbulo *m*. preambul.

precario *adj*. precar.

precaución *f*. precauţie, preve-
dere.

precaver I. *vt*. a preveni, a
evita. **II. ~se** *vr*. *(de)* a se
feri (de).

precavido *adj*. prudent, pre-
văzător.

precedencia *f*. precădere, întâ-
ietate.

precedente *adj*., *m*. precedent.

preceder *vt*. a precede.

precepto *m*. precept.

preceptor *m*. preceptor.

preciar I. *vt*. a preţui, a aprecia.
II. ~se *vr*. a se făli.

precinto *m*. sigiliu.

precio *m*. preţ // *a ~ de* cu
preţul; *a poco ~* ieftin.

preciosidad *f*. 1. lucru de preţ.
2. încântare.

precioso *adj*. 1. preţios. 2. în-
cântător. 3. *(fam.)* frumos.

precipicio *m*. prăpastie, abis.

precipitar(se) *vt*., *vr*. 1. a (se)
arunca. 2. a (se) precipita.

precisamente *adv*. 1. (în mod)
precis. 2. exact, tocmai, chiar.
3. tocmai (de aceea).

precisar I. *vt*. 1. a preciza. 2. a
sili, a forţa. **II.** *vi*. a trebui.

precisión *f*. 1. precizi(un)e.
2. nevoie // *tener ~ de* a avea
nevoie de.

preciso *adj*. 1. precis. 2. nece-
sar, trebuincios // *ser ~ a*
trebui (să).

preclaro *adj*. ilustru, vestit.

precocidad *f*. precocitate.

precolombino *adj*. precolumbian.

preconizar *vt*. 1. a elogia, a
preamări. 2. a preconiza.

precoz *adj*. 1. timpuriu. 2. *(fig.)*
precoce.

precursor *adj*., *m*. precursor.

predecesor *m*. predecesor.

predecir *vt*. a prezice, a prevesti.

predestinación *f*. predestinare.

predestinar *vt*. a predestina.

prédica *f*. predică.

predicado *m*. *(gram.)* atribut.

predicador *m*. predicator.

predicar *vt*. 1. a predica. 2. a
proslăvi. 3. *(fig.)* a dojeni.

predicción *f*. prezicere.

predictivo *adj*. care prezice.

predilección *f*. predilecţie,
preferinţă.

predilecto *adj*. preferat, favorit.

predio *m*. imobil, acaret.

predisponer *vi*. *(para)* a predis-
pune (la).

predisposición *f*. predispoziţie.

predominante *adj*. predominant.

predominar *vt*. a predomina.

predominio *m*. 1. predominare.
2. superioritate.

preeminente *adj*. preeminent.

prefacio *m*. prefaţă.

prefecto *m*. prefect.

prefectura *f*. prefectură.

preferencia *f*. 1. preferinţă,
precădere. 2. prioritate.

preferible *adj*. preferabil.

preferiblemente *adv*. de prefe-
rinţă, mai ales, cu deosebire.

preferir *vt*. a prefera.

prefijar *vt*. a prestabili.

prefijo *m*. prefix.

pregón *m*. strigare publică.

pregonar *vt*. 1. a trâmbiţa, a vesti. 2. *(fig.)* a da în vileag. 3. *(fig.)* a preamări.

pregonero *m*. 1. crainic, vestitor. 2. *(fig.)* gură-spartă.

pregunta *f*. întrebare.

preguntar I. *vt*. a întreba. II. *vi. (por)* a întreba (de).

prehistórico *adj*. preistoric.

prejuicio *m*. prejudecată.

prejuzgar *vt*. a avea prejudecăţi asupra.

preliminar I. *adj*. preliminar. II. *-es m. pl*. preliminarii.

preludio *m*. preludiu.

prematuro *adj*. prematur.

premeditación *f*. premeditare.

premeditar *vt*. a premedita.

premiar *vt*. 1. a premia. 2. a răsplăti.

premio *m*. 1. premiu. 2. răsplată, recompensă. 3. câştig (la loterie). 4. primă // *el ~ gordo* câştigul cel mare; *en ~ a* drept premiu, drept răsplată pentru.

premioso *adj*. 1. strâns, apăsat. 2. grabnic, presant.

premisa *f*. premisă.

premura *f*. grabă, zor.

prenda *f*. 1. gaj, amanet. 2. haină, obiect de îmbrăcăminte. 3. *(fig.)* odor. 4. *~s pl*. însuşiri, aptitudini.

prendar I. *vt*. a amaneta. II. *-se vr. (de)* a se îndrăgosti (de).

prender I. *vt*. 1. a prinde. 2. a aresta // *~ fuego* **a.** a lua foc;

b. a da foc; *~ la luz (Am.)* a aprinde lumina. II. *vi*. 1. *(d. o plantă)* a se prinde. 2. *(d. foc)* a se aprinde, a lua foc. III. *-se vr. (d. femei)* a se găti, a se aranja.

prendimiento *m*. prindere, capturare, arestare.

prensa *f*. presă // *en ~* sub tipar; *dar a la ~* a da la tipar.

prensar *vt*. a presa.

preñada *adj*. în *expr.: mujer ~* femeie însărcinată.

preñez *f*. sarcină, graviditate.

preocupación *f*. 1. prejudecată. 2. preocupare, grijă, îngrijorare.

preocupar I. *vt*. 1. a ocupa mai înainte. 2. a preocupa. II. *-se vr*. 1. a fi prevenit. 2. *(por)* a se preocupa (de).

preparación *f*. 1. preparare, pregătire. 2. preparat.

preparar(se) *vt., vr*. a (se) pregăti.

preparativos *m. pl*. preparative.

preparatorio *adj*. pregătitor, preparator, de pregătire.

preponderancia *f*. preponderenţă.

preponderante *adj*. preponderent.

preponderar *vi*. a precumpăni.

preposición *f*. prepoziţie.

prerrogativa *f*. prerogativă.

presa *f*. 1. prindere. 2. pradă. 3. baraj, stăvilar. 4. *~s pl*. colţi.

presagiar *vt*. a prevesti.

presagio *m*. prevestire.

présbita, presbite *adj., m*. prezbit.

prescindir *vi. (de)* a face abstracţie (de), a se lipsi (de).

prescribir *vt., vi.* a prescrie.

prescripción *f.* 1. *(med.)* rețetă; recomandare. 2. *(jur.)* prescripție // *por* ~ la recomandația.

presencia *f.* prezență.

presenciar *vt.* a fi de față la, a asista la.

presentación *f.* prezentare.

presentar(se) I. *vt., vr.* a (se) prezenta. II. *vt.* 1. a prezenta, a oferi. 2. a depune, a înainta (o cerere) III. ~*se vr.* 1. a se prezenta, a apărea, a se ivi (pe neașteptate). 2. *(jur.)* a compărea.

presente I. *adj.* prezent, de față. II. *m.* 1. (timpul) prezent // *al* (sau *de* sau *en el*) ~ în prezent, acum; *estando yo* ~ fiind eu de față; *hacer* ~ *una cosa* a atrage atenția asupra unui lucru, a aminti; *tener* ~ a avea în vedere, a ține seamă, a nu uita. 2. dar, cadou.

presentimiento *m.* presentiment, presimțire.

presentir *vt.* a presimți.

preservación *f.* prezervare.

preservar *vt.* a feri, a apăra, a păzi, a proteja.

presidencia *f.* președinție.

presidencial *adj.* prezidențial.

presidente *m.* președinte.

presidiario *m.* ocnaș.

presidio *m.* 1. garnizoană. 2. ocnă, închisoare. 3. muncă silnică.

presidir *vt.* a prezida.

presidium *m.* prezidiu.

presión *f.* 1. presare. 2. presiune.

presionar *vt.* *(și fig.)* a presa, a apăsa, a exercita presiuni, a forța.

preso *m.* deținut.

prestación *f.* 1. prestare. 2. prestație. 3. împrumut.

prestado *adj.* în *expr.: dar/pedir/ tomar* ~ a da/a cere/lua cu împrumut.

préstamo *m.* împrumut.

prestar I. *vt.* 1. a împrumuta, a da cu împrumut. 2. *(fig.)* a da // ~ *su consentimiento* a-și da consimțământul. II. *vi.* a fi de folos. III. ~*se vr.* (*a*) a se preta (la).

prestigio *m.* 1. farmec, vrajă. 2. iluzie, amăgire. 3. prestigiu, faimă.

prestigioso *adj.* prestigios.

presto I. *adj.* 1. sprinten. 2. *(para)* gata (de). II. *adv.* numaidecât, îndată.

presumido *adj.* încrezut, înfumurat.

presumir I. *vt.* a bănui, a presupune. II. *vi.* *(de)* a se crede, a face (pe).

presunción *f.* 1. înfumurare. 2. *(jur.)* prezumție.

presuntamente *adv.* presupus.

presunto *adj.* presupus, bănuit.

presuntuoso *adj.* încrezut, înfumurat.

presuponer *vt.* a presupune.

presupuesto *m.* 1. presupunere. 2. buget. 3. deviz.

presura *f.* 1. grabă, zor. 2. râvnă, zel.

presuroso *adj.* grăbit; zelos.

pretender *vt.* a pretinde.

pretendiente *m.* pretendent.

pretensión *f.* pretenție.

pretérito I. *adj.* trecut. II. *m.* (*gram.*) preterit.

pretextar *vt.* a pretexta.

pretexto *m.* pretext // *so ~ de* sub pretext de.

pretil *m.* parapet.

prevalecer *vi.* (*sobre*) a prevala (asupra).

prevalerse *vr.* (*de*) a se prevala (de).

prevención *f.* 1. prevenire, preîntâmpinare. 2. măsură de prevenire. 3. prejudecată. 4. arest // *como/por ~ din* precauție .

prevenir I. *vt.* a preveni. II. –(se) *vt., vr.* a (se) pregăti.

prever *vt.* a prevedea.

previo *adj.* prealabil, precedent, preliminar.

previsión *f.* prevedere, previziune.

previsor *adj.* prevăzător.

prez *m.* sau *f.* onoare, cinste.

prieto *adj.* negricios.

prima *f.* (*com*) primă.

primacía *f.* primat.

primario *adj.* primar.

primavera *f.* primăvară.

primaveral *adj.* de primăvară.

primer *adj.* (*înainte de substantivele masculine*) prim(ul), întâi(ul).

primero I. *adj.* întâi(ul), prim(ul). II. *adv.* 1. (mai) întâi. 2. mai curând.

primicia *f.* 1. trufanda. 2. –*s pl.* (*fig.*) roade (ale unei activități).

primitivo *adj., m.* primitiv.

primo I. *adj.* prim. II. *m.* văr.

primogénito *adj., m.* întâiul născut.

primor *m.* 1. măiestrie, dibăcie. 2. frumusețe, încântare.

primordial *adj.* primordial.

primoroso *adj.* 1. minunat, excelent. 2. iscusit.

princesa *f.* prințesă.

principado *m.* principat.

principal *adj.* 1. principal. 2. vestit, ilustru.

príncipe *m.* principe, prinț.

principiante *m.* începător.

principiar *vt.* a începe.

principio *m.* 1. început // *al ~* la început; *a ~s de* la începutul lui. 2. principiu // *en ~* în principiu.

pringue *m.* sau *f.* 1. grăsime. 2. (*fig.*) murdărie.

prior *m.* stareț.

prisa *f.* grabă, zor // *a* (sau *de*) *~ în* grabă; *darse ~* a se grăbi; *estar de* (sau *tener*) *~* a fi grăbit.

prisión *f.* 1. arestare. 2. închisoare.

prisionero *m.* prizonier.

prisma *m.* prismă.

prismático *adj.* prismatic.

prístino *adj.* primitiv, originar.

privación *f.* privațiune.

privado *adj.* 1. privat, personal. 2. intim, în familie // *en ~* confidențial, între patru ochi.

privar I. *vt.* (*de*) a priva (de), a lipsi (de). II. *vi.* (*con*) a fi intim (cu). III. –*se vr.* (*de*) a se lipsi (de).

privativo *adj.* 1. privativ. 2. propriu, caracteristic.

privilegiar *vt.* a privilegia.

privilegio *m.* privilegiu.

pro *m.* sau *f.* folos, avantaj // *el ~ y el contra* argumente pro și contra; *en ~ de* în folosul, spre binele, în favoarea.

proa *f. (mar.)* proră.

probabilidad *f.* probabilitate.

probable *adj.* probabil.

probar I. *vt.* 1. a proba, a încerca. 2. a gusta. 3. *(jur.)* a dovedi. II. *vi.* a-i prii.

probeta *f.* eprubetă.

probidad *f.* probitate.

problema *m.* problemă.

problemático *adj.* problematic.

probo *adj.* prob, cinstit.

procacidad *f.* nerușinare.

procaz *adj.* nerușinat.

procedencia *f.* proveniență, obârșie.

procedente *adj. (de)* care provine (din).

proceder I. *vi.* 1. *(de)* a proveni (din). 2. a proceda, a se purta. 3. *(a)* a proceda (la), a trece (la), a începe. 4. a acționa. II. *m.* conduită, purtare, comportament.

procedimiento *m.* procedeu.

prócer *m.* om de vază.

procesamiento *m.* 1. anchetă penală. 2. prelucrare.

procesar *vt. (jur.)* 1. a instrui. 2. *(por)* a acuza (de).

procesión *f.* procesiune.

proceso *m. (jur., med.)* proces.

proclama *f.* proclamație.

proclamación *f.* 1. proclamare. 2. proclamație.

proclamar(se) *vt., vr.* a (se) proclama.

procrear *vt.* a procrea.

procura(ción) *f.* procură, împuternicire.

procurador *m.* 1. procurator. 2. avocat.

procurar I. *vt.* a încerca (să). II. *–se vr.* a-și procura.

prodigalidad *f.* 1. risipă. 2. abundență.

prodigar *vt.* a risipi.

prodigio *m.* minune, miracol.

prodigioso *adj.* prodigios, uimitor.

pródigo *adj.* risipitor.

producción *f.* 1. producere. 2. producție.

producir(se) *vt., vr.* a (se) produce.

productivo *adj.* productiv.

producto *m.* produs.

productor *adj., m.* producător.

proemio *m.* prefață.

proeza *f.* ispravă, faptă vitejească.

profanación *f.* profanare, pângărire.

profanar *vt.* a profana, a pângări.

profano *adj., m.* profan.

profecía *f.* profeție.

proferir *vt.* a profera.

profesar *vt.* a profesa.

profesión *f.* profesi(un)e.

profesional I. *adj.* profesional. II. *m.* profesionist.

profesor *m.* profesor.

profeta *m.* profet, proroc.

profetizar *vt.* a profetiza, a proroci.

profilaxis *f.* profilaxie.

prófugo *adj., m.* fugar.

profundidad *f.* adâncime, profunzime.

profundizar *vt.* 1. a adânci. 2. a aprofunda.

profundo *adj.* adânc, profund.

profusión *f.* belşug, risipă.

profuso *adj.* din belşug, copios.

progenie *f.* 1. neam; spiţă. 2. progenitură, odraslă.

progenitura *f.* neam, familie; spiţă, viţă.

programa *m.* program.

progresar *vi.* a progresa.

progresión *f.* 1. înaintare. 2. *(mat.)* progresie.

progresista *adj., m.* şi *f.* progresist(ă).

progresivo *adj.* 1. progresiv. 2. care progresează.

progreso *m.* progres, propăşire.

prohibición *f.* prohibiţie; interzicere.

prohibir *vt.* a interzice.

prohijar *vt.* a înfia, a adopta.

prójimo *m.* aproape, seamăn.

proletariado *m.* proletariat.

proletario *adj., m.* proletar.

proliferar *vi.* a se înmulţi; a prolifera

prolífico *adj.* prolific.

prolijo *adj.* 1. prolix, confuz. 2. supărător, plictisitor.

prólogo *m.* 1. prefaţă. 2. prolog.

prolongación *f.* prelungire.

prolongar *vt.* a prelungi.

promedio *m.* medie, termen mediu.

promesa *f.* promisiune.

prometer I. *vt., vi.* a promite, a făgădui. II. ~se *vr.* a se logodi.

prometido *m.* logodnic.

prominencia *f.* proeminenţă.

prominente *adj.* proeminent.

promisión *f.* făgăduinţă.

promoción *f.* 1. promovare, avansare, ridicare în grad. 2. producere, declanşare. 3. urgentare. 4. promoţie. 5. *(com.)* campanie de publicitate; lansare.

promocionado *adj.* lansat (pe piaţă).

promocionar I. *vt.* 1. a promova, a propaga. 2. a face campanie de publicitate, a lansa. II. *vi. (sport)* a promova.

promontorio *m.* promontoriu.

promotor *m.* promotor, iniţiator, animator // ~ de ventas care lansează produsele (pe piaţă).

promover *vt.* 1. a promova, a avansa (în grad). 2. *(fig.)* a pune în mişcare, a declanşa. 3. a urgenta; a reactiva.

promulgar *vt.* a promulga.

pronombre *m.* pronume.

pronosticar *vt.* a pronostica, a prezice.

pronóstico *m.* 1. *(şi med.)* pronostic. 2. prognoză, previziune.

prontitud *f.* promptitudine.

pronto I. *adj.* 1. prompt. 2. rapid, iute. 3. *(para)* gata (de). II. *adv.* 1. repede; neîntârziat; imediat. 2. devreme // de ~ dintr-odată.

pronunciación *f.* 1. *(jur.)* pronunţare. 2. *(gram.)* pronunţie.

pronunciar *vt.* a pronunţa.

propagación *f.* răspândire, propagare.

propaganda *f.* propagandă.

propagar(se) *vt., vr.* a (se) propaga, a (se) răspândi.

propalar *vt.* a da în vileag.

propender *vi. (a)* a avea aplecare (spre), a înclina (spre).

propensión *f.* înclinaţie, aplecare.

propenso *adj. (a)* înclinat (spre).

propiciar *vt.* a favoriza.

propicio *adj.* propice, prielnic.

propiedad *f.* **1.** proprietate, posesiune; bun; avere. **2.** proprietate, calitate, însuşire // *en* ~ **a.** ca proprietar; **b.** *(d. o funcţie)* titular.

propietario *m.* proprietar.

propina *f.* bacşiş.

propinar *vt.* **1.** a prescrie (un medicament). **2.** a da bacşiş. **3.** *(fam.)* a-i da, a-i trage, a-i cârpi.

propio *adj.* propriu.

proponer I. *vt.* a propune. **II.** ~se *vr. (a)* a-şi propune (să).

proporción *f.* **1.** proporţie. **2.** împrejurare.

proporcional *adj.* proporţional.

proporcionar I. *vt.* **1.** a proporţiona. **2.** a procura, a oferi, a asigura. **3.** a pricinui, a cauza. **II.** ~se *vr.* a-şi procura, a-şi asigura.

proposición *f.* **1.** propunere. **2.** *(gram.)* propoziţie.

propósito *m.* **1.** intenţie, gând // *de* ~ înadins. **2.** subiect, temă // *a* ~ apropo.

propuesta *f.* propunere.

propulsor *adj., m.* propulsor.

prorrata *f.* cotă(-parte).

prorrogar *vt.* **1.** a prelungi. **2.** a amâna.

prorrumpir *vi.* a izbucni.

prosa *f.* proză.

prosaico *adj. (fig.)* prozaic.

prosapia *f.* neam, viţă.

proscenio *m.* avanscenă.

proscribir *vt.* a proscrie.

proscrito *m.* proscris.

proseguir *vt.* a urma (să), a continua (să).

prosélito *m.* prozelit.

prosista *m.* şi *f.* prozato(a)r(e).

prospecto *m.* prospect.

prosperar *vi.* a prospera.

prosperidad *f.* prosperitate.

próspero *adj.* prosper, înfloritor.

prosternarse *vr.* a se prosterna.

prostitución *f.* **1.** prostituare. **2.** prostituţie.

prostituir(se) *vt., vr.* a (se) prostitua.

prostituta *f.* prostituată.

protagonismo *m.* **1.** rol (principal). **2.** *(fig.)* reprezentare.

protagonista *m.* şi *f.* protagonist(ă).

protagonizar *vt.* **1.** a interpreta un rol principal. **2.** *(fig.)* a reprezenta.

protección *f.* protecţie, ocrotire.

protector *adj., m.* protector.

proteger *vt.* a proteja, a ocroti.

protegido *m.* protejat.

prótesis *f.* proteză.

protesta *f.* protest.

protestante *adj., m.* protestant.

protestar *vi., vt.* a protesta.

protocolo *m.* protocol.

prototipo *m.* prototip.

protuberancia *f.* protuberanţă.

provecho *m.* profit, câştig, folos // *¡buen ~!* poftă bună!

provechoso *adj.* folositor, profitabil.

proveedor *m.* furnizor.

proveer(se) *vt., vr. (de)* a (se) aproviziona (cu); a (se) asigura.

provenir *vi. (de)* a proveni (din).

proverbial *adj.* proverbial.

proverbio *m.* proverb.

providencia *f.* 1. măsură de prevedere. 2. providenţă.

provincia *f.* provincie // *en la ~* în provincie, în interiorul ţării; *vivir en ~s* a locui în provincie.

provincial *adj.* provincial, de provincie.

provinciano *adj., m.* provincial.

provisión *f.* 1. aprovizionare. 2. provizie.

provisional *adj.* provizoriu.

provocación *f.* provocare.

provocar *vt.* a provoca.

proximidad *f.* apropiere.

próximo *adj.* apropiat.

proyección *f.* 1. aruncare, proiectare. 2. proiecţie.

proyectar *vt.* a proiecta.

proyectil *m.* proiectil.

proyecto *m.* proiect.

prudencia *f.* prudenţă.

prudente *adj.* prudent.

prueba *f.* 1. probă, dovadă. 2. probă, demonstraţie. 3. probă, încercare, verificare. 4. mostră, eşantion. 5. *(univ.)* colocviu. 6. probă, probare.

prurito *m. (med.)* prurit, mâncărime.

psicología *f.* psihologie.

psicológico *adj.* psihologic.

psicólogo *m.* psiholog.

psicosis *f. (med.)* psihoză.

psiquíatra [psiquiatra] *m.* psihiatru.

psiquiatría *f.* psihiatrie.

psíquico *adj.* psihic.

púa *f.* ghimpe, ţeapă.

pubertad *f.* pubertate.

publicación *f.* 1. publicare. 2. publicaţie.

publicar *vt.* 1. a da în vileag; a face public. 2. a publica.

publicidad *f.* publicitate.

publicista *m.* şi *f.* publicist(ă).

público *adj., m.* public.

puchero *m.* 1. oală. 2. ghiveci de legume cu carne. 3. *(fam.)* hrană, mâncare

puches *m.* sau *f. pl.* terci.

pudendo *adj.* ruşinos.

pudibundo *adj.* sfios, ruşinos.

púdico *adj.* pudic, ruşinos.

pudiente *adj., m.* bogătan, bogătaş.

pudor *m.* pudoare, ruşine.

pudrición *f.* putrezire.

pudrir(se) *vt., vr.* a face să putrezească; a putrezi.

pueblo *m.* 1. popor. 2. localitate (rurală). 3. orăşel, târg. 4. populaţie (a unei localităţi). 5. *(fam.)* patrie.

puente *m.* 1. pod; punte // *cabeza de ~ (mil.)* cap de pod. 2. *(mar.)* punte.

puerco I. *adj.* murdar. **II.** *m.* porc.

pueril *adj.* pueril.

puerro *m.* praz.

puerta *f.* **1.** poartă. **2.** uşă.

puerto *m.* **1.** *(mar.)* port. **2.** *(geogr.)* pas, trecătoare. **3.** *(fig.)* adăpost.

pues I. *conj.* căci; deoarece. **II.** *adv.* aşadar; desigur; fireşte; păi. **III.** *interj.* ei!

puesta *f.* **1.** apus, asfinţit. **2.** *(la joc)* miză.

puesto I. *m.* **1.** loc. **2.** post, slujbă. **3.** *(mil.)* post. **II.** *conj.* ~ *que* dat fiind că, întrucât.

pugilato *m.* pugilism, box.

pugna *f.* luptă.

pugnar *vi.* a (se) lupta.

pujante *adj.* puternic, vânjos.

pujanza *f.* putere, vigoare.

pujar I. *vt.* a supralicita. **II.** *vi.* a se opinti.

pulcritud *f.* îngrijire.

pulcro *adj.* curat, îngrijit.

pulga *f.* purice.

pulgar *m.* deget mare.

pulido *adj.* plăcut; neted; îngrijit.

pulimentar *vt.* a lustrui, a şlefui.

pulimento *m.* lustruit, şlefuit.

pulir *vt.* **1.** a lustrui. **2.** a şlefui, a cizela. **3.** *(fig.)* a şlefui.

pulmón *m.* plămân.

pulmonar *adj.* pulmonar.

pulmonía *f.* *(med.)* pneumonie.

pulpa *f.* pulpă.

púlpito *m.* amvon.

pulpo *m.* caracatiţă.

pulsación *f.* pulsaţie.

pulsar I. *vt.* **1.** a atinge, a lovi uşor // ~ *un instrumento mú-sico* a ciupi corzile unui instrument muzical. **2.** *(med.)* a lua pulsul. **II.** *vi.* a pulsa, a zvâcni.

pulsera *f.* brăţară.

pulso *m.* **1.** puls. **2.** *(fig.)* tact, prudenţă.

pulular *vi.* a mişuna.

pulverizar *vt.* a pulveriza.

pullover *m.* pulover.

puma *f.* *(zool.)* puma.

punción *f.* *(med.)* puncţie.

pundonor *m.* simţ al onoarei.

punta I. *f.* **1.** vârf; ascuţiş. **2.** capăt, extremitate. **3.** *(geogr.)* cap. **II.** *m.* *(sport)* vârf (de atac).

puntal *m.* proptea.

puntapié *m.* (lovitură de) picior.

puntear *vt.* **1.** a puncta. **2.** *(muz.)* a ciupi.

puntería *f.* ţintire, ochire.

puntiagudo *adj.* ascuţit, cu vârf.

puntilla *f.* **1.** danteluţă. **2.** ţintă // *de* ~*s* în vârful picioarelor.

puntilloso *adj.* susceptibil.

punto *m.* **1.** punct // ~ *cardinal* punct cardinal; ~ *de partida* punct de plecare; ~ *de vista* punct de vedere; ~ *por* ~ punct cu punct; ~ *y coma* punct şi virgulă; *al* ~ imediat; *de todo* ~ pe deplin; *en* ~ punct, exact; *hasta tal* ~ *que* într-atât încât, în aşa măsură încât. **2.** ochi (de împletitură) // *medias de* ~ ciorapi tricotaţi.

puntuación *f.* **1.** punctare. **2.** punctuaţie. **3.** ~*es* *pl.* punctaj.

puntual *adj.* **1.** punctual, exact, precis. **2.** sigur, neîndoios.

puntualidad *f.* **1.** punctualitate; exactitate. **2.** siguranţă.

puntualizar *vt.* **1.** a-şi întipări exact (în minte). **2.** a relata punct cu punct. **3.** *(fig.)* a pune la punct, a finisa. **4.** a preciza, a stabili.

puntura *f.* înţepătură.

punzar *vt.* **1.** a înţepa. **2.** *(fig.)* a înjunghia, a durea.

punzón *m.* sulă.

puñada *f.* pumn *(lovitura)*.

puñado *m.* pumn, mână *(conţinutul)*.

puñal *m.* pumnal.

puñalada *f.* lovitură de pumnal.

puñetazo *m.* pumn *(lovitura)*.

puño *m.* **1.** pumn // *de propio* ~ cu mâna sa; *por sus* ~*s* prin munca sa. **2.** manşetă (de cămaşă). **3.** mâner.

pupa *f.* bubă.

pupila *f.* **1.** *(şi anat.)* pupilă. **2.** prostituată.

pupilo *m.* pupil.

pupitre *m.* pupitru.

puré *m.* piure.

pureza *f.* **1.** puritate. **2.** *(fig.)* virginitate.

purga *f.* purgativ.

purgación *f.* purgaţie.

purgante **I.** *adj.* purificator. **II.** *m.* purgativ.

purgar *vt.* **1.** a curăţi, a purifica. **2.** a da un purgativ. **3.** a ispăşi (o pedeapsă).

purgatorio *m.* purgatoriu.

puridad *f.* puritate.

purificación *f.* purificare.

purificar(se) *vt., vr.* a (se) purifica.

purismo *m.* purism.

purista *adj., m.* şi *f.* purist(ă).

puro **I.** *adj.* pur, curat. **II.** *m.* *(cigarro)* ~ ţigară de foi.

púrpura *f.* purpură.

purpúreo *adj.* purpuriu.

purulento *adj.* purulent.

pus *m.* puroi.

pusilánime *adj.* fricos, laş.

putrefacción *f.* putrefacţie.

putrefacto *adj.* putrezit.

pútrido *adj.* putred.

puya *f.* vârf de lance de picador.

Q

que I. *pron. relat.* care, ce //
el/la ~ cel/cea care. II. *adv.*
cât, ce; decât // *es más alto* ~
yo e mai înalt decât mine; ~
sí ba da. III. *conj.* că; să; ca
să // *por lo* ~ fapt pentru care.

qué *pron. interog.* - *exclam.*
care, ce; // *¡* ~ *de gente!* ce
de lume!; *¿* ~ *dice?* ce spu-
ne?; *¿* ~ *tal?* ce mai faci?

quebrada *f.* 1. defileu, trecă-
toare. 2. *(Am.)* pârâu.

quebradizo *adj.* fragil.

quebrado I. *adj.*, *m.* 1. *(com.)*
falit. 2. bolnav de hernie.
II. 1. *adj.* *(d. terenuri)* acci-
dentat. 2. în zigzag. 3. *(mat.)*
fracţionar. III. *m.* *(mat.)* frac-
ţie.

quebradura *f.* 1. crăpătură,
spărtură. 2. hernie.

quebrantar I. *vt.* 1. a sparge, a
fărâma. 2. *(fig.)* a încălca.
3. a atenua. 4. *(fig.)* a plictisi.
5. a înduplecă. II. ~se *vr.* a
se şubrezi, a slăbi.

quebranto *m.* 1. spargere, fără-
mare. 2. zdruncinare. 3. pier-
dere. 4. *(fig.)* necaz.

quebrar(se) *vt.*, *vr.* a (se) spar-
ge, a (se) (s)fărâma.

queda *f.* *(mil.)* stingere.

quedar(se) *vi.*, *vr.* a rămâne.

quedo I. *adj.* liniştit. II. *adv.*
încet.

quehaceres *m.pl.* treburi, ocupaţii.

queja *f.* 1. durere, jale. 2. plân-
gere.

quejarse *vr.* a se tângui, a se
plânge.

quejido *m.* plâns(et), geamăt.

quema *f.* 1. ardere. 2. incendiu.
3. stingere (a unei) datorii.

quemadero *m.* rug.

quemado *m.* în *expr.*: *oler a* ~
a mirosi a ars.

quemadura *f.* arsură.

quemar I. *vt.* 1. a arde. 2. a
pârjoli. 3. *(fig.)* a supăra.
II. ~(se) *vi.*, *vr.* a arde.

quemazón *f.* 1. ardere. 2. arşiţă,
zăpuşeală. 3. *(fam.)* mâncă-
rime. 4. *(fig.)* înţepătură.

quepis *m.* *(mil.)* chipiu.

querella *f.* 1. plângere, recla-
maţie. 2. ceartă.

querencia *f.* 1. afecţiune, predi-
lecţie. 2. vizuină.

querer I. *vt.* 1. a dori, a vrea. 2. a iubi. II. *m.* afecțiune, dragoste.

querido *m.* iubit, amant.

quermés *f.* serbare populară.

querosén *m. (Am.)* v. **queroseno.**

queroseno *m.* gaz kerosen, petrol lampant.

querubín *m. (rel.)* heruvim.

queso *m.* brânză.

quicio *m.* țâțână, balama // *sacar de ~* a scoate din fire.

quid *m. (fam.)* 1. motiv. 2. miez (al unei probleme).

quídam *m. (fam.)* ins.

quiebra *f.* 1. spărtură, ruptură. 2. crăpătură în pământ. 3. pagubă. 4. *(com.)* faliment.

quien, quienes *pron. relat.* care; cine.

quién, quiénes *pron. interog.-exclam.* care; cine.

quienquiera *pron.* oricine.

quieto *adj.* liniștit.

quietud *f.* liniște, pace.

quif *m.* hașiș.

quijada *f.* falcă.

quijotada *f. (fam.)* trăsnaie.

quijote *m. (fam.)* 1. om ridicol de serios. 2. visător.

quilate *m.* carat.

quilla *f.* 1. *(mar.)* chilă. 2. *(zool.)* iadeș.

quimera *f.* 1. himeră, iluzie. 2. *(fig.)* ceartă.

quimérico *adj.* himeric.

química *f.* chimie.

químico I. *adj.* chimic. II. *m.* chimist.

quincalla *f.* mărunțișuri.

quince *num. card.* cincisprezece.

quincena *f.* chenzină.

quinientos *num. card.* cinci sute.

quin(in)a *f.* chinină.

quino *m.* (arbore de) chinină.

quinquenal *adj.* cincinal.

quinquenio *m.* perioadă de cinci ani, lustru.

quinta *f.* 1. casă la țară, vilă. 2. tragere la sorți. 3. *(muz.)* cvintă.

quintal *m.* chintal.

quinteto *m. (muz.)* cvintet.

quinto *num. ord.* al cincilea.

quintuplo *adj.* încincit.

quiosco *m.* chioșc.

quirófano *m.* sală de operații.

quiromancía *f.* chiromanție.

quirúrgico *adj.* chirurgical.

quisicosa *f. (fam.)* ghicitoare.

quisquilla *f.* 1. *(fam.)* fleac, moft. 2. *(zool.)* crevetă.

quisquilloso *adj.* susceptibil, supărăcios.

quiste *m. (med.)* chist.

quitamanchas *m.* substanță de scos pete.

quitar I. *vt.* 1. a scoate, a lua. 2. a fura. 3. a împiedica. II. *~se vr.* a-și scoate (o haină *etc.*). 2. a se (în)-depărta.

quitasol *m.* umbrelă de soare.

quite *m.* 1. piedică, obstacol. 2. parare (la scrimă sau la lupte cu tauri).

quizá(s) *adv.* poate // *~ venga* poate vine.

R

rábano *m.* ridiche.

rabear *vi.* a da din coadă.

rabia *f.* 1. *(med.)* turbare. 2. *(fig.)* mânie, furie.

rabiar *vi. (med. şi fig.)* a turba.

rabillo *m.* codiţă, coadă.

rabioso *adj.* 1. turbat. 2. *(fig.)* furios. 3. *(fig.)* înfocat.

rabo *m.* coadă // *de cabo a ~* de la cap la coadă.

rabón *adj.* fără coadă.

racial *adj.* rasial.

racimo *m.* ciorchine.

raciocinar *vi.* a raţiona.

raciocinio *m.* raţionament, judecată.

ración *f.* raţie, tain.

racional *adj.* raţional.

racionar *vt.* 1. *(mil.)* a distribui raţia. 2. a raţiona(liza).

racha *f.* 1. *(mar.)* rafală. 2. *(fig.)* şir, serie, val, avalanşă, grămadă. 3. *(fig.)* perioadă (norocoasă *sau* ghinionistă). 4. *(fam.)* baftă la joc // *por ~s* cu întreruperi.

rada *f. (mar.)* radă.

radiación *f.* radiaţie.

radiactivo *adj.* radioactiv.

radiador *m.* radiator.

radiante *adj.* 1. *(fiz.)* radiant. 2. *(fig.)* radios.

radiar *vt.* 1. a radia, a împrăştia raze. 2. *(radio)* a transmite.

radical I. *adj.* radical. II. *m.* 1. *(lingv.)* rădăcină. 2. *(mat.)* radical.

radicar *vi.* 1. a prinde rădăcini. 2. *(en)* a fi situat (în). 3. *(en)* a se baza (pe).

radio I. *m.* 1. *(geom.)* rază. 2. radiu. 3. radiogramă. II. *f.* radio (aparat şi staţie) // *casa de la ~* post de radio.

radiocasete *m.* casetă audio.

radiodifusión *f.* radiodifuziune.

radioescucha *m. şi f. (radio)* ascultăto(a)r(e)

radiografía *f.* radiografie.

radioscopia *f.* radioscopie.

raedura *f.* răzătură.

raer *vt.* a rade, a răzui.

ráfaga *f.* rafală // *~ de viento* rafală de vânt.

rafia *f.* rafie.

raído *adj. (fam.)* neobrăzat.

raigambre *f.* rădăcini.

raíz *f.* rădăcină // *a ~ de* pe baza, ca urmare, în urma; *de ~ (şi fig.)* din rădăcină; *echar raíces* a prinde rădăcini.

raja *f.* 1. crăpătură. 2. felie (de pepene *etc.*). 3. surcea.

rajá *m.* rajah.

rajar I. *vt.* 1. a crăpa, a despica. 2. a tăia (în) felii. II. *vi. (fam.)* a se lăuda.

ralea *f.* fel, soi.

ralear *vi.* a se rări.

ralo *adj.* rar.

rallador, rallo *m.* răzătoare.

rallar *vt.* 1. a rade, a răzui. 2. *(fig.)* a plictisi.

rama *f.* 1. ramură, cracă, creangă. 2. *(fig.)* ramură, domeniu.

ramaje *m.* rămuriş.

rambla *f.* 1. viroagă. 2. *(în Barcelona)* bulevard.

ramera *f.* femeie de stradă.

ramificación *f.* 1. ramificare. 2. ramificaţie.

ramificarse *vr.* a se ramifica.

ramillete *m.* buchet.

ramo *m.* 1. ramură. 2. buchet.

rampa *f.* rampă.

ramplón *adj.* grosolan.

rana *f. (zool.)* broască.

rancio *adj.* 1. rânced. 2. *(fig.)* vechi.

ranchero *m.* 1. *(mil.)* bucătar. 2. *(Am.)* fermier.

rancho *m.* 1. *(mil.)* cazan, masă a trupei. 2. colibă. 3. *(Am.)* rancho, crescătorie de vite. 4. *(mar.)* cabina marinarilor. 5. *(fig.)* bisericuţă, grup // *hacer ~ aparte* a face opinie separată.

rango *m.* rang.

rapacidad *f.* rapacitate.

rapar *vt.* 1. a bărbieri, a rade. 2. a tunde scurt.

rapaz I. *adj.* 1. rapace. 2. răpitor. II. **rapaces** *m. pl. (zool.)* răpitoare.

rape *m.* în *expr.: al ~* tuns scurt.

rapidez *f.* rapiditate, repeziciune.

rápido I. *adj.* rapid, repede, iute. II. *m.* (tren) rapid.

rapiña *f.* răpire // *ave de ~* pasăre de pradă.

rapiñar *vt. (fam.)* a jefui.

raposo *m.* vulpoi.

rapsodia *f.* rapsodie.

raptar *vt.* a răpi.

rapto *m.* răpire.

raptor *adj., m.* răpitor.

raqueta *f.* rachetă.

raquítico *adj.* 1. rahitic. 2. *(fig.)* prăpădit.

raquitismo *m.* rahitism.

rarefacción *f.* rarefiere.

rarefacer *vt.* a rarefia.

rareza *f.* 1. raritate. 2. ciudăţenie.

raro *adj.* 1. rar. 2. ciudat.

ras *m.* nivel, suprafaţă // *a ~ de* la nivelul.

rasar *vt.* a nivela, a netezi.

rascacielos *m.* zgârie-nori.

rascar *vt.* 1. a zgâria. 2. a răzui.

rasgado *adj.* în *expr.: ojos ~s* ochi migdalaţi.

rasgar *vt.* a rupe, a sfâşia.

rasgo *m.* trăsătură.

rasgón *m.* ruptură (la haină).

rasguear *vt.* a face arpegii la chitară.

rasguñar *vt.* 1. a zgâria. 2. *(pict.)* a schiţa.

rasguño *m.* 1. zgârietură. 2. schi-ță.

raso I. *adj.* 1. neted, ras. 2. fără nori // *al* ~ sub cerul liber. **II.** *m.* satin, atlaz.

raspadura *f.* 1. răzuire. 2. ră-zătură.

raspar *vt.* a răzui.

rastra *f.* 1. dâră, urmă. 2. gre-blă. 3. grapă // *a la* ~ târâș.

rastrear *vt.* 1. a merge pe ur-mele, a adulmeca; a urmări, a căuta. 2. *(fig.)* a cerceta, a căuta. 3. *(agr.)* a grebla.

rastrero *adj.* 1. care se târăște, târâtor. 2. *(fig.)* josnic, mârșav.

rastrillar *vt.* a grebla.

rastrillo *m.* greblă.

rastro *m.* 1. greblă. 2. dâră, urmă. 3. abator. 4. *(la Madrid)* hală de vechituri.

rastrojo *m.* miriște.

rata I. *f.* șobolan. **II.** *m.* *(fam.)* pungaș, hoț.

ratear *vt.* *(fam.)* a șterpeli.

ratería *f.* furt.

ratero *m.* borfaș, pungaș.

ratificación *f.* ratificare.

ratificar *vt.* a ratifica.

rato *m.* clipă, moment // *a* ~*s* din când în când; *a cada* ~ în orice clipă; ¡*hasta otro* ~! la revedere!

ratón *m.* șoarece.

ratonera *f.* cursă de șoareci.

raudal *m.* 1. torent, puhoi. 2. *(fig.)* mulțime.

raya *f.* 1. linie; dungă. 2. că-rare (pe cap) // *tres en* ~ șotron.

rayado *adj.* liniat; vărgat; dungat.

rayar I. *vt.* 1. a linia, a trage linii. 2. a hașura. 3. a șterge (cu linii). 4. a sublinia. **II.** *vi.* 1. *(en)* a se învecina (cu). 2. a se crăpa de ziuă // *al* ~ *el alba* în zorii zilei.

rayo *m.* 1. rază (de soare). 2. spi-ță (de roată). 3. fulger; trăs-net // *echar* ~*s* a tuna și fulgera.

raza *f.* rasă.

razón *f.* rațiune // *dar la* ~ a da dreptate; *dar* ~ *de* a informa despre; *en* ~ *de* în baza; *entrar en* ~ a-i veni mintea la cap.

razonable *adj.* rezonabil.

razonamiento *m.* raționament.

razonar I. *vi.* 1. a raționa. 2. a discuta. **II.** *vt.* a argumenta.

re *m.* *(muz.)* re.

reacción *f.* 1. reacție. 2. reacțiune.

reaccionar *vi.* 1. *(și chim.)* a reacționa, a răspunde (la). 2. *(fig.)* a-și veni în fire, a se trezi, a lua atitudine.

reaccionario *adj., m.* reacționar.

reacio *adj.* îndărătnic, încă-pățânat.

reajuste *m.* 1. reajustare, reor-ganizare. 2. remaniere. 3. *(d. prețuri)* reașezare.

real I. *adj.* 1. real. 2. regal // *ca-mino* ~ drum național; ~ *mo-zo/moza* băiat frumos/ fată frumoasă. **II.** *m.* 1. real *(mone-dă)*. 2. *(mil.)* tabără // *alzar el* (sau *los*) ~*(es)* a ridica tabăra; *sentar el* (sau *los*) ~*(es)* a se stabili. 3. loc (de bâlci, de târg).

realce *f.* **1.** relief // *de* ~ în relief. **2.** *(fig.)* strălucire.

realidad *f.* realitate.

realismo *m.* realism.

realista *adj.* **1.** *(lit.)* realist. **2.** *(pol.)* regalist.

realización *f.* realizare.

realizar *vt.* a realiza.

realzar *vt.* **1.** a scoate în relief, a sublinia. **2.** a proslăvi.

reanimar(se) *vt., vr.* **1.** a (se) reanima. **2.** *(fig.)* a reînvia.

reanudar *vt.* a relua, a reîncepe.

rebaja *f.* **1.** reducere. **2.** mărfuri cu preţ redus, solduri. **3.** *(com.)* rabat.

rebajar **I.** *vt.* **1.** a reduce, a scădea. **2.** *(fig.)* a înjosi. **II.** ~se *vr.* **1.** a se umili. **2.** a fi scutit de serviciul militar.

rebalsa *f.* baltă.

rebalsar **I.** *vt.* a zăgăzui, a stăvili. **II.** ~(se) *vi., vr. (d. ape)* a forma bălţi.

rebanada *f.* felie // ~ *de pan* felie de pâine.

rebanar *vt.* a tăia (în) felii.

rebaño *m.* turmă (de oi sau de capre).

rebasar *vt.* a depăşi, a întrece.

rebatir *vt.* a respinge.

rebato *m. (şi fig.)* alarmă.

rebelarse *vr.* a se răzvrăti, a se răscula.

rebelde **I.** *adj., m.* **1.** rebel, răsculat. **2.** *(jur.)* (inculpat) judecat în contumacie. **II.** *adj.* **1.** nesupus, neascultător; dificil; recalcitrant. **2.** greu, dificil.

rebeldía *f.* rebeliune, răscoală.

rebelión *f.* rebeliune.

rebenque *m.* harapnic.

rebién *adv. (pop.)* prea bine, foarte bine.

reblandecer(se) *vt.vr.* a (se) (în)muia.

reblandecimiento *m.* înmuiere.

rebosar(se) *vi., vr. (şi fig.)* a se revărsa, a da pe dinafară, a deborda.

rebotar **I.** *vi. (d. minge)* a sări. **II.** ~se *vr. (fam.)* a-şi ieşi din fire.

rebozar *vt.* în *expr.:* ~ *el rostro* a acoperi faţa (cu pelerina etc.).

rebozo *m.* **1.** ascundere a feţei (cu pelerina etc.). **2.** *(fig. şi pl.)* ascunzişuri, ocolişuri // *sin* ~ cu sinceritate, pe faţă.

rebullir *vi.* a da în clocot.

rebusca *f.* **1.** cercetare. **2.** spicuire.

rebuscar *vt.* **1.** a cerceta. **2.** a culege spicele.

rebuznar *vi. (d. măgari)* a rage.

rebuzno *m.* zbieret de măgar.

recabar *vt.* **1.** a căpăta, a obţine. **2.** a cere, a reclama.

recadero *m.* comisionar.

recado *m.* **1.** mesaj, comision. **2.** dar, cadou. **3.** garnitură, trusă. **4.** *(Am.)* şa (de călărie).

recaer *vi.* **1.** a cădea din nou. **2.** a cădea. **3.** a cădea din nou la pat.

recaída *f. (med.)* recidivă, întoarcere a bolii.

recalar(se) *vt., vr.* a (se) îmbiba, a (se) muia.

recalcar 1. *vt.* a înghesui, a îndesa, a burduşi. **2.** *(fig.)* a apăsa, a accentua, a sublinia.

recámara *f.* **1.** garderobă. **2.** *(fam.)* gând ascuns. **3.** *(Am.)* dormitor.

recambio *m.* **1.** înlocuire, schimbare. **2.** rezervă. **3.** ~s *pl.* piese de schimb.

recapacitar *vi.* a chibzui, a reflecta.

recapitular *vt.* a recapitula.

recargable *adj.* care poate fi umplut sau încărcat din nou.

recargar *vt.* **1.** a încărca din nou. **2.** a împovăra.

recargo *m.* supraîncărcare, împovărare.

recatado *adj.* **1.** prudent, precaut. **2.** cinstit.

recatar I. *vt.* a ascunde. **II.** ~se *vr.* a şovăi.

recato *m.* **1.** prudenţă, precauţie. **2.** cinste, onestitate.

recaudación *f.* **1.** încasare, percepere. **2.** percepţie.

recaudador *m.* perceptor.

recaudar *vt.* **1.** a încasa, a percepe. **2.** a aduna, a strânge, a colecta. **3.** a păzi.

recaudo *m.* **1.** încasare, percepere. **2.** precauţie, grijă.

recelar *vt.* a se teme de.

recelo *m.* teamă, bănuială.

receloso *adj.* temător, bănuitor.

recepción *f.* primire, recepţie.

receptáculo *m.* **1.** recipient. **2.** *(bot.)* receptacul.

receta *f.* reţetă.

recetar *vt.* a prescrie (un medicament).

recibimiento *m.* **1.** primire. **2.** anticameră.

recibir *vt.* a primi.

recibo *m.* **1.** primire // *acusar ~* a confirma primirea (unei scrisori). **2.** chitanţă, adeverinţă de primire.

reciclado, reciclaje *m.* reciclare, reorientare.

recidiva *f.* *(med.)* recidivă.

recién *adv.* **1.** nou // ~ *nacido* nou-născut. **2.** de curând // ~ *llegado* sosit de curând. **3.** proaspăt // ~ *afeitado* proaspăt bărbierit.

reciente *adj.* recent.

recinto *m.* incintă.

recio I. *adj.* **1.** puternic, tare. **2.** aspru, dur. **3.** cumplit, straşnic. **II.** *adv.* tare.

recipiente *m.* recipient.

reciprocidad *f.* reciprocitate.

recíproco *adj.* reciproc.

recitación *f.* recitare.

recitar *vt.* a recita.

reclamación *f.* reclamaţie.

reclamar I. *vt.* a reclama. **II.** *vi.* *(contra)* a protesta (împotriva).

reclinar(se) *vt., vr.* *(en, sobre)* a (se) sprijini (de).

reclinatorio *m.* scăunel pentru rugăciune.

recluir *vt.* a închide.

reclusión *f.* recluziune, închisoare.

recluta I. *f.* recrutare. **II.** *m.* recrut.

reclutamiento *m.* recrutare.

reclutar *vt.* a recruta.

recobrar I. *vt.* a recupera, a re-dobândi, a recăpăta. **II.** ~se *vr.* **1.** *(de)* a se despăgubi. **2.** a-și (re)veni în fire; a-și recăpăta cunoștința. **3.** a se reface, a se întrema, a se înzdrăveni.

recocer I. *vt.* a coace *sau* a fierbe din nou. **II.** ~se *vr.* *(fig.)* a se perpeli.

recodo *m.* cot, cotitură.

recoger I. *vt.* **1.** a ridica de pe jos. **2.** a strânge, a aduna. **II.** ~se *vr.* a se refugia, a se adăposti.

recogida *f.* **1.** strângere, culegere; adunare. **2.** ridicare a poștei. **3.** *(med.)* recoltare (pentru analize).

recogido *adj.* retras, singuratic.

recogimiento *m.* strângere, culegere.

recolección *f.* cules, recoltat.

recolectar *vt.* a recolta, a culege.

recomendación *f.* recomandare.

recomendar *vt.* **1.** a recomanda **2.** a da poruncă.

recompensa *f.* recompensă, răsplată.

recompensar *vt.* a recompensa, a răsplăti.

recomponer *vt.* a repara, a drege.

reconcentrar *vt.* **1.** a concentra **2.** *(fig.)* a ascunde.

reconciliación *f.* reconciliere.

reconciliar(se) *vt., vr.* a (se) reconcilia, a (se) împăca.

recóndito *adj.* ascuns, ocult.

reconocer(se) *vt., vr.* a (se) recunoaște.

reconocido *adj.* **1.** recunoscut. **2.** recunoscător.

reconocimiento *m.* **1.** recunoaștere. **2.** recunoștință // ~ *médico* control medical.

reconquista *f.* **1.** recucerire. **2.** *(ist.)* izgonirea maurilor din Spania.

reconquistar *vt.* a recuceri.

reconstitución *f.* reconstituire.

reconstituir *vt.* a reconstitui.

reconstrucción *f.* reconstruire, reconstrucție.

reconstruir *vt.* a reconstrui.

reconvención *f.* reproș, imputare.

reconvenir *vt.* a reproșa.

recopilación *f.* **1.** compendiu, rezumat. **2.** culegere.

recopilar *vt.* a culege; a strânge (scrieri, legi).

récord *m.* *(și fig.)* record // *alcanzar* (sau *imponer*) *un* ~ a stabili un record.

recordación *f.* amintire, aducere-aminte.

recordar I. *vt.* a aminti, a aduce aminte. **II.** *vi.* *(de)* a-și aminti (de) **III.** ~se *vr.* a se trezi.

recordatorio *m.* memento.

recorrer *vt.* a parcurge, a străbate.

recorrido *m.* parcurs, drum străbătut; traseu; itinerar.

recortar *vt.* a tăia, a decupa.

recorte *m.* **1.** decupare. **2.** ~s *pl.* tăieturi. **3.** *pl.* reduceri.

recostar(se) *vt., vr.* *(en, sobre)* a (se) rezema (de).

recreación *f.* recreere; recreație; distracție.

recrear(se) *vt., vr.* a (se) recrea.

recreativo *adj.* recreativ.

recreo *m.* 1. recreere, recreaţie, distracţie. 2. recreaţie, pauză. 3. loc de distracţie.

recriminar I. *vt.* 1. a reproşa. 2. a contraacuza. II. ~se *vr.* a se acuza reciproc.

recrudecer *vi.* (*d. o boală*) a se agrava brusc.

recrudescencia *f.* recrudescenţă.

rectangular *adj.* dreptunghiular.

rectángulo *m.* dreptunghi.

rectificar *vt.* a rectifica.

rectilíneo *adj.* rectiliniu.

rectitud *f.* 1. rectitudine, însu-şire de a fi în linie dreaptă. 2. (*fig.*) justeţe.

recto I. *adj.* 1. drept. 2. (*fig.*) drept, just. II. *m.* (*anat.*) rect.

rector I. *adj., m.* conducător. II. *m.* 1. rector. 2. (*rel.*) paroh.

recua *f.* 1. şir de animale de povară. 2. (*fam.*) şir, rând.

recuadro *m.* 1. pătrăţel. 2. che-nar.

recubrir *vt.* 1. a reacoperi. 2. a acoperi cu un strat.

recuento *m.* numărare.

recuerdo *m.* 1. amintire, adu-cere-aminte. 2. suvenir. 3. ~s *pl.* complimente, salutări.

recular *vi.* a da înapoi.

recuperar I. *vt.* a recupera, a redobândi. II. ~se *vr.* a se înzdrăveni, a se restabili.

recurrir *vi.* 1. (*a*) a recurge (la), a apela (la). 2. (*jur.*) a declara recurs.

recurso *m.* 1. recurgere. 2. mijloc, soluţie. 3. (*jur.*) recurs. 4. ~s *pl.* resurse, mijloace (de exis-tenţă etc.).

recusar *vt.* a respinge, a refuza.

rechazar *vt.* a respinge.

rechazo *m.* 1. respingere. 2. ri-coşeu. 3. (*mil.*) recul.

rechifla *f.* 1. fluierătură. 2. bat-jocură.

rechiflar *vt.* 1. a fluiera. 2. a batjocori.

rechinamiento *m.* scârţâit.

rechinar *vi.* a scârţâi, a scrâşni; a hârâi.

rechistar *vi.* în *expr.*: sin ~ fără a crâcni.

rechoncho *adj.* (*fam.*) rotofei, bondoc.

red *f.* 1. plasă. 2. reţea.

redacción *f.* 1. redactare. 2. re-dacţie.

redactar *vt.* a redacta.

redactor *m.* redactor.

redada *f.* 1. (*fig.*) razie. 2. (*fig.*) reţea.

redecilla *f.* fileu (de păr).

redención *f.* 1. răscumpărare. 2. (*rel.*) mântuire.

redentor *adj., m.* mântuitor.

redicho *adj.* (*fam.*) afectat în vorbire.

redil *m.* ţarc, ocol (de vite).

redimir *vt.* 1. a răscumpăra. 2. (*rel.*) a mântui.

rédido *m.* 1. venit. 2. ~s *pl.* dobândă // a ~s cu dobândă.

redivivo *adj.* reînviat.

redoblar I. *vt.* a îndoi, a dubla. II. *vi.* (*d. tobe*) a răpăi.

redoble *m*. 1. dublare. 2. ră-
păit de tobă.

redoma *f*. clondir.

redomado *adj*. şiret, viclean.

redondear(se) I. *vt., vr*. a (se)
rotunji. II. *vr*. a se căpătui.

redondel *m*. arenă (de lupte de
tauri).

redondez *f*. rotunjime.

redondo *adj*. 1. rotund. 2. *(fig.)*
fără ocolişuri // *en* ~ în jur;
caer ~ a se lungi la pământ.

reducción *f*. 1. reducere, scădere.
2. supunere.

reducir I. *vt*. 1. a reduce, a
scădea. 2. a supune. II. ~se
vr. 1. *(a)* a se restrânge (la).
2. a se hotărî.

reducto *m*. *(mil.)* redută.

redundancia *f*. 1. prisos. 2. pleo-
nasm.

reedificar *vt*. a reclădi.

reeditar *vt*. a reedita.

reelegir *vt*. a realege.

reembolsar *vt*. a rambursa.

reembolso *m*. ramburs(are) //
contra ~ cu plata la primire.

reemplazar *vt*. a înlocui, a
substitui.

reemplazo *m*. înlocuire, substi-
tuire.

refacción *f*. gustare.

referencia *f*. 1. relatare, poves-
tire. 2. referinţă. 3. trimitere.

referéndum *m*. referendum.

referente *adj*. care face referiri
// ~ *a* referitor la, cu privire
la, relativ la.

referido *adj*. amintit, menţionat.

referir I. *vt*. a povesti, a relata.
II. ~se *vr*. *(a)* a se referi (la).

refinación *f*. rafinărie.

refinamiento *m*. rafinament.

refinar *vt*. a rafina.

refinería *f*. rafinărie.

refino *adj*. rafinat, foarte fin.

reflector *m*. reflector.

reflejar(se) *vt., vr*. a (se) reflec-
ta, a (se) oglindi.

reflejo I. *adj*. 1. *(fig.)* reflectat.
2. *(gram.)* reflexiv. II. *m*. reflex.

reflexión *f*. 1. *(fiz.)* reflecţie;
reflexie. 2. *(fig.)* meditaţie,
cugetare; gândire // *plazo de*
~ timp de gândire.

reflexionar *vi*. a reflecta, a
cugeta, a chibzui.

reflexivo *adj*. 1. reflexiv, gân-
ditor. 2. *(gram.)* reflexiv.

reflujo *m*. reflux.

reforma *f*. 1. reformă. 2. modi-
ficare, schimbare. 3. renovare,
reamenajare.

reformación *f*. reformare, reformă.

reformar I. *vt*. 1. a reforma; a
înnoi; a îmbunătăţi. 2. a
înlătura, a îndrepta. 3. a des-
titui. 4. a modifica, a schim-
ba. 5. a renova. II. ~se *vr*. 1. a
se reforma; a se înnoi. 2. a se
îndrepta. 3. *(fig.)* a se stă-
pâni, a se reţine.

reformatorio I. *adj*. reformator.
II. *m*. casă de corecţie.

reforzar *vt*. a întări.

refractar(se) *vt., vr*. *(fiz.)* a (se)
refracta.

refractario *adj*. refractar.

refrán *m*. proverb, zicătoare.

refranero *m*. culegere de proverbe.

refregar *vt*. a freca.

refrenar(se) *vt*., *vr*. a (se) înfrâna, a (se) stăpâni; a (se) reţine.

refrendar *vt*. 1. a contrasemna; a autoriza; a viza. 2. *(fig.)* a întări, a susţine.

refrescar(se) *vt*., *vr*. a (se) răcori.

refresco *m*. 1. gustare frugală. 2. băutură răcoritoare.

refriega *f*. încăierare, bătaie.

refrigerar(se) *vt*., *vr*. 1. a (se) răcori. 2. a (se) congela.

refrigerio *m*. 1. gustare. 2. *(fig.)* alinare.

refuerzo *m*. întăritură.

refugiarse *vr*. a se refugia.

refugio *m*. refugiu, adăpost.

refunfuñar *vi*. a bombăni.

refunfuño *m*. mormăit, bombăneală.

refutar *vt*. a combate; a respinge.

regadera *f*. stropitoare.

regadío I. *adj*. irigat; irigabil. II. *m*. teren irigat.

regalado *adj*. tihnit, plăcut.

regalar I. *vt*. 1. a dărui. 2. a dezmierda. II. ~se *vr*. a se desfăta.

regalo *m*. 1. dar, cadou. 2. desfătare, plăcere. 3. mâncare aleasă. 4. huzur.

regañadientes *adv*. în *expr*.: a ~ în silă.

regañar I. *vi*. 1. *(d. câini)* a mârâi. 2. *(d. fructe)* a crăpa. 3. *(fam.)* a se ciorovăi. II. *vt*. *(fam.)* a certa.

regaño *m*. 1. mutră acră. 2. *(fam.)* ceartă, dojană.

regañón *adj*., *m*. *(fam.)* morocănos.

regar *vt*. 1. a uda; a stropi; a iriga. 2. *(d. un râu)* a uda, a străbate. 3. *(fig.)* a împrăştia, a risipi; a vărsa.

regata *f*. *(mar.)* regată.

regatear *vt*. 1. a se tocmi. 2. a vinde cu amănuntul. 3. *(fam.)* a eschiva, a fenta, a refuza.

regateo *m*. tocmeală.

regatero, regatón I. *adj*. care se tocmeşte. II. *m*. precupeţ.

regencia *f*. regenţă.

regeneración *f*. regenerare.

regenerar *vt*. a regenera.

regentar *vt*. 1. a conduce (o firmă, o instituţie *etc*.). 2. a îndeplini o funcţie (temporară).

regente *m*. *(pol.)* regent.

regidor *m*. consilier comunal.

régimen *m*. regim.

regimiento *m*. 1. conducere, guvernare. 2. *(mil.)* regiment. 3. consiliu comunal.

región *f*. regiune.

regional *adj*. regional.

regir I. *vt*. a conduce, a guverna. II. *vi*. a fi în vigoare.

registrar I. *vt*. 1. a cerceta, a examina. 2. a controla; a căuta; a percheziţiona. 3. *(com.)* a înregistra. 4. a însemna, a nota. II. ~se *vr*. a se înscrie, a se înregistra.

registro *m*. 1. cercetare. 2. percheziţie. 3. înregistrare. 4. *(com., muz.)* registru.

regla *f.* 1. riglă, linie. 2. *(fig.)* regulă. 3. menstruaţie.

reglamentar *vt.* a reglementa.

reglamento *m.* regulament.

reglar *vt.* 1. a linia. 2. a regla.

regocijar(se) *vt., vr.* a (se) bucura, a (se) înveseli.

regocijo *m.* 1. bucurie, veselie. 2. ~s *pl.* serbări publice.

regordete *adj. (fam.)* bondoc.

regresar *vi.* a se întoarce, a se înapoia.

regreso *m.* întoarcere, înapoiere.

regulación *f.* 1. reglementare. 2. regularizare. 3. potrivire, ajustare, reglare.

regulador I. *adj., m.* regulator. II. *adj.* care reglementează

regular I. *adj.* 1. regulat. 2. *(fam.)* potrivit, obişnuit // *por lo ~* în mod obişnuit. II. *vt.* 1. a orândui; a potrivi, a ajusta, a regla. 2. a reglementa, a stabili. 3. a regulariza.

regularidad *f.* regularitate.

regularmente *adv.* 1. (în mod) regulat. 2. potrivit, aşa şi aşa, relativ bine.

regularizar *vt.* a regulariza.

rehabilitar(se) I. *vt., vr.* a (se) reabilita. II. *vt.* a reface; a amenaja din nou.

rehacer(se) *vt., vr.* a (se) reface.

rehén *m.* ostatic.

rehilete *m.* 1. săgeată de hârtie. 2. *(fig.)* zeflemea.

rehuida *f.* 1. ascundere. 2. evitare, fereală, eschivare.

rehuir(se) *vt., vi. vr.* a evita, a se feri, a se eschiva, a fugi (de).

rehusar *vt.* a refuza.

reimpresión *f.* retipărire.

reimprimir *vt.* a retipări.

reina *f.* regină.

reinado *m.* domnie // *bajo el ~ de* sub domnia.

reinante *adj.* care domneşte, domnitor.

reinar *vi.* a domni.

reincidencia *f. (jur.)* recidivă.

reincidir *vi. (jur., med.)* a recidiva.

reino *m.* 1. *(pol.)* regat. 2. *(biol.)* regn. 3. *(rel.)* împărăţie.

reinserción *f.* reintegrare, reîncadrare, reinserţie.

reintegrar I. *vt.* a restitui. II. ~**se** *vr. (de)* a-şi recăpăta, a-şi recupera.

reír(se) *vi., vr.* a râde // ~ *a carcajadas* a râde cu hohote.

reiteración *f.* repetare; reluare; reafirmare.

reiterar *vt.* a repeta; a reînnoi; a reafirma.

reivindicación *f.* revendicare.

reivindicar *vt.* a revendica.

reja *f.* 1. gratii, zăbrele. 2. brăzdar (de plug).

rejilla *f.* 1. grilaj. 2. plasă de bagaje. 3. împletitură (de nuiele).

rejuvenecer *vt., vi.* a reîntineri.

relación *f.* 1. relaţie, legătură. 2. relatare, expunere, descriere. 3. listă, enumerare; catalog. 4. borderou. 5. ~es *pl. (fam.)* relaţii // *con ~ a* sau *en ~ con* în legătură cu, referitor la, cu privire la; *hacer ~ a* a se referi la.

relacionar(se) I. *vt., vr.* a pune (*sau* a fi) în legătură. II. *vt.* a enumera. III. *vr. (con)* a intra în contact, a avea relaţii (cu).

relajación *f.* relaxare, destindere.

relajar(se) *vt., vr.* a (se) relaxa, a (se) destinde.

relamido *adj.* afectat, fandosit.

relámpago *m.* fulger.

relampaguear *vi.* a fulgera.

relanzar *vt.* a respinge.

relatar *vt.* a relata, a povesti, a expune.

relativo *adj.* relativ.

relato *m.* relatare, povestire, expunere.

relator I. *m.* povestitor. II. *m.* (*jur.*) raportor.

releer *vt.* a reciti.

relegar *vt.* a surghiuni.

relevante *adj.* remarcabil.

relevar *vt.* 1. a releva, a scoate în relief. 2. a ierta, a scuti.

relevo *m.* 1. înlocuire. 2. (*mil.*) schimbare a gărzii // *carrera de ~s (sport)* ştafetă.

relieve *m.* relief // *poner de ~* a scoate în evidenţă.

religión *f.* 1. religie. 2. ordin (religios) // *entrar en ~* a se călugări.

religioso I. *adj.* 1. religios. 2. punctual, exact. II. *m.* călugăr.

relinchar *vi.* a necheza.

relincho *m.* nechezat.

reliquia *f.* 1. relicvă. 2. (*med.*) sechelă. 3. (*fig., fam.*) vechitură. 4. ~s *pl.* vestigii.

reloj *m.* ceas, ceasornic.

relojería *f.* ceasornicărie.

relojero *m.* ceasornicar.

reluciente *adj.* strălucitor.

relucir *vi.* a străluci.

relumbrar *vi.* a scânteia, a străluci.

rellenar *vt.* 1. a umple. 2. (*fam.*) a îndopa. 3. a completa (un formular).

relleno I. *adj.* umplut, plin. II. *m.* 1. umplutură. 2. umplere.

remachar *vt.* 1. a nitui. 2. (*fig.*) a întări.

remache *m.* nit.

remanso *m.* 1. oprire a unei ape curgătoare. 2. (*fig.*) încetineală.

remar *vi.* a vâsli.

rematado *adj.* fără leac, incurabil.

rematar I. *vt.* 1. a termina. 2. a da lovitura de graţie. 3. (*sport*) a şuta spre poartă; a finaliza. 4. a adjudeca. II. *vi.* a se sfârşi. III. *vt. vi.* a lichida (o marfă). IV. ~se *vr.* a pieri.

remate *m.* 1. sfârşit, final, capăt. 2. capăt, vârf. 3. (*sport*) şut la poartă. 4. adjudecare. 5. finisaj, finisare // *de ~* iremediabil; *por ~* în cele din urmă.

remedar *vt.* 1. a imita, a copia. 2. a maimuţări.

remediar *vt.* 1. a remedia, a îndrepta. 2. a repara, a drege. 3. a împiedica.

remedio *m.* remediu, leac.

remedo *m.* imitaţie.

rememorar *vt.* a-şi reaminti.

remendar *vt.* a cârpi, a drege.

remero *m.* vâslaş.

remiendo *m.* **1.** petic. **2.** pată (pe blana unui animal). **3.** *(fig.)* înnăditură // *a ~s* pe apucate.

remilgado *adj.* sclivisit.

remilgo *m.* fandoseală, izmeneală.

reminiscencia *f.* reminiscenţă.

remirado *adj.* meticulos, scrupulos.

remisión *f.* **1.** remitere, trimitere. **2.** iertare.

remiso *adj.* leneş, delăsător.

remitente *adj., m.* trimiţător, expeditor.

remitir **I.** *vt.* **1.** a trimite, a expedia. **2.** a ierta, a scuti de. **3.** a amâna. **II.** *~se vr.* **1.** *(a)* a se referi (la), a trimite (la). **2.** *(a)* a se bizui (pe).

remo *m.* vâslă, lopată.

remojar *vt.* a muia, a înmuia.

remojo *m.* înmuiere, udare.

remojón *m.* **1.** udare. **2.** pâine înmuiată (în).

remolacha *f.* sfeclă.

remolcador *m.* *(mar.)* remorcher.

remolcar *vt.* a remorca.

remolinar **I.** *vi.* a se învolbura. **II.** *~se vr.* a se învălmăşi.

remolino *m.* **1.** vârtej. **2.** *(fam.)* îmbulzeală, larmă.

remolón *adj.* leneş, trândav.

remolque *m.* **1.** remorcare. **2.** remorcă // *a ~ la remorcă; dar ~* a remorca.

remonta *f.* reparaţie.

remontar **I.** *vt.* **1.** a goni, a stârni (vânatul). **2.** *(mil.)* a dota cu cai. **3.** a repara (încălţăminte). **II.** *~se vr.* *(a,*

hasta) a se urca (la), a se întoarce în timp (la).

remorder **I.** *vt.* **1.** a muşca din nou. **2.** *(fig.)* a mustra. **II.** *~se vr.* a avea remuşcări.

remordimiento *m.* remuşcare.

remoto *adj.* îndepărtat.

remover(se) **I.** *vt., vr.* a (se) mişca, a (se) urni. **II.** *vt.* **1.** a îndepărta. **2.** a tulbura. **3.** a schimba (din funcţie *etc.*).

remozar(se) *vt., vr.* a întineri.

remuneración *f.* remuneraţie.

remunerar *vt.* a remunera.

remusgo *m.* boare, adiere.

renacer *vi.* a renaşte.

renacimiento *m.* renaştere.

renacuajo *m.* **1.** *(zool.)* mormoloc. **2.** *(fig.)* stârpitură.

rencilla *f.* ceartă, neînţelegere.

rencilloso *adj.* certăreţ.

rencor *m.* ranchiună; pizmă; ciudă; pică.

rencoroso *adj.* ranchiunos.

rendición *f.* predare, capitulare.

rendido *adj.* **1.** *(fig.)* smerit, supus. **2.** istovit, obosit.

rendija *f.* crăpătură.

rendimiento *m.* **1.** oboseală. **2.** supunere. **3.** randament.

rendir **I.** *vt.* **1.** a învinge. **2.** a supune. **3.** a obosi, a istovi. **4.** *(mil.)* a preda. **5.** a da. **II.** *vi.* a produce (venit), a renta. **III.** *~se vr.* **1.** *(mil.)* a se preda. **2.** a obosi.

renegado *adj., m.* renegat.

renegar **I.** *vt.* a tăgădui cu înverşunare. **II.** *vi.* **1.** a-şi lepăda credinţa. **2.** a blestema. **3.** *(fam.)* a înjura.

renglón *m.* rând // *leer entre ~es* a citi printre rânduri.

rengo *adj.* şchiop.

reniego *m.* 1. blasfemie, hulă. 2. *(fam.)* înjurătură.

reno *m.* ren.

renombrado *adj.* renumit, vestit.

renombre *m.* renume, faimă.

renovación *f.* 1. renovare. 2. reînnoire.

renovador *adj.* 1. renovator. 2. înnoitor.

renovar *vt.* 1. a renova. 2. a reînnoi.

renquear *vi.* a şchiopăta.

renta *f.* 1. venit, rentă. 2. chirie // *~ per cápita* venit pe cap de locuitor; *~ sujeta a gravamen* venit impozabil; *impuesto sobre la ~* impozit pe venit.

rentero *m.* arendaş.

rentista *m.* şi *f.* rentier(ă).

renuevo *m.* 1. lăstar. 2. reînnoire.

renuncia *f.* renunţare.

renunciar *vt.* 1. (a) a renunţa (la). 2. a demisiona.

reñidero *m.* loc destinat luptelor de cocoşi.

reñir *vt., vi.* a (se) certa.

reo *adj., m.* *(jur.)* inculpat.

reojo *m.* în *expr.: mirar de ~* a privi chiorâş.

reorganizar(se) *vt., vr.* a (se) reorganiza.

reparación *f.* reparaţie.

reparador I. *adj., m.* 1. reparator. 2. cusurgiu, chiţibuşar. II. *adj.* reconfortant, înviorător, întăritor.

reparar I. *vt.* 1. a repara, a drege. 2. a privi cu atenţie. 3. a para. II. *vi.* 1. a se opri. 2. *(en)* a fi atent (la). III. *~se vr.* a se stăpâni.

reparo *m.* 1. remediu, leac. 2. reparaţie. 3. obiecţie, observaţie. 4. reţinere, jenă. 5. apărătoare. 6. *(scrimă)* parare // *poner ~s* a obiecta, a ridica obiecţii.

repartición *f.* 1. împărţire. 2. repartizare.

repartidor *adj., m.* împărţitor, distribuitor.

repartir *vt.* 1. a împărţi. 2. a repartiza.

reparto *m.* 1. împărţire, repartiţie, repartizare, distribuire. 2. *(teatru)* distribuţie.

repasar *vt.* 1. *(por)* a trece din nou (pe). 2. a repeta. 3. a repara.

repaso *m.* repetare.

repatriar(se) *vt., vr.* a (se) repatria.

repeinado *adj.* 1. pieptănat cu grijă. 2. dichisit, spilcuit.

repelente *adj.* *(şi fig.)* respingător.

repeler *vt.* a respinge.

repelo *m.* *(fam.)* ceartă, gâlceavă.

repelón *m.* 1. păruială. 2. porţiune smulsă // *a ~es* anevoie; *de ~* în treacăt.

repente *m.* *(fam.)* mişcare bruscă // *de ~* deodată, pe neaşteptate.

repentino *adj.* subit, neprevăzut.

repercusión *f.* 1. repercutare. 2. *(fig.)* repercusiune.

repercutir I. *vi*. a ricoşa. II. ~se *vr*. a se repercuta.

repertorio *m*. repertoriu.

repetición *f*. repetare, repetiție.

repetir *vt*. a repeta.

repicar *vt*. a trage // ~ *las campanas* a trage clopotele.

repiquetear I. *vt*. a trage (clopotele). II. ~se *vr*. *(fam.)* a se ciorovăi.

replanteamiento *m*. reconsiderare, repunere (a unei probleme *etc.*).

replegar I. *vt*. a împături. II. ~se *vr*. *(mil.)* a se replia, a se retrage.

repleto *adj*. ticsit.

réplica *f*. replică.

replicar *vt*., *vi*. a replica.

repliegue *m*. *(mil.)* repliere, retragere.

repoblación *f*. 1. repopulare. 2. reîmpădurire.

repoblar(se) *vt*., *vr*. 1. a (se) repopula. 2. a (se) reîmpăduri.

repollo *m*. 1. varză. 2. căpățână de varză.

reponer I. *vt*. 1. a repune. 2. a răspunde, a replica. 3. a înlocui. II. ~se *vr*. 1. a se întrema, a se restabili. 2. a se însenina.

reportar *vt*. 1. a înfrâna, a stăpâni. 2. a repurta, a câştiga.

reposado *adj*. 1. liniştit, calm. 2. molatic, molâu. 3. potolit, încet, măsurat.

reposar I. *vi*. a se odihni. II. ~se *vr*. *(d. lichide)* a se depune.

reposición *f*. repunere, restabilire.

reposo *m*. repaus, odihnă.

repostería *f*. 1. cofetărie. 2. bufet.

reprender *vt*. a mustra, a dojeni.

reprensible *adj*. reprobabil.

reprensión *f*. mustrare, dojană.

represa *f*. stăvilire, zăgăzuire.

represalias *f. pl*. represalii.

represar *vt*. a stăvili.

representación *f*. 1. reprezentare. 2. vază, autoritate. 3. *(pol., com.)* reprezentanţă.

representante *m*. reprezentant.

representar *vt*. a reprezenta.

representativo *adj*. reprezentativ.

represión *f*. represiune, reprimare.

reprimenda *f*. admonestare.

reprimir *vt*. a reprima, a înăbuşi.

reprobación *f*. reprobare.

reprobar *vt*. a reproba.

reprochar *vt*. a reproşa.

reproche *m*. reproş.

reproducción *f*. reproducere.

reproducir(se) *vt*., *vr*. a (se) reproduce.

reproductor *adj*., *m*. reproducător.

reptil *m*. reptilă.

república *f*. republică.

republicano *adj*., *m*. republican.

repudiar *vt*. a repudia.

repuesto *m*. 1. rezervă, provizie. 2. piesă de schimb // *de* ~ de rezervă.

repugnancia *f*. repulsie, dezgust.

repugnante *adj*. respingător, dezgustător.

repugnar I. *vi*. a repugna, a produce dezgust, a nu-i plăcea. II. *vt*. a contrazice.

repulsa *f*. refuz, respingere.

repulsar *vt.* a refuza; a respinge.

repulsión *f.* repulsie.

repulsivo *adj.* repulsiv.

reputación *f.* reputaţie.

reputar *vt.* 1. *(por)* a considera, a socoti (drept). 2. a aprecia, a stima. 3. *(şi fig.)* a preţui.

requebrar *vt. (fig.)* 1. a curta. 2. a măguli.

requemar(se) *vt., vr.* 1. a (se) pârli. 2. *(d. plante)* a (se) usca.

requerimiento *m.* 1. cerere, pretenţie. 2. *(jur.)* somaţie // *a ~s de* la cererea.

requerir I. *vt.* 1. a soma. **II.** *vr.* a fi necesar, a se cere, a se impune. 2. a cere, a avea nevoie de.

requesón *m.* brânză albă.

requiebro *m.* 1. galanterie, curtenie. 2. dezmierdare.

requisa *f.* 1. inspecţie. 2. *(mil.)* rechiziţie.

requisar *vt. (mil.)* a rechiziţiona.

requisición *f. (mil.)* rechiziţie.

requisito *m.* 1. cerinţă; condiţie. 2. *~s pl.* formalităţi.

res *f.* vită.

resabio *m.* 1. viciu, nărav. 2. gust neplăcut.

resaca *f.* 1. *(mar.)* resac, talaz. 2. *(fam.)* mahmureală. 3. *(com.)* (re)tratã.

resaltar *vi.* 1. a sări înapoi. 2. a ieşi în afară. 3. *(fig.)* a se distinge, a ieşi în evidenţă.

resarcimiento *m.* despăgubire.

resarcir(se) *vt., vr.* a (se) despăgubi.

resbaladizo *adj.* alunecos.

resbalar(se) *vi., vr.* a aluneca.

resbalón *m.* alunecare.

rescatar *vt.* 1. a recupera. 2. a răscumpăra. 3. a salva.

rescate *m.* 1. recuperare. 2. răscumpărare. 3. salvare // *grupo de ~* echipă de salvare. 4. eliberare. 5. depanare.

rescindir *vt.* a rezilia, a anula.

rescoldo *m.* 1. spuză. 2. *(fig.)* îndoialã.

resentido *adj.* 1. ranchiunos. 2. supărat, nemulţumit.

resentimiento *m.* resentiment, nemulţumire, pică.

resentirse *vr.* 1. *(de)* a se resimţi, a simţi dureri. 2. *(por)* a se supăra, a se necăji. 3. a slăbi.

reseña *f.* 1. *(mil.)* revistă. 2. descriere. 3. *(lit.)* recenzie.

reseñar *vt.* 1. *(mil.)* a trece în revistă. 2. a descrie, a înfăţişa, a prezenta. 3. *(lit.)* a recenza.

reserva *f.* 1. rezervă // *a ~ de* sub rezerva. 2. rezervaţie.

reservar(se) *vt., vr.* a (se) rezerva.

reservista *m. (mil.)* rezervist.

resfriado *m.* răceală, guturai.

resfriar I. *vt.* a răci. **II.** *vi. (d. timp)* a se răci. **III.** *~se vr.* 1. *(med.)* a răci. 2. *(fig.)* a se răci.

resguardar(se) *vt., vr.* a (se) apăra.

resguardo *m.* 1. pază. 2. pază, apărare. 3. recipisă.

residencia *f.* reşedinţă, sediu.

residente *adj., m.* rezident.

residir *vi*. 1. a locui, a avea reşedinţa. 2. *(fig.)* a rezida, a consta.

residuo *m*. reziduu.

resignación *f*. resemnare// ¡ ~ ! condoleanţe!

resignar I. *vt*. a ceda, a renunţa. II. ~se *vr*. a se resemna.

resina *f*. răşină.

resistencia *f*. rezistenţă.

resistente *adj*. rezistent.

resistir I. *vi*. *(a)* a rezista (la). II. *vt*. 1. a suferi, a suporta. 2. a rezista; a se împotrivi. III. ~se *vr*. 1. a (se) lupta. 2. a se împotrivi.

resma *f*. top (de hârtie).

resolución *f*. 1. hotărâre, rezoluţie. 2. *(fig.)* hotărâre, curaj.

resoluto *adj*. hotărât.

resolver I. *vt*. 1. a hotărî. 2. a rezolva. 3. a dizolva. 4. a face să se resoarbă. II. ~se *vr*. 1. a se hotărî. 2. a se dizolva. 3. a se resorbi.

resollar *vi*. a gâfâi.

resonancia *f*. rezonanţă, răsunet.

resonar *vi*. a răsuna.

resoplar *vi*. a răsufla.

resoplo *m*. răsuflare.

resorber *vt*. a resorbi.

resorbción *f*. resorbţie.

resorte *m*. 1. arc, resort. 2. *(fig.)* mijloc, cale.

respaldar I. *m*. spătar (de scaun). II. ~(se) *vt*., *vr*. a (se) rezema (de); *(şi fig.)* a (se) sprijini; a (se) baza.

respaldo *m*. 1. spătar, rezemătoare, spetează. 2. dos, verso; revers. 3. *(fig.)* sprijin, protecţie.

respectivo *adj*. respectiv.

respecto *m*. în *expr.*: ~ *a* cu privire la, referitor la; *al* ~ în legătură cu aceasta, în această privinţă; *con* ~ *a* / *de* cu privire la, faţă de.

respetable *adj*. respectabil.

respetar *vt*. a respecta.

respeto *m*. respect.

respetuoso *adj*. respectuos.

respiración *f*. respiraţie.

respiradero *m*. 1. răsuflătoare. 2. *(fig.)* răgaz.

respirar *vi*. a respira.

respiratorio *adj*. respirator.

respiro *m*. 1. respiraţie. 2. răgaz, pauză.

resplandecer *vi*. a străluci.

resplandeciente *adj*. strălucitor.

resplandor *m*. strălucire, splendoare.

responder *vt*., *vi*. a răspunde.

responsabilidad *f*. responsabilitate, răspundere.

responsabilizar I. *vt*. a face responsabil. II. ~se *vr*. *(de)* a-şi asuma răspunderea (pentru).

responsable *adj*. responsabil, răspunzător; conştient // *hacerse el* ~ *(de)* a-şi asuma răspunderea, a se face răspunzător (de).

respuesta *f*. răspuns // *dar* ~ a răspunde.

resquemar *vt*. a ustura, a înţepa.

resquemor *m*. durere, mâhnire.

resquicio *m*. 1. crăpătură, deschizătură. 2. *(fig.)* prilej favorabil.

resta *f*. *(mat.)* 1. scădere. 2. rest.

restablecer(se) *vt.*, *vr.* a (se) restabili.

restablecimiento *m.* restabilire.

restar I. *vt.* a scădea. **II.** *vi.* a rămâne.

restauración *f.* 1. restaurare. 2. *(pol.)* restaurație.

restaurar I. *vt.* a restaura, a reface. **II.** ~se *vr.* *(d. femei)* a-şi reface machiajul, a se (re)aranja.

restitución *f.* restituire.

restituir I. *vt.* 1. a restitui. 2. *(fig.)* a restabili. **II.** ~se *vr.* *(a)* a se întoarce (la).

resto *m.* rest, rămăşiţă.

restregar *vt.* a freca tare.

restricción *f.* restricţie.

restrictivo *adj.* restrictiv.

restringir *vt.* a restrânge.

resucitar *vt.*, *vi.* a reînvia.

resuelto *adj.* hotărât, ferm.

resuello *m.* răsuflare.

resulta *f.* rezultat, efect, consecinţă // *a ~s de* ca urmare a, din cauza.

resultado *m.* rezultat.

resultar *vi.* 1. a rezulta, a reieşi, a decurge. 2. a fi, a ieşi, a se dovedi. 3. *(fam.)* a conveni // *esto no me resulta* asta nu-mi convine. 4. *(un calcul)* a rezulta, a ieşi.

resumen *m.* rezumat // *en ~* în rezumat.

resumir(se) *vt.*, *vr.* a (se) rezuma.

resurrección *f.* 1. reînviere. 2. *(rel.)* Înviere.

retablo *m.* 1. catapeteasmă. 2. şir de imagini sau sculpturi pe teme biblice. 3. scenă pe care se reprezintă o acţiune cu păpuşi sau figurine.

retaguardia *f.* ariergardă.

retal *m.* cupon.

retar *vt.* 1. a provoca la duel. 2. *(fig.)* a mustra.

retardar(se) *vt.*, *vr.* a întârzia.

retardo *m.* întârziere.

retazo *m.* tăietură, cupon.

retención *f.* 1. reţinere, oprire. 2. parte reţinută, reţinere. 3. *(med.)* retenţie.

retener *vt.* a reţine.

reticencia *f.* reticenţă.

reticente *adj.* reticent.

retinto *adj.* castaniu-închis.

retirada *f.* retragere.

retirar(se) I. *vt.*, *vr.* 1. a (se) retrage. 2. a scoate *sau* a ieşi la pensie. **II.** *vt.* a retrage, a scoate, a ridica // *~ el permiso de conducir* a ridica permisul de conducere.

retiro *m.* 1. retragere. 2. loc de retragere. 3. izolare. 4. *(mil.)* pensie.

reto *m.* 1. provocare la duel. 2. provocare, sfidare. 3. ameninţare. 4. ţel, obiectiv.

retocar *vt.* a retuşa.

retoño *m.* lăstar.

retoque *m.* 1. retuş(are). 2. finisare.

retorcer(se) *vt.*, *vr.* a (se) răsuci.

retórica *f.* retorică.

retórico *adj.* retoric.

retornar I. *vt.* a înapoia, a returna. **II.** *vi.* a se întoarce.

retorno *m.* 1. întoarcere. 2. re compensă. 3. schimb.

retozar *vi.* a zburda, a se zbengui.

retozo *m.* zburdălnicie, zben guială.

retozón *adj.* zburdalnic.

retractar *vt.* a retracta.

retraer I. *vt.* 1. a lua înapoi. 2. a abate de la o hotărâre. 3. *(jur.)* a răscumpăra. II. ~**se** *vr.* a se retrage.

retraído *adj.* retras, singuratic.

retraimiento *m.* retragere, izolare.

retrasar(se) I. *vt., vr.* 1. a (se) amâna. 2. a întârzia. II. *vi.* 1. a nu prospera. 2. *(d. ceas)* a ră mâne în urmă.

retraso *m.* întârziere.

retratar *vt.* 1. a face portretul. 2. *(fig.)* a copia, a imita. 3. a fotografia.

retratista *m.* și *f.* portretist(ă).

retrato *m.* portret // ~ *robot* portret robot.

retreta *f. (mil.)* stingere.

retrete *m.* toaletă, closet.

retribución *f.* retribuție.

retribuir *vt.* a retribui.

retroactivo *adj.* retroactiv.

retroceder *vi.* a da înapoi.

retroceso *m.* 1. dare înapoi, regres. 2. *(mil.)* recul.

retrógrado *adj.* retrograd.

retrospectivo *adj.* retrospectiv.

retruécano *m.* joc de cuvinte.

retumbar *vi.* a răsuna.

retumbo *m.* răsunet.

reuma *m.,* **reumatismo** *m.* reumatism.

reumático *adj., m.* reumatic.

reunión *f.* reuniune, adunare, ședință.

reunir(se) *vt., vr.* a (se) aduna; *(fig.)* a (se) întruni.

reválida *f.* 1. validare. 2. exa men final (pentru obținerea unui titlu academic).

revalidar *vt.* a valida.

revaluar *vt.* reevalua.

revelación *f.* 1. dezvăluire. 2. re velație.

revelador I. *adj.* revelator. II. *m.* *(foto)* revelator.

revelar *vt.* 1. a dezvălui, a revela, a destăinui. 2. *(foto)* a developa.

reventar I. *vi.* 1. a plesni, a crăpa. 2. a se sparge. 3. a pocni, a exploda. II. *vt.* 1. a sparge, a crăpa. 2. *(fig.)* a speti.

reventón I. *adj. (d. boboci)* gata să plesnească. II. *m.* 1. ples nire, crăpare. 2. spargere. 3. pocnet, explozie. 4. coastă abruptă.

reverberación *f.* reverberație.

reverberar *vi.* a reverbera.

reverencia *f.* 1. respect profund, venerație. 2. reverență.

reverenciar *vt.* a venera, a cinsti.

reverendo *adj.* 1. reverend. 2. ve nerabil.

reverente *adj.* reverențios.

reversible *adj.* reversibil.

reverso *m.* revers, dos.

revés *m.* 1. dos // *al* ~ pe dos. 2. dos de mână. 3. *(fig.)* ne norocire.

revesado *adj.* încurcat, complicat.

revestir(se) I. *vt., vr.* **1.** (*şi fig.*) a (se) îmbrăca. **2.** *(tehn.) (de)* a (se) căptuşi (cu), a (se) acoperi, a (se) cămăşui. **II.** ~**se** *vr.* **1.** a fi absorbit, a se lăsa captivat. **2.** a se îngâmfa. **3.** *(fig.)* a se înarma // ~**se de paciencia** a se înarma cu răbdare.

revisar *vt.* **1.** a revedea. **2.** a revizui.

revisión *f.* **1.** revizuire, revedere. **2.** revizie, revizuire, control, verificare, reexaminare.

revisor *m.* revizor // ~ *de billetes* controlor de bilete.

revista *f.* **1.** revizie **2.** *(mil.)* trecere în revistă. **3.** revistă. **4.** cronică.

revivir *vi.* a reînvia, a renaşte.

revocación *f.* revocare.

revocar *vt.* a revoca.

revolar *vi.* a-şi relua zborul.

revolcarse *vr.* **1.** a se prăvăli **2.** *(fig.) (en)* a stărui (în).

revolotear *vi.* a se roti în zbor.

revoltijo, revoltillo *m.* **1.** amestecătură. **2.** dezordine.

revoltoso *adj.* **1.** răzvrătit. **2.** neastâmpărat.

revolución *f.* revoluţie.

revolucionar *vt.* a revoluţiona.

revolucionario *adj., m.* revoluţionar.

revólver *m.* revolver.

revolver I. *vt.* **1.** a scutura. **2.** a răscoli, a scotoci. **3.** a răvăşi. **II.** ~**se** *vr.* **1.** a se învârti. **2.** *(d. vreme)* a se strica.

revoque *m.* **1.** tencuit. **2.** tencuială.

revuelo *m.* **1.** zbor (de întoarcere). **2.** confuzie, dezordine.

revuelta *f.* **1.** revoltă. **2.** cotitură.

revuelto *adj.* **1.** încurcat, răvăşit. **2.** neastâmpărat.

rey *m.* rege.

reyerta *f.* ceartă, dispută.

rezagar(se) *vt., vr.* a rămâne (*sau* a lăsa) în urmă.

rezar I. *vt., vi.* a se ruga. **II.** *vi.* *(fam.)* a bodogăni.

rezo *m.* **1.** rugă(ciune). **2.** slujbă religioasă.

rezongar *vi.* a bombăni.

rezongón *adj.* nemulţumit.

rezumar(se) I. *vt., vr.* a lăsa să curgă; a curge. **II.** *vi., vr.* **1.** a se prelinge. **2.** a asuda, a picura, a ieşi prin pori. **III.** *vr.* *(fam.)* a transpira, a fi dat în vileag.

ría *f.* estuar.

riach(uel)o *m.* râuleţ, pârâu.

riada *f.* viitură.

ribazo *m.* deal, coastă.

ribera *f.* mal, ţărm.

ribete *m.* margine, chenar.

ricacho, ricachón *m.* *(fam.)* bogătan.

ricino *m.* *(bot.)* ricin.

rico *adj.* **1.** bogat. **2.** *(d. mâncăruri)* gustos.

ridiculez *f.* ridicol.

ridiculizar *vt.* a ridiculiza.

ridículo I. *adj.* ridicol, caraghios. **II.** *m.* ridicol.

riego *m.* stropit, udat.

riel *m.* **1.** bară, lingou. **2.** şină.

rienda *f.* **1.** frâu // *a* ~ *suelta* **a.** în goana mare; **b.** *(fig.)* fără frâu; *dar ~ suelta* a da frâu liber. **2.** **–s** *pl.* *(fig.)* frâne.

riesgo *m.* risc // *a todo ~* cu orice risc; *correr el ~ de* a risca (să), a fi expus unui risc.

rifa *f.* **1.** tombolă. **2.** ceartă.

rifle *m.* carabină.

rigidez *f.* rigiditate.

rígido *adj.* rigid.

rigor *m.* rigoare, strășnicie // *en ~* (în mod) riguros.

rigoroso *adj.* **1.** riguros, strict, sever. **2.** aspru, rigid, inflexibil. **3.** riguros, exact, precis. **4.** *(d. timp)* aspru.

rima *f.* rimă.

rimar *vi.* a rima.

rimbombante *adj.* răsunător.

rincón *m.* colț, ungher.

rinoceronte *m.* rinocer.

riña *f.* ceartă, încăierare // *~ de gallos* lupte de cocoși.

riñón *m.* rinichi.

río *m.* **1.** râu. **2.** fluviu // *a ~ revuelto* în dezordine.

riqueza *f.* bogăție.

risa *f.* râs.

risco *m.* stâncă înaltă.

riscoso *adj.* stâncos.

risible *adj.* rizibil, de râs.

risotada *f.* hohot de râs.

ristra *f.* **1.** funie (de ceapă, usturoi *etc.*). **2.** *(fam.)* șir.

risueño *adj.* **1.** surâzător, zâmbitor. **2.** *(fig.)* prielnic.

rítmico *adj.* ritmic.

ritmo *m.* ritm.

rito *m.* rit.

ritual *adj., m.* ritual.

rival *adj., m.* rival.

rivalidad *f.* rivalitate.

rivalizar *vi.* a rivaliza.

rizar(se) *vt., vr.* a (se) încreți.

rizo I. *adj.* creț. **II.** *m.* cârlionț, buclă.

rizoma *m.* *(bot.)* rizom.

robar *vt.* a fura.

roble *m.* stejar.

robledal *m.* stejăriș.

roblón *m.* nit.

robo *m.* furt.

robustecer(se) *vt., vr.* a (se) întări, a (se) fortifica.

robustez(a) *f.* tărie, vigoare.

robusto *adj.* robust, voinic.

roca *f.* **1.** rocă. **2.** stâncă.

roce *m.* **1.** frecare; atingere ușoară. **2.** contact des cu oamenii, familiaritate. **3.** *(fig.)* frecușuri, neînțelegeri.

rociada *f.* **1.** stropit. **2.** rouă.

rociar I. *vi.* a cădea rouă. **II.** *vt.* **1.** a stropi. **2.** *(fig.)* a presăra.

rocín, rocinante *m.* gloabă, mârțoagă.

rocío *m.* **1.** rouă. **2.** burniță.

rodaballo *m.* *(zool.)* calcan.

rodada *f.* făgaș, urmă de roată.

rodaja *f.* **1.** rondelă. **2.** felie rotundă. **3.** rotiță.

rodaje *m.* **1.** roți (de mașină). **2.** *(cinema)* filmare. **3.** *(auto)* rodaj.

rodar I. *vi.* **1.** a se roti, a se învârti. **2.** *(auto)* a rula. **3.** *(fig.)* a hoinări. **II.** *vt.* **1.** *(cinema)* a turna. **2.** *(auto)* a roda.

rodear I. *vi.* **1.** a da ocol. **2.** a face un ocol. **3.** *(fig.)* a vorbi pe ocolite. **II.** *vt. (de)* a înconjura (cu). **III.** ~**se** *vr.* a se răsuci.

rodeo *m.* 1. înconjur, ocol. 2. drum ocolit. 3. ocol (de vite). 4. ocoliş (în vorbire) // *hablar sin ~s* a vorbi fără ocolişuri.

rodete *m.* coc (de păr).

rodilla *f.* genunchi // *de ~s* în genunchi.

rodillo *m.* 1. rulou, sul. 2. tăvălug. 3. făcăleţ, sucitor. 4. (*tehn.*) cilindru.

rodrigón *m.* arac.

roedor *adj., m.* rozător.

roer *vt.* a roade.

rogar *vt., vi.* a (se) ruga.

rojear *vi.* a bate în roşu.

rojizo *adj.* roşiatic, roşcat.

rojo *adj.* roşu.

rollizo *adj.* 1. rotund, în formă de sul. 2. durduliu.

rollo *m.* 1. sul, rulou. 2. cilindru; rolă. 3. ghem. 4. (*foto*) rolfilm, casetă. 5. (*fam.*) poliloghie.

romadizo *m.* guturai.

romana *f.* balanţă (cu cârlig).

romance I. *adj. (lingv.)* romantic. **II.** *m.* 1. limbă romanică. 2. limba spaniolă, limba castiliană // *en buen ~* lămurit, limpede. 3. (*lit.*) poem medieval cu caracter epico-liric.

romancero *m.* culegere de poeme numite "romance".

románico *adj.* romanic.

romanista *m.* romanist.

romano *adj., m.* roman.

romanticismo *m.* romantism.

romántico *adj.* romantic.

romanza *f. (muz.)* romanţă.

rombo *m.* romb.

romería *f.* 1. pelerinaj. 2. petrecere câmpenească.

romero *m.* 1. rozmarin. 2. pelerin.

romo *adj.* 1. bont, tocit. 2. cârn.

rompecabezas *m.* 1. ghioagă. 2. (*fig.*) ghicitoare. 3. (*fam.*) problemă dificilă. 4. (*joc*) puzzle.

rompehielos *m. (mar.)* spărgător de gheaţă.

rompeolas *m.* dig.

romper(se) *vt., vr.* 1. a (se) rupe. 2. a (se) sparge. 3. a (se) sfărâma.

rompimiento *m.* 1. rupere. 2. spargere. 3. sfărâmare.

ron *m.* rom.

roncar *vi.* 1. a sforăi. 2. a mugi. 3. (*fig.*) a vui.

roncería *f.* 1. zăbavă, tărăgăneală. 2. (*fig.*) linguşire.

ronco *adj.* răguşit.

roncha *f.* 1. pişcătură, înţepătură. 2. vânătaie.

ronda *f.* 1. (*mil.*) rotund. 2. serenadă.

rondalla *f.* 1. trupă ambulantă de muzicanţi. 2. minciună.

rondar I. *vt.* 1. (*mil.*) a fi de rond. 2. a hoinări noaptea pe străzi. 3. a face curte. **II.** *vt.* a da târcoale.

ronquera *f.* răguşeală.

ronquido *m.* sforăit, sforăitură.

ronronear *vi. (d. pisici)* a toarce.

ronzal *m.* căpăstru.

ronzar *vi.* a ronţăi.

ronería f. (fam.) zgârcenie.
roñoso adj. 1. râios. 2. jegos.
3. (fam.) calic.
ropa f. îmbrăcăminte, haină //
~ blanca rufe; ~ de cama
aşternut de pat; ~ interior
rufărie de corp.
ropaje m. îmbrăcăminte.
ropavejero m. negustor de
haine vechi.
ropero m. 1. dulap de haine.
2. negustor de haine de gata.
roque m. (şah) turn, tură.
rorro m. (fam.) bebeluş.
rosa I. f. 1. trandafir (floare).
2. roşeaţă (pe piele). 3. ro-
zetă. II. adj. trandafiriu, roz.
rosáceo adj. trandafiriu, roz.
rosado adj. trandafiriu, roz.
rosal m. trandafir (arbust).
rosaleda f. alee de trandafiri.
rosario m. (şirag de) mătănii.
rosca f. 1. colac, covrig. 2. ghi-
vent, filet.
roscar vt. (tehn.) a fileta.
roséola f. (med.) rujeolă.
rosetas f. pl. floricele (de po-
rumb).
rosetón m. (arhit.) rozetă.
rosquete m. colac; covrig.
rosquilla f. covrig // hacer la ~
a peria, a linguşi.
rostro m. 1. faţă. 2. (mar.)
cioc, pinten. 3. cioc, plisc.
rotación f. 1. rotaţie. 2. (agr.)
asolament.
rotativo adj. rotativ.
rotatorio adj. circular.
roto adj. 1. rupt, jerpelit. 2. (fig.)
desfrânat.

rotonda f. rotondă.
rótula f. rotulă.
rotulador m. carioca.
rotular vt. 1. a eticheta. 2. a
afişa.
rótulo m. 1. etichetă. 2. anunţ,
afiş, inscripţie.
rotundidad f. rotunjime.
rotundo adj. 1. deplin, total.
2. (fig.) categoric.
rotura f. 1. ruptură. 2. spărtură.
roturar vt. (agr.) a deşteleni.
rozamiento m. 1. frecare. 2. (fig.)
neînţelegeri.
rozar I. vt. 1. a deşteleni. 2. a
paşte. 3. a freca, a atinge, a
bate. 4. a răzui, a rade. II. vi.
a atinge uşor. III. ~se vr. 1. (d.
picioare) a se cosi. 2. (con) a
avea legături (cu), a fi în
relaţii apropiate (cu). 3. (fig.)
a i se împletici (limba).
rubefacción f. (med.) iritaţie (a
pielii).
rubéola f. (med.) rubeolă.
rubí m. rubin.
rubicundo adj. 1. roşcovan.
2. rumen (la faţă).
rubio adj. blond, bălan.
rublo m. rublă.
rubor m. 1. roşu-aprins, stacojiu.
2. roşeaţă (în obraji). 3. (fig.)
ruşine.
ruborizarse vr. 1. a se înroşi
(la faţă). 2. (fig.) a se ruşina.
rúbrica f. 1. rubrică. 2. titlu.
3. parafă.
rubricar vt. a parafa.
rucio adj. 1. sur, cenuşiu. 2. (fam.)
cărunt.

rudeza *f.* 1. grosolănie. 2. asprime.

rudimental, rudimentario *adj.* rudimentar.

rudimentos *m. pl.* primele noţiuni, rudimente.

rudo *adj.* 1. grosolan, necioplit. 2. brutal. 3. greu de cap.

rueca *f.* furcă (de tors).

rueda *f.* 1. roată. 2. *(fig.)* roată, cerc. 3. horă. 4. rând // ~*de prensa* conferinţă de presă; *patinaje sobre* ~*s* patinaj pe rotile.

ruedo *m.* 1. ocol. 2. *(la rochie)* volan. 3. rogojină rotundă. 4. circumferinţă. 5. *(pop.)* arenă de luptă de tauri.

ruego *m.* rugăciune.

rufián *m.* 1. proxenet. 2. ticălos, nemernic.

rufo *adj.* roşcat.

rugido *m.* răget, răcnet.

rugir *vi.* a rage, a răcni.

rugosidad *f.* aspritate.

rugoso *adj.* 1. brăzdat, zbârcit. 2. aspru, zgrunţuros.

ruido *f.* 1. zgomot. 2. *(fig.)* răsunet, ecou.

ruidoso *adj.* zgomotos.

ruin *adj.* 1. josnic, mârşav. 2. *(fig.)* zgârcit.

ruina *f.* ruină.

ruindad *f.* 1. josnicie, mârşăvie. 2. *(fig.)* zgârcenie.

ruinoso *adj.* 1. dărăpănat, ruinat. 2. ruinător.

ruiseñor *m.* privighetoare.

ruleta *f.* ruletă.

rulo *m.* sul, rulou.

rumano *adj., m.* român(esc).

rumbo *m.* 1. direcţie, sens // *con* ~ *a* în direcţia. 2. rută, drum. 3. *(fig.)* fast, pompă.

rumboso *adj.* 1. fastuos, pompos. 2. *(fam.)* generos.

rumiantes *m. pl. (zool.)* rumegătoare.

rumiar *vt.* a rumega.

rumor *m.* 1. rumoare; zgomot confuz. 2. zvon.

rumoroso *adj.* zgomotos.

runrún *m.* 1. *(fam.)* gălăgie. 2. tors al pisicii.

ruptura *f.* 1. *(fig.)* ruptură. 2. *(med.)* fractură.

rural *adj.* rural.

ruso *adj., m.* rus(esc).

rusticidad *f.* rusticitate.

rústico *adj.* rustic.

ruta *f.* rută, drum.

rutilante *adj.* strălucitor.

rutina *f.* rutină.

rutinario *adj.* rutinar.

S

sábado m. sâmbătă.

sábana f. cearşaf.

sabana f. (Am.) savană.

sabañón m. degerătură.

saber I. vt. a şti; a afla // ~ de memoria a şti pe dinafară; a ~ anume; está a ~ si rămâne de văzut dacă; ¿has sabido la noticia? ai aflat vestea? **II.** vi. (a) a avea gust (de) // no sabe a nada nu are nici un gust. **III.** m. ştiinţă, cunoştinţă.

sabiduría f. **1.** înţelepciune. **2.** ştiinţă.

sabiendas adv. în expr.: a ~ cu bună ştiinţă.

sabio adj., m. **1.** înţelept. **2.** învăţat, savant.

sablazo m. **1.** lovitură de sabie. **2.** rană (de sabie). **3.** (fam.) tapare (de bani etc.).

sable m. sabie.

sablista m. (fam.) om care tapează.

sabor m. gust, savoare.

saborear I. vt. **1.** a da gust. **2.** a gusta, a savura. **II.** ~se vr. a savura.

sabroso adj. **1.** savuros, gustos. **2.** (fig.) delicios.

saca f. **1.** scoatere. **2.** (com.) export. **3.** copie legalizată. **4.** sac mare.

sacabuche m. trombon.

sacacorchos m. tirbuşon.

sacamanchas m. curăţitor de pete.

sacar vt. **1.** a scoate. **2.** a extrage // ~ adelante **a.** a creşte, a educa; **b.** a duce la bun sfârşit; ~ la cuenta a face socoteala; ~ punta a ascuţi; ~ una conclusión a trage o concluzie.

sacarina f. zaharină.

sacerdocio m. preoţie.

sacerdotal adj. sacerdotal, preoţesc.

sacerdote m. preot.

saciar(se) vt., vr. a (se) sătura.

saciedad f. saţ, saţietate.

saco m. **1.** sac. **2.** sacou. **3.** (Am.) poşetă. **4.** jaf.

sacramental adj. sacramental.

sacramento m. (rel.) sacrament, taină.

sacrificar(se) vt., vr. a (se) sacrifica.

sacrificio m. sacrificiu, jertfă.

sacrilegio m. sacrilegiu.

sacrílego adj. nelegiuit.

sacristán m. paracliser, ţârcovnic.

sacristía f. **1.** sacristie. **2.** slujbă de paracliser.

sacro adj. sacru, sfânt.

sacrosanto adj. sacrosanct.

sacudida f. scuturătură, zguduitură.

sacudido adj. **1.** ursuz. **2.** (fig.) îndrăzneţ.

sacudimiento *m.* **1.** scuturat, zguduit. **2.** zguduitură.

sacudir I. *vt.* a scutura, a zgudui. **II.** ~se *vr.* *(de)* a se scutura (de), a se debarasa (de).

saeta *f.* **1.** săgeată. **2.** limbă de ceas.

sagacidad *f.* agerime.

sagaz *adj.* ager.

Sagitario *m.* *(astr.)* Săgetătorul.

sagrado I. *adj.* sacru, sfânt. **II.** *m.* azil, adăpost.

sahumar *vt.* a afuma.

saín *m.* **1.** grăsime. **2.** jeg.

sainete *m.* **1.** scenetă, scheci. **2.** *(fig.)* gust plăcut.

sajadura *f.* tăietură, incizie.

sajar *vt.* a tăia.

sajón *adj.*, *m.* saxon.

sal *f.* **1.** sare // *echar* ~ a săra, a pune sare. **2.** *(fig.)* sare, duh.

sala *f.* **1.** salon // ~ *de recibo* salon de primire. **2.** sală // ~ *de espera* sală de aşteptare.

salado *adj.* **1.** sărat. **2.** *(fig.)* spiritual, ager.

saladura *f.* sărare, sărat.

salamandra *f.* salamandră.

salar *vt.* a săra.

salario *m.* salariu, leafă, retribuţie.

salaz *adj.* lasciv.

salazón *f.* sărare, sărat.

salchicha *f.* cârnat.

salchichería *f.* cârnăţărie.

salchichón *m.* salam.

saldo *m.* *(com.)* sold.

salero *m.* **1.** solniţă. **2.** *(fig.)* farmec, nuri.

saleroso *adj.* *(fam.)* fermecător, plăcut.

salida *f.* **1.** ieşire. **2.** plecare. **3.** *(fig.)* ieşire, scăpare. **4.** răsărit (al soarelui). **5.** *(com.)* vânzare, desfacere. **6.** ieşitură, proeminenţă. **7.** *(mil.)* atac.

saliente I. *adj.* ieşit în afară. **II.** *m.* ieşitură, proeminenţă.

salina *f.* salină.

salino *adj.* salin, de sare.

salir I. *vi.* **1.** a ieşi. **2.** *(para)* a pleca (la). **3.** *(d. aştri, plante)* a ieşi, a răsări. **4.** *(d. publicaţii)* a apărea. **5.** *(d. pete)* a ieşi, a dispărea. **6.** *(fig.)* a ieşi // ~ *bien* /*mal* a ieşi bine/ rău. **7.** *(a)* a costa, a reveni (la). **8.** *(a)* a semăna (cu). **9.** *(con)* a obţine. **10.** *(de)* a scăpa (de) // ~ *adelante* **a.** a o scoate la capăt, a se descurca; **b.** a înainta, a reuşi; ~ *de apuro* a scăpa de necaz; ~ *de juicio* a-şi ieşi din minţi; ~ *de madre* a se revărsa; *a lo que salga* la voia întâmplării. **II.** ~se *vr.* *(d. recipiente)* a curge, a se prelinge, a da pe dinafară.

salitre *m.* salitră, salpetru.

saliva *f.* salivă.

salivar *vi.* a saliva.

salmista *m.* *(rel.)* psalmist.

salmo *m.* *(rel.)* psalm.

salmodia *f.* **1.** *(rel.)* psalmodie. **2.** *(fam.)* cântec monoton.

salmodiar *vi.* a psalmodia.

salmón *m.* somon.

salmuera *f.* saramură // *carpa en* ~ saramură de crap.

salobre *adj.* sălciu.

salón *m.* **1.** sală // ~ *de conferencias* sală de conferinţe. **2.** salon // ~ *de belleza* salon de cosmetică; ~ *de pintura* salon de pictură.

salpicadura *f.* stropire: stropitură.

salpicar *vt.* a stropi, a împroşca.

salpimentar *vt.* a condimenta.

salpullido *m.* spuzeală.

salsa *f.* sos.

salsera *f.* sosieră.

saltamontes *m.* (*zool.*) lăcustă.

saltar I. *vt.* a sări (peste). II. *vi.* **1.** a sări; a sălta. **2.** a ţâşni. **3.** a plesni.

saltarín *adj., m.* **1.** (persoană) care dansează. **2.** (*fam.*) ştrengar.

salteador *m.* tâlhar la drumul mare.

salteaminento *m.* tâlhărie.

saltear *vt.* **1.** a jefui la drumul mare. **2.** a ataca.

salterio *m.* psaltire.

saltimbanco *m.* salimbanc.

salto *m.* **1.** (şi *sport*) săritură, salt // ~ *de agua* cascadă; ~ *de altura/ de longitud/ de pertiga* săritură în înălţime/ în lungime/ cu prăjina; *a* ~*s* în salturi, cu întreruperi; *dar* ~*s* a sări; *en un* ~ într-o clipă. **2.** prăpastie. **3.** bătaie de inimă.

saltón *adj.* săritor // *ojos* ~*es* ochi bulbucaţi.

salubre *adj* salubru.

salubridad *f.* salubritate.

salud *f.* **1.** sănătate // *beber a la* ~ *de* a bea în sănătatea; *disfrutar de buena* ~ a se bucura de sănătate perfectă. **2.** (*rel.*) mântuire.

saludable *adj.* salutar; sănătos.

saludar *vt.* **1.** a saluta. **2.** a lecui.

saludo *m.* salut, salutare.

salutación *f.* salutare.

salva *f.* salvă.

salvación *f.* **1.** salvare. **2.** (*rel.*) mântuire.

salvado *m.* tărâţe.

salvador *adj., m.* salvator.

salvaguardar *vt.* (*fig.*) a proteja.

salvaguard(i)a *f.* (*fig.*) salvgardare.

salvaje *adj., m.* sălbatic.

salvajina *f.* sălbăticiune.

salvajismo *f.* (*fig.*) sălbăticie, faptă sălbatică.

salvamento *m.* salvare // *bote de* ~ barcă de salvare.

salvar I. *vt.* **1.** a salva. **2.** (*rel.*) a mântui. **3.** a evita. II. ~*se vr.* **1.** a se salva. **2.** (*rel.*) a se mântui.

salvavidas *m.* (*mar.*) colac (*sau* barcă) de salvare.

salvo I. *adj.* salvat // *sano y* ~ teafăr, nevătămat. **2.** omis. II. *prep.* în afară de, mai puţin, cu excepţia. III. *adv.* în *expr.: a* ~ la adăpost.

salvoconducto *m.* bilet de liberă trecere, salvconduct.

sambenito *m.* (*fig.*) înfierare, stigmat.

sanable *adj.* curabil, vindecabil.

sanar *vt., vi.* a (se) vindeca.

sanatorio *m.* sanatoriu.

sanción *f.* sancţiune.

sancionar *vt.* a sancţiona.

sandalia *f.* sandală.

sándalo *m.* santal.

sandez *f.* neghiobie, nerozie.

sandía *f.* pepene verde.

sandio *adj.* neghiob, nerod.

sandunga *f. (fam.)* graţie, farmec.

saneamiento *m.* asanare.

sanear *vt.* **1.** a asana. **2.** a garanta. **3.** a repara.

sangrar I. *vt.* **1.** a lua sânge. **2.** a da drumul unui lichid. **II.** *vi.* a sângera.

sangre *f.* sânge.

sangría *f.* băutură din vin roşu, lămâie şi zahăr.

sangriento *adj.* **1.** sângerând. **2.** însângerat. **3.** sângeros.

sanguijuela *f. (zool.)* lipitoare.

sanguinario *adj.* sângeros.

sanguíneo *adj.* sanguin.

sanidad *f.* sănătate // *ministerio de ~* Ministerul Sănătăţii.

sanitario *adj.* sanitar.

sano *adj.* sănătos.

sánscrito I. *adj.* sanscrit. **II.** *m.* (limba) sanscrită.

santiamén *m. (fam.)* clipă.

santidad *f.* **1.** sfinţenie. **2.** Sanctitate.

santificación *f.* sfinţire, sanctificare.

santificar *vt.* a sfinţi, a sanctifica.

santiguarse *vr.* **1.** a-şi face semnul crucii. **2.** *(fig.)* a se cruci.

santo I. *adj.* sfânt. **II.** *m.* **1.** sfânt. **2.** zi onomastică. **3.** în *expr.: (mil.) ~ (y seña)* parolă; *a ~ de* sub pretextul; *dar el ~ a* spune parola.

santuario *m.* sanctuar.

santurrón *adj., m.* cucernic, prefăcut, făţarnic.

saña *f.* furie, înverşunare.

sañudo *adj.* furios, înverşunat.

sapo *m.* broască râioasă.

saque *m. (sport)* aruncare a mingii, degajare // *~ de esquina* comer; *~ libre* lovitură liberă.

saquear *vt.* a prăda, a jefui.

saqueo *m.* prădăciune, jaf.

sarampión *m. (med.)* pojar.

sarao *m.* serată dansantă.

sarcasmo *m.* sarcasm.

sarcástico *adj.* sarcastic.

sarcófago *m.* sarcofag.

sardina *f.* sardea.

sargento *m.* sergent.

sarna *f.* râie.

sarraceno *adj., m.* sarazin.

sarracina *f.* încăierare.

sarro *m.* tartru.

sarta *f.* şirag, şir.

sartén *f.* cratiţă, tigaie // *fruta de ~* gogoaşă.

sastra *f.* croitoreasă.

sastre *f.* croitor.

sastrería *f.* croitorie.

Satanás *m.* Satana.

satánico *adj.* satanic.

satélite *m.* satelit.

satén *m.* satin.

sátira *f.* satiră.

satírico *adj.* satiric.

sátiro *m.* satir.

satisfacción *f.* satisfacţie.

satisfacer I. *vi.* a satisface. **II.** *~se vr. (de)* a se răzbuna (pentru).

satisfactorio *adj.* satisfăcător.

satisfecho *adj.* 1. satisfăcut. 2. îngâmfat.

saturación *f.* saturaţie, *(fig.)* aglomerare.

saturado *adj. (şi chim.)* saturat; *(fig.)* plin, aglomerat, ticsit; *(cu lichid)* îmbibat.

saturar *vt.* 1. *(fig.) (şi chim.)* a satura. 2. *(fig.)* a aglomera.

sauce *m.* salcie // ~ llorón salcie pletoasă.

saúco *m. (bot.)* soc.

savia *f.* sevă.

saxófono *m.* saxofon.

saya *f.* fustă.

sayal *m.* aba, dimie.

sayo *m.* sacou, veston, surtuc.

sazón *f.* 1. coacere. 2. timp prielnic // *a la* ~ pe atunci; *en* ~ la vreme. 3. gust, savoare.

sazonar *vt.* 1. a asezona, a drege. 2. a pune la punct.

sebo *m.* seu.

secadero *m.* uscătorie.

secamiento *m.* 1. uscat, uscare. 2. secare.

secano *m.* teren neirigat.

secante **I.** *m.* sugativă **II.** *f.* *(geom.)* secantă.

secar(se) **I.** *vt., vr.* a (se) usca. **II.** *vr.* a seca.

sección *f.* 1. secţiune. 2. secţie.

secesión *f.* secesiune.

seco *adj.* 1. uscat. 2. sec. 3. slab.

secreción *f.* secreţi(un)e.

secretaría *f.* secretariat.

secretario *m.* secretar.

secreteo *m.* tăinuire, şuşoteală.

secreto **I.** *adj.* secret, tainic. **II.** *m.* secret, taină.

secta *f.* sectă.

sector *m.* sector.

secuaz *m.* partizan, adept.

secuestrar *vt.* 1. a sechestra. 2. a răpi.

secuestro *m.* 1. sechestrare. 2. sechestru. 3. răpire.

secular *adj.* 1. laic, mirean 2. secular.

secularización *f.* secularizare.

secundar *vt.* a secunda, a ajuta, a sprijini.

secundario *adj.* secundar.

sed *f.* sete.

seda *f.* mătase,

sedante *adj., m.* sedativ.

sede *f.* sediu, reşedinţă.

sedentario *adj.* sedentar.

sedición *f.* răscoală, răzvrătire.

sedicioso *adj., m.* răsculat, răzvrătit.

sediento *adj.* însetat, setos.

sedimento *m.* sediment.

sedoso *adj.* mătăsos.

seducción *f.* seducţi(un)e, ademenire.

seducir *vt.* 1. a ispiti. 2. a corupe. 3. a seduce, a ademeni.

seductor *adj.* seducător.

segador *m. (agr.)* secerător.

segadora *f.* maşină de secerat, secerătoare.

segar *vt.* a secera.

seglar *adj., m.* laic, mirean.

segmento *m.* segment.

segregar *vt.* a segrega.

seguida *f.* în *expr.: de* ~ neîntrerupt; *en* ~ îndată, numaidecât.

seguidamente *adv.* în continuare, imediat, după aceea.

seguidilla *f.* seguidilla *(cântec popular spaniol).*

seguido *adj.* 1. continuu, neîntrerupt // *de* ~ neîntrerupt. 2. drept, în linie dreaptă.

seguir I. *vt.* 1. a urma. 2. a urmări. II. *vi.* a urma, a continua. III. ~*se* *vr.* 1. a se succeda. 2. *(de)* a rezulta (din).

según *prep.* după, conform, potrivit.

segundar *vt.* a repeta.

segundo I. *adj.* al doilea. II. *m.* secundă.

seguridad *f.* 1. siguranţă. 2. garanţie, cauţiune. 3. asigurare.

seguro I. *adj.* 1. sigur. 2. tare, solid. II. *m.* 1. siguranţă // *a buen* ~ cu siguranţă, de bună seamă; *en* ~ în siguranţă. 2. asigurare // ~ *de vida* asigurare pe viaţă. 3. piedică (de armă).

seis *num. card.* şase.

selección *f.* selecţie.

selecto *adj.* ales, select // *lo más* ~ *(fig.)* partea cea mai aleasă, elita; *obras selectas* opere alese.

selva *f.* pădure.

selvático *adj.* 1. pădureţ. 2. *(fig.)* necioplit.

selvoso *adj.* păduros.

sellar *vt.* 1. a timbra. 2. a ştampila. 3. *(fig.)* a termina.

sello *m.* 1. sigiliu, pecete. 2. ştampilă. 3. timbru, marcă // ~ *en relieve* timbru sec; ~*en tinta* ştampilă.

semáforo *m.* semafor.

semana *f.* săptămână.

semanal *adj.* săptămânal.

semanario *m.* săptămânal (publicaţie săptămânală).

semblante *m.* 1. chip, faţă. 2. *(fig.)* înfăţişare.

sembrador *m.* semănător.

sembrar *vt.* 1. *(agr., fig.)* a semăna, a însămânţa. 2. *(fig.)* a presăra.

semejante I. *adj.* 1. *(după substantiv)* asemănător. 2. *(înainte de substantiv)* astfel de. II. *m.* seamăn, aproape.

semejanza *f.* asemănare.

semental *m.* armăsar.

sementera *f.* 1. semănat, însămânţare. 2. semănătură. 3. vreme de semănat.

semestral *adj.* semestrial.

semestre *m.* semestru.

semicírculo *m.* semicerc.

semilla I. *f.* *(bot.)* sămânţă. II. ~s *f.pl.* grăunţe.

semillero *m.* 1. pepinieră. 2. *(fig.)* izvor.

seminario *m.* seminar.

semita *adj., m.* semit.

semítico *adj.* semitic.

sémola *f.* griş.

sempiterno *adj.* perpetuu, veşnic, etern.

senado *m.* senat.

senador *m.* senator.

sencillez *f.* 1. simplitate. 2. *(fig.)* ingenuitate.

sencillo I. *adj.* 1. simplu. 2. *(fig.)* sincer, curat. 3. *(fig.)* naiv. II. *m.* *(Am.)* bani mărunţi.

senda *f.*, **sendero** *m.* cărare, potecă.

sendos *adj. pl.* fiecare câte un, câte unul pentru fiecare.

senectud *f.* bătrânețe.

senil *adj.* senil.

seno *m.* 1. *(anat.)* sân. 2. scobitură. 3. *(geogr.)* golf.

sensacional *adj.* senzațional.

sensación *f.* senzație.

sensatez *f.* înțelepciune.

sensato *adj.* înțelept, cu minte.

sensibilidad *f.* sensibilitate.

sensibilizar *vt.* a sensibiliza.

sensible *adj.* sensibil, simțitor.

sensitivo *adj.* senzitiv.

sonsorial, sensorio *adj.* senzorial.

sensual *adj.* senzual.

sensualidad *f.* senzualitate.

sentado *adj.* 1. așezat. 2. *(fig.)* cumpătat, cuminte.

sentar(se) I. *vt., vr.* a (se) așeza. II. *vi.* 1. *în expr.:* ~ bien/ mal *(d. mâncăruri, haine)* a cădea/nu cădea bine. 2. *(fam.)* a plăcea.

sentencia *f.* sentință.

sentenciar *vt.* 1. *(jur.)* a pronunța o sentință. 2. *(jur.)* a condamna, a osândi. 3. *(fig.)* a hotărî, a avea cuvântul hotărâtor. 4. *(fam.)* a destina, a hărăzi.

sentencioso *adj.* sentențios.

sentido I. *adj.* 1. simțit. 2. susceptibil. 3. sincer. 4. regretat. II. *m.* 1. *(și fig.)* simț // ~ común bun-simț; *falto de ~* fără simțire. 2. sens, înțeles, semnificație. 3. sens, rațiune, temei, rost. 4. sens, direcție.

sentimental *adj.* sentimental.

sentimentalismo *m.* sentimentalism.

sentimiento *m.* 1. sentiment, simțământ. 2. regret, părere de rău.

sentir I. *vt.* 1. a simți. 2. a auzi. 3. a regreta, a-i părea rău de. II. ~se *vr.* 1. a se simți. 2. *(de)* a suferi (de). III. *m.* 1. simțire. 2. părere. 3. regret.

seña *f.* 1. semn // *dar ~s de* a da semne de; *por ~s* prin semne. 2. *(mil.)* parolă. 3. ~s *pl.* adresă. 4. ~s *pl.* semnalmente.

señal *f.* 1. semn // *en ~ de* în semn de. 2. semn, urmă. 3. semnal // ~ *de alarma* semnal de alarmă; ~es *de tráfico* semne de circulație.

señalado *adj.* însemnat, vestit.

señalar I. *vt.* 1. a însemna. 2. a arăta. 3. a semnala. 4. a fixa. II. ~se *vr. (en)* a se distinge (în).

señor *m.* 1. senior, stăpân. 2. domn.

señorear I. *vt.* a stăpâni, a domni. II. ~se *vr. (de)* a pune stăpânire pe.

señoría *f.* domnie; stăpânire.

señorial *adj.* seniorial.

señorío *m.* 1. rang de senior. 2. moșie, feudă. 3. *(fig.)* gravitate, seriozitate. 4. *(fig.)* înfrânare.

señorita *f.* domnișoară.

señorito *m.* *(fam.)* 1. conaș, stăpân. 2. domnișor.

señuelo *m.* 1. *(și fig.)* momeală. 2. *(fig.)* punct de atracție.

sépalo *m.* *(bot.)* sepală.

separación *f.* separare, despărţire.

separado *adj.* separat, despărţit // *por* ~ separat, aparte.

separar I. *vt.* 1. a separa, a despărţi. 2. a destitui. II. ~se *vr.* 1. a se separa, a se despărţi. 2. a divorţa. 3. a se retrage. 4. a se retrage dintr-o funcţie.

septentrión *m.* nord, miază-noapte.

septentrional *adj.* septentrional, nordic.

se(p)tiembre *m.* septembrie.

séptimo *num. ord.* al şaptelea.

sepulcro *m.* mormânt.

sepultar I. *vt.* a înmormânta. II. ~(se) *vt, vr.* 1. *(fig.)* a (se) îngropa; a (se) acoperi, a (se) ascunde. 2. *(fig.)* a (se) adânci, a (se) cufunda.

sepulto *adj.* îngropat, înmormântat.

sepultura *f.* 1. înmormântare. 2. mormânt // *dar* ~ a înmormânta.

sepulturero *m.* gropar.

sequedad *f.* 1. uscăciune. 2. ~es *pl.* lipsă de amabilitate.

sequía *f.* secetă.

séquito *m.* suită, convoi, alai.

ser I. *vt., vi.* a fi, a exista // *a no* ~ *que* afară numai dacă; *es de día* e ziuă; *no es para menos* nu merită; *sea lo que sea* fie ce o fi; *son las cinco* e ora cinci. II. *m.* fiinţă.

seráfico *adj.* serafic.

serenar(se) *vt., vr.* 1. a (se) însenina, a (se) linişti. 2. *(fig.)* a (se) domoli.

serenata *f.* serenadă.

serenidad *f.* 1. senin, linişte, calm. 2. *(fig.)* seninătate.

sereno I. *adj. (şi fig.)* senin. II. *m.* 1. reveneală a nopţii, răcoare // *al* ~ în răcoarea nopţii. 2. paznic de noapte.

serie *f.* serie, înşiruire.

seriedad *f.* seriozitate.

serio *adj.* serios // *en* ~ (în mod) serios.

sermón *m. (rel., fig.)* predică.

sermonear *vt. (fam.)* a ţine o predică.

seroso *adj.* seros.

serp(ent)ear *vi.* a şerpui.

serpentina *f.* serpentină (de hârtie).

serpiente *f.* şarpe.

serrallo *m.* serai.

serranía *f.* ţinut muntos.

serrano *adj., m.* (om) de la munte, muntean.

serrar *vt.* a tăia cu ferăstrăul.

serrín *m.* rumeguş.

serrucho *m.* ferăstrău (de mână).

servible *adj.* utilizabil.

servicial *adj.* serviabil, îndatoritor.

servicio *m.* 1. *(şi sport)* serviciu // *al* ~ *de* în serviciul. 2. serviciu militar. 3. serviciu, garnitură. 4. serviciu, favoare. 5. servitorime, angajaţii casei. 6. ~s *pl.* baie; toaletă.

servidor *m.* servitor // ~ *de Ud.* la dispoziţia dvstră; *quedo de Ud. atento y seguro* ~ *al* dvstră. cu toată stima.

servidumbre *f.* **1.** slugi. **2.** robie, sclavie. **3.** obligaţie.

servil *adj. (fig.)* servil, slugarnic.

servilleta *f.* şerveţel de masă.

servio *adj., m.* sârb(esc).

servir **I.** *vt., vr.* a servi // ~ *de* a servi ca; ~ *para* a fi bun de; ¿*en qué puedo ~le?* cu ce vă pot servi?, ce doriţi? **II.** *~se* *vr.* **1.** *(de)* a se servi (de). **2.** a binevoi.

sésamo *m.* susan.

sesenta *num. card.* şaizeci.

seseo *m.* pronunţare a lui *z* ca *s.*

sesgar *vt.* **1.** a tăia pieziş. **2.** a coti, a cârmi.

sesgo *adj.* oblic, pieziş // *al ~* pieziş.

sesión *f.* **1.** şedinţă. **2.** sesiune.

seso *m.* **1.** creier. **2.** *(fig.)* minte // *perder el ~* a-şi pierde minţile.

sesudo *adj.* înţelept, cu minte.

set *m. (tenis)* set.

seta *f. (bot.)* ciupercă.

setenta *num. card.* şaptezeci.

seto *m.* gard // *~ vivo* gard viu.

seudónimo *m.* pseudonim.

severidad *f.* severitate.

severo *adj.* sever.

sevillano *adj., m.* (locuitor) din Sevilla.

sexo *m.* sex.

sexto *num. ord.* al şaselea.

sexual *adj.* sexual.

sexualidad *f.* sexualitate.

sí **I.** *pron.* sine // *para ~* în sinea sa; *de ~* de la sine; *de por ~* fiecare pentru sine. **II.** *adv.* da. **III.** *m.* consimţământ, acord, încuviinţare.

si **I.** *m. (muz.)* si. **II.** *conj.* dacă // *~ no* dacă nu; *como (sau que)* ~ ca şi cum.

siciliano *adj., m.* sicilian.

sicología *f.* v. **psicología.**

sicológico *adj.* v. **psicológico.**

sipólogo *m.* v. **psicólogo.**

sicosis *f.* v. **psicosis.**

sideral, sidéreo *adj.* sideral.

siderurgia *f.* siderurgie.

sidra *f.* cidru.

siega *f.* seceriş.

siembra *f.* **1.** semănat. **2.** semănătură.

siempre *adv.* totdeauna, mereu // *para ~* pentru totdeauna, definitiv; *por ~* în veci, de-a pururi; *~ jamás* de-a pururi; *~ que* cu condiţia ca, doar dacă.

sien *f. (anat.)* tâmplă.

sierra *f.* **1.** ferăstrău. **2.** lanţ de munţi.

siervo *m.* **1.** sclav, rob. **2.** şerb, iobag.

siesta *f.* siestă // *dormir la ~* a-şi face siesta.

siete *num. card.* şapte.

sietemesino *adj., m.* (copil) născut la şapte luni.

sífilis *f.* sifilis.

sifón *m.* sifon.

sigilo *m.* **1.** sigiliu. **2.** secret. **3.** *(fig.)* discreţie.

sigiloso *adj.* discret, secret.

siglo *m.* secol, veac.

signatario *adj., m.* semnatar.

significación *f.* **1.** semnificaţie, înţeles. **2.** însemnătate.

significado *m.* semnificaţie, înţeles, sens.

significar I. *vt.* 1. a însemna, a avea înţelesul de. 2. a face cunoscut. II. *vi.* a avea însemnătate. III. ~se *vr.* a se remarca.

significativo *adj.* semnificativ.

signo *m.* (*şi fig.*) semn // ~s de puntuación semne de punctuaţie; ~s del zodíaco semnele zodiacului.

siguiente *adj.* următor, care urmează.

sílaba *f.* silabă.

silbar *vt.* a fluiera.

silbato *m.* fluier.

silbido *m.* fluierătură, şuierătură.

silencio *m.* tăcere // en ~ în tăcere.

silencioso *adj.* 1. tăcut. 2. (*d. motoare*) fără zgomot.

silicio *m.* siliciu.

silo *m.* siloz.

silogismo *m.* silogism.

silueta *f.* siluetă.

siluro *m.* (*zool.*) somn.

silvestre *adj.* 1. sălbatic, necultivat. 2. (*fig.*) necioplit.

silvicultura *f.* silvicultură.

silla *f.* 1. scaun // ~ de tijera scaun pliant. 2. şa.

sillón *m.* fotoliu, jilţ.

sima *f.* prăpastie, abis.

simbólico *adj.* simbolic.

simbolismo *m.* simbolism.

simbolizar *vt.* a simboliza.

símbolo *m.* simbol.

simetría *f.* simetrie.

simétrico *adj.* simetric.

simiente *f.* sămânţă.

símil I. *adj.* (*rar*) asemănător. II. *m.* comparaţie.

similar *adj.* similar.

similitud *f.* asemănare.

simio *m.* maimuţă.

simpatía *f.* simpatie.

simpático *adj.* simpatic.

simpatizar *vi.* a simpatiza.

simple I. *adj.* simplu. II. *adj.*, *m.* naiv, nătâng. III. *m.* (*tenis*) partidă de simplu.

simpleza *f.* naivitate, neghiobie.

simplicidad *f.* simplitate.

simplificar *vt.* a simplifica.

simulación *f.* simulare, simulaţie.

simular *vt.* a simula.

simultaneidad *f.* simultaneitate.

simultáneo *adj.* simultan.

sin *prep.* fără // ~ falta negreşit; cuarto ~ amueblar cameră nemobilată.

sincerarse *vr.* 1. a se justifica, a se dezvinovăţi. 2. a se destăinui.

sinceridad *f.* sinceritate.

sincero *adj.* sincer.

síncopa *f.* (*gram., muz.*) sincopă.

síncope *m.* (*med.*) sincopă.

sindical *adj.* sindical.

sindicar I. *vt.* a acuza, a denunţa. II. ~se *vt.*, *vr.* a (se) sindicaliza.

sindicato *m.* sindicat.

sinfonía *f.* simfonie.

sinfónico *adj.* simfonic.

singular I. *adj.* 1. singular; deosebit; neobişnuit. 2. ciudat; bizar; extraordinar. II. *m.* (*gram.*) singular.

singularidad *f.* 1. singularitate. 2. ciudăţenie, extravaganţă.

singularizar(se) 1. *vt., vr.* a (se) singulariza, a (se) evidenţia. **II.** *vt. vi.* a (se) distinge, a (se) deosebi.

siniestrado *adj., m.* sinistrat.

siniestro I. *adj.* **1.** stâng. **2.** *(fig.)* rău, pervers. **3.** *(fig.)* sinistru. **II.** *m.* **1.** aplecare spre rău. **2.** dezastru.

sino I. *conj.* ci. **II.** *prep.* afară de. **III.** *m.* ursită, soartă.

sínodo *m.* sinod.

sinonimia *f.* sinonimie.

sinopsis *f.* rezumat, sinopsis; privire generală.

sinrazón *f.* **1.** nedreptate, nelegiuire. **2.** nechibzuinţă.

sinsabor *m.* *(fig.)* supărare, neplăcere.

sintaxis *f.* sintaxă.

síntesis *f.* sinteză.

sintético *adj.* sintetic.

sintetizar *vt.* a sintetiza.

síntoma *m.* simptom.

sinuosidad *f.* sinuozitate.

sinuoso *adj.* sinuos.

sinvergüenza *adj., m.* *(fam.)* neruşinat.

siquíatra [siquiatra] *m.* v. psiquíatra.

siquiatría *f.* v. psiquiatría.

síquico *adj.* v. psíquico.

siquiera I. *adv.* cel puţin, măcar // ni ~ nici măcar. **II.** *conj.* chiar dacă.

sirena *f.* sirenă.

sirviente *adj., m.* servitor.

sisear *vt., vi.* a fluiera.

sísmico *adj.* seismic.

sistema *m.* sistem.

sistemático *adj.* sistematic.

sistematizar *vt.* a sistematiza.

sitiador *adj., m.* asediator.

sitiar *vt.* a asedia.

sitio *m.* **1.** loc. **2.** *(mil.)* asediu.

situación *f.* situaţie, stare.

situar(se) I. *vt., vr.* a (se) aşeza, a (se) situa. **II.** *vt.* **1.** a aloca, a destina (o sumă). **2.** a depune (o sumă).

so *prep.* sub // ~ *pretexto* sub pretextul.

sobado *m.* (un fel de) prăjitură din aluat fraged.

sobar *vt.* **1.** a frământa, a plămădi. **2.** *(fig.)* a lovi, a bate. **3.** a pipăi.

soberanía *f.* suveranitate.

soberano *adj., m.* suveran.

soberbia *f.* **1.** mândrie, trufie. **2.** *(fig.)* splendoare, măreţie. **3.** furie, mânie.

soberbio *adj.* **1.** mândru, trufaş. **2.** *(fig.)* superb, magnific. **3.** furios, mânios.

sobornar *vt.* a corupe, a mitui.

soborno *m.* **1.** corupere, mituire. **2.** mită.

sobra *f.* **1.** prisos, prisosinţă // de ~ **a.** cu prisosinţă; **b.** de prisos. **2.** ~s *pl.* resturi de mâncare.

sobrado I. *adj., adv.* abundent, îmbelşugat; din belşug, din plin. **II.** *m.* pod (de casă).

sobrar *vi.* a prisosi, a fi de prisos.

sobre I. *prep.* **1.** pe // ~ *la mesa* pe masă. **2.** peste, pe deasupra. **3.** despre, asupra, cu privire la. **4.** spre, către. **5.** după. **6.** circa, aproximativ, în jur de // ~ *todo* mai ales. **II** *m.* plic.

sobrecama *f.* cuvertură de pat.

sobrecarga *f.* supraîncărcătură.

sobrecargar *vt.* a supraîncărca.

sobrecejo *m.* încruntare.

sobrecoger I. *vt.* a surprinde. **II.** ~se *vr.* a tresări.

sobreexcitar *vt.* a surescita.

sobrehumano *adj.* supraomenesc.

sobremanera *adj.* peste măsură.

sobremesa *f.* **1.** față de masă. **2.** desert // *de* ~ **a.** *adv.* după masă; **b.** *adj.* de masă; *reloj de* ~ ceas de masă.

sobrenatural *adj.* supranatural.

sobrenombre *m.* poreclă.

sobreentender(se) *vt., vr.* a (se) subînțelege.

sobreponer I. *vt.* a suprapune. **II.** ~se *vr.* (*fig.*) **1.** a se domina. **2.** a fi superior.

sobreprecio *m.* suprapreț.

sobresaliente I. *adj.* **1.** eminent; remarcabil. **2.** ieșit în afară. **II.** *m.* **1.** dublură (a unui actor sau toreador). **2.** calificativ maxim la un examen.

sobresalir *vi.* **1.** a se remarca, a se distinge, a se evidenția. **2.** (*en*) a excela (în). **3.** a ieși în afară.

sobresaltar I. *vt.* **1.** a ataca pe neașteptate. **2.** a speria. **II.** *vi.* a ieși în relief.

sobresalto *m.* tresărire, spaimă // *de* ~ pe neașteptate, dintr-o dată.

sobrestante *m.* șef de echipă, maistru, supraveghetor.

sobresueldo *m.* gratificație, primă, spor (de salariu).

sobretodo *m.* **1.** pardesiu; palton. **2.** halat (de lucru).

sobrevenir *vi.* a surveni.

sobreviviente *adj., m.* supraviețuitor.

sobrevivir *vi.* a supraviețui.

sobriedad *f.* sobrietate, cumpătare.

sobrino *m.* nepot (de frate *sau* de soră).

sobrio *adj.* sobru, cumpătat.

socarrón *adj., m.* (*fam.*) **1.** șiret, viclean. **2.** hâtru.

socarronería *f.* (*fam.*) șiretlic, viclenie; șmecherie; vicleșug.

socavar *vt.* **1.** a săpa pe dedesubt. **2.** a săpa o galerie. **3.** (*fig.*) a submina.

sociable *adj.* sociabil.

social *adj.* social.

socialismo *m.* socialism.

socialista *adj., m.* și *f.* socialist(ă).

sociedad *f.* **1.** societate, colectivitate. **2.** (*și com.*) societate, asociație. **3.** grup, cerc // ~ *conyugal* căsătorie.

socio *m.* **1.** (*com.*) asociat. **2.** membru.

sociología *f.* sociologie.

sociólogo *m.* sociolog.

socorrer *vt.* a ajuta.

socorro *m.* ajutor.

soda *f.* **1.** (*chim.*) sodă. **2.** apă gazoasă.

soez *adj.* grosolan, ordinar, mitocănesc.

sofá *m.* sofa.

sofisma *m.* sofism.

sofocación *f.* 1. sufocare. 2. *(fig.)* ruşinare.

sofocar I. *vt.* 1. a sufoca. 2. a face (pe cineva) să se ruşineze. 3. *(d. incendii)* a stinge, a înăbuşi. II. ~se *vr.* 1. a se sufoca. 2. a se ruşina.

sofreír *vt.* a prăji uşor, a părpăli.

soga *f.* frânghie, funie.

sojuzgar *vt.* a subjuga.

sol *m.* 1. soare // *de ~ a ~* din zori până în seară; *tomar el ~* a se încălzi la soare. 2. *(muz.)* sol.

solamente *adv.* numai.

solapa *f.* 1. rever. 2. *(fig.)* pretext. 3. *(tip.)* clapă (de copertă sau supracopertă).

solapado *adj.* *(fam.)* ascuns, prefăcut.

solar I. *adj.* solar. II. *m.* 1. teren de casă. 2. conac.

solariego *adj.* strămoşesc, de neam mare, de viţă veche.

solaz *m.* recreere, destindere.

solazar(se) *vt., vr.* a (se) recrea, a (se) odihni.

soldada *f.* 1. leafă. 2. *(mil.)* soldă.

soldado *m.* soldat, ostaş, oştean.

soldador *m.* sudor.

soldadura *f.* 1. sudură. 2. *(fig.)* remediu.

soldar *vt.* 1. a suda. 2. *(fig.)* a îndrepta, a remedia.

solear(se) *vt., vr.* a (se) expune la soare.

soledad *f.* singurătate.

solemne *adj.* solemn.

selemnidad *f.* solemnitate.

soler *vi.* a obişnui, a avea obiceiul (de).

solfa *f.* 1. *(muz.)* solfegiu. 2. *(fig.)* muzică. 3. *(fam.)* bătaie bună.

solfeo *m.* 1. *(muz.)* solfegiere. 2. *(fam.)* chelfăneală.

solicitación *f.* solicitare.

solicitador *adj., m.* solicitant, solicitator.

soliciar *vt.* a solicita.

solícito *adj.* 1. harnic, zelos. 2. plin de atenţii.

solicitud *f.* 1. solicitudine. 2. cerere, petiţie.

solidaridad *f.* solidaritate.

solidario *adj.* solidar.

solidez *f.* soliditate, tărie.

solidificación *f.* solidificare.

solidificar(se) *vt., vr.* a (se) solidifica.

sólido *adj., m.* solid.

soliloquio *m.* soliloc.

solitario I. *adj.* solitar. II. *m.* 1. solitar. 2. pasienţă.

sólito *adj.* obişnuit, uzual.

soliviantar(se) *vt., vr.* a (se) întărâta, a (se) irita.

solo I. *adj.* singur // *a solas* de unul singur. II. *m.* *(muz.)* solo.

sólo *adv.* numai // *~ que* numai să.

solomillo *m.* fileu.

solsticio *m.* solstiţiu.

soltar(se) I. *vt., vr.* a (se) desface, a (se) dezlega, a (se) slăbi, a da drumul. II. *vi.* 1. a scăpa din strânsoare, a se degaja. 2. a-şi da drumul, a se descurca. 3. a deveni independent. 4. a pierde controlul.

soltero *adj., m.* burlac, celibatar.

solterón *m.* flăcău tomnatic.

soltura *f.* 1. dibăcie, îndemânare; agilitate. 2. uşurinţă de vorbire. 3. dezinvoltură. 4. libertate; degajare; neruşinare.

soluble *adj.* solubil.

solución *f.* 1. soluţie. 2. dizolvare. 3. deznodământ.

solvencia *f.* solvabilitate, solvenţă // *tener ~ (económica)* a fi solvabil.

solvente I. *adj.* 1. dizolvant. 2. *(com.)* solvabil. II. *m. (chim.)* solvent.

sollozar *vi.* a plânge cu hohote.

sollozo *m.* plâns cu hohote.

sombra *f.* umbră.

sombrear *vt.* a umbri.

sombrerero *m.* pălărier.

sombrero *m.* pălărie // *~ hongo* gambetă; *~ de tres picos* tricorn.

sombrilla *f.* umbrelă de soare.

sombrío *adj.* 1. întunecos. 2. *(fig.)* întunecat, trist.

someter(se) *vt., vr.* a (se) supune.

somnámbulo *adj., m.* somnambul.

somnolencia *f.* somnolenţă.

son *m.* 1. sunet. 2. ştire; zvon. 3. *(fig.)* fel, chip // *en ~ de* în chip de; *sin ~* fără motiv, fără temei.

sonado *adj.* vestit, faimos.

sonar I. *vi.* 1. a suna. 2. *(d. ceas)* a bate. 3. *(fig.)* a fi menţionat. 4. a-i fi cunoscut. 5. a părea, a avea aparenţă (de). II. *vt.* a bate (clopotele). III. *~se vr.* a-şi sufla (nasul).

sonata *f. (muz.)* sonată.

sonda *f. (mar., med.)* sondă.

sond(e)ar *vt.* a sonda.

sondeo *m.* 1. sondare. 2. sondaj.

soneto *m. (lit.)* sonet.

sonido *m.* sunet.

sonoridad *f.* sonoritate.

sonoro *adj.* 1. sonor. 2. cu acustică bună.

sonreír(se) *vi., vr.* a surâde, a zâmbi.

sonriente *adj.* surâzător, zâmbitor.

sonrisa *f.* surâs, zâmbet.

sonrojar I. *vt.* a face pe cineva să roşească. II. *~se vr.* a roşi.

sonrojo *m.* 1. ruşinare. 2. ocară.

sonrosar(se) *vt., vr.* a (se) îmbujora.

sonsacar *vt.* 1. a momi. 2. a descoase.

soñador *adj., m.* visător.

soñar *vt., vi. (con)* a visa (la) // *ni ~lo* nici gând.

soñolencia *f.* somnolenţă.

soñoliento *adj.* somnoros.

sopa *f.* 1. supă // *hecho una ~ ud* leoarcă. 2. *~s pl.* bucăţele de pâine muiate în supă.

sopapo *m.* 1. lovitură sub bărbie. 2. *(fam.)* palmă *(lovitură)*.

sopera *f.* castron de supă.

sopetón *m. în expr.: de* ~ brusc, dintr-o dată, pe neașteptate.

soplar I. *vi., vt.* a sufla. II. ~se *vr. (fam.)* a se ghiftui.

soplo *m.* 1. suflare. 2. clipă // *en un* ~ într-o clipă. 3. *(fam.)* denunț.

soplón *adj., m. (fam.)* pârâtor, denunțător.

sopor *m.* somnolență, toropeală.

soporífero, soporífico *adj.* soporifer, somnifer.

soportal *m.* 1. pridvor, tindă. 2. portic.

soportar *vt.* a suporta, a îndura.

soporte *m.* 1. suport. 2. *(fig.)* sprijin, suport, reazem.

soprano *m. și f.* sopran(ă).

sor *f. (rel.)* soră, maică.

sorbete *m.* sorbet.

sorber *vt.* a sorbi.

sorbo *m.* sorbitură.

sordera *f.* surzenie.

sórdido *adj.* sordid, murdar.

sordo *adj., m.* surd.

sordomudo *adj., m.* surdomut.

sorprendente *adj.* surprinzător.

sorprender *vt.* a surprinde.

sorpresa *f.* surpriză, surprindere, uimire // *por* ~ pe neașteptate, prin surprindere.

sortear *vt.* 1. a trage la sorți. 2. *(fig.)* a evita.

sorteo *m.* 1. tragere la sorți. 2. tragere la loto.

sortija *f.* 1. inel. 2. cârlionț.

sortijilla *f.* cârlionț, zuluf, buclă.

sortilegio *m.* vrăji, farmece.

sosa *f. (chim.)* sodă.

sosegado *adj.* liniștit.

sosegar(se) I. *vt., vr.* a (se) liniști. II. *vi.* a se odihni.

soser(í)a *f.* nerozie.

sosiego *m.* liniște, tihnă.

soslayo *m. în expr.: al* (sau *de*) ~ pieziș.

soso *adj.* fără sare, fad, searbăd.

sospecha *f.* bănuială.

sospechar *vt.* a bănui, a presimți.

sospechoso *adj.* bănuitor.

sostén *m.* 1. susținere. 2. *(fig.)* sprijin, reazem. 3. sutien.

sostener *vt.* a susține, a sprijini.

sota *f. (la cărți de joc)* valet.

sotana *f.* sutană, anteriu.

sótano *m.* pivniță; subsol.

sotechado *m.* șopron.

soterrar *vt.* a îngropa.

soto *m.* crâng, dumbravă.

stándar *m.* standard.

suave *adj.* 1. moale. 2. suav, gingaș, delicat, fin. 3. *(fig.)* blajin, blând.

suavidad *f.* 1. moliciune. 2. suavitate, gingășie. 3. *(fig.)* blândețe.

suavizar *vt.* 1. a muia, a frăgezi. 2. *(fig.)* a îmblânzi, a domoli. 3. a atenua, a modera, a îndulci.

subalterno *adj., m.* subaltern.

subasta *f.* licitație publică.

subconsciencia *f.* subconștiință.

subconsciente *m.* subconștient.

súbdito *adj., m. (pol.)* supus.

subdividir *vt.* a subîmpărți.

subdivisión *f.* subdiviziune.

subentender *vt.* a subînțelege.

subida f. 1. urcare. 2. urcuş, suiş.

subir I. vi. 1. a (se) sui, a (se) urca. 2. a creşte, a se umfla. 3. *(a)* a se ridica (la). II. vt. 1. a urca. 2. a ridica. 3. a scumpi.

súbito adj., adv. subit, brusc.

subjuntivo m. *(gram.)* subjonctiv.

sublevación f. răscoală, răz-vrătire.

sublevar(se) vt., vr. a (se) răs-cula, a (se) răzvrăti.

sublime adj. sublim.

submarinismo m. vânătoare subacvatică.

submarino adj., m. submarin.

suboficial m. subofiţer.

subordinación f. subordonare.

subordinar vt. a subordona.

subrayar vt. a sublinia.

subrogar vt. a substitui.

subsanar vt. a remedia, a în-drepta.

subscriptor m. 1. semnatar. 2. a-bonat.

subsecretario m. subsecretar.

subsidio m. subsidiu.

subsistencia f. 1. statornicie, trăinicie. 2. subzistenţă.

subsistir vi. a subzista.

substancia f. v. **sustancia**

substancial adj. v. **sustancial**

substancioso adj. substanţial, consistent.

substantivo m. v. **sustantivo**

substitución f. v. **sustitución**

substituto m. v. **sustituto**

substracción f. v. **sustracción**

substraer vt. v. **sustraer**.

subsuelo m. subsol.

subteniente m. *(mil.)* sublo-cotenent.

subterfugio m. subterfugiu.

subterráneo I. adj. subteran. II. m. subterană.

suburbano adj. suburban.

suburbio m. suburbie.

subvención f. subvenţie.

subvencionar vt. a subvenţiona.

subvenir vi. *(a)* a ajuta (la).

subversivo adj. subversiv.

subyugar vt. a subjuga.

suceder vi. 1. a succeda, a urma. 2. a moşteni. 3. a se întâmpla.

sucesión f. 1. succesiune, moş-tenire. 2. urmaşi.

sucesivo adj. succesiv // en lo ~ pe viitor.

suceso m. întâmplare.

sucesor adj., m. succesor, moş-tenitor.

suciedad f. murdărie.

sucinto adj. succint.

sucio adj. murdar.

suculento adj. suculent.

sucumbir vi. a sucomba.

sucursal f. sucursală.

sudamericano adj. sudamerican.

sudar vi. a asuda, a transpira.

sudario m. giulgiu.

sudeste m. sud-est.

sudoeste m. sud-vest.

sudor m. sudoare, transpiraţie.

sudorífico adj. sudorific.

sueco adj., m. suedez.

suegro m. socru.

suela f. talpă // media ~ pingea.

sueldo m. salariu, leafă.

suelo m. 1. sol, pământ. 2. duşu-mea // en el ~ pe jos.

suelto I. adj. 1. liber, slobod, dezlegat. 2. *(fig.)* vioi, ager.

3. izolat, separat. **4.** *(d. bani)* mărunt // *dinero* ~ bani mărunţi **II.** *m.* **1.** măruntiş. **2.** notiţă de ziar.

sueño *m.* **1.** somn // *tener* ~ a-i fi somn. **2.** vis.

suero *m.* **1.** zer. **2.** ser.

suerte *f.* **1.** soartă, ursită. **2.** noroc // *buena* ~ noroc; *de* ~ norocos; *mala* ~ ghinion. **3.** fel, chip, mod // *de* ~ *que* astfel că, aşa încât. **4.** *(taur.)* parte a unei lupte de tauri.

suéter *m.* jerseu, pulover.

suficiencia *f.* **1.** capacitate, aptitudine. **2.** *(fig.)* îngâmfare.

suficiente *adj.* **1.** suficient. **2.** apt, capabil.

sufijo *m.* sufix.

sufragar **I.** *vt.* **1.** a suporta, a plăti. **2.** a ajuta. **II.** *vi. (Am.)* a vota.

sufragio *m.* **1.** ajutor, sprijin. **2.** asentiment. **3.** *(pol.)* sufragiu, vot.

sufrido *adj.* răbdător, îndurător.

sufridor *adj., m.* (cel) care suferă.

sufrimiento *m.* **1.** răbdare. **2.** suferinţă.

sufrir *vt.* **1.** a suferi. **2.** a răbda, a îndura. **3.** a îngădui.

sugerir *vt.* a sugera.

sugestión *f.* **1.** sugerare **2.** sugestie.

sugestivo *adj.* sugestiv.

suicida *m.* şi *f.* sinucigaş(ă).

suicidarse *vr.* a se sinucide.

suicidio *m.* sinucidere.

suizo *adj., m.* elveţian.

sujeción *f.* supunere, subjugare // *con* ~ *a* potrivit, conform.

sujetar(se) **I.** *vt., vr.* a (se) supune. **II.** *vt.* a fixa.

sujeto **I.** *adj.* supus, expus, susceptibil // ~ *a* supus, pasibil (de). **II.** *m.* **1.** individ, ins. **2.** subiect, temă. **3.** subiect.

sulfurar *vt. (fig.)* a irita, a mânia.

sulfúrico *adj.* sulfuric.

sulfuro *m.* sulfură.

sulfuroso *adj.* sulfuros.

sultán *m.* sultan.

suma *f.* **1.** sumă. **2.** *(mat.)* adunare. **3.** *(mat.)* sumă, total.

sumar **I.** *vt.* **1.** a rezuma. **2.** *(mat.)* a aduna. **II.** ~se *vr. (a)* a adera (la), a se alătura; a se adăuga (la).

sumario **I.** *adj.* sumar. **II.** *m.* sumar, rezumat.

sumergible *adj., m. (mar.)* submersibil.

sumergir(se) *vt., vr.* a (se) afunda, a (se) scufunda.

sumersión *f.* sumersiune, scufundare.

sumidero *m.* canal de scurgere.

suministrar *vt.* a furniza, a aproviziona, a procura, a pune la dispoziţie.

suministro *m.* furnizare, aprovizionare; livrare.

sumir(se) *vt., vr. (a)* a adera (la).

sumisión *f.* supunere.

sumiso *adj.* supus, ascultător.

sumo *adj.* suprem, cel mai înalt.

suntuoso *adj.* somptuos.

supeditar(se) *vt., vr.* a (se) supune, a (se) subordona.

superación *f.* *(şi fig.)* depăşire.

superar *vt.* *(a)* a întrece, a depăşi.

superchería *f.* înşelătorie.

superestrella *f.* superstar.

superestructura *f.* suprastructură.

superficial *adj.* superficial.

superficie *f.* suprafaţă.

superfluidad *f.* 1. superfluiditate. 2. lucru de prisos.

superfluo *adj.* superfluu, de prisos.

superior I. *adj.* superior. II. *m.* stareţ.

superioridad *f.* superioritate.

superlativo *adj.* superlativ.

superponer(se) *vt., vr.* a (se) suprapune.

superposición *f.* suprapunere.

superstición *f.* superstiţie.

supersticioso *adj.* superstiţios.

supervisión *f.* supervizare, supraveghere.

supervivencia *f.* supravieţuire.

superviviente *adj., m.* supravieţuitor.

suplantar *vt.* a lua locul, a înlocui.

suplementario *adj.* suplimentar.

suplemento *m.* supliment.

suplencia *f.* suplinire, înlocuire.

suplente *adj., m.* 1. înlocuitor, locţiitor. 2. *(pol.)* supleant. 3. (profesor) suplinitor. 4. *(teatru)* dublură. 5. *(sport)* rezervă.

súplica *f.* 1. rugăminte stăruitoare. 2. cerere.

suplicación *f.* rugăminte.

suplicar *vt.* a implora.

suplicio *m.* supliciu, tortură.

suplir *vt.* a suplini, a înlocui.

suponer *vt.* a presupune.

suposición *f.* supoziţie, presupunere.

supremacía *f.* supremaţie.

supremo *adj.* suprem.

supresión *f.* suprimare.

suprimir *vt.* a suprima.

supuesto *m.* 1. presupunere, supoziţie // *por* ~ desigur. 2. caz.

supurar *vi.* a supura.

sur *m.* sud, miazăzi.

surcar *vt.* a brăzda.

surco *m.* 1. brazdă. 2. urmă. 3. zbârcitură, rid. 4. şanţ *(la disc)* // *micro* ~ microsion.

sureño *adj.* din sud.

surgir *vi.* 1. a izvorî, a ţâşni. 2. a se ivi.

surrealismo *m.* *(lit.)* suprarealism.

surtido *m.* 1. aprovizionare. 2. provizie. 3. sortiment.

surtidor *m.* fântână arteziană // ~ *de gasolina* pompă de benzină.

surtir(se) I. *vt., vi., vr.* a (se) aproviziona. II. *vi.* a ţâşni, a izvorî // ~ *los efectos oportunos* a avea (sau a produce) efectele necesare.

susceptible *adj.* susceptibil.

suscitar *vt.* a suscita, a stârni.

suscribir I. *vt.* 1. a subscrie, a semna. 2. *(fig.)* a subscrie la. 3. a abona. II. ~se *vr.* 1. a se abona. 2. a se înscrie.

suscripción *f.* 1. subscripţie. 2. abonament.

suscriptor *m.* v. **subscriptor**.

susodicho *adj.* suscitat, sus-numit.

suspender *vt.* **1.** a atârna. **2.** a suspenda, a întrerupe **3** a trânti la examen. **4.** *(fig.)* a uimi.

suspensión *f.* **1.** suspendare. **2.** *(auto)* suspensie.

suspensivo *adj.* în *expr.: puntos ~s* puncte de suspensie.

suspenso I. *adj.* **1.** suspendat, atârnat, agăţat. **2.** căzut la examen; corijent. **II.** *m.* calificativul "respins" la examene.

suspicaz *adj.* suspicios, bănuitor.

suspirar *vi.* a suspina.

suspiro *m.* **1.** suspin. **2.** *(cul.)* bezea.

sustancia *f.* substanţă.

sustancial *adj.* substanţial, esenţial.

sustantivo *m.* *(gram.)* substantiv.

sustitución *f.* **1.** substituire. **2.** substituţie.

sustituir *vt.* a substitui, a înlocui.

sustituto *m.* **1.** substitut, înlocuitor, suplinitor. **2.** *(sport)* rezervă.

sustracción *f.* **1.** sustragere. **2.** *(mat.)* scădere.

sustraer I. *vt.* **1.** a sustrage. **2.** *(mat.)* *(de)* a scădea (din). **II.** ~se *vr.* *(a)* a se sustrage (de la).

şustentar *vt.* **1.** a întreţine. **2.** a susţine.

sustento *m.* **1.** întreţinere. **2.** sprijin, ajutor.

susto *m.* spaimă, sperietură.

susurrar *vi.* **1.** a murmura, a şuşoti. **2.** a susura.

susurro *m.* **1.** murmur, şuşotit. **2.** susur.

sutil *adj.* **1.** subţire. **2.** *(fig.)* subtil, fin.

sutileza *f.* **1.** subţirime. **2.** *(fig.)* subtilitate.

suyo, suya, suyos, suyas *adj.*, *pron. pos* (al) său, (a) sa, (ai) săi, (ale) sale.

szekler *adj.*, *m.* secui.

T

tabacalero *adj*. referitor la tutun // *industria tabacalera* industria tutunului.

tabaco *m*. 1. tutun. 2. ţigară de foi.

tábano *m*. tăun.

tabaquera *f*. tabacheră.

tabaquero *m*. tutungiu.

tabaquería *f*. tutungerie.

taberna *f*. tavernă, cârciumă.

tabernero *m*. cârciumar.

tabique *m*. perete despărţitor.

tabla *f*. 1. scândură // ~ *de dibujo* planşetă. 2. placă. 3. strat (de grădină). 4. pliu, cută. 5. tablă // ~ *de materias* tablă de materii; ~ *de multiplicar* tabla înmulţirii. 6. tabel, listă, tablou. 7. ~s *pl*. *(fam.)* scenă.

tablado *m*. 1. estradă. 2. scenă.

tablero *m*. 1. panou, tăblie. 2. tablă de şah. 3. tejghea.

tablieta *f*. 1. scândurică. 2. tabletă, pastilă.

tablilla *f*. 1. scândurică. 2. planşetă // ~ *de anuncios* afişier.

taburete *m*. taburet.

tacañería *f*. zgârcenie, calicie.

tacaño *adj*., *m*. zgârcit, calic.

tácito *adj*. tacit.

taciturno *adj*. taciturn.

taco *m*. 1. dop, cep. 2. tac (de biliard). 3. bloc (de calendar). 4. *(fam.)* gustare. 5. *(fam.)* înghiţitură, duşcă. 6. *(fam.)* înjurătură, cuvânt urât.

tacón *m*. toc (de încălţăminte).

taconear *vi*. 1. a tropăi (cu tocurile). 2. a bate ritmul cu tocurile (la dans).

táctica *f*. tactică.

táctico *adj*. tactic.

tacto *m*. 1. pipăit. 2. *(fig.)* tact.

tacha *f*. cusur, defect.

tachar *vt*. 1. *(de)* a eticheta, a califica, a taxa (drept). 2. a tăia cu o linie, a bara. 3. *(jur.)* a recuza (un martor).

tachuela *f*. ţintă.

tafetán *m*. tafta.

tafilete *m*. marochin, saftian.

tahúr *m*. 1. cartofor. 2. trişor.

taimado *adj*., *m*. şiret, viclean.

tajada *f*. felie.

tajado *adj*. abrupt.

tajadura *f*. tăiere.

tajar *vt*. a tăia.

tajo *m.* 1. tăietură. 2. fund de tocat. 3. tăiş. 4. râpă.

tal I. *adj.* asemenea, atare, astfel de // ~ *cosa* aşa ceva. II. *pron.* cutare, un oarecare, unul. III. *adv.* astfel, aşa // ~ *cual* a. aşa cum; b. aşa şi aşa; ~ *vez* poate; *con* ~ *(de) que* numai să; *¿qué* ~*?* ce mai faci?

taladrar *vt.* a găuri, a perfora.

taladro *m.* 1. sfredel, burghiu. 2. sfredelitură.

talante *m.* 1. mod, chip. 2. înfăţişare, mină // *de buen/mal* ~ în toane bune/rele.

talar *vt.* 1. a tăia (arbori). 2. *(fig.)* a dărâma.

talco *m.* talc.

talento *m.* 1. talant. 2. *(fig.)* talent.

talismán *m.* talisman.

talón *m.* 1. călcâi. 2. *(com.)* talon, cotor.

talonario *m.* *(com.)* chitanţier.

talud *m.* taluz.

talla *f.* 1. sculptură. 2. talie, statură.

tallar *vt.* 1. a ciopli, a sculpta. 2. a şlefui. 3. a evalua, a preţui.

tallarinès *m. pl.* tăiţei.

talle *m.* 1. talie, mijloc. 2. tăietură, croială.

taller *m.* 1. atelier. 2. *(arte)* atelier, studio.

tallo *m.* 1. tulpină. 2. lăstar.

talludo *adj.* cu tulpină lungă.

tamaño I. *adj.* *(como)* atât de mare (*sau* mic) (ca, cât). II. *m.* mărime.

tambalear(se) *vi. vr.* a se bălăbăni.

también *adv.* de asemenea.

tambor *m.* 1. *(muz.)* tobă. 2. toboşar. 3. gherghef.

tamboril *m.* tamburină.

tamborilear I. *vi.* a bate toba. II. *vt.* a preamări.

tamiz *m.* sită.

tamizar *vt.* a cerne.

tamo *m.* 1. câlţi. 2. pleavă.

tampoco *adv.* nici.

tan *adv.* atât de, aşa de.

tanda *f.* 1. rând. 2. treabă. 3. echipă, schimb.

tangente I. *adj.* tangent. II. *f.* *(geom.)* tangentă.

tangible *adj.* tangibil, palpabil.

tango *m.* *(muz.)* tangou.

tanino *m.* tanin.

tanque *m.* 1. *(mil.)* tanc. 2. cisternă. 3. *(Am.)* heleşteu, bazin cu apă.

tantear *vt.* 1. a măsura. 2. a pipăi, a tatona. 3. a chibzui. 4. *(sport)* a marca.

tanteo *m.* 1. măsurare. 2. pipăire, tatonare. 3. chibzuire. 4. *(sport)* scor.

tanto I. *adj.* atât de mare, atât de mult. II. *adv.* 1. atât. 2. astfel, într-atât. 3. atâta vreme // ~ *más/menos* cu atât mai mult/puţin; *algún* ~ câtva; prin urmare, *entre* ~ între timp; *por (lo)* ~ drept pentru care, de aceea, în consecinţă. III. *m.* 1. câtime, mărime. 2. jeton, fisă. 3. *(sport)* punct, gol.

tañer *vt.* a cânta din(tr-un) instrument.

tapa *f.* 1. capac 2. copertă.

tapadera *f.* capac.

tapar *vt.* 1. a astupa. 2. a acoperi. 3. *(fig.)* a ascunde.

tapia *f.* 1. zid de chirpici. 2. zid împrejmuitor.

tapicería *f.* 1. tapiserie. 2. tapiţerie.

tapicero *m.* tapiţer.

tapiz *m.* 1. covor. 2. tapiserie.

tapizar *vt.* 1. a tapeta. 2. a tapisa.

tapón *m.* 1. dop. 2. *(med.)* tampon // ~ *de tráfico* ambuteiaj, blocare a circulaţiei.

taquigrafía *f.* stenografie.

taquígrafo *m.* stenograf.

taquilla *f.* casă de bilete, ghişeu.

tara *f.* *(şi com.)* tară.

taracea *f.* marchetărie.

tararear *vt.* a fredona.

tarareo *m.* fredonat, fredonare.

tarascada *f.* 1. muşcătură. 2. *(fig.)* răspuns răstit.

tardanza *f.* întârziere.

tardar *vi.* a întârzia.

tarde I. *f.* 1. după-amiază // *buenas ~s (numai după amiază)* bună ziua. 2. seară. II. *adv.* târziu // *es ~* e târziu; *de ~ en ~* din când în când.

tardecer *vi.* a se însera.

tardío *adj.* tardiv, întârziat.

tardo *adj.* 1. încet, greoi. 2. tardiv.

tarea *f.* 1. treabă. 2. sarcină. 3. *(fig.)* trudă, chin. 4. *(şcol.)* temă pentru acasă.

tarifa *f.* tarif.

tarima *f.* estradă, podium.

tarjeta *f.* cărţulie, tichet // ~ *de identidad* buletin de identitate, legitimaţie; ~ *de visita* carte de vizită; ~ *postal* carte poştală.

tarro *m.* borcan.

tarta *f.* tort, tartă.

tartajear *vi.* a se bâlbâi.

tartamudear *vi.* a bâlbâi.

tartamudeo *m.* bâlbâială.

tartamudez *f.* bâlbâială *(defect)*.

tartamudo *adj., m.* bâlbâit.

tártaro I. *adj., m.* tătăresc. II. *m.* tătar.

tasa *f.* 1. taxare. 2. taxă. 3. tarif. 4. rată; indice, coeficient.

tasación *f.* evaluare.

tasar *vt.* 1. a taxa. 2. a evalua. 3. a reglementa.

tatarabuelo *m.* străbunic.

tataranieto *m.* strănepot.

tatuaje *m.* 1. tatuare. 2. tatuaj.

tatuar(se) *vt., vr.* a (se) tatua.

taurino *adj.* 1. taurin. 2. de tauromahie.

tauromaquia *f.* tauromahie.

taxímetro *m.* taximetru.

taza *f.* ceaşcă.

té *m.* ceai.

tea *f.* făclie, torţă.

teatral *adj.* teatral.

teatro *m.* teatru.

tecla *f.* 1. *(muz., tehn.)* clapă. 2. *(fig.)* chestiune delicată.

teclado *m.* *(muz.)* claviatură.

técnica *f.* tehnică.

tecnicismo *m.* termen tehnic.

técnico I. *adj.* tehnic. II. *m.* tehnician.

techar *vt.* a acoperi, a pune acoperişul.

techo *m.* 1. tavan. 2. acoperiş.

techumbre *f.* acoperiş (la o construcţie).

tedio *m.* dezgust, scârbă.

tedioso *adj.* dezgustător.

tegumento *m.* tegument.

teja *f.* olan, ţiglă.

tejado *m.* acoperiş (de ţiglă).

tejar *vt.* a acoperi cu ţiglă.

tejedor *m.* ţesător.

tejedura *f.* 1. ţesut. 2. ţesătură.

tejer *vt.* a ţese.

tejido *m.* 1. ţesătură. 2. *(anat.)* ţesut.

tela *f.* 1. stofă, ţesătură. 2. *(anat.)* membrană. 3. perdea pe ochi // *poner en ~ de juicio* a pune la îndoială.

telaraña *f.* pânză de păianjen.

teleférico *m.* teleferic.

telefonear *vt.* a telefona.

telefonema *m.* mesaj telefonic.

teléfono *m.* telefon.

telegrafía *f.* telegrafie // *~ sin hilos* telegrafie fără fir.

telegrafiar *vt.* a telegrafia.

telégrafo *m.* telegraf.

telegrama *m.* telegramă.

telepatía *f.* telepatie.

telescopio *m.* telescop.

telesilla *m.* funicular, teleferic.

televisión *f.* televiziune.

telón *m.* cortină (de teatru).

tema I. *m.* temă. II. *f.* manie, idee fixă // *cada loco con su ~* fiecare cu păsărica lui.

temblar *vi.* a tremura.

temblequear *vi. (fam.)* a dârdâi.

temblor *m.* 1. tremurătură. 2. *(Am.)* cutremur // *~ de tierra* cutremur.

tembloroso *adj.* cutremurător.

temer *vt., vi.* a se teme (de).

temerario *adj.* temerar.

temeridad *f.* temeritate.

temible *adj.* înfricoşător, de temut.

temor *m.* teamă, frică.

temperamento *m.* temperament.

temperancia *f.* moderaţie.

temperar(se) *vt., vr.* a (se) tempera, a (se) modera.

temperatura *f.* temperatură.

tempestad *f.* furtună.

tempestuoso *adj.* furtunos.

templado *adj.* 1. cumpătat, moderat // *clima ~* climă temperată. 2. încropit, călduţ.

templahza *f.* 1. cumpătare, moderaţie. 2. climă blândă.

templar I. *vt.* 1. a tempera, a modera. 2. a încropi. 3. a căli. 4. *(fig.)* a potoli. 5. *(muz.)* a acorda. II. *~se vr.* a se stăpâni.

temple *m.* 1. stare a vremii. 2. căldură. 3. călire. 4. temperament, fire. 5. curaj. 6. medie, termen mediu. 7. *(muz.)* acordare.

templo *m.* 1. templu. 2. biserică.

temporada *f.* 1. sezon. 2. stagiune (teatrală).

temporal I. *adj.* temporar, vremelnic. II. *m.* furtună, vijelie.

temprano I. *adj.* timpuriu. II. *adv.* devreme.

tenacidad *f.* tenacitate.

tenacillas *f.pl.* cleştişor; pensetă.

tenaz *adj.* tenace.

tenazas *f.pl.* cleşte.

tendencia *f.* tendinţă.

tender(se) I. *vt., vr.* a (se) întinde. II. *vi. (a)* a tinde (la, să).

tendero *m.* negustor.

tendón *m.* tendon.

tenebroso *adj.* tenebros, întunecos.

tenedor *m.* 1. deţinător, posesor. 2. furculiţă.

tener I. *vt.* 1. a avea. 2. a poseda. 3. a cuprinde. 4. *(por)* a considera, a socoti // ~ *cuidado con* a avea grijă de; ~ *en mucho/menos* a preţui/dispreţui; ~ /*hambre* /*sueño*/ *miedo* a-i fi foame/somn/ frică; ~ *lugar* a avea loc; ~ *prisa* a fi grăbit; ~ *que* a trebui să. II. *vi.* a fi cu dare de mână. III. ~*se vr.* a se sprijini.

tenia *f. (zool.)* tenie, panglică.

teniente *m.* 1. locţiitor. 2. *(mil.)* locotenent.

tenor *m.* 1. conţinut, cuprins // *a este* ~ în acest spirit; *a* ~ *de* în conformitate, în concordanţă cu. 2. *(muz.)* tenor.

tenorio *m. (fig.)* crai, donjuan.

tensión *f. (şi electr.)* tensiune; încordare.

tenso *adj.* întins, încordat.

tentación *f.* tentaţie, ispită.

tentáculo *m.* tentacul.

tentador *adj.* tentant, ispititor.

tentar *vt.* 1. a pipăi. 2. a dibui 3. a tenta, a ispiti. 4. a încerca.

tentativa *f.* tentativă.

tenue *adj.* subţire; delicat; gingaş, slab.

teñir *vt.* a vopsi.

teocracia *f.* teocraţie.

teología *f.* teologie.

teólogo *m.* teolog.

teorema *m.* teoremă.

teoría *f.* teorie.

teórico I. *adj.* teoretic. II. *m.* teoretician.

terapéutica *f.* terapeutică.

tercero I. *num. ord.* al treilea. II. *m.* 1. mediator, mijlocitor. 2. terţ.

terceto *m. (lit., muz.)* terţet.

terciar *vi.* a interveni, a mijloci.

terciario *adj.* terţiar.

tercio I. *adj.* al treilea. II. *m.* treime.

terciopelo *m.* catifea.

terco *adj.* încăpăţânat.

tergiversación *f.* răstălmăcire, denaturare.

tergiversar *vt.* a răstălmăci, a denatura.

termal *adj.* termal.

termas *f.pl.* băi termale.

terminación *f.* 1. terminare. 2. terminaţie.

terminante *adj.* categoric, ferm.

terminar I. *vt.* a termina, a sfârşi. II. *vi.* a se termina.

término *m.* 1. capăt, sfârşit. 2. hotar, limită. 3. *(lingv., mat., fig.)* termen. 4. termen, soroc.

termómetro *m.* termometru.

ternera *f.* carne de viţel.

ternero *m.* viţel.

terneza *f.* 1. tandreţe, duioşie. 2. ~s *pl. (fam.)* dezmierdări.

ternura *f.* tandreţe, duioşie.

terquedad *f.* încăpăţânare.

terráqueo *adj.* pământesc, terestru.

terrateniente *m.* proprietar de pământ, moşier.

terraza *f.* terasă.

terremoto *m.* cutremur (de pământ).

terrenal *adj.* pământesc, lumesc.

terreno I. *adj.* pământesc. **II.** *m.* teren.

terrestre *adj.* terestru, pământesc.

terrible *adj.* teribil, groaznic.

terrífico *adj.* înspăimântător.

territorial *adj.* teritorial.

territorio *m.* teritoriu.

terrón *m.* **1.** bulgăre de pământ. **2.** bucată // ~ *de azúcar* bucată de zahăr.

terror *m.* teroare.

terrorífico *adj.* înspăimântător.

terrorista *m.* terorist.

terroso *adj.* pământos.

terruño *m.* **1.** ogor, glie. **2.** *(fig.)* pământ natal.

terso *adj.* **1.** lucios, strălucitor. **2.** *(d. stil)* curat, ales.

tertulia *f.* serată; (un fel de) cenaclu.

tesis *f.* teză.

tesón *m.* neînduplecare, dârzenie.

tesorería *f.* trezorerie, vistierie.

tesorero *m.* **1.** casier (al unei asociaţii). **2.** trezorier.

tesoro *m.* **1.** tezaur. **2.** comoară // ~ *público* buget public.

test *m.* test.

testamentario I. *adj.* testamentar. **II.** *m.* executor testamentar.

testamento *m.* testament.

testar *vi.* a testa.

testarudo *adj.* încăpăţânat.

testículo *m.* *(anat.)* testicul.

testificar *vt.* a atesta, a certifica.

testigo *m.* martor // ~ *de cargo* martor al acuzării.

testimonio *m.* **1.** mărturie, testimoniu. **2.** atestare.

teta *f.* ţâţă.

tétanos *m.* *(med.)* tetanos.

tetera *f.* ceainic.

tétrico *adj.* trist, sumbru.

textil I. *adj.* textil. **II.** ~es *m.pl.* textile.

texto *m.* text.

textual *adj.* textual.

textura *f.* **1.** textură, ţesătură. **2.** *(fig.)* structură.

tez *f.* ten.

tía *f.* mătuşă.

tibieza *f.* **1.** încropeală, stare căldicică. **2.** *(fig.)* răceală.

tibio *adj.* **1.** încropit, călduţ. **2.** *(fig.)* rece, nepăsător.

tiburón *m.* rechin.

tiempo *m.* timp, vreme // *a* ~ la timp; *a su* ~ la timpul său; *con* ~ din timp.

tienda *f.* **1.** cort. **2.** magazin, prăvălie.

tienta *f.* în *expr.: a* ~s pe dibuite.

tiento *m.* **1.** pipăit // *a* ~ pe pipăite. **2.** tact // *con* ~ cu tact.

tierno *adj.* **1.** moale, mlădios. **2.** *(fig.)* fraged, tânăr. **3.** tandru.

tierra *f.* 1. pământ, uscat // ~ *firme* uscat; ~ *adentro* înăuntrul ţării, departe de ţărm. 2. ţinut, regiune, teritoriu.

tieso *adj.* 1. tare, solid. 2. dârz, curajos.

tiesto *m.* 1. ciob. 2. ghiveci (de flori).

tiesura *f.* 1. tărie, soliditate. 2. *(fig.)* dârzenie.

tifón *m.* taifun.

tifoidea *adj.* în *expr.: fiebre* ~ febră tifoidă.

tifus *m. (med.)* tifos.

tigre *m.* tigru.

tijera *f. (şi* ~s *pl.)* foarfece.

tijeretear *vt.* a tăia cu foarfecele.

tila *f.* 1. floare de tei. 2. ceai de tei.

tildar *vt.* 1. a pune tilda pe *n.* 2. a şterge (ceva scris) 3. *(de)* a învinui (de).

tilde *f.* 1. tildă. 2. *(fig.)* critică uşoară 3. fleac.

tilo *m.* tei.

timbre *m.* 1. ştampilă, pecete // ~ *móvil* timbru fiscal; ~ *postal* marcă poştală. 2. clopoţel, sonerie // *tocar el* ~ a apăsa pe sonerie, a suna. 3. *(muz.)* timbru.

timidez *f.* timiditate, sfială.

tímido *adj.* timid, sfios.

timón *m.* 1. oişte. 2. *(mar.)* cârmă.

timonel, timonero *m. (mar.)* cârmaci.

timorato *adj.* fricos, timorat.

tímpano *m.* 1. *(muz.)* timpan. 2. *(muz.)* ţambal. 3. *(anat.)* timpan.

tina *f.* oală, vas de lut.

tinaja *f.* vas mare de lut.

tinglado *m.* şopron.

tinieblas *f. pl.* întuneric, beznă, întunecime.

tino *m.* 1. dibăcie. 2. *(fig.)* minte, judecată // *a* ~ *pe* dibuite; *perder el* ~ a-şi pierde capul; *sin* ~ fără măsură.

tinta *f.* 1. vopsea. 2. cerneală // ~ *china* tuş.

tinte *m.* 1. vopsit. 2. vopsea. 3. vopsitorie. 4. curăţătorie chimică.

tintero *m.* călimară.

tintín *m.* clinchet.

tinto *adj. (d. vin)* roşu, negru.

tintorería *f.* 1. vopsitorie. 2. curăţătorie chimică.

tintorero *m.* vopsitor.

tintura *f.* 1. vopsea. 2. vopsit.

tío *m.* 1. unchi. 2. *(fam.)* moş 3. *(fam.)* tip.

tiovivo *m.* carusel, căluşei.

típico *adj.* tipic.

tipo *m.* 1. tip, fel, gen, categorie. 2. tip, prototip, model. 3. chip, înfăţişare 4. tip, individ. 5. format.

tipografía *f.* tipografie.

tipógrafo *m.* tipograf.

tira *f.* bandă, fâşie.

tirabuzón *m.* 1. tirbuşon. 2. *(fig.)* cârlionţ.

tirada *f.* 1. aruncare. 2. distanţă 3. răstimp. 4. tiradă. 5. *(tip.)* tiraj.

tirado *adj.* foarte ieftin.

tirador *m.* 1. *(mil.)* trăgător. 2. mâner (de sertar) 3. cordon (de clopoţel).

tiralíneas *m.* trăgător (de tuş).

tiranía *f.* tiranie.

tiránico *adj.* tiranic.

tiranizar *vt.* a tiraniza.

tirano *m.* tiran.

tirante I. *adj.* întins, încordat. II. ~s *m. pl.* bretele.

tirantez *f.* (şi *fig.*) încordare.

tirar I. *vt.* 1. a arunca, a azvârli. 2. a trage 3. a întinde. 4. *(fig.)* a cheltui, a risipi. II. *vi.* 1. *(d. sobă)* a trage. 2. *(d. magnet)* a atrage. 3. a trage (cu o armă). 4. *(a)* a năzui (să). III. ~se *vr.* a se arunca.

tiritar *vi.* a dârdâi (de frig).

tiro *m.* 1. aruncătură. 2. tir, tragere la ţintă // *acertar /errar el* ~ a nimeri/nu nimeri la ţintă. 3. împuşcătură, foc. 4. bătaie (de armă). 5. atelaj. 6. *(sport)* şut.

tirón *m.* smucitură, scuturare, zgâlţâire // *de un* ~ dintr-o dată.

tiroteo *m.* schimb de focuri de armă.

tísico *adj., m.* tuberculos.

tisis *f. (med.)* tuberculoză.

titán *m.* titan.

titánico *adj.* titanic.

títere *m.* 1. păpuşă, marionetă. 2. *(fig.)* paiaţă. 3. *(fig.)* idee fixă // *teatro de* ~s teatru de păpuşi.

titiritero *m.* 1. păpuşar. 2. dansator pe sârmă.

titubear *vi.* 1. a se clătina. 2. *(fig.)* a şovăi.

titulación *f.* 1. intitulare, numire. 2. titlu; studii; titulatură. 3. *(învăţ.)* definitivare.

titulado *m.* titrat.

titular I. *vt.* a intitula. II. ~se *vr.* a se intitula. III. *(tip.)* literă mare (de ziar, afiş *etc.*)

título *m.* titlu // *a* ~ *de* sub pretextul.

tiza *f.* cretă.

tiznar *vt.* 1. a înnegri (cu funingine). 2. *(fig.)* a păta.

tizón *m.* sau *f.* funingine.

tizne *m.* (şi *agr.*) tăciune.

tizonear *vi.* a aţâţa focul.

toalla *f.* prosop.

tocado *m.* coafură, pieptănătură.

tocador *m.* 1. masă *sau* cameră de toaletă. 2. trusă.

tocar I. *vt.* 1. a atinge, a pipăi. 2. a cânta din (*sau* la) un instrument. 3. a suna. 4. *(fig.)* a atinge, a menţiona, a se referi (la). 5. a interesa, a privi // *en lo que toca* în ceea ce priveşte. II. *vi.* 1. *(a)* a reveni, a cădea în sarcina. 2. *(d. sonerii)* a suna.

tocino *m.* slănină.

todavía *adv.* încă.

todo I. *adj.* 1. tot, întreg, integral // ~ *el mundo* toată lumea. 2. orice, oricare // ~ *hombre* orice om. II. *adv.* cu totul // *a* ~ *correr* în goana mare; *con* ~ cu toate acestea; *del* ~ cu totul; *sobre* ~ mai ales. III. *m.* tot, întreg, totalitate.

todopoderoso *adj.* atotputernic.

toga *f.* 1. togă. 2. robă.

toldo *m*. 1. umbrar. 2. coviltir.

toledano *adj.*, *m*. toledan // *noche toledana* noapte albă.

tolerancia *f*. toleranţă.

tolerante *adj.* tolerant.

tolerar *vt*. a tolera.

tolondro I. *adj.* neghiob. II. *m*. cucui.

toma *f*. 1. luare // ~ *de posesión* luare în posesie; ~ *de posición* luare de poziţie. 2. cucerire (a unui oraş). 3. doză; porţie.

tomar I. *vt*. 1. a lua // ~ *a broma* a lua în glumă; ~ *sobre sí* a lua asupra sa; ~ *una resolución* a lua o hotărâre. 2. a prinde // ~ *ánimo* a prinde curaj; ~ *cariño a* a prinde drag de. 3. a tocmi, a angaja. 4. *(por)* a socoti. II. *vi*. *(por)* a apuca (la), a o lua (la). III. ~**se** *vr*. a se rugini.

tomate *m*. (pătlăgică) roşie.

tomillo *m*. cimbru.

tomo *m*. volum.

ton *m*. în *expr.: sin ~ ni son* fără motiv, netam-nesam.

tonada *f*. cântec, melodie.

tonalidad *f*. tonalitate.

tonel *m*. butoi.

tonelada *f*. tonă.

tonelaje *m*. tonaj.

tonelero *m*. dogar.

tónico *adj.*, *m*. tonic.

tono *m*. ton // *darse ~* a-şi da aere.

tontada *f*. prostie, nerozie.

tontería *f*. prostie.

tonto *adj.*, *m*. prost // ~ *de capirote* *(fam.)* prost de dă în gropi; *a tontas y a locas* prosteşte.

topacio *m*. topaz.

topar I. *vt*. 1. a ciocni, a izbi. 2. a da peste. II. *vi*. 1. *(con)* a se ciocni (de). 2. *(fam.)* a izbuti.

tope *m*. 1. capăt, extremă. 2. *(tehn.)* tampon. 3. ciocnire, izbitură. 4. piedică, obstacol.

tópico I. *adj.* topic. II. *m*. loc comun.

topo *m*. cârtiţă.

topografía *f*. topografie.

toque *m*. 1. atingere. 2. sunet, dangăt. 3. tuşă.

toquilla *f*. băsmăluţă, batic.

tórax *m*. torace.

torbellino *m*. vârtej, vâltoare.

torcer(se) I. *vt.*, *vr*. 1. a (se) (ră)suci. 2. a (se) strâmba. II. *vt*. a răstălmăci. III. *vi*. a coti.

torcimiento *m*. 1. (ră)sucire. 2. strâmbare. 3. răstălmăcire.

tordo *m*. sturz.

torear I. *vi*. a se lupta cu taurii. II. *vt*. *(fig.)* 1. a amăgi. 2. a evita.

torero *m*. toreador.

toril *m*. ocol de tauri.

tormenta *f*. furtună, vijelie.

tormento *m*. chin, tortură.

tormentoso *adj.* furtunos.

tornadizo *adj.* nestatornic.

tornar I. *vt*. a înapoia, a restitui. II. *vi*. 1. a se întoarce. 2. *(a+infinitivul)* a repeta (o acţiune). III. ~**se** *vr*. a deveni, a se face.

tornasol *m.* **1.** *(bot.)* floarea-soarelui. **2.** *(chim.)* turnesol.

tornear I. *vt.* a strunji. **II.** *vi.* **1.** a da târcoale. **2.** a lupta într-un turnir.

torneo *m.* **1.** turnir. **2.** *(fig.)* întrecere.

tornero *m.* strungar.

tornillo *m.* şurub.

torno *m.* **1.** strung. **2.** troliu. **3.** menghină. **4.** învârtire // *en ~* împrejur; *en ~ a* despre, referitor la.

toro *m.* **1.** taur. **2.** *~s pl.* lupte de tauri.

toronja *f.* grepfrut.

torpe *adj.* **1.** greoi, încet. **2.** ne-îndemânatic, stângaci. **3.** greu de cap. **4.** neruşinat.

torpedear *vt.* a torpila.

torpedero *m.* *(mar.)* torpilor.

torpedo *m.* *(mar.)* torpilă.

torpeza *f.* **1.** încetineală. **2.** ne-îndemânare, stângăcie. **3.** greutate în a înţelege. **4.** necuviinţă.

torre *f.* **1.** turn. **2.** *(şah)* turn, tură.

torrencial *adj.* torenţial.

torrente *m.* torent, puhoi.

tórrido *adj.* torid.

torrija *f.* frigănea.

torsión *f.* răsucire.

torso *m.* tors.

torta *f.* **1.** tort. **2.** *(pop.) (lovitură de)* palmă.

tortícolis *m.* *(med.)* torticolis, înţepenire a gâtului.

tortilla *f.* omletă (cu cartofi)// *~ francesa* omletă.

tórtola *f.* turturea, turturică.

tortuga *f.* broască ţestoasă.

tortuoso *adj.* întortocheat.

tortura *f.* tortură, chin.

torturar *vt.* a tortura, a chinui.

torvo *adj.* crunt, cumplit.

tos *f.* tuse // *~ ferina* tuse mă-gărească.

tosco *adj.* **1.** grosolan, brut. **2.** *(fig.)* necioplit.

toser *vi.* a tuşi.

tósigo *m.* otravă.

tosquedad *f.* **1.** stare brută. **2.** *(fig.)* grosolănie, lipsă de cultură.

tostada *f.* felie de pâine prăjită.

tostadura *f.* prăjit, prăjire.

tostar(se) *vt., vr.* **1.** a (se) prăji. **2.** *(fig.)* a (se) bronza.

total *adj., m.* total.

totalidad *f.* totalitate.

tóxico *adj., m.* toxic.

tozudo *adj.* încăpăţânat.

traba *f.* **1.** legătură. **2.** piedică la cai. **3.** *(fig.)* piedică, obsta-col. **4.** *(jur.)* sechestrare.

trabajador I. *adj.* muncitor, harnic. **II.** *m.* **1.** muncitor. **2.** om al muncii.

trabajar I. *vt., vi.* a lucra, a munci. **II.** *~se vr.* a se osteni.

trabajo *m.* **1.** lucru, muncă, treabă. **2.** lucrare. **3.** activitate, ocupaţie. **4.** *(şcol.)* exerciţiu. **5.** *~s pl. (fig.)* chinuri, mizerii.

trabajoso *adj.* anevoios, greu, obositor.

trabar I. *vt.* **1.** a lega. **2.** a îm-piedica // *~ amistad* a lega prietenie; *~ una conversación* a lega o conversaţie. **II.** *~se vr. (d. limbă)* a i se împletici.

trabazón *f.* **1.** joncţiune, împre-
unare. **2.** *(fig.)* legătură,
relaţii.

trabucar **I.** *vt.* a răsturna.
II. ~(se) *vt., vr. (fig.)* a (se)
deruta, a (se) zăpăci.

tracción *f.* tracţiune.

tradición *f.* tradiţie, datină.

tradicional *adj.* tradiţional.

traducción *f.* **1.** traducere. **2.** tăl-
măcire, interpretare.

traducir *vt.* a traduce // ~ *del
español al rumano* a traduce
din spaniolă în română.

traductor *m.* traducător.

traer **I.** *vt.* **1.** a aduce // ~ *a la
memoria* a aduce aminte. **2.** a
atrage. **3.** a purta (o haină
etc.). **II.** ~se *vr. (bien, mal)* a
fi îmbrăcat (bine, rău).

tráfago *m.* **1.** comerţ, negoţ.
2. *(fam.)* treabă.

traficante *m.* comerciant, tra-
ficant.

traficar *vi. (en)* a face comerţ
(cu).

tráfico *m.* **1.** comerţ, schimb
comercial. **2.** trafic.

tragaderas *f. pl. în expr.: tener
buenas ~ (fam.)* **a.** a fi credul;
b. a nu avea scrupule.

tragaluz *m.* oberliht.

tragar *vt.* a înghiţi.

tragedia *f.* tragedie.

trágico **I.** *adj.* tragic. **II.** *m.*
tragedian.

tragicomedia *f.* tragicomedie.

trago *m.* înghiţitură // *a ~s*
treptat; *echar un ~* a bea o
înghiţitură.

traición *f.* trădare.

traicionar *vt.* a trăda.

traicionero *adj., m.* trădător.

traído *adj. (d. îmbrăcăminte)*
purtat, uzat.

traidor *adj., m.* trădător.

traje *m.* costum, haine // ~ *de
luces* costum de toreador;
baile de ~s bal mascat.

trajinar **I.** *vt.* a căra, a trans-
porta. **II.** *vi. (fam.)* a umbla
de colo până colo.

trama *f.* **1.** *(text.)* bătătură.
2. *(fig.)* urzeală, uneltire.
3. *(lit.)* intrigă.

tramar *vt. (fig.)* a unelti, a urzi.

tramitación *f.* **1.** curs, filieră,
procedură. **2.** rezolvare.

trámite *m.* **1.** trecere. **2.** *(adm.)*
formalitate, demers, procedură.

tramo *m.* **1.** *(şi fig.)* porţiune,
bucată, fragment. **2.** porţiune,
tronson.

tramoya *f.* **1.** maşină de mane-
vrat decorurile. **2.** *(fig.)* cap-
cană.

tramoyista *m.* **1.** maşinist (la
teatru). **2.** *(fam.)* intrigant.

trampa *f.* **1.** *(şi fig.)* cursă,
capcană. **2.** trapă.

trampear *vt.* a escroca, a înşela.

trampolín *m.* trambulină.

tramposo *adj., m.* **1.** înşelător,
escroc. **2.** trişor.

tranca *f.* **1.** măciucă, par.
2. drug (la uşă).

trance *m.* moment critic, clipe
grele // *a todo ~* cu orice preţ.

tranco *m.* pas mare // *a ~s* în
grabă; *en dos ~s* cât ai clipi.

tranquilidad *f.* **1.** linişte, calm, tihnă. **2.** răbdare.

tranquilizar(se) *vt., vr.* a (se) linişti, a (se) calma, a (se) potoli, a (se) domoli.

tranquilo *adj.* liniştit, calm, domol, tihnit, potolit.

transacción *f.* tranzacţie.

transatlántico I. *adj.* de peste Atlantic. **II.** *m. (mar.)* transatlantic.

transbordar *vt.* a transborda.

transcendencia *f.* v. **trascendencia.**

transcendental *adj.* v. **trascendental.**

transcendente *adj.* v. **trascendente.**

transcender *vi.* v. **trascender.**

transcribir *vt.* a transcrie.

transcripción *f.* transcriere.

transcurrir *vi. (d. timp)* a trece, a se scurge.

transcurso *m.* curs, desfăşurare, scurgere, cursul vremii; perioadă, interval.

transeúnte *m.* trecător.

transferencia *f.* **1.** transfer(are). **2.** *(fin.)* transfer, virament.

transferir *vt.* a transfera.

transfiguración *f.* transfiguraţie, transfigurare.

transfigurar(se) *vt., vr.* a (se) transfigura.

transformación *f.* transformare.

transformar(se) *vt., vr.* a (se) transforma.

tránsfuga *m.* transfug.

transfusión *f. (med.)* transfuzie // ~ *de sangre* transfuzie de sânge.

transgredir *vt.* a încălca, a viola, a nesocoti.

transgresión *f.* încălcare, violare, nesocotire, nerespectare.

transición *f.* tranziţie, trecere.

transigente *adj.* înţelegător.

transigir *vi.* a cădea la învoiala.

transilvano *adj., m.* transilvănean.

transitable *adj. (d. drumuri)* practicabil.

transitivo *adj. (gram.)* tranzitiv.

tránsito *m.* **1.** trecere. **2.** *(com.)* tranzit // *de* ~ **a.** în tranzit; **b.** în trecere.

transitorio *adj.* tranzitoriu.

translimitar *vt. (şi fig.)* a depăşi limita.

translúcido *adj.* translucid.

transmisión *f.* **1.** transmitere. **2.** transmisiune.

transmisor *adj., m.* transmiţător.

transmitir *vt.* a transmite.

transmutación *f.* transmutaţie.

transmutar *vt.* a transmuta.

transparencia *f.* transparenţă.

transparentarse *vr.* **1.** a se întrezări. **2.** a fi transparent.

transparente I. *adj.* transparent. **II.** *m.* transperant.

transpiración *f.* transpiraţie, sudoare.

transpirar *vi.* a transpira, a asuda.

transponer I. *vt.* a transpune. **II.** ~**se** *vr.* **1.** a dispărea, a se face nevăzut. **2.** a asfinţi.

transportación *f.* transportare, transport.

transportar I. *vt.* 1. a transporta. 2. *(muz., teatru)* a transpune. II. **-se** *vr.* a se extazia.

transporte *m.* transport.

transposición *f.* transpunere.

transversal *adj.* transversal.

tranvía *m.* tramvai.

trapacero *m.* potlogar, pungaş.

trapecio *m.* trapez.

trapiche *m.* 1. teasc (de ulei sau de trestie de zahăr). 2. *(Am.)* fabrică de zahăr.

trapo *m.* cârpă, zdreanţă.

tráquea *f.* trahee.

traque(te)ar I. *vi.* a pocni, a trosni. II. *vt.* a agita.

traque(te)o *m.* pocnete.

tras *prep.* după // *uno ~ otro* unul după altul.

trascendencia *f.* 1. transcendenţă. 2. pătrundere, perspicacitate. 3. importanţă, însemnătate.

trascendental *adj.* 1. transcendental. 2. foarte important, deosebit de însemnat; epocal. 3. înalt, superior.

trascendente *adj.* 1. transcendent. 2. puternic mirositor. 3. care se propagă, care se răspândeşte.

trascender *vi.* 1. a transcende. 2. a emana (un miros). 3. a se răspândi. 4. a avea consecinţe. 5. a ieşi la iveală.

trasegar *vt.* 1. a răsturna. 2. a vărsa vinul dintr-un vas în altul.

trasera *f.* partea dinapoi.

trasero I. *adj.* din spate, dinapoi. II. *m.* 1. şezut, dos. 2. **-s** *pl. (fam.)* strămoşi.

trasijado *adj. (fig.)* sfrijit.

traslación *f.* 1. mutare. 2. traducere.

trasladar(se) I. *vt., vr.* 1. a (se) muta, a (se) transfera, a (se) deplasa. II. *vt.* 1. a amâna, a schimba (data). 2. a transfera, a detaşa. 3. a traduce. 4. a transcrie, a copia.

traslado *m.* 1. *(adm.)* transfer, mutare. 2. detaşare. 3. copie, duplicat.

trasluz *m.* lumină translucidă, zare // *mirar (algo) al ~* a privi (ceva) în contra luminii.

trasnochar *vi.* 1. a face noapte albă. 2. a înnopta.

traspasar *vt.* 1. a trece (dintr-o parte în alta). 2. a traversa, a străpunge. 3. a transmite, a ceda. 4. a încălca. 5. *(şi sport)* a transfera.

traspaso *m.* 1. trecere. 2. traversare. 3. cesiune. 4. încălcare. 5. *(şi sport)* transfer.

traspié *m.* pas greşit, alunecare.

trasplantar I. *vt.* a transplanta. II. **-se** *vr.* a se strămuta (dintr-o ţară în alta).

traspunte *m. (tea tru)* regizor de culise.

trasquilar *vt.* a tunde (oile).

trastazo *m. (fam.)* ciomăgeală.

trastero *m. (cuarto) ~* debara; boxă.

trasto *m.* 1. mobilă veche, vechitură. 2. **-s** *pl.* scule, unelte. 3. **-s** *pl. (fam.)* boarfe.

trastornar *vt.* 1. a răsturna, a da peste cap. 2. a răvăşi. 3. a zăpăci.

trastorno *m.* 1. răsturnare. 2. răvăşire. 3. zăpăcire. 4. dezordine, harababură. 5. *(med.)* tulburare.

trasudar *vi.* a năduşi.

trasunto *m.* copie.

trata *f.* negoţ de sclavi.

tratable *adj.* sociabil.

tratadista *m.* autor de tratate.

tratado *m.* tratat.

tratamiento *m.* 1. tratare, tratament. 2. formulă de adresare. 3. *(med.)* tratament.

tratante *m.* negustor, comerciant.

tratar I. *vt.* 1. a trata, a se purta cu. 2. a trata // *~ un asunto* a trata o problemă; *~ una enfermedad* a trata o boală. II. *vi.* 1. *(de, sobre, acerca de)* a trata (despre). 2. *(con)* a fi în relaţii (cu). 3. *(de + infinitiv)* a încerca (să). 4. *(de)* a se adresa (cu) // *~ de tú* a tutui. III. *~se vr. (de)* a fi vorba (de, despre).

trato *m.* 1. v. **tratamiento** (1, 2). 2. tranzacţie, convenţie. 3. comerţ, negoţ. 4. relaţii; legătură; raport; prietenie // *~ de gentes* tact şi experienţă în societate; *tener ~ con* a fi în relaţii cu.

traumatismo *m.* traumatism.

través *m.* 1. aplecare, înclinare // *a ~ de* de-a curmezişul; *de ~* în curmeziş. 2. *(fig.)* restrişte. 3. grindă, bârnă. 4. *(mil.)* întăritură.

travesear *vi.* a se zbengui.

travesía *f.* călătorie pe mare, traversare (a oceanului).

travesura *f.* 1. ştrengărie, năzdrăvănie, poznă. 2. *(fig.)* agerime.

traviesa *f.* traversă (de cale ferată).

travieso *adj.* 1. în curmeziş, pieziş // *de ~* în curmeziş. 2. *(fig.)* zburdalnic, neastâmpărat, năzdrăvan, poznaş. 3. *(fig.)* ager.

trayecto *m.* traiect, parcurs.

trayectoria *f.* traiectorie.

traza *f.* 1. plan, proiect. 2. *(fig.)* mijloc. 3. *(fig.)* chip, înfăţişare.

trazado *m.* plan; schiţă; minută.

trazar *vt.* 1. a proiecta. 2. a trasa. 3. a descrie.

trazo *m.* 1. schiţă, plan. 2. linie.

trébedes *f.pl.* pirostrii.

trebejo *m.* unealtă, sculă.

trébol *m.* trifoi.

trece *num. card.* treisprezece.

trecho *m.* interval, spaţiu // *a ~s* la intervale; *de ~ en ~* a. din când în când; b. din loc în loc.

tregua *f.* 1. *(mil.)* armistiţiu. 2. *(fig.)* răgaz.

treinta *num. card.* treizeci.

tremendo *adj.* îngrozitor, înspăimântător.

trementina *f.* terebentină.

tremolar *vt.* a flutura.

tremolina *f.* 1. vâjâit, vuiet. 2. *(fig.)* larmă.

trémulo *adj.* tremurător.

tren *m.* tren // *~ de aterrizaje* tren de aterizare; *~ directo* (sau *expreso*) tren expres;

~ *ómnibus* personal; ~ *rápido* tren accelerat.

trencilla *f.* tresă, galon.

trenza *f.* 1. împletitură. 2. coadă de păr împletită.

trenzar I. *vt.* a împleti. II. *vi.* (*d. cai*) a sări încrucişând picioarele.

trepa *f.* 1. căţărare. 2. (*fam.*) tumbă.

trepador *adj.* căţărător // *planta trepadora* plantă agăţătoare.

trepar I. *vi.* a se căţăra. II. *vt.* a sfredeli, a găuri.

trepidación *f.* trepidaţie, trepidare.

trepidar *vi.* a trepida.

tres *num. card.* trei.

trescientos *num. card.* trei sute.

treta *f.* (*fig.*) vicleşug, truc.

triangular *adj.* triunghiular.

triángulo *m.* triunghi.

tribu *f.* trib.

tribulación *f.* frământare, zbucium.

tribuna *f.* tribună.

tribunal *m.* 1. (*jur.*) tribunal; complet // ~ *de jurados* curte cu juraţi; ~ *superior* curte de apel. 2. comisie (de examinare).

tributar *vt.* 1. a plăti tribut. 2. (*fig.*) a arăta, a manifesta (respect, supunere).

tributario *adj.* tributar.

tributo *m.* 1. tribut. 2. dare, bir.

triciclo *m.* tricicletă.

tricolor *adj.* tricolor.

tricornio *m.* tricorn.

tridente *m.* trident.

trifulca *f.* (*fam.*) încăierare.

trigal *m.* lan de grâu, holdă.

trigésimo *num. ord.* al treizecilea.

trigo *m.* grâu.

trigonometría *f.* trigonometrie.

trigueño *adj.* cafeniu-închis.

trilogía *f.* trilogie.

trilla *f.* (*agr.*) treierat, treieriş.

trillador *m.* (*agr.*) treierător.

trilladora *f.* (*agr.*) maşină de treierat, batoză.

trillar *vt.* 1. (*agr.*) a treiera. 2. (*fig.*) a bate (un drum).

trillón *m.* trilion.

trimestre *m.* trimestru.

trinar *vi.* 1. a cânta cu triluri. 2. (*fam.*) a se înfuria.

trincar *vt.* 1. a sparge, a sfărâma. 2. (*mar.*) a înnoda. 3. (*fam.*) a strânge.

trinchante *m.* satâr.

trinchar *vt.* 1. a tranşa, a tăia. 2. (*fam.*) a rezolva.

trinchera *f.* 1. (*mil.*) tranşee. 2. trenci.

trinchero *m.* servantă (*mobilă*).

trineo *m.* sanie.

trinidad *f.* (*rel.*) treime.

trinitaria *f.* pansea.

trino *m.* (*muz.*) tril.

trío *m.* trio.

tripa *f.* 1. maţ. 2. burtă, pântece // *echar* ~ a face burtă.

triple *adj.* triplu, întreit.

trípode *m.* sau *f.* trepied.

tríptico *m.* triptic.

tripulación *f.* (*mar.*) echipaj.

tripulante *m.* marinar, matelot.

tris *m.* pârâit, trosnet // *en un ~* (*fam.*) în primejdie; *estar en un ~* a fi cât pe-aci să.

triscar(se) I. *vt., vr.* a (se) amesteca, a (se) încurca. II. *vi.* 1. a tropăi. 2. (*fig.*) a zburda, a se zbengui.

triste *adj.* trist, mâhnit.

tristeza *f.* tristeţe, mâhnire.

triturar *vt.* a fărâmiţa, a măcina.

triunfador *adj.* triumfător.

trunfal *adj.* triumfal.

triunfar *vi.* a triumfa.

triunfo *m.* 1. triumf. 2. atu.

trivial *adj.* trivial, vulgar.

trivialidad *f.* trivialitate, vulgaritate.

triza *f.* fărâmă.

trocar(se) *vt., vr.* a (se) schimba.

trocha *f.* potecă, cărare.

trochemoche *adv.* în *expr.*: *a ~* (*fam.*) fără nici o noimă.

trofeo *m.* 1. trofeu. 2. (*fig.*) biruinţă.

troglodita *m.* troglodit.

troj(e) *f.* grânar, hambar.

trole *m.* troleu.

trolebús *m.* troleibuz.

tromba *f.* trombă.

trombón *m.* trombon.

trompa *f.* 1. trompă // *~ del elefante* trompă de elefant. 2. titirez.

trompazo *m.* 1. lovitură de trompă. 2. (*fam.*) lovitură zdravănă.

trompeta I. *f.* trompetă, goarnă. II. *m.* 1. trompet(ist). 2. (*fam.*) secătură.

trompetero *m.* trompetist.

trompicar I. *vt.* a pune piedică. II. *vi.* a se împiedica.

trompicón *m.* poticnire, împiedicare.

trompo *m.* 1. titirez. 2. (*fig.*) nătăfleaţă.

tronar *vi.* a tuna şi fulgera.

tronco *m.* (*bot., anat.*) trunchi.

tronchar(se) *vt., vr.* 1. a (se) tăia. 2. a (se) frânge, a (se) rupe // *~se de risa* a se prăpădi de râs.

tronido *m.* 1. tunet. 2. pocnet, pocnitură, bubuitură. 3. eşec răsunător.

trono *m.* tron.

tronzar *vt.* 1. a sfărâma, a sparge. 2. a plisa.

tropa *f.* 1. gloată. 2. (*mil.*) trupă.

tropel *m.* 1. gloată. 2. grabă // *en ~* a. buluc; b. în pripă.

tropezar *vi.* 1. (*en*) a se poticni (de). 2. (*con*) a da (peste). 3. (*con*) a se lovi (de).

tropezón *m.* poticneală, împiedicare.

trópico *m.* tropic.

tropiezo *m.* 1. poticnire, împiedicare. 2. (*fig.*) piedică, greutate.

trotar *vi.* a merge la trap.

trote *m.* trap.

trovador *m.* trubadur.

trozo *m.* bucată.

truculento *adj.* crunt, sângeros.

trucha *f.* păstrăv.

trueco *m.* v. trueque.

trueno *m.* 1. tunet. 2. bubuitură.

trueque *m.* schimb // *a ~* în schimb.

trufa *f.* 1. *(bot)* trufă. 2. *(fam.)*
    braşoavă.
truhán *m.* 1. şmecher, pişicher.
    2. *(fam.)* bufon, măscărici.
truncar *vt.* a ciunti, a trunchia.
trunco *adj.* ciuntit, trunchiat.
tú *pron. pers.* tu.
tu, tus *adj. pos.* tău, ta, tăi, tale.
tubérculo *m.* tubercul.
tuberculosis *f.* tuberculoză.
tuberculoso *adj., m.* tuberculos.
tubería *f.* ţevărie.
tuberosa *f.* tuberoză, chiparoasă.
tubo *m.* 1. tub. 2. ţeavă.
tubular *adj.* tubular.
tuerto I. *adj.* (ră)sucit. II. *adj.,*
    m. chior. III. *m.* nedreptate.
tuétano *m.* măduvă.
tugurio *m.* 1. colibă de cioban.
    2. *(fig.)* chichineaţă.
tul *m.* tul.
tulipán *m.* lalea.
tullido *adj., m.* paralitic.
tumba *f.* mormânt.
tumbar I. *vt.* 1. a dărâma.
    2. *(fig.)* a ameţi. II. *vi.* a se
    rostogoli. III. ~se *vr.* a se
    trânti.
tumbo *m.* 1. cădere. 2. zdrunci-
    nătură. 3. *(mar.)* val înalt.
tumefacción *f.* tumefacţie,
    umflătură.
tumor *m.* tumoare.
tumulto *m.* tumult.
tumultuoso *adj.* tumultuos.
tuna *f.* 1. hoinăreală, haima-
    nalâc. 2. *(bot.)* nopal. 3. for-
    maţie muzicală studenţească
    ambulantă // *estudiante de la*
    ~ student al acestei formaţii.
tunante *adj., m.* netrebnic,
    ticălos.

túnel *m.* tunel.
túnica *f.* tunică.
tuno *adj., m.* ticălos.
tupé *m.* 1. moţ. 2. tupeu.
tupido *adj.* 1. des, stufos. 2. *(fig.)*
    prostănac.
tupir I. *vt.* a strânge. II. ~se *vr.*
    a se sătura.
turba *f.* 1. mulţime, gloată.
    2. turbă.
turbación *f.* tulburare, dezordine.
turbador *adj.* tulburător.
turbante *m.* turban.
turbar(se) *vt., vr.* a (se) tulbura.
turbiedad *f.* 1. tulbureală.
    2. *(fig.)* obscuritate.
turbina *f.* turbină.
turbio *adj.* 1. tulbure. 2. *(fig.)*
    obscur, confuz.
turbión *m.* 1. aversă, răpăială.
    2. *(fig.)* mulţime, grămadă.
turbulencia *f.* turbulenţă.
turbulento *adj.* turbulent.
turco *adj., m.* turc(esc).
turismo *m.* turism.
turista *m.* şi *f.* turist(ă).
turno *m.* rând, ordine // *de* ~
    de serviciu; *por* ~ pe rând.
turón *m.* dihor.
turquesa *f.* turcoază, peruzea.
turquí *adj.* albastru-închis.
turrón *m.* alviţă, nuga.
tutear(se) *vt., vr.* a (se) tutui.
tutela *f.* 1. *(jur.)* tutelă. 2. *(fig.)*
    protecţie, ocrotire.
tuteo *m.* tutuială, tutuit.
tutor *m.* 1. tutor. 2. arac.
tuyo, tuya, tuyos, tuyas *pron.*
    pos. al tău, a ta, ai tăi ale tale.

U

u conj. *(înaintea cuvintelor care încep cu* ho *sau* o*)* ori, sau.

ubérrimo *adj.* foarte rodnic.

ubicación *f.* aşezare, situare.

ubicar(se) *vi., vr.* a se afla, a fi situat.

ubicuidad *f.* ubicuitate.

ubicuo *adj.* care se află pretutindeni.

ubre *f.* uger.

ufanarse *vr.* a se mândri.

ufanía *f.* 1. trufie, înfumurare. 2. satisfacţie.

ufano *adj.* 1. trufaş, înfumurat . 2. mulţumit, satisfăcut.

ujier *m.* 1. uşier. 2. aprod.

úlcera *f.* ulcer.

ulceración *f.* ulceraţie.

ulterior *adj.* ulterior.

ultimar *vt.* a desăvârşi, a termina.

ultimátum *m.* ultimatum.

último *adj.* ultim, cel din urmă // por ~ în cele din urmă.

ultrajar *vt.* a ultragia.

ultraje *m.* ultraj.

ultramar *m.* ţară sau loc de peste mări, ţară sau ţări de dincolo de ocean.

ultramarino I. *adj.* de peste mări. II. ~s *m. pl.* coloniale.

ultranza în *expr.:* a ~ *(fig.)* cu orice preţ; până la capăt.

ultratumba *adv.* dincolo (de mormânt) // de ~ de dincolo de mormânt, pe lumea cealaltă.

ulular *vi.* a striga, a ţipa.

ululato *m.* strigăt, ţipăt.

umbilical *adj.* ombilical.

umbral *m.* prag.

umbrío *adj.* umbros, întunecos.

umbroso *adj.* umbros.

un, una, unos, unas *art. nehot.* un, o, nişte.

unánime *adj.* unanim.

unanimidad *f.* unanimitate // por ~ în unanimitate.

unción *f.* 1. ungere. 2. *(rel.)* miruit.

uncir *vt.* a înjuga.

undécimo *num. ord.* al unsprezecelea.

undulación *f.* unduire, ondulare.

undular *vi.* a undui.

ungir *vt.* 1. a unge. 2. *(rel.)* a mirui.

ungüento *m.* unguent.

único *adj.* unic.

unidad *f.* unitate.

unificación *f.* unificare.

unificar *vt.* a unifica.

uniformar(se) *vt., vr.* a (se) uniformiza.

uniforme I. *adj.* uniform. **II.** *m.* uniformă.

uniformidad *f.* uniformitate.

unión *f.* 1. unire. 2. uniune.

unir(se) *vt., vr.* a (se) uni.

unísono *(muz.)* **I.** *adj.* în *(sau la)* unison. **II.** *m.* unison // *al ~ (fig.)* la unison.

unitario *adj.* unitar.

universal *adj.* universal.

universalidad *f.* universalitate.

universidad *f.* universitate.

universitario *adj.* universitar.

universo *m.* univers.

uno[1] **I.** *num. card.* unu, un. **II.** *m.* prima zi (a unei luni).

uno[2]**, una, unos, unas I.** *pron. nehot.* 1. unul, una, unii, unele. 2. cineva // *uno que otro* câţiva, vreunul; *unos cuantos* câţiva. **II.** *adj. (numai pl.)* nişte, câţiva; vreo.

untar *vt.* a unge // *~ la mano* a mitui.

unto *m.* 1. unsoare. 2. grăsime.

untuoso *adj.* unsuros.

untura *f.* 1. ungere. 2. unsoare.

uña *f.* 1. unghie // *ser ~ y carne (con) (fam.)* a fi trup şi suflet, a fi prieten la toartă (cu). 2. gheară. 3. copită.

uranio *m.* uraniu.

urbanidad *f.* urbanitate, politeţe, bună-cuviinţă.

urbanizar(se) I. *vt., vr.* a (se) cultiva, a (se) instrui. **II.** *vt.* a ridica construcţii.

urbano *adj.* 1. urban, orăşenesc. 2. *(fig.)* politicos.

urbe *f.* oraş (mare) // *gran ~* mare aglomerare urbană.

urdidura *f.* urzit, urzire.

urdimbre *f.* urzeală.

urdir *vt. (şi fig.)* a urzi.

urea *f.* uree.

uremia *f. (med.)* uremie.

urgencia *f.* 1. urgenţă, grabă. 2. urgenţă, caz urgent.

urgente *adj.* urgent.

urgir *vi.* a fi urgent, presant // *esto me urge* am nevoie urgent; *esto no urge* nu-i nici o grabă; *me urge* + inf. trebuie să + conjunctiv.

urinario I. *adj.* urinar. **II.** *m.* vespasiană.

urna *f.* urnă.

urraca *f.* coţofană.

urticaria *f.* urticarie.

uruguayo *adj., m.* uruguaian.

usado *adj.* uzat, purtat.

usanza *f.* uzanţă.

usar I. *vt.* a întrebuinţa. **II.** *vi.* a avea obiceiul (să).

uso *m.* 1. uz, întrebuinţare. 2. uz, obicei. 3. modă // *al ~ del día* la modă. 4. stare // *en buen ~* în bună stare; *hacer ~ de* a utiliza, a face uz de.

usted, ustedes *pron. pers.* dumneata; dumneavoastră.

usual *adj.* uzual, obişnuit.

usufructo *m. (jur.)* uzufruct.

usura *f.* camătă.

usurero *m.* cămătar.

usurpación *f.* uzurpare.
usurpador *m.* uzurpator.
usurpar *vt.* a uzurpa.
utensilio *m.* ustensilă, unealtă, sculă.
útero *m.* uter.
útil I. *adj.* util, folositor. **II.** ~es *m.pl.* ustensile, scule.

utilidad *f.* **1.** utilitate, folos. **2.** profit, beneficiu.
utilitario *adj.* utilitar.
utilizar *vt.* a utiliza, a folosi.
utopía *f.* utopie.
utópico *adj.* utopic.
uva *f.* strugure.
úvula *f.* (*anat.*) omuşor.

V

vaca *f.* vacă

vacación *f.* 1. odihnă, repaus. 2. ~es *pl.* concediu, vacanţă // *estar de ~es* a fi în concediu (*sau* în vacanţă).

vacancia *f.* loc vacant.

vacante I. *adj.* liber, neocupat; gol; vacant. II. *f.* post vacant.

vaciado *m.* mulaj.

vaciar I. *vt.* 1. a goli. 2. a turna în tipar. II. *vi (d. râuri)* a se vărsa. III. ~se *vr. (fam.)* a se destăinui.

vacilacion *f.* 1. clătinare, legănare. 2. *(fig.)* şovăire, nehotărâre.

vacilante *adj.* 1. care se clatină. 2. *(fig.)* şovăitor, nehotărât.

vacilar *vi.* 1. a se clătina, a se legăna. 2. *(fig.) (en)* a şovăi (în).

vacío I. *adj.* 1. gol; liber; neocupat. 2. *(fig.)* încrezut, înfumurat. II. *m.* 1. *(şi fig.)* gol, spaţiu gol, vid. 2. gaură, gol, scobitură, adâncitură. 3. *(fiz.)* vid. 4. gol, lipsă, lacună.

vacuidad *f.* vacuitate, gol.

vacuna *f.* vaccin.

vacunación *f.* vaccinare.

vacuno *adj.* bovin // *ganado ~* bovine.

vacuo *adj.* gol, vid.

vade *m.* ghiozdan.

vadeable *adj. (un râu şi fig.)* uşor de trecut.

vadear *vt.* 1. a trece prin vad. 2. *(fig.)* a învinge (o greutate). 3. *(fig.)* a tatona.

vademécum *m.* 1. vademecum. 2. ghiozdan.

vado *m.* 1. vad. 2. *(fig.)* cale, ieşire.

vagabundear *vi.* a vagabonda.

vagabundo, vagamundo *adj., m.* vagabond.

vagancia *f.* 1. hoinăreală. 2. trândăvie.

vagar I. *vi.* 1. a hoinări. 2. a trândăvi. II. *m.* răgaz, timp liber.

vagido *m.* scâncet (de copii).

vagina *f. (anat.)* vagin.

vago I. *adj.* 1. leneş, trândav. 2. hoinar, pribeag, fără ocupaţie. 3. vag, confuz. II. *m.* golan, trântor, leneş // *en ~* în gol.

vagón *m.* vagon.

vagoneta *f.* vagonet.

vaguedad *f.* 1. confuzie. 2. expresie confuză.

vahído *m.* ameţeală.

vaho *m.* abur.

vaina *f.* 1. teacă. 2. toc, cutie. 3. păstaie.

vainilla *f.* vanilie.

vaivén *m.* du-te-vino, balansare, legănare; oscilaţie // *servicio de* ~ navetă.

vajilla *f.* veselă.

vale *m.* poliţă, chitanţă, bon.

valedero *adj.* valabil.

valedor *m.* protector, ocrotitor.

valencia *f. (chim.)* valenţă.

valentía *f.* vitejie, bărbăţie.

valentón *adj., m.* lăudăros, fanfaron.

valentonada *f.* lăudăroşenie, fanfaronadă.

valer I. *vi.* 1. a valora. 2. a fi egal, a însemna. 3. a servi, a fi de folos. II. *vt.* a cauza, a produce. III. ~**se** *vr. (de)* a se servi (de), a recurge (la).

valeroso *adj.* curajos.

valía *f.* 1. valoare. 2. favoare.

validar *vt.* a valida.

validez *f.* validitate, valabilitate.

válido *adj.* valid; valabil.

valido *adj., m.* favorit.

valiente *adj.* 1. viteaz, curajos. 2. robust, voinic. 3. excelent. 4. mare, straşnic.

valija *f.* valiză // ~ *diplomática* valiză diplomatică.

valioso *adj.* 1. valoros, preţios. 2. bogat.

valor *m.* 1. valoare. 2. curaj, îndrăzneală.

valoración *f.* valoare, apreciere.

valorar *vt.* a evalua, a preţui.

vals *m.* vals.

valuación *f.* evaluare.

valuar *vt.* a evalua.

válvula *f.* 1. *(tehn.)* supapă; valvulă; ventil. 2. *(anat.)* valvulă.

valla *f.* 1. împrejmuire. 2. *(fig.)* obstacol, stavilă // *carrera de* ~*s (sport)* cursă cu obstacole.

valle *m.* vale.

vanagloria *f.* lăudăroşenie, înfumurare.

vanagloriarse *vr. (de)* a se făli (cu).

vándalo *adj., m.* vandal.

vanguardia *f.* avangardă.

vanidad *f.* 1. deşertăciune. 2. vanitate, trufie.

vanidoso *adj.* vanitos.

vano *adj.* zadarnic, van, deşert // *en* ~ în zadar.

vapor *m.* abur, vapori // *a todo* ~ *(fig., fam.)* în graba mare; *(buque de)* ~ vapor.

vapor(e)ar *vt.* a evapora.

vaporizar *vt.* a vaporiza.

vapul(e)ar *vt.* a biciui.

vapuleo *m.* biciuire.

vaquería *f.* 1. cireadă de vaci. 2. crescătorie de vaci.

vaquero *m.* văcar.

vara *f.* 1. vargă, nuia. 2. baston de comandă.

varapalo *m.* 1. prăjină. 2. (lovitură de) prăjină. 3. *(fig.)* supărare, necaz.

varar *(mar.)* **I.** *vt.* a lansa (un vas). **II.** *vi.* a se împotmoli.

variable *adj.* variabil.

variación *f.* variaţie.

variante I. *adj.* schimbător. **II.** *f.* variantă, versiune.

variar *vt., vi.* a varia.

várice *f. (med.)* varice.

varicela *f. (med.)* varicelă, vărsat-de-vânt.

variedad *f.* varietate.

varilla *f.* **1.** nuieluşă, beţişor // ~ *de virtudes* (sau *mágica*) baghetă magică. **2.** vergea, spiţă.

vario *adj.* **1.** variat, diferit. **2.** schimbător. **3.** ~s *pl.* câţiva, mai mulţi.

varón *m.* **1.** mascul. **2.** bărbat. **3.** *(fam.)* băiat, băieţel.

varonil *adj.* bărbătesc, viril.

vasallaje *m.* **1.** vasalitate. **2.** *(fig.)* supunere.

vasallo *m.* vasal.

vasco *adj., m.* basc.

vascongado *adj., m.* basc, locuitor.

vascuence *m.* limba bască.

vaselina *f.* vaselină.

vasija *f.* vas.

vaso *m.* **1.** pahar. **2.** vas // ~s *comunicantes* vase comunicante.

vástago *m.* **1.** lăstar, mlădiţă. **2.** *(fig.)* vlăstar.

vasto *adj.* vast, întins.

vate *m.* poet.

vaticinar *vt.* a prezice.

vaticinio *m.* prezicere, profeţie.

vatio *m. (electr.)* watt.

vaya[1] *f. (fam.)* bătaie de joc, zeflemea // *dar* ~ a lua peste picior.

¡vaya![2] *interj. (fam.)* halal!

vecindad *f.* **1.** v. **vecindario. 2.** vecinătate.

vecindario *m.* locuitori (ai unui sat, cartier).

vecino I. *adj.* vecin, apropiat. **II.** *m.* **1.** vecin. **2.** sătean.

veda *f.* oprelişte (a vânătorii).

vedado *m.* rezervaţie.

vedar *vt.* a opri, a interzice.

veedor *m.* controlor, inspector.

vega *f.* câmpie roditoare, luncă.

vegetación *f.* vegetaţie.

vegetal *adj.* vegetal.

vegetativo *adj.* vegetativ.

vehemencia *f.* vehemenţă.

vehemente *adj.* vehement.

vehículo *m.* vehicul.

veinte *num. card.* douăzeci.

vejación *f.* vexaţiune.

vejar *vt.* a vexa.

vejete *m. (fam.)* bătrânel.

vejez *f.* **1.** bătrâneţe. **2.** vechime.

vejiga *f.* băşică.

vela *f.* **1.** veghe. **2.** lumânare // *estar a dos* ~s a ajunge la sapă de lemn. **3.** *(mar.)* velă, pânză // *barco de* ~ vas cu pânze.

velación *f.* veghe.

velada *f.* **1.** veghe. **2.** serată. **3.** şezătoare.

velador *m.* supraveghetor.

veladora *f.* veioză.

velar I. *vi.* **1.** a veghea. **2.** a lucra noaptea. **3.** *(por)* a îngriji (de). **II.** *vt.* **1.** a priveghea. **2.** a acoperi cu un văl. **III.** ~se *vr. (foto)* a se voala.

vel(at)orio *m.* priveghi.

veleidad *f.* 1. veleitate. 2. nesta-tornicie.

veleidoso *adj.* nestatornic.

velo *m.* 1. văl, voal // *tomar el ~ (fig.)* a se face călugăriţă. 2. *(fig.)* pretext.

velocidad *f.* iuţeală, viteză.

velódromo *m.* velodrom.

veloz *adj.* iute, rapid.

vello *m.* 1. păr (pe corp). 2. puf (pe fructe).

vena *f.* 1. venă, vână. 2. vână, filon.

venado *m.* cerb.

venalidad *f.* venalitate.

vencedor *adj., m.* învingător.

vencejo *m.* 1. legătură. 2. lăs-tun.

vencer I. *vt.* a învinge, a birui. II. *vi. (d. termene)* a expira. III. *~se vr.* 1. a se stăpâni. 2. a se lăsa într-o parte.

vencida *f.* învingere // *ir de ~* a fi la capătul puterilor.

vencimiento *m.* 1. învingere, biruinţă. 2. expirare.

venda *f.* faşă.

vendaje *m.* bandaj, pansament.

vendar *vt.* a bandaja.

vendaval *m.* vânt puternic; rafală; vijelie; pală.

vendedor *adj., m.* vânzător.

vender *vt.* a vinde.

vendimia *f.* culesul viilor.

vendimiar *vt.* a culege (via).

veneno *m.* 1. otravă. 2. venin.

venenoso *adj.* 1. otrăvitor. 2. ve-ninos.

veneración *f.* veneraţie.

venerar *vt.* a venera.

venéreo *adj.* veneric.

venero *m.* 1. izvor de apă. 2. *(fig.)* izvor, sursă. 3. zăcământ.

venezolano *adj., m.* venezuelan.

vengador *adj., m.* răzbunător.

venganza *f.* răzbunare.

vengar(se) *vt., vr.* a (se) răzbuna.

vengativo *adj.* răzbunător.

venia *f.* 1. iertare. 2. învoire, îngăduinţă, aprobare. 3. sa-lut din cap.

venida *f.* venire, sosire.

venidero I. *adj.* viitor. II. *~s m. pl.* urmaşi.

venir I. *vi.* 1. a veni. 2. *(a)* a ajunge (să), a reuşi (să) // *a ser* a însemna, a fi; *~ a menos* a scăpăta. II. *~se vr.* 1. a dospi. 2. *(d. must)* a fier-be // *~se a tierra* a cădea la pământ.

venta *f.* 1. vânzare // *a la ~* (sau *en ~*) în vânzare. 2. han.

ventaja *f.* avantaj.

ventajoso *adj.* avantajos.

ventana *f.* 1. fereastră. 2. *~ (de la nariz)* nară.

ventanilla *f.* ghişeu.

ventear I. *vi.* a bate vântul. II. *vt.* 1. a adulmeca. 2. a scoate la aer.

ventero *m.* hangiu.

ventilación *f.* ventilare.

ventilador *m.* ventilator.

ventilar *vt.* a ventila, a aerisi.

ventisca *f.* viscol, vifor.

ventiscar *vi.* a viscoli.

ventisquero *m.* 1. viscol. 2. ghe-ţar.

ventolera *f.* 1. rafală. 2. moriş-că de hârtie. 3. înfumurare. 4. idee năstruşnică.

ventosa *f.* ventuză.

ventosidad *f. (fam.)* vânt.

ventrículo *m.* ventricul.

ventrudo *adj.* pântecos.

ventura *f.* 1. noroc // *a la (buena)*
~ la noroc. 2. risc, primejdie.

ver *m.* vedere, văz.

ver(se) *vt., vr.* a (se) vedea // *a*
~ să vedem; *a más* ~ la
revedere; *a mi (modo de)* ~
după părerea mea; *es de* ~
rămâne de văzut.

veracidad *f.* veracitate.

veranear *vi.* a-şi petrece vara.

veraneo *m.* vilegiatură.

veraniego *adj.* 1. de vară, esti-
val. 2. *(fig.)* neînsemnat.

verano *m.* vară.

veras *f. pl.* în *expr.: de* ~ într-
adevăr.

veraz *adj.* sincer, care nu minte.

verbal *adj.* verbal, oral.

verbena *f.* 1. *(bot.)* verbină.
2. serbare populară; petre-
cere.

verbigracia *adv.* de exemplu.

verbo *m.* verb.

verdad *f.* adevăr // *a la* ~ într-
adevăr; *de* ~ cu adevărat.

verdadero *adj.* adevărat.

verde *adj.* 1. verde. 2. proaspăt.
3. tânăr, viguros. 4. *(fig.)* ob-
scen.

verdear *vi.* 1. a înverzi. 2. a
bate în verde.

verdecer *vi.* a înverzi.

verdor *m.* 1. verdeaţă. 2. *(fig.)*
vigoare.

verdoso *adj.* verzui.

verdugo *m.* 1. lăstar. 2. călău.
3. bici. 4. *(fig.)* chin.

verdugón *m.* vânătaie.

verdulero *m.* zarzavagiu.

verdura *f.* 1. *(şi pl.)* verdeaţă.
2. zarzavat, legumă. 3. verde,
verdeaţă.

verdusco *adj.* verzui-închis.

vereda *f.* potecă, cărare.

veredicto *m.* verdict.

vergel *m. (poetic)* grădină.

vergonzoso *adj.* ruşinos, sfios.

vergüenza *f.* 1. ruşine. 2. jenă,
sfială, timiditate.

verídico *adj.* veridic.

verificación *f.* 1. verificare. 2. în-
deplinire. 3. adeverire.

verificar I. *vt.* 1. a verifica. 2. a
adeveri. II. ~se *vr.* 1. a se
adeveri. 2. a se îndeplini.

verja *f.* grilaj.

vermut *m.* vermut // *función* ~
matineu.

vernacular *adj.* indigen, autohton,
băştinaş.

verosímil *adj.* verosimil.

verruga *f.* neg.

versado *adj.* versat, priceput.

versar I. *vi.* 1. a se învârti.
2. *(sobre)* a trata (despre).
II. ~se *vr. (en)* a se exersa
(în).

versátil *adj. (fig.)* versatil, ne-
statornic.

versículo *m.* verset.

versificación *f.* versificare.

versificar *vt., vi.* a versifica.

versión *f.* versiune.

verso *m.* vers.

vértebra *f.* vertebră.

vertebrado *adj., m.* vertebrat.

verter I. *vt.* 1. a vărsa, a turna.
2. *(a)* a traduce (în). II. *vi.* a
se scurge. III. ~se *vr.* a se
vărsa.

vertical I. *adj.* vertical. II. *f.* verticală.

vértice *m.* 1. *(geom.)* vârf. 2. *(fig.)* creştet.

vertiente *m.* sau *f.* versant, pantă, povârniş.

vertiginoso *adj.* vertiginos.

vértigo *m.* ameţelă, leşin.

vespertino *adj.* de seară, seral.

vestal *f.* vestală.

vestíbulo *m.* vestibul, antreu.

vestido *m.* 1. veşmânt, haine. 2. costum. 3. rochie.

vestidura *f.* veşmânt, haine.

vestigio *m.* vestigiu, urmă.

vestimenta *f.* v. **vestidura.**

vestir(se) *vt., vr., vi.* a (se) îmbrăca.

vestuario *m.* 1. îmbrăcăminte. 2. garderobă. 3. *(teatru)* cabină.

veta *f.* 1. vână, nervură. 2. vână, filon.

veterano *adj., m.* veteran.

veterinaria *f.* medicină veterinară.

veterinario *m.* medic veterinar.

vetustez *f.* vechime.

vetusto *adj.* vetust, vechi.

vez *f.* dată, oară, rând // *a la ~* deodată; *a veces* câteodată; *una que otra ~* câteodată; *a tu ~* la rândul tău; *cada ~ más* din ce în ce mai mult; *cada ~ que* ori de câte ori; *de ~ en cuando* din când în când; *tal ~* poate că; *una ~* o dată; *una que otra ~* câteodată; *varias veces* de mai multe ori.

vía I. *f.* cale // *~ férrea* cale ferată; *~ pública* cale publică. II. *prep.* via, prin.

viabilidad *f.* viabilitate.

viable *adj.* viabil.

viaducto *m.* viaduct.

viajante *adj., m.* călător.

viajar *vi.* a călători.

viaje *m.* călătorie // *estar de ~* a călători.

viajero *adj., m.* călător.

vianda *f.* hrană, mâncare.

viático *m.* 1. bani de drum. 2. merinde. 3. diurnă. 4. *(rel.)* maslu.

víbora *f.* viperă.

vibración *f.* 1. vibrare. 2. vibraţie.

vibrante *adj.* vibrant.

vibrar *vi.* a vibra.

vicario *m.* vicar.

vicepresidente *m.* vicepreşedinte.

vicerrector *m.* prorector.

viceversa *adv.* viceversa.

viciar(se) *vt., vr.* a (se) vicia, a (se) corupe.

vicio *m.* viciu.

vicioso *adj.* vicios.

vicisitud *f.* vicisitudine.

víctima *f.* victimă.

victoria *f.* victorie, biruinţă.

victorioso *adj.* victorios.

vid *f.* viţă de vie.

vida *f.* viaţă.

vidente I. *adj.* care vede. II. *m.* ghicitor, prezicător; profet.

videocinta *f.* bandă video.

vidriera *f.* geamlâc // *~ de colores* vitraliu; *(puerta) ~* uşă cu geamlâc, glasvand.

vidriero *m.* 1. sticlar. 2. geamgiu.

vidrio *m.* sticlă.

vidrioso *adj.* 1. fragil, casant. 2. alunecător. 3. delicat.

viejo I. *adj.* 1. bătrân. 2. vechi. II. *m.* bătrân.

vienés *adj.*, *m.* vienez.

viento *m.* vânt // *correr el ~ a* bate vântul; *instrumentos de ~* instrumente de suflat.

vientre *m.* pântece, burtă.

viernes *m.* vineri.

viga *f.* grindă, bârnă.

vigente *adj.* în vigoare.

vigésimo *num. ord.* al douăzecilea.

vigía I. *m.* paznic. II. *f.* foişor, turn de pază.

vigilancia *f.* 1. vigilenţă. 2. pază.

vigilante I. *adj.* 1. de veghe. 2. vigilent. 3. treaz. II. *m.* supraveghetor, paznic.

vigilar *vt.*, *vi.* a veghea.

vigilia *f.* 1. veghe // *noche de ~* noapte de veghe. 2. ajun, post // *comer de ~* a mânca de post.

vigor *m.* vigoare // *entrar en ~* a intra în vigoare.

vigorizar(se) *vt.*, *vr.* 1. a prinde putere. 2. (*fig.*) a (se) însufleţi.

vigoroso *adj.* viguros.

vil *adj.* josnic, ticălos.

vileza *f.* josnicie, ticăloşie.

vilipendiar *vt.* a dispreţui.

vilipendio *m.* dispreţ.

vilo *adv.* în *expr.: en ~* **a.** fără sprijin; **b.** (*fig.*) nehotărât.

villa *f.* 1. vilă. 2. localitate; comună.

villancico *m.* colindă de Crăciun.

villanía *f.* 1. origine umilă. 2. (*fig.*) mişelie. 3. (*fig.*) mojicie.

villano I. *adj.* 1. ţărănesc, de rând. 2. rău, mârşav. II. *m.* ţăran.

vinagre *m.* oţet.

vinagrera *f.* 1. sticluţă de oţet. 2. ~s *pl.* oţetar, serviciu de oţet, ulei, sare şi piper.

vincular(se) *vt.*, *vr.* a (se) lega, a (se) uni.

vínculo *m.* legătură, unire.

vindicación *f.* răzbunare.

vindicar *vt.* 1. a răzbuna. 2. a revendica.

vindicta *f.* răzbunare.

vinícola *adj.* vinicol.

vinificación *f.* vinificare.

vino *m.* vin // *~ blanco* vin alb; *~ tinto* vin roşu.

viña *f.* vie.

viñador *m.* viticultor.

viñedo *m.* podgorie.

viñeta *f.* vinietă.

violáceo *adj.* violaceu.

violación *f.* violare.

violar *vt.* 1. a viola, a pângări. 2. a silui, a batjocori. 3. (*fig.*) a viola, a încălca, a nesocoti.

violencia *f.* 1. violenţă. 2. violare, siluire.

violentar I. *vt.* 1. a violenta, a silui. 2. (*fig.*) a răstălmăci, a denatura. II. ~se *vr.* a-şi învinge sila.

violento *adj.* violent.

violeta *f.* violetă, viorea.

violetera *f.* vânzătoare de violete.

violín *m.* vioară.

violinista *m.* şi *f.* violonist(ă).

violón *m.* contrabas.

violoncelista *m.* şi *f.* violoncelist(ă).

violoncelo *m.* violoncel.

viraje *m.* viraj.

virar *vt., vi.* a vira.

virgen I. *adj.* virgin, feciorelnic.
II. *f.* fecioară.

virginal, virgíneo *adj.* feciorelnic.

virginidad *f.* virginitate, feciorie.

viril *adj.* viril, bărbătesc.

virilidad *f.* virilitate, bărbăţie.

virreinato *m.* viceregat.

virrey *m.* vicerege.

virtud *f.* virtute, calitate // *en ~ de* pe baza, în temeiul, potrivit, drept urmare.

virtuoso *adj.* virtuos.

viruela *f.(med.)* variolă, vărsat // *~s locas* varicelă.

virulencia *f.* virulenţă.

virulento *adj.* virulent.

viruta *f.* 1. talaş. 2. şpan.

visar *vt.* 1. *(adm.)* a viza, a pune viza pe. 2. *(mil.)* a ochi.

víscera *f.* viscere, măruntaie.

viscosidad *f.* vâscozitate.

viscoso *adj.* vâscos.

visera *f.* 1. vizieră. 2. cozoroc.

visibilidad *f.* vizibilitate.

visible *adj.* vizibil.

visigodo *adj., m.* vizigot.

visión *f.* 1. vedere. 2. vedere, privire. 3. arătare, nălucă // *ver ~es* a i se năzări. 4.*(fig.)* fiinţă urâtă, urăciune, pocitanie.

visionario *adj., m.* vizionar.

visita *f.* 1. vizită. 2. musafir.

visitante *adj., m.* vizitator.

visitar *vt.* a vizita.

vislumbrar *vt.* a întrezări.

viso *m.* 1. *(fig.)* aparenţă. 2. *~s pl.* ape, reflexe.

víspera *f.* 1. ajun // *en ~s* în ajun. 2. *~s pl. (rel.)* vecernie.

vista I. *f.* 1. văz, vedere //*a la ~ a.* la vedere, vizibil; **b.**evident, clar; **c.** după cât se pare; *a la ~ de* **a.** la vederea, văzând; **b.** conform, potrivit; *a ~ de ojos* în faţa ochilor; *conocer de ~* a cunoaşte din vedere; *hasta la ~* la revedere; *punto de ~* punct de vedere. 2. *(fig.)* vedere, privelişte. 3. ochi, privire // *clavar la ~ en* a-şi aţinti privirea *(sau* ochii) pe. **II.** *m.* vameş.

vistazo *m.* aruncătură de ochi.

visto *adj.* 1. văzut. 2. *(jur.)* examinat; judecat // *~ bueno (adm.)* **a.** văzut; **b.** viză; **c.** bun de tipar; *~ que* întrucât.

vistoso *adj.* arătos.

visual *adj.* vizual.

vital *adj.* vital.

vitalicio *adj.* pe viaţă // *renta vitalicia* rentă viageră.

vitalidad *f.* vitalitate.

vitamina *f.* vitamină.

vitando *adj.* 1. care trebuie evitat. 2. *(fig.)* odios.

vitícola *adj.* viticol.

viticultura *f.* viticultură.

¡vítor! *interj.* ura!, bravo!

vitorear *vt.* a aclama.

vítreo *adj.* sticlos, vitros.

vitrina *f.* vitrină.

vitriolo *m.* vitriol.

vituallas *f.pl.* merinde.

vituperar *vt.* a blama, a admonesta.

vituperio *m.* blamare, admonestare.

viudez *f.* văduvie.

viudo *adj., m.* văduv.

¡viva! *interj.* trăiască!

vivacidad *f.* vioiciune.

vivaque *m.* bivuac.

vivaracho *adj. (fam.)* vioi, zglobiu.

vivaz *adj.* 1. vioi, ager, plin de viață. 2. trainic, care dăinuie.

vivencia *f. (și fig.)* trăire.

víveres *m.pl.* merinde, provizii.

vivero *m.* 1. pepinieră. 2. heleșteu cu pește.

viveza *f.* vioiciune.

vividor I. *adj.* întreprinzător, abil, descurcăreț. II. *m.* parazit.

vivienda *f.* locuință.

viviente I. *adj.* viu, în viață. II. *m.* viețuitoare, vietate.

vivificar(se) *vt., vr.* a (se) însufleți, a (se) anima.

vivir I. *vi.* 1. a trăi, a viețui. 2. a locui. 3. a dăinui. II. *m.* existență, trai.

vivisección *f.* vivisecți(un)e.

vivo *adj.* 1. viu. 2. vioi, sprinten. 3. ager la minte. 4. intens, puternic. 5. iute.

vizconde *m.* viconte.

vocablo *m.* cuvânt.

vocabulario *m.* vocabular.

vocación *f.* vocație.

vocal I. *adj.* vocal. II. *f. (lingv.)* vocală. III. *m.* membru cu drept de vot.

vocear *vi., vt.* a striga.

vocería *f.*, **vocerío** *m.* strigăte, gălăgie.

vocero *m.* purtător de cuvânt.

vociferación *f.* vociferare.

vociferar *vi.* a vocifera.

vocinglero *adj., m.* 1. gălăgios. 2. limbut.

voladero *adj.* zburător.

volador I. *adj.* 1. zburător. 2. ușor, sprinten. II. *m.* rachetă (de artificii).

voladoras *f. pl.* lanțuri (la moși).

voladura *f.* explozie, aruncare în aer.

volante I. *adj.* 1. zburător. 2. volant, mobil. II. *m.* 1. *(tehn.)* volant. 2. *(auto)* volan. 3. volan (de rochie).

volar I. *vi.* 1. a zbura. 2. a dispărea. 3. a se răspândi. II. *vt.* a face să explodeze.

volátil *adj.* 1. zburător. 2. volatil.

volatilizar(se) *vt., vr.* a (se) volatiliza.

volcán *m.* vulcan.

volcánico *adj.* vulcanic.

volcar *vt., vi.* a (se) răsturna.

voleo *m. (sport)* voleu.

voltaje *m.* voltaj.

voltámetro *m.* voltmetru.

voltear I. *vt.* 1. a învârti, a rostogoli. 2. a răsturna. II. *vi.* a se rostogoli.

volteo *m.* 1. învârtire, rostogolire. 2. răsturnare.

voltereta *f.* tumbă.

volt(io) *m.* volt.

volubilidad *f.* volubilitate.

voluble *adj.* schimbător, nesta-
tornic.

volumen *m.* volum.

voluminoso *adj.* voluminos.

voluntad *f.* voinţă // *a* ~ după
voie; *de (buena)* ~ de bună
voie; *buena/mala* ~ bună
/rea voinţă.

voluntario *adj., m.* voluntar.

voluntarioso *adj.* încăpăţânat.

voluptuosidad *f.* voluptate.

voluptuoso *adj.* voluptuos.

volver I. *vt.* 1. a întoarce // ~
una hoja a întoarce o pagină.
2. a înapoia, a restitui. 3. a
face, a face să devină // ~
triste a întrista; ~ *loco* a înne-
buni. II. *vi.* 1. a se întoarce, a
se înapoia. 2. *(a)* a coti (la).
3. *(a)* a face din nou, a repeta //
~ *a leer* a citi din nou; ~ *a ver*
a revedea. III. *~se vr.* 1. a se
înapoia. 2. a deveni.

vomitar *vt.* a vom(it)a, a vărsa.

vomitivo *adj.* vomitiv.

vómito *m.* vom(it)are.

voracidad *f.* voracitate.

vorágine *f.* vâltoare.

voraz *adj.* vorace.

vos *pron. pers. (Am.)* tu.

vosotros, vosotras *pron. pers.*
voi.

votación *f.* votare.

votar *vt.* a vota.

voto *m.* 1. făgăduială, jurământ.
2. înjurătură. 3. *(pol.)* vot.

voz *f.* 1. voce, glas // *en alta* ~
cu voce tare; *en* ~ *baja* cu
voce înceată, încet. 2. strigăt
// *llamar a voces* a striga (pe
cineva); *a* ~ *en cuello* în gura
mare. 3. cuvânt, vorbă. 4. *(fig.)*
zvon // *corre la* ~ *que* umblă
zvonul că. 5. *(fig.)* vot con-
sultativ. 6. *(gram.)* diateză,
formă. 7. drept la cuvânt

vuelco *m.* răsturnare, tumbă.

vuelo *m.* zbor.

vuelta *f.* 1. învârtire. 2. înconjur,
ocol. 3. cotitură. 4. înapoiere,
întors // *de* ~ la întoarcere, la
înapoiere. 5. repetare. 6. verso,
dos. 7. rest de bani. 8. plim-
bare, tur, raită // *dar una* ~ a
face o plimbare. 9. tur (de scru-
tin).

**vuestro, vuestra, vuestros,
vuestras** *adj., pron. pos.* (al)
vostru, (a) voastră, (ai) voş-
tri, (ale) voastre.

vulcanizar *vt.* a vulcaniza.

vulgar *adj.* vulgar.

vulgaridad *f.* vulgaritate.

vulgo *m.* vulg.

vulnerable *adj.* vulnerabil.

vulnerar *vt.* a răni.

vulpeja *f.* vulpe.

X

xenofobia *f.* xenofobie
xenófobo *adj.* xenofob.
xilófono *m.* xilofon.

xilografía *f.* xilografie.
xilógrafo *m.* xilograf.

Y

y *conj.* şi.
ya I. *adv.* 1. deja, şi. 2. acum.
3. mai încolo, altă dată. 4. în-
dată. 5. *(în expresii negative)*
mai. 6. gata. II. *conj.* 1. ~...~
când... când, ba... ba. 2. ~
que de vreme ce, deoarece,
dat fiind că.
yacer *vi.* a zăcea.
yacimiento *m.* zăcământ.
yambo *m.* iamb.
yanqui *adj., m.* yancheu.
yarda *f.* iard.
yatagán *m.* iatagan.
yate *m.* iaht.
yegua *f.* iapă.
yeguada *f.* herghelie de cai.
yeísmo *m.* rostire a lui *ll* ca *y*.
yelmo *m.* coif.
yema *f.* 1. mugur. 2. gălbenuş
(de ou). 3. buric (de deget).
4. prăjitură preparată cu găl-

benuş de ou şi zahăr. 5. *(fig.)*
cremă, floare. 6. *(fig.)* miez.
yerba *f.* 1. iarbă. 2. *(Am.)* (ceai)
mate.
yermo I. *adj.* nelocuit, pustiu.
II. *m.* deşert.
yerno *m.* ginere.
yerro *m.* greşeală, eroare.
yerto *adj.* ţeapăn, înţepenit.
yesca *f.* iască.
yeso *m.* ipsos, ghips.
yo *pron. pers.* eu // *el* ~ eul.
yodo *m.* iod.
yuca *f.* *(Am.)* manioc.
yugo *m.* 1. jug. 2. *(fig.)* jug,
robie.
yugoslavo *adj., m.* iugoslav.
yunque *m.* nicovală.
yunta *f.* pereche de boi înjugaţi.
yute *m.* iută.
yuxtaponer *vt.* a juxtapune.
yuxtaposición *f.* juxtapunere.

Z

zafar. I. *vt. (mar.)* a dezlega. II. ~se *vr.* 1. a se feri. 2. *(fig.)* a se eschiva.

zafio *adj.* grosolan, necioplit.

zafiro *m.* safir.

zafra *f.* 1. recoltă de trestie de zahăr. 2. sezon cât durează recoltatul trestiei. 3. bidon de ulei.

zaga I. *f.* dos, spate, urmă // en ~ la spate. II. *m. (sport)* fundaş.

zagal *m.* 1. flăcău. 2. ciobănaş.

zaguán *m.* antreu, vestibul.

zaguero I. *adj.* codaş, de la coadă. II. *m. (sport)* fundaş.

zaherir *vt.* a mustra, a critica.

zaino *adj.* 1. făţarnic, fals. 2. murg.

zalamería *f.* linguşeală.

zalamero *adj., m.* linguşitor.

zamarra *f.* cojoc.

zamarrear *vt.* a scutura, a zgâlţâi.

zamarro *m.* 1. cojoc. 2. *(fam.)* mârlan.

zambo I. *adj.* crăcănat. II. *m. (Am.)* corcitură de negru şi indiancă *(sau invers).*

zambullir(se) *vt., vr.* a (se) cufunda.

zampar I. *vt.* 1. a piti. 2. a înfuleca. II. ~se *vr.* a se strecura pe furiş.

zampoña *f.* 1. nai. 2. fluier. 3. *(fam.)* nerozie.

zanahoria *f.* morcov.

zanca *f.* picior de pasăre.

zancada *f.* pas mare.

zancadilla *f.* piedică (pusă cu picior).

zancos *m. pl.* picioroange.

zancudo *adj.* cu picioarele lungi.

zancudas *f. pl. (zool.)* picioroange.

zángano *m. (zool. şi fig.)* trântor.

zangolotear *(fam.)* I. *vt.* a scutura, a zgâlţâi. II. *vi.* a se fâţâi, a se foi. III. ~se *vr. (d. ferestre, uşi etc.)* a se clătina, a se zgâlţâi.

zanja *f.* 1. şanţ. 2. groapă. 3. *(Am.)* vâlcea.

zapador *m. (mil.)* genist.

zapapico *m.* târnăcop.

zapar *vi.* a săpa.

zapatazo *m.* lovitură de pantof.

zapateado *m.* dans spaniol.

zapatear *vi.* a bate cu piciorul.

zapatería *f.* **1.** (*meserie şi atelier*) cizmărie. **2.** magazin de pantofi.

zapatero *m.* **1.** cizmar. **2.** vânzător de pantofi.

zapatilla *f.* **1.** papuc. **2.** toc de piele.

zapato *m.* pantof.

¡zape! *interj.* zât!, câţ!

zar *m.* ţar.

zarabanda *f.* (*muz.*) sarabandă.

zaragata *f.* gălăgie, ceartă.

zaranda *f.* ciur, dârmon.

zarcillo *m.* **1.** cercel. **2.** săpăligă.

zarco *adj.* albastru-deschis.

zarpa *f.* **1.** ridicare a ancorei. **2.** gheară.

zarpar *vi.* (*mar.*) a ridica ancora.

zarpazo *m.* bufnitură.

zarramplín *m.* (*fam.*) cârpaci.

zarrapastrón, zarrapastroso *adj.* zdrenţăros, jerpelit.

zarza *f.* (*bot.*) mur.

zarzal *m.* mărăciniş.

zarzamora *f.* mură.

zarzo *m.* leasă.

zarzuela *f.* vodevil spaniol.

¡zas! *interj.* buf!, poc!

zigzag *m.* zigzag.

zinc *m.* zinc.

¡zis, zas! *interj.* trosc-pleosc!, pac-pac!

zócalo *m.* (*arhit.*) soclu.

zocato *adj.* **1.** (*d. un fruct*) trecut. **2.** (*fam.*) stângaci.

zodíaco [zodiaco] *m.* zodiac.

zona *f.* zonă.

zonco *adj., m.* (*fam.*) prost, nerod.

zoología *f.* zoologie.

zoólogo *m.* zoolog.

zopenco *adj., m.* neghiob, nerod, nătărău.

zopo *adj.* (*d. membre*) strâmb, sucit.

zoquete *m.* **1.** ciot. **2.** codru (de pâine). **3.** (*fig.*) nătâng.

zorra *f.* **1.** vulpe. **2.** (*fig.*) persoană vicleană. **3.** (*pop.*) târfă.

zorro *m.* **1.** vulpoi. **2.** ~s *pl.* scuturătoare de praf.

zozobra *f.* zbucium, nelinişte.

zozobrar *vi.* a se zdruncina.

zueco *m.* **1.** sabot. **2.** pantof cu talpă de lemn.

zulaque *m.* chit.

zumba *f.* **1.** talangă. **2.** (*fig.*) zeflemea.

zumbar **I.** *vi.* **1.** a bâzâi. **2.** a ţiui. **3.** (*fig.*) a fi aproape. **II.** ~se *vt., vr.* (*de*) a zeflemisi (pe cineva).

zumbido *m.* **1.** bâzâit. **2.** ţiuit.

zumo *m.* suc, zeamă.

zurcir *vt.* a cârpi.

zurdo *adj., m.* stângaci.

zurra *f.* **1.** tăbăcire. **2.** (*fig.*) bătaie, chelfăneală.

zurrapa *f.* **1.** drojdie. **2.** (*fam.*) ticălos, mişel, nemernic. **3.** (*fam.*) murdărie (de excremente) pe haine.

zurrar *vt.* **1.** a tăbăci. **2.** (*fam.*) a bate, a scărmăna.

zurriago *m.* bici.

zurrón *m.* traistă, desagă.

zutano *m.* cutare.

VERBUL (EL VERBO)

GENERALITĂȚI

Verbul spaniol, la fel ca cel din limba română, are următoarele categorii gramaticale: *modul, timpul, persoana, numărul* și *diateza.*

Categoria de număr se exprimă solidar cu cea de persoană. Astfel, în forma *cantamos* (noi cântăm) desinența *-mos* ne indică persoana întâi, plural.

Paradigma verbală cuprinde trei moduri personale, adică forme care exprimă categoria gramaticală a persoanei: *indicativul* (indicativo), *conjunctivul* (subjuntivo) și *imperativul* (imperativo), și trei moduri nepersonale: *infinitivul* (infinitivo), *gerunziul* (gerundio) și *participiul* (participio).

Spre deosebire de situația din limba română, spaniola nu dispune de modul supin. În multe cazuri el poate fi echivalent, în spaniolă, cu infinitivul sau cu un substantiv: Mașină *de scris* (Máchina *de escribir*). Merg *la recoltat* de grâu (Voy *a la cosecha* de trigo).

Modul condițional nu este tratat aparte. El este considerat un timp al indicativului.

Din punctul de vedere al flexiunii, cele mai multe verbe spaniole se conjugă după modelul verbelor *tomar, comer, vivir.* Conjugarea lor este regulată.

Alte verbe, destule la număr, suferă diverse modificări în flexiunea lor, abătându-se de la modelele mai sus menționate. Conjugarea lor este neregulată.

CONJUGAREA VERBELOR REGULATE (CONJUGACIÓN DE LOS VERBOS REGULARES). DIATEZA ACTIVĂ (LA VOZ ACTIVA)

§ 101. În limba spaniolă, spre deosebire de situația din limba română, verbele se grupează în trei conjugări:

Verbele cu infinitivul în *-ar* aparțin conjugării I: *cantar* (a cânta), *tomar* (a lua), *trabajar* (a lucra).

Verbele cu infinitivul în *-er* aparțin conjugării a II-a: *comer* (a mânca), *temer* (a se teme), *beber* (a bea).

Verbele terminate în *-ir* aparțin conjugării a III-a: *vivir* (a trăi, a locui), *subir* (a se sui, a urca), *partir* (a pleca).

FORMAREA TIMPURILOR SIMPLE
(LA FORMACIÓN DE LOS TIEMPOS SIMPLES)

De la radicalul verbului — obţinut prin înlăturarea sufixului infinitival — se formează:

Prezentul indicativ (se adaugă la radical): *-o, -as, -a, -amos, -áis, -an*, în cazul verbelor de conjugarea I: tom-o, ~as, ~amos, ~áis, ~an; *-o, -es, -e, -emos, -éis, -en* în cazul verbelor de conjugarea a II-a: com-o, ~es, ~e, ~emos, ~éis, ~en; *-o, -es, -imos, ís, -en* pentru verbele de conjugarea a III-a: viv-o, ~es, ~e, ~imos, ~ís, ~en).

Perfectul simplu (se adaugă la radical: *-é, -aste, -ó, -amos, -asteis, -aron*, în cazul verbelor de conjugarea I: tom-é, ~aste, ~ó, ~amos, ~asteis, ~aron; *-í, -iste, -ió, -imos, -isteis, -ieron* pentru verbele de conjugarea a II-a şi a III-a: com-í, ~iste, ~ió, ~imos, ~isteis, ~ieron); viv-í, ~iste, ~ió, ~imos, ~isteis, ~ieron.

Imperfectul indicativ (se adaugă la radical: *-aba, -abas, aba, -ábamos, -abais, -aban*— în cazul verbelor de conjugarea I: tom-aba, ~abas, ~aba, ~ábamos, ~abais, ~aban: *-ía, -ías, -ía, -íais, -ían* — în cazul verbelor de conjugarea a II-a şi III-a: com-ía, ~ías, ~ía, ~íamos, ~íais, ~íian,; viv-ía, ~ías, ~ía, ~íamos, ~íais, ~ían).

Prezentul conjunctiv (se adaugă la radicalul verbelor de conjugarea I: *-e, -es, -e, -emos, -éis, -en*: tom-e, ~es, ~e, ~emos, ~éis, ~en; la radicalul verbelor de conjugarea a II-a şi a III-a se adaugă: *-a, -as, -a, -amos, -áis, -an*: com-a, ~as, ~a, ~amos, ~áis, ~an; viv-a, ~as, ~a, ~amos, ~áis, ~an).

Observaţie: Verbele spaniole se termină la persoana I de la prezentul indicativ în *-o*, cu următoarele şase excepţii: ser —*soy*, estar — *estoy*, dar — *doy*, ir — *voy*, haber — *he*, saber — *sé*.

Persoana a II-a singular se termină în *s*, persoana I plural, în *-mos*, persoana a II-a plural, în *-is* şi persoana a III-a plural, în *-n*: can*tar*:...can*tas*, cant*amos*, cant*áis*, can*tan* etc.

Observaţia este valabilă pentru toate timpurile şi modurile personale cu excepţia *imperativului* şi *a perfectului simplu* (persoana a II-a singular şi a II-a plural).

Infinitivul are accentul pe ultima silabă: can*tar*, be*ber*, par*tir*.

Persoanele de la singular şi a III-a plural de la *prezentul indicativ* şi *conjunctiv* sunt accentuate pe radical: *to*mo, *to*mas, *to*ma, *to*mamos, *to*máis, *to*man; *co*mo, *co*mes, *co*me...*co*men; *to*me, *to*mes, *to*me...*to*men; *co*ma, *co*mas, *co*ma...*co*man; *vi*vo, *vi*ves, *vi*ve...*vi*ven; *vi*va, *vi*vas, *vi*va...*vi*van; *to*ma, *co*me, *vi*ve.

Verbele spaniole sunt regulate la imperfectul indicativ. Fac excepţie *ser*: era, eras, era, éramos, erais, eran
ir: iba, ibas, iba, íbamos, ibais, iban
ver: veía, veíss, veía, veíamos, veíais, veían.

TIMPURI SIMPLE FORMATE CU INFINITIVUL (TIEMPOS SIMPLES FORMADOS CON EL INFINITIVO)

Viitorul: Infinitivul + *-é, ás, -á, -emos, -éis, -án:*
tomar-é, ~ás, ~á, ~emos, ~éis, ~án.
comer-é, ~ás, ~á, ~emos, ~éis, ~án.
vivir-é, ~ás, ~á, ~emos, ~éis, ~án.

Condiționalul prezent: Infinitivul + *-ía, -ías, -ía, -íamos, -íais, -ían*
tomar-ía, ~ías, ~ía, ~íamos, ~íais, ~ían.
comer-ía, ~ías, ~ía, ~íamos, ~íais, ~ían.
vivir-ía, ~ías, ~ía, ~íamos, ~íais, ~ían.

FORMAREA IMPERFECTULUI ŞI VIITORULUI CONJUNCTIV (LA FORMACIÓN DEL PRETÉRITO IMPERFECTO Y FUTURO DE SUBJUNTIVO)

Cele două forme ale *imperfectului conjunctiv* se formează astfel: se suprimă *-ron* de la persoana a III-a plural a perfectului simplu şi se adaugă pentru:
forma I: *-ra, -ras, -ra, -ramos, -rais, -ran.*
forma a II-a: *-se, -ses, -se, -semos, -seis, -sen.*
Exemple:

Tomar: *toma*ra (tomase), tomaras (tomases), tomara (tomase), tomáramos (tomásemos), tomarais (tomaises), tomaran (tomasen).

Comer: *comie*ra (comiese), comieras (comieses), comiera (comiese), comiéramos (comiésemos), comierais (comieseis), comieran (comiesen).

Virir: *vivie*ra (viviese), vivieras (vivieses), viviera (viviese), viviéramos (viviésemos), vivierais (vivieseis), vivieran (viviesen).

— *Viitorul conjunctiv* se formează tot de la perfectul simplu — persoana a III-a plural, prin înlocuirea grupului final *-ron* cu: -re, -res, -re, remos, reis, ren:

Tomar: tomare, tomares, tomare, tomáremos, tomareis, tomaren.

Comer: comiere, comieres, comiere, comiéremos, comiereis, comieren.

Vivir: viviere, vivieres, viviere, viviéremos, viviereis, vivieren.

FORMAREA TIMPURILOR COMPUSE
(LA FORMACIÓN DE LOS TIEMPOS COMPUESTOS)

Toate timpurile compuse din limba spaniolă se formează cu verbul *haber* şi *participiul* verbului de conjugat (invariabil):

Perfectul compus indicativ se formează cu prezentul indicativ al verbului *haber* şi *participiul* verbului de conjugat:

Tomar: he tomado, has ~, ha ~, hemos ~, habéis ~, han ~

Comer: he comido, has ~, ha ~, hemos ~, habéis ~, han ~

Vivir: he vivido, has ~, ha ~, hemos ~, habéis ~, han ~

Mai mult ca perfectul indicativ: Imperfectul indicativ al verbului haber + participiul verbului de conjugat:

Tomar: había tomado, habías ~, había ~, habíamos ~, habíais ~, habían ~.

Comer: había comido, habías ~, había ~, habíamos ~, habíais ~, habían ~.

Perfectul anterior indicativ: Perfectul simplu al verbului *haber* + *participiul* verbului de conjugat:

Tomar: hube tomado, hubiste ~, hubo ~, hubimos ~, hubisteis ~, hubieron ~.

Comer: hube comido, hubiste ~, hubo ~, hubimos ~, hubisteis ~, hubieron ~.

Vivir: hube vivido, hubiste ~, hubo ~, hubimos ~, hubisteis ~, hubieron ~.

Viitorul anterior indicativ: Viitorul indicativ al verbului *haber* + *participiul* verbului de conjugat:

Tomar: habré tomado, habrás ~, habrá ~, habremos ~, habréis ~, habrán ~.

Comer: habré comido, habrás ~, habrá ~, habremos ~, habréis ~, habrán ~.

Vivir: habré vivido, habrás ~, habrá ~, habremos ~, habréis ~, habrán ~.

Condiţionalul perfect: Condiţionalul prezent al verbului *haber* + *participiul* verbului de conjugat:

Tomar: habría tomado, habrías ~, habría ~, habríamos ~, habríais ~, habrían ~.

Comer: habría comido, habrías ~, habría ~, habríamos ~, habríais ~, habrían ~.

Perfectul conjunctiv: Prezentul conjunctiv al verbului *haber* + *participiul* verbului de conjugat:

Tomar: haya tomado, hayas ~, haya ~, hayamos ~, hayáis ~, hayan ~.

Comer: haya comido, hayas ~, haya ~, hayamos ~, hayáis ~, hayan ~.

Vivir: haya vivido, hayas ~, haya ~, hayamos ~, hayáis ~, hayan ~.

Mai mult ca perfectul conjunctiv: Imperfectul conjunctiv al verbului *haber* + *participiul* verbului de conjugat:

Tomar: hubiera tomado, hubieras ~, hubiera ~, hubiéramos ~, hubierais ~, hubieran ~.
hubiese tomado, hubiese ~, hubiese ~, hubiésemos ~, hubieseis ~, hubiesen ~.

Comer: hubiera comido, hubieras ~, hubiera ~, hubiéramos ~, hubierais ~, hubieran ~.
hubiese comido, hubieses ~, hubiese ~, hubiésemos ~, hubieseis ~, hubiesen ~.

Vivir: hubiera vivido, hubieras ~, hubiera ~, hubiéramos ~, hubierais ~, hubiera ~.
hubiese vivido, hubieses ~, hubiese ~, hubiésemos ~, hubieseis ~, hubiesen ~.

Viitorul anterior conjunctiv: Viitorul conjunctiv al verbului *haber* + *participiul* verbului de conjugat:

Tomar: hubiere tomado, hubierese ~, hubiere ~, hubiéremos ~, hubiereis ~, hubieren ~.

Comer: hubiere comido, hubieres ~, hubiere ~, hubiéremos ~, hubiereis ~, hubieren ~.

Vivir: hubiere vivido, hubieres ~, hubiere ~, hubiéremos ~, hubiereis ~, hubieren ~.

CONJUGAREA VERBELOR NEREGULATE
(CONJUGACIÓN DE LOS VERBOS IRREGULARES)

În flexiunea multor verbe spaniole apar unele modificări fonetice care afectează *radicalul, desinenţa* sau ambele.

a) *Modificări în radical* (Se dă ca exemplu persoana I, prezent indicativ):

— apariţia unui sunet nou: salir (a ieşi, a pleca) — *salgo* (eu ies...); poner (a pune) — *pongo* (eu pun...)...

— dispariţia unui sunet: saber (a şti) — *sé* (eu ştiu); haber — *he* (eu am).

— modificarea unui sunet: hacer (a face): *hago* (eu fac)

b) *Modificări în desinenţă* (Se dă ca exemplu persoana I a perfectului simplu indicativ):

— andar (a umbla) — *anduve* (eu am umblat, am mers) şi nu „andé" estar (a fi) — *estuve* (eu am fost, m-am aflat) şi nu „esté".

c) *Modificări în radical şi în desinenţă* (Se dă ca exemplu persoana I, perfect simplu indicativ):

— caber (a încăpea) — *cupe* (am încăput) şi nu „cabí"; poner (a pune) — *puse* (am pus) şi nu „poní".

Observaţie: Schimbarea accentului de pe o silabă pe alta este considerată neregularitate. Astfel formele verbului *estar* la prezentul indicativ ar trebui să fie: (yo) „esto", (tú) *„estas"*, (él...) *„esta"*... (ellos) *„estan"*. De fapt, formele corecte sunt: estoy, estás, está,...están.

Toate verbele care suferă vreo modificare din cele mai sus expuse sunt considerate neregulate.

O modificare de ordin *ortografic* (adăugiri, suprimări sau schimbări de litere), efectuată pentru menţinerea sunetelor de la infinitivul prezent al unui verb, nu se consideră neregularitate.

Astfel de modificări apar la toate conjugările.

Conjugarea I. Verbele terminate în -*car*, -*gar*, -*guar*, -*zar* suferă modificări ortografice la prezentul conjunctiv şi la perfectul simplu (persoana I singular). Înainte de *e*, *c* este înlocuit cu *qu*, *g* este înlocuit cu *gu*, *gu* este înlocuit cu *gü* şi *z* cu *c*:

Mascar (a mesteca în gură)	Prezentul conjunctiv: Perfectul simplu:	*masque, masques, masque marqué*
Cargar (a încărca)	Prezentul conjunctiv: Perfectul simplu:	*cargue, cargues, cargue... cargué*
Averiguar (a verifica, a cerceta)	Prezentul conjunctiv: Perfectul simplu:	*averigüe, averigües, averigüe averigüé*
Alzar (a ridica, a înălţa)	Prezentul conjunctiv: Perfectul simplu:	*alce, alces, alce... alcé*

Conjugarea a II-a. La verbele terminate în -*cer* şi -*ger*, *c* este înlocuit cu *z* şi *g* cu *j*, când aceste două consoane sunt urmate de *o* sau *a*. Aceste modificări au loc la *persoana I a prezentului indicativ* şi la *persoanele prezentului conjunctiv*:

Vencer (a învinge)	Prezentul indicativ: Prezentul conjunctiv	*venzo venza, venzas, venza, venzamos, venzáis, venzan*
Coger (a lua, a culege)	Prezentul indicativ: Prezentul conjunctiv:	*cojo coja, cojas, coja, cojamos, cojáis, cojan*

Conjugarea a III-a. Verbele terminate in -*cir*, -*gir*, -*guir* şi *quir* suferă modificări ortografice la *persoana I de la prezentul indicativ* şi la tot *prezentul conjunctiv*. Înainte de *o* şi *a*, *c* este înlocuit cu *z*, *g* şi *j*, *gu* cu *g* şi *qu* devine *c:*

Esparcir (a împrăştia)	Prezentul indicativ:	*esparzo*
	Prezentul conjunctiv:	*esparza, esparzas,* *esparza, esparzamos,* *esparzáis, esparzan*
Afligir (a mâhni, a întrista)	Prezentul indicativ:	*aflijo*
	Prezentul conjunctiv:	*aflija, aflijas, aflija,* *aflijamos, aflijáis,* *aflijan*
Extinguir (a stinge)	Prezentul indicativ:	*extingo*
	Prezentul conjunctiv:	*extinga, extingas,* *extinga, extingamos,* *extingáis, extingan*
Delinquir (a comite un delict)	Prezentul indicativ:	*delinco*
	Prezentul conjunctiv:	*delinca, delincas,* *delinca, delincamos,* *delincáis, delincan*

Observaţie: Un *i* neaccentuat între un *i* şi o consoană palatală (*ch, ll, ñ*) se suprimă. Această regulă ortografică afectează persoana a III-a (singular şi plural de la perfectul simplu), imperfectul şi viitorul conjunctiv şi gerunziul. Verbele care suferă această modificare sunt cele terminate în *-eir, -chir, -llir, -ñer* şi *-ñir*.

Reír (a râde)	Perfectul simplu:	*rió... rieron*
	Imperfectul conjunctiv:	*riera (riese), rieras* *(rieses), riera (riese)*
	Viitorul conjunctiv:	*riere, rieres, riere...*
	Gerunziul:	*riendo*
Henchir (a umple, a umfla)	Perfectul simplu:	*hinchó... hincheron*
	Imperfectul conjunctiv:	*hinchera (hinchese),* *hincheras* *(hincheses),* *hinchera (hinchese)*
	Viitorul conjunctiv:	*hinchere, hincheres,* *hinchere...*
	Gerunziul:	*hinchendo*

Bullir (a fierbe)	Perfectul simplu:	*bulló...bulleron*
	Imperfectul conjunctiv:	*bullera (bullese), bulleras (bulleses), bullera (bullese)...*
	Viitorul conjunctiv:	*bullere, bulleres, bullere...*
	Gerunziul:	*bullendo*
Tañer (a cânta dintr-un instrument)	Perfectul simplu:	*tañó... tañeron*
	Imperfectul conjunctiv:	*tañera (tañese), tañeras (tañeses), tañera (tañese)...*
	Viitorul conjunctiv:	*tañere, tañeres, tañere...*
	Gerunziul:	*tañendo*
Reñir (a certa)	Perfectul simplu:	*riñó...riñeron*
	Imperfectul conjunctiv:	*riñera (riñese), riñeras (riñeses), riñera (riñese)...*
	Viitorul conjunctiv:	*riñere, riñeres, riñere...*
	Gerunziul:	*riñendo*

Obervaţie: Un *i* neaccentuat între două vocale se scrie *y*. Această modificare are loc la verbele terminate în *-aer, -oer, -oír, -uir* — la perfectul simplu (persoanele a III-a singular şi plural), la imperfectul şi viitorul conjunctiv şi la gerunziu:

Caer (a cădea)	Perfectul simplu:	*cayó... cayeron*
	Imperfectul conjunctiv:	*cayera (cayese), cayeras (cayeses), cayera (cayese)...*
	Viitorul conjunctiv:	*cayere, cayeres, cayere...*
	Gerunziul:	*cayendo*

Leer (a citi)	Perfectul simplu:	*leyó... leyeron*
	Imperfectul conjunctiv:	*leyera (leyese),* *leyeras (leyeses),* *leyera (leyese)...*
	Viitorul conjunctiv:	*leyere, leyeres,* *leyere...*
	Gerunziul:	*leyendo*
Roer (a roade)	Perfectul simplu:	*royó... royeron*
	Imperfectul conjunctiv:	*royera (royese),* *royeras (royeses),* *royera (royese)...*
	Viitorul conjunctiv:	*royere, royeres,* *royere...*
	Gerunziul:	*royendo*
Oír (a auzi)	Perfectul simplu:	*oyó... oyeron*
	Imperfectul conjunctiv:	*oyera (oyese),* *oyeras (oyeses),* *oyera (oyese)...*
	Viitorul conjunctiv:	*oyere, oyeres,* *oyere...*
	Gerunziul:	*oyendo*
Construir (a construi)	Perfectul simplu:	*construyó...* *construyeron*
	Imperfectul conjunctiv:	*construyera* *(construyese),* *construyera* *(construyese)...*
	Viitorul conjunctiv:	*construyere,* *construyeres,* *construyere...*
	Gerunziul:	*construyendo*

Pierderea lui *s* final la persoana I plural, atunci când se combină cu pronumele personale în poziţie enclitică *nos, selo, sela, selos, selas,* constituie o modificare ortografică:

Lavarse (a se spăla): lavemos + nos > *lavémonos*

Devolver (a restitui): devolvamos + selo > *devolvámoselo.*

CONJUGAREA VERBULUI NEREGULAT „ESTAR" (CONJUGACIÓN DEL VERBO IRREGULAR „ESTAR")

Formas no personales

Infinitivo simple... estar	*Infinitivo compuesto*...haber estado
Gerundio simple... estando	*Gerundio compuesto*... habiendo estado
Participio ...estado	

Modo Indicativo	Modo Subjuntivo
Presente: estoy, estás, está, estamos, estáis, están	*Presente*: esté, estés, esté, estemos, estéis, estén
Pretérito imperfecto: estaba, estabas, estaba, estábamos, estabais, estaban	*Pretérito imperfecto*: estuviera (estuviese), estuvieras (estuvieses), estuviera (estuviese), estuviéramos (estuviésemos), estuvierais (estuvieseis), estuvieran (estuviesen)
Pretérito perfecto simple: estuve, estuviste, estuvo, estuvimos, estuvisteis, estuvieron	
Futuro: estaré, estarás, estará, estaremos, estaréis, estarán	*Futuro*: estuviere, estuvieres, estuviere, estuviéremos, estuviereis, estuvieren
Condicional: estaría, estarías, estaría, estaríamos, estaríais, estarían	

Pretérito perfecto composto:	*Pretérito perfecto*:
he, has, ha, hemos, habéis, han ⎸ estado	haya, hayas, haya, hayamos, hayáis, hayan ⎸ estado
Pretérito pluscuamperfecto:	*Pretérito pluscuamperfecto*:
había, habías, había, habíamos, habíais, habían ⎸ estado	ubiera (hubiese), hubieras (hubieses), hubiera (hubiese), hubiéramos (hubiésemos), hubierais (hubieseis), hubieran (hubiesen) ⎸ estado
Pretérito anterior:	
hube, hubiste, hubo, hubimos, hubisteis, hubieron ⎸ estado	
Futuro perfecto:	*Futuro perfecto*:
habré, habrás, habrá, habremos, habréis, habrán ⎸ estado	hubiere, hubieres, hubiere, hubiéremos, hubiereis, hubieren ⎸ estado
Condicional perfecto:	
habría, habrías, habría, habríamos, habríais, habrían ⎸ estado	
Modo Imperativo:	
está (tú)	
estad (vosotros)	

CONJUGAREA VERBULUI NEREGULAT „TENER"
(CONJUGACIÓN DEL VERBO IRREGULAR „TENER")

Formas no personales

Infinitivo simple... tener
Gerundio simple... teniendo
Participio... tenido

Infinitivo compuesto... haber tenido
Gerundio compuesto... habiendo tenido

Modo Indicativo	Modo Subjuntivo
Presente: tengo, tienes, tiene, tenemos, tenéis, tienen	*Presente:* tenga, tengas, tenga, tengamos, tengáis, tengan
Pretérito imperfecto: tenía, tenías, tenía, teníamos, teníais, tenían	*Pretérito imperfecto:* tuviera (tuviese), tuvieras (tuvieses), tuviera (tuviese), tuviéramos (tuviésemos), tuvierais (tuvieseis), tuvieran (tuviesen)
Pretérito perfecto simple: tuve, tuviste, tuvo, tuvimos, tuvisteis, tuvieron	
Futuro: tendré, tendrás, tendrá, tendremos, tendréis, tendrán	*Futuro:* tuviere, tuvieres, tuviere, tuviéremos, tuviereis, tuvieren
Condicional: tendría, tendrías, tendría, tendríamos, tendríais, tendrían	

Pretérito perfecto compuesto:		Pretérito perfecto:	
he, has, ha, hemos, habéis, han	tenido	haya, hayas, haya, hayamos, hayáis, hayan	tenido

Pretérito pluscuamperfecto:		Pretérito pluscuamperfecto:	
había, habías, había, habíamos, habíais, habían	tenido	hubiera (hubiese), hubieras (hubieses), hubiera (hubiese), hubiéramos (hubiésemos), hubierais (hubieseis), hubieran (hubiesen)	tenido

Pretérito anterior:	
hube, hubiste, hubo, hubimos, hubisteis, hubieron	tenido

Futuro perfecto:		Futuro perfecto:	
habré, habrás, habrá, habremos, habréis, habrán	tenido	hubiere, hubieres, hubiere, hubiéremos, hubiereis, hubieren	tenido

Condicional perfecto:	
habría, habrías, habría, habríamos, habríais, habrían	tenido

Modo Imperativo:
ten (tú)
tened (vosotros)

CONJUGAREA VERBELOR NEREGULATE
„ANDAR", „CABER", „CAER", „DAR", „DECIR", „HACE-
R", „IR", „OíR", „PODER", „PONER", „QUERER", „SABE-
R", „SALIR", „SATISFACER", „TRAER", „VENIR", „VER"
(CONJUGACIÓN DE LOS VERBOS IRREGULARES
„ANDAR", „CABER", „CAER", „DAR", „DECIR", „HACE-
R", „IR", „OíR", „PODER", „PONER", „QUERER", „SABE-
R", „SALIR", „SATISFACER", „TRAER", „VENIR",
„VER")
(Sunt menționate numai unele forme)

Andar (a umbla, a merge)

Indicativo	Subjuntivo
Pretérito perfecto simple: anduve, anduviste, anduvo, anduvimos, anduvisteis, anduvieron	*Pretérito imperfecto:* anduviera (anduviese), anduvieras (anduvieses), anduviera (anduviese), anduviéramos (anduviésemos), anduvierais (anduvieseis), anduvieran (anduviesen)
	Futuro: anduviere, anduvieres, anduviere, anduviéremos, anduviereis, anduvieren

Caber (a încăpea...)

Indicativo	Subjuntivo
Presente: quepo, cabes...	*Presente:* quepa, quepas, quepa, quepamos, quepáis, quepan
Pretérito perfecto simple: cupe, cupiste, cupo, cupimos, cupisteis, cupieron	*Pretérito imperfecto:* cupiera (cupiese), cupieras (cupieses), cupiera (cupiese), cupiéramos (cupiésemos), cupierais (cupieseis), cupieran (cupiesen)
Futuro: cabré, cabrás, cabrá, cabremos, cabréis, cabrán	*Futuro:* cupiere, cupieres, cupiere, cupiéremos, cupiereis, cupieren
Condicional: cabría, cabrías, cabría, cabríamos, cabríais, cabrían	

Caer (a cădea)

Indicativo	Subjuntivo
Presente: caigo, caes, cae...	*Presente:* caiga, caigas, caiga, caigamos, caigáis, caigan

Dar (a da)

Indicativo	Subjuntivo
Presente: doy, das, da...	*Pretérito imperfecto:* diera (diese), dieras (dieses), diera (diese), diéramos (diésemos), dierais (dieseis), dieran (diesen)
Pretérito perfecto simple: di, diste, dio, dimos, disteis, dieron	*Futuro:* diere, dieres, diere, diéremos, diereis, dieren

Decir (a zice)

Indicativo	Subjuntivo
Presente: digo, dices, dice, dicen	*Presente:* diga, digas, diga, digamos, digáis, digan
Pretérito perfecto simple: dije, dijiste, dijo, dijimos, dijisteis, dijeron	*Pretérito imperfecto:* dijera (dijese), dijeras (dijeses), dijera (dijese), dijéramos (dijésemos), dijerais (dijeseis), dijeran (dijesen)
Futuro: diré, dirás, dirá, diremos, diréis, dirán	*Futuro:* dijere, dijeres, dijere, dijéremos, dijereis, dijeren
Condicional: diría, dirías, diría, diríamos, diríais, dirían	

Imperativo
di (tú)

Hacer (a face)

Indicativo	Subjuntivo
Presente: hago, haces, hace...	*Presente:* haga, hagas, haga, hagamos, hagáis, hagan
Pretérito perfecto simple: hice, hiciste, hizo, hicimos, hicisteis, hicieron	*Pretérito imperfecto:* hiciera (hiciese), hicieras (hicieses), hiciera (hiciese), hiciéramos (hiciésemos), hicierais (hicieseis), hicieran (hiciesen)
Futuro: haré, harás, hará, haremos, haréis, harán	*Futuro:* hiciere, hicieres, hiciere, hiciéremos, hiciereis, hicieren
Condicional: haría, harías, haría, haríamos, haríais, harían	

Imperativo:
haz (tú)

Ir (a merge, a se duce)

Indicativo	Subjuntivo
Presente: voy, vas, va, vamos, vais, van	*Presente:* vaya, vayas, vaya, vayamos, vayáis, vayan
Pretérito imperfecto: iba, ibas, iba, íbamos, ibais, iban	*Pretérito imperfecto:* fuera (fuese), fueras (fueses), fuera (fuese), fuéramos (fuésemos), fuerais (fueseis), fueran (fuesen)
Pretérito perfecto simple: fui, fuiste, fue, fuimos, fuisteis, fueron	*Futuro:* fuere, fueres, fuere, fuéremos, fuereis, fueren
Imperativo ve (tú)	

Oír (a auzi)

Indicativo	Subjuntivo
Presente: oigo, oyes, oye, ... oyen	*Presente:* oiga, oigas, oiga, oigamos, oigáis, oigan
Pretérito perfecto simple: oí, oíste, oyó, oímos... oyeron	*Pretérito imperfecto:* oyera...; oyese...
Gerundio: oyendo	*Futuro:* oyere...

Poder (a putea)

Indicativo	Subjuntivo
Presente: puedo, puedes, puede... pueden	*Presente:* pueda, puedas, pueda... puedan
Pretérito perfecto simple: pude, pudiste, pudo, pudimos, pudisteis, pudieron	*Pretérito imperfecto:* pudiera (pudiese), pudieras (pudieses), pudiera (pudiese), pudiéramos (pudiésemos), pudierais (pudieseis), pudieran (pudiesen)
Futuro: podré, podrás, podrá, podremos, podréis, podrán	*Futuro:* pudiere, pudieres, pudiere, pudiéremos, pudiereis, pudieren
Condicional: podría, podrías, podría, podríamos, podríais, podrían	

Poner *(a pune)*

Participio... puesto

Indicativ	Subjuntivo
Presente: pongo...	*Presente:* ponga, pongas, ponga, pongamos, pongáis, pongan
Pretérito perfecto simple: puse, pusiste, puso, pusimos, pusisteis, pusieron	*Pretérito imperfecto:* pusiera (pusiese), pusieras (pusieses), pusiera (pusiese), pusiéramos (pusiésemos), pusierais (pusieseis), pusieran (pusiesen)
Futuro: pondré, pondrás, pondrá, pondremos, pondréis, pondrán	*Futuro:* pusiere, pusieres, pusiere, pusiéremos, pusiereis, pusieren
Condicional: pondría, pondrías, pondría, pondríamos, pondríais, pondrían	
Imperativo: pon (tú)	

Observație: Compușii lui *poner*: ca *anteponer* — „prefera", *componer* — „a compune"; „a repara", *deponer* — (jur.) „a depune"; „a destitui" și ceilalți se conjugă la fel.

Querer *(a vrea; a iubi)*

Indicativ	Subjuntivo
Presente: quiero, quieres, quiere... quieren	*Presente:* quiera, quieras, quiera... quieran
Pretérito perfecto simple: quise, quisiste, quiso, quisimos, quisisteis, quisieron	*Pretérito imperfecto:* quisiera (quisiese), quisieras (quisieses), quisiera (quisiese), quisiéramos (quisiésemos), quisierais (quisieseis), quisieran (quisiesen)
Futuro: querré, querrás, querrá, querremos, querréis, querrán	*Futuro:* quisiere, quisieres, quisiere, quisiéremos, quisiereis, quisieren
Condicional: querría, querrías, querría, querríamos, querríais, querrían	
Imperativo quiere (tú)	

Observație: — Compușii lui *querer*: *bienquerer* — „a iubi", „a stima" și *malquerer* — „a avea necaz pe cineva" se conjugă la fel.

Saber (a şti)

Indicativo	Subjuntivo
Presente: sé, sabes...	*Presente:* sepa, sepas, sepa, sepamos, sepáis, sepan
Pretérito perfecto simple: supe, supiste, supo, supimos, supisteis, supieron	*Pretérito imperfecto:* supiera (supiese), supieras (supieses), supiera (supiese), supiéramos (supiésemos), supierais (supieseis), supieran (supiesen)
Futuro: sabré, sabrás, sabrá, sabremos, sabréis, sabrán	*Futuro:* supiere, supieres, supiere, supiéremos, supiereis, supieren
Condicional: sabría, sabrías, sabría, sabríamos, sabríais, sabrían	

Salir (a ieşi, a pleca)

Indicativo	Subjuntivo
Presente: salgo...	*Presente:* salga, salgas, salga, salgamos, salgáis, salgan
Futuro: saldré, saldrás, saldrá, saldremos, saldréis, saldrán	
Condicional: saldría, saldrías, saldría, saldríamos, saldríais, saldrían	
Imperativo: sal (tú)	

Observaţie: — Verbul *valer* are aceleaşi neregularităţi ca şi *salir*.

Satisfacer (a satisface)

Indicativo	Subjuntivo
Presente: satisfago,...	*Presente:* satisfaga, satisfagas, satisfaga
Pretérito perfecto simple: satisfice, satisficiste, satisfizo, satisficimos, satisficisteis, satisficieron	*Pretérito imperfecto:* satisficiera (satisficiese), satisficieras (satisficieses), satisficiera (satisficiese), satisficiéramos (satisficiésemos), satisficierais (satisficieseis), satisficieran (satisficiesen)
Futuro: satisfaré, satisfarás, satisfará...	*Futuro:* satisficiere, satisficieres, satisficiere, satisficiéremos, satisficiereis, satisficieren
Condicional: satisfaría, satisfarías, satisfaría...	
Imperativo: satisfaz o satisface (tú) satisfaced (vosotros)	

Traer (a aduce...)

Indicativo	Subjuntivo
Presente: traigo, traes, trae...	*Presente:* traiga, traigas, traiga, traigamos, traigáis, traigan
Pretérito perfecto simple: traje, trajiste, trajo, trajimos, trajisteis, trajeron	*Pretérito imperfecto:* trajera (trajese), trajeras (trajeses), trajera (trajese), trajéramos (trajésemos), trajerais (trajeseis), trajeran (trajesen)
Gerundio: trayendo	*Futuro:* trajere, trajeres, trajere, trajéremos, trajereis, trajeren

Venir (a veni)

Indicativo	Subjuntivo
Presente: vengo, vienes, viene, venimos, venís, vienen	*Presente:* venga, vengas, venga, vengamos, vengáis, vengan
Pretérito perfecto simple: vine, viniste, vino, vinimos, vinisteis, vinieron	*Pretérito imperfecto:* viniera (viniese), vinieras (vinieses), viniera (viniese), viniéramos (viniésemos), vinierais (vinieseis), vinieran (viniesen)
Futuro: vendré, vendrás, vendrá, vendremos, vendréis, vendrán	*Futuro:* viniere, vinieres, viniere, viniéremos, viniereis, vinieren
Condicional: vendría, vendrías, vendría, vendríamos, vendríais, vendrían	
Imperativo: ven (tú) venid (vosotros)	

Ver (a vedea)

Indicativo	Subjuntivo
Presente: veo, ves, ve, vemos, veis, ven	*Presente:* vea, veas, vea, veamos, veáis, vean
Pretérito imperfecto: veía, veías, veía, veíamos, veíais, veían	

Observaţie: — La fel se conjugă compuşii: *antever* (a prevedea), *rever* — (a revedea).

Atenţie la formele: (tú) *prevés*, (él) *prevé*

(după *Gramatica limbii spaniole* de D. Munteanu şi C-tin Duhăneanu)

DICŢIONAR
ROMÂN-SPANIOL

A

abajur *n*. pantalla.

abandon *n*. abandono.

abandona I. *vt*. abandonar. II. *vi*. (*şi sport*) renunciar.

abate I. *m*. abad *m*. II. *vt*. 1. desviar. 2. (*a doborî*) derribar. III. *vr*. desviarse, extraviarse.

abatere *f*. 1. desviación, desvío. 2. (*greşeală*) error *m*., falta.

abator *n*. matadero.

abătut *adj*. (*trist*) desalentado, desanimado.

abces *n*. abceso.

abdica *vi*. abdicar *vt*.

abdicare *f*. abdicación.

abdomen *n*. abdomen *m*.

abecedar *n*. abecedario.

aberaţie *f*. aberración.

abia *adv*. apenas; (*cu greu*) penosamente.

abil *adj*. hábil, diestro.

abilita *vt*. habilitar.

abilitare *f*. habilitación.

abilitate *f*. destreza, habilidad.

abis *n*. abismo.

ablativ *n*. (*gram*.) ablativo.

abnegaţie *f*. abnegación.

aboli *vt*. abolir; anular.

abolire *f*. abolición.

abona *vt*., *vr*. su(b)scribir(se), abonar(se).

abonament *n*. su(b)scripción, abono.

abonat *m*. su(b)scriptor, abonado.

aborda *vt*. 1. abordar. 2. (*fig., o problemă etc.*) enfocar, abordar, aproximarse *vr*. (a).

abordare *f*. 1. (*a unei probleme*) enfoque *m*., aproximación (a). 2. (*mar*.) abordaje *m*., abordo.

abrevia *vt*. abreviar.

abreviere *f*. abreviatura.

abroga *vt*. abrogar.

abrogare *f*. abrogación .

abrupt *adj*. abrupto; (*d. străzi*) empinado.

abrutiza *vt*., *vr*. embrutecer(se).

absent *m*., *adj*. (*şi fig.*) ausente *m*.; (*fig.*) ensimismado.

absenta *vt*. (*de la*) ausentarse *vr*. (a), faltar *vt*.

absenteism *m*. absentismo.

absenţă *f.* ausencia, falta.

absolut I. *adj.* absoluto. **II.** *adv.* absolutamente.

absolutism *m.* absolutismo.

absolvent *m.* graduado.

absolvi I. *vt.* (*o şcoală*) graduarse *vr.* **II.** *vi.* (*de o pedeapsă*) absolver.

absolvire 1. (*a unei şcoli*) graduación. **2.** (*de o pedeapsă*) absolución.

absorbant *adj.* absorbente.

absorbi *vt.* (*şi fig.*) absorber ‖ *a ~ atenţia* absorber la atención.

absorbit *adj.* (*şi. fig.*) (*de*) absorto (en); (*fig.*) ensimismado.

absorbţie *f.* absorción.

abstinenţă *f.* abstinencia.

abstract *adj.* abstracto.

abstracţie *f.* abstracción ‖ *a face ~ de* prescindir de, hacer abstracción de, pasar por alto.

absurd *adj., n.* absurdo ‖ *a spune lucruri ~e* decir absurdos; *reducere la ~* reducción al absurdo.

absurditate *f.* absurdo.

abţine *vr* (*de la*) abstenerse (de) ‖ *a se ~ să plângă* contener sus lágrimas.

abţinere *f.* abstención.

abunda *vi.* abundar.

abundent *adj.* abundante.

abundenţă *f.* abundancia; copia ‖ *din ~* abundantemente.

abur *m.* vapor *m.;* vaho ‖ *băi de ~* baños de vapor; *locomotivă cu ~i* locomotora de vapor.

aburi *vt., vi.* avahar.

abuz *n.* abuso; atropello ‖ *a face ~ de* abusar de.

abuza *vi.* (*de*) abusar (de).

ac *n.* **1.** aguja ‖ *~ cu gămălie* alfiler *m.; ~ de ceas* manecilla del reloj; *~ de cusut* aguja de coser; *~ de păr* horquilla; *~ de siguranţă* imperdible *m.* **2.** (*la insecte*) aguijón *m.*

academic *adj.* académico.

academician *m.* académico.

academie *f.* academia.

acalmie *f.* calma.

acapara *vt.* acaparar.

acaparare *f.* acaparamiento.

acar *m.* (*ferov.*) guardagujas *m.*

acasă *adv.* **1.** en casa; (*spre casă*) a casa. **2.** (*sport*) a domicilio ‖ *astăzi stau ~* hoy estoy en casa; *a fi ~* estar en casa; *a merge ~ la* ir a casa de; *a pleca de ~* salir de casa.

accelera *vt., vi.* acelerar.

accelerare *f.* aceleración.

accelerat I. *m.* tren directo, tren expreso. **II.** *adj.* acelerado.

acceleraţie *f.* aceleración ‖ *pedală de ~* acelerador .

accent *n.* acento ‖ *a pune ~ pe* hacer hincapié en.

accentua *vt.* **1.** acentuar. **2.** insistir (en), subrayar, recalcar.

accentuare *f.* acentuación.

accepta *vt.* aceptar.

acceptare *f.* aceptación.

accepţie *f.* acepción.

acces *n.* (*şi. med.*) acceso; entrada ‖ *~ de furie* arrebato de cólera; *a nu avea ~* no tener acceso.

accesibil *adj.* accesible, asequible.

accesoriu *n., adj.* accesorio.

accident *n.* accidente *m.* ‖ *a avea un ~* sufrir un accidente.

accidenta *vt., vr.* accidentar(se).

accidentat *adj.* **1.** (*rănit*) accidentado. **2.** (*d. terenuri*) accidentado, quebrado.

acel, acea, acei, acele *adj. dem.* aquel, aquella, aquellos, aquellas || *acel om* aquel hombre.

acela, aceea, aceia, acelea *pron. dem.* aquél, aquélla (aquello *n.*), aquéllos, aquéllas || *de aceea* por lo tanto; *după aceea* después.

acelaşi, aceeaşi, aceiaşi, aceleaşi *pron., adj. dem.* el mismo, la misma, los mismos, las mismas || *acelaşi lucru* lo mismo.

acest, această, aceşti, aceste *adj. dem.* este, esta, estos, estas; ese, esa, esos, esas || *acest om* este (*sau* ése) hombre.

acesta, aceasta, aceştia, acestea *pron. dem.* éste, ésta (esto *n.*), éstos, éstas; ése, ésa (eso *n.*), ésos, ésas || *ce e aceasta?* ¿qué es esto?; *cu toate acestea* a pesar de esto; *pentru aceasta* **a.** (*scop*) con este fin, para es(t)o; **b.** (*cauză*) por esta razón.

acetilenă *f.* acetileno.

acetonă *f.* acetona.

achita I. *vt.* **1.** pagar, abonar, liquidar, saldar. **2.** (*jur.*) absolver. **II.** *vr.* (*de*) cumplir (con).

achitare *f.* **1.** pago. **2.** (*jur.*) absolución.

achiziţie *f.* adquisición.

achiziţiona *vt.* adquirir.

acid *n., adj.* ácido.

aciditate *f.* acidez *f.*

acidula *vt.* acidular.

aclama *vt., vi.* aclamar, vitorear.

aclamaţie *f.* aclamación; vítores *m. pl.*

aclimatiza *vt., vr.* aclimatar(se).

acoladă *f.*(*semn grafic*) corchete *m.*

acolo *adv.* allá, allí; (*mai apropiat*) ahí || *pe ~* por allí (*sau* ahí).

acomoda *vr.* (*cu, la*) acomodarse (con, a).

acomodare *f.* acomodación, acomodamiento.

acompania *vt., vr.* (*şi muz.*) acompañar(se) || *a se ~ la pian* acompañarse con el piano.

acompaniament *n.* (*muz.*) acompañamiento.

acont *n.* adelanto, anticipo.

aconta *vt.* anticipar la paga.

acoperi *vt., vr.* (*şi fig.*) cubrir(se), tapar(se); (*cu un strat*) recubrir.

acoperiş *n.* tejado; techo.

acoperit *adj.* cubierto.

acord *n.* **1.** acuerdo || *atunci suntem de ~ să* (*cu*) entonces quedamos en; *de ~!* ¡entendido!, ¡de acuerdo!, ¡vale!; *a cădea de ~* avenir (en); *a fi de ~* estar de acuerdo. **2.** (*convenţie*) acuerdo, convenio. **3.** (*muz.*) acorde *m.* **4.** destajo || *a munci în ~* trabajar a destajo.

acorda *vt.* **1.** conceder; otorgar. **2.** (*muz.*) afinar.

acordeon *n.* acordeón *m.*

acosta I. *vi.* (*mar.*) atracar, tomar tierra. **II.** *vt.* (*fam.*) asediar.

acreală *f.* (*şi fig.*) acritud *f.*

acredita *vt.* acreditar.

acreditare *f.* designación // *scrisori de ~* (cartas) credenciales *f. pl.*

acreditiv *n.* (*fin.*) carta de crédito.

acri *vt., vr.* agriar(se), acedar(se).

acrobat *m.* acróbata *m. şi f.*

acrobaţie *f.* (*şi fig.*) acrobacia

acropolă *f.* acrópolis *f.*

acru *adj.* (*şi fig.*) agrio, acre.

act *n.* **1.** (*document*) acta // *era fără ~e* iba indocumentado. **2.** (*acţiune*) acto, acción. **3.** (*teatru*) acto.

activ *adj., n.* activo.

activa **I.** *vi.* actuar. **II.** *vt.* activar, avivar; intensificar.

activist *m.* activista *m. şi f.*

activitate *f.* actividad.

actor *m.* actor.

actriţă *f.* actriz *f.*

actual *adj.* actual.

actualiza *vt.* actualizar.

actualizare *f.* actualización.

actualitate *f.* actualidad.

acţiona **I.** *vi.* actuar. **II.** *vt.* accionar.

acţionar *m.* accionista *m. şi f.*

acţiune *f.* **1.** acción, actividad. **2.** (*jur.*) juicio, causa || *a pune în ~* poner en marcha.

acuarelă *f.* acuarela.

acum *adv.* ahora || *~ doi ani* hace dos años; *chiar ~* ahora mismo.

acumula *vt.* acumular.

acumulare *f.* acumulación || *lac de ~* presa, embalse *m.*

acumulator *n.* acumulador.

acustică *f.* acústica.

acut *adj.* agudo.

acuza *vt.* acusar (de), procesar.

acuzat *m.* acusado, reo, procesado.

acuzativ *m.* acusativo.

acuzaţie *f.* acusación.

acvaforte *f.* aguafuerte *f.*

acvariu *n.* acuario.

acvatic *adj.* acuático.

acvilă *f.* águila.

acvilin *adj.* aguileño.

adaos *n.* añadidura, adición.

adapta *vt., vr.* (*la*) adaptar(se) (a).

adaptare *f.* adaptación; adecuación; acomodación || *~ la mediu* adaptación al medio.

adăpa *vt.* abrevar.

adăpost *n.* **1.** abrigo, refugio. **2.** (*fig.*) amparo.

adăposti **I.** *vt.* **1.** poner al abrigo; albergar. **2.** (*fig.*) amparar, proteger. **II.** *vr.* abrigarse, refugiarse, ponerse a salvo.

adăuga *vt. vr.* añadir(se), agregar(se), sumar(se).

adăugare *f.* adición, incorporación; añadimiento.

adânc **I.** *n.* profundidad, hondura || *din ~ul sufletului* de lo hondo del corazón. **II.** *adj.* **1.** hondo, profundo. **2.** (*temeinic*) completo, pleno. **III.** *adv.* profundamente.

adânci **I.** *vt., vr.* (*şi fig.*) ahondar(se). **II.** *vr.* **1.** (*a se afunda*) sumergirse; (*şi fig.*) hundirse. **2.** (*a se înrăutăţi*) agravarse, acentuarse

adâncime *f.* hondura, profundidad.

adecvat *adj.* adecuado.

ademeni *vt.* **1.** atraer. **2.** (*a ispiti*) tentar.

ademenitor *adj.* atrayente; seductor.

adept *m.* partidario, adepto.

adera *vi. (la)* adherir (a).

aderare *f.* adhesión .

aderent *adj.* adherente.

aderenţă *f. (şi med.)* adherencia.

adesea *adv.* a menudo, muchas veces.

adevăr *n.* verdad ‖ *într-~ de veras,* efectivamente.

adevărat *adj.* 1. verdadero, cierto. 2. *(veritabil)* genuino ‖ *~ ?* ¿verdad?; *cu ~ de veras; e ~* es cierto .

adeveri I. *vt.* confirmar. II. *vr.* verificarse.

adeverinţă *f.* certificado, certificación, constancia.

adeziune *f.* adhesión.

adeziv *adj.* adhesivo.

adia *vi.* soplar (suavemente).

adiacent *adj.* adyacente.

adică *adv.* 1. es decir, o sea ‖ *la o ~* en caso de necesidad. 2. *(şi anume)* a saber

adidaşi *m. pl.* deportivos *m. pl.*

adiere *f.* soplo, hálito.

adineauri *adv.* hace un rato.

adio *interj.* ¡adiós!; *(Am.)* ¡chao!.

adiţional *adj.* adicional.

adjectiv *n.* adjetivo.

adjudeca *vt.* adjudicar.

adjunct *adj.* adjunto ‖ *director ~* director adjunto, vicedirector.

administra *vt.* 1. administrar; gestionar; dirigir. 2. *(un medicament)* administrar.

administrativ *adj.* administrativo.

administrator *m.* administrador; gerente *m.*

administraţie *f.* administración.

admira *vt.* admirar.

admirabil *adj.* admirable.

admirativ *adj.* admirativo.

admirator *m.* admirador.

admiraţie *f.* admiración.

admis *adj.* 1. admitido; aceptado. 2. *(la un examen)* aprobado.

admisibil *adj.* admisible.

admite *vt.* 1. admitir; aceptar; consentir (en). 2. *(la un examen)* aprobar .

admitere *f.* 1. aceptación. 2. *(la facultate)* aprobación, ingreso.

admonesta *vt.* amonestar.

adnota *vt.* anotar.

adolescent *m.* adolescente *m.* şi *f.*

adolescenţă *f.* adolescencia.

adopta *vt.* 1. *(a înfia)* adoptar, prohijar. 2. *(a însuşi)* adoptar ‖ *a ~ o atitudine* adoptar una actitud.

adoptare, adopţie *f.* adopción.

adoptiv *adj.* adoptivo.

adora *vt.* adorar, venerar.

adorabil *adj.* adorable.

adoraţie *f.* adoración.

adormi I. *vt.* 1. adormecer. 2. *(med.)* anestesiar. 3. *(a alina)* calmar. II. *vi.* dormirse, adormecerse.

adresa *vt., vr.* dirigir(se).

adresare *f.* (el) dirigir *m.* ‖ *formule de ~* fórmulas de tratamiento.

adresă *f.* 1. dirección, señas *f.pl.* 2. *(scrisoare oficială)* circular *f.*, nota ‖ *a greşi adresa* a. *(fig.)* errar el tiro; b. equivocarse de dirección; *la adresa cuiva* en contra de alguien, con alusión a alguien; *pe adresa* a las señas de.

aducător *m.* portador, traedor, dador.

aduce I. *vt.* 1. traer, llevar. 2. *(a contribui)* aportar. 3. *(a produce)* producir. 4. *(cu sine)* comportar ‖ *a ~ argumente* argumentar ; *a ~ aminte (cuiva)* recordar (a álguien), traer a la memoria; *a ~ la cunoştinţa cuiva* hacer conocer; *a ~ la îndeplinire* llevar a cabo, cumplir con; *a ~ vorba despre* llevar a la conversación; *a-şi ~ aminte* acordarse (de). II. *vi.* (a *semăna) (cu)* parecerse (a).

aducere *f.* în *expr. ~ aminte* recuerdo, memoria.

adula *vt.* adular, lisonjear.

adulare *f.* adulación, lisonja.

adulmeca *vt., vi.* olfatear, husmear.

adult *adj., m.* adulto.

adulter I. *adj.* adúltero. II. *n.* adulterio.

aduna I. *vt.* 1. reunir, juntar. 2. *(a strânge)* (re)coger. 3. *(a stoca)* depositar, acumular. 4. *(mat.)* sumar. II. *vr.* reunirse.

adunare *f.* 1. reunión, junta ‖ *~ generală* junta general. 2. *(pol.)* asamblea. 3. *(mat.)* adición.

adverb *n.* adverbio.

adversar *m.* adversario, contrario.

aer *n.* aire *m.* ‖ *~ condiţionat* aire acondicionado; *în ~ liber* al aire libre; *a-şi da ~e* darse importancia; *a lua ~* tomar el fresco.

aerian *adj.* aéreo.

aerisi *vt., vr.* airear(se), orear(se), ventilar(se).

aerisire *f.* ventilación.

aerodinamic *adj.* aerodinámico.

aerodrom *n.* aeródromo.

aeronaut *m.* aeronauta *m.*

aeronautică *f.* aeronáutica.

aeronavă *f.* aeronave *f.*

aeroport *n.* aeropuerto.

afacere *f.* negocio, asunto.

afacerist *m.* 1. hombre *m.* de negocios. 2. *(fam.)* chanchullero.

afară I. *adv.* (a)fuera ‖ *a da ~* echar fuera; *în ~ de (asta)* además de (esto), salvo (esto); *a da ~ din servici* despedir. II. *interj.* ¡(a)fuera!

afâna *vt.* mullir.

afecta *vt., vi.* afectar.

afectare *f.* afectación.

afectat *adj.* afectado.

afectiv *adj.* afectivo.

afectuos *adj.* afectuoso, cariñoso.

afecţiune *f.* 1. *(dragoste)* afecto, cariño. 2. *(med.)* afección.

afemeiat *adj.* mujeriego.

afilia *vt., vr. (la)* alistar(se) (en).

afină *f.* arándano.

afinitate *f.* afinidad.

afirma I. *vt.* afirmar. II. *vr.* sobresalir *vi.*

afirmativ *adj.* afirmativo.

afirmaţie *f.* afirmación, aserción.

afiş *n.* cartel *m.*, anuncio.

afişa *vt.* 1. fijar carteles. 2. *(fig.)* ostentar.

afla I. *vt.* 1. hallar, encontrar. 2. *(a descoperi)* descubrir. 3. *(o ştire etc.)* enterarse (de). II. *vr.* hallarse, encontrarse.

afluent *m.* afluente *m.*

afluenţă *f.* afluencia, concurrencia.

aflux *n.* aflujo.

afon *adj.* afónico, áfono.

aforism *n.* aforismo.

african *adj., m.* africano.

afront *n.* afrenta, desplante *m.*

afuma *vt., vr. (şi fig.)* ahumar(se).

afunda *vt., vr.* sumergir(se) ‖ *a se ~ în lectură* enfrascarse en la lectura.

afurisi *vt.* blasfemar.

afurisit *adj.* maldito.

agale *adv.* lentamente, despacio.

agapă *f.* ágape *m.*

agasa *vt.* irritar, importunar.

agasant *adj.* molesto.

agăţa I. *vt.* colgar. II. *vr. (de)* agarrarse (a, de) ‖ *a se ~ de un pretext* asirse de un pretexto.

agăţător *adj.* trepador ‖ *plante agăţătoare* plantas trepadoras.

agendă *f.* agenda ‖ *~ de telefoane* libreta de teléfonos.

agent *f.* 1. *(şi com.)* agente *m.* 2. *(de circulaţie)* policía *m.* de tráfico.

agenţie *f.* agencia ‖ *~ de voiaj* agencia *(sau* oficina) de viajes.

ager *adj.* 1. *(sprinten)* ágil. 2. *(d. minte)* agudo; listo, despierto ‖ *privire ~ă* mirada perspicaz *(sau* aguda).

agerime *f.* agudeza, perspicacia.

aghiotant *m.* ayudante *m.*

agil *adj.* ágil, suelto.

agilitate *f.* agilidad, soltura.

agita I. *vt.* agitar. II. *vr.* 1. *(fig.)* trajinar *vi.* 2. *(a se supăra)* alterarse.

agitat *adj. (fig.)* movido.

agitator *adj., m.* agitador.

agitaţie *f.* agitación.

aglomera *vt., vr.* aglomerar(se); saturar(se).

aglomeraţie *f.* 1. aglomeración. 2. *(de mărfuri, vehicule etc. şi fig.)* congestión, saturación.

agnosticism *n.* agnosticismo.

agonie *f.* agonía.

agonisi *vt.* acaudalar, ahorrar.

agoniza *vi.* agonizar.

agrafă *f.* 1. *(de păr)* horquilla. 2. *(pentru hârtii)* clip *m.*, sujetapapeles *m.*

agramat *adj.* iletrado.

agrar *adj.* agrario.

agrava *vt., vr.* agravar(se).

agravare *f.* agravación.

agrea *vt.* 1. simpatizar, gustar. 2. *(a aproba)* aceptar.

agreabil *adj.* agradable, grato.

agregat *n.* agregado.

agrement *n.* distracción, reposo.

agresiune *f.* agresión.

agresiv *adj.* agresivo.

agresor *m.* agresor, atacador.

agricol *adj.* agrícola.

agricultor *m.* agricultor.

agricultură *f.* agricultura.

agronom *m.* agrónomo.

agronomie *f.* agronomía.

agrozootehnic *adj.* agropecuario.

aguridă *f.* agraz *m.*

ah *interj.* ¡ay!.

ahtiat *adj.* 1. codicioso (de). 2. *(fig.)* apasionado (por); aficionado (a).

aici *adv.* aquí ‖ *de ~ înainte* de aquí en adelante; *pe ~* por aquí; *până ~!* ¡ya!, ¡basta!.

aidoma *adv.* exactamente, parecido en todo.

aievea *adv.* de verdad.

aisberg *n.* iceberg *m.*

aiura *vi.* 1. *(şi med.)* delirar. 2. *(fig.)* soltar disparates.

aiurare *f.* delirio.

aiurea I. *adv.* en otra parte ‖ *cu gândul* ~ distraído; *a vorbi* ~ decir disparates. II. *interj.* ¡bah!, ¡que va!.

aiureală *f.* 1. delirio. 2. *(prostie)* disparate *m.*

aiurit *adj.* atolondrado, aturdido.

ajun *n.* 1. víspera ‖ *în* ~*ul* en vísperas de. 2. *(zi de post)* ayuno.

ajunge I *vi.* 1. llegar. 2. *(a deveni)* llegar a ser. 3. *(a fi suficient)* bastar. 4. *(a atinge)* alcanzar ‖ *a* ~ *departe* tener éxitos; *a-i* ~ *cuţitul la os* estar con el agua al cuello. II. *vt.* *(din urmă)* alcanzar.

ajuns *n.* în *expr.: de* ~ suficiente, bastante.

ajusta *vt.* ajustar; acomodar.

ajustare *f.* ajuste *m.*; acomodación, acomodamiento; encaje *m.*

ajuta I. *vt.* ayudar, socorrer. II. *vi.* *(a folosi la)* servir (para).

ajutător *adj.* ayudador; auxiliar.

ajutor I. *n.* ayuda, auxilio ‖ ~ *reciproc* ayuda mutua; *a da o mână de* ~ echar una mano; *cu* ~*ul* con la ayuda de, por medio de; *post de prim* ~ puesto de socorro; *primul* ~ auxilios de urgencia, los primeros auxilios. II. *m.* ayudante *m.* III. *interj.* ¡socorro!; ¡ayuda!.

al, ale *art. pos.* de ‖ *al mamei* de mi madre.

alai *n.* 1. séquito, comitiva. 2. *(pompă)* pompa.

alaltăieri *adv.* anteayer.

alaltăseară *adv.* anteanoche.

alamă *f.* 1. latón *m.*, azófar *m.* 2. *(muz.)* cobres *m.pl.*

alambic *n.* alambique *m.*

alambicat *adj.* rebuscado.

alandala *adv.* disparatadamente.

alarma *vt.*, *vr.* alarmar(se).

alarmă *f.* alarma.

alăpta *vt.* amamantar.

alăptare *f.*, **alăptat** *n.* amamantamiento, mamada.

alătura *vt.*, *vr.* *(la)* agregar(se) (a), juntar(se) (a, con).

alăturat I. *adj.* próximo, vecino; *(d. camere)* contiguo; *(d. clădiri, terenuri)* colindante; *(d. clădiri)* adosado, anexo. II. *adv.* adjunto.

alături *adv* al lado ‖ ~ *de* **a.** al lado de; **b.** *(împreună cu)* junto a; *de* ~ de al lado, vecino, próximo, contiguo.

alb *adj.*, *m.*, *n.* blanco ‖ ~*ul zăpezii* lo blanco *(sau* la blancura) de la nieve; *a semna în* ~ firmar en blanco.

albanez *adj.*, *m.* albanés *m.*

albastru *adj.*, *n.* azul *m.* ‖ ~ *de rufe* azul para la ropa; ~ *închis* azul oscuro; ~*ul cerului* lo azul del cielo.

albatros *m.* albatros *m.*

albăstrea *f.* *(bot.)* azulejo.

albăstrui *adj.* azulado.

albeaţă *f.* 1. blancura. 2. *(med.)* tela, nube *f.*

albi I. *vt.* blanquear. II. *vi. (a
încărunţi)* encanecer.

albicios, alburiu *adj.* blan-
quecino.

albie *f.* 1. *(de râu)* lecho, cauce *m.*
2. *(copaie)* artesa.

albină *f.* abeja.

albinărit *n.* apicultura.

albit *adj.* 1. blanqueado. 2. *(de
soare)* descolorido. 3. *(d. păr)*
canoso.

albituri *f.pl.* lencería, ropa de cama.

album *n.* álbum *m.*

albumină *f.* albúmina.

albuş *n.* clara (de huevo).

alcalin *adj.* alcalino.

alcătui I. *vt.* confeccionar.
II. *vt., vr.* componer(se); cons-
tituir(se).

alcătuire *f.* composición; consti-
tución.

alchimie *f.* alquimia.

alcool *n.* alchohol *m.*

alcoolic *adj.* alchohólico.

alcov *n.* alcoba.

alean *n.* nostalgia, morriña.

alee *f.* paseo; *(străjuită de ar-
bori)* alameda.

alegător *m.* elector.

alege I. *vt.* 1. elegir, escoger.
2. *(a vota)* votar (por), elegir.
II. *vr. (a se separa)* separarse
‖ *a nu se ~ cu nimic* quedarse
con las manos vacías.

alegere *f. (şi pol.)* elección ‖ *la ~
a* elección, a voluntad.

alegorie *f.* alegoría.

alene *adv.* lentamente.

alerga *vi. (şi sport)* correr ‖ *a ~
într-un suflet* correr a toda prisa.

alergare *f. (şi sport)* carrera.

alergător *m., adj.* corredor.

alergătură *f.* corrida.

alergie *f. (med.)* alergia.

alertă *f.* alarma, alerta.

ales *adj.* 1. elegido, electo.
2. *(fig.)* escogido; exquisito ‖
mai ~ sobre todo.

alfabet *n.* alfabeto.

alfabetiza *vt.* alfabetizar.

algă *f.* alga.

algebră *f.* álgebra.

algerian *adj., m.* argelio.

alia I. *vt., vr.* aliar(se). II. *vt. (d.
metale)* alear.

aliaj *n.* aleación.

alianţă *f.* alianza ‖ *rudă prin ~*
pariente político.

aliat *m., adj.* aliado.

alibi *n.* coartada.

aliena *vt.* alienar, enajenar.

alienare *f.* alienación, ena-
jenación.

alienaţie *f. (med.)* alienación,
locura.

alifie *f.* crema, pomada.

aliment *n.* 1. alimento. 2. *pl.*
comestibles *m.pl.,* víveres *m.pl.*

alimenta I. *vt., vr.* alimentar(se),
nutrir(se). II. *vt.* 1. *(un motor)*
alimentar. 2. *(a aproviziona)*
abastecer.

alimentar *adj.* alimenticio; ali-
mentario ‖ *produse ~e* pro-
ductos alimentarios; *regim ~*
régimen alimenticio.

alimentară *f.* tienda de comest-
ibles.

alimentare *f.* alimentación, nutri-
ción.

alimentaţie *f.* alimentación.

alina *vt.* 1. aliviar, sosegar. 2. *(a linişti)* apaciguar, calmar. 3. *(fig.)* consolar.

alinare *f.* 1. alivio. 2. *(fig.)* consuelo.

aliniat *n.* párrafo, apartado.

alinia *vt., vr.* alinear(se).

aliniere *f.* alineación.

alinta I. *vt.* 1. acariciar. 2. *(a răsfăţa)* mimar, consentir. II. *vr.* hacer melindres.

alintare *f.* 1. *(mângâiere)* caricia. 2. *(răsfăţ)* mimo.

alipi *vt., vr.* *(la)* juntar(se), unir(se) (a); anexar *vt.*

alipire *f.* anexión.

almanah *n.* almanaque *m.*

alo *interj.* ¡diga!; ¡oigo!.

aloca *vt.* asignar, destinar.

alocaţie *f.* asignación; subsidio.

alpin *adj.* alpino.

alpinism *n.* alpinismo, montañismo.

alpinist *m.* alpinista *m.* şi *f.*

alt, altă, alţi, alte *adj.* otro, otra, otros, otras.

altar *n.* altar *m.*

altădată *adv.* 1. otra vez; en otra ocasión. 2. *(odinioară)* otrora, en otro tiempo.

altceva *pron. neh.* otra cosa ‖ ~? ¿algo más?; *nimic* ~ nada más.

altcineva *pron. neh.* otra persona, otro.

alteori *adv.* otras veces.

altera *vt., vr.* *(şi fig.)* alterar(se); adulterar(se).

alterare *f.* alteración; adulteración.

alterna *vt., vi.* alternar.

alternare *f.* alternancia.

alternativ *adj.* alternativo, alterno ‖ *curent* ~ corriente alterna.

alternativă *f.* alternativa.

alteţă *f.* alteza.

altfel *adv.* de otra manera, de otro modo ‖ *de* ~ por lo demás; *e* ~ es diferente.

altitudine *f.* altitud *f.*, altura.

altminteri *adv. v.* **altfel.**

altoi[1] *n.* injerto.

altoi[2] *vt.* 1. injertar. 2. *(fig.)* dar una paliza; apalear.

altoire *f.* injerto.

altruism *n.* altruismo.

altul, alta, alţii, altele *pron. neh.* otro, otra, otros, otras.

aluat *n.* pasta, masa ‖ *a fi din acelaşi* ~ *(fig.)* ser harina del mismo costal.

aluminiu *n.* aluminio.

alun *m.* avellano.

alună *f.* avellana ‖ ~ *americană* cacahuete *m.*

aluneca *vi.* deslizar(se), resbalar(se).

alunecare *f.* resbalón *m.*; deslizamiento ‖ ~ *cu săniuţa* deslizamiento en trineo; ~ *de teren* deslizamiento *(sau* desprendimiento*)* de terreno.

alunecos *adj.* resbaladizo, deslizadizo.

alunga *vt.* echar, correr; rechazar.

alungare *f.* rechazo.

aluniţă *f.* lunar *m.*

alură *f.* porte *m.*

aluviune *f.* aluvión.

aluzie *f.* alusión, indirecta ‖ *a face* ~ *la* aludir a.

alveolă *f.* alvéolo.

amabil *adj.* amable ‖ *fiţi* ~! ¡tenga la bondad!.

amabilitate *f.* amabilidad.

amalgam *n.* amalgama.
amanet *n.* empeño, prenda.
amaneta *vt.* empeñar.
amant *m.* amante *m.* şi *f.*
amar I. *adj.* 1. amargo. 2. *(fig.)*
penoso. II. *n.* pena, amargura ‖
a-şi vărsa ~ul desahogarse *(sau*
derramar) su amargura; *după*
atâta ~ de vreme al cabo de
tanto tiempo.
amarnic I. *adj.* despiadado,
cruel. II. *adv.* cruelmente.
amator *m.*, *adj.* aficionado.
amăgi I. *vt.* engañar, embaucar,
embelecar. II. *vr.* ilusionarse.
amăgire *f.* engaño; encanto; em-
baucamiento.
amăgitor *adj.* engañoso, embau-
cador.
amănunt *n.* detalle *m.*, pormenor
‖ *a vinde cu ~ul* vender al por
menor.
amănunţit *adj.* detallado.
amărăciune *f. (şi fig.)* amargura.
amărî *vt.*, *vr. (fig.)* amargar(se);
afligir(se).
amâna *vt.* retrasar; aplazar; de-
morar.
amânare *f.* retraso, aplazamiento.
amândoi, amândouă *pron.*,
num. ambos, ambas; los dos,
las dos.
ambala I. *vt.* 1. embalar; en-
vasar; envolver; *(în lăzi)* enca-
jonar. 2. *(motorul)* acelerar (el
motor). II. *vr. (fig.)* arreba-
tarse.
ambalaj *n.*, ambalare *f.* em-
balaje *m.*
ambarcaţie *f.* embarcación.

ambasadă *f.* embajada.
ambasador *m.* embajador.
ambiant *adj.* ambiente.
ambianţă *f.* ambiente *m.*
ambiguitate *f.* ambigüedad.
ambii, ambele *pron.*, *num.*
ambos, ambas; los dos, las dos.
ambiţie *f.* ambición.
ambiţiona I. *vt.* estimular. II. *vr.*
ambicionar *vt.*, esforzarse (en).
ambiţios *adj.* ambicioso.
ambreia *vt.* embragar.
ambreiaj *n. (auto)* embrague *m.*
ambulant *adj.* ambulante.
ambulanţă *f.* ambulancia.
ambuscadă *f.* emboscada.
ambuteiaj *m.* tapón *m.*, saturación.
ameliora *vt.*, *vr.* mejorar(se),
enmendar(se).
ameliorare *f.* 1. mejoramiento,
enmienda. 2. *(a sănătăţii)*
mejoría.
amenaja *vt.* arreglar; acondicionar.
amenajare *f.* arreglo; acondicio-
namiento.
amenda *vt.* 1. *(a da o amendă)*
multar. 2. *(a îmbunătăţi)*
enmendar.
amendament *n.* enmienda.
amendă *f.* multa.
ameninţa *vt.* amenazar ‖ *a ~ cu*
moartea amenazar de muerte.
ameninţare *f.* amenaza.
ameninţător *adj.* amenazador.
american *adj.*, *m.* americano
ameriza *vi.* amerizar, amarar.
amerizare *f.* amerizaje *m.*, ama-
raje *m.*
amestec *n.* 1. mezcla. 2. *(fig.)*
ingerencia.

amesteca I. *vt.* **1.** mezclar.
2. *(fig.)* confundir. **II.** *vr.* mezclarse; ingerirse (en); intervenir *vi.*; interferirse, involucrarse, inmiscuirse.

amestecat *adj.* **1.** mezclado. **2.** *(neclar)* confuso.

ametist *n.* amatista.

ameţeală *f.* vértigo; mareo; vahído.

ameţi I. *vt.* aturdir, dar vértigo. **II.** *vi.* marearse, sentir vértigo. **III.** *vr. (fam.)* achisparse.

ameţitor *adj.* **1.** vertiginoso. **2.** *(fig.)* embriagador.

amfiteatru *n.* anfiteatro.

amforă *f.* ánfora.

amiază *f.* mediodía *m.* ‖ *după ~* por la tarde; *la ~* a mediodía.

amic *m.* amigo.

amical *adj.* amistoso, amigable.

amiciţie *f.* amistad.

amidon *n.* almidón *m.*

amigdalită *f. (med.)* amigdalitis *f.*

aminte *adv.* în *expr.: a aduce ~* recordar; *a-şi aduce ~ (de)* acordarse (de); *cu luare ~* con cuidado *(sau* cautela).

aminti I. *vt.* mencionar, referir, hacer memoria. **II.** *vr. (de)* acordarse (de), recordar *vt.*

amintire *f.* recuerdo ‖ *în ~a (cuiva)* en memoria de (alguien).

amiral *m.* almirante *m.*

amnistia *vt.* amnistiar.

amnistie *f.* amnistía.

amoniac *n.* amoníaco.

amor *n.* **1.** amor *m.* ‖ *~ propriu* amor propio. **2.** amorcillo, Cupido.

amoreza *vr.* enamorarse.

amorf *adj.* amorfo.

amortiza *vt.* amortiguar, amortizar.

amortizor *n.* amortiguador.

amorţeală *f.* entorpecimiento.

amorţi *vi.* entorpecer; *(d. mâini etc.)* adormecerse, dormirse.

amplasa *vt.* emplazar; ubicar, colocar, situar.

amplifica *vt.* amplificar, ampliar.

amplificare *f.* amplificación, ampliación.

amploare *f.* amplitud *f.*

amplu *adj.* amplio.

amprentă *f.* impresión; *(şi fig.)* huella ‖ *amprente digitale* huellas *(sau* impresiones) dactilares *(sau* digitales).

amputa *vt.* amputar.

amuletă *f.* amuleto.

amurg *n.* atardecer *m.*; *(şi fig.)* crepúsculo, ocaso ‖ *în ~* al anochecer.

amuţi *vi.* enmudecer, callarse.

amuza *vt.*, *vr.* divertir(se), entretener(se).

amuzament *n.* diversión, entretenimiento.

amuzant *adj.* divertido.

amvon *n.* púlpito.

an *m.* año ‖ *~ bisect* año bisiesto; *Anul nou* el Año Nuevo; *~ul trecut* el año pasado; *~ul viitor* el próximo año; *acum un ~* hace un año; *la mulţi ~i!* ¡Feliz Año Nuevo!; *peste un ~* dentro de un año.

anacronic *adj.* anacrónico.

anagramă *f.* anagrama *m.*

anale *f.pl.* anales *m.pl.*

analfabet *adj.*, *m.* analfabeto.

analfabetism *n.* analfabetismo.

analitic *adj.* analítico.

analiza *vt.* analizar.

analiză *f.* análisis *m.*

analog *adj.* análogo.

analogie *f.* analogía.

ananas *m.* piña, ananá *m.*

ananghie *f.* apuro, dificultad ‖ *a fi la* ~ estar en un apuro.

anapoda *adv. în expr.: a înţelege totul* ~ entenderlo todo al revés.

anarhic *adj.* anárquico.

anarhie *f.* anarquía.

anarhist *adj., m.* anarquista *m.* şi *f.*

anason *m.* anís *m.*, matalahúga.

anatomie *f.* anatomía.

ancheta *vt.* indagar, investigar.

anchetator *m.* encuestador.

anchetă *f.* encuesta; investigación, indagación.

anchiloza *vr. (şi fig.)* anquilosarse.

ancora *vt.* anclar, fondear.

ancoră *f.* ancla ‖ *a arunca ancora* echar anclas; *a ridica ancora* levar anclas.

andive *f.pl.* endibias *f.pl.*

andrea *f.* aguja (de hacer puntos).

anecdotă *f.* anécdota.

anemia *vr.* hacer una anemia.

anemic *adj.* anémico.

anemie *f.* anemia.

anestezie *f.* anestesia.

anevoie *adv.* penosamente.

anevoios *adj.* penoso, difícil.

anexa *vt. (la)* anejar (a), anexionar, anexar.

anexare *f.* anexión.

anexă *f.* anejo, anexo.

angaja I. *vt. (în serviciu)* contratar, emplear. II. *vr.* 1. *(fig.) (la)* comprometerse (en). 2. em-

plearse. 3. *(pe un drum)* encaminarse.

angajament *n.* compromiso; empeño.

angajare *f.* empleo, colocación, contratación.

angajat *m.* empleado, asalariado.

anghină *f. (med.)* angina ‖ ~ *pectorală* angina de pecho.

angrena *vt. (tehn.)* engranar *vi.*

angrenaj *n.* engranaje *m.*

anihila *vt.* aniquilar.

anihilare *f.* aniquilación.

anima *vt., vr.* animar(se).

animal I. *n.* animal *m.*, bestia ‖ ~ *de povară* bestia de carga. II. *adj.* animal.

animalic *adj.* animal; *(şi fig.)* bestial.

animat *adj. (şi fig.)* animado ‖ *desene* ~*e* dibujos animados.

animator *m.* animador, promotor.

animaţie *f.* animación.

aniversa *vt.* celebrar.

aniversare *f.* 1. aniversario, conmemoración. 2. *(zi de naştere)* cumpleaños *m.; (onomastică)* (el día del) santo.

anomalie *f.* anomalía.

anonim *adj.* anónimo ‖ *scrisoare* ~*ă* anónimo.

anonimat *n.* anonimato.

anorganic *adj.* inorgánico.

anormal *adj.* anormal, anómalo.

anost *adj.* insípido, soso.

anotimp *n.* estación.

ansamblu *n.* conjunto ‖ *o privire de* ~ una mirada general *(sau* de conjunto).

antagonic *adj.* antagónico.

antagonism n. antagonismo.

antarctic adj. antártico.

antebraţ n. antebrazo.

antecedente n.pl. antecedentes m.pl.

antecesor m. antecesor.

antenă f. antena.

anterior adj. anterior, precedente.

antet n. membrete m.

antiaerian adj. antiaéreo.

antic adj. antiguo.

anticameră f. antecámara.

anticar m. anticuario.

anticariat n. librería de viejo.

antichitate f. antigüedad.

anticipa vt. anticipar.

anticipaţie f. anticipación, ante-
lación ‖ cu ~ de antemano.

anticlerical adj. anticlerical.

antidot n. antídoto.

antifascism n. antifascismo.

antifascist adj., m. antifascista
m. şi f.

antigel n. (líquido) anticongelante m.

antilopă f. antílope m. ‖ piele de
~ gamuza, ante m.

antinevralgic n., adj. antineurálgico.

antipatic adj. antipático.

antipatie f. antipatía.

antipod m. antípoda m. sau f.

antonim n. antónimo.

antiseptic adj. antiséptico.

antiteză f. antítesis f.

antologie f. antología.

antracit n. antracita.

antract n. entreacto.

antren n. alegría, animación.

antrena I. vt., vr. (şi sport) entrenar
(se). II vt. (fig.) animar; movilizar.

antrenament n. entrenamiento,
adiestramiento.

antrenant adj. animado.

antrenor m. entrenador.

antreprenor m. contratista m.,
empresario.

antrepriză f. empresa.

antreu n. vestíbulo.

antricot n. chuleta.

antropofag adj. antropófago.

antropologie f. antropología.

anturaj n. compañía, amistades f.
pl., ambiente m.

anual I. adj. anual, anuo. II. adv.
cada año, anualmente.

anuar n. anuario.

anula vt. anular; cancelar.

anume I. adj. cierto; especial.
II. adv. especialmente, a saber.

anumit adj. cierto, determinado.

anunţ n. 1. anuncio, letrero,
aviso. 2. (reclamă) cartel m.

anunţa vt. anunciar, avisar.

anus n. (anat.) ano.

anvelopă f. (auto) cubierta,
neumático.

anvergură f. (şi tehn.) envergadura.

anxietate f. ansiedad.

anxios adj. ansioso.

aortă f. (anat.) aorta.

apanaj n. (fig.) dotación.

aparat n. aparato ‖ ~ de fotogra-
fiat cámara (fotográfica); ~ de
radio radio f.

aparent adj. aparente.

aparenţă f. apariencia ‖ în ~
aparentemente; a salva apa-
renţele salvar las apariencias.

apariţie f. 1. aparición. 2. (publi-
care) publicación. 3. (fanto-
mă) fantasma m., visión.

apartament n. piso, apartamento,
(Am.) departamento.

aparte I *adj.* especial; separado.
II. *adv.* aparte, separadamente.
apartenenţă *f.* pertenencia.
aparţine *vi.* pertenecer (a).
apatic *adj.* apático.
apatie *f.* apatía.
apă *f.* 1. agua ‖ ~ *curgătoare* agua corriente; ~ *de băut* agua potable; ~ *minerală* agua mineral; *a-i lăsa gura ~* hacérsele la boca agua; *a intra la ~ (d. ţesături)* encoger *vi.* 2. *pl. (nuanţe)* aguas *f.pl.*
apăra I. *vt., vr.* defender(se). **II.** *vt. (a ocroti)* proteger.
apărare *f.* 1. defensa. 2. *(ocrotire)* protección.
apărător *m., adj.* defensor.
apărea *vi.* 1. aparecer. 2. *(d. o publicaţie)* publicarse, salir a luz. 3. *(a se ivi)* presentarse.
apăsa *vt., vi.* 1. apretar ‖ *a ~ pe buton* apretar *(sau* pulsar) el botón. 2. *(fig.)* abrumar. 3. *(a oprima)* oprimir.
apăsare *f.* 1. apretón *m.* 2. *(deprimare)* pesadumbre *f.* 3. *(oprimare)* opresión.
apăsător *adj. (şi fig.)* pesado, agobiador.
apeduct *n.* acueducto.
apel *n.* 1. llamada; llamamiento. 2. lista ‖ ~ *telefonic* llamada telefónica; *a face ~ul (mil.)* pasar lista (a una tropa); *fără drept de ~* irrevocable.
apela *vi. (la)* apelar (a), recurrir (a), acudir (a).
apendice *n. (şi med.)* apéndice *m.*
apendicită *f. (med.)* apendicitis *f.*

aperitiv *n.* aperitivo, entremés *m.*
apetisant *adj.* apetecible.
apetit *n.* apetito.
apicol *adj.* apícola.
apicultor *m.* apicultor, colmenero.
aplana *vt.* allanar ‖ *a ~ conflictul* allanar el conflicto.
aplauda *vt., vi.* aplaudir.
aplauze *f.pl.* aplausos *m.pl.*
apleca *vt., vr. (şi fig.)* inclinar(se); doblar(se) ‖ *a ~ capul* bajar la cabeza; *a i se ~ (cuiva)* no sentarle bien (a uno).
aplica *vt.* 1. aplicar ‖ *a ~ în practică* poner en práctica. 2. *(o pedeapsă)* infligir ‖ *a ~ o bătaie* propinar una paliza.
aplicabil *adj.* aplicable.
aplicare *f.* aplicación.
aplicaţie *f.* 1. aplicación. 2. *(înclinaţie)* aptitud *f.*
apocalips *n. (rel.)* apocalipsis *m.*
apocopă *f. (gram.)* apócope *f.*
apogeu *n.* apogeo, auge *m.*
apoi *adv.* después, luego.
apolitic *adj.* apolítico.
apologet *m.* apologista *m.* şi *f.*
apologie *f.* apología.
apoplexie *f. (med.)* apoplejía.
aport *n.* aportación; contribución; *(Am.)* aporte *m.*
apostol *m.* apóstol *m.*
apostrof *n.* apóstrofo.
apostrofa *vt.* apostrofar.
apostrofă *f.* apóstrofe *m.* sau *f.*
apoteoză *f.* apoteosis *f.*
apoziţie *f. (gram.)* aposición.
aprecia *vt.* apreciar; estimar; evaluar; valorar, valuar, reputar, juzgar.

apreciabil *adj.* apreciable, considerable.

apreciere *f.* apreciación, evaluación; valoración, valuación; aprecio, estima ‖ *a lăsa la ~a cuiva* dejar a la elección de uno.

apreta *vt.* almidonar.

aprig *adj.* 1. *(înfocat)* impetuoso. 2. *(crunt)* duro; cruel; despiadado.

aprilie *m.* abril *m.*

aprinde I. *vt.* encender; *(şi fig.)* inflamar. II. *vr.* *(fig.)* enardecerse; entusiasmarse.

aprindere *f.* 1. *(fig.)* pasión. 2. *(auto)* encendido.

aprins *adj.* 1. encendido. 2. *(fig.)* apasionado. 3. *(d. culori)* vivo. 4. *(strălucitor)* brillante.

aproape I. *adv.* 1. cerca ‖ *~ de* cerca de. 2. *(aproximativ)* casi. II. *m.* prójimo.

aproba *vt.* aprobar; asentir; dar el visto bueno.

aprobare *f.* aprobación; visto bueno.

aprod *m.* ujier *m.*

aprofunda *vt.* ahondar, profundizar.

aprofundare *f.* ahondamiento, profundización.

aprofundat *adj.* hondo, profundo.

apropia *vt.*, *vr.* *(de)* acercar(se) (a), aproximar(se) (a) ‖ *a se ~ de (fig.)* trabar amistad.

apropiat *adj.* *(şi fig.)* cercano, próximo; *(fig.)* íntimo, entrañable.

apropiere *f.* 1. cercanía, proximidad ‖ *în ~* cerca. 2. *(fig.)* intimidad. 3. *(fig.)* aproximación.

apropo I. *adv.* a propósito. II. *n.* propósito.

apropria *vt.* apropiarse (de), apoderarse (de).

aproviziona *vt.*, *vr.* abastecer(se), suministrar(se), surtir(se).

aprovizionare *f.* abastecimiento, suministración, surtido.

aproximativ I. *adj.* aproximativo, aproximado. II. *adv.* aproximadamente.

aproximaţie *f.* aproximación.

apt *adj.* *(pentru)* apto (para), capacitado.

aptitudine *f.* aptitud *f.*; facultad; disposición.

apuca I. *vt.* coger; tomar; prender. II. *vr.* 1. asirse. 2. *(fig.)* *(de)* ponerse (a), comenzar (a). III. *vi.* *(spre)* dirigirse (hacia).

apucat *adj.* *(nebun)* loco, enloquecido, tocado de la cabeza, chiflado.

apucătură *f.* modales *m.pl.*

apune *vi.* 1. ponerse *vr.* 2. *(fig.)* declinar.

apus *n.* 1. puesta del sol, ocaso. 2. *(geogr.)* occidente *m.*; oeste *m.* 3. *(decădere)* declinación, caída, ocaso.

apusean *m.*, *adj.* occidental.

ara *vt.* arar, labrar la tierra.

arab *adj.*, *m.* árabe *m.*

arabil *adj.* arable, labrantío.

arac *m.* rodrigón *m.*

aragaz *n.* cocina (de gas, eléctrica).

arahidă *f.* cacahuete *m.*, maní *m.*

aramă *f.* cobre *m.*

aranja I. *vt.*, *vr.* arreglar(se), acomodar(se). II. *vt.* *(muz.)* orquestar.

aranjament *n.* 1. arreglo. 2. *(muz.)* orquestación.

arareori *adv.* raras veces.

arăta I. *vt.* **1.** mostrar. **2.** *(a indica)* enseñar, indicar. **3.** *(a manifesta)* manifestar. **II.** *vr.* **1.** mostrarse. **2.** *(a se ivi)* aparecer *vi.* **III.** *vi.* în *expr.: a ~ bine* tener buena cara; *a ~ prost* tener mala cara.

arătare *f.* fantasma *m.*

arătător *n.* **1.** índice *m.* **2.** *(de ceas)* aguja, manecilla.

arătos *adj.* vistoso, aparatoso.

arătură *f.* **1.** arada. **2.** *(ogor)* tierra labrada.

arbitra *vt.* *(şi sport)* arbitrar.

arbitraj *n.* arbitraje *m.*

arbitrar *adj.* arbitrario.

arbitru *m.* *(şi sport)* árbitro, juez *m.* ‖ *~ de tuşă* juez de raya *(sau* de línea*)*; *liber ~* libre albedrío.

arbora *vt.* enarbolar.

arbore *m.* árbol *m.* ‖ *~ cotit (tehn.)* cigüeñal *m.*; *~ genealogic* árbol genealógico.

arbust *m.* arbusto.

arc *n.* **1.** *(şi arhit., electr., geom.)* arco ‖ *~ de triumf* arco de triunfo *(sau* triunfal*)*; *~ voltaic* arco voltaico; *a trage cu ~ul* tirar con el arco. **2.** *(resort)* resorte *m.*, muelle *m.* **3.** *(de ceas)* cuerda.

arcadă *f.* **1.** *(arhit.)* arcada. **2.** *(anat.)* arco.

arcaş *m.* arquero.

arcă *f.* arca.

archebuză *f.* arcabuz *m.*

arctic *adj.* ártico.

arcui *vt.*, *vr.* arquear(se); encorvar(se).

arcuş *n.* arco.

arde I. *vt.*, *vr.* **1.** arder, quemar; calcinar. **2.** *(fig.)* *(de)* arder (en, de) ‖ *a ~ o palmă* pegar, dar una bofetada; *nu-mi ~ de nimic* no tengo ganas para *(sau* de*)* nada. **II.** *vr.* quemarse ‖ *a se ~ la soare* tostarse.

ardei *m.* pimiento ‖ *~ iute* pimiento largo, *(Am.)* chile *m.*, ají *m.*

ardelean *adj.*, *m.* transilvano.

ardere *f.* quema, quemazón *f.*; *(şi chim.)* combustión; *(d. ciment)* cocción; *(fiziol.)* oxidación.

ardezie *f.* pizarra.

ardoare *f.* ardor.

arenă *f.* **1.** *(şi pol.)* arena. **2.** *(taur.)* ruedo. **3.** *(sport)* cancha.

arenda *vt.* arrendar

arendare *f.* arrendamiento.

arendaş *m.* arrendatario.

arendă *f.* arrendamiento.

arest *n.* **1.** detención; arresto. **2.** *(închisoare)* prisión; cárcel *f.*

aresta *vt.* detener; arrestar.

arestare *f.* detención.

arestat *m.* detenido, preso, arrestado.

argat *m.* mozo, criado.

argentinian *adj.*, *m.* argentino.

argilă *f.* arcilla.

argint *n.* plata ‖ *~ viu* azogue *m.*

arginta *vt.* platear.

argintărie *f.* platería.

argintiu *adj.* plateado.

argou *n.* jerga, germanía, argot *m.*

argument *n.* argumento ‖ *a aduce un ~* aducir un argumento.

argumenta *vt.* argumentar, argüir.

arhaic *adj.* arcaico.

arhaism *n.* arcaísmo.
arheolog *m.* arqueólogo.
arhiduce *m.* archiduque *m.*
arhiepiscop *m.* arzobispo.
arhipelag *n.* archipiélago.
arhiplin *adj.* repleto.
arhitect *m.* arquitecto.
arhitectură *f.* arquitectura.
arhivar *m.* archivero.
arhivă *f.* archivo.
arici *m.* erizo.
arid *adj.* árido; estéril.
ariditate *f.* aridez *f.*
arie *f.* 1. *(agr., geom.)* área. 2. *(muz.)* aria.
ariergardă *f.* retaguardia.
aripă *f.* 1. *(şi sport)* ala. 2. *(auto)* alero, guardabarros *m.* 3. *(iht.)* aleta. 4. *(de moară)* aspa.
aristocrat *m.* aristócrata *m.* şi *f.*
aristocraţie *f.* aristocracia.
aritmetică *f.* aritmética.
arivist *m.* arribista *m.* şi *f.*
arlechin *m.* arlequín *m.*
arma *vt.* armar.
armament *n.* armamento ‖ ~ *greu (uşor)* armamento pesado (ligero).
armată *f.* ejército ‖ *a face armata* cumplir *vi.*, hacer el servicio militar *(sau* la mili).
armă *f.* arma ‖ ~ *albă (de foc, cu tăiş)* arma blanca (de fuego, de filo); *a depune armele* rendir las armas; *a ridica armele* alzarse en armas.
armăsar *m.* corcel *m.*
armătură *f.* armadura; armazón *m.*
armistiţiu *n.* armisticio, tregua.
armonie *f. (şi fig.)* armonía; *(fig.)* amistad.

armoniza *vt., vr., vi.* armonizar *vt., vi.*; concertar *vt., vi.*
armură *f.* armadura; coraza.
armurier *m.* armero.
arogant *adj.* arrogante.
aroganţă *f.* arrogancia.
aromat *adj.* aromático.
aromă *f.* aroma, fragancia; perfume *m.*
arpagic *n.* cebollino.
arpegiu *n. (muz.)* arpegio.
ars *adj.* 1. quemado. 2. *(de soare)* tostado.
arsenal *n.* arsenal *m.*
arsenic *n.* arsénico.
arsură *f.* quemadura.
arşiţă *f.* bochorno, canícula.
artă *f.* arte *sing. m., pl. f.* ‖ ~ *populară* arte popular; *arte frumoase* bellas artes; *operă de* ~ obra de arte.
arteră *f. (anat. şi drum)* arteria.
artezian *adj.* artesiano ‖ *fântână* ~*ă* surtidor.
articol *n.* 1. artículo ‖ ~ *de fond* editorial *m.* 2. *pl. (mărfuri)* géneros.
articula *vt.* articular.
articulare, articulaţie *f. (anat., tehn.)* articulación.
artificial *adj.* artificial.
artificiu *n.* artificio ‖ *jocuri de artificii* fuegos artificiales.
artilerie *f.* artillería.
artilerist *m.* artillero.
artist *m.* artista *m.* şi *f.*; actor.
artistic *adj.* artístico.
artizan *m.* artesano.
artizanat *n.* artesanía.
arţar *m.* arce *m.*

arţăgos *adj.* pendenciero.

arunca I. *vt.* tirar; echar; arrojar; *(şi sport)* lanzar. **II.** *vr.* arrojarse, precipitarse.

aruncare *f. (sport)* lanzamiento || *~a suliţei (greutăţii, discului, ciocanului)* el lanzamiento de la jabalina (del peso, del disco, del martillo).

aruncător *m.* lanzador.

arvună *f.* arras *f.pl.*

arzător *adj. (şi fig.)* ardiente.

as *m. (şi fig.)* as *m.*

asalt *n. (şi sport)* asalto.

asalta *vt.* asaltar, acometer.

asana *vt.* sanear, desecar.

asanare *f.* saneamiento.

asasin *m.* asesino.

asasina *vt.* asesinar.

asasinare *f.*, **asasinat** *n.* asesinato.

ascendent I. *adj.* ascendente. **II.** *n.* influencia, ascendiente *m.* **III.** *m.* antepasado, ascendiente *m.*

ascendenţă *f.* ascendencia.

ascensiune *f. (şi fig.)* ascensión; *(fig.)* ascenso.

ascensor *n.* ascensor; *(Am.)* elevador.

ascet *m.* asceta *m.* şi *f.*

ascetic *adj.* ascético.

ascetism *n.* ascetismo.

asculta I. *vt.*, *vi.* escuchar; oír. **II.** *vt. (la şcoală)* examinar. **III.** *vi. (de)* obedecer (a).

ascultare *f.* **1.** escucha. **2.** *(supunere)* obediencia.

ascultător I. *m.* oyente *m.* şi *f.* **II.** *adj.* obediente.

ascunde *vt.*, *vr.* esconder(se), ocultar(se) || *a ~ adevărul* ocultar la verdad.

ascuns *adj.* escondido, oculto; recóndito || *pe ~* a escondidas; *a se juca de-a v-aţi ~elea* jugar al escondite.

ascunzătoare *f.* escondrijo.

ascuţi I. *vt.* afilar; apuntar. **II.** *vr. (fig.)* agudizarse, aguzar *vt.*

ascuţime *f. (şi fig.)* agudeza.

ascuţiş *n.* **1.** *(tăiş)* tajo. **2.** *(vârf)* punta.

ascuţitoare *f.* cortalápices *m.*, sacapuntas *m.*

aseară *adv.* anoche.

asedia *vt.* asediar, sitiar, cercar.

asediator *m.*, *adj.* sitiador.

asediu *n.* asedio, sitio, cerco.

asemăna I. *vt. (cu)* asemejar (a); comparar (con). **II.** *vr.* parecerse (a), asemejarse (a).

asemănare *f.* comparación; semejanza; parecido || *fără ~* extraordinario, sin par.

asemănător *adj.* semejante, parecido.

asemenea I. *adj.* **1.** *(asemănător)* semejante. **2.** *(astfel de)* tal. **II.** *adv.* de la misma manera, igualmente || *de ~* también, asimismo.

asentiment *n.* consentimiento.

aservi *vt.* sojuzgar, avasallar; esclavizar.

asezona *vt.* aderezar.

asfalt *n.* asfalto.

asfalta *vt.* asfaltar.

asfinţi *vi.* **1.** ponerse (el sol). **2.** *(fig.)* declinar.

asfinţit *n.* **1.** puesta del sol; *(şi fig.)* ocaso; *(fig.)* declino. **2.** *(vest)* oeste *m.*, poniente *m.*

asfixia *vt., vr.* ahogar(se), asfixiar(se).

asiatic *adj., m.* asiático.

asiduitate *f.* asiduidad.

asiduu *adj.* asiduo.

asigura *vt., vr.* asegurar(se), garantizar *vt.*

asigurare *f.* 1. aseguramiento, garantía. 2. *(poliţă)* seguro, aseguración ǁ *asigurări sociale* seguros sociales; *societate de asigurări* sociedad de seguros.

asimetric *adj.* asimétrico.

asimila *vt.* asimilar.

asimilare *f.* asimilación.

asista *vt., vi (la)* asistir (a), presenciar *vt.*

asistent *m., adj.* asistente *m.*; *(de facultate)* ayudante *m.* de cátedra; *(medical)* auxiliar de clínica.

asistenţă *f.* 1. *(ajutor)* asistencia 2 *(spectatori)* público, auditorio, concurrencia.

asmuţi *vt. (şi fig.)* azuzar.

asocia *vt., vr. (cu)* asociar(se) (con, a).

asociat *m.* socio, asociado.

asociaţie *f.* asociación.

asorta *vt., vr.* armonizar, emparejar; combinar.

aspect *n.* 1. aspecto ǁ ~ *neplăcut* aspecto desagradable; *sub toate ~ele* bajo todos los aspectos. 2. *(înfăţişare)* semblante *m.*

aspectuos *adj.* decoroso.

asperitate *f.* aspereza.

aspic *n.* gelatina.

aspira I. *vt.* aspirar. II. *vi. (fig.) (la)* aspirar (a), anhelar (a).

aspirator *n.* aspirador.

aspiraţie *f.* aspiración.

aspirină *f.* aspirina.

asprime *f. (şi fig.)* severidad, rigor.

aspru *adj. (şi fig.)* áspero; rigoroso; *(fig.)* duro, severo.

astăzi *adv.* 1. hoy. 2. *(acum)* hoy (en) día, en la actualidad, en el presente ǁ *în câte suntem ~?* ¿a cuántos estamos hoy?.

astâmpăr *n.* quietud *f.*; sosiego ǁ *fără ~* impaciente.

astâmpăra *vt., vr.* calmar(se), sosegar(se)

astenie *f.* astenia.

astfel I. *adv.* así, de esta manera. II. *adj.* tal, semejante ǁ ~ *de oameni* tales hombres.

astmatic *adj., m. (med.)* asmático.

astm(ă) *m., f. (med.)* asma *m.* sau *f.*

astrahan *n.* astracán *m.*

astral *adj.* astral, sideral.

astringent *adj.* astringente.

astrolog *m.* astrólogo.

astronaut *m.* astronauta *m.*

astronom *m.* astrónomo.

astronomie *f.* astronomía.

astru *m.* astro.

astupa *vt.* tapar, obstruir.

asuda *vi.* sudar.

asuma *vt.* asumir, hacerse cargo ǁ *a-şi ~ răspunderea* asumir la responsabilidad.

asupra *prep. (local)* sobre; encima; *(cu privire la)* con respecto a, referente a.

asupri *vt.* oprimir; explotar.

asuprire *f.* opresión; explotación.

asupritor *adj.*, *m.* opresor.

asurzi *vi.* ensordecer.

asurzire *f.* ensordecimiento.

asurzitor *adj.* ensordecedor.

aşa I. *adj.* tal. II. *adv.* así ‖ ~ *că*
de (tal) modo que, así que; ~
şi ~ **a.** así así; **b.** *(obişnuit)*
regular; *chiar* ~ efectivamente.

aşadar *adv.* pues; por consiguiente.

aşchie *f.* astilla.

aşeza I. *vt.* colocar, poner. II. *vr.*
1. sentarse. 2. *(a se stabili)*
establecerse.

aşezare *f.* 1. colocación. 2. *(po-
ziţie)* posición. 3. *(sat)* pobla-
ción; *(general)* asentamiento.

aşezământ *n.* establecimiento.

aştepta *vt.* esperar; aguardar.

aşteptare *f.* espera ‖ *sală de* ~
sala de espera.

aşterne *vt.*, *vi.*, *vr.* (ex)tender(se)
‖ *a* ~ *pe hârtie* escribir; *a se*
~ *pe treabă* ponerse a tra-
bajar; *zăpada se* ~ *pe câmpuri*
la nieve cubre los campos.

aşternut *n.* ropa de cama.

atac *n.* *(şi fig.)* ataque *m.*; aco-
metida.

ataca *vt.* 1. *(şi fig.)* atacar; aco-
meter; *(o persoană)* agredir.
2. *(o problemă)* enfocar (un
problema). 3. *(jur.)* impugnar.

atacator *m.* atacador, asaltante *m.*

atare *adj.* tal ‖ *ca* ~ **a.** *(aşa cum
e)* como tal; **b.** *(deci)* por
consiguiente.

ataşa *vt.*, *vr.* añadir(se), agre-
gar(se) ‖ *a se* ~ *de cineva*
(fig.) apegarse a alguien.

ataşament *n.* afecto, apego, aca-
tamiento.

ataşat *m.* agregado ‖ ~ *cultural*
agregado cultural.

atârna I. *vt.*, *vi.* colgar, pender.
II. *vi.* 1. *(a cântări)* pesar.
2. *(a depinde)* depender.

atât I. *adj.* tanto. II. *adv.* tan ‖ ~
că sólo que; ~ *de puţin* tan
poco; *cu* ~ *mai bine* tanto
mejor; *cu cât cu* ~ tanto.
cuanto; *până într-~ (încât)*
hasta tal punto (que).

atâta *adj.*, *adv.*, *pron.* tanto ‖ ~
vreme cât tanto tiempo cuanto;
pentru ~ *lucru* para tanto.

ateism *n.* ateísmo.

atelier *n.* 1. taller *m.* 2. *(de
pictură etc.)* estudio.

atent *adj.* 1. atento ‖ *a fi* ~ *la*
prestar atención a; *fii* ~*!* ¡ojo!
2 *(fig.)* cuidadoso.

atenta *vi.* *(la)* atentar (a).

atentat *n.* atentado .

atenţie I. *f.* 1. atención. 2. *(cadou)*
regalo ‖ *cu* ~ con cuidado; *a
atrage atenţia* llamar la atención;
plin de atenţii solícito. II. *interj.*
¡cuidado!, ¡ojo! ‖ ~ *la tren!*
¡cuidado con el tren!.

atenua *vt.* 1. atenuar. 2. *(a mic-
şora)* disminuir. 3. *(a uşura)*
aliviar.

atenuare *f.* atenuación; *(alinare)*
alivio.

atenuant *adj.* atenuante.

ateriza *vi.* aterrizar, tomar tierra.

aterizare *f.* aterrizaje *m.*

atesta *vt.* atestar; testificar.

ateu *m.* ateo.

atinge I. *vt.* 1. tocar; *(uşor)* rozar. 2. *(fig.)* alcanzar; conseguir. 3. *(a afecta)* ofender. 4. *(a ajunge)* llegar. 5. *(d. o sumă)* alcanzar (a), ascender (a), subir (a). 6. *(a mişca)* conmover. II. *vr. (de)* tocar (a).

atingere *f.* toque *m.*; *(uşoară)* roce *m.*; contacto.

atitudine *f.* actitud *f.* ‖ *a lua ~* tomar actitud, *(fam.)* reaccionar.

atlas *n.* atlas *m.*

atlet *m.* atleta *m.* şi *f.*

atletism *n.* atletismo.

atmosferă *f. (şi fig.)* atmósfera.

atom *m.* átomo.

atomic *adj.* atómico.

atotputernic *adj.* omnipotente, todopoderoso.

atotştiutor *adj.* omnisciente; *(fam.)* sabelotodo *m.*

atractiv *adj.* atractivo, atrayente.

atracţie *f.* 1. atracción. 2. *(fig.)* aliciente *m.*, atractivo ‖ *atracţii turistice* atractivos turísticos.

atrage *vt.* 1. *(şi fig.)* atraer. 2. *(a ispiti)* tentar ‖ *a ~ atenţia* llamar la atención.

atrăgător *adj.* atractivo; seductor .

atribui *vt.* atribuir, conferir.

atribut *n. (şi gram.)* atributo.

atribuţie *f.* atribución.

atroce *adj.* atroz; feroz.

atrocitate *f.* atrocidad; ferocidad.

atu *n.* triunfo ‖ *a da cu ~ul* echar un triunfo.

atunci *adv.* entonces ‖ *de ~* desde entonces; *pe ~* en aquel entonces

aţă *f.* hilo, hebra .

aţâţa *vt.* 1. *(focul)* atizar. 2. *(fig.)* instigar, azuzar, incitar.

aţâţare *f. (fig.)* instigación.

aţâţător *adj., m.* instigador.

aţinti *vt.* 1. *(ochii)* fijar. 2. *(cu arma)* apuntar

aţipi *vi.* adormilarse, adormitarse.

aţos *adj.* fibroso.

au *interj.* ¡ay!.

audia *vt.* 1. escuchar. 2. *(jur.)* examinar.

audienţă *f.* audiencia ‖ *a merge în ~* ir a una audiencia.

audiere *f.* 1. *(muz.)* audición. 2. *(jur.)* interrogatorio; *(în faţa unei comisii etc.)* comparecencia. 3. *(şcol.)* asistencia (a clases/cursos).

auditoriu *n.* auditorio, oyentes *m.pl.*; asistencia, concurrencia.

audiţie *f.* audición.

augur *n.* agüero, augurio ‖ *de bun (rău) ~* de buen (mal) agüero.

august *m.* agosto.

aulă *f.* aula.

aur *n.* 1. oro ‖ *de ~* áureo; *~ marcat* oro de ley. 2. *(bani)* dinero.

auri *vt.* dorar.

auriu *adj.* dorado; rubio.

auroră *f.* aurora.

auspiciu *n.* auspicio ‖ *sub auspiciile* bajo los auspicios.

auster *adj.* austero; severo.

austeritate *f.* austeridad; severidad.

austral *adj.* austral.

australian *m., adj.* australiano.

austriac *m., adj.* austriaco [austríaco] .

autentic *adj.* auténtico; genuino.

autenticitate *f.* autenticidad .

autentifica *vt.* autenti(fi)car.

autobiografie *f.* autobiografía.

autobuz *n.* autobús *m.*

autocamion *n.* autocamión *m.*

autocar *n.* autocar *m.*

autocritică *f.* autocrítica.

autodeterminare *f.* autodeterminación.

autodidact *m., adj.* autodidacto.

autogară *f.* estación de autobuses.

autograf *n.* autógrafo.

autohton *adj.* autóctono, vernacular.

automat I. *n.* autómata *m.* II. *adj.* autómatico.

automatiza *vt.* automatizar.

automatizare *f.* automatización.

automobil *n.* coche *m.*; auto(móvil) *m.; (Am.)* carro ǁ *a merge cu ~ul* ir en coche.

automobilistic *adj.* automovilístico.

autonom *adj.* autónomo.

autonomie *f.* autonomía.

autoportret *n.* autorretrato.

autopsie *f.* autopsia.

autor *m.* autor.

autoritar *adj.* autoritario.

autoritate *f.* autoridad.

autoriza *vt.* autorizar, permitir.

autorizaţie *f.* autorización, permiso.

autoservire *f.* autoservicio ǁ *bufet cu ~* self-service *m.; magazin cu ~* supermercado.

autostradă *f.* autopista, autovía.

autoturism *n.* coche *m.,* auto(móvil) *m.*

auxiliar *adj.* auxiliar.

auz *n.* oído ǁ *la ~ul acestei veşti* al oír esta noticia.

auzi *vt.* 1. oír. 2. *(a afla)* enterarse (de) ǁ *se aude că* dicen que.

auzit *n. în expr.: din ~e* de oídas.

avalanşă *f.* alud *m.,* avalancha.

avangardă *f.* vanguardia.

avanpost *n. (mil.)* avanzada.

avans *n.* 1. *(progres; de bani)* adelanto, anticipo, avance *m.* 2. *(sport)* ventaja.

avansa I. *vt.* 1. *(şi fig.)* adelantar. 2. *(a promova)* promover. II. *vi.* 1. avanzar, adelantar. 2. *(în serviciu)* ascender.

avansare *f.* 1. avance *m.,* adelanto. 2. *(în funcţie)* ascenso.

avantaj *n.* ventaja.

avantaja *vt.* 1. dar ventaja. 2. *(a proteja)* favorecer.

avantajos *adj.* ventajoso.

avar *adj.* avaro, tacaño, ruin.

avaria *vt., vr.* averiar(se).

avarie *f.* avería.

avânt *n.* 1. ímpetu *m.* 2. *(însufleţire)* entusiasmo. 3. *(dezvoltare)* auge *m.*

avânta *vr.* lanzarse

avântat *adj.* entusiasta.

avea I. *vt.* tener, poseer. II. *vr. în expr.: a se ~ bine cu (cineva)* llevarse bien con (alguien); *a nu se ~ bine cu cineva* llevarse mal con (alguien). III. *v. aux.* haber ǁ *am spus* he dicho; *am de scris* he de escribir.

aventura *vr.* aventurarse.

aventură *f.* aventura.

aventurier *m., adj.* aventurero.

avere *f.* bienes *m.pl.*; fortuna; *(şi fig.)* riqueza ‖ *a cheltui o ~ pe* gastar un dineral en.

aversă *f.* aguacero.

aversiune *f.* aversión.

avertisment *n.* advertencia; amonestación.

avertiza *vt.* advertir; amonestar.

aviator *m.* aviador.

aviaţie *f.* aviación.

avid *adj.* ávido.

aviditate *f.* avidez *f.*

avion *n.* avión *m.*‖ *~ cu reacţie (elice)* avión a chorro (de hélices).

aviz *n.* **1.** aviso, anuncio. **2.** aprobación, visto bueno, dictamen *m.*

aviza *vt.* **1.** avisar. **2.** aprobar, dar el visto bueno

avizier *n.* cartelera, tablón *m.*

avocat *m.* abogado.

avort *n.* aborto.

avorta *vi.* abortar.

avut I. *n.* bienes *m.pl.* **II.** *adj.* rico.

avuţie *f. (şi fig.)* riqueza.

ax *n.* eje *m.*

axa *vt.* centrar.

axiomă *f.* axioma *m.*

azbest *n.* asbesto, amianto.

azi *adv.* hoy ‖ *de ~ înainte* de aquí (*sau* de hoy) en adelante, en lo sucesivo; *începând de ~* a partir de hoy; *în ziua de ~* hoy (en) día, en la actualidad.

azil *n.* asilo.

azot *n. (chim.)* nitrógeno.

azotat *m.* nitrato.

azur *n.* azul *m.*

azvârli *vt., vi., vr.* echar(se), arrojar(se).

Ă

ăla, aia, ăia, alea *pron. dem.* v. acela, aceea, aceia, acelea.

ălălalt, ailaltă, ăilalţi, alelalte *pron. dem.* v. celălalt, cealaltă, ceilalţi, celelalte

ăsta, asta, ăştia, astea *pron. dem.* v. acesta, aceasta, aceştia, acestea.

ăstălalt, astălaltă, ăştilalţi, astelalte *pron. dem.* v. celălalt, cealaltă, ceilalţi, celelalte.

B

ba *adv.* no ‖ ~ *aici,* ~ *acolo* ora aquí, ora allá; ~ *bine că nu* pues sí, ¿cómo no?; ~ *chiar* incluso; ~ *da* que sí; ~ *nu* que no, de ninguna manera.

babă *f.* 1. vieja, abuela. 2. *(soţie)* *(fam.)* mujer *f.* ‖ *a se juca de-a baba oarba* jugar a la gallina ciega.

babornlţă *f.* bruja, vieja malvada.

babord *n.* babor

bac *n.* balsa; *(Am.)* ferriboat *m.*

bacalaureat I. *n.* bachillerato ‖ *a-şi lua ~ul* bachillerarse. II *m.* bachiller *m.*

baci *m.* mayoral *m.*

bacil *m.* bacilo.

bacşiş *n.* propina.

bacterie *f.* bacteria.

baftă *f.* suerte *f.* ‖ *a avea ~* tener suerte.

bagaj *n.* equipaje *m.* ‖ ~ *de mână* equipaje de mano; *a-şi face ~ul* preparar la maleta.

bagatelă *f.* friolera.

bagateliza *vt.* minimizar.

baghetă *f.* 1. varilla ‖ ~ *magică* varilla de virtudes *(sau* mágica). 2. *(muz.)* batuta.

baie *f.* 1. baño. 2. *(cameră)* (cuarto de) baño. 3. *(cadă)* bañera ‖ ~ *de soare* baño de sol; *a face ~* tomar un baño; *a merge la băi* ir al balneario.

baionetă *f.* bayoneta.

bal *n.* baile *m.* ‖ ~ *mascat* baile de máscaras; ~ *costumat* baile de disfraces.

baladă *f.* balada.

balama *f.* bisagra ‖ *a scoate pe cineva din ~le* sacar a uno de quicios; *nu îl ţin ~lele* le queda grande el asunto.

balamuc *n.* 1. manicomio. 2. *(fig., fam.)* bulla; desorden *m.*

balans *n.* balance *m.,* balanceo.

balansa *vt., vr.* balancear(se), columpiar(se).

balansoar *n.* mecedora.

balanţă *f.* 1. *(cântar)* balanza. 2. *(com.)* balance *m.* 3. *(zodie)* Libra.

balast n. 1. lastre m.; balasto.
2. (fig.) carga.

balaur m. dragón m.; endriago.

balcanic adj. balcánico.

balcon n. 1. balcón m. ‖ a ieşi în ~ salir al balcón. 2. (teatru) galería, paraíso.

bale f.pl baba ‖ a-i curge ~le a. babear vi.; **b.** (fig.) codiciar vt.

balenă f. ballena.

balerin m. bailarín m.

balerină f. bailarina.

balet n. ballet m.

baligă f. bosta, boñiga.

balivernă f. idiotez f.

baliză f. boya; (luminoasă) baliza.

balnear adj. balneario ‖ staţiune ~ă balneario.

balon n. 1. balón m. ‖ ~ de oxigen balón de oxígeno. 2. (de zburat şi jucărie) globo. 3. (minge) pelota ‖ a lua în ~ burlarse (de), tomar el pelo (a).

balona vt., vr. hinchar(se); inflar(se).

balot n. bulto, fardo.

balotaj n. empate m.

balsam n. 1. bálsamo. 2. (fig.) consuelo, alivio.

baltag n. hacha.

baltă f. 1. charca; lago. 2. (băltoacă) charco. 3. (mlaştină) pantano ‖ a da cu bâta-n ~ meter la pata; a lăsa ~ abandonar.

balustradă f. barandilla, pasamano.

bambus m. bambú m.

ban m. 1. céntimo; (Am.) centavo; (fig., fam.) cuarto ‖ a nu avea un ~ no tener un cuarto (sau céntimo), estar sin blanca. 2. pl. dinero; (Am.) plata ‖ ~i mărunţi dinero suelto; ~i gheaţă dinero contante (sau al contado); a da cu ~ul jugar a cara o cruz; fără ~i gratuitamente.

banal adj. común, ordinario; trivial.

banalitate f. banalidad.

banană f. plátano, banana.

bananier m. plátano, bananero.

banc n. 1. (de nisip) médano, banco (de arena). 2. (de peşti, tehn.) banco. 3. (glumă) chiste m. ‖ de ~ para reír, en broma; un ~ bun un buen chiste; un ~ prost un chiste pesado.

bancar adj. bancario.

bancă f. 1. banco, asiento ‖ ~ cu spătar banco con respaldo; ~ fără spătar banca. 2. (pupitru) banco, pupitre m. 3. (fin.) banco ‖ ~ de credit banco de crédito; ~ de rezerve (sport) banquillo.

bancher m. banquero.

banchet n. banquete m., convite m.

banchetă f. banqueta.

banchiză f. banca de hielo, banquisa.

bancnotă f. billete m. (de Banco).

bandaj n. venda, vendaje m.

bandaja vt. vendar.

bandă f. 1. (ceată) banda, pandilla. 2. (fâşie) faja, cinta, tira, lista. 3. (tehn.) banda, cinta ‖ ~ adezivă cinta adhesiva; ~ de circulaţie carril m., banda; ~ de magnetofon cinta magnetofónica; ~ *rulantă* correa sin fin, cinta transportadora.

banderolă *f.* 1. *(de hârtie)* faja 2 *(pe braţ)* brazal *m.*

bandit *m.* 1. bandolero, bandido 2 *(fig.)* villano.

banditism *m.* bandolerismo.

bar *n.* bar *m.* || ~ *de noapte* sala de fiestas, night-club *m.*

bara *vt.* 1. barrear, atrancar; cerrar; cortar || *a ~ o stradă* cortar una calle; *a ~ trecerea* cortar el paso. 2. *(a şterge)* tachar, borrar.

baracă *f.* barraca; *(pentru unelte)* cuarto de herramientas.

baraj *n.* represa, presa.

bară *f.* *(şi sport)* barra || ~ *de direcţie* barra de dirección; ~ *de protecţie* parachoques *m.*

barbar *m., adj.* bárbaro.

barbarie *f.* 1. *(ist.)* barbarie *f.* 2. *(fig.)* atrocidad, barbaridad.

barbă *f.* 1. barba. 2. *(minciună)* mentira, *(fam.)* bola.

barcagiu *m.* barquero.

barcă *f.* 1. barca, bote *m.*, lancha || ~ *cu vâsle (cu pânze)* bote de remos (de vela); ~ *de salvare* lancha de salvamento; *în ~* en el bote. 2. *(de bâlci)* columpio.

barem¹ *n.* baremo.

bárem² *adv.* por lo menos.

baretă *f.* tira (de cuero).

baricada *vt., vr.* atrancar(se), atrincherar(se).

baricadă *f.* barricada.

barieră *f.* *(şi fig.)* barrera; *(fig.)* obstáculo.

bariton *m.* *(muz.)* barítono.

bariu *n.* *(chim.)* bario.

baroc *n., adj.* barroco.

barometru *n.* barómetro.

baron *m.* barón *m.*

baros *n.* acotillo.

barou *n.* barra.

barză *f.* cigüeña.

bas *m.* *(muz.)* bajo.

basc(ă) *n., f.* boina.

baschet *n.* 1. baloncesto, basketball *m.* 2. *m. pl.* zapatos *m. pl.* (de deporte).

basculantă *f.* volquete *m.*

basm *n.* 1. cuento || *a se face de ~* hacer el oso. 2. *(fig.)* mentirón *m.*; embuste *m.*

basma *f.* pañoleta, pañuelo, toquilla.

basorelief *f.* bajorrelieve *m.*

basta *adv.* ¡basta! || *şi cu asta ~* y con esto se acabó.

bastard *adj., m.* bastardo.

bastion *n.* *(şi fig.)* baluarte *m.* .

baston *n.* bastón *m.*

baştină *f.* *în expr.: de ~* natural, nativo; *a fi de ~ din* ser oriundo (*sau* natural) de.

batalion *n.* batallón *m.*

bate I. *vt.* 1. batir, golpear; pegar. 2. *(a învinge)* derrotar; vencer. 3. *(a pedepsi)* castigar. 4. *(cu băţul)* apalear. 5. *(un record)* batir || *a-şi ~ capul* calentarse los sesos; *a ~ câmpii* salir por peteneras; *a-şi ~ joc de* burlarse de, mofarse de; *a ~ mingea* jugar a la pelota; *a ~ monedă* a. acuñar moneda; b. *(fig.)* hacer caso de; *a ~ orele* dar las horas, sonar; *a ~ ouăle* batir (*sau* agitar) los huevos; *a ~ străzile* azotar (las) calles; *a ~ toba (fig.)* pregonar (por todas partes). **II.** *vi.* **1.** batir, golpear. **2.** *(la uşă)* llamar (a la puerta). **3.** *(d. ceas)* sonar, dar las horas. **4.** *(d. vânt)* soplar. **5.** *(d. culori) (în)* tirar (a). **6.** *(d. pantofi)* rozar. **7.** *(d. inimă)* latir. **8.** *(d. arme)* alcazar ‖ *a ~ din palme* aplaudir, batir palmas; *a ~ în lemn* tocar madera; *a ~ în retragere* batir la retirada; *a ~ la cap* fastidiar, dar la lata; *a ~ la ochi* saltar a la vista; *a ~ soarele* batir el sol; *încotro baţi?* ¿qué quieres decir?. **III.** *vr. (a lupta)* pelear *vi.*, luchar *vi.*, *(fam.)* reñir *vi.* ‖ *a se ~ cu duşmanii* luchar con los enemigos.

baterie *f.* batería; pila.

batic *n.* pañuelo; pañoleta.

batistă *f.* pañuelo.

batjocori *vt.* **1.** burlarse *vr.* (de), mofarse *vr.* (de). **2.** *(fig.)* insultar.

batjocoritor *adj.* sarcástico, irónico.

batjocură *f.* **1.** burla, mofa, befa. **2** *(fig.)* insulto ‖ *a face în ~ un lucru* chapucear una cosa.

batog *n.* bacalao.

baton *n.* barra ‖ *un ~ de ciocolată* una barra de chocolate.

batoză *f.* trilladora.

bauxită *f. (min.)* bauxita.

baza I. *vt.* fundar, establecer. **II.** *vr. (pe)* **1.** basarse (en), apoyarse (en), fundarse (en);

descansar *vi.* (en). **2.** *(a avea încredere)* confiar *vi.* (en).

bazalt *n.* basalto.

bazar *n.* bazar *m.*

bază *f. (şi fig.)* base *f.*, fundamento ‖ *~ aeriană* base de aviación; *~ sportivă* base deportiva; *de ~* básico; *în* (sau *pe) baza* a base de, en base a; *a raíz de, en virtud de; a pune bazele* asentar las bases.

bazin *n.* **1.** *(rezervor)* estanque *m.* **2.** *(de înot)* piscina. **3.** *(de râu, geol.)* cuenca. **4.** *(anat.)* pelvis *f.*

băcan *m.* abacero.

băcănie *f.* abacería, tienda de comestibles.

bădăran *adj., m.* grosero, rústico, patán *m.*

băga *vt., vr.* meter(se); *(şi fig.)* introducir(se); *(fig.)* intervenir *vi.*, involucrarse ‖ *a ~ frica (în)* infundir el terror (a); *a ~ de seamă* observar, notar, advertir; *a ~ (pe cineva) în seamă* hacer(le) caso (a uno); *a ~ (pe cineva) în bucluc* meter en un lío (a uno); *a ~ în sperieţi* infundir miedo (a), meter el cerote; *a ~ mâna în foc* testimoniar; *a se ~ în vorbă* intrometerse en la conversación; *a se ~ peste tot* meterse (uno) en todo; *a se ~ slugă* meterse criado; *a se ~ unde nu-i fierbe oala* meterse uno donde no le llaman; *a-şi ~ în cap* meterse algo en la cabeza; *a-şi ~ minţile-n cap* entrar en razón.

băgare *f. în expr.: cu ~ de seamă* cuidadosamente, cautelosamente.

băgăcios, băgăreţ *adj., m.* **1.** entremetido. **2.** *(curios)* fisgón *m.*

băiat *m.* **1.** muchacho, chico; *(fam.)* chaval. **2.** *(fiu)* hijo.

băieţaş, băieţel *m.* chiquito, chiquillo, niño.

bălai *adj.* **1.** rubio. **2.** *(d. cai etc.)* bayo.

bălăbăni I. *vt.* menear. **II.** *vr.* **1.** oscilar *vi;* bambolear *vi.;* tambalearse. **2.** *(a se împletici)* titubear *vi.*

bălăci *vr.* chapotear *vi.*

bălării *f.pl.* malezas *f.pl.*

bălegar *n.* estiércol *m.*

bălmăji *vt.* **1.** *(a amesteca lucrurile)* confundir; embrollar. **2.** *(cuvintele)* barbucir *vi.*

băltoacă *f.* charco.

bălţat *adj.* **1.** abigarrado. **2.** *(d. animale)* barcino, pío. **3.** *(pă- . ıt)* pintojo.

bănesc *adj.* pecuniario.

bănet *n.* dineral.

bănos *adj.* lucrativo.

bănui *vt.* **1.** *(a suspecta)* sospechar. **2.** *(a presupune)* suponer, presumir. **3.** *(a presimţi)* presentir; barruntar. **4.** *(a-şi închipui)* imaginarse *vr.*

bănuială *f.* **1.** *(suspiciune)* sospecha. **2.** *(presupunere)* suposición. **3.** *(presimţire)* presentimiento; barrunto. **4.** *(închipuire)* imaginación.

bănuit *m. în expr.: a da de ~* despertar *(sau* dar lugar a) sospechas.

bănuitor *adj.* **1.** sospechoso, receloso. **2.** *(neîncrezător)* desconfiado, suspicaz.

bărăgan *n.* páramo, estepa, llanura.

bărbat I. *m.* **1.** hombre *m.,* varón *m.* **2.** *(soţ)* marido, hombre *m.* **II.** *adj.* valiente.

bărbătesc *adj.* varonil.

bărbăţie *f.* **1.** hombradía, hombría; virilidad. **2.** *(curaj)* valentía.

bărbie *f.* barbilla, mentón *m.*

bărbier *m.* barbero.

bărbieri *vt., vr.* afeitar(se), hacer la barba ‖ *a se ~ (fig.)* decir embustes.

bărbos *adj.* barbudo.

bărzăun *m.* abejorro, tábano.

băşcălie *f.* zumba, befa, chanza ‖ *a lua în ~* dar vaya, hacer zumba.

băşica *vt.* picar.

băşică *f.* **1.** *(anat.)* vejiga. **2.** *(rană)* ampolla. **3.** *(de apă, de aer într-un lichid etc.)* glóbulo, burbuja ‖ *ploaie cu băşici* aguacero, chubasco.

băştinaş I. *adj., m.* indígena *m.* şi *f.; (la pl.)* aborígenes *m.pl.* **II.** *adj.* autóctono.

bătaie *f.* **1.** *(lovitură)* golpe *m.;* *(dată cuiva)* paliza, tunda, azotaina. **2.** *(în uşă)* golpe *m.,* llamada. **3.** *(luptă)* pelea, riña, contienda ‖ *a snopi în ~* moler a palos; *a se lua la ~* pelear (con). **4.** *(a inimii)* latido. **5.** *(muz.)* ritmo. **6.** *(a unei arme)* alcance *m.* **7.** *(fig.)* în *expr.:* ~ *de cap* quebradero de cabeza; ~ *de joc* burla, mofa.

bătăios *adj.* pendenciero, peleón.

bătălie *f.* batalla; combate *m.*; lucha.

bătător I. *n. (de covoare)* sacudidor. II. *adj.* în *expr.:* ~ *la ochi* a. *(izbitor)* llamativo, chillón; b. *(suspect)* sospechoso.

bătători I. *vt. (d. terenuri)* pisotear. II. *vr. (d. mâini)* encallecerse.

bătătorit *adj.* 1. *(d. drumuri)* trillado. 2. *(d. mâini)* calloso.

bătătură *f.* 1. *(la mâini etc.)* callo. 2. *(curte)* corral.

bătăuş *adj., m.* matón *m.*, peleón *m.*, pendenciero.

bătrân *adj., m.* anciano, viejo ‖ *din* ~*i* de antaño.

bătrânel *m.* viejecito; *(Am.)* viejito.

bătrânesc *adj.* 1. antiguo; vetusto; anticuado. 2. *(demodat)* fuera de moda. 3. *(d. datină)* tradicional, popular ‖ *vorbă bătrânească* dicho, refrán *m.*

bătrâneţe *f.* vejez *f.*

bătut *adj.* 1. golpeado ‖ ~ *în cap* chalado, bobo, tonto. 2. *(învins)* vencido ‖ *a se da* ~ darse por vencido. 3. *(d. drum)* liso ‖ *drum* ~ camino trillado.

băţ *n.* palo ‖ ~ *de chibrit* cerilla, fósforo; *bătaie cu* ~*ul* paliza; *a pune beţe-n roate* estorbar, embarazar.

băţos *adj.* 1. rígido. 2. *(ceremonios)* formal. 3. *(înţepat)* afectado.

băut *adj.* borracho, ebrio.

băutură *f.* 1. bebida ‖ ~ *alcoolică* bebida alcohólica, licor *m.*; ~ *răcoritoare* refresco. 2. *(beţie)* borrachera.

bâigui *vt., vi.* 1. balbucear. 2. *(a aiura)* delirar

bâiguială *f.* balbuceo.

bâjbâi *vt., vi.* tantear ‖ *pe* ~*te* a tientas

bâjbâială *f.* tanteo.

bâlbâi *vr.* tartamudear *vi.*, balbucear *vi.*

bâlbâială *f.* tartamudeo, balbuceo

bâlbâit *adj., m.* tartamudo

bâlci *n.* fiesta, romería.

bântui I. *vt.* infestar, apestar. II. *vi.* recorrer.

bârfă, bârfeală *f.* murmuración, chisme *m.*, comadreo.

bârfi *vt., vi.* murmurar, comadrear, chismear, chismorrear.

bârfitor *m., adj.* chismoso, murmurador.

bârlog *n.* 1. guarida, madriguera. 2. *(casă)* hogar *m.*

bârnă *f.* 1. viga, madero. 2. *(sport)* viga de equilibrio.

bâtă *f.* porra, garrote *m.* // *lovitură de* ~ porrazo, garrotazo

bâtlan *m. (zool.)* garza.

bâţâi *vt., vr.* menear(se) // *a se* ~ *de frig* temblequear *vi.*

bâzâi *vi.* 1. *(d. insecte)* zumbar. 2. *(d. copii)* lloriquear, gimotear.

bea *vt., vi* beber; tomar ‖ *a* ~ *în sănătatea (cuiva)* brindar por; *a* ~ *dintr-o înghiţitură* beber de un sorbo; *a* ~ *cafea (ceai)* tomar café (té).

beat *adj.* borracho, embriagado, ebrio ‖ *a fi ~ turtă* estar como una cuba.

bebeluş *m.* bebé *m.*, nene *m.*, criatura.

bec *n.* bombilla.

becaţă *f.* chocha(perdiz) *f.*, pitorra.

beci *n.* 1. sótano; *(pivniţă)* bodega. 2. *(închisoare)* cárcel *f.*

behăit *n.* balido.

bej *adj.* beige, café claro.

bejenie *f.* éxodo.

belciug *n.* armella.

belea *f.* disgusto, molestia; *(fam.)* engorro ‖ *a da de ~* estar metido en un cenagal.

bele-arte *f.pl.* bellas artes *f.pl.*

beletristică *f.* literatura.

belgian *adj.*, *m.* belga *m.* şi *f.*

belşug *n.* abundancia, copia ‖ *a fi din ~* abundar; *din ~* sobradamente.

bemol *m.* *(muz.)* bemol *m.*

benchetui *vi.* andar de jarana *(sau* de parranda).

beneficia *vi.* *(de)* beneficiar (de), gozar (de).

beneficiar *m.* beneficiario.

beneficiu *n.* beneficio, provecho, utilidad.

benevol *adj.* benévolo, voluntario.

benign *adj.* benigno.

benzină *f.* 1. *(auto)* gasolina. 2. *(neofalină)* gasolina de limpieza ‖ *pompă de ~* puesto *(sau* bomba) de gasolina.

benzinărie *f.* gasolinera, puesto de gasolina.

berărie *f.* cervecería.

berbec *m.* 1. carnero; *(batal)* carnero castrado. 2. *(zodie)* Aries *m.*

bere *f.* cerveza.

berechet *adv.* en abundancia, a satisfacción.

beregată *f.* garganta, *(fam.)* gañote *m.*

beretă *f.* birrete *m.*

bernă *f.* în *expr.:* în *~* a media asta.

bestie *f.* bestia.

beteag *adj.* baldado, tullido, lisiado.

beteală *f.* hilos *m.pl.* de oro, guirnalda.

betegi I. *vt.*, *vi.* tullir(se), baldar(se). II. *vr.* *(îmbolnăvi)* enfermar *vi.*

beteşug *n.* 1. achaque *m.* 2. *(fig.)* defecto, tacha.

beton *n.* hormigón *m.*; *(Am.)* concreto ‖ *~ armat* hormigón armado.

betona *vt.* fundir el hormigón.

beţie *f.* borrachera, embriaguez *f.*; *(pop.)* merluza.

beţiv *adj.* borracho.

beţivan I. *m.* borrachín *m.* II. *adj.* borrachón.

bezea *f.* 1. *(prăjitură)* merengue *m.*; *(Am.)* espumilla. 2. *pl.* besos *m.pl.*

bezmetic *adj.* aturdido, sin seso.

beznă *f.* oscuridad, tinieblas *f.pl.*

biban *m.* *(zool.)* perca.

bibelou *n.* bibelot *m.*, figura

biberon *n.* biberón *m.*

biblie *f.* biblia.

bibliografie *f.* bibliografía.

bibliotecar *m.* bibliotecario.

bibliotecă *f.* biblioteca.

bicarbonat *m.* bicarbonato.

biceps *m.* *(anat.)* bíceps *m.*

bici *n.* látigo, azote *m.*; *(Am.)* fuete *m.* ‖ *a plesni cu ~ul* dar latigazos; *lovitură de ~* latigazo.

bicicletă *f.* bicicleta ‖ *a merge cu ~* ir en bicicleta.

biciclist *m.* ciclista *m.* şi *f.*

biciui *vt.* 1. azotar, fustigar. 2. *(fig.)* zaherir, satirizar.

biciuire *f.* fustigación, azotamiento.

bideu *n.* bidé *m.*

bidinea *f.* brocha de encalar.

bidon *n.* cantimplora, bidón *m.*

bienală *f.* bienal *f.*

biet *adj.* pobre, infeliz ‖ *~ul de mine!* ¡pobre de mí!.

bifa *vt.* tachar; *(Am.)* chequear.

biftec *n.* bisté *m.*

bifurcaţie *f.* bifurcación.

bigam *adj., m.* bígamo.

bigamie *f.* bigamia.

bigot *adj., m.* beato.

bigudiu *n.* rulo.

bijuterie *f.* (şi *fig.*) joya; alhaja.

bijutier *m.* joyero.

bikini *n.* bikini *m.*

bilanţ *n.* balance *m.* ‖ *a face ~ul* hacer *(sau* pasar) balance.

bilateral *adj.* bilateral.

bilă *f.* 1. bola. 2. *(anat.)* bilis *f.*

bilet *n.* 1. *(de tren etc.)* billete *m.*, tíquet *m.*; *(Am.)* pasaje *m.* 2. *(de spectacol)* entrada, localidad; *(Am.)* boleto ‖ *casă de ~e* taquilla. 3. *(scrisoare)* mensaje *m.*, nota. 4. *(de examen)* papeleta. 5. *(de loterie)* billete *m.*

bileţel *n.* billete *m.*, recado, nota.

bilingv *adj.* bilingüe.

bilunar *adj.* bimensual.

bine I. *adv.* bien ‖ *~ dispus* de buen humor; *~ făcut* (sau *legat*) bien tallado (sau plantado); *~ mersi* muy bien; *~ ai (aţi) venit!* ¡bienvenido(s); *~ i-a făcut!* ¡bien merecido lo tiene (sau tenía)!; *ba ~ că nu* claro que sí; *e~!* ¡está bien!; *din ce în ce mai ~* cada vez mejor; *foarte ~* muy bien; *mai ~* mejor; *a-i veni ~* caerle bien; *a nu se simţi ~* estar mal, no estar bien (de salud); *îmi pare ~ de cunoştinţă* mucho gusto en conocerle. II. *n.* bien *m.* ‖ *~le obştesc* el bien público; *de ~ de rău* bien o mal; *să-ţi fie de ~!* ¡que (le) aproveche!; *spre ~le cuiva* a beneficio de uno; *şi la ~ şi la rău* para bien y para mal.

binecrescut *adj.* bien educado.

binecunoscut *adj.* notorio, famoso.

binecuvânta *vt.* bendecir.

binecuvântare *f.* bendición.

binecuvântat *adj.* bendito.

binefacere *f.* beneficiencia.

binefăcător *adj., m.* bienhechor.

bineînţeles *adv.* claro está, desde luego, por supuesto.

bineţe *f.pl. în expr.: a da ~* dar los buenos días.

binevenit *adj.* bienvenido.

binevoi *vt.* tener la bondad, hacer el favor, dignarse *vr.* (en).

binevoitor *adj.* complaciente, benévolo.

binişor I. *n. în expr.:* cu ~ul suavemente. II. *adv.* regular; cuidadito; suavecito, suavemente.

binoclu *n.* binóculo, gemelos *m.pl.*

biochimie *f.* bioquímica.

biograf *m.* biógrafo.

biografie *f.* biografía.

biolog *m.* biólogo.

biologie *f.* biología.

bioxid *m. (chim.)* bióxido.

biped *adj.* bípede, bípedo.

bir *n.* tributo || *a da ~ cu fugiţii* tomar las de Villadiego.

birjar *m.* cochero || *a înjura ca un ~* jurar como un carretero.

birjă *f.* coche *m.* (de alquiler).

birocrat *m.* burócrata *m.* şi *f.*

birocraţie *f.* burocracia.

birou *n.* 1. *(mobilă)* escritorio. 2. *(încăpere)* despacho. 3. *(instituţie)* oficina, despacho. 4. *(pol.)* buró. 5. *(de bagaje)* consigna.

birt *n.* bodegón *m.,* taberna, figón *m.*

birui *vt.* vencer; rendir.

biruinţă *f.* triunfo, victoria.

biruitor *adj.* vencedor, victorioso.

bis I. *interj.* ¡otra (vez)!, ¡bis!. II. *adj. (repetat)* bis || *numărul 25 ~* el número 25 bis.

bisa I. *vt.* hacer repetir, bisar. II. *vi.* repetir.

biscuit *m.* galleta.

bisect *adj.* bisiesto.

biserică *f.* iglesia.

bisericesc *adj.* eclesiástico.

bisericuţă *f.* 1. capilla. 2. *(fig.)* pandilla.

bismut *n. (chim.)* bismuto.

bisturiu *n.* bisturí *m.*

bitum *n.* asfalto.

bivol *m.* búfalo.

bizar *adj.* extraño, raro, extravagante.

bizon *m.* bisonte *m.*

bizui *vr. (pe)* contar (con), basarse (en).

blacheu *n.* puntera de hierro.

blagoslovi *vt.* bendecir.

blajin *adj.* manso, bondadoso, bonachón, suave.

blam *n.* censura, reprensión.

blama *vt.* censurar, reprender, condenar.

blană *f.* 1. *(de animal)* piel *f.,* pellejo. 2. *(prelucrată)* piel *f.* || *haină de ~* abrigo de piel. 3. *(scândură)* tabla.

blasfemie *f.* blasfemia.

blaza *vr.* hastiarse.

blazon *n.* blasón *m.*

blănar *m.* peletero.

blănărie *f.* peletería.

blând *adj.* 1. blando, manso, tierno. 2. *(d. animale)* manso . 3 *(d. timp)* calmoso, agradable.

blândeţe *f.* mansedumbre *f.,* suavidad, blandura // *cu ~* suavemente.

bleg I. *m.* papanatas *m.,* papahuevos *m.* II. *adj.* 1. (molâu) blando, flojo. 2. *(prost)* tonto, ñoño. 3. *(care atârnă)* caído.

blegi *vr. (fig.)* atontarse.

blestem *n.* maldición.

blestema *vt.* maldecir.

blestemat *adj.* 1. maldito. 2. *(vrăjit)* encantado.

bleu *adj.* azul celeste.

bleumarin *adj.* azul marino.

blid *n.* escudilla, cuenco.

blinda *vt.* blindar, acorazar.

blindaj *n.* blindaje *m.*

bliţ *n.* flash *m.*

bloc *n.* 1. bloque *m.* || ~ *notes* bloc *m.*; în ~ en bloque. 2. *(clădire)* bloque *(sau* edificio*)* de apartamentos.

bloca *vt.* *(şi fig.)* bloquear; *(o stradă, şosea)* cortar.

blocadă *f.* bloqueo.

blond *adj.* rubio.

blugi *m.pl.* tejanos *m.pl.*, vaqueros *m.pl.*

bluză *f.* blusa.

boabă *f.* grano // *a nu şti o ~* no saber una jota.

boacănă *adj.* în *expr.*: *a face una ~* hacerla buena.

boală *f.* enfermedad, dolencia.

boare *f.* hálito, vientecillo.

boarfe *f.pl.* trastos *m.pl.*, trebejos *m.pl.*

bob *n.* 1. grano, semilla || *~ de grâu* grano de trigo. 2. *(plantă)* haba. 3. *(sport)* bobsleigh *m.*

bobârnac *n.* capirotazo, papirotazo.

bobina *vt.* enrollar.

bobină *f.* carrete *m.*, bobina.

bobiţă *f.* grano || *~ de strugure* grano de uvas.

boboc *m.* 1. *(bot.)* capullo, botón *m.*, pimpollo. 2. *(de raţă)* patito. 3. *(de gâscă)* ánsar *m.* 4. *(student)* novicio, novato || *un ~ de fată* pimpollo

bocanc *m.* borceguí *m.*

bocăni *vi.* golpear.

boccea *f.* envoltorio, bulto.

bocet *n.* 1. plañido, llanto. 2. *(la înmormântări)* treno.

boci *vt.*, *vi.* plañir, llorar.

bocitoare *f.* plañidera.

bodegă *f.* bodegón *m.*

bodogăni *vi.* rezongar, refunfuñar.

boem *adj.* bohemio.

bogat *adj.* rico; abundante || *pământ ~* tierra fértil.

bogătaş *m.* ricachón *m.*

bogăţie *f.* *(şi fig.)* riqueza; abundancia.

boi I. *vt.* *(a vopsi)* pintorrear. II. *vr.* *(fam.)* pintarse.

boiangerie *f.* tintorería.

boicot *n.* boicot *m.*

boicota *vt.* boicotear.

boier *m.* 1. *(ist.)* boyardo. 2. *(moşier)* latifundista *m.*; *(stăpân)* dueño, amo.

boieresc *adj.* noble, aristocrático.

boierime *f.* nobleza.

bojdeucă *f.* cabaña, choza.

bolboroseală *f.* 1. balbuceo. 2. *(d. lichide)* burbujeo.

bolborosi I. *vi.*, *vt.* *(d. persoane)* balbucear. II. *vi.* *(d. lichide)* burbujear.

bold *n.* alfiler *m.*

bolid *m.* bólido.

bolnav *adj.*, *m.* enfermo || *a fi ~* estar enfermo.

bolnăvicios *adj.* enfermizo, achacoso.

bolovan *m.* guijarro.

bolovănos *adj.* pedregoso.

bolşevic *adj.*, *m.* bolchevique *m.*

boltă *f.* 1. bóveda || ~ *cerească* bóveda celeste, firmamento. 2. *(de viță)* emparrado, parral.

bolti *vt., vr.* abovedar(se).

bomba *vt.* abombar.

bombarda *vt.* bombardear.

bombardament *n.* bombardeo.

bombardier *n.* bombardero.

bombastic *adj.* *(d. stil)* ampuloso, hinchado, rebuscado.

bombă *f.* 1. bomba || ~ *atomică* bomba atómica. 2. *(sport)* pelotazo. 3. *(speluncă)* tasca, taberna.

bombăneală *f.* refunfuñadura.

bombăni *vi.* refunfuñar, rezongar.

bomboană *f.* caramelo, confite *m.;* *(de ciocolată)* bombón *m.*

bombonerie *f.* confitería; *(Am.)* bombonería.

bon *n.* comprobante *m.,* justificante *m.,* vale *m.,* tíquet *m.*

bondar *m.* abejorro.

bondoc *adj.* rechoncho.

bonetă *f.* gorro.

bonificație *f.* bonificación.

bonom *adj* bonachón.

bont *adj.* boto, romo, sin punta.

bor I. *m.* *(chim.)* bórax *m.* II. *n.* *(de pălărie)* ala.

borangic *n.* seda.

borcan *n.* tarro.

bord *n.* *(mar., aviație)* bordo; *(auto, aviație; tablou de control)* salpicadero || *la ~ a* bordo; *jurnal de ~* diario de a bordo.

bordei *n.* choza, chabola; *(Am.)* bohío.

bordură *f.* 1. *(cusătură)* ribete *m.,* franja. 2. *(trotuar)* encintado, bordillo.

borfaş *m.* ratero, estafador.

bormaşină *f.* taladradora.

bornă *f.* 1. *(marcaj)* hito, poste *m.* 2. *(electr.)* borne *m.*

boroboață *f.* travesura, picardía.

borş *n.* sopa agria.

boschet *n.* bosquecillo.

bostan *m.* 1. calabaza. 2. *(cap)* cholla, coco.

bosumfla *vr.* amohinarse, poner hocico.

boşorog *adj.* chocho.

bot *n.* hocico.

botanică *f.* botánica.

botez *n.* bautismo.

boteza I. *vt., vr.* bautizar(se). II. *vt.* 1. *(a năşi)* apadrinar. 2. *(a porecli)* apodar.

botniță *f.* bozal *m.*

botos *adj.* *(şi fig.)* hocicudo, hocicón.

boţi *vt., vr.* chafar(se), arrugar(se).

bou *m.* 1. buey *m.* 2. *(fig.)* tonto, bobote *m.*

bour *m.* bisonte *m.*

bovin *adj.* vacuno.

bovine *f.pl.* ganado vacuno.

box *n.* 1. boxeo, pugilismo. 2. *(piele)* becerro.

boxa *vi.* boxear.

boxă *f.* *(cuarto)* trastero.

boxer *m.* boxeador, púgil *m.*

braconaj *n.* caza en vedado.

braconier *m.* cazador furtivo.

brad *m.* abeto, pino.

brambura *adv.* a trochemoche, sin ton ni son.

brancardă *f.* camilla, andas *f.pl.*

brancardier *m.* camillero.

branhii *f.pl.* *(zool.)* branquias *f.pl.*

branşament *n*. conexión.

branşă *f*. dominio, rama, ramo, campo, sector.

bras *n*. *(înot)* braza.

braserie *f*. cervecería.

braşoavă *f*. embuste *m*., bola.

braţ *n*. brazo ‖ *a lua de* ~ coger del brazo; *a merge la* ~ *cu cineva* ir de(l) brazo con uno; *a sta cu* ~*le încrucişate* estarse con los brazos cruzados.

brav *adj*. valiente, bravo.

bravadă *f*. valentonada, bravata.

bravo *interj*. ¡bravo!; ¡olé!.

bravură *f*. valentía, bravura.

brazdă *f*. 1. surso. 2. *(zbârcitură)* arruga.

brazilian *adj*., *m*. brasileño.

brădet *n*. abetal

brăţară *f*. brazalete *m*., pulsera.

brăzda *vt*. surcar.

brăzdat *adj*. *(d. faţă)* arrugado.

brânci I. *f. pl. în expr.: pe* ~ *a* gatas; *a da pe* ~ estar molido; *a munci pe* ~ sudar la gota gorda. II. *m*. empujón *m*. ‖ *a da* ~ empujar

brânduşă *f*. cólquico.

brânză *f*. queso ‖ ~ *de vaci* requesón *m*.; *zgârie* ~ avaro, mezquino, ruin.

brâu *n*. 1. cinturón *m*., cinta. 2. *(talie)* cintura ‖ *târâie* ~ holgazán.

breaslă *f*. gremio, corporación

breloc *n*. llavero.

breşă *f*. brecha ‖ *a deschide o* ~ abrir brecha.

bretele *f.pl*. tirantes *m. pl*.

breton I. *m*., *adj*. *(locuitor)* bretón *m*. II. *(de păr)* flequillo.

brevet *n*. patente *f*.

breveta *vt*. patentar.

briantină *f*. brillantina.

bric *n*. bergantín *m*.

briceag *n*. cortaplumas *m*.

brichetă *f*. 1. *(de aprins)* encendedor, mechero. 2. *(de cărbuni)* ladrillo de carbón.

brici *n*. navaja (de afeitar).

brigadă *f*. *(şi mil.)* brigada.

briliant *n*. brillante *m*.

brioşă *f*. bollo.

britanic *adj*. británico.

briză *f*. brisa, ventolina.

broască *f*. 1 *(zool.)* rana ‖ ~ *râioasă* sapo; ~ *ţestoasă* turtuga; *ochi de* ~ ojos saltones . 2. *(de uşă)* cerradura.

broboadă *v*. **basma**.

broboană *f*. gota.

broda *vt*. 1. bordar. 2. *(fig.)* inventar; embrollar.

broderie *f*. bordado.

brodi I. *vt*. 1. acertar. 2. *(a ghici)* adivinar. II. *vr*. encontrarse.

brom *n*. *(chim.)* bromo.

bromură *f*. *(chim.)* bromuro.

bronhie *f*. bronquio.

bronşită *f*. *(med.)* bronquitis *f*.

bronz *n*. bronce *m*. ‖ *epoca* ~*ului* la edad del bronce.

bronza *vt*., *vr*. tostar(se), broncear(se).

broşat *adj*. *(d. cărţi)* encuadernado en *(sau* a la) rústica.

broşă *f*. broche *m*.

broşură *f*. folleto.

bruia *vt*. *(tehn.)* interferenciar.

brumat *adj*. escarchado.

brumă *f.* escarcha ‖ *a cădea bruma* escarchar *vi.*

brumăriu *adj.* grisáceo, pardo.

brun *adj.* pardo.

brunet *adj.*, *m.* moreno; pelinegro.

brusc I. *adj.* brusco. II. *adv.* bruscamente, de repente.

brusca *vt.* tratar con brusquedad; atropellar con palabras.

brusture *m.* *(bot.)* bardana, lampazo.

brut *adj.* bruto ‖ *greutate ~ă* peso bruto.

brutal *adj.* brutal; *(fig.)* violento.

brutalitate *f.* brutalidad.

brutar *m.* panadero.

brută *f.* bruto.

brutărie *f.* panadería.

bubă *f.* *(fam.)* pupa, pústula ‖ *a şti unde îi este buba cuiva* saber donde le aprieta el zapato; *aici e buba* ahí está el quid; *bube dulci* inpétigo.

bubos *adj.* pustuloso.

bubui *vi.* tronar, retumbar.

bubuit *n.* **bubuitură** *f.* retumbo, estruendo.

buburuză *f.* mariquita.

bucal *adj.* bucal.

bucată *f.* 1. pedazo, trozo. 2. *(fragment)* pieza, fragmento. 3. *(unitate)* pieza ‖ *o ~ de carne* una tajada de carne; *o ~ de stofă* un retazo de tela; *o ~ de zahăr* un terrón de azúcar; *a face bucăţi* hacer pedazos *(sau* añicos, *sau* trozos); *om dintr-o ~* un hombre hecho y derecho; *cu bucata* al pormenor.

bucate *f.pl.* 1. platos *m.pl.* ‖ *carte de ~* libro de cocina. 2. mieses *f.pl.*

bucălat *adj.* mofletudo; gordinflón.

bucătar *m.* cocinero.

bucătărie *f.* cocina ‖ *vase de ~* enseres *m.pl.* de la cocina.

bucăţică *f.* pedacito, trocito, cacho.

buche *f.* letra ‖ *a nu şti o ~* no saber una jota.

buchet *n.* 1. ramo. 2. *(al vinului)* aroma, olor, perfume *m.*; *(Am.)* buqué *m.*

bucla *vt.* rizar.

buclă *f.* rizo, tirabuzón *m.*

bucluc *n.* apuro, embarazo ‖ *a intra în ~* estar metido en un lío.

bucura I. *vt.*, *vi.*, *vr.* alegrar(se), regocijar(se); congratularse II. *vr.* *(de)* gozar *vi.* (de), disfrutar *vi.* (de).

bucureştean *adj.*, *m.* bucarestino.

bucurie *f.* alegría, regocijo ‖ *a arăta o mare ~* manifestar gran alegría; *a face o ~* proporcionar alegría; *a sări în sus de ~* dar saltos de alegría.

bucuros *adj.* alegre, contento.

budincă *f.* budín *m.*

budoar *n.* tocador; alcoba.

bufet *n.* 1. *(mobilă)* aparador. 2. *(la teatru)* ambigú *m.* 3. *(local)* fonda.

bufni *vi.* 1. dar un batacazo. 2. reventar ‖ *a ~ în râs* echarse a reír.

bufnitură *f.* batacazo.

bufniţă *f.* búho.

bufon *m.* hazmerreír *m.*, bufón *m.*, payaso.

bufonerie *f.* bufonada, bufonería.

buget *n*. presupuesto.

bugetar *adj*. presupuestario || *alocaţie ~ă* asignación presupuestaria.

buimac *adj*. atónito; *(fam.)* bombo.

buimăci *vt*. aturdir, atolondrar.

bujie *f*. bujía.

bujor *m*. peonía.

bulb *m*. 1. *(bot.)* bulbo, cebolla. 2. *(anat.) (rahidian)* bulbo (raquídeo).

bulboană *f*. vorágine *f*.

bulbucat *adj*. 1. prominente. 2. *(d. ochi)* saltón.

buletin *n*. boletín *m*. || *~ de identitate* carnet (*sau* tarjeta *sau* cédula) de identidad; *~ de ştiri* noticiario; *~ meteorologic* pronóstico del tiempo.

bulevard *n*. avenida, bulevar *m*.

bulgar *adj.*, *m*. búlgaro.

bulgăre *m*. bola || *~ de pământ* terrón *m*.; *~ de zăpadă* bola de nieve.

bulină *f*. 1. *(med.)* gragea. 2. *pl.* *(picăţele)* lunares *m*. *pl.* || *stofă cu buline* tela de lunares.

bulion *n*. pasta de tomate.

buluc *adv*. atropelladamente; a borbollones; en tropel

bumb *m*. botón *m*.

bumbac *n*. algodón *m*. || *industria ~ului* la industria algodonera.

bun I. *n*. 1. bien *m*. 2. *pl.* bienes *m.pl.*, caudales *m.pl.* || *~ de tipar* visto bueno; *~uri de larg consum* bienes de consumo; *~uri mobile (imobiliare)* bienes muebles (inmuebles). **II.** *adj*. bueno || *cum nu se poate mai ~* inmejorable; *mai ~* mejor; *cel mai ~* el mejor; *băiat ~* buen chico; *la ce ~?* ¿para qué?; *toate ~e* todo bien; *e ~ ca pâinea caldă* es bueno como el pan.

bunavestire *f*. *(rel.)* Anunciación.

bună-credinţă *f*. *în expr.: de ~* de buena fe.

bună-cuviinţă *f*. decencia; buenos modales *m.pl.*, sentido común.

bunăstare *f*. bienestar *m*.

bunătate *f*. 1. bondad. 2. *pl.* *(mâncare)* manjares *m.pl.* exquisitos.

bunăvoie *f*. *în expr.: de ~* de buena gana.

bunăvoinţă *f*. benevolencia, buena voluntad.

bun-gust *n*. buen gusto.

bunic *m*. abuelo.

bun-simţ *n*. sentido común.

bun-venit I. *n*. bienvenida || *a ura ~* dar la bienvenida. **II.** *interj*. bienvenido.

bura *vi*. lloviznar.

burduf *n*. odre *m*., pellejo || *a lega ~* agarrotar.

burduhănos *adj*. panzudo, barrigón.

burduşi *vt*. 1. *(a umple)* rellenar. 2. *(a bate)* felpear, apalear.

burete *m*. 1. *(bot.)* hongo. 2. esponja || *a şterge cu ~le (fig.)* pasar la esponja.

burghez *adj.*, *m*. burgués *m*.

burghezie *f*. burguesía || *marea ~* la alta burguesía.

burghiu *n*. barrena.
buric *n*. 1. ombligo ‖ *~ul pământului* el ombligo de la Tierra. 2. *(al degetului)* yema.
burlac *m*. soltero.
burlan *n*. canalón *m*.
burniţa *vi*. lloviznar.
burniţă *f*. llovizna, cernidillo; *(fam.)* calabobos *m*.
bursă *f*. 1. *(com.)* bolsa. 2. *(de student etc.)* beca.
bursier I. *adj*. bursátil, de bolsa. II. *m*. becario, becado.
bursuc *m*. 1. *(zool.)* tejón *m*., tasugo. 2. *(fig.) (ursuz)* huraño, hurón *m*.
burtă *f*. barriga, panza, vientre *m*. ‖ *cu ~* gordo; *din ~* imaginado; *cu burta la gură* preñada, encinta.
burtos *adj*. barrigudo, panzudo.
buruiană *f*. maleza.
burzului *vr*. sulfurarse, irritarse.
busolă *f*. brújula.
bust *n*. busto.
busuioc *n*. albahaca

buşon *n*. tapón *m*.
buştean *m*. tronco, leño ‖ *a dormi ~* dormir a pierna suelta.
butaş *n*. acodo, mugrón *m*.
bute *f*. barrica.
butelie *f*. botella ‖ *~ de aragaz* botella de gas, bombona (de butano); *~ de Leyda* botella de Leiden.
butoi *n*. tonel *m*., barril *m*.
buton I. *n*. botón *m*. II. *m.pl*. gemelos *m.pl*.
butonieră *f*. ojal .
butuc *m*. 1. leño. 2. *(pentru tăiat)* tajo.
butucănos *adj*. tosco.
buturugă *f*. leño.
buzat *adj*. befo.
buză *f*. 1. labio. 2. *(la pahar)* borde *m*.
buzdugan *n*. cachiporra.
buzna *adv*. în *expr.: a da ~* irrumpir.
buzunar *n*. bolsillo.
buzunări *vt*. ratear, robar.

C

ca I. *adv.* 1. como, cual, igual ‖ ~ *atare* como tal; ~ *şi atunci* como (*sau* igual que) entonces; ~ *şi cum* como si; ~ *şi Maria* (así) como María; *ager* ~ *vulturul* perspicaz como (*sau* cual) águila . 2 (*decât*) que ‖ *mai înalt* ~ *el* más alto que él. II. *conj.* que ‖ ~ *să* para que, a fin de que.

cabană *f.* 1. (*turistică*) chalé *m.*; parador. 2. (*de munte*) refugio (montañero).

cabaret *n.* cabaret *m.*

cabină *f.* 1. cabina. 2. (*mar.*) camarote *m.* 3. (*teatru*) camarín *m.*, camerino. 4. (*vestiar*) caseta.

cabinet *n.* gabinete *m.* ‖ ~ *medical* consulta, consultorio (médico).

cablogramă *f.* cable *m.*; cablegrama *m.*

cablu *n.* cable *m.*, maroma

cabotaj *n.* (*mar.*) cabotaje *m.*

cabotin *m.* (*şi fig.*) farsante *m.*

cabra *vr.* encabritarse.

cabrioletă *f.* cabriolé *m.*, bombé *m.*

cacao *f.* cacao.

cacialma *f.* embuste *m.* ‖ *a trage cuiva o* ~ jugársela a uno.

cactus *m.* cacto.

cadastru *n.* catastro.

cadavru *n.* cadáver *m.*

cadă *f.* bañera

cadână *f.* odalisca.

cadenţat *adj.* acompasado.

cadenţă *f.* cadencia; compás *m.* ‖ *a păstra cadenţa* (*şi fig.*) llevar el compás.

cadou *n.* regalo, presente *m.*, obsequio ‖ *a face un* ~ regalar (algo).

cadra *vi.* (*cu*) cuadrar (con), conformarse *vr.* (con).

cadran *n.* cuadrante *m.*

cadril *n.* cuadrilla.

cadrilat *adj.* rayado, en cuadros, cuadriculado.

cadru *n.* 1. cuadro; marco ‖ *în* ~*ul* en el marco, en el ámbito . 2 (*didactic*) profesor. 3. (*specialist*) especialista *m.* şi *f.* 4. *pl.* personal ‖ *stop* ~ cuadro fijo, foto fija.

caduc *adj.* caduco.

caducitate *f.* caducidad.

cafea *f.* café *m.* ‖ ~ *boabe* café en grano; ~ *filtru (turcească)* café filtro (turco); *plantaţie de* ~ cafetal.

cafenea *f.* café *m.*, cafetería.

cafeniu *adj.* castaño; café.

caiac *n.* kayac *m.*

caier *n.* copo.

caiet *n.* cuaderno.

caimac *n.* nata.

cais *m.* albaricoquero.

caisă *f.* albaricoque *m.*

cal *m.* 1. caballo ‖ ~ *de curse (de călărie, de povară)* caballo de carrera (de montar, de tiro); ~ *de mare* caballo marino, hipocampo; ~ *putere* caballo de vapor; *pe* ~ a caballo; *la paştele cailor* a las calendas griegas; *a se da jos de pe* ~ apearse del caballo; *a se sui pe* ~ montar a caballo. 2. *(de gimnastică)* potro. 3. *(şah)* caballo.

calabalâc *n.* trastos *m.pl.*

calambur *n.* retruécano.

calamitate *f.* calamidad, siniestro.

calapod *n.* horma.

cală *f. (mar., bot.)* cala.

calc *n.* calco.

calcan *m.* 1. *(zool.)* rodaballo. 2. *(arhit.)* muro.

calcar *n.* caliza.

calcaros *adj.* calcáreo, calizo.

calchia *vt. (şi fig.)* calcar.

calciu *n.* calcio.

calcul *n.* cálculo; cuenta; cómputo.

calcula *vt.* calcular; contar; computar.

calculator *m.* calculadora, computadora, ordenador.

cald *adj.* 1. cálido ‖ *ţări* ~*e* países cálidos. 2. *(prin încălzire)* caliente ‖ *supă* ~*ă* sopa caliente . 3 caluroso ‖ *azi e* ~ hoy hace calor; *a-i fi* ~ *(cuiva)* tener calor; *primire* ~*ă* acogida calurosa; *vreme* ~*ă* tiempo caluroso.

caldarâm *n.* empedrado.

cale *f.* 1. vía, camino ‖ ~ *ferată* ferrocarril *m.*; *căi de comunicaţie* vías de comunicaciones; *pe* ~*a aerului* por vía aérea. 2. *(stradă)* calle *f.* 3. *(distanţă)* distancia. 4. *(fig.)* senda; vía ‖ *din* ~ *afară* demasiado, excesivamente; *pe* ~ *paşnică* pacíficamente; *pe toate căile* por todos los medios.

caleaşcă *f.* carroza.

caleidoscop *n.* cal(e)idoscopio.

calendar *n.* calendario; almanaque *m.* ‖ *a-i face capul* ~ atolondrar (a alguien).

calfă *f.* oficial .

calibru *n. (şi fig.)* calibre *m.*

calic *adj.* 1. *(zgârcit)* ruin, tacaño, avariento. 2. *(sărac)* pobre, mezquino, menesteroso.

calici I. *vt. (a sărăci)* empobrecer. II. *vr.* tacañear *vi.*

calicie *f.* 1. *(zgârcenie)* tacañería. 2. *(sărăcie)* pobreza.

caliciu *n. (bot.)* cáliz *m.*

calif *m.* califa *m.*

califica *vt., vr.* calificar(se); capacitar(se).

calificare *f. (şi sport)* calificación; capacitación.

calificativ *n.* 1. calificativo. 2. *(notă)* nota; calificación.

caligrafie *f.* caligrafía.

calitate *f.* 1. *(însuşire)* cualidad, atributo ‖ *calităţile fierului* las cualidades del hierro; *persoană cu calităţi* persona de buenas cualidades. 2. calidad ‖ *în ~ de* en calidad de, como; *om de ~* hombre de calidad; *pânză de ~* tela de calidad.

calitativ *adj.* cualitativo.

calm I. *n.* calma, tranquilidad, quietud *f.* **II.** *adj.* calmoso, tranquilo, quieto, sosegado.

calma *vt., vr.* calmar(se), sosegar(se), tranquilizar(se) ‖ *a ~ durerea* aliviar el dolor.

calmant *adj., n.* calmante *m.*

calomnia *vt.* calumniar.

calomnie *f.* calumnia.

calorie *f.* caloría.

calorifer *n.* calorífero, radiador.

calotă *f. (de pălărie)* copa ‖ *~ glaciară* casquete glacial.

calvar *n.* calvario.

cam *adv.* 1. casi, aproximadamente. 2. algo, un poco ‖ *~ aşa* algo así; *~ o oră* como una hora; *~ târziu* un poco tarde; *~ vechi* algo *(sau* un poco) viejo.

camarad *m.* compañero, camarada *m.* şi *f.*

camaraderie *f.* camaradería.

camarilă *f.* camarilla.

camătă *f.* usura.

camee *f.* camafeo.

cameleon *m.* camaleón *m.*

camelie *f. (bot.)* camelia.

cameraman *m.* operador .

cameră *f.* 1. cuarto, habitación, pieza. 2. *(tehn., pol., com.)* cámara ‖ *~ de bicicletă* cámara (de aire); *~ de comerţ (de deputaţi)* cámara de comercio (de diputados); *~ de gardă* cuarto de guardia; *~ de pneu* cámara de aire; *~ obscură* cámara oscura; *~ de televiziune* cámara de televisión.

cameristă *f.* camarera.

camfor *n.* alcanfor.

camion *n.* camión *m.* ‖ *~ basculant* camión volquete.

camionetă *f.* camioneta.

campanie *f.* campaña ‖ *~ electorală* campaña electoral; *bucătărie de ~* cocina de campaña.

campion *m.* campeón.

campionat *n.* campeonato.

camufla *vt., vr.* 1. camuflar(se). 2. *(fig.)* enmascarar(se), disfrazar(se), disimular *vt.*

camuflaj *n.* 1. camuflaje *m.* 2. *(fig.)* disfraz *m.*

canadian *adj., m.* canadiense *m.*

canadiană *f.* cazadora.

canal *n.* 1. *(geogr., anat., navigaţie)* canal *m.* 2. *(de scurgere)* conducto, desagüe *m.* 3. *(de irigaţie)* acequia (de riego).

canalie *f.* canalla *m.*

canaliza *vt.* canalizar, alcantarillar; *(şi fig.)* encauzar.

canalizare *f.* canalización; *(şi fig.)* encauzamiento.

canapea *f.* canapé *m.*

canar *m.* canario.

cană *f.* jarra.

cancan *n*. cancán *m*.

cancelarie *f*. 1. cancillería. 2. *(la şcoală)* sala de profesores.

cancer *n*. *(med. şi zodie)* cáncer *m*.

candelabru *n*. candelabro.

candelă *f*. candil *m*.

candid *adj*. cándido, candoroso.

candida *vi*. presentar la candidatura.

candidat *m*. 1. candidato. 2. *(la un examen etc.)* opositor.

candidatură *f*. candidatura.

candoare *f*. candor, pureza.

cange *f*. gancho, bichero.

cangrenă *f*. gangrena.

cangrena *vr*. gangrenarse.

cangur *m*. canguro.

canibal *m*. caníbal.

canibalism *n*. canibalismo.

caniculă *f*. bochorno, canícula.

canoe *f*. canoa.

canonadă *f*. cañonazo.

canoni *vt*., *vr* atormentar(se).

canonic *adj*. canónico.

canotaj *n*. canoaje *m*.

canotor *m*. canoero.

canto *n*. canto.

cantată *f*. cantata.

cantină *f*. cantina, comedor.

cantitate *f*. cantidad.

cantitativ *adj*. cuantitativo.

canton *n*. cantón *m*.

cantonament *n*. campamento, acantonamiento.

cap I. *m*. 1. jefe *m*. 2. *(căpetenie)* cabeza, cabecilla. II. *n*. 1. *(anat.)* cabeza; *(fam.)* cholla. 2. *(minte)* seso(s), mente *f*. || ~ *de magnetofon* cabezal ; ~ *de pod (mil.)* cabeza de puente; ~ *greu* (sau *sec*) cabeza redonda; ~ *sau pajură* cara o cruz; *cu noaptea-n* ~ de madrugada; *de* ~*ul său* a solas; *de la* ~ *la coadă* de cabo a rabo; *din* ~ *până-n picioare* de pies a cabeza; *fără* ~ *şi coadă* sin pies ni cabeza; *în* ~ justo, exacto; *nici în ruptul* ~*ului* ni muerto; *a pune* ~ *la* ~ atar cabos; *a-şi bate* ~*ul* romperse la cabeza, calentarse los sesos; *a-şi pierde* ~*ul* perder la cabeza; *a intra în* ~*ul cuiva* metérsele algo en la cabeza; *mi se învârte* ~*ul* me da vueltas la cabeza. 3. *(capăt)* cabo. 4. *(geogr.)* cabo.

capabil *adj*. capaz.

capac *n*. tapa, tapadera.

capacitate *f*. *(şi fig.)* capacidad; *(fig.)* talento, aptitud.

capă *f*. capa.

capăt *n*. 1. cabo; extremidad; término; fin *m*., final *m*. || *la* ~*ul drumului* al final del camino; *până la* ~ hasta el fin, a ultranza; *a duce la* ~ llevar a cabo; *a pune* ~ poner fin; *a o scoate la* ~ salir de apuros; *a fi la* ~*ul puterilor* estar agotado, estar rendido. 2. *(fragment)* cabo || *un* ~ *de aţă* un cabo de hebra.

capcană *f*. *(şi fig.)* trampa; *(fig.)* embuste *m*.

capelă *f*. capilla.

capilar *adj*. capilar || *vase* ~*e* vasos capilares.

capişon *n*. capucho.

capital I. *n.* capital; caudal. II. *adj.* capital, esencial, principal.

capitală *f.* capital *f.*

capitalism *n.* capitalismo.

capitalist *adj., m.* capitalista *m.* şi *f.*

capitol *n.* capítulo.

capitona *vt.* acolchar.

capitula *vi.* capitular.

capitulare *f.* capitulación.

capodoperă *f.* obra maestra.

caporal *m.* cabo.

capot *n.* bata, peinador.

capotă *f. (auto)* cubierta, capó *m.*

capră *f.* **1.** cabra ‖ ~ *neagră* cabra montesa, gamuza. **2.** *(de trăsură)* banqueta. **3.** *(de tăiat lemne)* caballete *m.*, cabrilla. **4.** *(de gimnastică)* potro. **5.** *(joc)* potro ‖ *a sări capra* saltar el potro.

capricios *adj.* caprichoso, caprichudo.

capriciu *n.* antojo, capricho.

capricorn *n. (şi zodie)* Capricornio.

capsă *f.* **1.** grapa, botón *m.* ‖ *a fi cu capsa pusă* estar a punto de estallar. **2.** *(mil.)* cápsula.

capsulă *f.* cápsula.

capta *vt.* captar.

captiv *adj., m.* cautivo.

captiva *vt. (fig.)* cautivar, embelesar.

captivant *adj.* cautivante.

captivitate *f.* cautiverio.

captura *vt.* capturar; apresar.

captură *f.* captura, presa.

car I. *n.* **1.** carro ‖ *cu ~ul a fanegas; nici în ~ nici în căruţă* ni chicha ni limonada; *a căuta acul în ~ul cu fân* buscar una aguja en un pajar .

2 *(astr.)* Osa ‖ *~ul mare (mic)* la Osa Mayor (Menor). **3.** *(la maşina de scris)* rodillo. II. *m.* *(zool.)* carcoma ‖ *ros de ~ii* carcomido.

carabină *f.* carabina.

caracatiţă *f.* pulpo.

caracter *n. (şi fig.)* carácter *m.*

caracteristic *adj.* característico, peculiar.

caracteristică *f.* característica, peculiaridad.

caracteriza *vt., vr.* caracterizar(se); definir(se).

caracterizare *f.* caracterización .

caraghios I. *adj.* ridículo, cómico. II. *m.* persona ridícula; figura.

caramea *f.* caramelo.

carantină *f.* cuarentena.

carapace *f.* caparazón *m.*

caravană *f.* caravana.

caravelă *f.* carabela.

carbon *n.* **1.** *(chim.)* carbono. **2.** *(hârtie)* papel *m.* carbón

carboniza *vt.* carbonizar .

carburant *m.* carburante *m.*

carburator *n. (auto)* carburador.

carcasă *f.* armazón *m.*

carceră *f.* calabozo.

cardiac *adj.* cardíaco [cardiaco].

cardinal I. *m.* cardenal. II. *adj.* cardinal ‖ *puncte ~e* puntos cardinales.

cardiologie *f.* cardiología.

care **1.** *pron. relat.* que; cual, *pl.* cuales; quien, *pl.* quienes ‖ ~ *mai de ~* a cual más. **2.** *pron. interog.* ¿cuál?, *pl.* ¿cuáles?; ¿quién?, *pl.* ¿quiénes?; ¿qué? ‖ ~ *din ei?* ¿cuál de ellos?

carenţă *f.* carencia

careu *n.* 1. cuadro. 2. *(sport)* área.

careva *pron. neh.* alguien; alguno; uno

cargobot *n.* buque *m.* de carga

caria *vr.* cariarse

caricatură *f.* caricatura

caricaturist *m.* caricaturista *m.* şi *f.*

caricaturiza *vt.* caricaturar

carie *f.* caries *f.*

carieră *f.* 1. *(de piatră)* cantera. 2. *(fig.)* carrera

carierist *m.* arribista *m.* şi *f.*

caritabil *adj.* caritativo

caritate *f.* caridad

carâmb *m.* cana

carnaval *n.* carnaval.

carne *f.* carne *f.* ‖ ~ *de pasăre* carne de pluma *(sau* de gallina); ~ *de porc* carne de cerdo; ~ *de vită* carne de ternera *(sau* de vacă); ~ *tocată* carne picada; *în* ~ *şi oase* en *(sau* de) carne y hueso.

carnet *n.* carné(t) *m.*, libreta.

carnivor *adj.* carnívoro; *(şi fig.)* carnicero.

carosabil *adj.* carretero ‖ *drum* ~ camino carretero

caroserie *f.* carrocería

carotidă *f. (anat.)* carótida.

carou *n.* cuadrito ‖ *în* ~*ri* a cuadritos

carpen *m. (bot.)* haya blanca

carpetă *f.* tapiz *m.*

carte *f.* libro ‖ ~ *albă (fig.)* libro blanco; ~ *de vizită* tarjeta; ~ *de telefon* guía de teléfonos; ~ *poştală* tarjeta postal; *cărţi de joc* naipes *m.*

pl., barajas *f. pl.* ; *a fi tobă de* ~ ser un pozo de ciencia; *a pune* ~*a în cui* ahorcar los estudios.

cartier *n.* 1. barrio. 2. *(mil.)* ~ *general* cuartel *m.* general.

cartilaj *n.* cartílago.

cartof *m.* patata; *(Am.)* papa ‖ ~*i prăjiţi* patatas fritas.

cartofor *m. (fam.)* tahúr *m.*

cartografie *f.* cartografía.

carton *n.* cartón *m.*

cartona *vt. (o carte)* encuadernar.

cartotecă *f.* fichero.

cartuş *n.* cartucho.

cartuşieră *f.* cartuchera.

carusel *n.* tiovivo.

casă *f.* 1. casa. 2. *(cămin)* hogar *m.* 3. *(familie)* familia. 4. *(pentru plată)* caja. 5. *(de bilete)* taquilla ‖ ~ *de bani* caja fuerte; ~ *de economii* caja de ahorros; *a fi de-al casei* ser de la casa; *în* ~ en casa.

cascadă *f.* cascada, salto *(de agua).*

cască *f.* 1. casco ‖ ~ *de baie* gorro de baño. 2. *(la coafor)* secador.

casetă *f.* 1. cofrecito. 2. *(muz.)* casete *m.* şi *f.*

casier *m.* cajero.

casierie *f.* caja.

casnic *adj.* casero.

casnică *f.* ama de casa.

cast *adj.* casto.

castan *m.* castaño.

castană *f.* castaña ‖ *a scoate castanele din foc cu mâna altuia* sacar las castañas del fuego con mano ajena.

castaniete *f. pl.* castañuelas *f. pl.*

castaniu *adj.* castaño, marrón.

castel *n.* castillo; alcázar *m.* ‖ *a clădi ~le în Spania* hacer castillos en el aire.

castitate *f.* castidad.

castor *m.* (*zool.*) castor.

castra *vt.* castrar, capar.

castravete *m.* pepino ‖ *castraveţi în oţet* pepinillos en vinagre; *a vinde castraveţi la grădinar* llevar leña al monte.

castron *n.* lebrillo.

caş *n.* requesón *m.*

caşcaval *n.* gruyère *m.*

caşmir *n.* casimir *m.*, cachemira.

cataclism *n.* cataclismo.

catacombă *f.* catacumba.

catadicsi *vt.* dignarse *vr.* ‖ *n-a ~t să m-asculte* no se dignó escucharme.

catafalc *n.* catafalco.

catalige *f.pl.* zancos *m.pl.*

catalog *n.* catálogo, lista.

cataloga *vt.* catalogar.

catapeteasmă *f.* retablo.

cataplasmă *f.* cataplasma.

cataractă *f.* catarata.

cataramă *f.* hebilla ‖ *a fi prieteni la ~* ser uña y carne.

catarg *n.* mástil *m.*, palo.

catastif *n.* registro.

catastrofal *adj.* catastrófico.

catastrofă *f.* catástrofe *f.*

catâr *m.* mulo.

catedrală *f.* catedral *f.*

catedră *f.* cátedra.

categoric *adj.* categórico, rotundo, terminante.

categorie *f.* clase *f.*, categoría.

catehism *n.* catequismo.

catifea *f.* terciopelo ‖ *~ reiată* terciopelo rayado.

catifelat *adj.* aterciopelado.

catod *m.* (*electr.*) cátodo.

catolic *adj.* católico.

catolicism *n.* catolicismo.

catrafuse *f.pl.* trastos *m.pl.* ‖ *a-şi lua ~le* liar los bártulos.

catran *n.* alquitrán *m.*

catren *n.* cuarteta; copla.

cauciuc *n.* 1. caucho; goma ‖ *arbore de ~* caucho. 2. (*pneu*) neumático.

caustic *adj.* (*şi fig.*) cáustico.

cauteriza *vt.* cauterizar.

cauţiune *f.* fianza, caución, garantía ‖ *pe ~* bajo fianza.

cauza *vt.* causar; proporcionar; producir.

cauzal *adj.* causal.

cauzalitate *f.* causalidad.

cauzator *adj.* causante.

cauză *f.* causa; (*şi motiv*) razón *f.*, motivo; (*fam.*) porqué *m.* ‖ *cauza păcii* la causa de la paz; *din cauza* a causa de, por; *din această ~* por esta razón; *în necunoştinţă de ~* sin conocimiento de causa; *a lupta pentru o ~* luchar por una causa.

caval *n.* (*muz.*) flauta.

cavalcadă *f.* cabalgada.

cavaler I. *m.* 1. (*ist.*) caballero ‖ *~ rătăcitor* caballero andante. 2. (*fig.*) caballero. 3. (*necăsătorit*) soltero. II. *adj.* cortés, amable, refinado.

cavaleresc *adj.* caballeresco ‖ *cărţi cavalereşti* libros de caballería.

cavalerie *f.* caballería.

cavalerism *f.* cortesía, caballerosidad.

cavalerist *m.* *(mil.)* jinete *m.*, oficial de caballería.

cavernă *f.* cueva, gruta; *(şi med.)* caverna.

caviar *n.* caviar .

cavitate *f.* cavidad.

cavou *f.* cripta.

caz *n.* **1.** *(şi fig.)* caso ‖ ~ *de conştiinţă* caso de conciencia; *dacă este ~ul* si es necesario; *e ~ul (să)* conviene (+*inf.*); *în ~ că* en caso de que; *în orice ~* en todo caso; *în cel mai bun ~* en el mejor de los casos; *în nici un ~* de ninguna manera; *a face ~ de* hacer caso de. **2.** *(întâmplare)* evento. **3.** *(exemplu)* ejemplo.

caza *vt.* alojar.

cazac *m.* cosaco.

cazan *n.* caldera.

cazangiu *m.* calderero.

cazare *f.* alojamiento.

cazarmă *f.* cuartel *m.*

cazemată *f.* casamata.

cazier *n.* antecedentes *m.pl.* penales.

cazinou *n.* casino.

cazma *f.* pala, zapa.

caznă *f.* suplicio, tormento.

cazon *adj.* cuartelero.

cazual *adj.* casual.

cazualitate *f.* casualidad.

că *conj.* **1.** que. **2.** *(întrucât)* dado que ‖ *cu toate ~* a pesar de que, aunque.

căci *conj.* pues; porque.

căciulă *f.* gorro.

căciuli *vr.* *(fam.)* humillarse.

cădea **I.** *vi.* **1.** caer ‖ *a ~ bolnav* ponerse enfermo; *a ~ în luptă* caer en el combate; *a ~ în picioare* caer de pie; *a ~ pe gânduri* abismarse en los pensamientos; *a ~ pe spate* caer de espaldas; *a ~ din lac în puţ* huir del fuego y dar en las brasas. **2.** *(la examen)* fracasar. **3.** *(d. haine)* caer. **4.** *(d. o dată)* caer (en) ‖ *aniversarea cade într-o luni* el aniversario cae en lunes. **II.** *impers.* convenir.

cădelniţă *f.* incensario.

cădere *f.* caída ‖ *~ de apă* salto de agua.

căi *vr.* arrepentirse.

căina **I.** *vr.* lamentarse. **II.** *vt. (a compătimi)* compadecer.

căinţă *f.* arrepentimiento.

călare *adv.* a caballo ‖ *a merge ~* cabalgar (en).

călăreţ *m.* jinete *m.*

călări *vi.* cabalgar.

călărie *f.* equitación.

călător **I.** *m.* viajero; pasajero. **II.** *adj.* **1.** viajero. **2.** *(d. păsări)* migratorio.

călători *vi.* viajar ‖ *a ~ cu trenul* viajar en tren; *a ~ pe mare (uscat)* viajar por mar (tierra).

călătorie *f.* viaje *m.*; *(pe mare)* travesía ‖ *a pleca în ~* salir de viaje; *a face o ~ la* viajar a; *~ plăcută!* ¡buen *(sau* feliz) viaje!.

călău *m.* *(şi fig.)* verdugo.

călăuză *f.* guía *m.*

călăuzi *vt., vr.* guiar(se).

călca I. *vi.* pisar *vt.;* andar ‖ *a ~ în picioare* pisotear; *a ~ cu dreptul* entrar con el pie derecho; *a ~ în străchini* meter la pata; *a-şi ~ pe inimă* hacer algo de mala gana. **II.** *vt.* **1.** pisar ‖ *a ~ pragul cuiva* pisar los umbrales de una casa. **2.** *(cu fierul)* planchar. **3.** *(d. un vehicul)* atropellar. **4.** *(o lege)* infringir, quebrantar, traspasar (una ley).

călcâi *n.* talón *m.*

căldare *f.* cubo, caldera.

căldură *f.* **1.** calor *m.* **2.** *pl. (med.)* fiebre *f.* ‖ *a fi în călduri (d. animale)* estar en celo.

călduros *adj. (şi fig.)* caluroso ‖ *salut ~* saludo caluroso; *zi călduroasă* día caluroso.

călduţ *adj.* tibio, templado.

căli I. *vt.* templar. **II.** *vr. (fig.)* edurecerse; acorazarse.

călimară *f.* tintero.

călire *f.* temple *m.*

călugăr *m.* monje *m.*, fraile *m.*

călugăresc *adj.* monacal.

călugări *vr.* tomar el hábito; *(d. o femeie)* tomar el velo.

călugăriţă *f.* monja.

căluş *n.* mordaza.

căluşei *m. pl.* tiovivo, caballitos *m. pl.*

cămară *f.* despensa.

cămaşă *f.* camisa ‖ *~ cu mâneci lungi* camisa de mangas largas; *~ de forţă* camisa de fuerza; *~ de noapte* camisa de dormir; *în ~* en mangas de camisa.

cămătar *m.* usurero.

cămătărie *f.* usura.

cămilă *f.* camello.

cămin *n.* **1.** *(coş)* chimenea. **2.** *(casă)* hogar *m.* ‖ *~ de copii* casa cuna; *~ studenţesc* residencia estudiantil.

căpăstru *n.* cabestro.

căpăta *vt.* **1.** recibir. **2.** *(a câştiga)* adquirir, cobrar.

căpătâi *n.* *(şi fig.)* cabecera ‖ *carte de ~* libro de cabecera.

căpătui *vr.* granjearse.

căpăţână *f.* **1.** cabezota. **2.** *(de usturoi)* cabeza (de ajo). **3.** *(de zahăr)* pan *m.* de azúcar.

căpăţânos *adj.* cabezudo; *(şi fig.)* cabezón; *(fig.)* testarudo.

căpcăun *m.* ogro.

căpetenie *f.* jefe *m.*; cabecilla; caudillo, cacique *m.*

căpia *vi.* perder el juicio.

căpitan *m.* *(şi sport)* capitán *m.*

căpitănie *f.* capitanía.

căpiţă *f.* almiar *m.*

căprioară *f.* corza, gama, cierva ‖ *piele de ~* gamuza.

căprior *m.* **1.** *(zool.)* corzo, ciervo. **2.** *(constr.)* cabrio.

căprui *adj.* castaño.

căpşun *m.* *(bot.)* fresa.

căpşună *f.* fresón *m.*, fresa.

căptuşeală *f.* forro.

căptuşi *vt.* *(cu)* forrar (con, de).

căra I. *vt.* acarrear; trajinar. **II.** *vr.* largarse.

cărare *f.* **1.** senda, sendero, vereda. **2.** *(de păr)* raya.

cărăbuş *m.* escarabajo.

cărămidă *f.* ladrillo.

cărămiziu *adj.* (color) ladrillo.

cărăuş *m.* arriero, carretero.

cărbunar *m.* **1.** carbonero. **2.** *(vânzător)* piconero.

cărbune *m.* carbón *m.;* picón *m.* ‖ ~ *de desen* carboncillo; *industria* ~*lui* industria carbonera.

cărnos *adj.* carnoso.

cărpănos *adj.* tacaño, mezquino.

cărturar *m.* sabio, erudito.

cărucior *n.* **1.** *(de copii)* cochecito. **2.** *(de transport)* carretilla.

cărunt *adj.* canoso

căruţ *n.* *(de copii)* cochecito.

căruţaş *m.* carretero.

căruţă *f.* carro.

căsăpi *vt.* degollar.

căsători *vt., vr.* casar(se).

căsătorie *f.* **1.** casamiento; boda(s) *f.* *(pl.).* **2.** *(căsnicie)* matrimonio ‖ ~ *religioasă* matrimonio canónico.

căsca **I.** *vi.* bostezar. **II.** *vr.* abrirse.

căscat **I.** *n.* bostezo. **II.** *m.* papanatas *m.*

căsnicie *f.* matrimonio.

căsuţă *f.* casita, casilla ‖ ~ *poştală* apartado de correos; *(Am.)* casilla postal.

căşuna **I.** *vi.* în *expr.:* *a-i* ~ *să* antojársele, ocurrírsele; *a-i* ~ *pe cineva* tener ojeriza a uno. **II.** *vt.* causar, producir.

cătană *f.* recluta *m.*

cătrănit *adj.* abrumado, apesadumbrado.

către *prep.* hacia, a ‖ ~ *casă* hacia casa; ~ *şcoală* hacia la

escuela; *de* ~ por (parte de).

cătun *n.* caserío.

cătuşe *f.pl.* esposas *f.pl.*

căţăra *vr.* trepar *vi.,* gatear *vi.* ‖ *a se* ~ *într-un pom* trepar a un árbol; *a se* ~ *pe perete (d. plante)* trepar por las paredes.

căţărare *f.* trepa.

căţărător *adj.* trepador.

căţel *m.* **1.** perro; *(mic)* cachorro, perrito. **2.** *(de usturoi)* diente *m.* de ajo.

căuş *n.* cazo.

căuta **I.** *vt.* buscar ‖ *a* ~ *nod în papură* buscar tres pies al gato . **II.** *vi. (să)* intentar, tratar (de); procurar . **III.** *vr. (a se îngriji)* cuidarse (la salud); consultarse (con un médico).

căutare *f.* busca, búsqueda ‖ *a avea* ~ tener demanda.

căutat *adj. (artificial)* rebuscado.

căutătură *f.* mirada; catadura.

căzătură *f.* **1.** caída. **2.** *(fig.)* viejo, chocho.

căzni *vt., vr.* atormentar(se).

câine *m.* perro; *(fam.)* chucho ‖ ~ *ciobănesc* mastín *m.;* ~ *de vânătoare* perro de caza; ~ *lup* perro lobo; *viaţă de* ~ vida de perros; *a trăi ca şi* ~*le cu pisica* vivir como perros y gatos

câlţi *m.pl.* estopa.

câmp *n.* **1.** campo ‖ *muncile* ~*ului* las faenas agrícolas; *floare de* ~ flor campestre. **2.** *(fig.)* dominio, campo

câmpenesc *adj.* campestre

câmpie *f.* llanura, llano.

când *adv.* cuando ‖ *din ~ în ~ de vez en cuando; ~. ~. ora. ora.; până ~* hasta cuando.

cândva *adv. (în viitor)* algún día; *(în trecut)* una vez

cânepă *f.* cáñamo

cânt *n.* canto.

cânta *vt., vi.* **1.** *(din gură)* cantar. **2.** *(la un instrument)* tocar ‖ *a ~ la pian* tocar el piano

cântar *n.* balanza; báscula

cântăreţ *m.* cantante *m.* şi *f.*

cântări *vt., vi.* **1.** pesar. **2.** *(fig.)* apreciar.

cântec *n.* canción; canto ‖ *~ de leagăn* canción de cuna; *~ul lebedei* el canto del cisne; *e cu ~* hay tela cortada.

cârcă *f.* în expr.: *în ~ a* cuestas; *a pune în ~ cuiva* achacar

cârcel *m.* calambre *m.*

cârciumar *m.* tabernero

cârciumă *f.* taberna

cârd *n. (de păsări)* bandada

cârâi *vi.* chirriar

cârjă *f.* muleta.

cârlig *n.* **1.** gancho. **2.** *(de rufe)* pinza ‖ *~ de undiţă* anzuelo

cârlionţ *m.* rizo; sortija

cârlionţat *adj.* rizado; ensortijado

cârmaci *m.* timonel *m.*

cârmă *f.* timón *m.*

cârmui *vt.* gobernar

cârmuire *f.* gobierno

cârn *adj.* chato; *(Am.)* ñato.

cârnat *m.* chorizo; embutido; salchichón *m.*

cârnăcior *m.* salchicha

cârpaci *m.* remendón *m.*

cârpă *f.* trapo, paño.

cârpi *vt.* **1.** remendar, zurcir. **2.** *(o palmă)* pegar

cârti *vi.* refunfuñar

cârtiţă *f.* topo.

câştig *n.* ganancia; provecho; utilidad; lucro.

câştiga *vt.* **1.** ganar ‖ *a-şi ~ pâinea* ganarse la vida. **2.** *(fig.)* granjear; adquirir ‖ *a ~ experienţă* adquirir experiencia. **3.** *(încasa)* embolsar

câştigător *adj., m.* ganador.

cât I. *adv.* cuanto ‖ *cu ~. cu atât* tanto. cuanto. **II.** *conj.* cuanto ‖ *~ este aici* mientras esté aquí. **III.** *prep.* como ‖ *~ el* como él; *înalt ~ casa* alto como la casa; *~ despre* en cuanto a.

cât, câtă, câţi, câte **1.** *pron., adj. neh.* cuanto, cuanta, cuantos. **2** *pron. interog.* ¿cuánto?, ¿cuánta?, ¿cuántos?, ¿cuántas? ‖ *cât e ceasul* ¿qué hora es?; *în câte suntem azi?* ¿a cuántos estamos hoy?; *unul câte unul* uno por uno

câteodată *adv.* a veces

câtva, câtăva, câţiva, câteva I. *pron., adj. neh.* alguno *(adj.* algún), alguna, algunos, algunas; *pl.* unos, unas; varios, varias. **II.** *adv.* algo, un poco.

ce I. *pron. relat.* que ‖ *ceea ~* lo que; *din ~ în ~* cada vez más; *sfatul ~ ţi l-am dat* el consejo que te dí. **II.** *pron. interog.* ¿qué? ‖ *~ vrei?* ¿qué quieres?; *de ~?* ¿por qué?; *nu ştiu ~ să* *fac* no sé qué hacer. **III.** *pron. exclam.* ¡qué! ‖ ~ *zgomot!* ¡qué ruido!.

ceafă *f.* nuca, cerviz *f.*

ceai *n.* **1.** té *m.* **2.** *(petrecere)* fiesta.

ceainic *n.* tetera.

ceapă *f.* cebolla ‖ *nu face nici cât o ~ degerată* no vale un pepino *(sau* higa).

ceapraz *n,* trencilla; entorchado.

ceară *f.* cera.

cearcăn *n.* ojera.

cearşaf *n.* sábana.

ceartă *f.* riña, disputa, bronca, contienda, pendencia ‖ *a se încinge o ~* armarse una bronca; *a se lua la ~* reñir, pelear.

ceas *n.* **1.** hora ‖ *cât e ~ul?* ¿qué hora es?; *din ~ în ~* a cada hora; *într-un ~ bun!* ¡enhorabuena!; *peste un ~* dentro de una hora. **2.** reloj *m.* ‖ *~ de mână (deşteptător)* reloj de pulsera (despertador); *a întoarce ~ul* dar cuerda al reloj; *a sta ~ul* pararse el reloj; *a se uita la ~* mirar la hora; *~ul merge înainte (în urmă)* el reloj adelanta (se atrasa).

ceasornic *n.* reloj *m.* de pared.

ceasornicar *m.* relojero.

ceasornicărie *f.* relojería.

ceaşcă *f.* taza.

ceată *f.* grupo; banda.

ceaţă *f.* niebla, neblina.

ceaun *n.* caldero.

cec *n.* cheque *m.*, talón *m.* ‖ *a încasa un ~* cobrar un cheque.

ceda *vt., vi.* ceder.

cedare *f.* cesión *m.*; renuncia; renunciación.

ceea *pron.* în *expr.:* ~ *ce* lo que.

ceferist *m.* ferroviario.

cegă *f. (zool.)* esturión *m.*

ceh *adj., m.* checo.

cehoslovac *adj., m.* checoslovaco.

cel, cea, cei, cele I. *art. adj.* el, la, los, las ‖ *cel mai bun* el mejor; *cel mult* a lo más; *cel puţin* a (*sau* por) la menos; *în cele din urmă* por lo último; *Ştefan cel Mare* Esteban el Grande. **II.** *pron. dem.* aquél, aquélla, aquéllos, aquéllas.

cela, ceea, ceia, celea I. *pron. dem.* aquél, aquélla, (aquello *n.*), aquéllos, aquéllas. **II.** *adj. dem.* aquel, aquella, aquellos, aquellas.

celălalt, cealaltă, ceilalţi, celelalte *adj. dem., pron. dem.* el otro, la otra, los otros (*sau* los demás), las otras (*sau* las demás).

celebra *vt.* celebrar; conmemorar.

celebrare *f.* celebración, conmemoración.

celebritate *f.* celebridad.

celebru *adj.* célebre, famoso, notable.

celibatar *adj., m.* soltero, solterón *m.*

celofan *n.* celofán *m.*

celulă *f.* **1.** *(biol.)* célula. **2.** *(închisoare)* celda, calabozo.

celuloză *f.* celulosa.

cenaclu *n.* cenáculo; tertulia.

centenar *adj., n.* centenario.

centimă *f.* céntimo.

centimetru *m.* centímetro.

centiron *n.* cinturón *m.* .

centra *vt., vi.* centrar.

central *adj.* 1. central. 2. *(d. străzi, cartiere)* céntrico.

centraliza *vt.* centralizar.

centrală *f.* central *f.* ‖ ~ *telefonică* central telefónica.

centrifug *adj.* centrífugo.

centripet *adj.* centrípeto.

centru *m., n.* centro ‖ ~ *industrial* centro industrial; ~ *înaintaş* delantero; ~ *nervos* centro nervioso; *în* ~ en el centro; *a fi în* ~*ul atenţiei* ser el centro de la atención.

centură *f.* cinturón *m.* ‖ ~ *de siguranţă* cinturón de seguridad; ~ *de salvare* cinturón de salvavidas.

cenuşă *f.* ceniza ‖ *a nu avea nici* ~ *în vatră* ser más pobre que las ratas.

cenuşăreasă *f.* cenicienta.

cenuşiu *adj.* gris, pardo.

cenzor *m.* censor, auditor.

cenzura *vt.* censurar.

cenzură *f.* censura.

cep *n.* tapón *m.*

cer *n.* 1. cielo ‖ ~ *senin (înnourat)* cielo despejado (nublado); *sub* ~*ul liber* a cielo abierto, a campo raso. 2. *(fig.)* cielo, paraíso ‖ *strigător la* ~ a. clamoroso; b. *(fig.)* escandaloso; *a fi în al nouălea* ~ estar con los angelitos . 3. *(anat.)* ~*ul gurii* paladar *m.*

ceramică *f.* cerámica.

cerb *m.* ciervo.

cerc *n.* 1. círculo. 2. *(de butoi, pentru copii)* aro. 3. *(grup)* corro ‖ ~ *polar* círculo polar; ~ *vicios* círculo vicioso; *a se aşeza în* ~ sentarse en corro.

cercel *m.* pendiente *m.*, arete *m.*

cerceta *vt.* indagar; examinar; investigar; inquirir.

cercetare *f.* investigación; indagación.

cercetător *m.* investigador.

cere *vt.* 1. pedir, solicitar. 2. *(a pretinde)* exigir, requerir ‖ *a* ~ *cuvântul* pedir la palabra; *a* ~ *drepturi* reclamar derechos; *a* ~ *în căsătorie* pedir en matrimonio; *a* ~ *o audienţă* pedir una audiencia; *a* ~ *socoteală* pedir cuenta; *a* ~ *voie* pedir permiso.

cereale *f.pl.* cereales *m.pl.*

cerebral *adj.* cerebral.

ceremonial *n.* ceremonial.

ceremonie *f.* ceremonia.

ceremonios *adj.* ceremonioso.

cerere *f.* 1. petición, requerimiento. 2. *(com.)* pedido, demanda ‖ *la* ~*a* a petición de; *la* ~*a publicului* a petición del público; ~ *şi ofertă* demanda y oferta. 3. *(petiţie)* solicitud *f.*, instancia, petición.

ceresc *adj.* celeste.

cerne *vt.* cerner, tamizar.

cerneală *f.* tinta.

cernit *adj.* 1. enlutado. 2. *(fig.)* afligido.

cerşetor *m.* mendigo, limosnero.

cerşi *vt., vi.* pedir limosna, mendigar.

cert *adj.* cierto, seguro.

certa I. *vt.* reñir, regañar. **II.** *vr.* reñir *vi.*, pelearse, discutir *vi.*

certăreţ *adj.* pendenciero.

certifica *vt.* certificar, legalizar.

certificat *n.* certificado, certificación ‖ ~ *medical* certificado médico; ~ *de căsătorie (naştere)* certificado (*sau* acta) de matrimonio (de nacimiento); ~ *de garanţie* certificado de garantía.

certitudine *f.* certidumbre *f.*, certeza ‖ *cu* ~ a ciencia cierta, ciertamente.

cerui *vt.* encerar.

cetate *f.* fortaleza.

cetăţean *m.* ciudadano.

cetăţenesc *adj.* cívico; civil.

cetăţenie *f.* ciudadanía.

cetăţuie *f.* ciudadela.

cetină *f.* rama de abeto.

ceţos *adj.* neblinoso; (*fig.*) confuso.

ceva I. *pron. neh.* algo. **II.** *adv.* algo ‖ *era ora şapte şi* ~ eran las siete y pico; ~ *mai mare (târziu)* algo más grande (tarde); *aşa* ~ tal cosa, algo así.

cheag *n.* 1. cuajo. 2. (*de sânge*) coágulo. 3. (*fig.*) fondos *m.pl.*, dinero.

chef *n.* 1. juerga, jarana, jolgorio, parranda ‖ *a face* ~ ir de juerga. 2. (*dispoziţie*) buen humor ‖ *fără* ~ de mal humor. 3. gana ‖ *a avea* ~ *de* tener gana(s) de; *lipsă de* ~ desgana; *n-am nici un* ~ no me da la gana.

chefliu *adj., m.* jaranero, juerguista *m.* şi *f.*

chefui *vi.* jaranear.

chei *n.* malecón *m.*, muelle *m.*

cheie *f.* 1. llave *f.* ‖ ~ *de contact (auto)* llave de encendido; ~ *franceză* llave inglesa; *sub* ~ bajo llave; *gaura cheii* el ojo de la cerradura; *legătură de chei* llavero. 2. (*muz., fig.*) clave *f.* ‖ *cuvânt* ~ palabra clave; *poziţie* ~ posición clave. 3. *pl.* (*geogr.*) desfiladero.

chel *adj.* calvo.

chelălăi *vi.* gañir.

chelfăneală *f.* zurra, paliza.

cheli *vi.* hacerse calvo.

chelie *f.* 1. calva. 2. (*boală*) calvicie *f.*

chelner *m.* camarero.

cheltui *vt.* gastar ‖ *a* ~ *bani pe cărţi* gastar el dinero en libros.

cheltuială *f.* gasto; costa ‖ *bani de* ~ dinero para gastos menores; *cu multă* ~ de mucha costa; *pe cheltuiala altuia* a costa ajena; *cheltuieli de judecată* costas *f.pl.*

cheltuitor *adj.* gastoso.

chema I. *vt.* llamar ‖ *a* ~ *la telefon* llamar por teléfono; *a* ~ *sub arme* llamar a filas; *a* ~ *în ajutor* pedir socorro. **II.** *vt., vr.* 1. (*a se numi*) llamar(se). 2. (*a însemna*) significar.

chemare *f.* 1. llamamiento, llamada. 2. (*fig.*) vocación.

chenar *n.* orla; marco.

chenzină *f.* quincena.

chercheli *vr.* achisparse.

cherem n. în expr. : la ~ul cuiva al capricho de uno.

cherestea f. madera de construcción.

chermeză f. quermés f.

chestiona vt. interrogar.

chestionar n. cuestionario.

chestiune f. cuestión .

chetă f. colecta.

chezăşie f. garantía, fianza.

chiabur m. ricachón m.

chiar adv. mismo, aun; precisamente ‖ ~ acum ahora mismo; ~ aici aquí mismo; ~ el él mismo; ~ pe drum precisamente en el camino; ~ aşa? ¿de verdad?.

chibrit n. cerilla, fósforo ‖ cutie de ~uri caja de cerillas (sau fósforos).

chibzui vi. meditar (sobre); reflexionar; (fam.) rumiar.

chibzuială f. cordura ‖ cu ~ sabiamente.

chibzuit adj. cuerdo, sensato, juicioso.

chiciură f. helada blanca.

chicoti vi. retozar la risa.

chiflă f. panecillo.

chiftea f. albóndiga.

chihlimbar n. ámbar m.

chilie f. celda.

chilipir n. ganga.

chiloţi m.pl. calzoncillos m.pl; (de damă) bragas f.pl.

chimen n. (bot.) comino.

chimie f. química ‖ ~ organică (anorganică) química orgánica (inorgánica).

chimist m. químico.

chin n. 1. tormento; suplicio. 2. (trudă) pena ‖ a supune la ~uri (pe cineva) dar tormento (a uno).

chinez adj., m. chino.

chingă f. cincha.

chinină f. quinina, quina.

chintesenţă f. quintaesencia.

chinui I. vt., vr. (şi fig.) atormentar(se); martirizar(se); mortificar(se). II. vr. (a se strădui) esforzarse.

chinuitor adj. penoso.

chior adj., m. tuerto ‖ apă chioară pura agua; a nu avea para chioară estar sin blanca, no tener un cuarto.

chiorâş adv. în expr.: a privi ~ mirar de reojo.

chioşc n. quiosco; tenderete m.

chiot n. grito.

chip n. 1. semblante m., cara; aspecto. 2. (fig.) modo, manera, modalidad ‖ cu orice ~ a todo precio, a toda costa; în nici un ~ de ninguna manera; în ~ de a manera de, a modo de.

chiparoasă f. nardo.

chiparos m. ciprés m.

chipeş adj. gallardo; bien plantado; (fam.) majo, guapo.

chipiu n. gorra, quepis m.

chiriaş m. inquilino.

chirie f. alquiler m. ‖ a da cu ~ alquilar vt.

chirpici m. adobe m.

chirurg m. cirujano.

chirurgical adj. quirúrgico.

chirurgie f. cirujía.

chist n. quiste m.

chiştoc n. colilla.

chit I. *n.* masilla. **II.** *adv. în expr.:*
a fi ~ estar en paz, desquitarse.

chitanţă *f.* recibo, comprobante
m., justificante *m.,* resguardo

chitanţier *n.* talonario.

chitară *f.* guitarra ‖ *a cânta la ~*
tocar la guitarra.

chitarist *m.* guitarrista *m.* şi *f.*

chitic *m. în expr.: a tăcea ~* no
decir palabra.

chiţăi *vi.* chillar.

chiu *n. în expr.: cu ~ cu vai* a
trancas y barrancas.

chiulangiu *m.* novillero.

chiuli *vi.* **1.** faltar. **2.** *(la şcoală)*
hacer novillos.

chiuvetă *f.* lavabo; *(de bucă-*
tărie) fregadero.

chivernisi *vr.* granjearse.

chix *n. în expr.: a da ~* llevarse
un chasco.

ci *conj.* sino.

cicatrice *f.* cicatriz *f.*

cică *adv.* dicen que.

cicăleală *f. (fam.)* lata.

cicăli *vt.* fastidiar; *(fam.)* dar la lata.

ciclism *n.* ciclismo.

ciclist *m.* ciclista *m.* şi *f.*

ciclon *m.* ciclón *m.*

ciclu *n.* ciclo.

cicoare *f.* (a)chicoria.

cidru *n.* sidra.

cifra I. *vt.* cifrar. **II.** *vr.* subir (a).

cifră *f.* cifra, número.

cifru *n.* cifra, clave *f.*

cilindru *m.* cilindro.

cimbru *n.* tomillo.

ciment *n.* cemento.

cimenta I. *vt.* cementar. **II.** *vr.*
(fig.) reforzarse.

cimitir *n.* cementerio.

cimpanzeu *m.* chimpancé *m.*

cimpoi *n.* gaita.

cina *vi.* cenar.

cină *f.* cena.

cinci *num. card.* cinco.

cincilea *num. ord.* quinto.

cincisprezece *num. card.* quince.

cincizeci *num. card.* cincuenta.

cine I. *pron. relat.* quien. **II.** *pron.*
interog. ¿quién? ‖ *cu ~?* ¿con
quién?; *despre ~?* ¿de quién?.

cineast *m.* cineasta *m.* şi *f.*

cinemascop *n.* cinemascope *m.,*
pantalla ancha.

cinema(tograf) *f.* cine *m.* ‖ *actor*
de ~ artista *m.* şi *f.* de cine.

cinematografie *n.* cinematografía.

cineva *pron. neh.* alguien.

cingătoare *f.* cinturón *m.*

cinic *adj.* cínico.

cinism *n.* cinismo.

cinste *f.* **1.** honradez *f.,* honra,
honor *m.,* decencia ‖ *pe ~a*
mea palabra de honor; *în ~a*
en honor de, en homenaje a. **2.**
(glorie) honor *m.,* gloria.

cinsti *vt.* **1.** honrar; rendir home-
naje. **2.** *(a trata)* agasajar.

cinstire *f.* honramiento; veneración.

cinstit *adj.* honrado; decente.

cioară *f.* corneja ‖ *a nu da vra-*
bia din mână pe cioara de pe
gard más vale pájaro en mano
que ciento volando.

ciob *n.* casco.

cioban *m.* pastor.

cioc *n.* **1.** pico. **2.** *(barbă)* barbilla.

ciocan *n.* martillo ‖ *lovitură de*
~ martillazo.

ciocăni *vi.* **1.** amartillar. **2.** *(la uşă)* llamar *(sau* tocar) (a la puerta). **3.** *(d. păsări)* picotear.

ciocănitoare *f.* pájaro carpintero, picamaderos *m.*

ciocârlie *f.* alondra.

cioclu *m.* sepulturero, enterrador.

ciocni I. *vt.* **1.** chocar, topar. **2.** *(a strica)* estropear || *a ~ paharele* brindar. **II.** *vr.* **1.** *(de)* chocar *vi.,* tropezar *vi.* (con, contra). **2.** *(d. idei etc.)* enfrentarse. **3.** *(mil.)* encontrarse.

ciocnire *f.* **1.** choque *m.,* tropiezo. **2.** *(de vehicule)* colisión. **3.** *(fig.)* encuentro. **4.** *(mil.)* choque *m.,* enfrentamiento.

ciocolată *f.* chocolate *m.*

ciolan *n.* hueso.

ciolănos *adj.* huesudo.

ciomag *n.* palo, garrote *m.*

ciomăgi *vt.* apalear.

ciondăni *vr.* regañar *vi.*

ciopârţi *vt.* hacer pedazos.

ciopli *vt.* tallar, labrar (madera, piedra).

ciorap *m.* **1.** *(lung)* media. **2.** *(scurt)* calcetín *m.* || *~i cu chilot* leotardos; *~i cu (fără) dungă* media con (sin) costura; *~i de mătase* media de seda; *~i trei sferturi* media de deporte.

ciorbă *f.* sopa.

ciorchine *m.* racimo, gajo.

ciornă *f.* borrador.

ciorovăi *vr.* reñir *vi.*

ciot *n.* **1.** *(de copac)* tocón *m.,* chueca. **2.** *(membru)* muñón *m.*

cioturos *adj.* nudoso.

circ *n.* circo.

circa *adv.* cerca de, aproximadamente, casi.

circuit *n.* circuito.

circula *vi.* **1.** circular. **2.** *(d. zvonuri)* correr.

circulară *f.* circular f.

circulat *adj.* *(d. străzi etc.)* andado, de mucho tránsito, concurrido.

circulaţie *f.* **1.** circulación. **2.** *(trafic)* tráfico, circulación || *reguli de ~* reglas de tráfico.

circumferinţă *f.* circunferencia.

circumscripţie *f.* circunscripción || *~ electorală* distrito electoral.

circumstanţă *f.* circunstancia.

cireadă *f.* manada, hato.

cireaşă *f.* cereza.

cireş *m.* cerezo.

ciripi *vi.* trinar.

ciripit *n.* trino.

cisternă *f.* cisterna.

cişmea *f.* fuente *f.*

cita *vt.* citar.

citadelă *f.* ciudadela.

citadin *adj.* ciudadano.

citat *n.* cita, mención.

citaţie *f.* *(jur.)* citatoria.

citeţ *adj.* legible.

citi *vt.* leer || *a ~ în stele* adivinar en las estrellas

citire *f.* lectura.

cititor *m.* lector || *~ în stele* astrólogo.

citronadă *f.* limonada.

ciubuc *n.* **1.** pipa. **2.** *(bacşiş)* propina.

ciuciulete *m.* în *expr.: a face ~* calar hasta los huesos; *ud ~* hecho una sopa.

ciucure *m.* borla, fleco.

ciudat *adj.* raro, extraño.

ciudă *f.* ojeriza, despecho ‖ *în ciuda* pese a, a despecho de, a pesar de; *a avea ~ pe cineva* tener ojeriza a uno.

ciudăţenie *f.* rareza, extrañeza ‖ *plin de ciudăţenii* extravagante.

ciufuli *vt.* despeinar, desgreñar.

ciuguli *vt.* 1. *(d. păsări)* picotear. 2. *(din mâncare)* picar.

ciuli *vt. (d. animale)* orejear *vi.* ‖ *a ~ urechile (fig.)* aguzar los oídos.

ciulin *m.* cardo.

ciumă *f.* peste *f.*

ciung *adj., m.* manco.

ciunti *vt.* mutilar, cortar.

ciupercă *f.* hongo, seta, champiñón *m.*

ciupi *vt.* 1. pellizcar. 2. *(a înţepa)* picar.

ciupitură *f.* pellizco.

ciur *n.* criba.

ciută *f.* cierva.

ciutură *f.* cubo.

civic *adj.* cívico.

civil I. *adj.* civil. II. *adv.* 1. de civil, de paisano ‖ *îmbrăcat ~* en traje de paisano *(sau* de civil). 2. civilmente.

civiliza *vt., vr.* civilizar(se).

civilizaţie *f.* civilización.

cizela I. *vt.* cincelar, labrar. II. *vt., vr. (fig.)* afinar(se).

cizmar *m.* zapatero.

cizmă *f.* bota.

cizmărie *f.* zapatería.

clacă *f.* 1. velada. 2. *(ist.)* prestación.

claie *f.* 1. almiar *m.* 2. *(de păr)* melena.

clamă *f.* clip *m.*, broche *m.*; *(de păr)* corchete *m.*

clandestin *adj.* clandestino.

clanţă *f.* picaporte *m.*

clapă *n.* tecla.

clar I. *adj. (şi fig.)* claro; limpio. 2. *(precis)* inconfundible, contundente. II. *n. în expr.:* ~ *de lună* claror *m.* de luna.

clarifica *vt.* aclarar, poner en claro.

clarificare *f.* aclaración.

clarinet *n. (muz.)* clarinete *m.*

claritate *f. (şi fig.)* claridad ‖ *cu toată ~a* con toda claridad.

clarvăzător *adj.* clarividente.

clarviziune *f.* clarividencia.

clasa *vt.* clasificar.

clasament *n.* clasificación.

clasă *f.* 1. clase *f.*; categoría. 2. *(an de studiu)* grado, año, curso. 3. *(sală)* clase *f.*, aula.

clasic *adj., m.* clásico.

clasicism *n.* clasicismo.

clasifica *vt. (în, pe)* clasificar (en, por).

clasificare *f.* clasificación.

clasor *n.* clasificador .

clauză *f.* cláusula.

claviatură *f.* teclado.

claviculă *f. (anat.)* clavícula.

claxon *n.* bocina, claxon *m.*

claxona *vi.* tocar la, bocina.

claxonare *f. în expr.:* ~*a interzisă* se prohibe tocar la bocina.

clăbuc *n.* espuma.

clădi *vt.* construir, edificar.

clădire *f.* 1. edificio. 2. edificación, construcción.

clănţăni *vi.* castañetear (los dientes).

clăti *vt.* enjuagar; aclarar.

clătina I. *vt.* mecer; menear ‖ *a ~ capul* sacudir la capeza. **II.** *vr.* **1.** bambolear *vi.*; titubear *vi.* **2.** *(d. un scaun)* cojear *vi.*

clătită *f.* hojuela; crêpe; *(Am.)* panqueque *m.*

clei *n.* cola, pega ‖ *a fi ~ (fig.)* estar pez.

cleios *adj.* **1.** pegajoso. **2.** *(prost)* necio, torpe.

clepsidră *f.* reloj *m.* de arena.

cleptoman *adj., m.* cleptómano.

cler *n.* clero.

cleşte *m.* tenazas *f.pl.*; alicates *m.pl.* *(şi zool.)* pinzas *f. pl.*

cleveti *vi.* chismorrear, murmurar.

clică *f.* pandilla.

client *m.* cliente *m.*; parroquiano.

clientelă *f.* clientela.

climateric *adj.* climático.

climă *f.* clima *m.* ‖ *~ temperată (caldă)* clima templado (cálido).

clin *m.* nesga ‖ *a nu avea nici în ~ nici în mânecă* no tener nada que ver.

clinchet *n.* tintín *m.*

clinică *f.* clínica.

clinti *vt., vr.* mover(se) ‖ *a nu se ~ din loc* quedarse inmóvil.

clipă *f.* rato, momento, instante ‖ *din ~ în ~* de un momento a otro; *într-o ~* en un instante; *o ~!* ¡un momento!.

clipi *vi.* parpadear, pestañear ‖ *cât ai ~ din ochi* en un abrir y cerrar de ojos.

clipire *f.*, **clipit** *n.* parpadeo, pestañeo.

clipsuri *n.pl.* pendientes *m.pl.*, clips *m.pl.*

clismă *f.* lavatina, clistel *m.*

clişeu *n.* *(şi fig.)* cliché *m.*

cloci *vt., vi.* **1.** *(d. păsări)* empollar *. 2 (fig.)* urdir.

clocot *n.* *(şi fig.)* hervor; ebullición *m.* ‖ *în ~* a borbollones.

clocoti *vi* *(şi fig.)* bullir; borbollar.

clocotitor *adj.* **1.** hirviente. **2.** *(fig.)* tumultuoso.

clondir *n.* garrafa.

clopot *n.* campana ‖ *a bate ~ul* doblar *(sau* tocar) las campanas; *a trage ~ele (fig.)* echar requiebros.

clopotniţă *f.* campanario.

clopoţel *n.* **1.** cascabel *m.* **2.** *(de şcoală)* timbre *m.*

clor *n.* *(chim.)* cloro.

closet *n.* excusado, lavabo, retrete *m.*; *(Am.)* baño, váter *m.*

cloşcă *f.* clueca ‖ *~ artificială* incubadora.

clovn *m.* payaso.

clovnerie *f.* payasada.

club *n.* club *m.*, casino.

coacăză *f.* grosella.

coace I. *vt.* cocer. **II.** *vr.* **1.** *(d. fructe)* sazonar *vi.*; *(şi fig.)* madurar *vi.* **2.** *(la soare)* tostarse.

coadă *f.* **1.** *(de animal)* cola, rabo. **2.** *(de păr)* trenza. **3.** *(rând)* cola ‖ *a sta la ~* hacer cola. **4.** *(de unealtă)* mango.

coafa *vt., vr.* peinar(se).

coafor *m.* peluquero ‖ *a merge la ~* ir a la peluquería.

coafură *f.* tocado, peinado.

coagula *vr.* coagularse, cuajarse.

coajă *f.* **1.** *(de copac)* corteza. **2.** *(de ou, nucă)* cáscara. **3.** *(de fructe)* piel *f.* ‖ *a curăţa de ~* pelar.

coală f. (de hârtie) hoja (de papel), pliego.

coaliţie f. coalición.

coaliza vt., vr. coalizar(se).

coamă f. 1. (de cal) crines f.pl. 2. (de leu) melena. 3. (de munte) cumbre f.

coapsă f. muslo.

coardă f. cuerda ‖ a sări coarda jugar a la comba.

coasă f. guadaña.

coase vt., vi. coser ‖ maşină de cusut máquina de coser.

coastă f. 1. (anat.) costilla. 2. (de deal) cuesta. 3. (ţărm) costa.

cobai m. cobayo.

cobiliţă f. palanca.

coborâre f. 1. bajada; (şi sport) descenso. 2. (dintr-un vehicul) apeo.

coborî vt., vi. 1. bajar, descender. 2. (dintr-un vehicul, de pe cal) apearse.

coc n. moño, rodete m.

cocă f. pasta; masa.

cocean m. 1. (ştiulete) mazorca. 2. (de varză etc.) troncho.

cochet adj. coqueto.

cocheta vi. coquetear.

cochetărie f. coquetería, coqueteo.

cochilie f. concha.

cocină f. pocilga.

cocioabă f. choza; (Am.) bohío.

coclauri n.pl. andurriales m.pl.

cocleală f. cardenillo.

cocli vr. cubrirse de cardenillo.

cocoaşă f. joroba.

cocoloş n. bola, bolita.

cocoloşi vt. (fig.) mimar.

cocor m. grulla.

cocos m. coco.

cocostârc m. garza (real).

cocoş m. (şi sport) gallo ‖ ~ de munte gallo silvestre; ~ul puştii disparador; categoria ~ peso gallo.

cocoşa vr. encorvarse; corcovarse.

cocoşat adj., m. jorobado.

cocoţa vt., vr. encaramar(se).

cocs n. coque m.

cocteil n. cóctel m.

cod n. 1. (jur.) código ‖ ~ul civil el código civil. 2. (zool.) bacalao.

codană f. adolescente f., quinceañera.

codaş adj., m. rezagado.

codi vr. vacilar vi.

codifica vt. codificar.

codiţă f. 1. rabito. 2. (de fruct) rabillo, pedúnculo.

codoaşă f. alcahueta, celestina.

codobatură f. aguzanieves f.

codoş m. rufián m., alcahuete m.

codru m. 1. bosque m. 2. (de pâine) mendrugo

coeditare f. coedición.

coerent adj. coherente.

coerenţă f. coherencia.

coexista vi. coexistir.

coexistenţă f. coexistencia.

coeziune f. cohesión.

cofetar m. pastelero, confitero.

cofetărie f. pastelería, confitería.

cofraj n. encofrado.

coif n. yelmo.

coincide vi. coincidir.

coincidenţă f. coincidencia.

cointeresa vt. cointeresar.

coji vt. 1. pelar, mondar. 2. (copaci) descortezar.

461

COM

cojoc *n.* zamarra.

colabora *vi.* colaborar.

colaborare *f.* colaboración.

colaborator *m.* colaborador.

colac *m.* rosca, rosquilla ‖ ~ *de salvare* salvavidas *m.*

colaj *n.* collage *m.*

colan *n.* collar *m.*

colaţiona *vt.* comprobar, cotejar.

colcăi *vi.* pulular.

colecta *vi.* colectar.

colectiv *adj., n.* colectivo.

colectivitate *f.* colectividad.

colecţie *f.* colección, recopilación.

colecţiona *vt.* coleccionar.

colecţionar *m.* coleccionista *m.* şi *f.*

coleg *m.* colega *m.* şi *f.*; compañero; camarada *m.* şi *f.*

colegial *adj.* colegial.

colegiu *n.* colegio.

coleric *adj.* colérico.

colet *n.* bulto; paquete *m.* postal.

colibă *f.* choza, chabola; *(Am.)* bohío.

colier *n.* collar *m.*

colină *f.* colina, cerro, loma.

colind *n.* villancico.

colinda *vt.* 1. recorrer. 2. cantar villancicos.

coliţă *f. (med.)* colitis *f.*

colivie *f.* jaula.

colo *adv.* allí, allá ‖ *pe aici, pe* ~ por aquí, por allá.

coloană *f. (şi fig.)* columna.

colocvial *adj.* coloquial.

colocviu *n.* 1. coloquio. 2. *(examinare)* prueba.

colonel *m.* coronel *m.*

coloniale *f.pl.* ultramarinos *m.pl.*

colonialism *n.* colonialismo.

colonie[1] *f.* colonia.

colónie[2] *f.* agua de colonia.

coloniza *vt.* colonizar.

colonizator *adj., m.* colonizador.

colora *vt.* colorar.

colorant *m.* colorante *m.*

colos *m.* coloso.

colosal *adj.* colosal.

coltuc *n.* cuscurro.

colţ I. *n.* 1. *(interior)* rincón *m.* ‖ *într-un* ~ en un rincón. 2. *(exterior)* esquina ‖ *la* ~ en la esquina; *a da* ~*ul* doblar la esquina. II. *m. (dinte şi la animale)* colmillo; *(la animale)* defensa ‖ *a-şi arăta* ~*ii (fig.)* enseñar los colmillos; ~*ul gurii* la comisura de los labios.

colţuros *adj.* anguloso.

comanda *vt.* 1. mandar; ordenar. 2. *(a face o comandă)* encargar, mandar hacer (una cosa).

comandament *n.* mando.

comandant *m.* comandante *m.*

comandă *f.* 1. mando, orden *f.* 2. *(com.)* pedido. 3. *(tehn.)* mando.

comasa *vt.* reunir; concentrar.

combatant *adj., m.* combatiente *m.*; luchador.

combate *vt. (şi fig.)* combatir.

combina *vt.* combinar, juntar.

combinat *n.* combinado.

combinaţie *f.* combinación.

combină *f.* segadora-trilladora.

combinezon *m.* 1. combinación. 2. *(salopetă)* mono.

combustibil *m.* combustible *m.*

comediant *m.* cómico, comediante *m.*

comedie *f.* comedia ‖ ~ *de moravuri* comedia de costumbres.

comemora *vt.* conmemorar.

comemorare *f.* conmemoración.

comenta *vt.* comentar.

comentariu *n.* comentario.

comentator *m.* comentador, comentarista *m.* şi *f.*

comercial *adj.* comercial, mercantil, mercante.

comercializa *vt.* comerciar.

comerciant *m.* comerciante *m.*

comerţ *n.* comercio || ~ *cu amănuntul* comercio (al) por menor; ~ *cu ridicata* comercio (al) por mayor; *a face ~ cu* comerciar, negociar (con, en).

comesean *m.* comensal .

comestibil *adj.* comestible.

cometă *f.* cometa *m.*

comic I. *adj.* cómico. II. *m.* cómico, gracioso.

comisariat *n.* comisaría.

comisie *f.* comisión.

comision *n.* 1. comisión, tanto por ciento. 2. *(serviciu)* encargo, recado, comisión.

comisionar *m.* 1. *(com.)* comisionista *m.* 2. mandadero, recadero; *(de hotel)* botones *m.*

comite *vt.* cometer || *a ~ un delict* incurrir en un delito.

comitet *n.* comité *m.*

comod *adj.* 1. cómodo, confortable. 2. *(leneş)* ocioso, indolente.

comoditate *f.* 1. comodidad. 2. indolencia.

comoară *f.* *(şi fig.)* tesoro.

compact *adj.* compacto.

companie *f.* compañía; sociedad.

compara *vt., vr.* comparar(se); parangonar *vt.*

comparabil *adj.* comparable (con, a).

comparativ *adj.* comparativo.

comparaţie *f.* comparación || *în ~ cu* en comparación con.

compartiment *n.* 1. *(de tren)* compartimiento, departamento . 2 compartimiento, sección.

compas *n.* compás *m.*

compasiune *f.* compasión.

compatibil *adj.* compatible.

compatriot *m.* compatriota *m.* şi *f.*

compătimi *vt.* compadecer.

compătimire *f.* compasión, lástima.

compensa *vt.* compensar, contrapesar.

compensaţie *f.* compensación; recompensa.

competent *adj.* competente.

competenţă *f.* competencia.

competiţie *f.* competición.

complăcea *vr.* complacerse (en, de, con).

complement *n.* complemento.

complementar *adj.* complementario, suplementario.

complet I. *adj.* completo. II. *adv.* completamente, por completo.

completa *vt.* completar || *a ~ un formular* llenar *(sau* rellenar) un impreso.

completare *f.* complemento; adición.

complex *adj., n.* complejo.

complexat *adj.* acomplejado.

complexitate *f.* complejidad.

complezenţă *f.* amabilidad.

complica *vt., vr.* complicar(se); enredar(se).

complicaţie *f.* 1. complicación. 2. *(fig.)* embrollo, enredo.

complice *m.* cómplice *m.*

complicitate *f.* complicidad.

compliment *n.* 1. cumplido, piropo. 2. *pl.* recuerdos *m. pl.*

complot *n.* complot *m.*, conspiración.

complota *vt.* complotar.

component *adj.* componente.

componentă *f.* componente *m.*

componenţă *f.* composición, constitución.

comporta *vr.* portarse.

compot *n.* compota.

compozitor *m.* compositor .

compoziţie *f.* composición.

compresă *f.* compresa.

comprima *vt.* comprimir.

comprimare *f.* compresión.

comprimat I. *adj.* comprimido ‖ *aer* ~ aire comprimido. **II.** *n.* comprimido, tableta.

compromis *n.* compromiso.

compromite *vt.* comprometer, desacreditar.

compromiţător *adj.* comprometedor.

compune *vt., vr.* componer(se); consistir *vi.* (en).

compunere *f.* composición.

compus *adj., n.* compuesto.

computer *m.* ordenador.

comun *adj.* común; *(obişnuit)* ordinario, corriente ‖ *a ieşi din* ~ destacar(se), sobresalir.

comună *f.* 1. comuna ‖ *comuna primitivă* la comuna primitiva . 2 *(sat)* aldea, pueblo.

comunica *vt.* comunicar, informar, dar a conocer, hacer presente.

comunicare *f.* comunicación.

comunicat *n.* comunicado ‖ *a da un* ~ publicar un comunicado.

comunicaţie *f.* comunicación ‖ *mijloace de* ~ medios de comunicación.

comunism *n.* comunismo.

comunist *adj., m.* comunista *m.* şi *f.*

comutator *n.* cortacorriente *m.*, interruptor .

con *n.* cono.

conac *n.* solar *m.*, quinta, casa solariega.

concedia *vt.* despedir.

concediere *f.* despido.

concediu *n.* vacaciones *f.pl.*

concentra *vt., vr.* concentrar(se).

concentrare *f.* concentración.

concepe *vt.* concebir; *(fig.)* idear.

concept *n.* concepto.

concepţie *f.* concepción.

concert *n.* concierto ‖ *a da un* ~ dar un concierto.

concesie *f.* concesión.

concetăţean *m.* conciudadano, paisano.

concilia *vt.* conciliar.

concis *adj.* conciso.

concludent *adj.* concluyente.

concluzie *f.* conclusión ‖ *a trage o* ~ sacar una conclusión.

concomitent *adj.* concomitante.

concorda *vi.* concordar, coincidir.

concordanţă *f.* concordancia ‖ *în* ~ *cu* en concordancia con.

concret *adj.* concreto.

concretiza *vt., vr.* concretar *vt.*; materializarse *vr.*

concura *vi.* competir, concurrir.

concurent *m.* competidor, concurrente *m.*

concurenţă *f.* competición; rivalidad; competencia.

concurs *n.* 1. concurso; oposiciones *f.pl.* || ~ *literar* certamen *m.*; *a da un* ~ participar en un concurso. 2. *(ajutor)* ayuda.

condamna *vt.* 1. condenar. 2. *(fig.)* censurar.

condamnabil *adj.* condenable; *(fig.)* censurable.

condamnare *f.* condenación, condena, pena.

condamnat *m.* condenado.

condei *n.* 1. portaplumas *m.*, lápiz *m.* 2. *(fig.)* pluma.

condensa *vt., vr.* condensar(se).

condensator *n.* condensador.

condică *f.* registro.

condiment *n.* condimento, especia.

condimenta *vt.* sazonar, salpimentar, adobar.

condiţie *f.* condición || *cu condiţia ca* a condición de que; *cu această* ~ con esta condición.

condiţionat *adj.* condicionado; acondicionado || *aer* ~ aire acondicionado; *reflex* ~ reflejo condicionado.

condoleanţe *f.pl.* pésames *m.pl.*, condolencias *f.pl.* || *a prezenta* ~ dar el pésame, expresar su condolencia.

conducător **I.** *m.* jefe *m.*; dirigente *m.*, líder *m.* **II.** *adj.* 1. conductor. 2. *(fig.)* rector.

conduce *vt.* 1. dirigir; gobernar, regentar. 2. *(o maşină)* conducir; manejar. 3. *(a însoţi)* acompañar. 4. *(a călăuzi)* guiar.

conducere *f.* 1. dirección; conducción; *(mil.)* mando. 2. *(a unei instituţii)* dirección, directorio || *organ de* ~ junta directiva; *sub* ~*a* bajo la dirección.

conductă *f.* conducto || ~ *de petrol* oleoducto.

conduită *f.* conducta.

conecta *vt.* conectar.

confecţie *f.* confección, ropa hecha.

confecţiona *vt.* confeccionar.

confecţionare *f.* confección.

confederaţie *f.* confederación.

conferenţiar *m.* conferenciante *m.*

conferi *vt.* conceder, otorgar.

conferinţă *f.* conferencia, *(fam.)* charla || ~ *la nivel înalt* cumbre *f.*

confesiune *f.* confesión.

confidenţă *f.* confidencia.

confidenţial *adj.* confidencial, secreto || *a vorbi* ~ hablar en confianza.

configuraţie *f.* configuración.

confirma *vt.* confirmar, comprobar || *a* ~ *(primirea)* acusar (recibo de).

confirmare *f.* confirmación || ~ *de primire* acuse de recibo.

confisca *vt.* confiscar.

conflagraţie *f.* conflagración.

conflict *n.* conflicto || *a intra în* ~ entrar en conflicto.

conform **I.** *adj.* *(cu)* conforme (a, con),. **II.** *adv.* *(cu)* conforme (a, con), de conformidad (con), con arreglo (a), de acuerdo (con).

conforma *vr.* conformarse.

conformitate *f.* conformidad || *în* ~ *cu* de conformidad con.

confort *n.* comodidad, confort *m.*

confortabil *adj.* cómodo, confortable, holgado.

confrate *m.* compañero.

confrunta I. *vt.* 1. *(cu)* confrontar (a, con), comparar (a, con). 2. *(o traducere)* colacionar, cotejar. II. *vt., vr.* confrontar(se), enfrentar(se).

confruntare *f.* 1. confrontación, enfrentamiento. 2. *(de text)* colación, cotejo. 3. *(jur.)* careo.

confunda *vt., vr. (şi fig.)* confundir(se).

confuz *adj.* confuso.

confuzie *f.* confusión; *(încurcătură)* embrollo.

congela *vt.* congelar; helar.

congestie *f. (med. şi fig.)* congestión .

congestiona *vt., vr.* congestionar(se).

congres *n.* congreso.

coniac *n.* coñac *m.*

conifer I. *adj.* conífero. II. *f.pl.* coníferas *f.pl.*

conjuga *vt., vr.* conjugar(se).

conjugal *adj.* conyugal.

conjugare *f.* conjugación.

conjunctiv *n., adj.* conjuntivo.

conjunctivită *f. (med.)* conjuntivitis *f.*

conjunctură *f.* coyuntura; circunstancia.

conjuncţie *f.* conjunción.

conlocuitor *adj.* conviviente.

conlucra *vi.* colaborar, cooperar.

conopidă *f.* coliflor *f.*

conotaţie *f.* connotación.

consacra *vt., vr.* consagrar(se).

consacrare *f.* consagración.

consătean *m.* paisano.

consecinţă *f.* consecuencia ‖ *în ~* en consecuencia, consecuentemente, por consiguiente; *a avea consecinţe* traer consecuencias.

consecutiv *adj.* consecutivo.

consecvent *adj.* consecuente.

consecvenţă *f.* consecuencia ‖ *cu ~* consecuentemente.

consemn *n.* consigna.

consemna *vt.* consignar; hacer constar.

consens *n.* consenso ‖ *prin ~* por consenso.

conserva *vt., vr. (şi fig.)* conservar(se).

conservare *f.* conservación.

conservator I. *adj., m.* conservador. II. *m.* conservatorio.

conservă *f.* 1. conserva. 2. *(cutie)* lata ‖ *~ de carne* carne en conserva.

consfătuire *f.* conferencia, reunión *f.*, sesión.

consfinţi *vt.* consagrar.

considera *vt.* 1. considerar, estimar, pensar, creer, reputar. 2. *(a analiza)* analizar, examinar, contemplar ‖ *a ~ drept* tener por, considerar como, reputar por.

considerabil *adj.* considerable.

consideraţie *f.* consideración ‖ *a lua în ~* considerar, tomar en cuenta, hacer caso.

considerent *n.* razón *f.*, punto de vista.

consignaţie *f.* antigüedades *f.pl.*

consilier *m.* consejero, consejal.

consiliu *n.* consejo.

consimţământ *n.* consentimiento.

consimţi *vt. (la)* consentir (en), acceder (a).

consistent *adj.* consistente; *(fig.)* sustancial.

consoană *f.* consonante *f.*

consola *vt., vr.* consolar(se).

consolare *f.* consuelo, consolación.

consolida *vt., vr.* consolidar(se); fortalecer(se); afianzar(se).

consolidare *f.* consolidación; fortalecimiento.

conspect *n.* resumen *m.*

conspecta *vt.* resumir, apuntar.

conspira *vi.* conspirar, conjurar.

conspiraţie *f.* conspiración, conjuración.

consta *vi. (din, în)* constar (de), consistir (en), residir (en).

constant *adj.* constante, invariable.

constanţă *f.* constancia.

constata *vt.* constatar, comprobar, observar.

constatare *f.* constatación, comprobación.

constelaţie *f.* constelación.

consterna *vt.* consternar.

constipa *vt., vr.* estreñir(se).

constipaţie *f.* estreñimiento.

constitui *vt., vr.* constituir(se), componer(se).

constituţie *f.* constitución; complexión .

constituţional *adj.* constitucional.

constrânge *vt.* constreñir; apremiar; compeler, coercer.

constrângere *f.* constreñimiento; apremio.

constructiv *adj.* constructivo.

constructor *m.* constructor .

construcţie *f.* 1. construcción; edificio. 2. *(fig.)* estructura.

construi *vt.* construir, edificar.

construire *f.* construcción; edificación.

consul *m.* cónsul *m.*

consulat *n.* consulado.

consult *n.* consulto.

consulta *vt., vr.* consultar(se) ‖ *a ~ un medic* consultar con un médico.

consultant *m.* asesor .

consultaţie *f.* consulta ‖ *~ medicală* consulta médica; *sală de ~* consultorio.

consum *n.* consumo.

consuma *vt., vr.* 1. consumir(se). 2. *(un fapt)* consumar(se)

consumabil *adj., n.* consumible *m.*

consumator *adj., m.* consumidor.

consumaţie *f.* consumición .

conştient *adj.* consciente.

conştiincios *adj.* concienzudo; escrupuloso.

conştiinţă *f.* conciencia.

cont *n.* 1. cuenta ‖ *a trece în ~* cargar en la cuenta; *a ţine ~* tener en cuenta; *pe ~ propriu* por su cuenta. 2. *(la bancă)* cuenta.

conta *vi. (pe)* contar (con) ‖ *ce contează?* ¿qué más da?; *nu contează* no importa.

contabil *m.* contable *m.* contador.

contabilitate *f.* contabilidad, contaduría ‖ *registru de ~* libro de contabilidad.

contact *m. (şi fig.)* contacto, relación ‖ *~ cu oamenii* roce *m.; a intra în ~ cu* ponerse en contacto con; *a face –ul (auto)* encender el motor.

contacta *vt.* contactar.

contagios *adj.* contagioso.

contamina *vt., vr.* contaminar(se).

conte *m.* conde *m.*

contempla *vt.* contemplar.

contemporan *adj., m.* contemporáneo.

contemporaneitate *f.* contemporaneidad.

conteni *vi.* cesar, dejar (de).

contesta *vt.* contestar, disputar.

contestaţie *f.* contestación.

context *n.* contexto.

continent *n.* continente *m.*

continental *adj.* continental.

contingenţă *f.* contingencia.

continua *vt., vi.* continuar, seguir ‖ *a ~ să vorbească* continuar *(sau* seguir) hablando.

continuare *f.* continuación ‖ *în ~* a continuación.

continuitate *f.* continuidad.

continuu **I.** *adj.* continuo, ininterrumpido. **II.** *adv.* incesantemente.

contopi *vt., vr.* unir(se); mezclar(se).

contor *n.* contador.

contorsiona *vt.* retorcer.

contra *prep.* contra, en contra ‖ *din ~* al contrario, por el contrario; *a fi ~ (cuiva)* estar en contra (de alguien).

contrabandă *f.* contrabando.

contrabandist *m.* contrabandista *m.* şi *f.*

contrabas *n. (muz.)* contrabajo.

contract *n.* contrato; contrata ‖ *~ de societate* pacto social.

contracta **I.** *vt., vr.* contraer(se), encogerse *vr.* **II.** *vt.* **1.** *(com.)* contratar. **2.** *(o boală)* contraer, coger.

contractare *f.* **1.** *(a unei tranzacţii)* contratación. **2.** *(a unei boli)* contracción. **3.** *(contracţie)* contracción, encogimiento.

contradictoriu *adj.* contradictorio.

contradicţie *f.* contradicción.

contrafăcut *adj.* contrahecho.

contramanda *vt.* contramandar.

contrapunct *n.* contrapunto.

contrar **I.** *adj.* contrario, opuesto. **II.** *prep.* en contra de

contrasemna *vt.* refrendar.

contrarevoluţie *f.* contrarrevolución.

contraria *vt.* contrariar.

contrariu *adj.* contrario.

contraspionaj *n.* contraespionaje *m.*

contrast *n.* contraste *m.*

contrasta *vi.* contrastar.

contratimp *n. în expr.: în ~* a contratiempo.

contraveni *vi.* contravenir (a).

contravenţie *f.* contravención, transgresión.

contrazice *vt., vr.* contradecir(se); *(frecvent)* llevar la contraria.

contribuabil *m.* contribuyente *m.*

contribui *vi. (la, cu)* contribuir (a, para, con); concurrir (a, con).

contribuţie *f.* contribución; aportación; *(Am.)* aporte *m.*

control *n.* control *m.,* verificación, revisión; *(Am.)* chequeo ‖ *~ medical* reconocimiento *(sau* chequeo) médico; *punct de ~* punto de control; *a-şi pierde ~ul* perder su sangre fría.

controla *vt.* controlar; averiguar; verificar; *(Am.)* chequear.

controlor *m.* revisor.

controversat *adj.* controvertido.

controversă *f.* controversia.

contur *n.* contorno.

contura I. *vt.* contornear, perfilar. II. *vr.* vislumbrarse.

contuzie *f.* contusión.

conţine *vt.* contener; comprender.

conţinut *n.* contenido.

conţopist *m.* chupatintas *m.*

convalescent *adj., m.* convaleciente *m.*

convalescenţă *f.* convalecencia ‖ *a fi în ~* convalecer.

convenabil *adj.* conveniente.

conveni *vi.* 1. convenir (a); corresponder (a), concordar; ser conveniente, venir bien. 2. *(a se înţelege)* convenir (en), acordar; ponerse de acuerdo.

convenienţă *f.* conveniencia.

convenţie *f.* convenio, convención.

convenţional *adj.* convencional.

conversa *vi.* conversar; charlar; platicar.

conversaţie *f.* conversación; charla; plática.

converti *vt., vr.* convertir(se).

convex *adj.* convexo; abombado.

convieţui *vi.* convivir.

convieţuire *f.* convivencia.

convingător *adj.* convencedor, convincente.

convinge *vt., vr.* convencer(se); persuadir(se).

convingere *f.* convicción, convencimiento.

convoca *vt.* convocar.

convocare *f.* convocatoria, convocación.

convoi *n.* convoy *m.; (alai)* séquito, comitiva.

convorbire *f.* conversación ‖ *~ interurbană* conferencia a larga distancia; *~ telefonică* llamada, *(sau* conferencia *sau* comunicación) telefónica; *~ oficială* entrevista oficial.

convulsie *f.* convulsión.

coopera *vi.* cooperar, colaborar.

cooperare *f.* cooperación, colaboración.

cooperativă *f.* cooperativa.

coordona *vt.* coordinar.

coordonată *f. (şi fig.)* coordenada.

coordonator *adj., m.* coordinador.

copac *m.* árbol *m.*

copaie *f.* artesa.

copertă *f.* cubierta.

copia *vt.* copiar, transcribir; *(fig.)* imitar.

copie *f.* 1. copia; duplicado. 2. imitación; plagio.

copil *m.* 1. niño; chiquillo; chico; *(mic)* nene *m.,* criatura, crío. 2. *(fiu, fiică)* hijo, hija ‖ *~ de ţâţă* niño de pecho *(sau* de teta); *~ lepădat* niño de la piedra; *~ năzdrăvan* niño travieso; *de mic ~* desde niño; *a avea copii* tener hijos, tener familia.

copilări *vi.* pasar la infancia.

copilărie *f.* 1. niñez *f.,* infancia. 2. *(prostie)* chiquillada, niñeces *f.pl.*

copilăros *adj.* infantil, aniñado.

copios *adj.* copioso, abundante.

copită *f. (despicată)* pezuña, *(nedespicată)* casco ‖ *lovitură de* ~ coz *f.*

copleşi *vt.* 1. agobiar; *(şi fig.)* abrumar. 2. *(fig.)* colmar.

copoi *m.* 1. *(câine)* podenco. 2. *(agent)* agente *m.* de la policía.

copt *adj.* 1. *(în cuptor)* cocido. 2. *(d. fructe, minte)* maduro.

cor *n.* coro ‖ în ~ a coro.

corabie *f.* nave *f.*; *(cu pânze)* barco de velas.

coral I. *adj.* coral. **II.** *m. (zool.)* coral *m.*

coran *n.* alcorán *m.*

corb *m.* cuervo.

corcitură *f.* mestizo.

cordial *adj.* cordial.

cordialitate *f.* cordialidad.

cordon *n.* 1. cinturón *m.* 2. *(şir)* cordón *m.*

corect *adj.* 1. correcto. 2. *(cinstit)* honesto.

corecta *vt., vr.* corregir(se); enmendar(se), rectificar(se).

corectare *f.* corrección; enmienda.

corectitudine *f.* corrección.

corectură *f. (tip.)* corrección, prueba.

coregrafie *f.* coreografía.

corelaţie *f.* correlación.

coresponda *vi.* corresponderse, cartearse, escribirse.

corespondent I. *m. (de presă)* corresponsal *m.* **II.** *adj.* correspondiente.

corespondenţă *f.* correspondencia; correo.

corespunde *vi.* corresponder (a), concordar (con).

corespunzător *adj.* correspondiente, adecuado.

coridor *n.* pasillo, corredor.

corigent *m.* suspenso.

corija *vt., vr.* corregir(se); enmendar(se).

corn *n.* 1. cuerno, asta ‖ ~*ul abundenţei* cornucopia; ~*ul lunii* el cuerno de la luna; *a căuta în coarne* mimar. 2. *(muz.)* corneta, bocina. 3. *(de plug)* manceras *f.pl.* 4. *(pâine)* panecillo.

corner *n. (sport)* saque *m.* de esquina, córner *m.*

cornet *n.* 1. *(de hârtie)* cucurucho. 2. *(acustic)* corneta.

cornişă *f.* cornisa.

cornut *adj.* cornudo.

coroană *f.* 1. corona. 2. *(de copac)* copa. 3. *(monedă)* corona.

coroiat *adj.* aguileño.

corosiv *adj.* corrosivo; *(fig.)* cáustico, sarcástico.

coroziune *f.* corrosión.

corp *m.* cuerpo ‖ ~ *ceresc* astro; ~ *de balet* cuerpo de baile; ~ *delict* cuerpo del delito; ~ *didactic* profesorado, cuerpo docente; ~ *la* ~ cuerpo a cuerpo.

corpolent *adj.* corpulento.

corporal *adj.* corporal, corpóreo.

corporaţie *f.* corporación, gremio.

corsaj *n.* corpiño.

corset *n.* corsé *m.*

cort *n.* tienda, toldo.

cortegiu *n.* comitiva, séquito.

cortină *f.* telón *m.* // *a trage cortina* bajar (*sau* levantar) el talón.

corupe *vt.* corromper.

corupere, corupţie *f.* corrupción.

corvoadă *f.* trabajo, penoso.

cosaş *m.* segador.

cosi *vi.* segar.

cosit *n.* siega, segada.

cositor *n.* estaño.

cosiţă *f.* trenza.

cosmetic *adj.* cosmético // *produse ~e* cosméticos.

cosmetică *f.* cosmética.

cosmic *adj.* cósmico // *navă ~ă* astronave *f.*

cosmonaut *m.* cosmonauta *m. şi f.*

cosmopolit *adj.* cosmopolita.

cosmos *n.* cosmos *m.*

cost *n.* coste *m.*; costo; importe *m.*, pago // *~ul (unui obiect)* el coste (de un objeto); *~ de fabricaţie* costo de fabricación; *preţ de ~* precio de coste.

costa *vi.* costar, valer // *cât costă?* ¿cuánto vale?; *oricât ar ~* cueste .lo que cueste; *a ~ cât ochii din cap* costar un ojo de la cara.

costisitor *adj.* costoso.

costiţă *f.* chuleta; *(afumată)* tocino.

costum *n.* traje *m.* // *~ de baie* traje de baño, bañador, *(Am.)* trusa; *~ de gală* traje de gala.

costuma *vr.* vestirse, disfrazarse.

coş *n.* 1. cesto; cesta; canasto; canasta // *~ de gunoi* el cubo de la basura; *~ de hârtii* papelera; *~ul pieptului* tórax *m.*

2. *(horn)* chimenea. 3. *(pe faţă)* grano, divieso. 4. *(sport)* cesto.

coşar I. *m.* deshollinador. II. *n.* *(pentru grâne)* granero.

coşciug *n.* ataúd *m.*

coşmar *n.* pesadilla.

cot *n.* 1. codo // *~ la ~* codo a codo; *a da din coate* codear. 2. *(ghiont)* codazo. 3. *(d. ape, drumuri)* recodo.

cota *vt.* *(fig.)* apreciar, considerar.

cotă *f.* 1. *(geogr.)* cota. 2. *(fin.)* cuota, cotización.

cotcodăci *vi.* cacarear.

coteţ *n.* 1. *(de păsări)* gallinero. 2. *(de câine)* perrera, caseta.

coti *vi.* torcer, virar // *a ~ după colţ* doblar la esquina; *a ~ la dreapta* torcer a la derecha.

cotidian I. *adj.* cotidiano. II. *n.* diario, periódico.

cotitură *f.* 1. *(de râu etc.)* recodo. 2. vuelta. 3. *(fig.)* cambio de rumbo.

cotizaţie *f.* cotización, cuota.

cotlet *n.* chuleta.

cotoi *m.* gato.

cotonogi *vt.* zurrar, moler a palos.

cotor *n.* 1. tallo. 2. *(chitanţier)* talón *m.* 3. *(de carte)* lomo.

cotoroanţă *f.* bruja.

cotrobăi *vi.* curiosear; rebuscar.

cotropi *vt.* invadir.

cotropire *f.* invasión.

cotropitor *m.* invasor.

covârşi *vt.* agobiar; apabullar; abrumar.

covertă *f.* *(mar.)* cubierta.

covor *n.* alfombra; *(de perete)* tapiz *m.*

covrig *m*. rosquilla, rosca.

cozonac *m*. pan *m*. dulce.

cozoroc *n*. visera.

crab *m*. *(zool.)* cangrejo de mar.

cracă *f*. ramo, rama.

crai *m*. 1. príncipe *m*. 2. *(fig.)* mocero; rompecorazones *m*. ‖ ~ *nou* novilunio.

crainic, ~ă *m*., *f*. locutor, ~a.

cramă *f*. bodega; lagar *m*.

crampă *f*. calambre *m*.

crampona *vr*. *(fig.)* agarrarse, asirse.

craniu *n*. cráneo.

crap *m*. carpa ‖ *saramură de* ~ carpa en salmuera; *marinată de* ~ carpa a la marinera.

crater *n*. cráter *m*.

cratiţă *f*. cacerola, cazuela.

craul *n*. crawl *m*.

cravaşă *f*. fusta, látigo.

cravată *f*. corbata.

crăcăna *vr*. despatarrarse.

crăciun *n*. (Pascua de) Navidad.

crăpa I. *vt*. 1. romper, hender. 2. *(uşa)* entreabrir (la puerta). **II.** *vi*. romperse; *(fig.)* reventar *vi*.; *(d. piele)* agrietarse. **III.** *vr*. quebrarse, romperse.

crăpătură *f*. hendidura; hendedura; quiebra; raja; *(fantă)* ranura.

crâcni *vi*. protestar ‖ *a nu* ~ no decir chus ni mus; *fără a* ~ sin chistar.

crâmpei *n*. trozo, fragmento.

crâncen *adj*. terrible; tremendo; encarnizado

crâng *n*. arboleda.

crea *vt*., *vr*. crear(se); constituir(se); fundar(se); formar(se).

creangă *f*. rama; *(tăiată)* gajo.

creare *f*. creación; formación; fundación.

creastă *f*. 1. *(geogr.)* cumbre *f*., cima. 2. *(de cocoş)* cresta.

creator *adj*., *m*. creador.

creatură *f*. criatura; hechura.

creaţie *f*. creación.

crede I. *vt*., *vi*. creer; *(fam.)* creerse ‖ *a* ~ *în ceva* creer en algo; *cred şi eu* ya lo creo; *de necrezut* increíble; *nu crezi?* ¿no te parece?. **II.** *vr*. presumir *vi*. (de).

credincios I. *adj*. fiel. **II.** *m*. creyente *m*., fiel *m*.

credinţă *f*. 1. creencia; fe *f*. 2. *(faţă de cineva)* fidelidad, lealtad. 3. *(părere)* convicción.

credit *n*. crédito ‖ *scrisoare de* ~ carta de crédito; *pe* ~ a crédito.

credita *vt*. acreditar.

creditor *m*. acreedor.

credul *adj*. crédulo; confianzudo; ingenuo.

creier *m*. *(şi fig.)* cerebro, seso ‖ *a-şi stoarce* ~*ii* devanarse los sesos.

creion *n*. lápiz *m*. ‖ ~ *colorat* lápiz de color; ~ *dermatograf* lápiz para los ojos.

crematoriu *n*. crematorio.

cremă *f*. 1. crema ‖ ~ *de ghete* betún *m*. 2. *(fig.)* la flor y nata.

crenel *n*. almena.

crenvurşti *m.pl*. salchichas *f.pl*.; *(calzi)* perros *m.pl*. calientes.

creol *adj*., *m*. criollo.

creponat *adj*. în expr.: *hârtie* ~ă papel *m*. de China.

crepuscul *n*. crepúsculo.

crescător *m. (de vite)* gánadero.

crescătorie *f. (de vite)* ganadería.

cresta *vt.* hender, rajar; *(lemnul)* tallar.

crestătură *f.* raja, hendedura, hendidura, ranura.

creşă *f.* guardería, casa cuna.

creşte I. *vt.* criar, educar; *(fam.)* sacar adelante. II. *vi.* 1. crecer; tomar cuerpo. 2. *(fig.)* aumentar, incrementar; *(fam.)* subir de punto. 3. pasar la infancia, criarse.

creştere *f.* 1. aumento; crecimiento; incremento; subida; elevación. 2. *(d. copii, animale)* crianza; cría ‖ ~ *a preţurilor* subida *(sau* elevación) de precios; *bună* ~ buena crianza; *proastă* ~ mala crianza.

creştet *n.* coronilla ‖ *din* ~ *până-n tălpi* de pies a cabeza

creştin *adj., m.* cristiano

creştinism *n.* cristianismo.

cretă *f.* 1. tiza. 2. *(de croitorie)* jabón de sastre.

cretin *m.* cretino, estúpido.

creton *n.* cretona.

creţ I. *adj.* rizado. II. *n.* pliegue *m.*, arruga.

crevetă *f. (zool.)* gamba.

crez *n.* credo.

crezare *f.* în *expr.: a da* ~ dar crédito.

cric *n.* gato.

crichet *n.* criquet *m.*

crimă *f.* crimen *m.*

criminal *adj., m.* criminal .

crin *m. (bot.)* azucena.

criptă *f.* cripta, bóveda.

crispa *vt., vr.* crispar(se).

cristal *n.* cristal.

cristalin *adj., n.* cristalino.

cristaliza *vt., vr.* cristalizar(se).

criteriu *n.* criterio.

critic *adj., m.* crítico.

critica *vt.* criticar, censurar.

critică *f.* crítica, censura.

crivăţ *n.* cierzo; aquilón *m.*

crizantemă *f. (bot.)* crisantemo.

criză *f.* crisis *f.* ‖ ~ *de guvern* crisis gubernamental

croat *adj., m.* croata *m.*

croazieră *f.* crucero, travesía.

crocant *adj.* cuscurroso

crochiu *n.* croquis *m.*

crocodil *m. (zool.)* cocodrilo.

croi *vt.* cortar ‖ *a(-şi)* ~ *drum* abrir(se) camino.

croială *f.* corte *m.*

croitor *m.* sastre *m.*

croitoreasă *f.* modista; sastra.

croitorie *f.* sastrería.

croncăni *vi.* graznar.

cronic *adj.* crónico.

cronicar *m.* cronista *m.*

cronică *f.* crónica.

cronologie *f.* cronología.

cronometra *vt.* cronometrar.

cronometru *n.* cronómetro.

cros *n.* carrera.

crosă *f.* stick *m.*

croşeta *vt.* hacer ganchillo.

croşetă *f.* aguja de gancho.

cruce *f.* cruz *f.* ‖ ~*a Roşie* la Cruz Roja; *a-şi face* ~ santiguarse.

cruci *vr.* maravillarse.

cruciadă *f.* cruzada.

cruciş *adv.* de través, de lado.

crucişător *n. (mar.)* crucero.

crud *adj.* 1. cruel, feroz. 2. *(fig.)* inmaduro. 3. *(d. fructe)* verde, crudo.

crunt *adj.* terrible; cruel.

crustă *f.* costra.

cruţa I. *vt.* escatimar; *(fig.)* ahorrar ‖ *a ~ viaţa cuiva* dejar (*sau* perdonar) la vida a uno. **II.** *vr.* preservarse.

cruţare *f.* *în expr.: fără ~* despiadadamente.

cruzime *f.* crueldad, ferocidad.

ctitor *m.* fundador.

ctitorie *f.* fundación.

cu *prep.* con; de; a ‖ *~ adevărat* de verdad; *~ creionul* con el lápiz; *~ mâna* a mano; *~ timpul* con el tiempo; *cafea ~ lapte* café con leche; *pas ~ pas* paso a paso; *~ zece lei* a diez lei; *~ toate că* a pesar de que; *fata ~ ochi albaştri* la muchacha de ojos azules.

cub *n.* cubo ‖ *metru ~* metro cúbico.

cubic *adj.* cúbico ‖ *zahăr ~* azúcar en terrones.

cuc *m.* cuco ‖ *singur ~* a solas.

cuceri *vt.* conquistar; tomar.

cucerire *f.* conquista.

cuceritor *adj., m.* 1. conquistador . 2 *(fig.)* seductor.

cucernic *adj.* devoto, piadoso.

cucui *n.* chichón *m.*

cucuvea *f.* lechuza.

cufăr *n.* baúl *m.*

cufunda I. *vt., vr.* hundir(se), sumergir(se); *(şi fig.)* sumir(se). **II.** *vr. (fig.)* abismarse,

abstraerse ‖ *a se ~ în lectură* enfrascarse en la lectura.

cuget *n.* 1. pensamiento. 2. conciencia ‖ *a-l mustra ~ul* tener remordimientos.

cugeta *vi. (la)* meditar, pensar (en); reflexionar (en, sobre).

cugetare *f.* 1. pensamiento, reflexión. 2. aforismo, sentencia.

cui *n.* clavo ‖ *a bate în ~e* clavar.

cuib *n.* nido.

cuibar *n.* nidal.

cuier *n.* percha ‖ *~ de perete* perchero.

cuişoare *f.pl.* clavos *m.pl.* (de olor).

culca *vt., vr.* acostar(se), echar(se), tender(se) ‖ *a se ~ pe o ureche* dormirse sobre los laureles.

culcare *f.* acostamiento ‖ *este ora de ~* es hora de dormir; *a merge la ~* irse a dormir.

culcuş *n.* cama; guarida.

culege *vt.* coger, recoger; *(recolta)* cosechar; *(tip.)* componer.

culegere *f.* 1. recolección. 2. *(de texte)* colección, recopilación; *(de proverbe)* refranero; *(de poezii)* cancionero.

cules *n.* cosecha, recolección ‖ *~ul viilor* vendimia.

culinar *adj.* culinario.

culise *f.pl.* bastidores *m.pl.*

culme *f.* 1. cumbre *f.*, cima. 2. *(fig.)* colmo, apogeo ‖ *asta-i ~a!* ¡es el colmo!.

culmina *vi.* culminar.

culoar *n.* pasillo, corredor.

culoare *f.* color .

cult I. *adj.* cultivado, culto; instruido. **II.** *n.* culto.

cultiva I. *vt.* cultivar. **II.** *vr.* instruirse.

cultivare *f. (agr.)* cultivo.

cultivat *adj.* instruido.

cultivator *m.* cultivador.

cultural *adj.* cultural.

cultură 1. cultura; ilustración. **2.** *(agr.)* cultivo || ~ *fizică* cultura física.

cum I. *adv.* como || ~ *vă numiți?* ¿cómo se llama Ud.?. **II.** *conj. (modal)* como; *(temporal)* desde que || *ca şi* ~ como si; *aşa* ~ tal como; ~ *a venit.* desde que vino.

cumătră *f.* comadre *f.*

cumătru *m.* compadre *m.*

cuminte *adj.* **1.** *(d. copii)* quieto, tranquilo. **2.** *(înţelept)* sesudo, cuerdo.

cuminţenie *f.* **1.** buena conducta. **2.** *(înţelepciune)* cordura. **3.** *(prudenţă)* prudencia.

cuminţi *vr.* ajuiciar *vi.*

cumnat *m.* cuñado

cumnată *f.* cuñada.

cumpănă *f.* cigoñal || *a sta în* ~ vacilar; *moment de* ~ trance *m.*

cumpăni *vt. (fig.)* ponderar; examinar.

cumpăra *vt.* comprar || *a* ~ *cu bani peşin* comprar al contado

cumpărare *f.* compra || *putere de* ~ poder adquisitivo; *vânzare şi* ~ venta y compra.

cumpărător *m.* comprador.

cumpărătură *f.* compra || *a merge după cumpărături* ir de compras.

cumpătat *adj.* comedido; ponderado.

cumplit *adj.* terrible; feroz || *mă simt* ~ me siento (*sau* estoy) fatal.

cumsecade *adj.* honesto; bueno.

cumul *n.* cúmulo.

cumva *adv.* acaso || *dacă* ~ por si acaso.

cunoaşte *vt., vr.* conocer(se); saber(se).

cunoaştere *f.* conocimiento.

cunoscător *adj., m.* conocedor.

cunoscut I. *adj.* conocido; famoso, notable || *după cum este* ~ como es sabido. **II.** *m.* conocido.

cunoştinţă *f.* **1.** conocimiento || *a-şi pierde cunoştinţa* desmayarse; *a aduce la* ~ informar. **2.** *(persoană)* conocido.

cununa *vr.* casarse.

cunună *f.* corona.

cununie *f.* boda.

cupă *f.* copa.

cupla *vt.* acoplar.

cuplet *n.* cuplé *m.*

cuplu *n.* pareja.

cupolă *f.* cúpula.

cupon *n.* retal.

cuprinde *vt.* **1.** *(şi fig.)* abarcar; comprender; contener. **2.** incluir. **3.** *(d. boli etc.)* atacar; apoderarse *vr.* (de). **4.** *(a pune stăpânire)* invadir.

cuprins *n.* **1.** contenido. **2.** *(tablă de materii)* índice *m.*, sumario. **3.** *(întindere)* superficie *f.*, extensión.

cuprinzător *adj.* vasto, amplio.

cupru *n.* cobre *m.*

cuptor *n.* horno || *a coace la* ~ cocer al horno; ~ *cu microunde* (horno de) microondas *m.*

curaj *n.* valor, ánimo, valentía ‖ *a da* ~ dar ánimo; *a prinde* ~ cobrar ánimo.

curajos *adj.* valiente.

curat *adj.* 1. limpio; *(şi fig.)* puro; claro ‖ *a trece pe* ~ poner en limpio; ~ *ca o lacrimă* puro como la nieve. 2. *(d. limbă)* castizo.

cură *f.* cura; *(de slăbire)* dieta.

curăţa *vt.* 1. limpiar, asear. 2. *(de coajă)* pelar, mondar. 3. *(a îndepărta)* quitar ‖ *a* ~ *de pete* quitar las manchas.

curăţenie *f.* limpieza, aseo ‖ *a face* ~ hacer la limpieza.

curând *adv.* pronto, en seguida ‖ *în* ~ dentro de poco; *de* ~ hace poco; *pe* ~ hasta pronto.

curb *adj.* curvo.

curbă *f.* curva.

curcan *m.* 1. pavo. 2. *(poliţist)* guindilla.

curcubeu *m.* arco iris *m.*

curea *f.* cinturón *m.*; correa ‖ ~ *de ceas* pulsera (para el reloj); ~ *de transmisie* correa de transmisión.

curent *adj., m., n.* corriente *f.* ‖ *a fi la* ~ estar al tanto (al corriente *sau* al día); ~ *literar* corriente literaria; ~ *marin* corriente marina; ~ *continuu (alternativ)* corriente continua (alterna); *an* ~ año corriente; *e* ~ hay corriente.

curgător *adj. (şi fig.)* corriente; *(fig.)* fácil, fluido.

curge *vi.* 1. *(şi fig.)* correr; fluir. 2. *(d. un vas)* salirse *vr.*

curier *m.* mensajero, correo.

curios *adj.* 1. curioso. 2. *(ciudat)* extraño, raro.

curiozitate *f.* 1. curiosidad. 2. *(ciudăţenie)* extrañeza, rareza.

curma *vt.* poner fin (a); cortar; interrumpir.

curmală *f.* dátil *m.*

curmeziş *n. în expr.: de-a* ~*ul* a través de.

curs *n.* 1. *(şcol.)* curso ‖ ~ *de vară* cursillo de verano; *a urma un* ~ cursar. 2. *(de apă)* corriente *f.* 3. *(perioadă)* curso, intervalo ‖ *în* ~ *de dezvoltare* en vías de desarrollo; *în* ~*ul anului* en el transcurso *(sau* curso) del año; *în* ~*ul* durante, por.

cursant *m.* cursillista *m.* şi *f.*, alumno.

cursă *f.* 1. *(întrecere)* carrera. 2. *(vehicul)* coche de línea. 3. *(capcană) (şi fig.)* trampa ‖ ~ *de şoareci* ratonera.

cursiv *adj.* cursivo, corriente ‖ *a vorbi* ~ hablar corrientemente.

curte *f.* 1. corral; *(interioară)* patio. 2. *(ist.)* corte *f.* ‖ ~ *marţială* consejo de guerra; *a face* ~ hacer la corte, cortejar, galantear.

curtean *m.* cortesano.

curtenitor *adj.* cortés, galante.

curtezană *f.* cortesana.

curtoazie *f.* cortesía.

cusătură *f.* costura.

cuscru *m.* consuegro.

cusur *n.* defecto; falta; tacha; lacra.

cuşcă *f.* jaula ‖ *cuşca sufleurului* concha; *cuşca câinelui* perrera, casita.

cutare I. *pron. neh.* fulano, mengano. II. *adj.* tal ‖ *la ora ~ a* tal hora.

cută *f.* 1. pliegue *m.*, arruga. 2. *(rid)* arruga.

cuteza *vt.* atreverse (a), osar *vt., vi.*

cutezanţă *f.* atrevimiento, osadía.

cutezător *adj.* atrevido, audaz.

cutie *f.* caja ‖ *~ de chibrituri* caja de fósforos; *~ de scrisori* buzón *m.*; *~ de viteze* caja de velocidades; *scos ca din ~* estirado, majo.

cutreiera *vt.* recorrer.

cutremur *n.* terremoto; *(slab)* *(Am.)* temblor .

cutremura *vt., vr.* 1. *(fig.)* estremecer(se). 2. *(d. pământ)* temblar *vi.*

cutremurător *adj.* conmovedor; tremendo; terrible.

cuţit *n.* cuchillo ‖ *cu ~ul a* cuchillo; *a fi la ~e* estar a matar; *lovitură de ~* cuchillada

cuvânt *n.* palabra, vocablo, voz *f.* ‖ *~ de onoare* palabra de honor; *~ cu ~* palabra por palabra; *cuvinte încrucişate* crucigrama *m.*; *a cere ~ul* pedir la palabra; *a nu se ţine de ~* faltar a su palabra; *a se ţine de ~* cumplir con su palabra, mantener su palabra; *într-un ~* total, en resumidas cuentas; *joc de cuvinte* retruécano

cuvântare *f.* discurso ‖ *a ţine o ~* pronunciar un discurso.

cuveni *vr.* deberse; merecer *vi.* ‖ *i se cuvine* lo merece; *se cuvine să menţionăm* cabe mencionar; *cum se cuvine* como se debe, como es debido.

cuvertură *f.* colcha, sobrecama, cobertor.

cuviincios *adj.* respetuoso.

cuviinţă *f. în expr.: după ~* como es conveniente.

cuvios *adj.* devoto, beato.

cvartet *n. (muz.)* cuarteto.

cvintet *n. (muz.)* quinteto.

D

da I. *vt.* **1.** dar; entregar; ofrecer. **2.** pagar. **3.** producir ‖ *a ~ afară* **a.** echar fuera; **b.** *(a concedia)* despedir; *a ~ bună ziua* dar los buenos días; *a ~ o masă* ofrecer una cena; *a ~ ora* dar las horas; *a ~ dreptate* dar la razón; *a ~ atenție* prestar atención; *a ~ un telefon* llamar por teléfono; *a ~ naștere* dar a luz; *(fig.)* causar *vt.*, ocasionar *vt.*; *a ~ cu chirie* alquilar; *a ~ vina pe* echar la culpa a; *a ~ la o parte* apartar; *a ~ foc* prender fuego; *a ~ un foc* dar lumbre *(sau* fuego) (a alguien); *a ~ de veste* dar noticia *(sau* parte); *a ~ colțul* doblar la esquina; *a ~ uitării* echar al olvido. **II.** *vi.* **1.** *(d. străzi)* desembocar (en). **2.** *(peste)* topar (con), tropezar (con), dar (con). **3.** *(d. camere, ferestre)* mirar, dar a ‖ *a ~ de mâncare* dar de comer; *a ~ din cap* mover la cabeza; *a ~ drumul* soltar; *a-i ~ dinții* echar los dientes; *a-i ~ prin minte* ocurrír

sele (a uno). **III.** *vr.* darse ‖ *a se ~ bătut* darse por vencido; *a se ~ la o parte* quitarse de en medio; *a se ~ în vânt după* despepitarse por **IV.** *adv.* sí ‖ *~ sau ba* sí o no; *sigur că ~* claro que sí.

dac *adj., m.* dacio.

dacoromân *adj.* dacorrumano.

dacă *conj.* si ‖ *~ nu* si no; *~ ar învăța ar ști* si aprendiera, sabría; *~ n-ar fi așa* de no ser así; *chiar ~* aunque; *numai ~* solamente si.

dactilografă *f.* mecanógrafa, dactilógrafa.

dactilografia *vt.* mecanografiar, escribir *(sau* pasar) a máquina.

dafin *m.* laurel *m.*

dală *f.* losa.

dalie *f.* dalia.

daltă *f.* escoplo.

damă *f.* **1.** *(și ist.)* dama, señora ‖ *~ de onoare* dama de honor . **2** *(peior.)* ramera. **3.** *pl. (joc)* damas *f.pl.*

damigeană *f.* damajuana.

danez *adj.*, *m*. danés *m*.

dangăt *n*. repique *m*.

dans *n*. baile *m*.; *(pop.)* danza ‖ *ring de* ~ pista de baile; *a invita la* ~ sacar a bailar.

dansa *vt*. bailar.

dansator *m*. bailarín *m*.

dansatoare *f*. bailarina.

dantelă *f*. encaje *m*.

dantură *f*. dentadura.

dar I. *conj*. pero. II. *n*. 1. regalo, obsequio. 2. *(fig.)* don; *pl*. dotes *f.pl.*

dare *f*. impuesto; tributo ‖ ~ *de mână* recursos *m.pl.*; ~ *de seamă* informe *m*.

darnic *adj*. generoso, dadivoso.

dascăl *m*. 1. maestro. 2. *(rel.)* diácono; *(cântăreţ)* cantor.

dat *adj*. dado ‖ *la un moment* ~ en cierto momento; ~ *fiind că* dado que, puesto que, ya que.

data *vt*. fechar, datar.

dată *f*. 1. vez *f*. ‖ *data trecută* la vez pasada; *data viitoare* la próxima vez; *altă* ~ otra vez; *de fiecare* ~ cada vez; *dintr-o* ~ de una vez, *(fam.)* de una sentada; *încă o* ~ otra vez; *o* ~ *una vez; o* ~ *la trei luni* cada tres meses; *o* ~ *pe lună* una vez al mes; *pe* ~ al instante. 2. *(calendaristică)* fecha. 3. *(în ştiinţă)* dato.

datină *f*. tradición, costumbre *f*.

dativ *n*. dativo.

dator *adj*. 1. *(băneşte)* endeudado ‖ *a fi* ~ tener deudas. 2. *(moraliceşte)* obligado.

datora *vt*., *vr*. deber(se).

datorie *f*. 1. deuda ‖ *pe* ~ al fiado, a crédito; *a face datorii* contraer deudas. 2. *(fig.)* deber *m*. ‖ *la* ~ en su puesto; *a-şi face datoria* cumplir su deber.

datorită *prep*. gracias a, debido a.

datornic *m*. deudor.

daună *f*. 1. daño; menoscabo; *(prejudiciu)* perjuicio ‖ *în dauna cuiva* en daño *(sau* detrimento) de uno. 2. *(despăgubire)* compensación.

dădacă *f*. niñera.

dăinui *vi*. (per)durar.

dărăci *vt*. cardar.

dărăpăna *vr*. arruinarse.

dărâma *vt.*, *vr*. 1. derribar(se), derrumbar(se); *(a cădea)* venirse abajo; *(a dărâma)* demoler *vt.*; echar a tierra. 2. *(fig.)* arruinar(se); abatirse, afligirse.

dărâmare *f*. derrumbamiento; demolición.

dărâmătură *f*. escombro; *(şi fig.)* ruina.

dărnicie *f*. generosidad; liberalidad.

dărui *vt*. regalar; ofrecer; agasajar.

dăruire *f*. 1. regalamiento. 2. *(fig.)* abnegación; dedicación; entrega.

dăscăli *vt*. arengar; sermonear.

dăuna *vi*. dañar; perjudicar; menoscabar; afectar.

dăunător *adj*. 1. dañoso, perjudicial; nocivo, pernicioso. 2. *(d. insecte etc.)* dañino.

dânsul, dânsa, dânşii, dânsele *pron. pers*. él, ella, ellos, ellas.

dâră *f.* huella, rastro.

dârdâi *vi.* tiritar.

dârz *adj.* 1. firme. 2. *(curajos)* valiente. 3. *(mândru)* orgulloso.

dârzenie *f.* 1. firmeza. 2. valentía, audacia. 3. orgullo.

de I. *prep.* de; desde; por ‖ ~ *acum* desde ahora; ~ *azi într-o săptămână* dentro de una semana; ~ *când* desde que; ~ *la* desde, de; ~ *teamă* por miedo; *jachetă* ~ *lână* chaqueta en lana; *rochie* ~ *mătase* vestido de seda; *a întreba* ~ *cineva* preguntar por alguien. II. *conj.* 1. *(condiţional)* si. 2. *(consecutiv)* que. 3. *(cauzal)* por. 4. *(optativ)* con tal que.

deal *n.* colina, cerro, loma ‖ *la* ~ cuesta arriba.

deasupra *adv.* encima (de); arriba ‖ *pe* ~ **a.** por encima; **b.** *(fig.)* además, por añadidura, encima

debara *f.* (cuarto) trastero.

debarasa *vt.*, *vr.* desembarazar(se), librar(se).

debarca *vt.*, *vi.* desembarcar.

debarcader *n.* *(de îmbarcare)* embarcadero; *(de debarcare)* desembarcadero.

debarcare *f.* desembarque *m.*

debil *adj.* débil; flaco.

debilita *vr.* debilitarse.

debilitate *f.* *(şi fig.)* debilidad.

debit *n.* 1. *(com.)* debe *m.* 2. *(de apă)* caudal ‖ *cu* ~ *mare* caudaloso. 3. *(de tutun)* estanco, quiosco. 4. *(verbal)* elocución.

debita *vt.* 1. *(com.)* debitar. 2. *(a spune)* decir disparates.

debitor *m.* deudor.

debloca *vt.* desbloquear.

deborda *vi.* *(d. vase)* rebosar.

debreia *vi.* *(auto)* desembragar.

debut *n.* estreno, debut *m.*; presentación.

debuta *vi.* estrenarse; presentarse.

debutant *m.* principiante *m.*

decadă *f.* década.

decadent *adj.* decadente.

decadenţă *f.* decadencia.

decafeinizat *adj.* descafeinado.

decalaj *n.* diferencia, desnivel *m.*, desfase *m.*

decan *m.* decano.

decanat *n.* decanato.

decapita *vt.* decapitar, degollar.

decădea *vi.* decaer; declinar.

decădere *f.* decadencia; descenso.

decât I. *adv.* 1. más que, sino (que), solamente ‖ *nu vreau* ~ *să dorm* no quiero más que dormir; *nu e deschis* ~ *azi* solamente hoy está abierto. 2. de ‖ *mai bine* ~ *crezi* mejor de lo que crees. II. *prep.* que ‖ *mai bun* ~ *el* mejor que él.

deceda *vi.* fallecer, finar, morir.

decedat *adj.* fallecido, difunto, muerto.

decembrie *m.* diciembre *m.*

deceniu *n.* decenio.

decent *adj.* decente.

decenţă *f.* decencia.

decepţie *f.* decepción, desengaño.

decepţiona *vt.* decepcionar, desengañar.

decerna *vt.* otorgar, conferir.

decernare *f.* otorgamiento.

deces *n.* defunción, muerte *f.*, fallecimiento ‖ *certificat de ~* certificado de defunción.

deci *conj.* pues, por consiguiente; conque; luego.

decide *vt., vr.* decidir(se).

decima *vt.* diezmar.

decis *adj.* decidido; resuelto.

decisiv *adj.* decisivo.

decizie *f.* decisión; resolución.

declama *vt.* declamar.

declamaţie *f.* declamación.

declanşa I. *vt., vr.* desencadenar(se). II. *(tehn.)* disparar (una cámara etc.).

declara *vt., vr.* declarar(se); manifestar.

declaraţie *f.* declaración.

declin *n.* decadencia, descenso.

declina *vt.* declinar

declinare *f.* declinación

decola *vi.* despegar.

decolare *f.* despegue *m.*

decolora *vt.* descolorir, descolorar.

decolorant *adj., m.* descolorante *m.*

decolorat *adj.* descolorido.

decolteu *n.* escote *m.*

decont *n.*, **decontare** *f.* descuento.

deconta *vt.* descontar.

decor *n.* decorado; decoración .

decora *vt.* 1. *(a împodobi)* adornar, decorar. 2. condecorar.

decorator *m.* decorador.

decoraţie *f.* condecoración.

decrepitudine *f.* decrepitud *f.*

decret *n.* decreto.

decreta *vt.* decretar.

decupa *vt.* recortar

decupaj *n.* recorte *m.*

decurge *vi.* resultar; derivar.

decurs *n.* transcurso ‖ *în ~ul* en el transcurso de; *în ~ de* dentro de.

deda *vr.* entregarse (a); darse (a).

dedesubt *adv.* debajo, abajo.

dedesubtul *prep.* debajo de.

dedica *vt., vr.* dedicar(se), consagrar(se).

dedicaţie *f.* dedicatoria.

deduce *vt., vi.* deducir.

deducţie *f.* deducción.

defavoare *f. în expr.: în ~a* en detrimento (*sau* perjuicio) de.

defavorabil *adj.* desfavorable

defazat *adj.* desfasado.

defăima *vt.* difamar, desacreditar.

defăimare *f.* difamación.

defect I. *adj.* estropeado, roto. II. *n.* defecto; tacha; lacra.

defecta *vt., vr.* desarreglar(se), estropear(se), desajustar(se).

defectuos *adj.* defectuoso.

defensiv *adj.* defensivo.

defensivă *f.* defensiva.

deficienţă *f.* deficiencia, falta.

deficit *n.* déficit *m.*

defila *vi.* desfilar.

defilare *f.* desfile *m.*

defileu *n.* desfiladero; paso; quebrada.

defini *vt., vr.* definir(se).

definitiv *adj.* definitivo; irrevocable; firme ‖ *în ~* en definitiva, al fin y al cabo.

definitiva *vt.* definir; terminar; ultimar.

definitivat *n. (învăţământ)* titulación.

definiţie *f.* definición.

deforma *vt.*, *vr.* deformar(se).

deformare *f.* deformación.

defrişa *vt.* desmontar, rozar.

defunct *adj.*, *m.* difunto, extinto.

degaja I. *vt.* 1. *(un loc)* desembarazar. 2. *(un miros)* difundir, emanar, exhalar. 3. *(sport)* despejar. II. *vr.* desprenderse.

degajare *f.* 1. desprendimiento. 2. *(a unui miros etc.)* emanación, exhalación. 3. *(de căldură etc.)* emisión. 4. *(de gaze)* escape *m.* 5. *(sport)* despegue *m.*

degeaba *adv.* en balde, en vano.

degenera *vi.* degenerar.

degenerare *f.* degeneración.

degera *vi.* helarse *vr.*; *(fig.)* congelarse *vr.*

degerătură *f.* sabañón *m.*

deget *n.* dedo ‖ ~ul mare *(arătător, mijlociu, inelar, mic)* el dedo pulgar (índice, del corazón, anular, meñique); *a număra pe ~e* contar por los dedos; *a pune ~ul pe rană* poner el dedo en la llaga.

degetar *n.* dedal .

deghiza *vt.*, *vr.* *(şi fig.)* disfrazar(se).

deghizare *f.* disfraz *m.*

degrabă *adv.* pronto, rápidamente ‖ *mai ~* más bien, antes.

degrada *vt.*, *vr.* 1. degradar(se). 2. *(d. lucruri)* deteriorarse.

degradare *f.* degradación.

degreva *vt.* desgravar.

degrevare *f.* desgravación.

degusta *vt.* catar.

deja *adv.* ya.

dejuca *vt.* descubrir, hacer fracasar.

dejuga *vt.* desuncir.

dejun *n.* almuerzo ‖ *micul ~* el desayuno.

delapida *vt.* defraudar.

delapidare *f.* defraudación.

delăsa *vt.* descuidar.

delăsare *f.* descuido.

delecta *vr.* deleitarse.

delectare *f.* deleite *m.*, deleitación.

delega *vt.* delegar.

delegat *m.* delegado.

delegaţie *f.* delegación.

delibera *vt.* deliberar.

deliberare *f.* deliberación.

delicat *adj.* delicado, suave.

delicatesă *f.* golosina.

delicateţe *f.* delicadeza, suavidad.

delicios *adj.* delicioso; exquisito, rico.

delict *n.* delito ‖ *corp ~* el cuerpo del delito.

delimita *vt.* deslindar; delimitar.

delimitare *f.* deslinde *m.*, delimitación.

delincvent *m.* delincuente *m.*

delincvenţă *f.* delincuencia ‖ *fapte de ~* actos delictivos.

delir *n.* delirio; desvarío.

delira *vi.* delirar; desvariar.

deltă *f.* delta *m.*

demachiant *m.* desmaquillador.

demagog *m.* demagogo.

demara *vi.* arrancar.

demaraj *n.* arranque *m.*

demasca *vt.*, *vr.* *(şi fig.)* desenmascarar(se).

demascare *f.* desenmascaramiento.

dement *adj.*, *m.* demente *m.*, loco.

demenţă *f.* demencia, locura.

demers *n.* intervención; gestión.

demisie *f.* dimisión, renuncia.

demisiona *vi.* hacer dimisión, renunciar.

demite *vt.* destituir, dimitir *vt.*

demn *adj.* digno.

demnitar *m.* dignatario.

demnitate *f.* dignidad.

demobiliza *vt.* desmovilizar.

democrat *m., adj.* demócrata *m.* şi *f.*

democratic *adj.* democrático.

democraţie *f.* democracia.

demoda *vr.* pasar de moda.

demodat *adj.* pasado de moda, vetusto.

demola *vt.* demoler.

demon *m.* demonio.

demonstra I. *vt.* demostrar. II. *vi.* manifestar.

demonstraţie *f.* demostración; manifestación.

demonta *vt.* desmontar.

demontare *f.* desmontadura.

demoraliza *vt., vr.* desmoralizar(se); desanimar(se).

demult *adv.* hace mucho ‖ *nu ~* hace poco: *de ~* antiguo, remoto.

denatura *vt.* desnaturalizar.

dens *adj.* denso, espeso.

densitate *f.* densidad.

dentar *adj.* dental, dentario ‖ *cabinet ~* gabinete estomatológico.

dentist *m.* dentista *m.* şi *f.*, odontólogo.

denumi *vt.* denominar, llamar.

denumire *f.* denominación.

denunţ *n.,* **denunţare** *f.* denuncia.

denunţa *vt.* denunciar, delatar.

denunţător *m.* denunciante *m.*, delator.

deoarece *conj.* porque, puesto que.

deocamdată *adv.* por ahora, por el momento.

deochi *n.* aojo, mal de ojo.

deochia *vt.* aojar, hechizar.

deodată *adv.* 1. de repente, de pronto. 2. a la vez.

deodorant *n.* desodorante *m.*

deoparte *adv.* a un lado, de lado ‖ *a lăsa ~* dejar a un lado.

deopotrivă *adv.* igualmente.

deosebi *vt., vr.* distinguir(se), diferenciar(se); *(fig.)* sobresalir *vi.*

deosebire *f.* diferencia, distinción ‖ *spre ~ de* a diferencia de.

deosebit I. *adj.* distinto; especial, singular; destacado. II. *adv.* sumamente, en sumo grado.

depanare *f.* reparación.

departe *adv.* lejos ‖ *de ~* desde lejos; *e ~* está lejos; *pe ~ (fig.)* con rodeos; *şi aşa mai ~* y así en adelante.

depăna *vt.* devanar.

depărta *vr.* alejarse, apartarse.

depărtare *f.* lejanía ‖ *în ~* a lo lejos; *din ~* desde lejos.

depăşi *vt.* 1. superar; dejar atrás; exceder. 2. *(auto)* doblar, adelantar.

depăşire *f.* 1. superación. 2. *(auto)* adelantamiento.

dependent *adj.* 1. dependiente. 2. *(de ceva)* adicto (a).

dependenţă *f.* 1. dependencia. 2. *(viciu)* adicción.

depinde *vi.* depender, estar pendiente.

depista *vt.* descubrir.

deplasa *vt.*, *vr.* desplazar(se); trasladar(se); desalojar(se).

deplasare *f.* desplazamiento; traslado ‖ *a juca în* ~ jugar fuera

deplânge *vt.* lamentar.

deplin *adj.* pleno, completo ‖ *pe* ~ por completo, plenamente, del todo, de lleno.

depopulare *f.* despoblamiento.

deporta *vt.* deportar.

deposeda *vt.* desposeer.

depozit *n.* 1. almacén *m.*, depósito. 2. sedimento.

depozita *vt.* almacenar, depositar.

depoziţie *f.* deposición, testimonio.

deprava *vr.* corromperse.

deprecia *vt.* depreciar; desquilatar.

depresiune *f.* depresión; *(fig.)* abatimiento.

deprima *vt.*, *vr.* deprimir(se), abatir(se).

deprimant *adj.* deprimente.

deprimare *f.* depresión, abatimiento.

deprinde I. *vt.* aprender. II. *vr.* *(cu)* acostumbrarse (a), habituarse (a), hacerse (a).

deprindere *f.* 1. costumbre *f.* 2. *(pricepere)* habilidad, destreza, maña.

deprins *adj.* 1. acostumbrado, habituado. 2. diestro, mañoso.

depune I. *vt.* deponer; depositar. II. *vr.* *(d. lichide)* depositarse, posarse.

depunere *f.* 1. depósito ‖ *casă de depuneri* caja de ahorros. 2. sedimento, poso.

deputat *m.* diputado.

deraia *vi.* descarrilar.

deranj *n.* 1. molestia. 2. *(dezordine)* desorden *m.*, trastorno.

deranja I. *vt.* 1. molestar, importunar. 2. *(răvăşi)* desarreglar, trastornar. II. *vr.* molestarse.

deranjament *n.* desarreglo; perturbación; trastorno.

derapa *vi.* resbalar, patinar.

derâdere *f.* burla ‖ *a lua în* ~ burlarse de.

derbedeu *m.* golfo; pilluelo; galopín *m.*

derdeluş *n.* resbaladero.

deregla *vt.*, *vr.* estropear(se); desajustar(se).

dereglare *f.* desajuste *m.*

deretica *vi.*, *vt.* hacer la limpieza; arreglar.

deriva I. *vi.* derivar. II. *vt.* desviar.

derivare *f.* derivación.

derivă *f.* deriva ‖ *în* ~ a la deriva.

derizoriu *adj.* irrisorio.

derâdere *f.* burla ‖ *a lua în* ~ burlarse de.

deroga *vt.* derogar.

deruta *vt.* desorientar, despistar.

derută *f.* desorientación.

des I. *adj.* denso, espeso. II. *adv.* frecuentemente.

desagă *f.* alforja.

desăvârşi I. *vt.*, *vr.* perfeccionar(se). II. *vt.* acabar, dar cima (a una cosa).

desăvârşire *f.* perfección ‖ *cu* ~ totalmente, enteramente.

desăvârşit *adj.* 1. perfecto, excelente, inmejorable. 2. *(terminat)* acabado, cumplido. 3. *(total)* absoluto.

descalifica *vt.* descalificar.

descăleca *vi.* *(de pe)* apearse (de); descabalgar.

descălţa *vt.*, *vr.* descalzar(se), quitar(se) los zapatos (las botas *etc.*).

descărca I. *vt.* 1. descargar. 2. *(d. arme)* disparar, descargar. II. *vr.* *(fig.)* desahogarse.

descărcare *f.* 1. descarga. 2. *(fig.)* desahogo.

descătuşa *vt.*, *vr.* desencadenar(se); liberar(se).

descătuşare *f.* desencadenamiento.

descânta *vt.* desencantar; encantar; hechizar.

descântec *n.* desencanto; encanto; hechizo.

descendent I. *adj.* descendente, descendiente. II. *m.* descendiente *m.*

descendenţă *f.* descendencia.

descheia *vt.*, *vr.* desabrochar(se), desabotonar(se).

deschide *vt.*, *vr.* *(şi fig.)* abrir(se) ‖ *a ~ radioul (televizorul)* encender la radio (la televisión); *a ~ o expoziţie* inaugurar una exposición; *a-şi ~ sufletul* confesarse, sincerarse.

deschidere *f.* 1. abertura. 2. inauguración, apertura ‖ *~a stagiunii* la apertura de la temporada; *~a unui depozit bancar* la apertura de un depósito bancario.

deschis *adj.* *(şi fig.)* abierto; *(fig.)* sincero; *(d. culori)* claro.

deschizător *n.* *(de conserve)* abrelatas *m.*, abridor (de conservas).

deschizătură *f.* abertura, brecha.

descifra *vr.* *(şi fig.)* descifrar.

descinde *vi.* *(din)* descender (de), proceder (de); *(la un hotel)* alojarse.

descindere *f.* 1. *(coborâre)* descenso. 2. *(la un hotel)* alojamiento. 3. *(jur.)* inspección.

descleia *vt.*, *vr.* desencolar(se), despegar(se).

descleşta I. *vt.* aflojar. II. *vr.* desasirse, deshacerse.

descoase *vt.* 1. descoser. 2. *(fig.)* sonsacar.

descoji *vt.* descascarar, quitar la cáscara; pelar, mondar.

descompleta *vt.*, *vr.* descompletar(se).

descompune *vt.*, *vr.* descomponer(se), alterar(se).

descompunere *f.* descomposición, alteración.

descongestiona *vt.* descongestionar.

desconsidera *vt.* desconsiderar, despreciar, menospreciar.

desconsiderare *f.* desconsideración, desprecio.

descoperi I. *vt.* descubrir, hallar; detectar. II. *vr.* quitarse el sombrero; descubrirse.

descoperire *f.* descubrimiento, hallazgo.

descotorosi *vr.* desembarazarse; librarse.

descreşte *vi.* desminuir(se); descrecer; menguar.

descreştere *f.* disminución; baja.

descreţi *vt.* desarrugar; alisar.

descrie *vt.* describir.

descriere *f.* descripción.

descuia *vt.* abrir con llave.

descult *adj.* descalzo.

descumpăni *vt.* desconcertar; desorientar.

descuraja *vt., vr.* desanimar(se); desalentar(se).

descurajare *f.* desaliento; abatimiento.

descurca I. *vt.* desenredar; *(fig.)* dilucidar; desanudar. II. *vr.* *(fig.)* salir de apuro, arreglárselas, espabilarse.

descurcăreţ *adj.* despabilado, despierto, diestro.

deseară *adv.* esta noche.

desemna *vt.* designar, nombrar.

desen *n.* dibujo, diseño ‖ ~ în cărbune dibujo al carbón; planşă de ~ tablero de dibujo; ~e animate dibujos animados.

desena *vt.* dibujar, diseñar.

desenator *m.* dibujante *m.*, diseñador.

deseori *adv.* a menudo.

desert *n.* postre *m.* ‖ ca ~ de postre.

deservi *vt.* 1. atender, servir. 2. perjudicar.

deservire *f.* servicio.

desface I. *vt., vr.* 1. deshacer(se); desplegar(se); desunir(se). 2. abrir(se). 3. disolver(se). II. *vt.* 1. *(a vinde)* vender. 2. *(a anula)* anular, cancelar.

desfacere *f.* venta.

desfăşura *vt., vr.* 1. desarrollar(se), desplegar(se), desenvolver(se). 2. *(a avea loc)* celebrar(se), tener lugar.

desfăşurare *f.* 1. desarrollo, desenvolvimiento. 2. *(mil.)* despliegue *m.*

desfăta *vt., vr.* deleitar(se); gozar *vi.* (de), disfrutar *vi.*

desfătare *f.* deleite *m.*, disfrute *m.*

desfide *vt.* desafiar.

desfigura *vt., vr.* deformar(se); desfigurar *vt.*

desfiinţa *vt.* suprimir; abolir; anular; desmantelar; liquidar.

desfiinţare *f.* abolición; anulación; supresión; desmantelamiento; liquidación.

desfrânat *adj.* desenfrenado, inmoral.

desfrâu *n.* desenfreno, inmoralidad.

desfrunzi *vt., vr.* deshojar(se).

desfunda *vt.* *(o sticlă)* destapar, abrir.

deshăma *vt.* desenganchar.

desigur *adv.* seguramente, desde luego, claro que sí, por supuesto, por cierto.

desime *f.* espesor.

desiş *n.* espesura; matorral.

desluşi *vt.* 1. distinguir, divisar. 2. *(a înţelege)* comprender. 3. *(a lămuri)* aclarar.

desluşit *adj.* claro, preciso; inequívoco.

despacheta *vt.* desempaquetar, desembalar.

despădurire *f.* deforestación.

despăgubi *vt., vr.* resarcir(se), desquitar(se), compensar.

despăgubire *f.* compensación, resarcimiento; indemnización.

despărţi I. *vt., vr.* separar(se), dividir(se), desunir(se). II. *vr.*

1. *(a-şi lua rămas-bun)* despedirse. 2. *(a divorţa)* separarse, divorciar *vi.* 3. *(fam.)* romper *vi.*

despărţire *f.* 1. *(rămas-bun)* despedida. 2. desunión. 3. *(divorţ)* separación, divorcio.

despărţitură *f.* compartimiento; tabique *m.*

despături *vt.* desdoblar, desplegar.

despera *vi.* desesperar(se), desesperanzar(se).

desperare *f.* desesperación, desesperanza.

despica *vt.* hender, rajar.

despleti *vt.* desmelenar; soltar.

despot *m.* déspota *m.*

despotism *n.* despotismo.

despre *prep.* sobre, acerca de.

desprinde *vt., vr.* desprender(se); descolgar(se).

destăinui I. *vt.* divulgar, revelar. II. *vr.* sincerarse, confesarse.

destăinuire *f.* 1. descubrimiento. 2. confesión.

destin *n.* destino, sino, suerte *f.*

destina *vt.* 1. *(fonduri etc.)* asignar; afectar. 2. destinar.

destinatar *m.* destinatario.

destinaţie *f.* destinación ‖ *cu destinaţia* con destino a.

destinde *vt., vr.* 1. relajar(se); aflojar(se); distender(se). 2. *(a linişti)* sosegar(se).

destindere *f.* 1. relajación, relajamiento; *(şi pol.)* distensión. 2. sosiego.

destins *adj.* relajado; distendido.

destitui *vt.* destituir, deponer.

destituire *f.* destitución.

destoinic *adj.* capaz.

destrăbăla *vr.* desenfrenarse.

destrăma *vt., vr.* 1. deshilar(se), deshilachar(se). 2. *(fig.)* deshacer(se), desvanecer(se).

destul I. *adj.* bastante, suficiente. II. *adv.* bastante,; *(fig.)* harto ‖ ~ *de* bastante; *a fi ~* bastar. III. *interj.* ¡basta!.

destupa *vt.* destapar, descorchar, abrir (una botella).

desţeleni *vt.* roturar.

desuet *adj.* en desuso, vetusto.

deşănţat *adj.* licencioso.

deşert *adj., m.* desierto.

deşerta *vt.* vaciar; verter.

deşertăciune *f.* vanidad.

deşeu *n.* desperdicio.

deşi *conj.* aunque; bien que; aun cuando; si bien.

deşira *vt., vr. (a se desface)* deshacer(se); *(d. ochiuri)* desmallar(se); *(d. mărgele)* desensartar(se).

deşirat *adj. (lungan)* larguirucho.

deştept *adj.* listo, inteligente; *(fam.)* despejado.

deştepta *vt., vr.* despertar(se).

deşteptăciune *f.* inteligencia.

deşteptător *adj., m.* despertador.

deşucheat *adj.* desvergonzado.

deşuruba *vt., vr.* destornillar(se); desenroscar(se).

detaliat *adj.* detallado.

detaliu *n.* pormenor, detalle *m.*

detaşa I. *vt.* 1. *(a desface)* deshacer, desatar. 2. *(a trimite)* enviar. II. *vr.* 1. desprenderse. 2. *(fig.)* destacarse.

detaşabil *adj.* desmontable.

detaşament *n*. destacamento.

detaşare *f*. desprendimiento; (*fig.*) indiferencia.

detecta *vt*. detectar; descubrir.

detectiv *m*. detective *m*., investigador.

detecţiune *f*. detección

detenţie *f*. detención.

deteriora *vt*., *vr*. deteriorar(se); estropear(se); desgastar(se).

deteriorare *f*. deterioro; estropeo; desgaste *m*.

determina *vt*. determinar ‖ *a ~ să* impulsar a.

determinare *f*. determinación.

determinant *adj*. determinante, decisivo.

detesta *vt*. detestar; aborrecer.

detriment *n*. în *expr*.: în *~ul* (*cuiva*) en detrimento (de uno).

detunătură *f*. trueno; retumbo.

deturna *vt*. desviar.

deţine *vt*. tener, poseer.

deţinut *m*. detenido, preso, recluso.

deunăzi *adv*. el otro día.

devaloriza *vt*. desvalorar; (*moneda*) devaluar, depreciar.

devalorizare *f*. desvalorización; (*a monedei*) devaluación, depreciación

devansa *vt*. adelantar.

devasta *vt*. devastar, asolar.

developa *vt*. revelar.

deveni *vt*. llegar a ser; hacerse; ponerse; volverse, convertirse.

devia I. *vt*. desviar. II. *vi* desviarse.

deviere *f*. desviación; desvío.

deviză *f*. lema *m*.

devize *f.pl*. (*com*.) divisas *f.pl*.

devora *vt*. (*şi fig*.) devorar.

devota *vr*. consagrarse.

devotament *n*. abnegación; dedicación.

devotat *adj*. fiel.

devreme *adv*. temprano ‖ *cât mai ~ posibil* cuanto antes.

dexteritate *f*. habilidad; destreza.

dezacord *n*. desacuerdo.

dezacorda *vt*., *vr*. (*muz*.) desafinar(se).

dezagreabil *adj*. desagradable.

dezagrega *vr*. desagregarse; disgregarse.

dezamăgi *vt*. desilusionar, desengañar, decepcionar, defraudar.

dezamăgire *f*. desengaño, desilusión, decepción, desencanto, defraudación ‖ *a suferi o ~* llevarse un desengaño.

dezangajare *f*. (*mil*.) desenganche *m*.

dezaproba *vt*. reprobar, censurar, desaprobar.

dezaprobare *f*. reprobación, crítica, censura

dezarma *vt*., *vr*. desarmar(se).

dezarmare *f*. desarme *m*.

dezarmat *adj*. desarmado; indefenso.

dezarticula *vt*. desarticular.

dezastru *n*. desastre *m*., calamidad.

dezastruos *adj*. desastroso.

dezavantaj *n*. desventaja.

dezavantaja *vt*. desventajar.

dezaxa *vt*. descentrar; (*fig*.) desequilibrar.

dezbate *vt*. debatir.

dezbatere *f*. debate *m*.

dezbăra *vt*., *vr*. desacostumbrar(se).

dezbina *vt.* desavenir; desunir; enemistar.

dezbinare *f.* desavenencia; desunión; disensión.

dezbrăca *vt., vr.* quitar(se) (el vestido); *(fam.)* despojarse; *(a despuia)* desnudar(se).

dezdoi *vt., vr.* desdoblar(se).

dezechilibra *vt., vr.* desequilibrar(se).

dezechilibru *n.* desequilibrio.

dezerta *vi.* desertar.

dezertare *f.* deserción.

dezertor *m.* desertor.

dezgheț *n.* deshielo.

dezgheța *vt., vr.* deshelar(se).

dezghețat *adj. (fig.)* listo, vivo, despabilado, avispado.

dezgoli *vt., vr.* desnudar(se); *(a descoperi)* descubrir(se).

dezgropa *vt.* desenterrar, exhumar.

dezgust *n.* disgusto, asco, tedio.

dezgusta *vt.* disgustar; repugnar; empalagar; fastidiar.

dezgustător *adj.* repugnante, tedioso; *(grețos)* empalagoso, asqueroso.

dezice *vt., vr.* retractar(se), desdecir(se).

deziluzie *f.* desilusión, desengaño; *(fam.)* chasco.

deziluziona *vt.* desilusionar, desengañar.

dezinfecta *vt.* desinfectar.

dezinfectant *n.* desinfectante *m.*

dezinteres *n.* desinterés *m.*, indiferencia, desprendimiento.

dezintegra *vt., vr.* desintegrar(se).

dezinteresa *vr.* desinteresarse, descuidarse.

dezinvortură *f.* soltura, desembarazo, desenfado.

dezlănțui *vt., vr.* desencadenar(se).

dezlănțuit *adj.* desencadenado, incontenible.

dezlega **I.** *vt., vr.* desatar(se), soltar(se); desligar(se); *(un nod)* desanudar(se), correr(se). **II.** *vt.* **1.** *(o problemă)* resolver; *(a clarifica)* aclarar; *(a descifra)* descifrar. **2.** *(de o obligație)* eximir, dispensar. **3.** *(rel., de păcate)* absolver. **4.** *(de o vină)* absolver, exonerar, perdonar. **5.** *(de o vrajă)* desencantar.

dezlegare *f.* **1.** desatadura, desatamiento; desligadura, desligamiento. **2.** solución. **3.** *(îngăduire)* permiso, anuencia. **4.** *(de o obligație)* dispensa; exoneración. **5.** *(de păcat)* absolución. **6.** *(sport)* baja.

dezlipi *vt., vr.* desencolar(se), despegar(se).

dezmăț *n.* desenfreno, orgía.

dezmembra *vt., vr.* desmembrar(se); desarticular(se).

dezmetici *vr.* volver *vi.* en sí.

dezmierda *vt.* mimar, consentir.

dezmierdare *f.* caricia, halago.

dezminți *vt.* desmentir.

dezmorți *vr.* **1.** *(d. membre)* desentumecerse. **2.** *(a se dezgheța)* deshelarse. **3.** *(fig.)* animarse.

dezmoșteni *vt.* desheredar.

deznădăjdui *vi.* desesperar(se), desesperanzar(se) *vi., vr.*

deznădejde *f.* desesperación, desesperanza.

deznoda *vt.* desanudar, soltar.

deznodământ *n.* desenlace *m.*

dezobişnui *vt., vr.* desacostumbrar(se).

dezolant *adj.* deprimente, desolador.

dezolare *f.* desolación, desconsuelo.

dezonoare *f.* deshonor, deshonra.

dezonora *vt.* deshonrar, deshonorar.

dezordine *f.* desorden *m.*, desarreglo, confusión, trastorno ‖ *în ~ en* desorden, revuelto, sin orden ni concierto.

dezordonat *adj.* desordenado.

dezorganizare *f.* desorganización.

dezorienta *vt., vr.* desorientar(se), desconcertar(se).

dezorientare *f.* desorientación, desconcierto; confusión.

dezrădăcina *vt.* desarraigar.

dezrobi *vt.* liberar, libertar.

dezrobire *f.* liberación.

dezumaniza *vt.* deshumanizar.

dezumfla *vt., vr.* deshinchar(se), desinflar(se).

dezvălui *vt.* descubrir; *(fig.)* revelar.

dezveli *vt., vr.* descubrir(se).

dezvinovăţi *vt., vr.* disculpar(se).

dezvinovăţire *f.* disculpa.

dezvolta *vt., vr.* desarrollar(se), desenvolver(se); acrecentar(se); fomentar *vt.*

diabet *n.* diabetes *f.*

diademă *f.* diadema.

diafan *adj.* diáfano.

diagnostic *n.* diagnóstico.

diagonală *f.* diagonal *f.*

diagramă *f.* diagrama *m.*

dialect *n.* dialecto.

dialectică *f.* dialéctica.

dialog *n.* diálogo; coloquio.

diamant *n.* diamante *m.*

diametru *n.* diámetro.

diapozitiv *n.* diapositiva.

diaree *f.* diarrea.

diateză *f.* voz *f.*

diavol *m.* diablo, demonio, el malo.

diavolesc *adj.* diabólico.

dibaci *adj.* hábil, diestro, mañoso; *(priceput)* experimentado, ejercitado, entendido.

dibăcie *f.* destreza, habilidad, maña.

dibui I. *vt. (a găsi)* descubrir, hallar. II. *vi.* tantear, andar a tientas ‖ *pe ~te* a tientas, a tiento, a tino.

dichisi *vt., vr.* acicalar(se); componer(se), emperejilar(se).

dichisit *adj.* acicalado; endomingado; peripuesto, repeinado.

dicta *vt.* dictar.

dictare *f.* dictado ‖ *a scrie după ~* escribir al dictado.

dictat *n.* dictado.

dictator *m.* dictador.

dictatură *f.* dictadura.

dicţionar *n.* diccionario.

dicţiune *f.* dicción.

didactic *adj.* didáctico.

dietă *(pol., med.)* dieta.

dietetic *adj.* dietético.

diez *m. (muz.)* sostenido.

diferenţă *f.* diferencia, distinción ‖ *cu diferenţa că* a diferencia de que.

diferenţia *vt., vr.* diferenciar(se).

diferenţiere *f.* diferenciación, distinción.

diferi *vi.* diferir, discordar, distar ‖ *diferă de* es diferente a.

diferit *adj* diferente, distinto, diverso; *pl.* varios ‖ ~ *de* distinto a.

dificil *adj.* difícil, dificultoso.

dificultate *f.* dificultad; apuro.

diform *adj.* deforme.

diformitate *f.* deformidad.

diftong *m.* diptongo.

difuz *adj.* difuso.

difuza *vt.* difundir; propagar; divulgar; distribuir; *(la radio)* emitir.

difuzare *f.* difusión; divulgación; distribución; emisión.

difuzor *n.* altavoz *m.*

dig *n.* dique *m.*, malecón *m.*, muelle *m.*

digera *vt.* digerir.

digestie *f.* digestión.

digresiune *f.* digresión.

dihanie *f.* alimaña; monstruo.

dihor *m. (zool.)* turón *m.*

dijmă *f.* diezmo.

dilata *vt., vr.* dilatar(se).

dilemă *f.* dilema *m.*

diletant *m.* aficionado; diletante *m.*

dilua *vt.* desleír, diluir, aguar.

dimensiune *f.* dimensión; *(mărime)* tamaño.

dimineaţa *adv.* por la mañana.

dimineaţă *f.* mañana ‖ *de* ~ por la mañana; *dis-de* ~ de madrugada; *bună dimineaţa* buenos días; *a se scula de* ~ madrugar *vi.*

diminua *vt.* disminuir.

diminutiv *n.* diminutivo.

dimpotrivă *adv.* al contrario.

din *prep.* de, desde ‖ ~ *afară* desde fuera; ~ *ce în ce* cada vez más; *e* ~ *lemn* es de madera; *e* ~ *Bucureşti* es de Bucarest.

dinadins *adv.* adrede, de intento.

dinafară *adv.* 1. (a)fuera. 2. desde (a)fuera ‖ *pe* ~ **a.** por fuera, exteriormente; **b.** de memoria; *a fi pe* ~ *(fig.)* estar en pañales.

dinainte **I.** *adv.* 1. *(spaţial)* delante, enfrente. 2. *(temporal)* con antelación, antes. **II.** *adj.* anterior, delantero.

dinaintea *prep.* 1. (por) delante de, frente a. 2. *(în prezenţa)* ante, delante de.

dinam *n.* dinamo *f.*

dinamic *adj.* dinámico.

dinamism *n.* dinamismo.

dinamită *f.* dinamita.

dinapoi **I.** *adv.* detrás, atrás ‖ *pe* ~ por detrás. **II.** *adj.* posterior, trasero, de detrás, de atrás ‖ *partea de* ~ **a.** la parte posterior (*sau* de atrás); **b.** *(şezut)* el trasero.

dinapoia *prep.* (por) detrás de.

dinastie *f.* dinastía.

dinăuntru *adv.* dentro ‖ *pe* ~ por dentro.

dincoace *adv.* de la parte de acá; de esta parte, de este lado; en el lado de acá; más acá de ‖ *de* ~ de este lado.

dincolo *adv.* de la parte de allá; más allá, del otro lado; de aquella parte; en el lado de allá.

dinspre *adv.* de; desde; del lado de.

dintâi *adj.* primero ‖ *cel* ~ el primero.

dinte *m.* diente *m.*

dintotdeauna *adv.* desde siempre.

dintre *prep.* entre; de entre; de.

dintru *prep.* *în expr.*: *dintr-o dată* de una vez, de repente, de pronto; *~ început* desde el principio.

dioptrie *f.* dioptría.

diplomat I. *m.* diplomático. II. *adj.*, *m.* *(cu diplomă)* diplomado, titulado, graduado.

diplomaţie *f.* diplomacia.

diplomă *f.* 1. diploma *m.* 2. *(titlu)* título ‖ *~ de bacalaureat* título de bachiller; *~ universitară* título académico; *a-şi lua diploma* diplomarse, graduarse.

direct *adj.* directo.

directivă *f.* directriz *f.*, directiva.

director[1] *m.* director; gerente *m.* ‖ *~ de scenă* director de escena.

director[2] *adj.* director, rector ‖ *linie directoare* a. línea directriz b. *(geom.)* directriz *f.*

direcţie *f.* 1. dirección, rumbo. 2. *(conducere)* dirección, gerencia ‖ *~ generală* dirección general; *în direcţia* (con) rumbo a; *în direcţia aceasta* en esta dirección; *în ce ~?* ¿adónde?.

diriginte *m.* 1. *(de clasă)* (profesor) tutor, profesor responsable. 2. *(de poştă)* jefe *m.* de correos.

dirija *vt.* *(şi muz.)* dirigir; conducir; guiar.

dirijabil *n.* dirigible *m.*

dirijor *m.* director de orquesta.

disc *n.* *(muz., sport)* disco.

discernământ *n.* discernimiento.

discerne *vt.* discernir.

disciplina *vt.* disciplinar.

disciplină *f.* 1. disciplina. 2. *(de studiu)* asignatura, disciplina.

discipol *m.* discípulo.

discontinuu *adj.* discontinuo.

discordanţă *f.* discordancia; *(muz.)* desacuerdo.

discordie *f.* discordia; desacuerdo; disensión.

discotecă *f.* discoteca.

discredita *vt.* desacreditar, comprometer.

discrepanţă *f.* discrepancia.

discret *adj.* discreto.

discreţie *f.* discreción ‖ *la ~* a discreción.

discriminare *f.* discriminación.

discurs *n.* discurso ‖ *a ţine un ~* pronunciar un discurso.

discuta I. *vt.* hablar; *(în contradictoriu)* discutir; contender. II. *vt.* examinar, razonar.

discutabil *adj.* discutible.

discuţie *f.* discusión; *(în contradictoriu)* contienda; *(conversaţie)* conversación ‖ *care iese din ~* incuestionable; *fără ~* sin duda alguna.

dis-de-dimineaţă *loc. adv.* de madrugada.

diseară *adv.* esta noche.

disertaţie *f.* disertación.

disimula *vt.* disimular; ocultar; disfrazar.

disloca *vt.* dislocar, desplazar.

dislocare *f.* dislocación.

disocia *vt.* disociar.

disonanţă *f.* disonancia.

disparat *adj.* dispar, desigual, diferente.

dispariţie *f.* 1. desaparición. 2. *(pierdere)* pérdida.

dispărea *vi.* desaparecer.

dispensa I. *vt.* dispensar (de). II. *vr.* renunciar (a).

dispensar *n.* clínica, consultorio.

dispersa *vt., vr.* dispersar(se).

displăcea *vi.* desagradar.

disponibil *adj.* disponible.

disponibilitate *f.* disponibilidad.

dispozitiv *n.* dispositivo.

dispoziţie *f.* 1. *(ordine)* disposición, colocación, orden *m.* 2. *(sufletească)* (buen/ mal) humor *m.* 3. *(talent)* talento. 4. *(ordin)* orden *f.*; decisión; pedido; *(prevedere)* disposición, condición, requisito ‖ *a pune* (sau *a avea*) *la* ~ poner (sau tener) a disposición, facilitar.

dispreţ *n.* desdén *m.*, desprecio, desaire *m.*, menosprecio.

dispreţui *vt.* desdeñar, despreciar, menospreciar, tener en poco ‖ *de ~t* desdeñable.

dispreţuitor *adj.* desdeñoso, despreciador.

dispune I. *vt.* 1. *(a ordona)* disponer; mandar; ordenar. 2. *(a aranja)* arreglar. 3. *(a înveseli)* alegrar. II. *vi.* 1. *(de)* disponer (de); contar (con). 2. *(sport)* vencer. III. *vr.* alegrarse, divertirse.

dispus *adj.* dispuesto ‖ *prost* ~ malhumorado; *a fi bine (prost)* ~ estar de buen (mal) humor;

a fi ~ *să* estar dispuesto a (sau para).

disputa *vt., vr.* disputar(se).

dispută *f.* disputa.

distanţă *f.* distancia ‖ *la* ~ a distancia.

distila *vt.* destilar.

distilărie *f.* destilería.

distinct *adj.* distinto.

distinctiv *adj.* distintivo.

distincţie *f.* distinción.

distinge I. *vt.* 1. distinguir; diferenciar. 2. *(a zări)* divisar. II. *vr.* 1. distinguirse; sobresalir *vi.*, destacarse. 2. divisarse.

distins *adj.* distinguido, escogido.

distra *vt., vr.* divertir(se), entretener(se).

distractiv *adj.* divertido.

distracţie *f.* 1. diversión, pasatiempo, atracción ‖ *parc de distracţii* parque de atracciones. 2. *(neatenţie)* distracción.

distrage *vt.* distraer, apartar la atención.

distrat *adj.* distraído.

distribui *vt.* distribuir, repartir.

distribuţie *f.* 1. distribución. 2. *(teatru)* reparto.

district *n.* distrito.

distrugător I. *adj.* destructivo; ruinoso. II. *n. (mar.)* destroyer *m.*

distruge *vt.* destruir; *(şi fig.)* destrozar; *(fig.)* aniquilar.

distrugere *f.* destrucción, destrozo, aniquilación.

divan *n.* sofá *m.*, diván *m.*

divergent *adj.* divergente.

divergenţă *f.* divergencia.

divers *adj.* diverso, vario, multitudinario.

diversifica *vt., vr.* diversificar(se).

diversitate *f.* diversidad.

diversiune *f.* diversión.

divertisment *n.* divertimiento, diversión.

divide *vt.* dividir.

divin *adj.* divino.

diviniza *vt.* deificar.

diviza *vt.* dividir.

divizibil *adj.* divisible.

divizie *f.* división.

diviziune *f.* división.

divorţ *n.* divorcio.

divorţa *vi.* divorciar(se), separarse.

divulga *vt.* divulgar.

divulgare *f.* divulgación.

dizgraţios *adj.* falto de gracia, desgarbado.

dizolva *vt.* disolver, desleír.

dizolvant *adj., n.* solvente *m.*

do *m. (muz.)* do.

doagă *f.* duela ‖ *a-i lipsi o ~* faltarle un tornillo.

doamnă *f.* 1. señora. 2. *(stăpână)* dueña.

doar *adv.* sólo, solamente.

dobândă *f.* interés *m.*

dobândi *vt.* 1. adquirir; obtenir; lograr. 2. ganar.

dobândire *f.* adquisición, obtención, logro.

dobitoc I. *n.* animal, bestia. II. *m.* cretino; *(fam.)* calabaza.

doborâre *f.* abatimiento; derribo

doborî *vt.* abatir; derribar; tumbar.

doc *n.* 1. *(text.)* cotí *m.* 2. *(mar.)* dársena.

docher *m.* embarcador.

docil *adj.* dócil; maleable.

doct *adj.* docto.

doctor *m.* doctor, médico.

doctorat *n.* doctorado ‖ *teză de ~ tesis f.* doctoral; *a-şi lua ~ul (în)* doctorarse (en).

doctorie *f.* medicina.

doctrină *f.* doctrina.

document *n.* documento.

documenta *vr.* documentarse, investigar *vt.*

documentar *adj., n.* documental.

documentaţie *f.* documentación.

dogit *adj. în expr.: voce ~ă* voz ronca.

dogmatism *n.* dogmatismo.

dogmă *f.* dogma *m.*

dogoare *f.* bochorno.

dogori *vi.* abrasar, quemar.

dogoritor *adj. (şi fig.)* abrasador; tórrido, bochornoso.

doi *num. card.* dos ‖ *~ câte ~* dos por dos.

doică *f.* nodriza, niñera.

doilea *num. ord.* segundo ‖ *a doua oară* por la segunda vez.

doisprezece *num. card.* doce.

dojană *f.* reprensión, amonestación.

dojeni *vt.* reprender, amonestar.

dolar *m.* dólar *m.*

doliu *n.* luto, duelo ‖ *a fi în ~* estar de luto.

dolofan *adj.* regordete, gordi(n)flón.

dom *m.* domo.

domeniu *n.* dominio, campo, ramo, rama, área, ámbito.

domestic *adj.* 1. *(d. animale)* doméstico. 2. *(de casă)* casero.

domestici *vt.* domar, domesticar.

domicilia *vi.* tener el domicilio (en), vivir (en), residir.

domiciliu *n.* domicilio.

domina I. *vt. (şi fig.)* dominar.
II. *vi.* dominar, sobresalir, resaltar. III. *vr.* dominarse, contenerse.

dominant *adj.* dominante.

dominaţie *f.* dominación; dominio.

domn *m.* 1. señor ‖ ~*ul Juan* don Juan; ~*ul Sanchez* el señor Sánchez; ~*ule!* ¡señor!, ¡caballero! 2. *(ist.)* príncipe *m.* 3. *(stăpân)* dueño, amo.

domnesc *adj.* principesco.

domni *vi.* reinar.

domnie *f.* reinado.

domnişoară *f.* señorita.

domnitor *m.* príncipe *m.*

domol I. *adj.* quieto, lento, sosegado; *(blajin)* manso, apacible, suave. II. *adv.* despacio, lentamente.

domoli *vt., vr.* apaciguar(se), calmar(se), sosegar(se).

dona *vt.* donar.

donaţie *f.* donación, donativo.

dop *n.* 1. corcho, tapón *m.* 2. *(la pepene)* cala.

dor *n.* añoranza, morriña, nostalgia ‖ *a-i fi ~ (de)* echar de menos (a), extrañar (a).

dori *vt.* 1. desear, querer ‖ *a fi de ~t* ser conveniente. 2. añorar *vt.*, anhelar (a), aspirar (a). 3. *(insistent)* ambicionar *vt.* 4. *(a pofti)* apetecer, codiciar.

dorinţă *f.* 1. deseo, querer *m.*; *(fierbinte)* anhelo, afán *m.* 2. *(poftă)* apetito, gana.

dormi *vi.* dormir.

dormita *vi.* dormitar.

dormitor *n.* dormitorio, cuarto de dormir; *(Spania)* habitación.

dornic *adj.* deseoso; ansioso; ávido.

dos *n.* 1. *(partea din spate)* espalda; *(partea opusă feţei)* vuelta, dorso, revés *m.* 2. *(şezut)* trasero. 3. *(de pagină)* dorso, revés *m.* 4. *(de haină)* contrahaz *f.* ‖ *în* ~*ul* detrás; *pe* ~ al revés.

dosar *n.* 1. carpeta. 2. *(acte)* expediente *m.*; *(la un proces)* actuaciones *f.pl.*; *(teanc)* legajo ‖ *a înainta un* ~ iniciar un expediente.

dosi *vt.* 1. ocultar. 2. *(a fura)* hurtar.

dosnic *adj.* aislado, apartado, alejado.

dospi *vi.* fermentar.

dota *vt.* dotar, pertrechar, proveer.

dotare *f.* dotación, pertrechamiento, equipamiento.

dotă *f.* dote *m.* sau *f.*

douăzeci *num. card.* veinte.

dovadă *f.* prueba, muestra, evidencia; *(mărturie)* testimonio, atestación; *(chitanţă)* comprobante *m.*, recibo ‖ *a face* ~ hacer prueba.

dovedi I. *vt.* 1. probar, atestiguar; testimoniar; comprobar. 2. *(a manifesta)* mostrar. II. *vr.* mostrarse, revelarse.

dovleac *m.* 1. *(plantă)* calabacera. 2. *(fruct)* calabaza.

dovlecel *m.* calabacín *m.*

doza *vt.* dosificar.

doză *f.* dosis *f.*

drac *m.* diablo, demonio ‖ ~*e!* ¡caramba!, ¡caray!.

drag I. *adj.* querido; amado; cariñoso ‖ *cu* ~*ă inimă* de todo corazón. **II**. *n*. amor ‖ *de ~ul* por amor a; *a prinde ~ de* tomar cariño a, encariñarse con; encapricharse con.

dragoste *f. (pentru)* amor (a), cariño (a), querer *m*. ‖ *~ de patrie* amor a la patria.

drahmă *f. (monedă)* dracma.

drajeu *n*. gragea.

dramatic *adj*. dramático.

dramatiza *vt*. dramatizar.

dramaturg *m*. dramaturgo, dramático.

dramaturgie *f*. dramaturgia.

dramă *f*. drama *m*.

drapel *n*. bandera, estandarte *m*.

draperie *f*. colgadura; cortina.

drastic *adj*. drástico, severo.

drăcui *vt*. mandar al diablo.

drăgălaş *adj*. gracioso; mono; rico; precioso.

drăgălăşenie *f*. gracia; donaire *m*.; encanto; *(fam.)* monada.

drăgăstos *adj*. cariñoso, tierno.

drăguţ **I**. *adj*. **1**. bonito; guapo; mono; agradable. **2**. *(amabil)* amable, gentil. **II**. *m. (iubit)* amante *m*., querido.

dreaptă *f*. **1**. *(linea)* recta. **2**. *(la mano)* derecha. **3**. *(pol.)* (la) derecha ‖ *la dreapta* a la derecha.

drege *vt*. **1**. reparar, arreglar. **2**. *(fig.)* enmendar. **3**. *(o mâncare)* sazonar, aderezar.

drept **I**. *adj*. derecho; *(şi fig.)* justo; *(şi mat.)* recto ‖ *drum ~* camino recto. **II**. *adv*. directamente, derecho, rectamente. **III**. *n*. **1**. derecho. **2**. *(ştiinţă)* derecho, leyes *f.pl*. ‖ *~ de*

autor derecho de autor; *de ~* de derecho; *de-a ~ul* a campo traviesa; *la ~ vorbind* a decir verdad; *a se da ~* hacerse pasar por; *a studia ~ul* estudiar derecho *(sau* leyes) **IV**. *prep*. por ‖ *~ care* por consiguiente; *~ la* derecho a.

dreptate *f*. **1**. justicia ‖ *a cere ~* pedir justicia. **2**. razón *f*. ‖ *a avea ~* tener razón, no faltarle razón; *a da ~* dar la razón; *pe bună ~* no es para menos.

dreptunghi *n*. rectángulo.

dresa *vt*. amaestrar, adiestrar.

dresaj *n*. adiestramiento.

dresor *m*. domador.

dribla *vt*., *vi*. driblar.

dric *n*. carro fúnebre.

droaie *f*. montón *m*.; tropel *m*.; nube *f*.; *(de copii)* muchachería, chiquillería.

drog *n*. droga ‖ *dependenţă la droguri* drogadicción; *trafic de droguri* narcotráfico.

drogat *adj*., *m*. **1**. drogado. **2**. *(dependent de droguri)* drogadicto.

drogherie *f*. droguería.

drojdie *f*. **1**. *(de dospit)* levadura. **2**. *(de cafea etc.)* poso, sedimento; *(şi fig.)* hez *f*.

dropie *f*. avutarda.

drug *n*. barra.

drum *n*. **1**. camino ‖ *~ cu prioritate* vía preferente; *în ~* en el camino; *în ~ spre* con rumbo a, camino de; *peste ~* enfrente; *a bate ~urile* azotar *(sau* recorrer) calles; *a porni la ~*

ponerse en camino; *a sta în ~*
embarazar el paso. **2.** *(fig.)* vía,
senda, camino, rumbo, ruta ‖ *a-şi*
croi ~ abrirse paso; *a da ~ul*
soltar; *pe toate ~urile* por do-
quier(a). **3.** *(călătorie)* viaje *m.*
‖ *~ bun!* ¡feliz *(sau* buen) viaje!.

drumeţ *m.* caminante *m.*

dubă *f.* furgón *m.*

dubios *adj.* **1.** dudoso. **2.** sospe-
choso.

dubiu *n.* duda.

dubla *vt.* **1.** doblar, duplicar.
2. *(căptuşi)* forrar (con, de).

dublu *adj., m., adv.* doble *(m.)* ‖
a plăti ~ pagar el doble.

dublură *f.* **1.** *(teatru)* doble *m.* **2.**
(căptuşeală) forro.

duce I. *vt.* **1.** llevar, traer ‖ *a ~ cu*
sine llevar encima; *a ~ la bun*
sfârşit llevar a buen término.
2. *(a conduce)* acompañar. **II.** *vi.*
(la, spre) llevar (a, hacia) ‖ *a o*
~ (bine sau rău) pasarlo (bien
sau mal); *a o ~ greu* vivir de
milagro; *drumul ~ la* el camino
lleva a. **III.** *vr.* irse, marcharse
IV. *m.* duque *m.*

ducere *f.* ida.

ducesă *f.* duquesa.

dud *m.* moral.

dudă *f.* mora.

dudui *vi.* **1.** *(d. foc)* crepitar,
chisporrotear. **2.** *(d. o maşină)*
trepidar.

duel *n.* duelo.

duela *vr.* batirse en duelo.

duet *n.* dúo, dueto.

dugheană *f.* tiendecilla.

duh *n.* **1.** *(suflet)* ánimo, alma,
espíritu *m.* **2.** *(arătare)* ánima,
aparecido ‖ *om de ~* chistoso;
sărac cu ~ul simplón; *vorbă*
de ~ chiste *m.*; *a-şi da ~ul*
estirar la pata.

duhni *vi.* heder.

duhoare *f.* hedor.

duhovnic *m.* confesor.

duios *adj.* tierno.

duioşie *f.* ternura.

dulap *n.* armario; ropero; *(în*
perete) alacena; *(Am.)* clóset *m.*

dulău *m.* mastín *m.*

dulce I. *adj.* dulce; *(fig.)* blando;
cariñoso. **II.** *n. pl. (dulciuri)*
dulces *m. pl.,* golosinas *f.pl.*

dulceag *adj.* dulzón.

dulceaţă 1. confitura. **2.** *(însu-*
şire) dulzor; *(şi fig.)* dulzura.

dulgher *m.* carpintero.

dulgherie *f.* carpintería.

dumbravă *f.* floresta, bosque *m.*

dumeri *vr.* caer en la cuenta,
darse cuenta (de).

dumicat *m.* bocado.

duminică *f.* domingo.

dumneata *pron. pers.* usted.

dumneavoastră *pron. pers.*
usted, *pl.* ustedes.

Dumnezeu *m.* Dios *m.* ‖ *pentru*
~ ¡por Dios!; *să mă ferească*
~ Dios me libre.

dună *f.* médano.

dunărean *adj.* danubiano.

dungat *adj.* rayado.

dungă *f.* raya ‖ *~ la pantalon*
raya.

după *prep.* **1.** *(temporal)* después
de; tras; dentro de ‖ *~ aceea*

luego, seguidamente; ~ *amia-*
ză por la tarde; ~ *ce* después
de que. 2. *(spaţial)* detrás de,
tras. 3. *(potrivit cu)* según,
conforme a ‖ ~ *cât se pare* al
parecer; ~ *cum* según y con-
forme; ~ *împrejurări* según
las circunstancias; ~ *mine*
según mi opinión.

după-amiază I. *f.* tarde *f.* ‖
astăzi ~ esta tarde. **II.** *adv.*
por la tarde.

duplicat *n.* duplicado.

dur *adj.* duro; *(şi fig.)* recio.

dura *vi.* (per)durar; persistir;
permanecer.

durabil *adj.* duradero.

durată *f.* duración, período,
intervalo; extensión.

durduliu *adj.* regordete, re-
choncho

durea *vt.* **1.** doler. **2.** *(fig.)* doler,
sentir, afligir.

durere *f.* dolor; sufrimiento; *(fig.)*
pesar *m.* ‖ ~ *de cap* dolor de
cabeza; *a pricinui* ~ causar
dolor *(sau* pena).

dureros *adj.* doloroso.

duritate *f.* dureza.

dus *n.* ida ‖ ~ *şi întors* ida y vuelta.

duş *n.* ducha ‖ *a face un* ~ tomar
una ducha, ducharse.

duşcă *f.* trago ‖ *a trage o* ~
echar *(sau* tomar) un trago.

duşman *m.* enemigo.

duşmăni *vt., vr.* enemistar(se).

duşmănie *f.* enemistad.

duşmănos *adj.* hostil, enemigo.

duşumea *f.* suelo; entablado;
pavimento de madera.

du-te-vino *m.* vaivén *m.*

duzină *f.* docena ‖ *de* ~ ordi-
nario, del montón; *(prost lu-
crat)* mal hecho.

E

ebraic *adj.* hebraico.

ebrietate *f.* ebriedad.

echilibra *vt., vr.* equilibrar(se); abalanzar *vt.*

echilibru *n.* equilibrio.

echinocţiu *n.* equinoccio.

echipa *vt., vr. (cu, pentru)* equipar(se) (con, para); habilitar(se).

echipaj *n.* tripulación.

echipament *n.* equipo; pertrechos *m.pl.*

echipă *f.* 1. equipo; cuadrilla. 2. *(sport)* equipo; *(de fotbal)* oncena.

echitabil *adj.* equitativo.

echitate *f.* equidad.

echivala *vi. (cu)* equivaler (a).

echivalare *f.* 1. equivalencia. 2. *(de studii)* convalidación.

echivalent *adj.* equivalente.

echivoc *m., adj. (şi fig.)* equívoco.

eclipsa *vt., vr. (şi fig.)* eclipsar(se).

eclipsă *f.* eclipse *m.*

ecluză *f.* esclusa.

ecolog *m.* ecologista *m.* şi *f.*

ecologie *f.* ecología.

economic *adj.* económico.

economie *f.* 1. economía ‖ ~ de piaţă economía del mercado. 2. ahorro ‖ casă de economii caja de ahorros.

economisi *vt.* ahorrar.

economist *m.* economista *m.* şi *f.*

ecou *n.* eco.

ecran *n.* pantalla ‖ ~ lat (panoramic) pantalla ancha (panorámica); *pe* ~ en la pantalla; *pe micul* ~ en la pequeña pantalla; *a transpune pe* ~ llevar a la pantalla.

ecuator *n.* ecuador.

ecuaţie *f.* ecuación.

ecuson *n.* emblema *m.*, distintivo.

ecvestru *adj.* ecuestre.

edict *n.* edicto.

edifica I. *vt.* 1. construir, edificar. 2. *(fig.)* aclarar, esclarecer, dilucidar. II. *vr.* aclararse, estar claro.

edificiu *n.* edificio.

edilitar *adj.* edilicio.

edita *vt.* editar, publicar.

editor *m.* editor.
editorial *adj., n.* editorial.
editură *f.* editorial *f.*
ediţie *f.* edición ‖ ~ *specială*
extraordinario, edición
especial.
educa I. *vt.* educar, criar. II. *vt.*,
vr. instruir(se), civilizar(se).
educativ *adj.* educativo.
educator *adj., m.* educador.
educaţie *f.* educación, instrucción
‖ ~ *fizică* educación física.
efect *m.* 1. efecto; *(şi consecinţă)*
resultado ‖ ~*e de lumină*
efectos de luces; *cu* ~ *contrar*
contraproducente; *a produce*
~*e* hacer efectos. 2. *(impresie)*
efecto, impresión; *(puternică)*
impacto. 3. *pl. (obiecte)* efec-
tos *m.pl.*, cosas *f.pl.*, artículos
m.pl., ropaje *m.*
efectiv *adj., n.* efectivo.
efectua *vt., vr.* efectuar(se), reali-
zar(se), llevar(se) a cabo.
efemer *adj.* efímero, fugaz, pa-
sajero.
efervescenţă *f.* efervescencia.
eficace *adj.* eficaz.
eficacitate *f.* eficacia.
eficient *adj.* eficiente.
efigie *f.* efigie *f.*
efort *n.* esfuerzo; *(strădanie)*
empeño, afán *m.*
efuziune *f.* efusión ‖ *plin de* ~
efusivo.
egal I. *adj., adv.* igual ‖ *fără* ~
sin par; *a fi* ~ *cu* ser igual a;
mi-e ~ me da igual. II. *m.* igual.
egala *vt.* 1. igualar, hacer iguales.
2. *(sport)* empatar.
egalare *f.* 1. igualación. 2. *(sport)*
empate *m.*

egalitate *f.* 1. igualdad. 2. *(sport)*
empate *m.*
egaliza *vt.* igualar.
egiptean *adj., m.* egipcio.
egoism *n.* egoísmo.
egoist *adj., m.* egoista *m.* şi *f.*
egretă *f. (zool.)* garceta.
el, ea, ei, ele *pron. pers.* él, ella,
ellos, ellas.
elabora *vt.* elaborar.
elaborare *f.* elaboración.
elan I. *m. (zool.)* alce *m.* II. *n.*
(avânt) ímpetu *m.*; impulso;
(entuziasm) entusiasmo.
elastic *adj., n.* elástico.
elasticitate *f.* elasticidad.
electoral *adj.* electoral.
electric *adj.* eléctrico.
electrician *m.* electricista *m.*
electricitate *f.* electricidad.
electrifica *vt.* electrificar.
electrificare *f.* electrificación.
electron *m.* electrón *m.*
electronic *adj.* electrónico.
electronică *f.* electrónica.
electronist *m.* electronista *m.*,
ingeniero electrónico.
electrotehnică *f.* electrotecnia.
elefant *m.* elefante *m.*
elegant *adj.* elegante; *(fam.)* majo.
eleganţă *f.* elegancia.
elegie *f.* elegía.
element *n.* elemento ‖ *a fi în* ~*ul*
său estar en su elemento.
elementar *adj.* elemental ‖ *şcoală*
~*ă* escuela primaria.
eleşteu *n.* estanque *m.*
elev *m.* 1. alumno, educando; estu-
diante *m.* 2. *(discipol)* discí-
pulo.

elibera I. *vt.* 1. liberar; libertar; soltar; emancipar. 2. *(un act)* extender, librar. 3. *(un loc sau spaţiu)* desocupar. II. *vr.* 1. liberarse; libertarse; emanciparse. 2. *(de obligaţie)* liberarse, librarse; *(fig.)* desahogarse. 3. *(un loc)* desocuparse.

eliberare *f.* 1. liberación; emancipación; libramiento. 2. *(de obligaţie)* exención, descargo. 3. *(predare)* entrega; *(a unui act)* extensión. 4. *(a unui loc)* desocupación, desalojamiento.

eliberator *m.* libertador.

elice *f.* hélice *f.*

elicopter *n.* helicóptero.

elimina *vt.* eliminar, excluir.

eliminare *f.* eliminación, exclusión.

elipsă *f.* 1. *(geom.)* elipse *f.* 2. *(gram.)* elipsis *f.*

elită *f.* flor *f.* (y nata); crema; lo más granado.

elocinţă *f.* elocuencia.

elocvent *adj.* elocuente.

elogia *vt.* elogiar.

elogiu *n.* elogio.

elucida *vt.* dilucidar, esclarecer.

elveţian *adj., m.* suizo.

email *n.* esmalte *m.*

emana I. *vt.* despedir, emanar;*(un miros)* exhalar. II. *vi.* provenir; nacer, originarse *vr.*

emanaţie *f.* emanación.

emancipa *vt., vr.* emancipar(se).

emancipare *f.* emancipación.

emblemă *f.* emblema *m.*, símbolo.

embrion *n.* embrión *m.*

emerit *adj.* benemérito, emérito, de mérito.

emfatic *adj.* enfático; *(d. stil)* ampuloso.

emfază *f.* énfasis *m.*

emigra *vi.* emigrar.

emigrant *m.* emigrante *m.*

emigrare *f.* emigración.

eminent *adj.* sobresaliente; insigne, eximio.

emisar *m.* emisario.

emisferă *f.* hemisferio ‖ ~ *australă (boreală)* el hemisferio austral (boreal).

emisiune *f.* emisión.

emite *vt.* 1. emitir. 2. *(o teorie)* enunciar, emitir, expresar. 3. *(radio)* emitir, transmitir.

emitere *f.* 1. emisión. 2. *(com.)* emisión, expedición, entrega.

emiţător *n.* *(de radio)* emisora.

emotiv *adj.* emotivo.

emotivitate *f.* emotividad.

emoţie *f.* emoción.

emoţiona *vt.* emocionar, conmover.

emoţionant *adj.* emocionante, conmovedor.

empiric *adj.* empírico.

emulaţie *f.* emulación.

enciclopedie *f.* enciclopedia.

energetic *adj.* energético.

endocrinolog *m.* endocrinólogo.

endocrinologie *f.* endocrinología.

energic *adj.* 1. enérgico. 2. *(fig.)* firme, vigoroso, recio.

energie *f.* 1. energía. 2. *(fig.)* vigor; dinamismo.

enerva *vt., vr.* irritar(se), poner(se) nervioso; alterar(se).

enervant *adj.* irritante.

enervare *f.* irritación.

englez(esc) *adj., m.* inglés *m.*

enigmatic *adj.* enigmático, misterioso.

enigmă *f.* enigma *m.*; incógnita.

enoriaş *m.* parroquiano, feligrés *m.*

enorm **I.** *adj.* enorme; *(fig.)* ingente. **II.** *adv.* sumamente, enormemente.

enormitate *f.* 1. enormidad. 2. *(prostie)* disparate *m.*, barbaridad.

entitate *f.* entidad.

entorsă *f.* esguince *m.*

entuziasm *n.* entusiasmo, fervor.

entuziasma *vt., vr.* entusiasmar(se).

entuziast *adj., m.* entusiasta *m., f.*

enumera *vt.* enumerar.

enumerare *f.* enumeración, relación.

enunţ *n.* enunciado.

enunţare *f.* enunciación.

enunţa *vt.* enunciar.

epavă *f.* 1. pecio. 2. *(fig.)* ruina.

epic *adj.* épico.

epicentru *n.* epicentro.

epidemie *f.* epidemia.

epidermă *f.* epidermis *f.*

epigon *m.* epígono.

epigramă *f.* epigrama *m.*

epileptic *adj.* epiléptico.

epilog *n.* epílogo.

episcop *m.* obispo.

episcopat *n.* obispado.

episod *n.* episodio.

epistolă *f.* epístola, carta.

epitaf *n.* epitafio.

epitet *n.* epíteto.

epocal *adj.* que hace época; ruidoso; memorable.

epocă *f.* época, edad ‖ *epoca de piatră (a bronzului)* la edad de piedra (del bronce); *epoca modernă* la edad moderna; *a face* ~ *hacer época;* *în epoca aceea* en aquel entonces.

epopee *f.* epopeya.

eprubetă *f.* tubo de ensayo, probeta.

epuiza **I.** *vt., vr.* agotar(se). **II.** *vr.* *(fig.)* extenuarse, consumirse.

epuizare *f.* agotamiento; extenuación.

erată *f.* fe *f.* de erratas, erratas advertidas.

eră *f.* era, época.

erbicide *f.* herbicidas *f.pl.*

ereditar *adj.* hereditario.

ereditate *f.* herencia.

erete *m.* gavilán *m.*

eretic **I.** *adj.* herético. **II.** *m.* hereje *m.*

erezie *f.* herejía.

ermetic *adj.* hermético.

ermetism *n.* hermetismo.

eroare *f.* error, equivocación; falta ‖ *a induce în* ~ inducir a/en error.

eroic *adj.* heroico.

eroină *f.* heroína.

eroism *n.* heroísmo.

eronat *adj.* erróneo; equivocado; inexacto; no verdadero.

erou *m.* héroe *m.*

erudit *adj., m.* erudito.

erudiţie *f.* erudición.

erupe *vi.* 1. entrar en erupción. 2. *(med.)* brotar, salpullir.

erupţie *f.* *(şi med.)* erupción.

escadrilă *f.* escuadrilla.

escadron *n.* escuadrón *m.*

escalada *vt.* escalar.

escaladare *f.* escalamiento, escalada.

escală *f.* escala.

escapadă *f.* escapatoria.

eschimos *m.* esquimal.

eschiva *vt., vr.* eludir *vt.,* esquivar(se).

escorta *vt.* escoltar.

escortă *f.* escolta.

escroc *m.* estafador, trampeador.

escroca *vt.* estafar, timar.

escrocherie *f.* estafa, trampa.

eseist *m.* ensayista *m.* şi *f.*

esenţă *f.* esencia.

esenţial *adj.* esencial, básico, capital.

eseu *n.* ensayo.

est *n.* este *m.,* oriente *m.*

estet *m.* esteta *m.*

estetic *adj.* estético.

estetică *f.* estética.

estima *vt.* estimar (en), valorar.

estompa *vt., vr.* esfumar(se), esfuminar *vt.*

estompare *f.* esfumación.

estradă *f.* estrado, tarima ‖ *teatru de* ~ teatro de variedades.

estuar *n.* estuario; ría.

eşafod *n.* cadalso.

eşalon *n.* escalón *m.*

eşalona *vt., vr.* escalonar(se).

eşalonare *f.* escalonamiento.

eşantion *n.* muestra.

eşapament *n.* escape *m.* ‖ *ţeavă de* ~ tubo de escape.

eşarfă *f.* pañuelo.

eşec *n.* fracaso; fallo.

eşua *vi.* 1. fracasar; fallar. 2. *(mar. şi fig.)* encallar.

etaj *n.* piso.

etajeră *f.* anaquel *m.*

etala *vt.* exhibir, ostentar; lucir; hacer alarde (de).

etalon *n.* patrón *m.*

etamină *f.* estameña.

etanş *adj.* estanco, hermético.

etapă *f.* etapa; *(sport)* jornada.

etate *f.* edad ‖ *în* ~ entrado en años.

eter *n.* éter *m.*

etern *adj.* eterno.

eternitate *f.* eternidad.

eterniza *vt.* eternizar.

eterogen *adj.* heterogéneo.

etic *adj.* ético.

etică *f.* ética.

eticheta *vt.* 1. rotular. 2. *(fig.)* clasificar. 3. *(fig.)* tachar (de).

etichetă *f.* 1. marbete *m.,* rótulo, letrero. 2. *(fig.)* etiqueta.

etimologie *f.* etimología.

etnic *adj.* étnico.

etnografie *f.* etnografía.

eu *pron. pers.* yo ‖ ~ *însumi* yo mismo; *vin şi* ~ vengo yo también.

euforie *f.* euforia.

european *adj., m.* europeo.

ev *n.* época, edad ‖ ~*ul mediu* la edad media, el medioevo.

evacua *vt.* evacuar; desahuciar; desalojar.

evacuare *f.* evacuación.

evada *vi.* evadirse *vr.*

evadare *f.* evasión.

evadat *adj., m.* evadido, fugitivo.

evalua *vt.* evaluar, estimar, valuar.

evaluare *f.* evaluación, estimación, valuación.

evanghelie *f.* evangelio.

evantai *n.* abanico.

evapora *vt., vr.* vaporizar(se), evaporar(se).

evaporare *f.* vaporización, evaporación.

evaziune *f.* evasión.

evaziv *adj.* evasivo.

eveniment *n.* acontecimiento; suceso.

eventual I. *adj.* eventual, posible. **II.** *adv.* eventualmente.

eventualitate *f.* eventualidad; contingencia.

evident I. *adj.* evidente, claro, obvio, patente. **II.** *adv.* evidentemente.

evidenţă *f.* evidencia ‖ *a ieşi în ~* destacar(se); *a scoate în ~* poner de manifiesto, poner de relieve, destacar.

evidenţia I. *vt.* evidenciar. **II.** *vr.* sobresalir *vi.*, resaltar *vi.*, destacar(se) *vi.*, *vr.*

evita *vt.* (*şi fig.*) evitar, esquivar, rehuir; (*fig.*) eludir, zanjar.

evlavie *f.* piedad.

evlavios *adj.* devoto, pío, piadoso.

evoca *vt.* evocar.

evocare *f.* evocación.

evolua *vi.* **1.** evolucionar. **2.** (*d. artişti*) actuar.

evolutiv *adj.* evolutivo.

evoluţie *f.* evolución.

evreu *m.* judío, hebreo.

exact I. *adj.* exacto, preciso, justo. **II.** *adv.* exactamente, precisamente, justamente ‖ *e ~ ora cinci* son las cinco en punto.

exactitate *f.* exactitud *f.*, puntualidad ‖ *cu ~* con exactitud; (*fig.*) a punto fijo.

exagera I. *vt.* exagerar; (*a umfla*) hinchar, inflar, abultar. **II.** *vi.* exagerar; excederse (en) *vr.*; (*fam.*) pasarse.

exagerare *f.* exageración.

exalta *vt.*, *vr.* exaltar(se).

examen *n.* examen *m.*; concurso; prueba ‖ *~ de admitere* examen de ingreso; *~ medical* examen (*sau* chequeo) médico; *a avea ~e* estar de exámenes; *a da un ~* examinarse (en); *a lua un ~* aprobar un examen; *a pica la ~* fracasar, (*fam.*) llevar calabazas; *a trânti la un ~* suspender, (*fam.*) dar calabazas; *a trece ~ele* pasar las pruebas.

examina *vt.* **1.** examinar. **2.** (*a cerceta*) investigar; fondear.

examinator *m.* examinador.

exaspera *vt.* exasperar.

excavator *n.* excavadora.

excedent *n.* (*de bagaje*) exceso (de equipaje).

excela *vt.* sobresalir, descollar.

excelent *adj.* excelente; inmejorable; (*fam.*) de primera.

excelenţă *f.* excelencia ‖ *prin ~* por excelencia.

excentric *adj.* excéntrico, extravagante.

excepta *vt.* exceptuar.

excepţie *f.* excepción ‖ *cu excepţia* salvo, excepto, con la excepción de, a excepción de; *fără ~* sin excepción.

excepţional *adj.* excepcional.

exces *n.* exceso, abuso.

excesiv I. *adj.* excesivo, extremoso, desmesurado. **II.** *adv.* excesivamente, en demasía, en exceso.

excita *vt.*, *vr.* excitar(se); provocar *vt.*

exclama *vt.* exclamar.

exclamare, exclamaţie *f.* exclamación.

exclude *vt.* 1. excluir. 2. *(a nu admite)* descartar, rechazar ‖ *a nu fi exclus* no descartarse.

excludere *f.* exclusión.

exclusiv I. *adj.* exclusivo, excluyente. II. *adv.* exclusivamente, exclusive; excluyentemente.

exclusivitate *f.* exclusiva ‖ *în ~ en* exclusiva.

excomunica *vt.* excomulgar.

excrement *n.* excremento.

excursie *f.* excursión ‖ *a merge în ~* ir de excursión.

excursionist *m.* excursionista *m.* şi *f.*

executa *vt.* 1. *(a îndeplini)* efectuar; cumplir (con). 2. *(muz.)* tocar, interpretar. 3. *(un condamnat)* ejecutar.

executant *m.* *(com.)* contratista *m.*

executare, execuţie *f.* ejecución.

executiv *adj.* ejecutivo.

exemplar *adj., n.* ejemplar *m.*

exemplifica *vt.* ejemplificar.

exemplu *n.* ejemplo ‖ *de ~* por ejemplo; *după ~ul* a ejemplo de.

exercita *vt.* ejercer.

exerciţiu *n.* ejercicio.

exersa *vi.* ensayarse; adiestrarse.

exigent *adj.* exigente.

exigenţă *f.* exigencia.

exil *n.* destierro, exilio.

exila *vt., vr.* desterrar(se), exilar(se).

exista *vi.* existir, haber ‖ *există* hay.

existent *adj.* existente.

existenţă *f.* existencia ‖ *a-şi câştiga existenţa* ganarse la vida.

exmatricula *vt.* excluir; expulsar; cancelar la matrícula.

exmatriculare *f.* eliminación; expulsión; cancelación de la matrícula.

exod *n.* éxodo.

exorbitant *adj.* exorbitante.

exotic *adj.* exótico.

expansiune *f.* expansión.

expatria *vr.* expatriarse.

expedia *vt.* enviar, mandar, remitir, expedir.

expediere *f.* envío, expedición, despacho.

expeditor *m.* remitente *m.*

expediţie *f.* expedición.

experienţă *f.* 1. experiencia ‖ *din ~* de su experiencia. 2. *(de laborator)* experimento ‖ *~ în societate* trato de gentes; *cu ~* experimentado; *lipsă de ~* inexperiencia; *a avea ~ de viaţă* tener mucho mundo.

experiment *n.* experimento.

experimenta *vt.* experimentar, ensayar.

experimental *adj.* experimental.

expert I. *m.* perito, experto. II. *adj.* experto, competente.

expertiză *f.* peritaje *m.*, dictamen *m.*

expira I. *vt.* *(med.)* espirar. II. *vi.* *(d. un termen)* vencer, caducar, expirar.

expirare *f.* *(a unui termen)* vencimiento, caducidad.

explica I. *vt.* explicar, aclarar. II. *vr.* justificarse, sincerarse.

explicabil *adj.* explicable.

explicaţie *f.* explicación ‖ *a avea o ~* carearse.

explicit *adj.* explícito.

exploata *vt.* *(şi fig.)* explotar.

exploatare *f.* *(şi fig.)* explotación.

exploatator *m*. explotador.

exploda *vi*. estallar; *(d. un cauciuc)* reventar.

explora *vt*. explorar.

explorator *m*. explorador, descubridor.

explozie *f*. explosión; estallido.

explozibil *adj*. explosible.

exploziv *adj., m*. explosivo.

exponat *n*. muestra.

exponent *m*. exponente *m*.

export *n*. exportación.

exporta *vt*. exportar.

exportator *m*. exportador.

expoziţie *f*. exposición.

expres I. *n*. 1. tren expreso. 2. *(bufet)* snack bar *m*., self-service *m*. II. *adj*. expreso, claro. III. *adv*. expresamente.

expresie *f*. 1. expresión. 2. *(locuţiune)* giro, frase *f*., modismo.

expresionism *n*. expresionismo.

expresiv *adj*. expresivo.

exprima *vt., vr*. expresar(se), manifestar(se).

exprimare *f*. expresión, manifestación.

expropria *vt*. expropiar.

expropriere *f*. expropiación.

expulza *vt*. expulsar.

expune *vt., vr*. exponer(se).

expunere *f*. exposición.

expus *adj*. expuesto.

extaz *n*. éxtasis *m*., arrebato.

extazia I. *vt*. arrebatar, arrobar. II. *vr*. extasiarse, embelesarse, arrobarse.

extensiune *f*. extensión.

extenua *vt., vr*. extenuar(se), agotar(se).

extenuare *f*. extenuación, agotamiento.

exterior *adj., n*. exterior ‖ în ~ a. fuera; b. *en el extranjero*.

exterioriza *vt., vr*. exteriorizar(se).

extermina *vt*. exterminar.

exterminare *f*. exterminio.

extern *adj*. exterior; externo; de fuera ‖ *pentru uz* ~ para uso externo; *Ministerul Afacerilor* ~ el Ministerio de Asuntos Exteriores.

extinde *vt., vr*. extender(se); proliferar *vi*.

extindere *f*. extensión; ampliación; proliferación.

extorca *vt*. extorcionar.

extorcare *f*. extorción.

extracţie *f*. extracción.

extrage *vt*. *(şi fig.)* extraer, sacar.

extraordinar *adj*. extraordinario, excepcional; *(fam.)* nunca visto ‖ ~ *de* sumamente, extraordinariamente.

extras *n*. 1. extracto. 2. certificado. 3. *(tip.)* separata, tirada aparte.

extravagant *adj*. extravagante, excéntrico; raro; estrambótico.

extravaganţă *f*. extravagancia, excentricidad; extrañeza; rareza

extrădare *f*. extradición.

extrem *adj*. extremo ‖ ~ *de* extremadamente, sumamente, en extremo; *până la* ~ a ultranza.

extremă *f*. 1. extremo. 2. *(sport)* extremo, exterior, lateral.

extremitate *f*. extremidad, extremo.

exuberant *adj*. exuberante.

exuberanţă *f*. exuberancia; fogosidad.

ezita *vi*. vacilar, hesitar, titubear.

ezitare *f*. vacilación, titubeo.

F

fa *m.(muz.)* fa *m.*
fabrica *vt.* fabricar, producir.
fabricant *m.* fabricante *m.*, industrial.
fabricaţie *f.* fabricación.
fabrică *f.* fábrica.
fabulă *f.* fábula.
fabulos *adj.* fabuloso.
face I. *vt.* 1. hacer. 2. *(a clădi)* construir, alzar. 3. *(mâncare)* cocinar, guisar, preparar. 4. *(mat.)* ser ‖ *a ~ bine (pe)* curar (a); *a ~ cunoscut* dar a conocer; *a ~ după cum îl taie capul* obrar a su modo; *a ~ impresie* causar (una) impresión; *a ~ o greşeală* cometer un error; *a ~ plimbare* dar un paseo (*sau* una vuelta); *a ~ o surpriză* proporcionar una sorpresa; *a ~ un bine* hacer el bien; *a ~ un rău* hacer daño; *a nu avea ce ~* no tener que hacer ; *ce are a ~?* ¿qué tiene que ver? ; *ce mai ~ţi?* ¿cómo está usted?; *ce mai faci?* ¿qué tal?; *ce să-i*

faci? ¿qué le vamos a hacer?; *mă faci să plec* me obligas a salir. **II.** *vi.* 1. *(a valora)* valer. 2. hacer, proceder ‖ *a ~ pe* hacer (el), echárselas; *a i-o ~ cuiva* jugársela(s) a uno; *a o ~ la stânga* torcer a la izquierda; *a- şi ~ de cap* obrar a su capricho; *a-şi ~ iluzii* forjarse ilusiones; *a-şi ~ o haină* hacerse un traje; *cât ~?* ¿cuánto vale?; *nu ~ no* vale la pena; *nu ~ nici cât o ceapă degerată* no vale una higa. **III.** *vr.* 1. hacerse. 2. *(a deveni)* llegar a ser, volverse; *(a se schimba)* ponerse ‖ *se ~ noapte* oscurece; *se ~ ziuă* hace de día; *a se ~ înţeles* hacerse entender; *ce mă voi ~?* ¿qué será de mí?.
facere *f.* creación.
facilita *vt.* facilitar; posibilitar.
factor *m.* 1. factor, elemento. 2. *(poştaş)* cartero.
factură *f.* factura ‖ *~ neplătită* factura sin pagar.
facultate *f.* facultad.

facultativ *adj.* facultativo, opcional; discrecional.

fad *adj.* insípido, soso.

fag *m.* haya.

fagure *m.* panal.

faianţă *f.* cerámica, loza; *(placă)* azulejo.

faimă *f.* fama, reputación, cartel *m.* ‖ *a câştiga* ~ cobrar fama.

faimos *adj.* famoso, notable, célebre, afamado.

fală *f.* orgullo, jactancia.

falcă *f.* quijada.

fald *n.* pliegue *m.*

faleză *f.* acantilado.

faliment *n.* quiebra.

falnic *adj.* imponente; altivo, soberbio.

fals I. *adj.* **1.** falso, postizo; *(fig.)* disimulado. **2.** *(muz.)* desentonado. **II.** *adv. în expr.: a jura* ~ jurar en falso. **III.** *n.* falsedad ‖ ~ *în acte publice* falsedad en acto público.

falsifica *vt.* falsificar; contrahacer; falsear.

falsitate *f.* falsedad, hipocresía.

familial *adj.* familiar.

familiar *adj.* familiar.

familiaritate *f.* familiaridad; *(fam.)* roce *m.*

familiariza *vt., vr.* familiarizar(se).

familie *f.* familia ‖ *nume de* ~ apellido.

fanatic *adj.* fanático.

fandoseală *f.* melindres *m. pl.*

fandosi *vr.* hacer melindres.

fandosit *adj.* melindroso.

fanfară *f.* banda.

fanfaron *m.* fanfarrón *m.*; perdonavidas *m.*, matamoros *m.*

fantastic *adj.* fantástico.

fantezie *f.* fantasía ‖ *plin de* ~ inventivo.

fantezist *adj.* fantástico, ilusorio, fantaseador.

fantomă *f.* fantasma *m.*, aparición, espectro.

fapt *n.* **1.** hecho, acción. **2.** *(dată)* dato. **3.** *(întâmplare)* acontecimiento, evento. **4.** *(fenomen)* fenómeno ‖ ~ *divers* noticia corta; ~ *pentru care* por lo que; *de* ~ de hecho; *de* ~ *şi de drept* de hecho y de derecho.

faptă *f.* **1.** hecho, acto, acción. **2.** *(eroică)* hazaña.

far *n.* *(şi auto)* faro; *(auto)* luz *f.* ‖ ~ *de ceaţă* faro antiniebla.

fard *n.* cosmético, afeite *m.*; *(de obraz)* colorete *m.*

farda *vt., vr.* pintar(se).

farfurie *f.* plato ‖ ~ *adâncă* plato hondo (*sau* sopero); ~ *întinsă* plato llano.

farmacie *f.* farmacia; botica.

farmacist *m.* farmacéutico; boticario.

farmec *n.* **1.** *(graţie)* encanto, atractivo, gracia, garbo ‖ *cu* ~ *(fam.)* saleroso, sandunguero; *a avea* ~ *(o femeie)* tener ángel (gancho *sau* salero). **2.** *(vrajă)* hechizo, sortilegio.

farsă *f.* **1.** farsa. **2.** *(festă)* enredo; burla.

fascicul *n.* **1.** fascículo ‖ *roman în* ~*e* novela por entregas. **2.** haz *m.* ‖ ~ *de raze* haz de rayos.

fascina *vt.* fascinar; *(a captiva)* cautivar; *(fig.)* prendar.

fascinant *adj.* fascinante, fascinador; *(captivant)* cautivante, cautivador.

fascinaţie *f.* fascinación; *(captivare)* hechizo, seducción.

fascism *n.* fascismo.

fascist *adj., m.* fascista *m.* şi *f.*

fasole *f.* *(boabe)* judía, alubia, fríjol; *(verde)* habichuela, judías (verdes).

fast *n.* fausto, pompa, fastuosidad.

fastuos *adj.* fastuoso, suntuoso, aparatoso.

faşă *f.* 1. venda, faja. 2. *(de înfăşat)* pañal.

fatalitate *f.* fatalidad.

fată *f.* muchacha, chica, niña ‖ ~ bătrână solterona; ~ frumoasă real·moza; ~ de măritat muchacha casadera.

faţadă *f.* fachada.

faţă *f.* cara; semblante *m.*; faz *f.* ‖ ~ de frente a, para con, en comparación con; ~ de masă mantel *m.*; ~ de pernă funda; ~ în ~ cara a cara, frente a frente; *cu faţa spre* de cara a; *din* ~ delantero; *în* ~ enfrente, de cara; *în faţa* ante, delante de, frente a, enfrente de; *la faţa locului* sobre el terreno; *prin* ~ por delante; *unul* ~ *de celălalt* el uno respecto del otro; *a fi de* ~ estar presente, presenciar *vt.*; *a face* ~ hacer cara *(sau* frente) (a); *a privi în* ~ encarar; *a spune în* ~ hablar sin rodeos.

faţetă *f.* faceta

fault *n.* falta.

faună *f.* fauna.

favoare *f.* favor ‖ *a face o* ~ hacer un favor; *în* ~*a* en *(sau* a) favor de, en, pro; *în* ~*a ta* a tu favor.

favorabil *adj.* favorable.

favorit I. *m.* 1. favorito, privado. 2. *pl.* patillas *f.pl.* II. *adj.* favorito, preferido.

favoriza *vt.* favorecer.

fazan *m.* faisán *m.*

fază *f.* fase *f.*; *(de joc)* jugada.

făclie *f.* tea, antorcha.

făcut *adj.* 1. hecho. 2. *(d. băuturi)* falsificado, contrahecho. 3. *(beat)* ahumado, achispado.

făgaş *n.* *(şi fig.)* vía; *(urmă de roată)* carril *m.*

făgădui *vt.* prometer.

făgăduială *f.* promesa.

făină *f.* harina.

făli *vr.* *(cu)* vanagloriarse (de), jactarse (de), preciarse (de), hacer alarde *(sau* gala) (de).

făptaş *m.* autor.

făptui *vt.* cometer.

făptură *f.* criatura.

făraş *n.* cogedor.

fără *prep.* sin ‖ ~ *de care* sin que; ~ *doar şi poate* sin duda alguna; ~ *mijloace* falto de medios; ~ *să* sin que; ~ *şovăire* sin vacilar; ~ *teamă* sin temor; ~ *voie* involuntariamente.

fărădelege *f.* fechoría.

fărâmă, fărâmitură *f.* miga, migaja, miaja; pedacito; triza; astilla.

fărâmiţa *vt.* hacer migas *sau* triazas, desmenuzar.

făta *vt., vi.* parir.

făţarnic *adj.* hipócrita, solapado.

făţărnicie *f.* hipocresía.

făţiş *adv.* abiertamente, de plano.

făuri *vt., vr. (şi fig.)* forjar(se), fraguar(se).

făuritor *m.* creador.

fâlfâi *vi.* 1. *(d. aripi)* aletear. 2. *(d. steaguri etc.)* ondear

fâlfâit *n.* 1. alada. 2. ondeo

fân *n.* heno.

fântână *f.* pozo; fuente *f.* || ~ *arteziană* surtidor

fâstâci *vr.* cortarse

fâşie *f.* cinta, tira

fâşâi *vt.* susurrar; crujir.

fâţâi *vr.* zangolotear; bambolearse.

febră *f.* calentura; *(şi fig.)* fiebre *f.* || *a avea* ~ estar con calentura, tener fiebre.

febril *adj.* febril.

februarie *m.* febrero.

fecioară *f.* 1. virgen *f.* 2. *(zodie)* Virgo *f.*

fecior *m.* 1. *(fiu)* hijo. 2. *(flăcău)* mozo. 3. *(valet)* camarero.

feciorie *f.* virginidad, castidad.

fecund *adj.* fecundo, prolífico.

fecunda *vt.* fecundar.

fecundare *f.* fecundación.

federal *adj.* federal.

federativ *adj.* federativo.

federaţie *f.* federación.

feeric *adj.* mágico.

feerie *f.* 1. espectáculo mágico. 2. encanto.

fel *n.* clase *f.*, especie *f.*, género; manera, modo, modalidad || ~ *de* ~ toda clase de; ~*ul său de a gândi* su modo de pensar; *de tot* ~*ul* de todo género; *în acelaşi* ~ de la misma manera; *în aşa* ~ *încât* de modo que; *în ce* ~? ¿de qué manera?; *în* ~*ul acesta* de esta manera; *la* ~ idéntico; *la* ~ *ca* lo mismo que, al igual que; *la* ~ *cu* igual que; *mai multe* ~*uri de* toda clase de; *un* ~ *de* una clase de.

felicita *vt.* felicitar, congratular, dar la enhorabuena (*sau* el parabién).

felicitare *f.* 1. felicitación, congratulación, parabién *m.* 2. carta (*sau* tarjeta) de felicitación. 3. *pl. (urări)* votos *m.pl.*

felie *f. (de pâine)* rebanada; *(de pepene, brânză)* raja; *(de carne)* tajada, lonja; *(de citrice)* gajo; *(rotundă)* rodaja.

felinar *n.* farol *m.*

felurit *adj.* vario, diverso.

femeie *f.* mujer *f.*, dama || ~ *de serviciu* asistenta, camarera; ~ *în casă* empleada de hogar.

femelă *f.* hembra.

feminin *adj.* femenino.

feminitate *f.* femin(e)idad.

fenomen *n.* fenómeno.

fercheş, ferchezuit *adj.* acicalado, peripuesto, atildado, repeinado.

fereastră *f.* ventana; *(la tren etc.)* ventanilla; *(mare)* ventanal.

feri I. *vt.* proteger, amparar. II. *vr.* guardarse, precaverse, evitar *vt.*, rehuir *vt.*

ferici *vt.* hacer feliz.

fericire *f.* felicidad, dicha ǁ *din ~* afortunadamente, por fortuna.

fericit *adj.* feliz, dichoso, ilusionado.

ferigă *f.* helecho.

ferit *adj.* abrigado; *(izolat)* apartado, recóndito.

ferm *adj.* *(şi fig.)* firme; *(fig.)* inconmovible.

fermă *f.* granja, finca, cortijo; hacienda; *(Spania)* masía, masada; *(Am.)* rancho, estancia.

fermeca *vt.* 1. encantar, cautivar, embelesar. 2. *(a vrăji)* hechizar, hadar.

fermecător *adj.* encantador, fascinador, cautivador; saleroso; carismático.

ferment *m.* fermento.

fermenta *vi.* fermentar.

fermentaţie *f.* fermentación.

fermier *m.* granjero.

fermitate *f.* firmeza.

fermoar *n.* cremallera, cierre *m.* de cremallera.

feroce *adj.* feroz, fiero.

ferocitate *f.* ferocidad, fiereza.

feros *adj.* férreo.

feroviar *adj., m.* ferroviario.

fertil *adj.* fértil.

fertilitate *f.* fertilidad; fecundidad.

fertiliza *vt.* fertilizar, fecundizar.

fertilizare *f.* fertilización, fecundización.

fervent *adj.* fervoroso.

fesă *f.* nalga, posadera.

festă *f.* chasco.

festiv *adj.* festivo.

festival *n.* festival.

festivitate *f.* festividad, acto, celebridad.

fetişcană *f.* mozuela.

fetiţă *f.* niña, chiquilla.

fetru *n.* fieltro.

feudal *adj.* feudal.

feudalism *n.* feudalismo.

feudă *f.* feudo.

fezabilitate *f.* factibilidad.

fi **I.** *vt.* **1.** ser *(indică o calitate permanentă sau de durată).* **2.** estar *(indică o stare susceptibilă de schimbare)* ǁ *a ~ bolnav* estar enfermo; *uşa este deschisă* la puerta está abierta. **3.** *(a se afla)* estar, encontrarse, hallarse ǁ *a ~ de faţă* estar presente. **4.** *(a costa)* valer. **5.** *(a aparţine)* pertenecer (a). **6.** *v. impers.* haber; hacer ǁ *e multă lume* hay mucha gente; *este cald* hace calor; *este timp frumos* hace buen tiempo. **7.** *(referitor la timp)* ser ǁ *este miezul nopţii* es medianoche; *este ora cinci* son las cinco; *este târziu* es tarde. **8.** în *expr.: a ~ de (făcut)* estar por (hacer); *a fi de prisos* estar de más; *a-i ~ foame (frig, cald etc.)* tener hambre (frío, calor etc.); *a-i ~ milă* darle lástima a uno; *a ~ pe punctul de* estar para; *fie ce-o ~ sea* lo que sea; *fiţi bun!* ¡haga el favor!; *să fie într-un ceas bun!* ¡enhorabuena!. **II.** *v. aux.* ser ǁ *a ~ educat de* ser educado por.

fiară *f.* fiera, bestia.

fibră *f.* 1. fibra. 2. *(text.)* hebra.

fibros *adj.* fibroso.

ficat *n.* hígado.

fictiv *adj.* ficticio.

ficţiune *f.* ficción.

fidea *f.* fideos *m.pl.*

fidel *adj.* fiel, leal.

fidelitate *f.* fidelidad, lealtad.

fie *conj.* sea ‖ ~ . ~ sea. sea, ora. ora.

fiecare I. *adj. neh.* cada ‖ *de* ~ *dată* cada vez; *în* ~ *zi* cada día, todos los días. II. *pron. neh.* cada uno, cada cual.

fier *n.* hierro ‖ ~ *brut* hierro bruto (*sau* crudo); ~ *de călcat* plancha; *de* ~ férreo; *drum de* ~ ferrocarril *m.*

fierar *m.* herrero.

fierărie *f.* fragua.

fierăstrău *n.* sierra ‖ *a tăia cu* ~*l* serrar.

fierbe *vt., vi.* hervir; cocer; bullir *vi.*

fierbere *f.* (*şi fig.*) ebullición ‖ *punct de* ~ punto de ebullición.

fierbinte *adj.* 1. caluroso, ardiente; (*prin încălzire*) caliente. 2. (*fig.*) fervoroso, ardiente, vivo. 3. (*d. lacrimi*) amargo.

fiere *f.* bilis *f.*

figura *vi.* figurar.

figurant *m.* (*teatru*) figurante *m.*, comparsa *m.*

figuraţie *f.* comparsería.

figură *f.* figura, cara, rostro.

fiică *f.* hija ‖ ~ *vitregă* hijastra.

fiindcă *conj.* porque, puesto que.

fiinţă *f.* ser *m.* ‖ *a lua* ~ crearse, constituirse, fundarse.

fila *vt.* (*a urmări*) perseguir, seguir la pista (a alguien), espiar.

filantrop *m.* filántropo.

filarmonică *f.* orquesta filarmónica.

filatelie *f.* filatelia.

filatelist *m.* filatelista *m.* şi *f.*

filă *f.* hoja; folio.

fildeş *m.* marfil *m.*

fileta *vt.* roscar.

fileu *n.* 1. (*de carne*) filete *m.*, solomillo. 2. (*de păr*) redecilla. 3. (*sport*) red *f.*

filfizon *m.* pisaverde *m.*, petimetre *m.*

filială *f.* filial *f.*

filieră *f.* hilera.

filigran *n.* filigrana.

film *n.* película, filme *m.* ‖ ~ *documentar* documental; ~ *sonor* (*în culori*) película sonora (en color).

filma *vt.* filmar, rodar.

filmare *f.* filmación.

filolog *m.* filólogo.

filologie *f.* filología.

filon *n.* veta.

filosof *m.* filósofo.

filosofie *f.* filosofía.

filtra *vt.* filtrar.

filtru *n.* filtro.

fin I. *adj.* fino, delicado, sutil. II. *m.* ahijado.

final I. *adj.* final. II. *n.* fin *m.*

finală *f.* final *f.*

finalist *m.* finalista *m.* şi *f.*

financiar *adj.* financiero.

finanţa *vt.* financiar.

finanţare *f.* financiación.

finanţe *f.pl.* 1. finanzas *f.pl.* 2. hacienda ‖ *Ministerul de* ~ Ministerio de Hacienda.

fine *m.* în *expr.*: *în* ~ por fin.

fineţe *f.* finura, fineza.

finisa *vt.* dar la última mano, retocar.

finisare *f.* acabado, remate *m.*

finlandez *adj., m.* finlandés *m.*

fiolă *f.* ampolla.

fior *n.* *(de frig)* escalofrío; *(de emoţie)* estremecimiento.

fioros *adj.* aterrador, espantoso, horroroso.

fir *n.* **1.** hilo; hebra; brizna ‖ ~ *cu* ~ hilo a hilo; ~ *de păr* cabello. **2.** *(de telefon)* línea.

firav *adj.* delicado, débil, endeble, enclenque.

fire *f.* carácter *m.*, temperamento, genio, temple *m.* ‖ *a scoate din* ~ sacar de quicio; *a-şi veni în* ~ **a.** cobrar aliento, volver en sí; **b.** *(fig.)* reaccionar.

firesc *adj.* normal, natural.

fireşte *adv.* desde luego, por supuesto.

firimitură *f.* migaja, miga.

firmă *f.* **1.** letrero. **2.** *(com.)* firma, casa, empresa.

fişă *f.* ficha.

fisc *n.* fiscalía.

fisură *f.* fisura, hendidura, grieta.

fişă *f.* **1.** ficha, tarjeta. **2.** hoja ‖ ~ *medicală* hoja clínica.

fişier *n.* fichero.

fitil *n.* mecha.

fiţe *f.pl.* *în expr.: a face* ~ hacer aspavientos.

fiţuică *f.* chuleta, papelito.

fiu *m.* hijo ‖ ~ *vitreg* hijastro.

fix *adj.* **1.** fijo, firme ‖ *idee* ~ă idea fija; *preţuri* ~*e* precios fijos. **2.** *(d. oră)* exacto, en punto.

fixa *vt.* fijar; establecer; clavar.

fixativ *n.* fijador.

fizic *adj., n.* físico.

fizică *f.* física.

fizician *m.* físico.

fiziologie *f.* fisiología.

fizionomie *f.* fisonomía.

flacără *f.* llama.

flacon *n.* frasco.

flagel *n.* calamidad, flagelo.

flagelare *f.* mortificación.

flagrant *adj.* flagrante ‖ *în* ~ *delict* en flagrante delito, in fraganti.

flambaj *n.* flameo.

flamură *f.* bandera.

flanc *n.* costado, parte *f.* lateral.

flanelă *f.* **1.** *(text.)* franela. **2.** suéter *m.*; *(Am.)* pulóver *m.*

flaşnetă *f.* organillo.

flata *vt.* halagar.

flaut *n.* flauta.

flăcău *m.* mozo, chaval, zagal.

flămând *adj.* hambriento.

flămânzi *vi.* hambrear.

fleac *n.* friolera, baratija.

flec *n.* tapa.

flecar *adj.* parlanchín, lenguaz.

flecăreală *f.* palique *m.*, parloteo.

flecări *vt.* parlotear.

flegmatic *adj.* flemático; *(fam.)* cachazudo.

flegmă *f.* flema; *(fam.)* cachaza.

fler *n.* husmeo, presentimiento.

fleşcăit *adj.* fláccido.

flexibil *adj.* flexible.

flexibilitate *f.* flexibilidad.

flexiune *f.* flexión.

flintă *f.* mosquete *m.*

flirt *n.* flirteo, coqueteo.

flirta *vi.* flirtear, coquetear.

floare *f.* flor *f.* ‖ *~-a-soarelui* girasol *m.*, tornasol *m.*

floră *f.* flora.

florăreasă *f.* florista.

florărie *f.* tienda de flores, floristería.

floretă *f.* florete *m.*

floricele *f.pl.* *(de porumb)* rositas *f.pl.*

florii *f.pl.* Domingo de Ramos.

flotant *adj.* flotante.

flotă *f.* flota.

fluctuaţie *f.* fluctuación.

fluid *adj.* fluido.

fluiditate *f.* fluidez *f.*

fluier *n.* pito, silbato ‖ *~ul piciorului* canilla.

fluiera *vi.* silbar, pitar.

fluierătură *f.* silbido.

fluşturatic *adj.* frívolo.

flutura *vt., vi.* ondear; agitar.

fluture *m.* mariposa.

fluvial *adj.* fluvial.

fluviu *n.* río.

flux *n.* *(şi fig.)* flujo, marea alta.

foaie *f.* hoja; pliego; cuartilla ‖ *~ de hârtie* hoja de papel; *~ matricolă* hoja de matrícula; *~ volantă* hoja volante.

foaier *n.* foyer *m.*

foale *m.pl.* fuelle *m.*

foame *f.* hambre *f.* ‖ *~ de lup* hambre canina; *lihnit de ~* hambrón; *a-i fi ~* tener hambre; *a îndura ~a* pasar hambre; *a muri de ~* morirse de hambre.

foamete *f.* hambre *f.*

foarfecă *f.* tijeras *f.pl.*

foarte *adv.* muy ‖ *~ mult* mucho; *~ târziu* muy tarde.

foc *n.* 1. fuego; lumbre *f.* ‖ *a aprinde ~ul* encender el fuego; *a cere un ~* pedir fuego *(sau* lumbre); *a da ~* prender *(sau* pegar) fuego; *(unui fumător)* dar fuego *(sau* lumbre); *a fi ~ şi pară* echar rayos; *a lua ~* encenderse. 2. incendio. 3. *(de armă)* tiro, disparo. 4. *(fig.)* fervor, ardor.

focar *n.* foco.

focă *f.* foca.

fochist *m.* fogonero.

foen *n.* secador.

fofârlică *f. în expr.: a umbla cu fofârlica ~* andarse en chiquitas

fofila *vr.* colarse, deslizarse.

foi I. *vi.* pulular, hormiguear. II. *vr.* agitarse, menearse; zangolotearse.

foileton *n.* folletín *m.* ‖ *roman ~* novela por entregas.

foişor *n.* atalaya.

foiţă *f.* papel cebolla; *(fam.)* gana.

folclor *n.* folklore *m.*

folclorist *m.* folklorista *m.* şi *f.*

folos *n.* ventaja, provecho, beneficio, utilidad ‖ *în ~ul cuiva* a beneficio de; *a fi de ~* ser útil; *a trage foloase* sacar provecho.

folosi I. *vt.* 1. emplear, utilizar, usar, hacer uso (de). 2. *(a profita)* aprovechar ‖ *a ~ timpul liber* aprovechar el tiempo libre; *a nu ~* desaprovechar. II. *vr. (de)* servirse (de). III. *vi.* ser útil, servir (para).

folosire *f.* empleo, uso, utilización.

folositor adj. útil, provechoso.

fond n. fondo ‖ a avansa ~uri adelantar fondos; în ~ en el fondo.

fonda vt. fundar, crear.

fondator m. fundador.

fonetică f. fonética.

fontă f. hierro colado (sau fundido).

for n. foro.

fora vt. horadar.

foraj n. horadación.

forestier adj. forestal.

forfotă f. hormigueo.

forfoti vt. hormiguear, pulular.

forja vt. forjar.

forjă f. forja.

forma I. vt., vr. formar(se), constituir(se). II. vt. (numărul de telefon) marcar (el número).

formal adj. formal; preciso; categórico.

formalitate f. formalidad.

formaliza vr. formalizarse.

formare f. formación, constitución.

format n. 1. tamaño, dimensiones f. pl. 2. formato.

formaţie f. 1. formación. 2. (artistică) conjunto.

formă f. 1. forma, aspecto ‖ a fi în ~ estar en forma (sau en buenas condiciones). 2. (metal., de bucătărie) molde m.

formidabil adj. formidable; (fam.) fenomenal, fabuloso ‖ ~! (fam.) ¡fenómeno!.

formula vt. formular.

formular n. impreso ‖ a completa un ~ (re)llenar un impreso.

formulă f. fórmula.

fort n. fuerte m.

fortăreaţă f. fortaleza, alcázar m.

fortifica vt. fortificar.

fortificaţie f. fortificación.

forţa I. vt. forzar, obligar, apremiar, presionar. II. vr. esforzarse.

forţat adj. forzoso; forzado.

forţă f. 1. fuerza ‖ ~ de muncă fuerza de trabajo; ~ motrice fuerza motriz; biroul forţelor de muncă oficina de empleo; cu forţa a la fuerza, por fuerza. 2. (fig.) robustez f. 3. (mil.) fuerzas f.pl. ‖ forţe armate fuerzas armadas.

fosfor n. fósforo.

fosilă f. fósil m.

fost adj (d. lucruri) antiguo; (d. oameni) ex ‖ ~ avocat ex abogado; ~ul bărbat el ex marido.

foşnet n. crujido; murmullo; rumor.

foşni vi. crujir; murmurar.

fotbal n. fútbol m.

fotbalist m. futbolista m.

fotograf m. fotógrafo.

fotografia vt. fotografiar.

fotografie f. fotografía, foto f. ‖ a face o ~ sacar (sau tomar) una foto.

fotoliu n. 1. butaca, sillón m., poltrona. 2. (teatru) butaca ‖ ~ de orchestră butaca de platea.

fotoreportaj n. reportaje m. fotográfico.

fotoreporter m. reportero gráfico.

frac n. frac m.

fractura vt. fracturar.

fractură f. fractura.

fracţie f. fracción, quebrado.

fracţiona *vt.* fraccionar.
fracţiune *f.* fracción.
fragă *f.* fresa.
fraged *adj. (şi fig.)* tierno, blando
‖ *de vârstă ~ă* de corta edad.
fragil *adj.* frágil, quebradizo.
fragilitate *f.* fragilidad.
fragment *n.* fragmento, trozo.
fragmenta *vt.* fragmentar, partir.
fragmentar *adj.* fragmentario.
franc *n. (monedă)* franco.
franca *vt. (o scrisoare)* franquear, sellar.
francez *adj., m.* francés *m.*
franjuri *n. pl.* flecos *m. pl.*
franzelă *f.* barra de pan blanco.
frapa *vt.* chocar.
frasin *m.* fresno.
frate *m.* hermano ‖ *~ bun* hermano carnal; *~ mai mare (mic)* el hermano mayor (menor); *~ vitreg* medio hermano.
fratern *adj.* fraternal.
fraternitate *f.* hermandad, fraternidad.
fraterniza *vt.* (con)fraternizar.
fraudă *f.* fraude *m.*
fraudulos *adj.* fraudulento.
frază *f.* frase *f.*
frăgezi *vt.* reblandecer; enternecer.
frăgezime *f.* ternura.
frământa **I.** *vt.* 1 *(aluatul)* amasar, trabajar. 2. *(fig.)* atormentar. **II.** *vr.* atormentarse, acongojarse, mortificarse, inquietarse, zozobrarse.
frământare *f.* 1. amasamiento. 2. *(fig.)* inquietud *f.,* congoja, zozobra; mortificación.
frăţesc *adj.* fraternal.

frăţie *f.* hermandad
frâna *vt., vi.* frenar
frână *f.* freno
frânge *vt.* romper, destrozar
frânghie *f.* cuerda, soga.
frânt *adj.* 1. roto, quebrado. 2. *(fig.)* agotado ‖ *~ de oboseală* molido de cansancio, hecho pedazos.
frâu *n.* rienda ‖ *a da ~ liber* dar rienda suelta; *fără ~* desenfrenado.
freamăt *n.* 1. susurro. 2. *(fig.)* estremecimiento.
freca *vt., vr., vi.* fregar(se), frotar(se), restregar(se).
frecare *f.* frote *m.,* frotamiento; fregadura.
frecţie *f.* fricción.
frecvent *adj.* frecuente.
frecventa *vt.* 1. frecuentar, cursar. 2. *(a întreţine relaţii)* alternar (con).
frecvenţă *f.* frecuencia ‖ *fără ~ (d. studii)* a distancia.
fredona *vt.* tatarear, canturrear.
fremăta *vi.* 1. susurrar. 2. estremecerse.
frenetic *adj.* frenético.
frenezie *f.* frenesí *m.*
frescă *f.* fresco.
freză *f.* 1. *(tehn.)* fresadora. 2. peinado.
frică *f.* miedo ‖ *de ~* por miedo; *a-i fi ~ de* tener miedo a.
fricos *adj.* medroso.
fricţiune *f.* fricción.
frig *n.* 1. frío ‖ *e ~* hace frío; *a-i fi ~* tener frío. 2. *pl.* fiebre *f.*
frigare *f.* asador.

frige I. *vt.* 1. *(la grătar)* asar, tostar; *(la tigaie)* freír. 2. *(a arde)* quemar, abrasar. II. *vr.* quemarse, tostarse. III. *vi.* quemar; *(d. soare)* asar, quemar, achicharrar.

frigider *n.* refrigerador, nevera, frigorífico.

friguros *adj.* 1. *(d. încăperi)* frío. 2. *(d. oameni)* friolero, friolento.

friptură *f.* asado.

frişcă *f.* nata.

frivol *adj.* frívolo.

frivolitate *f.* frivolidad.

frizer *m.* peluquero.

frizerie *f.* barbería, peluquería (de caballeros).

front *n.* frente *m.*

frontieră *f.* frontera ‖ *de ~* fronterizo.

frontispiciu *n.* frontispicio.

fruct *n.* fruta; *(şi fig.)* fruto ‖ *~e de sezon* fruto del tiempo; *~e proaspete* frutas naturales.

fructifer *adj.* frutal.

fructifica *vt.* fructificar.

fructuos *adj.* fructuoso.

frumos I. *adj.* hermoso, bello; bonito, guapo, lindo. II. *adv.* hermosamente; con belleza; bien. III. *n.* lo hermoso, lo bello.

frumuseţe *f.* hermosura, belleza, lo hermoso, lo bello; *(femeie frumoasă)* belleza, beldad.

frunte *f.* 1. frente *f.* ‖ *~ înaltă* frente despejada; *a fi în ~a* estar a la cabeza de *(sau al frente de)*, encabezar *vt.*; *în ~* en cabeza, al frente; *în ~ cu* encabezado por. 2. *(parte principală)* cabecera.

frunză *f.* hoja.

frunzări *vt.* hojear.

frunziş *n.* follaje *m.*; *(uscat)* hojarasca.

frustra *vt.* frustrar.

fudul *adj.* ufano, altanero, altivo, soberbio.

fuduli *vr.* ufanarse, engreírse, engallarse.

fugar I. *adj.* fugaz, huidizo, pasajero. II. *m.* prófugo.

fugă *f.* huida, fuga ‖ *a o lua la ~* echar a correr; *a pune pe ~* meter en fuga; *în fuga mare* a toda prisa, a todo correr.

fugi *vi.* 1. correr ‖ *~ de-acolo!* ¡quita allá! 2. *(a scăpa)* huirse *vr.*, escaparse *vr.*

fuior *n.* copo.

fular *m.* bufanda.

fulg *m.* 1. *(de zăpadă)* copo. 2. *(de pasăre)* plumón *m.* 3. *(de porumb, de ovăz)* copo (de maíz). 4. *(de săpun)* escama.

fulger *n.* rayo, relámpago.

fulgera *vi.* relampaguear.

fulgerător *adj.* fulgurante, instantáneo; *(d. privire)* penetrante.

fulgui *vi.* neviscar.

fum *n.* 1. humo. 2. *(tras din ţigară)* bocanada. 3. *pl. (fig.)* humos *m. pl.*

fuma *vi.* fumar.

fumat *n.* fumar *m.* ‖ *~ul interzis* se prohibe fumar.

fumător *m.* fumador.

fumega *vi.* humear.

fumoar *n.* fumadero, cuarto de fumar.

fumuriu *adj.* ahumado.

funciar *adj.* de bienes raíces ‖ *îmbunătăţiri* ~*e* mejoramiento de suelos; *proprietate* ~*ă* propiedad agraria; *rentă* ~*ă* renta del suelo.

funcţie *f.* 1. función. 2. *(slujbă)* cargo, empleo. 3. *(rol)* papel *m.* ‖ *în* ~ *de* en función de, según.

funcţiona *vi.* funcionar.

funcţional *adj.* funcional.

funcţionar *m.* empleado.

funcţionare *f.* funcionamiento.

funcţiune *f.* función ‖ *în* ~ en ejercicio; *a pune în* ~ hacer funcionar.

fund *n.* 1. fondo ‖ ~*ul mării* el fondo *(sau* la profundidad) del mar; ~*ul paharului* el fondo del vaso. 2. *(de lemn)* tajo. 3. *(şezut)* trasero, culo.

funda *vt.* fundar; echar las bases.

fundal *n.* fondo.

fundament *n.* fundamento, base *f.*, cimientos *m.pl.*

fundamenta *vt.* *(şi fig.)* fundamentar.

fundamental *adj.* fundamental, básico.

fundaş *m.* *(sport)* defensa *m.*, zaguero.

fundaţie *f.* 1. fundación. 2. *(constr.)* cimientos *m.pl.*

fundă *f.* lazo.

fundătură *f.* callejón *m.* sin salida.

funebru *adj.* fúnebre.

funeralii *f.pl.* funerales *m.pl.*

funerar *adj.* funeral.

funest *adj.* funesto, siniestro, de mal agüero.

funicular *n.* funicular *m.*, teleférico.

funie *f.* soga, cuerda ‖ ~ *de usturoi* ristra.

funingine *f.* hollín *m.*, tizne *m.*

fura *vt.* robar, hurtar, ratear.

furaj *n.* forraje *m.*

furcă *f.* 1. horca ‖ *a da de* ~ causar dificultades. 2. *(de tors)* rueca. 3. *(de telefon)* horquilla.

furculiţă *f.* tenedor.

furgon *n.* furgón *m.*

furie *f.* cólera, rabia, ira.

furios *adj.* rabioso, iracundo, furioso.

furiş *adv. în expr.: pe* ~ a hurtadillas, en secreto, a la chita callando, por lo bajo; *(cu valoare adj.)* furtivo.

furişa *vr.* colarse.

furnal *n.* alto horno.

furnica *vi.* hormiguear.

furnicar *n.* *(şi fig.)* hormiguero.

furnică *f.* hormiga.

furnicătură *f.* hormigueo.

furniza *vt.* proveer, suministrar, abastecer, proporcionar, facilitar.

furnizare *f.* suministro.

furnizor *m.* proveedor, contratista *m.*

furou *n.* combinación.

fursecuri *n. pl.* pastelitos *m.pl.*

furt *n.* robo, hurto.

furtun *n.* manga ‖ ~ *de stropit* manga de riego.

furtună *f.* tempestad; *(şi fig.)* tormenta.

furtunos *adj.* tempestuoso ‖ *a aplauda* ~ aplaudir apasionadamente.

furuncul *n.* furúnculo.

fus *n.* huso ‖ ~ *orar* huso horario.

fuselaj *n.* fuselaje *m.*

fustă *f.* falda; *(la sate)* saya.

fuziona *vi.* fusionar.

fuziune *f.* fusión.

G

gabardină f. gabardina.

gabarit n. gálibo.

gafă f. (fam.) plancha ‖ a face o ~ meter la pata, tirarse una plancha.

gaiţă f. 1. (zool.) grajo. 2. (fig.) cotorra.

gaj n. prenda.

galant adj. galante, cortés.

galantar n. mostrador.

galanterie f. 1. (politeţe) cortesía, requiebro. 2. prendas f.pl. de vestir.

gală f. gala ‖ costum de ~ traje de gala; spectacol de ~ función de gala.

galben adj., n. amarillo.

galeră f. galera.

galerie f. 1. galería. 2. (la teatru) gallinero, paraíso. 3. (de perdele) barra (de la cortina). 4. (suporteri) hinchas m. sau f.pl.

galeş adj. lánguido.

galop n. galope m.

galopa vi. galopar.

galoş m. chanclo.

gamă f. (şi muz.) gama.

gamelă f. gamella.

gang n. portal, galería, pasaje m.

ganglion m. (anat.) ganglio.

gangster m. gángster m.

gara vt. (auto) aparcar.

garaj n. garaje m.

garanta I. vt. garantizar. II. vi. (pentru) acreditar vt. (a), fiar (por), salir (por), avalar vt.

garanţie f. garantía, fianza; (fin.) aval m. ‖ pe ~ al fiado.

gară f. estación.

gard n. 1. empalizada, valla, cerca, cercado ‖ ~ viu seto vivo. 2. (sport) valla.

gardă f. (şi scrimă) guardia ‖ ~ de onoare guardia de honor; corp de ~ cuerpo de guardia; a fi de ~ estar de guardia.

garderobă f. 1. (încăpere) guardarropa. 2. (haine) vestuario.

gardian m. guardia m., vigilante m.

gargară f. gárgara ‖ a face ~ hacer gárgaras.

garnisi vt. guarnecer.

garnitură *f.* **1.** *(de rochie etc.)* guarnición, adorno. **2.** *(culinară)* guarnición. **3.** *(de mobilă etc.)* juego. **4.** *(de tren)* tren *m.*, convoy *m.*

garnizoană *f.* guarnición.

garoafă *f.* clavel *m.*

garsonieră *f.* cuarto de soltero.

gaşcă *f.* pandilla, piña.

gata *adj.* **1.** preparado, terminado, acabado, hecho || *haine de ~* trajes hechos *(sau* confeccionados). **2.** listo, dispuesto || *~!* ¡ya!, ¡ya está!, ¡basta!; *~ - ~* casi casi; *~ să* a pique, a borde; *a fi ~ de* estar a punto de; *a da ~ pe* poder con; *a fi ~ să* estar dispuesto a.

gaură *f.* agujero, hoyo, abertura || *gaura cheii* el ojo de la cerradura.

gaz *n.* **1.** gas *m.* || *~e naturale* gases naturales. **2.** petróleo || *conductă de ~* gasoducto.

gazdă *f.* anfitrión *m.*, huésped *m.* || *a lua în ~* albergar; *a sta (sau trage) în ~* albergarse; *victoria gazdelor (sport)* victoria casera

gazetar *m.* periodista *m.* şi *f.*

gazetă *f. (ziar)* periódico || *~ de perete* gaceta mural

gazetăresc *adj.* periodístico

gazetărie *f.* periodismo.

gazon *n.* césped *m.*

gazos *adj.* gaseoso.

găgăuţă *f.* simplón *m.*

găină *f.* gallina || *a i se face pielea ca de ~* ponérsele carne de gallina.

gălăgie *f.* ruido; bulla; bullicio; alboroto.

gălăgios *adj.* ruidoso; bullicioso.

gălbenuş *n.* yema.

gălbui *adj.* amarillento.

găleată *f.* cubo, balde *m.* || *a ploua cu găleata* llover a cántaros.

gămălie *f. (la ac)* cabeza (de alfiler); *(la chibrit)* cabeza (de la cerilla).

găoace *f.* cascarón *m.*, cáscara.

gărgăriţă *f.* mariquita.

găsi *vt.* hallar, encontrar || *ce l-o fi ~t?* ¿qué se le habría ocurrido?; *se găseşte destul* lo hay bastante.

găteală *f.* arreglo, adornamiento, compostura; *(exagerată)* acicalamiento; *(podoabă)* atavío; atuendo; adorno.

găti I. *vt., vi.* cocinar, guisar, cocer. **II.** *vr., vt. (a se împodobi)* adornar(se), arreglar(se); acicalar(se); ataviar(se).

găunos *adj.* hueco.

găuri *vt.* agujerear, perforar.

găzdui *vt.* alojar, albergar, hospedar.

găzduire *f.* alojamiento, hospedaje *m.*

gâdila I. *vt.* cosquillar, hacer cosquillas. **II.** *vr.* tener cosquillas.

gâdilătură *f.* **1.** cosquillas *f.pl.* **2.** cosquilleo.

gâfâi *vi.* jadear, resoplar.

gâfâială *f.* jadeo, resoplo.

gâlceavă *f.* agarrada, alboroto, pendencia.

gâlcevitor *adj.* pendenciero.

gâlgâi *vi.* gorgotear.

gând *n.* pensamiento ‖ *nici ~ ni* pensar(lo); *pe ~uri* pensativo, ensimismado; *a avea de ~* pensar; *a pune pe ~uri* preocupar; *a socoti în ~* contar mentalmente; *a-i trece prin ~* ocurrírsele

gândac *m.* cucaracha.

gândi I. *vi.* pensar. II. *vr.* (*la*) pensar *vi.* (en); meditar *vi.*, reflexionar *vi.*

gândire *f.* pensamiento.

gânditor I. *adj.* pensativo, meditabundo. II. *m.* pensador

gânganie *f.* bicho

gângav *adj.* tartamudo

gângăveală *f.* tartamudeo.

gânguri *vi.* (*d. păsări*) gorjear; (*d. copii*) gorjearse, balbucear; (*d. porumbei*) arrullar.

gângurit *n.* gorjeo; balbuceo; arrullo

gârbovi *vr.* encorvarse.

gârlă *f.* riachuelo ‖ *a curge ~* correr a chorros

gâscan *m.* ganso, ansarón *m.*

gâscă *f.* ganso, oca.

gât *n.* 1. cuello; (*fam. şi de animal*) pescuezo. 2. (*beregată*) garganta ‖ *~ul sticlei* el cuello de la botella; *a da pe ~* echar un trago; *a-şi frânge ~ul* romperse la cabaza; *mă doare ~ul* me duele la garganta. 3. (*duşcă*) trago

gâtlej *n.* gorja, tragadero

gâtui *vt., vr.* estrangular(se)

gâză *f.* bicho, insecto.

geam *n.* 1. cristal; vidrio; hoja de cristal. 2. (*fereastră*) ventana.

geamandură *f.* boya.

geamantan *n.* maleta, valija; (*mic*) maletín *m.*

geamăn *adj., m.* gemelo, mellizo.

geamăt *n.* gemido.

geamgiu *m.* vidriero.

geamie *f.* mezquita.

geană *f.* pestaña.

geantă *f.* 1. (*servietă*) cartera. 2. (*poşetă*) bolso.

gelatină *f.* gelatina; (*alimentară*) gelatina seca.

gelos *adj.* (*pe*) celoso (de) ‖ *a fi ~* tener celos, sentir celos (de).

gelozie *f.* celos *m.pl.*

gem *n.* mermelada.

geme *vi.* 1. gemir. 2. (*fig.*) estar lleno (*sau* cargado); rebosar

Gemenii *m. pl.* (*astron.*) Géminis *m.*

gen *n.* género, clase *f.*, tipo, especie *f.* ‖ *de ~ul ăsta* de esta clase.

genealogie *f.* genealogía.

genera *vt.* generar, engendrar.

general *adj., m.* general ‖ *în ~* en general, por lo general, generalmente.

generalitate *f.* generalidad.

generaliza *vt.* generalizar.

generalizare *f.* generalización.

generaţie *f.* generación.

generic I. *adj.* genérico. II. *n.* (*cinema*) créditos *m.pl.*, ficha técnica.

generos *adj.* generoso, dadivoso.

generozitate *f.* generosidad.

geneză *f.* génesis *f.*

genial *adj.* genial.

genialitate *f.* genialidad.

genitiv *n.* genitivo.

geniu *n*. genio.

gentil *adj*. gentil.

gentileţe *f*. gentileza.

gentilom *m*. gentilhombre *m*.

genunchi *m*. rodilla ‖ în ~ de rodillas; *a cădea (sta) în* ~ ponerse (estar) de rodillas.

genune *f*. abismo.

geograf *m*. geógrafo.

geografie *f*. geografía.

geolog *m*. geólogo.

geologie *f*. geología.

geometrie *f*. geometría.

ger *n*. helada, frío.

german *adj., m*. alemán *m*.

germene *m*. germen *m*.

geros *adj*. helado.

gest *n*. ademán *m*., gesto.

gesticula *vi*. gesticular, hacer ademanes.

gestionar *m*. gerente *m*., administrador.

gestiune *f*. gestión, administración, gerencia.

get *m. (ist.)* geta *m*.

gheară *f*. garra ; *(şi fig.)* uña ‖ *a pune gheara pe* echar mano a, agarrar, echar la garra a.

gheată *f*. bota.

gheaţă *f*. hielo.

gheb *n*. joroba, giba, corcova.

ghebos *adj*. jorobado, gibado.

gheizer *n*. géyser *m*.

ghem *n*. ovillo.

ghemui *vr*. agacharse, acurrucarse, (a)ovillarse.

ghepard *m*. onza, gatopardo.

gheretă *f*. 1. garita. 2. *(chioşc)* puesto, tenderete *m*.

gherghef *n. (de brodat)* bastidor (para bordar).

gheţar *n*. 1. helero, glaciar *m*. 2. *(plutitor)* iceberg *m*.

gheţuş *n*. 1. *(făcut de copii)* resbaladero, deslizadero, pista. 2. *(polei)* helado, escarcha.

ghici *vt*. adivinar ‖ *a* ~ *intenţia* calar la intención; *a* ~ *în cărţi* leer las cartas; *a* ~ *în palmă* decir la buenaventura.

ghicitoare *f*. 1. *(lit.)* adivinanza. 2. *(femeie)* vidente *f*., adivina, adivinadora.

ghicitor *m*. adivinador, adivino, vidente *m*.

ghid I. *m*. guía *m*. II. *n. (carte)* guía *f*.

ghida *vt., vr*. guiar(se).

ghidon *n*. manillar *m*.

ghiduş *adj*. gracioso, jocoso, travieso, bromista.

ghiduşie *f*. travesura, diablura, gracia, monería.

ghiftui *vt., vr*. hartar(se), atiborrar(se), llenar(se).

ghilimele *f. pl*. comillas *f.pl*.

ghilotină *f*. guillotina.

ghimpat *adj*. în expr.: *reţea de sârmă ghimpată* alambrada; *sârmă ~ă* alambre *m*. de púas.

ghimpe *m*. 1. *(de plantă)* espina. 2. *(de arici)* púa. 3. *(scaiete)* cardo. 4. *(fig.)* espina, púa ‖ *a sta ca pe ghimpi* estar sobre ascuas.

ghindă *f*. bellota.

ghinion *n*. mala suerte *f*.

ghinionist *adj*. desgraciado, desafortunado, desventurado.

ghioagă *f*. maza, cachiporra.

ghioc *n*. concha.

ghiocel *m*. campanilla blanca.

ghiont *n.* empujón *m.*, empellón *m.*

ghionti *vt.* empujar.

ghiozdan *n.* cartera, maleta de escuela, cartapacio.

ghips *n.* escayola, yeso ‖ *a pune în ~* poner en yeso, escayolar.

ghirlandă *f.* guirnalda.

ghişeu *n.* taquilla, ventanilla.

ghiulea *f.* bala (de cañón).

ghiveci *n.* 1. *(de flori)* tiesto. 2. *(mâncare)* puchero. 3. *(fig., fam.)* pisto; revoltijo; mezcolanza.

ghivent *n.* filete *m.*

gigant *n.* gigante *m.*

gigantic *adj.* gigantesco.

gimnast *m.* gimnasta *m.* şi *f.*

gimnastică *f.* gimnasia ‖ *~ pe aparate* gimnasia de aparatos; *sală de ~* gimnasio.

gimnaziu *n.* escuela general.

gin *n.* ginebra.

ginecolog *m.* ginecólogo.

ginecologie *f.* ginecología.

ginere *m.* 1. yerno. 2. *(mire)* novio.

gingaş *adj.* delicado, suave, tierno, frágil.

gingăşie *f.* delicadeza, primor, ternura, finura.

gingie *f.* encía.

gir *n.* 1. *(com.)* endoso. 2. *(fig.)* garantía.

gira *vt.* 1. *(com.)* endosar. 2. *(fig.)* garantizar, avalar.

girafă *f.* girafa.

giugiuli *vt., vr.* acariciar(se); atortolarse *vr.*

giumbuşluc *n.* chuscada, bufonada.

giuvaer *n.* *(şi fig.)* joya.

giuvaergerie *f.* joyería.

giuvaergiu *m.* joyero.

glacial, glaciar *adj.* glacial.

gladiolă *f.* gladíolo.

glandă *f.* glándula.

glas *n.* voz *f.* ‖ *cu ~ tare (încet)* en voz alta (baja); *într-un ~* a una voz.

glastră *f.* 1. florero. 2. *(ghiveci)* tiesto.

glăsui *vi.* hablar, decir.

gleznă *f.* tobillo.

glicerină *f.* glicerina.

glie *f.* tierra.

glisant *adj.* deslizadizo.

gloabă *f.* rocín *m.*, matalón *m.*

gloată *f.* gentío, gentuza, plebe *f.*

glob *n.* 1. globo, esfera ‖ *~ul pământesc* globo terráqueo *(sau* terrestre). 2. *(de lampă)* globo.

global *adj.* global.

globulă *f.* glóbulo.

glod *n.* barro, fango.

glonţ *n.* bala ‖ *a pleca ~* salir corriendo *(sau* pitando).

glorie *f.* gloria.

glorios *adj.* glorioso.

glosar *n.* glosario.

glucoză *f.* glucosa.

glugă *f.* capucho.

glumă *f.* broma, chiste *m.* ‖ *~ de prost gust* broma pesada; *a face glume* gastar bromas; *a nu-i arde de glume* no estar para bromas; *a spune ceva în ~* decir algo en broma.

glumeţ *adj., m.* bromista *m.* şi *f.*, chistoso.

glumi *vi.* bromear.

goană *f.* carrera, corrida ‖ *în goana mare* a todo correr; *a o lua la ~* echar a correr.

goarnă *f.* clarín *m.*

gogoaşă *f.* **1.** fruta de sartén. **2.** *(zool.)* capullo. **3.** *pl. (fig.)* bolas *f. pl.*, patrañas *f. pl.* ‖ *a înşira gogoşi* decir bolas.

gogoman *m.* badulaque *m.*, mamarracho, bobo.

gogonat *adj.* în *expr.: minciună ~ă* mentira gorda.

gogoşar *m.* pimiento colorado.

gol *adj.* **I.** **1.** *(dezbrăcat)* desnudo ‖ *~ puşcă* en cueros; *adevărul ~goluţ* la pura verdad; *cu capul ~* con la cabeza descubierta. **2.** *(d. terenuri)* desierto, vacío. **3.** *(fig.)* vacío, vano. **II.** *n.* **1.** vacío, hueco ‖ *a merge în ~* dar vueltas en el vacío. **2.** *(sport)* gol *m.*, tanto ‖ *a marca un ~* meter un gol *(sau* tanto). **3.** *(de aer)* bache *m.*

golan *m.* saltaparedes *m.*, bribón *m.*

golf *n.* **1.** *(geogr.)* golfo; ensenada; *(mic)* bahía; *(în formă de potcoavă)* concha. **2.** *(sport)* golf *m.*

goli *vt.* **1.** vaciar; evacuar. **2.** desocupar, desembarazar.

goliciune *f.* desnudez *f.*

golire *f.* vaciamiento; evacuación.

gologan *m.* cuarto; perra gorda.

gondolă *f.* góndola.

gong *n.* gong *m.*

goni **I.** *vi.* correr. **II.** *vt. (a alunga)* alejar, ahuyentar, echar.

gorilă *f.* gorila.

gornist *m.* corneta *m.*, trompeta *m.*

gospodar *adj.* hacendero, hacendoso.

gospodări *vt.*, *vr.* administrar(se).

gospodărie *f.* hacienda.

gospodărire *f.* administración.

gospodină *f.* ama de casa.

got *m. (ist.)* godo.

gotic *adj.* gótico.

grabă *f.* prisa; *(Am.)* apuro ‖ *fără ~* despacio; *în ~* a prisa, aprisa, apresuradamente; *cu toată graba* a toda prisa; *nu e nici o ~* no corre prisa.

grabnic *adj.* rápido, pronto, urgente.

grad *n.* grado ‖ *a avansa în ~* ascender, ser promovido; *în cel mai înalt ~* en sumo grado.

grada *vt.* graduar.

grafic *adj.*, *n.* gráfico.

grafică *f.* gráfica.

grafician *m.* grabador.

grai *n.* **1.** voz *f.* ‖ *prin viu ~* de viva voz. **2.** *(limbă)* lenguaje *m.*

grajd *n.* establo; *(de cai)* cuadra.

gram *n.* gramo.

gramatical *adj.* gramatical.

gramatică *f.* gramática.

gramofon *n.* gramófono.

grandios *adj.* grandioso.

grandilocvent *adj.* grandilocuente.

grandoare *f.* grandeza, magnificencia.

grangur *m.* oropéndola.

granit *n.* granito.

graniţă *f.* **1.** frontera. **2.** *(fig.)* límite *m.*, confín *m.*

granulă *f.* gránulo.

grapă *f.* rastra.

gras *adj.* **1.** *(d. persoane)* gordo, grueso. **2.** *(d. mâncare)* graso, grasiento ‖ *câştiguri ~e* ganancias pingües *(sau* abundantes); *pământ ~* tierra fértil.

gratie *f.* verja, reja.

gratis *adv. în expr.: pe ~* gratis.

gratuit **I.** *adj. (şi fig.)* gratuito. **II.** *adv.* gratuitamente; de barato.

graţia *vt.* indultar.

graţie **I.** *f.* gracia, encanto. **II.** *prep.* gracias a.

graţiere *f.* indulto.

graţios *adj.* gracioso.

graur *m.* estornino.

grav *adj.* grave, serio.

grava *vt.* grabar.

gravidă *adj.* encinta, embarazada, preñada, en estado de buena esperanza.

gravitate *f.* gravedad, seriedad.

gravitaţie *f.* gravitación.

gravor *m.* grabador.

gravură *f.* grabado.

grăbi **I.** *vt.* acelerar; precipitar. **II.** *vr.* darse prisa, apresurarse; *(Am.)* apurarse.

grăbit **I.** *adj.* presuroso, apresurado ‖ *a fi ~* tener prisa, estar de prisa. **II.** *adv.* de prisa, apresuradamente.

grădinar *m.* jardinero; *(de zarzavat sau de pomi)* hortelano.

grădină *f.* jardín *m.*; *(de zarzavat sau de pomi)* huerto, huerta ‖ *~ botanică* jardín botánico; *~ zoologică* parque zoológico, zoo.

grădinărit *n.* jardinería.

grădiniţă *f. (de copii)* jardín *m.* de la infancia, escuela de párvulos.

grăi *vt.* hablar.

grăitor *adj.* elocuente.

grămadă *f.* **1.** montón *m.*, pila. **2.** *(de oameni)* gentío, muche-

dumbre *f.* **3.** *(fig.)* hato, hatajo, montón *m.*, copia, cúmulo ‖ *claie peste ~* en desorden; *cu grămada* a montones, a espuertas, a carretadas; *o ~ de un montón de.* **4.** *(rugbi)* melée *f.*

grăsime *f.* grasa.

grăsun *adj.* regordete.

grăsuţ *adj.* rechoncho.

grătar *n.* **1.** *(de fript)* parrillas *f.pl.*, asador. **2.** *(carne)* carne asada en parrillas. **3.** *(grilaj)* reja.

grăunte *m.* grano

grânar *n.* troj(e) *f.*, granero

grâne *f. pl.* cereales *m. pl.*

grâu *n.* trigo ‖ *lan de ~* trigal.

greaţă *f.* asco, náusea ‖ *a-i fi ~* darle asco.

grebla *vt.* rastrillar.

greblă *f.* rastrillo.

grec *adj., m.* griego.

greco-roman *adj.* grecorromano.

grefa *vt. (med.)* injertar.

grefă *f. (med.)* injerto.

grefier *m.* secretario (judicial); *(înv.)* escribano.

greier *m.* grillo, cigarra.

grenadă *f.* granada.

greoi *adj.* torpe, pesado, tardo.

grepfrut *n.* toronja, pomelo.

gresa *vt.* engrasar.

gresaj *n.* engrase *m.*

gresie *vt.* asperón *m.*

greş *n. în expr.: a da ~* fallar; *fără ~* sin falta.

greşeală *f.* falta, error, equivocación ‖ *~ uriaşă* error garrafal; *din ~* por error; *a cădea într-o ~* incurrir en un error; *a face o ~* cometer un error.

greşi *vt., vi.* errar, equivocarse *vr.*
|| *a ~ calculul* errar el cálculo;
greşeşti te estás equivocando,
estás equivocado.

greţos *adj.* asqueroso.

greu I. *adj.* 1. pesado. 2. *(dificil)*
difícil; *(anevoios)* penoso;
(aspru) duro. 3. *(d. mâncă-*
ruri) pesado; *(d. miros)* fuerte;
(d. ceaţă etc.) denso, com-
pacto. **II.** *n.* dificultad || *~ de*
cap duro de mollera, de pocas
entendederas; *~ de făcut* (sau
obţinut) duro de pelar; *cu ~*
difícilmente, a duras penas; *din*
~ afanosamente; *a da de ~*
ponerse dura una cosa.

greutate *f.* 1. *(şi fig.)* peso || *~*
brută (netă) peso bruto (ne-
to); *om cu ~* hombre de peso.
2. *(fig.)* dificultad, obstáculo,
apuro, impedimento. 3. *(de*
cântar) pesa || *centru de ~*
centro de gravedad.

grevă *f.* huelga.

grevist *m.* huelguista *m.* şi *f.*

gri *adj.* gris, ceniciento.

grijă *f.* cuidado, preocupación ||
în grija a cargo de; *cu ~* con
cuidado, con celo; *fără ~*
descuidado; *a avea ~* estar
preocupado; *a avea ~ de*
cuidar de; *a-şi face griji* in-
quietarse; *a se îmbrăca cu ~*
vestirse con esmero; *fiţi fără*
~ pierda usted cuidado.

grijuliu *adj.* cuidadoso.

grilaj *n.* enrejado.

grimasă *f.* mueca.

grindă *f.* viga, madero.

grindină *f.* granizo || *a cădea*
grindină granizar.

gripă *f.* gripe *m.* || *a avea ~*
tener gripe, andar con gripe.

griş *n.* sémola.

groapă *f.* 1. hoyo. 2. *(mormânt)*
tumba, sepultura.

groază *f.* 1. pavor, terror.
2. *(fig.)* mar *f.*, multitud *f.*,
copia || *o ~ de* la mar de.

groaznic *adj.* horroroso, terrible,
tremendo; *(fam.)* fatal.

grohăi *vi.* gruñir.

gropar *m.* sepulturero.

gropiţă *f. (în obraz)* hoyuela.

gros I. *adj.* grueso, espeso || *o*
pânză groasă una tela espesa.
II. *n.* grueso || *~ul armatei* el
grueso del ejército.

grosime *f.* 1. grueso, grosor.
2. espesor.

grosolan *adj. (şi fig.)* grosero,
rudo, tosco.

grosolănie *f.* grosería, rudeza,
tosquedad.

grotă *f.* gruta, cueva.

grozav I. *adj* 1. *(îngrozitor)*
terrible. 2. extraordinario || *cel*
mai ~ lo más grande, el más
pintado. **II.** *adv.* extraordina-
riamente, sumamente, terrible-
mente, tremendamente || *~!*
¡fonómeno!. **III.** *m.* în *expr.: a*
face pe ~ul echar bravatas,
hablar gordo.

grozăvie *f.* enormidad || *ce ~!*
¡qué barbaridad!.

grumaz *n.* cuello.

grup *n.* grupo.

grupa *vt., vr.* agrupar(se).

grupare *f.* agrupación, agrupamiento.

grupă *f.* grupo.

gudron *n.* alquitrán *m.*

gudura *vr.* 1. *(d. câini)* hacer fiestas. 2. *(fig.)* humillarse.

guiţa *vi.* gruñir.

guler *n.* cuello ‖ *a lua de ~* agarrar de la solapa.

gumă *f.* goma ‖ *~ de mestecat* chicle *m.*; *~ de şters* goma de borrar.

gunoi *n.* basura ‖ *coş de ~* cubo de la basura.

gunoier *m.* basurero, estercolero.

guraliv *adj.* parlanchín.

gura-leului *f.* dragón *m.*

gură *f.* 1. boca ‖ *~ de apă* boca de agua *(sau de riego)*; *~ de incendiu* boca de incendio; *~rea* mala lengua; *bun de ~* largo de lengua; *cu jumătate de ~* a media voz; *cu sufletul la ~* de un aliento; *de-ale gurii* víveres *m.pl.*; *în gura mare* en voz alta, a voz en cuello; *a fi ~ spartă* hablarlo todo; *a fi bun de ~* tener mucha labia; *a lăsa cu gura căscată* dajar a uno bizco; *a-i lăsa gura apă* hacérsele la boca agua; *a-l lua gura pe dinainte* írsele a uno la lengua; *a rămâne cu gura deschisă* quedarse con la boca abierta

sau hecho una pieza; *a-şi rupe de la ~* quitarse de la boca; *a tăcea din ~* callar la boca. 2. *(de râu)* desembocadura, boca del río. 3. *(sărutare)* beso. 4. *(fig., fam.)* pico, morro.

gură-cască *m.* papanatas *m.*, bobalicón *m.*

gurmand *m.* glotón *m.*

gust *m.* 1. gusto. 2. *(savoare)* sabor, gusto ‖ *a avea ~* ser persona de buen gusto; *a avea ~ bun* saber bien; *a avea ~ de* saber a; *bun la ~* apetecible, de buen comer; *de prost ~* de mal gusto, cursi; *fără ~* sin sabor; *(şi fig.)* sin gusto.

gusta *vt.* gustar, probar.

gustare *f.* merienda, entremés *m.*, refacción; *(substanţială)* merendona ‖ *a lua o ~* merendar.

gustos *adj.* sabroso, gustoso, rico.

guşă *f.* 1 *(med.)* bocio, papera. 2. *(la păsări)* buche *m.*

gutui *m.* membrillero.

gutuie *f.* membrillo.

guturai *n.* catarro ‖ *a lua un ~* pescar un catarro.

guvern *n.* gobierno.

guverna *vt.* gobernar.

guvernamental *adj.* gubernamental.

guvernantă *f.* institutriz *f.*, aya.

guvernare *f.* gobernación.

guvernator *m.* gobernador.

guzgan *m.* rata.

H

habar *n.* în *expr.:* ~ *n-am* no tengo idea.

hai, haidem *interj.* ¡vamos!.

haiduc *m.* bandolero justiciero.

haihui *adv.* în *expr.: a umbla* ~ azotar (las) calles.

haimana *f.* galopín *m.* , golfo, granuja *m.*

hain *adj.* despiadado, cruel.

haină *f.* 1. *(palton)* abrigo. 2. *(bărbătească)* americana; *(Am.)* saco; *(scurtă)* chaqueta. 3. *pl.* vestidos *m.pl.*, ropa ‖ *haine de gata* trajes hechos; *a-şi schimba hainele* cambiar de traje.

haită *f.* 1. *(de câini)* jauría. 2. *(de lupi)* manada (de lobos).

hal *n.* în *expr.: într-un* ~ *fără de* ~ hecho una birria.

halal *interj.* bravo, magnífico, estupendo, menudo ‖ ~ *prieten!* ¡menudo amigo!; ~ *să-ţi fie!* ¡enhorabuena!

halat *n.* bata.

hală *f.* 1. *(piaţă)* mercado. 2. *(de uzină)* nave *f.*

halbă *f. (de bere)* bock *m.*, doble *m.* (de cerveza).

haltă *f.* 1. apeadero. 2. *(oprire)* alto ‖ *a face* ~ hacer alto.

haltere *f.pl.* barra de discos.

halucinaţie *f.* alucinación.

ham *n.* arreos *m.pl.*, guarniciones *f.pl.*

hamac *n.* hamaca.

hamal *m.* 1. maletero, mozo de equipaje. 2. *(mar.)* embarcador, mozo de cordel.

hambar *n.* granero, troj(e) *f.*

hamei *n.* lúpulo.

hamsie *f.* haleche *m.*, boquerón *m.*; *(sărată)* anchoa.

han **I.** *n.* posada, venta, parador, albergue *m.* **II.** *m. (ist.)* kan *m.*

handbal *n.* balonmano, handbal *m.*

handicap *n.* 1. *(sport)* handicap *m.* 2. *(fig.)* desventaja. 3. *(fizic etc.)* minusvalía.

handicapa *vt.* desventajar.

handicapat *adj.* minusválido.

hangar *n.* cobertizo.

hangiu *m.* posadero, mesonero.

haos *n.* caos *m.*

haotic *adj.* caótico.

hap *n.* píldora ‖ *a înghiți –ul* tragar(se) la píldora.

hapsân *adj.* 1. *(rău)* despiadado. 2. *(zgârcit)* tacaño, avariento.

har *n.* 1. don *m.* 2. *(rel.)* gracia.

harababură *f.* desbarajuste *m.*, revoltijo, confusión, follón *m.*

harapnic *n.* látigo.

hardughie *f.* caserón *m.*

harem *n.* harén *m.*

harnaşament *n.* arneses *m.pl.*, arreos *m.pl.*

harnic *adj.* aplicado, diligente, laborioso.

harpă *f.* arpa.

harpon *n.* arpón *m.*

hartă *f.* mapa *m.*

harţă *f.* riña, contienda ‖ *a se lua la ~* reñir, disputar.

haşura *vt.* rayar.

hatâr *n.* în *expr.: a face un ~* hacer un favor.

havană *f.* puro.

haz *n.* gracia, alegría ‖ *a avea ~* ser gracioso, ser chistoso; *are ~!* ¡tiene gracia!; *a face ~* divertirse.

hazard *n.* azar *m.*

hazarda *vr.* arriesgarse, aventurarse.

hazliu *adj.* gracioso, cómico.

hăitui *vt.* *(şi fig.)* acosar.

hăituială *f.* batida, acosamiento, acoso.

hămesit *adj.* hambrón, hambriento.

hărăzi *vt.* destinar.

hărmălaie *f.* bulla, bullanga, jaleo.

hărnicie *f.* diligencia, laboriosidad, aplicación.

hărţui *vt.* *(şi fig.)* hostigar, acosar.

hărţuire *f.* hostigamiento, acoso.

hăţ *n.* rienda.

hăţiş *n.* matorral.

hău *n.* abismo

hârb *n.* 1. *(ciob)* casco, cascajo. 2. *(fig.)* cacharro; cascajo; ruina

hârbui *vt.* cascar

hârciog *m.* lirón *m.*

hârâi *vi.* crujir, rechinar

hârjoni *vr.* retozar, travesear

hârleţ *n.* pala.

hârtie *f.* papel *m.* ‖ *~ carbon* (sau *indigo*) papel carbón; *~ creponată* papel crespón; *~ de calc* papel de calcar; *~ igienică* papel higiénico

hârtop *n.* bache *m.*

hârţoage *f. pl.* papelería; *(acte)* papeleo

hâţâna *vt.* sacudir.

hectar *n.* hectárea.

hei *interj.*; ¡eh!, ¡oye!, ¡oiga usted!; *(pop.)* chist! ‖ *~ rup!* ¡a la una, a la dos, a la tres!.

hemoragie *f.* hemorragia ‖ *a opri o ~* cortar una hemorragia.

hemoroizi *m.pl.* hemorroides *f.pl.*, almorranas *f.pl.*

hepatită *f.* *(med.)* hepatitis *f.*

herghelie *f.* caballada, cuadra, manada de caballos.

hering *m.* arrenque *m.*

hermină *f.* armiño.

hernie *f.* hernia ‖ *bolnav de ~* herniado.

hexagon *n.* hexágono.

heteroclit *adj.* heteróclito.

hexametru *m.* hexámetro.

hiberna *vi.* hibernar.

hibernare *f.* hibernación.

hibrid *adj.* híbrido.

hidos *adj.* horrendo, repugnante.

hidoșenie *f.* fealdad, monstruosidad.

hidraulic *adj.* hidráulico.

hidrocentrală *f.* central *f.* hidro-eléctrica.

hidrogen *n.* hidrógeno.

hidrografic *adj.* hidrográfico.

hienă *f.* hiena.

hieroglifă *f.* jeroglífico.

himeră *f.* quimera.

himeric *adj.* quimérico.

hindus *adj.*, *m.* hindú *m.*

hiperbolă *f.* 1. *(lit.)* hipérbole *f.*
2. *(mat.)* hipérbola.

hipertensiune *f.* hipertensión.

hipertensiv *adj.* hipertenso.

hipic *adj.* hípico.

hipism *n.* hipismo.

hipnotiza *vt.* hipnotizar.

hipodrom *n.* hipódromo.

hispanism *n.* hispanismo.

hitlerism *n.* hitlerismo.

hitlerist *adj.*, *m.* hitleriano.

hlamidă *f.* clámide *f.*

hoardă *f.* horda.

hochei *n.* hockey *m.*

hocheist *m.* jugador de hockey.

hodorogi *vr.* cascarse.

hohot *n.* 1. *(de râs)* carcajada.
2. *(de plâns)* sollozo.

hohoti *vi.* 1. *(de râs)* reír a carca-jadas. 2. *(de plâns)* sollozar.

hoinar *adj.* errante.

hoinăreală *f.* vagancia.

hoinări *vi.* vagar, vagabundear, deambular, callejear.

hol *n.* vestíbulo.

holbat *adj.* desencajado, desorbitado.

holdă *f.* 1. trigal. 2. mieses *f.pl.*

holeră *f.* cólera *m.*

holtei *m.* soltero.

homar *m.* langosta.

homosexual *m.* homosexual;
(fam.) marica, maricón, mari-quita.

hop *n.* v. **hârtop**.

hopa-mitică *m.* tentemozo, ten-tepié *m.*

horă *f.* ronda, corro.

horcăi *vi.* 1. jadear, estar con el estertor. 2. *(a sforăi)* roncar.

horcăit *n.* 1. estertor. 2. ronquido.

hormon *m.* hormona.

horn *n.* chimenea.

hortensie *f.* *(bot.)* hortensia.

horticultor *m.* horticultor.

horticultură *f.* horticultura.

hotar *n.* frontera, confín *m.*, límite *m.*

hotărâre *f.* 1. decisión, deter-minación, resolución ‖ *cu ~* resueltamente. 2. *(a unui organ)* resolución, acuerdo; *(și jur.)* fallo; *(sport) (a arbi-trului)* fallo.

hotărât *adj.* decidido, resuelto.

hotărâtor *adj.* decisivo

hotărî *vt.*, *vr.* decidir(se).

hotel *n.* hotel *m.*, parador; *(de categorie inferioară)* posada, fonda; *(motel)* albergue *m.*, motel *m.*

hoț *m.* ladrón *m.*, ratero; *(de bu-zunare)* carterista *m.*; *(fam.)* gato.

hoție *f.* robo, hurto.

hrană *f.* 1. comida; alimento; sus-tento. 2. *(pentru animale)* cebo.

hrăni I. *vt.*, *vr.* alimentar(se), nutrir(se), sustentar(se). II. *vt.* dar de comer.

hrănitor *adj.* nutritivo.
hrăpăreţ *adj.* rapaz.
hrean *m.* rábano silvestre.
huidui *vt.* silbar, abuchear, rechiflar.
huilă *f.* hulla.
hulă *f.* oleaje *m.*, marejada.
huli *vt.* blasfemar, injuriar.
huligan *m.* golfo, gamberro

humă *f.* arcilla.
hurui *vi.* traquetear, hacer ruido.
hulire *f.* blasfemia, injuria.
husă *f.* funda, forro.
huzur *n.* 1. holgura, holganza.
2. *(trândăvie)* ociosidad, holgazanería.
huzuri *vi.* vivir con holgura, vivir con regalo.

I

iad *n.* infierno.

iaht *n.* yate *m.*

ianuarie *m.* enero.

iapă *f.* yegua.

iar **I.** *adv.* otra vez, de nuevo; también. **II.** *conj.* **1.** *(copulativ)* y. **2.** *(adversativ)* pero.

iarbă *f.* **1.** hierba. **2.** *(gazon)* césped *m.* **3.** *pl.* herbaje *m.*

iarna *adv.* en invierno.

iarnă *f.* invierno ‖ *de* ~ de invierno, invernal.

iască *f.* yesca.

iasomie *f.* jazmín *m.*

iatac *n.* alcoba.

iatagan *n.* yatagán *m.*

iată *interj.* **1.** he aquí *(sau* allí) ‖ ~-*mă!* ¡heme aquí!; ¡aquí vengo! **2.** *(privește)* ¡mira!.

iaurt *n.* yogur *m.*

iaz *n.* laguna, remanso.

ibric *n.* *(de cafea)* cafetera.

ici *adv.* aquí, acá ‖ ~-*colo* aquí y allá, acá y acullá.

icni *vi.* gemir, hipar.

icoană *f.* icono.

icre *f.pl.* huevas *f.pl.* ‖ ~ *negre* caviar *m.*

icter *n.* ictericia.

ideal *adj., n.* ideal.

idealism *n.* idealismo.

idealist *m.* idealista *m.* și *f.*

idealiza *vt.* idealizar.

idee *f.* idea; ocurrencia ‖ ~ *fixă* idea fija, tema *f.*; ~ *preconcepută* idea preconcebida; *mi-a venit o* ~ *se* me ocurrió una idea.

identic *adj. (cu)* idéntico (a).

identifica *vt., vr. (cu)* identificar(se) (con).

identitate *f.* identidad ‖ *buletin de* ~ tarjeta *(sau* cartilla) de identidad *(sau* identificación).

ideologic *adj.* ideológico.

ideologie *f.* ideología.

idilă *f.* idilio, romance *m.*

idiot *adj.* idiota, estúpido.

idioțenie *f.* idiotez *f.*, estupidez *f.*

idol *m.* ídolo.

idolatriza *vt.* idolatrar.

ied *m.* chivo, cabrito.

iederă *f.* yedra.

ieftin **I.** *adj.* barato. **II.** *adv.* barato, a poco precio.

ieftini *vt., vr.* abaratar(se); rebajar.

ieftinire *f.* abaratamiento; rebaja (de precios).

iele *f.pl.* malas hadas *f.pl.*

ienupăr *m.* enebro.

iepure *m.* *(de casă)* conejo; *(de câmp)* liebre *f.*

ierarhie *f.* jerarquía.

ierbar *m.* herbario.

ierbos *adj.* herboso.

ieri *adv.* ayer ‖ *mai* ~ hace poco.

ierna *vi.* invernar.

ierta *vt.* **1.** perdonar, disculpar ‖ *iertaţi-mă de deranj* perdone (*sau* disculpe) la molestia. **2.** *(rel., jur.)* absolver.

iertare *f.* **1.** perdón *m.* **2.** *(jur., rel.)* alsolución.

iesle *f.* pesebre *m.*

ieşi *vi.* **1.** salir. **2.** *(a apărea)* aparecer. **3.** *(a rezulta)* resultar ‖ *a* ~ *afară* salir fuera; *a* ~ *bine (rău)* salir bien (mal); *a* ~ *în întâmpinare* salir al encuentro; *a* ~ *la iveală (fig.)* descubrirse el pastel; *a* ~ *la pensie* jubilarse; *a-şi* ~ *din fire* montar en cólera.

ieşire *f.* **1.** salida ‖ ~ *la mare* salida al mar. **2.** *(fig.)* desplante *m.*

iezuit *m.* jesuita *m.*

ifose *n. pl.* ínfulas *f.pl.*, faroleo ‖ *a-şi da* ~ tener ínfulas.

igienă *f.* higiene *f.*; aseo.

igienic *adj.* higiénico.

iglu *n.* iglú *m.*

ignora *vt.* ignorar, desconocer.

ignorant *adj., m.* ignorante *m.*

ignoranţă *f.* ignorancia.

igrasie *f.* humedad.

ilegal *adj.* ilegal, clandestino.

ilegalitate *f.* ilegalidad, clandestinidad ‖ *a lupta în* ~ luchar clandestinamente.

ilicit *adj.* ilícito.

ilizibil *adj.* ilegible.

ilumina *vt.* iluminar, alumbrar.

iluminaţie *f.* iluminación, alumbramiento.

iluminism *n.* **1.** *(rel.)* iluminismo. **2.** *(filos.)* ilustración.

ilustra *vt.* ilustrar.

ilustrată *f.* (tarjeta) postal *f.*

ilustraţie *f.* ilustración, lámina; grabado.

ilustru *adj.* ilustre, preclaro.

iluzie *f.* ilusión ‖ *a-şi face iluzii* hacerse ilusiones, ilusionarse.

iluzoriu *adj.* ilusorio.

imaculat *adj.* inmaculado.

imagina *vt.* imaginar, concebir, idear ‖ *a-şi* ~ imaginarse, figurarse.

imaginar *adj.* imaginario.

imaginaţie *f.* imaginación ‖ *lipsit de* ~ falto de imaginación.

imagine *f.* imagen *f.*

imanent *adj.* inmanente.

imaş *n.* pasto.

imaterial *adj.* inmaterial.

imbecil *adj.* imbécil.

imbecilitate *f.* imbecilidad.

imbold *n.* **1.** estímulo, acicate *m.*, aguijón *m.* **2.** *(material)* incentivo.

imediat **I.** *adj.* inmediato. **II.** *adv.* inmediatamente, en seguida, de inmediato.

imemorial *adj.* inmemorial.

imens *adj.* inmenso.

imensitate *f.* inmensidad.

imersiune *f.* inmersión, sumersión.

imigra *vi.* inmigrar.
imigrare *f.* inmigración.
iminent *adj.* inminente.
imita *vt.* imitar, remedar.
imitator *m.* imitador.
imitaţie *f.* imitación, remedo.
imn *n.* himno.
imóbil[1] *n.* inmueble *m.*, edificio; *(Spania)* finca.
imobíl[2] *adj.* inmóvil.
imobilitate *f.* inmovilidad.
imobiliza *vt.* inmovilizar.
imoral *adj.* inmoral.
imoralitate *f.* inmoralidad.
imortaliza *vt.* inmortalizar.
impacienta *vt., vr.* impacientar(se).
impar *adj.* impar.
imparţial *adj.* imparcial.
imparţialitate *f.* imparcialidad.
impas *n.* estancamiento ‖ *a se afla într-un ~* llegar a un punto muerto.
impecabil *adj.* impecable.
impediment *n.* impedimento.
impenetrabil *adj.* impenetrable; inextricable.
imperativ *adj, n.* imperativo.
imperfect *adj., n.* imperfecto.
imperial *adj.* imperial.
imperialism *n.* imperialismo.
imperialist *adj., m.* imperialista *m.* şi *f.*
imperios *adj.* imperioso.
imperiu *n.* imperio.
impermeabil *adj., n.* impermeable *m.*
impersonal *adj.* impersonal.
impertinent *adj.* impertinente.
imperturbabil *adj.* imperturbable.
impetuos *adj.* impetuoso.

impetuozitate *f.* ímpetu *m.*
impiegat *m.* empleado del ferrocarril.
implacabil *adj.* implacable.
implica *vt.* implicar; suponer; traer consigo; comportar.
implicaţie *f.* implicación.
implicit *adj.* implícito.
implora *vt.* implorar, suplicar.
impoliteţe *f.* descortesía.
imponderabil *adj.* imponderable.
imponderabilitate *f.* imponderabilidad.
import *n.* importación.
importa I. *vt. (com.)* importar. II. *vi. (fig.)* importar, interesar ‖ *ce importă?* ¿qué más da?.
important *adj.* importante; destacado ‖ *cel mai ~ de* mayor cuantía; *puţin ~ de* menor cuantía.
importanţă *f.* importancia ‖ *al doilea ca ~* el segundo en importancia; *a-şi da ~* darse importancia; *fără ~* poco *(sau* nada) importante.
imposibil I. *adj.* imposible ‖ *a face ~ (ceva)* imposibilitar *vt.* II. *n.* lo imposible.
imposibilitate *f.* imposibilidad.
impostor *m.* impostor.
impotent *adj.* impotente.
impozabil *adj.* imponible; tributario.
impozit *n.* impuesto; tributo; gravamen *m.*
impozitare *f.* imposición.
impracticabil *adj.* impracticable.
imprecis *adj.* impreciso, vago; indistinto.
impregna *vt., vr.* impregnar(se).
impresar *m.* empresario.

impresie *f.* impresión ‖ *a face ~* causar impresión, impactar.

impresiona *vt.* impresionar, hacer impresión, conmover.

impresionant *adj.* impresionante.

impresionism *n.* impresionismo.

imprima *vt.* **1.** *(tip.)* imprimir; *(text.)* estampar. **2.** *(a înregistra)* grabar. **3.** *(fig.)* infundir

imprimantă *f.* impresora.

imprimare *f.* **1.** impresión. **2.** *(înregistrare)* grabación.

imprimat *adj., n.* impreso.

imprimerie *f.* imprenta.

imprimeuri *n.pl.* estampados *m.pl.*

impropriu *adj.* impropio.

improviza *f.* improvisar.

improvizaţie *f.* improvisación.

imprudent *adj.* imprudente, mal avisado.

imprudenţă *f.* imprudencia.

impuls *n.* impulso ‖ *a da un ~* impulsar.

impulsiv *adj.* impulsivo.

impunător *adj.* imponente.

impune *vt., vr.* imponer(se).

impur *adj.* impuro.

impuritate *f.* impureza.

imputa *vt.* imputar ‖ *a i se ~ că* achacársele + *inf.*

imputabil *adj.* achacable.

imputaţie *f.* imputación.

imun *adj.* inmune.

imunitate *f.* inmunidad.

in *n.* lino.

inacceptabil *adj.* inaceptable.

inaccesibil *adj.* inaccesible, inasequible.

inactivitate *f.* inactividad.

inadaptabil *adj.* inadaptable.

inadecvat *adj.* inadecuado.

inadmisibil *adj.* inadmisible.

inadvertenţă *f.* inadvertencia.

inalienabil *adj.* inalienable.

inamic *m.* enemigo.

inapt *adj.* inapto, incapaz.

inaugura *vt.* inaugurar, estrenar.

inaugurare *f.* inauguración; estreno.

incalculabil *adj.* incalculable.

incandescent *adj.* incandescente, candente.

incandescenţă *f.* incandescencia, candencia.

incapabil *adj.* incapaz.

incapacitate *f.* incapacidad.

incasabil *adj.* irrompible.

incendia *vt.* incendiar.

incendiu *n.* incendio.

incert *adj.* incierto.

incertitudine *f.* incertidumbre *f.*

inchiziţie *f.* inquisición.

incident *adj., n.* incidente *m.*, percance *m.*

incidental *adj.* incidental, accidental.

incintă *f.* recinto, ámbito.

incipient *adj.* incipiente.

incisiv *adj., m.* incisivo.

incita *vt.* incitar.

incizie *f.* incisión.

include *vt.* incluir; incorporar.

inclus *adj.* incluso.

inclusiv *adv.* inclusive, incluso, inclusivamente.

incoerent *adj.* incoherente.

incognito *adv.* de incógnito.

incolor *adj.* incoloro.

incomensurabil *adj.* inconmensurable.

incomod *adj.* incómodo.

incomoda *vt.* molestar, incomodar.

incomparabil *adj.* incomparable.

incompetent *adj.* incompetente.

incomplet *adj.* incompleto.

inconsecvent *adj.* inconsecuente.

inconsecvenţă *f.* inconsecuencia.

inconsistent *adj.* inconsistente.

inconştient *adj., m.* inconsciente *m.*

inconştienţă *f.* inconsciencia.

incontestabil *adj.* incontestable.

inconvenient *adj.* inconveniente *m.*, reparo.

incorect *adj.* incorrecto.

incorigibil *adj.* incorregible.

incorpora *vt., vr.* incorporar(se).

incoruptibil *adj.* incorruptible, íntegro.

incredibil *adj.* increíble.

incrusta *vt.* incrustar.

incrustaţie *f.* incrustación.

incubator *n.* incubadora.

inculpat *adj.* procesado, reo, acusado.

incult *adj.* inculto, iletrado.

incumba *vi.* incumbir.

incurabil *adj.* incurable.

incursiune *f.* incursión; correría.

indecent *adj.* indecente.

indecis *adj.* indeciso.

indefinit *adj.* indefinido.

indemnizaţie *f.* indemnización.

independent *adj.* independiente.

independenţă *f.* independencia, autonomía.

indescifrabil *adj.* indescifrable.

index *n.* índice *m.*

indian *adj., m.* indio.

indica *vt.* indicar, señalar, enseñar; designar; recomendar.

indicativ *n.* indicativo.

indicator *n.* indicador.

indicaţie *f.* indicación; recomendación.

indice *m., n.* índice *m.*

indiciu *n.* indicio, señal *f.*, asomo.

indiferent *adj.* indiferente; despreocupado; indistinto ‖ *a-i fi* ~ darle igual.

indiferenţă *f.* indiferencia.

indigen *adj., m.* indígena *m.*, aborigen *m..*

indigestie *f.* indigestión.

indigna *vt., vr. (de)* indignar(se) (por).

indignare *f.* indignación.

indigo *n.* 1. *(culoare)* añil *m.* 2. papel *m.* carbón.

indirect I. *adj.* indirecto. II. *adv.* indirectamente.

indisciplină *f.* indisciplina.

indiscret *adj.* indiscreto.

indiscreţie *f.* indiscreción.

indiscutabil *adj.* indiscutible, incuestionable.

indispensabil I. *adj.* indispensable, imprescindible. II. *m.pl.* calzoncillos *m.pl.*

indisponibil *adj.* indisponible.

indispoziţie *f.* 1. *(boală)* malestar *m.*, indisposición. 2. mal humor.

indispune *vt., vr.* 1. indisponer(se). 2. poner(se) de mal humor.

indispus *adj.* malhumorado.

individ *m.* individuo.

individual *adj.* individual.

individualitate *f.* individualidad.

individualiza *vt.* individualizar, personalizar.

indolent *adj.* indolente, apático.

induce *vt.* inducir ‖ *a ~ în ero-
are* inducir en error.
inducţie *f.* inducción.
indulgent *adj.* indulgente, per-
misivo.
indulgenţă *f.* indulgencia.
industrial *adj.* industrial.
industrializare *f.* industrialización.
industriaş *m.* industrial.
industrie *f.* industria ‖ *industria
grea (uşoară)* la industria
pesada (ligera).
inedit *adj.* inédito.
ineficace *adj.* ineficaz.
inegal *adj.* desigual.
inegalitate *f.* desigualdad.
inel *n.* 1. anillo, sortija. 2. *pl.
(sport)* anillas *f.pl.*
inelar I. *adj.* circular. II. *n.* anular *m.*
inelat *adj.* (*d. păr*) rizado.
inepţie *f.* inepcia.
inepuizabil *adj.* inagotable.
inerent *adj.* inherente.
inert *adj.* inerto.
inerţie *f.* inercia.
inevitabil *adj.* inevitable.
inexact *adj.* inexacto, equivocado.
inexactitate *f.* inexactitud *f.*
inexistent *adj.* inexistente.
inexplicabil *adj.* inexplicable.
inexpresiv *adj.* inexpresivo.
inexprimabil *adj.* indecible.
infailibil *adj.* infalible.
infamie *f.* infamia.
infanterie *f.* infantería.
infanterist *m.* soldado de infantería,
infante *m.*
infantil *adj.* infantil.
infarct *n.* infarto.
infect *adj.* 1. infecto. 2. (*d. per-
soane*) vil.

infecta I. *vt., vr.* infectar(se);
contaminar(se); apestar(se). II. *vt.*
infeccionar; infestar.
infecţie *f.* infección.
infecţios *adj.* infeccioso.
inferior *adj.* inferior.
inferioritate *f.* inferioridad.
infern *n.* infierno.
infidel *adj.* infiel.
infidelitate *f.* infidelidad.
infiltra *vt., vr.* (*şi fig.*) infil-
trar(se).
infiltraţie *f.* infiltración.
infim *adj.* ínfimo.
infinit *adj., n.* infinito.
infinitate *f.* infinidad, infinitud *f.*,
sinfín *m.*
infinitiv *n.* infinitivo.
infirm *m.* tullido, baldado.
infirma *vt.* infirmar.
infirmerie *f.* enfermería.
infirmieră *f.* enfermera.
infirmitate *f.* baldadura, lisia-
dura, enfermedad.
inflama *vr.* inflamarse.
inflamabil *adj.* inflamable.
inflamaţie *f.* inflamación.
inflexibil *adj.* inflexible.
inflexiune *f.* inflexión.
influent *adj.* influyente.
influenţa *vt.* influir.
influenţă *f.* influencia, influjo.
inform *adj.* informe.
informa I. *vt.* informar, enterar.
II. *vr.* enterarse (sobre); inves-
tigar *vt.*
informare *f.* información; in-
forme *m.*
informatică *f.* informática, or-
dinática.

informativ *adj.* informativo.
informator *m.* informador; informante *m.* *(la poliţie)* confidente *m.*
informaţie *f.* información || *birou de informaţii* oficina de informaciones.
infractor *m.* infractor.
infracţiune *f.* infracción, transgresión.
infrastructură *f.* infraestructura.
infuzie *f.* infusión.
ingenios *adj.* ingenioso.
ingeniozitate *f.* ingeniosidad, destreza.
inginer *m.* ingeniero.
inginerie *f.* ingeniería.
ingrat *adj.* ingrato, desagradecido.
ingratitudine *f.* ingratitud *f.*
inhala *vt.* inhalar.
inhalaţie *f.* inhalación.
inhiba *vt.* inhibir.
inhibiţie *f.* inhibición.
inimaginabil *adj.* inimaginable.
inimă *f.* 1. corazón *m.* || *cu dragă* ~ de buena gana; *cu inima deschisă* a corazón abierto; *din toată inima* de todo corazón; *a avea* ~ *de piatră* ser duro de corazón; *a pune la* ~ tomar a pecho(s); *a-şi deschide inima* sincerarse. 2. *(fig.)* corazón *m.*, centro.
inimos *adj.* 1. valiente, animoso. 2. apasionado. 3. generoso, de gran corazón.
iniţia I. *vt.* iniciar, empezar. II. *vt.*, *vr.* iniciar(se), instruir(se).
iniţial I. *adj.* inicial. II. *adv.* inicialmente, primeramente
iniţiat *adj.*, *m.* iniciado.

iniţiativă *f.* iniciativa || *din proprie* ~ de su propia iniciativa.
iniţiator *m.* iniciador, promotor.
iniţiere *f.* *(în)* iniciación (a).
injecta *vt.* inyectar.
injecţie *f.* inyección || *a face o* ~ poner una inyección.
injurie *f.* injuria, insulto, agravio.
injust *adj.* injusto.
inocent *adj.* inocente, cándido.
inocenţă *f.* inocencia.
inodor *adj.* inodoro.
inofensiv *adj.* inofensivo.
inoportun *adj.* inoportuno, importuno.
inova *vt.* innovar.
inovator *m.* innovador.
inovaţie *f.* innovación.
inoxidabil *adj.* inoxidable.
ins *m.* sujeto, individuo; *(fam.)* tío; *(peior.)* tipo.
inscripţie *f.* inscripción, letrero.
insectă *f.* insecto.
insecticid *n.* insecticida *m.*
insensibil *adj.* insensible.
insignă *f.* insignia.
insinua *vt.* insinuar.
insipid *adj.* insípido.
insista *vi.* insistir (en); empeñarse (en).
insistent *adj.* insistente.
insistenţă *f.* insistencia.
insolaţie *f.* insolación.
insolent *adj.* insolente, desvergonzado.
insolenţă *f.* insolencia.
insolubil *adj.* insoluble.
insomnie *f.* insomnio, desvelo.
inspecta *vt.* inspeccionar, examinar.
inspector *m.* inspector.
inspecţie *f.* inspección.

inspira *vt.* *(şi fig.)* inspirar; infundir.

inspiraţie *f.* inspiración.

instabil *adj.* inestable.

instala I. *vt.* instalar; asentar; colocar. II. *vr.* instalarse.

instalare *f.* instalación, colocación.

instalator *m.* fontanero, plomero.

instalaţie *f.* instalación.

instantaneu I. *adj.* instantáneo. II. *n.* *(foto)* instantánea.

instanţă *f.* instancia ‖ *în ultimă* ~ en última instancia.

instaura *vt.* instaurar.

instaurare *f.* instauración.

instiga *vt.* instigar.

instigator *m.* instigador.

instinct *n.* instinto.

instinctiv *adj.* instintivo.

institui *vt.* instituir, fundar, establecer.

institut *n.* instituto.

instituţie *f.* institución; entidad.

instructaj *n.* instrucción.

instructiv *adj.* instructivo.

instructor *m.* instructor.

instrucţie *f.* instrucción.

instrui *vt., vr.* instruir(se).

instrument *n.* *(şi muz.)* instrumento; *(unealtă)* utensilio, herramienta.

instrumental *adj.* instrumental.

insucces *n.* fracaso, fallo.

insuficient *adj.* insuficiente.

insuficienţă *f.* insuficiencia.

insufla *vt.* 1. insuflar. 2. *(fig.)* infundir; inculcar.

insular *adj.* insular; isleño.

insulă *f.* isla.

insulta *vt.* insultar, injuriar.

insultă *f.* insulto, injuria, improperio.

insuportabil *adj.* inaguantable, insoportable.

insurecţie *f.* insurrección.

intact *adj.* intacto, íntegro, entero, indemne, ileso.

integra *vt., vr.* integrar(se).

integral *adj.* integral, íntegro.

integritate *f.* integridad, entereza.

integru *adj.* íntegro, probo.

intelect *n.* intelecto.

intelectual *adj., m.* intelectual.

intelectualitate *f.* intelectualidad.

inteligent *adj.* iteligente.

inteligenţă *f.* inteligencia.

inteligibil *adj.* inteligible.

intemperie *f.* intemperie *f.*

intens *adj.* intenso, fuerte.

intensifica *vt., vr.* intensificar(se).

intensitate *f.* intensidad.

intensiv *adj.* intensivo.

intenta *vt.* intentar.

intenţie *f.* intención, propósito ‖ *cu* ~ de propósito.

intenţiona *vt.* tener el propósito, tener la intención.

intenţionat *adj.* intencionado ‖ *bine* ~ bienintencionado; *rău* ~ malintencionado.

interacţiune *f.* interacción.

intercala *vt.* intercalar.

intercepta *vt.* interceptar.

interdicţie *f.* interdicción.

interes *n.* interés *m.* ‖ ~*ul public* el bien público; *în* ~*ul* en interés de; *a-şi da* ~ poner interés.

interesa I. *vt.* interesar, importar. II. *vr.* *(de)* enterarse (de), interesarse (por).

interesant *adj.* interesante.

interfera *vt.* interferir.

interferenţă *f.* interferencia.

interior I. *adj.* interior, interno. II. *n.* 1. interior, recinto. 2. *(la telefon)* extensión ‖ *din* ~ desde dentro; *spre* ~ hacia dentro.

interjecţie *f.* interjección.

interlocutor *m.* interlocutor.

interlop *adj.* hampesco, intérlope.

intermediar I. *m.* intermediario, mediador. II. *adj.* intermediario, intermedio.

intermediu *n.* în *expr.: prin* ~*l* por (inter)medio de, mediante.

interminabil *adj.* interminable.

intern *adj.* interno, interior, intestino ‖ *lupte* ~*e* luchas intestinas; *Ministerul Afacerilor* ~*e* El Ministerio del Interior.

interna *vt.* 1. internar. 2. *(în spital)* hospitalizar.

internare *f.* *(în spital)* hospitalización.

internat *n.* internado.

internaţional *adj.* internacional.

Internaţionala *f.* Internacional *f.*

internaţionalism *n.* internacionalismo.

interoga *vt.* interrogar.

interogativ *adj.* interrogativo.

interogatoriu *n.* interrogatorio.

interpelare *f.* interpelación.

interplanetar *adj.* interplanetario.

interpret *m.* intérprete *m.*

interpreta *vt.* 1. interpretar. 2. *(un rol)* hacer un papel, actuar; *(un rol principal)* protagonizar.

interpretare *f.* 1. interpretación. 2 *(teatru, film)* actuación.

interpune *vr.* interponerse.

intersecta *vt., vr.* 1. cruzar(se). 2. *(geom.)* intersectar(se).

intersecţie *f.* 1. *(de străzi)* cruce *m.*, encrucijada. 2. intersección.

interurban *adj.* interurbano.

interval *n.* intervalo; *(spaţial)* espacio; claro; *(temporal)* lapso ‖ *la* ~*e* a trechos.

interveni *vi.* 1. intervenir. 2. *(a se întâmpla)* ocurrir.

intervenţie *f.* intervención, diligencias *f.pl.*

interviu *n.* entrevista ‖ *a lua un* ~ entrevistar (a alguien).

interzice *vt.* prohibir; interdecir; vedar.

interzicere *f.* prohibición.

interzis *adj.* prohibido.

intestin *n.* intestino.

intim *adj.* íntimo, entrañable ‖ *a fi* ~ *cu* tener confianza con, intimar con.

intimida I. *vt.* intimidar. II. *vr.* cortar(se), confundir(se), acobardar(se), intimidar(se).

intimidare *f.* intimidación.

intimidat *adj.* confuso.

intimitate *f.* intimidad.

intitula *vt., vr.* titular(se).

intoleranţă *f.* intolerancia.

intona *vt.* entonar.

intonaţie *f.* entonación; tono.

intoxica *vt., vr.* intoxicar(se); envenenar(se).

intoxicaţie *f.* intoxicación.

intra *vi.* *(în)* entrar (en); meterse; *(într-o încăpere)* pasar ‖ *a* ~ *în apă* meterse en el agua; *a*

~ în *vorbă* entrar en discusión; *a ~ la bănuială* entrar a sospechas; *a ~ la facultate* ingresar en la faculdad; *a ~ la spălat* encogerse; *intră!* ¡adelante!, ¡pase!.

intransigent *adj.* intransigente.

intransigenţă *f.* intransigencia.

intranzitiv *adj.* intransitivo.

intrare *f.* 1. entrada. 2. *(la facultate)* ingreso. 3. *(d. străzi)* callejón *m.* ‖ *~a oprită* se prohibe el paso.

intriga *vt.* intrigar.

intrigant *m.* intrigante *m.*

intrigă *f.* 1. intriga; maniobras *f.pl.* ‖ *a băga intrigi* tramar *(sau* urdir) intrigas. 2. *(lit.)* intriga, trama.

introduce *vt., vr.* introducir(se).

introducere *f.* introducción ‖ ~ *în studiul.* introducción al estudio (de).

introductiv *adj.* introductivo.

introspecţie *f.* introspección.

intrus *m.* intruso.

intui *vt.* intuir.

intuiţie *f.* intuición.

inuman *adj.* inhumano.

inunda *vt.* inundar, anegar, encharcar.

inundaţie *f.* inundación.

inutil *adj.* inútil, innecesario.

inutilitate *f.* inutilidad.

inutilizabil *adj.* inutilizable, inservible.

invada *vt.* invadir.

invadator *m.* invasor.

invalid *m.* inválido; mutilado, lisiado.

invaliditate *f.* invalidez *f.*

invariabil *adj.* invariable.

invazie *f.* invasión.

inventa *vt.* 1. inventar. 2. *(fig.)* fabricar.

inventar *n.* inventario.

inventator *m.* inventor.

inventiv *adj.* inventivo.

invenţie *f.* invención, invento.

invers **I.** *adj.* inverso. **II.** *adv.* al revés, a la inversa.

inversa *vt.* invertir.

inversare *f.* inversión.

investi *vt.* invertir.

investiga *vt.* investigar, indagar.

investigaţie *f.* investigación, indagación; *pl. (med.)* exploraciones *f. pl.*

investitor *m.* inversionista.

investiţie *f.* inversión.

invidia *vt.* envidiar ‖ *de ~t* envidiable.

invidie *f.* envidia.

invidios *adj.* envidioso.

invincibil *adj.* invencible.

invita *vt.* invitar; *(la masă)* convidar.

invitat *m.* invitado; convidado.

invitaţie *f.* invitación; convite *m.*

invizibil *adj.* invisible.

invoca *vt.* invocar.

involuntar *adj.* involuntario.

iobag *m. (ist.)* siervo.

iobăgie *f. (ist.)* servidumbre *f.*

iod *n.* yodo.

iolă *f.* yola.

iotă *f.* în *expr.: a nu şti o ~* no saber (una) jota, no saber la cartilla.

ipocrit *adj.* hipócrita.

ipocrizie *f.* hipocresía.

ipotecă *f.* hipoteca.

ipotetic *adj.* hipotético, probable.

ipoteză *f.* hipótesis *f.*

ipsos *n.* yeso.

iradia *vt., vi.* (ir)radiar.

irascibil *adj.* irascible.

irațional *adj.* irracional.

iremediabil *adj.* irremediable.

ireproșabil *adj.* irreprochable.

iresponsabil *adj.* irresponsable.

irezistibil *adj.* irresistible.

iriga *vt.* regar, irrigar.

irigație *f.* irrigación, regadío ‖ *canal de* ~ canal de riego, acequia.

iris *m.* **1.** *(bot.)* lirio. **2.** *(anat.)* iris *m.*

irita *vt., vr.* irritar(se), enervar(se); darle la rabia a uno.

iritare *f.* irritación.

ironic *adj.* irónico.

ironie *f.* ironía.

ironiza *vt.* ironizar.

irosi *vt.* gastar; desperdiciar; desaprovechar; echar a perder; despilfarrar.

iru(m)pe *vi.* irrumpir.

isca *vt., vr.* armar(se); causar *vt.*

iscăli *vt., vr., vi.* firmar(se); suscribir *vi.*

iscălitură *f.* firma.

iscoadă *f.* espía *m.*

iscodi *vt.* fisgar, fisgonear, curiosear.

iscoditor *adj.* fisgón, curioso; buscavidas *m.*

iscusință *f.* destreza, habilidad, maña; industria; valía.

iscusit *adj.* hábil, mañoso; industrioso.

ispăși *vt.* expiar.

ispășire *f.* expiación.

ispășitor *adj.* în *expr.:* țap ~ chivo expiatorio.

ispită *f.* tentación.

ispiti *vt.* tentar.

ispititor *adj.* tentador.

ispravă *f.* hazaña, andanza, aventura.

isprăvi *vt.* acabar, concluir, terminar; rematar; despachar.

isteric *adj.* histérico.

isterie *f.* histerismo.

isteț *adj.* agudo, vivo, despierto.

istețime *f.* agudeza, sutileza.

istm *n.* istmo.

istoric **I.** *adj.* histórico. **II.** *m.* historiador.

istorie *f.* **1.** historia. **2.** *(fam.)* cuento, fábula.

istorioară *f.* historieta.

istorisi *vt.* contar, narrar.

istovi *vt., vr.* agotar(se), extenuar(se), cansar(se).

italian *adj., m.* italiano.

italienesc *adj.* italiano.

itinerar *n.* itinerario; recorrido; ruta.

iubi *vt., vr.* querer(se), amar(se).

iubire *f.* amor, querer *m.*

iubit *adj., m.* querido, amante *m.*

iubitor *adj.* amante, afectuoso, amoroso

iugoslav *adj., m.* yugo(e)slavo

iulie *m.* julio

iunie *m.* junio

iută *f.* yute *m.*

iute **I.** *adj.* **1.** *(d. ape)* rápido, veloz. **2.** *(d. gust)* picante. **3.** *(fig.)* vivo. **II.** *adv.* pronto, rápidamente, aprisa, enseguida ‖ *a fi* ~ *din fire* tener mucho genio.

iuţeală *f.* rapidez *f.*, velocidad, celeridad.

iuţi *vt.* acelerar ‖ *a ~ pasul* apretar el paso.

iveală *f. în expr.: a ieşi la ~* salir a luz, *(fam.)* descubrirse el pastel; *a scoate la ~* sacar a luz.

ivi *vr.* aparecer *vi.*, surgir *vi.*, asomar(se) ; *(şi fig.)* brotar *vi.*

izbăvi *vt.* redimir.

izbăvire *f.* redención

izbândă *f.* victoria

izbândi *vi.* vencer; triunfar.

izbi I. *vt.* 1. golpear. 2. *(d. vehicule)* atropellar. 3. *(fig.)* sorprender. II. *vr. (de)* chocar (con), tropezar (con).

izbitor *adj.* chocante.

izbitură *f.* choque *m.*, golpe *m.*

izbucni *vi.* estallar, reventar ‖ *a ~ în plâns* romper a llorar; *a ~ o epidemie* declararse una epidemia.

izbucnire *f.* explosión.

izbuti *vt.* lograr, conseguir; acertar.

izgoni *vt.* echar (fuera); rechazar.

izmă *f.* menta, hierbabuena.

izmene *f.pl.* calzoncillos *m.pl.*

izmeni *vr.* remilgarse.

izlaz *n.* dehesa, pradera.

izola *vt., vr.* aislar(se).

izolare *f.* aislamiento.

izolat *adj.* aislado; apartado; retirado, retraído.

izotop *m.* isótopo.

izvor *n.* 1. manantial. 2. *(fig.)* origen *m.*

izvorî *vi. (şi fig.)* brotar, surgir, (e)manar.

Î

îmbarca *vt., vr.* embarcar(se).

îmbarcare *f.* embarque *m.*; embarco ‖ *tichet de* ~ tarjeta de embarque.

îmbăia *vt., vr.* bañar(se).

îmbălsăma *vt.* embalsamar.

îmbărbăta *vt.* dar ánimo, animar, alentar.

îmbăta *vt., vr.* (*şi fig.*) emborrachar(se), embriagar(se).

îmbătător *adj.* embriagante, embriagador.

îmbătrâni *vi.* envejecer.

îmbelşugare *f.* abundancia; copia.

îmbelşugat *adj.* abundante; copioso; (*fig.*) desahogado.

îmbia *vt.* 1. invitar. 2. (*a ispiti*) tentar.

îmbiba *vt.,vr.* (*cu*) empapar(se) (de).

îmbietor *adj.* 1. tentador, seductor. 2. (*apetisant*) apetitoso, apetecible.

îmbina *vt.* 1. (*tehn.*) empalmar, encajar, acoplar. 2. (*fig.*) combinar, enlazar, compaginar.

îmbinare *f.* 1. empalme *m.* 2. enlace *m.*, combinación.

îmbâcsi *vt., vr.* viciar(se); llenarse (de polvo *etc.*); empolvar(se); ensuciar(se).

îmblănit *adj.* forrado de piel.

îmblânzi *vt.* 1. amansar, amaestrar, domar. 2. (*fig.*) atenuar, ablandar. 3. (*d. timp*) suavizar.

îmblânzire *f.* 1. amansamiento, doma. 2. atenuación.

îmblânzitor *m.* domador.

îmboboci *vi.* pimpollecer, echar botones.

îmbogăţi *vt., vr.* enriquecer(se).

îmbogăţire *f.* enriquecimiento.

îmboldi *vt.* aguijar; incitar; espolear.

îmbolnăvi *vr.* enfermar *vi.*, caer enfermo, ponerse mal (*sau* enfermo).

îmbrăca *vt., vr.* 1. (*în general*) vestir(se). 2. (*a-şi pune*) poner(se) (el vestido, la chaqueta *etc.*).

îmbrăcăminte *f.* ropa, prendas *f.pl.* (de vestir), vestuario, vestimenta.

îmbrăţişa **I.** *vt., vr.* (*şi fig.*) abrazar(se), darse un abrazo. **II.** *vt.* (*fig.*) abarcar.

îmbrăţişare f. abrazo.

îmbrânci vt., vr. empujar(se).

îmbrobodi I. vt., vr. envolver(se) la cabeza. II. vt. (fig.) engañar.

îmbuca I. vt. (a înghiţi) tragar, tomar un bocado; (a mânca) comer. II. vr. encajar; empalmar.

îmbucătură f. bocado.

îmbucurător adj. alegrador, regocijador.

îmbufna vr. amohinarse.

îmbuiba vr. atiborrarse.

îmbujora vr. ruborizarse, sonrojarse.

îmbulzeală f. apretura, agolpamiento.

îmbulzi vr. apretujarse, agolparse, arremolinarse.

îmbuna vt., vr. ablandar(se); desenojar(se).

îmbunătăţi vt., vr. mejorar(se), enmendar(se).

îmbunătăţire f. mejoramiento; mejora.

îmbutelia vt. envasar.

împacheta vt. empaquetar; empapelar; envolver, liar.

împăca I. vt., vr. 1. reconciliar(se), avenir(se). 2. (a linişti) apaciguar vt. 3. (fig.) compaginar(se). II. vr. (cu un gând) conformarse.

împăcare f. reconciliación.

împăduri vt. repoblar.

împăia vt. empajar.

împăienjeni vr. (d. ochi) enturbiarse (la vista).

împământeni vr. arraigarse; naturalizarse; aclimatarse.

împărat m. emperador.

împărăteasă f. emperatriz f.

împărătesc adj. imperial.

împărăţie f. imperio, reino.

împărtăşanie f. (rel.) (sagrada) comunión.

împărtăşi I. vt. 1. confesar, divulgar. 2. (fig.) compartir. II. vr. (rel.) comulgar vi.

împărţi vt. (cu, între, în) (şi mat.) dividir; repartir; distribuir; compartir (con, entre, en); partir.

împărţire f. 1. división; distribución; reparto. 2. (mat.) división.

împătrit adj. cuádruple.

împături vt. plegar, doblar.

împăuna vr. pavonearse

împânzi vt. inundar; esparcirse vr.

împerechea vt. (d. animale) acoplar; (d. lucruri şi fig.) emparejar.

împerechere f. acoplamiento; emparejamiento.

împestriţa vt. abigarrar, esmaltar.

împiedica I. vt. impedir; imposibilitar; (fig.) dificultar; entorpecer. II. vr. (de) tropezar (con).

împietri vt., vr., vi. 1. petrificar(se). 2. (fig.) endurecer(se).

împila vt. oprimir.

împilare f. opresión.

împinge vt., vr. empujar(se); (şi fig.) impulsar(se)

împlânta vt. clavar.

împleti vt. 1. (text.) entretejer; (a tricota) hacer punto. 2. (d. păr) trenzar. 3. (fig.) entrelazar, compaginar.

împletici vr. 1. titubear vi., bambolear(se). 2. (d. limbă) trabarse (la lengua).

împletitură *f.* trenza; trenzado.
împlini I. *vt.* *(o vârstă)* cumplir.
II. *vr.* **1.** cumplirse. **2.** *(la trup)* echar carnes.
împlinire *f.* cumplimiento, realización.
împodobi *vt.*, *vr.* adornar(se); aderezar(se); engalanar(se).
împopoțona *vt.*, *vr.* emperejilar(se), emperifollar(se).
împotmoli *vr.* **1.** *(și fig.)* empantanarse. **2.** *(o navă)* encallar *vi.*
împotriva *prep.* contra, en contra de.
împotrivă *adv.* en contra ‖ *a fi ~* oponerse.
împotrivi *vr.* **1.** oponerse; resistirse; *(fam.)* cocear. **2.** *(unui dușman)* hacer frente.
împotrivire *f.* oposición; resistencia.
împovărător *adj.* abrumador, agobiador, cargante.
împovăra *vt.* abrumar, agobiar.
împrăștia *vt.*, *vr.* *(și fig.)* esparcir(se), difundir(se); dispersar, diseminar; *(un lichid, miros etc.)* derramar(se); *(ceață și fig.)* disipar(se); *(fig.)* desvanecer(se), propagarse, cundir *vi.*
împrăștiat *adj.* *(fig.)* distraído.
împrejmui *vt.* cercar; vallar.
împrejur *adv.* alrededor.
împrejurare *f.* circunstancia.
împrejurimi *f.pl.* alrededores *m.pl.*, afueras *f.pl.*, cercanías *f.pl.*, aledaños *m.pl.*
împrejurul *prep.* en torno a, alrededor de
împreuna *vt.*, *vr.* juntar(se).
împreună *adv.* junto, conjuntamente ‖ *toți ~* todos juntos.

împrieteni *vr.* trabar *(sau* hacer) amistad; intimar *vi.*
împroprietări *vt.* hacer propietario.
împrospăta *vt.* *(și fig.)* refrescar ‖ *a ~ memoria* refrescar la memoria.
împroșca *vt.* **1.** salpicar. **2.** *(fig.)* insultar.
împrumut *n.* préstamo, empréstito ‖ *a cere cu ~* pedir prestado; *a da cu ~* prestar, dar a préstamo; *a face un ~* contraer empréstito.
împrumuta *vt.* prestar ‖ *a ~ de la cineva* tomar prestado *sau* a préstamo; *a ~ pe cineva* prestar.
împunge *vt.* **1.** *(și fig.)* punzar; pinchar. **2.** *(cu coarnele)* dar cornadas.
împunsătură *f.* **1.** *(și fig.)* punzada; *(de ac)* puntada. **2.** *(de corn)* cornada.
împușca I. *vt.* fusilar. **II.** *vi.* disparar, tirar.
împușcătură *f.* disparo, tiro; fusilazo; *(salvă)* tiroteo.
împuternici *vt.* **1.** autorizar, dar carta blanca; comisionar. **2.** *(jur.)* dar *(sau* otorgar) poderes.
împuțina *vr.* disminuirse, reducirse; rebajar *vt.*
împuținare *f.* disminución.
în *prep.* **1.** *(static)* en; *(dinamic)* a. **2.** *(temporal)* a; en ‖ *~ ianuarie* en enero; *~ săptămâna aceasta* esta semana; *~ câte suntem azi?* ¿a cuántos estamos hoy?.

înadins *adv.* adrede, a (*sau* de) propósito.

înainta *vi.* 1. adelantar, avanzar ‖ *a ~ în vârstă* entrar en años; *a ~ o cerere* presentar una solicitud; *a ~ un dosar* entregar (*sau* iniciar) un expediente. 2. (*fig.*) avanzar, progresar, adelantar.

înaintare *f.* 1. avance *m.*, adelanto. 2. (*fig.*) progreso, adelanto.

înaintaş *m.* 1. precursor, antecesor. 2. (*sport*) delantero.

înaintat *adj.* adelantado, avanzado.

înainte *adv.* 1. (*spaţial*) adelante; (*spre*) hacia adelante ‖ *a merge ~* ir adelante. 2. (*temporal*) antes ‖ *~ de a pleca* antes de salir; *~ de sfârşitul anului* antes del fin del año; *~ de toate* ante todo; *de azi ~* de aquí (*sau* hoy) en adelante; *mai ~* antes, con anterioridad. 3. *în expr.*: *~!* ¡adelante!; *cuvânt ~* advertencia al lector; *a merge ~ (cu o oră) (d. ceas)* adelantar (una hora).

înaintea *prep.* ante, delante de ‖ *~ casei* ante (*sau* delante de) la casa.

înalt *adj.* 1. alto. 2. (*fig.*) excelso, eminente.

înapoi *adv.* atrás ‖ *a (se) da ~* retroceder; *a privi ~* mirar hacia atrás.

înapoiá[1] I. *vt.* devolver. II. *vr.* regresar *vi.*, volver *vi.*

înapoia[2] *prep.* detrás de.

înapoiat *adj.* atrasado ‖ *ţară ~ă* país atrasado.

înapoiere *f.* 1. atraso. 2. vuelta, regreso.

înaripat *adj.* alentado.

înarma *vt.*, *vr.* armar(se).

înarmare *f.* armamento ‖ *cursa înarmărilor* la carrera armamentista.

înavuţi *vr.* enriquecerse.

înăbuşi I. *vt.*, *vr.* ahogar(se). II. *vt.* (*fig.*) reprimir.

înălţa I. *vt.* 1. alzar; levantar; elevar ‖ *a ~ steagul* alzar la bandera. 2. (*a construi*) edificar, construir. 3. (*fig.*) ennoblecer. II. *vr.* alzarse; elevarse.

înălţare *f.* 1. alzamiento; (*şi fig.*) elevación. 2. edificación. 3. (*rel.*) Ascensión.

înălţător *adj.* ennoblecedor.

înălţime *f.* altura.

înăspri *vt.*, *vr.* (*şi fig.*) endurecer(se).

înăuntru *adv.* adentro; dentro.

înăuntrul *prep.* dentro de.

încadra I. *vt.* 1. encuadrar; poner marco. 2. (*a numi*) nombrar. II. *vr.* incorporarse, integrarse.

încadrare *f.* (*în muncă*) integración, colocación.

încasa *vt.* cobrar; percibir; (*com.*) embolsar; (*un impozit*) recaudar.

încasare *f.* 1. cobro; recaudación. 2. *pl.* ingresos *m.pl.*

încasator *m.* cobrador; recaudador.

încă *adv.* todavía, aún ‖ *~ o dată* otra vez; *~ unul* otro.

încăiera *vr.* armar bronca; llegar a las manos.

încăierare *f.* pendencia, pelea, riña.

încălca *vt.* **1.** *(o lege etc.)* infringir, transgredir, violar. **2.** *(un teritoriu)* invadir.

încăleca *vt.* montar (a caballo).

încălţa *vt., vr.* calzar(se).

încălţăminte *f.* calzado ‖ ~ *de comandă* calzado a medida.

încălzi *vt., vr. (şi fig.)* calentar(se) ‖ *a se ~ la soare* asolearse.

încălzire *f.* **1.** calentamiento; *(şi fig.)* calefacción ‖ ~ *centrală* calefacción central. **2.** *(a vremii)* ablandamiento; templadura.

încăpător *adj.* espacioso.

încăpăţâna *vr.* obstinarse (en); porfiar *vi.* (por), empeñarse (en).

încăpăţânare *f.* obstinación, terquedad; empeño; porfía.

încăpăţânat *adj.* testarudo, terco, obstinado; empeñado.

încăpea *vi.* caber ‖ *a ~ pe mâna cuiva* dar en mano de uno; *nu încape îndoială* no cabe duda.

încăpere *f.* cuarto, pieza.

încărca *vt., vr.* cargar(se).

încărcare *f.* cargo.

încărcătură *f.* carga.

încărunţi *vi.* encanecer.

încătuşa *vt.* poner esposas, encadenar.

încâlci *vt., vr. (şi fig.)* enmarañar(se), enredar(se).

încâlcit *adj.* **1.** enmarañado, enredoso. **2.** *(fig.)* confuso, enredado, inextricable.

încânta *vt.* encantar, ilusionar, hacer ilusión

încântare *f.* encanto, ilusión.

încântat *adj.* encantado; embelesado ‖ ~ *de cunoştinţă* mucho gusto en conocerle.

încântător *adj.* encantador; precioso.

încât *conj.* que, de modo que, de manera que ‖ *aşa ~* así que, de modo que, de manera que.

începător *m.* novicio; novato, principiante.

începe *vt.* **1.** comenzar (a, con, por), empezar (a, por), principiar. **2.** iniciar. **3.** *(în perifraze): a ~ să* echar a + *inf.*

începere *f.* comienzo, iniciación ‖ ~*a cursurilor* la apertura de las clases.

început *n.* comienzo, principio, inicio ‖ *de la ~* desde el comienzo; *la ~* al principio, al comienzo, al inicio, en un inicio; *la ~ul lunii (secolului)* a principios del mes (del siglo).

încerca *vt.* **1.** probar ‖ *a ~ pantofii* probar los zapatos; *a-şi ~ norocul* probar fortuna. **2.** *(a se strădui să)* procurar, intentar, tratar (de), tentar. **3.** *(a simţi)* experimentar.

încercare *f.* intento, ensayo, prueba.

încercat *adj.* **1.** probado. **2.** *(fig.)* experimentado.

încercui *vt.* rodear; *(şi mil.)* cercar.

încercuire *f. (mil.)* cerco.

încet **I.** *adj.* lento, pausado. **II.** *adv.* lentamente, despacio ‖ ~~~ poco a poco.

înceta *vi., vt.* cesar (de), dejar (de).

încetare *f.* cesación; suspención ‖ *fără ~* incesantemente.

încetăţeni *vt., vr.* naturalizar(se).

încetineală *f.* lentitud *f.*

încetini *vt., vi.* retardar; aflojar.

încețoșa *vr.* abrumarse.

închega *vt., vr.* 1. cuajar(se), coagular(se). 2. *(fig.)* formar(se).

încheia I. *vt.* 1. terminar, concluir, finalizar. 2. *(un acord)* concertar, firmar, formalizar. 3. *(cu nasturi)* abotonar. II. *vr.* 1. terminarse, concluirse, clausurar *vt.* 2. *(la haină)* abrocharse.

încheiere *f.* 1. conclusión, terminación. 2. *(a unui acord)* celebración; firma. 3. clausura.

încheietură *f.* *(a mâinii)* muñeca.

închide I. *vt.* 1. cerrar; encerrar; *(în colivie)* enjaular; *(un briceag etc.)* plegar. 2. *(a întemnița)* encarcelar. 3. *(dezbaterile etc.)* clausurar. 4. *(lumina)* apagar (la luz). 5. *(un aparat)* apagar ‖ *a ~ radioul* apagar la radio. II. *vr.* 1. *(fig.)* ensimismarse. 2. *(d. vreme)* encapotarse.

închidere *f.* 1. cierre *m.* 2. clausura ‖ *~a unui congres* la clausura de un congreso.

închina I. *vt.* dedicar. II. *vi.* *(a toasta)* brindar (por). III. *vr.* 1. *(bis.)* santiguarse, persignarse. 2. *(a se preda)* rendirse.

închinare *f.* 1. *(toast)* brindis *m.* 2. *(bis.)* persignación. 3. *(plecăciune)* reverencia. 4. *(supunere)* sumisión.

închipui I. *vt.* idear, imaginar. II. *vr.* imaginarse, figurarse.

închipuire *f.* 1. imaginación, fantasía. 2. ficción.

închipuit *adj.* 1. imaginario. 2. *(încrezut)* presumido.

închiria *vt.* alquilar ‖ *casă de ~t* piso de alquiler.

închiriere *f.* alquiler *m.*

închis *adj.* 1. cerrado, encerrado. 2. *(întemnițat)* encarcelado. 3. *(d. vreme)* nublado, encapotado. 4. *(d. culori)* oscuro.

închisoare *f.* cárcel *f.*, prisión, penitenciaría, penal ‖ *~ pe viață* cadena perpetua.

închizătoare *f.* cierre *m.*, cerradura.

încinge I. *vt., vr.* ceñir(se). II. *vr.* 1. *(a se înfierbânta)* calentarse. 2. *(a se isca)* armarse.

înciudat *adj.* despechado, enojado.

încins *adj.* encendido; *(și fig.)* ardiente, candente.

încleia *vt.* encolar, pegar con cola.

încleșta I. *vt.* apretar, estrechar. II. *vr.* agarrarse.

încleștare *f.* 1. apretón *m.*; apretura. 2. *(luptă)* combate *m.*

înclina *vt., vr.* inclinar(se), ladear(se); reclinar ‖ *a ~ să* tender a.

înclinare *f.* inclinación; pendiente *f.*

înclinat *adj.* *(fig.)* *(spre)* propenso (a), aficionado (a).

înclinație *f.* 1. inclinación. 2. *(fig.)* *(pentru)* propensión (a), disposición (para), inclinación (por) ‖ *a avea ~ pentru* propender a.

încoace *adv.* (hacia) acá; aquí ‖ *~ și încolo* acá y allá; *de atunci ~* desde entonces; *mai ~* más acá; *a avea pe vino-ncoace* tener garbo (*sau* ángel).

încolăci *vt., vr.* enrollar(se), enroscar(se).

încolo *adv.* (hacia) allí, allá ‖ *mai ~* más allá; *de acum ~* desde ahora.

încolona *vr.* ponerse en fila.

încolți I. *vi.* brotar, despuntar. **II.** *vt.* *(și fig.)* acosar.

înconjur *n.* vuelta; rodeo ‖ *a face ~ul lumii* dar la vuelta al mundo; *fără ~* sin rodeos.

înconjura *vt.* **1.** circundar, rodear, dar la vuelta (a). **2.** *(și mil.)* cercar. **3.** *(fig.)* *(cu atenții)* agasajar.

înconjurător *adj.* circundante, ambiente.

încontinuu *adv.* incesantemente.

încorda I. *vt.* poner tenso, atiesar; *(un arc)* tensar ‖ *a ~ auzul* aguzar el oído. **II.** *vr.* ponerse tenso, estar en tensión.

încordare *f.* tensión, tirantez *f.*

încorona *vt.* coronar.

încoronare *f.* coronación.

încorpora *vt., vr.* incorporar(se).

încorporare *f.* incorporación.

încotro *adv.* adonde, hacia donde ‖ *a nu avea ~* no tener más remedio; *ori ~* adondequiera.

încovoia *vt., vr.* encorvar(se), doblar(se); *(și fig.)* agobiar(se).

încovriga *vr.* enroscarse.

încrâncena *vr.* cerrarse; *(de mânie)* encolerizarse.

încrede *vr.* **1.** *(în)* fiarse (de), confiar (de, en), dar crédito (a). **2.** *(fig.)* ufanarse.

încredere *f.* confianza; crédito ‖ *a avea ~ în* confiar en, fiarse de; *de ~* fiable, de fiar; *demn de ~* digno de confianza, fidedigno.

încredința I. *vt.* **1.** confiar. **2.** entregar. **3.** asegurar. **II.** *vr.* **1.** *(de ceva)* cerciorarse (de), conven-

cerse (de). **2.** *(cuiva)* encomendarse (a).

încredințare *f.* **1.** confianza. **2.** *(predare)* entrega.

încremeni *vi.* quedarse atónito.

încreți I. *vt.* arrugar, fruncir; *(părul)* rizar. **II.** *vr.* arrugarse.

încrețire *f.* fruncimiento.

încrezător *adj.* confiado.

încrezut *adj.* presumido.

încrucișa *vt., vr.* cruzar(se) ‖ *cuvinte ~te* crucigrama *m.*, palabras cruzadas.

încrucișare *f.* *(de străzi)* cruce *m.*, encrucijada.

încrunta *vr.* fruncir las cejas; poner ceño.

încruntat *adj.* ceñudo.

încruntătură *f.* ceño, sobrecejo.

încuia *vt.* cerrar; *(cu cheia)* cerrar con llave, echar la llave; *(pe cineva)* encerrar.

încuiat *adj.* *(fig.)* cerrado, obtuso.

încuietoare *f.* cerradura; cierre *m.*

încumeta *vr.* atreverse (a).

încunoștiința *vt.* avisar, comunicar, hacer presente.

încunoștiințare *f.* aviso.

încununa *vt.* coronar; laurear; *(fam.)* poner el broche de oro.

încununare *f.* **1.** coronación. **2.** *(fig.)* culminación.

încuraja *vt.* dar *(sau* infundir) ánimo; estimular; fomentar.

încurajare *f.* estímulo; fomento.

încurajator *adj.* estimulador, alentador, animador.

încurca I. *vt., vr.* **1.** embrollar(se); *(și fig.)* enredar(se). **2.** *(a se zăpăci)* quedar *vi.* confuso

II. *vt.* *(a deranja)* embarazar; molestar.

încurcătură *f.* **1.** enredo. **2.** *(necaz)* apuro, embrollo, lío, complicación. **3.** *(zăpăceală)* confusión, follón *m.*

încuviinţa **I.** *vt.* aprobar. **II.** *vt.,* *vi.* consentir, permitir.

încuviinţare *f.* aprobación, consentimiento, acuerdo.

îndată *adv,* en seguida, inmediatamente, pronto ‖ *de* ~ de inmediato; *de* ~ *ce* tan pronto como, nada más.

îndatora **I.** *vt.* obligar. **II.** *vr.* endeudarse.

îndatorire *f.* obligación.

îndatoritor *adj.* afable, complaciente, solícito.

îndărăt *adv.* atrás ‖ *a da* ~ devolver.

îndărătnic *adj.* terco, testarudo, reacio.

îndărătnicie *f.* obstinación, testarudez *f.*

îndărătul *prep.* detrás de, tras.

îndârji *vt.,* *vr.* empeñar(se) (en), encarnizar(se) (en).

îndârjire *f.* empeño, encarnizamiento.

îndeajuns *adv.* bastante, suficientemente.

îndeaproape *adv.* de cerca.

îndelete *adv.* în *expr.: pe* ~ sin prisa, lentamente, despacio.

îndeletnici *vr.* *(cu)* ocuparse (en), emplearse (en).

îndeletnicire *f.* ocupación.

îndelung *adv.* durante mucho tiempo.

îndelungat *adj.* prolongado; largo ‖ *timp* ~ por mucho tiempo.

îndemânare *f.* destreza, maña.

îndemânatic *adj.* diestro, ducho, mañoso.

îndemână *adv.* în *expr.: la* ~ a mano, al alcance.

îndemn *n.* impulsión, impulso.

îndemna *vt.* **1.** impulsar, estimular. **2.** *(a sfătui)* aconsejar.

îndeobşte *adv.* por lo general.

îndeosebi *adv.* especialmente, sobre todo.

îndepărta **I.** *vt.* destituir; eliminar; descartar. **II.** *vt.,* *vr.* alejar(se), apartar(se).

îndepărtare *f.* **1.** alejamiento, apartamiento. **2.** destitución, eliminación.

îndepărtat *adj.* *(depărtat)* lejano, distante; *(demult)* remoto; *(ascuns)* recóndito.

îndeplini *vt.* cumplir (con), desempeñar, llevar a cabo.

îndeplinire *f.* cumplimiento, realización, desempeño.

îndesa **I.** *vt.* rellenar, embutir. **II.** *vr.* apiñarse.

îndesat *adj.* **1.** amontonado, apilado. **2.** *(foarte plin)* apiñado, repleto. **3.** *(d. oameni)* rechoncho.

îndesi *vt.,* *vr.* espesar(se) ‖ *a* ~ *rândurile* estrechar las filas; *a se* ~ *ploaia* apretar la lluvia.

îndestula *vt.* saciar, hartar.

îndestulător *adj.* suficiente; desahogado.

îndigui *vt.* poner un dique.

îndobitoci *vt.,* *vr.* atontar(se); embrutecer(se).

îndoi I. *vt.* doblar, plegar. II. *vr.* *(de)* dudar *vi.* (de).

îndoială *f.* duda ‖ *fără* ~ sin duda; *fără nici o* ~ sin lugar a dudas; *nu încape* ~ no cabe duda; *a pune la* ~ poner en duda; *a sta la* ~ vacilar.

îndoielnic *adj.* dudoso, incierto.

îndoit *adj.* 1. doblado, curvo. 2. *(sporit de două ori)* doble. 3. *(fig.)* dudoso.

îndolia *vt.* enlutar.

îndopa *vt., vr.* atracar(se); *(d. o pasăre etc.)* cebar *vt.*

îndrăcit *adj.* endiablado.

îndrăgi *vt.* *(pe)* encariñar (a), tomar cariño (a).

îndrăgosti *vr.* enamorarse.

îndrăgostit *adj.* 1. enamorado. 2. *(fig.)* aficionado (a).

îndrăzneală *f.* atrevimiento, audacia.

îndrăzneţ *adj.* atrevido, audaz.

îndrăzni *vt., vi. (să)* atreverse (a), osar *vi.*

îndrepta I. *vt.* 1. desdoblar; enderezar. 2. *(a corecta)* enmendar; remediar, subsanar, rectificar,, corregir. 3. *(a îndruma)* dirigir, encaminar, encauzar. II. *vr.* 1. *(a se corecta)* enmendarse. 2. *(spre)* dirigirse (a), encaminarse (a). 3. *(după boală)* reponerse.

îndreptar *n.* guía.

îndreptare *f. (fig.)* corrección, enmienda, remedio.

îndreptăţi *vt.* justificar.

îndruga *vt., vr. (fam.)* ensartar ‖ *a* ~ *verzi şi uscate* ensartar tonterías.

îndruma *vt. (şi fig.)* encaminar, dirigir; guiar.

îndrumător *adj., m.* guiador.

înduioşa *vt., vr.* conmover(se), enternecer(se).

înduioşător *adj.* conmovedor, enternecedor.

îndulci *vt.* azucarar; *(şi fig.)* endulzar.

îndupleca I. *vt.* persuadir. II. *vr.* ceder *vi.*, apiadarse (de).

îndura I. *vt.* soportar, aguantar. II. *vr.* apiadarse, enternecerse ‖ *a nu se* ~ *să* no decidirse a.

îndurare *f.* piedad, compasión.

îndurător *adj.* 1. *(milos)* piadoso. 2. *(răbdător)* sufrido.

îndurera *vt.* afligir, entristecer.

îndurerat *adj.* dolorido, afligido, dolido.

înec *n.* ahogamiento.

îneca *vt., vr.* ahogar(se), anegar(se) ‖ *a se* ~ *de plâns* anegarse en llanto.

înfăptui *vt.* realizar, cumplir.

înfăptuire *f.* realización, cumplimiento.

înfăşa *vt.* envolver.

înfăşura *vt., vr.* envolver(se).

înfăţişa I. *vt.* presentar, describir. II. *vr.* 1. presentarse. 2. *(jur.)* comparecer *vi.*

înfăţişare *f.* 1. presentación, descripción. 2. aspecto, semblante *m.* 3. *(jur.)* audiencia; comparecencia.

înfia *vt.* ahijar, adoptar.

înfiera *vt. (fig.)* condenar, censurar.

înfiere *f.* adopción.

înfierbânta *vt., vr.* acalorar(se).

înfige vt. clavar.

înfiinţa vt. crear, fundar, constituir, instituir.

înfiinţare f. creación, fundación, constitución.

înfiora vt., vr. estremecer(se).

înfiorare f. estremecimiento.

înfiorător adj. tremendo, terrible, horrible.

înfipt adj. 1. clavado. 2. (fig.) atrevido.

înflăcăra vt., vr. entusiasmar(se), animar(se), exaltar(se).

înflăcărare f. ardor, entusiasmo.

înflăcărat adj. (şi fig.) ardoroso.

înflori vi. florecer.

înflorire f. 1. florecimiento. 2. (fig.) prosperidad.

înflorit adj. en flor, florido.

înfloritor adj. (şi fig.) floreciente; (fig.) florido.

înfocare f. ardor, fervor.

înfocat adj. ardoroso, fogoso; apasionado.

înfofoli vr. arrebujarse, abrigarse mucho.

înfometat adj. hambriento.

înfrăţi vr. fraternizar vi.

înfrăţire f. (con)fraternidad.

înfrâna I. vt. enfrenar; (a constrânge) cohibir. II. vr. dominarse, refrenarse

înfrânge vt. vencer, derrotar

înfrângere f. derrota, vencimiento.

înfricoşa vt., vr. aterrar(se), atemorizar(se).

înfricoşător adj. espantoso, horroroso, aterrador.

înfrigurare f. (fig.) emoción, ansiedad, fervor, agitación.

înfrigurat adj. 1. penetrado por el frío. 2. (febril) febril, ardiente. 3. (fig.) ansioso, impaciente.

înfrumuseţa vt., vr. hermosear(se), embellecer(se); (a se împodobi) adornar(se), arreglar(se).

înfrumuseţare f. embellecimiento; (împodobire) adornamiento, arreglo, ornamentación.

înfrunta I. vt. hacer frente (sau cara); encarar; enfrentar. II. vr. enfrentarse; encararse.

înfrunzi vi. cubrirse de hojas.

înfrunzit adj. frondoso.

înfrupta vr. probar, saborear.

înfuleca vt. (fam.) embocar; embuchar.

înfumurare f. fatuidad, arrogancia, humos m.pl.

înfumurat adj. fatuo, arrogante, presuntuoso.

înfunda vt., vr. obstruir(se).

înfuria vt., vr. encolerizar(se), enfurecer(se), sulfurarse, darle rabia a uno.

înfuriat adj. furioso, rabioso.

îngădui vt. permitir.

îngăduinţă f. 1. permisión, permiso. 2. indulgencia.

îngăduitor adj. indulgente, permisivo.

îngăima vt. balbucir, tartajear.

îngălbeni vt., vi. poner(se) amarillo, amarillecer

îngâmfare f. fatuidad, presunción.

îngâmfat adj. fatuo, presuntuoso, presumido.

îngâna vt. 1. (a imita) remedar. 2. murmurar, cantar en voz baja.

îngândurat adj. pensativo, meditabundo.

îngenunchia I. *vi.* arrodillarse. II. *vt.* subyugar.

înger *m.* ángel *m.*

înghesui *vt.*, *vr.* agolpar(se), apiñar(se).

înghesuială *f.* agolpamiento, aglomeración.

înghet *n.* helada.

îngheţa *vt.*, *vi.* 1. helar(se), congelar(se). 2. *(fig.)* pasmar(se).

îngheţare *f.* congelación.

îngheţată *f.* helado.

înghionti I. *vt.* empujar. II. *vr.* codear *vi.*

înghiţi *vt.* *(şi fig.)* tragar ‖ *a ~ în sec* tragar saliva.

înghiţitură *f.* *(de mâncare)* bocado; *(de băutură)* trago, sorbo ‖ *dintr-o ~* de un trago.

îngloba *vt.* englobar.

îngloda *vr.* *(în datorii)* meterse en deudas.

îngrădi *vt.* 1. cercar. 2. *(fig.)* limitar.

îngrădire *f.* 1. cerco. 2. limitación.

îngrăditură *f.* valla, cerca, cercado.

îngrămădeală *f.* aglomeración, afluencia.

îngrămădi *vt.*, *vr.* amontonar(se), apilar(se), aglomerar(se), agolpar(se), apiñar(se).

îngrăşa I. *vt.* 1. cebar, engordar. 2. *(pământul)* abonar, fertilizar; estercolar. II. *vr.* engordar, echar carnes.

îngrăşământ *n.* abono, fertilizante *m.*; *(gunoi)* estiércol *m.*

îngreţoşa I. *vt.* dar asco. II. *vr.* sentir asco.

îngreuna *vt.* dificultar, entorpecer.

îngriji *vt.*, *vr.* *(de)* cuidar(se) (de); atender (a).

îngrijire *f.* cuidado; esmero.

îngrijit *adj.* cuidado; esmerado.

îngrijitoare *f.* camarera.

îngrijora *vt.*, *vr* *(de)* inquietar(se) (por), preocupar(se) (por).

îngrijorare *f.* inquietud *f.*, cuidado, preocupación.

îngrijorat *adj.* inquieto, preocupado, motificado.

îngrijorător *adj.* inquietante, alarmante.

îngropa *vt.* enterrar, sepultar, dar sepultura.

îngroşa *vi.* engrosar, espesar.

îngrozi *vt.*, *vr.* aterrar(se), horrorizar(se).

îngrozitor *adj.* horrible, horroroso, tremendo, horrendo.

îngust *adj.* estrecho.

îngusta *vt.*, *vr.* estrechar(se).

înhăita *vr.* *(cu)* *(fam.)* emparejarse, ladearse (con).

înhăma *vt.*, *vr.* enganchar(se).

înhăţa *vt.* apresar, agarrar, asir.

înhuma *vt.* inhumar.

înjgheba *vt.* improvisar.

înjosi *vt.*, *vr.* humillar(se), rebajar(se).

înjosire *f.* humillación.

înjositor *adj.* humillante.

înjuga *vt.* uncir.

înjumătăţi *vt.* reducir a la mitad.

înjunghia *vt.* 1. apuñalar, acuchillar. 2. *(med.)* sentir punzadas.

înjura *vt.*, *vr.* insultar, injuriar, jurar.

înjurătură *f.* injuria, voto, taco.

înlănţui *vt.*, *vr.* encadenar(se); enlazar(se).

înlănţuire *f.* encadenamiento.

înlătura *vt.* descartar, apartar, eliminar; *(fam.)* zanjar.

înlemni *vi.* pasmarse, quedarse petrificado.

înlesni *vt.* facilitar, posibilitar.

înlesnire *f.* facilidad.

înlocui *vt.* reemplazar; sustituir; suplantar; desplazar.

înlocuire *f.* reemplazo.

înlocuitor *m.* sustituto.

înmagazina *vt.* almacenar.

înmănunchia *vt.* reunir, juntar.

înmărmuri *vi.* quedarse pasmado.

înmiresmat *adj.* fragante, oloroso.

înmâna *vt.* entregar; hacer entrega (de).

înmormânta *vt.* enterrar, sepultar, dar sepultura.

înmormântare *f.* entierro, sepultura.

înmuguri *vt.* brotar, despuntar, echar botones.

înmuia *vt.* 1 *(într-un lichid)* mojar, remojar. 2. *(a face mai moale)* *(şi fig.)* ablandar, suavizar.

înmulţi I. *vt. (cu) (mat.)* multiplicar (por). II. *vr.* 1. aumentar, crecer. 2. *(d. animale)* reproducirse.

înmulţire *f.* 1. *(mat.)* multiplicación. 2. reproducción.

înnădi *vt.* juntar, unir.

înnăscut *adj.* innato, nativo.

înnebuni I. *vt.* enloquecer, volver loco (a uno). II. *vi.* volverse loco, enloquecer ‖ *ai ~t* estás loco.

înnegri *vt., vr.* ennegrecer(se).

înnegura *vr.* (a)nublarse.

înnegurat *adj.* 1. (a)nublado. 2. *(fig.)* sombrío.

înnobila *vt.* ennoblecer.

înnoda *vt.* anudar.

înnoi *vt.* renovar.

înnoire *f.* renovación.

înnopta I. *vi.* anochecer, pernoctar. II. *vr.* anochecer.

înnora *vr.* (a)nublarse, cargarse (el cielo),

înnorat *adj.* nubloso, encapotado.

înot I. *n.* natación. II. *adv.* a nado.

înota *vi.* nadar.

înotător *m.* nadador.

înrădăcina *vt., vr.* arraigar(se).

înrăit *adj.* desalmado; *(în păcate)* impenitente.

înrăma *vt.* poner marco.

înrăutăţi *vt., vr.* empeorar(se), agravar(se)

înrâuri *vi.* influir

înrâurire *f.* influencia.

înregistra *vt.* 1. registrar. 2. *(a imprima)* grabar.

înregistrare *f.* 1. registro. 2. grabación.

înrobi *vt.* subyugar, sojuzgar, someter, avasallar.

înrobire *f.* subyugación, esclavisación, avasallamiento.

înrola *vt., vr. (în)* alistar(se) (en).

înrolare *f.* alistamiento.

înroşi I. *vt., vr.* enrojecer(se); poner(se) rojo. II. *vr. (la faţă)* ponerse colorado, ruborizarse.

înrudi *vr.* emparentar *vi.*

înrudire *f.* parentesco.

însă *conj.* pero, mas.

însăila *vt. (şi fig.)* hilvanar.

însămânţa *vt.* sembrar.

însămânţare *f.* siembra; sementera.

însănătoşi *vt., vr.* sanar *vi.*, curar(se).

însănătoşire *f.* curación.

însărcina *vt., vr. (cu)* encargar(se) (de).

însărcinare *f.* (en)cargo; cometido.

însărcinat *m.* encargado ‖ ~ *cu afaceri* encargado de negocios.

însărcinată *adj. (d. femei)* embarazada, encinta, preñada, en estado de buena esperanza

însângera *vt.* ensangrentar.

înscena *vt. (fig.)* maquinar, tramar.

înscrie I. *vt.* 1. inscribir, registrar. 2. *(un gol)* marcar un tanto, tantear. II. *vt., vr.* 1. *(a înmatricula)* matricular(se) (en), alistar(se) (en); *(pe o listă)* apuntar(se). 2. *(fig.)* situar(se).

înscriere *f. (la şcoală etc.)* matrícula, matriculación.

însemna I. *vt.* 1. apuntar, anotar. 2. marcar. II. *vi.* significar; querer decir; venir a ser.

însemnare *f.* apunte *m.*, apuntación; *pl.* notas *f.pl.*

însemnat *adj.* importante, insigne, señalado.

însemnătate *f.* importancia; valor *m.*

însenina *vr.* 1. *(d. vreme)* aclararse, despejarse. 2. *(d. persoane)* serenarse.

înseninare *f. (şi fig.)* serenidad.

însera *vr.* atardecer, anochecer.

înserare *f.* atardecer *m.*, anochecer *m.*

înserat *n.* în *expr.: pe* ~ al anochecer, al atardecer.

însetat *adj.* sediento.

însiloza *vt.* almacenar, ensilar.

însilozare *f.* ensilaje *m.*

însiropa *vt.* almibarar.

însiropat *adj. (d. prăjituri)* almibarado, borracho.

însori *vt., vr.* asolear(se).

însorit *adj.* soleado.

însoţi *vt.* acompañar.

însoţire *f.* acompañamiento.

însoţitor *m.* acompañante *m.*, guía *m.* ‖ *însoţitoare de bord* azafata, aeromoza.

înspăimânta *vt., vr. (de)* espantar(se) (de, por), atemorizar(se).

înspăimântător *adj.* espantoso, (d)espeluznante.

înspre *prep.* hacia.

înspumat *adj.* espumoso.

înstărit *adj.* adinerado, acaudalado.

înstelat *adj.* estrellado.

înstrăina *vt., vr.* enajenar(se), alienar(se).

înstrăinare *f.* enajenación, alienación.

însufleţi *vt., vr.* animar(se), avivar(se), enardecer(se).

însufleţire *f.* animación, enardecimiento.

însuma *vt.* totalizar.

însumi, însămi, înşine, însene *pron.* mismo, misma, mismos, mismas ‖ *eu însumi* yo mismo; *noi înşine* nosotros mismos.

însura *vt., vr.* casar(se) ‖ *de* ~*t* casadero.

însurătoare *f.* casamiento.

însuşi[1], **însăşi, înşişi, înseşi** *pron.* mismo, misma, mismos, mismas ‖ *el însuşi* él mismo; *ei înşişi* ellos mismos.

însuşi[2] *vt.* 1. apropiarse (de); apoderarse (de); adueñarse (de) 2. *(cunoştinţe)* adquirir. 3. *(o atitudine)* adoptar, asumir.

însuşire *f.* 1. cualidad, atributo, propiedad; *pl.* dotes *f.pl.* 2. apropiación. 3. asimilación, adquisición.

însuti *vt.* centuplicar.

însutit I. *adj.* céntuplo; acrecentado. II. *adv.* con creces.

însuţi, însăţi, înşivă, însevă *pron.* mismo, misma, mismos, mismas ‖ *tu însuţi* tú mismo; *ţie însuţi* a ti mismo.

înşela I. *vt., vr.* engañar(se). II. *vt.* defraudar, desengañar, traicionar. III. *vr.* equivocarse, estar equivocado ‖ *a ~ speranţele* defraudar las esperanzas.

înşelăciune *f.* engaño; embuste *m.*; estafa, trampa.

înşelător *adj.* engañoso, falaz.

înşelătorie *f.* engaño.

înşfăca *vt.* agarrar, echar mano a.

înşeua *vt.* ensillar.

înşira I. *vt.* ensartar, enfilar. II. *vr.* ponerse en fila.

înştiinţa *vt.* avisar, advertir.

înştiinţare *f.* aviso.

înşuruba *vt.* atornillar.

întări I. *vt., vr.* fortalecer(se); robustecer(se); endurecer(se); afianzar(se). II. *vt.* *(fig.)* recalcar, reforzar.

întărire *f.* fortalecimiento, consolidación; endurecimiento; *(mil.)* refuerzo.

întăritor I. *adj.* fortificante, tónico. II. *n.* tónico.

întăritură *f.* fortificación.

întărâta *vt.* irritar, incitar.

întâi I. *num. ord.* primero. II. *adv.* primeramente

întâietate *f.* prioridad, preferencia.

întâlni I. *vt., vr.* encontrar(se). II. *vr.* reunir(se); *(pentru discuţii)* carearse. III. *vt. (a da peste)* dar con, tropezar con.

întâlnire *f.* 1. *(şi sport)* encuentro. 2. cita ‖ *am o ~* tengo una cita. 3. *(oficială)* entrevista

întâmpina *vt.* acoger.

întâmpinare *f.* acogida; encuentro ‖ *a ieşi în ~* salir al encuentro *(sau* al paso).

întâmpla *vr.* acontecer *vi.*, suceder *vi.*, ocurrir *vi.*, acaecer *vi.*, pasar *vi.*

întâmplare *f.* acontecimiento; suceso; incidencia ‖ *din ~* por casualidad, por acaso; *la ~* al azar.

întâmplător I. *adj.* casual, fortuito. II. *adv.* casualmento, por casualidad, por incidencia, fortuitamente.

întârzia I. *vt.* retardar, retrasar. II. *vi.* 1. retrasar(se), demorar. 2. *(să)* tardar (en).

întârziere *f.* retraso, atraso, demora, tardanza.

întemeia I. *vt.* 1. fundar, crear. 2. *(un principiu etc.)* fundamentar. II. *vr. (pe)* basarse (en), apoyarse (en).

întemeiat *adj.* justificado.

întemeiere *f.* fundación, creación.

întemeietor *m.* fundador.

întemniţa *vt.* encarcelar.

întemniţare *f.* encarcelamiento.

înteţi *vt., vr.* intensificar(se); arreciar(se) ‖ *a ~ focul* atizar el fuego; *ploaia se înteţeşte* la lluvia aprieta.

întinde I. *vt.* **1.** tender, extender, alargar, estirar ‖ *a ~ mâna* tender la mano. **2.** *(a despături)* desdoblar, desplegar. **II.** *vr.* tenderse, extenderse, alargarse.

întindere *f.* extensión, área, superficie *f.*

întineri *vi.* rejuvenecer.

întinerire *f.* rejuvenecimiento.

întins *adj.* **1.** tendido, estirado. **2.** *(vast)* vasto, amplio, extenso. **3.** *(neted)* liso.

întipări *vt., vr.* grabar(se); fijar(se).

întoarce I. *vt.* **1.** *(a răsturna)* volcar. **2.** *(capul etc., pagina)* volver. **3.** *(ceasul)* dar cuerda (al reloj). **4.** *(un buton etc.)* abrir. **II.** *vr.* volver *vi.*, regresar *vi.*, retornar *vi.* ‖ *a se ~ cu spatele* volverse de espaldas.

întoarcere *f.* vuelta, regreso, retorno ‖ *la ~a din* a la vuelta de.

întocmai *adv.* lo mismo que, exactamente (así), eso mismo.

întocmi *vt.* elaborar, redactar.

întorsătură *f.* **1.** vuelta. **2.** *(drum)* recodo. **3.** *(d. o situaţie etc.)* giro.

întortocheat *adj.* sinuoso, tortuoso.

întotdeauna *adv.* siempre.

întovărăşi I. *vt.* acompañar. **II.** *vr.* asociarse.

într-adevăr *adv.* de verdad, verdaderamente, realmente, en efecto.

între *prep.* entre.

întreba *vt.* preguntar, hacer preguntas; interrogar, cuestionar.

întrebare *f.* pregunta; interrogación.

întrebuinţa *vt.* emplear, utilizar, usar.

întrebuinţare *f.* empleo, uso.

întrece I. *vt.* superar, dejar atrás, adelantarse *vr.*; *(ca vârstă)* llevar + *dat.* **II.** *vr.* competir *vi.*, emularse.

întrecere *f.* competición, competencia, emulación.

întredeschide *vt.* entreabrir.

întredeschis *adj.* entreabierto.

întreg *adj.* todo, entero, completo, íntegro ‖ *om ~* hombre íntegro; *pe de-a ~ul* por completo.

întregi *vt.* completar.

întregime *f.* totalidad ‖ *în ~* por completo, por entero, hasta el tope, de lleno.

întrema *vr.* reponerse, recobrarse.

întreprinde *vt.* emprender.

întreprindere *f.* empresa.

întreprinzător *adj.* emprendedor.

întrerupător *n.* interruptor, conmutador.

întrerupe *vt.* interrumpir, cortar ‖ *a ~ circulaţia* cerrar el tráfico.

întrerupere *f.* **1.** interrupción, suspensión ‖ *fără ~* sin cesar. **2.** *(a serviciului)* baja ‖ *~ temporară a lucrului* excedencia laboral.

întrerupt *adj.* interrumpido, cortado.

întretăia *vr.* entrecruzarse, entrecortarse.

întretăiere *f.* intersección, cruce *m.*

întreţine *vt., vr.* **1.** mantener(se). **2.** *(a vorbi)* entretener(se).

întreţinere *f.* **1.** mantenimiento, sostenimiento, sustento; *(hrană)* manutención. **2.** *(la bloc)* gastos *m. pl.* de mantenimiento.

întrevedea *vt.* entrever.

întrevedere *f.* entrevista.

întrezări *vt., vr.* vislumbrar(se), divisar(se).

întrista *vt., vr.* entristecer(se), poner(se) triste, afligir(se).

întristare *f.* entristecimiento, aflicción.

întristat *adj.* triste, afligido, (a)dolorido.

întristător *adj.* entristecedor.

întru *prep.* en ‖ *într-o seară* cierta noche; *întruna* continuamente; *într-una din zile* uno de esos días, algún día.

întruchipa **I.** *vt.* **1.** representar. **2.** *(a întocmi)* constituir, componer. **II.** *vr.* encarnarse

întrucât *conj.* porque, puesto que.

întrucâtva *adv.* en cierta medida.

întruni **I.** *vt., vr.* reunir(se). **II.** *vt. (a obţine)* obtener.

întrunire *f.* reunión, mitin *m.*

întrupa *vt., vr.* encarnar(se); realizar(se).

întuneca **I.** *vt., vr., vi.* oscurecer(se). **II.** *vr. (d. cer)* anublarse, encapotarse.

întunecare *f.* oscurecimiento.

întunecat *adj.* oscuro; *(şi fig.)* sombrío.

întunecime *f.* oscuridad.

întunecos *adj.* oscuro.

întuneric *m.* oscuridad, sombra ‖ *pe ~* a oscuras.

înţărca *vt.* destetar.

înţelegător *adj.* comprensivo.

înţelege **I.** *vt.* comprender, entender ‖ *a da de înţeles* dar a entender; *cum e de înţeles* como es comprensible. **II.** *vr.* *(cu)* entenderse (con), ajustarse (con), ponerse de acuerdo, concertarse (con) ‖ *a nu se ~ cu cineva* habérselas con uno; *a se ~ bine (rău)* llevarse bien (mal); *a se ~ de minune* hacer buenas migas.

înţelegere *f.* **1.** entendimiento. **2.** arreglo, acuerdo, convenio; trato; *(fig.)* concierto, concordia. **3.** *(bună-voinţă)* benevolencia.

înţelepciune *f.* sabiduría, cordura.

înţelept *adj.* sabio, cuerdo.

înţeles *n.* sentido, significado.

înţepa *vt.* picar, punzar.

înţepat *adj. (fig.)* afectado ‖ *~ la vorbă* irónico.

înţepător *adj. (d. gust)* picante, acre.

înţepătură *f.* picadura.

înţepeni **I.** *vt.* fijar, consolidar. **II.** *vi.* quedar inmóvil.

înţepenit *adj. (de frig)* aterido.

înţesa *vt.* colmar, atestar, rellenar, abarrotar; colapsar.

învălmăşeală *f.* **1.** *(dezordine)* desorden *m.*, trastorno. **2.** *(de oameni)* hormigueo, remolino.

învălmăşi *vt.* embrollar, trastornar, remolinar; *(a amesteca)* confundir, mezclar.

învălmăşit *adj.* embrollado, en desorden.

învălui *vt., vr.* envolver(se).

învăţa I. *vt.* 1. *(ceva)* aprender, estudiar ‖ *a ~ pe dinafară* aprender de memoria. 2. *(a preda)* enseñar. II. *vi.* aprender, estudiar. III. *vr. (a se obişnui) (cu)* acostumbrarse (a), habituarse (a).

învăţat *adj., m.* sabio, erudito, científico.

învăţământ *n.* 1. enseñanza, educación. 2. *(meserie)* docencia, magisterio ‖ *~ de zi (seral)* enseñanza diurna (nocturna); *~ particular* enseñanza privada; *~ primar (secundar)* enseñanza primaria (secundaria); *-ul fără frecvenţă* la educación por correspondencia *(sau a distancia)*; *centru de ~* centro docente.

învăţător *m.* maestro, institutor.

învăţătoare *f.* maestra, institutriz *f.*

învăţătură *f.* 1. estudio. 2. doctrina.

învârti I. *vt.* hacer girar. II. *vr.* girar, dar vueltas

învârtire *f.* vuelta

învârtitură *f.* giro, vuelta.

învechi *vr.* envejecer, caducar, usarse, pasar de modo.

învechire *f.* envejecimiento; *(fig.)* decrepitud *f.*

învechit *adj.* anticuado, gastado, usado.

învecina *vr.* lindar, confinar, colindar.

învecinat *adj.* vecino, contiguo.

înveli *vt., vr.* envolver(se), cubrir(se), arropar(se).

înveliş *n.* envoltura, capa.

învelitoare *f.* cubierta.

învenina *vt.* envenenar.

înverşuna *vt., vr.* encarnizar(se), empeñarse *vr.*

înverşunare *f.* encarnizamientoo, empeño.

înverzi *vt., vr.* verdecer.

înveseli *vt., vr.* alegrar(se) (por, de, con), divertir(se), ponerse *vr.* alegre.

învesti *vt.* investir.

înveşmânta *vt.* vestir.

învia *vt., vi.* resucitar.

înviere *f.* 1. *(şi rel.)* resurrección. 2. Pascua de Resurrección.

învineţi *vt., vr.* poner(se) morado, amoratarse.

învingător *adj., m.* vencedor.

învinge *vt., vi.* vencer, derrotar; *(şi fig.)* triunfar (de) ‖ *a ~ dificultăţile* superar *(sau* vencer) las dificultades.

învinovăţi *vt., vr.* acusar(se) (de), inculpar(se) (de).

învinui *vt. (pentru)* culpar (de), acusar (de).

învinuire *f.* acusación, culpación; recriminación.

înviora *vt., vr.* avivar(se), animar(se), reanimar(se), alentar(se).

înviorător *adj.* vivificante, tónico.

învoi *vr.* convertir *vi.* (en), arreglarse, concordarse, concertar(se).

învoială *f.* acuerdo, arreglo, compromiso.

învrăjbi *vt., vr.* enemistar(se).

învrăjbire *f.* discordia.

învrednici *vr.* 1. *(a fi capabil de)* ser capaz de, poder. 2. *(a binevoi)* dignarse.

înzăpezi *vr.* estar bloqueado por la nieve.

înzdrăveni *vr.* cobrar fuerzas, reponerse

înzecit I. *adj.* multiplicado, acrecentado. II. *adv.* con creces.

înzestra *vt.* dotar, pertrechar.

înzestrare *f.* dotación.

înzorzona *vt., vr.* adornar(se), emperejilar(se), emperifollar(se).

înzorzonat *adj.* peripuesto.

J

jachetă *f.* chaqueta.
jad *n.* jade *m.*
jaf *n.* saqueo, hurto, pillaje *m.*
jale *f.* lástima.
jalnic *adj.* 1. lastimoso. 2. lamentable, deplorable.
jalon *n.* jalón *m.*
jaluzele *f.pl.* persianas *f.pl.*, celosías *f.pl.*
jambieră *f.* polaina, botín *m.*
jambon *n.* jamón *m.*
jandarm *m.* gendarme *m.*, guardia *m.* civil.
jandarmerie *f.* guardia civil.
jantă *f. (auto)* llanta.
japcă *f. în expr.: a lua cu japca* tomar por fuerza.
japonez *adj., m.* japonés *m.*
jar *n.* brasa, ascua.
jargon *n.* jerga, jerigonza.
jartiere *f.pl.* ligas *f.pl.*
javră *f.* gozquecillo, perrucho.
jăratic *n.* ascua, brasa ‖ *a sta pe ~* estar en ascuas.

jder *m.* marta.
jecmăni *vt.* despojar.
jeep *n.* todo terreno.
jefui *vt.* saquear, pillar, saltear, atracar.
jefuire *f.* v. jaf.
jefuitor *m.* saqueador, pillador, salteador, atracador.
jeg *n.* roña; *(pe haine)* mugre *m.*
jegos *adj.* cochino, mugriento.
jelanie *f.* lamentación.
jeleu *n.* jalea.
jelui *vr.* quejarse.
jeli *vt., vr.* lamentar(se), clamorear *vi.*
jena I. *vt.* molestar, incomodar, embarazar. II. *vr.* encogerse, coartarse, cohibirse.
jenant *adj.* molesto.
jenă *f.* 1. molestia, embarazo. 2. *(financiară)* apuro. 3. *(sfială)* vergüenza ‖ *din ~* por vergüenza.
jerpeli *vt., vr.* gastar(se).

jerpelit *adj.* 1. andrajoso. 2. *(d. haine)* usado.

jerseu *n.* jersey *m.*

jertfă *f.* sacrificio.

jertfi *vt.*, *vr.* sacrificar(se).

jgheab *n.* 1. *(pentru adăpat)* abrevadero, pila. 2. *(streaşină)* canalón *m.*; *(burlan)* gotera. 3. *(de scurgere)* desagüe *m.*

jigni *vt.* ofender.

jignire *f.* ofensa, afrenta, agravio, desplante *m.*

jignitor *adj.* ofendedor, ofensivo.

jilav *adj.* húmedo.

jind *n.* anhelo, apetencia, avidez *f.*, ansia.

jindui *vi.* anhelar *vt.*, codiciar *vt.*, ansiar.

jneapăn *n.* enebro.

joacă *f.* juego ‖ în ~ jugando, por juego.

joagăr *n.* serrón *m.*

joben *n.* sombrero de copa.

joc *n.* 1. juego ‖‖ ~ de cărţi juego de naipes; ~ de cuvinte retruécano; ~ de noroc juego de azar; ~uri olimpice juegos olímpicos; bătaie de ~ befa, burla; a-şi bate ~ tomar el pelo; a face ~ul cuiva hacer el juego de uno. 2. *(dans)* baile *m.*, danza. 3. *(teatru)* actuación.

jocheu *m.* yóquey *m.*, yoqui *m.*, jockey *m.*

joi *f.* jueves *m.*

joker *m.* triunfo, comodín *m.*

joncţiune *f.* conexión, empalme *m.*

jongla *vi.* hacer juegos de manos.

jongler *m.* malabarista *m.* şi *f.*

jos I. *adj.* bajo. **II.** *adv.* abajo ‖ de sus în ~ de arriba abajo; în ~ul apei río abajo; pe ~ en el suelo; *(a merge)* pe ~ (ir) a pie; a se da ~ bajar, apearse.

josnic *adj.* vil.

josnicie *f.* vileza.

jovial *adj.* jovial, alegre.

jovialitate *f.* jovialidad.

jubila *vi.* jubilar, regocijarse *vr.*

jubileu *n.* aniversario.

juca I. *vt.*, *vi.* 1. jugar ‖ a ~ fotbal jugar al fútbol; a ~ cinstit *(şi fig.)* jugar limpio; a ~ teatru *(fig.)* hacer la comedia. 2. *(teatru)* actuar. 3. *(fig., un rol)* desempeñar (un papel); *(un rol principal)* protagonizar. 4. *(a dansa)* bailar. **II.** *vr.* jugar *vi.*

jucărie *f.* juguete *m.* ‖ magazin de jucării juguetería.

jucător *m.* jugador.

jucăuş *adj.* juguetón.

judeca I. *vt.*, *vi.* juzgar. **II.** *vr.* *(jur.)* pleitear.

judecată *f.* 1. *(raţiune)* juicio, razón *f.* 2. *(jur.)* pleito, proceso ‖ a da în ~ demandar.

judecător *m.* juez *m.*

judecătoresc *adj.* judicial.

judecătorie *f.* tribunal.

judeţ *n.* distrito, departamento; provincia.

judiciar *adj.* judicial.

judicios *adj.* juicioso.

jug *n.* yugo ‖ a scutura ~ul sacudir el yugo.

juli *vr.* arañarse.

jumări *f.pl.* 1. chicharrones *m.pl.* 2. *(de ouă)* huevos *m.pl.* revueltos.

jumătate *f.* mitad *f.*; medio ‖ ~ *de kilogram* medio kilo; ~ *de oră* media hora; *a împărţi în* ~ partir por la mitad; *la ~a anului* a mediados del año; *la ~a drumului* a medio camino; *pe ~* a medias, de por medio; *un om şi* ~ todo un hombre.

jumuli *vt. (de pene şi fig.)* pelar; desplumar.

juncan *m.* novillo.

june *m.* joven *m.*, chaval ‖ ~ *prim* galán *m.*

junghi *n.* punzada.

junglă *f.* jungla.

juniori *m.pl. (sport)* juveniles *m.pl.*, júniors *m.pl.*

juntă *f.* junta ‖ ~ *militară* junta militar.

jupâneasă *f.* ama de llaves.

jupon *m.* enaguas *f.pl.*

jupui I. *vt.* **1.** despellejar, desollar, pelar. **2.** *(fig.)* despojar. **II.** *vr. (d. piele)* despellejarse.

jur *n.* în *expr.*: *în* ~ *sau de* ~ *împrejur* alrededor; *în* ~*ul* en torno a, alrededor de; *în* ~*ul orei trei* a eso de (*sau* sobre) las tres; *în* ~ *de casi*, aproximadamente

jura *vt., vr.* jurar ‖ *a* ~ *strâmb* jurar en falso.

jurat *m.* jurado.

jurământ *n.* juramento; *(ceremonie publică)* jura ‖ ~ *militar* jura de la bandera; *a depune* ~ prestar juramento.

juridic *adj.* jurídico.

jurisconsult *m.* jurisconsulto.

jurisdicţie *f.* jurisdicción.

jurist *m.* jurista *m.* şi *f.*

juriu *n.* jurado; *(la unele concursuri)* tribunal.

jurnal *n.* diario, periódico ‖ ~ *de actualităţi* noticiario informativo; revista de actualidades; ~ *de bord* diario de a bordo.

jurnalism *n.* periodismo.

jurnalist *m.* periodista *m.* şi *f.*

just *adj.* justo, recto.

justeţe *f.* justicia, justedad.

justifica *vt., vr. (faţă de)* justificar(se) (con), sincerar(se).

justificare *f.* justificación.

justiţie *f.* justicia.

juvenil *adj.* juvenil.

K

kaki *adj.* verde olivo, caqui.
kilogram *n.* kilo, kilogramo.
kilocalorie *f.* kilocaloría.
kilolitru *m.* kilolitro.
kilometra *vt.* kilometrar

kilometraj *m.* 1. kilometraje *m.*
2. *(aparat)* cuentakilómetros *m.*
kilometric *adj.* kilométrico.
kilometru *m.* kilómetro.
kilovolt *m.* kilovoltio.
kilowatt *m.* kilovatio.

L

la I. *prep.* **1.** *(mişcare)* a ‖ *merg* ~ *şcoală* voy a la escuela. **2.** *(stare pe loc)* en ‖ *sunt* ~ *teatru* estoy en el teatro; ~ *anul* el año próximo; ~ *ora trei* a las tres; *de* ~ desde, de; *până* ~ hasta. **II.** *m. (muz.)* la *m.*

labă *f.* pata ‖ *laba piciorului* el pie; *a pune laba* coger, agarrar.

labirint *n.* laberinto.

laborator *n.* laboratorio.

laborios *adj.* laborioso, hacendoso.

laburist *adj., m.* laborista *m.* şi *f.*

lac *n.* **1.** *(geogr.)* lago. **2.** *(vopsea)* barniz *m.*, laca, esmalte *m.* **3.** *(piele)* charol *m.* ‖ *pantofi de* ~ zapatos de charol. **4.** *(de unghii)* esmalte *m.*

lacăt *n.* candado.

lacheu *m.* lacayo.

lacom *adj.* glotón, goloso, codicioso, gandul; *(fig.)* ávido.

laconic *adj.* lacónico, conciso.

lacrimă *f.* lágrima ‖ *cu lacrimi fierbinţi* a lágrima viva.

lactat *adj.* lácteo ‖ *produse* ~*e* productos lácteos.

lacună *f.* laguna, falta.

ladă *f.* caja; *(cufăr)* cajón *m.*, arca.

lagăr *n.* campo ‖ ~ *de concentrare* campo de concentración.

lagună *f.* laguna.

laic *adj.* laico, mundano.

lalea *f.* tulipán *m.*

lamă *f.* **1.** lámina. **2** *(de ras)* hoja (de afeitar). **3.** *(zool.)* llama.

lamenta *vr.* lamentarse, quejarse.

lamentabil *adj.* lamentable, deplorable.

laminor *n.* laminador.

lampadar *n.* lámpara de pie.

lampant *adj.* în *expr.: petrol* ~ queroseno; *(Am.)* querosén *m.*

lampă *f.* lámpara ‖ ~ *de birou* lámpara de mesa.

lan *m.* campo ‖ ~ *de grâu* trigal; ~ *de porumb* maizal.

lance *f.* lanza.

languros *adj.* lánguido.

langustă *f.* langosta.

lansa I. *vt.*, *vr.* lanzar(se). II. *vt.* 1. *(un vas, mar.)* botar; *(o carte, un disc etc.)* promocionar.

lansare *f.* 1. lanzamiento. 2. *(a unui vas)* botadura. 3. *(de carte, disc etc.)* promoción.

lanternă *f.* linterna.

lanţ *n.* 1. cadena || ~ *de chei* llavero; ~ *de munţi* cordillera, sierra. 2. *(serie)* serie *f.* || *în* ~ en cadena. 3. *pl. (la moşi)* voladoras *f. pl.*

laolaltă *adv.* juntamente.

lapoviţă *f.* aguanieve *f.*

lapsus *n.* lapso.

lapte *f.* leche *f.* || ~ *praf* leche en polvo; ~ *prins* leche cuajada; *cafea cu* ~ café con leche; *industria* ~*lui* industria lechera.

larg I. *adj.* 1. amplio, extenso, vasto; *(lat)* ancho. 2. *(d. haine)* holgado; ancho. II. *n.* 1. *(lărgime)* ancho. 2. *(întindere)* extensión || *a fi în* ~*ul său* estar a sus anchas; *a ieşi în* ~ hacerse a la mar; *în* ~*ul mării* en alta mar, mar adentro; *pe* ~ por extenso.

laringe *n.* laringe *f.*

laringită *f.* laringitis *f.*

larmă *f.* gritería, alboroto.

larvă *f.* larva.

laş *adj.* cobarde.

laşitate *f.* cobardía.

lat I. *adj.* ancho || ~ *în spate* ancho de espaldas; *cu faţa* ~*ă*

cariancho. II. *n.* ancho || *de-a* ~*ul* a lo ancho.

latent *adj.* latente.

lateral *adj.* lateral.

latifundiar *m.* latifundista *m.*

latin *adj.*, *m.* latino.

latina *f. (limba)* (el) latín *m.*

latitudine *f.* latitud *f.*

latură *f.* 1. lado. 2. *(fig.)* aspecto || *a se da în lături* apartarse; *(fig.)* negarse (a).

laţ *n.* lazo.

laudă *f.* elogio, alabanza.

laur *m.* laurel *m.*

laureat *m.* laureado.

lavă *f.* lava.

laviţă *f.* banquillo.

lavoar *n.* lavabo.

laxativ I. *adj.* laxativo. II. *n.* laxante *m.*

lăbărţat *adj.* deforme, disforme.

lăcaş *n.* morada.

lăcătuş *m.* cerrajero.

lăcătuşerie *f.* cerrajería.

lăcomi *vr.* codiciar *vt.*

lăcomie *f.* codicia, avidez *f.*; *(la mâncare)* glotonería.

lăcrămioară *f.* muguete *m.*

lăcrima *vi.* lagrimar.

lăcui *vt.* barnizar, dar laca.

lăcustă *f.* saltamontes *m.*, langosta.

lăfăi *vr.* arrellanarse.

lămâi *m.* limonero.

lămâie *f.* limón *m.*

lămuri *vt.*, *vr.* aclarar(se), resolver(se).

lămurire *f.* aclaración, explicación

lănţişor *n.* cadenita.

lăptar *m.* lechero.

lăptăreasă *f.* lechera.

lăptărie *f.* lechería.

lăptos *adj.* lechoso.

lăptucă *f. (bot.)* lechuga.

lărgi *vt., vr.* ampliar(se), ensanchar(se), extender(se).

lărgime *f.* anchura, ancho.

lărgire *f.* ensanchamiento, ampliación.

lăsa I. *vt.* dejar, abandonar ‖ *a ~ în pace* dejar en paz; *a ~ la o parte* dejar a un lado; *a ~ pe mâine* dejar para mañana. II. *vr.* dejarse ‖ *a se ~ învins* darse por vencido; *a se ~ cuprins* dejarse llevado por; *a se ~ de glume* dejarse de bromas; *a se ~ în voia soartei* abandonarse al azar; *a se ~ noaptea* caer la noche.

lăstar *m.* vástago, brote *m.*, renuevo, tallo.

lătra *vt., vi.* ladrar.

lătrat *n.* ladrido.

lăturalnic *adj.* apartado.

lături *f.pl.* lavazas *f.pl.*

lăţi *vt., vr.* ensanchar(se).

lăţime *f.* ancho, anchura, latitud *f.*

lăţire *f.* extención.

lăţos *adj.* peludo.

lăuda I. *vt.* alabar, elogiar. II. *vr.* jactarse (de); alabarse; preciarse; darse charol.

lăudabil *adj.* digno de alabanza, loable.

lăudăros *adj.* vanaglorioso, jactancioso.

lăuntric *adj.* interior.

lăută *f.* laúd *m.*

lână *f.* lana

lâncezeală *f.* languidez *f.*

lâncezi *vi.* languidecer.

lângă *prep.* junto a, al lado de, cerca de ‖ *pe ~ aceasta* además de esto, fuera de esto

lânos *adj.* lanudo.

leac *n.* remedio ‖ *fără ~* incurable; *a nu avea ~* no haber más remedio.

leafă *f.* sueldo, salario ‖ *a lua leafa* cobrar el sueldo.

leagăn *n.* 1. *(şi fig.)* cuna ‖ *cântec de ~* canción de cuna. 2. *(scrânciob)* columpio ‖ *a se da în ~* columpiarse.

leal *adj.* leal, correcto.

lealitate *f.* lealtad.

leandru *m. (bot.)* adelfa, rododafne *f.*

lebădă *f.* cisne *m.* ‖ *cântecul lebedei* el canto del cisne.

lector *m.* lector.

lectură *f.* lectura.

lecţie *f.* 1. lección. 2. *(oră)* clase *f.* ‖ *a avea ~* tener clase; *a da o ~ (fig.)* dar una lección; *a preda o ~* dar clase.

lecui *vt., vr.* curar(se)

lefter *adj.* sin dinero, sin blanca.

lega I. *vt.* 1. atar; liar; unir ‖ *a ~ de mâini şi de picioare* atar de pies y manos; *a ~ prietenie* trabar amistad; *(ne)bun de ~t* loco de atar. 2. *(o carte)* encuadernar. 3. *(fig.)* relacionar (con). II. *vr. (de)* atarse (a); ligarse (a).

legal *adj.* legal.

legalitate *f.* legalidad.

legaliza *vt.* 1. legalizar, formalizar. 2. certificar, dar fe.

legaţie *f.* legación.

legământ *n.* juramento.

legăna *vt., vr.* mecer(se), balancear(se), columpiar(se).

legătură *f.* **1.** lazo, vínculo, conexión, relación, nexo ‖ *legături de prietenie* vínculos *(sau* lazos) de amistad; *a pune în ~* relacionar; *în ~ cu* concerniente a, con respecto a, referente a; *om de ~* enlace *m.* **2.** *(mănunchi)* haz *f.* **3.** *(boccea)* hato. **4.** *(ferov.)* conexión, enlace *m.,* correspondencia. **5.** *(chim.)* enlace *m.*

lege *f.* ley *f.*

legendar *adj.* legendario.

legendă *f.* leyenda.

legifera *vt.* legislar.

legislativ *adj.* legislativo ‖ *putere ~ă* poder legislativo.

legislaţie *f.* legislación.

legist *adj. în expr.: medic ~* médico forense.

legitim *adj.* legítimo.

legitima *vt.* identificar (por), pedir la documentación.

legitimaţie *f.* tarjeta de identificación.

legiuitor *m.* legislador.

legiune *f.* legión *f.*

legumă *f.* legumbre *f.; pl.* hortalizas *f.pl.,* verduras *f.pl.*

leguminoase *f.pl.* leguminosas *f.pl.*

leit *adj.* idéntico, pintiparado.

lemn *n.* **1.** *(de foc)* leña. **2.** *(materie, lemn prelucrat)* madera. **3.** *(bucată de lemn)* leño, *(buştean)* madero, *(băţ)* palo.

lemnar *m.* carpintero.

lemnos *adj.* leñoso.

lene *f.* pereza, holgazanería, ociosidad.

leneş *adj.* perezoso, holgazán, ocioso.

lenevi *vi.* holgazanear.

lenevie *f.* pereza.

lenjereasă *f.* costurera (de ropa blanca).

lenjerie *f.* ropa blanca, lencería.

lent *adj.* lento, pausado, tardo, torpe.

lentilă *f.* lente *f. (rar m.).*

leoarcă *adj.* calado, mojado, empapado ‖ *ud ~* calado hasta los huesos.

leopard *m. (zool.)* leopardo.

lepăda I. *vt.* **1.** abandonar. **2.** *(a avorta)* abortar. **II.** *vr.* **1.** desembarazarse. **2.** *(fig.)* renegar.

lepădătură *f.* **1.** engendro. **2.** *(fig.)* canalla *m.* şi *f.*

lepră *f.* lepra.

lepros *adj.* leproso.

lesne *adv.* fácilmente.

lespede *f.* losa ‖ *a pava cu lespezi* enlosar.

lest *n.* lastre *m.*

leşie *f.* lejía.

leşin *n.* desmayo.

leşina *vi.* desmayarse *vr.,* desvanecerse *vr.,* perder el sentido ‖ *a ~ de râs* morirse de risa.

leşinat *adj.* **1.** desmayado, desvanecido. **2.** *(fig.)* agotado, acabado.

letargie *f.* letargo ‖ *a cădea în ~* aletargarse.

letopiseţ *n.* crónica.

leu *m.* **1.** *(zool.)* léon *m.; (zodie)* León *m.,* Leo. **2.** *(monedă)* lei(s) *m.*

levănţică *f.* espliego, alhucema.

lexic *n.* léxico.
lexical *adj.* léxico.
lexicon *n.* lexicón *m.*
leza *vt. (fig.)* ofender, lesionar
lezare *f.* ofensa, lesión.
leziune *f.* lesión.
liană *f.* bejuco.
libelulă *f.* libélula.
liber *adj.* 1. libre. 2. *(nelegat)* suelto. 3. *(neocupat)* desocupado, libre. 4. gratuito ‖ *a da mână ~ă* dar carta blanca; *în aer ~* al aire libre.
libera *vt.* liberar.
liberal *adj., m.* liberal.
liber-arbitru *m.* libre albedrío.
liber-cugetător *m.* librepensador.
libertate *f.* libertad ‖ *a pune în ~* poner en libertad.
librar *m.* librero.
librărie *f.* librería.
libret *n.* 1. *(muz.)* libreto. 2. *(de economii)* cartilla, libreta (de ahorros).
licări *vi.* destellar, centellear.
licărire *f.* destello, brillo, centelleo.
licean *m.* colegial.
licență *f.* 1. *(și com.)* licencia. 2. *(titlu)* licencíatura, título de licenciado ‖ *a-și lua licența (în)* licenciarse (en), graduarse (de).
licențiat *adj.* licenciado, graduado.
liceu *m.* instituto (de enseñanza media), liceo, colegio.
lichea *f.* canalla *m.*, bribón *m.*
lichid *adj., n.* líquido ‖ *bani lichizi* dinero contante (*sau* al contado), metálico, efectivo.
lichida *vt.* liquidar.
lichidare *f.* liquidación.

lichior *n.* licor *m.*
licitație *f.* licitación, subasta.
licoare *f.* licor *m.*
licurici *m. (zool.)* luciérnaga.
lift *n.* ascensor; *(Am.)* elevador.
ligă *f.* confederación, liga.
lighean *n.* palangana.
lighioană *f.* alimaña.
lignit *n.* lignito.
lihnit *adj.* hambriento.
liliac *m.* 1. *(bot.)* lila. 2. *(zool.)* murciélago.
liliachiu *adj.* morado, lila.
liman *n.* orilla, borde *m.* ‖ *a ieși la ~* salir de apuros.
limbaj *n.* lenguaje *m.*
limbă *f.* 1. *(anat.)* lengua ‖ *~ de ceas* aguja, manecilla; *a i se împletici limba* trabársele la lengua; *a trage de ~* tirarle de la lengua; *a-i sta pe ~* tenerlo en la punta de la lengua. 2. *(lingv.)* lengua, idioma *m.*; *(vorbire)* habla ‖ *~ maternă* lengua materna; *a stăpâni o ~* dominar una lengua.
limbric *m.* lombriz *f.*
limbut *adj.* locuaz, hablador ‖ *a fi ~* tener mucha labia.
limita *vt., vr.* limitar(se), restringir(se).
limită *f.* límite *m.*, término, confín *m.*
limitrof *adj.* limítrofe.
limonadă *f.* limonada.
limpede *adj.* claro.
limpezi I.*vt.* 1. *(și fig.)* aclarar, esclarecer. 2. *(rufele)* enjuagar. II. *vr. (și fig.)* aclararse.
limpezime *f.* claridad.

lin *adj.* quieto, sosegado.

linge *vt.* lamer.

lingură *f.* 1. cuchara ‖ ~ *de supă* cachara sopera. 2. *(conţinut)* cucharada. 3. *(polonic)* cucharón *m.*

linguriţă *f.* 1. cucharilla. 2. *(conţinut)* cucharadita.

linguşi *vt.* lisonjear, adular, halagar.

linguşire *f.* lisonja, halago.

linguşitor *adj., m.* lisonjero, halagador; *(fam.)* cepillo.

lingvist *m.* lingüista *m.* şi *f.*

lingvistică *f.* lingüística.

linia *vt.* rayar, linear.

linie 1. línea, raya ‖ ~ *dreaptă (curbă, frântă)* línea recta (curva, quebrada); ~ *ferată (aeriană)* línea férrea (aérea); ~ *telefonică* línea telefónica; *în linii generale* en líneas generales. 2. *(ferov.)* andén *m.* 3. *(de conduită)* pauta.

linişte *f.* silencio, quietud *f.*, calma.

linişti *vt., vr.* tranquilizar(se), aquietar(se), apaciguar(se), calmar(se), sosegar(se).

liniştire *f.* apaciguamiento.

liniştit *adj.* tranquilo, quieto, apacible.

lins *adj.* liso.

linşa *vt.* linchar.

linte *f.* lenteja.

lipi *vt., vr. (de)* pegar(se) (a), adherir *vi.* (a) ‖ *a ~ pe perete* pegar a la pared.

lipici *n.* cola, pegamento.

lipicios *adj.* pegajoso.

lipitoare *f. (zool.)* sanguijuela.

lipitură *f.* pegadura.

lipsă *f.* 1. falta, ausencia. 2. *(fig.)* carencia, deficiencia. 3. *pl.* privaciones *f.pl.* ‖ *din ~ de* por falta de; *a duce ~ de* carecer de.

lipsi I. *vt.* faltar. II. *vi.* 1. *(de la)* faltar (a), ausentarse *vr.* (a). 2. *(a avea nevoie)* hacer falta. III. *vr. (de)* prescindir *vi.* (de), renunciar *vi.* (a), privarse (de).

lipsit *adj.* falto, desprovisto, exento, carente.

liră *f. (muz., monedă)* lira ‖ ~ *sterlină* libra esterlina.

liric *adj.* lírico.

lirică *f.* lírica.

lirism *n.* lirismo.

listă *f.* lista, relación ‖ ~ *de bucate* menú *m.*, lista de platos.

literar *adj.* literario.

literat *m.* hombre *m.* de letras.

literatură *f.* literatura.

literă *f.* letra ‖ ~ *mare* mayúscula.

litigiu *n.* litigio, pleito.

litoral *n.* litoral ‖ *a merge pe ~* ir a la playa.

litră *f.* libra.

litru *m.* litro.

liturghie *f. (rel.)* misa, liturgia.

livadă *f.* huerto.

livra *vt.* entregar.

livră *f.* libra.

livrea *f.* librea.

livret *n.* cartilla ‖ ~ *militar* cartilla militar.

lob *m.* lóbulo.

loc *n.* 1. lugar *m.*, sitio. 2. *(scaun)* asiento, plaza, localidad ‖ ~*uri rezervate* asientos reservados; *a lua ~* tomar asiento. 3. *(post)* puesto, cargo ‖ ~ *de muncă* puesto de trabajo. **4.** *în expr.*: *din ~ în ~* de trecho en trecho; *în ~ de* en lugar de; *în ~să* en vez de; *în ~ul său* en su lugar; *a avea ~* tener lugar; *a da ~* dar lugar a; *a face ~* ceder el paso, abrir paso, hacer sitio.

local I. *n.* **1.** edificio. **2.** restorán *m.* **II.** *adj.* local.

localitate *f.* localidad, población.

localiza *vt.* localizar.

localnic *m.* vecino, habitante *m.*

locatar *m.* inquilino.

locomotivă *f.* locomotora.

locotenent *m.* teniente *m.*

locţiitor *m.* lugarteniente *m.*

locui *vi.* vivir (en), habitar *vt.*, residir (en).

locuinţă *f.* habitación, vivienda, morada

locuit *adj.* habitado ‖ *condiţii de ~* condiciones de habitabilidad.

locuitor *m.* habitante *m.*

locuţiune *f.* locución.

logaritm *m.* logaritmo.

logic *adj.* lógico.

logică *f.* lógica.

logodi *vr.* comprometerse.

logodnă *f.* noviazgo.

logodnic *m.* novio, prometido.

lojă *f. (teatru)* palco ‖ *~ masonică* logia.

longitudine *f.* longitud *f.*

lopată *f.* **1.** pala. **2.** *(vâslă)* remo.

lopăta *vi.* remar.

lord *m.* lord *m.*

lot *n.* lote *m.*

loterie *f.* lotería

lotus *m.* loto.

loţiune *f.* loción.

lovi I. *vt.* golpear, batir. **II.** *vr. (de)* tropezar (con), dar (contra), chocar (contra).

lovitură *f.* golpe *m.* ‖ *~ cu capul (sport)* toque *m.* de cabeza, cabeza; *~ de bici* latigazo; *~ de pedeapsă (sport)* penalty *m.*; *~ de sabie* sablazo; *~ de stat* golpe de estado; *~ de tun* cañonazo.

loz *n.* billete *m.* de lotería ‖ *~ câştigător* premio; *a câştiga ~ul cel mare* tocarle a uno el gordo.

lozincă *f.* lema, consigna.

lua *vt.* tomar, coger, llevar ‖ *a ~ aer* tomar el fresco; *a ~ banii* cobrar el sueldo; *a ~ cuvântul* tomar la palabra; *a ~ fiinţă* constituirse; *a ~ foc* encenderse; *a o ~ la fugă* poner los pies en polvorosa; *a o ~ la sănătoasa* tomar las de Villadiego; *a ~ parte la* participar en; *a o ~ spre* tomar por; *a-şi ~ ziua bună* desperdirse.

luare *f.* toma ‖ *~ de poziţie* toma de posición; *cu ~ aminte* con cuidado.

lubrifiant *n.* lubricante *m.*

lucarnă *f.* lucera.

luceafăr *n.* lucero ‖ *~ul de dimineaţă* el lucero del alba.

lucernă *f. (bot.)* alfalfa.

luci *vi.* lucir, brillar.

lucid *adj.* lúcido.

lucios *adj.* luciente, brillante, lustroso.

lucitor *adj.* reluciente.

luciu *n.* brillo.

lucra *vt.*, *vi.* **1.** trabajar ‖ *a ~ în acord* trabajar a destajo; *a ~ în ture* trabajar por turnos. **2.** *(pământul)* labrar (la tierra).

lucrare *f.* trabajo, obra, labor *f.* ‖ *lucrări gospodărești* bricolaje *m.*; *lucrările acestui autor* las obras de este autor; *lucrările congresului* las labores del congreso.

lucrător *adj.* obrero, trabajador.

lucru *n.* **1.** cosa, objeto. **2.** *(activitate)* trabajo, labor *f.* ‖ *~ de mână* costura, labor *f.*; *a avea de ~* estar ocupado, tener que hacer; *a da de ~* dar trabajo; *zi de ~* día laborable.

lugubru *adj.* lúgubre.

lujer *m.* tallo, retoño.

lulea *f.* pipa; *(Am.)* cachimbo

lumânare *f.* vela, candela.

lume *f.* **1.** *(univers)* mundo, universo ‖ *a face înconjurul lumii* dar vuelta al mundo; *pentru nimic în ~* por nada en el mundo. **2.** *(oameni)* gente *f.*, mundo ‖ *era multă ~* había mucha gente; *om de ~* hombre mundano.

lumesc *adj.* mundano.

lumina **I.** *vt.* alumbrar; iluminar; *dar luz.* **II.** *vr.* aclararse ‖ *a se ~ de ziuă* clarear, despuntar el alba.

lumină *f.* luz *f.*; lumbre *f.* ‖ *lumina zilei* la luz del día; *luminile ochilor* las niñas de los ojos; *a aprinde lumina* encender la luz; *a pune în ~* destacar.

luminiș *n.* claro, calvero.

luminos *adj.* luminoso, claro.

lunar *adj.* mensual.

lună *f.* **1.** luna. **2.** *(calendaris-*

tică) mes *m.* ‖ *~ de miere* luna de miel; *acum o ~* hace un mes; *luna trecută* el mes pasado; *o dată pe ~* una vez al mes.

luncă *f.* vega.

luneca *vi.* resbalar.

lunecos *adj.* resbaladizo.

lunecuș *n.* resbaladero.

lunetă *f.* catalejo.

lung *adj.* largo ‖ *de-a ~ul drumului* a lo largo del camino.

lungi *vt.*, *vr.* alargar(se), extender(se).

lungime *f.* largo, largura, longitud *f.* ‖ *e de doi metri ~* tiene dos metros de largo.

luni *n.* lunes *m.*

luntraș *m.* barquero.

luntre *f.* barca, bote *m.*

lup *m.* lobo.

lupă *f.* lupa.

lupta *vi.*, *vr.* luchar *vi.*, pelear(se), combatir *vi.*

luptă *f.* lucha, pelea, batalla, combate *m.* ‖ *~ de clasă* lucha de clases; *lupta pentru pace* la lucha por la paz; *lupte libere (greco-romane)* luchas libres (grecorromanas); *a duce lupte* librar batallas.

luptător *m.* luchador, combatiente *m.*

lustragiu *m.* limpiabotas *m.*

lustră *f.* araña.

lustru *n.* lustre *m.*, brillo.

lustrui *vt.* pulir, sacar lustre, bruñir.

lut *n.* barro, arcilla.

lux *n.* lujo.

luxa *vr.* dislocarse.

luxos *adj.* lujoso.

luxuriant *adj.* lujuriante, frondoso.

M

mac *m.* amapola.

macabru *adj.* macabro, lúgubre.

macara *f.* grúa; *(Am.)* guinche *m.*

macaragiu *m.* operario de grúa.

macaroane *f.pl.* macarrones *m.pl.*

macaz *n.* aguja.

macedonean *adj., m.* macedonio.

macera *vt.* macerar.

machetă *f.* maqueta.

machia *vt., vr.* maquillar(se); *(fam.)* pintar(se), afeitar(se).

machiaj *n.* maquillaje *m.*

maculator *n.* cuaderno, borrador.

maculatură *f.* maculatura.

madrigal *n.* madrigal.

madonă *f.* madona.

maestru *m.* maestro.

magazie *f.* **1.** *(com.)* depósito, almacén *m.* **2.** *(şopron)* cobertizo.

magazin *n.* almacén *m.*, tienda, negocio, comercio ‖ ~ *alimentar* tienda de comestibles; ~ *universal* grandes almacenes.

magherniţă *f.* choza, casucha.

maghiar *adj., m.* húngaro, magiar.

maghiran *m. (bot.)* mejorana.

magic *adj.* mágico.

magie *f.* magia, mágica.

magistral *adj.* magistral.

magistrală *f.* avenida.

magistrat *m.* magistrado.

magistratură *f.* magistratura.

magiun *n.* mermelada de ciruelas.

magnat *m.* magnate *m.*

magnet *m.* imán *m.*

magnetic *adj.* magnético ‖ *câmp* ~ campo magnético.

magnetism *n.* magnetismo.

magnetiza *vt.* iman(t)ar, magnetizar.

magnetofon *n.* magnetófono, grabadora.

magneziu *n. (chim.)* magnesio.

magnific *adj.* magnífico.

magnolie *f. (bot.)* magnolia.

mahala *f.* arrabal, suburbio.

mahalagiu *m.* **1.** arrabalero. **2.** *(fig., fam.)* groserote *m.*, patán *m.*

mahmur *adj.* indispuesto, trastornado.

mahon *n.* **1.** *(bot.)* caobo. **2.** *(lemn)* caoba.

mai **I.** *adv.* **1.** más. **2.** *(încă)* todavía ‖ ~ *ales* sobre todo; ~ *mult sau* ~ *puţin* más o menos;

ce ~ faci? ¿qué tal?; *cel ~* el más; *tot ~ mult* cada vez más. **II.** *m.* mayo ‖ *1 Mai* El Primero de Mayo.

maică *f.* **1.** madre *f.* **2.** *(călugăriță)* monja.

maidan *n.* solar *m.*

maiestate *f.* majestad.

maiestuos *adj.* majestuoso.

maimuță *f.* mono, mico.

maimuțăreală *f.* monada, payasada.

maimuțări *vr.* remedar *vi.*

maioneză *f.* mayonesa.

maior *m.* mayor.

maiou *n.* camiseta.

maistru *m.* capataz *m.*, contramaestre *m.*

major *adj.* mayor (de edad) ‖ *gamă ~ă* modo mayor; *stat ~* estado mayor.

majora *vt.* aumentar, recargar.

majorare *f.* aumento, recargo.

majorat *m.* mayoría de edad, (la) mayor edad.

majoritate *f.* **1.** mayoría ‖ *~ absolută* mayoría absoluta. **2.** *(fig.)* grueso, mayor parte.

majusculă *f.* mayúscula.

mal *n.* borde *m.*, orilla.

maladie *f.* enfermedad

maladiv *adj.* enfermizo

malarie *f. (med.)* malaria

maldăr *n.* montón *m.*

maleabil *adj.* maleable

malign *adj. (med.)* maligno

malițios *adj.* malicioso

maltrata *vt.* maltratar.

maltratare *f.* maltratamiento; *pl.* malos tratos *m.pl.*

mamă *f.* madre *f.*; *(fam.)* mamá *(jur.)* ‖ *~ mare* abuela; *~ vitregă* madrastra

mamelă *f.* teta

mamifer *n.* mamífero

mană *f.* mana

mandarină *f.* mandarina

mandant *m. (jur.)* poderdante.

mandat *n.* **1.** *(însărcinare)* mandato, encargo. **2.** *(jur.)* mandato, apoderamiento. **3.** *(poștal)* giro (postal).

mandatar *m.* mandatario; *f.* apoderado

mandibulă *f.* mandíbula

mandolină *f.* mandolina.

manechin *n.* **1.** maniquí *m.* **2.** *(femeie)* maniquí *f.*, modelo *f.* **3.** *(fig.)* pelele *m.*

manetă *f.* manecilla, manivela.

manevra *vt., vi.* **1.** maniobrar. **2.** *(fig.)* manejar, manipular.

manevră *f.* **1.** *(și fig.)* maniobra ‖ *câmp de manevre* campo de maniobras. **2.** *(fig.)* manejo, intriga

mangan *n. (chim.)* manganeso.

maniac *adj., m.* maníaco [maniaco]

manichiură *f.* manicura

manichiuristă *f.* manicura

manie *f.* manía

manierat *adj.* cortés, afable.

manieră *f.* **1.** manera, modo ‖ *de o ~ de* tal modo *(sau* manera). **2.** *pl.* modales *m. pl.*

manierism *n.* amaneramiento

manifest *adj., n.* manifiesto.

manifesta I. *vt., vi., vr.* manifestar(se). **II.** *vt.* expresar, demostrar.

manifestare, manifestaţie *f.* manifestación.

manipula *vt.* manipular, manejar.

manipulant *m.* *(la tramvai)* conductor, manipulador.

manipulare *f.* manipulación, manejo.

manivelă *f.* manubrio, manivela.

manometru *n.* manómetro.

manoperă *f.* mano de obra.

mansardă *f.* buhardilla, desván *m.*

manşă *f.* 1. *(av.)* palanca 2. *(sport)* mano; mango, etapa; partida.

manşetă *f.* bocamanga, puño.

manşon *n.* 1. *(tehn.)* manguito, camisa, envoltura. 2. *(de damă)* manguito(s) *m.(pl.)*.

manta *f.* abrigo, gabán *m.*; capote *m.*; *(de ploaie)* impermeable *m.*, trinchera; *(fig.)* manto, capa.

mantie *f.* capa.

manual *adj., n.* manual.

manufactură *f.* manufactura.

manuscris *n.* manuscrito.

mapă *f.* *(servietă)* cartera; *(de birou)* carpeta.

maramă *f.* pañuelo de cendal.

marca *vt.* 1. marcar, señalar. 2. *(sport)* marcar, tantear.

marcaj *n.* în *expr.: tabelă de ~* marcador.

marcant *adj.* notable.

marcă *f.* 1. marca. 2. *(poştală)* sello. 3. *(monedă)* marco.

marchiz *m.* marqués *m.*

marchiză *f.* 1. *(titlu)* marquesa. 2. *(verandă)* marquesina.

mare I. *f.* mar *m.* *(şi f.)* ‖ *a ieşi pe ~* hacerse a la mar; în *largul mării* en alta mar; *pe ~ por mar; a merge la ~* ir al mar. **II.** *adj.* grande ‖ *în ~ a bulto; păr ~* cabellos largos; *strada ~* la calle mayor; *a se face ~* crecer.

maree *f.* marea.

mareşal *m.* mariscal.

marfă *f.* mercancía; *pl.* géneros *m.pl.*

margaretă *f.* margarita.

margarină *f.* margarina.

marginaliza *vt.* *(şi în cadrul societăţii)* marginar

marginalizare *f.* marginación

marginalizat *adj., m.* marginado.

margine borde *m.*, margen *m.; (şi fig.)* límite *m.*, término ‖ *fără ~* sin margen, sin límites.

marin *adj.* marino.

marinar *m.* marinero, marino.

marinată *f.* (pescado en) escabeche *m.*, a la marinera.

marină *f.* marina ‖ ~ *comercială* marina mercante.

marinăresc *adj.* marinero.

marionetă *f.* títere *m.* ‖ *guvern ~* gobierno títere.

maritim *adj.* marítimo.

marjă *f.* 1. *(tehn.)* tolerancia . 2 margen *m.* *(sau f.)*, banda.

marmeladă *f.* mermelada.

marmură *f.* mármol *m.* ‖ *de ~* de mármol, marmóreo.

maro *adj.* castaño, marrón.

marocan *adj., m.* marroquí *m.*

marochinărie *f.* tafiletería, marroquinería.

marsupiale *n.pl.* *(zool.)* marsupiales *m.pl.*

marş I. *n.* marcha. **II.** *interj.*
1. ¡vete!, ¡fuera! 2. *(mil.)* ¡adelante!.

marşarier *n. (auto)* marcha atrás.

martie *m.* marzo.

martir *m.* mártir *m.*

martiriza *vt.* martirizar.

martor *m.* testigo ‖ ~ *ocular* testigo de vista (ocular); *a lua ca* ~ tomar por testigo.

marţi *f.* martes *m.*

marţial *adj.* marcial ‖ *lege* ~*ă* ley marcial.

marxist *adj., m.* marxista *m.* şi *f.*

masa *vt.* 1. *(trupe)* agrupar, concentrar. 2. dar masaje, frotar

masacra *vt.* degollar, matar.

masacru *n.* carnicería, matanza, degüello.

masaj *n.* masaje *m.*

masă *f.* 1. *(obiect)* mesa ‖ ~ *de scris* escritorio; *după* ~ por la tarde; *a pune masa* poner la mesa; *a strânge* ~ levantar la mesa . 2 *(mâncare)* comida. 3. *(volum)* masa. 4. *(de oameni)* masa.

masca *vt.* 1. disfrazar, enmascarar. 2. *(fig.)* disimular.

mascaradă *f.* mascarada.

mască *f.* careta, antifaz *m.*, máscara ‖ ~ *cosmetică* mascarilla; ~ *pentru ochi* mascarilla; *a-i smulge cuiva masca* quitar la careta *(sau* máscara) a alguien; *sub* ~ bajo el disfraz.

mascul *m.* macho.

masculin *adj.* masculino ‖ *gen* ~ género masculino.

masiv *adj., n.* macizo.

masivitate *f.* macicez *f.*

mastodont *n.* mastodonte *m.*

maşinal *adj.* maquinal, mecánico.

maşinaţie *f.* maniobra, intriga.

maşină *f.* 1. máquina ‖ ~ *de gătit* cocina (de leña *sau* eléctrica), fogón *m.*; ~ *de cusut* máquina de coser; *maşini-unelte* máquinas herramientas. 2. *(automobil)* coche *m.*, auto; *(Am.)* carro.

maşinărie *f.* mecanismo.

maşinist *m.* mecánico; *(la teatru)* tramoyista *m.*

mat I. *n.* mate *m.* ‖ *şah-* jaque mate; *a face* ~ *(pe cineva)* dejar *(sau* dar) mate (a uno). **II.** *adj.* mate.

matahală *f.* hombrón *m.*

matcă *f.* 1. *(geogr.)* cauce *m.*, lecho. 2. *(albină)* abeja reina *(sau* machiega).

matelot *m.* marinero, tripulante *m.*

matematic *adj.* matemático.

matematică *f.* matemáticas *f.pl.*

matematician *m.* matemático.

material I. *adj.* material; económico ‖ *bază* ~*ă* base material; *situaţie* ~*ă* situación económica; *sprijin* ~ apoyo económico. **II.** *n.* 1. tela; *pl.* textiles *m.pl.* 2. *(referat)* informe *m.*

materialism *n.* materialismo.

materialist *adj., m.* materialista *m.* şi *f.*

materializa *vt.* materializar, concretar.

materie *f.* 1. materia ‖ ~ *cenuşie* materia gris; ~ *primă* materias primas, primeras materias; *în* ~ *de* en materia de; *tablă de materii* índice *m.* 2. *(de învăţământ)* asignatura.

matern *adj.* materno.

maternitate *f.* **1.** *(instinct matern)* maternidad. **2.** *(spital)* casa de maternidad.

matinal *adj.* matinal, matutino, madrugador.

matineu *n.* función de la tarde; *(Am.)* vermut *m.*

matlasa *vt.* (a)colchar.

matrapazlâc *n.* tramoya, superchería.

matriarhat *n.* matriarcado.

matricolă *f.* matrícula.

matrimonial *adj.* matrimonial.

matriţă *f.* matriz *f.*

matroană *f.* matrona.

matroz *m.* marinero.

matur *adj.* maduro.

maturitate *f.* madurez *f.*

maturiza *vr.* madurarse.

maturizare *f.* maduración.

maţe *n.pl.* tripas *f.pl.*

maur *adj., m.* moro.

mausoleu *n.* mausoleo.

maxilar *n.* maxilar *m.*, mandíbula, quijada.

maxim *adj.* máximo.

maximă *f.* máxima, aforismo.

maximum **I.** *n.* máximum *m.*, (lo) máximo. **II.** *adv.* como máximo, por lo máximo ‖ *la ~* como máximo.

mazăre *f.* guisante *m.*

măcar *adv.* por lo menos, siquiera ‖ *~ că* aunque; *nici ~* ni siquiera.

măcel *n.* carnicería, matanza.

măcelar *m.* *(la abator)* matarife *m.*; *(care vinde carne şi fig.)* carnicero.

măcelări *vt.* degollar, matar.

măcelărie *f.* carnicería.

măceş *m.* rosal silvestre, escaramujo.

măcina *vt.* moler.

măcinare *f.* molienda, molido.

măciucă *f.* porra ‖ *i s-a făcut părul ~* se le pusieron los cabellos de punta.

măciulie *f.* **1.** *(la plante)* cogollo. **2.** *(la baston etc.)* puño.

măcriş *m.* *(bot.)* acedera.

mădular *n.* *(anat.)* miembro.

măduvă *f.* meollo, tuétano, médula ‖ *până în măduva oaselor* hasta los huesos.

măgar *m.* asno; *(şi fig.)* burro.

măgărie *f.* grosería, patanería, insolencia, desvergüenza.

măguli *vt.* halagar.

măgulire *f.* halago.

măgulitor *adj.* halagador.

măgură *f.* otero.

măiestrie *f.* primor, destreza, maestría.

măiestru *adj.* **1.** primoroso; consumado. **2.** *(în basme)* milagroso.

mălai *m.* harina de maíz.

mămăligă *f.* polenta.

mănăstire *f.* convento, monasterio.

mănos *adj.* fértil, abundante.

mănunchi *n.* manojo, ramo.

mănuşă *f.* guante *m.* ‖ *a arunca mănuşa (fig.)* arrojar el guante.

măr **I.** *m.* *(pom)* manzano. **II.** *n.* *(fruct)* manzana ‖ *~ul lui Adam* la nuez de Adán; *(Am.)* la manzana de Adán.

mărar *m.* aneldo, aneto, hinojo.

mărăcine *m.* zarza.

mărăciniş *n.* zarzal.

măreţ adj. grandioso, magnífico.

măreţie f. grandeza, grandiosidad, magnificencia.

mărgăritar n. 1. perla. 2. (bot.) muguete m., lirio.

mărgea f. abalorio, cuenta.

mărgean n. madrepora, coral.

mărginaş adj. periférico.

mărgini I. vt. limitar. II. vr. 1. (cu) lindarse (con), confinar vi. (con). 2. (fig.) (la) limitarse (a), reducirse (a).

mărginit adj. 1. lindado. 2. (fig.) limitado, de cortos alcances.

mări I. vt. 1. aumentar, ampliar, incrementar. 2. (în dimensiuni) alargar, ampliar. 3. (a dezvolta) desarrollar. 4. (ca număr) acrecentar. II. vr. (a creşte) crecer vi.

mărime f. tamaño || de ~ mijlocie de tamaño medio.

mărinimie f. magnanimidad, generosidad.

mărinimos adj. magnánimo, generoso.

mărire f. 1. aumento, ampliación, acrecentamiento, incremento || ~ de capital ampliación del capital. 2. (fig.) gloria, esplendor.

mărita vt., vr. casar(se).

mărşălui vi. marchar.

mărturie f. testimonio, prueba; (dovadă) certificado, documento || a depune ~ testimoniar.

mărturisi vt. confesar.

mărturisire f. confesión.

mărunt adj. menudo, diminuto || bani mărunţi menudo, dinero suelto.

măruntaie f.pl. entrañas f.pl.

mărunţi vt. desmenuzar.

mărunţiş 1. n. menudencia. 2. (bani) calderilla, menudo.

măscărici m. hazmerreír m.

măsea f. muela || ~ de minte muela del juicio; a trage la ~ empinar el codo.

măslin m. aceituno, olivo || livadă de ~i olivar m.

măslină f. aceituna, oliva.

măsliniu adj. aceitunado.

măslui vt. contrahacer.

măsura vt., vr. 1. medir(se). 2. (a încerca) probar(se).

măsurat adj. (fig.) ponderado, moderado.

măsură f. 1. medida || fără ~ desmesuradamente; în mare ~ en gran medida; în aşa ~ (încât) hasta tal punto (que); pe ~ ce a medida que; peste ~ demasiado, sobremanera; a fi în ~ estar en condiciones; a întrece măsura pasar de la raya; a lua măsuri tomar medidas . 2. (talie) talla. 3. (ritm) compás m. || a bate măsura llevar el compás. 4. (fig.) ponderación, moderación, comedimiento.

măsurătoare f. medición.

mătase f. seda.

mătănii f.pl. rosario.

mătăsos adj. sedoso.

mătrăgună f. (bot.) belladona.

mătreaţă f. caspa.

mătura vt. barrer.

mătură f. 1. escoba. 2. (lovitură) escobazo.

măturătoare *f.* 1. barrendera. 2. *(vehicul)* barredera ‖ ~ *mecanică* escoba mecánica.

mătuşă *f.* tía.

măzăriche *f.* 1. *(bot.)* guisante *m.* de olor. 2. granizo menudo.

mâhni *vt.* afligir, entristecer, mortificar.

mâhnire *f.* entristecimiento, pesar *m.*, aflicción, angustia.

mâhnit *adj.* entristecido, afligido, dolorido, angustiado.

mâine *adv.* mañana ‖ ~ *dimineaţă* mañana por la mañana; *pe* ~! ¡hasta mañana!

mâl *n.* légamo, limo

mâna *vt.* aguijar.

mână *f.* 1. mano ‖ ~ *de lucru* mano de obra, brazo; *a avea* ~ *bună* tener buena mano; *a da* ~ *liberă* dar carta blanca; *a da din mâini* manotear; *a da o* ~ *de ajutor* echar una mano; *a duce de* ~ llevar de la mano; *a fi mâna dreaptă (a cuiva)* ser el brazo derecho (de uno); *cu mâna lui* de su puño y letra; *scris de* ~ escrito a mano. 2. *(cantitate)* puñado, puño ‖ *o* ~ *de mălai* una manada de maíz.

mânca *vt.* *(şi fig.)* comer ‖ *a* ~ *cu poftă* jalar; *a* ~ *ca un lup* comer como un descosido *(sau* buitre); *a* ~ *de post* comer de vigilia; *a* ~ *(pe cineva) din ochi* comerse (a uno) con los ojos; *se mănâncă între ei* se comen unos a otros.

mâncare *f.* comida ‖ ~ *de post* comida de vigilia *(sau* ayuno);

a avea poftă de ~ tener apetito; *a da de* ~ dar de comer; *fel de* ~ plato

mâncăcios *adj.* glotón, comilón

mâncărime *f.* comezón *f.*, picor.

mâncătorie *f.* *(fam.)* manejos *m.pl.*

mâncău *adj.* comilón.

mândră *f.* hermosa ‖ *mândra mea* mi prenda.

mândreţe *f.* *în expr.: este o* ~ *de fată* es una monada, es una preciosidad.

mândri *vr.* *(cu)* estar orgulloso (de), enorgullecerse (de), presumir (de)

mândrie *f.* orgullo, soberbia.

mândru *adj.* orgulloso, soberbio, altanero.

mânecă *f.* manga ‖ *am băgat-o pe* ~ *(fam.)* estamos frescos.

mâner *n.* mango; *(al sabiei etc.)* puño.

mângâia I. *vt.* acariciar; *(a dezmierda)* mimar; *(a răsfăţa)* malcriar, agasajar. II. *vt., vr.* *(fig.)* consolar(se).

mângâiere *f.* 1. caricia; mimo; agasajo. 2. *(fig.)* consuelo.

mângâietor *adj.* acariciador, consolador.

mânia *vt., vr.* encolerizar(se), irritar(se)

mânie *f.* cólera, ira, rabia.

mânios *adj.* airado, colérico, iracundo

mânji *vt., vr.* manchar(se)

mântui *vt.* redimir, salvar.

mântuială *f.* *în expr.: a face ceva de* ~ chapucear

mântuire *f.* redención, salvación.

mântuitor *adj., m (rel.)* redentor, salvador
mânui *vt.* manear, manejar
mânuire *f.* manejo
mânz *m.* potro
mârâi *vi.* gruñir
mârâit *n.* gruñido
mârlan *m.* paleto, zambombo
mârşav *adj.* infame, soez
mârşăvie *f.* infamia
mârţoagă *f,* rocín *m.*
mâţă *f.* gato ‖ *a prinde cu mâţa-n sac* coger con las manos en la masa
mâzgă *f.* fango pegajoso.
mâzgăli *vt.* garabatear, pintarrajear, emborronar
mâzgălitură *f.* garabateo
mâzgos *adj.* fangoso.
meandru *n.* meandro, recodo.
mecanic *adj., m.* mecánico.
mecanică *f.* mecánica.
mecanism *n.* mecanismo.
mecaniza *vt.* mecanizar.
mecanizare *f.* mecanización.
meci *n.* encuentro, partido, match *m.* ‖ *~ nul* empate *m.*
medalia *vt.* galardonar, condecorar.
medalie *f.* medalla ‖ *~ de aur* medalla de oro; *reversul ~i* el reverso de la medalla.
medalion *n.* medallón *m.*
media *vt.* mediar.
mediator *m.* mediador, medianero.
medic *m.* médico, doctor.
medical *adj.* médico ‖ *ajutor ~* auxilio médico, ayuda médica.
medicament *n.* medicamento, medicina, fármaco.
medicinal *adj.* medicinal.

medicină *f.* medicina ‖ *~ internă* medicina interna (*sau* general); *~ legală* medicina forense.
medie *f.* promedio, término medio, media ‖ *în ~* por término medio, un promedio de.
medieval *adj.* medi(o)eval.
mediocritate *f.* mediocridad.
mediocru *adj.* mediocre.
medita *vt., vi.* meditar; (*fig., fam.*) cavilar, masticar.
meditativ *adj.* meditativo, meditabundo.
meditaţie *f.* 1. meditación, contemplación. 2. (*şcol.*) clase de repaso.
mediteranean *adj.* mediterráneo.
mediu I. *n.* 1. medio, ambiente *m.,* entorno ‖ *~l înconjurător* el medio ambiente; *adaptare la ~* adaptación al medio. 2. (*fig.*) ámbito, ambiente *m.* **II.** *adj.* medio, mediano.
meduză *f.* (*zool.*) medusa.
megafon *n.* altavoz *m.,* megáfono.
mei *m.* (*bot.*) mijo.
melancolic *adj.* melancólico.
melancolie *f.* melancolía, nostalgia; (*pop.*) morriña.
melasă *f.* melaza.
melc *m.* caracol *m.*
meleaguri *n.pl.* tierras *f.pl.,* parajes *m.pl.*
meliţă *f.* agramadera.
melodie *f.* melodía.
melodios *adj.* melodioso.
melodramatic *adj.* melodramático.
melodramă *f.* melodrama *m.*
meloman *adj.* melómano.

membrană *f.* membrana.

membru I. *n. (anat.)* miembro ‖
~ *superior* miembro superior.
II. *m.* **1.** miembro, socio,
integrante *m.* **2.** *(al unui co-
mitet)* vocal.

memora *vt.* memorar.

memorabil *adj.* memorable.

memorie *f.* memoria ‖ *din* ~ de
memoria; *a se şterge din* ~
borrarse de la memoria.

memoriu *n.* memorial, memoria.

menaj *n.* **1.** *(gospodărie)* ajuar
m. **2.** *(căsnicie)* matrimonio,
familia ‖ *femeie care face
menajul* empleada de hogar;
magazin de ~ cacharrería; *a
face ~ul* hacer la limpieza.

menaja I. *vt.* cuidar; andar con
miramientos. **II.** *vr.* ahorrar *vt.*;
cuidarse (en salud).

menajament *n.* miramiento;
precaución

menajeră *f.* asistenta.

menajerie *f.* casa de fieras.

menghină *f.* tornillo de banco.

meni *vt.* destinar.

meningită *f.* meningitis *f.*

menire *f.* destino; *(sarcină)*
tarea.

meniu *n.* menú *m.*

menopauză *f.* menopausia.

menstruaţie *f.* menstruación,
menstruo, regla.

mentalitate *f.* mentalidad.

mentă *f.* hierbabuena, menta.

menţine *vt., vr.* mantener(se),
conservar(se).

menţinere *f.* mantenimiento.

menţiona *vt.* mencionar, mentar,
referir, reseñar ‖ *nimic de ~t*
nada a destacar.

menţiune *f.* **1.** mención, precisión
. **2** *(premiu)* mención, premio,
accésit *m.*

menuet *n.* minué *m.*, minuete *m.*

mercantil *adj.* mercantil.

mercenar *m.* mercenario.

mercerie *f.* mercería.

mercur *n.* mercurio, azogue *m.*

mereu *adv.* siempre.

merge *vi.* **1.** ir, andar, caminar,
marchar. **2.** *(fig.)* ir, andar;
(fam.) encajar ‖ ~! ¡esto va!; *a
~ cu maşina* ir en coche; *a ~
după pâine* ir por pan; *a ~ pe
jos* ir a pie.

meridian *n.* meridiano.

meridional *adj.* meridional.

merinde *f.pl.* víveres *m.pl.*, ali-
mentos *m.pl.*

merinos *adj.* merino ‖ *oaie* ~
oveja merina.

merit *n.* mérito, distinción.

merita *vt.* merecer ‖ *nu merită
osteneala* no vale la pena, no
es·para menos.

meritoriu *adj.* meritorio; de
categoría.

mers *n.* andar *m.*, marcha ‖ ~*ul
trenurilor* la guía de ferrocar-
riles; *din* ~ sobre la marcha.

mesager *m.* mensajero.

mesagerie *f.* mensajería.

mesaj *n.* mensaje *m.*

meschin *adj.* mezquino, ruin,
egoísta.

meschinărie *f.* mezquindad,
ruindad, egoísmo.

meseriaş *m.* artesano.

meserie *f.* oficio, profesión.

mesteacăn *m. (bot.)* abedul *m.*

mesteca *vt.* **1.** masticar. **2.** *(a amesteca)* mezclar.

meşter *m.* maestro, capataz *m.*

meşteşug *n.* **1.** oficio, profesión. **2.** *(iscusinţă)* destreza, maña, arte *m.*

meşteşugar *m.* artesano.

meşteşugit *adj.* esmerado, refinado, fino.

metabolism *m.* metabolismo.

metafizică *f.* metafísica.

metaforă *f.* metáfora.

metal *n.* metal ‖ ~ *preţios* metal precioso.

metalic *adj.* metálico.

metalurgic *adj.* metalúrgico ‖ *industria* ~*ă* industria metalúrgica.

metalurgie *f.* metalurgia.

metalurgist *m.* metalúrgico.

metamorfoză *f.* metamorfosis *f.*

metan *m.* *(chim.)* metano.

meteahnă *f.* defecto, tacha.

meteor *m.* meteoro.

meteoric *adj.* meteórico.

meteorit *m.* meteorito, aerolito.

meteorologic *adj.* meteorológico.

meteorologie *f.* meteorología.

meterez *n.* almena.

meticulos *adj.* meticuloso.

metil *n.* *(chim.)* metilo.

metis *m.* mestizo.

metodă *f.* método.

metodică *f.* metódica.

metodologie *f.* metodología.

metonimie *f.* metonimia.

metraj *n.* metraje *m.* ‖ *film de lung* ~ largo metraje.

metric *adj.* métrico.

metrică *f.* métrica.

metrou *n.* metro, metropolitano.

metronom *n.* metrónomo.

metropolă *f.* metrópoli *f.*

metru *m.* metro.

meu, mea, mei, mele **I.** *adj. pos.* mi *m.* şi *f. sing.*, mis *m.* şi *f.pl.* ‖ *caietul meu* mi cuaderno; *casa mea* mi casa. **II.** *pron. pos.* el mío, la mía, los míos, las mías ‖ *cartea aceasta este a mea* este libro es mío.

mexican *adj., m.* mejicano, mexicano.

mezanin *n.* entresuelo.

mezat *n.* subasta ‖ *a scoate la* ~ sacar a subasta.

mezeluri *n.pl.* embutidos *m.pl.*, salchichas *f.pl.*, fiambres *m.pl.*

mezin *m.* benjamín *m.*

miasmă *f.* miasma *m.*, hedor.

mi *m.* *(muz.)* mi *m.*

miazănoapte *f.* norte *m.*, septentrión *m.*

miazăzi *f.* sur *m.*, mediodía *m.*

mic *adj.* **1.** pequeño, chico ‖ *mai* ~ **a.** *(ca vârstă)* menor; **b.** *(ca dimensiune)* más pequeño. **2** *(strâmt)* estrecho. **3.** *(fără importanţă)* insignificante. **4.** *(de statură)* bajo.

microb *m.* microbio.

microbiologie *f.* microbiología.

microfon *n.* micrófono.

microorganism *n.* microorganismo.

micron *m.* micrón *m.*, micra.

microscop *n.* microscopio.

micsandră *f.* *(bot.)* alhelí *m.*

micşora *vt., vr.* disminuir(se), reducir(se).

micşorare *f.* disminución, reducción.

micşunea *f. (bot.)* alhelí *m.*

micuţ *adj.* diminuto, chiquito.

mie *num. card.* mil.

miel *m.* cordero.

miercuri *f.* miércoles *m.*

miere *f.* miel *f.*

mierlă *f.* mirlo.

mieros *adj.* meloso.

mieuna *vi.* maullar.

mieunat *n.* maullido.

miez *n.* 1. *(de fructe)* carne *f.,* pulpa. 2. *(de pâine)* miga. 3. *(de sâmbure)* pepita. 4. *(fig.)* esencia, corazón *m.,* meollo ‖ ~*ul nopţii* medianoche *f.;* ~*ul verii* lo pleno del verano.

migală *f.* meticulosidad.

migălos *adj.* meticuloso, nimio.

migdal *m.* almendro.

migdalat *adj. în expr.: ochi migdalaţi* ojos rasgados.

migdală *f.* almendra.

migrator *adj.* migratorio, peregrino.

migraţiune *f.* migración.

migrenă *f.* jaqueca, migraña.

miji *vi.* despuntar, apuntar.

mijloc *n.* 1. medio ‖ *în* ~*ul* en medio de; *la* ~ de por medio; *prin* ~*ul* por medio de. 2. *(posibilitate)* medio, recurso ‖ *mijloace de producţie* medios de producción. 3. *(soluţie)* remedio, solución. 4. *(talie)* cintura. 5. *(jumătate)* mitad ‖ *la* ~*ul drumului* en (*sau* a) la mitad del camino. 6. *(fig.)* medio, posibilidad, cauce *m.* 7. *pl.* medios *m.pl.,* recursos *m.pl.,* bienes *m.pl.,* fortuna.

mijlocaş *m. (sport)* medio.

mijloci *vt.* intermediar, mediar, terciar.

mijlocire *f.* mediación.

mijlocitor *m.* 1. intermediario, medianero. 2. *(codoş)* rufián *m.*

mijlociu *adj.* mediano, medio.

milă *f.* 1. compasión, caridad, lástima ‖ *a inspira* ~ dar lástima. 2. *(geogr.)* milla.

milenar *adj.* milenario.

mileniu *n.* milenio.

miliard *n.* mil millones.

miliardar *m.* multimillonario.

miligram *n.*miligramo.

mililitru *m.* mililitro.

milimetru *m.* milímetro.

milion *n.* millón *m.*

milionar *m.* millonario.

milita *vt.* militar.

militant *adj., m.* militante *m.*

militar *adj., m.* militar *m.* ‖ *serviciu* ~ servicio militar; *(fam.)* mili *f.*

militărie *f.* servicio militar; *(fam.)* mili *f.*

militariza *vt.* militarizar.

militarizare *f.* militarización.

miliţian *m.* policía *m.* (de tráfico).

miliţie *f.* policía.

milog *m.* mendigante, pordiosero.

milogi *vr.* mendigar *vt.,* pordiosear *vi.*

milos *adj.* piadoso, caritativo; compasivo.

milostiv *adj.* misericordioso.

milostivi *vr. (dé)* tener lástima (de), apiadarse (de).

mima *vt.* imitar, remedar.

mimică *f.* mímica.

mimoză *f. (bot.)* mimosa.

mina *vt.* minar.

minaret *n.* alminar *m.*

mină *f.* **1.** mina ‖ ~ *de aur* mina de oro; ~ *de creion* mina de lápiz. **2.** *(expresie)* cara, semblante *m.* ‖ *a avea* ~ *bună* tener buena cara.

mincinos *adj.* mentiroso.

minciună *f.* mentira, embuste *m.*; *(fam.)* bola.

miner *m.* minero.

mineral *adj., n.* mineral ‖ *apă* ~*ă* agua mineral.

mineralogie *f.* mineralogía.

minereu *n.* mineral.

minge *f.* pelota ‖ *a juca* ~*a* jugar a la pelota.

miniatură *f.* miniatura.

minier *adj.* minero.

minim *adj., n.* mínimo.

minimum **I.** *n.* mínimum *m.*, (lo) mínimo, límite *m.* inferior. **II.** *adv.* como mínimo, por lo menos.

minimaliza *vt.* minimizar.

minister *n.* ministerio.

ministru *m.* ministro ‖ ~ *adjunct* viceministro; *prim* ~ primer ministro.

minor **I.** *adj.* **1.** menor. **2.** *(fig.)* insignificante, sin importancia, baladí. **II.** *m.* menor (de edad).

minoritate *f.* minoría ‖ *a se afla în* ~ estar en minoría.

mintal *adj.* mental.

minte *f.* mente *f.*, juicio, cordura ‖ *a avea puțină* ~ tener (uno) los sesos en los calcañales; *a nu avea multă* ~ no tener mucho seso; *a-și pierde mințile* enloquecer, perder el juicio; *a ține* ~ recordar.

minți *vi.* mentir.

minuna *vt., vr.* maravillar(se).

minunat *adj.* maravilloso.

minune *f.* milagro, maravilla, prodigio ‖ *ca prin* ~ de milagro.

minus **I.** *adv.* menos. **II.** *n.* **1.** *(mat.)* menos *m.* **2.** *(lipsă)* deficiencia, déficit *m.*

minuscul *adj.* minúsculo.

minut *n.* minuto ‖ *într-un* ~ en un momento.

minuțios *adj.* minucioso.

minuțiozitate *f.* minuciosidad.

miop *adj.* miope, corto de vista.

miopie *f.* miopía, vista corta.

miorlăi *vi.* **1.** maullar. **2.** *(fig.)* lloriquear, gimotear.

miorlăit *n.* maullido.

mira *vr. (de)* asombrarse, extrañarse (con, de, por).

miracol *n.* milagro.

miraculos *adj.* milagroso, prodigioso.

miraj *n.* espejismo.

mirare *f.* asombro.

mire *m.* novio.

mireasă *f.* novia.

mireasmă *f.* fragancia, perfume *m.*

miriapod *m. (zool.)* miriápodo, ciempiés *m.*

miriște *f.* rastrojo.

mirodenie *f.* especias *f.pl.*

miros *n.* **1.** olor. **2.** *(simțul)* olfato.

mirosi **I.** *vt.* **1.** oler. **2.** *(insistent)* olfatear, olisquear. **II.** *vi. (a exala parfum)* oler ‖ *miroase a* *cafea* huele a café; *a ~ urât* heder, apestar.

mirositor *adj.* fragante, oloroso ‖ *rău ~* hediondo, maloliente, apestoso.

mirt *m.* mirto.

mirui *vt. (bis.)* ungir.

misionar *m.* misionero.

misit *m.* medianero.

misiune *f.* misión, tarea.

mister *n.* misterio.

misterios *adj.* misterioso, enigmático.

mistic *adj.* místico.

misticism *n.* misticismo.

mistifica *vt.* mistificar, falsear, falsificar.

mistificare *f.* mistificación, falseamiento, falsificación.

mistreţ *m.* jabalí *m.*

mistrie *f.* llana, trulla.

mistui I. *vt.* 1. digerir. 2. *(a distruge)* destruir, consumir, devorar. II. *vt., vr. (în flăcări)* quemar(se), abrazar(se), carbonizar(se), calcinar(se). III. *vr.* 1. *(fig.) (de)* desvanecerse, arder *vi.*, abrasarse (de). 2. *(a dispărea)* esfumarse, desvanecerse.

mistuitor *adj. (şi fig.)* abrasador.

mişca I. *vt., vi., vr.* mover(se). II. *vt. (a emoţiona)* conmover, emocionar.

mişcare *f.* 1. movimiento ‖ *în doi timpi şi trei mişcări* en un dos por tres; *a pune în ~* poner en marcha. 2. *(exerciţiu)* ejercicio, gimnasia ‖ *fă ~!* ¡haz ejercicio!.

mişcat *adj. (fig.)* conmovido.

mişcător *adj.* 1. movedizo. 2. *(fig.)* conmovedor.

mişel *adj.* infame, malvado, vil.

mişelie *f.* infamia, vileza, villanía.

mişuna *vi.* pulular.

mit *n.* mito.

mită *f.* soborno ‖ *a da ~ (cuiva)* untar la mano (a uno).

miting *n.* mitin *m.*

mitocan *m.* paleto, patán, *m.*

mitologic *adj.* mitológico.

mitologie *f.* mitología.

mitralia *vt.* ametrallar.

mitralieră *f.* ametralladora.

mitră *f.* 1. mitra, tiara. 2. *(anat.)* matriz *f.*

mitropolie *f. (bis.)* metrópoli *f.*, iglesia arzobispal.

mitropolit *m. (bis.)* metropolitano, arzobispo.

mitui *vt.* untar (la mano), sobornar.

miţos *adj.* vedijoso, vedijudo.

mixt *adj.* mixto.

miza *vt. (a paria)* apostar ‖ *a ~ pe ceva (fig.)* contar con algo.

mizantrop *m.* misántropo.

miză *f.* apuesta.

mizer *adj.* mísero.

mizerabil *adj.* 1. miserable, vil. 2. *(nenorocit)* miserable, desgraciado.

mizerie *f.* 1. miseria. 2. *(fig.)* desgracia.

mlaştină *f.* pantano, marisma.

mlădia I. *vr., vt.* 1. doblar(se), ondear *vi.*, undular *vi.* 2. *(fig.)* adaptar(se). II. *vt. (vocea)* modular.

mlădiere *f.* ondulación.

mlădios *adj.* flexible, undoso.

mlădiţă *f.* vástago, brote *m.*

mlăştinos *adj.* pantanoso.

moale *adj.* blando, suave.

moară *f.* molino ‖ ~ *de apă* molino de agua, aceña; ~ *de vânt* molino de viento; *a se bate cu morile de vânt* luchar con los molinos de viento.

moarte *f.* muerte *f.* ‖ *a muri de* ~ *bună* morir de muerte natural; *pe viaţă şi pe* ~ a vida o a muerte.

mobil *adj., n.* móvil *m.*

mobila *vt.* amueblar.

mobilă *f.* muebles *m.pl.*

mobilier *n.* mobiliario.

mobilitate *f.* movilidad.

mobiliza *vt.* movilizar.

mobilizare *f.* movilización.

mocirlă *f.* lodazal, cenegal.

mocirlos *adj.* lodoso, pantanoso.

mocni *vi.* estar latente ‖ *focul mocneşte sub cenuşă* el fuego arde bajo la ceniza.

mod *n.* 1. *(şi fig.)* manera, modalidad ‖ ~ *de producţie* modo de producción. 2. *(gram.)* modo.

modalitate *f.* modalidad.

modă *f.* moda ‖ *a fi la* ~ estar de moda.

model *n.* 1. *(şi fig.)* modelo, dechado; *(fig.)* pauta. 2. *(manechin)* maniquí *m.*

modela *vi.* modelar.

modelare *f.* modelado.

modera *vt.* moderar.

moderat *adj.* 1. moderado. 2. *(d. preţuri)* módico. 3. *(d. oameni)* moderado, ponderado.

moderaţie *f.* moderación.

modern *adj.* moderno.

modernism *n.* modernismo.

modernist *adj., m.* modernista *m.* şi *f.*

moderniza *vt.* modernizar.

modernizare *f.* modernización.

modest *adj.* modesto.

modestie *f.* modestia.

modifica *vt.* modificar, cambiar.

modificare *f.* modificación, cambio.

modistă *f.* modista.

modula *vt.* modular.

modulare *f.* modulación.

moft *n.* 1. nada, nadería. 2. *(fig.)* remilgo, capricho; *pl.* melindres *m.pl.* 3. *(fleac)* baratija.

mofturos *adj.* remilgado, caprichoso.

mogâldeaţă *f.* arrapiezo.

mohorât *adj.* sombrío, encapotado.

mohorî *vr.* 1. *(a se întuneca)* anublarse, ensombrecerse. 2. afligirse, encuitarse, apesadumbrarse.

moină *f.* aguanieve *f.*

mojar *n.* mortero.

mojic *n.* grosero, charrán *m.*

mojicie *f.* grosería.

molatic *adj.* blanducho, lacio.

molâu *adj.* apático, desmadejado, flojo.

molcom *adj.* tranquilo, calmoso, apacible.

moldovean *adj., m.* moldavo.

molecular *adj.* molecular.

moleculă *f.* molécula.

moleşeală *f.* molicie *f.*, flojedad, languidez *f.*

moleşi *vt., vr.* entorpecer(se), languidecer.

moliciune f. molicie f., blandura.

molid m. (bot.) alerce m.

molie f. polilla.

molimă f. epidemia, peste f., plaga.

molipsi vt., vr. contagiar(se), contaminar(se).

molipsire f. contagio, contaminación.

molipsitor adj. contagioso.

moloz n. escombro.

moluscă f. molusco.

momâie f. espantajo, espantapájaros m.

momeală f. cebo.

moment n. instante m., momento, rato ‖ dintr-un ~ în altul de un momento a otro; în acest ~ (fig.) a estas alturas; în ~ul a la hora de; în orice ~ a cada rato; un ~ un rato (sau momento); pentru ~ por ahora, por el momento.

momentan adj. momentáneo, instantáneo.

momi vt. embaucar, engañar.

monah m. monje m.

monarh m. monarca m.

monarhic adj. monárquico.

monarhie f. monarquía ‖ ~ absolută monarquía absoluta.

monden adj. mundano.

mondial adj. mundial.

monedă f. moneda ‖ a bate ~ acuñar moneda; a plăti cu aceeaşi ~ pagar con (sau en) la misma moneda.

monetar adj. monetario.

monetărie f. casa de la moneda.

mongol adj., m. mongol m.

monitor n. în expr.: ~ul Oficial El Boletín Oficial.

monoclu n. monóculo.

monocultură f. monocultura.

monogamie f. monogamia.

monografie f. monografía.

monogramă f. monograma m.

monolit m. monolito.

monolog n. monólogo, soliloquio.

monomanie f. monomanía.

monoplan n. monoplano.

monopol n. monopolio.

monopolist adj., m. monopolista m. şi f.

monopoliza vt. monopolizar.

monosilabic adj. monosilábico, monosílabo.

monoteism n. monoteísmo.

monoton adj. monótono.

monotonie f. monotonía.

monstru m. monstruo.

monstruos adj. monstruoso, deforme.

monstruozitate f. monstruosidad.

monta vt. armar, montar.

montaj n., **montare** f. montaje m.

montor m. montador.

montură f. montura.

monument n. monumento.

monumental adj. monumental.

moral I. n. moral f. ‖ a ridica ~ul dar aliento, alentar. II. adj. moral, ético, educativo.

morală f. 1. moral f. ‖ a face ~ moralizar. 2. (a unei fabule) moraleja.

moralist m. moralista m. şi f.

moralitate f. moralidad.

moralizator adj. moralizador.

morar m. molinero.

moravuri n.pl. costumbres f.pl.

morbid adj. mórbido.

morbiditate *f.* morbidez *f.*

morcov *m.* zanahoria.

morfem *n.* morfema *m.*

morfină *f.* morfina.

morfinoman *m.* morfinómano.

morfoli *vt.* masticar, mascar.

morfologic *adj.* morfológico.

morfologie *f.* morfología.

morișcă *f. (de vânt)* veleta, giralda; *(jucărie)* giraldilla.

morman *n.* montón *m.*, pila.

mormăi *vi.* 1. rezongar, refunfuñar, gruñir. 2. *(d. urşi)* gruñir.

mormăit *n.* refunfuño, rezongo, gruñido.

mormânt *n.* sepulcro, tumba.

mormoloc *m.* 1. *(zool.)* renacuajo. 2. *(d. copii)* chicuelo.

morocănos *adj.* malhumorado.

morsă *f. (zool.)* morsa.

mort *adj., m.* muerto ‖ *punct ~* punto muerto; *sâmbăta morţilor* el día de difuntos.

mortal *adj.* mortal.

mortalitate *f.* mortalidad.

mortar *n.* mortero, argamasa.

mortăciune *f.* cadáver *m.*, carroña.

mortuar *adj.* mortuario.

morţiş *adv.* în *expr.: a ţine ~ (să)* empéñarse (en).

morun *m.* esturión *m.*

mosor *n.* carrete *m.*

moschee *f.* mezquita.

mostră *f.* muestra, modelo ‖ *târg de mostre* feria de muestras.

moş *m.* 1. anciano, viejo; *(apelativ)* tío. 2. *(bunic)* abuelo.

moşi *vt.* partear.

moşie *f.* finca, hacienda.

moşier *m.* terrateniente *m.*

moşieresc *adj.* terrateniente.

moşneag *m.* anciano, viejo.

moşteni *vt.* heredar.

moştenire *f.* herencia.

moştenitor *adj., m.* heredero.

motel *n.* motel *m.*

motan *m.* gato ‖ *~ul încălţat* el gato con botas.

motiv *n.* 1. motivo, causa, razón *f.* ‖ *din acest ~* por esta razón; *fără ~* sin motivo, sin ton ni son. 2. *(muz.)* motivo, tema.

motiva *vt.* motivar, justificar.

motivare *f.* motivación, justificación.

moto *n.* epígrafe *m.*

motocicletă *f.* moto(cicleta).

motociclist *m.* motociclista *m.*

motonavă *f.* motonave *f.*

motor *n.* motor ‖ *~ cu ardere internă* motor de combustión interna.

motoretă *f.* motoreta.

motoriza *vt.* motorizar.

mototol I. *m. (fig.)* pelele *m.*, badulaque *m.* II. *n. (ghemotoc)* bola.

mototoli *vt., vr.* arrugar(se).

motrice *adj.* motriz.

moţ *n.* 1. *(de păr)* tupé *m.* 2. *(de pene)* plumero. 3. *(ciucure)* borla. 4. *(bigudiu)* bigudí *m.*

moţăi *vi.* dormitar, adormilarse *vr.*

moţăială *f.* modorra, cabeceo.

moţiune *f.* moción.

mov *adj.* malva, lila; *(violet-închis)* morado.

movilă *f.* cerro.

mozaic *n.* mosaico.

mreajă *f.* 1. *(plasă)* red *f.* (de pescar). 2. *(fig.)* cepo.

mreană *f.* *(zool.)* barbo.

muc I. *n.* *(de țigară)* colilla. **2.** *(de lumânare)* moco. **II.** *m.pl.* mocos *m.pl.*

mucalit *adj.* chistoso, socarrón.

mucava *f.* cartón *m.*

muced *adj.* enmohecido.

mucegai *n.* moho.

mucegăi *vi.*, *vr.* enmohecer(se).

mucenic *m.* mártir *m.*

mucenicie *f.* martirio.

mucezeală *f.* moho.

mucezi *vi.* enmohecer.

muchie *f.* **1.** *(de masă etc.)* arista, canto. **2.** *(de cuțit)* filo, corte *m.* **3.** *(de deal)* cresta.

mucoasă *f.* *(anat.)* (membrana) mucosa.

mucos *adj.* mocoso.

muget *n.* bramido, mugido.

mugi *vi.* bramar, mugir.

mugur *m.* brote *m.*, botón *m.*, renuevo, yema.

muia *vt.*, *vr.* **1.** mojar(se), empapar(se), calar *vt.* **2.** *(fig.)* aflojar(se), ablandar(se), suavizar(se).

muieratic *adj.* mujeriego.

muiere *f.* mujer *f.*

muieresc *adj.* mujeril.

mujdei *n.* ajada.

mulaj *n.* vaciado.

mulatru *m.* mulato.

mulge *vt.* **1.** ordeñar. **2.** *(fig.)* extorcar.

muls *n.* ordeño.

mult I. *adv.* mucho ‖ *cel ~* como máximo; *de ~* hace mucho tiempo; *mai ~* más; *nici mai ~ nici mai puțin* ni más ni

menos; *tot mai ~* cada vez más. **II.** *adj.* neh. mucho.

multicolor *adj.* multicolor.

multilateral *adj.* multilateral, multifacético.

multiplica *vt.* multiplicar.

multiplu I. *m.* múltiplo. **II.** *adj.* múltiple, múltiplo.

mulțime *f.* **1.** *(de oameni)* gentío, muchedumbre *f.*, remolino. **2.** *(de obiecte)* multitud *f.* **3.** *(fig.)* cúmulo.

mulțumi I. *vi.* agradecer, dar las gracias ‖ *mulțumesc* (muchas) gracias. **II.** *vt.* contentar **III.** *vr.* *(și fig.)* contentarse, conformarse.

mulțumire *f.* **1.** agradecimiento. **2.** contento, satisfacción. **3.** *pl.* gracias *f.pl.*

mulțumit *adj.* contento, satisfecho.

mulțumită *prep.* gracias a.

mulțumitor *adj.* satisfactorio.

mumie *f.* momia.

mumifica *vt.*, *vr.* momificar(se).

muncă *f.* trabajo, labor *f.* ‖ *de ~ laboral*; *forță de ~* fuerza de trabajo; *muncile agricole* las faenas *(sau* labores*)* del campo; *protecția muncii* la protección del trabajo; *zi de ~* día *(sau* jornada*)* laborable.

munci I. *vi.* trabajar. **II.** *vt.* **1.** trabajar; *(pământul)* labrar (la tierra). **2.** *(a chinui)* atormentar. **III.** *vr.* esforzarse ‖ *a se ~ cu gândul* preocuparse (por).

muncitor I. *adj.* trabajador; *(sârguincios)* aplicado; obrero. **II.** *m.* obrero, trabajador ‖ *~ agricol* bracero; *~ zilier* jornalero.

muncitoresc adj. obrero.
municipal adj. municipal.
municipalitate f. municipalidad.
municipiu n. municipio.
muniţie f. munición.
munte m. montaña, monte m. ‖
~le de pietate la casa de em-
peño; lanţ de munţi sierra,
cordillera.
muntean m. serrano.
muntos adj. montañoso.
mura vt. 1. poner en salmuera;
(în oţet) encurtir. 2. (fig.)
calar, mojar, empapar.
mural adj. mural.
mură f. zarzamora.
murături f.pl. encurtidos m.pl.
murdar adj. sucio.
murdări vt., vr. ensuciar(se).
murdărie f. suciedad, basura; (şi
fig.) porquería; (fig.) vileza.
murg adj. (d. cai) morcillo, zaino.
muri vi. morir(se) şi vr., fallecer,
expirar ‖ a ~ de foame mo-
rirse de hambre; a ~ de râs
morirse de risa; a ~ după
ceva morirse por alguna cosa.
muribund adj., m. moribundo.
muritor adj., m. mortal.
murmur n. murmullo, susurro.
murmura vi. murmurar, susurrar.
musafir m. huésped m.
muscă f. mosca ‖ categoria ~
peso mosca.
muscular adj. muscular.
musculatură f. musculatura.
musculos adj. musculoso.
muselină f. muselina.
muson m. monzón m. sau f.
must n. mosto.

mustaţă f. bigote m. ‖ a râde pe
sub ~ reírse para sus adentros.
mustăcios adj. bigotudo.
musti vi. rezumar.
mustra vt. reprender, amonestar.
mustrare f. reprimenda, repren-
sión, amonestación.
mustrător adj. reprobatorio.
musulman adj., m. musulmán m.
muşama f. hule m.
muşca vt., vi. (şi fig.) morder.
muşcată f. (bot.) geranio.
muşcător adj. (fig.) mordaz.
muşcătură f. mordedura.
muşchetar m. mosquetero.
muşchi m. 1. (bot.) musgo .
2. (anat.) músculo. 3. (cul.)
solomillo, filete m.
muşeţel m. (bot.) manzanilla.
muştar n. mostaza.
muşteriu m. cliente m., par-
roquiano.
muştrului vt. cantar (sau leer) a
uno la cartilla.
muşuroi[1] n. hormiguero.
muşuroi[2] vt. (agric.) aporcar.
mut adj. mudo ‖ surdo-~ sor-
domudo.
muta vt., vr. mudar(se), trasla-
dar(se), desplazar(se) ‖ a ~ o
piesă (la şah) mover una
pieza; a se ~ cu casa mudarse
de casa; a-şi ~ gândul cambiar
de pensamiento.
mutare f. mudanza, traslado.
mutaţie f. mutación.
mutila vt. mutilar.
mutilare f. mutilación.
mutră f. (fam.) jeta, mueca ‖ a
face mutre hacer muecas; a
face o ~ acră poner mala cara.

mutual *adj.* mutuo.
muţenie *f.* mudez *f.*, mutismo.
muză *f.* musa.
muzeu *n.* museo.
muzical *adj.* musical, músico ǁ
instrument ~ instrumento
músico (*sau* musical).
muzicalitate *f.* musicalidad

muzicant *m.* músico.
muzică *f.* música ǁ ~ *uşoară*
(populară, simfonică, de came-
ră) música ligera (popular,
folclórica, sinfónica, de cámara).
muzician *m.* músico.
muzicolog *m.* musicólogo.
muzicuţă *f.* armónica de boca.

N

nacelă *f.* barquilla, cestilla.

nadă *f.* 1. *(momeală)* cebo. 2. *(în-năditură)* empalme *m.*

naftalină *f.* naftalina.

nai *n.* flauta de Pan, zampoña.

naiba *f.* în *expr.:* la ~! ¡caramba!.

naiv *adj.* ingenuo, cándido.

naivitate *f.* ingenuidad, candor.

nalbă *f. (bot.)* malva.

namilă *f.* gigante *m.*; *(fam.)* armatoste *m.*

naos *n. (bis.)* nave *f.*

nap *m.* nabo.

naraţiune *f.* narración.

nară *f.* ventana de la nariz.

narcisă *f.* narciso.

narcotic *adj.* narcótico.

narghilea *f.* narguile *m.*

nas *n.* nariz *f.* ‖ ~ coroiat *(cârn)* nariz aguileña (chata); *a-i râde cuiva în ~* reírse en las barbas *(sau* las narices) de uno; *a-şi sufla ~ul* sonarse, limpiarse las narices.

nasture *m.* botón *m.* ‖ *a(-şi) încheia nasturii* abotonar(se).

naş *m.* padrino.

naşă *f.* madrina.

naşte I. *vt.* 1. dar a luz; *(pop.)* parir. 2. *(fig.)* originar, generar. II. *vr.* nacer *vi.*

naştere *f.* 1. *(acţiunea de a se naşte)* nacimiento ‖ *a da ~* generar, engendrar; *din ~ de* nacimiento; *zi de ~* cumpleaños *m.* 2. *(acţiunea de a naşte)* parto ‖ *a avut o ~ grea* tuvo un parto difícil. 3. *(fig.)* nacimiento, origen *m.*, principio.

natal *adj.* natal.

natalitate *f.* natalidad.

nataţie *f.* natación.

nativ *adj.* nativo.

natriu *n. (chim.)* sodio.

natural *adj.* natural, genuino.

naturaleţe *f.* naturalidad.

naturalism *n.* naturalismo.

natură *f.* 1. naturaleza ‖ ~ *moartă (pict.)* naturaleza muerta, bodegón *m.*; *ştiinţele naturii* las ciencias naturales. 2. *(caracter)* carácter *m.*, índole *f.*

naţional *adj.* nacional.

naţionalism *n.* nacionalismo.

naţionalitate *f*. nacionalidad.
naţionaliza *vt*. nacionalizar.
naţionalizare *f*. nacionalización.
naţiune *f*. nación.
naufragia *vi*. naufragar.
naufragiat *adj., m*. náufrago.
naufragiu *n*. naufragio.
nautic *adj*. náutico.
naval *adj*. naval.
navă *f*. barco, buque *m*., navío,
nave *f*. ǁ ~ *cosmică* astronave *f*.
navetă *f*. 1. (*text*.) aguja de mall-
as. 2. (*serviciu*) servicio de
vaivén. 3. (*ladă*) caja.
naviga *vi*. navegar.
navigabil *adj*. navegable.
navigator *m*. navegante *m*.
navigaţie *f*. navegación ǁ ~ *mari-
timă (fluvială)* navegación
marítima (fluvial).
nazal *adj*. nasal.
nazaliza *vt*. nasalizar.
nazism *n*. nazismo.
nazist *adj., m*. nazi *m*. şi *f*.
nazuri *n.pl*. remilgos *m.pl*. ǁ *a
face* ~ remilgarse.
nădăjdui *vt., vi*. abrigar la espe-
ranza, esperar.
nădejde *f*. esperanza ǁ *de* ~ seguro.
năduf *n*. 1. (*necaz*) enojo, sofo-
cación. 2. (*fig*.) ahogo, ahoga-
miento; (*supărare*) disgusto ǁ
a-şi vărsa ~*ul* desahogarse.
năduşeală *f*. sudor.
năduşi *vi*. sudar.
nălucă *f*. visión, fantasma *m*.,
aparición.
nălucire *f*. 1. fantasma *m*., vi-
sión. 2. alucinación, ilusión.
nămeţi *m.pl*. nevadas *f.pl*.

nămol *n*. barro, limo, fango.
năpastă *f*. desgracia.
năpădi *vt., vi*. invadir.
năpăstui *vt*. oprimir.
năpârli *vi*. mudar (la piel).
năprasnic *adj*. 1. súbito, re-
pentino. 2. terrible, tre-
mendo.
năpusti *vr*. precipitarse, arro-
jarse, caer *vi*. (sobre).
nărav *n*. resabio, mala cos-
tumbre *f*., manía, vicio.
nărăvi *vr*. coger (*sau* tomar) un
vicio (*sau* una mala cos-
tumbre), viciarse.
nărui *vr*. derrumbarse, derri-
barse, desmoronarse.
născoci *vt*. imaginar, plasmar.
născocire *f*. 1. invención. 2. (*scor-
nire*) mentira; (*fam*.) patraña,
bola.
născut *adj*. nacido ǁ *nou*-~
recién nacido.
năsos *adj*. narigudo.
năstruşnic *adj*. raro, curioso,
disparatado.
nătăfleţ *adj*. bobo.
nătărău *m*. necio; (*fam*.) zopenco.
nătâng *adj*. tonto, bobo.
năuc *adj*. aturdido, atolondrado,
atónito.
năuci *vt*. aturdir, atolondrar,
desconcertar.
năut *n*. garbanzo.
năvală *f*. arremetida, invasión.
năvalnic *adj*. impetuoso, incon-
tenible.
năvăli *vi*. 1. invadir. 2. (*a da
buzna*) irrumpir, agolparse *vr*.
năvălire *f*. asalto, invasión.
năvălitor *m*. invasor.

năvod *n.* red *f.*

năzări *vr. în expr.: a i se ~* antojársele (a uno), ocurrírsele (a uno).

năzbâtie *f.* travesura.

năzdrăvan *adj.* 1. maravilloso, milagroso. 2. *(poznaş)* travieso.

năzdrăvănie *f.* travesura.

năzui *vi.* anhelar, aspirar (a), ansiar.

năzuinţă *f.* anhelo, aspiración, ansia.

năzuros *adj.* melindroso.

neabătut *adj.* firme.

neadevăr *n.* mentira.

neadevărat *adj.* falso.

neadormit *adj.* vigilante.

neagresiune *f.* no agresión.

neajuns *n.* inconveniente *m.*, falta.

neajutorat *adj.* pobre, necesitado, menesteroso.

neam *n.* 1. pueblo, nación. 2. *(familie)* linaje *m.*, estirpe *f.* 3. *(rudă)* pariente *m.*

neamestec *n.* no injerencia.

neant *n.* nada.

neaoş *adj.* 1. castizo, auténtico. 2. *(autohton)* vernáculo, autóctono.

neapărat I. *adj.* indispensable. II. *adv.* sin falta, a toda costa.

nearticulat *adj.* inarticulado.

neascultare *f.* desobediencia.

neascultător *adj.* desobediente.

neasemuit *adj.* sin par, incomparable.

neastâmpăr *n.* impaciencia, agitación.

neastâmpărat *adj.* 1. impaciente, inquieto. 2. *(d. copii)* revoltoso.

neaşteptat *adj.* inesperado, no esperado, improviso, inopinado

‖ *pe ~e* inesperadamente, de improviso, de repente

neatârnare *f.* independencia.

neatent *adj.* desatento, distraído, descuidado.

neatenţie *f.* distracción, depiste *m.*

neatins *adj.* intacto, entero, íntegro ‖ *de ~* inalcanzable.

nebăgare *f. în expr.: ~ de seamă* descuido, falta de atención.

neauzit *adj.* inaudito.

nebănuit *adj.* insospechado.

nebiruit *adj.* no vencido ‖ *de ~* invencible.

nebuloasă *f.* nebulosa.

nebun I. *adj., m.* loco ‖ *~ de legat* loco de atar; *a fi ~ după* estar perdido por. II. *m. (la şah)* alfil *m.*

nebunatic *adj.* juguetón.

nebunesc *adj.* loco, demente.

nebunie *f.* 1. locura, demencia. 2. *pl. (pozne)* retozos *m. pl.*

necalificat *adj.* no calificado.

necaz *n.* 1. disgusto, pena, fastidio, enojo. 2. apuro, embarazo. 3. *(ciudă)* ojeriza ‖ *a avea ~ pe cineva* tener ojeriza a uno.

necăji *vt., vr.* enojar(se), fastidiar(se).

necăjit *adj.* 1. afligido, enojado, disgustado, apenado. 2. *(sărac)* necesitado, menesteroso.

necăsătorit *adj.* soltero.

necesar *f.* necesario.

necesita *vt.* necesitar.

necesitate *f.* necesidad ‖ *de strictă ~* de absoluta necesidad.

necheza *vi.* relinchar.

nechezat *n*. relincho.

nechibzuinţă *f*. imprudencia.

nechibzuit *adj*. informal, insensato, imprudente, desatinado, mal aconsejado.

necinste *f*. deshonor, deshonra, deslealtad.

necinsti *vt*. deshonrar, profanar; *(o femeie)* violar.

necinstit *adj*. deshonesto.

necioplit *adj*. tosco, basto.

neciteţ *adj*. ilegible.

neclar *adj*. **1**. confuso, oscuro. **2**. *(fig.)* dudoso, equívoco.

neclaritate *f*. confusión, oscuridad.

neclintit *adj*. firme.

necomestibil *adj*. incomestible, incomible.

necompetent *adj*. incompetente.

neconceput *adj*. în *expr.: de ~* inconcebible.

neconcludent *adj*. inconcluyente.

neconditionat *adj*. incondicional.

necontenit *adj*. incesante, ininterrumpido.

necontestat *adj*. evidente ‖ *de ~* incontestable.

necontrolat *adj*. incontrolado.

necopt *adj*. crudo, inmaduro; *(d. fructe)* verde.

necorespunzător *adj*. inadecuado, indebido.

necredincios *adj*. **1**. infiel. **2**. *(rel.)* impío, infiel, pagano.

necredinţă *f*. **1**. infidelidad. **2**. *(rel.)* falta de fe.

necrezut *adj*. în. *expr.: e de ~* es increíble; *(fam.)* parece mentira.

necruţător *adj*. implacable, inexorable.

nectar *n*. néctar *m*.

necugetat *adj*. impensado.

necumpătat *adj*. descomedido, excesivo.

necunoaştere *f*. ignorancia.

necunoscut *adj., m*. desconocido, incógnito.

necuprins *adj*. inmenso, sin fin.

necurat **I**. *adj*. **1**. sucio, cochino. **2**. *(fig.)* deshonesto. **3**. *(fig.)* suspecto. **II**. *m. art*. el diablo, el Malo.

necuviincios *adj*. descortés, indecente.

necuviinţă *f*. indecencia.

nedecis *adj*. indeciso.

nedefinit *adj*. indefinido.

nedemn *adj*. indigno.

nedesluşit *adj*. confuso, indistinto.

nedespărţit *adj*. inseparable.

nedisciplinat *adj*. indisciplinado.

nedomolit *adj*. indómito.

nedrept *adj*. injusto.

nedreptate *f*. injusticia; sinrazón *f*.

nedreptăţi *vt*. cometer una injusticia (frente a alguien).

nedumerire *f*. asombro, admiración, desconcierto.

nedumerit *adj*. asombrado, admirado, atónito, desconcertado.

nefast *adj*. nefasto.

nefavorabil *adj*. desfavorable.

nefericire *f*. desdicha, desgracia, infortunio.

nefericit *adj*. infeliz, desdichado.

neferos *adj*. no férreo.

nefiert *adj*. crudo.

nefiresc *adj*. anormal.

nefolositor *adj*. inútil.

neg *m*. verruga.

nega *vt.* negar.

negare, negaţie *f.* negación.

negativ *adj., n.* negativo.

negândit *adj. în expr.: pe ~e* impensadamente.

neghină *f.* cizaña.

neghiob *adj.* estúpido, necio, ñoño, simplón.

neghiobie *f.* estupidez *f.*, necedad, ñoñez *f.*

neglija *vt.* descuidar(se) (de).

neglijabil *adj.* despreciable.

neglijent *adj.* descuidado.

neglijenţă *f.* descuido.

negocia *vt.* negociar.

negociere *f.* negociación.

negoţ *n.* comercio.

negreală *f.* negrura.

negresă *f.* negra.

negreşit *adv.* sin falta.

negricios *adj.* negruzco.

negru *adj., m.* negro ‖ *pâine neagră* pan moreno; *vin ~* vino tinto; *a fi ~ la inimă* ser duro de corazón; *a vedea totul în ~* verlo todo en negro.

negură *f:* niebla.

negustor *m.* comerciante *m.*, mercader *m.*

negustoresc *adj.* comercial, mercantil.

negustorie *f.* comercio, negocio.

nehotărâre *f.* indecisión.

nehotărât *adj.* 1. indeciso. 2. *(gram.)* indefinido.

neiertat *adj.* imperdonado ‖ *de ~* imperdonable.

neimpozabil *adj.* exento de impuestos.

neinflamabil *adj.* ininflamable.

neintegrat *adj. (în societate)* marginado.

neisprăvit *adj. (fig.)* bribón.

neistovit *adj.* inagotado, incansable.

neîmblânzit *adj.* indómito, bravío.

neîmpăcat *adj. în expr.: de ~* irreconciliable.

neîmplinit *adj.* incumplido.

neîncetat **I.** *adj.* continuo, incesante. **II.** *adv.* incesantemente, ininterrumpidamente.

neînchipuit *adj.* inimaginable.

neîncredere *f.* desconfianza.

neîncrezător *adj.* desconfiado, incrédulo.

neîndemânatic *adj.* torpe, desmañado.

neîndoios *adv.* indudablemente.

neînduplecat *adj.* inflexible, inexorable; implacable, despiadado, desalmado.

neîndurător *adj.* inclemente, despiadado

neînfrânt *adj.* invencible.

neînfricat *adj.* valiente, temerario, impávido, arrojado.

neîngrijit *adj.* descuidado.

neînsemnat *adj.* insignificante, baladí.

neînsufleţit *adj.* inanimado, sin vida.

neîntemeiat *adj.* infundado, sin fundamento.

neîntrecut *adj.* 1. insuperable, no superable. 2. extraordinario, fuera de la común; desmedido.

neîntrerupt *adj.* ininterrumpido, no interrumpido, continuado.

neînțelegere *f.* 1. *(înțelegere greși-tă)* equivocación. 2. *(între oameni)* desacuerdo, desavenencia, fricción. 3. incomprensión.

neînțeles *adj.* 1. incomprendido. 2. inexplicable; confuso ‖ *de ~* incomprensible; *geniu ~* genio incomprendido.

nejust *adj.* injusto.

nejustificat *adj.* injustificado, no justificado, inmotivado.

nelămurire *f.* incomprensión, duda.

nelămurit *adj.* indefinido, confuso.

nelegitim *adj.* ilegítimo.

nelegiuire *f.* ruindad, maldad.

nelegiuit *adj.* infame, desaforado.

nelimitat *adj.* ilimitado; infinito; inmenso.

neliniște *f.* inquietud *f.*, ansia, ansiedad, zozobra.

neliniști *vt.*, *vr.* inquietar(se).

neliniștit *adj.* inquieto, intranquilo, ansioso.

nelipsit *adj.* que nunca falta; asiduo.

nelocuit *adj.* inhabitado, deshabitado, despoblado.

nemaiauzit *adj.* inaudito.

nemaiîntâlnit, nemaipomenit *adj.* singular, extraordinario, único, inaudito, inmejorable, fabuloso.

nemărginire *f.* sinfín *m.*

nemărginit *adj.* ilimitado.

nemăsurat *adj.* inconmensurable, desmesurado, desmedido

nemâncat *adj.* hambriento ‖ *de ~* incomible; *pe ~e* sin comer

nemângâiat *adj.* desconsolado.

nemernic *adj.* infame, vil, ruin.

nemernicie *f.* infamia, ruindad.

nemijlocit *adj.* directo, inmediato.

nemilos *adj.* despiadado, cruel.

nemișcare *f.* inmovilidad.

nemișcat *adj.* inmóvil, fijo.

nemțește *adv.* a lo alemán ‖ *a plăti ~* pagar a escote; *a vorbi ~* hablar alemán.

nemulțumi *vi.* descontentar, disgustar.

nemulțumire *f.* descontento, disgusto; resentimiento.

nemulțumit *adj.* descontento, disgustado, resentido.

nemurire *f.* inmortalidad.

nemuritor *adj.* inmortal.

nenoroc *n.* mala suerte *f.*, desventura, infortunio.

nenoroci *vt.* desgraciar.

nenorocire *f.* desgracia ‖ *din ~* por desgracia.

nenorocit *adj.* 1. desgraciado. 2. *(nevoiaș)* apurado.

nenorocos *adj.* desventurado, desgraciado.

nenumărat *adj.* innumerable, incalculable, multitudinario.

neobișnuit *adj.* insólito, raro, desacostumbrado, descomunal, inusual, infrecuente, inusitado.

neobosit *adj.* incansable.

neobrăzare *f.* descaro, sinvergüenza, desvergüenza, impertinencia.

neobrăzat *adj.* descarado, sinvergüenza, desvergonzado, impertinente.

neobservat *adj.* inadvertido ‖ *a trece ~* pasar inadvertido.

neodihnit *adj.* cansado.

neofalină *f.* nafta.

neoficial *adj.* no oficial.

neologism *n.* neologismo.

neomenesc, neomenos *adj.* inhumano.

neon *n.* neón *m.*

neorânduială *f.* desorden *m.*

nepăgubit *adj.* (*jur.*) indemne.

nepărtinitor. *adj.* imparcial.

nepăsare *f.* indiferencia, descuido, despreocupación, desprendimiento.

nepăsător *adj.* indiferente, impasible.

nepătat *adj.* inmaculado.

nepătruns *adj.* 1. impenetrable. 2. misterioso.

nepedepsit *adj.* impune.

nepermis *adj.* indebido; no permitido; prohibido.

nepieritor *adj.* imperecedero.

neplată *f.* impago.

neplăcere *f.* disgusto, desagrado; percance *m.*

neplăcut *adj.* desagradable

neplătit *adj.* 1. no pagado, sin pagar. 2. no retribuido.

nepoftit *adj.* no invitado; intruso, entremetido.

nepoliticos *adj.* descortés.

nepot *m.* 1. (*de bunic*) nieto. 2. (*de unchi*) sobrino.

nepotolit *adj.* inapagable, inextinguible.

nepotrivire *f.* discordancia, disonancia, incompatibilidad, desfase *m.* ‖ ~ *de caracter* incompatibilidad de caracteres.

nepotrivit *adj.* inadecuado, incompatible, discordante ‖ *la o oră* (*sau ore*) ~*ă* a deshora(s).

neprecizat *adj.* indefinido.

neprecupeţit *adj.* incondicional.

nepreţuit *adj.* inestimable.

neprevăzător *adj.* descuidado.

neprevăzut *adj.* imprevisto ‖ *de* ~ imprevisible.

nepricepere *f.* incompetencia, desmaña, torpeza.

nepriceput *f.* incapaz, torpe.

neprielnic *adj.* desfavorable, desfavorecedor; (*potrivnic*) adverso.

neprietenos *adj.* inamistoso, enemigo; hostil.

neprihănit *adj.* inmaculado.

neputincios *adj.* incapaz, impotente.

neputinţă *f.* incapacidad, impotencia.

nerăbdare *f.* impaciencia, ansia.

nerăbdător *adj.* impaciente, ansioso.

nerecunoscător *adj.* malagradecido, ingrato.

nerecunoscut *adj.* no reconocido.

nerecunoştinţă *f.* ingratitud *f.*

nereglementar *adj.* antirreglamentario, irregular.

neregularitate *f.* irregularidad.

neregulat *adj.* irregular.

neregulă *f.* desorden *m.*; *pl.* irregularidades *f. pl.*

nereuşită *f.* fallo, fracaso, desacierto.

nerod *adj., m.* necio, sandio.

nerozie *f.* necedad, disparate *m.*

neruşinare *f.* desvergüenza, descaro.

nerușinat *adj., m.* desvergonzado, sinvergüenza *m.*, descarado.

nerv *m.* nervio.

nervos *adj.* nervioso.

nervozitate *f.* nerviosidad.

nervură *f. (bot.)* nervadura

nesancționare *f.* impunidad.

nesaț *n.* în expr.: *cu ~* con avidez.

nesăbuință *f.* insensatez *f.*, disparate *m.*

nesăbuit *adj.* insensato, disparatado.

nesănătos *adj.* 1. malsano; enfermizo. 2. *(fig.)* dañino; perjudicial.

nesărat *adj. (și fig.)* soso.

nesătul *adj.* insatisfecho.

nesățios *adj.* insaciable; ávido; codicioso.

neschimbat *adj.* sin cambiar, igual || *de ~* incambiable.

nesecat *adj.* inagotable.

nesfârșit *adj.* infinito, sin fin.

nesigur *adj.* 1. incierto, inseguro. 2. *(șovăielnic)* indeciso. 3. *(periculos)* peligroso.

nesiguranță *f.* incertidumbre *f.*, inseguridad.

nesimțire *f.* 1. inconsciencia, desmayo || *a cădea în ~* desmayarse. 2. *(nerușinare)* grosería, descortesía. 3. indolencia.

nesimțit *adj.* grosero; insensible || *pe ~e* insensiblemente, sin sentir.

nesimțitor *adj.* insensible.

nesocoti *vt.* desconsiderar, atropellar, ignorar.

nesocotință *f.* disparate *m.*, ligereza.

nesomn *n.* insomnio.

nespălat *adj.* 1. sucio. 2. *(fig.)* grosero.

nesperat *adj.* inesperado.

nespus *adj.* indecible || *~ de* en sumo grado, sumamente, sobremanera.

nestabil *adj.* inestable.

nestatornic *adj.* inconstante, inestable, versátil.

nestăpânit *adj.* 1. indómito. 2. *(agitat)* impetuoso || *de ~* incontenible, irrefrenable.

nestăvilit *adj.* impetuoso || *de ~* irresistible.

nestemată *f.* piedra preciosa.

nestingherit I. *adj.* desembarazado. II. *adv.* libremente, desembarazadamente.

nestins *adj.* inextinguible.

nestrăbătut *adj.* inexplorado.

nestrămutat *adj.* firme, inquebrantable.

nesuferit *adj.* insoportable, insufrible.

nesupunere *f.* desobediencia.

nesupus *adj.* desobediente, indócil.

neșansă *f.* mala suerte *f.*

neșters *adj.* în expr.: *de ~* inolvidable, indeleble, imborrable.

neștiință *f.* ignorancia.

neștire *f.* în expr.: *în ~* sin darse cuenta, involuntariamente; sin sentido.

neștirbit *adj.* intacto.

neștiut *adj.* desconocido, ignorado.

neștiutor *adj.* ignorante || *~ de carte* iletrado, analfabeto.

net *adj.* neto || *greutate netă* peso neto.

netăgăduit *adj.* incontestado ‖ *de* ~ incontestable.

neted *adj.* liso, llano.

netezi *vt.* **1.** alisar, allanar. **2.** *(fig.)* facilitar.

neto *adj.* neto ‖ *greutate* ~ peso neto.

netot *adj.* necio, simplote

netransmisibil *adj.* intransferible.

netrebnic *m.* miserable.

neţărmurit *adj.* inmenso.

neuitat *adj.* inolvidado ‖ *de* ~ inolvidable.

neurastenic *adj., m.* neurasténico.

neurolog *m.* neurólogo.

neurologie *f.* neurología.

neutralitate *f.* neutralidad.

neutraliza *vt.* neutralizar.

neutron *m.* neutrón *m.*

neutru *adj.* **1.** neutral ‖ *ţară neutră* país neutral. **2.** *(gram., chim.)* neutro.

nevastă *f.* esposa, mujer *f.*

nevăstuică *f.* *(zool.)* comadreja.

nevătămat *adj.* ileso, indemne ‖ *viu şi* ~ sano y salvo.

nevăzut *adj.* invisible ‖ *a se face* ~ desaparecer.

nevăzător *adj.* invidente.

neverosimil *adj.* inverosímil.

nevertebrate *n.pl.* invertebrados *m.pl.*

nevinovat *adj.* inocente.

nevinovăţie *f.* inocencia.

nevoiaş *adj.* indigente, necesitado, pobre.

nevoie *f.* **1.** necesidad. **2.** *(dificultate)* apuro, dificultad. **3.** *(sărăcie)* pobreza, indigencia ‖ *a avea* ~ *de (ceva)* hacerle falta a uno (algo), necesitar *vt.*; *de* ~ por necesidad; *este* ~ *să* hay que, es menester (que); *la* ~ en caso de necesidad.

nevoit *adj.* obligado.

nevralgic *adj.* neurálgico.

nevralgie *f.* neuralgia.

nevrednic *adj.* indigno.

nevroză *f.* neurosis *f.*

nezdruncinat *adj.* inquebrantable.

nicăieri *adv.* *(indică direcţia)* a ninguna parte; *(static)* en ninguna parte.

nichel *n.* níquel *m.*

nichela *vt.* niquelar.

nici *conj.* ni ‖ ~... ~... ni... ni ...; ~ *eu* tampoco yo; ~ *măcar* ni siquiera; ~ *să nu te gândeşti* ni pensar.

nicicând *adv.* nunca, jamás.

nicidecum *adv.* de ningún modo, de ninguna manera.

niciodată *adv.* nunca, jamás ‖ *mai bine mai târziu decât* ~ más vale tarde que nunca.

nici un, nici o *adj. neh.* ningún, ninguna.

nici unul, nici una *pron. neh.* ninguno, ninguna.

nicotină *f.* nicotina.

nicovală *f.* yunque *m.*

nihilist *adj., m.* nihilista *m.* şi *f.*

nimb *n.* nimbo.

nimeni *pron. neh.* nadie ‖ ~ *nu a venit* nadie ha venido, no ha venido nadie.

nimereală *f.* în *expr.: la* ~ al azar.

nimeri **I.** *vt., vi.* **1.** acertar (con). **2.** *(a ghici)* adivinar. **II.** *vr.* encontrarse por casualidad ‖

s-a ~t să fie acolo casualmente estuvo allí; *s-a ~t într-o joi* cayó en un jueves.

nimerit *adj. (pentru)* indicado, adecuado (para), propicio (para), idóneo.

nimfă *f.* ninfa.

nimic I. *pron. neh.* nada || *~ nou* nada nuevo; *de ~* sin importancia; *mai ~* casi nada; *pentru ~ în lume* por nada en el mundo. **II.** *n.* **1.** *pl.* baratijas *f.pl.*, chucherías *f.pl.*, futilidades *f.pl.* **2.** *(fig.) în expr.: a fi un ~* ser un cero a la izquierda.

nimici *vt.* anonadar, aniquilar.

nimicire *f.* anonadamiento, aniquilación.

nimicitor *adj.* asolador, destructor.

ninge *vi.* nevar.

nins *adj.* **1.** nevado. **2.** *(d. păr)* encanecido, con canas.

ninsoare *f.* nevada.

nisetru *m. (zool.)* esturión *m.*

nisip *n.* arena || *~uri mişcătoare* arenas movedizas.

nisipos *adj.* arenoso.

nişă *f.* nicho.

nişte *art. neh.* **1.** un poco de. **2.** unos, unas || *~ elevi* unos alumnos.

nit *n.* remache *m.*

nitui *vt.* remachar.

nitrat *n. (chim.)* nitrato.

niţel *adj., adv.* (un) poquito, (un) poco.

nivel *n.* nivel *m.* || *~ de viaţă* nivel de vida; *conferinţă la ~ înalt* conferencia en la cumbre; *la ~ul ...* a la altura de; *trecere de ~* paso a nivel.

nivela *vt.* nivelar, allanar.

nivelare *f.* nivelación.

noapte *f.* noche *f.* || *~ albă* noche toledana; *~ bună* buenas noches; *cămaşă de ~* camisa de dormir; *(la miezul nopţii)* (a) medianoche *f.*; *zi şi ~* día y noche; *a se scula cu ~a în cap* madrugar.

noaptea *adv.* por la noche.

nobil I. *m.* noble *m.*, aristócrata *m.* şi *f.*; *(în Spania)* hidalgo; grande *m.* **II.** *adj.* noble, generoso.

nobilime *f.* nobleza.

nobleţe *f.* nobleza; grandeza.

nociv *adj.* nocivo, dañino.

nocturn *adj.* nocturno.

nocturnă *f. (şi muz.)* nocturno || *în ~* en nocturno.

nod *n.* nudo || *~ feroviar* nudo ferroviario; *a căuta ~ în papură* buscar tres pies al gato.

noduros *adj.* nudoso.

noi *pron. pers.* nosotros *m.pl.*, nosotras *f.pl.*

noiembrie *m.* noviembre *m.*

noimă *f.* sentido || *fără ~* sin sentido.

nomad *adj., m.* nómada *m.*

nomenclatură *f.* nomenclatura.

nomenclator *n.* catálogo.

nominal *adj.* nominal.

nominativ *n.* nominativo.

nonsens *n.* disparate *m.*, despropósito.

noptieră *f.* mesita de noche.

nor *m.* nube *f.* || *a fi cu capul în ~i* estar en las nubes.

noră *f.* nuera.

nord *n.* norte *m.* ‖ *—est* nordeste *m.*; *—vest* noroeste.

nordic *adj.* norteño, septentrional.

norma *vt.* fijar las normas.

normal *adj.* normal; natural ‖ *e ~ es* natural, es normal.

normaliza *vt.* normalizar.

normare *f.* normalización.

normă *f.* 1. norma ‖ *norme care reglementează* normas reguladoras, 2. *(fig.)* regla, pauta, criterio. 3. *(de profesor)* horario ‖ *~ întreagă* horario completo.

noroc *n.* suerte *f.* ‖ *~!* ¡salud!; *~ că* menos mal que; *a avea ~* tener suerte; *joc de ~* juego de suerte *(sau* de azar); *la ~* al azar.

norocos *adj.* dichoso, afortunado, venturoso, de suerte.

noroi *n.* barro, lodo, fango.

noroios *adj.* fangoso, lodoso.

noros *adj.* 1. *(înnorat)* (a)nublado, nubloso, encapotado. 2. *(posomorât)* triste, sombrío.

norvegian *adj., m.* noruego.

nostalgic *adj.* nostálgico.

nostalgie *f.* nostalgia.

nostim *adj.* chusco, gracioso.

nostimadă *f.* bufonada, chiste *m.*

nostru, noastră, noştri, noastre I. *adj. pos.* nuestro, nuestra, nuestros, nuestras. II. *pron. pos.* el nuestro, la nuestra, los nuestros, las nuestras.

nota *vt.* apuntar.

notabil *adj.* notable.

notar *m.* notario.

notariat *n.* notaría.

notă *f.* 1. *(însemnare)* apuntación. 2. *(la şcoală etc.)* nota, calificación ‖ *~ de plată* cuenta; *~ de protest* nota de protesta; *note muzicale* notas musicales; *a lua o ~ bună* sacar una buena nota.

notifica *vt.* notificar.

notiţă *f.* apunte *m.*, nota ‖ *a lua notiţe* tomar apuntes *(sau* notas).

notorietate *f.* notoriedad.

notoriu *adj.* notorio.

noţiune *f.* noción.

nou *adj.* nuevo, otro, reciente ‖ *~ - născut* recién nacido; *~ - venit* recién llegado; *ce mai e ~?* ¿qué hay de nuevo?; *din ~* otra vez, de nuevo; *o ~ă carte* un nuevo libro, otro libro.

nouă *num. card.* nueve.

nouălea *num. ord.* noveno, nono.

nouăsprezece *num. card.* diecinueve.

nouăzeci *num. card.* noventa.

noutate *f.* novedad.

novice *m.* I. novicio. II. *adj.* novato, principiante.

nu *adv.* no ‖ *~ numai... ci şi* no sólo... sino también.

nuanţa *vt.* matizar.

nuanţă *f.* matiz *f.*

nuc *m.* nogal.

nucă *f.* nuez *f.* ‖ *~ de cocos* coco; *a sparge o ~* cascar una nuez.

nuclear *adj.* nuclear ‖ *energie ~ă* energía nuclear.

nucleu *n.* núcleo.

nud *adj., n.* desnudo.

nudism *n.* nudismo, desnudismo.

nufăr *m.* nenúfar *m.*

nuga *f.* turrón *m.*

nuia *f.* vara, varita.

nul *adj.* nulo.

nulitate *f.* nulidad.

numai *adv.* sólo, solamente ‖ ~ *că* pero; ~ *ce* apenas; ~ *dacă nu* a menos que; ~ *să* a condición de que.

numaidecât *adv.* en seguida.

număr *n.* número ‖ ~ *de maşină* matrícula; ~ *cu soţ* número par; ~ *fracţionar* número quebrado; ~ *zecimal* número decimal; *fără* ~ sin fin; *a face ~ul de telefon* marcar el número; *a greşi ~ul* equivocarse de número.

număra I. *vt.* contar ‖ *a* ~ *pe degete* contar por los dedos. II. *vr.* figurar *vi.*

numărare *f.* numeración.

numărătoare *f.* cálculo, cuenta.

nu-mă-uita *f.* nomeolvides *m.*

nume *n.* 1. nombre *m.* ‖ ~ *de botez* nombre de pila; ~ *de familie* apellido; *în* ~*le* en nombre de; *pe* ~*le a* nombre de. 2. *(faimă)* renombre *m.*, fama.

numeral *n.* numeral

numerar *n.* efectivo ‖ *plata în* ~ pago en efectivo (*sau* al contado).

numeric *adj.* numérico.

numeros *adj.* numeroso, múltiple.

numerota *vt.* numerar.

numi I. *vt., vr.* llamar(se), denominar(se) ‖ *cum vă ~ţi?* ¿cómo se llama usted? II. *vt.* 1. *(a menţiona)* mencionar. 2. *(a desemna)* nombrar, designar.

numire *f.* 1. *(într-o funcţie)* nombramiento, designación. 2. *(nume)* nombre *m.*

numismat *m.* numismático.

numismatică *f.* numismática.

nuntă *f.* boda, casamiento.

nupţial *adj.* nupcial.

nurcă *f.* nutria.

nuri *f.pl.* atractivos *m.pl.*

nutreţ *n.* forraje *m.*, pasto, cebo.

nutri *vt., vr.* nutrir(se), alimentar(se) ‖ *a* ~ *o speranţă* abrigar (albergar *sau* acariciar) una esperanza.

nutritiv *adj.* nutritivo.

nutriţie *f.* nutrición.

nuvelă *f.* novela corta.

nuvelist *m.* cuentista *m.* şi *f.*

O

oacheş *adj.* moreno.

oaie *f.* oveja ‖ *brânză de ~* queso ovejuno; *carne de ~* carnero.

oală *f.* olla ‖ *~ de pământ* cacharro, tinaja.

oară *f.* vez *f.* ‖ *de mai multe ori* varias veces; *ori de câte ori* cada vez que; *pentru prima (ultima) ~* por primera (última) vez.

oare *adv.* ¿de verdad?, ¿realmente? ‖ *~ vine?* ¿acaso viene?.

oarecare *pron., adj. neh.* cualquiera; *pl.* cualesquiera ‖ *într-o ~ măsură* en cierta medida; *un om ~* un hombre cualquiera.

oarecum *adv.* en cierta medida, en cierto modo.

oaspete *m.* huésped *m.*

oaste *f.* ejército.

oază *f.* oasis f.

obârşie *f.* **1.** origen *m.* **2.** *(neam)* linaje *m.*, abolengo.

obelisc *n.* obelisco.

obez *adj.* obeso, gordo.

obezitate *f.* obesidad.

obicei *n.* costumbre *f.*, uso, hábito; *(rău)* manía, vicio ‖ *a avea ~ul să fumeze* acostumbrar fumar; *de ~* de costumbre, por lo general, habitualmente.

obidi *vt.* oprimir.

obidire *f.* opresión.

obiect *n.* **1.** objeto ‖ *a avea drept ~* tener por objeto. **2.** *(de studiu)* asignatura.

obiecta *vt.* objetar.

obiectiv **I.** *adj.* objetivo. **II.** *m.* objetivo, meta, reto.

obiectivism *n.* objetivismo.

obiectivitate *f.* objetividad.

obiecţie *f.* objeción ‖ *a aduce o ~* objetar.

obişnui **I.** *vt.* acostumbrar, soler, usar ‖ *~eşte să meargă la teatru* suele (*sau* acostumbra) ir al teatro. **II.** *vr. (cu)* acostumbrarse (a), habituarse (a).

obişnuinţă *f.* costumbre *f.* ‖ *din ~* por costumbre.

obişnuit I. *m.* habituado. **II.** *adj.*
1. común, regular, ordinario, corriente. 2. acostumbrado, habitual, usado.

oblădui *vt.* amparar.

oblic *adj.* oblicuo.

obliga I. *vt.* *(să)* obligar (a), forzar (a). **II.** *vr.* obligarse, comprometerse.

obligativitate *f.* obligatividad.

obligatoriu *adj.* obligatorio.

obligaţie *f.* obligación, deber *m.*, servidumbre *f.* ‖ *a-şi lua obligaţia (de)* encargarse (de).

obloji *vt.* curar.

oblon *n.* persiana.

oboi *m.* *(muz.)* oboe *m.*

obol *n.* contribución, óbolo.

obor *n.* mercado (de ganado).

oboseală *f.* cansancio, fatiga.

obosi *vt.*, *vi.*, *vr.* cansar(se), fatigar(se).

obosit *adj.* cansado, fatigado ‖ *a fi ~* estar cansado.

obositor *adj.* fatigoso, cansado ‖ *acest lucru este foarte ~* esto es muy cansado.

obraz *m.* mejilla ‖ *fără ~* descarado; *a-i spune cuiva ceva de la ~* decírselo a uno en la cara.

obraznic *adj.* desvergonzado, descarado, impertinente, fresco.

obrăznicie *f.* insolencia, impertinencia, desplante *m.*

obscen *adj.* obsceno.

obscenitate *f.* obscenidad.

obscur *adj.* o(b)scuro; *(fig.)* confuso.

obscurantism *n.* o(b)scurantismo.

obscuritate *f.* o(b)scuridad.

obseda *vt.* obsesionar, causar obsesión.

obsedant *adj.* obsesivo.

obsedat *adj.* *(de)* obseso; obsesionado (con).

observa *vt.* observar, notar, advertir.

observare *f.* observación.

observator I. *m.* observador. **II.** *n.* observatorio ‖ *~ul astronomic* el observatorio astronómico.

observaţie *f.* observación, objeción, advertencia, amonestación ‖ *a face o ~ (fig.)* amonestar.

obsesie *f.* obsesión.

obstacol *n.* *(şi fig.)* obstáculo; *(fig.)* impedimento; *(fam.)* pega ‖ *cursă cu ~e* carrera de obstáculos.

obstetrică *f.* *(med.)* obstetricia.

obstrucţie *f.* obstrucción.

obşte *f.* comunidad.

obştesc *adj.* comunal, común ‖ *bunuri obşteşti* bienes *m.pl.* comunes.

obtura *vt.* obturar.

obtuz *adj.* *(geom. şi fig.)* obtuso.

obţine *vt.* obtener, conseguir, lograr, adquirir.

obuz *n.* obús *m.*

ocară *f.* oprobio, afrenta, baldón *m.* ‖ *a face de ~* **a.** desacreditar; **b.** insultar.

ocazie *f.* oportunidad, ocasión ‖ *a avea ocazia* tener la oportunidad; *cu ocazia* con motivo de, en ocasión de; *a da ocazia (la)* dar ocasión (a).

ocazional *adj.* ocasional, fortuito.

ocărî I. *vt.* vitupear. II. *vt.* blasfemar.

occident *n.* occidente *m.*, oeste *m.*

occidental *adj.* occidental.

ocean *n.* océano.

oceanic *adj.* oceánico.

oceanografie *f.* oceanografía.

ocheadă *f.* ojeada ‖ *a arunca o ~* echar una ojeada.

ochean *n.* anteojo.

ochelari *m.pl.* gafas *f.pl.*, lentes *m.* sau *f. pl.*, anteojos *m.pl.*

ochi[1] I. *m.* ojo ‖ *cât ai clipi din ~* en un abrir y cerrar de ojos; *cu ~i închişi* a ojos cerrados, a carga cerrada; *cu ~ul liber* a simple vista; *a face cu ~ul* guiñar el ojo; *plin ~* lleno hasta el borde; *a privi cu coada ~ului* mirar con el rabillo del ojo; *a sări în ~* saltar a la vista. II. *n.* 1. *(de geam)* luz *f.*, claro, claraboya. 2. *(de plasă, ciorap etc.)* malla. 3. *pl. (ouă)* huevos *m.pl.* estrellados.

ochi[2] *vt.* apuntar, asestar.

ochire *f.* 1. puntería. 2. *(ocheadă)* ojeada ‖ *dintr-o ~* de una ojeada.

ocluziune *f.* oclusión.

ocluzivă *f. (gram.)* oclusiva.

ocnaş *m.* forzado, galeote *m.*

ocnă *f.* 1. *(temniţă)* presidio. 2. *(mină de sare)* salina.

ocol *n.* 1. vuelta, rodeo ‖ *a face un ~* dar una vuelta *(sau* rodeo). 2. *(de vite)* rodeo. 3. *(îngrăditură)* cercado.

ocoli *vt.* 1. rodear. 2. *(fig.)* evitar.

ocoliş *n. (şi fig.)* rodeo ‖ *a vorbi fără ~uri* hablar sin rodeos, hablar abiertamente.

ocroti *vt.* proteger, amparar.

ocrotire *f.* protección, amparo.

ocrotitor *adj.* protector.

octogenar *adj.* octogenario.

octombrie *m.* octubre *m.*

ocular *adj.* ocular.

oculist *m.* oculista *m.* şi *f.*

ocult *adj.* oculto.

ocupa *vt.*, *vr.* ocupar(se).

ocupant *adj.*, *m.* ocupante *m.*

ocupaţie *f.* 1. *(îndeletnicire)* ocupación, actividad, trabajo. 2. *(profesie, slujbă)* profesión, ocupación, oficio, cargo, empleo. 3. *(luare în stăpânire)* ocupación ‖ *politică de ~* política ocupacional.

odaie *f.* cuarto, aposento.

odaliscă *f.* odalisca.

odată *adv.* 1. *(în trecut)* una vez, otrora, hace tiempo. 2. *(în viitor)* algún día. 3. *(în acelaşi timp)* de una vez, al mismo tiempo ‖ *~ cu* a la vez (con).

odă *f. (lit.)* oda.

odăjdii *f.pl. (bis.)* vestiduras *f.pl.* (litúrgicas), ornamentos *m. pl.* (litúrgicos).

odgon *n.* cable *m.*, maroma.

odihnă *f.* descanso, reposo ‖ *casă de ~* casa de descanso; *zi de ~* día de descanso *(sau* de asueto), día feriado, feria.

odihni *vr.* descansar *vi.*

odihnitor *adj.* sosegado, quieto.

odinioară *adv.* antaño, otrora.

odios *adj.* odioso, aborrecible.

odisee *f.* odisea.

odor *n. (fig.)* tesoro.

odraslă *f.* criatura, progenitura.

ofensa I. *vt., vr.* ofender(se). II. *vt.* agraviar, zaherir.

ofensator *adj.* ofendedor, ofensivo.

ofensă *f.* ofensa, agravio, desplante *m.*

ofensivă *f.* ofensiva.

oferi I. *vt., vr.* ofrecer(se), brindar(se). II. *vt. (a pune la dispoziţie)* proporcionar ‖ *a ~ un dar* regalar, obsequiar, ofrecer un regalo.

ofertă *f.* oferta.

oficia *vt.* celebrar.

oficial *adj.* oficial.

oficialitate *f.* notabilidad, persona oficial.

oficiu *n.* oficina, despacho ‖ *~l stării civile* el registro civil; *~ poştal* oficina de correos.

ofili *vr.* marchitarse.

ofiţer *m.* oficial.

ofrandă *f.* ofrenda.

ofsaid *n. (sport) m.,* fuera de juego.

ofta *vi.* suspirar.

oftalmolog *m.* oftalmólogo.

oftalmologie *f.* oftalmología.

oftat *n.* suspiro.

oftică *f.* tisis *f.*

ofticos *adj.* tísico.

ogar *m.* podenco.

ogivă *f.* ogiva.

oglindă *f.* espejo ‖ *a se uita în ~* mirarse al espejo.

oglindi *vt., vr.* reflejar(se).

ogor *n.* campo.

ogradă *f.* corral.

oier *m.* pastor.

oişte *f.* pértigo.

ojă *f.* esmalte *m.*

olan *n.* teja.

olandă *f. (text.)* lino crudo.

olandez *adj., m.* holandés *m.*

olar *m.* alfarero.

olărie *f.,* **olărit** *n.* alfarería.

olfactiv *adj.* olfativo ‖ *nerv ~* nervio olfativo.

oligarhie *f.* oligarquía.

olimpiadă *f.* olimpíada [olimpiada].

olimpic *adj.* olímpico ‖ *jocurile ~e* los juegos olímpicos.

olog *adj., m.* cojo.

om *m.* 1. hombre *m.,* persona, ser *m.* 2. *pl.* gente *f.* ‖ *~ de litere* hombre de letras, literato; *~ de lume* hombre de mundo (*sau* mundano); *~ de stat* hombre de estado, estadista *m.; ~ de ştiinţă* científico; *~ de zăpadă* monigote *m.* de nieve; *~ dintr-o bucată* hombre de bien; *a fi un ~ de nimic* ser un cero a la izquierda.

omagia *vt.* rendir homenaje.

omagiu *n.* homenaje *m.*

omăt *n.* nieve *f.*

ombilic *n. (anat.)* ombligo.

omenesc *adj.* humano.

omenie *f.* bondad, humanitarismo.

omenire *f.* 1. humanidad. 2. *(mulţime)* muchedumbre *f.,* gentío.

omenos *adj.* humanitario; caritativo.

omidă *f.* oruga.

omisiune *f.* omisión.

omite *vt.* omitir.

omletă *f.* tortilla francesa.

omnibuz *n.* ómnibus *m.*

omnipotent *adj.* omnipotente.
omnivor *adj.* omnívoro.
omogen *adj.* homogéneo.
omogenitate *f.* homogeneidad.
omologa *vt.* homologar.
omologare *f.* homologación.
omonim *adj.* homónimo.
omonimie *f.* homonimia.
omoplat *m.* *(anat.)* omóplato.
omor *n.* crimen *m.*
omorî I. *vt.* matar ‖ *a ~ (pe cineva)* *în bătaie* dar una paliza de madre y muy señor mío; *a ~ vremea* matar el tiempo. II. *vr.* matarse, suicidarse.
omucidere *f.* homicidio.
omuşor *m.* *(anat.)* úvula, campanilla.
ondula I. *vt.* 1. ondular. 2. *(părul)* marcar (el pelo). II. *vr.* 1. *(d. păr)* rizarse. 2. *(d. ape etc.)* ondear *vi.*
ondulaţie *f.* 1. ondulación. 2. *(a părului)* marcado.
onest *adj.* honesto, honrado.
onestitate *f.* honestidad, honradez *f.*
onix *n.* ónice *m.*, ónix *m.*
onoare *f.* 1. honor *m.*, honra ‖ *cuvânt de ~* palabra de honor; *în ~a (cuiva)* en honor de (uno). 2. *pl.* honores *m.pl.* ‖ *onoruri militare* honores militares; *a aspira la onoruri* aspirar a los honores.
onomastic *adj.* onomástico ‖ *zi ~ă* (día *m.* del) santo, día onomástico.
onomatopee *f.* onomatopeya.
onora *vt.* honrar.
onorabil *adj.* honorable.

onorariu *n.* honorarios *m.pl.*
onorific *adj.* honorífico.
ontologie *f.* ontología.
opac *adj.* opaco.
opacitate *f.* *(şi fig.)* opacidad.
opaiţ *n.* candil *m.*
opal *n.* ópalo.
opări *vt.*, *vr.* escaldar(se).
opera *vt.* *(şi med.)* operar.
operativ *adj.* operativo.
operativitate *f.* operatividad.
operator *m.* *(cinema)* cámara *m.*, operador.
operaţie *f.* *(şi mat., med.)* operación ‖ *sală de operaţii* quirófano; *a-şi face o ~* sufrir una operación.
operă *f.* 1. obra ‖ *~ de artă* obra de arte. 2. *(muz.)* ópera.
operetă *f.* *(muz.)* opereta; *(spaniolă)* zarzuela.
opina *vt.* opinar.
opincă *f.* abarca.
opinie *f.* opinión, parecer *m.*, criterio ‖ *opinia publică* la opinión pública.
opinti *vr.* esforzarse.
opiu *n.* opio.
oponent *m.* opositor.
oportun *adj.* oportuno.
oportunism *n.* oportunismo.
oportunist *adj.*, *m.* oportunista *m.* şi *f.*
opoziţie *f.* oposición ‖ *în ~ cu* en oposición con, en contraste con.
oprelişte *f.* 1. obstáculo. 2. prohibición.
opresiune *f.* opresión.
opresiv *adj.* opresivo.
opresor *m.* opresor.

opri *vt.*, *vr.* detener(se), parar(se) || *a-şi ~ râsul* contener la risa; *ploaia s-a ~t* cesó de llover.

oprima *vt.* oprimir.

oprimare *f.* opresión.

oprire *f.* 1. parada. 2. interdicción.

oprobriu *n.* oprobio.

opt *num. card.* ocho.

opta *vi. (pentru)* optar (por).

optativ *adj.* optativo.

optic *adj.* óptico || *nerv ~* nervio óptico.

optică *f.* óptica.

optician *m.* óptico.

optim *adj.* óptimo.

optimism *n.* optimismo.

optimist *adj.*, *m.* optimista *m.* şi *f.*

optsprezece *num. card.* dieciocho.

optulea *num. ord.* octavo.

optzeci *num. card.* ochenta.

opţiune *f.* opción.

opulent *adj.* opulento.

opulenţă *f.* opulencia.

opune *vt.*, *vr.* oponer(se), resistir(se).

opunere *f.* oposición, resistencia.

opus *adj.* opuesto, contrario.

oracol *n.* óráculo.

oral *adj.* oral || *examen ~* examen oral; *tradiţie ~ă* tradición oral.

oranjadă *f.* naranjada.

orar *adj.*, *n.* horario.

oraş *n.* ciudad || *merg în ~* voy al centro.

orator *m.* orador.

oratorie *f.* oratoria.

oratoriu *n. (muz.)* oratorio.

oră *f.* 1. hora || *din ~ în ~* a cada hora; *e ora trei fără un sfert (şi un sfert, şi jumătate)* son las tres menos cuarto (y cuarto, y media); *la ce ~?* ¿a qué hora?; *la ora trei precis* a las tres en punto; *pe ~* por hora. 2. *(şcol.)* clase *f.* || *am ore* tengo clases.

orăcăi *vi.* croar.

orăcăit *n.* croar *m.*, canto de las ranas.

orăşean *m.* ciudadano.

orăşenesc *adj.* urbano

orândui *vt.* ordenar.

orânduire *f.* 1. régimen *m.* 2. *(ordine)* orden *m.*, disposición.

orb *adj.*, *m.* ciego; *(nevăzător)* invidente || *~ de mânie* ciego de cólera; *a se juca de-a baba-oarba* jugar a la gallina ciega.

orbeşte *adv.* a ciegas.

orbi *vt.*, *vi. (şi fig.)* cegar; *(fig.)* ofuscar, deslumbrar || *~t de durere* ciego de dolor.

orbire *f. (şi fig.)* ceguera; *(fig.)* ofuscamiento, deslumbramiento.

orbită *f.* órbita.

orbitor *adj.* deslumbrante.

orchestra *vt.* orquestar.

orchestral *adj.* orquestal.

orchestră *f.* orquesta.

ordin *n.* 1. *(dispoziţie)* orden *f.*, mandato, mandamiento; disposición || *~ de zi* la orden del día; *a da un ~* dictar una orden; *din ~ul* por orden de. 2. *(decoraţie)* condecoración. 3. *(bot., zool.)* orden *m.* || *~ul ortopterelor* el orden de los ortópteros. 4. *(de numire)* credencial *f.*

ordinal *adj. (gram.)* ordinal.

ordinar *adj.* 1. *(obişnuit)* ordinario, corriente. 2. *(grosolan)* vulgar, basto.

ordine *f.* orden *m.* ‖ *~a publică* el orden público; *în ~ alfabetică* por orden alfabético; *la ~a zilei* al orden del día; *a pune în ~* ordenar, poner en orden, arreglar.

ordona *vt.* ordenar, mandar.

ordonanţă *f. (mil.)* ordenanza *m.*, ayudante *m.*

oreion *n. (med.)* paperas *f.pl.*, parotiditis *f.*

orez *n.* arroz *m.*

orezărie *f.* arrocería.

orfan *adj., m.* huérfano.

orfelinat *n.* orfanato, asilo de huérfanos.

organ *n.* órgano.

organic *adj.* orgánico.

organism *n.* organismo.

organiza *vt., vr.* organizar(se).

organizare *f.* organización.

organizator *m.* organizador.

organizatoric *adj.* organizativo.

organizaţie *f.* organización ‖ *Organizaţia Naţiunilor Unite* la Organización de las Naciones Unidas.

orgă *f. (muz.)* órgano.

orgie *f.* orgía.

orgolios *adj.* orgulloso.

orgoliu *n.* orgullo.

orhidee *f.* orquídea.

ori *conj.* o; *(înainte de cuvintele care încep cu h(o))* u.

oribil *adj.* horrible, horroroso.

oricare *pron., adj. neh.* cualquiera; *pl.* cualesquiera

oricând *adv.* en cualquier momento.

oricât I. *adv.* cuanto. II. *conj.* por más que.

orice I. *pron. neh.* cualquier cosa. II. *adj. neh.* cualquiera; *pl.* cualesquiera.

oricine *pron. neh.* quienquiera; *pl.* quienesquiera; cualquier persona.

oricum *adv.* de cualquier modo.

orient *n.* oriente *m.*, levante *m.* ‖ *~ul apropiat (mijlociu, îndepărtat)* el oriente cercano (medio, lejano).

orienta *vt., vr.* orientar(se).

oriental *adj., m.* oriental.

orientare *f.* orientación.

orientativ *adj.* orientador.

orificiu *n.* orificio, agujero.

original *adj., n.* original ‖ *în ~* en original.

originalitate *f.* originalidad.

originar *adj. (din)* oriundo (de), natural (de); de origen (de).

origine *f. (şi fig.)* origen *m.*

orişicare v. **oricare**.

orişice v. **orice**.

orişicum v. **oricum**.

orişiunde v. **oriunde**.

oriunde *adv. (indică mişcarea)* adondequiera; *(indică starea pe loc)* dondequiera, doquier(a) ‖ *pe ~* por doquier(a).

orizont *n.* horizonte *m.*

orizontal *adj.* horizontal.

orna *vt.* adornar.

ornament *n.* adorno.

ornamenta *vt.* adornar.

ornamental *adj.* ornamental.

ornamentare *f.* ornamentación, adornamiento.

oroare *f.* horror.

orologiu *n.* reloj *m.* de la torre.

oropsi *vt.* oprimir.

ortodox *adj., m.* ortodoxo.

ortografie *f.* ortografía.

orz *n. (bot.)* cebada.

os *n.* hueso.

osatură *f.* osamenta, esqueleto

osândă *f.* condenación

osândi *vt.* condenar

osândire *f.* condena.

oscila *vi.* 1. oscilar. 2. *(fig.)* vacilar.

oscilaţie *f.* 1. oscilación. 2. *(fig.)* vacilación.

oseminte *f.pl.* osamenta.

osie *f.* eje *m.*

osifica *vt., vr.* osificar(se).

osificare *f.* osificación.

osmoză *f.* ósmosis *f.*

osos *adj.* huesudo.

ospăta I. *vt.* agasajar; dar de comer. II. *vr.* comer; *(a benchetui)* banquetear(se).

ospătar *m.* camarero.

ospăţ *n.* festín *m.*, banquete *m.*

ospiciu *n.* manicomio, hospicio.

ospitalier *adj.* hospitalario.

ospitalitate *f.* hospitalidad.

ostaş *n.* soldado.

ostatic *m.* rehén *m.*

ostăşesc *adj.* militar.

osteneală *f.* 1. cansancio. 2. *(strădanie)* esfuerzo, afán *m.* ‖ *a-şi da ~* esforzarse; *nu merită osteneala* no vale la pena.

osteni *vi., vr.* cansarse *vr.*, fatigarse *vr.*

ostentativ *adj.* ostentativo, ostentoso.

ostentaţie *f.* ostentación, alarde *m.*

ostil *adj.* hóstil.

ostilitate *f.* hostilidad.

ostrov *n.* isla.

oştean *m.* soldado.

oştire *f.* hueste *f.*

otoman *adj.* otomano.

otravă *f.* veneno.

otrăvi *vt., vr.* envenenar(se).

otrăvire *f.* envenenamiento.

otrăvitor *adj.* venenoso.

oţel *n.* acero ‖ *a căli ~ul* templar el acero.

oţelar *m.* acerista *m.*

oţelărie *f.* acería.

oţeli *vt., vr. (şi fig.)* acerar(se).

oţet *n.* vinagre *m.*

oţeţi *vr.* agriarse.

ou *n.* huevo ‖ *~ă jumări* huevos revueltos; *~ă moi* huevos pasados por agua; *~ă tari* huevos duros; *~ă ochiuri* huevos estrellados; *a depune ~ăle* desovar.

oua *vi.* poner *vt.* huevos, desovar.

oval I. *adj.* oval, ovalado. II. *n.* óvalo.

ovar *n.* ovario.

ovaţie *f.* ovación, aclamación; vítores *pl.*

ovaţiona *vt.* ovacionar, aclamar, vitorear.

ovăz *n.* avena.

ovin *adj.* ovejuno.

ovine *f.pl.* ganado lanar.

ovul *n.* óvulo.

oxid *m.* óxido.

oxida *vt., vr.* oxidar(se).

oxidabil *adj.* oxidable.

oxidare *f.* oxidación.

oxigen *n.* oxígeno.

oxigena *vt.* oxigenar.

oxigenare *f.* oxigenación.

ozon *n.* ozono.

ozonizare *f.* ozonización.

P

pace *f.* paz *f.* ‖ *a încheia* ~ firmar la paz; *a face* ~ hacer las paces.

pachebot *n.* paquebote *m.*

pachet *n.* paquete *m.* ‖ ~ *de țigări* paquete de cigarrillos.

pacient *m.* paciente *m.*, enfermo.

pacific *adj.* pacífico.

pacifica *vt.* pacificar.

pacificator *adj., m.* pacificador.

pacifism *n.* pacifismo.

pacoste *f.* calamidad, fastidio.

pact *n.* pacto.

pactiza *vi.* pactar.

pagina *vt.* paginar.

paginație *f.* paginación.

pagină *f.* página, hoja ‖ ~ *de titlu* portada.

pagodă *f.* pagoda.

pagubă *f.* daño.

pahar *n.* vaso, copa.

paharnic *m.* (*ist.*) copero.

pai *n.* paja ‖ *a pune* ~*e pe foc* echar leña al fuego.

paiață *f.* payaso, bufón.

paietă *f.* talco, lentejuela.

paisprezece *num. card.* catorce.

paj *m.* paje *m.*

pajiște *f.* prado, pradera.

pajură *f.* 1. (*zool.*) águila. 2. (*pe monedă*) cruz *f.* ‖ *cap sau* ~ cara o cruz. 3. (*stemă*) armas *f.pl.*

palat *n.* 1. palacio. 2. (*anat.*) paladar.

palatal *adj.* palatal.

palatalizare *f.* palatalización.

palavragiu *adj., m.* parlanchín *m.*

palavră *f.* tontería; (*fam.*) pamplina.

pală *f.* (*tehn.*) aspa.

paleolitic *n.* paleolítico.

paletă *f* (*tehn., pict., sport*) paleta.

palid *adj.* pálido, descolorido.

palisadă *f.* palizada.

palisandru *n.* palisandro.

palmares *n.* lista de premios, palmarés *m.*

palmă *f.* 1. (*anat.*) palma. 2. (*lovitură*) bofetada ‖ *a lipi o* ~ pegar una bofetada.

palmier *m.* palma, palmera.

paloare *f.* palidez *f.*, palor.

paloș *n.* chafarote *m.*, espada.

palpa *vt.* palpar.

palpabil *adj.* palpable, tangible.

palpita *vi.* palpitar.

palpitant *adj.* palpitante.

palpitaţie *f.* palpitación.

paltin *m.* *(bot.)* plátano falso.

palton *n.* abrigo.

pamflet *n.* panfleto.

pampas *n.* pampa.

pană *f.* **1.** *(de pasăre, de scris, box)* pluma ‖ *categorie* ~ *peso* pluma. **2.** *(de lemn)* cuña. **3.** *(defecţiune)* avería; *(de curent)* apagón *m.*; *(de cauciuc)* pinchazo.

pancartă *f.* cartel *m.*, pancarta.

pancreas *n.* *(anat.)* páncreas *m.*

pandantiv *n.* (medallón) colgante *m.*

panegiric *n.* panegírico.

paner *n.* cesta.

panglică *f.* cinta.

panică *f.* pánico.

panificaţie *f.* panificación.

panoplie *f.* panoplia.

panoramă *f.* panorama *m.*

panoramic *adj.* panorámico.

panou *n.* tablero ‖ ~ *de onoare* cuadro de honor.

pansa *vt.* vendar, poner un apósito.

pansament *n.* apósito, venda, vendaje *m.*

pansea *f.* trinitaria, pensamiento.

pantaloni *m.pl.* pantalones *m.pl.*

pantă *f.* pendiente *f.*, cuesta.

panteism *n.* panteísmo.

panteist *adj.* panteísta.

panteon *n.* panteón *m.*

panteră *f.* *(zool.)* pantera.

pantof *m.* zapato ‖ *o pereche de* ~*i* un par de zapatos; ~*i de comandă* zapatos a medida.

pantofar *m.* zapatero.

pantomimă *f.* pantomima.

papagal *m.* loro, papagayo.

papal *adj.* papal.

papalitate *f.* papado; pontificado.

papă *m.* Papa *m.*, Soberano Pontífice.

papă-lapte *m.* papanatas *m.*

papetărie *f.* papelería.

papilă *f.* *(anat.)* papila.

papion *n.* corbatín *m.*, mariposa.

papirus *m.* papiro.

papuc *m.* zapatilla, pantuflo, babucha.

papură *f.* anea, junco.

par **I.** *m.* palo. **II.** *adj.* *(mat.)* par.

para **I.** *f.* maravedí *m.*, blanca ‖ *fără o* ~ sin blanca. **II.** *vt.* parar.

parabolă *f.* *(şi mat.)* parábola.

paraclis *n.* capilla.

paracliser *m.* sacristán *m.*

paradă *f.* **1.** desfile *m.* ‖ ~ *de modă* desfile de modelos. **2.** *(fig.)* alarde *m.* ‖ *a face* ~ hacer gala (*sau* alarde) de.

paradis *n.* paraíso.

paradox *n.* paradoja.

paradoxal *adj.* paradójico.

parafa *vt.* rubricar, sellar.

parafă *f.* rúbrica, sello, estampilla.

parafină *f.* *(chim.)* parafina.

parafraza *vt.* parafrasear.

parafrază *f.* parafrasis *f.*

paragraf *n.* párrafo.

paralel *adj.* paralelo.

paralelă *f.* **1.** *(geom.)* paralela. **2.** *(comparaţie)* paralelo, parangón *m.* **3.** *pl.* *(sport)* paralelas *f.pl.*

paralelipiped *n.* *(geom.)* paralelepípedo.

paralelism *n*. paralelismo.

paralelogram *n*. paralelogramo.

paralitic *adj*. paralítico.

paraliza I. *vt., vi. (şi fig.)* paralizar. II. *vi. (fig.)* colapsar.

paralizie *f*. parálisis *f*.

paranoic *adj*. paranoico.

parametru *m*. parámetro.

paranteză *f*. paréntesis *m*.

parapet *m*. parapeto.

paraşută *f*. paracaídas *m*. ‖ *a sări cu paraşuta* arrojarse en paracaídas.

paraşutist *m*. paracaidista *m*. şi *f*.

paratrăsnet *n*. pararrayos *m*.

paravan *n*. 1. biombo, pantalla. 2. *(fig.)* tapadera.

parazit *adj*. parásito.

parazitar *adj*. parasitario.

pară *f*. 1. *(bot.)* pera. 2. *(flacără)* llamarada; *(fig.)* ardor ‖ *a fi foc şi ~* echar chispas

parâmă *f*. *(mar.)* maroma.

parbriz *n*. parabrisa *m*.

parc *n*. parque *m*.

parca I. *vt*. aparcar; *(Am.)* parquear. II. *vi*. estacionar.

parcare *f*. aparcamiento, estacionamiento.

parcă *adv*. parece que ‖ *de ~* como si.

parcelă *f*. parcela.

parchet *n*. 1. entarimado, parqué *m*. 2. *(jur.)* tribunal, juzgado.

parcurge *vt*. recorrer.

parcurs *n*. recorrido.

pardesiu *n*. sobretodo, gabán *m*.

pardon *interj*. ¡perdón!, ¡con permiso!, ¡disculpe usted!.

pardoseală *f*. pavimento, suelo; entablado; *(din lespezi)* enlosado; *(parchet)* entarimado.

pardosi *vt*. pavimentar, entablar.

parfum *n*. perfume *m*., fragancia.

parfuma *vt*. perfumar.

parfumerie *f*. perfumería.

paria[1] *m*. paria *m*.

paria[2] *vi., vt*. apostar.

paricid *f*. parricidio.

pariu *n*. apuesta ‖ *a face un ~* hacer una apuesta.

parizian *adj., m*. parisiense *m*.

parlament *n*. parlamento; *(în Spania)* cortes *f.pl.*

parlamentar *adj*. parlamentario.

parodia *vt*. parodiar.

parodie *f*. parodia.

paroh *m*. *(rel.)* párroco.

parohie *f*. parroquia.

parolă *f*. seña, contraseña, consigna.

paroxism *n*. paroxismo.

parte *f*. 1. parte *f*. ‖ *cea mai mare ~* la mayor parte; *de o ~* aparte; *din ~a mea* por mi parte; *în ~* en parte; *pe de o ~* por un lado; *pe de altă ~* por otro lado; *a face ~ din* formar parte de; *a lua ~ la* participar en. 2. *(bucată)* pedazo. 3. *(latură)* lado, parte *f*. ‖ *dintr-o ~ în alta* de un lado a otro; *în altă ~* en *(sau* a) otra parte.

partener *m*. 1. compañero, socio. 2. *(pereche)* pareja. 3. *(com.)* socio.

parter *n*. 1. planta baja. 2. *(teatru)* platea, patio de butacas.

participa *vi. (la)* participar (en), tomar parte (en).

participant *m.* participante *m.*, integrante *m.*, concursante *m.*

participare *f.* participación.

participaţie *f.* contribución.

participiu *n.* participio.

particular *adj.* 1. peculiar, particular, singular ‖ *însuşiri ~e* rasgos peculiares. 2. privado, particular ‖ *firmă ~ă* firma particular; *proprietate ~ă* propiedad privada.

particularitate *f.* peculiaridad, particularidad.

particulă *f.* partícula.

partid *n.* partido.

partidă *f.* 1. *(şi sport)* encuentro, partido. 2. partida ‖ *~ de vânătoare* partida de caza.

partitiv *adj. (gram.)* partitivo.

partitură *f.* partitura.

partizan *m.* 1. partidario. 2. *(luptător)* guerrillero.

parţial *adj.* parcial.

parveni *vi. (d. ştiri etc.)* llegar.

parvenit *adj.* aprovechado.

pas *n.* 1. paso ‖ *~ cu ~* paso a paso; *la fiecare ~* a cada paso; *a mări ~ul* apretar *(sau* alargar) el paso. 2. *(geogr.)* paso, desfiladero, puerto.

pasa *vt.* dar un pase, pasar.

pasager *adj., m.* pasajero, viajero.

pasaj *n.* 1. *(de carte)* pasaje *m.* 2. *(trecere)* paso ‖ *~ subteran* paso subterráneo.

pasarelă *f.* pasarela.

pasă *f. (sport)* pase *m.*

pasăre *f.* ave *f.*, pájaro ‖ *~ de curte* ave de corral; *~ răpitoare* ave de rapiña.

pasiona *vt., vr. (de)* apasionar(se) (por).

pasionat *adj. (de)* apasionado (a), aficionado (a).

pasionant *adj.* apasionante.

pasiune *f.* pasión, afición.

pasiv *adj.* pasivo.

pasivitate *f.* pasividad.

pastă *f.* pasta ‖ *~ de dinţi* pasta dentífrica; *paste făinoase* pastas (alimenticias).

pastel *n. (pict.)* pastel *m.*

pasteuriza *vt.* paste(u)rizar.

pasteurizare *f.* paste(u)rización.

pastilă *f.* píldora, tableta, pastilla.

pastişă *f.* imitación.

pastoral *adj.* pastoril, bucólico, rústico.

pastramă *f. (cul.)* cecina.

paşaport *n.* pasaporte *m.*

paşă *f.* bajá *m.*

paşnic *adj.* pacífico.

paşte *vi.* pacer.

paşti *f.pl. (rel.)* Pascua (de Resurrección *sau* Florida).

pat *n.* 1. cama, lecho; *(la vagonul de dormit)* litera ‖ *a face ~ul* hacer la cama; *a sta la ~* guardar cama. 2. *(de puşcă)* culata. 3. *(la şah)* mate *m.* ahogado.

pată *f.* mancha; mácula; *(de cerneală)* borrón *m.*; *(la animale)* pinta ‖ *a scoate petele* quitar las manchas.

patefon *n.* fonógrafo.

patent I. *adj*. patente, manifiesto.
II. *n*. **1.** patente *m*., invento.
2. *(cleşte)* alicates *m.pl.*
patenta *vt*. patentar.
patern *adj*. paterno, paternal.
paternitate *f*. paternidad.
patetic *adj*. patético.
patetism *n*. patetismo.
pateu *n*. pastel *m*., bollo; *(cu carne)* empanada.
patimă *f*. **1.** pasión, apasionamiento. **2.** vicio. **3.** *(suferinţă)* tormento.
patina *vt*. patinar.
patinaj *n*. patinaje *m*. ‖ ~ *artistic* patinaje artístico.
patinator *m*. patinador.
patină 1. *(sport)* patín *m*. ‖ *patine cu rotile* patines de ruedas. **2.** *(de vechime)* pátina.
patinoar *n*. pista de hielo *(sau patinaje)*, patinadero.
patiserie *f*. pastelería.
patogen *adj*. patógeno.
patologic *adj*. patológico.
patologie *f*. patología.
patos *n*. pasión, arrebato, entusiasmo.
patrafir *n*. *(rel.)* casulla.
patriarh *m*. patriarca *m*.
patriarhat *n*. patriarcado.
patriarhal *adj*. patriarcal.
patrician *adj*., *m*. *(ist.)* patricio.
patrie *f*. patria.
patrimonial *adj*. patrimonial.
patrimoniu *n*. patrimonio.
patriot *adj*., *m*. patriota *m*. şi *f*.
patriotic *adj*. patriótico.
patriotism *n*. patriotismo.
patron *m*. patrón *m*., dueño.

patrona *vt*. patrocinar.
patronaj *n*. patrocinio.
patru *num. card*. cuatro.
patrula *vi*. patrullar.
patrulater *n*. *(geom.)* cuadrilátero.
patrulă *f*. patrulla.
patrulea *num. ord*. cuarto.
patruped *adj*., *m*. cuadrúpedo.
patrusprezece *num. card*. catorce.
patruzeci *num. card*. cuarenta.
pauperizare *f*. pauperización.
pauză *f*. **1.** pausa. **2.** *(recreaţie)* descanso, recreación, pausa.
pava *vt*. pavimentar, solar; empedrar, adoquinar; *(cu lespezi)* enlosar; *(cu cărămidă)* enladrillar.
pavaj *n*. pavimento, empedrado, adoquinado, solado.
pavăză *f*. **1.** escudo. **2.** *(fig.)* amparo.
pavilion *n*. pabellón *m*. ‖ ~*ul urechii* el pabellón de la oreja.
pavoaza *vt*., *vr*. *(şi fig.)* engalanar(se), adornar(se).
pază *f*. guardia, custodia, vigilancia ‖ *a sta de* ~ estar de guardia.
paznic *m*. guarda *m*., vigilante *m*.; *(de noapte)* sereno.
păcat *n*. **1.** pecado; *(vină)* culpa; *(greşeală)* falta, desliz *m*. **2.** *(cusur)* defecto ‖ *(ce)* ~! ¡(qué) lástima!; *e* ~ *că* es una lástima que.
păcăleală *f*. embuste *m*., embeleco, engaño, burla.
păcăli *vt*., *vr*. engañar(se); burlarse *vr*. (de).
păcătos *adj*., *m*. pecador.
păcătui *vi*. pecar.

păcură *f.* mazut *m.*

păduche *m.* **1.** piojo. **2.** *(fig.)* parásito.

păduchios *adj.* piojoso.

pădurar *m.* guardabosque *m.*

pădure *f.* bosque *m.*, selva ‖ *de* ~ forestal.

pădureţ *adj.* silvestre.

pădurice *f.* arboleda, arbolado.

păduros *adj.* boscoso, selvoso.

păgân *adj.*, *m.* pagano.

păgubaş *m.* perdedor, pedidoso ‖ *a se lăsa* ~ renunciar (a).

păgubi *vi.*, *vt.* dañar *vt.*, perjudicar *vt.*

păgubire *f.* daño, perjuicio.

păgubit *adj.* perjudicado.

păianjen *m.* araña ‖ *pânză de* ~ telaraña.

păienjeniş *n.* telaraña.

păioase *f.pl.* gramíneas *f.pl.*

pălălaie *f.* llamarada.

pălărie *m.* sombrero ‖ ~ *cu borul larg* sombrero de ala ancha; ~ *de pai (fetru)* sombrero de paja (fieltro); *a-şi pune pălăria* cubrirse; *a-şi scoate pălăria* quitarse el sombrero.

pălărier *m.* sombrerero.

pălăvrăgeală *f.* parloteo, charla.

pălăvrăgi *vi.* parlotear, charlar.

păli *vi.* palidecer; *(d. plante)* marchitarse *vr.*

pălmui *vt.* dar bofetadas.

pămătuf *n.* brocha; *(de pudră)* borla.

pământ *n.* **1.** tierra ‖ ~ *fertil* tierra fértil; ~ *irigat* tierra de regadío; ~ *natal* tierra natal.

2. *(lut)* barro ‖ *oală de* ~ tinaja. **3.** suelo ‖ *pe* ~ en el suelo. **4.** *(lume)* mundo ‖ *tot* ~*ul* el mundo entero.

pământean *m.* **1.** habitante *m.* de la tierra. **2.** autóctono.

pământesc *adj.* terrestre, terrenal, terráqueo.

pănuşă *f. (bot.)* mazorca.

păpădie *f.* diente *m.* de león.

păpuriş *n.* cañaveral.

păpuşar *f.* titiritero.

păpuşă *f.* **1.** muñeca; muñeco. **2.** *(marionetă)* títere *m.* ‖ *teatru de păpuşi* teatro de títeres.

păr *m.* **1.** *(de pe cap)* cabello, pelo; *(de pe corp)* vello ‖ *a i se face* ~*ul măciucă* ponérsele los pelos de punta. **2.** *(bot.)* peral.

părăgini *vr.* arruinarse.

părăsi *vt.* abandonar, dejar.

părăsire *f.* abandono.

părea *vi.* parecer ‖ *cum ţi se pare?* ¿qué te parece?; *îmi pare bine* me alegro; *îmi pare bine de cunoştinţă* mucho gusto en conocerle; *îmi pare rău* lo siento; *mi se pare că* me parece que.

părere *f.* opinión, parecer *m.*, juicio, criterio ‖ *a-şi da* ~*a* dar su opinión; *după* ~*a mea* según mi opinión (*sau* parecer), a mi juicio; *a fi de* ~ opinar.

părinte *m.* **1.** padre *m.* **2.** *pl.* padres *m.pl.* **3.** *(rel.)* cura *m.*

părintesc *adj.* paternal, paterno.

păros *adj.* peludo.

părtaş *m.* compañero, participante *m.*

părtini *vt.* favorecer.

părtinire *f.* parcialidad.

părtinitor *adj.* parcial, favorecedor.

părui *vr.* tirarse de los cabellos.

păs *n.* pena, disgusto, enojo.

păsa *vi. (de)* importar, preocuparse *vr.* (por) ‖ *nu-mi pasă* no me importa.

păsărar *m.* pajarero.

păstaie *f.* vaina.

păstârnac *n.* pastinaca.

păstor *m.* pastor, ganadero.

păstorit *n.* pastoreo.

păstra *vt.* guardar; mantener; conservar; *(a păzi)* custodiar ‖ *a ~ sub cheie* guardar bajo llave.

păstrare *f.* conservación; custodia.

păstrăv *m.* trucha.

păsui *vt.* aplazar, prorrogar.

păsuire *f.* aplazamiento.

păşi *vi.* 1. dar pasos, marchar. 2. *(a intra)* entrar.

păşune *f.* pasto, prado.

păta *vt. (şi fig.)* manchar, ensuciar.

pătimaş *adj.* apasionado.

pătimi *vt.* sufrir, padecer.

pătimire *f.* sufrimiento, padecimiento.

pătlăgea, pătlăgică *f. (bot.) (roşie)* tomate *m.*; *(vînătă)* berenjena.

pătrar *n.* cuarto.

pătrat *adj., n. (geom.)* cuadrado ‖ *a ridica la ~* elevar al cuadrado.

pătrăţel *n.* cuadro ‖ *cu ~e* a cuadros.

pătrime *f.* cuarto.

pătrunde *vi., vt., vr. (şi fig.)* penetrar(se), adentrar(se), internar(se).

pătrundere *f.* 1. penetración. 2. *(fig.)* perspicacia, agudeza.

pătrunjel *n.* perejil *m.*

pătruns *adj. (fig.)* conmovido.

pătrunzător *adj.* penetrante.

pătul *n.* granero, troje *f.*

pătură *f.* 1. manta. 2. *(fig.)* capa ‖ *~ socială* capa social.

pături v. împături.

păţanie *f.* peripecia.

păţi *vt.* ocurrir *(şi vi.)*, suceder *(şi vi.)* ‖ *ce-ai ~t?* ¿qué te pasa *(sau* ha pasado, *sau* pasó)?.

păun *m.* pavo real.

păzi *vt., vr.* guardar(se), cuidar(se), vigilar *(şi vi.)*, custodiar *vt.*

păzitor I. *adj.* vigilante. II. *m.* guarda *m.*, vigilante *m.*

pâclă *f.* niebla.

pâine *f.* pan *m.* ‖ *~ albă (neagră)* pan blanco *sau* candeal (moreno); *centru de ~* panadería

pâlc *n.* grupo

pâlnie *f.* embudo

pâlpâi *vi.* centellear.

până *prep.* hasta ‖ *~ ce* hasta que; *~ când* hasta cuando; *~ la* hasta.

pândă *f.* acecho ‖ *a sta la ~* estar al acecho

pândi *vt.* acechar

pângări *vt.* profanar

pângărire *f.* profanación.

pântece *n.* barriga, vientre *m.*, panza

pântecos *adj.* panzudo, barrigudo.
pânză *f.* 1. tela. 2. *(de corabie)* vela. 3. *(pictură)* lienzo, tela.
pânzeturi *n.pl.*, tejidos *m.pl.*, telas *f.pl.*
pâră *f.* soplo ‖ *a umbla cu pâra* venir con soplos
pârghie *f.* palanca
pârgui *vr.* sazonarse, tomar color
pârî *vt.* soplar, denunciar
pârâi *vi.* crujir.
pârât *m.* *(jur.)* demandado, reo, encausado
pârâtor *m.* delator, soplón *m.*
pârâu *n.* arroyo, riachuelo.
pârjoală *f.* albóndiga.
pârjoli I. *vt.* *(a arde)* incendiar, quemar. II. *vt.*, *vr.* *(la soare)* abochornar(se), asolar(se).
pârleaz *n.* vallado.
pârli I. *vt.* chamuscar, socarrar. II. *vr.* *(la soare)* tostarse.
pârlit *m.* *(fig.)* pobre, necesitado
pârpăli *vt.* sofreír, soasar.
pârtie *f.* 1. sendero. 2. *(sport)* pista.
pâslă *f.* fieltro.
pe *prep.* 1. sobre, en ‖ ~ *masă* sobre *(sau* en) la mesa. 2. *(ac. cu nume de persoane)* a ‖ ~ *cine?* ¿a quién?; *îl văd* ~ *profesor* veo al profesor. 3. por, en ‖ ~ *aici* por aquí; ~ *atunci* entonces; ~ *când* cuando; ~ *franţuzeşte* en francés; ~ *urmă* después; ~ *viaţă şi* ~ *moarte* luchar por vida y muerte; *l-am întâlnit* ~ *stradă* le encontré en la calle; *m-am plimbat* ~ *stradă* di un paseo

por la calle; *merge cu.* 20 *km* ~ *oră* va con. 20 kms por hora.
pecete *f.* sello, sigilo.
pecetlui *vt.* sellar.
pectoral *adj.* pectoral.
pecuniar *adj.* pecuniario.
pedagog *m.* pedagogo.
pedagogie *f.* pedagogía.
pedala *vi.* pedalear.
pedală *f.* pedal ‖ ~ *de frână (ambreiaj)* el pedal del freno (embrague).
pedant *adj.* pedante.
pedanterie *f.* pedantería.
pedeapsă *f.* pena, castigo ‖ ~ *capitală* pena de muerte; *sub pedeapsa* so pena de.
pedepsi *vt.* castigar.
pedepsire *f.* castigo, punición.
pedestru *adj.* pedestre.
pediatrie *f.* pediatría.
pediatru *m.* pediatra *m.* şi *f.*
pedichiură *f.* pedicura.
pedologie *f.* estudio de la tierra.
pehlivan *m.* estafador.
peiorativ *adj.* peyorativo, despectivo.
peisagist *m.* paisajista *m.* şi *f.*
peisaj *n.* paisaje *m.*
pelagră *f.* *(med.)* pelagra.
pelerin *m.* peregrino.
pelerină *f.* capa.
pelerinaj *f.* peregrinación; romería.
pelican *m.* pelícano.
peliculă *f.* *(cinema, anat.)* película.
pelin *n.* *(bot.)* ajenjo.
peltea *f.* 1. *(cul.)* jalea. 2. *(fig.)* mezcla.
peltic *adj.* ceceante ‖ *a vorbi* ~ cecear.

peluză f. prado, césped m.

penaj n. plumaje m.

penal adj. penal ‖ cod ~ código penal.

penaliza vt. penalizar; (sport) sancionar.

penalizare f. castigo; sanción.

penar n. plumero.

pendul n. péndulo.

pendula vi. oscilar.

pendulă f. péndola.

penel n. pincel m. ‖ trăsătură de ~ pincelada.

penetrant adj. penetrante.

penetraţie f. penetración.

penibil adj. penoso.

penicilină f. penicilina.

peninsular adj. peninsular.

peninsulă f. península.

penitenciar m. penal, cárcel f.

penitenţă f. penitencia.

peniţă f. pluma.

pensă f. (med.) pinzas f.pl.

pensetă f. pinzas f. pl.

pensie f. pensión, jubilación ‖ a ieşi la ~ jubilarse.

pensiona vt., vr. jubilar(se).

pensionar m. jubilado, pensionista.

pensiune f. pensión.

pensulă f. brocha, pincel m.

pentatlon n. (sport) pentatlón m.

pentru prep. (cu scopul) para; pro; (din cauza) por ‖ ~ ca para que, a efecto de; ~ că porque; ~ ce? ¿por qué?; ~ moment de momento, por el momento; ~ puţin de nada; ~ tine para ti.

penultim adj. penúltimo.

penumbră f. sombra, penumbra.

penurie f. penuria, escacez f.

pepene m. (galben) melón m.; (verde) sandía.

pepinieră f. almáciga, plantel m., vivero.

pepit adj. a cuadritos.

percepe vt. (şi fin.) percibir.

percepere f. (de taxe) cobro, recaudación.

perceptibil adj. perceptible.

perceptor m. recaudador.

percepţie f. 1. percepción. 2. (fin.) fisco.

perchezitie f. pesquisa, registro.

percheziţiona vt. registrar, pesquisar.

percuta vt. percutir.

percuţie f. percusión.

perdea f. cortina ‖ a trage ~ua correr la cortina.

pereche f. 1. (obiecte) par m. ‖ fără ~ sin par; o ~ de mănuşi un par de guantes. 2. (fiinţe) pareja.

peregrina vi. peregrinar.

peregrinare f. peregrinación.

peremptoriu adj. perentorio.

peren adj. perenne.

perenitate f. perennidad.

perete m. pared f.; muro ‖ ~ despărţitor tabique m.

perfect I. adj. perfecto, inmejorable. II. adv. perfectamente. III. n. (gram.) pretérito ‖ ~ul compus pretérito compuesto; ~ul simplu pretérito indefinido.

perfecta vt. concluir.

perfecţiona vt., vr. perfeccionar(se).

perfectibil adj. perfectible.

perfecţionare f. perfeccionamiento, adiestramiento.

perfecțiune *f.* perfección.
perfid *adj.* pérfido.
perfidie *f.* perfidia.
perfora *vt. (tehn.)* perforar, horadar, taladrar.
perforare *f.* perforación, horadación.
perforator *n.* taladrador.
performanță *f. (sport)* récord *m.*, marca.
pergament *n.* pergamino.
peria *vt.* 1. cepillar. 2. *(fig.)* lisonjear, dar coba.
periclita *vt.* peligrar.
pericol *n.* peligro.
periculos *adj.* peligroso.
perie *f.* cepillo ‖ ~ *de cap (de pantofi, de haine, de dușumea)* cepillo para el cabello (para zapatos, para la ropa, para limpiar).
periferic *adj.* periférico.
periferie *f.* arrabal, periferia; *(împrejurimi)* alrededores *m.pl.*, afueras *f.pl.*
perifrază *f.* perífrasis *f.*
perima *vr.* caducar *vi.*
perimare *f.* caducidad.
perimat *adj.* caduco; *(demodat)* pasado de moda.
perimetru *n.* perímetro.
perinda *vr.* sucederse, seguirse.
perioadă *f.* período, época; *(fam.)* racha.
periodic *adj., n.* periódico.
periodicitate *f.* periodicidad.
periodiza *vt.* dividir en períodos.
peripeție *f.* peripecia, andanza.
periplu *n.* periplo.
perișoară *f. (cul.)* albóndiga.

peritonită *f. (med.)* peritonitis *f.*
periuță *f. (și fig.)* cepillo ‖ ~ *de dinți* cepillo de dintes.
perlă *f.* perla.
permanent *adj.* permanente ‖ *ondulație* ~*ă* ondulación permanente.
permanență *f.* permanencia ‖ *în* ~ permanentemente.
permeabil *adj.* permeable.
permis I. *n.* permiso, cédula, licencia ‖ ~ *de conducere* permiso (carné *sau* licencia) de conducir. **II.** *adj.* permitido, lícito.
permisie *f.* permiso.
permisiune *f.* permiso ‖ *cu* ~*a dumneavoastră* con (su) permiso.
permite *vt.* permitir, consentir.
permuta *vt.* permutar.
permutare *f.* permutación.
pernă *f.* 1. almohada. 2. *(tapițerie)* cojín *m.* ‖ *față de* ~ funda (de almohada).
peron *n.* andén *m.*
peroneu *n. (anat.)* peroné *m.*
perora *vi.* perorar.
perorație *f.* peroración.
perpeli *vr. (fig.)* atormentarse.
perpendicular *adj.* perpendicular.
perpendiculară *f.* perpendicular *f.*
perpetua *vt.* perpetuar.
perpetuu *adj.* perpetuo.
perplex *adj.* perplejo.
perplexitate *f.* perplejidad.
persan *adj., m.* persa *m.* și *f.*
persecuta *vt.* perseguir, vejar.
persecuție *f.* persecución, vejación.
persevera *vi.* perseverar (en).
perseverent *adj.* perseverante.

perseverenţă *f.* perseverancia.

persifla *vt.* tomar el pelo, burlarse (de).

persiflare *f.* tomadura de pelo, burla.

persista *vi.* persistir (en).

persistent *adj.* persistente.

persistenţă *f.* persistencia.

persoană *f.* persona || ~ *fizică* persona física; ~ *juridică* persona juridica; *în* ~ personalmente, en (*sau* por su) persona.

personaj *n.* personaje *m.*

personal I. *adj.* personal. II. *n.* 1. *(angajaţi)* personal, plantilla, empleados *m.pl.* 2. *(tren)* tren *m.* mixto (*sau* ómnibus). III. *adv.* en persona, personalmente, por sí mismo.

personalitate *f.* personalidad.

personifica *vt.* personificar.

personificare *f.* personificación.

perspectivă *f.* perspectiva.

perspicace *adj.* perspicaz.

perspicacitate *f.* perspicacia.

persuasiune *f.* persuasión.

perturba *vt.* perturbar.

perturbaţie *f.* perturbación.

perucă *f.* peluca.

peruchier *m.* peluquero.

peruzea *f.* turquesa.

pervaz *n.* marco.

pervers *adj.* perverso.

perversitate *f.* perversidad.

perverti *vt., vr.* pervertir(se).

pervertire *f.* pervertimiento.

pescar *m.* pescador.

pescăresc *adj.* pesquero.

pescărie *f.* pescadería.

pescăruş *m.* gaviota.

pescui *vt., vi.* pescar.

pescuit *n.* pesca.

pesemne *adv.* probablemente.

pesimism *n.* pesimismo.

pesimist *adj., m.* pesimista *m.* şi *f.*

pesmet *n.* galleta, bizcocho.

peste *prep.* 1. *(spaţial)* sobre, encima de || ~ *casă* (por) encima de la casa; ~ *tot* por doquier(a). 2. *(temporal)* dentro de || ~ *o lună* dentro de un mes. 3. *(mai mult)* más de || ~ *douăzeci* más de veinte; ~ *măsură* demasiado.

pestriţ *adj.* abigarrado.

peşin *în expr.:* *bani* ~ dinero contante (*sau* al contado).

peşte *m.* 1. *(viu)* pez *m.*; *(gătit)* pescado || *conservă (mâncare) de* ~ lata (plato) de pescado; *untură de* ~ aceite *m.* de pescado. 2. *(zodie)* Piscis *m.*

peşteră *f.* cueva, gruta.

petală *f.* pétalo.

petardă *f.* petardo.

petic *m.* pedazo; *(de cauciuc, piele)* parche *m.*; *(rest dintr-o bucată)* retal, jirón *m.*; *(fig.)* pedazo || ~ *de stofă* remiendo.

petici *vt.* remendar, echar pedazos; *(a cârpi)* zurcir; *(fig.)* reparar, arreglar; *(a îmbunătăţi)* enmendar, corregir

peticire *f.* remiendo; arreglo.

petiţie *f.* petición, pedido.

petrece I. *vt.* pasar || *a* ~ *vacanţa* pasar las vacaciones. 2. *(o persoană)* acompañar. II. *vi.* divertirse *vr.* III. *vr.* ocurrir *vi.*, pasar *vi.* ‖ *ce se ~?* ¿qué ocurre?, ¿qué pasa?.

petrecere *f.* tertulia, juerga, fiesta, ágape *m.*

petrol *n.* petróleo; *(Am.)* querosén *m.* ‖ *industria ~ului* la industria petrolera.

petrolier *adj., n.* petrolero.

petrolifer *adj.* petrolífero.

petunie *f. (bot.)* petunia.

peţi *vt.* pedir la mano (a una mujer).

pian *n.* piano ‖ *a cânta la ~* tocar el piano.

pianist *m.* pianista *m.* şi *f.*

piatră *f.* piedra ‖ *~ de încercare* piedra de toque; *inimă de ~* corazón de bronce.

piaţă *f.* **1.** *(arhit.)* plaza. **2.** *(com.)* mercado ‖ *~ de valori* mercado de valores; *~ internă* mercado interior; *~ mondială* mercado mundial.

piază-rea *f.* mal agüero.

pic *n.* chispa, poco ‖ *un ~* un poco; *un ~ de pâine* algo *(sau* un poco) de pan; *un ~ de vin* una chispa de vino.

pica *vi.* caerse *vr.* ‖ *a ~ de oboseală* caerse de cansancio; *a ~ la examen* dar calabazas; *~t la examen* suspenso.

picant *adj.* picante.

pică *f.* **1.** rencor, ojeriza. **2.** *(la cărţile de joc)* pica.

picătură *f.* gota.

pichet *n. (mil.)* piquete *m.*

pici *m.* chicuelo.

picior *n.* pierna; *(laba)* pie *m.*; *(de animal)* pata ‖ *din cap*

până-n picioare de pies a cabeza; *în picioare* de pie; *talpa ~ului* la planta del pie.

picioroange *f.pl.* zancos *m.pl.*

picnic *n.* picnic *m.*

picoti *vi.* dormitar.

picta *vt.* pintar.

pictor *m.* pintor.

pictură *f.* pintura ‖ *~ în ulei (în tempera)* pintura al óleo (al temple).

piculină *f.* flauta.

picup *n.* tocadiscos *m.*

picura *vi.* gotear.

piedestal *n.* pedestal.

piedică *f.* **1.** zancadilla, tropezón *m.* **2.** *(fig.)* dificultad, obstáculo; *((fig., fam.)* pega ‖ *a pune piedici* poner pegas. **3.** *(pusă cu piciorul)* traspié *m.*, zancadilla.

pieire *f.* perecimiento, desaparición.

pielar *m.* pellejero.

pielărie *f.* pellejería.

piele *f.* **1.** piel *m.* **2.** *(de animal)* pellejo. **3.** *(tăbăcită)* cuero.

pieliţă *f.* **1.** película. **2.** *(la fructe)* piel *m.*

piept *n.* pecho.

pieptăna *vt., vr.* peinar(se).

pieptănătură *f.* peinado, tocado.

pieptene *m.* peine *m.*

pieptos *adj.* pechudo.

pierde **I.** *vt., vr.* perder(se) ‖ *a ~ din vedere* perder de vista. **II.** *vr. (a se emoţiona)* turbarse.

pierdere *f.* **1.** pérdida, perjuicio. **2.** *(mil.)* baja, pérdida.

pierde-vară *m.* holgazán *m.*, haragán *m.*

pieri *vi.* perecer, desaparecer.

pieritor *adj.* perecedero.

piersic *m.* melocotonero.

piersică *f.* melocotón *m.*

pierzanie *f.* perdición.

piesă *f.* pieza ‖ ~ *de teatru* pieza, obra teatral; *piese de schimb* piezas de recambio, recambios, repuestos.

pieton *m.* peatón *m.*

pietonal *adj.* peatonal.

pietrar *m.* pedrero.

pietriş *n.* cascajo, pedrisco.

pietroi *n.* pedrejón *m.*

pietros *adj.* pedregoso.

pietrui *vt.* empedrar.

pieziş *adv.* al sesgo.

piftie *f.* fiambre de carne con gelatina.

pigment *m.* pigmento.

pigmeu *m.* pigmeo.

pijama *f.* pijama *m.*, piyama *m.*

pilaf *n.* arroz *m.*

pilă *f.* 1. lima. 2. *(electr.)* pila. 3. *pl.* *(fig.)* influencias *f.pl.*, enchufe *m.*

pildă *f.* ejemplo ‖ *de* ~ por ejemplo.

pili I. *vt.* limar. II. *vr. (fam.)* achisparse.

pilire *f.* limadura.

pilitură *f.* limaduras *f.pl.*

pilon *n.* pilar *m.*

pilot *m. (mar., av.)* piloto.

pilota *vt.* pilotar, pilotear.

pilotaj *n.* pilotaje *m.*

pilotă *f.* edredón *m.*

pilulă *f.* píldora.

pin *m. (bot.)* pino.

pingea *f.* media suela.

pingeli *vt.* remendar.

ping-pong *n.* ping-pong *m.*, pimpón *m.*, tenis *m.* de mesa.

pinguin *m.* pájaro bobo *m.*, pingüino.

pinten *m.* 1. espuela ‖ *a da* ~*i* dar espuelas. 2. *(la păsări)* espolón *m.*; *(Am.)* espuela.

pion *m. (şah)* peón *m.*

pionier *m.* pionero.

pios *adj.* pío, piadoso.

pipă *f.* pipa; cachimba; *(Am.)* cachimbo ‖ *a fuma* ~ fumar la pipa.

pipăi *vt.* palpar, tocar, tentar.

pipăit *n.* 1. *(med., simţ)* tacto ‖ *la* ~ al tacto. 2. *(palpare)* tiento ‖ *pe* ~*e* a tientas.

piper *m.* pimienta.

pipera *vt.* condimentar, sazonar con pimienta.

piperat *adj.* picante.

pipernicit *adj.* desmedrado, esmirriado.

pipetă *f.* cuentagotas *m.*

pipotă *f.* molleja.

piramidă *f.* pirámide *f.*

piramidon *n.* piramidón *m.*

pirat *m.* pirata *m.*

piraterie *f.* piratería.

pirogă *f.* piragua.

piron *n.* clavo, bellote *m.*

pironi *vi.* clavar.

piroti *vi.* amodorrarse *vr.*

pirpiriu *adj.* enclenque, seco, enjuto.

pisa *vt.* 1. machacar, moler. 2. *(fig.)* dar la lata.

pisălog *n. (fam.)* abejorro, latoso, machacón *m.*

pisălogi *vt. (fam.)* fastidiar, pinchar, machacar.

pisc *n.* pico.
piscicultură *f.* piscicultura.
piscină *f.* piscina.
pisic, pisoi *m.* gatito, micho.
pisică *f.* gato ‖ ~ *sălbatică* gato montés.
pistă *f.* pista.
pistil *n.* *(bot.)* pistilo.
pistol *n.* pistola.
piston *n.* *(tehn.)* pistón *m.*
pistrui *m.pl.* pecas *f.pl.*
pistruiat *adj.* pecoso.
pişca *vt.* 1. pellizcar. 2. *(d. insecte)* picar.
pişcătură *f.* 1. pellizco. 2. *(de insecte)* picadura.
pişcot *n.* bizcocho.
pişicher *adj.* taimado, astuto, zorro.
piti *vt.*, *vr.* esconder(se).
pitic *adj.*, *m.* enano.
pitoresc *adj.* pintoresco.
pitpalac *m.* codorniz *f.*
pitula *vr.* esconderse.
pitulice *f.* curruca.
piţigăiat *adj.* chillón.
piţigoi *m.* paro.
piuă *f.* batán *m.*
piui *vi.* piar.
piuit *n.* pío.
piuliţă *f.* *(de pisat)* mortero.
piuneză *f.* chinche *f.*
piure *m.* puré *m.*
pivnicer *m.* bodeguero.
pivniţă *f.* sótano ‖ ~ *de vinuri* bodega.
pivot *n.* eje *m.*
pix *n.* bolígrafo; *(fam.)* boli.
pizmaş *adj.* envidioso.
pizmă *f.* envidia.

pizmui *vt.* envidiar.
plac *n.* gusto ‖ *după bunul* ~ a su gusto, a su antojo; *a face cuiva pe* ~ complacer (a alguien).
placa *vt.* *(sport)* tumbar.
placardă *f.* pancarta, cartel *m.*
placă *f.* 1. plancha, lámina. 2. *(disc)* disco ‖ *aceeaşi* ~! ¡la misma canción!. 3. *(tehn.)* placa.
plachetă *f.* folleto.
placid *adj.* plácido.
placiditate *f.* placidez *f.*
plafon *n.* 1. techo. 2. *(fig.)* límite *m.*
plafona *vt.* limitar.
plagă *f.* llaga; *(fig.)* plaga.
plagia *vt.* plagiar.
plagiat *n.* plagio.
plagiator *m.* plagiario.
plajă *f.* playa.
plan I. *n.* 1. *(proiect)* plan *m.*, proyecto ‖ ~ *de aprovizionare* plan de abastecimiento; ~ *de perspectivă* plan de perspectiva; *~ul întreprinderii* el plan de la empresa; *a îndeplini ~ul* cumplir el plan; *a întocmi* (sau *a face*) *~ul* hacer un plan. 2. *(geom., pict., cinema etc.)* plano ‖ ~ *înclinat* plano inclinado; *~ul oraşului* el plano de la ciudad; *în prim* ~ en el primer plano; *pe* ~ *mondial* en plano mundial; *pe ~ul* en el dominio, en cuanto a, concerniente a; *a pune pe acelaşi* ~ poner en el mismo plano. II. *adj.* llano, plano, liso ‖ *suprafaţă ~ă* superficie plana (sau llana).

plana *vi.* 1. *(av.)* planear. 2. *(fig. o amenințare)* cernerse *vr.*, pesar.

planetar *adj.* planetario.

planetă *f.* planeta *m.*

planifica *vt.* planificar.

planificare *f.* planificación, planeamiento.

planor *n.* *(av.)* planeador.

planşă *f.* lámina.

planşetă *f.* tablero de dibujo.

planta *vt.* plantar.

plantator *m.* plantador.

plantaţie *f.* plantación, plantío ‖ ~ *de cafea* cafetal.

plantă *f.* planta ‖ ~ *cultivată* planta de cultivo; ~ *ornamentală* planta de adorno.

planton *m.* *(mil.)* plantón *m.* ‖ *a fi de* ~ estar de plantón.

plapumă *f.* colcha.

plasa I. *vt.* 1. colocar, acomodar. 2. *(bani)* invertir. 3. vender. II. *vr.* colocarse.

plasare *f.*, **plasament** *n.* colocación.

plasator *m.* *(la teatru etc.)* acomodador.

plasă *f.* red *f.*, redecilla; *(în tren)* rejilla.

plasmă *f.* plasma *m.*

plastic *adj.* plástico ‖ *arte ~e* artes plásticas; *mase ~e* masas plásticas.

plastică *f.* *(artă)* bellas artes.

plasticitate *f.* plasticidad.

plastron *n.* plastrón *m.*

plasture *m.* esparadrapo, emplasto.

plat *adj.* llano, liso ‖ *o sută de metri* ~ cien metros lisos.

platan *m.* *(bot.)* plátano.

plată *f.* 1. *(achitare)* pago ‖ *notă de* ~ cuenta. 2. *(salariu)* paga.

platformă *f.* *(şi pol.)* plataforma ‖ ~ *industrială* polígono industrial.

platină *f.* platino.

platitudine *f.* simpleza.

platonic *adj.* platónico.

platoşă *f.* coraza.

platou *n.* 1. *(geogr.)* meseta. 2. *(tavă)* bandeja. 3. *(de filmare)* plató *m.*

plauzibil *adj.* plausible.

plăcea *vt.* gustar, agradar ‖ *îmi place să citesc* me gusta leer; *a nu* ~ no agradar, repugnar.

plăcere *f.* gusto, placer *m.*, gozo, agrado ‖ *asta nu-mi face* ~ esto no me gusta, esto no me agrada; *a face* ~ dar gusto, agradar; *cu multă* ~ con mucho *(sau* sumo) gusto.

plăcintă *f.* hojaldre *m.*

plăcintărie *f.* pastelería.

plăcut *adj.* agradable, grato, gustoso, ameno ‖ ~ *la gust* sabroso; *o veste ~ă* una grata noticia.

plămădi *vt.*, *vi.* *(şi fig.)* plasmar.

plămân *m.* pulmón *m.*

plănui *vt.* planear, proyectar.

plăpând *adj.* débil, enclenque, delicado.

plăsmui *vt.* 1. plasmar, figurar. 2. *(a falsifica)* contrahacer.

plăsmuire *f.* 1. creación. 2. *(născocire)* invención. 3. falsificación.

plăti *vt.* pagar, abonar, saldar, liquidar ‖ *a* ~ *în rate* pagar a plazos; *a* ~ *la casă* pagar en la caja.

plângăreţ *adj.* llorón.

plângător *adj.* llorón ‖ *salcie plângătoare* sauce *m.* llorón.

plânge I. *vi.* llorar ‖ *a ~ în hohote* llorar a lágrima viva; *a ~ cu suspine* sollozar. II. *vr.* quejarse, lamentarse.

plângere *f.* 1. llanto, lloro, queja. 2. *(reclamaţie)* queja, reclamación, querella.

plâns, plânset *n.* llanto, lloro, lamento.

pleavă *f.* *(fig.)* hez *f.* ‖ *pleava societăţii* la hez de la sociedad

plebe *f.* plebe *f.*

plebeu *adj., m.* plebeyo.

plebiscit *n.* plebiscito.

pleca I. *vi.* salir, marcharse, irse, partir ‖ *a ~ la Madrid* salir para Madrid. II. *vt., vr.* inclinar(se); *(şi fig.)* doblar(se). III. *vr.* *(a se supune)* rendirse.

plecare *f.* salida, partida.

plecăciune *f.* reverencia.

pled *n.* manta.

pleda *vi., vt.* *(pentru)* abogar (por).

pledoarie *f.* defensa.

pleiadă *f.* pléyade *f.*

plen *n.* pleno.

plenar *adj.* plenario.

plenipotenţial *adj.* plenipotenciario.

plenitudine *f.* plenitud *f.*

pleoapă *f.* párpado.

pleonasm *n.* pleonasmo.

pleoştit *adj.* 1. aplastado, caído. 2. *(fig.)* deprimido.

plescăi *vi.* 1. *(din limbă)* chasquear. 2. *(apa)* chapotear.

plesni I. *vt.* 1. reventar. 2. *(din bici)* chasquear. II. *vi.* pegar una bofetada.

plesnitură *f.* 1. reventón *m.* 2. chasquido.

pleşuv *adj.* calvo.

plete *f.pl.* melena.

pletos *adj.* peludo, melenudo.

pleură *f.* *(anat.)* pleura.

pleurezie *f.* *(med.)* pleuritis *f.*

plex *n.* plexo.

plia *vt.* plegar, doblar.

pliant I. *adj.* plegable. II. *m.* folleto.

plic *n.* sobre *m.*

plicticos *adj.* aburrido, fastidioso.

plictiseală *f.* aburrimiento, fastidio.

plictisi *vt., vr.* aburrir(se), fastidiar(se).

plictisitor *adj.* aburrido, fastidioso, pesado.

plimba *vr.* pasear *vi.*, dar un paseo.

plimbare *f.* paseo ‖ *a merge la ~* ir de paseo.

plin I. *adj.* 1. lleno. 2. *(fig.)* pleno. 3. *(ticsit)* repleto. 4. *(d. persoane)* regordete. II. *adv.* *în expr.:* *din ~* plenamente, a fondo.

plinătate *f.* plenitud *f.*

plisa *vt.* plegar.

plisc *n.* pico.

plită *f.* fogón *m.*

pliu *n.* pliegue *m.*, arruga.

plivi *vt.* escardar.

plivit *n.* escarda.

plocon *n.* regalo, dádiva.

ploaie *f.* lluvia ‖ *~ torenţială* aguacero, chubasco.

ploconi vr. 1. inclinarse. 2. (fig.) hacer zalamerías.

ploconire f. (fig.) adulación, zalamería.

plod m. criatura.

ploios adj. lluvioso.

plomba vt. (med.) empastar.

plombă f. (med.) empaste m.

plonja vi. sumergirse, zambullirse.

plop m. álamo ‖ — negru chopo; pădurice de ~i alameda.

ploscă f. 1. cantimplora. 2. (pentru bolnavi) bacín m.

ploşniţă f. chinche f.

ploua vi. llover ‖ a ~ cu găleata llover a cántaros.

plouat adj. (fig.) abatido.

plug n. arado.

plugar m. labrador.

plumb m. 1. (chim.) plomo. 2. (glonte) bala.

plumbui vt. emplomar.

plumburiu adj. plomizo.

plural adj., n. plural m.

pluralitate f. pluralidad.

plus n. (semnul adunării) más ‖ este în ~ sobra, es de más; în ~ encima.

plusvaloare f. (ec.) plusvalía.

pluş n. felpa, terciopelo.

pluşat adj. afelpado, aterciopelado.

plutaş m. almadiero.

plută f. 1. balsa, almadía. 2. (pentru dopuri) corcho ‖ stejar de ~ alcornoque m. 3. (la undiţă) flotador (de corcho). 4. (nataţie) plancha.

pluti vi. flotar.

plutire f. flotación ‖ linie de ~ línea de flotación.

plutitor adj. flotante.

pluton n. (mil.) pelotón m.

plutonier m. (mil.) brigada m.

pneu n. (auto) neumático.

pneumatic adj. neumático.

pneumonie f. (med.) neumonía, pulmonía.

poală f. falda.

poamă f. fruta.

poantă f. gracia.

poartă f. 1. puerta. 2. (sport) meta, portería.

poate adv. tal vez, acaso, quizá(s).

pocal n. cáliz m.

pocăi vr. hacer penitencia.

pocăinţă f. penitencia.

pocher n. póquer m.

poci vt. desfigurar; estropear.

pocnet n. estallido.

pocni I. vi. estallar, retumbar. II. vt. (a lovi) pegar.

pocnitoare f. petardo.

pocnitură f. retumbo.

pod n. 1. puente m. ‖ ~ suspendat (mobil) puente colgante (levadizo); a trece un ~ pasar por un puente. 2. (la casă) desván m.

podea f. tablado, entablado.

podgorie f. viñedo.

podi vt. entablar.

podidi vt. 1. echarse vr. (a), romper (a) ‖ a ~ plânsul (pe cineva) echar(se) a llorar, deshacerse en lágrimas. 2. (fig.) agobiar.

podiş n. meseta, altiplanicie f.

podium n. tarima, estrado.

podoabă f. adorno; (bijuterie) alhaja, joya.

poem n. poema m.

poet *m.* poeta *m.*

poetic *adj.* poético.

poetică *f.* poética.

poezie *f.* poesía.

pofidă *f.* în *expr.:* în *pofida* a pesar de.

poftă *f.* gana; *(de mâncare)* apetito ‖ ~ *bună!* ¡buen apetito!; *a avea* ~ *de* tener ganas de; *a-şi deschide pofta de mâncare* abrir el apetito.

pofti I. *vt.* 1. desear, querer, apetecer. 2. *(a invita)* invitar, convidar. II. *vi. (la)* codiciar *vt.*

pofticios *adj.* goloso.

poftim *interj.* 1. *(iată)* ¡he aquí!, ¡aquí está!. 2. *(interogativ)* ¿por favor?.

poiană *f.* claro.

poimâine *adv.* pasado mañana.

pojar *n. (med.)* sarampión *m.*

pojghiţă *f.* película.

pol *m. (geogr., electr., geom.)* polo ‖ ~*ul nord (sud)* el polo norte (sur).

polar *adj.* polar ‖ *stea* ~*ă* estrella polar.

polariza *vt.* polarizar.

polarizare *f.* polarización.

polei[1] *n.* helada.

polei[2] *vt.* dorar; platear.

poleială *f.* papel de estaño.

polemic *adj.* polémico.

polemică *f.* polémica.

polemiza *vt.* polemizar.

polen *m.* polen *m.*

poleniza *vt.* polinizar, hacer la polinización.

polenizare *f.* polinización.

policlinică *f.* policlínica.

policrom *adj.* policromo.

polifonie *f.* polifonía.

poligamie *f.* poligamia.

poliglot *adj., m.* poligloto [polígloto].

poligon *n.* polígono.

poligrafie *f.* poligrafía.

polimer *m. (chim.)* polímero.

poliomielită *f. (med)* poliomielitis *f.*

polip *m. (med.)* pólipo.

politehnic *adj.* politécnico.

politehnică *f. (instituţia)* politécnico.

politeţe *f.* cortesía ‖ *din* ~ por cortesía.

politic *adj.* político.

politică *f.* política.

politician *m.* político.

politicos *adj.* cortés.

poliţai *n.* policía *m.*; *(înv.)* alguacil *m.*

poliţă *f.* 1. póliza, giro. 2. *(raft)* estante *m.*

poliţie *f.* policía ‖ *comisariat de* ~ comisaría de policía.

poliţist I. *m.* policía *m.* II. *adj.* policíaco [policiaco] ‖ *roman* ~ novela policíaca.

polivalent *adj.* 1. polivalente. 2. *(sport)* polideportivo ‖ *sală* ~*ă* polideportivo.

polivalenţă *f.* polivalencia.

poliza *vt.* pulir.

polo *n. (sport)* water-polo *m.*

poloboc *n.* cuba.

polonez *adj., m.* polaco.

polonic *n.* cucharón *m.*

poltron *adj.* cobarde.

polua *vt.* contaminar.

poluare *f.* contaminación.

pom *m.* árbol *m.* || ~ *fructifer* árbol frutal.

pomadă *f.* pomada.

pomană *f.* limosna || *a cere de ~* pedir limosna.

pomeneală *f.* în *expr.: nici ~ ni* por pienso.

pomeni I. *vt.* mencionar, mentar. **II.** *vr.* 1. *(a se afla)* hallarse, encontrarse. 2. *(cu)* tropezar *vi.* (con).

pomenire *f.* 1. *(bis.)* (misa de) réquiem *m.*, misa de difuntos. 2. mención, recuerdo, memoria, alusión.

pomeți *m. pl.* *(anat.)* pómulos *m.pl.*

pomicultor *m.* arbolista *m.*, arboricultor.

pomicultură *f.* arboricultura.

pomină *f.* în *expr.: de ~* famoso, inolvidable; *a ajunge de ~* llegar a ser famoso; *a o face de ~* hacer una que sea sonada.

pompa *vt.* sacar (agua con bomba).

pompă *f.* 1. bomba || ~ *de benzină* bomba de gasolina, gasolinera; ~ *de incendiu* bomba de incendios. 2. *(fast)* pompa, fausto || *cu multă ~* con mucha pompa. 3. *pl. pompe funebre* funeraria.

pompier *m.* bombero.

pompos *adj.* pomposo.

ponderat *adj.* ponderado, ponderoso.

ponderație *f.* ponderación.

pondere *f.* peso, importancia, ponderosidad.

ponegri *vt.* denigrar, calumniar, difamar.

ponegrire *f.* denigración, calumnia, difamación.

ponei *m.* poney *m.*

ponosi *vt.* ajar.

ponosit *adj.* ajado, viejo, deteriorado.

ponta *vt.* marcar la tarjeta.

pontif *m.* *(rel.)* pontífice *m.*

popas *n.* alto || *a face ~* hacer alto.

popă *m.* *(rel.)* cura *m.*, sacerdote *m.*

popândău *m.* hámster *m.*

popice *n.pl.* bolos *m.pl.*, boliche *m.*

poplin *n.* *(text.)* popelina.

popor *n.* pueblo.

poposi *vi.* hacer alto; descansar.

popotă *f.* *(mil.)* cantina.

popula *vi.* poblar.

popular *adj.* popular.

popularitate *f.* popularidad.

populariza *vt.* divulgar.

popularizare *f.* divulgación || *broșuri de ~* folletos de divulgación.

populat *adj.* poblado.

populație *f.* población.

por *m.* *(bot., anat.)* poro.

porc *m.* 1. cerdo, puerco || ~ *mistreț* jabalí *m.*; *carne de ~* carne de cerdo. 2. *(fig.)* cochino.

porcar *m.* porquero.

porcărie *f.* *(fig.)* porquería.

porcesc *adj.* porcino.

poreclă *f.* apodo, mote *m.*, sobrenombre *m.*

porecli *vt.* apodar.

porni I. *vi.* 1. *(la drum)* marcharse *vr.*, ponerse *vr.* en camino. 2. *(d. vehicule)* arrancar. 3. *(d. un motor)* ponerse en

marcha, arrancar (el motor).
II. *vt.* poner en marcha. III.
vr. (pe) empezar (a), ponerse
(a), echar (a).

pornire *f.* 1. partida. 2. *(a unui
motor)* arranque *m.* 3. *(fig.)*
impulso, ímpetu *m.*

poros *adj.* poroso.

porozitate *f.* porosidad.

port *n.* 1. *(mar.)* puerto ‖ ~ *ma-
ritim (fluvial)* puerto marítimo
(fluvial). 2. *(costum)* traje *m.*

portabil *adj.* portátil, fácil de
transportar.

portar *m.* 1. portero. 2. *(sport)*
guardameta *m.*, portero.

portativ I. *adj.* portátil. II. *n.*
(muz.) pentagrama *m.*

portavion *n.* portaaviones *m.*

portărel *m.* *(jur.)* escribano.

portbagaj *n.* *(auto)* maletero.

portchei *n.* llavero.

portieră *f.* portezuela.

portjartier *n.* portaligas *m.*, faja.

portmoneu *n.* portamonedas *m.*,
monedero.

portocal *m.* *(bot.)* naranjo ‖
floare de ~ azahar *m.*; *livadă
de* ~*i* naranjal.

portocală *f.* naranja.

portocaliu *adj.* anaranjado.

portofel *n.* cartera.

portret *n.* retrato ‖ ~ *bust* retrato
de medio cuerpo; ~ *robot*
retrato robot; *a face* ~*ul cuiva*
retratar a uno.

portretist *m.* retratista *m.* şi *f.*

portţigaret *n.* 1. *(tabacheră)*
pitillera. 2. boquilla.

portuar *adj.* portuario.

portughez *adj., m.* portugués *m.*

porţelan *n.* porcelana.

porţie *f.* porción, ración.

porţiune *f.* 1. porción, parte *f.*
2. *(tronson)* tramo.

porumb *m.* maíz *m.* ‖ *teren
cultivat cu* ~ maizal.

porumbel *m.* paloma ‖ ~ *călă-
tor* paloma mensajera.

porumbişte *f.* maizal.

poruncă *f.* orden *f.*, mandato,
mandamiento.

porunci *vt., vi.* ordenar, mandar.

posac *adj.* malhumorado, triste.

poseda *vt.* poseer.

posesie, posesiune *f.* posesión,
dominio.

posesiv *adj.* posesivo.

posesor *m.* poseedor, posesor.

posibil *adj.* posible ‖ *dacă e* ~ si
es posible; *a face tot* ~*ul*
hacer todo lo posible.

posibilitate *f.* 1. posibilidad.
2. *(fig.) (ocazie)* oportunidad.

posomorât *adj.* 1. cerrado, som-
brío. 2. *(d. cer)* anublado.

posomorî *vr.* 1. entristecerse.
2. *(d. cer)* achubascarse.

post *n.* 1. puesto, cargo, empleo,
plaza. 2. *(de jandarmi)* comi-
saría. 3. *(rel.)* ayuno.

posta *vr.* plantarse, colocarse.

postament *n.* pedestal *m.*

postav *n.* paño.

postbelic *adj.* de posguerra.

posterior *adj.* posterior.

posterioritate *f.* posterioridad.

posti *vi.* *(rel.)* ayunar.

postpune *vt.* posponer.

post-restant *n.* lista de correos.

post-scriptum *n.* posdata, P.D.

postulat *n.* postulado.

postum *adj.* póstumo.

postură *f.* postura.

poşetă *f.* bolso, saco de mano.

poştal *adj.* postal ‖ *carte ~ă* tarjeta postal; *mandat ~* giro postal; *oficiu ~* oficina de correos.

poştaş *m.* cartero.

poştă *f.* correo(s) *m. (pl.)* ‖ *poşta centrală* central *f.* de correos.

potabil *adj.* potable.

potasiu *n. (chim.)* potasio

potârniche *f.* perdiz *f.*

potcoavă *f.* herradura.

potcovar *m.* herrador.

potcovi *vt.* herrar.

potecă *f.* senda, sendero, vereda.

potenţial *adj., n.* potencial.

poticni *vr. (de)* tropezar *vi.* (con).

potir *n.* cáliz *m.*

potlogar *adj., m.* bribón *m.*

potoli *vt., vr.* sosegar(se), apaciguar(se), calmar(se).

potolire *f.* apaciguamiento.

potop *n.* diluvio.

potpuriu *n.* popurrí *m.*

potrivi I. *vt.* 1. ajustar, arreglar, compaginar. 2. *(gustul la mâncare)* sazonar. II. *vr.* 1. ajustarse, concordar *vi.*, consonar *vi.*, compaginarse, casarse. 2. *(a se asemăna)* asemejarse. 3. *(d. îmbrăcăminte)* caer bien.

potrivire *f.* concordancia, semejanza, acuerdo.

potrivit *adj.* 1. conveniente, adecuado (a); aconsejable; apropiado, idóneo ‖ *~ cu*

conforme a, con arreglo a, de acuerdo con. 2. *(moderat)* moderado, regular.

potrivnic *adj., m.* enemigo, contrario, hostil.

povară *f. (şi fig.)* carga ‖ *animal de ~* bestia de carga.

povaţă *f.* consejo, recomendación.

povăţui *vt.* aconsejar, recomendar.

povăţuitor *adj.* aconsejador.

poveste *f.* cuento, relato, narración ‖ *~ cu zâne* cuento de hadas.

povesti *vt., vi.* contar, narrar, relatar.

povestire *f.* cuento, narración, relato.

povestitor *m.* cuentista *m.* şi *f.*, narrador.

povârniş *n.* cuesta, pendiente *f.*, ladera.

poza I. *vt.* fotografiar. II. *vi.* afectar.

poză *f.* foto *f.*, ilustración.

pozitiv *adj.* positivo.

pozitivism *n.* positivismo.

poziţie *f.* posición, postura.

poznaş *adj.* travieso.

poznă *f.* travesura.

practic *adj.* práctico.

practica *vt.* practicar.

practicabil *adj.* practicable.

practică *f.* práctica ‖ *~ în producţie* práctica productiva; *a pune în ~* poner en práctica.

pradă *f.* presa, captura ‖ *a lua ca ~* capturar; *animal de ~* depredador; *pasăre de ~* ave de rapiña.

praf *n.* polvo ‖ *~ de puşcă* pólvora; *lapte ~* leche en polvo;

nor de ~ polvareda; *a şterge* ~*ul* quitar el polvo.

prag *n.* 1. umbral ‖ *a călca* ~*ul* pisar los umbrales. 2. *(fig.)* vísperas *f.pl.* ‖ *în* ~*ul* en vísperas de.

pragmatic *adj.* pragmático.

pramatie *f.* sinvergüenza *m.*

praşilă *f.* bina, binadura.

praştie *f.* honda.

pravilă *f.* ley *f.*

praz *m.* *(bot.)* puerro.

praznic *n.* banquete *m.*, festín *m.*

prăbuşi *vr.* caerse, derrumbarse, desplomarse, desmoronarse ‖ *a se* ~ *la pământ* caer(se) al suelo, venir(se) abajo.

prăbuşire *f.* derrumbamiento, desplome *m.*

prăda *vt.* pillar, saquear, robar.

prădare *f.* saqueo, robo.

prădător *m.* saqueador, depredador.

prăfui *vt.* empolvar.

prăfuit *adj.* polvoriento, empolvado.

prăji *vt., vr.* 1. *(la foc)* tostar(se), asar(se); *(în grăsime)* freír(se); *(uşor)* sofreír. 2. *(fig.)* engañar(se). 3. *(la soare)* tostar(se).

prăjit *adj.* *(la foc)* tostado, asado; *(în grăsime)* frito ‖ *peşte* ~ pescado frito; *pâine* ~*ă* pan tostado.

prăjină *f.* *(şi sport)* pértiga.

prăjitură *f.* pastel *m.*, pasta.

prăpastie *f.* abismo, precipicio.

prăpăd *n.* calamidad.

prăpădi I. *vt.* 1. destruir. 2. *(a irosi)* malgastar. II. *vr.* morirse ‖ *a se* ~ *după* morirse por.

prăpădit *adj.* miserable, pobre.

prăpăstios *adj.* 1. abrupto. 2. *(fig.)* pesimista.

prăsi *vr.* reproducirse.

prăsilă *f.* reproducción ‖ *animal de* ~ reproductor.

prăvăli *vt., vr.* despeñar(se), precipitar(se).

prăşi *vt.* binar.

prăvălie *f.* tienda, comercio

prânz *n.* almuerzo, comida

prânzi *vi.* almorzar, comer.

prâslea *m.* el menor, el benjamín *m.*

prea *adv.* demasiado ‖ *se* ~ *poate* puede ser.

preajmă *f.* cercanía ‖ *în* ~ cerca.

prealabil *adj.* previo ‖ *în* ~ antes.

preamări *vt.* ensalzar, glorificar.

preamărire *f.* glorificación.

preambul *n.* preámbulo.

preaputernic *adj.* todopoderoso.

preaviz *n.* aviso.

precar *adj.* precario.

precaut *adj.* cauteloso, precavido.

precauţie *f.* precaución, cautela.

precădere *f.* *în expr.: cu* ~ preponderantemente, con preferencia.

preceda *vt.* preceder, anteceder.

precedent *adj., n.* precedente *m.*, antecedente *m.*

precept *n.* precepto.

preceptor *m.* preceptor.

precipita *vt., vr.* precipitar(se).

precipitare *f.* precipitación.

precipitat *n.* *(chim.)* precipitado.
precipitaţie *f.* precipitación.
precis *adj.* preciso.
preciza *vt.* precisar, especificar, puntualizar.
precizie *f.* precisión, exactitud, puntualidad.
precoce *adj.* precoz.
precocitate *f.* precocidad.
precolumbian *adj.* precolombino.
preconceput *adj.* preconcebido.
preconiza *vt.* preconizar.
preconizare *f.* preconización.
precum *conj.* (así) como ǁ ~ *urmează* como resulta, como sigue.
precumpăni *vt.* preponderar.
precumpănitor *adj.* preponderante.
precupeţi *vt.* *(fig.)* ahorrar, escatimar.
precursor *adj.*, *m.* precursor, antecesor.
preda **I.** *vt.* **1.** *(un obiect)* entregar; *(a încredinţa)* encomendar. **2.** *(şcol.)* enseñar, dar *(sau* impartir) clases. **II.** *vr.* *(mil.)* entregarse, rendirse ǁ *a se ~ fără condiţii* rendirse a discreción.
predare *f.* **1.** *(înmînare)* entrega. **2.** *(şcol.)* enseñanza. **3.** *(mil.)* rendición.
predecesor *m.* predecesor.
predestina *vt.* predestinar.
predestinare *f.* predestinación.
predica *vt.* predicar.
predicat *n.* *(gram.)* predicado.
predicativ *adj.* *(gram.)* predicativo.
predicator *m.* predicador.

predică *f.* sermón *m.* ǁ *a ţine o ~* hacer *(sau* echar) un sermón.
predilect *adj.* predilecto.
predilecţie *f.* predilección.
predispoziţie *f.* predisposición
predispune *vt.*, *vi.* predisponer.
predomina *vi.* predominar.
predominant *adj.* predominante.
predominare *f.* predominio.
prefabrica *vt.* prefabricar.
prefabricat *n.* prefabricado.
preface **I.** *vt.*, *vr.* transformar(se), convertir(se). **II.** *vr.* *(a simula)* fingir, simular ǁ *se ~ că râde* finge reír.
prefacere *f.* transformación, cambio.
prefaţă *f.* prefacio, prólogo.
prefăcătorie *f.* fingimiento, disimulación.
prefăcut *adj.* **1.** fingido. **2.** contrahecho, falsificado.
prefect *m.* prefecto.
prefectură *f.* prefectura ǁ *~ de poliţie* jefatura.
prefera *vt.* preferir, anteponer.
preferabil *adj.* preferible.
preferinţă *f.* preferencia.
prefix *n.* *(gram.)* prefijo.
pregăti *vt.*, *vr.* *(pentru)* preparar(se) (a, para), disponer(se) (a).
pregătire *f.* **1.** preparación; *pl.* preparativos *m.pl.* **2.** *(studii)* formación; *(profesională)* capacitación.
pregătitor *adj.* preparador, preparatorio.
pregeta *vi.* vacilar, hesitar.
pregnant *adj.* sobresaliente.
preistorie *f.* prehistoria, antehistoria.

preîntâmpina *vt.* prevenir, obviar, precaver.

preîntâmpinare *f.* prevención.

prejudecată *f.* prejuicio.

prejudicia *vt.* perjudicar, dañar, lesionar.

prejudiciu *n.* perjuicio, daño, lesión.

prelat *n. (rel.)* prelado.

prelată *f.* toldo.

prelegere *f.* conferencia.

preliminar I. *adj.* preliminario. **II.** *n.pl.* preliminares *m.pl.*

prelinge *vr.* rezumar(se) *vi., vr.*

prelua *vt.* tomar; *(o idee etc.)* acoger.

preluare *f.* toma.

prelucra *vt.* elaborar.

prelucrare *f.* elaboración, procesamiento.

preludiu *n. (muz.)* preludio.

prelung *adj. (spaţial)* oblongo, alargado; *(temporal)* prolongado.

prelungi I. *vt., vr.* prolongar(se), alargar(se). **II.** prorrogar; *(un termen)* aplazar, ampliar; *(a extinde)* dilatar; *(a reînnoi)* renovar.

prelungire *f.* prolongación, alargamiento, prórroga; *(sport)* minutos extra.

prematur *adj.* prematuro.

premedita *vt.* premeditar.

premergător I. *adj.* anterior. **II.** *m.* precursor.

premerge *vi.* preceder.

premia *vt.* premiar, galardonar.

premieră *f.* estreno ‖ *a juca în* ~ estrenar.

premisă *f.* premisa.

premiu *n.* premio, galardón *m.* ‖ ~*ul eleganţei* el premio a la elegancia.

prenume *n.* nombre *m.* (de pila).

prepelicar *m. (zool.)* perdiguero.

preocupa *vt., vr.* preocupar(se) (por).

preocupare *f.* preocupación.

preot *m.* sacerdote *m.*, cura *m.*

preoţie *f.* sacerdocio.

prepara *vt., vr.* preparar(se) ‖ *a* ~ *masa* hacer la comida, guisar.

preparare *f.* preparación.

preparative *m. pl.* preparativos *m.pl.*

preparator *m.* preparador.

prepeliţă *f.* codorniz *f.*

preponderent *adj.* preponderante.

preponderenţă *f.* preponderancia.

prepoziţie *f. (gram.)* preposición.

prerogativă *f.* prerrogativa.

preromantism *n.* prerromanticismo.

presa *vt.* **1.** prensar. **2.** *(fig.)* oprimir.

presant *adj.* apremiador.

presă *f. (tehn., tip.)* prensa.

presăra *vt. (şi fig.)* salpicar.

preschimba *vt., vr.* cambiar(se), transformar(se), convertir(se).

preschimbare *f.* conversión, transformación, cambio.

prescrie *vt.* prescribir; *(un medicament)* recetar.

prescripţie *f.* **1.** prescripción. **2.** *(med.)* receta, prescripción ‖ *la prescripţia (medicului)* por prescripción.

prescurta *vt.* abreviar.

prescurtare *f. (acţiune)* abreviación; *(a unui cuvânt etc.)* abreviatura.

presentiment *n.* v. **presimţire**.

presimţi *vt.* presentir.

presimţire *f.* presentimiento, corazonada.

presiune *f.* presión ‖ ~ *atmosferică* presión atmosférica; *a face presiuni* presionar.

presta *vt.* prestar.

prestabilit *adj.* preestablecido.

prestanţă *f.* prestancia.

prestaţie *f.* prestación.

prestidigitator *m.* prestidigitador.

prestigiu *n.* prestigio, renombre *m.*

presupune *vt.* suponer.

presupunere *f.* suposición.

presupus *adj.* supuesto, presunto.

presus *adj.* în *expr.: mai ~ de* por encima de.

preş *n.* alfombra; *(ştergător)* estera.

preşcolar *adj.* pre(e)scolar.

preşedinte *m.* presidente *m.*

preşedinţie *f.* presidencia.

preta *vr. (la)* prestarse (a).

pretendent *m.* pretendiente *m.*

pretenţie *f.* pretensión.

pretenţios *adj.* pretencioso.

pretext *n.* pretexto; *(fam.)* escapatoria.

pretinde I. *vt.* 1. pretender. 2. *(a necesita)* necesitar, exigir. II. *vr.* considerarse.

pretins *adj.* pretendido, supuesto.

pretutindeni *adv.* en todas partes, por doquier(a).

preţ *n.* precio ‖ ~ *de cost (de vânzare)* precio de coste (de venta); *cu ~ul vieţii* a costa de la vida; *cu orice ~* a toda costa, a todo precio; *reducere de ~uri* rebaja (de precios).

preţios *adj.* precioso.

preţiozitate *f.* preciosidad.

preţui I. *vt.* 1. *(a aprecia)* apreciar, estimar, considerar, valorar. 2. *(a calcula valoarea)* preciar, estimar, (e)valuar, valorar. II. *vi.* valer.

preţuire *f.* 1. aprecio, estima. 2. valoración, (e)valuación, estimación, apreciación.

prevala I. *vi.* prevalecer, prevaler. II. *vr. (de)* prevalerse (de), valerse (de).

prevăzător *adj.* 1. *(prudent)* prudente, precavido. 2. *(care prevede)* previsor.

prevedea *vt.* 1. prever. 2. *(a înzestra)* proveer, pertrechar.

prevedere *f.* 1. previsión. 2. precaución, cautela ‖ *măsuri de* ~ medidas de precaución; *a lua măsuri de* ~ precaverse.

preveni *vt.* prevenir.

prevenire *f.* prevención.

preventiv *adj.* preventivo.

preventoriu *adj.* preventorio.

prevesti *vt.* presagiar, agorar.

prevestire *f.* presagio, agüero.

prevestitor *adj.* presagioso, agorero.

previzibil *adj.* previsible.

previziune *f.* previsión, pronóstico.

prezbit *adj.* présbite, largo de vista.

prezent *adj., n.* presente *m.* ‖ *în* ~ en la actualidad, actualmente, en el presente; *până în* ~ hasta la fecha.

prezenta I. *vt., vr.* presentar(se). II. *vr. (şi jur.)* personarse; *(jur.)* comparecer *vi.*

prezentabil *adj.* presentable, aspectuoso.

prezentare *f.* 1. presentación.
2. *(jur.)* comparecencia.
prezentator *m.* presentador;
comentador (de un programa).
prezenţă *f.* presencia.
prezervare *f.* preservación.
prezicătoare *f.* vidente *f.*, adivina, adivinadora.
prezicător *m.* vidente *m.*, adivino, adivinador.
prezice *vt.* predecir, vaticinar, adivinar ‖ *care ~* predictivo.
prezicere *f.* predicción, vaticinio.
prezida *vt.* presidir.
prezidare *f.* presidencia.
prezidenţial *adj.* presidencial.
prezumţie *f.* presunción.
prezumţios *adj.* presuntuoso.
pribeag *adj.* andante, errante.
pribegi *vi.* vagar, errar.
pribegie *f.* 1. *(hoinăreală)* vagabundeo. 2. *(exil)* exilio.
pricăjit *adj.* enclenque.
pricepe I. *vt.* entender, comprender. II. *vr. (la)* entender *vi.* (de), conocer *vi.* (de, en), saber *vi.* (de).
pricepere *f.* 1. entendimiento. 2. *(iscusinţă)* habilidad.
priceput *adj.* experimentado, entendido (en), diestro, hábil.
pricină *f.* causa ‖ *din pricina* a causa de; *fără ~* sin motivo.
pricinui *vt.* causar.
pricopsi *vr.* enriquecerse.
prielnic *adj.* favorable.
prieten *m.* amigo ‖ *a fi ~ cu* ser amigo de.
prietenesc *adj.* amistoso; amigable.
prietenie *f.* amistad ‖ *a lega ~ cu* trabar amistad con.

prietenos *adj.* amistoso; afable.
prigoni *vt.* perseguir.
prigonire *f.* persecución.
prigonitor *adj., m.* perseguidor.
prihană *f.* mácula, tacha ‖ *fără ~* inmaculado, sin tacha.
prilej *n.* motivo, ocasión ‖ *cu ~ul* con motivo de; *a da ~ să* dar lugar a.
prilejui *vt.* ocasionar, dar ocasión (a, para).
prim *adj.* primero ‖ *~-ministru* primer ministro; *în ~ul rând* en primer lugar; *materie ~ă* materia prima.
prima *vi.* prevalecer.
primar I. *adj.* primario ‖ *şcoală ~ă* escuela primaria. II. *m.* alcalde *m.*
primat *n.* primacía.
primă *f.* prima, premio, incentivo.
primărie *f.* ayuntamiento, alcaldía
primăvara *adv.* en primavera.
primăvară *f.* primavera.
primăvăratic *adj.* primaveral.
primejdie *f.* peligro ‖ *a fi în afară de ~* estar fuera de peligro.
primejdios *adj.* peligroso.
primejdui I. *vt.* poner en peligro, amenazar. II. *vr.* arriesgarse, exponerse (a un peligro), peligrar *vi.*
primeni *vr.* cambiar (*sau* mudar) de ropa.
primi *vt.* 1. recibir, cobrar ‖ *a ~ un cadou* recibir un regalo. 2. *(a încasa)* cobrar ‖ *a ~ leafa* cobrar el sueldo. 3. *(fig.)* acoger ‖ *a ~ un oaspete* acoger a un huésped.

primire *f.* 1. recepción. 2. *(şi fig.)* acogida ‖ *centru de ~* centro de acogida.

primitiv *adj.* primitivo, prístino.

primitivism *n.* primitivismo.

primitor *adj.* hospitalario, acogedor.

primordial *adj.* primordial.

primus *n.* infiernillo.

prin *prep.* por, mediante, a través de ‖ *~ urmare* por consiguiente.

princiar *adj.* principesco.

principal *adj.* principal.

principat *n.* principado.

principe *m.* príncipe *m.*

principiu *n.* principio ‖ *în ~* en principio.

prinde I. *vt.* 1. *(a apuca)* coger; prender; asir ‖ *a ~ de veste* enterarse (de); *a ~ din urmă* alcanzar; *a ~ rădăcini* echar raíces. 2. capturar. 3. sorprender; *(fam.)* pillar. 4. *(a începe)* comenzar (a), empezar (a). **II.** *vr.* 1. agarrarse, asirse. 2. *(a se lipi)* pegarse. 3. *(d. lapte)* cuajarse. 4. *(d. plante)* echar raíces.

prinos *n.* ofrenda.

prinşoare *f.* apuesta ‖ *a face ~* apostar.

printre *prep.* (por) entre.

prinţ *m.* príncipe *m.*

prinţesă *f.* princesa.

prioritate *f.* prioridad; *(şi auto)* preferencia.

pripăşi *vr.* refugiarse.

pripi *vr.* apresurarse, precipitarse; *(fam.)* farfullar *vi.*

priponi *vt.* atar, estacar.

prisacă *f.* colmenar *m.*

prisăcar *m.* colmenero.

prismă *f.* *(geom.)* prisma *m.*

prisos *n.* sobra ‖ *a fi de ~* sobrar; *de ~* superfluo, de sobra.

prisosi *vi.* sobrar.

prisosinţă *f.* demasía ‖ *cu ~* en demasía.

pritoci *vt.* trasegar.

priva *vt., vr.* privar(se).

privare, privaţiune *f.* privación.

privat *adj.* privado.

privatiza *vt.* privatizar.

privatizare *f.* privatización.

priveghea *vt.* velar.

priveghere *f.* vela, velación.

priveghi *n.* velorio.

privelişte *f.* paisaje *m.*, vista.

privi *vt., vr.* mirar(se) ‖ *a ~ chiorâş* mirar de reojo; *în ceea ce priveşte* en lo que concierne a, en cuanto a.

privighetoare *f.* ruiseñor.

privilegiu *n.* privilegio.

privinţă *f.* în *expr.:* *în privinţa* con respecto a, en cuanto a; *în această ~* respecto a esto, referente a esto.

privire *f.* mirada, vista ‖ *a arunca o ~* echar una mirada; *cu ~ la* con respecto a.

privitor *adj.* *(la)* concerniente (a).

priză *f.* *(electr.)* enchufe *m.* ‖ *a avea ~ la* conectar con; *a pune în ~* enchufar.

prizonier *m.* prisionero, preso.

proaspăt *adj.* 1. fresco, natural; *(fraged)* tierno; *(plin de vitalitate)* lozano. 2. *(fig.)* reciente, nuevo.

proba *vt.* probar.

probabil *adj.* probable.

probabilitate *f.* probabilidad.
probă *f.* 1. prueba. 2. *(dovadă)* muestra. 3. *(la croitor)* ensayo.
probitate *f.* probidad.
problematic *adj.* problemático.
problemă *f.* 1. problema *m.*; asunto, cuestión || *a ridica o* ~ plantear un problema. 2. *(fig.)* apuro, problema *m.* || *a avea o* ~ tener un apuro.
preceda *vi.* *(la)* proceder (a).
procedeu *n.* procedimiento.
procedură *f.* *(jur.)* procedimiento.
procent *n.* porcentaje *m.*
procentaj *n.* porcentaje *m.*
proces *n.* 1. proceso. 2. *(jur.)* pleito; juicio; *(penal)* proceso.
procesare *f.* procesamiento.
procesiune *f.* procesión.
proclama *vt.* proclamar.
proclamaţie *f.* proclamación.
proclitic *adj.* *(gram.)* proclítico.
proconsul *m.* procónsul *m.*
procrea *vt.* procrear, engendrar.
procura *vt.* proporcionar, facilitar, suministrar.
procurator *m.* procurador.
procuratură *f.* fiscalía.
procură *f.* poder *m.* *(mai ales la pl.)*; procura.
procuror *m.* fiscal.
prodigios *adj.* prodigioso.
producător *adj., m.* productor.
produce I. *vt.* 1. producir, generar. 2. *(a provoca)* causar. II. *vr.* 1. producirse. 2. ocurrir *vi.* 3. *(a da reprezentaţii)* actuar *vi.*
producere *f.* producción.
productiv *adj.* productivo.
productivitate *f.* productividad.

producţie *f.* producción, fabricación || ~ *în serie* producción en serie.
produs *n.* 1. *(şi mat.)* producto || ~*e agricole* productos agrícolas. 2. preparado, artículo. 3. *(înmulţire)* multiplicación.
proeminent *adj.* 1. prominente. 2. *(fig.)* destacado.
profan *adj.* profano.
profana *vt.* profanar.
profanare *f.* profanación.
profera *vt.* proferir.
profesa *vt.* profesar, ejercer.
profesional *adj.* profesional.
profesionist *adj., m.* profesional.
profesiune *f.* profesión, oficio || ~ *liberă* profesión liberal; *a exercita o* ~ ejercer una profesión.
profesor *m.* profesor; maestro; *(universitar)* catedrático || ~ *de liceu* profesor de instituto.
profesorat *n.* profesorado.
profet *m.* profeta *m.*
profetic *adj.* profético.
profeţi *vt.* profetizar.
profeţie *f.* profecía.
profil *n.* perfil *m.* || *în* ~ de perfil.
profila *vt., vr.* perfilar(se).
profilaxie *f.* profilaxis *f.*
profit *n.* provecho, utilidad.
profita *vi.* aprovechar *vt.*, aprovecharse *vr.* (de) || *a* ~ *de ocazie* aprovechar la oportunidad.
profitabil *adj.* provechoso.
profitor *adj., m.* aprovechado.
profund *adj.* profundo, hondo.
profunzime *f.* profundidad, hondura.
progenitură *f.* criatura, hechura.
prognoza *vt.* pronosticar.

prognoză *f.* pronóstico.
program *n.* programa *m.*
programa *vt.* programar.
programare *f.* programación.
progres *n.* progreso, adelanto.
progresa *vi.* adelantar, progresar.
progresie *f. (mat.)* progresión.
progresist *adj.* progresista.
progresiv *adj.* progresivo.
prohibiţie *f.* prohibición.
proiect *n.* **1.** *(desen)* proyecto. **2.** *(plan)* proyecto, designio, plan *m.*
proiecta *vt., vr.* proyectar(se), planear *vt.*
proiectant *adj., m.* proyectante *m.*
proiectare *f.* proyección.
proiectil *n.* proyectil *m.*
proiector *n.* foco.
proiecţie *f.* proyección.
proletar *adj., m.* proletario.
proletariat *n.* proletariado.
prolific *adj.* prolífico.
prolix *adj.* prolijo.
prolixitate *f.* prolijidad.
prolog *n.* prólogo.
promenadă *f.* paseo, alameda ‖ *a face o* ~ dar un paseo.
promiscuitate *f.* promiscuidad.
promisiune *f.* promesa.
promite *vt., vi.* prometer.
promiţător *adj.* prometedor.
promontoriu *n. (geogr.)* promontorio.
promoroacă *f.* escarcha.
promotor *adj., m.* promotor.
promoţie *f.* promoción.
promova *vt.* promover; *(a avansa)* ascender; *(şcol.)* aprobar, superar; graduarse *vr.*

promovare *f.* promoción.
prompt *adj.* pronto.
promptitudine *f.* prontitud *f.*
promulga *vt. (o lege etc.)* promulgar.
promulgare *f.* promulgación.
pronie *f.* providencia.
pronominal *adj. (gram.)* pronominal.
pronostic *n.* pronóstico.
pronostica *vt.* pronosticar.
pronume *n. (gram.)* pronombre *m.*
pronunţa *vt., vr.* pronunciar(se).
pronunţare *f.* pronunciación; acento.
pronunţie *f.* pronunciación.
propaga *vt., vr.* propagar(se).
propagandă *f.* propaganda.
propagandist *m.* propagandista *m.* şi *f.*
propagare *f.* propagación.
propăşi *vi.* prosperar.
propăşire *f.* prosperidad.
propice *adj.* propicio, favorable.
proporţie *f.* proporción.
proporţiona *vt.* proporcionar.
proporţional *adj.* proporcional.
propovădui *vt.* predicar.
propoziţie *f.* oración.
proprietar *m.* propietario.
proprietate *f.* **1.** *(posesie)* propiedad, posesión ‖ ~ *funciară* finca rústica; ~ *privată* propiedad privada. **2.** *(caracteristică)* propiedad, peculiaridad, característica.
propriu *adj.* propio; *(caracteristic)* privativo; característico.
propti *vt., vr.* apoyar(se), arrimar(se).
propulsa *vt.* propulsar.

propulsie f. propulsión.

propulsor n. (tehn.) propulsor

propune vt., vr. proponer(se).

propunere f. propuesta, proposición.

proră f. (mar.) prora.

prorector m. vicerrector.

proroc m. profeta m.

proroci vt. profetizar.

prorocire f. profecía.

prospera vi. prosperar, progresar, mejorar.

proslăvi vt. ensalzar, glorificar.

prosop n. toalla.

prospect n. prospecto.

prospecta vt. explorar, prospectar.

prospectar f. prospección ‖ ~a pieţii la prospección del mercado

prospecţiune f. prospección, exploración.

prosper adj. próspero.

prospera vi. prosperar.

prosperitate f. prosperidad.

prospeţime f. frescura, frescor.

prost adj., m. bobo, tonto, necio, sandio; (incapabil) incapaz; (simplu) simple ‖ ~ ca noaptea bobo de capirote; de proastă calitate de baja calidad.

prostănac adj. lerdo, torpe, idiota, bobo, bobote.

prostesc adj. estúpido, necio.

prosti vt., vr. abobar(se), atontar(se).

prostie f. necedad, boboda, sandez f., tontería.

prostime f. gentualla.

prostitua vr. prostituirse.

prostituată f. prostituta, ramera.

prostituţie f. prostitución.

protagonist m. protagonista m. şi f.

protector adj., m. protector.

protectorat n. protectorado.

protecţie f. protección; amparo.

protecţionist adj. proteccionista.

proteină f. proteína.

proteja vt. proteger; amparar.

protejare f. protección; defensa.

protest n. protesta.

protesta vi. protestar.

protestant adj., m. protestante m.

protestatar adj. protestatario.

proteză f. prótesis f.

protocol n. protocolo.

protocolar adj. protocolar(io).

proton m. protón m.

prototip n. prototipo.

protuberanţă f. protuberancia, prominencia.

proveni vi. proceder, provenir.

provenienţă f. procedencia.

proverb n. refrán m., dicho.

proverbial adj. proverbial.

providenţă f. providencia.

providenţial adj. providencial.

provincial adj., m. 1. provincial. 2. (d. locuitori) provinciano.

provincie f. provincia ‖ în ~ en provincia; (Am.) en el interior.

provizie f. 1. provisión. 2. pl. víveres m.pl.

provizoriu adj. provisional.

provoca vt. provocar, ocasionar.

provocare f. provocación, desafío, reto.

provocator adj., m. provocador.

proxenet m. proxeneta m., alcahuete m.

proxim adj. próximo.

prozaic adj. prosaico.

prozator m. prosista m. şi f.

proză *f.* prosa.

prozelit *m.* prosélito.

prudent *adj.* prudente, cauteloso.

prudenţă *f.* prudencia, cautela.

prun *m. (bot.)* ciruelo.

prună *f.* ciruela.

prunc *m.* bebé *m.*, nene *m.;* *(fam.)* rorro.

pruncie *f.* niñez *f.*

prundiş *n.* casquijo, grava.

prusac *adj., m.* prusiano.

psalm *m.* salmo.

psalmist *m.* salmista *m.*

psalmodia *vt.* salmodiar.

pseudonim *n.* seudónimo.

psihanaliză *f.* (p)sicoanálisis *m.* şi *f.*

psihiatrie *f.* (p)siquiatría.

psihiatru *m.* (p)siquíatra *m.* şi *f.*

psihic *adj.* (p)síquico.

psiholog *m.* (p)sicólogo.

psihologie *f.* (p)sicología.

psihoterapie *f.* (p)sicoterapia.

psihoză *f. (med.)* (p)sicosis *f.*

pst *interj.* ¡chis!.

pubertate *f.* pubertad.

public *adj., n.* público ‖ *în mod* ~ públicamente.

publica *vt.* publicar, sacar a luz, editar.

publicare *f.* publicación.

publicaţie *f.* publicación.

publicist *m.* publicista *m.* şi *f.*

publicitate *f.* publicidad ‖ *agenţie de* ~ agencia de publicidad; *mica* ~ anuncios por palabras.

pucioasă *f.* azufre *m.*

pudic *adj.* púdico.

pudicitate *f.* pudor.

pudoare *f.* pudor.

pudra *vt., vr.* empolvar(se).

pudră *f.* polvos *m.pl.*

pudrieră *f.* polvera.

pueril *adj.* pueril.

puf *n.* **1.** *(de pasăre)* plumón *m.* **2.** *(al unei plante)* vello. **3.** *(de pudrieră)* borla.

pufăi *vt.* **1.** resoplar; jadear; *(d. animale)* bufar. **2.** *(din pipă)* pipar.

pufni *vi.* echar (a) ‖ *a* ~ *în râs* echar a reír.

pugilism *n.* pugilismo, boxeo, pugilato.

pugilist *m.* púgil *m.*, pugilista *m.*, boxeador.

puhav *adj.* hinchado.

puhoi *n.* torrente *m.* ‖ ~ *de oameni* muchedumbre *f.*

pui *m.* **1.** *(de păsări)* pollo. **2.** *(de animal)* cría.

puiet *m.* pimpollo.

puişor *m.* **1.** pollito. **2.** *(de pernă)* almohadilla.

pulbere *f.* **1.** polvo. **2.** *(de puşcă)* pólvora.

pulmonar *adj.* pulmonar.

pulover *n.* jersey *m.*, suéter *m.*

pulpă *f.* **1.** pantorilla, pierna. **2.** *(la fructe)* pulpa, carne *f.*

puls *n.* pulso ‖ *a lua* ~*ul* tomar el pulso.

pulsa *vi.* latir, pulsar.

pulsaţie *f.* latido.

pulveriza *vt.* pulverizar.

pulverizare *f.* pulverización.

pulverizator *n.* pulverizador.

pumn *m.* puño ‖ *lovitură de* ~ puñetazo; *a strânge* ~*ul* cerrar

(sau apretar) el puño; *un ~ de*
un puñado de.
pumnal *n.* puñal ‖ *lovitură de ~*
puñalada.
punct *n.* 1. punto ‖ *~ cu ~* punto
por punto; *~ de control* punto
de control; *~ de sosire (ple-*
care) punto de llegada (par-
tida); *~ de vedere* punto de
vista, criterio; *~e de suspensie*
puntos suspensivos; *~ şi vir-*
gulă punto y coma; *din ~ul*
de vedere al desde el punto de
vista de; *la ora unu ~* a la una
en punto; *a fi pe ~ul de a*
estar a punto de, estar para; *a*
pune lucrurile la ~ poner las
cosas en su punto. 2. *(la joc,*
sport) tanto, punto ‖ *a marca*
un ~ marcar un tanto.
puncta *vt.* puntear, marcar.
punctaj *n.* 1. *(sport)* tanteo.
2. *(rezumat)* apuntes *m.pl.*
punctual *adj.* puntual.
punctualitate *f.* puntualidad.
punctuaţie *f.* puntuación ‖ *semne*
de ~ signos de puntuación.
pune I. *vt.* poner, colocar, meter;
(fig.) depositar ‖ *a ~ bine*
guardar; *a ~ în cutie* meter en
la caja; *a ~ la îndoială* poner
en duda; *a ~ masa* poner la
mesa; *a ~ mâna pe* apoderarse
de; *a ~ o întrebare* hacer una
pregunta; *a ~ să facă* mandar
hacer; *a-şi ~ pălăria* ponerse el
sombrero. II. *vr. (pe)* ponerse
(a), comenzar (a), echarse (a) ‖ *a*
se ~ de acord ponerse de acuer-
do, concertar(se); *a se ~ pe râs*
echarse a reír.

punere *f.* puesta ‖ *~ în funcţiune*
puesta en función.
pungaş *m.* charrán *m.,* bribón *m.,*
ratero.
pungă *f.* bolsa.
pungăşie *f.* robo, ratería, latro-
cinio, ladronería; *(înşelăciune)*
embeleco, engañifa.
punte *f.* 1. *(pod)* puente *m.,*
pasarela. 2. *(mar.)* cubierta ‖ *a*
urca pe ~ subir a cubierta.
3. *(dentară)* puente *m.* (dental).
pupa *vt., vr.* besar(se).
pupă *f. (mar.)* popa.
pupătură *f.* beso.
pupăză *f.* abubilla.
pupil *m.* pupilo.
pupilă *f.* 1. pupila. 2. *(anat.)*
pupila, niña del ojo.
pupitru *n.* pupitre *m.*
pur *adj.* puro, genuino ‖ *~ şi*
simplu sencillamente.
purcede *vi.* 1. *(de la)* provenir,
proceder. 2. empezar (a), co-
menzar (a) ‖ *a ~ la drum*
disponerse a marchar.
purcel *m.* cochinillo ‖ *~ de lapte*
lechón *m.*
purgativ *n.* purgante *m.*
purgatoriu *n. (rel.)* purgatorio.
purice *m.* pulga.
purifica *vt., vr.* purificar(se).
purificare *f.* purificación.
purificator *adj.* purificador.
purism *n.* purismo.
puritan *adj., m.* puritano.
puritate *f.* pureza.
puroi *n.* pus *m.*
puroia *vi.* supurar.
purpură *f.* púrpura.
purpuriu *adj.* purpúreo.

pursânge *adj.* în *expr.: cal ~* caballo de pura sangre.

purta I. *vt.* llevar, traer ‖ *a ~ de colo până colo* traer de aquí para allá; *a ~ mustaţă* llevar bigote. **II.** *vr.* **1.** *(a se comporta)* portarse. **2.** *(a fi la modă)* llevarse, estar de moda.

purtare *f.* conducta, actitud *f.*, comportamiento.

purtător *m.* portador, llevador ‖ *~ de cuvânt* portavoz *m.*

purulent *adj.* purulento.

pururi *adv.* siempre.

pustii *vt.* devastar, asolar.

pustiire *f.* devastación, asolación, asolamiento.

pustiu *adj., n.* desierto; *(nelocuit)* despoblado.

pustnic *m.* ermitaño, eremita *m.*

puşcaş *m.* fusilero.

puşcă *f.* fusil *m.*, escopeta ‖ *~ de vânătoare* escopeta de caza; *~ mitralieră* fusil ametrallador, ametralladora.

puşcăriaş *m.* forzado, preso, penado.

puşcărie *f.* prisión, cárcel *f.*

puşculiţă *f.* *(de bani)* alcancía, hucha.

putea *vt.* poder ‖ *poate* quizá(s), tal vez, puede ser; *se poate* es posible.

putere *f.* poder *m.*, fuerza; *(şi pol., mat.)* potencia ‖ *~ de cum-* părare poder adquisitivo; *~ legislativă* poder legislativo; *marile puteri* las grandes potencias; *a ridica la ~* elevar a la potencia.

puternic *adj.* poderoso, fuerte, potente.

putină *f.* herrada ‖ *a spăla putina* largarse, poner pies en polvorosa.

putinţă *f.* posibilidad ‖ *nu este cu ~* no es posible, no puede ser; *peste ~* imposible.

putoare *f.* **1.** hedor. **2.** *(fig.)* ramera, pelandusca, furcia, zorra.

putred *adj.* podrido, pútrido.

putrefacţie *f.* putrefacción.

putregai *n.* podredumbre *f.*

putrezi *vi., vr.* pudrir(se), podrir(se).

putreziciune *f.* putridez *f.*

putrezire *f.* pudrición, pudrimiento, podredumbre *f.*

puturos *adj.* **1.** hediondo. **2.** *(fig.)* holgazán, vago.

puţ *n.* pozo ‖ *~ petrolier* pozo de petróleo.

puţi *vi.* oler mal, apestar, heder.

puţin I. *adj.* poco; escaso ‖ *peste ~ (timp)* dentro de poco. **II.** *adv.* poco ‖ *~ câte ~* poco a poco; *cel ~* por lo menos, como mínimo; *mai ~* menos; *mai mult sau mai ~* más o menos; *pentru ~* de nada; *a costa ~* valer poco.

R

rabat *n.* *(com.)* rebaja, descuento.
rabin *m.* rabino.
rablagi *vr.* 1. usarse. 2. *(d. oameni)* chochear *vi.*
rablă *f.* *(fam.)* cacharro, cascajo, antigualla.
raboteză *f.* acepilladora.
rac *m.* 1. *(zool.)* cangrejo. 2. *(astron.)* Cáncer *m.* ‖ *tropicul ~ului* el Trópico del Cáncer; *zodia ~ului* el signo del cáncer.
rachetă *f.* 1. *(av.)* cohete *m.*, misil [mísil] *m.* ‖ *a lansa o ~* lanzar un cohete. 2. *(sport)* raqueta.
rachiu *n.* aguardiente *m.*
racilă *f.* vicio, tara.
raclă *f.* ataúd *m.*
racord *n.* empalme *m.*
racorda *vt.* empalmar.
radar *n.* radar *m.*
radă *f.* bahía, rada.
rade I. *vr.* *(a răzui)* raer, rallar, raspar, rasar. II. *vt.*, *vr.* afeitar(se).
radia I. *vt.*, *vi.* 1. *(d. lumină,*

căldură etc.) radiar, irradiar. 2. *(fig., d. înfățișare)* resplandecer, brillar. II. *vt.* *(și jur.)* dar de baja, borrar, tachar.
radial *adj.* radial.
radiator *n.* radiador.
radiație *f.* radiación.
radical *adj.*, *m.* radical.
radieră *f.* goma de borrar.
radio *n.* *(aparat)* radio *f.* ‖ *post de ~* emisora; *stație de ~* estación de radio; *a transmite prin ~* transmitir por radio.
radioactiv *adj.* radiactivo.
radioactivitate *f.* radiactividad.
radiodifuza *vt.* radiar.
radiodifuziune *f.* radiodifusión, radioemisión.
radiofonic *adj.* radiofónico.
radiografie *f.* radiografía.
radiogramă *f.* radiograma *m.*
radiojurnal *n.* noticiario, diario.
radiolog *m.* radiólogo.
radioreceptor *n.* radiorreceptor.
radios *adj.* *(fig.)* radiante.
radioscopie *f.* radioscopia.

radiotehnică *f.* radiotecnia.
radiotelefonie *f.* radiotelefonía.
radiotelegrafie *f.* radiotelegrafía.
radiotelegrafist *m.* radiotelegrafista *m.*
radioterapie *f.* radioterapia.
radiu *n.* *(chim.)* radio.
rafală *f.* ráfaga, racha.
rafie *f.* *(bot.)* rafia.
rafina *vt.* refinar.
rafinament *n.* refinamiento, esmero, cuidado.
rafinare *f.* 1. *(rafinaj)* refinación, refinadura, refino. 2. *(rafinament)* refinamiento, esmero.
rafinat 1. *(d. produse)* refin(ad)o. 2. *(fig.)* refino, suave, sutil.
rafinărie *f.* refinería.
raft *n.* anaquel *m.*, estante *m.*, balda.
rage *vi.* rugir, bramar; *(d. măgar)* rebuznar.
rahitic *adj.* raquítico.
rahitism *n.* *(med.)* raquitismo.
rai *n.* paraíso.
raid *n.* raid *m.*
raion *n.* *(la magazin)* sección.
raită *f.* vuelta ‖ *a da o ~* dar una vuelta.
rajah *m.* rajá *m.*
ralia *vr.* reunirse.
ramă *f.* 1. marco, cuadro. 2. *(vâslă)* remo.
ramburs *n.* reembolso.
rambursa *vt.* reembolsar.
rambursare *f.* reembolso.
ramifica *vt.*, *vr.* ramificar(se).
ramificare *f.* ramificación.
ramificaţie *f.* ramificación.
ramoli *vr.* chochear *vi.*; caducar *vi.*

ramolisment *n.* chochera, chochez *f.*, decrepitud *f.*
ramolit *adj.* chocho, decrépito, ñoño.
rampă *f.* 1. rampa ‖ *~ de lansare* rampa de lanzamiento. 2. *(la scară)* barandilla. 3. *(teatru)* proscenio ‖ *luminile rampei* las candilejas.
ramură *f.* 1. *(şi fig.)* rama. 2. *(creangă)* ramo, rama.
rană *f.* herida, llaga.
ranchiună *f.* rencor.
ranchiunos *adj.* rencoroso.
randament *n.* rendimiento.
rang *n.* rango.
rangă *f.* barra.
raniţă *f.* mochila, macuto.
rapace *adj.* rapaz.
rapacitate *f.* rapacidad.
rapid I. *adj.* rápido, veloz. II. *n.* *(tren)* rápido.
rapiditate *f.* rapidez *f.*
rapiţă *f.* *(bot.)* colza.
raport *n.* 1. informe *m.*, relato; referencia ‖ *a prezenta un ~* presentar un informe. 2. *(relaţie)* relación; *pl.* términos *m.pl.* ‖ *a fi în ~uri bune* tener buenas relaciones; *în ~ cu* en relación con; *sub acest ~* bajo este aspecto.
raporta I. *vt.* 1. relatar, informar, referir. 2. *(a compara)* comparar. II. *vr.* referirse.
raportor *m.* relator, informante *m.*
rapsod *m.* rapsoda *m.*
rapsodie *f.* rapsodia.
rar I. *adj.* 1. raro, ralo, escaso. 2. *(neobişnuit)* raro, extraño. II. *adv.* 1. raras veces, raramente

2. despacio ‖ *a vorbi* ~ hablar despacio.

rarefia *vt., vr.* rarefacer(se).

rarefiat *adj.* rarefacto.

rarefiere *f.* rarefacción.

rareori *adv.* rara vez, raras veces.

raritate *f.* rareza, escasez *f.*

ras *n.* afeitado ‖ *lamă de* ~ hoja de afeitar; *maşină de* ~ maquinilla de afeitar.

rasă *f.* **1.** raza ‖ *de* ~ de pura cepa. **2.** *(rel.)* hábito.

rasial *adj.* racial.

rasism *n.* racismo.

rasist *adj., m.* racista *m.* şi *f.*

rasol *n.* cocido ‖ *carne* ~ carne *f.* cocida.

rasoli *vt. (fam.)* frangollar, chapucear.

rastel *n.* astillero.

raşcheta *vt.* escofinar.

raşpel *n.* escofina, lima.

rata *vt.* fracasar *vt.*, fallar *vi.*

ratare *f.* fracaso.

rată *f.* **1.** plazo ‖ *a cumpăra în rate* comprar a plazos; *a plăti în rate* pagar a plazos. **2.** tasa ‖ *rata inflaţiei* tasa de inflación.

ratifica *vt.* ratificar.

ratificare *f.* ratificación.

raţă *f.* pato ‖ ~ *sălbatică* pato silvestre.

raţie *f.* ración.

raţiona **I.** *vi.* razonar, raciocinar. **II.** *vt. (a împărţi)* racionar.

raţional *adj.* racional, razonable.

raţionalism *n.* racionalismo.

raţionaliza *vt.* racionalizar.

raţionament *n.* razonamiento, raciocinio, argumento.

raţiune *f.* **1.** razón *f.* **2.** *(motiv)* razón *f.*, motivo.

ravagiu *n.* estrago ‖ *a face ravagii* asolar, hacer estragos.

rază *f.* **1.** rayo ‖ ~ *de lumină* rayo de luz. **2.** *(geom., fig.)* radio ‖ ~ *de acţiune* radio de acción.

razie *f.* raz(z)ia; *(fig.)* redada, batida.

răbda *vt.* sufrir, aguantar *(şi vi.)* ‖ *a* ~ *o nedreptate* aguantar una injusticia.

răbdare *f.* **1.** paciencia ‖ *a avea* ~ tener paciencia; *a-şi pierde* ~*a* impacientarse, perder la paciencia. **2.** *(tenacitate)* aguante *m.*, resistencia.

răbdător *adj.* paciente.

răbufni *vi.* estallar, reventar.

răceală *f.* **1.** frío; *(şi fig.)* frialdad. **2.** *(med.)* resfriado, constipación, constipado.

răchită *f. (bot.)* mimbre *m.* sau *f.*

răci **I.** *vt., vr.* enfriar(se) ‖ *vremea s-a* ~*t* se enfrió el tiempo. **II.** *vi. (med.)* constiparse, resfriarse *vr.*

răcire *f.* enfriamiento.

răcitor *n.* nevera, refrigerador, frigorífico.

răcnet *n.* rugido, bramido, grito.

răcni *vi.* dar voces, gritar.

răcoare *f.* fresco, frescor, frescura ‖ *e* ~ hace fresco.

răcori **I.** *vt., vr. (şi d. vreme)* refrescar(se). **II.** *vr. (fig.)* aliviarse.

răcoritor *adj.* refrescante ‖ *băutură răcoritoare* refresco.

răcoros *adj.* fresco.

rădăcină *f.* raíz *f.* ‖ ~ *pătrată* raíz cuadrada; *din* (sau *de la*) ~ de raíz; *a smulge din* ~ desarraigar.

răfuială *f.* disputa.

răgaz *n.* 1. tregua, ocio, pausa, respiro ‖ *fără* ~ sin tregua. 2. *(păsuire)* plazo.

răget *n.* bramido, rugido; *(de măgar)* rebuzno.

răguşeală *f.* ronquera.

răguşi *vi.* enronquecer(se) *(şi vr.)*, ponerse *vr.* ronco.

răguşit *adj.* ronco.

rămas *n.* în *expr.:* ~ *bun* despedida; *bun* ~*!* ¡adiós!; *a-şi lua* ~ *bun* despedirse.

rămăşiţe *f. pl.* restos *m.pl.*, despojos *m.pl.*

rămâne *vi.* quedar(se) *(şi vr.)*, permanecer; *(fig.)* persistir ‖ *a* ~ *cu buzele umflate* quedarse a la luna de Valencia; *a* ~ *fără o lescaie* quedarse sin blanca; *a* ~ *înţeles să* quedar en; *a* ~ *în urmă* a. quedarse atrás; b. *(d. ceas)* atrasar.

răni *vt.*, *vr.* herir(se), lastimar(se); *(fig.)* lesionar(se).

rănit *adj.*, *m.* herido, lesionado.

răpăi *vi. (d. ploaie)* chaparrear.

răpăit *n.* ráfaga, chubasco.

răpi *vt.* raptar, robar, hurtar.

răpire *f.* rapto, robo; secuestro.

răpitor I. *adj.* 1. *(d. păsări)* rapaz. 2. *(fig.)* encantador, primoroso. II. *m.* raptor.

răposa *vi.* morir, fallecer.

răposat *adj.*, *m.* difunto, fallecido, finado, extinto.

răpune *vt.* 1. matar. 2. vencer.

rări *vt.*, *vr.* enrarecer(se).

rărit *adj.* ralo.

rărire *f.* enrarecimiento.

răsad *n.* plantón *m.*

răsădi *vt.* plantar.

răsări *vi.* 1. *(d. soare)* salir. 2. *(d. plante)* brotar, germinar. 3. *(a se ivi)* aparecer, surgir.

răsărit *n.* este *m.*, oriente *m.*, levante *m.* ‖ *la* ~*ul soarelui* a la salida del sol, al levantarse el sol.

răscoală *f.* sublevación, levantamiento, motín *m.*, rebelión *f.*

răscoli *vt.* revolver; *(şi fig.)* trastornar; *(fig.)* turbar.

răscolire *f. (fig.)* turbación, conmoción.

răscolitor *adj.* conmovedor.

răscroi *vt.* escotar.

răscroială *f.* escotadura.

răscruce *f.* encrucijada, cruce *m.*

răscula *vr.* sublevarse, alzarse, amotinarse, rebelarse.

răsculat *adj.*, *m.* rebelde *m.*, sublevado, alzado.

răscumpăra *vt.* rescatar.

răscumpărare *f.* rescate *m.*

răsfăţ *n.* mimo, halago, caricia.

răsfăţa I. *vt.* mimar, halagar, consentir. II. *vr.* hacer *vt.* melindres.

răsfoi *vt.* hojear.

răsfrânge *vr.* 1. *(d. imagini)* reflejarse. 2. *(d. sunete)* repercutir *vi.*

răsfrângere *f.* reflejo.

răspăr *n.* în *expr.:* în ~ a contrapelo; *a lua în* ~ burlarse (de), mofarse (de).

răspândi *vt., vr.* **1.** *(d. lichide, miros etc.)* esparcir(se), derramar(se). **2.** *(fig.)* difundir(se), extender(se), divulgar *vt.* ‖ *a ~ o ştire* difundir una noticia; *a se ~ o epidemie* extenderse una epidemia.

răspândire *f.* difusión, esparcimiento.

răspântie *f.* encrucijada, cruce *m.*, crucero

răspicat *adj., adv.* claro.

răsplată *f.* recompensa.

răsplăti *vt.* recompensar, gratificar.

răspunde *vi., vt.* responder, contestar ‖ *a ~ de* responder por.

răspundere *f.* responsabilidad ‖ *a-şi lua ~a* responsabilizarse; *pe ~a cuiva* a cargo de.

răspuns *n.* respuesta, contestación.

răspunzător *adj.* responsable.

răstălmăci *vt.* alterar el sentido.

răsti *vr.* *(la)* reprender (a), hablar *vi.* con dureza, gritarle a (alguien).

răstigni *vt.* crucificar.

răstit *adj.* duro, áspero, severo.

răsturna **I.** *vt.* *(şi fig.)* derribar, volcar, tumbar, derrocar. **II.** *vr.* *(d. un vehicul)* volcar *vi.*

răsturnare *f.* derrumbamiento, derribo.

răsuci *vt., vr.* torcer(se), retorcer(se) ‖ *a ~ cheia* torcer la llave; *a ~ mustaţa* retorcer el bigote; *a ~ un braţ* torcer un brazo; *a ~ un fir* retorcer un hilo.

răsucire *f.* (re)torcimiento, (re)torcedura.

răsufla *vi.* resoplar, alentar, respirar.

răsuflare *f.* respiración, aliento, resoplo, resoplido ‖ *dintr-o singură ~* de un tiro; *a-şi trage ~a* cobrar aliento.

răsuna *vi.* resonar, retumbar.

răsunător *adj.* *(şi fig.)* retumbante, ruidoso.

răsunet *n.* **1.** resonancia, retumbo. **2.** *(fig.)* eco.

răşină *f.* resina.

răşinos *adj.* resinoso.

rătăci **I.** *vr.* **1.** extraviarse, perder el camino; *(d. acte, hârtii)* traspapelarse. **2.** *(fig.)* descarriarse, apartarse del buen juicio. **II.** *vi.* *(a colinda)* errar, vagar. **III.** *vt.* *(a pierde)* perder, extraviar.

rătăcire *f.* *(şi fig.)* extravío.

rătăcitor *adj.* errante, andante ‖ *cavaler ~* caballero andante.

răţoi *m.* pato.

rău **I.** *adj.* malo. **II.** *adv.* mal, malamente. **III.** *n.* mal *m.*, daño ‖ *~ de mare* mareo; *cu atât mai ~* tanto peor; *din ce în ce mai ~* de mal en peor; *mai ~* peor; *părere de ~* pesar *m.*; *şi mai ~* peor que peor.

răufăcător *m.* malhechor.

răutate *f.* malicia, maldad.

răutăcios *adj.* malicioso.

răuvoitor *adj.* malévolo, malqueriente.

răvaş *n.* *(scrisoare)* carta, papeleta.

răvăşeală *f.* trastorno, desorden *m.*

răvăşi *vr.* trastornar, revolver.

răzătoare *f.* rallador.

răzbate *vi.* abrirse camino, penetrar.

răzbătător *adj.* hacendoso, laborioso, vivo, candela.

răzbi vi. 1. penetrar. 2. (fig.) lograr.

război[1] n. 1. guerra. 2. (de țesut) telar m.

război[2] vr. guerrear vi.

războinic adj., m. guerrero.

răzbuna vt., vr. (pe) vengar(se) (de).

răzbunare f. venganza.

răzbunător adj. vengador, vengativo.

răzgâia I. vt. consentir, mimar, malcriar. II. vr. dejarse mimar, hacer melindres.

răzgândi vr. arrepentirse, cambiar de parecer.

răzleț adj. aislado, solitario, raro.

răzleți vr. alejarse, aislarse.

răzmeriță f. motín m.

răzor n. campo, bancal.

răzui vt. raspar, rallar.

răzuitoare f. rallador.

răzvrăti vr. sublevarse.

răzvrătire f. sublevación.

răzvrătit adj. rebelde, sublevado.

răzvrătitor adj. revoltoso, sedicioso

râcă f. riña.

râcâi vt. rascar.

râde vi. reír(se) ‖ a-și ~ de reírse de; a ~ în hohote reír a carcajadas; a ~ în nasul cuiva reír en las barbas (de uno); a ~ pe sub mustață reír para sus adentros

râgâi vi. regurgitar

râie f. sarna, roña

râios adj. sarnoso.

râmă f. (zool.) lombriz f., gusano

rânced adj. rancio

râncezeală f. rancidez f.

râncezi vi. ranciarse vr.

rând n. 1. (șir) fila, hilera. 2. (fig.) turno ‖ e ~ul meu es mi turno, me toca a mí; în primul ~ en primer término (sau lugar); în primele ~uri en las primeras filas; la ~ul său a su turno

rândaș m. caballerizo.

rândui vt. arreglar, ordenar, disponer

rânduială f. arreglo, orden m.

rândunică f. golondrina

rânjet n. mueca, rictus m.

rânji vi. hacer muecas

râpă f. barranco.

râs I. n. risa ‖ a se face de ~ hacer el ridículo; a izbucni în ~ soltar una carcajada; a pufni în ~ romper en risa; a-și stăpâni ~ul contener la risa. II. m. (zool.) lince m.

râșni vt. moler

rât n. hocico, jeta.

râu n. río ‖ de-a lungul ~lui a lo largo del río

râuleț n. riachuelo.

râvnă f. empeño, celo, diligencia.

râvni vi., vt. ansiar vt., codiciar vt., ambicionar vt.

re m. (muz.) re m.

reabilita vt. rehabilitar.

reabilitare f. rehabilitación.

rea-credință f. mala fe f.

reactiv adj., m. reactivo.

reactiva vt. reactivar.

reactor n. reactor ‖ ~ nuclear reactor nuclear.

reacţie f. reacción ‖ *avion cu ~* avión a chorro; *~ în lanţ* reacción en cadena.

reacţiona vi. reaccionar.

reacţionar adj., m. reaccionario.

reacţiune f. reacción.

readuce vt. volver a traer, traer de nuevo.

reafirma vt. reafirmar.

reajustare f. reajuste m.

real adj. real, verdadero.

realege vt. reelegir.

realegere f. reelección.

reales adj. reelecto.

realism n. realismo.

realist adj., m. realista m., f.

realitate f. realidad.

realiza vt., vr. realizar(se), consumar(se).

realizabil adj. realizable.

realizare f. realización, logro.

reamenajare f. reforma.

reaminti I. vt. recordar. II. vr. acordarse (de).

reanima vt. reanimar.

reapariţie f. reaparición.

reapărea vi. reaparecer.

rea-voinţă f. mala voluntad f., malevolencia, malquerencia.

reazem n. apoyo, sostén m.

rebegit adj. aterido (de frío).

rebel adj., m. rebelde m.

rebeliune f. rebelión f.

rebobina vt. reenrollar.

rebus n. crucigrama m.

rebut n. desecho.

recalcitrant adj. recalcitrante.

recapitula vt. repasar, recapitular.

recapitulare f. repaso.

recădea vi. recaer.

recăpăta vt. recobrar.

recăsători vr. volverse a casar.

rece adj. frío.

recensământ n. censo.

recent adj. reciente.

recenza vt. reseñar.

recenzie f. reseña.

receptacul n. receptáculo.

receptiv adj. receptivo.

receptivitate f. receptividad.

receptor n. 1. receptor. 2. *(la telefon)* auricular m. ‖ *a ridica ~ul* descolgar el auricular.

recepţie f. recepción ‖ *aparat de ~* radiorreceptor.

recepţiona vt. recibir, recepcionar.

recepţioner m. conserje m.

rechema vt. volver a llamar.

rechin m. tiburón m.

rechizitoriu n. *(jur.)* requisitoria.

rechiziţie f. requisición.

rechiziţiona vt. requisar.

rechiziţionare f. requisición.

reciclare f. reciclaje m.

recidivă f. 1. *(jur.)* reincidencia. 2. *(med.)* recaída, recidiva.

recidivist adj. reincidente.

recif n. arrecife m.

recipient n. recipiente m.

recipisă f. recibo.

reciproc adj. recíproco, mutuo ‖ *ajutor ~* ayuda mutua.

reciprocitate f. reciprocidad.

recita vt. recitar.

recital n. recital.

recitare f. recitación.

recitativ n. *(muz.)* recitativo.

recitator m. recitador.

reciti vt. leer de nuevo, volver a leer, releer.

recâştiga *vt.* recobrar.

reclama *vt.* reclamar.

reclamant *m. (jur.)* demandante *m.; (care denunţă)* denunciante *m.*

reclamaţie *f.* reclamación, querella.

reclamă *f.* publicidad, anuncio, cartel *m.*

reclădi *vt.* reconstruir.

recolta *vt.* recoger, cosechar.

recoltare *f.* 1. recolección, cosecha. 2. *(de sânge)* extracción.

recoltă *f.* 1. cosecha, recolección. 2. *(grâne)* mieses *f.pl.*

recomanda I. *vt.* recomendar. II. *vr.* presentarse.

recomandabil *adj.* recomendable, aconsejable.

recomandare *f.* recomendación.

recomandat *adj. (d. scrisori)* certificado.

recompensa *vt.* recompensar, gratificar.

recompensă *f.* recompensa, premio, gratificación.

recompune *vt.* recomponer.

reconcilia *vt., vr.* reconciliar(se).

reconciliere *f.* reconciliación.

reconforta *vt.* reconfortar.

reconfortant *adj.* reconfortante.

reconsidera *f.* reconsiderar.

reconsiderare *f.* reconsideración, replantamiento.

reconstitui *vt.* reconstituir.

reconstrui *vt.* reconstruir, reedificar.

reconstruire *f.* reconstrucción.

record *n. (sport)* récord *m.*, marca ‖ *a bate ~ul* batir el récord.

recrea *vt., vr.* recrear(se).

recreare *f.* 1. recreación. 2. *(distracţie)* recreo.

recreaţie *f.* 1. recreación. 2. *(pauză)* pausa, descanso.

recrut *m.* recluta *m.*

recruta *vt.* reclutar.

recrutare *f.* reclutamiento.

rect *n. (anat.)* recto.

rectifica *vt.* rectificar.

rectificare *f.* rectificación.

rectiliniu *adj.* rectilíneo.

rector *m.* rector.

rectorat *n.* rectorado.

recuceri *vt.* reconquistar.

recucerire *f.* reconquista.

recul *n.* reculada, culatazo, retroceso, retrocesión.

recula *vi.* recular, retroceder.

reculege *vt.* recogerse, abstraerse, volver sobre sí.

reculegere *f.* recogimiento.

recunoaşte *vt., vr. (după)* reconocer(se) (por).

recunoaştere *f.* reconocimiento.

recunoscător *adj.* agradecido ‖ *vă sunt ~ le* estoy muy agradecido.

recunoscut *adj.* famoso, notable, reconocido.

recunoştinţă *f.* gratitud *f.*, agradecimiento, reconocimiento.

recupera *vt.* recuperar, recobrar ‖ *a ~ forţe* recobrar fuerzas.

recuperare *f.* recuperación.

recurge *vi. (la)* recurrir (a), acudir (a), apelar (a).

recurs *n. (jur.)* recurso.

recuzită *f.* accesorios *m.pl.*

recviem *n.* réquiem *m.*

reda *vt. (fig.)* expresar, describir, reproducir.

redacta *vt.* redactar.

redactare *f.* redacción.

redactor *m.* redactor.

redacţie *f.* redacción.

redeschide *vt., vr.* volver a abrir(se), abrir(se) de nuevo.

redeştepta *vt. (fig.)* estimular, reanimar.

redeşteptare *f. (fig.)* resurrección.

redeveni *vi.* volver a ser.

redingotă *f.* levita.

redobândi *vt.* recobrar, recuperar.

redresa I. *vt.* 1. enderezar(se). 2. restablecer, restaurar. 3. corregir, reparar. II. *vr.* reconfortarse.

redresare *f.* 1. enderezamiento. 2. restablecimiento. 3. corrección. 4. confortamiento.

reduce *vt.* 1. reducir. 2. *(preţurile)* rebajar. 3. disminuir, recortar.

reducere *f.* 1. reducción. 2. *(de preţ)* rebaja, descuento. 3. *(micşorare)* disminución, recorte *m.*, acortamiento.

reducţie *f.* reducción.

redus *adj. (fig.)* necio, tonto.

redută *f.* reducto.

reedita *vt.* reeditar, reimprimir.

reface *vt., vr.* rehacer(se).

refacere *f.* rehacimiento.

referat *n.* informe *m.*

referi *vr. (la)* referirse (a), hacer *vt.* referencia (a).

referinţă *f.* referencia ‖ *punct de ~* punto de referencia.

referire *f.* referencia.

referitor *adj. (la)* referente (a), concerniente (a), en cuanto a, acerca de, en lo que concierne.

reflecta I. *vt., vr.* reflejar(se); *(fig.)* contemplar(se). II. *vi.* *(la, asupra)* reflejar, reflexionar (en, sobre).

reflectare *f.* reflexión.

reflector *n.* reflector; *(la teatru)* luz *f.*

reflecţie *f.* reflexión.

reflex *adj., n.* reflejo.

reflexiv *adj.* 1. *(gram.)* reflexivo, reflejo. 2. *(d. oameni)* reflexivo.

reflux *n.* reflujo, marea baja, resaca.

reforma *vt.* reformar.

reformă *f.* reforma ‖ *~ agrară* reforma agraria.

reformism *n.* reformismo.

reformist *adj.* reformista.

refracta *vt.* refractarse.

refractar *adj.* refractario.

refracţie *f.* refracción.

refren *n.* estribillo.

refrigerent *adj.* refrigerante.

refugia *vr.* refugiarse, acogerse (a, en).

refugiat *adj., m.* refugiado.

refugiu *n.* refugio, abrigo.

refuz *n.* negativa, negación.

refuza *vt.* negarse (a), rehusar, rechazar.

regal *adj.* real.

regalist *adj., m.* realista *m.* şi *f.*, monarquista *m.* şi *f.*

regalitate *f.* realeza.

regat *n.* reino.

regată *f. (sport)* regata.

regăsi *vt.* volver a encontrar *(sau* hallar).

rege *m.* rey *m.*

regenera *vt., vr.* regenerar(se).

regenerare *f.* regeneración.

regenerator *adj., n.* regenerador.

regent *adj., m.* regente *m.*

regenţă *f.* regencia.

regesc *adj.* real.

regie *f.* 1. *(com.)* administración; *(societate)* compañía. 2. *(teatru, cinema etc.)* dirección.

regim *n.* 1. régimen *m.* ‖ ~ *democratic* régimen democrático. 2. *(alimentar)* dieta, régimen ‖ *a fi la* ~ estar a dieta.

regiment *n.* regimiento.

regină *f.* reina.

regional *adj.* regional.

regionalism *n.* regionalismo.

registru *n.* 1. registro. 2. *(de contabilitate)* libro.

regiune *f.* región, comarca; *(adm.)* provincia.

regizor *m.* director (de escena).

regiza *vt.* poner en escena.

regla I. *vt.* ajustar, reglar, arreglar, regular. II. *vr. (după)* reglarse (por).

reglare *f.* regulación.

reglementa *vt.* reglamentar, regular.

reglementar *adj.* reglamentario.

reglementare *f.* reglamentación, regulación.

regn *n.* reino ‖ ~*ul animal* el reino animal.

regres *n.* retroceso.

regresa *vi.* retroceder.

regresiv *adj.* regresivo.

regret *n.* pesar *m.*, pena, lástima.

regreta *vt.* sentir, lamentar, echar de menos, añorar ‖ *regret mult* lo siento mucho, lo lamento.

regretabil *adj.* lamentable.

regulament *n.* reglamento.

regulamentar *adj.* reglamentario.

regularitate *f.* regularidad.

regulariza *vt.* regularizar.

regulat *adj.* regular ‖ *în mod* ~ regularmente.

regulă *f.* regla ‖ *de* ~ en general, por lo general, generalmente; *în* ~*!* ¡está bien!, ¡vale!.

reieşi *vi.* resultar, deducirse *vr.*, desprenderse *vr.*

reintegra *vt., vr.* reintegrar(se).

reintegrare *f.* reintegración, reinserción.

reîmpădurire *f.* repoblación, forestal.

reîmprospăta *vt.* refrescar.

reînarma *vt., vr.* rearmar(se).

reînarmare *f.* rearme *m.*

reîncadrare *f.* reintegración.

reîncepe *vt.* 1. recomenzar. 2. *(cursurile etc.)* reanudarse *vr.*

reînnoi *vt.* 1. renovar. 2. *(relaţiile)* reanudar.

reînnoire *f.* 1. renovación. 2. reanudación.

reînsufleţi *vt., vr.* reanimar(se).

reînsufleţire *f.* reanimación.

reîntineri *vi.* rejuvenecer(se) *vi., vr.*

reîntoarce *vr.* volver *vi.*, regresar *vi.*, retornar *vi.*

reîntoarcere *f.* vuelta, regreso, retorno.

reînverzi *vi.* reverdecer.

reînvia *vi.* resucitar, resurgir, revivir.

reînviere *f.* resurrección, resucitación.

relaş *n.* descanso.

relata *vt.* relatar, referir.

relatare *f.* relato.

relativ *adj.* relativo ‖ ~ *la* en cuanto a, con respecto a.

relativism *n.* relativismo.

relativist *adj., m.* relativista *m.* şi *f.*

relativitate *f.* relatividad.

relaţie *f.* 1. relación. 2. *pl. (informaţii)* informaciones, referencias, informes. 3. *pl. (cunoştinţe)* relaciones, amistades.

relaxa *vr.* relajarse.

relaxare *f.* relajación.

releva *vt.* relevar.

relevare *f.* relevación.

relicvă *f.* reliquia.

relief *n. (şi fig.)* relieve *m.* ‖ *a scoate în* ~ poner de relieve *(sau* de manifiesto).

reliefa *vt. (fig.)* destacar, evidenciar, subrayar.

religie *f.* religión.

religios *adj.* religioso.

religiozitate *f.* religiosidad.

relua *vt.* reanudar.

reluare *f.* reanudación.

remaia *vt.* levantar puntos.

remaniere *f.* reorganización.

remarca I. *vt.* notar, advertir. II. *vr.* destacar(se) *vi., vr.* sobresalir *vi.,* campear *vi.*

remarcabil *adj.* notable, sobresaliente, destacado.

remarcă *f.* observación.

remedia *vt.* remediar, subsanar.

remediu *n.* remedio; *(med.)* específico ‖ *fără* ~ sin remedio; *a nu avea* ~ no tener remedio.

rememora *vt.* rememorar.

reminiscenţă *f.* reminiscencia.

remite *vt.* remitir, entregar.

remonta *vr.* reconfortarse, reanimarse.

remorca *vt.* remolcar.

remorcare *f.* remolque *m.*

remorcă *f.* remolque *m.*

remorcher *n.* remolcador.

remunera *vt.* remunerar.

remuneraţie *f.* remuneración.

remuşcare *f.* remordimiento.

ren *m. (zool.)* reno.

renal *adj. (anat.)* renal.

renaşte *vi.* renacer.

renaştere *f. (şi ist.)* renacimiento.

renega *vt.* renegar.

renova *vt.* renovar, reformar.

renovare *f.* renovación, reforma.

renovator *adj.* renovador, reformador.

renta *vi.* rentar, rendir.

rentabil *adj.* rentable.

rentă *f.* renta ‖ ~ *viageră* renta vitalicia.

renume *n.* renombre *m.,* fama.

renumit *adj.* célebre, renombrado, famoso, afamado.

renunţa *vi. (la)* renunciar (a), desistir (de), dejar (de).

renunţare *f.* renuncia.

reorganiza *vt.* reorganizar.

reorganizare *f.* reorganización.

repara *vt.* reparar, componer, remediar, enmendar, arreglar.

reparare *f.* reparación, enmienda, arreglo.

reparator *m.* reparador.

reparaţie *f.* reparación, reparo, remedio; *(cu îmbunătăţiri)* reforma ‖ *a se afla în* ~ *(d. o stradă, casă etc.)* estar en obras.

repartiţie f. nombramiento.

repartiza vt. 1. repartir, distribuir. 2. *(într-un post)* nombrar, destinar.

repartizare f. 1. repartición, distribución, repartimiento, reparto. 2. nombramiento.

repatria vt., vr. repatriar(se).

repatriere f. repatriación.

repaus n. descanso, reposo, tregua.

repede I. adj. rápido, veloz, pronto. II. adv. rápido, rápidamente, aprisa, pronto.

repercusiune f. repercusión.

repercuta vr. repercutirse.

repertoriu n. repertorio.

repeta vt. 1. repetir, reiterar. 2. *(o lecţie)* repasar. 3. *(un rol)* ensayar.

repetare f. 1. repetición, reiteración. 2. repaso.

repetent adj. *(şcol.)* repetidor.

repetiţie f. 1. repetición. 2. *(şcol.)* repaso. 3. *(teatru)* ensayo.

repezeală f. prisa ‖ *la ~* a toda prisa, en un dos por tres.

repezi I. vr. precipitarse, correr vi. a toda prisa. II. vt. *(fam.)* reprender, regañar.

repeziciune f. rapidez f., velocidad.

replanta vt. replantar

replia vr. *(mil.)* replegarse

repliere f. *(mil.)* repliegue m.

replica vi. replicar, reponer.

replică f. réplica.

repliere f. *(mil.)* repliegue m.

repezit adj. *(fig.)* nervioso, violento.

repopula vt. repoblar.

repopulare f. repoblación.

reportaj n. reportaje m.

reporter m. reportero.

represalii f.pl. represalias f. pl.

represiune f. represión ‖ *măsuri de ~* medidas represivas.

represiv adj. represivo.

reprezenta vt. 1. representar. 2. protagonizar.

reprezentant m. representante m.

reprezentanţă f. *(com.)* representación.

reprezentare f. 1. representación. 2. protagonismo.

reprezentativ adj. representativo.

reprezentaţie f. representación; *(teatru)* espectáculo, función; *(film)* sesión.

reprima vt. reprimir.

reprimare f. represión.

reprimi vt. volver a recibir.

repriză f. *(sport)* tiempo, período.

reproba vt. reprobar, censurar.

reprobabil adj. reprobable, censurable.

reproduce vt., vr. reproducir(se).

reproducere f. reproducción.

reproducţie f. reproducción.

reproş n. reproche m.

reproşa vt. reprochar, imputar.

reptilă f. reptil [réptil] m.

republica vt. volver a publicar.

republican adj., m. republicano.

republică f. república.

repudia vt. repudiar.

repudiere f. repudiación.

repulsie f. repulsión, repulsa.

repulsiv adj. repulsivo.

repune vt. reponer.

repurta vt. conseguir ‖ *a ~ succese* cosechar *(sau* conseguir) éxitos.

reputaţie *f.* reputación.

resemna *vr.* resignarse (a).

resemnare *f.* resignación.

resentiment *n.* resentimiento.

resimţi *vt.* sentir, experimentar.

resort *n.* 1. resorte *m.*, muelle *m.* 2. sector, dominio de actividad.

respect *n.* respeto, consideración, deferencia.

respecta *vt.* respetar, considerar.

respectabil *adj.* respetable.

respectiv I. *adj.* respectivo. II. *adv.* respectivamente.

respectuos *adj.* respetuoso, deferente.

respingător *adj.* repugnante, repulsivo.

respinge *vt.* rechazar, desechar, rehuir, descartar, rebatir.

respingere *f.* rechaz.

respira I. *vi.* respirar. II. *vt.* 1. inspirar. 2. *(fig.)* exhalar, emanar.

respiraţie *f.* respiración.

responsabil I. *adj.* responsable. II. *m.* jefe *m.*, encargado.

responsabilitate *f.* responsabilidad.

rest *n.* 1. resto. 2. *pl. (rămăşiţe)* sobras *f.pl.*, desechos *m.pl.*, desperdicios *m.pl.; (la croit)* retales *m.pl.*, recortes *m.pl.* 3. *(mat.)* resto, diferencia. 4. *(de bani)* vuelta; *(Am.)* vuelto.

restabili *vt., vr.* restablecer(se).

restabilire *f.* restablecimiento.

restaura *vt.* restaurar.

restaurant *n.* restaurante *m.*, restorán *m.*

restauraţie *f.* restauración.

restitui *vt.* restituir, devolver.

restituire *f.* restitución, devolución.

restricţie *f.* restricción.

restrictiv *adj.* restrictivo.

restrânge *vt., vr.* restringir(se), limitar(se).

resursă *f.* recurso ‖ *resurse naturale* recursos naturales; *resurse umane* recursos humanos.

reşedinţă *f.* residencia.

reşou *n.* hornillo eléctrico.

reteza *vt. (şi fig.)* cortar.

reticenţă *f.* reticencia.

retină *f. (anat.)* retina.

retipări *vt.* reimprimir.

retipărire *f.* reimpresión.

retoric *adj.* retórico.

retorică *f.* retórica.

retortă *f. (chim.)* retorta.

retracta *vt., vr.* retractar(se).

retrage *vt., vr.* 1. retirar(se). 2. *(mil.)* replegar(se).

retragere *f.* retirada ‖ *a bate în ~* retroceder.

retransmite *vt.* retransmitir.

retrăi *vt.* volver a vivir.

retribui *vt.* retribuir.

retribuţie *f.* retribución, sueldo.

retras *adj. (fig.)* solitario.

retroactiv *adj.* retroactivo.

retroactivitate *f.* retroactividad.

retrograd *adj.* retrógrado.

retrospectiv *adj.* retrospectivo.

retroversiune *f.* traducción.

retur *n.* vuelta.

retuş *n.*, **retuşare** *f.* retoque *m.* ‖ *a face ultimele retuşuri* dar el último toque.

retuşa *vt.* retocar.

reţea *f.* red *f.*

reţetă *f.* receta.

reţine *vt., vr.* 1. retener(se). 2. *(fig.)* contener(se), refrenar(se).

reţinere *f.* 1. retención, deducción. 2. *(fig.)* contención.

reumatic *adj.* reumático.

reumatism *n.* *(med.)* reumatismo, reuma.

reuni *vt., vr.* reunir(se), juntar-(se), aunar(se).

reuniune *f.* reunión, tertulia ‖ ~ la vârf *(pol.)* cumbre *f.*

reuşi I. *vt.* lograr, conseguir. II. *vi.* salir·bien, tener éxito ‖ *a nu* ~ fallar.

reuşită *f.* éxito, logro, acierto.

revanşa *vr.* desquitarse; corresponder (en).

revanşă *f.* desquite *m.*

revărsa *vr.* desbordarse, derramarse.

revărsare *f.* 1. desbordamiento, inundación. 2. *(fig.)* derrame *m.*, derramamiento, difusión.

revedea I. *vt., vr.* volver(se) a ver. II. *vt.* revisar.

revedere *f.* encuentro ‖ *la* ~ hasta la vista, hasta luego

revela *vt.* revelar, descubrir.

revelaţie *f.* revelación.

revelion *n.* Noche *f.* Vieja.

revendica *vi.* reivindicar, reclamar.

revendicare *f.* reivindicación, reclamación.

revendicativ *adj.* reivindicatorio.

reveni *vi.* 1. regresar, volver. 2. *(cuiva)* incumbir ‖ *asta îţi revine ţie* esto te incumbe *(sau* toca) a ti, esto te corresponde; *a-şi* ~ volver en sí, reponerse.

rever *n.* 1. solapa. 2. *(tenis)* revés *m.*

reverberaţie *f.* reverberación.

reverenţă *f.* reverencia.

reverie *f.* ensueño.

revers *n.* reverso, revés *m.*; *(de monedă, de medalie)* reverso, cruz *f.*

reversibil *adj.* reversible.

reversibilitate *f.* reversibilidad.

revistă *f.* revista ‖ *a trece în* ~ pasar revista (a).

revizie *f.* revisión.

revizor *m.* revisor.

revizui *vt.* revisar, repasar.

revizuire *f.* revisión, repaso.

revoca *vt.* revocar.

revocabil *adj.* revocable.

revocare *f.* revocación.

revolta *vt., vr.* 1. *(fig.)* indignar-(se). 2. *(a se răscula)* rebelar-(se), sublevar(se).

revoltă *f.* 1. *(fig.)* indignación. 2. sublevación, revuelta, motín *m.*

revoltător *adj.* escandaloso.

revoluţie *f.* revolución.

revoluţiona *vt.* revolucionar.

revoluţionar *adj., m.* revolucionario.

revolver *n.* revólver *m.*

rezema *vt., vr.* apoyar(se), arrimar(se); *(de perete)* adosar *vt.*

rezemătoare *f.* respaldo.

rezerva *vt.* reservar.

rezervaţie *f.* *(de vânătoare etc.)* vedado.

rezervă *f.* 1. reserva ‖ ~ *de pix (stilou etc.)* carga, repuesto; *de* ~ de reserva; *ofiţer de* ~ oficial de reserva; *piese de* ~ repuestos, recambios; *sub rezerva* a reserva de. 2. *(mil.)* reserva. 3. *(sport)* suplente *m.*

rezervor *n.* depósito, tanque *m.*

rezident *m.* residente *m.*

reziduu *n.* **1.** residuo, desperdicio; *pl.* desechos *m.pl.* **2.** sedimento, posos *m.pl.*

rezilia *vt.* rescindir, anular.

rezista *vi. (şi fig.) (la)* resistir (a); hacer frente (a).

rezistent *adj.* resistente.

rezistenţă *f. (şi fig.)* resistencia; *(fig.)* aguante *m.*

rezoluţie *f.* resolución.

rezolva *vt.* resolver, solucionar.

rezolvabil *adj.* resoluble.

rezolvare *f.* resolución, solución.

rezonabil *adj.* razonable, juicioso.

rezonanţă *f.* resonancia.

rezulta *vi.* resultar, deducirse *vr.*, desprenderse *vr.*

rezultantă *f.* resultante *f.*

rezultat *n.* resultado.

rezuma *vt., vr.* resumir(se).

rezumat *n.* resumen *m.*, sinopsis *f.* ‖ *în* ~ en resumen.

ricin *m. (bot.)* ricino, palmacristi *f.* ‖ *ulei de* ~ aceite de ricino.

ricoşa *vi.* rebotar.

ricoşeu *n.* rebote *m.*

rid *n.* arruga.

ridica I. *vt.* alzar, levantar, elevar ‖ *a* ~ *ancora* zarpar; *a* ~ *bani* cobrar dinero; *a* ~ *de jos* recoger del suelo; *a* ~ *din umeri* encogerse de hombros; *a* ~ *glasul* levantar la voz; *a* ~ *mâna* levantar la mano; *a* ~ *o construcţie* elevar una construcción; *a* ~ *ochii* levantar los ojos; *a* ~ *permisul de conducere* retirar el permiso de conducir; *a* ~ *preţurile* levantar (*sau* subir) los pre-

cios; *a* ~ *steagul (pânzele)* alzar la bandera (las velas); *a* ~ *un colet* retirar un paquete postal. **II.** *vr.* levantarse, alzarse, elevarse ‖ *a se* ~ *din pat* levantarse de la cama; *soarele se ridică* el sol se levanta.

ridicare *f.* levantamiento, alzamiento, elevación.

ridicat *adj.* elevado, subido, alto, alzado.

ridiche *f.* rábano.

ridicol *adj.* ridículo.

ridiculiza *vt.* ridiculizar.

rigid *adj.* rígido.

rigiditate *f.* rigidez *f.*

riglă *f.* regla.

rigoare *f.* rigor.

riguros *adj.* riguroso, rigoroso.

rigurozitate *f.* rigurosidad.

rima *vi.* rimar, consonar.

rimă *f.* rima, consonancia.

rindea *f.* cepillo ‖ *a da la* ~ cepillar.

ring *n. (sport)* ring *m.*

rinichi *m.* riñón *m.*

rinocer *m.* rinoceronte *m.*

riposta *vt.* replicar, reponer.

ripostă *f.* réplica.

risc *n.* riesgo ‖ *cu orice* ~ a todo riesgo; *a fi expus unui* ~ correr el riesgo (de).

risca *vt., vi.* arriesgar(se).

risipă *f.* prodigalidad, derroche *m.*

risipi I. *vt.* **1.** gastar. **2.** *(a împrăştia)* desvanecer, disipar, esparcir ‖ *a* ~ *bănuielile* desvanecer las sospechas. **3.** *(bani)* derrochar, malgastar, despilfarrar. **II.** *vr. (d. nori,* *fum etc.)* disiparse, desvanecerse, esfumarse.

risipit *adj.* disperso, esparcido.

risipitor *adj.* gastoso, malgastador, pródigo, derrochador.

rit *n.* rito.

ritm *n.* ritmo, compás *m.* || ~ *de dezvoltare* ritmo de desarrollo; *a bate ~ul* llevar el compás; *în ~* al compás.

ritmic *adj.* rítmico.

ritmică *f.* rítmica.

ritual *adj., n.* ritual.

rival *m.* rival, contrario.

rivalitate *f.* rivalidad.

rivaliza *vi.* rivalizar.

rizom *m.* rizoma *m.*

roabă *f.* carretilla.

roade *vt., vr.* roer(se), desgastar(se), corroer(se).

roadere *f.* roedura; desgaste *m.*, corrosión.

roată *f.* rueda || ~ *din spate (din față)* rueda trasera (delantera).

rob I. *m.* 1. *(ist.)* esclavo. 2. cautivo, preso. II. *adj. (fig.)* cautivo.

robă *f.* toga.

robi *vt.* sojuzgar, someter, avasallar, esclavizar.

robie *f.* 1. esclavitud *f.* 2. cautiverio.

robinet *n.* grifo || *a deschide ~ul* dar vuelta al grifo.

robot *m.* robot *m.*

roboteală *f.* quehacer *m.*

roboti *vi.* ajetrearse *vr.*

robust *adj.* robusto, recio.

rocadă *f.* enroque *m.*

rocă *f.* roca.

rochie *f.* vestido.

rod *n.* 1. fruta. 2. *(fig.)* fruto || ~*ul muncii* el fruto del trabajo.

rodaj *n. (auto)* rodaje *m.*

rodi *vi.* dar frutos.

rodie *f.* granada.

roditor *adj.* 1. fructífero, fructuoso. 2. *(d. pământ)* fértil.

rodiu *m. (bot.)* granado.

rodnic *adj. (și fig.)* fructuoso; *(fig.)* provechoso.

rogojină *f.* estera.

roi[1] *n.* enjambre *m.*

roi[2] *vi.* 1. enjambrar. 2. *(fig.)* pulular.

roib *adj., m. (d. cai)* alazán *m.*

rol *n. (teatru și fig.)* papel *m.* || ~ *principal* protagonismo; *a juca un ~* desempeñar un papel.

rolă *f. (de magnetofon etc.)* carrete *m.*, bobina.

rom *n.* ron *m.*

roman I. *adj., m. (ist.)* romano. II. *n. (lit.)* novela.

romancier *m.* novelista *m.*

romanic *adj.* romance, románico.

romanesc *adj.* novelesco.

romaniza *vt.* romanizar.

romanizare *f.* romanización.

romantic *adj.* romántico.

romantism *n.* romanticismo.

romanțat *adj.* novelado.

romanță *f.* romance *m.*

român *adj., m.* 1. rumano. 2. *(țăran)* campesino.

românesc *adj.* rumano.

romb *n.* rombo.

rombic *adj.* rómbico.

rond *n.* 1. *(de flori)* arriate *m.* 2. *(piațetă)* plazoleta. 3. *(mil.)* ronda.

rondel *n.* *(lit.)* rondel *m.*

ronţăi *vi.* roer.

ropot *n.* 1. *(de ploaie)* aguacero. 2. *(aplauze)* salva. 3. *(de cai)* trote *m.*

rosătură *f.* roedura; rozadura, roce *m.*

rost *n.* sentido ‖ *cuvinte fără* ~ palabras sin sentido; *a face* ~ conseguir, procurar; *fără* ~ *sin ton ni son; a lua la* ~ reprender; *a şti (învăţa) pe de* ~ saber (aprender) de memoria.

rosti *vt.* pronunciar.

rostogoli I. *vt.* rodar. II. *vr.* rodar *vi.*, tumbar *vi.*

roşcat *adj.* rojizo.

roşcovan *adj.* *(cu păr roşu)* pelirrojo.

roşcov *m.* *(bot.)* algarrobo.

roşcovă *f.* algarroba.

roşeaţă *f.* *(în obraji)* rubor.

roşi I. *vt.*, *vi.* enrojecer, colorar. II. *vr.* enrojecerse, ruborizarse, sonrojarse.

roşie *f.* tomate *m.*

roşu I. *adj.* rojo, colorado, bermejo ‖ *vin* ~ vino tinto. II. *n.* rojo ‖ ~ *de buze* barra de labios.

rotativ *adj.* rotativo.

rotaţie *f.* rotación.

roti I. *vt.* dar vueltas, rodar. II. *vr.* rodar *vi.*, girar *vi.*

rotire *f.* rotación.

rotofei *adj.* regordete, rollizo, gordi(n)flón.

rotor *n.* rotor.

rotulă *f.* *(anat.)* rótula.

rotund *adj.* redondo.

rotunji I. *vt.*, *vr.* 1. redondear(se). 2. *(a se îngrăşa)* engordar *vi.*, entrar en carnes. II. *vt.* *(o socoteală)* redondear.

rotunjime *f.* redondez *f.*

rouă *f.* rocío.

rourat *adj.* rociado.

roz *adj.* rosado, color de rosa.

roză *f.* rosa.

rozător *adj.*, *n.* roedor.

rozmarin *n.* *(bot.)* romero.

rubin *n.* rubí *m.*

rublă *f.* rublo.

rubrică *f.* rúbrica.

rucsac *n.* mochila.

rudă *f.* pariente *m.*, familiar *m.* ‖ ~ *apropiată (îndepărtată)* pariente cercano (lejano).

rudenie *f.* 1. parentesco ‖ *legături de* ~ relaciones de parentesco. 2. *(rudă)* pariente *m.*

rudiment *n.* rudimento.

rudimentar *adj.* rudimentario.

rufă, rufărie *f.* ropa blanca, lencería; *(de pat)* ropa de cama.

rug *n.* hoguera ‖ *pe* ~ en la hoguera.

ruga I. *vt.* rogar ‖ *te rog* por favor. II. *vr.* *(rel.)* rezar *vi.*

rugă *f.* 1. ruego, petición. 2. *(rel.)* oración, rezo.

rugăciune *f.* *(rel.)* oración.

rugăminte *f.* ruego; favor.

rugbi *n.* *(sport)* rugby *m.*

rugină *f.* orín *m.*

ruina *vt.*, *vr.* arruinar(se).

ruină *f.* ruina.

ruj *n.* *(de buze)* lápiz *m.* (*sau* barra) de labios.

rulant *adj.* rodante ‖ *bandă ~ă* cinta transportadora; *material ~* material rodante; *scară ~ă* escalera mecánica.

ruletă *f.* *(joc de noroc)* ruleta.

rulment *m.* cojinete *m.* *(sau* rodamiento) de bolas.

rulotă *f.* coche-vivienda *m.*, coche-habitación *m.*

rulou *n.* **1.** rollo. **2.** *(jaluzea)* persiana.

rumega *vt.* rumiar.

rumegător *adj., f.* rumiante *m.*

rumeguş *n.* serrín *m.*

rumen *adj.* **1.** *(d. obraji)* bermejo. **2.** *(d. fructe)* maduro. **3.** *(d. alimente)* dorado, tostado.

rumeni **I.** *vt.* *(d. alimente)* tostar. **II.** *vr.* **1.** ponerse rojo *(sau* colorado), ruborizarse, sonrojarse. **2.** *(d. fructe)* madurarse, tomar color.

rumoare *f.* rumor.

rundă *f.* *(sport)* ronda.

rupe **I.** *vt.* romper, quebrar, quebrantar ‖ *a ~ în bucăţi* despedazar, hacer añicos; *a ~ oprietenie* quebrar una amistad; *a ~ cuiva sufletul* desgarrar el alma de uno; *a o ~ la fugă* tomar las de Villadiego. **II.** *vr.* romperse, quebra(nta)rse.

rupere *f.* rompimiento, quebrantamiento.

rupt *adj.* roto, quebrantado, quebrado.

ruptură *f.* **1.** ruptura, fractura. **2.** *(bucată)* rasgón *m.*, rotura, desgarradura.

rural *adj.* rural.

rus *adj., m.* ruso.

rusalii *f.pl.* *(rel.)* Pentecostés *m.*

rustic *adj.* rústico.

ruşina *vt., vr.* *(de)* avergonzar(se) (por, de).

ruşinat *adj.* vergonzoso, confuso.

ruşine *f.* vergüenza, confusión.

ruşinos *adj.* **1.** vergonzoso, tímido. **2.** *(fig.)* reprobable.

rută *f.* ruta, rumbo.

rutină *f.* rutina

S

sabie *f.* sable *m.*; *(şi sport)* espada.
sabot *m.* zueco, almadreña.
sabota *vt.* sabotear.
sabotaj *n.* sabotaje *m.*
sabotor *m.* saboteador.
sac *m.* saco, costal.
sacadat *adj.* brusco, acompasado.
sacâz *n.* colofonia.
sacoşă *f. (de voiaj)* maletín *m.*; *(de cumpărături)* bolsa (de compras).
sacou *m.* americana, saco.
sacramental *adj.* sacramental.
sacrifica *vt., vr.* sacrificar(se) (por).
sacrificiu *n.* sacrificio.
sacrilegiu *n.* sacrilegio.
sacristie *f.* sacristía.
sacru *adj.* sagrado.
sadea *adj.* auténtico, de pura cepa.
sadic *adj.* sádico.
sadism *n.* sadismo.
safir *n.* zafiro.
saftea *f. în expr.: a face ~ua* estrenar.
sagace *adj.* sagaz.
sagacitate *f.* sagacidad.

salahor *m.* hornalero, peón *m.*
salam *n.* salchichón *m.*, salami *m.*
salamandră *f. (zool.)* salamandra.
salariat *m.* asalariado.
salariu *n.* sueldo, salario, paga ‖ ~ pe o lună mensualidad; *a primi ~l* cobrar el sueldo.
salariza *vt.* asalariar.
salată *f.* 1. *(bot.)* lechuga. 2. *(cul.)* ensalada.
salatieră *f.* ensaladera.
sală *f.* sala, salón *m.* ‖ ~ de aşteptare sala de espera; ~ de festivităţi salón de actos; ~ de spectacole sala de espectáculos.
salbă *f.* collar *m.*
salcâm *m. (bot.)* acacia.
salcie *f. (bot.)* sauce *m.* ‖ ~ pletoasă sauce llorón.
salicilat *m.* salicilato.
salină *f.* salina.
salinitate *f.* salinidad.
salivaţie *f.* salivación.
salivă *f.* saliva.
salon *n.* salón *m.*, sala.
salopetă *f.* mono; *(Am.)* overol *m.*

salpetru *n.* salitre *m.*

salt *n.* (*şi sport*) salto ‖ *triplu ~* triple salto.

saltea *f.* colchón *m.* ‖ *~ pneumatică* colchón de viento (*sau* flotante).

saltimbanc *n.* saltimbanco, volatinero, titiritero.

salubritate *f.* salubridad.

salubru *adj.* salubre.

salut *n.* saludo ‖ *~!* ¡hola!; *formule de ~* fórmulas de saludo.

saluta *vt.* saludar.

salutare *f.* **1.** saludo. **2.** *pl.* recuerdos.

salva I. *vt., vr.* salvar(se). II. *vt.* rescatar.

salvare *f.* **1.** salvamento; rescate *m.*; (*şi fig.*) salvación ‖ *barcă de ~* bote de salvamento; *colac de ~* salvavidas *m.* **2.** (*ambulanţă*) ambulancia.

salvator *adj., m.* salvador.

salvă *f.* salva.

salvgarda *vt.* salvaguardar.

samar *n.* albarda.

samavolnic *adj.* arbitrario.

samavolnicie *f.* arbitrariedad.

samsar *m.* corredor de comercio.

samur *m.* (*zool.*) marta.

sanatoriu *m.* sanatorio.

sanctifica *vt.* santificar.

sanctitate *f.* santidad.

sanctuar *n.* santuario.

sancţiona *vt.* sancionar.

sancţionare *f.* sanción.

sancţiune *f.* sanción.

sandală *f.* sandalia ‖ *~ de pânză* alpargata.

sandviş *n.* bocadillo, emparedado, sandwich *m.*

sanguin *adj.* sanguíneo.

sanie *f.* trineo.

sanitar *adj.* sanitario ‖ *agent ~* agente sanitario; *punct ~* punto sanitario.

sanscrit *adj., m.* sánscrito.

santinelă *f.* centinela *m.*

sapă *f.* azada ‖ *a ajunge la ~ de lemn* estar a dos velas.

saramură *f.* (*cul.*) salmuera ‖ *~ de crap* carpa en salmuera.

sarazin *m.* sarracín *m.*

sarcasm *n.* sarcasmo.

sarcastic *adj.* sarcástico.

sarcină *f.* **1.** carga ‖ *~ electrică* carga eléctrica. **2.** (*fig.*) cargo, tarea, misión ‖ *a îndeplini o ~* cumplir una tarea; *a-şi lua sarcina să* encargarse de; *în sarcina* a cargo de. **3.** (*med.*) embarazo.

sarcofag *n.* sarcófago.

sardea *f.* sardina ‖ *cutie de sardele* lata de sardinas; *a sta ca sardelele* estar como sardinas en lata.

sare *f.* sal *f.* ‖ *~ - gemă* sal gema.

saşiu *adj.* bizco, bisojo.

sat *n.* aldea, pueblo, población.

satanic *adj.* satánico

Satana *m.* Satanás *m.*

satană *f.* satanás *m.*

satâr *n.* cortante *m.*, trinchante *m.*

satelit *m.* satélite *m.*

satin *n.* satén *m.*

satir *m.* sátiro.

satiră *f.* sátira.

satiric *adj.* satírico.

satiriza *vt.* satirizar.

satisface *vt.* satisfacer.

satisfacţie *f.* satisfacción ‖ *plin de ~* gratificante.

satisfăcător *adj.* satisfactorio.

satisfăcut *adj.* satisfecho, contento.

satrap *m.* sátrapa *m.*

satura *vt.* saturar.

saturaţie *f.* saturación.

saţ *n.* hartura.

sau *conj.* o; *(înaintea cuvintelor care încep cu* h[o]) u ‖ *aici ~ acolo* aquí o allí; *unul ~ altul* uno u otro.

savană *f.* sabana.

savant *adj., m.* sabio.

savarină *f.* savarina.

savoare *f.* sabor.

savura *vt.* saborear.

savuros *adj.* sabroso.

saxofon *n. (muz.)* saxófono.

saxon *adj., m. (ist.)* sajón *m.*

să *conj.* que ‖ *ca ~* para que; *până ~* hasta que; *pentru ca ~* para que, a fin de que.

săculeţ *n.* bolsa.

sădi *vt.* plantar.

sădire *f.* plantación.

săgeată *f.* flecha, saeta.

săgeta *vt.* asaetar.

săgetător *m. (şi zodie)* sagitario.

sălaş *n.* abrigo, refugio.

sălbatic I. *adj.* salvaje, bravío, feroz; *(bot.)* silvestre. II. *m.* salvaje *m.*

sălbăticie *f.* salvajería, salvajismo.

sălbăticiune *f.* salvajina, fiera.

sălta *vi.* saltar.

săltăreţ *adj.* saltarín, saltadizo.

sămânţă *f.* semilla, simiente *f.*

sănătate *f.* salud *f.* ‖ *~ de fier* salud de bronce; *a bea în ~a cuiva* brindar por la salud de uno; *a se bucura de ~ bună* gozar de buena salud; *Ministerul Sănătăţii* el Ministerio de la Sanidad.

sănătos *adj.* sano ‖ *a fi ~* estar bien de salud, estar sano.

săniuş *n.* resbaladero.

săniuţă *f.* trineo.

săpa *vt.* cavar.

săpătură *f.* 1. cavadura, cavazón *f.* 2. excavación ‖ *~ arheologică* excavación arqueológica.

săptămânal I. *adj.* semanal. II. *n. (ziar)* semanario.

săptămână *f.* semana ‖ *peste o ~* dentro de una semana.

săpun *n.* jabón *m.* ‖ *~ de toaletă* jabón de tocador.

săpuneală *f.* 1. (en)jabonadura. 2. *(fig.)* sermón *m.*

săpuni *vt.* 1. enjabonar. 2. *(fig.)* regañar.

săpunieră *f.* jabonera.

săra *vt.* salar, echar sal.

sărac *adj.* pobre, necesitado, menesteroso ‖ *~ul de mine!* ¡pobre de mí!; *a fi ~ lipit pământului* ser más pobre que las ratas.

sărăci *vi., vt., vr.* empobrecer(se), venir *vi.* a menos.

sărăcie *f.* pobreza, indigencia.

sărăcime *f.* pobrería, pobretería.

sărăcire *f.* empobrecimiento.

sărăntoc *m.* pobrete *m.*

sărbătoare *f.* fiesta.

sărbătoresc *adj.* festivo.

sărbători *vt.* festejar, celebrar.

sărbătorire *f.* festejo, celebración.

sări I. *vi.* 1. saltar ‖ *a ~ în aer* estallar; *a ~ în ochi* saltar a la vista. 2. *(d. minge)* botar. II. *vt.* *(un pasaj etc.)* omitir.

sărite *f.pl.* *în expr.: a scoate din ~* sacar de quicios.

săritor *adj.* *(fig.)* servicial.

săritură *f.* *(și sport)* salto.

sărman *adj.* pobre.

sărut *n.*, **sărutare** *f.* beso.

săruta *vt.*, *vr.* besar(se).

sătean *m.* aldeano.

sătesc *adj.* rústico.

sătuc *n.* pueblecito.

sătul *adj.* *(de) (și fig.)* harto (de).

sătúra *vt.*, *vr.* *(și fig.)* hartar(se), saciar(se).

său, sa, săi, sale I. *adj. pos.* su *m.* și *f. sg.*, sus *m.* și *f. pl.* II. *pron. pos.* (el) suyo, (la) suya, (los) suyos, (las) suyas.

săvârși I. *vt.* 1. cometer, hacer, cumplir. 2. *(a duce la bun sfârșit)* realizar, finalizar. 3. *(a încheia)* concluir. II. *vr.* morir(se), fallecer *vi.*

sâcâi *vt.* fastidiar, molestar; *(fam.)* pinchar, freír; *(Am.)* fregar

sâcâială *f.* molestia, fastidio; *(Am.)* friega

sâcâitor *adj.* molesto, pesado

sâmbătă *f.* sábado.

sâmbure *f.* *(tare)* hueso; *(de măr etc.)* pepita

sân *m.* *(anat. și fig.)* seno, pecho.

sânge *n.* sangre *f.* ‖ *cu ~ rece* a sangre fría; *a-și vărsa ~le pentru patrie* derramar la sangre por la patria

sângera *vi.* sangrar.

sângeros *adj.* sangriento, sanguinario

sârb *m.* servio.

sârguincios *adj.* diligente, laborioso.

sârguință *f.* diligencia, aplicación.

sârmă *f.* alambre *m.* ‖ *~ ghimpată* alambre de púas.

sâsâi *vi.* cecear; *(d. animale)* silbar.

sâsâit *n.* ceceo; *(d. animale)* silbido.

scabie *f.* sarna.

scabros *adj.* escabroso.

scadență *f.* *(com.)* vencimiento.

scafandru *m.* buzo ‖ *costum de ~* traje de buzo, escafandro.

scai *m.* *(bot.)* cardo ‖ *a se ține ~* no dejar en paz (a alguien).

scaiete *m.* *(bot.)* cardo.

scală *f.* escala.

scalpa *vt.* escalpar.

scamator *m.* escamoteador, prestidigitador.

scamă *f.* hilacha, hilaza.

scanda *vt.* escandir.

scandal *n.* escándalo, bronca ‖ *a se isca un ~* armarse un escándalo (*sau* una bronca).

scandalagiu *m.* bullanguero, camorrista *m.*, buscarruidos *m.*

scandaliza *vt.*, *vr.* escandalizar(se).

scandalos *adj.* escandaloso.

scandare *f.* escansión.

scandinav *adj.*, *m.* escandinavo.

scară *f.* 1. escalera ‖ *~ în spirală* (escalera de) caracol *m.*;

~ *mobilă* escalera móvil; ~ *rulantă* escalera mecánica. **2.** *(geom., muz.)* escala ‖ *pe* ~ *mare* a gran escala; *pe* ~ *mondială* a escala mundial.

scarlatină *f. (med.)* escarlatina.

scatiu *m.* verderón *m.*

scaun *n.* **1.** silla, asiento ‖ ~ *pliant* silla plegable. **2.** *(ist.)* trono.

scădea I. *vi.* disminuir, bajar. **II.** *vr.* **1.** *(mat.)* su(b)straer, restar. **2.** *(com.)* deducir.

scădere *f.* **1.** disminución, reducción ‖ ~*a prețurilor* la baja de los precios. **2.** *(mat.)* su(b)stracción, resta. **3.** *(com.)* deducción.

scălda *vt., vr. (și fig.)* bañar(se) ‖ ~*t în lacrimi* bañado de lágrimas; *a* ~ *în lumină* bañar de luz.

scăldat *n.* baño.

scăldătoare *f.* **1.** baño. **2.** *(cadă)* bañera.

scămoșa *vr.* deshilacharse.

scăpa I. *vi., vr.* escapar(se); *(fig.)* salvar(se), librar(se) ‖ *a* ~ *de cineva* desembarazarse (deshacerse *sau* librarse) de uno; *a* ~ *de o grijă* librarse de un problema; *a* ~ *din mână* dejar caer. **II.** *vt.* **1.** perder ‖ *a* ~ *trenul* perder el tren. **2.** *(din vedere)* omitir ‖ *a* ~ *din vedere* omitir. **3.** *(a elibera)* soltar ‖ *a* ~ *o prostie* soltar un disparate.

scăpare *f.* **1.** escape *m.*, escapatoria. **2.** liberación, salvación. **3.** *(din vedere)* omisión.

scăpăra *vt. (un chibrit)* encender un fósforo.

scăpăta *vi.* **1.** venir a menos. **2.** *(d. soare)* ponerse *vr.*

scărmăna *vt.* **1.** cardar. **2.** *(fig.)* escarmentar.

scărmăneală *f. (fig.)* tunda, zurra.

scărpina *vt., vr.* rascar(se).

scăunel *n.* silleta.

scăzut *adj.* disminuido, reducido, bajo ‖ *cu voce* ~*ă* en voz baja.

scânceală *f.*, **scâncit** *n.* gimoteo, vagido.

scânci *vi.* lloriquear, gimotear, dar vagidos

scândură *f.* tabla, tablero

scânteia *vi.* centellear, chispear

scânteie *f.* centella, chispa.

scânteiere *f.* centelleo; *(și fig.)* chispazo ‖ ~ *de spirit* chispazo de ingenio.

scânteietor *adj.* centelleante, chispeante, brillante, relumbrante.

scârbă *f.* náusea; *(și fig.)* asco; *(fig.)* abominación ‖ *mi-e* ~ *de acest lucru* esto me da asco

scârbi *vt., vr.* dar asco

scârbos *adj.* asqueroso.

scârțâi *vi.* rechinar, crujir, chirriar.

scârțâit *n.* rechinado, crujido, chirrido.

scelerat *adj., m.* malvado.

scenarist *m.* guionista *m.* și *f.*

scenariu *n.* guión *m.*

scenă *f.* **1.** *(și lit.)* escena ‖ *a face o* ~ hacer una escena; *a pune în* ~ poner en escena. **2.** *(teatru)* escenario, tablas *f.pl.*

scenetă *f.* entremés *m.*

scenic *adj.* escénico.

scenograf *m.* escenógrafo.

scenografie *f.* escenografía.
sceptic *adj., m.* escéptico.
scepticism *n.* escepticismo.
sceptru *n.* cetro.
schelă *f.* 1. *(constr.)* andamio. 2. *(de petrol)* pozo (de petróleo).
schelărie *f.* andamiaje *m.*
schelet *n.* esqueleto.
scheletic *adj.* esquelético.
schematic *adj.* esquemático.
schematism *n.* esquematismo.
schematiza *vt.* esquematizar.
schemă *f.* 1. esquema *m.* 2. *(a salariaţilor)* plantilla.
scheuna *vi.* gañir.
schi *n. (şi sport)* esquí *m.*
schia *vi.* esquiar.
schijă *f.* astilla.
schilod *adj., m.* mutilado, lisiado, inválido.
schilodi *vt.* mutilar, lisiar.
schimb *n.* 1. cambio ‖ ~ *în natu-ră* trueque *m.*; *în* ~ en cambio; *în* ~*ul* a cambio de; *liber* ~ cambio libre; *piese de* ~ piezas de recambio, respuestos. 2. *(fig.)* intercambio ‖ ~ *de opinii* intercambio de opiniones. 3. *(de scrisori etc.)* cambio, canje *m.* 4. *(tură)* turno. 5. *(de haine)* ropa (para cambiar), muda. 6. *(mil.)* relevo. 7. *(de bani)* cambio.
schimba I. *vt.* 1. cambiar; *(din loc)* mudar, desplazar ‖ *a* ~ *aerul* mudar de aires; *a* ~ *costumul* cambiar de traje. 2. *(fig.)* intercambiar. II. *vr.* cambiar *vi.*, mudar *vi.*; convertirse, transformarse, volverse ‖

situaţia s-a ~*t* ha cambiado la situación.
schimbare *f.* 1. cambio, mutación, transformación. 2. intercambio.
schimbător I. *adj.* variable, mudable, cambiable, inconstante. II. *n. (auto)* cambio ‖ ~ *de viteze* palanca de cambio.
schimnic *m.* eremita *m.*, ermitaño, anacoreta *m.*
schimonosi *vr.* gesticular *vi.*, hacer muecas.
schimonosire *f.* mueca.
schingiui *vt.* torturar, atormentar.
schingiuire *f.* tortura, tormento.
schior *m.* esquiador.
schit *n.* ermita.
schiţa *vt. (şi fig.)* esbozar, bosquejar.
schiţă *f.* 1. *(şi fig.)* esbozo, bosquejo. 2. *(pict.)* boceto. 3. *(desen)* trazado; croquis *m.*
schizofrenie *f. (med.)* esquizofrenia.
sciatică *f. (med.)* ciática.
scinda *vt.* escindir, dividir.
scindare *f.* escisión, división.
scit *m. (ist.)* escita *m.* şi *f.*
sciziune *f.* escisión.
sclav *m.* esclavo.
sclavagism *n.* esclavismo.
sclavie *f.* esclavitud *f.*
scleroză *f. (med.)* esclerosis *f.*
sclifosit *adj.* remilgado
sclipi *vi.* brillar, relumbrar.
sclipire *f.* brillo, relumbrón *m.*, fulgor.
sclipitor *adj.* relumbrante, centelleante.

scoarţă *f.* **1.** *(şi anat.)* corteza. **2.** *(covor)* tapiz *m.* **3.** *(de carte)* cubierta ‖ *din ~ în ~* de cabo a rabo.

scoate *vt.* sacar; *(a îndepărta)* quitar ‖ *a ~ capul pe fereastră* asomar la cabeza por la ventana; *a ~ din luptă* poner fuera de combate; *a ~ din sărite* sacar de quicios; *a ~ o pată* quitar una mancha; *a-şi ~ pălăria* quitarse el sombrero.

scoatere *f.* sacamiento.

scobi *vt.* ahuecar, cavar.

scobit *adj.* hueco.

scobitoare *f.* mondadientes *m.*, palillo (de dientes).

scobitură *f.* hueco, cavidad.

scotch *n.* cinta adhesiva.

scofâlcit *adj.* descarnado.

scoică *f.* **1.** *(zool.)* molusco. **2.** *(cochilie)* concha.

scolastică *f.* escolástica.

scont *n.* descuento.

sconta *vt.* **1.** descontar. **2.** *(fig.)* contar con, anticipar.

scop *n.* fin *m.*, finalidad, meta; *(obiectiv)* objeto, propósito ‖ *a atinge ~ul* alcanzar un fin *(sau* una meta); *a avea ca ~* tener por objeto; *cu ~ul* con el fin de, al objeto de; *în ~ul* con objeto de.

scor *n.* *(sport)* tanteo ‖ *~ egal* empate *m.*

scorbură *f.* hueco.

scormoni *vt.* **1.** escarbar. **2.** *(fig.)* indagar.

scorni *vt.* inventar.

scoroji *vr.* abarquillarse.

scorpie *f.* *(şi fig.)* arpía.

scorpion *m.* *(zool.)* alacrán *m.*; *(şi zodie)* escorpión *m.*

scorţişoară *f.* canela.

scotoci *vt.* **1.** rebuscar, revolver, registrar. **2.** *(fig.)* curiosear, ventear.

scoţian *adj., m.* escocés *m.*

scrânciob *n.* columpio.

scrânteală *f.* **1.** *(med.)* torcedura, luxación. **2.** *(fig., fam.)* chifladura.

scrânti **I.** *vt., vr.* torcer(se). **II.** *vr.* *(fig., fam.)* chiflarse, alelarse

scrâşnet *n.* crujido, rechinado.

scrâşni *vi.* crujir, rechinar, rechistar.

scrie *vi., vt.* escribir ‖ *a ~ de mână* escribir a mano; *a ~ la maşină* pasar a máquina; *a ~ pe curat* poner en limpio.

scriere *f.* **1.** escritura ‖ *~ gotică* escritura gótica. **2.** *(lit. etc.)* escrito ‖ *scrieri literare* escritos literarios.

scriitor *m.* escritor.

scrijeli *vt.* arañar, rasguñar.

scrimă *f.* esgrima.

scrimer *m.* esgrimidor.

scrin *n.* cómoda.

scripcă *f.* violín *m.*

scripete *m.* polea.

scripte *f.pl.* registros *m.pl.*, libros *m.pl.*

scris *n.* escrito, escritura, letra ‖ *a avea un ~ frumos* tener buena letra; *în ~* por escrito.

scrisoare *f.* carta ‖ *~ recomandată* carta certificada.

scroafă *f.* **1.** *(zool.)* cerda. **2.** *(fig.)* cochina.

scrobeală *f.* almidón *m.*

scrobi *vt.* almidonar ‖ *guler ~t* cuello duro.

scrobit *adj. (fig.)* rígido, encopetado.

scrum *n.* ceniza ‖ *a face ~* reducir a cenizas.

scrumbie *f.* arenque *m.*

scrumieră *f.* cenicero.

scrupul *n.* escrúpulo ‖ *fără ~e* sin escrúpulos.

scrupuloş *adj.* escrupuloso.

scruta *vi., vt.* escudriñar.

scrutător *adj.* escudriñador.

scrutin *n.* escrutinio.

scufie *f.* caperuza.

scufiţă *f.* caperucita ‖ *Scufiţa Roşie* la Caperucita Roja.

scufunda *vt., vr.* sumergir(se), hundir(se), bucear *vi.*

scufundare *f.* sumersión.

scuipa *vt.* escupir.

scuipat *n.* escupido, escupitura.

scuipătoare *f.* escupidera.

scul *n.* madeja.

scula *vt., vr.* **1.** levantar(se) ‖ *a se ~ devreme* levantar(se) temprano, madrugar; *a se ~ în capul oaselor* incorporarse; *a se ~ în picioare* ponerse de pie. **2.** *(a se trezi)* despertar(se).

sculă *f.* herramienta.

sculpta *vt.* esculpir, tallar.

sculptor *m.* escultor.

sculptural *adj.* escultórico, escultural.

sculptură *f.* escultura.

scump I. *adj.* **1.** *(d. lucruri)* caro, costoso; *(valoros)* precioso. **2.** *(d. oameni)* querido. **II.** *adv.* caro ‖ *a costa ~* valer mucho *(sau* caro).

scumpete *f.* **1.** carestía. **2.** *(fig.)* sol *m.* ‖ *eşti o ~* eres un sol.

scumpi *vt., vr.* encarecer *vi., vt.* aumentar el precio

scumpire *f.* encarecimiento.

scund *adj.* bajo, corto.

scurge I. *vt., vr.* escurrir(se). **II.** *vr. (fig.)* transcurrir *vi.,* correr *vi.*

scurgere *f.* **1.** escurrimiento, desagüe *m.* ‖ *canal de ~* desagüe *m.* **2.** *(fig.)* transcurso.

scurma *vt., vi.* escarbar, rascar la tierra.

scurt I. *adj.* **1.** breve, corto ‖ *în ~ timp* en breve. **2.** *(d. oameni)* bajo. **II.** *adv.* brevemente ‖ *pe ~* en pocas palabras; *a ţine pe cineva din ~* tener en un puño a uno.

scurta *vt., vr.* abreviar(se), acortar(se).

scurtare *f.* acortamiento.

scurtă *f.* chaqueta; *(jachetă)* chaquetón *m.*

scurtătură *f.* atajo, vereda.

scurtcircuit *n.* cortocircuito.

scurtime *f.* brevedad, cortedad.

scut *n. (şi fig.)* escudo.

scutece *n. pl.* pañales *m.pl.,* envoltura.

scuti *vt.* dispensar, exentar, eximir, libertar.

scutier *m. (ist.)* escudero.

scutire *f.* dispensa, exención.

scutit *adj. (de)* exento (de), libre (de).

scutura *vt., vr.* sacudir(se).

scuturare, scuturătură *f.* sacudida.

scuza I. *vt.* disculpar, dispensar, excusar, perdonar ‖ *~ţi!* ¡disculpe Ud.!, ¡dispense Ud.! **II.** *vr.* disculparse.

scuzabil *adj.* excusable, perdonable, disculpable.

scuză *f.* excusa, disculpa.

se *pron. refl.* se ‖ ~ *spală* se lava.

seamă *f.* în *expr.*: *băgare de ~* atención; *cu băgare de ~* atentamente, cuidadosamente; *dare de ~* informe *m.*, relato; *din nebăgare de ~* por descuido; *mai cu ~* sobre todo; *pe seama* a cuenta de; *a-şi da seama de* darse cuenta de; *a-şi face seama* suicidarse; *a fi de-o ~* ser de la misma edad; *a ţine ~* tener en cuenta.

seamăn *m.* prójimo, semejante *m.* ‖ *fără ~* sin par; *a nu avea ~* no tener par (*sau* igual).

seară *f.* tarde *f.*, noche *f.* ‖ *astă ~* esta noche; *bună seara* (*până la ora 20*) buenas tardes; (*după ora 20*) buenas noches.

searbăd *adj.* soso, insulso.

sec *adj.* seco.

seca I. *vt.,vr.* secar(se). II. *vt.* (*fig.*) agotar.

secantă *f.* (*geom.*) secante *f.*

secară *f.* (*bot.*) centeno.

secătui *vt.* agotar.

secătură *f.* pillo, sinvergüenza *m.*, canalla *m.*

secera *vt.* segar.

seceră *f.* hoz *f.*

secerătoare *f.* (*agric.*) segadora.

secerător *m.* segador.

secetă *f.* sequía.

secetos *adj.* seco ‖ *anotimp ~* estación seca, temporada seca.

sechestra *vt.* secuestrar.

sechestrare *f.* secuestro.

sechestru *f.* secuestro.

secol *n.* siglo ‖ *la mijlocul ~ului* a mediados del siglo; *la sfârşit de ~* a fines del siglo.

secret *adj.*, *n.* secreto ‖ *în ~* en secreto.

secreta *vt.* (*med.*) secretar.

secretar *m.* secretario.

secretară *f.* secretaria.

secretariat *n.* secretaría.

secreţie *f.* secreción.

sectar *adj.*, *m.* sectario.

sectarism *n.* sectarismo.

sectă *f.* secta.

sector *n.* sector, dominio, área.

secţie *f.* sección.

secţiona *vt.* seccionar.

secţionare *f.* sección.

secţiune *f.* sección.

secular *adj.* secular.

seculariza *vt.* secularizar.

secularizare *f.* secularización.

secund *m.* (*mar.*) segundo.

secunda *vt.* secundar, ayudar.

secundar I. *adj.* secundario. II. *n.* (*la ceas*) segundero.

secundă *f.* segundo.

secure *f.* hacha.

securitate *f.* seguridad.

secvenţă *f.* secuencia.

sedativ *adj.*, *n.* sedativo, sedante *m.*

sedentar *adj.* sedentario.

sediment *n.* sedimento.

sedimenta *vr.* sedimentar *vi.*

sedimentar *adj.* sedimentario.

sedimentare *f.* sedimentación.

sediu *n.* sede *f.*

seducător *adj.*, *m.* seductor.

seduce *vt.* seducir.

seducere, seducţie *f.* seducción.

segment *n.* segmento.

segmenta *vt.* segmentar.

segregare *f.* segregación ‖ ~ rasială secregación racial.

seif *n.* caja fuerte (*sau* de caudales).

seismograf *n.* seismógrafo.

seismologie *f.* seismología.

select *adj.* selecto.

selecta *vt.* seleccionar.

selectiv *adj.* selectivo.

selecţie *f.* selección.

selecţiona *vt.* seleccionar, escoger.

selecţionare *f.* selección.

selecţionată *f.* (*sport*) equipo seleccionado.

seleniu *n.* (*chim.*) selenio.

semafor *n.* semáforo.

semantică *f.* semántica.

semăna I. *vt.* (*şi fig.*) sembrar ‖ a ~ discordie sembrar discordia. II. *vi.* (*cu*) semejar (a), parecerse (a).

semănat *n.* siembra.

semănătoare *f.* (*agric.*) sembradora.

semănător *m.* sembrador.

semănătură *f.* sembrado, siembra.

semestrial *adj.* semestral.

semestru *n.* semestre *m.*

semeţ *adj.* 1. (*falnic*) majestuoso, imponente. 2. (*trufaş*) altanero, altivo. 3. (*îndrăzneţ*) atrevido.

semeţie *f.* 1. altanería, orgullo. 2. atrevimiento.

semicerc *n.* semicírculo.

semicircular *adj.* semicircular.

semidoct *adj.* sabi(h)ondo.

semifabricat *n.* semifabricado.

semifinală *f.* semifinal *f.*

semilună *f.* semilunio.

seminar *n.* seminario.

seminarist *m.* seminarista *m.*

seminţie *f.* 1. nación, pueblo. 2. linaje *m.*, raza.

semiotică *f.* semiótica.

semit *adj., m.* semita *m.* şi *f.*

semiton *n.* (*muz.*) semitono.

semn *n.* seña, signo, señal *f.* ‖ ~ convenţional signo convencional; ~ de boală síntoma *m.*; ~ de carte señal; ~e de circulaţie señales de tráfico; ~e de prietenie señales de amistad; ~e de punctuaţie signos de puntuación; ~ul adunării (scăderii, înmulţirii, împărţirii) el signo de más (de la sustracción, de la multiplicación, de la división); a face ~e hacer señas; prin ~e por las señas.

semna *vt., vi.* firmar.

semnal *n.* señal *f.* ‖ ~ de alarmă señal de alarma.

semnala *vt.* 1. señalar, avisar, advertir; (*un fapt*) relevar, mencionar, denunciar. 2. (*a raporta*) relatar.

semnaliza *vt.* señalizar; anunciar por medio de señales.

semnalizare *f.* señalización.

semnalmente *n.pl.* filiación, señas *f.pl.* personales.

semnare *f.* firma.

semnatar *m.* su(b)scriptor, signatario, firmante *m.*, su(b)scrito.

semnătură *f.* firma.

semnifica *vt.*, *vi.* significar.
semnificativ *adj.* significativo.
semnificaţie *f.* significación, significado.
senat *n.* senado.
senator *m.* senador.
senil *adj.* senil; *(fam.)* chocho.
senin *adj.* 1. *(d. cer)* sereno, claro, despejado. 2. *(fig.)* sereno, apacible.
seninătate *f.* serenidad.
senior *m.* *(ist.)* señor.
sens *n.* sentido ‖ ~ *propriu* sentido propio; ~ *unic* sentido único; *a nu avea* ~ no tener sentido; *fără* ~ sin sentido; *în toate* ~*urile* en todos los sentidos.
sensibil *adj.* sensible.
sensibilitate *f.* sensibilidad.
sensibiliza *vt.* sensibilizar.
sentenţios *adj.* sentencioso.
sentiment *n.* sentimiento.
sentimental *adj.* sentimental.
sentinelă *f.* v. **santinelă**.
sentinţă *f.* sentencia ‖ *a da o* ~ dictar (dar *sau* pronunciar) una sentencia, sentenciar.
senzaţie *f.* sensación.
senzaţional *adj.* sensacional.
senzitiv *adj.* sensitivo.
senzorial *adj.* sensorial.
senzual *adj.* sensual.
senzualitate *f.* sensualidad.
sepală *f.* *(bot.)* sépalo.
separa *vt.*, *vr.* separar(se), divisar(se), disgregar(se).
separabil *adj.* separable.
separare, separaţie *f.* separación.
separat I. *adj.* separado, suelto. II. *adv.* separadamente, por separado, aparte.

sepie *f.* *(zool.)* sepia.
septembrie *n.* septiembre *m.*
septic *adj.* *(med.)* séptico.
septicemie *f.* *(med.)* septicemia.
ser *n.* *(med.)* suero.
serafic *adj.* seráfico.
seral *adj.* vespertino, nocturno ‖ *cursuri* ~*e* cursos vespertinos (*sau* de noche); *învăţământ* ~ enseñanza nocturna.
serată *f.* tertulia, velada.
seră *f.* invernadero.
serba *vt.* festejar, celebrar.
serbare *f.* festividad, fiesta, festejo.
serenadă *f.* serenata.
sergent *m.* 1. sargento. 2. *(de poliţie)* guardia *m.*, policía *m.*
serie *f.* serie *f.* ‖ *în* ~ en serie.
seringă *f.* jeringa.
serios I. *adj.* serio. II. *adv.* seriamente, en serio ‖ *a vorbi* ~ hablar en serio.
seriozitate *f.* seriedad, gravedad.
serpentină *f.* 1. camino serpenteado. 2. *(de hârtie)* serpentina.
sertar *n.* cajón *m.*
servi I. *vt.*, *vi.* servir, atender ‖ *a* ~ *(pe cineva) la masă* servir la comida. II. *vr.* *(de)* servirse (de).
serviabil *adj.* servicial, complaciente.
serviciu *n.* 1. servicio ‖ *a face* ~*ul de* prestar servicio de; *intrare de* ~ entrada de servicio. 2. *(ocupaţie)* empleo, cargo ‖ *mă duc la* ~ voy a la oficina (*sau* al trabajo). 3. *(fig.)* favor ‖ *a face un* ~ *cuiva* hacer un favor a uno. 4. *(d. obiecte)* juego.

servietă *f.* cartera.

servil *adj.* servil.

servilism *n.* servilismo.

servitor *m.* criado.

servitorime *f.* servidumbre *f.*; *(ai unei case)* servicio (doméstico).

servitute *f.* servidumbre *f.*

sesiune *f.* sesión, reunión.

sesiza *vt.* 1. informar. 2. observar.

sesizare *f.* información, reclamación.

set *n.* *(sport)* set *m.*

sete *f.* sed *f.* ‖ *a potoli ~a* apagar la sed.

setos *adj.* sediento.

seu *n.* sebo.

sevă *f.* savia.

sever *adj.* severo.

severitate *f.* severidad.

sex *n.* sexo.

sexual *adj.* sexual.

sexualitate *f.* sexualidad.

sezon *n.* temporada ‖ *fructe de ~* fruta del tiempo.

sfadă *f.* contienda.

sfat *n.* 1. consejo, recomendación. 2. *(consfătuire)* junta, reunión.

sfădi *vr.* contender *vi.*, reñir *vi.*

sfărâma *vt.*, *vr.* romper(se), quebrar(se), quebrantar(se).

sfărâmare *f.* quebrantamiento, rompimiento.

sfărâmături *f.pl.* trozos *m.pl.*

sfărâmicios *adj.* quebrantadizo.

sfătos *adj.* conversador.

sfătui *vt.*, *vr.* *(cu)* aconsejar(se) (con); consultar(se) (con); asesorar(se).

sfătuitor *adj.* aconsejador.

sfânt I. *adj.* santo, sagrado. II. *m.* santo.

sfârc *n.* în *expr.*: *~ul sânilor* pezón *m.*; *~ul urechii* lóbulo (de la oreja)

sfârâi *vi.* chirriar

sfârlează *f.* trompo, peonza.

sfârşeală *f.* agotamiento, desmayo.

sfârşi *vt.*, *vr.*, *vi.* 1. acabar(se), terminar(se), finalizar *vt.*, *vi.*, rematar *vt.*, *vi.* ‖ *a ~t prin* acabó por. 2. *(a se epuiza)* agotar(se). 3. morir *vi.*

sfârşit *n.* fin *m.*, final, término, remate *m.* ‖ *a duce la bun ~* llevar a buen término; *fără ~* sin fin; *în ~* por fin; *la ~ul* al final (de); *la ~ul secolului* a finales del siglo; *până la ~* hasta el fin

sfârteca *vt.* despedazar.

sfâşia *vt.*, *vr.* desgarrar(se), rasgar(se)

sfâşietor *adj.* *(şi fig.)* desgarrador.

sfeclă *f.* remolacha ‖ *~ de zahăr* remolacha azucarera.

sferă *f.* esfera; *(fig.)* área.

sferic *adj.* esférico.

sfert *n.* cuarto ‖ *~uri de finală (sport)* cuartos de final; *e trei şi un ~* son las tres y cuarto.

sfeşnic *n.* candelabro, candelero.

sfetnic *m.* consejero.

sfială *f.* pudor, timidez *f.*, encogimiento.

sfida *vt.* desafiar, retar.

sfidare *f.* desafío, reto.

sfidător *adj.* desafiador.

sfii *vr.* encogerse.

sfinţenie *f.* santidad.

sfinţi *vt.* santificar.

sfinţire *f.* santificación.

sfinx *m*. esfinge *f*. (şi *m*.).

sfios *adj*. tímido, encogido, corto, apocodo.

sfoară *f*. cordel *m*., cuerda.

sforăi *vi*. roncar.

sforăit *n*. ronquido.

sforţa *vr*. esforzarse (en), empeñarse (en).

sforţare *f*. esfuerzo, empeño.

sfredel *n*. barrena, taladro.

sfredeli *vt*. barrenar, taladrar.

sfrijit *adj*. delgado, enjuto, flaco; (*fam.*) desmirriado.

sfruntare *f*. desafío.

sfruntat *adj*. impertinente, descarado.

si *m*. (*muz.*) si *m*.

sicriu *n*. ataúd *m*.

sidef *n*. nácar *m*.

sidefiu *adj*. anacarado.

sideral *adj*. sideral.

siderurgic *adj*. siderúrgico.

siderurgie *f*. siderurgia.

siestă *f*. siesta.

sifilis *n*. (*med.*) sífilis *f*.

sifilitic *adj*. sifilítico.

sifon *n*. 1. soda. 2. (*tehn.*) sifón *m*.

sigila *vt*. sellar.

sigiliu *n*. sello.

siglă *f*. sigla.

sigur I. *adj*. seguro, cierto, certero. II. *adv*. claro, seguramente, ciertamente, verdaderamente, en verdad.

siguranţă *f*. 1. seguridad, certeza, certidumbre *f*. ‖ *cu ~* seguramente, a ciencia cierta. 2. (*electr.*) fusible *m*. ‖ *s-a ars siguranţa* se fundió el fusible.

sihastru *m*. 1. ermitaño. 2. (*fig.*) solitario.

sihăstrie *f*. 1. ermita. 2. (*fig.*) aislamiento.

silabă *f*. sílaba.

silabisi *vt*., *vi*. deletrear.

silă *f*. repugnancia, asco, repulsión ‖ *cu de-a sila* por fuerza; *în ~ de* mala gana.

silenţios *adj*. silencioso.

sili I. *vt*. obligar (a), forzar (a), apremiar. II. *vr*. esforzarse.

siliciu *n*. silicio.

silinţă *f*. esfuerzo, aplicación, diligencia.

silitor *adj*. aplicado, diligente, laborioso.

silnic *adj*. forzado ‖ *muncă ~ă* trabajo forzado.

silogism *n*. silogismo.

siloz *n*. silo.

siluetă *f*. silueta, línea ‖ *a menţine silueta* mantener (*sau* guardar) la línea.

silui *vt*. violar.

siluire *f*. violación.

silvic *adj*. forestal.

silvicultor *m*. silvicultor.

silvicultură *f*. silvicultura.

simandicos *adj*. encopetado.

simbioză *f*. simbiosis *f*.

simbol *n*. símbolo.

simbolism *n*. simbolismo.

simboliza *vt*. simbolizar.

simbrie *f*. paga.

simetric *adj*. simétrico.

simetrie *f*. simetría.

simfonie *f*. sinfonía.

similar *adj*. similar.

similitudine *f*. similitud *f*.

simpatic *adj*. simpático.

simpatie *f*. simpatía.

simpatiza *vt.* simpatizar.

simplifica *vt.* simplificar.

simplificare *f.* simplificación.

simplist *adj.* simplista.

simplitate *f.* simplicidad, sencillez *f.*

simplu *adj.* simple, sencillo ‖ *pur și* ~ sencillamente.

simpozion *n.* simposio.

simptom *n.* síntoma *m.*

simptomatic *adj.* sintomático.

simţ *n.* sentido ‖ ~ *practic* sentido práctico; *~ul olfactiv* el olfato; *~ul tactil* el tacto; *bunul* ~ el sentido común.

simţământ *n.* sentimiento.

simţi I. *vt.* 1. sentir. 2. *(un sentiment etc.)* experimentar. II. *vr.* sentirse, encontrarse ‖ *cum vă ~ţi?* ¿cómo está usted?, ¿cómo se encuentra?.

simţire *f.* 1. sentido. 2. *(fig.)* sentimiento.

simţit *adj. (fig.)* sentido, decente.

simţitor *adj.* sensible.

simula *vt.* simular, fingir, aparentar.

simulare *f.* simulación.

simultan *adj.* simultáneo.

simultaneitate *f.* simultaneidad.

sinagogă *f.* sinagoga.

sincer *adj.* sincero.

sinceritate *f.* sinceridad.

sinchisi *vr.* în *expr.: a nu se ~ de* no hacer caso de.

sincopă *f.* 1. *(gram., muz.)* síncopa. 2. *(med.)* síncope *m.*

sincronie *f.* sincronía.

sincroniza *vt.* sincronizar.

sincronizare *f.* sincronización.

sindical *adj.* sindical.

sindicalist *m.* sindicalista *m. și f.*

sindicat *n.* sindicato.

sindrom *n.* síndrome *m.*, síntoma.

sine *pron. refl.* sí ‖ în ~*a lui* para su capote; în ~*a mea* para mi capote; *pentru* ~ para sí.

singular *adj., n. (gram.)* singular *m.*

singur *adj.* solo ‖ *a trăi* ~ vivir solo (*sau a solas*).

singuratic *adj.* solitario.

singurătate *f.* soledad.

sinistrat *m.* siniestrado.

sinistru *adj., n.* siniestro.

sinod *n. (rel.)* sínodo.

sinonim *n.* sinónimo.

sinonimie *f.* sinonimia.

sinoptic *adj.* sinóptico ‖ *tabel* ~ cuadro sinóptico.

sintactic *adj.* sintáctico.

sintaxă *f.* sintaxis *f.*

sintetic *adj.* sintético.

sintetiza *vt.* sintetizar.

sinteză *f.* síntesis *f.*

sinucide *vr.* suicidarse.

sinucidere *f.* suicidio.

sinucigaş *m.* suicida *m.*

sinuos *adj.* sinuoso.

sinuozitate *f.* sinuosidad.

sinuzită *f. (med.)* sinusitis *f.*

sipet *n.* arquilla.

sirenă *f. (și fig.)* sirena.

sirian *adj., m.* sirio.

sirop *n.* almíbar *m.*, jarabe *m.*

siropos *adj.* almibarado.

sista *vt.* cesar, suspender.

sistare *f.* cesación, suspensión.

sistem *n.* sistema *m.*

sistematic *adj.* sistemático.

sistematiza *vt.* sistematizar.

sistematizare *f.* sistematización.

sitar *m. (zool.)* becada.

sită *f.* cedazo, tamiz *m.* ‖ *a da prin* ~ pasar por el cedazo.

situa *vt., vr.* situar(se), ubicar(se).

situare *f.* colocación, ubicación.

situaţie *f.* 1. situación. 2. *(dare de seamă)* informe *m.*, relato, relación.

slab *adj.* 1. delgado, flaco. 2. *(fig.)* débil, suave, flojo.

slalom *n. (sport)* eslalon *m.*

slav *adj., m.* eslavo.

slavă *f.* gloria.

slavistică *f.* eslavística.

slavonesc *adj.* cirílico.

slăbănog *adj.* canijo, enclenque.

slăbi I. *vi.* enflaquecer, adelgazar, demacrarse, debilitarse. II. *vt.* aflojar.

slăbiciune *f.* 1. flaqueza, debilidad. 2. *(fig.) (pentru)* afición (a).

slăbire *f.* adelgazamiento; *(şi fig.)* debilitamiento; *(fig.)* flojedad.

slănină *f.* tocino.

slăvi *vt.* glorificar.

slăvire *f.* glorificación.

slei I. *vr.* cuajarse. II. *vt. (fig.)* extenuar, agotar.

slinos *adj.* mugriento.

slip *n.* traje *m.* de baño, bañador.

slobod *adj.* libre, suelto.

slobozi *vt.* 1. soltar. 2. *(a vorbi)* cantar.

slobozire *f.* soltura.

sloi *n.* pedazo *(sau* témpano) de hielo

slovac *adj., m.* eslovaco

sloven *adj., m.* esloveno.

slugarnic *adj.* servil.

slugă *f.* 1. sirviente *m.*, criado. 2. *pl.* servidumbre *f.*

slugărnicie *f.* servilismo.

slujbaş *m.* empleado.

slujbă *f.* 1. empleo, colocación, plaza, puesto, trabajo ‖ *a fi în slujba cuiva* estar al servicio de alguien; *a merge la* ~ ir al trabajo; *a-şi căuta o* ~ buscar empleo; *a-şi găsi o* ~ colocarse. 2. *(rel.)* misa.

sluji *vt., vr. (de)* servir(se) (de).

slujnică *f.* criada, sirvienta, camarera.

slut *adj.* feo, deforme.

sluţenie *f.* fealdad.

smalţ *n.* esmalte *m.*

smarald *n.* esmeralda.

smălţui *vt.* 1. esmaltar. 2. *(cu flori etc.)* abigarrar.

smântână *f.* nata, crema (de leche)

smârc *n.* pantano.

smerenie *f.* 1. humildad. 2. *(rel.)* devoción.

smerit *adj.* 1. humilde. 2. *(rel.)* piadoso, devoto.

sminteală *f.* locura.

sminti *vr.* enloquecer *vi.*

smiorcăi *vr.* lloriquear *vi.*, gimotear *vi.*

smirnă *f. (bot.)* mirra.

smoală *f.* pez *f.*, brea.

smoc *n. (de păr)* mechón *m.*

smochin *m. (bot.)* higuera.

smochină *f. (bot.)* higo.

smoli *vt.* embrear.

smuci I. *vt.* arrancar II. *vr.* forcejear *vi.*

smucitură *f.* arranque *m.*, arrancada, tirón *m.*

smulge *vt.* arrancar.

smulgere *f.* arranque *m.*, arranca-
miento.

snob *m.* esnob *m.*

snobism *n.* esnobismo.

snop *m.* gavilla, haz *m.*

snopi *vt.* în *expr.: a ~ în bătaie*
moler a palos.

soacră *f.* suegra, madre *f.* política.

soare *m.* sol *m.* ǁ *la ~* al sol;
răsăritul (apusul) ~lui la
salida (la puesta) del sol; *a se
încălzi la ~* asolearse.

soartă *f.* 1. suerte *f.*, sino, des-
tino. 2. *(fatalitate)* fatalidad.
3. *(noroc)* suerte *f.*, fortuna.
4. *(viitor)* futuro.

sobă *f.* estufa.

sobrietate *f.* sobriedad.

sobru *adj.* sobrio.

soc *m.* *(bot.)* saúco.

sociabil *adj.* sociable.

sociabilitate *f.* sociabilidad.

social *adj.* social.

socialism *n.* socialismo.

socialist *adj., m.* socialista *m.* şi *f.*

societate *f.* 1. sociedad 2. *(com.
etc.)* compañía, empresa, mer-
cantil *f.*

sociolog *m.* sociólogo.

sociologie *f.* sociología.

soclu *m.* pedestal, zócalo.

socoteală *f.* 1. cuenta, cálculo,
cómputo ǁ *a cere socoteală*
pedir cuenta; *a da ~*
responder; *a face socoteala*
echar la cuenta; *o ~ rotundă*
una cuenta redonda *(sau*
cabal); *pe socoteala sa* por su
cuenta; *a trece la ~* cargar la

cuenta; *a ţine socoteala* llevar
la cuenta. 2. *(la restaurant)*
cuenta, nota.

socoti I. *vt.* 1. calcular, contar,
computar. 2. *(a considera)
(drept)* considerar (por), esti-
mar II. *vr.* *(fig.).* 1. *(cu)* ajus-
tar cuentas (con). 2. pensar *vi.*

socotitor *m.* contador.

socru *m.* suegro, padre *m.* político.

sodă *f.* *(chim.)* sosa.

sodiu *n.* *(chim.)* sodio.

sofist *m.* sofista *m.*

soi *n.* ralea, raza, calidad ǁ *de ~
bun* de buena ley *(sau* cali-
dad); *de ~ rău* de mala ralea.

soios *adj.* mugriento, sucio.

sol¹ I. *m.* *(mesager)* mensajero.
II. *n.* *(pământ)* suelo.

sol² *m.* *(muz.)* sol *m..*

solar *adj.* solar.

sold *n.* saldo; rebaja.

solda *vr.* terminarse, acabarse.

soldat *m.* soldado.

soldă *f.* *(mil.)* soldada, sueldo.

soldăţesc *adj.* soldadesco.

solemn *adj.* solemne.

solemnitate *f.* solemnidad.

solfegia *vi.* solfear.

solfegiu *n.* *(muz.)* solfa.

solicita *vt.* solicitar, pedir, de-
mandar.

solicitant *adj., m.* solicitante *m.*,
pedidor, solicitador.

solicitare *f.* solicitación.

solicitudine *f.* solicitud *f.*

solid *adj., n.* sólido.

solidar *adj.* *(cu)* solidario (de).

solidaritate *f.* solidaridad.

solidariza *vr.* solidarizarse.

solidarizare *f.* solidarización.

solidifica *vt., vr.* solidificar(se).

soliditate *f.* solidez *f.*

solie *f.* mensaje *m.*

solist *m.* solista *m.* şi *f.*

solitar *adj.* solitario.

solniţă *f.* salero.

solstiţiu *n.* solsticio.

solo *n.* (*muz.*) solo.

solubil *adj.* soluble.

soluţie *f.* solución.

soluţiona *vt.* solucionar, resolver.

soluţionare *f.* solución.

solvabil *adj.* solvente.

solvent *m.* solvente *m.*

solvenţă *f.* solvencia.

solz *m.* escama.

soma *vt.* intimar, requerir.

somaţie *f.* requerimiento.

somieră *f.* colchón *m.* de muelles.

somitate *f.* personalidad.

somn I. *n.* sueño ‖ ~ *uşor!* ¡que descanse bien!; *a-i fi* ~ tener sueño; *a pica de* ~ caerse de sueño; *a speria* ~*ul* espantar el sueño II. *m.* (*zool.*) siluro.

somnambul *adj., m.* so(m)námbulo.

somnifer *adj., n.* somnífero.

somnolenţă *f.* somnolencia, modorra.

somnoros *adj.* soñoliento, adormecido.

somon *m.* (*zool.*) salmón *m.*

somptuos *adj.* suntuoso.

somptuozitate *f.* suntuosidad.

sonată *f.* (*muz.*) sonata.

sonda *vt.* sondear.

sondaj *n.* sondeo.

sondă *f.* 1. (*med.*) sonda. 2. (*puţ*) pozo.

sondor *m.* obrero petrolero.

sonerie *f.* timbre *m.* ‖ *a suna la* ~ tocar el timbre.

sonet *n.* (*lit.*) soneto.

sonor *f.* sonoro.

sonoritate *f.* sonoridad.

sonoriza *vt.* sonorizar.

soprană *f.* (*muz.*) soprano *m.* sau *f.*

soră *f.* 1. hermana ‖ ~ *vitregă* hermanastra. 2. (*de caritate*) enfermera.

sorbi *vt.* sorber, tragar.

sorbitură *f.* sorbo, trago.

sordid *adj.* sórdido.

soroc *n.* plazo.

sort *n.* clase *f.*, categoría.

sorta *vt.* clasificar, ordenar.

sorti *vt.* destinar; predestinar.

sortiment *n.* surtido.

sorţi *m.pl.* în *expr.: a trage la* ~ sortear; *tragere la* ~ sorteo.

sos *n.* salsa.

sosi *vi.* llegar ‖ *a* ~ *la timp* llegar con tiempo.

sosieră *f.* salsera.

sosire *f.* llegada.

soţ *m.* 1. esposo, marido ‖ *cu* ~ par; *fără* ~ sin par, impar. 2. *pl.* cónyuges *m.pl.*, consortes *m.pl.*

soţie *f.* esposa, mujer *f.*

spadă *f.* 1. espada. 2. (*taur.*) estoque *m.* ‖ *a omorî taurul cu o lovitură de* ~ matar el toro de una estocada.

spaimă *f.* susto, espanto.

spanac *n.* (*bot.*) espinaca.

spaniol *adj., m.* español, castellano ‖ *limba* ~*ă* el español, el castellano, la lengua española.

sparanghel *m. (bot.)* espárrago.

sparge I. *vt., vr.* romper(se), quebrar(se), quebrantar(se) ‖ *a ~ o bancă* robar un banco. **II.** *vr. (d. valuri)* estrellarse.

spargere *f.* **1.** quebrantamiento, rompimiento. **2.** *(furt)* robo, efracción.

spart *adj.* **1.** roto, quebrado. **2.** *(d. voce)* cascado.

spartan *adj., m.* espartano.

spasm *n.* espasmo.

spasmodic *adj.* espasmódico.

spate *n.* **1.** *(la oameni)* espalda ‖ *adus de ~* cargado de espaldas; *în ~* atrás, detrás; *în ~le* detrás de; *a întoarce ~le* volver la espalda; *lat în ~* ancho de espaldas; *a rămîne în ~* quedar atrás; *a sta pe ~* estar boca arriba. **2.** *(la animale)* lomo, dorso.

spaţial *adj.* espacial.

spaţios *adj.* espacioso, amplio.

spaţiu *n.* espacio; *(fig.)* ámbito ‖ *~ verde* zona verde; *~ vital* espacio vital.

spăla *vt., vr.* lavar(se) ‖ *a se ~ pe dinţi* limpiarse los dientes; *a se ~ pe faţă* lavarse la cara; *a ~ vasele* fregar.

spălare *f.* lavado, lavamiento.

spălat *n.* v. **spălare.**

spălătoreasă *f.* lavandera.

spălătorie *f.* lavandería; *(chimică)* tintorería.

spărgător I. *m.* **1.** ladrón *m.* **2.** *(de grevă)* rompehuelgas *m.* **II.** *n.* **1.** *(de gheaţă)* rompehielos *m.* **2.** *(de nuci)* cascanueces *m.*

spărtură *f.* quebradura, quiebra, grieta.

spătar *n.* respaldo.

spânzura *vt., vr. (şi fig.)* ahorcar(se)

spânzurătoare *f.* horca.

special I. *adj.* especial, particular. **II.** *adv.* especialmente, sobre todo.

specialist *adj., m.* especialista *m.* şi *f.*

specialitate *f.* especialidad.

specializa *vr.* especializarse.

specializare *f.* especialización, capacitación.

specie *f.* especie *f.*

specific *adj.* específico, peculiar.

specifica *vt.* especificar.

specificare *f.* especificación.

specimen *n.* espécimen *m.*

spectacol *n.* espectáculo, función.

spectaculos *adj.* espectacular.

spectator *m.* espectador.

spectral *adj.* espectral.

spectru *n.* espectro.

specula *vt., vi.* especular.

speculant *m.* especulador, estraperlista *m.*

speculaţie *f.* especulación.

speculă *f.* especulación, estraperlo.

speluncă *f.* taberna.

speologie *f.* espeología.

spera *vt.* esperar.

speranţă *f.* esperanza, ilusión ‖ *a nutri o ~* acariciar una esperanza; *a-şi pune speranţele* depositar las esperanzas.

speria *vt., vr.* asustar(se), espantar(se), azorarse *vr.*

sperietoare *f.* espantajo ‖ *~ de păsări* espantapájaros *m.*

sperietură *f.* susto.

sperios *adj.* espantadizo, asustadizo.

spetează *f.* respaldo.

speti *vr. (fam.)* deslomarse.

speţă *f.* especie *f.*, género.

spic *n.* espiga.

spicui *vt.* espigar, rebuscar.

spicuire *f.* espigueo.

spilcuit *adj.* atildado.

spin *m.* espina.

spinare *f.* 1. espalda ‖ *şira spinării* espinazo; *a trăi pe ~a cuiva* vivir a cuenta de uno, vivir a costa ajena. 2. *(de animal)* lomo.

spinos *adj. (şi fig.)* espinoso.

spinteca *vt.* 1. hender, partir. 2. *(burta)* desbarrigar.

spion *m.* espía *m.* şi *f.*

spiona *vt., vi.* espiar.

spionaj *n.* espionaje *m.*

spirală *f.* espiral *f.*

spiriduş *m.* duende *m.*

spirit *n.* 1. espíritu *m.*; ánimo ‖ *~ practic* espíritu práctico; *~ul epocii* el espíritu de la época; *prezenţă de ~* presencia de espíritu; *stare de ~* estado anímico. 2. *(haz)* gracia ‖ *plin de ~* lleno de gracia.

spiritual *adj.* 1. espiritual. 2. *(cu haz)* chistoso, gracioso.

spirt *n.* alcohol *m.* ‖ *~ medicinal* alcohol sanitario.

spirtieră *f.* cocinilla de alcohol.

spital *n.* hospital.

spitalicesc *adj.* hospitalario, hospitalicio.

spitaliza *vt.* hospitalizar.

spitalizare *f.* hospitalización.

spiţă *f.* 1. radio, rayo. 2. *(fig.)* estirpe *f.*

spiţer *m.* boticario.

spiţerie *f.* botica.

splendid *adj.* espléndido, esplendoroso.

splendoare *f.* esplendor, esplendidez *f.*

splină *f. (anat.)* bazo.

spoi *vt.* 1. *(cu var)* enjalbegar, encalar. 2. *(a mânji)* ensuciar, manchar.

spolia *vt.* expoliar.

spondiloză *f. (med.)* espondilosis *f.*

spongios *adj.* esponjoso, fungoso.

sponsor *m.* patrocinador

sponsoriza *vt.* patrocinar.

spontan *adj.* espontáneo.

spontaneitate *f.* espontaneidad.

spor *n.* incremento, aumento, rendimiento ‖ *~ de salariu* aumento del salario; *fără ~* sin rendimiento.

sporadic *adj.* esporádico.

spori *vt.* aumentar, crecer, incrementar.

sporire *f.* aumento, incremento.

sporovăi *vi.* charlar, parlotear.

sporovăială *f.* charla, parloteo.

sport *n.* deporte *m.*

sportiv I. *adj.* deportivo. II. *m.* deportista *m.* şi *f.*

spovedanie *f. (şi rel.)* confesión.

spovedi *vt., vr. (şi rel.)* confesar(se).

sprânceană *f.* ceja ‖ *a încrunta sprâncenele* fruncir las cejas.

spre *prep.* hacia ‖ *~ seară* por la tarde; *~ şcoală* hacia la escuela.

sprijin *n.* **1.** apoyo, amparo, sostén *m.*, respaldo ‖ *în ~ul* en apoyo de, en pro. **2.** *(fig.)* palanca, protección, respaldo.

sprijini *vt., vr. (pe)* apoyar(se) (en), arrimar(se) (en), respaldar(se) (en), sostener *vt.*

sprijinire *f.* sostenimiento, arrimo; *(fig.)* protección, ayuda.

sprinten *adj.* ágil, listo.

sprinteneală *f.* agilidad.

spulbera *vt., vr.* esparcir(se), derramar(se).

spumă *f.* espuma.

spumega *vi.* espumajear.

spumegos *adj.* espumajoso.

spumos *adj.* espumante, espumoso.

spune *vt.* decir ‖ *a ~ adevărul* decir la verdad; *în treacăt fie spus* dicho sea de paso; *mi s-a spus că* me han dicho que; *nu mai ~!* ¡no lo digas!; *se ~ că* dicen que.

spurca *vt.* **1.** *(a murdări)* ensuciar, manchar. **2.** *(a pângări)* profanar.

spuză *f.* rescoldo ‖ *a trage spuza pe turta lui* llevar agua a su molino.

sta *vi.* **1.** estar ‖ *a ~ de pază* estar de guardia; *a ~ în picioare* estar de pie. **2.** *(a rămâne)* quedar, permanecer ‖ *~i puţin!* ¡espera un momento! **3.** *(a se opri)* pararse, detenerse, cesar ‖ *~i!* ¡pare!, ¡alto!; *a ~t ceasul* se paró el reloj. **4.** *(a locui)* vivir. **5.** *(d. haine)* caer.

stabil *adj.* estable, firme.

stabili *vt., vr.* establecer(se), fijar(se) ‖ *a ~ un termen* fijar un plazo.

stabilire *f.* establecimiento, fijación.

stabilitate *f.* estabilidad.

stabiliza *vt., vr.* estabilizar(se).

stabilizare *f.* estabilización.

stacojiu *adj.* encarnado, escarlata.

stadion *n.* estadio, campo.

stadiu *n.* estadio.

stafidă *f.* pasa.

stafidi *vr.* arrugarse.

stafie *f.* fantasma *m.*, espectro.

stagiu *n.* pasantía ‖ *~ militar* servicio militar.

stagiune *f.* temporada ‖ *~a teatrală* la temporada teatral.

stagna *vi.* **1.** estancarse. **2.** *(şi fig.)* colapsar.

stagnare *f.* **1.** estancamiento, remanso. **2.** *(com. etc.)* calma. **3.** *(şi fig.)* colapso.

stal *n.* *(teatru)* patio de butacas, platea.

stalactită *f.* estalactita.

stalagmită *f.* estalagmita.

stamină *f.* *(bot.)* estambre *m.*

stampă *f.* estampa, grabado.

stană *f.* în *expr.: a rămâne ~ de piatră* quedarse petrificado.

standard *n.* estándar *m.*

standardiza *vt.* estandar(d)izar.

standardizare *f.* estandar(d)ización.

staniol *n.* papel *m.* estaño.

staniu *n.* *(chim.)* estaño.

stare *f.* **1.** estado ‖ *~a sănătăţii* el estado de la salud; *~ civilă* estado civil; *~ sufletească* estado de ánimo (*sau* anímico); *cu ~*

acomodado; *a fi în ~ să* ser capaz de. **2.** *(situaţie)* estado, situación, condición.

stareţ *m.* abad *m.*

start *n.* *(sport)* salida ‖ *a lua ~ul* tomar la salida.

stat *n.* **1.** estado ‖ *~ major* estado mayor; *de ~* estatal; *lovitură de ~* golpe de estado; *om de ~* estadista *m.* **2.** *(de salarii)* nómina, lista.

statal *adj.* estatal.

static *adj.* estático.

statică *f.* estática.

statistic *adj.* estadístico.

statistică *f.* estadística.

statornic *adj.* constante, permanente.

statornici *vt., vr.* establecer(se), asentar(se).

statornicie *f.* permanencia, constancia.

statuie *f.* estatua.

statură *f.* estatura, talla ‖ *de ~ mică* de baja estatura.

statut *n.* estatuto; *(de societate comercială, asociaţie etc.)* estatutos *m.pl.*

staţie *f.* **1.** estación ‖ *~ de radioemisie* estación de radio, emisora. **2.** *(de autobuz)* parada; *(de tren, taxi, metro)* estación.

staţiona *vi.* estacionar(se).

staţionar *adj.* estacionario.

staţionare *f.* estacionamiento.

staţiune *f.* estación ‖ *~ climaterică* balneario, estación veraniega.

staul *n.* establo.

stavilă *f.* **1.** *(hidrol.)* esclusa. **2.** *(fig.)* obstáculo, resistencia.

stăpân *m.* amo, dueño, señor ‖ *a face pe ~ul* hacerse el amo; *a fi ~ pe sine* dominarse; *~ pe soarta sa* dueño de sí mismo (*sau* de su destino).

stăpâni **I.** *vt., vi.* dominar, poseer *vt.* **II.** *vr.* dominarse, aguantarse, refrenarse.

stăpânire *f.* dominación, posesión ‖ *a lua în ~* tomar en posesión; *a pune ~ pe* apoderarse de.

stăpânit *adj.* ponderado.

stăpânitor *adj.* dominante, dominador.

stărui *vi.* insistir (en), perseverar.

stăruinţă *f.* insistencia, perseverancia, celo.

stăruitor *adj.* insistente, perseverante.

stătător *adj.* inmóvil ‖ *apă stătătoare* agua estancada; *de sine ~* independiente.

stătut *adj.* *(d. ape)* estancado.

stăvilar *n.* dique *m.*

stăvili *vt.* **1.** rebalsar, estancar. **2.** *(fig.)* detener.

stâlci *vt.* **1.** aplastar, espachurrar, estropear. **2.** lisiar, baldar ‖ *a ~ în bătaie* moler a palos.

stâlp *m.* poste *m.*, pilar *m.* ‖ *~ de telegraf* poste telegráfico.

stână *f.* redil *m.*, aprisco.

stâncă *f.* peña, peñasco, roca.

stâncos *adj.* peñascoso, pedregoso.

stâng **I.** *adj.* izquierdo ‖ *la ~a* a la izquierda; *mâna ~ă* la mano izquierda. **II.** *f.* *(pol.)* izquierda ‖ *de ~a* de izquierda, izquierdista.

stângaci *adj.* zocato, zoco, zurdo

stângăcie *f.* torpeza

stânjeneală *f.* timidez *f.*

stânjenel *m. (bot.)* lirio.

stânjeni *vt.* 1. incomodar, impedir. 2. *(fig.)* alterar.

stârni I. *vt.* 1. incitar, provocar. 2. *(vânatul)* levantar (la caza). II. *vr.* desencadenarse

stârpi *vt.* exterminar, destruir.

stârpitură *f.* engendro, sietemesino, abortón *m.*

stârv *n.* carroña.

stea *f.* estrella ‖ ~ *căzătoare* estrella fugaz; ~ *de cinema* estrella de cine; ~-*de-mare* estrellamar *f.*; *a vedea stele verzi* ver las estrellas.

steag *n.* bandera, estandarte *m.*

stegar *m.* portabandera *m.*

steguleț *n.* banderín *m.*

stejar *m. (bot.)* encina, roble *m.*

stejăriș *n.* encinar *m.*, robledal.

stemă *f.* escudo, emblema *m.* și *f.*

stenodactilografie *f.* taquimecanografía.

stenograf *m.* taquimecanógrafo, estenógrafo.

stenografia *vt.* taquigrafiar, estenografiar.

stenografie *f.* taquigrafía, estenografía.

stepă *f.* estepa.

stereotip *adj.* estereotípico.

steril *adj.* estéril.

sterilitate *f.* esterilidad.

steriliza *vt.* esterilizar.

sterlină *adj.* în *expr.: liră* ~ libra esterlina.

sterp *adj.* estéril, yermo.

stetoscop *n.* estetoscopio.

sticlă *f.* 1. vidrio, cristal *m.* ‖ ~ *de ochelari* lente *m.* sau *f.* 2. *(vas)* botella.

sticlărie *f.* vidriería.

sticlete *m. (zool.)* jilguero.

sticli *vi.* centellear.

sticlos *adj.* vidriado.

sticluță *f.* frasco.

stigmat *n. (și fig.)* estigma *m.*

stigmatiza *vt.* estigmatizar.

stih *n.* verso.

stil *n.* estilo.

stilet *n.* estilete *m.*

stilistic *adj.* estilístico.

stilistică *f.* estilística.

stiliza *vt.* estilizar.

stilou *n.* (pluma) estilográfica.

stima *vt.* estimar, considerar.

stimă *f.* estima, estimación, consideración.

stimula *vt.* estimular.

stimulare *f.* estímulo

stindard *n.* estandarte *m.*

stingător *n.* extintor.

stinge I. *vt.* apagar, extinguir ‖ *a ~ focul* apagar el fuego; *a ~ incendiul* sofocar el incendio; *a ~ lumina* apagar la luz; *a ~ radioul* interrumpir *(sau* apagar) la radio. II. *vr.* 1. *(și fig.)* apagarse, extinguirse. 2. *(fig.)* perecer *vi.*

stingere *f.* 1. extinción. 2. *(mil.)* queda. 3. *(a unei datorii)* quema ‖ ~*a luminii* apagón *m.*; *a suna* ~*a* tocar la queda.

stingher *adj.* 1. aislado, solitario. 2. *(fără pereche)* desemparejado.

stingheri *vt.* molestar, importunar.

stingherit *adj.* desconcertado, confuso.

stinghie *f.* listón *m.*

stins *adj.* apagado, extinto ‖ *culoare* ~*ă* color apagado; *var* ~ cal apagada; *voce* ~*ă* voz apagada.

stipendiu *n.* estipendio, beca.

stipula *vt.* estipular.

stivă *f.* pila, montón *m.*

stoarce *vt.* exprimir; *(şi fig.)* estrujar ‖ *a* ~ *de bani* extorcar de dinero; *a* ~ *o lămâie* exprimir un limón.

stoc *n.* existencias *f.pl.*, stock *m.*

stoca *vt.* almacenar.

stofă *f.* 1. paño. 2. *(fig.)* estofa.

stog *n.* almiar *m.*

stoic *adj.*, *m.* estoico.

stoicism *n.* estoicismo.

stol *n.* bandada.

stomac *n.* estómago.

stomacal *adj.* estomacal.

stomatolog *m.* estomatólogo, odontólogo.

stomatologie *f.* estomatología, odontología.

stop I. *interj.* ¡alto! II. *n.* 1. semáforo. 2. *în expr.:* ~ *cardiac* parada cardíaca.

stopa I. *vi. (d. vehicule)* pararse *vr.*, detenerse *vr.* II. *vt. (text.)* zurcir.

stor *n.* persiana.

strabism *n. (med.)* estrabismo.

strachină *f.* cuenco ‖ ~ *de lemn* cuenca.

stradă *f.* calle *f.* ‖ *capul străzii* bocacalle *f.*; *a lăsa pe cineva în* ~ dejar a uno en la calle.

strai *n.* vestidura.

strajă *f.* guarda, guardia, vigilancia ‖ *a fi de* ~ estar de guardia.

strană *f.* silla de coro.

strangula *vt.*, *vr.* estrangular(se).

strangulare *f.* estrangulación.

straniu *adj.* extraño.

strapontină *f.* banqueta.

straşnic *adj.* 1. *(nemaipomenit)* extraordinario, estupendo, formidable. 2. *(îngrozitor)* terrible, tremendo.

strat *n.* 1. capa. 2. *(geol.)* estrato. 3 *(de flori)* arriate *m.* 4. *(de zarzavaturi)* bancal.

stratagemă *f.* estratagema.

strateg *m.* estratega *m.*, estratégico.

strategic *adj.* estratégico.

strategie *f.* estrategia.

stratifica *vt.* estratificar.

stratificare *f.* estratificación.

stratosferă *f.* estratosfera.

străbate *vt.* 1. atravesar, traspasar. 2. recorrer, caminar.

străbun *m.* antepasado.

străbunic *m.* bisabuelo, tatarabuelo.

strădanie *f.* esfuerzo, afán *m.*, diligencia.

strădui *vr.* esforzarse (por), afanarse (por).

străduinţă *f.* esfuerzo, afán *m.*, celo.

străduţă *f.* callejón *m.*

străfulgera *vi.* 1. relampaguear. 2. *(fig.) (d. gânduri etc.)* venir.

străfund *n.* profundidad.

străin *adj.*, *m.* 1. *(de ţară)* extranjero. 2. *(de regiune)* forastero. 3. *(de loc, de familie)* extraño ‖ *pentru mine e un ~ para mí es un extraño.* **4.** *(înstrăinat)* ajeno (a, de) ‖ *~ de familia lui* ajeno de su familia.

străinătate *f.* extranjero ‖ *în ~* en el extranjero, fuera.

străjer *m.* vigilante *m.*, atalaya *m.*

străjui *vt.* **1.** vigilar. **2.** *(fig.)* limitar.

străluci *vi.* brillar, lucir, resplandecer, relumbrar.

strălucire *f.* brillo, esplendor, resplandor.

strălucit *adj.* **1.** resplandeciente, brillante, reluciente, relumbrante. **2.** *(fig.)* distinguido, destacado.

strălucitor *adj.* brillante, resplandeciente, reluciente.

strămoş *m.* antepasado, antecesor.

strămoşesc *adj.* **1.** ancestral **2.** antiguo ‖ *casă strămoşească* casa solariega, solar *m.*

strămuta *vt., vr.* trasladar(se), ransmudar(se).

strámutare *f.* traslación.

strănepot *m.* **1.** bisnieto. **2.** *pl.* descendientes *m.pl.*

stránut *n.* estornudo.

stránuta *vi.* estornudar.

străpunge *vt.* *(şi fig.)* atravesar, penetrar, traspasar.

străşnicie *f.* rigor, fuerza ‖ *cu ~* rigurosamente.

strávechi *adj.* muy antiguo.

stráveziu *adj.* traslúcido, transparente.

strâmb *adj.* **1.** torcido, encorvado. **2.** *(fig.)* falso, equivocado.

strâmba **I.** *vt., vr.* torcer(se), encorvar(se), deformar(se). **II.** *vr.*

(fig.) hacer muecas. **III.** *vi.* în *expr.:* *a ~ din nas* torcer las narices

strâmbătură *f.* mueca.

strâmt *adj.* **1.** estrecho, angosto. **2.** *(fig.)* de pocos *(sau* cortos) alcances.

strâmta *vt., vr.* estrechar(se), encoger(se)

strâmtoare *f.* **1.** *(în munţi)* quebrada, desfiladero, puerto. **2.** *(de mare)* estrecho. **3.** *(fig.)* estrechez *f.*

strâmtora **I.** *vt.* obligar, constreñir. **II.** *vr.* limitarse.

strâmtorare *f.* estrechez *f.*, apuro, aprieto.

strânge **I.** *vt.* **1.** estrechar, apretar. **2.** *(a aduna)* recoger. **3.** amontonar, acumular ‖ *a ~ flori* coger flores; *a ~ în braţe* estrechar entre los brazos; *a ~ mâna* estrechar la mano; *a ~ recolta* recoger la cosecha; *mă strâng pantofii* me aprietan los zapatos. **II.** *vr.* **1.** apretarse, estrecharse, encogerse ‖ *a i se ~ (cuiva) inima* encogérsele (a uno) el corazón. **2.** *(a se aduna)* reunirse.

strângere *f.* apretón *m.*, estrechamiento, encogimiento ‖ *~ de mână* apretón de mano.

strâns *adj.* *(şi fig.)* estrecho ‖ *~ cu uşa* obligado, forzado; *~ la pungă* cicatero; *prietenie ~ă* amistad estrecha.

strânsoare *f.* **1.** apretón *m.* **2.** *(fig.)* constreñimiento.

streaşină *f.* alero.

strecura I. *vt.* 1. colar. 2. *(fig.)* *(d. cuvinte)* insinuar. II. *vr. (şi fig.)* colarse.

strecurare *f.* colada, coladura.

strecurătoare *f.* colador, coladero.

strepezi *vr. (d. dinţi)* dar dentera.

strepezire *f.* dentera.

streptococ *m.* estreptococo.

streptomicină *f.* estreptomicina.

striat *adj.* estriado.

strica I. *vt.* 1. estropear, deteriorar. 2. quebrantar, quebrar. 3. *(fig.)* depravar, viciar. 4. *(d. relaţii)* interrumpir. II. *vr.* 1. estropearse, quebrantarse, romperse; detenerse 2. *(d. alimente)* alterarse. 3. *(fig.)* depravarse, viciarse. 4. *(d. o petrecere)* aguarse

stricăciune *f.* 1. deterioración, defecto 2. *(pagubă)* daño, perjuicio. 3. *(fig.)* depravación, corrupción.

stricător *adj.* dañoso, perjudicial.

strict *adj.* estricto || *~ul necesar* lo indispensable.

stricteţe *f.* rigor, severidad.

strident *adj.* estridente.

stridie *f.* ostra.

striga I. *vt., vi.* 1. gritar, vocear, dar voces || *a ~ în gura mare* poner el grito en el cielo, hablar a grito herido. 2. *(a vesti)* pregonar, anunciar. II. *vt. (a chema)* llamar.

strigăt *n.* grito, clamor.

strigător *adj.* gritón || *~ la cer* que clama al cielo.

strigătură *f.* copla.

strigoi *m.* espectro, fantasma *m.*

stringent *adj.* imperioso, urgente.

strivi *vt.* aplastar.

strivitor *adj.* aplastante.

strofă *f.* estrofa.

strop *m.* gota.

stropi I. *vt.* 1. rociar, regar. 2. salpicar || *a ~ cu noroi* salpicar de lodo. II. *vr.* salpicarse.

stropire *f.* riego, regadura.

stropitoare *f.* regadera.

structural *adj.* estructural.

structură *f.* estructura.

strugure *m.* uva || *ciorchine de ~* racimo de uvas.

strună *f.* cuerda.

strung *n.* torno.

strungar *m.* tornero.

struni *vt.* 1. templar. 2. *(fig.)* atar de corto.

strunji *vt.* tornear.

struţ *m. (zool.)* avestruz *m.*

stuc *n.* estuco.

stucatură *f.* estucado.

student *m.* estudiante *m.*

studentă *f.* estudiante *f.*

studenţime *f.* estudiantado.

studia *vt.* estudiar.

studio *n.* 1. estudio 2. *(mobilă)* diván *m.*

studios *adj.* estudioso.

studiu *n.* estudio.

stuf *n. (bot.)* junco, chamiza.

stufăriş *n.* juncal, cañaveral.

stufos *adj.* 1. frondoso, tupido 2. *(des)* espeso, poblado.

stup *m.* colmena.

stupefacţie *f.* estupefacción.

stupefiat *adj.* estupefacto.

stupefiant *adj., n.* estupefaciente *m.*

stupid *adj.* estúpido.

stupiditate *f.* estupidez *f.*

stupină *f.* colmenar *m.*

stupoare *f.* estupor.

sturz *m.* (*zool.*) tordo.

suav *adj.* suave.

suavitate *f.* suavidad.

sub *prep.* bajo, debajo de ‖ ~
acest aspect bajo este aspecto;
~ *cheie* bajo llave; ~ *masă*
bajo (*sau* debajo de) la mesa;
~ *pretextul* bajo el pretexto, so
capa de; *pe* ~ por debajo de.

subaltern *m.* subalterno.

subaprecia *vt.* menospreciar.

subconştient *n.* subcon(s)ciencia.

subdiviziune *f.* subdivisión.

subestima *vt.* subestimar.

subiect *n.* **1.** argumento, asunto ‖
~*ul unui roman* el argumento
de una novela **2.** (*şi gram.*)
sujeto.

subiectiv *adj.* subjetivo.

subiectivitate *f.* subjetividad.

subintitula *vt.* subtitular.

subit I. *adj.* súbito. **II.** *adv.* súbi-
tamente.

subînţelege *vt., vr.* sobreenten-
der(se).

subînţeles *adj.* sobreentendido,
tácito ‖ *a vorbi cu* ~ aludir.

subjonctiv *n.* (*gram.*) subjuntivo.

subjuga *vt.* subyugar, sojuzgar.

subjugare *f.* subyugación, domi-
nación.

sublim *adj., n.* sublime *m.*

sublima *vi.* sublimar.

sublimare *f.* sublimación.

sublinia *vt.* (*şi fig.*) subrayar.

subliniere *f.* subrayado.

sublocotenent *m.* subteniente.

submarin *adj., n.* submarino,
sumergible *m.*

submersibil *adj.* sumergible.

submersiune *f.* sumersión.

submina *vt.* socavar.

subofiţer *m.* suboficial.

subordona *vt.* subordinar.

subordonare *f.* subordinación.

subpămîntean *adj.* soterraño,
subterráneo.

subprefect *m.* subprefecto.

subretă *f.* doncella, camarera.

subscrie *vt.* su(b)scribir.

subscripţie *f.* su(b)scripción.

subsecretar *m.* subsecretario.

subsemnatul *m.* el infrascrito, el
abajo firmante, el suscrito.

subsol *n.* **1.** (*geol.*) subsuelo
2. (*pivniţă*) sótano.

substantiv *n.* (*gram.*) su(b)stantivo.

substanţă *f.* su(b)stancia.

substanţial *adj.* su(b)stancial.

substitui *vt.* su(b)stituir, reemplazar.

substituire *f.* su(b)stitución.

substitut *m.* su(b)stituto.

substituţie *f.* su(b)stitución.

substrat *n.* **1.** su(b)strato. **2.** (*fig.*)
motivo.

subsuoară *f.* (*anat.*) axila.

subteran *adj.* subterráneo, soter-
raño.

subterană *f.* soteraño.

subterfugiu *n.* subterfugio.

subtil *adj.* sutil.

subtilitate *f.* sutileza.

subtropical *adj.* subtropical.

subţia *vt., vr.* adelgazar(se),
afilar(se); (*d. lichide*) di-
luir(se).

subţire *adj.* **1.** delgado, sutil,
tenue. **2.** (*d. lichide*) diluido.
3. (*fig.*) distinguido, refinado.

subţirime *f.* delgadez *f.*

suburban *adj.* suburbano.

suburbie *f.* suburbio, arrabal.

subvenţie *f.* subvención, subsidio.

subversiv *adj.* subversivo.

subzista *vi.* subsistir.

subzistenţă *f.* subsistencia.

suc *n.* (*zeamă*) zumo, jugo ‖ ~ *de fructe* zumo de frutas; ~ *gastric* jugo gástrico.

succeda *vi.*, *vr.* suceder(se).

succedare *f.* sucesión.

succes *n.* éxito ‖ *a avea* ~ tener éxito.

succesiune *f.* sucesión.

succesiv *adj.* sucesivo.

succesor *m.* sucesor.

succint *adj.* sucinto.

suci *vt.*, *vr.* torcer(se).

sucit *adj.* 1. torcido 2. (*fig.*) extraño.

sucomba *vi.* sucumbir.

suculent *adj.* suculento.

sucursală *f.* sucursal *f.*

sud *n.* sur *m.*

suda *vt.* soldar.

sud-american *adj.*, *m.* sudamericano, suramericano.

sudare *f.* soldadura.

sud-est *n.* sudeste *m.*

sudic *adj.* del sur; sureño.

sudoare *f.* sudor.

sudor *m.* soldador.

sudură *f.* soldadura ‖ ~ *autogenă* soldadura autógena.

sud-vest *n.* sudoeste *m.*

suedez *adj.*, *m.* sueco.

sueter *n.* suéter *m.*, jersey *m.*

suferi *vt.*, *vi.* sufrir, padecer.

suferinţă *f.* sufrimiento, padecimiento.

sufertaş *n.* fiambrera.

suficient *adj.* suficiente.

sufix *n.* (*gram.*) sufijo.

sufla *vi.*, *vt.* 1. (*şi d. vânt*) soplar ‖ *a nu* ~ *un cuvânt* no decir palabra, no chistar 2. (*cu un metal*) cubrir ‖ *a* ~ *cu aur* sobredorar. 3. (*la şcoală, teatru*) apuntar.

suflare *f.* 1. sopladura 2. (*respiraţie*) resoplido, aliento. 3. (*adiere şi fig.*) soplo ‖ *într-o* ~ en un soplo; *a-şi da* ~*a (de pe urmă)* dar el último aliento, entregarla.

suflători *m.pl.* (*muz.*) instrumentos de viento.

sufleca *vt.* (ar)remangar.

sufleur *m.* apuntador.

suflet *n.* 1. alma, ánimo, corazón *m.* 2. (*suflare*) aliento, soplo, soplido; (*respiraţie*) aliento, resoplido. 3. (*inimă, simţire*) corazón *m.*, sentimiento ‖ ~ *nobil* alma noble; *cu* ~*ul deschis* con el corazón en la mano; *cu mai mult* ~ con más aliento; *cu trup şi* ~ con alma y vida; *a-şi da* ~*ul* entregar el alma; *din tot* ~*ul* de todo el corazón; *a fi cu* ~*ul la gură* estar con el alma en un hilo; *mă doare* ~*ul* me duele el corazón.

sufletesc *adj.* anímico.

sufleu *n.* suflé *m.*

suflu *n.* soplo, hálito; (*şi fig.*) aliento.

sufoca *vt.*, *vr.* sofocar(se), ahogar(se).

sufocant *adj.* sofocante.

sufocare *f.* sofocación, ahogamiento.

sufragerie *f.* comedor.

sufragiu *n.* sufragio.

sugaci, sugar *m.* niño de pecho (*sau* de teta), nene *m.*, bebé *m.*

sugativă *f.* papel *m.* secante.

suge *vt., vi.* 1. (*d. copii etc.*) mamar. 2. (*a sorbi*) chupar, sorber.

sugera *vt.* sugerir.

sugestie *f.* sugestión.

sugestiona *vt.* sugestionar.

sugestiv *adj.* sugestivo.

sughiţ *n.* hipo.

sughiţa *vi.* tener hipo.

sugruma *vt., vr.* estrangular(se).

sugrumare *f.* estrangulación.

sui *vt., vi., vr.* subir ‖ *a (se) ~ pe cal* montar (a caballo); *a se ~ pe tron* subir al trono; *a i se ~ (cuiva vinul) la cap* subirse a la cabeza.

suită *f.* séquito, comitiva.

sul *n.* rollo, rodillo; (*de pat*) travesaño.

sulf *n.* (*chim.*) azufre *m.*

sulfamidă *f.* (*med.*) sulfamida.

sulfat *m.* (*chim.*) sulfato.

sulfură *f.* (*chim.*) sulfuro.

sulfuric *adj.* sulfúrico, sulfúreo.

sulfuros *adj.* sulfuroso ‖ *băi sulfuroase* baños sulfúreos.

suliţă *f.* 1. lanza. 2. (*sport*) jabalina.

sultan *m.* sultán *m.*

suman *n.* sayo.

sumar *adj., n.* sumario.

sumbru *adj.* sombrío, tenebroso, lóbrego.

sumedenie *f.* multitud *f.*

suna *vi.* sonar, tocar ‖ *a ~ la sonerie* tocar el timbre; *a ~ pe cineva la telefon* llamar por teléfono; *a ~ clopotele* repiquetear; *a ~ telefonul* sonar el teléfono.

sunătoare *f.* (*bot.*) corazoncillo.

sunet *n.* sonido.

supapă *f.* válvula ‖ *~ de siguranţă* válvula de seguridad.

supă *f.* sopa, caldo ‖ *~ de găină* caldo de gallina.

supăra I. *vt.* 1. enfadar, enojar. 2. (*a mâhni*) afligir. 3. (*a deranja*) molestar, incomodar. II. *vr.* (*pe*) enojarse, enfadarse (con).

supărare *f.* 1. enfado, enojo. 2. (*mâhnire*) aflicción, congoja. 3. (*deranj*) molestia.

supărăcios *adj.* enojadizo.

supărător *adj.* enojoso, fastidioso, molesto.

superb *adj.* soberbio, magnífico.

superficial *adj.* superficial.

superficialitate *f.* superficialidad.

superfluu *adj.* superfluo.

superior I. *adj.* superior ‖ *învăţământ ~* enseñanza superior. II. *m.* superior.

superioritate *f.* superioridad.

superlativ *adj.* (*gram.*) superlativo.

supersonic *adj.* supersónico.

superstar *m.* superestrella.

superstiţie *f.* superstición.

superstiţios *adj.* supersticioso.

supin *n.* (*gram.*) supino.

supleant *m.* suplente *m.*

supleţe *f.* flexibilidad, agilidad.

supliciu *n*. suplicio.

supliment *n*. suplemento.

suplimentar *adj*. suplementario; extra ‖ *ore ~e* horas extra.

suplini *vt*. suplir, su(b)stituir.

suplinire *f*. suplencia, su(b)stitución.

suplinitor *m*. su(b)stituto, suplente *m*. ‖ *profesor ~* profesor auxiliar.

suplu *adj*. 1. flexible 2. *(d. fiinţe)* delgado. 3. *(d. mers)* elegante.

suport *n*. soporte *m*.

suporta *vt*., *vi*. soportar, aguantar ‖ *a ~ cheltuielile* cubrir los gastos.

suportabil *adj*. soportable.

supoziţie *f*. suposición.

supraalimenta *vt*., *vr*. sobrealimentar(se).

supraalimentaţie *f*. sobrealimentación.

supraaprecia *vt*. sobreestimar.

supradotat *adj*. superdotado.

supraestima *vt*. sobreestimar.

suprafaţă *f*. superficie *f*.

supraîncălzi *vt*. recalentar.

supraîncărca *vt*. sobrecargar.

supralicita *vi*. pujar *vt*.

supranatural *adj*. sobrenatural.

supranume *n*. sobrenombre *m*.

supranumi *vt*. apodar.

supraom *m*. sobrehombre *m*.

supraomenesc *adj*. sobrehumano.

suprapopulat *adj*. sobrepoblado.

supraproducţie *f*. sobreproducción, superproducción.

suprapune *vt*., *vr*. sobreponer(se), superponer(se).

suprapunere *f*. superposición.

suprarealism *n*. surrealismo, superrealismo.

suprastructură *f*. superestructura.

supraveghea *vt*. vigilar.

supraveghere *f*. vigilancia, vigía, guarda.

supraveghetor *m*. vigilante *m*., guarda *m*.

supravieţui *vi*. sobrevivir.

supravieţuire *f*. supervivencia.

supravieţuitor *m*. 1. sobreviviente *m*. 2. *(jur.)* supérstite *m*.

suprem *adj*. supremo.

supremaţie *f*. supremacía.

suprima *vt*. suprimir.

suprimare *f*. supresión.

supune **I**. *vt*. sujetar, rendir, someter ‖ *a ~ la o întrecere* someter a una prueba. **II**. *vr*. someterse, rendirse, obedecer *vt*., *vi*.

supunere *f*. sumisión, rendimiento.

supura *vi*. supurar.

supus **I**. *adj*. sujeto, sumiso, sometido ‖ *~ analizelor* sometido a análisis. **II**. *m*. súbdito.

sur *adj*. 1. gris, pardo. 2. *(d. păr)* entrecano

surâde *vi*. sonreír(se) *vi*. şi *vr*.

surâs *n*. sonrisa

surâzător *adj*. sonriente, risueño.

surcele *f.pl*. enjutos *m.pl*.

surd *adj*. sordo ‖ *a face pe ~ul* hacer oídos de mercader, hacerse el sordo.

surdină *f*. *(muz.)* sordina.

surditate *f*. sordera.

surdomut *adj*., *m*. sordomudo.

surexcita *vt*. sobreexcitar.

surghiun *n*. destierro, exilio.

surghiuni *vt.* desterrar, exiliar.

surlă *f. (muz.)* clarín *m.*

surmena *vr.* rendirse, extenuarse.

surmenaj *n.* rendimiento, agotamiento.

surogat *n.* sucedáneo.

surpa *vr.* derrumbarse, venirse abajo, hundirse.

surpare *f.* derrumbamiento, hundimiento.

surplus *n.* exceso, demasía.

surprinde *vt.* sorprender; *(fam.)* pillar.

surprindere *f.* sorpresa ‖ *a lua prin ~* coger de sorpresa, tomar por sorpresa.

surprinzător *adj.* sorprendente.

surpriză *f.* sorpresa.

sursă *f. (şi fig.)* fuente *f.*

surveni *vi.* sobrevenir.

survola *vt.* sobrevolar.

surzenie *f.* sordera.

surzi *vi.* ensordecer.

sus *adv.* arriba ‖ *~ mâinile!* ¡arriba las manos!; *cu faţa în ~* boca arriba; *de ~ până jos* de arriba abajo; *în ~* (para *sau* hacia) arriba; *a lua pe ~* llevar por fuerza; *mai ~ de* más arriba de; *a privi de ~* mirar con menosprecio.

susan *m. (bot.)* ajonjolí *m.*

susceptibil *adj.* susceptible, puntilloso, quisquilloso, enfadadizo.

susceptibilitate *f.* susceptibilidad.

suscita *vt.* suscitar.

sus-menţionat *adj.* dicho, mentado, arriba citado

suspect *adj., m.* sospechoso.

suspecta *vt.* sospechar.

suspectare *f.* sospecha.

suspenda *vt. (şi fig.)* suspender.

suspendare *f.* suspensión.

suspensie *f.* suspensión ‖ *puncte de ~* puntos suspensivos.

suspiciune *f.* suspicacia.

suspin *n.* suspiro, sollozo.

suspina *vi.* suspirar, sollozar.

sustrage *vt., vr.* su(b)straer(se).

susţine *vt.* **1.** sostener, sustentar **2.** *(o cauză)* defender. **3.** *(a întreţine)* mantener.

susţinere *f.* sostenimiento, sustento.

susura *vi.* susurrar.

susurare *f.* susurración.

sutană *f. (rel.)* sotana.

sută *num. card.* ciento, cien ‖ *~ la ~* cien por cien; *acum o ~ de ani* hace cien años; *atât la ~* tanto por ciento; *cinci sute* quinientos; *două sute* doscientos; *cu sutele* a centenares; *o ~* ciento, un centenar, una centena; *o ~ de oameni* cien hombres; *sute de* cientos de, centenares de.

sutien *n.* sostén *m.*, sujetador.

sutime *f.* centésimo.

suveică *f.* lanzadera.

suveran *adj., m.* soberano.

suveranitate *f.* soberanía.

suzeran **I.** *adj.* dominante. **II.** *m.* señor.

svastică *f.* esvástica

Ş

şa *f.* silla ‖ ~ *de călărie* silla de montar.
şablon *n.* 1. patrón *m.*, modelo 2. *(fig.)* cliché *m.*
şacal *m. (zool.)* chacal.
şagă *f.* broma, chiste *m.*
şah I. *n.* 1. *(jocul)* ajedrez *m.* ‖ *tablă de* ~ tablero de ajedrez 2. *(atac la rege)* jaque *m.* ‖ ~ *la rege* jaque al rey; ~ *mat* jaque mate; *a ţine în* ~ tener en jaque. II. *m. (titlu)* cha *m.*
şahist *m.* ajedr(ec)ista *m.* şi *f.*
şaisprezece *num. card.* dieciséis, diez y seis.
şaizeci *num. card.* sesenta.
şal *n.* chal *m.*
şalău *m. (zool.)* lucioperca.
şale *f.pl.* lomo.
şalupă *f.* lancha, chalupa.
şampanie *f.* champán *m.*, champaña.
şampon *n.* champú *m.*
şan *n.* horma.
şansă *f.* suerte *f.*; *(Am.)* chance *m.*
şantaj *n.* chantaje *m.*
şantaja *vt.* 1. hacer chantaje 2. *(a extorca)* extorcionar.
şantier *n.* 1. obra (en construcción) 2. *(naval)* astillero.
şanţ *n.* 1. zanja, trinchera, foso 2. *(de drum)* cuneta. 3. *(de irigaţie)* acequia.
şapcă *f.* gorra.
şapte *num. card.* siete.
şaptelea *num. ord.* séptimo.
şaptesprezece *num. card.* diecisiete, diez y siete.
şaptezeci *num. card.* setenta.
şaradă *f.* charada.
şaretă *f.* carreta.
şarjă *f.* 1. carga 2. *(fig.)* caricatura, sátira.
şarlatan *m.* charlatán *m.*, embustero.
şarlatanie *f.* charlatanería.
şarpe *m.* serpiente *f.* ‖ ~ *cu clopoţei* serpiente de cascabel; *a fuma ca un* ~ fumar como una chimenea; *a ţipa ca din gură de* ~ gritar a pleno pulmón.
şase *num. card.* seis.
şaselea *num. ord.* sexto.
şasiu *n.* 1. *(auto)* bastidor, chasis *m.* 2. *(tehn.)* bastidor, marco.
şaten *adj.* castaño.

şatră *f.* aduar *m.*

şăgalnic *adj.* juguetón.

şchiop *adj.*, *m.* cojo.

şchiopăta *vi.* cojear.

şcoală *f.* escuela, colegio || ~ ajutătoare escuela compensatoria; ~ *pedagogică* escuela normal; ~ *profesională* escuela profesional.

şcolar I. *adj.* escolar. II. *m.* alumno, escolar *m.*

şcolarizare *f.* escolarización.

şcolăresc *adj.* escolar.

şedea *vi.* 1. *(pe scaun etc.)* estar sentado 2. *(a se opri din mers)* detenerse, pararse, permanecer. 3 *(a rămâne pe loc)* quedarse. 4. *(a locui)* vivir. 5. *(d. îmbrăcăminte etc.)* sentar, caer, ir.

şedere *f.* estancia, permanencia; *(popas)* morada

şedinţă *f.* sesión, reunión, junta.

şef *m.* jefe *m.*, cabo; *(patron, director)* principal, patrón *m.*

şemineu *n.* chimenea.

şenilă *f.* oruga.

şeptel *n.* ganado.

şerb *m.* siervo.

şerbet *n.* sorbete *m.*

şerbie *f.* servidumbre *f.*

şerpui *vi.* serpentear.

şerpuire *f.* serpenteo.

şervet *n.* toalla.

şerveţel *n.* servilleta.

şes *n.* llano, llanura.

şevalet *n.* caballete *m.*

şezătoare *f.* velada.

şezlong *n.* silla de tijera.

şezut *n.* trasero, culo.

şfichiui *vt.* azotar.

şi I. *conj.* y; *(înainte de cuvintele care încep cu [h]i)* e. II. *adv.* 1. *(deja)* ya || *a ~ venit* ya vino 2. *(înaintea unui comparativ)* más, aun más || *altă afacere ~ mai mare* otro asunto aun más grande. 3. *(de asemenea)* también || *a venit ~ el* vino él también.

şicana *vt.* molestar.

şicană *f.* molestia || *a face şicane* poner trabas.

şifon *n.* madapolán *m.*

şifona I. *vt.* chafar, arrugar. II. *vr.* 1. arrugarse 2. *(fig.)* ofenderse.

şifonier *n.* guardarropa *m.*

şină *f.* riel *m.*, carril *m.*

şindrilă *f.* chilla.

şipcă *f.* ripia, lata, listón *m.*

şipot *n.* manantial.

şir *n.* 1. fila, hilera || *~ indian* hormiguillo; *în ~* en fila 2. *(serie)* serie *f.* 3. orden *m.*

şirag *n.* collar *m.*

şiret I. *n.* cordón *m.* II. *adj.* astuto, socarrón || *a fi ~* no tener pelo de tonto.

şiretenie *f.* astucia, socarronería.

şiretlic *n.* ardid *m.*, astucia, superchería.

şiroi[1] *n.* chorro.

şiroi[2] *vi.* chorrear.

şleahtă *f.* pandilla, banda.

şlefui *vt.* *(şi fig.)* pulir, limar.

şlefuire *f.* pulimentación, pulimento.

şlep *n.* *(mar.)* chalana.

şmecher *adj.* listo, despabilado, astuto.

şmecherie *f.* astucia

şmirghel *n.* lija.

şniţel *n*. filete *m*. empanado, carne rebozada.

şnur *n*. cordón *m*., cordel *m*.

şoaptă *f*. cuchicheo, murmullo.

şoarece *m*. ratón *m*.

şobolan *m*. rata.

şoc *n*. *(şi med.)* choque *m*.

şoca *vt*. chocar.

şofer *m*. chófer *m*.

şofran *n*. azafrán *m*.

şoim *m*. *(zool.)* halcón *m*.

şold *n*. cadera.

şoma *vi*. estar sin trabajo, estar en paro.

şomaj *n*. desocupación, desempleo, paro.

şomer *m*. desocupado, parado.

şopârlă *f*. *(zool.)* lagarto.

şopoti *vi*. susurrar, murmullar.

şopti *vt*., *vi*. cuchichear *vi*., murmurar *vi*., susurrar *vi*.

şopron *n*. cobertizo.

şorţ *n*. 1. delantal 2. *(de şcoală)* uniforme *m*.

şosea *f*. carretera.

şosetă *f*. calcetín *m*.

şotie *f*. bufonada ‖ *a se ţine de şotii* andarse con bromas.

şovăi *vi*. vacilar, titubear, hesitar.

şovăială, şovăire *f*. vacilación, titubeo, hesitación.

şovăitor, şovăielnic *adj*. vacilante, titubeante.

şovin *adj*. patriotero, chovinista.

şovinism *n*. patriotería, chovinismo

şpaclu *n*. espátula.

şperaclu *n*. ganzúa.

şperţ *n*. soborno, cohecho.

ştachetă *f*. *(sport)* listón *m*.

ştafetă *f*. *(sport)* relevo ‖ *cursă de ~* carrera de relevo.

ştampila *vt*. sellar; estampar.

ştampilă *f*. estampilla; sello; *(pentru timbre)* matasellos *m*.

ştergar *n*. toalla.

ştergător *n*. 1. *(grătar)* limpiabarros *m*. 2. *(preş)* limpiapiés *m*. 3. *(de parbriz)* limpiaparabrisas *m*.

şterge I. *vt*., *vr*. secar(se), enjugar(se). II. *vt*. 1. *(şi fig.)* borrar 2. *(praful)* quitar (el polvo). 3. *(a radia)* tachar, dar de baja. 4. *(fig., fam.)* în *expr.: a o ~* largarse. III. *vr*. 1. *(şi fig.)* borrarse 2. *(a se estompa)* esfuminarse.

şterpeli *vt*. hurtar.

şters *adj*. descolorido, borrado.

ştersătură *f*. borradura, tachadura.

şti *vt*., *vr*. saber(se) ‖ *a nu ~* desconocer, ignorar; *se ~e că* se sabe que; *~m că* nos consta que.

ştiinţă *f*. 1. ciencia ‖ *om de ~* hombre de ciencia, científico 2. *(cunoştinţe)* conocimiento.

ştiinţific *adj*. científico.

ştirb *adj*. mellado, desdentado.

ştirbi *vt*. mellar; *(fig.)* menoscabar.

ştire *f*. noticia ‖ *a da de ~* anunciar; *fără ~a lui* sin su conocimiento; *ultimele ştiri* noticias de última hora.

ştiucă *f*. *(zool.)* lucio.

ştiulete *m*. mazorca.

ştrand *n*. piscina.

ştreang *n*. soga.

ştrengar *m*. travieso.
ştrengărie *f*. travesura.
şubă *f*. pelliza.
şubred *adj*. 1. débil, flojo 2. inestable.
şubrezi *vt*. debilitarse.
şugubăţ *adj*. gracioso.
şuiera *vi*. silbar.
şuierat *n*. silbido.
şuierător *adj*. silbador.
şuncă *f*. jamón *m*.
şură *f*. cobertizo

şurub *n*. tornillo ‖ *a strânge ~ul* (*fig.*) apretar la cuerda.
şurubelniţă *f*. destornillador.
şuşoti *vi*. cuchichear.
şuşotit *n*. cuchicheo.
şut *n*. (*sport*) tiro; *(la poartă)* remate *m*.
şuta *vi*. (*sport*) chutar, tirar; *(la poartă)* rematar.
şuviţă *f*. *(de păr)* mecha.
şuvoi *n*. torrente *m*., chorro.

T

tabac *n.* tabaco.

tabacheră *f.* **1.** *(pentru tutun)* tabaquera **2.** *(pentru ţigări)* pitillera.

tabără *f.* campo, campamento.

tabel *n.* cuadro, tabla ‖ ~ *periodic* tabla periódica.

tabiet *n.* costumbre *f.*, hábito.

tablă *f.* **1.** *(din fier)* hojalata, lata **2.** *(de şah)* tablero. **3.** *(la şcoală)* pizarra. **4.** *pl. (joc)* tablas reales *f.pl.* **5.** tabla ‖ ~ *de materii* índice *m.; tabla înmulţirii* tabla de multiplicar.

tabletă *f.* tableta; *(de ciocolată)* tableta, ladrillo, pastilla; *(medicament)* comprimido, tableta.

tablou *n.* **1.** *(pictură)* cuadro, lienzo **2.** *(fig.)* panorama *m.* **3.** *(teatru)* escena. **4.** *(tabel)* tabla. **5.** *(tehn.)* cuadro, tablero ‖ ~ *de comandă* tablero de mando.

tabu *n.* tabú *m.*

taburet *n.* taburete *m.*

tac *n.* taco.

tacâm *n.* **1.** cubierto **2.** *(tehn.)* útiles *m.pl.*, herramientas *f.pl.*

tachina *vt.* molestar.

tachinărie *f.* pulla, vaya.

tacit *adj.* tácito.

taciturn *adj.* taciturno.

tact *n.* **1.** *(muz.)* compás *m.* ‖ *a bate ~ul* tener el compás **2.** *(fig.)* tacto, tiento ‖ *fără* ~ sin tiento.

tactic *adj.* táctico.

tactică *f.* táctica.

tacticos *adj.* acompasado, lento.

tactil *adj.* táctil ‖ *simţ* ~ tacto.

tafta *f.* tafetán *m.*

tagmă *f.* gremio, pandilla.

taifas *n.* palique *m.*, charla, parloteo.

taifun *n.* tifón *m.*

taiga *f.* taiga.

tain *n.* ración.

taină *f.* misterio, secreto ‖ *în* ~ en secreto.

tainic *adj.* misterioso, secreto.

taior *n.* traje sastre *m.*

talangă *f.* cencerro, esquila.

talaş *n.* virutas *f.pl.*

talaz *n.* ola, oleada.

talc *n.* talco.

talent *n.* talento, ingenio.

talentat *adj.* talentoso, talentudo.

taler *n. (de balanţă)* platillo.

talie *f.* 1. *(anat.)* cintura 2. *(măsu-ră)* talla.

talisman *n.* talismán *m.*

talmeş-balmeş *n.* mezcolanza, revoltijo.

talon *n.* talón *m.*

talpă *f.* 1. *(anat.)* planta 2. *(la încălţăminte)* suela. 3. *(de sanie)* patín *m.*

taluz *n.* talud *m.*

taman *adv.* precisamente.

tambur *n.* tambor.

tamburină *f. (muz.)* tamboril *m.*

tam-nesam *adj.* de repente, sin ton ni son.

tampon *n.* 1. *(tehn.)* tope *m.* 2. *(med.)* tapón *m.*; *(pentru badijonări)* muñeca. 3. *(suga-tivă)* secante *m.* tipo rodillo.

tampona *vt.* 1. *(un vehicul)* cho-car, topar 2. *(med.)* taponar.

tamponare *f.* 1. tope *m.*, choque *m.* 2. taponamiento.

tanc *n. (mil.)* tanque *m.*, carro blindado *(sau de combate).*

tandreţe *f.* ternura.

tandru *adj.* tierno.

tangaj *n. (mar.)* cabeceo.

tangent *adj.* tangente.

tangentă *f.* tangente *f.*

tangenţă *f.* tangencia.

tangenţial *adj.* tangencial.

tangibil *adj.* tangible.

tangou *n.* tango.

tanin *n.* tanino.

tanti *f.* tía.

tapa *vt.* sablear.

tapaj *n.* alboroto, jaleo.

tapet *n.* empapelado ǁ *a pune pe* ~ poner sobre tapete, sacar a relucir

tapeta *vt.* empapelar

tapiocă *f.* tapioca

tapir *m. (zool.)* tapir *m.*

tapisa *vt.* tapizar; empapelar

tapiserie *f.* tapiz *m.*, tapicería

tapiţer *m.* tapicero

tapiţerie *f.* tapicería; tapizado

tarabă *f.* puesto, tenderete *m.*

taraf *n.* orquesta de instrumentos populares, banda de músicos

tarantelă *f. (muz.)* tarantela.

tară *f. (meteahnă)* tara; defecto; lacra

tardiv *adj.* tardío.

tare I. *adj.* fuerte, duro, firme ǁ ~ *de ureche* sordo; *cuvinte tari* palabras duras. II. *adv.* 1. muy ǁ *e* ~ *deştept* es muy inteligente 2. *(cu forţă)* fuerte, fuerte-mente ǁ *a lovi* ~ golpear fuerte-mente; *a vorbi* ~ hablar alto

targă *f.* camilla, andas *f.pl.*

tarif *n.* tarifa, arancel *m.*

tarifar *adj.* arancelario, conforme a una tarifa

tarla *f.* parcela

tarniţă *f.* albarda

tartar *n.* tártaro

tartă *f.* tarta

tartină *f.* bocadillo

tartor *m.* 1. diablo 2. *(fig.)* ti-rano.

tartru *n.* 1. *(chim.)* tártaro 2. *(den-tar)* sarro, tártaro.

tată *m.* 1. padre ǁ ~ *de familie* padre de familia; ~ *vitreg* padrastro. 2. *(apelativ)* ¡papá!, ¡papaíto!

tatona *vt.* tantear

tatua *vt., vr.* tatuar(se)

tatuare *f.* tatuaje *m.*

taur *m.* 1. toro ‖ *luptă de ~i* corrida de toros. 2. *(zodie)* Toro, Tauro

tautologie *f.* tautología

tavan *n.* techo

tavă *f.* 1. bandeja. 2. *(med.)* cubeta

tavernă *f.* taberna.

taxa *vt.* 1. tasar. 2. *(fig.)* calificar (por), tachar (de)

taxare *f.* tasación

taxator *m.* cobrador.

taxă *f.* tasa, impuesto ‖ *~ inversă* cobro revertido; *taxe vamale* derechos aduaneros.

taxi *n.* taxi *m.*, taxímetro.

tăbăcar *m.* curtidor.

tăbăcărie *f.* pellejería, curtiduría.

tăbăci *vt.* adobar, curtir.

tăbărî *vi.* arrojarse *vr.*, caer sobre.

tăblie *f.* tablero.

tăcea *vi.* callar(se) *şi vr.*, silenciar.

tăcere *f.* silencio ‖ *a trece sub ~* callar.

tăciune *m.* tizón *m.*

tăcut *adj.* silencioso, callado ‖ *pe ~e* a la chita callando.

tăgădui *vt.* negar.

tăgăduială *f.* negativa, negación.

tăia *vt., vr., vi. (şi fig.)* cortar(se); partir, tajar *vt.* ‖ *a ~ capul cuiva (şi fig.)* cortar la cabeza a alguien; *a ~ copaci* talar; *a-şi ~ drum* abrirse camino; *a ~ drumul cuiva* cortar el paso a alguien; *a ~ pâine* cortar pan; *a ~ vorba* cortar la palabra.

tăiere *f.* 1. corte *m.*, cortadura. 2. *(a unei păduri)* tala.

tăietură *f.* 1. cortadura, corte *m.*, recorte *m.; (adâncă)* tajo. 2. *(croială)* corte *m.*

tăifăsui *vi.* charlar, paliquear.

tăinui *vt.* encubrir.

tăinuit *adj.* encubierto, secreto.

tăinuitor *adj., m.* encubridor.

tăios *adj.* 1. cortante, tajante. 2. *(fig.)* incisivo, mordaz.

tăiş *n.* corte *m.*, filo, tajo.

tăieţei *m.pl.* tallarines *m.pl.*

tălmaci *m.* intérprete *m.*

tălmăci *vt.* 1. traducir. 2. *(a interpreta)* interpretar, explicar.

tălmăcire *f.* 1. traducción. 2. interpretación.

tălpăşiţă *f. în expr.: a-şi lua tălpăşiţa* poner los pies en polvorosa.

tămădui *vt.* curar.

tămăduire *f.* curación, cura.

tămâia I. *vt.* 1. *(rel.)* incensar. 2. *(fig.)* adular, lisonjear. II. *vr. (fig.)* achisparse.

tămâie *f.* incienso.

tămâiere *f.* 1. incensación 2. *(fig.)* adulación.

tămâios *adj.* moscatel

tămbălău *n.* alboroto, juerga.

tăpşan *n.* rasa.

tărăboi *n.* jaleo, alboroto, bronca.

tărăgăna *vt.* 1. demorar, retrasar 2. *(vorba)* hablar lentamente.

tărăgănare *f.* demora, retraso

tărâm *n.* comarca, país *m.*

tărâţe *f.pl.* salvado.

tărcat *adj.* rayado.

tărie *f.* vigor; *(şi fig.)* fuerza; *(fig.)* firmeza, fortaleza.

tărtăcuţă *f.* calabaza.

tătar *adj., m.* tártaro.

tătic *m.* papaíto.

tău, ta, tăi, tale **I.** *adj.pos.* tu *m.* și *f.sg.*; tus *m.* și *f. pl.* **II.** *pron. pos.* el tuyo, la tuya, los tuyos, las tuyas.

tăun *m. (zool.)* tábano.

tăuraş *m.* novillo.

tăvăleală *f.* paliza, tunda, zurra.

tăvăli *vt., vr.* rodar *vt.*, rodar *vt., vi.*, revolcar(se) ‖ *a se ~ de râs* destornillarse de risa.

tăvălug *n.* rollo

tâlc *n.* sentido, significado.

tâlhar *m.* 1. bandolero, bandido, malhechor 2. *(nemernic)* canalla

tâlhărie *f.* bandolerismo.

tâmpenie *f.* estupidez *f.*, idiotez *f.*, tontada

tâmpi *vt., vr.* atontar(se)

tâmpit *adj.* estúpido, idiota, imbécil

tâmplar *m.* carpintero

tâmplă *f.* sien *f.*

tâmplărie *f.* carpintería.

tânăr *adj., m.* joven *m.* și *f.*; *(fam.)* chaval.

tângui *vr.* quejarse, lamentarse, plañir *vi.*

tânguire *f.* plañido, lamento

tânguitor *adj.* plañidero

tânji *vi.* anhelar *vt.*, desear *vt.*

târcoale *n. pl. în expr.: a da ~* dar vueltas

târfă *f.* puta, ramera, zorra.

târg *n.* 1. pueblo. 2. *(com.)* feria ‖ *~ de mostre* feria de muestras. 3 *(acord)* trato, transacción.

târgui **I.** *vt.* comprar. **II.** *vr.* regatear *vi.*

târguială *f.* 1. compra. 2. regateo.

târî *vt., vr.* arrastrar(se) ‖ *a ~ pe pământ* rastrear.

târâș *adv.* arrastrando, a la rastra ‖ *~grăpiş* a trancas y barrancas.

târâtor **I.** *adj.* rastrero. **II.** *f.pl. (zool.)* reptiles *m.pl.*

târlici *m.pl.* babuchas *f.pl.*

târnăcop *n.* pico

târşâi *vt.* arrastrar.

târziu **I.** *adj.* tardío. **II.** *adv.* tarde ‖ *mai ~* más tarde.

teacă *f.* vaina.

teafăr *adj.* sano y salvo, ileso, indemne.

teamă *f.* temor, recelo.

teanc *n.* legajo, montón *m.*

teapă *f.* calaña ‖ *de aceeaşi ~* de la misma calaña.

teasc *n.* lagar *m.*

teatral *adj.* teatral.

teatru *n.* teatro.

tegument *n.* tegumento.

tehnic *adj.* técnico.

tehnică *f.* técnica.

tehnician *m.* técnico.

tehnolog *m.* tecnólogo.

tehnologie *f.* tecnología.

tei *m. (bot.)* tilo.

tejghea *f.* mostrador.

telecomandă *f.* mando a distancia, telecontrol *m.*

telecomunicaţie *f.* telecomunicación.

teleferic *n.* teleférico.

telefon *n.* 1. teléfono 2. *(convorbire)* telefonazo, llamada ‖ *a da cuiva un ~* llamar por teléfono, dar un telefonazo a uno; *a primi un ~* recibir una llamada.

telefona *vi.* telefonear, llamar por teléfono.

telefonic *adj.* telefónico.

telefonist *m.* telefonista *m.* și *f.*

teleghida *vt*. teleguiar, teledirigir.

teleghidat *adj*. teleguiado, teledirigido.

telegraf *n*. telégrafo.

telegrafia *vt*. telegrafiar.

telegrafie *f*. telegrafía || ~ *fără fir* telegrafía sin hilos.

telegrafist *m*. telegrafista *m*. şi *f*.

telegramă *f*. telegrama *m*., cable *m*. || *a da o* ~ poner un telegrama.

telejurnal *n*. telediario.

telemea *f*. queso.

telemecanică *f*. telemecánica.

telemetric *adj*. telemétrico.

telemetru *f*. telémetro.

telepatie *f*. telepatía.

telescop *n*. telescopio.

televiziune *f*. televisión || ~ *în culori* televisión en color(es).

televizor *n*. televisor || *a se uita la* ~ mirar (*sau* ver) la televisión.

teluric *adj*. telúrico.

tematic *adj*. temático.

tematică *f*. temática, temario.

temă *f*. 1. tema *m*. 2. (*pentru acasă*) tarea, deber *m*.

temător *adj*. receloso, sospechoso, temeroso, miedoso.

teme *vr*. (*de*) temer *vi*. şi *vt*., tener miedo (a), recelar *vt*.

temei *n*. 1. fundamento. 2. (*fig.*) causa.

temeinic *adj*. sólido, serio.

temeinicie *f*. solidez *f*.

temelie *f*. base *f*., fundamento, cimientos *m.pl*.

temerar *adj*. temerario., intrépido.

temere *f*. temor, recelo.

temeritate *f*. temeridad.

temnicer *m*. carcelero.

temniţă *f*. cárcel *f*., calabozo.

tempera *vt*. templar, temperar.

temperament *n*. temperamento.

temperanţă *f*. templanza.

temperat *adj*. templado || *climă* ~*ă* clima templado.

temperatură *f*. 1. temperatura. 2. (*febră*) fiebre *f*., calentura.

templu *n*. templo.

temporal *adj*. (*gram., anat.*) temporal.

temporar *adj*. temporario, temporal.

temut *adj*. temedero || *de* ~ temible.

ten *n*. cutis *m*., tez *f*.

tenace *adj*. tenaz.

tenacitate *f*. tenacidad.

tencui *vt*. enlucir, revocar.

tencuială *f*. enlucido, revoco, revoque *m*.

tendenţios *adj*. tendencioso.

tender *n*. ténder *m*.

tendinţă *f*. tendencia.

tendon *n*. (*anat.*) tendón *m*.

tenebros *adj*. tenebroso.

tenie *f*. (*zool.*) tenia.

tenis *n*. (*sport*) tenis *m*. || ~ *de masă* tenis de mesa, ping-pong, pimpón *m*.; *jucător de* ~ tenista *m*. şi *f*.

tenor *m*. (*muz.*) tenor.

tensiune *f*. tensión || ~ *arterială* presión arterial; *înaltă* ~ alta tensión.

tenta *vt*. tentar.

tentacul *n*. tentáculo.

tentativă *f*. tentativa.

tentaţie *f*. tentación.

teocraţie *f*. (*pol.*) teocracia.

teolog *m*. teólogo.

teologic *adj*. teológico.

teologie *f.* teología.

teoremă *f.* teorema *m.*

teoretic *adj.* teórico.

teoretician *m.* teórico.

teoretiza *vt.* teorizar.

teorie *f.* teoría.

teracotă *f.* (ladrillo) azulejo.

terapeutic *adj.* terapéutico.

terapeutică *f.* terapéutica.

terapie *f.* (med.) terapia.

terasament *n.* terraplén *m.*

terasă *f.* 1. terraza. 2. *(pe acoperiş)* azotea.

terci *n.* gacha.

teren *n.* 1. terreno; *(sport)* campo, terreno; *(Am.)* cancha ‖ ~ *de fotbal (de tenis)* campo de fútbol (de tenis); *pe ~ propriu (sport)* a domicilio; *a câştiga ~* ganar terreno. 2. *(destinat construcţiei)* solar *m.*

terestru *adj.* terrestre.

terfeli *vt.* 1. ensuciar. 2. *(fig.)* manchar, deshonrar.

tergiversa *vt.* demorar, retardar, aplazar, postergar.

tergiversare *f.* demora, aplazamiento.

teribil *adj.* terrible, horroroso, tremendo.

teritorial *adj.* territorial.

teritoriu *n.* territorio.

termal *adj.* termal.

terme *f.pl.* termas *f.pl.*

termen I. *n.* plazo, término ‖ *în ~ de* dentro de, en el plazo de. II. *m.* término ‖ *a fi în ~i buni cu cineva* estar en buenos términos con uno.

termic *adj.* térmico.

termina *vt., vr.* terminar(se), acabar(se), finalizar *vt., vi.*, rematar *vt., vi.*, concluir(se), poner (sau dar) fin.

terminare *f.* acabamiento.

terminaţie *f.* terminación.

terminologie *f.* terminología.

termită *f.* (zool.) comején *m.*

termocentrală *f.* central *f.* termoeléctrica.

termodinamică *f.* (fiz.) termodinámica.

termoelectric *adj.* termoeléctrico.

termoficare *f.* suministro de energía térmica.

termometru *n.* termómetro.

termonuclear *adj.* termonuclear.

termos *n.* termo.

termostat *n.* (fiz.) termostato.

teroare *f.* terror.

terorism *n.* terrorismo.

terorist *adj.* terrorista *m.* şi *f.*

teroriza *vt.* aterrorizar.

tertip *n.* trampa, subterfugio.

terţ *m.* (com.) tercero.

terţă *f.* (muz.) tercera.

terţet *n.* (muz.) terceto.

terţiar *adj.* terciario.

tescovină *f.* aguardiente *m.* de orujo.

test *n.* prueba, test *m.*

testament *n.* testamento, legado.

testicul *n.* (anat.) testículo.

teşit *adj.* 1. redondeado. 2. aplastado.

tetanos *n.* (med.) tétano(s) *m.*

teuton *m.* (ist.) teutón *m.*

teutonic *adj.* teutónico, teutón.

text *n.* 1. texto. 2. *(al unui cântec)* letra.

textil *adj.* textil ‖ ~e textiles *m.pl.*

textual *adj.* textual.

tezaur *n.* tesoro ‖ ~ *public* erario.

teză *f.* **1.** tesis *f.* **2.** *(lucrare scrisă)* trabajo escrito, prueba.

tic *n.* tic *m.*

ticăi *vi.* **1.** *(d. inimă)* latir, palpitar. **2.** *(d. ceas)* hacer tic-tac.

ticălos *adj.* soez, canalla, miserable.

ticăloşie *f.* infamia.

tichet *n.* tiquete *m.*, billete *m.*

tichie *f.* casquete *m.*, bonete *m.*

ticlui *vt.* *(şi fig.)* arreglar; *(fig.)* forjar, fraguar.

ticsi *vt.* *(cu)* atestar (de).

ticsit *adj.* *(plin)* repleto, atestado.

tiflă *f.* higa, momo ‖ *a da cu ~ (cuiva)* dar higas (a uno).

tifoidă *adj.* în *expr.: febră ~* fiebre tifoidea.

tifon *n.* gasa hidrófila.

tifos *n.* *(med.)* tifo.

tigaie *f.* sartén *m.*

tighel *n.* pespunte *m.*

tigru *m.* *(zool.)* tigre *m.*

tigvă *f.* **1.** calavera. **2.** *(bot.)* calabaza.

tihnă *f.* tranquilidad, ocio, reposo.

tihni *vi.* caerle bien (a uno).

tihnit *adj.* tranquilo, calmoso, reposado.

tijă *f.* **1.** *(bot.)* tallo. **2.** *(tehn.)* varilla.

tildă *f.* tilde *f.*

timbra *vt.* sellar.

timbru *n.* **1.** *(poştal)* sello. **2.** *(muz.)* timbre *m.*

timid *adj.* tímido.

timiditate *f.* timidez *f.*

timonă *f.* rueda del timón.

timonier *m.* *(mar.)* timonel *m.*, timonero.

timorat *adj.* timorato.

timp *n.* tiempo ‖ *~ul probabil* el tiempo probable; *cu ~ul* con el tiempo; *cu puţin ~ în urmă* hace poco; *din ~* con tiempo; *e ~ frumos* hace buen tiempo; *în ~ ce* mientras; *în ~ul (spectacolului)* durante (la función); *în acelaşi ~* al mismo tiempo; *între ~* entretanto; *la ~* a tiempo; *la ~ul său* a su tiempo; *tot ~ul* todo el tiempo.

timpan *n.* *(anat., muz.)* tímpano.

timpuriu *adj.* temprano.

tină *f.* lodo, barro.

tinctură *f.* tintura ‖ *~ de iod* tintura de yodo.

tindă *f.* zaguán *m.*, mirador.

tinde *vi.* *(spre)* tender (a), propender (a).

tineresc *adj.* juvenil.

tineret *n.* juventud *f.*

tinereţe *f.* juventud *f.*

tinerime *f.* juventud *f.*

tinichea *f.* **1.** *(tablă)* hojalata, lata. **2.** *(vas)* lata.

tinichigerie *f.* hojalatería.

tinichigiu *m.* hojalatero.

tip I. *m.* sujeto, tipo, tío. **II.** *n.* *(particularitate)* tipo.

tipar *n.* **1.** *(formă)* molde *m.*; *(model, schiţă)* patrón *m.* **2.** *(tip.)* imprenta, prensa ‖ *sub ~* en prensa.

tipări *vt.* imprimir, editar, publicar.

tipărire *f.* impresión.

tipăritură *f.* publicación, impreso.

tipic *adj.* típico.

tipicar *adj.* rutinario, pedante.

tipograf *m.* tipógrafo, impresor.

tipografie *f.* imprenta, tipografía.

tipologie *f.* tipología.

tipsie *f.* bandeja.

tiptil *adv.* a la chita callando, a hurtadillas.

tir *n. (sport)* tiro.

tiraj *n.* tirada.

tiran *m.* tirano.

tiranic *adj.* tiránico, tirano.

tiranie *f.* tiranía.

tiraniza *vt.* tiranizar.

tirbuşon *n.* sacacorchos *m.*

tiroidă *adj. în expr.: glandă ~* glándula tiroides, tiroides *m.*

tisă *f. (bot.)* tejo.

titan *m.* **1.** *(chim.)* titanio. **2.** titán *m.*

titanic *adj.* titánico.

titirez *m.* peón *m.*, trompo.

titlu *n.* título, titulación ‖ *cu ~ de* a título de.

titular *adj.* titular.

titulatură *f.* título.

tiv *n.* orla, ribete *m.*

tivi *vt.* orlar.

tiz *m.* tocayo.

toaletă *f.* **1.** aseo. **2.** *(îmbrăcăminte)* vestido. **3.** *(closet)* retrete *m.*, baño, váter *m.* **4.** *(mobilă)* tocador

toamna *adv.* en otoño.

toamnă *f.* otoño.

toană *f.* capricho, antojo.

toarce *vi.* **1.** hilar *vt.* **2.** *(d. pisici)* ronronear.

toartă *f.* asa.

toast *n.* brindis *m.*

toasta *vi.* brindar (por).

tobă *f. (muz., tehn.)* tambor ‖ *a bate toba* tamborear; *(fig.)*

propalar; *a fi ~ de carte* ser un pozo de ciencia.

tobogan *n.* tobogán *m.*

toboşar *m.* tambor.

toc *n.* **1.** *(de scris)* pluma, portaplumas *m.* **2.** *(de ochelari etc.)* estuche *m.* **3.** *(de pantof)* tacón *m.* ‖ *pantofi cu ~ înalt* zapatos de tacón alto.

toca *vt.* **1.** picar. **2.** *(fig.) (a risipi)* despilfarrar, derrochar, malbaratar.

tocană *f.* guisado.

tocă *f.* toca.

tocător *n.* tajadero.

tocătură *f.* picadillo.

toci *vt.* **1.** despuntar. **2.** *(fig., d. elevi)* empollar.

tocilar *m.* **1.** amolador. **2.** *(fig., d. elevi.)* empollón *m.*

tocilă *f.* amoladera

tocit *adj.* romo, sin punta.

tocmai *adv.* **1.** precisamente. **2.** incluso, mismo.

tocmeală *f.* **1.** regateo. **2.** *(învoială)* transacción.

tocmi **I.** *vr.* regatear *vi.* **II.** *vt.* contratar.

togă *f.* toga.

toi *n. în expr.: în ~ul verii* en pleno verano; *în ~ul luptei* en pleno combate, en el ardor del combate.

toiag *n.* bordón *m.*, báculo.

tolăni *vr.* estirarse, echarse, tumbarse.

tolbă *f.* morral.

tolera *vt.* tolerar.

tolerabil *adj.* tolerable.

toleranţă *f.* tolerancia.

tom *n.* tomo, volumen *m.*

tomată *f.* tomate *m.*

tombolă *f.* rifa, tómbola.

tomnatic *adj.* **1.** otoñal, autumnal. **2.** *(fig.)* viejo, entrado en años.

ton *n.* **1.** *(muz.)* tono ‖ *a ridica ~ul* salir de tono; *a schimba ~ul* cambiar de tono. **2.** *(nuanţă)* matiz *m.*

tonaj *n.* tonelaje *m.*

tonalitate *f.* tonalidad.

tonă *f.* tonelada.

tonic *adj.* tónico.

tont *adj.* necio, tonto.

top *n. (de hârtie)* resma.

topaz *n.* topacio.

topi **1.** *vt., vr.* derretir(se), deshacer(se). **II.** *vt. (metale)* fundir.

topică *f.* orden *m.* de las palabras.

topire *f.* **1.** derretimiento. **2.** fundición.

topitorie *f. (d. metale)* fundición.

topograf *m.* topógrafo.

topografie *f.* topografía.

toponimic *adj.* toponímico.

toponimie *f.* toponimia.

topor *m.* hacha.

toporaş *m. (bot.)* violeta.

toporişcă *f.* hacheta.

torace *n. (anat.)* tórax *m.*

toracic *adj.* torácico.

torcătoare *f.* hilandera.

torcătorie *f.* hilandería.

toreador *m.* torero.

torent *n.* torrente *m.*, raudal.

torenţial *adj.* torrencial ‖ *ploaie ~ă* lluvia torrencial.

torid *adj.* tórrido.

toropeală *f.* somnolencia, entorpecimiento.

toropi *vt.* entorpecer.

torpila *vt.* torpedear.

torpilare *f.* torpedeo.

torpilă *f.* torpedo.

torpilor *n.* torpedero.

tors *n.* torso.

tort *n.* tarta, torta.

tortura *vt.* torturar, atormentar.

tortură *f.* tortura, tormento.

torţă *f.* antorcha, tea.

tot **I.** *adv.* **1.** *(încă)* todavía, aún. **2.** mismo, incluso, también. **3.** *(mereu)* siempre. **II.** *n.* todo ‖ *a risca ~ul* jugar el todo por el todo. **III.** *adj.* todo. **IV.** *pron. neh.* todo ‖ *cu toate acestea* con todo eso; *mai întâi de toate* ante todo.

total **I.** *adj.* total, completo. **II.** *n.* total, suma, importe *m.* ‖ *în ~* en total, en conjunto.

totalitate *f.* totalidad.

totaliza *vt.* totalizar.

totdeauna *adv.* siempre.

totodată *adj.* al mismo tiempo, a la vez.

totuna *adv. în expr.: a-i fi (cuiva) ~* darle (a uno) lo mismo.

totuşi *conj.* sin embargo, no obstante.

tovarăş *m.* compañero, camarada *m.* şi *f.*

tovărăşesc *adj.* camaraderil.

tovărăşie *f.* compañía, camaradería.

toxic *adj.* tóxico.

toxicitate *f.* toxicidad.

toxină *f.* toxina.

trabuc *n.* cigarro puro.

trac *adj., m.* tracio.

tractor *n.* tractor ‖ *~ pe şenile* tractor (de) orugas.

tractorist *m.* tractorista *m.* şi *f.*

tracţiune *f.* tracción ‖ ~ *animală* tracción animal.

tradiţie *f.* tradición.

tradiţional *adj.* tradicional.

traducător *m.* traductor.

traduce *vt.* 1. *(în)* traducir (a). 2. *(fig.)* aplicar, poner en práctica.

traducere *f.* traducción.

trafic *n.* 1. tráfico. 2. *(circulaţie)* tráfico, circulación ‖ ~ *de droguri* narcotráfico.

trafica *vi.* traficar.

traficant *m.* traficante *m.* ‖ ~ *de droguri* narcotraficante *m.*

trage I. *vt.* tirar; *(a târî)* arrastrar ‖ *a* ~ *clopotele* a. tocar las campanas; b. *(fig.)* galantear; *a* ~ *în ţeapă* empalar; *a* ~ *o concluzie* sacar una conclusión; *a* ~ *pe sfoară* engañar; *a* ~ *sforile* maniobrar; *a* ~ *un pui de somn* echar un sueño. II. *vi.* 1. *(a poposi)* pararse *vr.*, alojarse *vr.* 2. *(d. sobă etc.)* tirar. 3. *(cu o armă)* disparar ‖ *a* ~ *cu urechea* poner el oído; *a* ~ *la măsea* empinar el codo; *a* ~ *să moară* estar en las últimas, agonizar. III. *vr.* proceder *vi.*

tragedian *m.* trágico.

tragedie *f.* tragedia.

tragere *f.* 1. tiro. 2. *(la loterie)* sorteo.

tragic *adj.* trágico.

tragicomedie *f.* tragicomedia.

tragicomic *adj.* tragicómico.

tragism *n.* (lo) trágico.

trahee *f.* *(anat.)* tráquea.

trai *n.* vida, vivir *m.*

traiect *n.* trayecto.

traiectorie *f.* trayectoria.

trainic *adj.* duradero, firme, sólido.

traistă *f.* alforja.

trambulină *f.* *(şi fig.)* trampolín *m.*

tramvai *n.* tranvía *m.*

trandafir *m.* rosa.

trandafiriu *adj.* rosado, color de rosa.

transatlantic *adj., n.* transatlántico.

transă *f.* hipnosis *f.*

transborda *vt.* tra(n)sbordar.

transbortare *f.* tra(n)sbordo.

transcendental *adj.* tra(n)scendental.

transcendenţă *f.* tra(n)scendencia.

transcrie *vt.* transcribir.

transcriere, transcripţie *f.* tra(n)scripción.

transfera I. *vt., vr.* tra(n)sferir(se), trasladar(se), traspasar(se). II. *vt.* *(bani)* girar.

transfer(are) *f.* 1. traslado. 2. *(fin.)* transferencia. 3. *(jur.)* transmisión.

transfigura *vt., vr.* transfigurar(se).

transfigurare *f.* transfiguración.

transforma *vt., vr.* transformar(se).

transformare *f.* transformación.

transformator *n.* transformador.

transfug *m.* tránsfuga *m.*

transfuzie *f.* *(med.)* transfusión.

transilvănean *adj., m.* transilvano.

translator *m.* intérprete *m.*, traductor.

translucid *adj.* tra(n)slúcido.

transmisibil *adj.* transmisible.

transmisiune *f.* transmisión.

transmite *vt.* transmitir.

transparent *adj.* *(şi fig.)* transparente.

transparenţă *f.* transparencia.

transperant *n.* transparente *m.*

transpira *vi.* transpirar, sudar.

transpiraţie *f.* transpiración.

transplant *n.* transplante *m.*

transplanta *vt.* transplantar.

transport *n.* transporte *m.* ‖ *mijloace de* ~ medios de transporte.

transporta *vt.* transportar, acarrear.

transportabil *adj.* transportable.

transportat *adj.* (*fig.*) conmovido, encantado.

transpunere *vt.* transponer, trasladar.

transpunere *f.* transposición, traslado.

transversal *adj.* transversal.

tranşa *vt.* resolver, solucionar.

tranşă *f.* parte *f.*, ración.

tranşee *f.* trinchera ‖ *a săpa* ~ abrir trincheras.

tranzacţie *f.* transacción, trato, convenio, negocio, compromiso.

tranzacţiona *vt.* negociar.

tranzit *n.* tránsito

tranzitiv *adj.* (*gram.*) transitivo.

tranziţie *f.* transición.

trap *n.* trote *m.* ‖ *a merge la* ~ trotar.

trapă *f.* trampa.

trapez *n.* trapecio.

trasa *vt.* 1. (*pe hârtie etc.*) trazar. 2. (*directive*) recomendar.

traseu *n.* itinerario, trayecto:

trata I. *vt., vi., vr.* tratar(se). II. *vt.* 1. (*cu mâncare*) servir, obsequiar. 2. (*un bolnav*) atender, tratar, curar. 3. (*o afacere*) negociar.

tratament *n.* 1. tratamiento, trato. 2. (*med.*) cura, curación.

tratat *n.* tratado ‖ ~ *de pace* tratado de paz; ~ *de chimie* tratado de química.

tratative *f.pl.* negociaciones *f.pl.* ‖ *a duce* ~ negociar.

trataţie *f.* comida ligera.

traumatism *n.* (*med.*) traumatismo.

traversa *vt.* 1. atravesar, traspasar. 2. (*o stradă*) cruzar.

traversare *f.* cruce *m.*, paso.

traversă *f.* traviesa.

travesti *vt., vr.* disfrazar(se).

travestire *f.* disfraz *m.*

trăda I. *vt.* 1. traicionar. 2. (*un secret etc.*) revelar, descubrir. 3. (*a înşela*) engañar. II. *vr.* descubrirse.

trădare *f.* traición, felonía.

trădător *adj., m.* traidor, traicionero.

trăgaci *n.* gatillo, disparador.

trăgător *n.* tiralíneas *m.*

trăi *vi.* vivir ‖ *a* ~ *pe spinarea altuia* vivir a cuenta (*sau* a expensas) de otro.

trăinicie *f.* durabilidad, firmeza, solidez *f.*

trăire *f.* vivir *m.*, vivencia.

trăncăneală *f.* parloteo.

trăncăni *vi.* parlotear, comadrear.

trăsătură *f.* 1. (*cu creionul etc.*) trazo. 2. (*a unei figuri şi fig.*) rasgo.

trăsnaie *f.* picardía, travesura.

trăsnet *n.* rayo.

trăsni *vi., vt.* fulminar, caer rayos ‖ *mi-a* ~*t prin minte* me pasó por la cabeza, se me ocurrió.

trăsnit *adj.* (*fig.*) chiflado.

trăsură *f.* carruaje *m.*, coche *m.*

trâmbiţa I. *vi.* trompetear. **II.** *vt.* *(fig.)* pregonar.

trâmbiţaş *m.* trompetero, trompeta *m.*

trâmbiţă *f.* trompeta, clarín *m.*

trândav *adj.* haragán, holgazán.

trândăvi *vi.* haraganear, holgazanear.

trândăvie *f.* haraganería, holgazanería

trântă *f.* lucha cuerpo a cuerpo.

trânti I. *vt.* **1.** echar; arrojar; derribar ‖ *a ~ jos* echar abajo; *a ~ la pământ* echar por tierra; *a ~ uşa* dar un portazo. **2.** *(fig.)* *(la un examen)* suspender, dar calabazas. **II.** *vr.* echarse, tumbarse, tirarse.

trântor *m.* **1.** *(zool.)* *(şi fig.)* zángano. **2.** *(fig.)* vago, haragán *n.*, holgazán *m.*, gandul *m.*

treabă *f.* **1.** ocupación, actividad, faena, labor *f.* ‖ *a avea ~* tener mucha faena; *treburi casnice* quehaceres domésticos. **2.** *(chestiune)* asunto.

treacăt *n.* în *expr.: în ~ de paso.*

treaptă *f.* peldaño; *(şi fig.)* escalón m.

treaz *adj.* despierto, desvelado; *(fig.)* atento, alerto.

trebui *vi.* **I.** deber, deber de, tener que; hay que. **2.** *(a fi nevoie)* ser menester. **3.** *(a necesita)* necesitar *vt.*, requerir *vt.*

trebuincios *adj.* necesario, útil.

trebuinţă *f.* necesidad.

trecătoare *f.* desfiladero, paso.

trecător I. *adj.* transitorio, pasajero, temporal. **II.** *m.* transeúnte *m.*

trece I. *vi.* pasar ‖ *a ~ cu vederea* omitir; *a ~ drept* pasar por; *a ~ în revistă* pasar revista a; *a ~ la* pasar a; *a ~ peste* pasar por encima, *(fig.)* no respetar; *a ~ prin* pasar por. **II.** *vt.* **1.** pasar. **2.** *(a traversa)* cruzar. **3.** *(a străbate)* atravesar, recorrer. **4.** *(un examen)* aprobar. **III.** *vr.* **1.** *(d. fructe)* pasarse. **2.** *(d. plante, oameni)* marchitarse.

trecere *f.* **1.** pasaje *m.*, paso ‖ *~a oprită* prohibido el paso; *~ de nivel* paso a nivel; *bilet de liberă ~* salvoconducto. **2.** *(fig.)* influencia.

trecut *adj., n.* pasado ‖ *în ~* en el pasado.

trei *num. card.* tres.

treiera *vt.* trillar.

treierătoare *f.* trilladora.

treieriş *n.* trilla, trilladura.

treilea *num. ord.* tercero.

treime *f.* tercio.

treisprezece *num. card.* trece.

treizeci *num. card.* treinta.

tremur *n.* temblor, tremor.

tremura *vi.* *(şi fig.)* temblar; *(a dârdâi)* tiritar.

tremurat *n.* temblor.

tremurător *adj.* tembloroso, temblante.

tren *n.* tren *m.* ‖ *~ accelerat* tren rápido; *~ expres* tren expreso *(sau* directo*)*; *~ de marfă* tren de mercancías; *mersul ~urilor* la guía de ferrocarriles.

trenă *f.* cola.

trenci *n.* trinchera.

trening *n.* *(sport)* chándal, equipo deportivo.

trepida *vi.* 1. *(tehn.)* trepidar. 2. *(fig.)* agitarse *vr.*

trepidant *adj.* trepidante.

trepidaţie *f.* trepidación.

trepied *n.* trípode *m.*

treptat *adj.* paulatino, gradual.

tresă *f.* galón *m.*

tresălta *vi.* estremecerse *vr.*

tersări *vi.* estremecerse *vr.*; *(de spaimă)* sobresaltar.

tresărire *f.* sobresalto, estremecimiento.

trestie *f.* caña ‖ ~ *de zahăr* caña de azúcar; *plantaţie de* ~ cañaveral.

trezi I. *vt.* 1. despertar. 2. *(a aduce la viaţă)* resucitar, avivar. II. *vr.* 1. *(şi fig.)* despertarse. 2. *(a se afla)* encontrarse. 3. *(d. băuturi etc.)* alterarse.

trezire *f.* despertamiento.

trezorier *m.* tesorero.

tria *vt.* triar, escoger.

trib *n.* tribu *f.*

tribord *n.* *(mar.)* estribor.

tribulaţie *f.* tribulación.

tribun *n.* tribuno.

tribunal *n.* tribunal.

tribună *f.* tribuna.

tribut *n.* tributo.

tributar *adj.* tributario.

tricicletă *f.* triciclo.

tricolor *adj.* tricolor.

tricorn *n.* tricornio, sombrero de tres picos.

tricota *vt.* hacer punto, tejer.

tricotaje *n.pl.* artículos *m.pl.* de punto.

tricou *n.* camiseta

trifoi *m.* *(bot.)* trébol *m.*

triftong *m.* *(gram.)* triptongo.

trigonometrie *f.* trigonometría.

tril *n.* *(muz.)* trino.

trilion *n.* trillón *m.*

trilogie *f.* trilogía.

trimestrial *adj.* trimestral.

trimestru *n.* trimestre *m.*

trimis *m.* 1. delegado; *(sol)* mensajero. 2. *(diplomat)* enviado, encargado.

trimite *vt.* 1. enviar, mandar. 2. *(a expedia)* despachar, remitir. 3. *(la un text etc.)* remitir (a).

trimitere *f.* *(şi expediere)* envío, remisión; *(la un text sau la o notă)* remisión.

trio *n.* *(muz.)* trío.

triolet *n.* *(muz.)* tresillo.

tripla *vt.* triplicar.

triplet *n.* triplete *m.*

triplu *adj.* triple, triplo.

tripou *n.* garito, tahurería.

triptic *n.* tríptico.

trist *adj.* triste, afligido.

tristeţe *f.* tristeza, aflicción.

trişa *vi.* trampear.

trişare *f.* tahurería, fullería.

trişor *m.* tahúr *m.*, tramposo.

triumf *n.* triunfo ‖ *arc de* ~ arco de triunfo.

triumfa *vi.* triunfar.

triumfal *adj.* triunfal.

triumfător *adj.* triunfante.

triumvirat *n.* triunvirato.

triunghi *n.* triángulo.

triunghiular *adj.* triangular.

trivial *adj.* trivial, vulgar.

trivialitate *f.* trivialidad.

troacă *f.* dornajo.

troc *n.* trueque *m.*, trueco.

trofeu *n.* trofeo.

trohaic *adj.* trocaico.

troheu *m.* troqueo.

troian I. *n.* montón *m.* de nieve.
II. *adj.*, *m. (ist.)* troyano.

troică *f.* troica.

troleibuz *n.* trolebús *m.*

trombă *f.* tromba.

trombon *n. (muz.)* trombón *m.*

trompă *f. (tehn., anat.)* trompa.

trompetă *f.* trompeta, clarín *m.*

trompetist *m.* trompetero, trompeta *m.*

tron *n.* trono ‖ *a urca pe ~* subir al trono.

trona *vi.* 1. reinar. 2. *(fig.)* dominar.

tronson *n.* tramo.

trop *m.* tropo.

tropăi *vi.* 1. patalear. 2. *(a bocăni)* hacer ruido al andar.

tropăială *f.*, **tropăit** *n.* pataleo.

tropic *n.* trópico.

tropical *adj.* tropical.

tropot *n.* trote *m.*

trosc *interj.* ¡chas!.

troscot *n. (bot.)* centidonia.

trosnet *n.*, **trosnitură** *f.* crujido, chasquido.

trosni *vt.* crujir, chasquear.

trotinetă *f.* patinete *m.*

trotuar *n.* acera *f.*; *(Am.)* banqueta *f.*

trubadur *m. (lit.)* trovador.

truc *n.* truco.

trudă *f.* esfuerzo, afán *m.* ‖ *cu ~ a duras penas.*

trudi *vi.*, *vr.* afanar(se), ajetrearse *vr.*

trufanda *f.* primicia.

trufaş *adj.* orgulloso, soberbio, altivo.

trufă *f.* trufa.

trufie *f.* soberbia, altanería, orgullo.

trunchi *n. (şi geom.)* tronco.

trunchia *vt.* truncar.

trup *n.* cuerpo.

trupă *f.* 1. *(mil.)* tropa. 2. *(teatru)* compañía.

trupesc *adj.* corporal, corpóreo.

trupeş *adj.* corpulento, bien plantado.

trusă *f.* estuche *m.* ‖ *~ de voiaj* estuche de viaje.

trusou *n.* ajuar *m.*, dote *f.* (rar *m.*).

trust *n.* trust *m.*

tu *pron. pers.* tú.

tub *n.* tubo.

tubercul *m. (bot.)* tubérculo.

tuberculos *adj.*, *m.* tuberculoso, tísico.

tuberculoză *f. (med.)* tuberculosis *f.*, tisis *f.*

tuberoză *f. (bot.)* tuberosa, nardo.

tubular *adj.* tubular.

tuci *n.* 1. *(fontă)* hierro colado. 2. *(ceaun)* caldero.

tuciuriu *adj.* negruzco, moreno.

tufă *f.* mata.

tufiş *n.* matorral.

tulbura *vt.*, *vr. (şi fig.)* turbar(se), enturbiar(se); *(fig.)* trastornar(se), cortarse *vr.*

tulburare *f.* 1. turbamiento, enturbiamiento, turbieza. 2. *(nelinişte)* turbación, trastorno, inquietud *f.* 3. *(dezordine)* alboroto, tumulto.

tulburător *adj.* conmovedor, turbador, trastornador.

tulbure *adj. (şi fig.)* turbio; *(fig.)* agitado.

tulei *n.* **1.** *(la păsări)* plumón *m.* **2.** *(la oameni)* vello.

tulpină *f.* tallo; *(de graminee)* caña.

tulumbă *f.* manga.

tumbă *f.* trepa, voltereta.

tumefia *vr.* tumefacerse.

tumefiat *adj.* tumefacto.

tumoare, tumoră *f.* tumor.

tumult *n.* tumulto.

tumultuos *adj.* tumultuoso.

tun *n.* cañón *m.* ‖ *lovitură de ~* cañonazo; *sănătos ~* muy sano.

tuna *vi. (şi fig.)* tronar.

tunar *m.* artillero, sirviente *m.* de cañón.

tunător *adj.* tronante.

tunde *vt.* **1.** *(d. oameni)* cortar el pelo. **2.** *(d. animale)* trasquilar. **3.** *(d. iarbă etc.)* cortar.

tunel *n.* túnel *m.*

tunet *n.* trueno.

tungsten *m. (chim.)* tungsteno.

tunică *f.* **1.** *(şi bot.)* túnica. **2.** *(mil.)* uniforme *m.*

tunsoare *f.* corte *m.* de pelo.

tupeu *n.* impertinencia.

tupila *vr.* **1.** *(a se ghemui)* acurrucarse. **2.** *(a se ascunde)* esconderse.

tur *n.* **1.** vuelta. **2.** *(sport)* circuito; *(de pistă)* vuelta ‖ *~ de orizont* mirada general; *~ de scrutin* vuelta; *~ şi retur* ida y vuelta; *(sport)* primera vuelta y segunda vuelta.

turaţie *f.* rotación.

tură *f.* **1.** turno ‖ *a lucra în ture* trabajar por turnos. **2.** *(şah)* torre *f.*

turba *vi. (şi fig.)* rabiar.

turban *n.* turbante *m.*

turbare *f. (şi fig.)* rabia.

turbat *adj. (şi fig.)* rabioso.

turbă *f.* turba.

turbină *f.* turbina.

turbogenerator *n.* turbogenerador.

turboreactor *n.* turborreactor.

turbulent *adj.* turbulento.

turbulenţă *f.* turbulencia.

turc *adj., m.* turco.

turcoază *f.* turquesa.

turism *n.* **1.** turismo ‖ *agenţie de ~* agencia de viajes. **2.** *(autoturism)* coche *m.*

turist *m.* turista *m.* şi *f.*

turistic *adj.* turístico.

turlă *f.* torre *f.*; *(la biserici)* campanario.

turmă *f.* rebaño, manada.

turn *n.* torre *f.* ‖ *~ de pază* atalaya.

turna **I.** *vt.* **1.** *(un lichid)* verter. **2.** *(metale)* fundir. **3.** *(în tipare)* amoldar, moldear, vaciar, fundir. **4.** *(beton etc.)* colar. **5.** *(fig., fam.)* chivar, denunciar, delatar. **6.** *(un film)* hacer una película, rodar, filmar. **II.** *vi. în expr.: a veni ca ~t* venir como anillo al dedo; *a ~ cu găleata* llover a cántaros.

turnant *adj.* giratorio ‖ *uşă ~ă* puerta giratoria.

turnător *m.* **1.** *(metal)* fundidor. **2.** *(pârâtor)* chivato, delator, soplón *m.*

turnătorie *f.* fundición.

turnesol *m. (chim.)* tornasol *m.*

turneu *n.* jira.

turnir *n*. torneo.

turtă *f*. torta ‖ *beat* ~ borracho como una cuba.

turti I. *vt.*, *vr.* aplastar(se), despachurrar(se). **II.** *vr.* **1.** *(fig.) (a se descuraja)* deprimirse, desanimarse. **2.** *(fig.) (a se îmbăta)* emborracharse.

turturea *f*. tórtola.

turui *vi*. charlar, picotear.

tuse *f*. tos *f*. ‖ ~ *convulsivă* tos ferina (*sau* convulsiva)

tuş *n*. tinta china.

tuşă *f*. *(sport)* línea de banda.

tuşeu *n*. toque *m*.

tuşi *vi*. toser.

tutelă *f*. tutela.

tutelar *adj*. tutelar.

tutore *m*. tutor.

tutui *vt.*, *vr.* tutear(se).

tutuire *f*. tuteo.

tutun *n*. tabaco.

tutungerie *f*. estanco; *(Am.)* tabacalera.

tutungiu *m*. estanquero.

Ţ

ţambal *n.* *(muz.)* tímpano.

ţanc *n.* în *expr.:* a veni la ~ venir rodando.

ţandără *f.* astilla ‖ a-i sări ţandăra mosquearse.

ţanţoş *adj.* patitieso, ufano.

ţap *m.* **1.** *(zool.)* macho cabrío. **2.** *(de bere)* bock *m.*

ţar *m.* zar *m.*

ţară *f.* **1.** país *m.*, tierra. **2.** campo ‖ de ~ rural; la ~ en el campo.

ţarc *n.* **1.** redil *m.* **2.** *(de copii)* corralito.

ţarină *f.* *(câmp)* campo.

ţarism *n.* zarismo.

ţarist *adj.* zarista.

ţaţă *f.* **1.** tía. **2.** *(peior.)* comadre *f.*, cotorra.

ţăran *m.* campesino, aldeano, agricultor.

ţărănesc *adj.* campesino.

ţărănime *f.* campesinado.

ţărână *f.* pólvora, tierra.

ţărm *n.* orilla, ribera, costa.

ţăruş *m.* hinco, estaca

ţâfnos *adj.* irascible, iracundo

ţânc *m.* chiquillo

ţânţar *m.* *(zool.)* mosquito

ţâr *m.* *(zool.)* arenque *m.*

ţârcovnic *m.* sacristán *m.*

ţârâi *vi.* **1.** *(a picura)* gotear. **2.** *(d. greieri)* chirriar. **3.** *(d. sonerie)* tintinear

ţârâit *n.* chirrido

ţâşni *vi.* surgir, brotar

ţâşnitoare *f.* surtidor

ţâţă *f.* teta, seno.

ţâţână *f.* quicio ‖ a scoate din ţâţâni sacar de quicios.

ţeapă *f.* **1.** *(aşchie)* astilla. **2.** *(băţ)* palo ‖ a trage în ~ *(ist.)* empalar. **3.** *(bot.)* espina; *(ghimpe)* púa.

ţeapăn *adj.* tieso, rígido; *(fig.)* estirado, altanero.

ţeastă *f.* calavera, cráneo.

ţeavă *f.* tubo; cañería ‖ ~ de eşapament tubo de escape; ~ de plumb cañería de plomo.

ţel *n.* fin *m.*, meta.

ţelină *f.* *(bot.)* apio.

ţepos *adj.* espinoso.

țepușă *f.* palito, astilla.

țesală *f.* almohaza.

țesăla *vt.* almohazar.

țesător *m.* tejedor.

țesătorie *f.* tejeduría.

țesătură *f.* 1. tejido, tela. 2. *(fig.)* urdimbre *f.*

țese *vt. (și fig.)* tejer; *(fig.)* urdir, tramar.

țesut *n.* 1. *(acțiunea de a țese)* tejer *m.* 2. *(anat.)* tejido.

țicnit *adj.* tocado, chiflado.

țigan *m.* gitano.

țigară *f.* 1. cigarrillo; *(fam.)* pitillo ‖ *un pachet de țigări* un paquete de cigarrillos. 2. *(de foi)* cigarro.

țiglă *f.* teja.

ține I. *vt.* tener; *(a sprijini)* apoyar ‖ *a ~ o cuvântare* pronunciar un discurso; *a ~ seamă* tener en cuenta. II. *vr. (a se menține)* mantenerse ‖ *a se ~ de* a. seguir a; b. querer a; c. ocuparse de; *a se ~ de cuvânt* cumplir con su palabra; *—te bine!* ¡cuidado! III. *vi.* durar ‖ *a ~ de* pertenecer a; *a ~ la* querer, desear, atraer; *a ~ la greu* tener buenas espaldas

țintaș *m.* puntero.

țintă *f.* 1. *(cui)* tachuela. 2. *(și fig.)* meta, blanco ‖ *a nimeri la ~* dar en el blanco. 3. *(fig.)* fin *m.*, finalidad, objetivo.

ținti *vt., vi.* apuntar.

țintui *vt. (și fig.)* clavar.

ținut *n.* comarca, tierra.

ținută *f.* 1. actitud *f.*, conducta. 2. traje *m.*, uniforme *m.*

țipa *vi.* gritar; chillar.

țipar *m. (zool.)* anguila.

țipăt *n.* grito.

țipător *adj. (d. sunete, culori)* agudo, chillón.

țipenie *f.* în expr.: *nu e nici ~ de om* no hay alma viviente.

țiteră *f. (muz.)* cítara.

țiței *n.* petróleo, crudo.

țiui *vi. (d. urechi)* zumbar.

țiuitură *f.* zumbido.

țopăi *vi.* bailotear, saltar.

țopăială *f.* bailoteo.

țuguiat *adj.* 1. agudo, puntiagudo. 2. *(d. buze)* hocicudo.

țuică *f.* aguardiente *m.*

țurțur *m.* carámbano.

U

ucenic *m.* aprendiz *m.* ‖ *a intra ~* entrar de aprendiz.

ucenicie *f.* aprendizaje *m.*

ucide *vt.* matar.

ucidere *f.* matanza.

ucigaş *m.* matador, asesino.

ucrainean *adj., m.* ucranio.

ud *adj.* húmedo ‖ *~ leoarcă* hecho una sopa.

uda *vt.* 1. regar. 2. *(a scălda)* bañar. 3. *(a pătrunde ploaia)* calar, empapar.

uger *n.* ubre *f.*

uimi *vt.* asombrar, sorprender.

uimire *f.* asombro, sorpresa.

uimitor *adj.* 1. asombroso, sorprendente. 2. *(minunat)* prodigioso, maravilloso.

uita I. *vt., vi.* olvidar *vt.*, olvidarse (de) ‖ *a nu ~* tener presente, hacer memoria. II. *vr.* mirar *vt.* ‖ *a se ~ chiorâş* mirar de lado (*sau* de reojo).

uitare *f.* olvido ‖ *a da uitării* echar al olvido.

uitătură *f.* mirada, ojeada.

uituc *adj.* olvidadizo.

ulcer *n.* *(med.)* úlcera.

ulei *n.* aceite *m.*, óleo ‖ *pictură în ~* pintura al óleo.

uleios *adj.* aceitoso, oleoso ‖ *caracter ~* oleosidad.

uliţă *f.* callejuela.

uliu *m.* *(zool.)* gavilán *m.*

ulm *m.* *(bot.)* olmo.

ulterior *adj.* ulterior, posterior.

ultim *adj.* último, postrero, final ‖ *~ele ştiri* noticias de última hora.

ultimatum *n.* ultimátum *m.*

ultragia *vt.* ultrajar.

ultraj *n.* ultraje *m.*

ultrascurt *adj.* ultracorto ‖ *unde ~e* ondas ultracortas.

ultrasunet *n.* ultrasonido.

ultraviolet *adj.* ultravioleta.

ulucă *f.* 1. madero. 2. *(gard)* valla.

ului *vt.* pasmar, asombrar.

uluială *f.* asombro.

uluit *adj.* asombrado, pasmado, pasmoso, aturdido.

uluitor *adj.* asombroso.

uman *adj.* humano.

umanism *n.* humanismo.

umanist *m.* humanista *m.* şi *f.*

umanitar *adj.* humanitario.

umanitate *f.* humanidad.

umaniza *vt., vr.* humanizar(se).

umăr *m.* hombro ‖ *a strânge din umeri* encogerse de hombros.

umbla *vi.* caminar, marchar, andar.

umblet *n.* andar *m.*

umbră *f.* sombra ‖ *la ~* a la sombra.

umbrelă *f.* paraguas *m.*; *(de soare)* quitasol *m.*, parasol *m.*, sombrilla.

umbri *vt.* 1. sombrear, sombrar dar *(sau* hacer*)* sombra. 2. *(fig.)* eclipsar, sombrear.

umed *adj.* húmedo.

umeraş *n.* percha.

umezeală *f.* humedad.

umezi *vt., vr.* humedecer(se), mojar(se).

umfla I. *vt.* hinchar; *(şi fig.)* inflar; *(fig.)* abultar. II. *vr.* hincharse; *(d. râuri)* crecer *vi.*

umflare *f.* 1. hinchazón *f.*; inflación. 2. *(d. râuri)* crecida.

umflătură *f.* hinchazón *m.*, inflación.

umiditate *f.* humedad.

umil *adj.* humilde.

umili *vt., vr.* humillar(se), rebajar(se).

umilinţă *f.* humildad.

umilire *f.* humillación.

umilitor *adj.* humillador, humillante.

umor *n.* humor.

umorist *m.* humorista *m.* şi *f.*

umoristic *adj.* humorístico.

umple *vt., vr.* llenar(se), rellenar *vt.*

umplutură *f.* relleno.

un, o *art. neh.* un, una.

unanim *adj.* unánime.

unanimitate *f.* unanimidad ‖ *în ~* por unanimidad.

unchi *m.* tío.

uncie *f.* onza.

undă *f.* onda.

unde *adv. relat., pron. relat.* donde; *(cu verbe de mişcare)* adonde ‖ *de ~?* ¿de dónde?; *pe ~?* ¿por dónde?.

undeva *adv.* en alguna parte.

undiţă *f.* caña de pescar.

undui *vi.* ondear, ondular.

unduios *adj.* ondoso, onduloso.

unduire *f.* ondeo, ondulación.

unealtă *f.* útil *m.*, apero, herramienta.

unelti *vt., vi.* urdir *vt.*, tramar *vt.*

uneltire *f.* trama, intriga, enredo, urdimbre *f.*

uneori *adv.* a veces.

unge *vt.* ungir, untar, engrasar.

ungher *n.* rincón *m.*

unghi *n. (şi geom.)* ángulo.

unghie *f.* uña.

unguent *n.* ungüento, pomada.

ungur *adj., m.* húngaro.

uni[1] *vt., vr.* unir(se), juntar(se).

uni[2] *adj. (d. ţesături)* liso.

unic *adj.* único.

unifica *vt.* unificar.

unificare *f.* unificación.

uniform *adj.* uniforme.

uniformă *f.* uniforme *m.*

uniformitate *f.* uniformidad.

uniformiza *vt.* uniformar.

unilateral *adj.* unilateral.

unire *f.* unión.

unison *n.* unísono.

unitar *adj.* unitario.

unitate *f.* 1. unidad; entidad. 2. *(firmă)* empresa, entidad; *(în general)* centro.

uniune *f.* unión.

univers *n.* universo.

universal *adj.* universal.

universalitate *f.* universalidad.

universitar *adj.* universitario.

universitate *f.* universidad.

unsoare *f.* unto, untadura, grasa.

unsprezece *num. card.* once.

unsuros *adj.* untuoso, grasiento.

unt *n.* mantequilla.

untdelemn *n.* aceite *m.*

untură *f.* manteca.

unu[1] *num. card.* uno.

unu[2] **una** *pron. neh.* uno, una; alguno, alguna ‖ *unul câte unul* uno tras otro.

ura[1] *vt.* desear, felicitar.

ura[2] *interj.* ¡hurra!.

uragan *n.* huracán *m.*

urangutan *m.* *(zool.)* orangután *m.*

uraniu *n.* *(chim.)* uranio.

urare *f.* felicitación, votos *m.pl.*

ură *f.* odio

urâcios *adj.* malhumorado.

urât I. *adj.* 1. feo. 2. *(d. timp)* malo ‖ *e ~* hace mal tiempo. II. *n.* aburrimiento

urâţenie *f.* fealdad.

urâţi I. *vt.* afear. II. *vr.* ponerse feo.

urban *adj.* urbano.

urbanism *n.* urbanismo.

urbanistică *f.* urbanística.

urbaniza *vt.* urbanizar.

urca *vt., vi., vr.* 1. subir *vt., vi.,* ascender *vi.* ‖ *a se ~ pe cal* montar a caballo. 2. *(a mări)* aumentar(se), acrecentar(se).

urcare *f.* 1. subida, ascensión. 2. aumento.

urcător *adj.* *(d. plante)* trepador, enredadero.

urcior *n.* 1. jarro, cántaro. 2. *(med.)* orzuelo.

urcuş *n.* subida.

urdă *f.* requesón *m.*

urdoare *f.* legaña.

ureche *f.* 1. oreja; *(auz)* oído ‖ *a avea ~ muzicală* tener (buen) oído; *a fi tare de ~* ser tardo de oído; *a-i ţiui urechile (cuiva)* zumbar(le) (a uno) los oídos; *a ciuli urechile* aguzar las orejas; *a fi numai urechi* ser todo oídos; *a-i ajunge cuiva la ~* llegar a uno a oídos; *după ~* de oído. 2. *(de ac)* ojo.

urechea *vt.* tirar de la oreja, dar un orejón.

urecheală *f.* orejón *m.*

urgent *adj.* urgente, apremiante ‖ *a fi ~* ser urgente, urgir *vi.*

urgenţă *f.* urgencia, emergencia.

urgie *f.* calamidad.

uriaş *adj., m.* gigante *m.*

urina *vt.* orinar.

urină *f.* orina.

urî *vt.* odiar, aborrecer.

urla *vi.* gritar, bramar, rugir.

urlet *n.* bramido.

urma *vt., vi.* seguir.

urmare *f.* **1.** seguida. **2.** *(conti-nuare)* continuación. **3.** *(rezul-tat)* resultado. **4.** *(consecinţă)* consecuencia ‖ *ca* ~ *a resultas de*, a raíz de; *prin* ~ por lo tanto, por consiguiente.

urmaş *m.* **1.** descendiente *m.* **2.** sucesor, heredero.

urmă *f.* huella, rastro ‖ *în cele din* ~ al fin y al cabo, por último; *în urma* a conse-cuencia de, a raíz de; *a ră-mâne în* ~ quedarse atrás.

urmări *vt.* **1.** perseguir. **2.** *(o expunere)* escuchar, seguir. **3.** *(un eveniment)* observar.

urmărire *f.* persecución.

urmăritor *m.* perseguidor.

următor *adj.* siguiente.

urnă *f.* urna.

urni *vt., vr.* mover(se).

urs *m. (zool.)* oso ‖ ~ *alb* oso polar.

ursă *f. în expr.: Ursa-Mare* Osa Mayor.

ursi *vt.* hadar, predestinar.

ursită *f.* destino, sino, hado.

ursitoare *f.* hada.

ursoaică *f.* osa.

ursuz *adj.* malhumorado, gruñón.

urticarie *f. (med.)* urticaria.

uruguaian *adj., m.* uruguayo.

urzeală *f.* urdimbre *f.*

urzi *vt.* urdir.

urzica *vt.* picar.

urzică *f. (bot.)* ortiga.

usca *vt., vr.* secar(se).

uscare *f.* secamiento, desecación.

uscat **I.** *adj.* **1.** seco, enjuto. **2.** *(d. pământ)* sequeroso. **II.** *n.* tierra firme.

uscăciune *f.* sequedad.

uscător *m.* secador.

uscăţiv *adj.* enjuto.

ustensilă *f.* utensilio.

ustura *vi.* escocer.

usturime *f.* escozor.

usturoi *m.* ajo.

uşă *f.* **1.** puerta. **2.** *(la vehicule)* portezuela.

uşier *m.* ujier *m.*

uşor *adj.* **1.** ligero, leve. **2.** *(lesni-cios)* fácil.

uşura **I.** *vt.* **1.** aliviar, aligerar. **2.** *(a înlesni)* facilitar. **II.** *vr. (fig.)* aliviarse.

uşurare *f.* alivio, aligeramiento, desahogo.

uşuratic *adj.* ligero, frívolo.

uşurinţă *f.* ligereza, facilidad, soltura; desparpajo.

util *adj.* útil.

utila *vt. (cu)* pertrechar (de).

utilaj *n.* útiles *m.pl.*, herramientas *f.pl.* ‖ ~ *agricol* maquinaria (agrícola).

utilitate *f.* utilidad.

utiliza *vt.* utilizar, hacer uso.

utopic *adj.* utópico.

utopie *f.* utopia.

uvertură *f. (muz.)* obertura.

uz *n.* uso.

uza *vt., vr.* usar(se).

uzanţă *f.* uso, costumbre *f.*

uzină *f.* planta, fábrica.

uzual *adj.* usual.

uzufruct *n.* usufructo.

uzură *f.* deterioración.

uzurpa *vt.* usurpar.

uzurpare *f.* usurpación.

uzurpator *m.* usurpador

V

vacant *adj.* vacante.

vacanţă *f.* vacaciones *f.pl.* ‖ *a fi în ~* estar de vacaciones.

vacarm *n.* estruendo, jaleo, alboroto.

vacă *f.* vaca.

vaccin *n.* vacuna.

vaccina *vt.* vacunar.

vaccinare *f.* vacunación.

vacs *n.* 1. betún *m.* 2. *(fig.)* futileza.

vad *n.* *(şi fig.)* vado.

vadră *f.* cubo.

vag *adj.* vago.

vagabond *adj., m.* vagabundo, vagamundo.

vagabonda *vi.* vagabundear, vagamundear.

vagabondaj *n.* vagabundeo.

vagin *n.* *(anat.)* vagina.

vagon *n.* coche *m.*, vagón *m.* ‖ *~ de dormit* coche cama; *~ de poştă* coche de correo; *~ pentru fumători* vagón para fumadores; *~-restaurant* coche-restaurane.

vagonet *n.* vagoneta.

vai *interj.* ¡ay! ‖ *~ de mine!* ¡ay de mí!; *cu chiu cu ~* penosamente, a duras penas.

vaiet *n.* gemido, lamento.

vajnic *adj.* 1. *(viguros)* vigoroso, robusto. 2. *(înverşunat)* decidido, enérgico.

val *n.* *(şi fig.)* ola, oleada.

valabil *adj.* válido, valedero.

valabilitate *f.* validez *f.*

valah *adj., m.* valaco.

vale *f.* valle *m.* ‖ *peste văi şi peste munţi* por montes y valles.

valenţă *f.* valencia.

valeriană *f.* valeriana.

valet *m.* 1. criado. 2. *(la cărţi de joc)* sota.

valida *vt.* validar.

validare *f.* validación.

validitate *f.* validez *f.*

valiză *f.* maleta.

valoare *f.* 1. valor ‖ *de ~* valioso, precioso; *a pune în ~* destacar. 2. *(fin.)* valía.

valora *vi.* valer.

valorifica *vt.* valorar, aprovechar.

valorificare *f.* valoración, aprovechamiento.

valoros *adj.* valioso.

vals *n.* vals *m.*

valsa *vi.* valsar.

valută *f.* divisas *f.pl.*

valvă f. (tehn.) válvula.

vamal adj. aduanero ‖ taxe ~e derechos aduaneros.

vamă f. aduana.

vameş m. aduanero.

vampir m. (şi fig.) vampiro.

van adj. vano ‖ în ~ en vano.

vandal m. vándalo.

vandalism n. vandalismo.

vanilie f. vainilla.

vanitate f. vanidad.

vanitos adj. vanidoso.

vapor n. I. (mar.) buque m., barco. II. m. (fiz.) vapor.

vaporiza vr. vaporizarse.

vaporizare f. vaporización.

vaporos adj. vaporoso.

var n. cal f. ‖ ~ nestins cal viva; a stinge ~ul apagar la cal

vara adv. en verano.

vară f. 1. verano ‖ a petrece vara veranear. 2. (verişoară) prima.

vargă f. varilla.

varia vi. variar.

variabil adj. variable.

variabilitate f. variabilidad.

variantă f. variante f.

variat adj. variado, vario.

variaţie f. variación.

varice f. (med.) várice f.

varicelă f. (med.) varicela, viruelas locas f.pl.

varietate f. variedad, diversidad ‖ teatru de varietăţi teatro de variedades.

variolă f. (med.) viruela.

varză f. (bot.) col f., berza ‖ ~ roşie col lombarda; ~ acră col escabechada.

vas n. vasija ‖ ~ de flori maceta. 2. (fiz., anat.) vaso ‖ ~e comunicante vasos comunicantes. 3. (mar.) buque m., barco ‖ ~ comercial buque mercante.

vasal m. vasallo.

vaselină f. vaselina.

vast adj. vasto, amplio, extenso.

vată f. algodón m.

vatelină f. tela afelpada.

vatră f. 1. (sobă) fogón m. 2. (cămin) hogar m. 3. (a unui sat etc.) asiento.

vază f. 1. florero. 2. (fig.) prestigio ‖ de ~ destacado, notable.

văcar m. vaquero.

văcsui vt. (d. pantofi etc.) dar de betún.

văcsuitor m. limpiabotas m.

vădi vt. 1. mostrar, aparentar. 2. (a da pe faţă) denunciar.

vădit adj. evidente, manifiesto, obvio.

văduv m. viudo ‖ a rămâne ~ enviudar vi.

văduvie f. viudez f.

văgăună f. quebrada, hondonada.

văicăreală f. lamentación.

văicări vr. lamentarse.

văita vr. quejarse.

văl n. (şi fig.) velo ‖ ~ul palatului el velo del paladar.

văluros adj. ondeado.

vămui vt. aduanar.

văpaie f. 1. (şi fig.) llamarada, llama. 2. (strălucire) brillo.

văr m. primo ‖ ~ primar primo carnal.

văratic adj. veraniego, estival.

vărărie f. calera.

vărgat *adj.* rayado.

vărsa I. *vt. (şi fig.)* verter, derramar. **II.** *vi. (a vomita)* vomitar. **III.** *vr.* **1.** verterse, derramarse. **2.** *(d. râuri)* desembocar (en).

vărsare *f.* **1.** derrame *m.*, derramamiento. **2.** *(geogr.)* desembocadura.

vărsat *n. (med.)* viruela ‖ ~ *de vînt* viruelas locas *f.pl.*; *ciupit de* ~ picado de viruelas.

vărsător *m. (astron.)* Acuario.

vărui *vt.* blanquear, enjalbegar.

văruire *f.* blanqueamiento, blanqueadura.

vătăma *vt. (a răni)* herir, lastimar; *(fig.)* dañar, perjudicar, lesionar.

vătămare *f.* daño, lastimadura; *(jur.)* lesión.

vătămător *adj.* dañino, dañoso, perjudicial.

vătrai *n.* atizadero, hurgón *m.*

vătui *vt.* algodonar.

văz *n.* vista ‖ *în* ~*ul tuturor* a la vista.

văzduh *n.* aire *m.*, atmósfera.

vâjâi *vi.* **1.** *(d. vînt)* rugir, soplar, silbar. **2.** *(d. ape)* mugir. **3.** *(d. urechi)* retumbar, zumbar

vâlcea *f.* vallejo

vâltoare *f.* remolino, vorágine *f.*

vâlvă *f.* agitación

vâlvătaie *f.* llamarada.

vâlvoi *adj. (d. păr)* desgreñado, despeinado

vâna *vt. (şi fig.)* cazar.

vânat *n.* caza ‖ ~ *mare* caza mayor

vână *f.* **1.** vena. **2.** *(muşchi)* músculo. **3.** *(filon)* vena, veta

vânăt *adj.* cárdeno, morado

vânătaie *f.* cardenal

vânătă *f.* berenjena.

vânătoare *f.* caza, cacería ‖ *avion de* ~ avión de caza; *permis de* ~ licencia de caza

vânător *adj., m.* cazador.

vânjos *adj.* robusto, recio, vigoroso

vânos *adj.* venoso.

vânt *n.* viento ‖ *a bate* ~*ul* soplar el viento

vântos *adj.* ventoso.

vântura I. *vt.* **1.** *(d. cereale)* aventar. **2.** *(d. lichide)* trasvasar. **3** *(a flutura)* revolotear *vi.* **4.** *(fig.)* difundir. **II.** *vr.* vagar *vi.*

vântură-lume *m.* trotamundos *m.* sau *f.*

vânturătoare *f. (agr.)* aventadora.

vânzare *f.* **1.** venta ‖ *a fi de* ~ estar en venta; *contract de* ~ *cumpărare* contrato de compraventa; *în* ~ a la venta. **2.** *(trădare)* traición.

vânzător *m.* **1.** vendedor, dependiente *m.* **2.** *(fig.)* traidor

vânzoli *vr.* moverse, agitarse.

vârf *n.* **1.** *(de creion etc.)* punta. **2.** *(culme)* cumbre *f.*, cima, vértice *m.* **3.** *(la pantof)* puntera ‖ *a umple cu* ~ rellenar.

vârî *vt., vr.* meter(se), introducir(se).

vârstă *f.* edad ‖ *cam în* ~ *de* cierta edad; *în* ~ *de* edad, entrado en años.

vârstnic *adj.* (persona) de edad, (persona) mayor

vârtej *n.* torbellino, remolino.

vârtelniţă *f.* devanadera.

vârtos *adj.* fuerte, robusto, recio

vâsc *n.* *(bot.)* muérdago

vâscos *adj.* viscoso

vâslaş *m.* remero

vâslă *f.* remo.

veac *n.* **1.** siglo. **2.** *(vecie)* eternidad. **3.** *(viaţă)* vida ‖ *în veci* siempre, eternamente; *pe veci* para siempre.

vechi *adj.* viejo, anciano, antiguo.

vechime *f.* vejez *f.*, antigüedad ‖ *~ în serviciu* antigüedad.

vechituri *f.pl.* trastos *m.pl.*; *(-fam.)* reliquias *f.pl.*; *sg.* *(fam.)* cacherro.

vecin *adj.*, *m.* vecino.

vecinătate *f.* vecindad.

vedea **I.** *vt.*, *vr.* ver(se) ‖ *a ~ cu ochi buni* ver con buenos ojos; *a se ~ cu cineva* verse con uno; *am văzut* he visto; *nu pot să-l văd în ochi* no lo puedo ver; *văzând cu ochii* a ojos vistas. **II.** *vi.* *(a îngriji de)* cuidar *vt.*.

vedenie *f.* visión, aparición.

vedere *f.* **1.** vista. **2.** *(părere)* opinión. **3.** *(carte poştală)* postal *f.*, tarjeta postal ‖ *a avea în ~* tener en cuenta; *a avea ~ spre* tener vista a; *a cunoaşte din ~* conocer de vista; *în ~a* a efecto de, con respecto a, en cuento a; *la ~* a la vista; *la prima ~* a primera vista; *a pierde din ~* perder de vista; *a pune în ~* advertir; *a trece cu ~a* pasar por alto, hacer la vista gorda.

vedetă *f.* *(teatru)* estrella.

vegeta *vi.* vegetar

vegetal *adj.* vegetal.

vegetarian *adj.*, *m.* vegetariano.

vegetaţie *f.* vegetación.

veghe *f.* **1.** *(trezie)* vela, vigilia, desvelo ‖ *a sta de ~* vigilar, velar. **2.** *(priveghi)* vel(at)orio, vela.

veghea *vt.*, *vi.* velar, vigilar.

vehement *adj.* vehemente.

vehemenţă *f.* vehemencia.

vehicul *n.* *(şi fig.)* vehículo.

veioză *f.* veladora.

velar *adj.* velar.

velă *f.* vela.

veleitate *f.* veleidad.

velin *adj.* în *expr.:* *hârtie ~ă* papel vitela.

velodrom *n.* velódromo.

velur *n.* terciopelo.

venal *adj.* venal.

venalitate *f.* venalidad.

venă *f.* *(anat.)* vena.

venera *vt.* venerar.

veneraţie *f.* veneración.

veneric *adj.* *(med.)* venéreo.

venetic *m.* advenedizo, forastero.

veni *vi.* **1.** venir; acudir. **2.** *(a sosi)* llegar ‖ *a-i ~ bine (cuiva) o haină* caerle bien (a uno) un vestido; *a ~ ca turnat* venir como anillo al dedo; *a-i ~ cuiva (ceva) în minte* ocurrírsele a uno (algo); *a-i ~ cuiva rândul* llegarle a uno su turno; *a ~ într-un suflet* venir *(sau* llegar) corriendo; *a ~ la putere* llegar al poder; *a nu-i ~ la socoteală* venirle a uno angosta una cosa; *cei ce vor ~* los venideros; *vorba vine* así se dice.

venin *n.* veneno.

veninos *adj.* venenoso.

venire *f.* venida, llegada.

venit *n.* renta, ingreso ‖ ~ *pe cap de locuitor* renta per cápita; ~ *national* renta nacional.

ventil *n.* válvula.

ventila *vt.* ventilar.

ventilator *n.* ventilador.

ventilaţie *f.* ventilación.

ventricul *n. (anat.)* ventrículo.

ventuză *f. (zool., med., tehn.)* ventosa.

verandă *f.* veranda, mirador, galería.

verb *n.* verbo ‖ ~ *auxiliar* verbo auxiliar; ~ *reflexiv* verbo reflejo.

verbal *adj.* verbal.

verde *adj., m.* **1.** verde *m.* **2.** *(d. fructe)* crudo ‖ *a îndruga verzi şi uscate* hablar a tontas y a locas.

verdeaţă *f.* **1.** verdura, verdor. **2.** *pl.* verduras *f.pl.*, hortalizas *f.pl.*

verdict *n.* verdicto, fallo.

vergea *f.* vara, varita.

veridic *adj.* verídico.

veridicitate *f.* veridicidad, veracidad.

verifica *vt.* averiguar, verificar, revisar, comprobar.

verificare *f.* verificación, revisión, comprobación.

verigă *f. (şi fig.)* eslabón *m.*

verighetă *f.* anillo de boda, alianza.

verişoară *f.* prima.

verişor *m.* primo.

veritabil *adj.* verdadero, genuino, auténtico.

vermut *n.* vermut *m.*

vernisaj *n.* apertura (de una exposición de arte).

veros *adj.* sospechoso, sin escrúpulos, sucio.

verosimil *adj.* verosímil.

verosimilitate *f.* verosimilitud.

vers *n.* verso, rima.

versant *n.* vertiente *f.*, ladera.

versat *adj.* versado.

versatil *adj.* versátil.

verset *n. (rel.)* versículo.

versifica *vt., vi.* versificar.

versificaţie *f.* versificación.

versiune *f.* versión.

verso *n.* dorso, reverso, revés *m.* ‖ *pe* ~ en el *(sau* al) dorso de la página.

vertebral *adj.* vertebral.

vertebrat **I.** *adj.* vertebrado. **II.** *n. pl. (zool.)* vertebrados *m.pl.*

vertebră *f. (anat.)* vértebra.

vertical *adj.* vertical ‖ *linie* ~*ă* vertical *f.*

vertiginos *adj.* vertiginoso.

vervă *f.* brío.

verzui *adj.* verdoso.

vesel *adj.* alegre, contento ‖ *a fi* ~ estar alegre.

veselă *f.* vajilla.

veseli *vr.* alegrarse, regocijarse.

veselie *f.* alegría, regocijo.

vest *n.* oeste *m.*, occidente *m.*

vestală *f.* vestal *f.*

vestă *f.* chaleco.

veste *f.* noticia, nueva, parte *m.* ‖ *fără* ~ de repente, súbito; *a prinde de* ~ enterarse de.

vesti *vt.* **1.** anunciar, avisar. **2.** *(a prezice)* agorar, vaticinar.

vestiar *n.* guardarropa.

vestibul *n.* vestíbulo, zaguán *m.*

vestic *adj.* occidental, del oeste.

vestigiu *n.* vestigio.

vestit *adj.* famoso, notable.

vestitor *m.* **1.** *(crainic)* pregonero. **2.** *(sol)* mensajero. **3.** *(prezică- tor)* agorero.

veston *n.* americana, chaqueta.

veşmânt *n.* vestidura, indumentaria.

veşnic *adj.* eterno.

veşnicie *f.* eternidad.

veşted *adj.* ajado; *(şi fig.)* marchito.

veşteji *vr.* ajarse; *(şi fig.)* marchitarse.

veteran *m.* veterano.

veterinar *adj., m.* veterinario || *(medic)* ~ veterinario; *medi- cină ~ă* medicina veterinaria.

veto *n.* veto.

vetust *adj.* vetusto.

veveriţă *f.* ardilla.

vexa *vt.* vejar, ofender.

vezică *f. (anat.)* vejiga.

veziculă *f. (anat.)* vesícula.

viabil *adj.* viable.

viabilitate *f.* viabilidad.

viaduct *n.* viaducto.

viager *adj.* vitalicio.

viaţă *f.* vida || *a-şi da viaţa pentru* dar su vida por; *nivel de* ~ nivel de vida; *plin de* ~ vivaracho; *pe* ~ por la vida; *a- şi risca viaţa* jugarse la vida; *a scăpa cu* ~ escapar con vida.

vibra *vi.* vibrar.

vibrant *adj.* vibrante.

vibraţie *f.* vibración.

vicar *m. (rel.)* vicario.

vicepreşedinte *m.* vicepresidente *m.*

vicerege *m.* virrey *m.*

viceversa *adv.* viceversa.

vicia *vt.* viciar, corromper.

vicios *adj.* vicioso.

vicisitudine *f.* vicisitud *f.*

viciu *n.* vicio.

viclean *adj.* astuto, soccarrón, tai- mado.

viclenie *f.* astucia, socarronería.

vicleşug *n.* trampa, engaño.

victimă *f.* víctima.

victorie *f.* victoria.

victorios *adj.* victorioso.

vid *n.* vacío.

vidră *f. (zool.)* nutria.

vie *f.* viña, viñedo || *a culege via* vendimiar; *culesul ~i* vendimia.

vier *m. (zool.)* verraco.

viermănos *adj.* agusanado; *(ros)* carcomido.

vierme *m. (zool.)* gusano || ~ *de mătase* gusano de seda.

viermui *vi.* pulular, hormiguear.

viespar *n. (şi fig.)* avispero.

viespe *f.* avispa.

vietate *f.* ser viviente *m.*

vieţui *vi.* existir, vivir.

vieţuitoare *f.* bicho, animal.

viezure *m. (zool.)* tasugo.

vifor *n.,* **viforniţă** *f.* ventisca, ne- vasca.

viforos *adj.* borrascoso, ventiscoso.

vigilent *adj.* vigilante, alerto.

vigilenţă *f.* vigilancia.

vigoare *f.* vigor, robustez || *în* ~ vigente; *a intra în* ~ entrar en vigor.

viguros *adj.* vigoroso, recio, robusto.

viitor **I.** *n.* **1.** porvenir *m.*, futuro; mañana *m.* || *pe* ~ en lo sucesivo

2. *(gram.)* futuro. **II.** *adj.* futuro, venidero, próximo || *luna viitoare* el mes próximo.

viitură *f.* crecida.

vijelie *f.* borrasca.

vijelios *adj.* 1. tempestuoso, borrascoso. 2. *(fig.)* impetuoso.

vilă *f.* chalet *m.*; *(în afara oraşului)* quinta, villa.

vileag *n.* în *expr.: a da în ~* hacer público, divulgar.

vilegiatură *f.* veraneo.

vilegiaturist *m.* veraneante *m.*

vin *n.* vino || *~ roşu* vino tinto.

vină *f.* culpa || *a da vina pe cineva* echar la culpa a alguien.

vinde *vt., vr.* vender(se).

vindeca *vt., vr.* curar(se).

vindecabil *adj.* curable.

vindecare *f.* cura, curación.

vindicativ *adj.* vindicativo, vengativo.

vineri *f.* viernes *m.*

vinietă *f.* viñeta.

vinovat *adj., m.* culpable *m.*

vinovăţie *f.* culpabilidad.

vioară *f. (muz.)* violín *m.*

vioi *adj.* vivo, vivaracho, ágil.

vioiciune *f.* viveza, vivacidad.

viol *n.,* **violare** *f.* violación.

viola *vt.* violar, abusar (de).

violă *f. (muz.)* viola.

violent *adj.* violento.

violenta *vt.* violentar.

violenţă *f.* violencia.

violet *adj.* violeta, morado.

violetă *f. (bot.)* violeta.

violoncel *n. (muz.)* violoncelo.

violoncelist *m.* violoncelo, violoncelista *m.* şi *f.*

violonist *m.* violinista *m.* şi *f.*

viorea *f. (bot.)* violeta.

vioriu *adj.* morado.

viperă *f. (zool.) (şi fig.)* víbora, culebra.

vipuşcă *f.* ribete *m.*

vira *vi.* virar, girar.

viraj *n.* viraje *m.* || *a face un ~* dar un viraje.

virament *n.* transferencia (de crédito).

viran *adj.* în *expr.: teren ~* solar *m.*

virgin(ă) *adj.* virgen.

virginitate *f.* virginidad.

virgulă *f.* coma.

viril *adj.* varonil, viril.

virilitate *f.* virilidad.

viroagă *f.* rambla.

virtual *adj.* virtual, posible.

virtualitate *f.* virtualidad.

virtuos *adj. (şi muz.)* virtuoso.

virtuozitate *f.* virtuosidad, virtuosismo.

virtute *f.* virtud *f.* || în *~a* en virtud de.

virulent *adj.* virulento.

virulenţă *f.* virulencia.

virus *n. (med.)* virus *m.*

vis *n.* sueño, ensueño.

visa *vt., vi. (pe)* soñar (con).

visare *f.* ensueño.

visător *adj., m.* soñador.

viscere *n. pl. (anat.)* vísceras *f.pl.*, entrañas *f.pl.*

viscol *n.* nevasca, ventisco.

viscoli *vi.* ventiscar.

vistierie *f.* tesorería.

vistiernic *m.* tesorero.

vişin *m. (bot.)* guindo, guindal.

vişinată *f.* licor de guindas.

vişină *f.* guinda.
vital *adj.* vital.
vitalitate *f.* vitalidad.
vitamină *f.* vitamina.
vită *f.* 1. res *f.*, animal; *(şi fig.)* bestia; *pl.* ganado ‖ *creşterea vitelor* ganadería; *vitele mari (mici)* ganado mayor (menor). 2. *(fig.)* bobo, tonto.
viteaz *adj.* valiente, bravo.
vitejeşte *adv.* valientemente.
vitejie *f.* valentía.
viteză *f.* velocidad ‖ *cutie de viteze* caja de velocidad.
viticol *adj.* vitícola.
viticultor *m.* viticultor.
viticultură *f.* viticultura.
vitraliu *n.* vidriera.
vitreg *adj.* în *expr.: destin ~* destino adverso; *mamă ~ă* madrastra; *tată ~* padrastro.
vitregie *f.* *(fig.)* hostilidada, adversidad.
vitrină *f.* escaparate *m.*
viţă *f.* 1. *(de vie)* vid *f.*, parra ‖ *boltă de ~* emparrado. 2. *(vrej)* tallo. 3. *(neam)* cepa, linaje *m.*, alcurnia.
viţel *m.* ternero.
viu *adj.* vivo ‖ *prin ~ grai* de viva voz.
vivace *adj.* vivaz.
vivacitate *f.* vivacidad.
vivisecţie *f.* vivisección.
viza *vt.* 1. *(un act, cu o armă)* visar. 2. *(fig.)* aludir, referirse *vr.*
viză *f.* visado.
vizavi *adv.* en frente.
vizibil *adj.* visible.
vizibilitate *f.* visibilidad.

vizieră *f.* *(mil.)* visera.
viziona *vt.* ver.
vizionar I. *adj.* visionario, quimérico. II. *m.* vidente (şi *m.* sau *f.*).
vizir *m.* visir *m.*
vizita *vt.* visitar.
vizită *f.* visita.
vizitator *m.* visitante *m.*, visitador.
vizitiu *m.* cochero.
vizon *m.* *(zool.)* visón *m.*
vizor *n.* visor.
vizual *adj.* visual.
vizuină *f.* guarida, madriguera.
vlagă *f.* vigor, energía.
vlăgui *vt.* agotar.
vlăguire *f.* agotamiento.
vlăjgan *m.* mocetón *m.*
vlăstar *n.* renuevo, vástago, retoño.
voal *n.* velo; *(pânză)* gasa.
voala *vt.*, *vr.* velar(se).
vocabular *n.* vocabulario.
vocal *adj.* vocal.
vocală *f.* vocal *f.*
vocalic *adj.* vocálico.
vocaliza *vt.*, *vi.* *(muz.)* vocalizar.
vocalizare *f.* vocalización.
vocativ *n.* *(gram.)* vocativo.
vocaţie *f.* vocación.
voce *f.* voz *f.* ‖ *~ răguşită* voz ronca; *~ spartă* voz cascada; *cu ~ tare* en voz alta; *fără ~* afónico; *a fi în ~* estar en voz.
vocifera *vi.* vociferar.
vociferare *f.* vociferación.
vodevil *n.* zarzuela.
vogă *f.* boga ‖ *a fi în ~* estar en boga.
voi[1] *pron. pers.* vosotros, vosotras.
voi[2] *vt.* querer.

voiaj *n.* viaje *m.*

voiaja *vi.* viajar.

voiajor *m.* viajante *m.*

voie *f.* 1. *(voinţă)* voluntad. 2. *(do - rinţă)* deseo. 3. *(permisiune)* permisión ‖ ~ *bună* alegría; *am ~ să plec?* ¿puedo salir?; *cu voia* con permiso; *de bună ~ libre* y espontáneamente; *după voia ta* según tu deseo; *în ~* a sus anchas.

voievod *m. (ist.)* vaivoda *m.*

voinic I. *adj.* vigoroso, robusto, lozano. II. *m.* 1. *(viteaz)* valiente *m.* 2. *(voinic)* mozo.

voinicie *f.* 1. *(bărbăţie)* vigor, virilidad. 2. *(vitejie)* valentía, hombría.

voinţă *f.* voluntad.

voios *adj.* alegre, contento, regocijado.

voioşie *f.* alegría, regocijo.

volan *n.* volante *m.*

volant *adj., m. (tehn.)* volante *m.*

volatil *adj.* volátil.

volatiliza *vr.* volatilizarse.

volatilizare *f.* volatilización.

volei(bal) *n. (sport)* vólibol *m.*

volitiv *adj.* volitivo.

volt *m. (fiz.)* voltio.

voltaic *adj. (electr.)* voltaico.

voltaj *n. (electr.)* voltaje *m.*

voltmetru *n. (electr.)* voltámetro.

volubil *adj.* voluble.

volubilitate *f.* volubilidad, locuacidad.

volum *n.* 1. volumen *m.* 2. *(carte)* tomo, volumen *m.*

voluminos *adj.* voluminoso.

voluntar *adj.* voluntario.

voluptate *f.* 1. voluptuosidad. 2. deleite *m.*, encanto.

voluptuos *adj.* voluptuoso.

vomita *vt., vi.* vomitar, arrojar.

vomitare *f.* vómito.

vomitiv *adj., n. (med.)* vomitivo.

vopsea *f.* pintura; *(de păr)* tinte *m.*

vopsi I. *vt.* pintar; teñir, colorar (de, con). II. *vr. (a se farda)* pintarse.

vopsire *f.*, vopsit *n.* pintura; tintura.

vopsitor *m.* pintor; tintorero.

vopsitorie *f.* tintorería.

vorace *adj.* voraz.

voracitate *f.* voracidad.

vorbă *f.* 1. palabra. 2. *(convorbire)* plática, charla. 3. *(zvon)* rumor ‖ *e vorba de* se trata de: *a intra în ~ cu* pegar la hebra con; *a tăia vorba* cortar la palabra.

vorbăreţ *adj.* parlanchín, hablador.

vorbărie *f.* parloteo, habladuría.

vorbi I. *vi. (a conversa)* hablar, charlar, platicar, conversar. II. *vt.* hablar ‖ *a ~ fără şir* hablar sin orden ni concierto; *a ~ stricat (o limbă)* chapurr(e)ar; *la drept –nd* a decir verdad.

vorbire *f.* habla.

vorbitor I. *adj., m.* hablante *m.* II. *n.* locutorio.

vostru, voastră, voştri, voastre *adj. pos.* vuestro, vuestra, vuestros, vuestras. II. *pron. pos.* el vuestro, la vuestra, los vuestros, las vuestras.

vot *n.* voto, voz *f.*

vota *vt., vi.* votar.

votare *f.* votación.

votcă *f.* vodka.

vrabie *f.* gorrión *m.*

vraci *m.* **1.** *(medic)* doctor. **2.** charlatán *m.* **3.** *(vrăjitor)* hechicero.

vraf *n.* montón *m.*, pila.

vraişte *f.* desorden *m.*, revoltillo ‖ *ferestre deschise* ~ ventanas abiertas de par en par.

vrajă *f.* hechizo, encanto.

vrajbă *f.* enemistad, discordia.

vrăji *vt.* hechizar, embrujar.

vrăjire *f.* embrujamiento.

vrăjitoare *f.* bruja.

vrăjitor *m.* hechicero, brujo.

vrăjitorie *f.* brujería, hechicería.

vrăjmaş *adj.* enemigo

vrăjmăşie *f.* enemistad.

vrea *vi.* querer; *(a dori)* desear ‖ *vrând-nevrând* quiera o no quiera.

vreascuri *n.pl.* enjutos *m.pl.*, leña seca.

vrednic *adj.* **1.** *(harnic)* laborioso, diligente. **2.** *(demn)* digno.

vrednicie *f.* laboriosidad, diligencia.

vrej *n.* tallo.

vreme *f.* tiempo ‖ ~ *bună (rea)* buen (mal) tiempo; *cum e* ~*a?* ¿qué tiempo hace?; *din* ~ con tiempo; *toată* ~*a* todo el tiempo; *a fi în pas cu* ~*a* andar con el tiempo.

vremelnic *adj.* temporario, pasajero.

vreodată *adv.* alguna vez.

vrere *f.* **1.** voluntad, deseo. **2.** *(hotărâre)* decisión.

vreun *adj. neh.* uno, alguno.

vreunul, vreuna, vreunii, vreunele *pron. neh.* alguien *m. sg.*; alguno, alguna, algunos, algunas.

vui *vi.* **1.** rugir, crujir. **2.** *(d. sunet)* retumbar.

vuiet *n.* **1.** rugido. **2.** retumbo.

vulcan *m.* volcán *m.* ‖ ~ *stins* volcán inactivo.

vulcanic *adj.* volcánico.

vulcaniza *vt.* vulcanizar.

vulcanizare *f.* vulcanización.

vulg *n.* vulgo, populacho, plebe *f.*

vulgar *adj.* vulgar, ordinario.

vulgaritate *f.* vulgaridad, ordinariez *f.*

vulgariza *vt.* vulgarizar.

vulgarizare *f.* vulgarización.

vulnerabil *adj.* vulnerable.

vulpe *f. (şi fig.)* zorra, raposa.

vulpoi *m. (zool.)* zorro, raposo.

vultur *m.* águila.

vulvă *f. (anat.)* vulva.

W

watt *m. (electr.)* vatio.
W.C. *n.* retrete *m.*, servicio, baño, váter *m.*
week-end *n.* fin *m.* de semana.
western *n.* western *m.*, película del Oeste.
wisky *n.* whiski *m.*
wolfram *m.* volframio.

X

xenofob *adj.* xenófobo.
xenon *m. (chim.)* xenón *m.*
xerografie *f.* xerografía

xilofon *n. (muz.)* xilófono.
xilografie *f.* xilografía.
xilogravură *f.* xilograbado.

Z

za *f.* *(ist.)* mallla; *pl.* cota de mallas.

zadar *n.* în *expr.:* în ~ en balde, en vano.

zadarnic *adj.* vano; baldío.

zaharină *f.* sacarina.

zaharisi *vr.* 1. *(d. dulceaţă etc.)* cristalizarse. 2. *(fig.)* chochear *vi.*

zaharniţă *f.* azucarera.

zahăr *n.* azúcar *m.* (şi *f.*) ‖ ~ cubic *(pudră, tos, candel)* azúcar en terrones (en polvo, molido, cande); *industria* ~*ului* industria azucarera; *trestie de* ~ caña de azúcar.

zambilă *f.* *(bot.)* jacinto.

zar *n.* dado.

zare *f.* horizonte *m.*

zarvă *f.* bulla, alboroto.

zarzavagiu *m.* hortelano.

zarzavat *n.* hortalizas *f.pl.*

zăbavă *f.* demora, tardanza ‖ *fără* ~ sin tardar.

zăbovi *vi.* demorar, atrasarse *vr.*

zăcământ *n.* yacimiento.

zăcea *vi.* yacer.

zădărnici *vt.* hacer fracasar.

zădărnicie *f.* vanidad.

zăduf *n.* bochorno.

zăgaz *n.* presa, dique *m.*

zăgăzui *vt.* estancar, rebalsar, represar.

zălog *n.* prenda.

zălogi *vt.* empeñar.

zămisli *vt.* engendrar, procrear.

zămislire *f.* engendramiento, procreación.

zănatic *adj.* tocado, chalado, alelado.

zăngăni *vi.* tintinear; *(d. arme)* blandir.

zăpadă *f.* nieve *f.*

zăpăceală *f.* confusión, turbación.

zăpăci *vt.,* *vr.* turbar(se), atontar(se), atolondrar(se), cortarse *vr.*

zăpăcit *adj.* atolondrado, turbado, confuso.

zăpuşeală *f.* bochorno.

zări I. *vt.* divisar. II. *vr.* aparecer *vi.*

zăvor *n.* cerrojo ‖ *a trage* ~*ul* correr el cerrojo.

zăvorî *vt.* cerrar, echar el cerrojo

zâmbet *n.* sonrisa

zâmbi *vi.* sonreír(se) şi *vr.*

zâmbitor *adj.* risueño, sonriente
zână *f.* hada
zâzanie *f.* discordia, cizaña.
zbate *vr.* agitarse, menearse, retorcerse
zbârci *vr.* *(d. față)* arrugarse
zbârcitură *f.* arruga.
zbârli *vr.* *(d. păr)* erizarse, ponerse el pelo de punta
zbârnâi *vi.* zumbar
zbârnâit *n.* zumbido.
zbengui *vr.* retozor *vi.*, juguetear *vi.*
zbenguială *f.* retozo.
zbici *vr.* *(d. pământ)* orearse.
zbiceală *f.* secamiento.
zbiera *vi.* *(d. măgari)* rebuznar; *(d. oameni)* gritar.
zbieret *n.* 1. bramido, mugido. 2. *(de măgar)* rebuzno 3. *(de om)* grito.
zbor *n.* vuelo ‖ ~ *charter* vuelo charter; *în* ~ al vuelo; *a-şi lua* ~*ul* echar a volar, emprender el vuelo; *a prinde din* ~ coger al vuelo.
zbucium *n.* 1. *(sufletesc)* tormento, ansia. 2. *(zvârcolire)* agitación.
zbuciuma *vr.* 1. agitarse. 2. *(fig.)* atormentarse.
zbura I. *vi.* volar. II. *vt.* 1. *(fig.)* derrumbar. 2. *(a da afară)* echar fuera, despedir.
zburător *adj.* volador, volante.
zburda *vi.* retozar; loquear.
zburdalnic *adj.* retozón.
zburdălnicie *f.* retozo.
zburli *vr.* 1. *(d. păr)* erizarse 2. *(fig.)* enrabiarse.

zdravăn I. *adj.* vigoroso, robusto, pujante ‖ *a nu fi* ~ *la minte* ser tocado. II. *adv.* fuertemente, poderosamente.
zdrăngăni *vi.* 1. tintinear. 2. *(la pian etc.)* aporrear, toquetear.
zdreanță *f.* trapo, harapo, andrajo.
zdrenţăros *adj.* haraposo, harapiento, andrajoso.
zdrenţui *vr.* rasgarse.
zdrobi *vt.* aplastar, aniquilar, apabullar.
zdrobit *adj.* 1. aplastado, destruido. 2. *(învins)* vencido, derrotado 3. *(extenuat)* agotado, reventado
zdrobitor *adj.* apabullante.
zdruncina *vt.* 1. sacudir. 2. *(d. păreri etc.)* trastornar. 3. *(sănătatea)* quebrantar (la salud).
zdruncinare *f.* sacudida.
zeamă *f.* 1. *(suc)* zumo, jugo. 2. *(fiertură)* caldo.
zece *num. card.* diez.
zecimal *adj.* decimal.
zecime *f.* *(mat.)* décima.
zeciuială *f.* *(ist.)* diezmo.
zefir *m.* céfiro.
zeflemea *f.* mofa, burla, rechifla.
zeflemisi *vt.* mofar(se) *şi vr.*, rechiflarse.
zeflemitor *adj.* burlador, mofador.
zeiţă *f.* diosa.
zel *n.* celo, empeño.
zer *n.* suero.
zelos *adj.* celoso.
zemos *adj.* jugoso.
zenit *n.* cenit *m.*

zero *n. (mat., fiz.)* cero.

zestre *f.* dote *m.* sau *f.*, ajuar *m.*

zeţar *m.* compositor.

zeu *m.* dios *m.*

zgardă *f.* collar *m.*

zgâi *vr.* mirar *vi.* con ojos desencajados.

zgâlţâi *vt., vr.* sacudir(se).

zgândări *vt.* **1.** *(şi fig.)* hurgar. **2.** *(focul)* atizar.

zgârci[1] *n. (anat.)* cartílago.

zgârci[2] *vr.* **1.** *(a se închirci)* acurrucarse. **2.** *(a se calici)* tacañear *vi.*

zgârcit *adj.* avaro, tacaño, ruin, mezquino.

zgâria I. *vt.* arañar, rascar, rayar, rasguñar. **II.** *vr.* arañarse.

zgârie-brânză *m.* ata el gallo *m.*

zgârie-nori *m.* rascacielos *m.*

zgârietură *f.* rascadura, rasguño.

zglobiu *adj.* retozón.

zgomot *n.* ruido, rumor.

zgomotos *adj.* ruidoso, estrepitoso.

zgribuli *vr., vi.* tiritar *vi.*

zgrunţuros *adj.* rugoso.

zgudui *vt., vr.* **1.** sacudir(se). **2.** *(fig.)* estremecer(se).

zguduitor *adj.* **1.** sacudidor. **2.** *(fig.)* estremecedor, conmovedor.

zgură *f.* escoria.

zi *f.* **1.** día *m.* **2.** *(de muncă, de drum etc.)* jornada ‖ ~ *de* ~ diariamente; ~ *de lucru* día *(sau* jornada) de trabajo; ~ *de naştere* cumpleaños *m.*; ~ *de sărbătoare* día festivo *(sau* de fiesta); ~ *liberă* día libre *(sau* feriado); ~ *onomastică* (el)

santo; ~ *şi noapte* día y noche; *bună ziua* **a.** *(dimineaţa)* buenos días; **b.** *(după masă)* buenas tardes; *de toate* ~*lele* común, ordinario; *de două ori pe* ~ dos veces al día; *de* ~ *cu* ~ diario; *după câteva* ~*le* días más tarde; *în fiecare* ~ cada día, todos los días; *într-o* ~ algún día; *la* ~ actualizado; *toată* ~*ua* todo el día; *a avea* ~*le* tener días; *a fi la* ~ *cu* estar al día con.

ziar *n.* periódico, diario.

ziarist *m.* periodista *m.* şi *f.*

zicală *f.* dicho, refrán *m.*

zicătoare *f.* dicho.

zice *vt.* decir ‖ *a* ~ *în sinea sa* decir entre *(sau* para) sí; *ca să* ~*m aşa* por decirlo así; *în treacăt fie zis* dicho sea de paso; *se* ~ *că* dicen *(sau* se dice) que.

zid *n.* muro; *(de apărare)* muralla.

zidar *m.* albañil *m.*

zidărie *f.* **1.** mampostería. **2.** albañilería.

zidi *vt.* construir.

zidire *f.* construcción.

ziditor *m.* **1.** constructor. **2.** *(rel.)* creador.

zigzag *m.* zigzag *m.*

zilier *m.* jornalero, bracero, peón *m.*

zilnic I. *adj.* diario, cotidiano. **II.** *adv.* diariamente, a diario.

zinc *n. (chim.)* cinc *m.*

zis *adj.* llamado, dicho ‖ *aşa*~ así llamado.

zloată *f.* aguanieve *m.*

zmângăli *vt.* garrapatear.

zmeu *m.* 1. ogro, dragón *m.*
  2. *(jucărie)* cometa *f.*

zmeură *f. (bot.)* frambuesa.

zodiac *n.* zodíaco [zodiaco],
  horóscopo.

zodie *f.* zodíaco [zodiaco], signo
  (zodiacal) ‖ *ce ~ eşti?* ¿cuál es
  tu signo?.

zonă *f.* zona.

zoologie *f.* zoología.

zootehnician *m.* zootécnico.

zootehnie *f.* zootecnia.

zor *n.* prisa ‖ *a avea ~* tener
  prisa, apresurarse.

zori[1] *m.pl.* alba, amanecer *m.*,
  madrugada ‖ *în ~* al rayar el
  alba, al amanecer, al cantar el
  gallo, de madrugada; *a se ivi*
  ~le amanecer, alborear.

zori[2] I. *vi.* apremiar, apretar. II *vr.*
  apresurarse, darse prisa.

zornăi *vi.* tintinear, retiñir.

zugrav *m.* pintor de brocha gorda.

zugrăvi *vt.* pintar.

zuluf *m.* rizo, tirabuzón *m.*

zumzăi *vi.* zumbar.

zurgălău *m.* cascabel *m.*

zurliu *adj.* atolondrado, destor-
  nillado.

zvâcni *vi. (d. inimă)* latir.

zvâcnire *f.* latido.

zvânta *vt., vr.* secar(se).

zvârcoli *vr.* menearse, agitarse,
  torcerse.

zvârli *vt.* echar, arrojar, lanzar.

zvoni *vi.* correr *vi.* los rumores.

NICULESCU

dicționar
ENGLEZ-ROMÂN
ROMÂN-ENGLEZ

Georgeta Nichifor

pentru toți ...

NICULESCU

dicționar
GERMAN-ROMÂN
ROMÂN-GERMAN

Ioan Lăzărescu

pentru toți ...

NICULESCU

dicționar
FRANCEZ-ROMÂN
ROMÂN-FRANCEZ

Maria Brăescu

pentru toți

NICULESCU

dicționar
ITALIAN-ROMÂN
ROMÂN-ITALIAN

George Lăzărescu

pentru toți

NICULESCU

Maxim Popp

Ghid de conversaţie
ROMÂN-ENGLEZ
pentru toţi

NICULESCU

Maria Dumitrescu-Brateş

Ghid de conversaţie
ROMÂN-FRANCEZ
pentru toţi

NICULESCU

Kristine Lazăr

Ghid de conversaţie
ROMÂN-GERMAN
pentru toţi

NICULESCU

Adriana Lăzărescu

Ghid de conversaţie
ROMÂN-ITALIAN
pentru toţi